ERNST CASSIRER

DAS ERKENNTNISPROBLEM

ZWEITER BAND

ERNST CASSIRER

DAS ERKENNTNISPROBLEM

IN DER PHILOSOPHIE UND WISSENSCHAFT
DER NEUEREN ZEIT

SONDERAUSGABE

ZWEITER BAND

WISSENSCHAFTLICHE BUCHGESELLSCHAFT
DARMSTADT

This reprint 1994 of the 3rd edition 1922 (1st edition 1907; 2nd, revised edition 1911)
is published by arrangement with the Yale University Press, New Haven, Conn. (U.S.A.)
All rights reserved

Die Deutsche Bibliothek – CIP-Einheitsaufnahme

Cassirer, Ernst:
Das Erkenntnisproblem in der Philosophie und
Wissenschaft der neueren Zeit / Ernst Cassirer. –
Sonderausg., Reprint. – Darmstadt: Wiss. Buchges.
ISBN 3-534-12480-4

Sonderausg., Reprint
Bd. 2. – Reprint of the 3rd ed., 1922. – 1994

Bestellnummer 12480-4

Das Werk ist in allen seinen Teilen urheberrechtlich geschützt.
Jede Verwertung ist ohne Zustimmung des Verlages unzulässig.
Das gilt insbesondere für Vervielfältigungen,
Übersetzungen, Mikroverfilmungen und die Einspeicherung in
und Verarbeitung durch elektronische Systeme.

Gedruckt auf säurefreiem und alterungsbeständigem Offsetpapier
Druck und Einband: Wissenschaftliche Buchgesellschaft, Darmstadt
Printed in Germany

ISBN 3-534-12480-4

Inhalts=Verzeichnis.

Viertes Buch:
Die Anfänge des Empirismus.

Seite

Erstes Kapitel:
Bacon.
- I. Die Kritik des Verstandes 3
  Natur und Begriff. — Die Verstandeskritik. — Die methodische Bedeutung des Experiments. — Erfahrung und Denken.
- II. Die Formenlehre 11
  Formbegriff und Gesetzesbegriff. — Der Charakter der Baconischen Induktion. — Ideen und Idole. — Die Ermittlung der Grundbegriffe. — Die „philosophia prima". — Physik und Astronomie. — Der Begriff der Bewegung.

Zweites Kapitel:
Gassendi.
  Die Theorie der Wahrnehmung. — Sinnlichkeit und Denken. — Die Erklärung der Sinnestäuschungen 29
  Raum und Zeit. — Verhältnis des Raumbegriffs zum Körperbegriff. — Die Atomistik und das Problem der Bewegung. — Das Problem des Selbstbewußtseins. — Verhältnis zu Descartes und zur Scholastik 36

Drittes Kapitel:
Hobbes.
- I. Die Definition des Wissens. — Die Methodenlehre. — Das Erkenntnisideal der Deduktion. — Denken und Rechnen. Arithmetik und Analysis 46
- II. Begriff und Wort. — Das Problem der Definition. — Die Möglichkeit allgemeingültiger Erkenntnis 55
- III. Raum und Zeit. — Die Materie als Begriff und als absolute Substanz. — Die Theorie der Wahrnehmung. — Die Empfindung als Grundphänomen 61

Fünftes Buch:
Fortbildung und Vollendung des Rationalismus.

Erstes Kapitel:
Spinoza.

I. Die Erkenntnislehre des „Kurzen Traktats" 73
Das Erkennen als Leiden. — Der Grundbegriff der Intuition. — *Spinozas* Naturbegriff und die Renaissance. — Der Gottesbegriff bei Spinoza und Campanella. — Mathematischer und spekulativer Naturbegriff.

II. Der „Tractatus de intellectus emendatione" 84
Das ethische Ziel von *Spinozas* Erkenntnislehre. — Das Kriterium der Wahrheit. — Die Lehre von der Definition. Abstraktion und Konstruktion. — Die Stufen der Erkenntnis. — Die „festen und ewigen Dinge". — Die geometrische Methode und das Freiheitsproblem. — Verhältnis zu *Hobbes.*

III. Der Begriff der Substanz. — Die Metaphysik 102
Die Antinomien des Pantheismus. — Substanzbegriff und Ordnungsbegriff. — Verhältnis zum Aristotelischen Substanzbegriff. — Der Begriff der Existenz. — Verhältnis der Substanz zu den Einzeldingen. — Der Begriff der Kraft. — „Causa" und „ratio". — Die Ordnung des Denkens und die Ordnung des Seins. — Die Attributenlehre. — Die Unendlichkeit der Attribute. — Das Attribut des Denkens. — Der Seelenbegriff. — Die Stellung des Intellekts im System *Spinozas.*

Zweites Kapitel:
Leibniz.

Verhältnis zu *Spinoza.* — Die Analyse der Begriffe und Wahrheiten. — Der Begriff der Wahrheit 126

I. Vernunftwahrheiten und Tatsachenwahrheiten. — Die rationalen Grundlagen der Induktion. — Apriorische und aposteriorische Erkenntnis. — Der Entwurf der Scientia generalis 131

II. Das Alphabet der Gedanken. — Logik und Kombinatorik. — Die neue Form der Logik. — Die geometrische Charakteristik. — Idee und Bild. — Das Problem der Stetigkeit. — Die Analysis des Unendlichen. — Der Infinitesimalbegriff. — Die Bewegung als ideale Form. — Das Prinzip der Kontinuität. — Die Analyse des zeitlichen Geschehens. — Der Begriff der Kraft. — Die Erhaltung der lebendigen Kraft. 141

III. Der Symbolbegriff. — Die symbolische Erkenntnis in der Mathematik. — Symbolbegriff und Maßbegriff. — Primäre und sekundäre Qualitäten. — Die Erscheinung und die „ewigen Wahrheiten". — Das Kriterium der Wirklichkeit. — Rationale und Tatsachenwahrheit. — Das Problem des Einzelnen 166

IV. Das Postulat des „absoluten Verstandes". — Das System der Monadologie. — Die Stufen der Erkenntnis. — Die Harmonie als ideelle Einheit. 181

Drittes Kapitel:

Tschirnhaus. 191

Die Grundlegung der Methodenlehre. — Die Lehre von der Definition. — Die drei Klassen des Denkbaren. — Das Kriterium der Wahrheit. — Logik und Physik.

Viertes Kapitel:

Der Rationalismus in der englischen Philosophie. 202

I. *Herbert von Cherbury*. — Das Apriori und das Angeborene. — Die Lehre von den notitiae communes 203

Kenelm Digby. — Das Sein als Grundbegriff der Seele. — Intellekt und Sinnlichkeit. — Die Einheitsfunktion des Bewußtseins. — Die Theorie des Urteils 207

II. Die Schule von Cambridge. — *Cudworth*. Idee und Wirklichkeit. — Der Begriff der intelligiblen Welt. *John Norris*. — Das Sein der „ewigen Wahrheiten". — Sinnlichkeit und Urteilsfunktion 215

Sechstes Buch:

Das Erkenntnisproblem im System des Empirismus.

Erstes Kapitel:

Locke.

Die Grenzbestimmung des Verstandes. — Der Kampf gegen das „Angeborene" 227

I. Sensation und Reflexion 232

Der Begriff des „Einfachen". — Die „Verbindung" der Elemente. — Die Kritik des Unendlichkeitsbegriffs. —

Potentielle und aktuelle Unendlichkeit. — Das Raumproblem. — Verhältnis von Raum und Körper. — Der Begriff der Zeit. — Zeit und Bewegung. — Der Begriff der Zahl.

II. **Der Begriff der Wahrheit**. 253
Idee und Bild. — Die Intuition als Grundmittel der Erkenntnis. — Intuition und Erfahrung. — Der logische Charakter von *Lockes* „Empirismus".

III. **Der Begriff des Seins**. 263
Die Kritik des Substanzbegriffs. — Die Substanz als „Träger" der sinnlichen Eigenschaften. — Substantielles und empirisches Erkennen. — Die Schranken von Lockes Erkenntniskritik. — Vorstellung und Wirklichkeit. — Die Realität der „einfachen" Ideen.

Zweites Kapitel:

Berkeley.

I. **Die Theorie der Wahrnehmung** 275
Das Wahrnehmungsproblem. — Die Theorie des Sehens. — Psychologische und physikalische Methode. — Die symbolische Funktion der Empfindung.

II. **Die Begründung des Idealismus** 284
Das Problem der Transzendenz. — Die Theorie des Begriffs. — Der Begriff des Daseins. — Die Definition der Erscheinungswirklichkeit. — Sein und Perception. — Die Aufhebung der absoluten Materie. — Beschreibung und Erklärung.

III. **Kritik der Berkeleyschen Begriffstheorie.** 297
Die Rolle der Assoziation im Prozeß der Begriffsbildung. — Die Polemik gegen die mathematischen Begriffe. — Die Relationsbegriffe. — Assoziation und logische Verknüpfung. — Die Identität des Gegenstandes. — Die metaphysische Begründung der Objektivität.

IV. **Der Begriff der Substanz** 310
Idee und Begriff. — Der Ichbegriff. — Das Kausalprinzip.

V. **Die Umgestaltung der Berkeleyschen Erkenntnislehre** 315
Vernunft und Erfahrung. — Begriff und Zeichen. — Die Überwindung der sensualistischen Erkenntnislehre. — Verhältnis zu Platon. — Mathematik und Metaphysik. — Das Transzendentale bei *Berkeley* und *Kant*. — Der Doppelsinn des Idealismus.

Arthur Collier. — Das Transzendenzproblem. — Die Antinomien des Unendlichen. — Raumproblem und Gottesproblem 327

Drittes Kapitel:
Hume 335
Die „Gleichförmigkeit der Natur". — Die Kritik der abstrakten Begriffe.

I. Die Kritik der mathematischen Erkenntnis 340
Sinnliche und mathematische „Ideen". — Die „Fiktionen" der Mathematik. — Raum und Zeit. — Die mathematischen und die sinnlichen „Punkte". — Der Begriff der Zahl.

II. Die Kritik des Kausalbegriffs 353
Das Problem der „notwendigen Verknüpfung". — Das Gewohnheitsprinzip. — Tendenz und Eigenart von *Humes* Skepsis. — Der Begriff der Wahrscheinlichkeit. — Der Mechanismus des Bewußtseins. — Die Schranken der psychologischen Erklärung. — Der Wertunterschied in den Erfahrungsurteilen. — Die Kriterien der Objektivität. — Impression und Einbildungskraft.

III. Der Begriff der Existenz 372
Die Fortdauer der Wahrnehmungsinhalte. — Perzeption und Wirklichkeit. — Die Kriterien der Konstanz und Kohaerenz. — Die Überwindung des Gewohnheitsprinzips. — Die idealisierende Leistung der Einbildungskraft. — Die Identität des Selbstbewußtseins. — Anfang und Ende von *Humes* Skepsis.

Die schottische Schule: *Thomas Reid* 387

Siebentes Buch:
Von Newton zu Kant.
Wissenschaft und Philosophie im achtzehnten Jahrhundert.

Erstes Kapitel:
Das Problem der Methode.

I. Die Aufgabe der Induktion 396
Joseph Glanvill 398
Aristotelische und moderne Naturansicht. — Das Kausalproblem.
Newtons Grundlegung der Induktion. — Die Schule *Newtons: Keill* und *Freind*. — Das Ideal der Beschreibung. Erfahrung und Mathematik 401

	Seite
d'Alembert	408

Tatsachen und Definitionen. — Der Doppelcharakter von *d'Alemberts* Erfahrungslehre. — Der Grenzbegriff. — Die Metaphysik der exakten Wissenschaft.

II. **Vernunft und Sprache** 415
Begriff und Zeichen.
Condillac 417
Die Semiotik. — *Lambert, Ploucquet, Sulzer.* — Der Ursprung der Sprache 418

III. **Der Begriff der Kraft** 421
Der Kausalbegriff und das Problem der Fernkraft.
Maupertuis 423
Maupertuis und Hume. — Der Ursprung der mathematischen Gewißheit. — Ursachenbegriff und Zweckbegriff. — Absolute und phaenomenale Erkenntnis.

IV. **Das Problem der Materie. — Die Chemie.** 428
Quantitative und qualitative Naturauffassung. — Die Begründung der modernen Chemie durch *Boyle.* — Der neue Begriff des Elements. — Die Umbildung des Naturbegriffs. — Die Phlogistontheorie und ihre Überwindung.
Lavoisier 435
Substanzbegriff und Größenbegriff. — Philosophische und chemische Analyse. — Lavoisiers Verhältnis zur Philosophie.

Zweites Kapitel:

Raum und Zeit.

1. Das Raum- und Zeitproblem in der Metaphysik und spekulativen Theologie. 442

I. Raumbegriff und Gottesbegriff.
Henry More 443
Der Raum als geistige Wesenheit. — Sinnliche und intelligible Ausdehnung.
Newton und seine Schule 446
Die Raum- und Zeitlehre als Grundlage der Gottesbeweise. Samuel *Clarke.* — Joseph *Raphson.* — Raum und Zeit als Attribute des Urwesens.

II. *Isaac Watts'* Enquiry concerning Space. — Die Paradoxien des Raumbegriffs 452
Edmund Law 454
Psychologie und Ontologie. — Die Idealität von Raum und Zeit. — Raum und Zeit als Relationsbegriffe. — Raum und Zeit als Gebilde der Einbildungskraft. — Idealität und Objektivität von Raum und Zeit.

2. Das Raum- und Zeitproblem in der Naturwissenschaft.

a) *Newton* und seine Kritiker 463
Newtons Begriffe des absoluten Raumes und der absoluten Zeit. — *Berkeleys* Kritik der Newtonischen Grundbegriffe. — Das Beharrungsprinzip und der Fixsternhimmel. — *Leibniz* und *Newton*: der absolute und der intelligible Raum. — Der Briefwechsel zwischen *Leibniz* und *Clarke*. — Das Raumproblem in der Philosophie und in der Physik.

b) Die Fortbildung der Newtonischen Lehre.
Leonhard Euler 472
Das methodische Postulat des reinen Raumes. (Die „Mechanik" von 1736) — Die Réflexions sur l'espace et le temps. — Mathematische und metaphysische „Wahrheit". — Der absolute Raum und das Beharrungsgesetz. — *Euler* und *Maclaurin*. — Recht und Eigenart der naturwissenschaftlichen „Abstraktion". — Raum und Zeit keine „Gattungsbegriffe". — Die „Theoria motus" vom Jahre 1765. — Die relativistische Auffassung von Raum und Zeit. — Der Raum als „Verstandesbegriff" und als absolute Realität. — Der Raum und das philosophische „Kategoriensystem".

3. Die Idealität des Raumes und der Zeit. — Die Antinomien des Unendlichen.

Die Lehre von der Idealität des Raumes in *Maupertuis'* Briefen. — *Maupertuis* und *Kant*; *Schopenhauers* Urteil . 485
Die Lehre von der Phaenomenalität der Körperwelt. — Die Entwicklung des *Leibnizischen* Phaenomenalismus: *Joh. Aug. Eberhard* und *Kasimir von Creuz*. — *Maupertuis'* Theorie der Existentialurteile. — Die zwei Grundformen des „Idealismus" 488
Gottfried Ploucquet 492
Ploucquet und *Malebranche*. — Raum und Zeit als Ideen des „göttlichen Verstandes". — Die Antinomien der unendlichen Teilung.
Die Prinzipien der Infinitesimalrechnung 499
Das „Labyrinth des Continuums". — Die „Unbegreiflichkeiten der Mathematik"; *Grandi* und *Sturm*. — Das Unendlichkleine bei *Leibniz* und *Maclaurin*. — *Fontenelles* „Elements de la Géométrie de l'Infini" — Mathematische und metaphysische Deutung des Unendlichkeitsbegriffs. — *Eulers* Kritik des Unendlichkeitsbegriffs. — Der Kampf gegen die „Chicanen" der Metaphysik.

4. Das Raum- und Zeitproblem in der Naturphilosophie.
Boscovich 506
Die Analyse des Stoßvorganges. — Das Postulat der Continuität. — Die Bedeutung des Continuitätsprinzips. — Der geometrische und der physikalische Raum. — Verhältnis von „Möglichkeit" und „Wirklichkeit". — Das Problem der Messung. — Ideales und Reales. —

Drittes Kapitel:

Die Ontologie. — Der Satz des Widerspruchs und der Satz vom zureichenden Grunde 521

I. Der Wahrheitsbegriff bei *Leibniz* und *Wolff* 522
Die Kritik der Wolffschen Lehre: *Andreas Rüdiger*. — Die sinnliche Grundlage der mathematischen Gewißheit. — Formale und materiale Kriterien des Seins. 525
Chr. Aug. Crusius.
Die Kritik der Ontologie. — Begriff und Existenz. — Die einfachen Begriffe und die „Deutlichkeit des Abstraktionsweges". — Das Problem der Notwendigkeit. — Die neue „Methode" von *Crusius'* Philosophie und ihre geschichtliche Wirkung: *Lambert* und *Mendelssohn* 527
Joh. Heinr. Lambert 534
Das „Solide und die Kräfte". — Wirklichkeit und „Gedenkbarkeit". — A priori und a posteriori: *Leibniz* und *Locke*. — Die „einfachen Möglichkeiten" und ihre Verknüpfung. — Das „Reich der Wahrheit". — Die mathematische und die philosophische Abstraktion. — Logische und metaphysische Wahrheit bei *Lambert* und bei *Mendelssohn*. — Der Gottesbegriff.

II. Der Satz des Widerspruchs und der Satz vom zureichenden Grunde. — *Wolff* und seine Schule: der syllogistische Beweis des Satzes vom Grunde. (*Darjes, Carpow, Meier*) 546
Crusius' Kritik des Satzes vom Grunde. — Das Prinzip der Einteilung: *Crusius* und *Schopenhauer*. — Grund und Ursache, Realgrund und Erkenntnisgrund 548
Die Kritik des Causalbegriffs: *Nik. Béguelin*. 551
Die „Unerweislichkeit" der metaphysischen Grundsätze. — Der Begriff der Ursache und die Erfahrung. — *Béguelin* und *Hume*
Der Satz des Widerspruchs und die „Realprinzipien der Erkenntnis". (*Thümmig* und *Crusius*). — Das Problem der „synthetischen Grundsätze". 554

Viertes Kapitel:

Das Problem des Bewußtseins. — Subjektive und objektive Begründung der Erkenntnis.

I. Fortbildung und Kritik von *Lockes* Psychologie.
Peter Browne 558
Die Aufhebung der „Ideen" der Reflexion. — Die „symbolische" Erkenntnis des Geistigen.
Die Associationspsychologie. — *Hartley* und *Priestley* . . 561
Die Anknüpfung an die Newtonische Wahrnehmungstheorie. — Die physiologische Deutung der Association.
Condillac 564
Metaphysik und Analysis. — Das Denken als Rechnen: Analyse und Erfindung.
Psychologie und Ästhetik im 18. Jahrhundert 565
Der neue Begriff des Bewußtseins und die Autonomie des Geistes. — Der Begriff der „Dichtkraft" bei den Schweizern und in der deutschen Psychologie.
Tetens 567
Die Kritik der Assoziationspsychologie. — Die Typen der Relation. — Die exakten Wissenschaften und die „Denkkraft". — Psychologische und „transzendentale" Fragestellung.

II. Das psychologische und das logische Wahrheitskriterium 572
Die physiologische Bedingtheit der Erkenntnis. — *Diderots* Lettre sur les aveugles. — *Lossius*' „Physische Ursachen des Wahren". — Die Relativierung des Wahrheitsbegriffs. — „Subjektivische" Natur der Wahrheit und Schönheit. *Tetens*' Kritik der Common-Sense-Philosophie. — Verhältnis der Wahrheit zum Bewußtsein. — Psychologische und logische Deutung der Grundprinzipien.

Achtes Buch:

Die kritische Philosophie.

Erstes Kapitel:

Die Entstehung der kritischen Philosophie 585

I. Die Schriften des Jahres 1763. — Kant und Newton. — Mathematische und philosophische Methode. — Analysis und Synthesis. — Der Begriff des Daseins und der Gottesbeweis. — Die „materialen Grundsätze" und ihr Prinzip (Verhältnis zu *Crusius*). — Logischer und realer

Gegensatz. — Das Kausalproblem. — *Kant* und die Erfahrungslehre der mathematischen Physik (*d'Alembert* und *Maupertuis*) 586

II. Die „Träume eines Geistersehers" (1765). — Die Begriffe der „Wirklichkeit" und des „Traumes" in der Wolffischen Philosophie. — Die Grundprobleme der Ethik: Ethik und Metaphysik. — Verhältnis zu *Rousseau*. — Die Metaphysik als Grenzwissenschaft. — *Kant* und *Hume*. — Die Erfahrung und die „Vernunftgründe" 601

III. Von den „Träumen eines Geistersehers" bis zur „Dissertation" (1765—69). Das Problem der synthetischen Grundsätze. — Analytisch und synthetisch 611

IV. Vorbereitung und Abschluß der Dissertation (1769—70). Das Verhältnis der Substanzen zum Raume. — Der absolute Raum und die Geometrie. — Die Antinomien des Weltbegriffs. — Raum und Zeit als Verstandesbegriffe. — Raum und Zeit als Grundsätze der Synthesis. — Raum und Zeit als „Einzelbegriffe" 616
Die Kritik der Newtonischen Raumlehre. — Die Scheidung der sinnlichen und der intelligiblen Welt. — Die Grundlegung der Mathematik und die „reine Sinnlichkeit". — *Kant* und *Euler*. — Die intelligible Welt als „Reich der Zwecke". — Die Autonomie des Verstandes und des Willens 629

V. Der Fortschritt zur Vernunftkritik (1772 bis 1781).
Der Gegenstand der Erkenntnis. — Die Problemstellung im Brief an *Markus Herz*. — Die Notwendigkeit der Verknüpfung und der Gegenstand. — Die Objektivierung der Zeitverhältnisse. — Formen und Funktionen. — Die Substanz als Kategorie 638

Zweites Kapitel:
Die Vernunftkritik.

I. Der metaphysische Gegensatz von Subjekt und Objekt und seine geschichtliche Entwicklung 648
Der Idealismus der Inder. — Die griechische Philosophie. — *Platon* und die doppelte Richtung des Platonismus. — *Platons* Kritik des Seinsbegriffs. — Der Begriff des Seins und die Mathematik. — Wahrheit und Wirklichkeit. — *Augustin* und der Neuplatonismus. — Das Subjekt-Objekt-Schema in der neueren Philosophie. — Die Erfahrung als oberster Systembegriff.

		Seite
II.	Das Problem der Objektivität. — Analytisch und synthetisch	664

Wahrnehmungsurteil und Erfahrungsurteil. — Die Notwendigkeit der Verknüpfung und der Gegenstand. — Die Kriterien der Wirklichkeit. — Die Natur in formaler und materialer Bedeutung. — Der Verstand als „Urheber der Natur". — Die Einheit der Synthesis und der Begriff. — Analytische und synthetische Urteile (Die Beispiele). — Der empirische Gebrauch der apriorischen Synthesis. — Die Forderung des „Natursystems".

III.	Raum und Zeit	683

Die Trennung von Verstand und Sinnlichkeit. — Der Raum als Erkenntnisgegenstand und als Erkenntnismittel. — Der Raum und die Synthesis des Verstandes. — Die transzendentale Erörterung des Raumes. — Das „Gegebene" der Anschauung. — Ursprung und Ziel der reinen Synthesis. — Rezeptivität und Spontaneität. — Die Anschauung und der „diskursive" Begriff. — Die Probleme des absoluten Raumes und der absoluten Zeit. — Der Raum als „unendlich-gegebene" Größe. — Subjektivität und Idealität.

IV.	Der Begriff des Selbstbewußtseins . . .	706

Subjektive und objektive Deduktion. — Die Kritik der Assoziationspsychologie. — Die „transzendentale Affinität" der Erscheinungen. — Die drei Stufen der Synthesis. Der Schematismus und das Problem der Begriffsbildung. — Bild und Schema. — Verhältnis von Sinnlichkeit und Verstand. — Subjektive und objektive Einheit des Selbstbewußtseins. — Subjektive und objektive Zeit. — Der Gegenstand und das Ich. — Gegenstand und Ich als Substanz in der Erscheinung.
Die Widerlegung des Idealismus. — Die Paralogismen der Seelenlehre. — Die innere Erfahrung und der Substanzbegriff. — Das Ich als Funktion und als Gegenstand.

V.	Das „Ding an sich"	733

Der Begriff der „Erscheinung" und die Naturwissenschaft. — Das „Innere der Natur". — Der Begriff des Unbedingten. — Die Deduktion des Begriffs vom „Ding an sich". Die Entwicklung des „Ding an sich" in der Vernunftkritik. — Das „Ding an sich" als Korrelat der Rezeptivität. — Phaenomena und Noumena. — Der „transzendentale Gegenstand". — Das Ganze der möglichen Erfahrung. — Weltbegriff und Erfahrungsbegriff. — Die Vernunft und ihre regulativen Prinzipien. — Das „Ding an sich" und die Relativität der Erkenntnis. — Die Grundlegung der Ethik. — Kausalität und Freiheit.

Namen und Sachregister 763

Viertes Buch
Die Anfänge des Empirismus

Erstes Kapitel.
Bacon.
I.
Die Kritik des Verstandes.

Wenn man von der philosophischen und wissenschaftlichen R e n a i s s a n c e, wie sie sich in Italien, Deutschland und Frankreich gestaltet, zu B a c o n s Lehre hinüberblickt, so ist es zunächst die veränderte s u b j e k t i v e S t i m m u n g des Philosophierens und Forschens, die sich vor allem fühlbar macht. Es ist eine neue geistige Atmosphäre, in die wir eintreten; es ist ein anderer persönlicher Affekt, der hier zum Ausdruck drängt. Der Begriff des S e l b s t b e w u ß t s e i n s bildet den Mittelpunkt für das geistige Leben der Renaissance. An ihm, an seiner Neugestaltung und Vertiefung arbeiten nicht nur die Logiker und die psychologischen Analytiker; auch die empirischen Forscher können ihre rein objektive Aufgabe nicht erfüllen, ohne sie in Beziehung zu diesem zentralen Problem zu setzen. Sie alle sind von einer neuen Auffassung über das V e r h ä l t n i s d e s G e i s t e s z u r N a t u r erfüllt, die sich bei den einen nur in poetischen Bildern und Gleichnissen ausspricht, während sie bei den anderen bereits strengere begriffliche Fassung anzunehmen beginnt. Die Harmonie zwischen den Denkgesetzen und den realen Gegenständen bleibt ihnen die unbestrittene Voraussetzung. Immer herrscht hier die Überzeugung, daß wir uns den reinen Begriffen unseres Geistes getrost überlassen dürfen, daß wir uns insbesondere nur in die Struktur der mathematischen Ideen zu vertiefen brauchen, um das Grundschema für die Erkenntnis des wahrhaften, gegenständlichen Universums zu gewinnen.

An diesem Punkte setzt die Rolle und die Leistung Bacons ein; hier ist es, wo er die Eigenart, wie die Mängel seiner

Philosophie am deutlichsten bloßlegt. Die Natur ist ihm nicht, wie dem wissenschaftlichen Theoretiker, ein Gegenstand für die ruhende Betrachtung; sondern sie ist das widerstrebende Material, das wir zu bewältigen und zu unterwerfen haben. Dieser **technische** Ausgangspunkt Bacons ist es, der auch seinen logischen Gesichtskreis durchaus bestimmt und beherrscht. Das „Wissen" bedeutet ihm, seinem ursprünglichen Begriffe nach, nichts anderes, als eine Art der praktischen Betätigung, kraft deren wir die Dinge zwingen und sie unserem Herrscherwillen gefügig machen. Wahre **Einsicht** in einen Gegenstand besitzen wir erst dann, wenn wir ihn gleichsam unter den Händen haben, um mit ihm nach Belieben schalten und wirken zu können. Was uns aber immer wieder an dieser unmittelbaren Erfassung der Wirklichkeit hindert, das sind die Gebilde des eigenen Geistes, die sich stets von neuem zwischen uns, die handelnden Subjekte, und die realen Tatsachen und Mächte der Natur eindrängen. Gelänge es, diese unwillkommene Beimischung ganz zu entfernen, gelänge es, die „Wesenheiten" der Objekte in ihrer unverfälschten Dinglichkeit zu erfassen, so wäre der Zauber gebrochen und das Reich des Menschen, das „Regnum hominis" begründet.

Wenn Bacon sich daher mit derselben Energie, wie die großen empirischen Forscher, auf das **Experiment** beruft und seine Bedeutung rühmt: so kann doch nur eine äußerliche und flüchtige Betrachtung den tiefen Unterschied übersehen, der hier obwaltet. Einem **Leonardo** oder **Kepler** ist die Natur selbst nichts anderes, denn eine harmonische Ordnung, die der „Vernunft" gleichstimmig entgegenkommt. Und es ist der wissenschaftliche Versuch, der diesen Zusammenhang verkörpert und der damit zum echten „Vermittler zwischen Subjekt und Objekt" wird. Die höchste und endgültige Leistung des Experiments besteht darin, daß es die „notwendigen Verknüpfungen" innerhalb der empirischen Erscheinungen bloßlegt und damit die „Vernunftgründe" mitten in der Erfahrung selbst sichtbar macht[1]).

---

[1]) Vgl. z. B. Bd. I, 324 ff, 339 ff, 385 ff.

Für Bacon dagegen bedeutet die objektive Wirklichkeit eine fremde Macht, die sich uns zu entziehen trachtet, und die wir erst mittels immer erneuter „Folterungen" durch die Kunst zwingen können, uns Rede und Antwort zu stehen. Er spricht auch hier die Sprache des Kriminalisten, der einen Schuldigen zu überführen und ihm sein Geheimnis abzudringen sucht. Vergebens hoffen wir, in einer begrifflichen Gesamtansicht, in einer geistigen Überschau uns das Ganze der Natur durchsichtig zu machen; wir dürfen nur erwarten, ihr mit den Instrumenten und Waffen der Technik Stück für Stück ihre Rätsel zu entreißen. Und in diesem p e r s ö n - l i c h e n Unterschied der Anschauungsart ist bereits der Gegensatz der sachlichen Ergebnisse vorgebildet. Denn eben dies ist es, was Bacon aller bisherigen Philosophie und Wissenschaft vorhält: daß sie, indem sie das künstliche Gewebe unserer B e g r i f f e nur immer vermehrte und verfeinerte, die Schranke, die uns von dem wahrhaften Sein der O b j e k t e trennt, nur um so schroffer aufgerichtet hat[1]). Alle Versuche, die man unternommen hat, die Kräfte des Geistes zu erhöhen, waren nur ebensoviele Mittel, ihn innerhalb seiner eigenen Sphäre festzubannen. P l a t o n vor allem ist für Bacon, in demjenigen Werk, das sein Urteil

---

[1]) „Certe nobis perinde facere videntur homines, ac si naturam ex longinqua et prae-alta turri despiciant et contemplentur; quae imaginem ejus quandam, seu nubem potius imagini similem, ob oculos ponat: rerum autem differentias (in quibus res hominum et fortunae sitae sunt) ob earum minutias et distantiae intervallum, confundat et abscondat. Et tamen laborant et nituntur, et intellectum tanquam oculos contrahunt, ejusdemque aciem meditatione figunt, agitatione acuunt, quinetiam artes argumentandi veluti specula artificiosa comparant, ut istiusmodi differentias et subtilitates naturae mente comprehendere et vincere possint. Atque ridicula certe esset et praefracta sapientia et sedulitas, si quis ut perfectius et distinctius cerneret, vel turrim conscendat vel specula applicet vel palpebras adducat, cum ei liceat absque universa ista operosa et strenua machinatione et industria fieri voti compos per rem facilem, et tamen ista omnia beneficio et usu longe superantem: hoc est, ut descendat et ad res proprius accedat" Redargutio philosophiarum, Works III, 581 f. — Die Werke Bacons sind nach der vortrefflichen Ausgabe von E l l i s , S p e d d i n g und H e a t h , London 1857 ff., zitiert.

über die Vorgänger am rückhaltlosesten ausspricht, nur der „schwülstige Poet" und der „tolle Theologe", der durch seine grundfalsche Lehre, daß die Wahrheit dem Geiste „eingeboren" sei und nicht von außen in ihn hineinwandere, die Philosophie von der rechten Erfassung der Dinge abgelenkt und in ein Netzwerk blinder Idole verstrickt habe[1]). Und wie er die Naturlehre durch die Theologie, so hat Aristoteles sie durch die Dialektik, Proklus durch die Mathematik entstellt und um ihren wahren Ertrag gebracht[2]). All das, was bisher als die höchste Leistung des Intellekts gepriesen wurde, bedeutet in Wahrheit seine Verführung und sein Verhängnis.

Unter diesem Gesichtspunkt erst versteht man die eigentliche Tendenz von Bacons Verstandeskritik. Für ihn handelt es sich nicht, wie für die großen produktiven Denker der Renaissance, in erster Linie darum, die schöpferischen Kräfte des Verstandes frei zu machen und ihre Wirksamkeit im Aufbau der Erfahrung aufzuweisen, sondern vielmehr um die Einschränkung dieser Kräfte und ihrer Betätigung. Das Ziel der Philosophie soll fürderhin nicht darauf gerichtet sein, den menschlichen Geist zu beflügeln, sondern ihm ein Bleigewicht anzuhängen, damit er um so fester am Boden der gegebenen Tatsachen hafte[3]). Nicht der inhaltliche Grund der Wahrheit, sondern die psychologischen Quellen des Irrtums sind es daher, denen Bacon in erster Linie nachspürt. Was er positiv leistet, ist

---

[1]) Temporis Partus Masculus sive de interpretatione naturae, Cap. 2: „Citetur jam et Plato, cavillator urbanus, tumidus poeta, theologus mente captus ... Tu verum cum veritatem humanae mentis incolam veluti indigenam nec aliunde commigrantem mentireris, animosque nostros, ad historiam et res ipsas nunquam satis applicatos et reductos, averteres ac se subingredi ac in suis caecis et confusissimis idolis volutare contemplationis nomine doceres, tum demum fraudem capitalem admisisti." (III, 530 f.)

[2]) Novum Organon, Lib. I, Aphor. XCVI.

[3]) Ibid., Aphor. CIV: „Itaque hominum intellectui non plumae addendae, sed plumbum potius et pondera; ut cohibeant omnem saltum et volatum. Atque hoc adhuc factum non est; quum vero factum fuerit, melius de scientiis sperare licebit."

nicht ein Aufbau der wissenschaftichen Erkenntnis aus ihren ersten Voraussetzungen, sondern eine Pathologie des menschlichen Vorstellens und Urteilens. Die Lehre von den „Idolen", die Erörterung der mannigfaltigen subjektiven Vorurteile und Hemmnisse, die dem Erwerb des Wissens entgegenstehen, bildet den ergiebigsten und fruchtbarsten Teil seiner philosophischen Gesamtarbeit. Hier, wo er als psychologischer Essayist spricht, kommen die eigentliche Richtung seines Talents und die Vorzüge seines Stils am reichsten zur Entfaltung. Es ist, bei aller aphoristischen Behandlung des Gegenstandes, dennoch ein wichtiges und spezifisch modernes P r o b l e m , das hier gestellt wird. Von den zufälligen Irrungen, denen der einzelne vermöge seiner individuellen Beschränkung unterliegt, erhebt sich die Betrachtung zu den notwendigen und allgemeinen Täuschungen, die dem menschlichen Verstande als solchem und nach seinem Gattungscharakter anhaften. Der menschliche Geist gleicht einem Zauberspiegel, der die Dinge nicht rein und nach ihrer tatsächlichen Beschaffenheit, sondern vermischt mit den eigenen Phantasmen wiedergibt[1]). Nur eine strenge kritische Sonderung kann daher den Wahrheitswert der einzelnen Bilder und Vorstellungen in uns bestimmen. Die allgemeine A u f g a b e , den „subjektiven" und den „objektiven" Faktor in unserer Erkenntnis zu scheiden und beide in ihrer wechselseitigen Bedingtheit zu begreifen, ist damit erfaßt; — gleichviel wie Bacon selbst ihr in seiner eigenen philosophischen Leistung genügt haben mag. —

Und die Kritik, die hier geübt wird, trifft nicht allein den V e r s t a n d und seine abstrakten Begriffe, sondern — wie gegenüber der herkömmlichen Deutung von Bacons Lehre betont werden muß — nicht minder die sinnliche Empfindung. Erst in diesem Zuge gewinnt sie ihre allgemeine Bedeutung. Nicht minder energisch als die großen Rationa-

---

[1]) „Nam Mens Humana (corpore obducta et obfuscata) tantum abest ut speculo plano, aequali, et claro similis sit (quod rerum radios sincere excipiat et reflectat), ut potius sit instar speculi alicujus incantati, pleni superstitionibus et spectris." De Augmentis scientiarum Lib. V, Cap. 4 (I, 643).

listen betont Bacon, daß der Sinn, soweit er sich selbst und seiner eigenen Leitung überlassen bleibt, ein schwankender und ungenauer Maßstab ist. Das Zeugnis und die Belehrung des Sinnes gilt nur „in Bezug auf den Menschen, nicht in Bezug auf das Universum"[1]). Immer von neuem kommt Bacon auf diesen Haupt- und Lieblingssatz seiner Philosophie zurück. Mit der gleichen Schärfe, wie gegen die „kahlen Abstraktionen" der Dialektik wendet er sich gegen die voreiligen „Empiriker", die auf zufälligen und nicht völlig analysierten Beobachtungen das System der wissenschaftlichen Axiome und Grundsätze zu errichten suchen[2]). Die „Erfahrung", die Bacon anruft, ist ihm daher mit dem unmittelbaren sinnlichen Eindruck der Wirklichkeit keineswegs gleichbedeutend. „Was man gemeinhin „Erfahrung" nennt, ist nichts anderes, als ein unsicheres Tasten, wie der Mensch es bei Nacht macht, wenn er versucht, sich durch Befühlen der Gegenstände auf den rechten Weg zu bringen, während es doch besser und geratener wäre, den Anbruch des Tages zu erwarten oder ein Licht anzuzünden. Eben dies letztere aber ist das Verfahren und die Weise der echten Erfahrung: sie steckt zuerst ein Licht an und weist sodann mit ihm den Weg, indem sie mit völlig geordneten und durchdachten, nicht aber mit vorschnellen und irrigen Beobachtungen beginnt und aus ihnen allgemeine Sätze zieht, die ihrerseits wiederum den Zugang

---

[1]) „Falso enim asseritur, sensum humanum esse mensuram rerum; quin contra, omnes perceptiones tam sensus quam mentis sunt ex analogia hominis, non ex analogia universi. Estque intellectus humanus instar speculi inaequalis ad radios rerum, qui suam naturam naturae rerum immiscet, eamque distorquet et inficit." (Nov. Organ., Lib. I, Aphor. XLI.)

[2]) „Est et aliud genus philosophantium, qui in paucis experimentis sedulo et accurate elaborarunt, atque inde philosophias educere et confingere ausi sunt; reliqua miris modis ad ea detorquentes ... At philosophiae genus Empiricum placita magis deformia et monstrosa educit, quam Sophisticum aut rationale genus; quia non in luce notionum vulgarium, (quae licet tenuis sit et superficialis, tamen est quodammodo universalis et ad multa pertinens) sed in paucorum experimentorum angustiis et obscuritate fundatum est." Nov. Organ. Lib. I, Aphor. LXII und LXIV.

zu neuen Experimenten erschließen"[1]). Die theoretische O r d n u n g der Einzelbeobachtungen entscheidet somit erst über ihren Wert und ihre objektive Bedeutung. Bis hierher ist es nicht anders, als höre man D e s c a r t e s oder Ga l i l e i sprechen; wie es denn Bacon als den eigentlichen Vorzug seines Verfahrens rühmt, daß dadurch endlich die „wahre und rechtsgültige Ehe" zwischen dem empirischen und dem rationalen Vermögen des Geistes geschlossen werde[2]). Die Bahn der Erfahrung soll, von den ersten sinnlichen Wahrnehmungen angefangen, durch eine sichere rationelle Methode befestigt und gangbar gemacht werden (omnisque via usque a primis ipsis sensuum perceptionibus c e r t a r a t i o n e m u n i e n d a)[3]). Ein fester logischer Stufengang wird vorgezeichnet, kraft dessen wir uns allmählich zur objektiven Erkenntnis erheben. „Wie der Sinn für sich schwach und unsicher ist, so helfen auch die Instrumente, die seine Wahrnehmungsfähigkeit erweitern und schärfen sollen, nicht weiter; vielmehr wird jede wahrhafte Auslegung der Natur erst durch geeignete und richtig angewandte Experimente erreicht; denn der Sinn urteilt nur über das Experiment, das Experiment aber über die Natur und die Sache selbst"[4]).

---

[1]) „Restat experientia mera, quae, si occurrat, casus; si quaesita sit, experimentum nominatur. Hoc autem experientiae genus nihil aliud est, quam (quod ajunt) scopae dissolutae, et mera palpatio, quali homines noctu utuntur, omnia pertentando, si forte in rectam viam incidere detur; quibus multo satius et consultius foret diem praestolari, aut lumen accendere, et deinceps viam inire. At contra, verus experientiae ordo primo lumen accendit, deinde per lumen iter demonstrat, incipiendo ab experientia ordinata et digesta, et minime praepostera aut erratica, atque ex ea educendo axiomata, atque ex axiomatibus constitutis rursus experimenta nova". A. a. O.; Aphor. LXXXII.
[2]) „Atque hoc modo inter empiricam et rationalem facultatem (quarum morosa et inauspicata divortia et repudia omnia in humana familia turbavere) conjugium verum et legitimum in perpetuum nos firmasse existimamus". Nov. Org., Praefatio, Works I, 131.
[3]) A. a. O., Works I, 129.
[4]) Novum Organon, Lib. I, Aphor. L.: „Omnis verior interpretatio naturae conficitur per instantias et experimenta idonea et apposita; ubi sensus de experimento tantum, experimentum de natura et re ipsa judicat".

In dieser Unterscheidung einer doppelten Bedeutung der „Erfahrung" selbst, in diesem Hinweis auf den Gegensatz zwischen zufälliger, passiver Wahrnehmung und dem bewußt und methodisch geübten Experiment liegt dasjenige, was Bacon für die Kritik der Erkenntnis geleistet hat; liegt ein Verdienst, das durch alle die offensichtlichen Mängel und Schwächen in der A u s f ü h r u n g seiner Theorie nicht beseitigt wird. Zwar daß er die Forschung überhaupt wieder auf die empirische Betrachtung verwiesen hat, kann ihm nicht als originale Leistung zugerechnet werden. In seinem Kampfe gegen das Schulsystem hat er den Argumenten, die von den Vorgängern, von V i v e s und R a m u s, von V a l l a und Francesco P i c o geprägt worden waren, sachlich nichts hinzugefügt, wenngleich er ihnen in der epigrammatischen Kraft seines Stils die blendende äußere Form gegeben hat, kraft deren sie sich im Bewußtsein der Nachwelt behauptet haben. Der eigentlich fruchtbare Grundzug seiner Lehre aber besteht darin, daß sie bei der bloßen Feststellung des Einzelnen nicht stehen zu bleiben gedenkt. Ihr ganzes Streben ist darauf gerichtet, von den ersten und rohen Anfängen der Empfindung zur wissenschaftlichen Erfahrung, zur „experientia litterata" durchzudringen. Im Hinblick auf dieses einheitliche Ziel wird die Rolle der Wahrnehmung sowohl wie die des Denkens abzuschätzen gesucht. „Wahrheit" ist — nach der ursprünglichen Konzeption Bacons — weder in den Sinnen, noch im Verstand allein, sondern einzig in der Durchdringung und Wechselbeziehung dieser beiden Momente zu suchen.

Und dennoch enthält dieser so wichtige und wegweisende Gedanke, wenn wir ihn in seiner besonderen Nuancierung innerhalb des Baconischen Systems betrachten, eine innere Schwierigkeit in sich. Von welcher Art ist jene Wirklichkeit, die uns durch das Experiment erschlossen werden soll? Kann darunter, nach den sachlichen Konsequenzen aus Bacons Anfängssätzen, etwas anderes verstanden sein, als die Regel der empirischen Wiederkehr, die wir i n n e r h a l b d e r E r s c h e i n u n g e n s e l b s t festhalten und aufzeigen können? Diese Folgerung aber steht mit der tatsächlichen geschichtlichen Gestalt von Bacons Physik in Widerstreit. Die Natur ist für Bacon nicht ein geordnetes Ganze gesetzlicher Veränderungen, sondern ein Inbegriff an sich bestehender „Wesenheiten". Das empirische Dasein weist beständig auf ein Reich metaphysischer „Formen" und Qualitäten, als seinen eigentlichen objektiven Hintergrund, zurück. Wo aber — so muß nunmehr gefragt werden — finden wir die Mittel, die uns in diesen Bereich der **a b s o l u t e n** Dinge und Eigenschaften hinauszuführen vermöchten? Des Denkens Faden ist hier, nach Bacons eigenen Voraussetzungen, zerrissen. Bleibt doch jede Setzung des **V e r s t a n d e s** nicht minder, als der Empfindung in den Umkreis der **E r s c h e i n u n g e n** gebannt, statt zu ihren substantiellen Urgründen hinzuleiten: „**O m n e s p e r c e p t i o n e s t a m s e n s u s, q u a m m e n t i s s u n t e x a n a l o g i a h o m i n i s, n o n e x a n a l o g i a u n i v e r s i** "[1]). So zeigt sich schon hier, daß die Kraft der „Methode", da sie in nichts anderem bestehen kann, als in **g e d a n k l i c h e n** Weisungen und Vorschriften, nicht hinreichen wird, um uns in dasjenige Gebiet des Seins Eingang zu verschaffen, das Bacon als Physiker und Metaphysiker voraussetzt. Die Methodenlehre muß eine Wendung erfahren, die ihrer anfänglichen Konzeption widerstreitet, damit sie den Aufgaben zu genügen vermag, die ihr durch Bacons **F o r m e n l e h r e** gestellt werden.

II.

Die Formenlehre.

In seinem methodischen Erstlingswerk geht **D e s c a r t e s** von einer Forderung aus, die in ihrer äußeren Fassung durchaus an die Aufgabe erinnert, die **B a c o n** seiner Metaphysik gestellt hat. Es gilt, die zusammengesetzten Dinge durch fortschreitende Analyse in die „einfachen Naturen" zu zerlegen, aus denen sie bestehen und sich die Regel deutlich zu machen, nach welcher sie sich aus ihnen aufbauen. Sogleich

---

[1]) Novum Org., Lib. I, Aph. XLI (s. S. 8).

aber tritt zu diesem Satze eine wichtige Einschränkung hinzu: die Dinge sollen in Klassen geteilt werden, „nicht sofern sie sich auf irgend eine Art des Seins beziehen, wie die Philosophen es in ihren Kategorien unterschieden haben, sondern sofern die einen aus den anderen e r k a n n t w e r d e n können". Die Grundbegriffe, auf die das Cartesische Verfahren hinführt, sind somit Begriffe, wie die des G l e i c h e n und U n g l e i c h e n, des G e r a d e n und K r u m m e n, der U r s a c h e und der W i r k u n g: es sind, mit einem Worte, durchweg mathematische oder physikalische B e z i e h u n g s - u n d V e r h ä l t n i s b e g r i f f e[1]). Bei Bacon dagegen nimmt die Analyse einen anderen Weg. Was die Natur uns darbietet, das ist eine Mannigfaltigkeit von E i n z e l d i n g e n und ihren konkreten sinnlichen E i g e n s c h a f t e n. Wir können diese Zusammenfassung von Merkmalen nicht verstehen, wenn wir nicht jedes einzelne zuvor in seiner eigentümlichen Wesenheit erforscht haben. Jeder besondere Gegenstand ist nur eine Vereinigung und Anhäufung verschiedener einfacher Naturen, — wie sich z. B. im Gold die Eigenschaften des Gelbseins und der Schwere, der Dehnbarkeit und der Härte u. s. f. zusammenfinden. Erst derjenige, der die innere Beschaffenheit jeder dieser Naturen erfaßt, der verstanden hat, welche allgemeine Qualität einen Körper gelb oder hart, schwer oder dehnbar macht, wird imstande sein, das Gold wahrhaft zu begreifen und — hervorzubringen[2]). Der Mangel der scholastischen Denkweise besteht somit, nach Bacon, nicht darin, daß sie derartige all-

---

[1]) D e s c a r t e s, Regulae ad directionem ingenii, Reg. VI, S. 15 f.
[2]) „At praeceptum sive axioma de transformatione corporum duplicis est generis. Primum intuetur corpus ut turmam sive conjugationem naturarum simplicium: ut in auro haec conveniunt; quod sit flavum; quod sit ponderosum, ad pondus tale; quod sit malleabile aut ductile, ad extensionem talem; quod non fiat volatile, nec deperdat de quanto suo per ignem etc. . . Itaque hujusmodi axioma rem deducit ex Formis naturarum simplicium. Nam qui Formas et modos novit superinducendi flavi, ponderis, ductilis, fixi, fluoris, solutionum, et sic de reliquis, et eorum graduationes et modos, videbit et curabit, ut ista conjungi possint in aliquo corpore, unde sequatur transformatio in aurum". Nov. Org., Lib. II, Aphor. V.

gemeine Qualitäten überhaupt setzt und annimmt; sondern darin, daß sie sogleich auf die Wesenheit empirischer E i n z e l o b j e k t e ausgeht, daß sie von der Form des Löwen, des Adlers, der Rose spricht, ehe sie die verschiedenen Bestandstücke, die in ihr vereint sind, herausgesondert und für sich untersucht hat[1]). Das Innerste der Natur, die „viscera naturae" erschließen sich uns, wenn wir die Grundqualitäten, die im Stoffe wirksam sind, nicht bloß in den besonderen Körpern aufsuchen, wo sie immer mit fremden und zufälligen Beschaffenheiten untermischt sind, sondern wenn wir sie als solche und losgelöst erkennen[2]). Wenn bei Descartes die Zerlegung in Begriffen, wie Zahl und Gestalt, Gleiches und Ungleiches endet, so führt sie hier auf fundamentale dingliche Eigenschaften, auf Gegensätze, wie das „Warme" und das „Kalte", das „Dichte" und das „Dünne" zurück.

Die bekannte Untersuchung, die Bacon im „Neuen Organon" durchführt, um die Natur der W ä r m e zu bestimmen, liefert das deutlichste und markanteste Beispiel für diese Grundanschauung. Wenn wir, vom Standpunkt der modernen physikalischen Auffassung, erwarten würden, daß Bacon, um sein Problem zu lösen, vor allem den Bedingungen nachginge, unter denen Wärme e n t s t e h t: so sehen wir, daß seine erste Bemühung vielmehr darauf gerichtet ist, sich aller Fälle zu versichern, in denen die Wärme, als eine konstante Eigenschaft, v o r h a n d e n i s t. Die „Form" der Wärme ist ein feststehendes dingliches Etwas, das hier in stärkerem, dort in geringerem Maße, hier versteckter, dort deutlicher in einer bestimmten Einzelerscheinung hervortritt. Aus diesem l o g i s c h e n Gesichtspunkte folgt das Verfahren, das Bacons Naturphilosophie einschlägt, mit zwingender Konsequenz. Wenn hier — wie L i e b i g es

---

[1]) Vgl. Nov. Organon, Lib. II, Aphor. XVII.
[2]) „Quod si judicium illud vulgatum dialecticorum tam operosum fuerit, et tanta ingenia exercuerit; quanto magis laborandum est in hoc altero, quod non tantum e x m e n t i s p e n e t r a l i b u s, sed etiam e x n a t u r a e v i s c e r i b u s extrahitur". Nov. Organon, Distributio operis, I, 137.

drastisch geschildert hat[1]) — unter die „affirmativen Instanzen" der Wärme die Sonnenstrahlen, das Vitriolöl und frische Pferdeäpfel eingereiht werden, während auf der anderen Seite als Fälle der Abwesenheit von Wärme die Mondstrahlen, die kalten Blitze und das St. Elmsfeuer notiert werden: so entspringt ein derartiges Verfahren, so seltsam es uns erscheinen will, doch aus der ersten V o r a u s s e t z u n g der Baconischen Induktion. Was Wärme ist, das können wir danach in der Tat nicht anders ermitteln, als indem wir sämtliche — w a r m e n D i n g e zusammenstellen und das gemeinsame Merkmal, das ihnen anhaftet, durch „Abstraktion" herausziehen. Wenngleich daher die „Formen" von Bacon auch als die G e s e t z e der Dinge bezeichnet und somit scheinbar in die Nähe des Grundbegriffs der modernen Naturwissenschaft gerückt werden, so offenbart sich doch gerade an diesem Punkte der unüberbrückbare Gegensatz der Betrachtungsweisen. Wollte man nach Baconischer Methode daran gehen, etwa die Natur der Fallbewegung zu ergründen, so müßte man damit beginnen, alle fallenden K ö r p e r in verschiedene Klassen zu teilen, um diese dann gesondert zu beobachten und die Eigenschaft, in der sie übereinstimmen, für sich herauszuheben. Wir erinnern uns, daß in der Tat die A r i s t o t e l i s c h e n G e g n e r Galileis diesen Weg vorschlugen und forderten. Nicht von einer allgemeinen mathematischen Beziehung — so verlangten sie — solle ausgegangen werden, sondern von den inneren substantiellen Unterschieden der „Subjekte", die in Bewegung begriffen sind. (Vgl. Bd. I, S. 381 ff.) Bacon wurzelt, wie sehr er sich von den einzelnen Ergebnissen der Aristotelischen Physik entfernt haben mag, dennoch noch durchaus in dieser selben Grundanschauung. Er kennt nichts anderes, als Dinge und ihre Eigenschaften: und diese Einengung des logischen Horizonts ist es, die die freie und originale Entwicklung seiner Naturlehre von Anfang an ausschließt. In der Tat nimmt diese Lehre nur das Ideal auf, von dem die gesamte mittel-

---

[1]) L i e b i g, Über Francis Bacon v. Verulam und die Methode der Naturforschung, München 1863, S. 21 f.

alterliche A l c h e m i e beherrscht war: die Fähigkeit, die Dinge in ihre letzten absoluten Qualitäten zu zerlegen, soll dazu dienen, sie aus ihnen in jeder nur immer geforderten Kombination wieder zu erzeugen und damit den Wirkungsprozeß der Natur selbst nachzuahmen[1]).

Für die Einsicht in die logischen Grundmotive der Geschichte des Erkenntnisproblems bildet daher Bacons Lehre an dieser Stelle eine geradezu unschätzbare „negative Instanz". Hier wird es unmittelbar deutlich, daß aller Fortschritt im E i n z e l n e n nicht genügen konnte, ehe nicht eine fundamentale Umwandlung der D e n k a r t erreicht war. Alle Mängel und Irrtümer, die selbst die überzeugtesten Anhänger der Baconischen Philosophie seiner M e t h o d e von jeher vorgehalten haben, quellen aus diesem einen Punkt: aus seinem Verharren in der substantiellen Weltansicht. Noch einmal vertritt er alle diejenigen philosophischen Voraussetzungen, in deren Bekämpfung die moderne Wissenschaft sich selber und ihre eigene Aufgabe entdeckt hatte. Wir erinnern uns, wie der erste Schritt für G a l i l e i und K e p l e r darin bestand, die absoluten G e g e n s ä t z e der Ontologie in quantitative U n t e r s c h i e d e, in ein „Mehr und Weniger" aufzulösen[2]). Für Bacon dagegen gelten das W a r m e und K a l t e, das F e u c h t e und T r o c k e n e noch durchaus als selbständige „Naturen", zwischen denen keine Vermittlung und Gradabstufung statthat. Wie es Körper gibt, die an sich warm, so gibt es andere, die an sich kalt sind. Die relativen Differenzen, die die Empfindung uns anzeigt, werden zu inneren unbedingten Unterschieden der Sachen umgedeutet; die verschiedene Fähigkeit der Wärmeleitung, die den Körpern eignet, gibt Anlaß, zwei entgegengesetzte absolute Grundeigenschaften in ihnen anzunehmen. Wenn es ferner ein Hauptzug der mathematisch-naturwissenschaftlichen Theorie ist, daß in ihr zuerst die Unendlichkeit und die prinzipielle U n a b s c h l i e ß b a r -

---

[1]) Näheres über diesen Zusammenhang der Baconischen Naturbetrachtung mit dem Problem der Alchemie s. „Substanzbegriff und Funktionsbegriff", S. 203 ff.
[2]) Vgl. Bd. I, 351 f., 430 u. s.

k e i t alles Erfahrungswissens entdeckt wird, so bleibt Bacon auch hierin von ihr geschieden. Nicht nur, daß eine beschränkte Anzahl von Formen genügen soll, um durch Mischung die gesamte Fülle der Erscheinungen aus sich zu entwickeln: auch das Ganze der Phänomene selbst gilt überall als ein b e g r e n z t e r Inbegriff, der sich dereinst durch fortgesetzte Beobachtung werde erschöpfen lassen. In dieser Ansicht liegt das Charakteristische und Unterscheidende für Bacons Begriff der Induktion. Daß die „Induktion" zu den schlechthin a l l g e m e i n e n Eigenschaften der Dinge, daß sie zur Entdeckung ihrer letzten Wesenheiten fortschreiten könne: das ist ihm kein Widerspruch, weil er die Natur und die Gegenstände der Natur von vornherein als ein in sich abgeschlossenes Gebiet betrachtet, das sich vollkommen überblicken und in seinen einzelnen Gliedern a b z ä h l e n läßt[1]).

Mit dieser Ansicht hängt weiterhin der andere Grundzug der Baconischen Erfahrungslehre: die völlige T r e n n u n g v o n B e o b a c h t u n g u n d T h e o r i e innerlich zusammen. Die G e s c h i c h t e der Phänomene geht, dem allgemeinen Entwurf der Methode nach, voraus; erst wenn sie vollendet ist, beginnt die Aufgabe der theoretischen Zergliederung. So gilt als das Fundament jeglicher Philosophie eine Disziplin, die lediglich die Einzelbeobachtungen r e g i s t r i e r t, sich aber jeden Versuchs, sie begrifflich zu deuten und zu ordnen, noch völlig enthält. In der Tat: wenn die Erscheinungen ein endliches Ganze bilden, das sich durch einfache Aufreihung und Nebeneinanderstellung der Elemente erschöpfen läßt, so scheint jede leitende M a x i m e der Induktion, jede Über- und Unterordnung nach logischen Gesichtspunkten entbehrlich zu werden. Der eigentlichen empirischen W i s s e n s c h a f t dagegen ist es wesentlich, daß sie den Inbegriff ihrer gedanklichen Grundmittel nicht etwa nur zur Bearbeitung f e r t i g e r Tatsachen verwendet,

---

[1]) S. hrz. besonders Bacons Schrift „Parasceue ad historiam naturalem et experimentalem" nebst der Vorrede Speddings; ferner das Urteil von E l l i s (W. I, 39, 61 u. 266 f.) und H e u s s l e r, Francis Bacon und seine geschichtliche Stellung, Breslau 1889, S. 105 ff.

sondern daß sie ihn bereits zur **F e s t s t e l l u n g** des Einzelfaktums braucht. Was als „Tatsache" zu gelten hat, das steht ihr nicht von Anfang an fest, sondern muß erst auf Grund theoretischer Kriterien ermittelt und entschieden werden. Bacon dagegen kennt auf der einen Seite nur die einfache Konstatierung des Phänomens; auf der anderen und völlig losgelöst davon, dessen philosophisch-spekulative Deutung und Verwertung. Die Art, in der er in seinem naturphilosophischen Hauptwerk, der „Sylva sylvarum" das **M a t e r i a l** zu seinen Induktionen herbeischafft, muß auf den ersten Blick völlig unbegreiflich scheinen. Von überallher trägt er es zusammen: bald ist es eine eigene gelegentliche Beobachtung, bald eine Bemerkung in einem naturwissenschaftlichen Werk oder einer Reisebeschreibung, bald eine Behauptung, die er vom Hörensagen kennt, die alle er ohne nähere Kontrolle hinnimmt. Sein eigenes Interesse haftet nicht an der Feststellung und **B e w ä h r u n g** aller dieser angeblichen „Tatsachen", sondern es beginnt erst, wo es sich um ihre „Erklärung" handelt. Erst nachdem die Fakta gesammelt und aufgereiht sind, setzt für ihn die Arbeit der Theorie ein. Bacons Induktion stellt sich lediglich die Aufgabe, aus Phänomenen, die als feststehend und gegeben betrachtet werden, die reinen Formen und Wesenheiten herauszudestillieren: die Methode dagegen, kraft deren die Wirklichkeit der **e i n z e l n e n** Erscheinung selbst verbürgt und erwiesen werden kann, fällt außerhalb ihres Gesichtskreises. Dieser Zug vor allem mag es gewesen sein, der die großen empirischen Forscher, die in Bacons nächster Umgebung lebten, so völlig von ihm getrennt hielt. Sie alle mochten gegenüber seiner schnellfertigen Art, die Tatsachen zusammenzuraffen, die Empfindung haben, die Harvey in einem scharfen und witzigen Wort ausgesprochen hat: „er betreibt die Naturlehre wie ein Lordkanzler"[1]).

Wieder aber gilt es hier, die Mängel des Baconischen Verfahrens nicht lediglich im einzelnen zu betrachten, sondern

---

[1]) „He writes philosophy" (said Harvey to Aubrey) „like a Lord Chancellor" — speaking in derision. (Cf. Works III, 515.)

sie aus der **Grundkonzeption**, von der Bacons Philosophie beherrscht wird, zu begreifen. Der Weg, den Bacons Denken durchmessen hat, läßt sich jetzt bereits in seinen verschiedenen Phasen überschauen. Die Notwendigkeit einer **Verstandeskritik**: das war die Forderung, von der er seinen Ausgang nahm. Aber mit dieser Forderung des Logikers traf jener andere Gesichtspunkt zusammen, der aus dem technischen Interesse an der Unterwerfung und Beherrschung der Natur entsprang. Was der Sinn, was das reine Denken zu unserem objektiven Bilde der Wirklichkeit beiträgt, das sollte nicht lediglich kritisch herausgelöst und **erkannt**, sondern es sollte zugleich aufgehoben und vernichtet werden, wenn anders wir die Natur in ihrem innersten unbedingten Sein besitzen wollten. Die Grundkräfte des Wirklichen können wir — so scheint es — nicht anders gewinnen, als dadurch, daß wir in unserem Denken alles auslöschen, was ihm selber und seiner eigentümlichen Gesetzlichkeit angehört. Aber indem Bacon auf diese Weise der positiven Leistung des „Intellekts" widerstrebte, — indem er sie, statt sie in ihrer Bedingtheit zu verstehen und anzuerkennen, vielmehr auszutilgen suchte, ist er damit nur um so mehr der **unbewußten** Illusion des Begriffs erlegen. Wir sahen bereits, wie sich ihm die relativen Gradunterschiede der **Empfindung** zu absoluten Gegensätzen in den Körpern verwandelten. Und einer analogen Wandlung und Umdeutung verdanken alle die „reinen Formen", die für Bacon die Summe der echten Wirklichkeit ausmachen, ihre Entstehung. Wir gelangen zu ihnen, indem wir eine bestimmte Qnalität, die uns in den Erscheinungen in wechselnder Stärke und untermischt mit anderen Merkmalen entgegentritt, für sich herausgreifen und gesondert betrachten. Die Form des Lichtes oder der Wärme ist dasjenige, was allen leuchtenden oder warmen Körpern, so sehr sie sich sonst von einander unterscheiden mögen, **gemeinsam** ist. Daß die Fixierung, daß die Setzung jeder solchen Gemeinsamkeit selbst nichts anderes, als das Ergebnis eines **logischen Prozesses** ist: diese Einsicht bleibt Bacon versagt. Der abstrakte Gattungsbegriff einer Erscheinung wird ihm zum Urgrund

und Quell der Sache selbst: die „differentia vera" ist zugleich die „natura naturans" und der „fons emanationis"[1]). So ist der Formbegriff selbst nichts anderes, als das Produkt einer falschen Projektion, vermöge deren wir das „Innere" zum „Äußeren" machen. Er ist, wenn irgendeiner, ein I d o l des Geistes, das sich an die Stelle der Objekte schiebt. Bacon selbst sucht einen sicheren Unterschied zwischen „Idolen" und „Ideen" zu gewinnen, indem er jene als Schöpfungen des menschlichen, diese als Erzeugnisse des göttlichen Geistes betrachtet. „Jene sind nichts anderes als willkürliche Abstraktionen, diese dagegen die wahren Siegel, die der Schöpfer seinen Werken aufdrückt, und die in der Materie durch wahre und scharf bestimmte Linien ausgeprägt und bezeichnet sind"[2]). Wie aber vermöchten wir einen Weg zu diesen produktiven Urgedanken zu finden, wenn doch a l l e Inhalte unseres Denkens nur für uns selbst, nicht für das U n i v e r s u m Wert und Bedeutung haben sollen? Wie vermag das Bewußtsein, jene „göttlichen Ideen" auch nur nachzudenken, wenn es sich zuvor jeder Selbsttätigkeit entäußert und zur „leeren Tafel" gemacht hat?

Alle Schwierigkeit, alle innere Zwiespältigkeit der Baconischen Philosophie tritt an diesem einen Punkte: an dem Verhältnis, in welches sie das „Allgemeine" und das „Besondere" setzt, deutlich hervor. Die erste zunächst allein sichtliche Tendenz geht darauf, das mittelalterliche System der abstrakten Begriffe zu stürzen: die Natur soll nicht länger „abstrahiert", sondern „seziert", d. h. in ihre realen Elemente

---

[1]) „Super datum corpus novam naturam sive novas naturas generare et superinducere, opus et intentio est humanae Potentiae. Datae autem naturae Formam, sive differentiam veram, sive naturam naturantem sive fontem emanationis . . invenire, opus et intentio est humanae Scientiae". Nov. Org.; Lib. II, Aphor. I.

[2]) „Sciant itaque homines . . quantum intersit inter humanae mentis Idola, et divinae mentis Ideas. Illa enim nihil aliud sunt quam abstractiones ad placitum: hae autem sunt vera signacula Creatoris super creaturas, prout in materia per lineas veras et exquisitas imprimuntur et terminantur." Nov. Org., Lib. I, Aphor. CXXIV.

und Kräfte zerlegt werden[1]). Wir wollen nicht, wie es bisher geschehen, die Welt in die Enge des Verstandes einzwängen, sondern den Verstand in die freien Weiten der Wirklichkeit hinausführen[2]). Wenn indessen damit die Beobachtung und Beschreibung des E i n z e l n e n als die wahre Aufgabe der Forschung proklamiert erscheint, so werden wir durch den Fortgang der Methode eines anderen belehrt. Das Einzelne läßt sich nicht erkennen, wenn nicht zuvor die „allgemeinen" Naturen begriffen sind. Es ist vergebliche Mühe, nach der Form des Löwen, der Eiche, des Goldes, ja auch des Wassers oder der Luft fragen, wenn man nicht zuvor die Formen des Dichten und Dünnen, des Warmen und Kalten, des Schweren und Leichten, des Festen und Flüssigen erforscht hat[3]). Der Widerstreit aber, der sich hier gegen den ersten Ansatz ergibt, ist für Bacon dadurch verdeckt, daß er auch dieses „Allgemeine" alsbald selbst wiederum zu einem D i n g l i c h e n und K o n k r e t e n macht. Die obersten Bestimmungen, zu denen seine Physik aufsteigt, sind — wie er von ihnen rühmt — zwar höchst „allgemein", dennoch aber nicht b e - g r i f f l i c h e r Natur, sondern durchaus bestimmt und somit ein v o n N a t u r F r ü h e r e s: „ea vero generalissima evadunt n o n n o t i o n a l i a, sed bene terminata et talia quae natura ut revera sibi notiora agnoscat quaeque rebus haereant in medullis"[4]). Aber man erkennt zugleich, daß die Gegensätze, die Bacon hier ins innerste Mark der Dinge ver-

---

[1]) „Intellectus humanus fertur ad abstracta propter naturam propriam, atque ea quae fluxa sunt fingit esse constantia. Melius autem est naturam secare, quam abstrahere; id quod Democriti schola fecit, quae magis penetravit in naturam, quam reliquae." Nov. Org., Lib. I, Aphor. LI.

[2]) „Neque enim arctandus est mundus ad angustias intellectus (quod adhuc factum est), sed expandendus intellectus et laxandus ad mundi imaginem recipiendam qualis invenitur." Parasceue ad Historiam Naturalem et Experimentalem, Aph. 4 (I, 397).

[3]) „Formam inquirendo *leonis, quercus, auri,* imo etiam *aquae* aut *aeris,* operam quis luserit; Formam vero inquirere *Densi, Rari, Calidi, Frigidi; Gravis, Levis, Tangibilis; Pneumatici; Volatilis, Fixi* . . . hoc est inquam illud ipsum quod conamur." De Augmentis scientiarum, Lib. III, cap. IV (I, 566).

[4]) Nov. Organ., Distributio operis, W. I, 136 f.

legt, ihre wahre Stelle vielmehr in der S p r a c h e und ihren populären Abgrenzungen und Unterscheidungen besitzen. Die sprachlich getrennten Eigenschaften, wie das „Schwere" und „Leichte", sind zu widerstreitenden Kräftewesen geworden. So verfällt Bacons Physik demselben Irrtum, den seine Erkenntnislehre unter dem allgemeinen Titel der „idola fori" kritisiert. Die D e f i n i t i o n der „einfachen Naturen", die Auswahl der Gesichtspunkte, kraft welcher wir die Mannigfaltigkeit der Erscheinungen unter bestimmte Einheiten fassen und ordnen, entbehrt selbst jeglicher festen, wissenschaftlichen Regel. Und es scheint, als sei Bacon sich dieser gefährlichsten Klippe, die seiner „Methode" drohte, hie und da selbst bewußt geworden. Wir können — wie er ausdrücklich betont — der Gültigkeit eines Induktionsschlusses, so viele Fälle er auch durchlaufen haben mag, doch niemals sicher sein, solange wir nicht „gute und wahre Begriffe von allen einfachen Naturen besitzen"; gerade diese aber können nicht den Anfang, sondern allenfalls das Ende und das Schlußergebnis des empirischen Verfahrens bilden. „Daher wollen wir, die wir uns der Größe unseres Unternehmens, den menschlichen Verstand den Dingen und der Natur völlig gewachsen zu machen, bewußt sind, auf keine Weise bei den bisher entwickelten Vorschriften stehen bleiben, sondern die Frage weiter führen und auf stärkere Hilfsmittel des Verstandes sinnen"[1]). Eben dieser Aufgabe aber hat sich Bacons Philosophie als Ganzes nicht gewachsen gezeigt: es fehlt ihr an einem Mittel, das uns in den Stand setzte, physikalische Begriffe, statt sie lediglich aufzugreifen und zu kombinieren, im echten theoretischen Sinne erst zu b e g r ü n d e n und f e s t z u - s t e l l e n[2]).

Freilich kennt auch Bacon neben seiner Formenlehre eine andere „allgemeine Grundwissenschaft", die nicht von den inneren Gründen des Seins, sondern von den relativen Bedingungen, unter denen die Gegenstände von uns e r - k a n n t werden, handeln soll. Diese „erste Philosophie"

---

[1]) Nov. Org., Lib. II, Aphor. XIX.
[2]) Vgl. hierzu die Bemerkungen von E l l i s , Works I, 37.

erstreckt sich somit nicht auf die fundamentalen Eigenschaften der Dinge, sondern auf korrelative B e g r i f f s g e g e n s ä t z e , wie Viel und Wenig, Identität und Verschiedenheit, Möglichkeit und Unmöglichkeit. Weiterhin aber soll sie diejenigen A x i o m e enthalten, die nicht irgend einer Einzelwissenschaft eigentümlich zugehören, sondern von mehreren verschiedenen Disziplinen gemeinsam gelten[1]). Erwartet man indessen, nach diesen Andeutungen, an dieser Stelle eine Vertiefung und Weiterführung des Baconischen Erkenntnisideals zu finden, so sieht man sich durch die Ausführung, die der Gedanke erfährt, alsbald enttäuscht. In bunter Folge werden jetzt Sätze von verschiedenartigster Herkunft und verschiedenartigster Geltung als Grundlehren der „ersten Philosophie" aneinandergereiht. So gilt, wie Bacon ausführt, der Satz, daß zwei Größen, die einer dritten gleich sind, untereinander gleich sind, in der Mathematik so gut wie in der Logik; so bewährt sich die Tatsache, daß eine ansteckende Krankheit leichter übertragbar ist, wenn sie noch im Zunehmen begriffen ist, als wenn sie ihren Höhepunkt bereits erreicht hat, in der Medizin sowohl, wie in der Moral. Daß die Kraft jedes tätigen Wesens sich im Widerstreit gegen seinen Gegensatz verstärkt, ist eine Regel, die sowohl für jedes physikalische Geschehen, wie für den politischen Kampf der Parteien gilt; — daß eine aufgelöste Dissonanz uns lustvoll berührt, zeigt sich sowohl in der Musik, wie im Spiel unserer Affekte und Leidenschaften[2]). Selbst ein so unbedingter und kritikloser Bewunderer von Bacons Lehre, wie M a c a u l a y , ist vor diesen Sätzen stutzig geworden. Die Vergleiche, die hier angeführt werden — so urteilt er — sind sehr glückliche Vergleiche; aber daß ein Mann wie Bacon sie für etwas mehr, als ein Spiel des Witzes,

---

[1]) „Atqui Philosophiae Primae communia et promiscua Scientiarum Axiomata assignavimus. Etiam Relativas et Adventitias Entium Conditiones (quas Transscendentes nominavimus) Multum, Paucum; Idem, Diversum; Possibile, Impossibile; et hoc genus reliqua eidem attribuimus, id solummodo cavendo, ut physice, non logice tractentur." De Augmentis scientiarum III, 4 (W. I, 550 f.).
[2]) De Augmentis III, 1; W. I, 540 ff.

daß er sie für einen wichtigen Teil der Philosophie halten konnte: das will ihm als „eine der sonderbarsten Tatsachen der Geistesgeschichte" erscheinen[1]). Und dennoch läßt sich auch dieser Zug aus der logischen Struktur des Gesamtsystems verstehen. Der Platz, der dem „Allgemeinen" im Ganzen der Erkenntnis zukommt, ist durch die dinglichen „Qualitäten" ausgefüllt: wenn das Denken es jetzt unternimmt, allgemeine W a h r h e i t e n und A x i o m e zu entwerfen, so sind diese von Anfang an ihrer eigentümlichen Bedeutung beraubt und müssen zu rhetorischen Gemeinplätzen verkümmern.

So zeigt der Entwurf der „Philosophia prima" noch einmal den Widerstreit im hellsten Licht, der zwischen dem Ziel, das Bacons Lehre sich steckt, und den M i t t e l n besteht, mit denen sie es zu erreichen gedenkt. In der ersteren Hinsicht, in der Formulierung der neuen, wissenschaftlichen A u f g a b e ist Bacon in der Tat der „Herold" seiner Zeit geworden. Er hat, was sie ersehnte und woran sie mit stiller Beharrlichkeit arbeitete, zum energischen und wirkungsvollen Ausdruck gebracht. Die neue Wertschätzung des physischen und empirischen Seins ist es, die seinen Worten Gewicht und Pathos verleiht. Kein Objekt, so geringfügig und niedrig es uns erscheinen mag, kann für die Aufgabe des W i s s e n s zu klein sein: erleuchtet doch die Sonne so gut wie die Paläste auch die Kloaken, ohne dadurch etwas von ihrer eigenen Helle und Reinheit zu verlieren. Die echte Philosophie strebt nicht danach, einen Prunkbau von Gold und Edelsteinen aufzuführen, sondern sie will einen Tempel im menschlichen Geiste errichten, der in allen Stücken dem Vorbilde des Universums ähnlich ist. Was immer des Seins gewürdigt worden ist, ist daher auch wert, gewußt zu werden: da das Wissen nicht mehr ist, als ein Bild des Seins[2]). In der Grund-

---

[1]) M a c a u l a y , Lord Bacon. (Works of Macaulay, London 1898, Vol. II, S. 638).
[2]) „Nos autem non Capitolium aliquod aut Pyramidem hominum superbiae dedicamus aut condimus, sed templum sanctum ad exemplar mundi in intellectu humano fundamus. Itaque exemplar sequimur. Nam quicquid essentia dignum est, id etiam scientia dignum,

tendenz, die sich in diesen Worten ausspricht, in der Hinwendung und Liebe zu der Besonderung des empirischen Seins, erweist sich Bacon den großen wissenschaftlichen Denkern der Renaissance verwandt. Den Weg aber, der zu der Beherrschung des Einzelnen hinführt, muß er verfehlen, da sein Denken noch völlig in dem allgemeinen Begriffssystem der Scholastik befangen ist und ihm daher die gedanklichen Instrumente fremd bleiben, mit denen die neue Wissenschaft arbeitet.

Deutlich tritt diese Stellung bereits in seiner **Begriffsbestimmung der Physik** zutage. Er vertritt und begründet den Gedanken, daß wir die Dinge nicht in ihrem **Sein**, sondern in ihrem **Werden** erfassen müssen, daß nicht ihre **Substanz**, sondern ihre **Bewegung** das eigentliche Objekt der Untersuchung bildet. Als der Grundfehler der gewöhnlichen Betrachtungsweise gilt es ihm, daß sie die Gegenstände nur oberflächlich in einzelnen bestimmten Phasen ihres konkreten Daseins ergreift, statt sie stetig durch alle Stufen ihrer Entwicklung zu verfolgen. Sie zerlegt die Natur in isolierte Stücke, sie seziert sie, wie einen Leichnam, statt in ihre lebendigen bewegenden Kräfte einzudringen[1]). Im Gegensatz zu dieser Auffassung soll die

---

quae est essentiae imago." Nov. Org., Lib. I, Aphor. CXX. Vgl. bes. De Augmentis VII, 1 (W. I, 714 f.) und „Cogitationes de scientia humana", Cog. 9, W. III, 185.

[1]) „Mira enim est hominum circa hanc rem indiligentia. Contemplantur siquidem naturam tantummodo desultorie et per periodos, et postquam corpora fuerint absoluta ac completa, et non in operatione sua. Quod si artificis alicujus ingenia et industriam explorare et contemplari quis cuperet, is non tantum materias rudes artis atque deinde opera perfecta conspicere desideraret, sed potius praesens esse, cum artifex operatur et opus suum promovet. Atque simile quiddam circa naturam faciendum est." Nov. Org. II, 41. — Vgl. bes. Cogitationes de natura rerum § 3: „Inquisitionem de Natura in Motu contemplando et examinando maxime collocare, ejus est qui **opera** spectet. Quieta autem rerum principia contemplari aut comminisci, eorum est qui sermones serere et disputationes alere velint. Quieta autem voco principia, quae docent ex quibus res conflentur et consistant, non autem qua vi et via coalescant." (W. III, 19.) — Vgl. auch **Heussler**, a. a. O. S. 109 ff.

Materie in dem bunten W e c h s e l i h r e r G e s t a l t u n g, in ihren „schematismi" und „metaschematismi" den realen Vorwurf der Physik bilden. Alle „Formen", die sich nicht in der Materie selbst aufzeigen lassen, die sich nicht durch ihre Wirksamkeit innerhalb dieser Welt der stofflichen Veränderungen bekunden, sind als leere Fiktionen zu verwerfen[1]). Wird somit hier alle Wirklichkeit der Natur in Bewegung aufgelöst, so ist doch der Standpunkt der wissenschaftlichen M e c h a n i k damit keineswegs erreicht: denn eben in der Deutung der Bewegungserscheinungen selber hat Bacon noch nirgends die Auffassung überwunden, die die Aristoteliker und mystischen Naturphilosophen der Zeit gegen Kepler und Galilei einnahmen. Auch ihm ist die Bewegung durchaus eine innerliche absolute Eigenschaft der Dinge und wird von qualitativen Gegensätzen beherrscht und geleitet. Haß und Liebe, Sympathie und Antipathie sind es, die ihr Art und Richtung vorschreiben. So ist ihm die allgemeine begriffliche Fixierung, geschweige die mathematische Behandlung der Bewegung als O r t s v e r ä n d e r u n g noch völlig fremd. Je nach der Art des innerlichen Antriebs, von dem sie ausgehen, unterscheidet er neunzehn verschiedene Klassen von Bewegungen, deren jede einem andern Prinzip untersteht. Neben dem „Motus Antitypiae", der aus dem Streben der Materie, ihren Ort zu behaupten, hervorgeht, kennt er einen „Motus fugae", der dann entsteht, wenn zwei entgegengesetzte und feindliche Körper sich von einander zu entfernen trachten. Weiter wird dann von der „Bewegung der größeren Ansammlung" (motus congregationis majoris), kraft deren die Teile der schweren Massen zueinanderstreben, die „Bewegung der kleineren Ansammlung" (motus congregationis minoris) unterschieden, infolge deren der Rahm sich auf der Oberfläche der Milch, die Hefe auf dem Wein sich sammelt: „denn auch dies geschieht nicht lediglich dadurch, daß die einen Teile infolge ihrer Leichtigkeit in die Höhe streben,

---

[1]) „Materia potius considerari debet et ejus schematismi et metaschematismi, atque actus purus, et lex actus sive motus; Formae enim commenta animi humani sunt, nisi libeat leges illas actus Formas appellare." Nov. Org., Lib. I, Aphor. LI.

die andern infolge ihrer Schwere sich nach unten neigen, sondern es beruht weit mehr auf dem Wunsch des Gleichartigen, sich miteinander zu verbinden[1]." Wir sind den gleichen Sätzen bei Männern wie Fracastoro oder Telesio begegnet, mit deren Denkweise Bacon hier in einem allgemeinen Zuge zusammentrifft. Wie sie, strebt er danach, den Zweckbegriff aus der Naturbetrachtung auszuscheiden und die „Formen" zu bewegungserzeugenden Kräften zu wandeln; aber noch weniger als sie vermag er in der speziellen Erklärung der Erscheinungen bloßen anthropomorphistischen Vergleichen zu entgehen[2]).

Es ist vor allem die Astronomie, innerhalb deren diese Gebundenheit sich deutlich bekundet. Nicht daß Bacon das Copernikanische Weltsystem verworfen, sondern seine Beurteilung des methodischen Verfahrens der neueren Astronomie ist hier entscheidend. Als die erste Forderung der „lebendigen" Himmelskunde, die sich nicht damit begnügen darf, die Bewegungen der Gestirne zu beschreiben, sondern die ihre ersten physischen Gründe aufdecken soll, wird von ihm der Satz aufgestellt, daß wir die Phänomene am Himmel überall auf „primäre und universelle Axiome über die einfachen Naturen" (ad primaria illa et catholica axiomata de naturis simplicibus) zurückführen sollen. „Niemand darf hoffen, die Frage, ob der Himmel oder die Erde in täglicher Umdrehung begriffen ist, zu lösen, wenn er nicht zuvor die Natur der spontanen Kreisbewegung begriffen hat[3]). Diesen Sätzen des „Novum Organon" ließe sich ein Sinn geben, der sie den Anschauungen der modernen Forschung verwandt erscheinen ließe: hatte doch auch Kepler die Entscheidung über die Frage der Erd-

---

[1]) Zum Ganzen s. Nov. Org., Lib. II, Aphor. XLVIII; bes. W. I, 333 ff.

[2]) Vgl. Bacons Erklärungen mit denen, die in Bd. I (S. 315 u. 399 ff.) von Telesio und Fracastoro angeführt sind. Mit letzterem stimmt Bacon vor allem darin überein, daß er nach einer rein korpuskularen Auffassung strebt, sie aber nicht erreicht, sondern durchweg bei der Erklärung durch Sympathie und Antipathie stehen bleibt.

[3]) Nov. Org., Lib. II, Aphor. V.

bewegung zuletzt in allgemeinen p h y s i k a l i s c h e n
P r i n z i p i e n gesucht. (Vgl. Bd. I, S. 345 ff.) Aber es
ist bezeichnend, welche Aufklärung man schließlich bei Bacon
über das Wesen der spontanen Rotation erhält. Er versteht
darunter — wie er an einer späteren Stelle erklärt — eine
Bewegung, kraft deren Körper, die an der Bewegung ihre
Freude haben und die sich an ihrem gehörigen Orte befinden,
i h r e e i g e n e N a t u r g e n i e ß e n , eine Bewegung, mit
der sie nur sich selbst, nicht einem anderen folgen und in der sie
gleichsam sich selber zu umfassen trachten. Denn die Körper
ruhen entweder, oder sie streben einem bestimmten Ziel zu,
oder endlich sie schreiten ohne ein festes Ziel fort. „Was sich
nun an seinem rechten Platze befindet, das bewegt sich,
sofern es an der Bewegung seine Freude hat, im Kreise, weil
dies allein eine ewige und unendliche Bewegung ist. Was
sich an seinem rechten Platze befindet, zugleich aber die
Bewegung verabscheut, verharrt in Ruhe, während schließlich
das, was nicht an seinem gehörigen Orte ist, sich in gerader
Linie zu seinen Genossen hinbewegt"[1]). Als den Grundmangel
der bisherigen Astronomie sieht Bacon es daher an, daß sie
nur äußerlich die „Maße und Perioden" der Himmelsbe-
wegungen, nicht aber ihre „wahren Differenzen" bestimmt
habe[2]), die für ihn in den verschiedenartigen inneren Strebungen und Neigungen der bewegten Subjekte bestehen.
Wer in dieser Fragestellung verharrte, der mußte den Weg
zur exakten W i s s e n s c h a f t der Natur notwendig verfehlen. Bacon ist einer Gefahr erlegen, die er selbst klar genug
bezeichnet hat. Er selbst ist es, der fort und fort betont,
daß nicht die „fruchtbringenden", sondern die „licht-

---

[1]) Nov. Org., Lib. II, Aphor. XLVIII, N. I, 344 f.
[2]) Verum haec omnia acutius et diligentius inspicienti mensura motus sunt, et periodi sive curricula quaedam motuum et veluti pensa; non verae differentiae; cum quid factum sit designent, at rationem faeti vix innuant ... Nam principia, fontes, causae et formae motuum, id est omnigenae materiae appetitus et passiones, philosophiae debentur; ac deinceps motuum impressiones sive impulsiones, fraena et reluctationes, viae et obstructiones, alternationes et mixturae, circuitus et catenae; denique universus motuum processus." (Cogitationes de natura rerum, IV, W. III, 21 f.) — Vgl. auch Thema coeli, W. III, 777.

bringenden" Experimente es sind, die vorerst und vor allen andern zu suchen sind. Wer statt auf die theoretische Aufhellung eines Gebiets von Naturerscheinungen stets nur auf den nächsten Nutzen ausgeht, dem geht es wie der Atalante, die um den Sieg im Wettlauf betrogen wurde, weil sie sich bückte, um die goldenen Äpfel zu ihren Füßen aufzusammeln. Dieser Vergleich trifft auf seine eigene Lehre zu: er griff nach den Früchten der Erfahrung, ehe die echten Prinzipien des Wissens gewonnen waren, aus denen allein die Erfahrung im neuen Sinne gestaltet und erarbeitet werden konnte.

Zweites Kapitel.
Gassendi.

So wenig das traditionelle Vorurteil, das in Bacon den Begründer der neueren Philosophie sieht, sich bei schärferer Analyse behauptet, so wenig läßt sich auch nur der beschränktere Anspruch festhalten, daß in seiner Lehre der eigentliche Grund des modernen „Empirismus" gelegt sei. Denn dieser Empirismus knüpft an den Erfahrungsbegriff der neueren Physik an, den er entweder annimmt oder den er gemäß einer feststehenden philosophischen Ansicht zu kritisieren und umzubilden sucht. In diesem Sinne nimmt die neuere Erfahrungsphilosophie nicht von Bacon, sondern von Gassendi und Hobbes ihren Ausgang. In diesen beiden Denkern, die mit den Ergebnissen und den Mitteln der exakten Forschung innerlich vertraut sind, gewinnt das Problem der Erfahrungserkenntnis erst festere Gestalt und Fügung. Wenn hierbei Hobbes bereits mit bestimmten logischen Voraussetzungen und Forderungen an den Stoff, den ihm die Wissenschaft darbietet, herantritt, so handelt es sich für Gassendi vor allem darum, diesen Stoff gleichsam erst einmal philosophisch in Besitz zu nehmen. Er ist nicht, wie Descartes, der Systematiker, der danach strebt, den gesamten Inhalt des Wissens aus einem einzigen Prinzip deduktiv hervorgehen zu lassen, sondern er begnügt sich damit, aus der Mannigfaltigkeit der philosophischen Lehrmeinungen diejenigen herauszugreifen und näher zu entwickeln, die dem neuen Gehalt, den die Wissenschaft erarbeitet hat, am meisten gemäß sind. In dieser Grundabsicht greift er auf die Atomistik zurück, ohne sie jedoch in streng dogmatischem Sinne als die einzige Grundlage jeder philosophischen Erklärung zu behaupten. Die

Entwicklung seiner Lehre zeigt vielmehr, daß er unbedenklich auch andere Anschauungen aufnimmt, sobald sie ihm zum philosophischen Unterbau der Prinzipien der mathematischen Physik geeignet erscheinen. Selbst die Scholastik hat er hier keineswegs verschmäht, sondern ihr — namentlich in seinen psychologischen Lehren — einen weiten Einfluß eingeräumt[1]). Die Einheit von Gassendis Lehre liegt daher in dem Ziel, das sie sich setzt, nicht in den Mitteln, mit denen sie es verfolgt. Gerade hierauf aber beruht zugleich das vielseitige g e s c h i c h t l i c h e Interesse, das sie darbietet: denn in ihr wird zum erstenmal der Versuch gemacht, die Ergebnisse der modernen Physik mit den verschiedenen philosophischen Problemkreisen in Beziehung zu setzen und beide Gebiete wechselseitig an einander zu messen.

Sofern Gassendi hierbei das Problem der Erfahrung lediglich im p s y c h o l o g i s c h e n Sinne versteht, gelingt es ihm freilich nicht, ihm eine neue Seite abzugewinnen. In dem Versuch der Herleitung alles Wissens aus den ersten sinnlichen Anfängen ist er über seine antiken Vorbilder nirgends wesentlich hinausgelangt. Das begriffliche Rüstzeug des Sensualismus — das auch in späteren Lehren immer wieder gebraucht wird — ist, wie sich hier zeigt, keineswegs eine Errungenschaft der neueren Philosophie, sondern es wird aus der Lehre E p i k u r s fertig herübergenommen. Der Sinn ist die Grundlage alles Wissens: denn er allein ist es, der uns der W i r k l i c h k e i t irgend eines Gegenstandes versichert. Nur durch ihn stehen wir mit der Welt der Objekte, die uns umgibt, in Verbindung und vermögen einen Teil ihrer Wesenheit in uns aufzunehmen. Diese „Aufnahme" der Gegenstände wird bei Epikur selbst in rein stofflichem Sinne verstanden. Von den Dingen lösen sich beständig kleine materielle Teile ab, die, nachdem sie zum sinnlichen Organ gelangt sind, auf dieses einwirken und es verschiedenartig affizieren. Diese „Idole" unterscheiden sich von den sicht-

---

[1]) Näheres hierüber jetzt bei P e n d z i g , Pierre Gassendis Metaphysik und ihr Verhältnis zur scholastischen Philosophie, Bonn 1908. (Renaissance und Philosophie, Beiträge zur Gesch. der Philosophie hg. von A. Dyroff, Heft 1.)

und tastbaren Körpern zwar in ihren Dimensionen — denn sie sind im Vergleich zu ihnen als unendlich klein anzusehen —, aber sie stimmen im übrigen mit ihnen in der allgemeinen stofflichen Beschaffenheit sowie in allen besonderen Beziehungen und Merkmalen überein. „Es enthält keinen Widerspruch" — so beschreibt Gassendi diese Ansicht —, daß von der Oberfläche der Körper beständig gewisse Ausflüsse von Atomen stattfinden, in denen dieselbe Lage und Ordnung, wie sie in den Körpern selbst bestand, erhalten bleibt. Solche Ausflüsse sind gleichsam die Formen oder Schemen der Körper und besitzen die gleichen Umrisse wie diese, wenngleich sie an Feinheit alle sinnlich wahrnehmbaren Objekte weit übertreffen. Von solcher Art sind jene Formen und Abdrücke, die wir gewöhnlich als Idole und Bilder (Idola seu Simulacra) zu bezeichnen pflegen[1]." In der Entwicklung des eigenen Systems hält Gassendi diese Ansicht freilich nicht in vollem Umfange aufrecht. Hier versucht er vielmehr die Lehre Epikurs, indem er sie in einem wichtigen Punkte modifiziert, mit der des A r i s t o t e l e s in Einklang zu setzen. Wenn Aristoteles lehrt, daß nicht der Stoff, sondern die Form der Dinge es ist, die im Erkenntnisakt in uns übergeht, so läßt sich diesem Satze, wie Gassendi ausführt, eine Deutung geben, die ihn mit der modernen Naturanschauung versöhnen würde. Zwar der Gedanke, daß es sich beim Übergang der dinglichen Qualitäten in das Bewußtsein um eine rein „intentionale", stofflose Wirkung handle, ist unbedingt abzuweisen. Für das Zustandekommen der Wahrnehmung ist es erforderlich, daß die wahrgenommene Eigenschaft irgendwie an das wahrnehmende körperliche Organ herangebracht werde; diese Übertragung aber kann, da es sich hierbei um räumlich getrennte Gegenstände handelt, nicht anders als durch eine O r t s b e w e g u n g geschehen. Jede Bewegung aber fordert ihrerseits wieder irgendein s t o f f l i c h e s S u b s t r a t, an dem sie haftet, und läßt sich von ihm, selbst in Gedanken, nicht loslösen. Auf der anderen Seite

---

[1] Syntagma Philosophiae Epicuri, Sectio III, Cap. XI. (Opera omnia in sex tomos divisa curante Nicolao Averanio, Florentiae 1727, III, 39.)

besteht indes die Aristotelische Ansicht, daß nicht die Materie der Dinge es ist, die im Wahrnehmungsakt in uns aufgenommen wird, zu Recht: denn tatsächlich sind es nicht irgend welche materielle B e s t a n d t e i l e , die im Moment der Empfindung in die aufnehmenden Organe übergehen, sondern es ist lediglich der B e w e g u n g s z u s t a n d des äußeren Mediums, der sich dem Bewegungszustand der Nerven mitteilt und ihn nach sich bestimmt. Das äußere Ding bildet sich nicht unmittelbar im Geiste ab, so daß es mit einem Teil seiner eigenen Wesenheit wirklich in ihn einginge, sondern es übt nur eine bestimmte Wirksamkeit auf ihn, die dem Geist zum Z e i c h e n wird, aus welchem er in eigener Tätigkeit die Beschaffenheit der wirkenden Ursache rekonstruiert[1]). Gassendi entwickelt diese Anschauung, indem er sich an die Umbildung der Aristotelischen Theorie des Sehens anschließt, die insbesondere durch die italienische Naturphilosophie, durch Telesio und seine Schule, erfolgt war. Die Qualitäten der Dinge pflanzen sich nicht selbst unmittelbar bis zum Wahrnehmungsorgan

---

[1]) „Cum esse videatur Epicuri opinio, ut imagines qualitatesve rerum pergant sensoriis externisve organis in ipsum sensum facultatemve internam atque animam . . . verisimilius tamen est non penetrare corpuscula sensoriis externis allapsa in interiorem facultatem residentem in cerebro, sed fieri dumtaxat motionem nervorum spirituumque expositam, qua pertinente in cerebro insidens in eo facultas velut excitetur, moveatur, ipsamque rei qualitatem pro corpusculorum impressione et facta quasi nota apprehendat . . . Jam existimare par est eodem respexisse Aristotelem quando dixit *sensum recipere species sensibiles sine materia*. Nempe id videtur sic intellegi, ut facultas sensus, quam in corde residere est opinatus, ita in ipso admoneatur ejus impressionis, quae in externo sensorio fit, ut id peragatur non receptione ullius saporis, odoris, alteriusve qualitatis, quae sensibili rei inhaeserit et ab ea velut derasa in cor usque transmissa fuerit, quo casu speciem, seu notam rei cum materia exciperet; sed sola impressione motus qui in externo sensorio coeptus ad internum terminetur; quo casu nihil materiae, quod in re sensibili fuerit, recipere concipitur. Interim vero speciem appellat ipsam seu motionem, seu quasi notam motione impressam, quod sit quasi quidam rei sensibilis ectypus, quo qualis sit res impressionem faciens et quasi typus, prototypusve exsistens, moneatur." Syntagma Philosophicum, P. II, Sect. III, Membrum posterius, Lib. VI, cap. 2 (Op. II, 294 f.); vgl. ibid. Lib. VIII, cap. 2, Op. II, 352.

fort und wirken auf dasselbe ein, sondern sie verwandeln sich zuvor gleichsam in Qualitäten des L i c h t e s. Indem sie die Beschaffenheit des Lichtes, das sie umspielt, verändern, geben sie dadurch mittelbar Kunde von ihrer eigenen Eigenart und von dem Bau und der Ordnung ihrer Teile[1]).

Wenn somit Gassendi die Epikureische Lehre in einzelnen Punkten umzugestalten sucht, um sie auf diese Weise mit der modernen mechanischen Naturansicht zu vereinigen, so bleiben doch die e r k e n n t n i s t h e o r e t i s c h e n F o l g e r u n g e n aus ihr ungeändert bestehen. Gleichviel wie wir uns den Prozeß der Vermittlung im einzelnen denken mögen: in jedem Falle ist die Sinneswahrnehmung die einzige Instanz, die uns vom Dasein und der Beschaffenheit der äußeren Gegenstände Kenntnis gibt. Sie ist daher untrüglich, da sie stets auf ein Seiendes zurückweist, das sich in ihr anzeigt. Die Widersprüche, die man in ihr zu finden glaubt, lösen sich sofort, wenn man nur streng daran festhält, daß es nicht die Objekte selbst, sondern nur irgend welche mittelbaren Wirkungen von ihnen sind, die den eigentlichen Inhalt des Wahrnehmungsaktes ausmachen. Diese Wirkungen erfahren mit der Entfernung von ihrem ursprünglichen Ausgangspunkte mannigfache Wandlungen und Umbildungen; aber sie geben sich nichtsdestoweniger stets als dasjenige, was sie im jeweiligen Augenblick und unter den besonderen Bedingungen, unter welchen die Wahrnehmung erfolgt, tatsächlich sind. Wenn ein und dasselbe Objekt uns bald größer, bald kleiner, bald in dieser, bald in jener Gestalt erscheint, so sind alle diese verschiedenen sinnlichen Aussagen gleichmäßig wahr und unbezweifelbar, da sie die Beschaffenheit dessen, was den u n m i t t e l b a r e n Gegenstand unserer Empfindung ausmacht, sämtlich zutreffend wiedergeben. Alles, was in uns irgend eine Wahrnehmung zurückläßt, muß in derselben Art, in der es sich in unserm Bewußtsein spiegelt, auch „draußen" irgendwie vorhanden sein; denn nur das Wirkliche kann wirken und eine Kraft ausüben.

---

[1]) Vgl. Syntagma Philosophicum, P. II, Sect. I, Lib. VI, Cap. 13; vg. hrz. Bd. I, S. 233 ff.

Nicht die Sinne trügen somit, da sie stets nur einen realen Einfluß, der auf sie geübt wird, zum Ausdruck bringen: der Irrtum entsteht erst in dem **Urteil des Verstandes**, das eine momentane Eigentümlichkeit des dargebotenen Bildes, die durch seine Entfernung vom Ursprungsort, sowie durch mancherlei äußere Umstände bestimmt wird, auf das Objekt selber als dauerndes Merkmal überträgt. Der Turm, den wir erblicken, erscheint nicht nur, sondern er ist bald rund, bald viereckig, je nachdem wir ihn von größerer oder geringerer Entfernung sehen; ein Widerspruch zwischen diesen beiden Bestimmungen tritt nur dann ein, wenn wir, von allen besonderen Bedingungen des Wahrnehmungsaktes absehend, dem Turme „an sich" diese beiden Beschaffenheiten beilegen. Keine Wahrnehmung kann einer anderen ihr Recht bestreiten oder den Anspruch erheben, sie zu korrigieren, da zwei verschiedene Eindrücke sich niemals auf einen und denselben räumlich und zeitlich individuell bestimmten Inhalt beziehen. Ebensowenig aber kann irgend ein Vernunftgrund einen Vorrang über die Wahrnehmung behaupten: muß sich doch jeder verstandesmäßige Schluß vielmehr auf die sinnliche Empfindung stützen und somit deren Gültigkeit bereits voraussetzen. Die Wahrheit der Sinne in irgend einer ihrer Aussagen bezweifeln, hieße auf jedes **Kriterium** der Erkenntnis überhaupt Verzicht leisten — hieße einen Skeptizismus verkünden, aus dem kein logisches Mittel uns jemals wieder erretten könnte. Wahrheit und Falschheit gehört gänzlich dem Gebiet des Verstandes an; wir nennen jede Meinung wahr, der die sinnlichen Erscheinungen entsprechen oder zum mindesten nicht widersprechen, während sie uns falsch heißt, wenn sie dieser Prüfung nicht standhält[1]).

---

[1]) Philosophiae Epicuri Syntagma, Pars I, Cap. II: „Nihil est quod refellere falsive arguere ipsos sensus possit; neque enim sensus genere similis similem genere refellet ... idque propter aequipollentiam, seu quod par ratio utriusque sit ..., neque genere dissimilis genere dissimilem, quoniam diversa objecta habent .. neque item una sensio ejusdem sensus aliam, quoniam nulla est, qua non afficiamur cuique, donec ipsa afficimur, non adhaereamus assentiamurve .. neque denique ratio seu ratiocinatio, quoniam omnis ratiocinatio a praeviis pendet sensibus oportetque sensus prius esse, quam ipsam rationem iis innixam

Diese Theorie, die Gassendi insbesondere in den Schriften darlegt, die der Rekonstruktion des Epikureischen Systems dienen, scheint in sich selbst zum mindesten völlig konsequent: aber sie wird sogleich problematisch, wenn man ihr das eigene Weltbild Gassendis, das er in seinen systematischen Werken entwickelt, gegenüberstellt. Denn dieses Weltbild geht nicht sowohl auf Demokrit und Epikur, als auf Kepler und Galilei zurück. Die Prinzipien der neuen mathematischen Physik werden von Gassendi durchweg vorausgesetzt und zu immer weiterer Entfaltung und Anwendung zu bringen gesucht. Die Einheit des Systems wäre also nur dann erreicht, wenn es gelänge, diese Prinzipien selbst aus dem Gesichtspunkt von Gassendis Erkenntnistheorie vollständig zu begreifen und zu rechtfertigen. Aber gerade dieser Versuch muß notwendig scheitern. Der empirische Forscher scheidet sich hier vom Philosophen: er muß für seine theoretische Deutung der Erfahrung Begriffe aufnehmen, die, gemäß dem eigenen Maßstab, den die Philosophie Gassendis aufstellt, in ihrer Geltung fragwürdig sind. Schon der Atombegriff bietet hierfür einen deutlichen Beleg. Denn dieser Begriff entspringt, wie schon sein geschichtlicher Ursprung lehrt, einer Forderung der wissenschaftlichen Vernunft: er wird von Demokrit erdacht, um entgegen den Widersprüchen, in die die naive sinnliche Anschauung uns allenthalben verstrickt, eine streng einheitliche und r a t i o n a l e Auffassung der Wirklichkeit zu gewinnen. Der Gedanke strebt aus dem Dunkel der „unebenbürtigen" sinnlichen Erkenntnis zu einer mathematischen Welt reiner Gestalten und Bewegungen auf. Die Wahr-

---

veros . . . Unde et inferre licet, si ullum sensibus visum falsum est, nihil percipi posse seu . . ., nisi omnes phantasiae nudaeve rei perceptiones sint verae, actum esse de fide, constantia atque judicio veritatis . . . Probatur id autem, quia exempli gratia, dum turris apparet oculo rotund a, sensus quidem verus est, quia revera specie rotunditatis afficitur eaque species et talis est et causam habet necessariam, propter quam in hujusmodi distantia sit talis . . . Verum opinio, seu mavis, mens, cujus est opinari, seu judicium ferre, quatenus addit, quasi de suo, turrim esse id, quod sensui apparet, seu esse turrim in se et revera rotundam; opinio, inquam, ipsa est, quae vera esse aut falsa potest" etc. (Opera, T. III, p. 5 u. 6.)

nehmung bildet somit für diesen Standpunkt zwar das Objekt, auf das alles Denken abzielt und dem sie Genüge leisten muß, aber sie ist nicht der Ursprung und das Prinzip, aus dem das echte Wissen quillt. Schon die antike Spekulation endet indessen mit der Abwendung von diesem Grund- und Leitgedanken; schon sie versucht die Atomistik als **Ergebnis** festzuhalten, während sie ihren eigentlichen prinzipiellen Unterbau preisgibt. So erscheint das System, das bei seinem Urheber ein Muster streng deduktiver Verknüpfung ist, bei Epikur bereits in zwei Hälften gespalten, die nur noch künstlich ineinandergefügt werden können. Die Atome werden jetzt, da ihre logischen **Gründe** vergessen sind, dogmatisch als losgelöste und unbedingte **Existenzen** behauptet.

Schärfer noch tritt dieser Widerstreit an dem notwendigen Korrelat des Atombegriffs: am Begriff des leeren Raumes hervor. Gassendi hat — wiederum im Anschluß an die italienische Naturphilosophie[1]) — den modernen physikalischen Begriff des Raumes, der später insbesondere von **Newton** gebraucht und zum Fundament des eigenen Systems gemacht wurde, in voller Bestimmtheit erfaßt und dargestellt[2]).

---

[1]) Zu den Vertretern der Naturphilosophie der Renaissance stand Gassendi übrigens auch in nahen persönlichen Beziehungen: so hat er — wie er in seiner Lebensbeschreibung von Peiresc berichtet — Campanella, bei Peiresc in Aix kennen gelernt. Der Einfluß der Schriften Campanellas tritt in Gassendis Werken wiederholt, vor allem in der Behandlung des Raum- und Zeitproblems, hervor. (Vgl. hierzu Bd. I, 257 ff.).

[2]) Angesichts der Übereinstimmungen, die sich zwischen Newtons Raumlehre und der Raumlehre **Lockes** finden, hat man die Frage aufgeworfen, ob sich zwischen beiden ein direkter geschichtlicher Zusammenhang nachweisen lasse. „Es ist von Interesse, zu wissen, ob diese überraschende Übereinstimmung mehr als eine Anlehnung an Newtons Prinzipien bedeutet. Die Sicherheit wissenschaftlicher Ergebnisse wird erhöht, wenn diese unabhängig und auf ganz verschiedenem Wege erzielt sind. Newtons Werk erschien zwar schon 1687 zum ersten Male, zwei Jahre vor dem Abschluß des Druckes des Essay; dieser selbst war aber zu jener Zeit bereits vollendet, und der 1688 veröffentlichte Auszug daraus enthält alles Wesentliche der Lehre Lockes über Raum und Zeit." (R i e h l , Der philosophische Kriticismus, 2. Aufl., Lpz. 1908, S. 57.) Der Zusammenhang, der hier besteht, erklärt sich am

Der reine Raum und die reine Zeit sind, wie er ausführt, wahre Wesenheiten, die, unabhängig von der Existenz denkender Subjekte, an und für sich bestehen; aber sie sind nichtsdestoweniger keine Substanzen, in dem gewöhnlichen Sinne des Wortes. Vielmehr handelt es sich in beiden um eine eigene Form der Wirklichkeit, die schlechthin anzuerkennen ist, wenngleich sie sich nicht unter die üblichen ontologischen Gegensätze, wie unter den Gegensatz von „Substanz" und „Accidens", fassen und einreihen läßt. Selbst wenn wir uns alle Dinge aufgehoben dächten, bliebe doch der konstante Raum und der regelmäßige Ablauf der Zeit zurück, die beide somit weder selbst Körper sind, noch den Körpern als abhängige Beschaffenheiten anhaften. Das „Wo" und „Wann" bildet eine ursprüngliche selbständige Bestimmung; es bezeichnet einen neuen Gesichtspunkt, der zu den Begriffen des „Dinges" und seiner „Eigenschaften", aus denen er in keiner Weise ableitbar ist, hinzutreten muß. Die Objektivität, die dem Raume und der Zeit eignet, liegt in der unbedingten Notwendigkeit, mit der beide gedacht werden müssen: sie bietet dagegen keine Analogie zu derjenigen Form der Wirklichkeit, die den physischen Dingen und den Eigenschaften dieser Dinge zukommt[1]). Nur das Peripatetische

einfachsten aus der Vermittlung durch G a s s e n d i , auf dessen Raum- und Zeitlehre Newton wie Locke in gleicher Weise zurückgreifen.

[1]) „Nobis porro, quia videtur, etsi nulla essent corpora, superfore tamen et Locum constantem et Tempus decurrens, ideo videntur Locus et Tempus non pendere a corporibus, corporeaque adeo accidentia non esse. Neque vero idcirco sunt accidentia incorporea, quasi incorporeae cuipiam substantiae accidentium more inhaereant, sed incorporea quaedam sunt genere diversa ab iis quae substantiae dici aut accidentia solent. Unde et efficitur, ut ens generalissime acceptum non adaequate dividatur in substantiam et accidens, s e d a d j i c i L o c u s e t T e m p u s u t d u o q u a e d a m m e m b r a d i v i s i o n i d e b e a n t . . . Ex hoc vero fit, ut Locus et Tempus haberi res verae entiave realia debeant, quod licet tale quidpiam non sint, quale vulgo habetur aut substantia aut accidens; revera sint tamen, neque ab intellectu ut chimaerae dependeant, cum, seu cogitet intellectus, seu non cogitet, et Locus permaneat et Tempus procurrat."
Syntagma Philosophicum, P. II, Sect. I, Lib. II, Cap. I; Op. I. 162. — Vgl. hierzu bes. Bd. I, S. 260 ff.

Vorurteil, daß die Zweiteilung in „Substanzen" und „Accidentien" das Sein völlig erschöpfe und ausmesse, schafft hier eine logische Schwierigkeit, die vor der schärferen kritischen Analyse des Inhalts des Raum- und Zeitbegriffs indessen sogleich schwindet. Man erkennt alsdann, daß der reine Raum und die reine Zeit, die den Körpern als unabhängige Bedingungen vorangehen, zwar ein „Nichts" sein mögen, wenn man an sie den gewohnten Maßstab der körperlich-dinglichen Existenz anlegt: daß sie dagegen nichtsdestoweniger echte und wahrhafte Wesenheiten sind, sofern ohne ihre Annahme das Verständnis der Bewegungserscheinungen und der Aufbau der wissenschaftlichen Physik nicht zu gewinnen ist[1]).

Man sieht, daß hier ein wichtiges erkenntniskritisches Problem gestellt ist, das uns fortan durch die gesamte Geschichte der neueren Philosophie begleiten wird: die Prinzipien der mathematischen Naturerkenntnis sprengen das feste Schema der Aristotelischen Kategorienlehre. Aber gerade an dieser Stelle macht sich freilich ein Mangel der logischen Begründung fühlbar; denn Gassendis eigene erkenntnistheoretische Anschauung reicht nicht aus, die neue Wendung zu erklären und zu rechtfertigen. Wenn der **Sinn** der einzige Zeuge der Realität ist, so bliebe in der Tat die Folgerung, die Gassendi bekämpft, zu Recht bestehen: so könnte es für uns kein anderer Sein, als dasjenige von körperlichen Objekten und ihren Eigenschaften geben. Denn sie allein üben einen bestimmten physischen Einfluß auf die

---

[1]) „Nempe manifestum est incidi in has salebras ob eam praeoccupationem, qua nos Peripatetica schola imbuit, quod omne ens omnisve res substantia aut accidens sit, et quicquid substantia accidensve non est, id sit non ens, non res, seu nihil. Caeterum enim, cum ex deductis praeter substantiam et accidens etiam locus, seu spatium et tempus seu duratio sint vera entia seu verae res; constat, si quid horum alterutrum sit, **illud Peripatetico quidem, ac non germano sensu esse Nihil**. Scilicet haec duo sunt genera rerum ab illis omnino distincta, **ac tam parum possunt locus et tempus esse substantia aut accidens, quam possunt substantia et accidens esse locus aut tempus.**" A. a. O. Opera I, 164.

Organe der Sinneswahrnehmung aus, während dem reinen Raum und der reinen Zeit, wie Gassendi ausdrücklich betont, jede Form der W i r k s a m k e i t fern bleibt. Nur das Wirkende aber kann, nach den Voraussetzungen von Gassendis Erkenntnislehre, g e w u ß t und e r k a n n t werden. Wenn dennoch den Begriffen des Raumes und der Zeit eine gleichberechtigte Stellung im System der Erkenntnis gesichert werden soll, so wäre hierzu eine Umbildung und Erweiterung des ursprünglichen Planes erforderlich. Objektive Gültigkeit wäre nicht nur dem Inhalt der Wahrnehmung selbst zuzusprechen, sondern sie käme auch allen denjenigen Begriffen zu, die, ohne selbst auf eine einzelne sinnliche Wirklichkeit zu gehen, dennoch unentbehrlich sind, um die Erfahrung als notwendig verknüpftes Ganze zu denken. In der Tat hat Gassendi, wie Epikur selbst, gelegentlich eine derartige Erweiterung versucht, aber freilich mit ihr zugleich das eigentliche P r i n z i p seines Sensualismus, wie er es an die Spitze seiner Philosophie stellt und wie er es gegen Descartes zu verteidigen sucht, bereits verlassen. Die Konsequenz dieser Ansicht drängt mit Notwendigkeit zu einem anderen Typus der Begründung hin, in welchem das Wissen von den reinen R e l a t i o n e n von der Auffassung sinnlicher Gegebenheiten streng und methodisch geschieden ist. Diese Begründung hat Gassendi nicht erreicht: aber er hat, indem er die Eigenart des Raum- und Zeitproblems scharf heraushebt, wenigstens im allgemeinen auf ihre Notwendigkeit vorausgewiesen.

Die spezielle Durchführung von Gassendis Physik bestätigt diesen Zusammenhang: denn auch sie zeigt sich überall von „rationalen" Grundannahmen durchsetzt, denen die Erkenntnistheorie Gassendis streng genommen den Zugang verweigern müßte. Schon in der Einführung des Atombegriffs wird betont, daß die sinnliche Erscheinung der Körper, die sie uns als kontinuierliche Ganze kennen lehrt, nicht den eigentlichen endgültigen Maßstab bilden dürfe. Die Vernunft und die Wissenschaft ersetzt diese Ansicht durch die Auflösung in diskrete Teilelemente und gewinnt erst hierdurch die Handhabe zum wahrhaften begrifflichen Verständnis und zur begrifflichen Beherrschung des Wirklichen. Eine analoge Zerfällung erstreckt sich sodann auf den Prozeß der Bewegung selbst: denn auch die Bewegung eines Körpers von einem Ort zum andern ist nach Gassendi nur scheinbar ein völlig einheitlicher ununterbrochener Vorgang. In Wahrheit müssen wir zwischen die Phasen der Bewegung beständig kleine Ruhepausen eingeschaltet denken, während deren der Körper, wenn auch noch so kurze Zeit, an einem gegebenen Orte verharrt. Da Raum und Zeit von Gassendi atomistisch gedacht werden, sich also aus letzten einfachen Teilen zusammensetzen, so besteht für ihn die Bewegung eines Körpers darin, daß er während eines unteilbaren Zeitmoments zum „nächsten" einfachen Raumpunkt gelangt. Dieser Übergang aber ist, da es sich hierbei um die Zuordnung zweier unteilbarer Momente zu einander handelt, keiner weiteren G r a d a b s t u f u n g mehr fähig: er kann erfolgen oder nicht erfolgen, aber er bietet keine Handhabe, um in ihm selbst noch ein Größer oder Kleiner, ein Schneller oder Langsamer zu unterscheiden. Läßt sich somit die verschiedene Geschwindigkeit, die wir an den empirischen Körpern beobachten, auf die Bewegung selbst, wenn wir sie in ihre letzten logischen Elemente zerlegen, nicht zurückführen: so bleibt nur die Erklärung übrig, daß dasjenige, was uns als verschiedene Geschwindigkeit der B e w e g u n g erscheint, in Wahrheit aus der verschiedenartigen M i s c h u n g von Bewegung und Ruhe hervorgeht. Wir nennen denjenigen Körper den langsameren, bei welchem die Momente der Ruhe, die zwischen die Momente der Bewegung eingeschaltet sind, relativ häufiger sind. Die Stetigkeit der Bewegung ist also, wie die der Körper, ein bloßer sinnlicher Schein: wie wir ja auch einen einzelnen leuchtenden Punkt, wenn wir ihn schnell vor unserem Auge im Kreise herumführen, als eine zusammenhängende und stetige Kreislinie zu sehen glauben[1]). Gleichviel, wie man über das p h y s i k a l i s c h e Recht dieser Auffassung urteilen mag: in jedem Falle ist deutlich, daß

---

[1]) Syntagma Philosophicum, P. II, Sect. I, Lib. V, Cap. 1; Op. I, 300.

sie die Daten der Wahrnehmung nicht einfach hinnimmt, sondern sie bewußt nach bestimmten begrifflichen Kriterien verändert, um sie als widerspruchsloses Ganze denken zu können. — Wenn indessen die Ausführung der **Physik** immer wieder über die Schranken von Gassendis Erkenntnislehre hinausgreift, so scheint es zum mindesten, daß die **Psychologie** durchaus innerhalb der Grenzen, die hier gesteckt sind, verbleibt. So scheidet er sich denn auch hier erst in voller Schärfe von Descartes und von der Tendenz seiner Erneuerung der Philosophie. So scharfsinnig und treffend jedoch häufig die Einwände sind, die Gassendi gegen die Form der Cartesischen **Beweisführung** richtet, so sehr versagen sie gegenüber dem neuen **methodischen Prinzip**, das hier überall zugrunde liegt. Die Grenzscheide zwischen derjenigen Wirklichkeit, die als Inhalt der Empfindung unmittelbar **gegeben**, und dem echten wissenschaftlichen Sein, das erst im Fortschritt des Denkens zu **erarbeiten** ist, hatte Descartes am schärfsten in jener bekannten Gegenüberstellung der sinnlichen und der astronomischen „Idee" der Sonne gezogen. Wenn jene uns die Sonne nur als kleinen leuchtenden Kreis am Himmel erscheinen läßt, so lehrt uns diese, die aus Vernunftschlüssen und somit aus den „eingeborenen Begriffen" unseres Geistes stammt, erst ihre wahre Gestalt und Größe kennen. Was Gassendi hiergegen einwendet, verfehlt durchaus das eigentliche Thema des Beweises. Er begnügt sich mit dem selbstverständlichen Hinweis, daß auch der exakte wissenschaftliche Begriff der Sonne kein losgelöstes und willkürliches Erzeugnis des Denkens ist, sondern erst durch eine fortschreitende Umbildung und Erweiterung des ursprünglichen sinnlichen Eindrucks zustande komme[1]). Auf die Frage aber,

---

[1]) „Quod autem mente sola percipiamus vastam illam ideam Solis, non ea propterea elicitur ex innata quadam notione; sed ea, quae per sensum incurrit, quatenus experientia probat et ratio illi innixa confirmat res distantes apparere minores seipsis vicinis, tantum ampliatur ipsa vi mentis, quantum constat Solem a nobis distare, exaequarique diametro suo tot illis terrenis semidiametris." Disquisitio

woher dem Geiste die Kraft dieser Formung und Erweiterung der Empfindungsdaten komme, hat seine Theorie keine Antwort mehr; denn sie lehrt uns das Bewußtsein nur als die Reaktion auf einen äußeren Reiz, nicht als eigene und schöpferische Tätigkeit kennen. Zwar spricht auch Gassendi dem Denken die Fähigkeit der „Zusammensetzung" der Sinneseindrücke zu; aber er übersieht, daß damit bereits ein neues, aktives Moment zugelassen und anerkannt ist. Das U r t e i l erscheint bei ihm, verglichen mit der Empfindung, zunächst nur wie ein fremder Eindringling, auf den er die Schuld des I r r t u m s abwälzt; es eröffnet keine neuen und eigenen Quellen der G e w i ß h e i t. Der Abstand, der zwischen dem anfänglichen ungeformten Eindruck und zwischen der Vorstellung des konstanten, „wirklichen" Gegenstandes besteht, wird nicht geleugnet; aber der Weg, der uns vom einen zum andern überführen könnte, ist nirgends gebahnt.

Und so sieht sich Gassendi zuletzt in einen Zirkel eingeschlossen, dem sich nicht entgehen läßt. Er erkennt, mit Epikur, an, daß jede F r a g e , die wir nur immer stellen mögen, bestimmte „Antizipationen des Geistes" bereits notwendig enthält und voraussetzt. Ohne derartige Prinzipien könnte unsere Forschung niemals einen A n f a n g finden: „anticipatio est ipsa rei notio et quasi definitio, s i n e q u a q u i d q u a m q u a e r e r e , d u b i t a r e , o p i n a r i , i m o e t n o m i n a r e n o n l i c e t "[1]). Und dennoch sollen auf der anderen Seite diese ursprünglichen Begriffe selbst Produkte der E r f a h r u n g und mittelbar oder unmittelbar aus der sinnlichen Empfindung geschöpft sein. Wie aber — so muß hiergegen gefragt werden — ließe sich irgend eine Erfahrung machen, b e v o r noch dem Geiste die Funktion der Unterscheidung, der Vergleichung und Benennung innewohnt? Hierfür hat Gassendi nur die Antwort in Bereitschaft, die seine „Bildertheorie" ihm darbietet: die Erfahrung entsteht, indem das für sich bestehende Objekt mit einem Teile seines

---

Metaphysica seu Dubitationes et Instantiae adversus Ren. Cartesii Metaphysicam. In Meditat. III Dubitatio III. (Opera III, 294.)

[1]) Syntagma Philosophiae Epicuri, Sectio I, Cap. II, Canon II. (Op. III, p. 8.)

Wesens in das Ich „eindringt" (incurrit)[1]). Selbst wenn man indessen die seltsame „Verwandlung" des stofflichen Bildes in ein geistiges zugesteht — eine Verwandlung, die Gassendi selbst offen als unbegreiflich bezeichnet[2]) — so bliebe doch immer noch, was auf diese Weise in den Geist übertragen wird, nur ein völlig isolierter Eindruck, der nirgends diejenige Verknüpfung und Beziehung zu anderen Inhalten aufweist, die die Bedingung alles B e w u ß t s e i n s ist. Die Wahrnehmungen würden, nach dem Platonischen Worte, in uns „wie in hölzernen Pferden" nebeneinanderliegen, ohne jemals zur Einheit eines Begriffs zusammenzustreben. Gassendis Auffassung vermag hier nicht zur Klarheit durchzudringen, weil sie zwischen zwei verschiedenen Weisen, das Problem der Erkenntnis anzusehen und zu formulieren, mitten inne steht. Sie stellt die sensualistische Ansicht selbst noch nicht in ihrer vollkommenen Durchbildung dar. Denn dem vollendeten Sensualismus, wie er sich in der neueren Philosophie insbesondere in der ersten Phase von Berkeleys Philosophie findet, ist zugleich ein i d e a l i s t i s c h e s Motiv eigen: indem der Sinn als höchster Zeuge der Wahrheit angerufen wird, wird damit mittelbar das B e w u ß t - s e i n als oberster Richter über alle Naturwirklichkeit anerkannt. Die Untersuchung will den Übergang von der ein-

---

[1]) A. a. O. Canon I: „Intelligo autem notionem, seu quasi ideam ac formam, quae anticipata dicatur praenotio, gigni in animo i n - c u r s i o n e , seu mavis i n c i d e n t i a , dum res directe et per se incurrit, inciditve in sensuum . . . etc."
[2]) S. hierüber die ausführliche Erörterung: Physik, Sectio III, Membrum posterius, Lib. VI, Cap. III: Qui sensibile gigni ex insensibilibus possit. „Sane vero fatendum est, non videri esse, quamobrem speremus posse rem manifestam fieri; quando aut longe fallimur, aut fugit omnino humanam solertiam capere, quae textura sit contemperatioque sive flammulae, ut censeri anima ac sentiendi principium valeat, sive partis, aut organi, quo animato vegetatoque anima, ut sentiat, utatur. Quare et haec solum propono, seu potius balbutiens attingo, ut quatenus licet insinuem progressum, quo res videntur evadere ex insensibilibus sensiles . . . Neque sane mirum; res enim videtur omni humana perspicacia et sagacitate superior; adeo ut nemo, qui tentare aggredive praesumpserit, ad balbutiendum non adigatur." (Op. II, 301 ff.)

fachen Sinnesempfindung zu der komplexen Vorstellung einer äußeren gegenständlichen Welt begreiflich machen; sie will nicht umgekehrt die Grundtatsache der Empfindung selbst aus einer physikalischen Theorie erklären. Erst allmählich indessen gelangt der moderne Sensualismus auch nur zu dieser strengen und prägnanten Fassung seiner eigentlichen Grundfrage. Nirgends sehen wir bei Gassendi den Versuch unternommen, das Problem der Erkenntnis bei der Wurzel anzugreifen und von ihm aus die Gesamtanschauung der Wirklichkeit erst zu begründen: vielmehr ist es eine feststehende Ansicht über die innere Struktur des Seins, von der aus das Wissen gedeutet und begriffen werden soll.

An dem Kontrast, den Gassendis Lehre bietet, kann man sich daher von neuem die Bedeutung und Originalität des Cartesischen Ausgangspunktes deutlich machen. Die Tatsache des Selbstbewußtseins wird unverständlich, wenn man sie, auf welche Weise dies immer geschehen mag, als ein abgeleitetes Ergebnis zu erklären unternimmt, statt in ihr den Anfang und die Bedingung alles gegenständlichen Wissens zu erkennen. In der Tat muß Gassendi den Cartesischen Begriff des „Ich" notwendig bestreiten: von unserm Selbst besitzen wir keine Idee und keine Erkenntnis, weil von ihm, das wir nur unmittelbar erfassen können, niemals ein „Abbild" in uns entstehen kann. (Vgl. Bd. I, S. 488). An dieser Stelle wird es von neuem sichtbar, wie wenig die herkömmlichen schematischen Formeln, nach denen man die geschichtlichen Erscheinungen zu beurteilen pflegt, die wahren gedanklichen Gegensätze, aus denen die neuere Philosophie erwächst, ans Licht bringen. Der „Rationalist" Descartes ist es, der hier die Forderung der reinen und vorurteilslosen Analyse der Inhalte des Bewußtseins vertritt, während Gassendi die Möglichkeit der „inneren Erfahrung" an einem feststehenden metaphysischen Maßstab mißt. Die Erfahrung soll die Rätsel des Wissens lösen; aber sie ist das eigentliche Grundrätsel, da sie nicht weniger als den Übergang eines draußen existierenden absoluten „Objekts" in ein nicht minder unabhängiges für sich bestehendes „Ich" bedeuten will. Gassendis System ist geschichtlich außerordentlich lehrreich, weil in ihm diese d o g m a t i s c h e Voraussetzung, die sich in den späteren Theorien erst durch eine eindringende Analyse aufweisen läßt, offen zutage liegt. Der Widerspruch, an dessen Auflösung die gesamte folgende Entwicklung des Empirismus arbeiten sollte und den sie doch nirgends endgültig zu bewältigen vermochte: hier tritt er uns unverhüllt und greifbar entgegen. In der weiteren Durchführung von Gassendis Lehre zeigt es sich immer deutlicher, daß er sich, indem er dem Cartesischen Begriff des Denkens widerstrebt, damit nur von neuem in die Schwierigkeiten der s c h o l a s t i s c h e n Seelenlehre verstrickt. Jetzt baut sich über der Erfahrungslehre wiederum eine eigene Metaphysik auf, in der das Dasein eines immateriellen, von der Imagination spezifisch verschiedenen Seelenprinzips bewiesen werden soll[1]). Und diese Wendung ist keineswegs allein aus der Anpassung an die herrschenden theologischen Lehren, sondern aus inneren Gründen des Systems selbst zu erklären. Gassendi glaubt der Scholastik entwachsen zu sein, wenn er an Stelle der Aristotelischen Formen die m a t e r i e l l e n Spezies zur Erklärung des Prozesses der Wahrnehmung braucht; aber er hat damit gleichsam nur die physische Erklärung geändert, während der logische Gesichtspunkt, unter dem er alle Erkenntnis betrachtet, der gleiche geblieben ist. So steht er zu G a l i l e i in einem ähnlichen Verhältnis, wie Epikur zu Demokrit: so lebhaft er für die R e s u l t a t e seiner Forschung eintritt, so bleibt er doch dem neuen methodischen Grundgedanken, der hier herrschend ist, fremd.

---

[1]) Vgl. hrz. P e n d z i g a. a. O. S. 57 ff.

Drittes Kapitel.
Hobbes.
I.

Wenn man den Erfahrungsbegriff von B a c o n und G a s s e n d i mit demjenigen von H o b b e s vergleicht, so kann man hieran den Fortschritt in der allmählichen philosophischen Rezeption des Gehalts der exakten Physik ermessen. Die Prinzipien Galileis haben in der Tat das Musterbild abgegeben, nach welchem Hobbes den Gesamtinhalt seiner Philosophie, nach dem er sowohl seine Logik und Physik, wie seine Rechts- und Staatslehre zu gestalten sucht. So paradox und widerspruchsvoll häufig die letzten F o l g e r u n g e n sind, zu denen er fortschreitet, so klar und entschieden heben sich bei ihm die Grundzüge des neuen wissenschaftlichen V e r f a h r e n s heraus. Man gewinnt daher ein völlig falsches Bild seiner Lehre, wenn man nur die fertigen Dogmen seiner Philosophie zusammenstellt, ohne auf den Weg zu achten, auf welchem sie abgeleitet und erarbeitet werden. Die üblichen philosophischen Parteinamen versagen hier noch mehr als überall sonst ihren Dienst; sie führen, auf die Charakteristik von Hobbes' System und Geistesart angewandt, zu völlig unklaren, ja unvereinbaren Bestimmungen. Nur eine genaue Analyse des einheitlichen und eigentümlichen Z i e l e s, das seine Philosophie sich steckt, kann ein Verständnis ihrer einzelnen Lehrsätze ermöglichen.

Hobbes' Verhältnis zu Bacon tritt — in positiver, wie negativer Hinsicht — schon in den Anfängen seiner Lehre mit voller Klarheit hervor. Wahres Wissen — so hatte Bacon gelehrt — ist Wissen aus den Ursachen. Erst wenn wir das „Warum" eines Dinges oder einer Erscheinung erkannt und weiterhin gelernt haben, sie aus ihren letzten Gründen aufzubauen und nach freier Willkür vor uns e n t s t e h e n zu lassen, haben wir sie wahrhaft **begriffen**. So gilt es eine „Auflösung" all der festen Erfahrungsobjekte, die uns umgeben, zu suchen: eine Zerlegung, die „nicht durch das Feuer, sondern durch den Geist, der gleichsam ein göttliches Feuer ist," zu leisten ist[1]). Hobbes scheint noch durchaus unter dem Banne dieser Begriffsbestimmung zu stehen, wenn er die Philosophie im allgemeinsten Sinne als die durch vernünftige Schlußfolgerung gewonnene Erkenntnis der Wirkungen oder Phänomene aus dem „Begriff ihrer Ursachen" oder umgekehrt als „die Erkenntnis der möglichen Ursachen aus den gegebenen Wirkungen" definiert. Die Erläuterung, die er von diesem Satze gibt, bewegt sich in der Tat ganz innerhalb der Baconischen Vorstellungsart. Da die Ursachen aller Einzeldinge **sich aus den Ursachen der allgemeinen oder einfachen Naturen zusammensetzen**, so ist es notwendig, vor allem diese letzteren zu erkennen und zu beherrschen. Handelt es sich z. B. um den Begriff des Goldes, so kann man aus ihm die Bestimmungen der Schwere, der Sichtbarkeit, der Körperlichkeit, die sämtlich **allgemeiner** und somit **bekannter** sind, als das Gold selbst, heraussondern und weiterhin wieder diese Merkmale fortschreitend zerlegen, bis man zu gewissen höchsten und einfachsten Elementen gelangt. Die Kenntnis dieser Elemente in ihrer Gesamtheit ergibt sodann die Erkenntnis des empirischen Körpers, den wir mit dem Namen „Gold" bezeichnen[2]). Schon die nächsten Sätze aber, die Hobbes hinzufügt, weisen in eine neue Richtung. Die allgemeinen Bestimmungen, auf die wir die konkreten Gegenstände zurückführen, sind, wie er ausführt, an und für sich deutlich und evident, da sie sich sämtlich auf die **Bewegung** als ihre oberste Ursache zurückleiten lassen. Die Bewegung selbst aber denkt Hobbes nicht mehr als eine **innere Qualität** und Beschaffenheit der Körper, sondern als eine reine **mathematische Beziehung**, die wir selbständig kon-

---

[1]) Bacon, Novum Organon II, 16; Works I, 207.
[2]) Hobbes, De Corpore, Pars prima: Computatio, sive Logica. Cap. VI, § 1—5. — (Thomae Hobbes Malmesburiensis Opera Philosophica, quae Latine scripsit, omnia. Amstelodami 1668, Tom. I, p. 36ff.)

s t r u i e r e n und somit völlig begreifen können. Mit diesem **e i n e n** Schritte ist der Übergang von Bacon zu Galilei vollzogen[1].) Die Analyse der Naturobjekte endet nicht in abstrakten „Wesenheiten", sondern in den Gesetzen des **M e c h a n i s m u s**, die wiederum nichts anderes als der konkrete Ausdruck der Gesetze der **G e o m e t r i e** sind. Denn unter der „Ursache" verstehen wir jetzt nicht länger eine innere wirkende Kraft, die ein Ding oder Ereignis aus sich hervortreibt, sondern einen **I n b e g r i f f v o n B e d i n g u n g e n**, mit deren Setzung zugleich ein bestimmter Erfolg notwendig gegeben ist. Die Ursache — so definiert Hobbes — ist die Summe oder das Ganze aller derjenigen Umstände, bei deren Vorhandensein ein bestimmter Effekt als existierend gedacht werden muß und bei deren auch nur teilweiser Abwesenheit er nicht als bestehend gedacht werden kann: „causa est summa sive aggregatum accidentium omnium .. ad propositum effectum concurrentium, quibus omnibus existentibus effectum non existere, vel quolibet eorum uno absente existere intelligi non potest"[2]). Mit diesen Sätzen hat er zuerst der **G a l i l e i s c h e n** Auffassung und Begriffsbestimmung der Ursache Bürgerrecht in der Philosophie verliehen. Nicht die substantielle Form des Geschehens soll gesucht[3]), sondern innerhalb der Erscheinungen und „Accidentien" selbst sollen solche Zusammenhänge entdeckt und aufgewiesen werden, die wir aus rationalen und mathematischen Gründen als **n o t w e n d i g** begreifen. —

Es ist Hobbes' eigentümliche und originale Leistung, daß er diesen Grundgedanken, der bei Galilei auf die Physik beschränkt geblieben war, nunmehr auf das Ganze des Wissens

---

[1]) Vgl. hrz. **D i l t h e y**, Der entwicklungsgeschichtliche Pantheismus nach seinem geschichtlichen Zusammenhang mit den älteren pantheistischen Systemen. (Arch. f. Gesch. d. Philos. XIII [1900] S. 466.)
[2]) A. a. O. § 10, p. 42; vgl. De corpore, Pars II, Cap. IX: De causa et effectu. (p. 65.)
[3]) Über die Abweisung der „Formalursachen" s. De corpore, P. II, Cap. X, § 7. (p. 70.) — Zum Vergleich mit Galileis Begriff der „Ursache" s. Bd. I, S. 396.

überträgt. Er erkennt in den Leistungen der mathematischen Physik die M e t h o d e als treibende Kraft und begreift zugleich, daß ihr Werk und ihre Leistung nicht auf dasjenige Sondergebiet empirischer Objekte beschränkt sein könne, in welchem sie zuerst zur vollendeten Anwendung kam. Wo immer es uns gelingt, eine streng deduktive Verknüpfung zwischen Elementen zu stiften, so daß die Setzung des einen die des anderen als eindeutige Folge nach sich zieht, da ist damit die Möglichkeit echten „apriorischen" Wissens gewährleistet. Es gibt kein anderes Mittel, einen Inhalt zu v e r - s t e h e n , als ihn aus seinen erzeugenden Bedingungen vor uns e n t s t e h e n zu lassen. Aus diesem Gesichtspunkt fordert Hobbes zunächst eine durchgreifende Reform der elementaren Geometrie. Es genügt nicht, die geometrischen Begriffe fertig vor uns hinzustellen, so daß wir sie nur als ruhende Gebilde zu erfassen und in uns aufzunehmen haben. Solange wir sie nicht aus ihren Elementen aufgebaut, solange wir das Gesetz ihres W e r d e n s nicht durchschaut haben, haben wir keine unbedingte Bürgschaft ihrer Wahrheit gewonnen. Ausdrücklich wird betont, daß wir, um zu den mathematischen Grundgestalten zu gelangen, nicht etwa auf die empirischen K ö r p e r hinzublicken und sie von ihnen als ihre Eigenschaften abzulesen haben, sondern daß wir hierzu lediglich die Genesis der I d e e n in unserem eigenen Geiste zu befragen haben[1]). Die Euklidische Definition des Kreises oder der Parallelen sagt uns nichts über die „Möglichkeit" dieser Gebilde: denn es ließe sich an sich wohl denken, daß eine ebene Linie, deren Punkte gleich weit von ein und demselben Zentrum entfernt wären, oder daß zwei Gerade, die sich niemals schneiden, einen inneren Widerspruch in sich schlössen. Erst indem ich derartige Gebilde k o n - s t r u i e r e , werde ich mir ihrer Vereinbarkeit mit den Gesetzen unserer räumlichen Anschauung und damit ihrer

---

[1]) „Qui figuras definiunt, Ideas, quae in animo sunt, non ipsa corpora respiciunt et ex iis, quae imaginantur f i e r i deducunt proprietates factorum similium, a quocumque et quomodocunque facta sunt." Examinatio et emendatio Mathematicae Hodiernae, Dialog. II. (p. 58.)

inneren Wahrheit und Notwendigkeit bewußt[1]). So erweist sich schon innerhalb der Geometrie die kausale Definition als die Vorbedingung und das Werkzeug jeder wahrhaften Erkenntnis. „Da die Ursachen für alle Eigenschaften der einzelnen Figuren in den Linien enthalten sind, die w i r s e l b s t z i e h e n, und da die Erzeugung der Figuren von unserer Willkür abhängt, so bedarf es, um irgend eine beliebige Beschaffenheit einer Gestalt zu erkennen, nichts weiter, als daß wir alle Folgen betrachten, die sich aus unserer eigenen Konstruktion ergeben. Aus diesem Grunde allein, weil nämlich wir selbst die Figuren e r s c h a f f e n, gibt es eine Geometrie und ist sie eine beweisbare Wissenschaft[2])."

Und selbst wenn wir uns zur Natur hinüberwenden, die uns wie ein fremder, von unserer Willkür unabhängiger Stoff gegenübersteht, so bleibt uns auch hier kein anderer Weg des W i s s e n s übrig, als jenes allgemeine Verfahren, das sich in der Mathematik bewährte, wenigstens analogisch nachzuahmen. Zwar können wir nicht von Anfang an in die w i r k l i c h e n konkreten Ursachen der empirischen Vorgänge eindringen; wohl aber müssen wir auch hier die gegebene Erscheinung aus ihren m ö g l i c h e n Ursachen, die wir zunächst h y p o t h e t i s c h ansetzen, in strenger Folge abzuleiten suchen. Auf diese Weise entwerfen wir zunächst, indem wir wiederum aus dem Kreise unserer I d e e n nirgends heraustreten, eine abstrakte Bewegungslehre, die uns fortan gleichsam als Vorzeichnung und als allgemeines Schema dient, in das all unsere Kenntnis von den b e -

---

[1]) „Definitio haec . . pro accurata haberi non debet. Debuit enim ostendisse prius hujusmodi figurae constructionem sive generationem quaenam esset, ut sciremus aliquam in rerum natura figuram esse, in qua ab unico Puncto ad figurae extremum omnes undequaque Lineae essent inter se aequales. Quod quidem illis, qui nunquam Circulum describi viderant, videri posset incredibile . . . (Similiter) nisi causa aliqua in definitione Parallelarum rectarum appareat, quare duae rectae nunquam concurrant, absurdum non erit, si hujusmodi Lineas possibiles esse negaverimus." Examinatio et emendatio Mathematicae Hodiernae, Dial. II, p. 44 f.

[2]) Elementorum Philosophiae sectio secunda: de Homine. Cap. X, § 5. (p. 61.)

s o n d e r e n Ursachen eines bestimmten Phänomens sich einfügen muß. So ruht auch die Physik zuletzt nicht minder als die Mathematik auf „apriorischen", d. h. von uns selbst geschaffenen Grundlagen[1]). Denn der Charakter des Denkens ist der gleiche auf allen Gebieten, auf denen es sich betätigt; er beruht überall darauf, daß wir zunächst eine feste ideelle E i n h e i t fixieren, um sodann die komplexen Inhalte aus ihr hervorgehen zu lassen. Dieses Verfahren beschränkt sich keineswegs auf die Z a h l, in der es allerdings zu vollendeter Darstellung kommt, sondern gilt nicht minder für die Verknüpfung von G r ö ß e n und K ö r p e r n, von Q u a l i t ä t e n und B e w e g u n g e n, von Z e i t e n und G e s c h w i n d i g k e i t e n, von B e g r i f f e n und N a m e n[2]). Wo immer sich ein Ganzes in seine Teile zerlegen und aus ihnen wiederum aufbauen läßt, da ist die Herrschaft des Denkens begründet, während auf der anderen Seite alles dasjenige, was sich dieser Grundregel des Begreifens entzieht, auch niemals zum Inhalt sicherer Erkenntnis werden kann: „ubi generatio nulla, aut nulla proprietas, ibi nulla Philosophia intelligitur." Die „unerzeugten Substanzen" der scholastischen Theologie scheiden daher aus der Betrachtung aus: sie sind unbegreiflich, weil ungeworden[3]). Wo es kein „Mehr" und „Weniger" gibt, da besitzt der Ge-

---

[1]) „Itaque ob hanc rem, quod figuras nos ipsi creamus, contigit Geometriam haberi et esse demonstrabilem. Contra, quia rerum naturalium causae in nostra potestate non sunt, sed in voluntate divina et quia earum maxima pars (nempe aether) est invisibilis, proprietates earum a causis deducere, nos qui eas non videmus, non possumus. Verumtamen ab ipsis proprietatibus quas videmus consequentias deducendo eo usque procedere concessum est, ut tales vel tales earum causas esse potuisse demonstrare possimus. Quae demonstratio a posteriore dicitur et scientia ipsa P h y s i c a. Et quoniam ne a posterioribus quidem ad priora ratiocinando procedi potest in rebus naturalibus, quae motu perficiuntur sine cognitione eorum quae unam quamque motus speciem consequuntur, nec motuum consequentias sine cognitione Quantitatis, quae est Geometria; fieri non potest, ut non aliqua etiam a Physico demonstratione a priore demonstranda sint." A. a. O., p. 61 f.
[2]) De corpore Pars I, Cap. I, § 3 (p. 3).
[3]) De corpore Pars I, Cap. I, § 8 (p. 5 f.).

danke von Anfang an keine Handhabe, kraft deren er sich den Stoff unterwerfen könnte; wo er nicht selbsttätig zusammenfügt, da gibt es, für ihn selber wenigstens, keinen Bestand und kein Sein. In diesem Zusammenhange gewinnt der Satz, daß alles Denken ein „Rechnen" ist, seine festumschriebene Bedeutung. Das Rechnen selbst ist über den Umkreis der gewöhnlichen Arithmetik hier bereits hinausgehoben: es hat überall dort statt, wo eine Mannigfaltigkeit von Inhalten aus festen Grundeinheiten nach einer bestimmten O r d n u n g und V e r k n ü p f u n g erwächst. Man hat es auffällig gefunden, daß Hobbes, wenngleich er alle vernünftige Schlußfolgerung in die elementaren arithmetischen Operationen auflöst, dennoch die Algebra derart der G e o m e t r i e unterordnet, daß für sie kaum mehr eine selbständige Stellung im allgemeinen System der Wissenschaften übrig bleibt[1]). Der Widerstreit löst sich indes, wenn man die allgemeine logische Grundabsicht seiner Philosophie betrachtet. Das „Rechnen", auf das er hinzielt, ist durchaus als ein freies anschauliches K o n s t r u i e r e n gedacht: es bezieht sich auf die Verknüpfung von Elementen, die wir zuvor durch die kausale Definition, für die die Geometrie das ständige Vorbild abgibt, gewonnen und festgestellt haben. —

Faßt man das Ganze dieser Entwicklungen, die in Hobbes' eigenen Erklärungen unzweideutig vorliegen, zusammen, so begreift man erst damit das T h e m a, auf welches er die philosophische Forschung einschränkt. Sein Verhältnis zur modernen Naturwissenschaft tritt jetzt klar hervor: was in dieser als das t a t s ä c h l i c h e Objekt der Forschung hingestellt wird, das soll bei ihm, aus allgemeinen logischen Gründen, als der n o t w e n d i g e und e i n z i g e Gegenstand des Wissens erwiesen werden. Das „Subjekt" der Philosophie ist der K ö r p e r; denn nur in ihm findet sich jenes exakte „Mehr und Weniger", das die Vorbedingung für alle wahrhafte Einsicht ist. Die Eigenschaften und Beschaffenheiten dieses Subjekts müssen wir zuletzt auf B e w e g u n g zurückleiten; denn nur sie schließt sich in all

---
[1]) Vgl. R o b e r t s o n, Hobbes, Edinb. and London 1886, S. 105. (Philosophical Classics for English Readers edit. by W. Knight.)

ihren objektiven Merkmalen genau und vollständig dem V e r f a h r e n an, das wir überall verfolgen müssen, um zum Verständnis irgend eines Inhalts zu gelangen. Die eigentlich originelle Wendung in Hobbes' Philosophie besteht darin, daß sie den e m p i r i s c h e n Inhalt, den die exakte Wissenschaft festgestellt hat, in einen r a t i o n a l e n Inhalt zu verwandeln und als solchen zu begründen unternimmt. Alle Einzelsätze der Lehre müssen als Stufen innerhalb dieses Versuches gedeutet und gewürdigt werden. Das E r k e n n t n i s i d e a l, von dem Hobbes durchaus beherrscht wird, ist die strenge und eindeutige D e d u k t i o n. Die lediglich empirische Kenntnis von Tatsachen ohne Einsicht in ihre notwendige Verknüpfung fällt ihm außerhalb des Begriffs der Philosophie und der Wissenschaft[1]). Sollen somit die Sätze der neuen Mechanik und Physik echten Wahrheitswert gewinnen, so müssen sie aus einem Zusammenhang allgemeiner theoretischer Gründe abgeleitet werden. Diese Gründe aber können wir nicht in der überlieferten Logik suchen; denn diese bleibt, als die Logik der „Formen", den B e z i e h u n g e n und G e s e t z e n fremd, von denen die neue Naturwissenschaft spricht. So muß denn hier eine neue Vermittlung gesucht werden, die das Reich des Gedankens mit dem Reich der Naturwirklichkeit verknüpft. Daß beides sachlich streng getrennte und unabhängige Gebiete sind, steht für Hobbes freilich von Anfang an fest. Nirgends findet sich bei ihm ein Versuch, das Sein im idealistischen Sinne unmittelbar in das Denken aufzuheben. Aber nicht minder beharrt er darum auf der Gemeinsamkeit und Übereinstimmung in der Grundverfassung beider, durch die ihm strenge Wissenschaft erst als möglich gilt. Die B e w e g u n g erweist sich hier als der echte Mittelbegriff: denn wie sie auf der einen Seite die Substanz und der Urgrund alles wirklichen Geschehens ist, so ist sie andererseits ein G r u n d b e g r i f f u n s e r e s G e i s t e s, den wir bereits im Aufbau der rein idealen Erkenntnisse, die von aller tatsächlichen Existenz absehen, betätigen. Sie ist das einzige wahrhaft verständliche

---

[1]) De corpore, Pars I, Cap. I, § 2 u. 8 u. ö.

Objekt des Denkens: ist sie doch bereits mit der Funktion des Denkens gesetzt und gegeben. So wird sie nicht länger als ein fremder und äußerer Inhalt betrachtet, den wir nur empirisch erfassen können, während die Logik ihn verschmäht und liegen läßt, sondern sie wird in ihren Bereich aufgenommen. Freilich vermag Hobbes den neuen Gedanken, der hierin liegt, nur allgemein hinzustellen und als Forderung auszusprechen, nicht aber ihn im einzelnen zu bewähren und zu rechtfertigen. Die Gründe hierfür lassen sich leicht erkennen. Hobbes ist, so sehr sein philosophisches Interesse der Mathematik zugewandt war, ihrer modernen Entwicklung fremd geblieben. Der Fortgang von der elementaren Geometrie und Algebra zu dem neuen Begriff der Analysis ist bei ihm nicht vollzogen. Eben hier aber liegt die wahrhafte Erfüllung der Forderung, die er im Sinne trug; erst hier ist das Werden und die Veränderung in Wahrheit zum rationalen Grundbegriff erhoben. Nicht die Geometrie, sondern erst die Analysis des Unendlichen zeigt uns in wissenschaftlicher Bestimmtheit und Deutlichkeit jene genetische Entstehung eines Gebildes aus seinen Grundelementen, die Hobbes' Methodenlehre allgemein für jeden wissenschaftlichen Inhalt verlangt. Und noch ein weiterer Mangel von Hobbes' Lehre, der für ihre gesamte Entwicklung entscheidend geworden ist, läßt sich unmittelbar daraus begreifen, daß ihr der Ausblick in das Gesamtgebiet der neuen Mathematik versagt war. Die Funktion des Denkens geht ihm wesentlich im Trennen und Zusammensetzen von Inhalten auf. Sehen wir etwa — so führt er selbst aus — von ferne einen Menschen auf uns zukommen, so werden wir ihn, solange wir ihn nur undeutlich wahrnehmen, nur mit dem Gattungsnamen des Körpers bezeichnen, während wir ihm, in dem Maße, als er sich uns nähert und schärfer von uns erfaßt wird, nach und nach die weiteren Bestimmungen der „Beseeltheit" und der „Vernünftigkeit" zusprechen und erst damit seinen wahren Artcharakter bestimmen[1]). Der Begriff des Menschen

---

[1]) De corpore, Pars I, Cap. I. § 3 (p. 2 f.).

setzt sich also aus diesen drei verschiedenen Merkmalen wie ein Ganzes aus seinen Teilen zusammen und läßt sich auf gleiche Weise in sie wiederum auflösen. Daß es **Arten der Verknüpfung** geben könne, die über die bloße **Summenbildung** hinausgehen, daß in dem Aufbau eines Begriffs die einzelnen Momente nicht einfach nebeneinander treten, sondern in komplizierten Verhältnissen der Über- und Unterordnung stehen: darüber kommt es nirgends zur Klarheit. Das „Rechnen" mit Begriffen erschöpft sich für Hobbes in der elementaren Addition und Subtraktion. Hobbes hat in seiner **Physik**, indem er an die Grundgedanken Galileis anknüpfte, die Begriffe des „**Unendlichen**" und des „**Unendlichkleinen**" weiter ausgebaut und entschieden zur Geltung gebracht. In seiner Definition des „conatus" als der Bewegung über eine Raumstrecke und eine Zeitdauer, die kleiner als jeder gegebene Raum- und Zeitteil ist, arbeitet er unmittelbar den Gedanken und der Begriffssprache der **Differentialrechnung** vor. Die spezielle Ausführung seiner Lehre aber nimmt an dieser Entwicklung keinen Anteil mehr, da sie ihre Orientierung noch durchweg einer Auffassung der Mathematik entnimmt, die die gleichzeitige Wissenschaft zu überwinden im Begriffe steht. Der harte und erbitterte Kampf, den Hobbes gegen **Wallis'** Versuch einer neuen algebraischen Grundlegung des Infinitesimalbegriffs geführt hat, ist seiner eigenen Logik zum Verhängnis geworden[1]).

II.

Eine zweite nicht minder wichtige Schranke für den folgerechten Ausbau der Grundgedanken der Methodenlehre scheint sich zu ergeben, wenn wir Hobbes' Anschauung vom **Verhältnis des Begriffs zum Wort** betrachten.

---

[1]) Näheres über Hobbes' Lehre vom conatus und die Grundlegung seiner speziellen Physik: bei **Laßwitz**, Gesch. der Atomistik II, 214 ff. — Zu Hobbes' Kampf gegen die modernen algebraischen Methoden der Analysis vgl. **Max Frischeisen Köhler**, Studien zur Naturphilosophie des Th. H., Arch. f. Gesch. d. Philos. XVI (1903), S. 79 f.

Hier scheint zuletzt der Zusammenhang mit den Prinzipien der E r f a h r u n g s w i s s e n s c h a f t völlig verleugnet: die Logik steht wiederum im Begriff, sich unmittelbar in die G r a m m a t i k aufzulösen. Wenn die Philosophie anfangs als die apriorische Erkenntnis der Wirkungen und „Erzeugungen" der Natur galt, so soll sie jetzt nichts anderes als die Lehre von der richtigen Zusammensetzung der „Zeichen" sein, die wir in unserem Denken erschaffen. Die Wahl dieser Zeichen aber und die Art ihrer Verknüpfung ist völlig willkürlich und hängt von dem Gutdünken desjenigen ab, der sie zuerst festgestellt hat. So scheinen alle Grundregeln des Denkens zu zerfließen; so scheint alle Sicherheit und Konstanz, die wir für irgend eine „Wahrheit" in Anspruch nehmen, nichts anderes zu sein, als das Pochen auf eine einmal festgesetzte Konvention, die dereinst durch eine neue Setzung abgelöst und verdrängt werden kann.

In der Tat hat Hobbes diese Folgerung in aller Entschiedenheit und Deutlichkeit gezogen. Die Wahrheit haftet nicht an den S a c h e n, sondern an den Namen und an der Vergleichung der Namen, die wir im Satze vollziehen: veritas in dicto, non in re consistit[1]' Daß beim gegenwärtigen Stand der Dinge der Einzelne in seinem Urteil mit den Inhalten des Denkens nicht frei schalten kann, sondern an bestimmte Regeln gebunden ist, besagt nichts anderes, als daß er die Bezeichnungen der Dinge nicht in jedem Augenblick nach Belieben ersinnen kann, sondern sich dem herrschenden S p r a c h g e b r a u c h anzubequemen hat. Der S c h ö p f e r dieses Sprachgebrauchs indes war durch keinerlei Schranke gebunden, die aus den Dingen oder aus der Natur unseres Geistes stammte; ihm stand es frei, beliebige Namen zu verknüpfen und damit beliebige Prinzipien und Axiome des Denkens zu schaffen. Die logischen und mathematischen Gesetze lösen sich damit in — j u r i s t i s c h e Gesetze auf; an die Stelle von notwendigen und unaufheblichen Relationen zwischen unseren Ideen treten praktische Normen, die die Benennung regeln. Man sieht, es ist das s t a a t s -

---

[1]) De corpore, Pars I, Cap. 3, § 7 u. 8 (p. 20).

rechtliche Ideal des Hobbes, das hier einen Einbruch in seine Logik vollzogen hat: der absolute Souverän wäre nicht nur Herr über unsere Handlungen, sondern auch über unsere Gedanken und die Wahrheit und Falschheit ihrer Verknüpfung.

Die Paradoxie, ja den offenen Widerspruch dieser Konsequenz kann keine Darstellung wegzudeuten suchen. Dennoch gilt es, wenn wir das System als ein Ganzes verstehen wollen, zum mindesten die sachlichen Motive zu begreifen, die zu dieser Lehre hingedrängt haben. Daß die Wahrheit in den N a m e n gegründet ist: das ist nur der schroffe und einseitige Ausdruck der Grundansicht, daß sie lediglich im U r t e i l ihren Ursprungsort hat. Der Geist vermag nur dasjenige zu verstehen, was er selbsttätig hervorgebracht und verknüpft hat[1]); er findet die ersten Grundsätze nicht, indem er an die D i n g e herantritt und sie an ihnen als allgemeine Merkmale unmittelbar wahrnimmt, sondern er bringt sie in ursprünglichen und eigenen Setzungen hervor. „Beweiskräftige Wissenschaft gibt es für den Menschen nur von solchen Dingen, deren Erzeugung von seiner Willkür abhängt"[2]). So wird das Moment der W i l l k ü r vor allem deshalb betont, um die methodische F r e i h e i t, um die Unabhängigkeit der Grundsätze von der z u f ä l l i g e n e m p i r i s c h e n B e o b a c h t u n g hervorzuheben. Das Wissen soll sich selbständig entfalten dürfen; aber um es vom Zwang der äußeren S a c h e n zu befreien, muß Hobbes

---

[1]) Vgl. hrz. bes. T ö n n i e s , Hobbes' Leben und Lehre, Stuttgart 1896, S. 114: „(Hobbes) will eigentlich darauf hinaus, daß reine Wissenschaft nur möglich sei von G e d a n k e n d i n g e n: abstrakten Gegenständen, ideellen Ereignissen . . . Alle diese Gedankendinge machen wir schlechthin, nämlich denkend, und können solche, die wir als der äußeren oder körperlichen Welt angehörig denken, in der Wirklichkeit — mehr oder minder auf vollkommene Weise — nachbilden; immer aber können wir wirkliche Tatsachen, auch wenn sie, wie der Staat und wie moralische Begriffe, nur in den Gedanken der Menschen existieren, an diesen unseren Ideen m e s s e n."

[2]) „Earum tantum rerum scientia per demonstrationem illam a priore hominibus concessa est, quarum generatio dependet ab ipsorum hominum arbitrio." De Homine Cap. X, § 4, p. 61.

zugleich die unverbrüchliche Notwendigkeit seiner G r u n d -
s ä t z e preisgeben. Es ist den besten Kennern von Hobbes'
Lehre immer auffallend und anstößig erschienen, daß zwischen
der W i s s e n s c h a f t, wie er sie definiert, und der empirischen Welt der K ö r p e r, die ihm doch als die eigentliche
Realität gilt, streng genommen aller Zusammenhang abgebrochen ist. Die Wahrheit ist die willkürliche Schöpfung
des Menschen, sofern er mit Wort und Sprache begabt ist;
sie besteht in der Verknüpfung von Namen, nicht in der
Feststellung von Objekten und Vorgängen innerhalb der
existierenden Wirklichkeit[1]). Das Reich des Begriffes bleibt
somit von dem Bereich der „Tatsachen" völlig getrennt;
der Begriff verbleibt durchaus innerhalb seiner selbstgesteckten
Grenzen, ohne Anspruch darauf zu erheben, das objektive
Dasein „abzubilden". Eben diese Schwierigkeit aber läßt
die tiefere Tendenz von Hobbes' Grundgedanken deutlich
hervortreten. Wäre es die Aufgabe des Wissens, die bestehenden äußeren Gegenstände nachzuahmen, so gäbe es
nach Hobbes' eigenen Voraussetzungen kein anderes Mittel
hierfür, als sich der unmittelbaren Empfindung und ihrer
assoziativen Verknüpfung zu überlassen. In der direkten
Aussage der Sinne und in deren Fixierung durch das Gedächtnis wäre alsdann alle Möglichkeit des Wissens beschlossen.
Damit aber wäre zugleich das l o g i s c h e I d e a l vereitelt,
das Hobbes selber aufgestellt hatte, damit wäre eine bloße
historische T a t s a c h e n e r k e n n t n i s an die Stelle der
deduktiven und prinzipiellen E i n s i c h t gesetzt[2]). Um dieser
Folgerung zu entgehen, muß die Definition der Erkenntnis
von jeder unmittelbaren Beziehung auf die objektive Existenz
absehen, muß sie, statt von den Dingen, nur von den Vorstellungen und Namen der Dinge handeln. Die Prinzipien
gewinnen ihre A l l g e m e i n h e i t u n d N o t w e n d i g -
k e i t wieder, indem sie dafür auf jede Entsprechung innerhalb des konkreten Seins der Dinge verzichten. —

---
[1]) S. R o b e r t s o n, a. a. O. S. 87 f.
[2]) Vgl. hrz. z. B. L e v i a t h a n, Pars I, Cap. V: „Sensus et
Memoria F a c t i tantum cognitio est; S c i e n t i a autem cognitio
est consequentiarum unius facti ad alterum." (p. 23) u. ö.

Eine Ergänzung und Vertiefung findet diese allgemeine Ansicht in der Anschauung, die Hobbes vom Wesen und Wert der M a t h e m a t i k besitzt. Hier hatte er, wie wir sahen, die Zweideutigkeit des Nominalismus bereits überwunden; hier hatte er eben so sehr die rein ideale Bedeutung der Grundbegriffe betont, wie er andererseits im Begriff der kausalen Definition eine einschränkende Bedingung ihrer Gültigkeit gewonnen hatte. Die „Freiheit" der Konstruktion, die wir in der Geometrie betätigen, bedeutet nicht Willkür, sondern strenge Bindung an bestimmte dauernde Gesetzlichkeiten. Nicht jede beliebige Wortverbindung, die wir schaffen, bedeutet hier eine mögliche, d. h. mit den Gesetzen unserer räumlichen Anschauung vereinbare Idee. Nicht minder scharf tritt die tiefere sachliche Bedeutung der „Namengebung", wie Hobbes sie versteht, im Gebiete der Arithmetik hervor. Es ist charakteristisch, daß er als erste und wissenschaftlich grundlegende Leistung, die durch die Sprache ermöglicht wird, die S c h ö p f u n g d e r Z a h l z e i c h e n nennt. Erst nach der Entstehung der Zahlworte vermochte der Mensch die Vielheit der Erscheinungen in feste Grenzen zu bannen; erst durch sie wurde er in den Stand gesetzt, die empirischen Objekte, gleichviel in welcher Form sie ihm gegeben wurden, der Herrschaft des Begriffs zu unterwerfen. Jede, noch so verwickelte Rechnung, sie möge sich nun auf Zeiten oder Räume, auf den Umlauf der Himmelskörper oder auf die Aufführung eines Gebäudes oder einer Maschine beziehen, ist nur ein Produkt und eine Weiterführung jenes ursprünglichen geistigen Aktes der Zählung: „haec omnia a Numeratione proficiscuntur, a Sermone autem Numeratio[1])." Hier wird, wie man sieht, der Nachdruck nicht sowohl auf die bloße Benennung, als vielmehr auf das r e i n e g e d a n k l i c h e V e r f a h r e n gelegt, kraft dessen wir durch die wiederholte Setzung einer willkürlich angenommenen Einheit die Mehrheit erschaffen; ein Verfahren, das sich freilich nicht ausbilden und vervoll-

---

[1]) De Homine Cap. X, § 3, p. 60. — Vgl. hrz. auch die Elements of law: Natural and Political, Part I. chap. 5, § 4 (Ausgabe von Tönnies, Oxford 1888, S. 19).

kommnen könnte, wenn nicht jeder Einzelschritt durch ein bestimmtes sinnliches Zahlzeichen fixiert und damit für das Gedächtnis aufbewahrt würde. Dieser Zusammenhang wird vor allem in der Darstellung des „Leviathan" deutlich, in der von Anfang an die Bedeutung und der Zweck der Namengebung darauf eingeschränkt wird, die „Umwandlung einer geistigen Schlußfolge in eine sprachliche" zu vollziehen. Die Folge und der gesetzliche Ablauf unserer Gedanken kann erst in der Verknüpfung der Worte zu fester Ausprägung und zu a l l g e m e i n g ü l t i g e r Darstellung gelangen[1]. Wer jedes Gebrauchs der Rede bar wäre, der könnte zwar, wenn ihm ein einzelnes Dreieck vorgelegt würde, zu der Einsicht geführt werden, daß seine Winkelsumme zwei Rechte beträgt; aber er vermöchte sich niemals zu der Erkenntnis zu erheben, daß dieser Umstand f ü r j e d e s b e l i e b i g e D r e i e c k g i l t. Erst wenn wir nicht mehr von der Betrachtung der sinnlich einzelnen Gestalt, sondern von dem sprachlich fixierten Begriff des Dreiecks ausgehen; — wenn wir uns bewußt werden, daß der Zusammenhang, von dem hier die Rede ist, von der absoluten Seitenlänge, sowie von anderen zufälligen Merkmalen der gegebenen einzelnen Figur gänzlich unabhängig ist und allein aus denjenigen Bestimmungen quillt, kraft deren wir eine empirisch vorhandene Gestalt überhaupt erst als Dreieck bezeichnen und anerkennen: erst dann haben wir das Recht zu dem „kühnen und universellen" Schluß, daß in j e d e m Dreieck das gleiche Verhältnis, das wir hier entdeckt haben, sich wiederfinden muß. „Auf diese Weise wird die Folgerung, die wir an einem besonderen Falle aufgefunden haben, dem Gedächtnis als a l l g e m e i n e R e g e l überliefert, die den Geist v o n aller Betrachtung des Raumes und der Zeit befreit und bewirkt, daß das was h i e r und j e t z t als wahr er-

---

[1] „Sermonis usus generalissimus est conversio Discursus Mentalis in Verbalem, sive Seriei Cogitationum nostrarum in Seriem Verborum .. Per impositionem hanc nominum amplioris et strictioris significationis computationem consequentiarum in cogitationibus convertimus in computationem consequentiarum in nominibus" etc. Leviathan, Pars I, Cap. IV, p. 14 f.

funden wurde, auch für alle Orte und alle Zeiten als wahr anerkannt wird[1])." Wiederum bestätigt es sich in dieser ganzen Entwickelung, daß der „Nominalismus" des Hobbes nicht — wie es zunächst scheinen konnte — einen Gegensatz zum „Rationalismus" bilden, sondern zu seiner Bestätigung und Begründung dienen will. Das Wort ist die Stütze und das Vehikel der **Vernunfterkenntnis**, deren allgemeine Geltung es erst zum Bewußtsein und zur Anerkennung bringt. So fügt sich die Grundanschauung über das Verhältnis von Begriff und Wort, die anfangs das Denken all seines realen Gehalts zu berauben schien, zuletzt dennoch der allgemeinen philosophischen Tendenz des Systems ein. Die wichtigste Frage, die nunmehr noch zurückbleibt, ist, wie weit diese Tendenz sich weiterhin auch im Aufbau der **Naturphilosophie** betätigt und bewährt.

III.

Es ist ein originaler und fruchtbarer Gedanke, mit welchem Hobbes die Darlegung seiner Naturphilosophie beginnt. Er geht von der Vorstellung aus, daß das gesamte Universum mit Ausnahme eines einzigen Menschen vernichtet würde und knüpft hieran die Frage, welche Inhalte alsdann für das denkende Subjekt, dessen Fortbestand wir annehmen, noch als Gegenstände der Betrachtung und Schlußfolgerung zurückbleiben würden. Von der Antwort, die er auf dieses Problem gewinnt, hängt alle fernere Entscheidung über das Gefüge und über die reale Verfassung der Wirklichkeit ab. Diejenigen Momente, die völlig unabhängig von der Existenz einer realen Körperwelt in uns bestehen können, müssen zuvor rein herausgelöst werden, ehe wir, auf dieser Grundlage weiterbauend, einen Einblick in das Ganze der objektiven Wirklichkeit erlangen können.

Es ist kein vereinzelter geistreicher Einfall, es ist kein bloß willkürliches „Gedankenexperiment", von dem Hobbes hier seinen Ausgang nimmt. Der Gedanke, den er an die Spitze stellt, steht in innerlicher und notwendiger Beziehung

---

[1]) A. a. O., p. 16.

zu der Grundansicht, von der seine Methodenlehre beherrscht ist. Das Denken — so sahen wir hier — kann nichts begreifen, was es nicht vor sich erstehen läßt; es kann keinen Inhalt als den seinigen anerkennen, wenn es ihn nicht in einem selbsttätigen Prozeß sich zu eigen macht. Die Körperwelt mag an sich noch so sicheren und festen Bestand besitzen: für das Wissen besteht sie dennoch erst, sobald wir sie aus den Elementen unserer Vorstellung erschaffen haben. Wie wir einen vollkommenen Kreis, der uns zufällig in der empirischen Wahrnehmung begegnen würde, doch niemals als solchen zu erkennen vermöchten, wie wir vielmehr, um über das „Sein" einer bestimmten Figur eine Entscheidung zu treffen, immer auf den Akt ihrer Konstruktion zurückgehen müssen[1]), so müssen wir hier mit bewußter Absicht von der existierenden Welt, die uns als ein festes unbewegliches Sein umfängt, absehen. Die fertige Welt bietet dem Gedanken keinen Ansatzpunkt; er muß sie kraft der Freiheit seiner Abstraktion negieren, um sie desto gewisser zurückzugewinnen.

Verfolgen wir diesen Weg, fragen wir also, was uns nach Aufhebung aller äußeren Gegenstände als notwendiger Besitz des Geistes zurückbleibt, so tritt uns hier zunächst der Grundbegriff des Raumes entgegen. Selbst wenn wir alle sinnlichen Empfindungen, die von den Körpern zu uns hinüberdringen, in uns vernichtet denken, so blieben doch die reinen räumlichen Beziehungen unverändert in uns erhalten. Indem das Ich den Akt des Denkens von seinem Inhalt unterscheidet und sich diesem letzteren gleichsam gegenüberstellt, entsteht ihm damit die reine Vorstellung des „Außen", die das Grundmoment des Raumbewußtseins ausmacht. Der Raum ist in diesem Sinne nichts anderes, als eine Schöpfung unserer subjektiven „Phantasie", er ist das Phantasma einer existierenden Sache, sofern wir an ihr nichts anderes, als eben diesen Umstand, daß sie als äußerlich

---

[1]) „Proposita enim figura plana ad figuram circuli proxima accedente, sensu quidem circulus necne sit, cognosci nullo modo potest, at ex cognita figurae propositae generatione facillime" etc. De corpore, Pars I, Cap. I, § 5 (p. 3).

vorgestellt wird, beachten und von allen ihren sonstigen Beschaffenheiten absehen[1]). In analoger Weise entsteht uns der Gedanke der Z e i t, wenn wir die Vorgänge und Veränderungen, die sich vor uns abspielen, nicht nach ihrem Sonderinhalt betrachten, sondern lediglich das Moment des „Nacheinander" an ihnen herausheben; die Zeit ist das Phantasma der Bewegung, sofern wir uns in dieser eines „Früher" oder „Später" oder einer bestimmten Reihenfolge bewußt werden. So sind denn auch ihre Teile — wie die Stunde, der Tag oder das Jahr — nichts objektiv Vorhandenes, sondern nur die abgekürzten Zeichen für Vergleiche und R e c h n u n g e n, die wir in unserem Geiste anstellen: ihr ganzer Gehalt liegt begründet in einem A k t e d e r Z ä h l u n g, der nichts anderes als eine reine T ä t i g - k e i t d e s B e w u ß t s e i n s, ein „actus animi" ist. In dieser Erkenntnis liegt zugleich die Lösung für alle m e t a - p h y s i s c h e n Schwierigkeiten, die man in den Begriffen des Raumes und der Zeit von jeher gefunden hat. Die un- endliche Teilbarkeit, wie die unendliche Erstreckung beider birgt jetzt keinen inneren Widerspruch mehr; ist es doch nunmehr klar, daß sie nicht in den Dingen, sondern in unserem Urteil über die Dinge gegründet ist. Jegliche Teilung und Zusammensetzung ist ein Werk des Intellekts. Die einzelnen Zeit- und Raumabschnitte haben keine andere Existenz als diejenige, die sie in unserer B e t r a c h t u n g besitzen[2]). Und so sehr jedes gegebene Ganze des Raumes und der Zeit

---

[1]) „Jam si meminerimus seu Phantasma habuerimus alicujus rei, quae extiterat ante suppositam rerum externarum sublationem nec considerare velimus, q u a l i s ea res erat, sed simpliciter quod erat extra animum, habemus id quod appellamus Spatium, imaginarium quidem, quia merum Phantasma, sed tamen illud ipsum, quod ab omnibus sic appellatur... Itaque S p a t i u m e s t P h a n t a s m a r e i e x i s t e n t i s, q u a t e n u s e x i s t e n t i s, id est, nullo alio ejus rei accidente considerato, praeterquam quod apparet extra imaginantem." De corpore, Pars II, Cap. 7, § 2 (p. 50).

[2]) A. a. O., § 3—12. — Vgl. bes. „Examinatio et emendatio Mathematicae Hodiernae", Dial. II, p. 39: Divisio est opus intellectus, intellectu facimus partes ... I d e m e r g o est p a r t e s f a c e r e, q u o d p a r t e s c o n s i d e r a r e."

notwendig **begrenzt** sein muß, so ist doch dem **Verfahren**, kraft dessen wir willkürlich immer neue Teile unterscheiden und setzen können, keine Schranke gesetzt. Wenn Hobbes auf Grund dieser Entwickelungen nunmehr zur Begriffsbestimmung des **Körpers** übergeht, so bleibt auch hier die Kontinuität seiner allgemeinen gedanklichen Voraussetzungen **zunächst** durchaus erhalten. Die Definition des Körpers fügt zu den Bestimmungen, die wir bisher kennen gelernt haben, keine einzige **inhaltliche** Eigentümlichkeit neu hinzu; sie unterscheidet sich von der Vorstellung des Raumes in keinem einzigen **begrifflichen Merkmal**, sondern lediglich durch das veränderte **Verhältnis zum erkennenden Subjekt**, das in ihr festgesetzt wird. Unter dem Körper verstehen wir einen begrenzten Teil der Ausdehnung selbst, sofern diese nicht als bloßes Gebilde unserer Phantasie, sondern als feste **Existenz** angesehen wird, die unabhängig von unserer Vorstellung ihr Sein besitzt und behauptet. Wodurch aber — so müssen wir in diesem Zusammenhang notwendig fragen — erwirbt denn der physische Körper diesen Charakter der **Unabhängigkeit**, der ihn vor den bloßen Erzeugnissen der Geometrie auszeichnet? Ist es nicht eben eine veränderte Art, in welcher er dem **Bewußtsein** gegeben ist, die ihm diesen Wert und diese Selbständigkeit verleiht? Die bloße **Empfindung** aber kann hierfür nicht ausreichen, da gerade sie, nach den Voraussetzungen von Hobbes' Phänomenalismus, dauernd in den Kreis der ,,Subjektivität" eingeschlossen bleibt. Die Annahme der selbstgenügsamen, für sich bestehenden Materie kann demnach, wie es scheint, nichts anderes bedeuten, als ein logisches Postulat, als eine Forderung, die der **Gedanke** stellt, um die Vielheit der Eindrücke zu wissenschaftlicher Einheit zu verknüpfen. In der Tat ist es genau diese Folgerung, die Hobbes zunächst zieht: wenn wir der Ausdehnung den physischen Stoff gleichsam unterbreiten und zugrunde legen, so ist das Sein, das auf diese Weise entsteht, lediglich durch die **Vernunft**, nicht durch die S i n n e zu erfassen[1]). Daher liegt denn auch im Begriffe der Materie, wie er hier abgeleitet wird, ihre unveränderliche Erhaltung unmittelbar eingeschlossen: wenn die zufälligen „Accidentien", die wir an den Körpern wahrnehmen, entstanden, aber keine Dinge sind, so sind die Körper Dinge, aber nicht entstanden[2]).

Nachdem wir aber bis zu diesem Punkte fortgeschritten sind, wendet sich nunmehr unvermittelt die Richtung der Untersuchung. Ist einmal das Dasein und die Substantialität des Körpers rational erwiesen, so können wir fortan — wie es scheint — mit beiden wie mit einem festen F a k t u m rechnen. Die vielfachen gedanklichen Vermittlungen, durch welche diese Schlußfolgerung gewonnen wurde, treten zurück; sie scheinen, nachdem das Ziel erreicht ist, entbehrlich geworden. Die Fragestellung nimmt jetzt den entgegengesetzten Weg: die Körper und ihre realen Bewegungen sind das Erste und Absolute, die Empfindungen und Gedanken das abgeleitete Ergebnis, das aus ihnen zu erklären ist. Wurde zuvor der Begriff der Materie als Endglied einer Entwicklung erreicht, in die der Begriff des Raumes als V o r a u s - s e t z u n g einging, so wird jetzt die reale Ausdehnung zur physischen Ursache der idealen. Die Begriffe des „Orts"

---

[1]) „Intellecto jam, quid sit Spatium . . supponamus deinceps aliquid . . rursus reponi, sive creari denuo; necesse ergo est, ut creatum illud sive repositum non modo occupet aliquam dicti spatii partem, sive cum ea coincidat et coextendatur, sed etiam esse aliquid, quod ab imaginatione nostra non dependet. Hoc autem ipsum est quod appellari solet, propter Extensionem quidem, C o r p u s; propter independentiam autem a nostra cogitatione s u b s i s t e n s p e r s e, et propterea quod extra nos subsistit, E x i s t e n s; denique quia sub spatio imaginario substerni et supponi videtur, u t n o n s e n s i b u s, s e d r a t i o n e t a n t u m a l i q u i d i b i e s s e i n t e l l i g a t u r, S u p p o s i t u m e t S u b j e c t u m. Itaque definitio corporis hujusmodi est: Corpus est quicquid non dependens a nostra cogitatione cum spatii parte aliqua coincidit vel coextenditur." De corpore, P. II, Cap. VIII, § 1 (p. 54 f.).

[2]) „Corpora itaque et accidentia, sub quibus varie apparent, ita differunt, ut corpora quidem sint r e s n o n g e n i t a e, accidentia vero g e n i t a, s e d n o n r e s." De corpore, P. II, Cap. VIII, § 20 (p. 62).

und der „Größe", die anfangs als verschiedene **S t u f e n** innerhalb ein und desselben gedanklichen Prozesses gefaßt wurden, treten einander nunmehr schroff gegenüber; der Ort ist die fingierte, die Größe die wahre Ausdehnung der Körper, der Ort ist nichts außerhalb, die Größe nichts innerhalb des Geistes[1]). In dieser klaren Entgegenstellung tritt die eigentliche Schwierigkeit, mit der Hobbes' Lehre behaftet bleibt, unverkennbar hervor. Daß all unsere Wissenschaft es nicht mit den Gegenständen selbst, sondern nur mit deren „Merkzeichen" im Geiste zu tun hat, daran wird beständig festgehalten. „Wenn wir auf dasjenige, was wir in all unseren Schlußfolgerungen tun, genau Acht haben, so sehen wir, daß wir — selbst wenn wir die Existenz der Dinge voraussetzen — doch immer nur mit unseren eigenen Phantasmen rechnen[2])." Immer ist es somit der **i d e a l e** Raum, den wir zugrunde legen, immer ist es eine rein abstrakte und gedankliche **B e w e g u n g s l e h r e**, die wir entwerfen. Wie aus dieser deduktiven Entwicklung etwas über die **a b s o l u t e n** Gegenstände gefolgert werden soll, bleibt durchaus im Dunkel. Wie sollen wir es uns denken, daß der an sich bestehende Körper mit einem Teile unseres Anschauungsraumes, der ein rein imaginäres Gebilde ist, „zusammenfällt" und sich „mit ihm zusammen ausdehnt" (coincidit et coextenditur)? Und wie kann die Bewegung ein unabhängiges und unbedingtes Sein darstellen, da doch ihre beiden Grundmomente, da Raum und Zeit lediglich Gebilde des Geistes sein sollen[3])? So birgt Hobbes' Naturbegriff, so fest er gefügt scheint, bereits den Keim der **S k e p s i s** in sich. Zwischen der Wahrheit der Dinge und ihrer Wirklichkeit besteht eine Kluft, die sich nicht überbrücken läßt. Denn

---

[1]) A. a. O., § 5 (p. 56).
[2]) De corpore, P. II, Cap. VII, § 1 (p. 49).
[3]) Treffend bemerkt L y o n (La philosophie de Hobbes, Paris 1893, S. 67): „Son espace est en lui; son temps est en lui, et sa vaine distinction entre la grandeur et le lieu, n'a pu faire que mouvement et corps ne fussent également en lui. L'univers qu'il a reformé des matériaux mis en oeuvre par la raison pure ne s'est point détaché de cette raison. Ce monde géométrique est quelque chose encore de la pensée qui l'engendre."

die Wahrheit gehört — wie unzweideutig erklärt wurde — allein dem **Urteil** an, löst sich somit zuletzt in reine ideelle **Beziehungen** auf, während der Körper eine absolute Substanz bedeuten soll, die allen Eigenschaften und Relationen vorangeht. —

Der Gegensatz, der hier bestehen bleibt, erhält seine schärfste Ausprägung in Hobbes' **Theorie der Wahrnehmung**. Hier wird zunächst die Tatsache, daß überhaupt **Erscheinungen stattfinden**, daß also bestimmte Subjekte mit Empfindung und bewußter Vorstellung begabt sind, als das Urphänomen bezeichnet, dem die philosophische Untersuchung sich vor allen anderen Fragen zuwenden muß. Wenn die Phänomene die Erkenntnisprinzipien für alles übrige bilden, so ist die Sinnesempfindung das „Prinzip der Prinzipien", da sie alles Wissen um irgend welche Erscheinungen überhaupt erst ermöglicht. Was sich uns nun hier zunächst darbietet, ist nichts anderes, als ein beständiges Kommen und Gehen, ein Auftauchen und Verschwinden von **Bewußtseinsinhalten**. Da wir indes jede Veränderung, die wir an irgendeinem Subjekte beobachten, aus allgemeinen logischen Gründen auf eine **Bewegung** seiner inneren Teile zurückführen müssen, so folgt, daß die sinnliche Wahrnehmung nichts anderes als der Reflex der Bewegung bestimmter körperlicher Organe ist. Jede Bewegung in den Organen aber weist weiterhin auf ein äußeres Objekt als Ursache zurück: der Druck der äußeren, uns umgebenden Körper ruft, indem er sich bis zu unseren Sinneswerkzeugen fortpflanzt, in ihnen ein Gegenstreben wach und bringt damit die bewußte Empfindung zustande. Man sieht, wie in dieser Darstellung zwei völlig verschiedene Tendenzen mit einander ringen. Auf der einen Seite steht es für Hobbes fest, daß wir, um irgendeine Entscheidung über unsere „Phantasmen" zu gewinnen, den Standpunkt der Betrachtung niemals außer oder über ihnen, sondern immer nur **innerhalb ihrer selbst** wählen können, daß also Gedächtnis und innere Erfahrung die einzigen Zeugen sind, die wir zu befragen haben[1]). Aber

---

[1]) „Phaenomenōn autem omnium, quae prope nos existunt, id ipsum τὸ φαίνεσθαι est **admirabilissimum**, nimirum

unmittelbar danach sehen wir, wie er von neuem über diese so klar bezeichnete Grenze hinausgetrieben wird. Was zuvor als das „Prinzip der Prinzipien" galt, das soll jetzt aus einem weiter zurückliegenden dinglichen Ursprung begriffen werden; was der Anfang für alle Setzung objektiver Gegenstände sein sollte, das wird jetzt nur noch als die Antwort auf die Einwirkung der an sich bestehenden Materie gedacht[1]). Die Unabhängigkeit der „Materie" von der bloßen Empfindung, wie Hobbes sie zunächst definiert, ist eine Unabhängigkeit im logischen Sinne, die durch das Urteil gefordert und begründet wird: indem Hobbes sie auch von dieser letzten Bedingtheit frei zu machen sucht und sie absolut setzt, ist auch seine Erfahrungslehre wie diejenige Gassendis wieder der Metaphysik verfallen.

Immerhin ist es charakteristisch, daß die Vorherrschaft der Logik sich bis weit in Hobbes' sensualistische Psychologie hinein noch deutlich verfolgen läßt. Auch hier ist es der Grundgedanke der **Methode**, der sich von An-

---

in corporibus naturalibus alia omnium fere rerum, alia nullarum in se ipsis exemplaria habere; adeo ut, si Phaenomena principia cognoscendi sunt caetera, sensionem cognoscendi ipsa principia principium esse, scientiamque omnem ab ea derivari dicendum est: **e t a d c a u s a r u m e j u s i n v e s t i g a t i o n e m a b a l i o P h a e n o m e n o p r a e t e r e a m i p s a m i n i t i u m s u m i n o n p o s s e**. Sed quo, inquies, **s e n s u** contemplabimur **s e n s i o n e m**? **E o d e m i p s o**, scilicet aliorum sensibilium etsi praetereuntium, ad aliquod tamen tempus manens Memoria. Nam sentire se sensisse, meminisse est." De Corpore, P. IV, Cap. 25 (p. 192 f.).

[1]) Deutlich tritt diese Umkehrung bereits in der Darstellung der Wahrnehmungstheorie hervor, die in Hobbes' frühester Schrift, den „Elements of law" enthalten ist. Auch hier wird anfangs betont, daß die Untersuchung sich lediglich auf das Gebiet der **Phaenomene** und **Vorstellungen** selbst beziehen soll, wobei wir, nach der bekannten methodischen Fiktion, die äußere Existenz als vernichtet denken, um desto reiner nur den Inhalt und den gesetzlichen Zusammenhang unserer „Bilder" und „Begriffe" zu betrachten. Gleich darauf aber wird völlig unvermittelt die dogmatische Voraussetzung proklamiert, die Hobbes' Psychologie zugrunde liegt: „alle unsere Begriffe stammen ursprünglich von einer **E i n w i r k u n g d e s D i n g e s s e l b s t** her, auf welches der Begriff sich bezieht." S. die Elements of law, Part. I, chap. 1 u. 2 (ed. Tönnies, S. 2 f.).

fang an geltend macht: wir begreifen die psychischen Inhalte nur, wenn wir sie aus ihren Elementen entwickeln. Der Bestand des Bewußtseins muß aus dem Prozeß des Bewußtseins abgeleitet werden; die festen Einzeldaten müssen in ihrer durchgängigen Verknüpfung erkannt und dargestellt werden. Die psychologische Theorie der Assoziation, die Hobbes entwickelt und die er bereits zu voller Bestimmtheit und Deutlichkeit bringt[1]), ist freilich keineswegs — wie man zumeist annimmt — die eigentlich fruchtbare und originale Leistung seiner Philosophie. Gerade an diesem Punkte setzt er nur gegebene Anregungen fort, greift er besonders auf Gedanken der Naturphilosophie der Renaissance zurück. (Vgl. Bd. I, S. 228 f., 234, 242.) Auch hier indes gewinnt seine Darstellung eine neue und vertiefte Bedeutung durch den Zusammenhang, in welchem sie mit seiner allgemeinen Prinzipienlehre steht. Aus dieser erklären sich ihre Vorzüge, wie ihr Grundmangel; da Hobbes das Denken nur als ein Zusammensetzen kennt, so muß ihm der Begriff zur Summe der einzelnen Eindrücke werden. Daß es ursprüngliche und notwendige Formen der Beziehung gibt, die sich in die bloße elementare Addition und Subtraktion nicht auflösen lassen: diese Einsicht mangelt seiner Psychologie, weil sie seiner Logik versagt blieb.

Der Widerstreit, der sich durch alle Teile von Hobbes' System hindurchzieht, wurzelt in einem eigentümlichen Grundzug seiner Geistesart. Überall ist es das Recht und die Selbstgesetzgebung der Vernunft, die er verficht und die er gegen alle fremden Autoritäten behauptet. Der Gedanke wird autonom; er beugt sich nicht länger den Forderungen und den „Tatsachen", die die Überlieferung ihm entgegenhält, sondern sucht in allen Gebieten dasjenige, was ihm als Sein und als Wahrheit gelten soll, von sich selbst aus erst zu erschaffen. So leitet er die realen politischen Herrschaftsverhältnisse aus einer ursprünglichen

---

[1]) S. Leviathan, Pars I, Cap. 3 (p. 9 ff.); vgl. bes. „Elements of law", P. I, chap. 4 (Tönnies, S. 13 ff.).

freien Willenssatzung der Einzelnen ab; so fließt ihm im theoretischen Gebiete alles Wissen zuletzt aus selbstgeschaffenen Prinzipien. Und dennoch besitzt, was auf diese Weise entstanden ist, für Hobbes fortan uneingeschränkte und unaufhebliche Geltung. Unsere freien Satzungen sind es, die uns für immer und unlöslich binden. Der Wille wie der Verstand unterwerfen sich rückhaltlos und ohne Vorbehalt den Mächten, die ihnen selber ihr Dasein verdanken. Das Produkt der Vernunft löst sich für immer von den Bedingungen los, aus denen es erwachsen ist: es wird zur absoluten Wirklichkeit, die uns fortan mit unerbittlichem Zwange umfaßt und uns das Gesetz des Tuns und des Denkens vorschreibt.

Fünftes Buch
Fortbildung und Vollendung des Rationalismus

Erstes Kapitel.
Spinoza.
I.

Die Erkenntnislehre des „Kurzen Traktats".
Wenn man im Fortgang der Geschichte der Philosophie zum System Spinozas gelangt, so scheint in ihm zunächst die allgemeine M e t h o d e der Betrachtung, die bisher auch die widerstreitenden Lehren mit einander verband, einer völlig neuen Denkart zu weichen. Die Kontinuität der Fragestellung scheint unvermittelt abzubrechen. Bei Hobbes sowohl wie bei Descartes stand, so verschiedenartig schließlich die Ergebnisse ihrer Philosophie waren, dennoch das Problem der Erkenntnis, stand die Grenzbestimmung des empirischen und des rationalen W i s s e n s im Mittelpunkte der Untersuchung. Beide streben nach einem festen Kriterium der W a h r h e i t, nach welchem sodann das absolute S e i n zu verstehen und zu bestimmen ist. Demgemäß bildet im besonderen der G o t t e s b e g r i f f bei Descartes zwar das Ziel, nicht aber den Anfang der Philosophie. Für Spinoza dagegen ist der feste Punkt, den Descartes in mühevoller Analyse des Wissens zu gewinnen suchte, von Anfang an unverrückbar gegeben. Jedes bloß vermittelte Erkennen wäre in sich selbst haltlos, wenn es nicht auf dem Grunde einer unmittelbaren Intuition ruhte, in der sich uns die Wirklichkeit des unendlichen Seins erschließt. Kein stetiger Fortgang rationaler Schlußfolgerung vermag uns über den Kreis des endlichen Seins zum Unbedingten hinzuführen; wir erfassen es, nicht indem wir durch abgeleitete Begriffe zu ihm emporsteigen, sondern indem es uns selbst ergreift und sich uns, in der Gesamtheit seiner Wesenheit, anschaulich offenbart. So beginnt Spinozas „Kurzer Traktat von Gott, dem Menschen und dessen Glückseligkeit", der die früheste

Fassung seiner Lehre darstellt und ihre eigensten Motive bloßlegt, zwar mit der Wiedergabe und Erläuterung der Cartesischen Gottesbeweise; aber das endgültige Ergebnis der Schrift berichtigt ihren eigenen Ausgangspunkt. Es ist unmöglich, daß Gott durch ein anderes Ding begriffen und erkannt werden sollte; ist er doch der Ursprung des Seins wie des Wissens und kann somit an Klarheit und Evidenz von keinem anderen Erkenntnisgegenstand erreicht, geschweige übertroffen werden. „Da also die Vernunft keine Macht hat, uns zu unserer Glückseligkeit zu bringen, so bleibt nur übrig, daß diese Art von Erkenntnis nicht aus etwas anderem folgt, sondern durch eine **unmittelbare Offenbarung des Objekts selbst an den Verstand entsteht**; und wenn dieses Objekt herrlich und gut ist, so wird die Seele notwendig damit vereinigt[1]."

Von diesem Punkte aus empfängt die gesamte Erkenntnislehre des „Kurzen Traktats" ihr Licht. Wie für Descartes das Selbstbewußtsein, so bedeutet für Spinoza das Gottesbewußtsein das Grundfaktum, auf das er hinblickt, um nach ihm den Wert jeder anderen abgeleiteten Gewißheit zu bestimmen. Der Charakter der Erkenntnis bleibt auf allen Stufen der gleiche: immer ist es der äußere Gegenstand, der das Ich ergreifen und von ihm Besitz nehmen muß, um in ihm das Wissen zu wirken. Je nach dem Objekt, mit welchem sie verschmilzt und vereinigt wird, bestimmt sich der Wert und die Klarheit der Einsicht, die die Seele gewinnt[2]). So ist, wie ausdrücklich betont und eingeschärft wird, das **Verstehen** durchgehend als ein „reines Leiden" zu denken: nicht wir sind es, die etwas von einer Sache bejahen oder verneinen, sondern die Sache selbst ist es, die etwas von sich in uns bejaht oder verneint[3]). Das Bewußtsein beschränkt sich darauf, die Wirkungen die ihm von außen zugeführt werden, zu empfangen. Auf diese Weise allein scheint der

---

[1]) Spinoza, Kurzer Traktat von Gott, dem Menschen und dessen Glückseligkeit. Übersetzt und herausgeg. von Christoph Sigwart. Tübingen 1870. Teil II, Kap. 22, § 1; vgl. Kap. 24, § 10 u. s.
[2]) Kurzer Traktat, Teil II, Kap. 4, § 10.
[3]) Kurzer Traktat, Teil II, Kap. 16, § 5; Kap. 15, § 5.

Prozeß des Erkennens b e g r i f f e n , d. h. dem kausalen Zusammenhang der einheitlichen Gesamtnatur eingereiht werden zu können. Wie die Freiheit des Willens, so ist jede angebliche Selbsttätigkeit des Intellekts eine abstrakte und chimärische Erdichtung. Verstand und Wille sind allgemeine, willkürlich ersonnene Gattungsnamen; was uns in Wahrheit bekannt und gegeben ist, sind nur besondere Einzelakte des Bejahens und Verneinens, des Begehrens und Verwerfens[1]). In allen diesen Akten handelt es sich somit um Teile des Naturgeschehens selbst, die das umfassende Gesetz der Allnatur zwar zu wiederholen, es aber andererseits nur in einem beschränkten Auszug wiederzugeben vermögen. Die eine, für alle Zeiten feststehende Ordnung des Seins trägt und bedingt die Ordnung des Erkennens. Die Frage, wie es möglich ist, daß die körperlichen Gegenstände auf das Denken eindringen und in ihm eine Einwirkung hinterlassen, wird hierbei noch nicht gestellt: die T a t s a c h e der sinnlichen Wahrnehmung gilt zugleich unmittelbar als das Zeugnis und die E r k l ä r u n g dieses Wechselverhältnisses[2]). Zwar unterscheidet auch der „Kurze Traktat" die beiden Attribute des Denkens und der Ausdehnung; aber dieser Unterschied tritt zurück gegenüber der Gemeinsamkeit, die sie dadurch gewinnen, daß sie beide als K r ä f t e bezeichnet und erläutert werden[3]). Beide sind nur verschiedene Äußerungsformen ein und derselben zugrunde liegenden Naturmacht: so vermögen sie auch aufeinander einzuwirken und sich gegenseitig zu bestimmen. Wie der Körper sich dem Geiste darbietet und den Akt der Empfindung in ihm wachruft, so vermag andererseits die Seele zwar nicht, neue körperliche Bewegungen zu erschaffen, wohl aber die R i c h t u n g der vorhandenen Bewegung nach ihrem Entschlusse abzulenken[4]). —

---

[1]) Kurzer Traktat, Teil II, Kap. 16, § 4 ff.
[2]) Kurzer Traktat, Teil II, Kap. 19, § 13 u. s.
[3]) Kurzer Traktat, Teil II, Kap. 19, § 1—6 (vgl. hrz. den holländ. Text in: S p i n o z a , Opera quotquot reperta sunt. Rec. J. van V l o t e n et J. P. N. L a n d , 2 vol., Hagae 1882 f., II, S. 340.)
[4]) Kurzer Traktat, Teil II, Kap. 19, § 9—11.

Es ist klar, daß von dieser allgemeinen Grundanschauung aus die Wertunterschiede des Wahren und Falschen ihre a b s o l u t e Bedeutung einbüßen müssen. Sie gehören zu den subjektiven Gegensätzen, die nur der unvollkommenen und stückweisen Betrachtung der einen, in sich unterschiedslosen Gesamtnatur anhaften. Die Erkenntnis der substantiellen Einheit des Weltganzen bringt die qualitativen logischen Differenzen zum Verschwinden, indem sie sie in quantitative Unterschiede des Grades auflöst. Irrtum und Wahrheit stehen einander nicht als gleich selbständige und positive Momente gegenüber, sondern verhalten sich wie der Teil zum Ganzen. Ist alles Denken, kraft seines Begriffs, der Ausdruck eines äußeren Tat- und Wesensbestandes, so muß jede Vorstellung, sofern sie überhaupt irgendwelchen Inhalt in sich faßt, auch das wirkliche Sein unter einem bestimmten Gesichtspunkt widerspiegeln. Der Irrtum besteht nicht darin, daß wir an und für sich Wesenloses vorstellen und in Gedanken fassen, sondern daß wir bei einem Fragment des Seins stehen bleiben und in ihm das Ganze zu besitzen glauben. Somit gliedert sich alle Erkenntnis in eine fortlaufende Reihe und Stufenfolge, kraft deren wir, vom Einzelnen beginnend, zu immer weiterer und universellerer Anschauung des Alls uns erheben. Nicht darum aber handelt es sich hierbei, zu willkürlich gebildeten Gattungsbegriffen aufzusteigen, sondern die wirklichen und wirkenden Momente und Kräfte des Seins bloßzulegen, die in jedem Einzelinhalt tatsächlich mitenthalten sind. Von diesem Gesichtspunkt aus wird die Erkenntnis durch Hörensagen, also durch E r f a h r u n g , die uns stets nur mit bestimmten Einzeltatsachen vertraut macht, von dem ,, w a h r e n G l a u b e n " unterschieden, welcher das allen besonderen Dingen G e m e i n s a m e kraft sicherer Beweise und Folgerungen herauslöst. Über beide Formen des Wissens aber erhebt sich die letzte Stufe der ,,klaren und deutlichen Erkenntnis", kraft deren wir das Allgemeine nicht in mühseliger Deduktion erschließen, sondern es unmittelbar im Einzelnen e r s c h a u e n und in seiner Wirksamkeit durch alles Einzelne hindurch verfolgen können[1]).

---

[1]) Kurzer Traktat, Teil II, Kap. 1 und 2.

Für das Verständnis dieser Grundansicht ist es wesentlich, die richtige g e s c h i c h t l i c h e Perspektive zu gewinnen, unter der sie zu betrachten ist. So deutlich der „Kurze Traktat" allenthalben die genaue Kenntnis der Cartesischen Philosophie bekundet, so steht er deren eigentlicher l o g i s c h e r Tendenz noch völlig fern. Der Grundbegriff der I n t u i t i o n , auf den die gesamte Lehre Spinozas mittelbar hinzielt und in dem sie ihren inneren Abschluß findet, läßt dieses Verhältnis deutlich hervortreten. Für Descartes sind es die geometrischen und arithmetischen Axiome, die den Inhalt der „Intuition" ausmachen; für Spinoza besteht ihr Inhalt in dem unendlichen göttlichen Sein, mit dem das Ich sich zu erfüllen trachtet. Handelte es sich dort um ein oberstes P r i n z i p der Einsicht, so handelt es sich hier um das Einswerden mit einem äußeren Objekt, um das „Gefühl und den Genuß d e r S a c h e s e l b s t[1])." „Die Intuition des Cartesius ist", wie Sigwart treffend bemerkt, „die mathematische; die Spinozas — wenigstens im Traktat noch — die mystische[2])." Und die Mystik selbst trägt hier eigenartige Züge, die sie von der Gestalt, welche sie in der späteren Fassung der Lehre gewinnt, unterscheiden. Wenn in der Ethik die intellektuelle Liebe zu Gott mit dem höchsten Freiheitsbewußtsein des Menschen zusammenfällt, wenn somit jedes echte Erkennen seinen Grund und Ursprung in der A k t i v i t ä t des Geistes besitzt: so gilt hier die umgekehrte Ansicht. Um Gott wahrhaft zu schauen, müssen wir zu „Sklaven Gottes" werden, müssen wir das eigene Selbst verlieren und aufopfern. Der Mensch vermag „als ein Teil der gesamten Natur, von welcher er abhängt und von welcher er auch regiert wird, aus sich selbst zu seinem Heil und seiner Glückseligkeit nichts zu tun[3]):" „Sklaven Gottes" sind wir somit, weil wir Sklaven der Allnatur sind; weil all unser W i s s e n von ihrem S e i n umschlossen und von ihrem ehernen Gesetz abhängig bleibt. Es ist vergebens, den Gegensatz, in dem diese Anschauung

---

[1]) Ibid. Teil II, Kap. 2, § 2.
[2]) Ibid. S. 188.
[3]) Ibid., Teil II, Kap. 18, § 1, 2, 8.

sich zu dem endgültigen System Spinozas befindet, durch eine Einschränkung der Grundbestimmungen des „Kurzen Traktats" beseitigen zu wollen. Das scharfe und prägnante Wort, daß nicht wir, die Urteilenden, etwas von einem Gegenstande aussagen, sondern daß die Sache selbst es ist, die etwas von sich in uns bejaht oder verneint, widerstrebt jeder Umdeutung oder Abschwächung[1]). Die Auffassung des Erkennens als eines reinen Leidens betrifft nicht lediglich den Akt der sinnlichen Wahrnehmung, sondern sie greift auf die rationale Erkenntnis über und verleiht selbst der Charakteristik des intuitiven Wissens ihre eigentümliche Färbung.

Diese Gleichsetzung aber begegnet uns in der Erkenntnislehre der neueren Zeit nicht zum ersten Male: sondern sie ist uns in der Naturphilosophie der Renaissance bereits in voller Bestimmtheit gegenübergetreten (s. Bd. I, S. 232 ff., 241 ff.). Man hat Spinozas Lehre im „Kurzen Traktat" zumeist mit Giordano Bruno verglichen, mit dem sie in der Tat die Anschauung von der Einen, unendlichen und in sich vollkommenen Natur teilt. Legt man indessen die Theorie des Erkennens als Maßstab an, so sieht man Spinoza von Bruno ebensosehr getrennt, wie man ihn mit seinen unmittelbaren Vorgängern, insbesondere mit Telesio in innerer Übereinstimmung erblickt. Eben derjenige Schritt, durch den sich Bruno von der gesamten Naturphilosophie des sechzehnten Jahrhunderts trennt[2]), ist bei Spinoza bisher noch nicht vollzogen: das reine Denken ermangelt noch einer selbständigen und ursprünglichen Funktion, kraft deren es sich von der passiven sinnlichen Empfindung prinzipiell unterschiede. Um so näher steht Spinozas Lehre hier der Anschauung desjenigen Denkers, der an der erkenntnistheoretischen Grundansicht der Naturphilosophie selbst festhält, um auf ihrem Grunde ein modernes System

---

[1]) Dies ist gegenüber der Interpretation zu bemerken, die Freudenthal (Spinozastudien I, Ztsch. für Philos. und philos. Kritik 1896, Bd. 108, S. 249) von dieser Stelle zu geben versucht hat. Vgl. auch die Bemerkungen Sigwarts gegen Trendelenburg (Kurzer Traktat, S. 205, Anm.).

[2]) Vgl. Bd. I, S. 279 f.

des Pantheismus zu errichten. Schon die Bedeutung und Wendung, die der Grundbegriff der Intuition hier gewinnt, muß an Campanella erinnern. „Die Schau der Seele — so beschreibt Campanellas Metaphysik den Akt der höchsten Erkenntnis — ist mit dem Schauen des Auges nicht einerlei: denn während das Auge die Dinge durch Bilder erkennt, die ihm von außen zugeführt werden, so erblickt die Seele ihren Gegenstand, indem sie sich in ihn und ihn in sich innerlich verwandelt. Das intuitive Erkennen ist somit das innerliche Einswerden, durch welches das eine zum andern wird (intrinsecatio, per quam unum fit aliud)." Alles Wissen ist Übergang und Auflösung des Ich in den Gegenstand, der ihm gegenübersteht; es ist somit vergänglich und ungewiß, sobald es sich einem wandelbaren und zufälligen Objekte zuwendet, um zu einem festen unverlierbaren Gute zu werden, nachdem es einmal das höchste ewige Sein erfaßt hat. Das Bewußtsein, das die endlichen Dinge erkennt, taucht gleichsam in sie unter und verliert einen Teil des eigenen Daseins an sie; erst wenn es sich von ihnen wieder zum All der Realität, zum unendlichen Sein Gottes zurückfindet, gewinnt es hier, wo alle Gegensätze und alle Beschränkung fortfallen, auch das eigene Sein zurück[1]). Die Liebe zu Gott ist somit für das endliche Wesen nichts Äußeres und Zufälliges, was es besitzen oder entbehren könnte, sondern sie ist es, die ihm erst seine eigene Wesenheit gibt und die es im Sein erhält. Sie kann beschränkt und verdunkelt, niemals aber völlig ausgelöscht sein, da ohne sie jedes Wesen in Nichts zerfallen müßte. Indem wir unser Sein bejahen, bejahen wir damit mittelbar die Realität einer allumfassenden Existenz, ohne welche jenes nicht bestehen, noch gedacht werden könnte. Die Erkenntnis sowie das Begehren eines Einzeldinges ist nur eine Sprosse und Staffel, auf der wir zu der höchsten Intuition emporsteigen, in welcher wir uns dem absoluten Sein vereinigen[2]).

---

[1]) Campanella, Universalis Philosophiae seu Metaphysicarum Rerum juxta propria dogmata Partes tres. Parisiis 1638, fol., Teil III, S. 244 f.
[2]) Campanella, Metaphysik, Teil II, S. 78: „Amor, quo Deum amamus, non est accidentalis, sed essentialis. Nam ideo nos-

Die Parallelen, die Spinozas „Kurzer Traktat" zu diesen Bestimmungen darbietet, drängen sich von selbst auf. Ob Spinoza Campanella gekannt, ob er von ihm einen nachhaltigen Einfluß erfahren habe: dies kann — obwohl viele Momente dazu drängen, diese Frage zu bejahen[1]) — für

---

metipsos amamus, quia esse amamus: ergo magis amamus esse simpliciter, quam secundum quid; ergo magis amamus Deum et essentialius . . Nos vero caduci, finitique Potentia, Sapientia et Essentia: ergo magis amamus Deum, quam nosmetipsos, dum amamus nosmetipsos, quia quod non sumus nos, sed quod Deus est amamus. Item id quod nos scimus est umbra quaedam entitatis divinae et gaudemus esse, quod sumus, quia Divinitas participata talem saporem habet: Divinitas participata est omne cujusque esse: ergo omne ens seipsum esse amando, magis amat Deum quam se."

[1]) Mit C a m p a n e l l a stimmt die E r k e n n t n i s l e h r e des „Kurzen Traktats" nicht nur dort überein, wo sie streng an dem allgemeinen Grundsatz festhält, daß alles Erkennen ein Leiden sei; sondern auch dort, wo sie diesen Grundsatz abschwächt und modifiziert, indem sie die äußeren Objekte nur als die „Gelegenheitsursachen" des Wissens ansieht, die das Urteil der Seele anregen, ohne es von sich aus vollständig zu bestimmen. (S. Kurzer Traktat T. II, Kap. 19, § 15; für Campanella vgl. Bd. I, S. 252.) Weitaus deutlicher tritt aber die Gemeinsamkeit der Grundanschauung zutage, wenn man Campanellas metaphysische Hauptlehre: die Lehre von den drei „Primalitäten" der Macht, der Liebe und der Weisheit zum Ausgangspunkt nimmt. Da das endliche Sein nur kraft seines Anteils am Absoluten besteht und außerhalb dieses Zusammenhangs keine selbständige Wirklichkeit besitzt: so müssen sich in ihm alle die Charaktere des Urwesens unverändert wiederfinden. Wie es die M a c h t besitzt, sich im Sein zu erhalten, so müssen wir ihm andererseits ein W i s s e n zugestehen, in welchem dieser sein Grundtrieb zu seiner Kenntnis gelangt. So gibt es keine ihrer selbst völlig unbewußte Existenz: die verschiedenen Stufen des Seins bilden nur ebensoviele unterschiedene Stufen des L e b e n s und der L i e b e zum eigenen Dasein. (S. Bd. I, S. 210 f.; cf. S p i n o z a , Ethik, P. II, propos. XIII, Scholion). Das Einzelwesen aber stellt das Absolute immer nur mit mannigfachen Einschränkungen und Verneinungen behaftet dar und bildet somit gleichsam den Durchgangspunkt, in dem das S e i n und das N i c h t s sich begegnen. Jede D e t e r m i n a t i o n ist ihrer Natur nach N e g a t i o n. Denn indem wir einem Wesen irgendwelche Einzelbestimmung zusprechen, schließen wir damit zugleich eine Unendlichkeit anderer Bestimmungen von ihm aus, geben ihm somit ein endliches Sein, um es zugleich mit einem unendlichen Nichtsein zu behaften. (Metaphysik II, S. 11 .f) Der Begriff des „Nicht-Seins" aber soll hier — wie Campa-

die systematische Auffassung seiner Lehre dahingestellt bleiben. Campanella selbst ist kein völlig origineller Denker; sondern er verknüpft nur die mannigfachen und widerstreitenden Bildungselemente seiner Zeit zu einer philosophischen Synthese. So verbindet er Grundgedanken neuplatoni-

---

nella weiter betont (II, S. 13) — nicht im physischen, sondern im logischen Sinne verstanden werden, nicht als Ausdruck einer realen Potenz, sondern als Ausdruck der Kategorie der Negation, kraft deren erst die Bestimmung des Endlichen zustande kommt. Somit kommt dem „Nichts" keine selbständige Wirklichkeit zu, kraft deren es das absolute Sein begrenzen könnte. „Quod vero est omnino, omnis generis entitates continet et ambit. A nihilo vero ipsum ambiri non potest. Nihilum enim non est neque in mente, neque extra mentem. Oportet ergo sine modo illud esse. Ergo infinitum. Ergo immortale, ut dicebamus et immensum." Die gleiche Folgerung findet sich im „Kurzen Traktat" (Dialog I, Sigwart S. 25 f.): „Wenn wir die Natur begrenzen wollen, so müssen wir sie, was ungereimt ist, mit dem Nichts begrenzen. Welcher Ungereimtheit wir entgehen, wenn wir annehmen, daß sie Eins, ewig, durch sich selbst seiend, unendlich ist." (Der Text nach der Verbesserung von Freudenthal, Spinozastudien I, a. a. O. S. 276 f.)

In Gott erst ist demnach — für Campanella sowohl, wie für Spinoza — der Widerstreit von Sein und Nichtsein, von Bestimmtheit und Unendlichkeit gelöst: denn er trägt das Sein jeglichen Einzeldinges derart in sich, daß er darüber dasjenige keines anderen verliert und entbehrt. Er ist nicht in der Weise Gott, daß er nicht zugleich Stein und Holz und Farbe wäre; vielmehr faßt er alle diese Eigenschaften in sich, wenngleich er in keiner von ihnen aufgeht. So ist alles Einzelne in ihm enthalten, ohne daß doch die besonderen Dinge als Teile gelten könnten, die seine Wesenheit konstituieren; denn wie vermöchte das Unendliche aus einer Verbindung von Teilen hervorzugehen? (Metaphysik S. 2, Kurzer Traktat I, Kap. 2, § 19.) Das Verhältnis Gottes zu den endlichen Objekten läßt sich demnach, nach Campanella, am nächsten der Beziehung vergleichen, die zwischen dem Einen allumfassenden Raume und den begrenzten Einzelkörpern in ihm besteht. Der schrankenlose, in sich völlig einige und unterschiedslose Raum, der doch die Grundlage für alle Unterscheidung der Gestalten ist, bildet — zugleich mit der Erkenntnis des Geistes — das deutlichste und unmittelbarste Symbol des göttlichen Seins. „Gott wird allgegenwärtig genannt, nicht weil er den Raum körperlich erfüllt, sondern weil er selbst der Grund des Seins und der Möglichkeit des Raumes ist. Er ist in den Dingen nicht anders, denn als Tätigkeit; er ist von ihnen nicht örtlich, sondern seiner Natur nach getrennt, und er unterscheidet sich auch seiner Natur nach von ihnen nur insoweit,

scher Metaphysik und Mystik mit Ergebnissen moderner Naturbeobachtung; so flicht er in die Darstellung der sensualistischen Erkenntnislehre des Telesio Züge ein, die er unmittelbar der Psychologie des Thomas von Aquino entnimmt. (S. Bd. I, S. 240.) Die Quellen der pantheistischen

als sie am Nichtsein teilhaben. Denn sofern sie s i n d , ist Gottes Natur jegliche Natur; wie die Gegenstände, nach den Theologen, kraft seiner Güte allein gut sind, so sind sie kraft seiner Wesenheit allein Wesen." (Metaphys. II, S. 156 f.)

Am deutlichsten aber treten die verwandten Züge in Spinozas und Campanellas Pantheismus in der Erörterung des F r e i h e i t s - p r o b l e m s hervor, wenngleich hier Campanella durch theologische Rücksichten häufig daran gehindert wird, die Konsequenz seiner Grundansicht rücksichtslos zu ziehen. In dem unendlichen absoluten Wesen Gottes fallen M ö g l i c h k e i t und W i r k l i c h k e i t unmittelbar in Eins zusammen. Nur unsere abstrakte und unvollkommene Betrachtungsweise versucht hier zu scheiden, was innerlich und der Sache nach identisch ist. Das Sein schlechthin i s t , was es sein k a n n ; es schließt die Gesamtheit seiner möglichen Wirkungen in sich, da es zu jeder nur durch sich selbst bestimmt und von außen dazu weder angeregt, noch an ihrem Vollzuge gehindert werden kann. Und selbst jedes endliche Sein existiert insofern notwendig, als es, um hier und dort zu bestehen, von einem anderen Sein bedingt und zu der ihm eigentümlichen Seinsweise genötigt sein muß. So fällt auch bei ihm das „esse" mit dem „posse esse" sachlich durchaus zusammen und kann nur in unserer subjektiven Beurteilung, die das Wesen der Dinge nicht berührt, auseinandergehalten werden. (Vgl. Metaphys. II, S. 21.) Wenn indessen alles Geschehen von einer feststehenden und eindeutigen Notwendigkeit beherrscht wird, in der für eine Wahl kein Raum bleibt, so wird doch durch diese Einsicht die F r e i h e i t G o t t e s nicht berührt. Denn die wahrhafte und echte Freiheit ist nicht der N o t w e n d i g k e i t , sondern dem Z w a n g e entgegengesetzt. Gott handelt frei, sofern er nicht fremden Einflüssen unterworfen ist, sondern lediglich der Notwendigkeit seiner Natur folgt. In ihm gibt es keine hin- und herschwankende Freiheit; sondern was er einmal will, das will er für immer, da alles Zukünftige ihm im voraus bekannt ist. (Metaphys. II, 194 f.; vgl. bes. Kurzer Traktat, Teil I, Kap. 4.) Sagen wir daher, daß er zürne, daß er einen einmal gefaßten Beschluß bereue oder abändere, so tragen wir Bestimmungen, die nur für unseren endlichen Verstand gelten, in ihn hinein und verfälschen das reine Bild des Einen schlechthin notwendigen Seins durch anthropomorphistische Züge. (S. Metaphys. II, S. 164 f.) — Auf weitere Parallelen, die sich in reichem Maße darbieten, soll hier nicht eingegangen werden; die Frage würde eine spezielle Untersuchung erfordern und verdienen.

Grundanschauung flossen insbesondere für Spinoza, der mit der jüdischen und arabischen Religionsphilosophie aufs genaueste vertraut war, so reichlich, daß es schwer ist, über die tatsächliche Wirkung, die sie im Einzelnen geübt haben, eine endgültige Entscheidung zu treffen[1]). Charakteristisch und wichtig aber ist dies Eine, was hier unverkennbar hervortritt: daß Spinoza seinen **Ausgangspunkt** nicht von dem mathematisch-mechanischen Naturbegriffe Descartes', sondern von der Alleinheits- und Allbeseelungslehre der spekulativen Naturphilosophie nimmt. Ein Blick auf den „Kurzen Traktat" genügt, um zu zeigen, daß in ihm das Problem der exakten Wissenschaft, das Problem der **mathematischen Naturerkenntnis** noch nicht lebendig geworden ist. Man hat versucht, aus dem Ganzen des Traktats selbst einzelne Bestandteile herauszusondern, die eine frühe, rein „naturalistische" Phase in Spinozas Denken bezeugen sollen, in der er noch gänzlich außerhalb des Cartesischen Einflusses gestanden hätte[2]). Dieser Versuch ist mißlungen; es zeigt sich, daß die beiden in den Traktat eingeschobenen Dialoge, auf welche man sich hierfür berief, gegen den übrigen Inhalt des Werkes keine prinzipiellen Unterschiede aufweisen, aus denen man auf eine frühere Abfassung schließen dürfte[3]). Wohl aber lehrt uns der Traktat **als Ganzes** eine wichtige Epoche in Spinozas Denken kennen, die zu den späteren Grundanschauungen in Metaphysik und Erkenntnislehre in einem interessanten und lehrreichen Gegensatz steht. Hier steht Spinoza noch völlig auf dem Boden der italienischen Renaissancephilosophie; auf dem Boden, dem die Naturansicht eines Telesio und Patrizzi, eines Giordano Bruno und Campanella entsprossen ist. Und noch deutlicher als

---

[1]) Vgl. jetzt hrz. das reichhaltige Material bei St. v. Dunin-Borkowski, Der junge De Spinoza. Leben und Werdegang im Lichte der Weltphilosophie. Münster 1910.
[2]) S. Avenarius, Über die beiden ersten Phasen des Spinozischen Pantheismus und das Verhältnis der zweiten zur dritten Phase, Lpz. 1868.
[3]) S. hierüber Freudenthal, Spinozastudien II. Zeitschrift für Philosophie und philosophische Kritik. Bd. 109, S. 1 ff.

in der theoretischen Philosophie bekundet sich dieser Zusammenhang in der **Ethik** Spinozas, die die allgemeinen **stoischen** Grundmotive, auf welche sie sich stützt, durchaus in der Fassung aufnimmt und verwertet, die sie in der Affektenlehre des Telesio erhalten hatten. Hier wie dort finden wir das Bestreben, die sittliche Welt völlig in die natürliche aufgehen zu lassen und aus deren Gesetzen abzuleiten; hier wie dort ist es daher der natürliche Trieb der Selbsterhaltung, der zur Grundlage jeglicher ethischen Norm gemacht wird[1]). Je energischer das Einzelwesen sich in seinem Sein zu behaupten strebt, um so tiefer erfüllt es damit seine sittliche Bestimmung. So ist die Tugend nichts anderes, denn die ihrer selbst bewußte „Tapferkeit" und von allen weichlichen Affekten der Trauer und des Mitleids ihrem innersten Wesen nach geschieden. „Aus dieser Benützung des Telesio" — so urteilt **Dilthey** mit Recht — „wird deutlich, wie in Spinoza der Geist der Renaissance fortlebt, welcher in der Verbindung von Selbsterhaltung, Stärke, Ehre, Lebensfreudigkeit, Tugend sich äußert, daher Spinoza auch in dieser Rücksicht der reife Abschluß dieser Epoche ist[2])." Aber wenn die Ethik Spinozas diesen Zusammenhang bis in ihre letzte und reifste Ausführung bewahrt, so zeigt seine **Erkenntnislehre** eine entschiedene und bezeichnende Wandlung. Es gilt die Motive zu erforschen, die diese Wandlung eingeleitet und die damit dem Gesamtsystem eine völlig neue logische Form gegeben haben.

II.

Der „Tractatus de intellectus emendatione".

Wenn man vom „Kurzen Traktat" zu Spinozas nächster selbständiger Hauptschrift, zum „Tractatus de intellectus emendatione" übergeht, so findet man die Grundzüge der

---

[1]) Vgl. hierzu **Fiorentino**, Bernardino Telesio, 2 vol., Firenze 1872 ff.; I, 311.
[2]) **Dilthey**, Die Autonomie des Denkens, der konstruktive Rationalismus und der pantheistische Monismus nach ihrem Zusammenhang im 17. Jahrhundert. Archiv f. Gesch. d. Philos. VII, S. 82.

Spinozischen Weltanschauung zunächst kaum verändert. Die subjektive Haltung und Grundstimmung, die Spinozas Lehre ihr eigentümliches Gepräge gibt, ist unverändert geblieben. Auch hier ist es die Frage nach dem höchsten Gut, die der theoretischen Untersuchung die Richtung weist. Was die gewöhnliche Welt- und Lebensansicht an Gütern kennt und was ihr als begehrenswert erscheint, vermag das rastlose Streben des Geistes nur für einen kurzen Augenblick auszufüllen. Alles, was hier gewonnen wird, sind Scheingüter, die uns mitten im Genusse selbst in Nichts zerrinnen. Jede Befriedigung wird uns unmittelbar wieder zum Quell neuen leidenschaftlichen Begehrens; wir finden uns von jedem Objekt zu einem neuen hinausgetrieben, ohne diesen ziel- und endlosen Fortgang entbehren oder aufgeben zu können. Nur ein ewiges und unvergängliches Sein, das in sich allein vollendet ist und nichts außer sich bedarf, vermöchte auch dem Geiste Halt und Sicherheit zu geben. Wir fühlen, wie schon der G e d a n k e an ein derartiges Sein die Macht der Leidenschaften abstumpft und uns, zum ersten Male, jenen Frieden empfinden läßt, den wir im Besitze der endlichen Daseinsgüter vergebens gesucht haben. In diesem Gedanken sammelt sich das vielfältige und widerspruchsvolle Streben auf e i n e n Punkt: wir erkennen die Einheit, die den Geist mit der gesamten Natur verbindet und fügen uns ihrer notwendigen und unwandelbaren Gesetzesordnung ein.

So genau dieses Endziel mit demjenigen zusammenfällt, das der Kurze Traktat als die Liebe und den Frieden Gottes geschildert hatte: die Anschauung über die Art, in der wir uns ihm nähern können, hat dennoch eine Wandlung erfahren. Der Mensch ist nicht mehr der „Sklave Gottes", der seine Glückseligkeit von einem Gute, das sich von außen auf ihn herabsenkt, zu erwarten hätte; sondern in ihm selbst liegen die Mittel, es sich zu eigen zu machen. Das Schauen Gottes ist kein unmittelbarer Besitz, sondern es kann und muß im allmählichen und methodischen Fortschritt der Erkenntnis Schritt für Schritt erworben werden. Der „Traktat über die Läuterung des Verstandes" will den Weg zu diesem Ziel weisen; er will zeigen, wie die „wahre Idee", die, einmal gewonnen, sich selbst erleuchtet, zu erlangen und wie von ihr aus in lückenlosem deduktiven Fortgang jegliche andere Erkenntnis abzuleiten ist. Ein solcher Versuch aber setzt eine veränderte Ansicht über das Verhältnis des Geistes zu den Dingen voraus. Mit der gleichen Entschiedenheit, in der zuvor das Erkennen als ein „reines Leiden" bezeichnet, in der also die Übereinstimmung mit dem Objekt als höchster Maßstab für die Gewißheit der Idee proklamiert war, tritt jetzt die entgegengesetzte Grundanschauung hervor. Der wahre Gedanke kann vom falschen nicht nur durch eine äußerliche, zufällige Beziehung unterschieden sein, sondern in ihm selbst muß das Kriterium für seinen Wert und seine Gültigkeit liegen. Was einen Gedanken zum wahren Gedanken macht, was ihm die Art und den Stempel der Gewißheit aufdrückt, das erkennt kein äußeres Objekt als Ursache an, sondern muß „von der Kraft und Natur des Intellekts selbst abhängen[1])." Der bündige und vollgültige Beweis hierfür sind die Objekte der mathematischen Erkenntnis, die ebensosehr das Zeugnis der Wahrheit in sich tragen, wie sie andererseits von jeder Wirklichkeit absehen und absehen dürfen. So braucht die Definition der Kugel nichts anderes in sich zu enthalten, als die Aufweisung des Gesetzes, nach welchem wir die Kugel entstanden und durch welches wir ihre rein logische Bestimmtheit verbürgt denken. Legen wir ein derartiges Gesetz zugrunde, bestimmen wir etwa, daß uns „Kugel" ein Gebilde heißen soll, welches durch die Drehung eines Halbkreises um eine feste Achse entsteht, so können wir fortan jede Eigenschaft eines derartigen Gebildes mit Gewißheit und Notwendigkeit einsehen. „Diese Idee ist also wahr, und wenngleich wir wissen, daß in der Natur niemals eine Kugel auf diese Weise entstanden ist, so besitzen wir in ihr dennoch eine wahrhafte Erkenntnis und die leichteste Art, den Begriff der Kugel zu bilden[2])."

---

[1]) Tractatus de intellectus emendatione § 69—71. (Die Paragrapheneinteilung nach der Bruderschen Ausgabe der Werke Spinozas, 2 vol., Lips. 1844.)

[2]) Tractatus de intellect. emendatione § 72.

So führt der Weg jetzt nicht mehr von der äußeren Wirklichkeit, die wir in der Wahrnehmung erfassen, zum Begriff, sondern umgekehrt sollen in dem gültigen Begriff die Merkmale aufgewiesen werden, die uns der Realität seines Gegenstandes versichern. Die ersten Spuren zu dieser Umbildung der Gesamtansicht lassen sich bereits in den Verbesserungen und Zusätzen nachweisen, die Spinoza in späterer Zeit — kurz vor der Abfassung der Abhandlung über die Verbesserung des Verstandes — dem „Kurzen Traktat" selbst hinzugefügt hat. Wenn zuvor das Verstehen schlechthin als das Gewahrwerden der äußeren Existenz in der Seele, also als eine Wirkung des Körpers auf den Geist definiert worden war, so tritt jetzt deutlich hervor, daß auf diesem Wege zum mindesten eine in sich selbst völlig gewisse und adäquate Erkenntnis nicht zu erreichen ist. Der Geist vermöchte alsdann immer nur die momentanen Zuständlichkeiten des einzelnen, individuellen Körpers, auf den er bezogen und mit dem er „verknüpft" ist, abzubilden; er könnte somit zwar einen bestimmten Modus des Seins in vereinzelten Beziehungen erfassen, nicht aber zu einer Gesamtanschauung des Alls und seiner allgemeinen dauernden Gesetze sich erheben[1]). Soll dies möglich sein, so wird eine Erkenntnisart erfordert, die nicht von den Teilen zum Ganzen fortgeht, sondern von der Idee der unendlichen Totalität aus, die sie an die Spitze stellt, das Einzelne bestimmt. In dieser Art der Einsicht ist der Verstand nicht bedingt, sondern bedingend. Jetzt erst hat die „Idee" diejenige Bedeutung gewonnen, die ihr im reifen System Spinozas zukommt. Sie ist nicht dem stummen Bild auf einer Tafel gleich zu erachten, sondern sie entsteht erst in der Bejahung oder

---

[1]) S. Kurzer Traktat, Teil II, Kap. 20. Zusatz 3, Nr. 9. (bei Sigwart S. 126, Anm.) — Daß dieser Zusatz zum „Kurzen Traktat", wie mehrere andere, aus der Zeit der Abfassung der Schrift „über die Verbesserung des Verstandes" stammt, hat Carl G e b h a r d t wahrscheinlich gemacht. (Spinozas Abhandlung über die Verbesserung des Verstandes, Heidelberg 1905; s. auch die Einleitung zur deutschen Ausgabe des Tractatus de intell. emend., Philos. Bibl. Band 95, Lpz. 1907, S. VIII f.)

Verneinung. So muß sie eher Begriff als Bild, eher „conceptus" als „perceptio" heißen, weil durch diese Bezeichnung allein zum Ausdruck kommt, daß sie nichts von außen Gegebenes ist, sondern rein dem Geiste selbst ihren Ursprung verdankt[1]). Der neue Wahrheitsbegriff fordert nunmehr eine neue Gestaltung der Metaphysik[2]). Der höchste Punkt, von dem alle Metaphysik ihren Anfang nehmen muß, kann nirgends anders gesucht werden, als „in der Erkenntnis dessen, was die Form der Wahrheit selbst ausmacht", also in der Erkenntnis des Verstandes und seiner Beschaffenheiten und Kräfte. „Denn ist diese einmal gewonnen, so besitzen wir das Fundament, von dem wir unsere Gedanken ableiten können und kennen den Weg, auf welchem der Verstand, soweit seine Fähigkeit reicht, zur Einsicht der ewigen Dinge zu gelangen vermag[3])." Jetzt erst ist in einer Selbstberichtigung und Umgestaltung des früheren Ansatzes der Satz erreicht, von dem D e s c a r t e s in den „Regeln" seinen Ausgang nimmt: nicht die Dinge draußen, sondern der Intellekt bildet das erste Objekt aller philosophischen Besinnung. Der Schritt von der passiven, hingegebenen Anschauung der N a t u r zur Reflexion über die Grundlagen und Verfahrungsweisen des W i s s e n s ist getan.

Aber freilich: nicht unser beschränktes und zusammenhangloses E r f a h r u n g s w i s s e n, noch auch die Art und Technik der gewöhnlichen schulmäßigen L o g i k darf hier die Norm bilden. Das scholastische Verfahren der Begriffsbildung teilt mit der bloßen Empirie, zu der es sich scheinbar in Gegensatz stellt, dennoch einen entscheidenden Grundzug: es sucht durch Vergleichung des Einzelnen zur „abstrakten" Erkenntnis des Allgemeinen zu gelangen. Aber was ihm übrig bleibt, indem es auf diese Weise die mannigfach verschiedenen Bilder der besonderen Dinge ineinander fließen

---

[1]) E t h i k, Pars II. Definit. 3, Explic.
[2]) Vgl. die eingehende Darlegung und Erläuterung dieses Zusammenhangs bei K ü h n e m a n n, Über die Grundlagen der Lehre des Spinoza. (Philosoph. Abhandl., dem Andenken Rudolf Hayms gewidmet, Halle 1902, S. 203 ff.)
[3]) Tractatus de intellectus emendatione § 104, § 105.

läßt, das ist nicht sowohl eine allgemeine, wie eine verschwommene und unklare Gesamtvorstellung. Die bloße Vergleichung des Einzelnen lehrt uns nicht die **Bedingungen** und Gründe kennen, aus denen es sich konstituiert und aufbaut[1]). Hier gilt es daher den entgegengesetzten Weg einzuschlagen. Das besondere individuelle Sein muß als solches in seiner vollen Bestimmtheit und Eigenart festgehalten, zugleich aber als das Produkt notwendiger und universaler Gesetze begriffen werden. Erst indem wir es innerhalb dieser notwendigen **Verknüpfung** erblicken, haben wir eine wahre und adäquate Idee seines **Seins** gewonnen. Alles wahrhaft produktive Erkennen ist daher **synthetisch**; es geht von „einfachen" Urelementen aus, um sie in bestimmter, gesetzlicher Weise zu verbinden und dadurch zu neuen Inhalten des Wissens zu bestimmen. Nur dasjenige, was auf diese Weise aus dem Denken selbst hervorgeht, vermag das Denken vollkommen zu begreifen.

Die **Lehre von der Definition**, die Spinoza in der Abhandlung über die Verbesserung des Verstandes entwickelt, ergibt sich von hier aus mit innerer Folgerichtigkeit. Ein Gebilde „definieren" heißt nicht, die besonderen Merkmale, die an ihm hervortreten, nacheinander aufsuchen und beschreiben, sondern sie vor den Augen des Geistes in fester gesetzlicher Folge entstehen lassen. Jede echte wissenschaftliche Definition ist daher **genetisch**; sie bildet nicht bloß ein vorhandenes Objekt ab, sondern deckt die Art seiner Bildung selbst auf. So ist es z. B. nicht genug, den Kreis als eine Figur zu erklären, in welcher alle Punkte von einem gemeinsamen Mittelpunkt gleich weit entfernt sind; denn was hier bezeichnet wird, das ist nur eine einzelne **Eigenschaft** des Kreises, die aber keineswegs seine begriffliche **Wesenheit** ausmacht. Die letztere wird erst erfaßt, wenn wir die Regel der **Konstruktion** des Kreises angeben, wenn wir ihn also als diejenige geo-

---

[1]) S. Tractatus de intell. emendat. § 55 u. 75: „Nobis autem, si quam minime abstracte procedamus, et a primis elementis, hoc est a fonte et origine naturae, quam primum fieri potest, incipiamus, nullo modo talis deceptio erit metuenda."

metrische Gestalt erklären, die durch die Bewegung einer Geraden um einen ihrer Endpunkte, der als fest gedacht wird, entsteht[1]). Der allgemeine Grundgedanke, der bei dieser Unterscheidung maßgebend ist, tritt in dem Beispiel klar hervor. Keine der beiden Definitionen des Zirkels scheint — vom rein technischen Standpunkte der Mathematik — einen Vorzug vor der anderen zu besitzen. Ihr Unterschied ist lediglich logischer und methodologischer Art. Gehen wir von irgendeiner einzelnen Eigenschaft eines geometrischen Gebildes aus, um sie zur Erklärung zu verwerten, so muß es zunächst fraglich bleiben, ob die Forderung, die in der Definition gestellt wird, real erfüllbar ist, ob also der Inhalt, der hier gesetzt wird, anschaulich möglich ist. Und selbst wenn wir uns dessen versichert haben, so bliebe noch immer die Frage offen, ob durch die Bedingung, die wir formuliert haben, eine einzelne charakteristische Gestalt bezeichnet und abgegrenzt wird, oder aber ob es eine Mehrheit übrigens verschiedener Figuren gibt, die sämtlich das verlangte Merkmal aufweisen. Der Akt der Konstruktion löst und beseitigt diesen Zweifel. Hier entsteht uns die Figur nicht als abstrakter Gattungsbegriff, sondern in eindeutiger konkreter Bestimmtheit. So lehrt uns das Verfahren der Geometrie eine Mannigfaltigkeit individueller Inhalte kennen, die dennoch gemäß einem universellen Gesetz entstanden sind. Erst damit aber wird es zum wahren Vorbild der Metaphysik. Denn die Aufgabe der Metaphysik besteht nicht darin, das vielfältige lebendige Sein der Erscheinungen auf leere Gattungsbegriffe zu reduzieren, sondern es in seiner natürlichen Abfolge aus seinen realen erzeugenden Bedingungen zu begreifen und zu entwickeln. Erst wenn kraft dieser Methode das Besondere als Besonderes erkannt, wenn ihm innerhalb des Gesamtzusammenhanges der Natur die eindeutige Stelle bezeichnet ist, an der es steht und entsteht, ist das Ziel der philosophischen Erkenntnis erreicht[2]). Die Ordnung, die

---

[1]) De intellect. emendat. § 95 u. 96.
[2]) De intellect. emendat. § 99: „Unde possumus videre, apprime nobis esse necessarium, ut semper a rebus physicis sive ab entibus realibus

auf diese Weise vor uns hintritt, ist keine bloße Ordnung des Denkens mehr, sondern die Eine, in sich vollkommen bestimmte Ordnung des Seins. Indem der Verstand den Weg von den einfachen Bedingungen zum zusammengesetzten Bedingten verfolgt, entwirft er damit zugleich das reine Bild der Wirklichkeit. Die Ideen müssen derart verknüpft und geordnet werden, daß unser Geist, soweit es ihm gegeben ist, in sich die Realität der Natur, sowohl im Ganzen, wie in ihren Teilen, wiedergibt[1]). So bleibt hier die Aristotelische Definition der Wissenschaft, daß sie die Erkenntnis der Wirkungen aus den Ursachen sei, in Kraft; aber was Spinoza hinzufügt und was er selbst als notwendige Ergänzung ausdrücklich hervorhebt, ist dies: daß der Geist in diesem Fortschritt von den Ursachen zur Wirkung nicht von außen durch die Dinge bestimmt und bezwungen wird, sondern lediglich dem eigenen logischen Gesetze folgt. Die Seele ist ein „**geistiger Automat**", der frei und dennoch gesetzmäßig nach bestimmten, ihm innewohnenden Regeln tätig ist[2]).

Damit ist das theoretische Hauptziel erreicht: die Verknüpfung der Glieder des realen Seins ist in ein System notwendiger Denkakte aufgelöst. Die Gleichsetzung von Realgrund und Erkenntnisgrund, von causa und ratio ist vollzogen. Die Vermittlung zwischen den beiden Gegengliedern

---

omnes nostras ideas deducamus, progrediendo, quoad ejus fieri potest, secundum seriem causarum ab uno ente reali ad aliud ens reale, et ita quidem, ut ad abstracta et universalia non transeamus, sive ut ab iis aliquid reale non concludamus, sive ut ea ab aliquo reali non concludantur. Utrumque enim verum progressum intellectus interrumpit."
[1]) De intellect. emendat. § 91: „ut mens nostra . . referat objective formalitatem naturae quoad totam et quoad ejus partem."
[2]) De intell. emendat. § 85: „At ideam veram simplicem esse ostendimus aut ex simplicibus compositam, et quae ostendit, quomodo et cur aliquid sit aut factum sit, et quod ipsius effectus objectivi in anima procedunt ad rationem formalitatis ipsius objecti; id quod idem est, ac veteres dixerunt, nempe veram scientiam procedere a causa ad effectus; **nisi quod nunquam, quod sciam, conceperunt, uti nos hic, animam secundum certas leges agentem et quasi aliquod automatum spirituale.**"

erfolgt indessen nicht derart, daß — wie es zunächst zu erwarten stünde — der physikalische **U r s a c h e n b e g r i f f** in den mathematischen **F u n k t i o n s b e g r i f f** aufgelöst würde, sondern dadurch, daß die Mathematik selbst den **B e g r i f f d e r U r s a c h e i n s i c h a u f n i m m t**. Ungeworden im strengen und eigentlichen Sinne ist innerhalb des Systems der mathematischen Begriffe nur der Inhalt der obersten Definition, der lediglich aus der eigenen **W e s e n h e i t** des Begriffs, nicht aus einer ihm selbst fremden Bedingung zu begreifen ist; alles Abgeleitete ist dagegen „erzeugt", weil durch fortschreitende Determination aus dem ersten Prinzip hervorgegangen. Der Prozeß des geometrischen Folgerns knüpft alles Sein an diese höchste Wesenheit selber an und macht daher erst seine innere metaphysische Gliederung verständlich. Die Mathematik besitzt hier eine andere und weitergreifende Bedeutung als ihr bei **D e s c a r t e s** und **G a l i l e i** zukam. Wenn Descartes alle physikalische Wirklichkeit in rein geometrische Bestimmungen auflöst, so versäumt er doch nicht hervorzuheben, daß es sich ihm hierbei nicht um die Ordnung des **S e i n s**, sondern um die Ordnung der **E r k e n n t n i s** handelt, daß nicht die innere Wesenheit der Sachen, sondern die logische Stellung der Begriffe es ist, die er im Auge hat. Die dynamischen Verhältnisse des Realen werden in Verhältnisse der Ausdehnung umgesetzt: nicht um damit ein neues absolutes Sein einzuführen, sondern um die Beziehungen zwischen den Phänomenen zu begrifflicher Bestimmtheit und Klarheit zu bringen. (S. Bd. I, S. 457 ff.). Für Spinoza gibt es keine derartige Beschränkung; die wahrhafte Verknüpfung der Begriffe trägt die Gewähr der absoluten Realität der Objekte unmittelbar in sich. Die strenge, durch sich selber bestimmte Folge der Gedanken, die Art, wie der eine aus dem anderen deduktiv erwächst, spiegelt den realen Prozeß wider, kraft dessen die Einzeldinge ins Dasein treten.

Der Wert und die Bedeutung jeglicher Einzelerkenntnis muß daher danach bemessen werden, wie weit in ihr jener allgemeine Grundcharakter schöpferischer Tätigkeit zum Ausdruck gelangt. Die Unterscheidung der verschiedenen Erkenntnisstufen, die schon im „Kurzen Traktat" durchgeführt war, gewinnt hier einen neuen Sinn. Das Wissen, das aus dem bloßen Hörensagen oder aus irgendeiner unbestimmten Erfahrung quillt, ist lediglich passiv; es kann nur wiedergeben, was ihm von außen, durch fremde Autorität oder durch die Autorität der Sinne aufgedrungen wird. Ein derartiges Wissen ist kein selbständiges Werk des Geistes, sondern ein Produkt der Einbildungskraft, die bei der Betrachtung eines einzelnen Zustandes verweilt. Die Freiheit und Eigentümlichkeit des Verstandes bekundet sich erst auf der nächsthöheren Stufe der rationalen Schlußfolgerung, in der das Einzelne einem allgemeingültigen Gesetz untergeordnet erscheint und aus ihm abgeleitet wird. Den höchsten Grad der Gewißheit aber erreicht wiederum die I n t u i t i o n, indem sie das Besondere dem Allgemeinen nicht nur subsumiert, sondern Beides in einem einzigen Blicke zusammenfaßt; indem sie somit die Prinzipien alles Seins nicht nur in abstrakter Betrachtung isoliert, sondern sie in ihrer unmittelbaren Wirksamkeit ergreift und auf diese Weise die durchgehend bestimmte, einmalige Ordnung des Geschehens überschaut[1]). Jetzt hingegen ist es kein fremdes Sein mehr, dem der Geist sich in der Intuition zu eigen gibt; vielmehr bedeutet sie nichts anderes, als seine höchste Selbstbetätigung, in der die eigene Wesenheit ihm erst vollkommen durchsichtig wird.

So erscheint in der echten Erkenntnis auch alles Einzelne und Zufällige ins „Licht des Ewigen" gerückt[2]). Denn die Deduktion, die hier gefordert wird, will nicht dem Fortgang des empirisch zufälligen Geschehens und der besonderen Ursachen nachgehen, sondern eine andere Richtung der Betrachtung einschlagen. „Was die Ordnung angeht, in der all unsere Erkenntnisse einheitlich zu verknüpfen sind, so gilt es zunächst zu erforschen, ob es ein Wesen gibt und von welcher Art es ist, das die Ursache aller Dinge bildet: derart,

---

[1]) S. Tractatus de intellectus emendatione § 19—24.
[2]) „Intellectus res non tam sub duratione, quam sub quadam specie aeternitatis percipit et numero infinito, vel potius ad res percipiendas nec ad numerum, nec ad durationem attendit." De intell. emend. § 108.

daß sein Denken zugleich die Ursache aller unserer Ideen ist und somit unser Geist die Natur so vollkommen als möglich wiedergibt . . . Es ist jedoch zu bemerken, daß ich hier unter der Reihe der Ursachen und der realen Wesenheiten **n i c h t die Reihe der veränderlichen Einzeldinge sondern die der festen und ewigen Dinge** verstehe. Denn die Reihe der veränderlichen Einzeldinge vollständig zu verfolgen, ist eine Aufgabe, die die Fassungsgabe des menschlichen Geistes übersteigt, teils wegen der unzählbaren Menge dieser Dinge, teils wegen der unendlich mannigfaltigen Umstände, die jedes einzelne von ihnen bedingen. Es ist aber auch gar nicht nötig, daß wir **d i e s e** Reihe vollkommen überblicken; denn was uns damit geboten würde, sind doch immer nur äußerliche Bestimmungen, Bezeichnungen und Nebenumstände, die uns das innere Wesen der Dinge nicht erschließen würden. Dieses ist vielmehr nur aus den **f e s t e n u n d e w i g e n D i n g e n** abzuleiten und aus den **G e s e t z e n**, die in diesen, als in ihren wahren Gesetzbüchern, eingeschrieben sind und gemäß denen alles Einzelne geschieht und geordnet wird: hängen doch die wandelbaren Einzeldinge so innerlich und wesentlich von jenen festen Dingen ab, daß sie ohne sie weder sein noch gedacht werden können[1]." Die Erklärung dieser Stelle hat den Historikern der Philosophie von jeher die größte Schwierigkeit bereitet. Man hat die „festen und ewigen Dinge", von denen hier die Rede ist, bald den Baconischen Formen, bald den Attributen oder den „unendlichen Modi" der Spinozistischen Ethik verglichen, ohne jedoch zu einer klaren und völlig eindeutigen Begriffsbestimmung gelangen zu können[2]. Dennoch kann der Sinn und die logische Tendenz von Spinozas Sätzen, wenn man sie im Zusammenhange mit den vorangehenden Entwicklungen der Abhandlung über die Verbesserung des Verstandes auffaßt, nicht fraglich sein. Schon der „Kurze Traktat" hatte zwischen das Eine unendliche

---

[1] De intell. emend. § 100.
[2] S. S i g w a r t , Spinozas neuentdeckter Tractat von Gott, dem Menschen und dessen Glückseligkeit, Gotha 1866, S. 157 f.; — P o l l o c k , Spinoza, his life and philosophy, London 1880; u. s.

Urwesen und die wandelbaren Einzeldinge eine besondere Klasse von Wesenheiten eingeschoben, die die Vermittlung zwischen ihnen bilden und den Übergang von einem zum andern ermöglichen sollten. Schon er spricht von Grundarten des Seins, die u n m i t t e l b a r, nicht durch mannigfaltige kausale Zwischenglieder, aus Gott hervorgehen und die daher, wie er selbst, unveränderlich und ewig sind. „Von diesen Arten aber kennen wir nicht mehr als zwei: nämlich die B e w e g u n g in der Materie und den V e r s t a n d in der denkenden Sache[1]." Fügt man diese Bestimmung den Sätzen der Abhandlung über die Verbesserung des Verstandes ein: so wird also gefordert, daß wir, statt uns in die Betrachtung der besonderen Bewegungs e r s c h e i n u n g e n zu versenken und ihre empirische Abfolge festzustellen, die „Natur" der Bewegung selbst als etwas in sich Gleichförmiges und Bleibendes erfassen und von dieser gemeinsamen Grundnatur zur Erkenntnis des Einzelnen fortschreiten. Analog soll aller psychologischen Einzelbeobachtung die Einsicht in die „Wesenheit" des Verstandes vorausgehen, aus der wir sodann die besonderen Modi des Denkens — zu denen in Spinozas Sinne insbesondere die A f f e k t e gehören — nach allgemeinen Regeln ableiten. Es ist somit nichts anderes, als das strenge Ideal der reinen D e d u k t i o n, das Spinoza hier noch einmal zum prägnanten Ausdruck bringt. Alle wahrhafte Erkenntnis ist Erkenntnis „aus den Ursachen", ist somit — nach der ursprünglichen Bedeutung des Terminus — rein a p r i o r i s c h e Erkenntnis. In der unendlichen Mannigfaltigkeit der Naturvorgänge vermöchten wir nirgends Fuß zu fassen, wenn wir darauf angewiesen blieben, sie einzeln vor uns hinzustellen und in ihrem kausalen Zusammenhang und Ablauf zu beobachten. Aber wir kennen einen anderen Weg, den M a t h e m a t i k und abstrakte M e c h a n i k uns weisen. Auch sie schließen die besonderen, komplexen Bewegungsformen von ihrer Betrachtung nicht aus, aber sie entnehmen sie nicht der sinnlichen Wahrnehmung, sondern

---

[1] Kurzer Traktat, Teil I, Kap. 9, § 1. Vgl. G e b h a r d t, Philos. Bibl. 95, S. 187.

gewinnen sie durch die **Synthese** der einfachen Grundelemente der Bewegung, die sie kraft der Definition zuvor festgestellt haben. Es sind somit nicht die tatsächlichen, in der Welt stattfindenden Bewegungs**vorgänge**, sondern lediglich die allgemeinen und speziellen Bewegungs**gesetze**, auf die ihr Blick gerichtet ist. Kraft dieser Gesetze vermögen wir, **mitten im Zeitverlauf selbst**, ein Zeitloses und Bleibendes zu erfassen und uns somit von den veränderlichen Einzelobjekten zu den „festen und ewigen Dingen" zu erheben, ohne welche die Einzeldinge „weder sein, noch gedacht werden können".

* * *

Je schärfer der Gegensatz zwischen der Erkenntnislehre des „Kurzen Traktats" und derjenigen der „Abhandlung über die Verbesserung des Verstandes" hervortritt, um so größere Bedeutung gewinnt die Frage nach den gedanklichen Motiven und nach den geschichtlichen Bedingungen, die diese Umbildung entschieden haben. Ein **Teil** dieser Bedingungen freilich liegt sogleich klar zutage: es kann kein Zweifel sein, daß erst jetzt, mit dem tieferen Eindringen in das System Descartes', Spinoza die Einsicht von der entscheidenden und zentralen Bedeutung der **Mathematik** für das Ganze der Philosophie gewonnen hat. Es ist daher nicht lediglich durch äußere Umstände zu erklären, sondern es war zugleich durch sachliche Motive gefordert, wenn er es nunmehr — fast gleichzeitig mit der Abfassung der Abhandlung über die Verbesserung des Verstandes — unternahm, das Ganze der Cartesischen Lehre in geometrischer Form darzustellen. Diese Darstellung aber mußte an **einem** Punkte auf ein entschiedenes Hindernis stoßen, das von Spinoza aufs stärkste empfunden und — trotz der Zurückhaltung, die er sich in der Schrift über die Cartesischen Prinzipien, sowie in den „Metaphysischen Gedanken" auferlegt — immer von neuem angedeutet wird. Der Cartesische Begriff der **Willensfreiheit** durchbricht den Gedanken von der notwendigen Verknüpfung der Dinge, der eine Bedingung ihrer exakten E r k e n n b a r k e i t ist. Führen wir an irgendeinem Punkte des körperlichen oder geistigen Geschehens Zufall und Willkür ein, so ist der Begriff des Einen Seins selbst hinfällig geworden. Die geometrische Methodik kennt und duldet keine Einschränkungen; eine Lücke im Einzelnen ist hier mit der Aufhebung des Ganzen gleichbedeutend. Die Unterscheidung notwendiger Wirkungen der Natur und freier Handlungen des Menschen ist ein Anthropomorphismus, der die Schranken unserer subjektiven Einsicht zu absoluten Schranken der Dinge macht. „Wenn die Menschen die ganze Ordnung der Natur klar erkennen könnten, so würden sie alles ebenso notwendig finden, wie das, was in der Mathematik gelehrt wird; allein da dies die menschliche Einsicht übersteigt, so hält man manches für m ö g l i c h , statt es für notwendig zu halten[1]." Die metaphysischen Grundlehren Descartes' widerstreiten somit dem Ideal der M e t h o d e , das er selbst entworfen hat: es gilt, sie fallen zu lassen, wenn man dieser letzteren zum Siege und zur unumschränkten Durchführung verhelfen will. Der Geist des Menschen darf — wie es später die Ethik ausspricht — kein Sondergebiet, keinen Staat im Staate mehr darstellen[2]), sondern er muß sich denselben Begriffen und denselben Bedingungen des Wissens fügen, die für das Sein der Natur gelten.

Jetzt ist der Cartesische D u a l i s m u s , der im „Kurzen Traktat" noch fortwirkte, endgültig überwunden; die Einheit des S e i n s scheint unmittelbar aus der Einheit der M e t h o d e gefolgert und erwiesen werden zu können. Die Forderung aber, die Spinoza hier an die Psychologie und

---

[1]) Cogitata Metaphysica, Cap. IX, § 2.

[2]) „Plerique qui de affectibus et hominum vivendi ratione scripserunt, videntur non de rebus naturalibus, quae communes naturae leges sequuntur, sed de rebus, quae extra naturam sunt, agere: imo hominem in natura, veluti imperium in imperio concipere videntur ... Sed nihil in natura fit, quod ipsius vitio possit tribui; est namque n a t u r a semper eadem, a t q u e a d e o u n a e a d e m q u e etiam debet esse ratio rerum qualiumcunque n a t u r a m i n t e l l i g e n d i , nempe per leges et regulas naturae universales." Ethik, P. III, Praefatio.

die Geisteswissenschaften stellt, wird nicht von ihm zuerst proklamiert, sondern sie bildete den Ausgangspunkt eines der bedeutendsten Werke der zeitgenössischen Philosophie. Es ist merkwürdig, daß man, während man den Einfluß, den H o b b e s in der Staatslehre auf Spinoza geübt hat, überall hervorhebt, die nicht minder weitreichende und tiefe Einwirkung seiner Lehren auf Spinozas Erkenntnistheorie völlig übersehen konnte. Die „Abhandlung über die Verbesserung des Verstandes" erweist sich gerade in den charakteristischen Hauptzügen den fundamentalen Bestimmungen von Hobbes' Logik innerlich verwandt. D i e L e h r e v o n d e r g e n e t i s c h e n D e f i n i t i o n , die von Spinoza selbst als ein Kardinalpunkt seiner Methodenlehre bezeichnet wird[1]), stimmt in allen Einzelheiten, stimmt selbst bis in die konkreten Beispiele hinein mit der Darstellung der Schrift „De Corpore" überein. Wie Spinoza, so stellt Hobbes den Satz an die Spitze, daß wir nur dasjenige wahrhaft b e g r e i f e n, was unser Verstand selbst e r s c h a f f t; daß somit Wissenschaft von der äußeren Natur, wie von der politischen und sozialen Wirklichkeit, nur möglich ist, sofern wir nicht bei der bloßen rezeptiven Kenntnisnahme einzelner Objekte stehen bleiben, sondern ein bestimmtes Gesamtgebiet von Problemen und Tatsachen aus ursprünglichen gedanklichen Prinzipien entstehen lassen. So gibt es ein demonstratives „apriorisches" Wissen, wie von der Geometrie, auch von Recht und Unrecht, Billigkeit und Unbilligkeit, weil wir selber es sind, die ebenso wie die Gestalten der Geometrie, auch die Grundlagen des Rechts, nämlich Gesetze und Verträge geschaffen haben. Schon der Beginn der Schrift „De Corpore" stellt die Aufgabe, das Verfahren, das sich in der Betrachtung von F i g u r e n und G r ö ß e n so fruchtbar erwiesen habe, auf die übrigen Gebilde der Philosophie zu übertragen. (Vgl. ob. S. 47 ff.) Und so wird weiterhin beständig auf die rationale Erkenntnis nicht nur der körperlichen, sondern auch der geistigen Vorgänge gedrungen, da diese nicht minder notwendigen Regeln unterstehen und daher auf die gleiche

---

[1]) De intell. emendat. § 94.

Weise aus primitiven Grundfaktoren in streng deduktiver Folge ableitbar sein müssen. Hobbes' Lehre von den **A f f e k t e n** hatte alsdann eine charakteristische Probe und Anwendung dieser Grundansicht gegeben[1]). Man begreift in diesem Zusammenhange, was Spinoza an Hobbes fesselte. Hier fand er genau dasjenige erstrebt und zum Teil geleistet, was er bei Descartes vermißte. Die Gegensätze der Metaphysik traten zunächst zurück vor dem großen methodischen Hauptziel, das jetzt seiner Verwirklichung um einen Schritt näher gerückt war und dessen Vollendung, wie es scheinen konnte, nunmehr in naher Aussicht stand[2]).

Denn selbst in der Prinzipienlehre der **p h y s i k a l i s c h e n Erkenntnis** befinden sich Spinoza und Hobbes in vollem Einklang. Beide verwerfen mit derselben Energie und Entschiedenheit das Ideal der Baconischen Induktion; beide betonen, daß die empirische Feststellung von noch so vielen, einzelnen Tatsachen niemals zu einer wahrhaften, beweiskräftigen Einsicht führen könne[3]). Die Physik ruht

---

[1]) Elementa Philosophiae, Sect. I: (De Corpore), P. I, Cap. VI, § 6; Sect. II, De homine, Cap. X—XII.

[2]) Die Übereinstimmung zwischen Hobbes und Spinoza tritt besonders hervor, wenn man Hobbes' Schrift gegen Wallis (Examinatio et emendatio Mathematicae hodiernae qualis explicatur in libris Joh. Wallisii distributa in sex dialogos) zugrunde legt. S. bes. **S p i n o z a**, De intell. emend. § 71 f.: „Id quod formam verae cogitationis constituit, in ipsa eadem cogitatione est quaerendum, et ab intellectus natura deducendum ... Ex. gr. ad formandum conceptum globi fingo ad libitum causam, nempe semicirculum circa centrum rotari, et ex rotatione globum quasi oriri. Haec sane **i d e a** vera est et quamvis sciamus **n u l l u m in natura globum sic unquam ortum f u i s s e**, est haec tamen **v e r a perceptio** et facillimus modus formandi globi conceptum." Vgl. hrz. die Sätze aus Hobbes' Dialogen: oben S. 49 f. — Hobbes' Sechs Dialoge sind — wie sich aus der Widmung, die ihnen vorausgesetzt ist, ergibt — im Juli 1660 erschienen; Spinoza mochte also noch unter dem frischen Eindruck dieser Schrift stehen, als er, im Jahre 1661, an die Abfassung des Tractat. de intell. emendat. heranging. (Über die Entstehungszeit des Traktats s. **F r e u d e n t h a l**, Spinoza, Sein Leben und seine Lehre. Stuttg. 1904. I, 107 und **G e b h a r d t** [Philos. Bibl. 95] S. VI f.)

[3]) Der Zusammenhang, der zwischen dem Tract. de intell. emendat. und den methodischen Schriften **B a c o n s** besteht, ist häufig hervor-

auch für Hobbes auf „apriorischem" Grunde, sofern sie die reine Phoronomie, die abstrakte geometrische Wissenschaft von der Zusammensetzung der Bewegungen voraussetzen muß. Da alles Wissen darin besteht, eine bestimmte Wirkung aus ihren Ursachen zu erkennen, und da weiterhin die Ursachen aller Einzeldinge aus den Ursachen der allgemeinen oder einfachen Dinge resultieren, so muß die Erkenntnis dieser letzteren notwendig den Anfang machen. So stimmen Hobbes' „Universalia", unter die er den Körper oder die Materie, die Größe oder die Ausdehnung, kurz alles dasjenige zählt, „was aller Materie gleichmäßig innewohnt"[1]), ihrem Inhalt wie ihrer logischen Tendenz nach mit Spinozas „festen und ewigen Dingen" überein. Wenn man diese letzteren mit den Baconischen Formen verglichen hat, so tritt das relative Recht, zugleich aber auch die bloß eingeschränkte Geltung dieses Vergleiches nunmehr deutlich hervor. Denn Hobbes ist in seiner Bestimmung der „allgemeinen Naturen", die den Grund der Physik ausmachen, allerdings von Bacon ausgegangen, aber er hat dessen scholastischen Formbegriff im Sinne der exakten G a l i l e i s c h e n Naturwissenschaft umgedeutet und ihm damit eine völlig neue Richtung gegeben. (S. ob. S. 47.) Hier zeigt sich denn auch die allgemeine Bedeutung, die der Einfluß des Hobbes für Spinoza besitzt: er ist es gewesen, der ihm zuerst die Einsicht in den prinzipiellen logischen Charakter der modernen P h y s i k vermittelt und erschlossen hat.

So groß freilich die allgemeine methodische Übereinstimmung zwischen Spinoza und Hobbes ist, so wenig gelangen darüber die m e t a p h y s i s c h e n Gegensätze in

---

gehoben worden (S. S i g w a r t , Spinozas neuentdeckter Traktat S. 157 u. G e b h a r d t a. a. O.) Die Beziehung auf Bacon ist jedoch bei Spinoza stets p o l e m i s c h e r Natur, während er in den positiven Grundzügen seiner Methodenlehre nicht mit ihm, sondern mit seinem rationalistischen Kritiker übereinstimmt.

[1]) Zu den „Universalia" des Hobbes, „quae omni materiae insunt" (De Corpore P. I, Kap. 6, § 4 u. 13) vgl. bes. S p i n o z a , Ethik III, Propos. 38: „Illa quae omnibus communia quaeque aeque in parte ac in toto sunt, non possunt concipi nisi adaequate." Vgl. a. Eth. III, Lemma 2.

den Lehren beider zum Verschwinden. Beide begegnen sich in der logischen Grundkonzeption, um sich in der A n w e n d u n g, die sie von ihr machen, und in den Folgerungen, zu denen sie sie entwickeln, wiederum zu trennen. Der Rationalismus des Hobbes kennt kein anderes Ziel, als die strenge deduktive Erkenntnis der e m p i r i s c h e n Wirklichkeit, als die genaue Einsicht in den Bau des natürlichen und des staatlichen „Körpers". Von dem Ungewordenen und Ewigen kann es kein Wissen geben, weil es von ihm keine „Erzeugung" gibt. Daher schließt seine Philosophie die gesamte Theologie, d. h. die Lehre von der N a t u r und den A t t r i b u t e n des ewigen, unerzeugbaren und unbegreiflichen Gottes von sich aus. (S. ob. S. 51). Die Grenze zwischen Hobbes' und Spinozas Philosophie ist in diesen Worten aufs schärfste gezogen. Aber auch der „Nominalismus", in dem sie anfangs übereinzukommen scheinen, trägt bei beiden sehr verschiedenartige Züge. Die Ansicht, daß die ersten Grundlagen des Wissens, weil sie Erzeugnisse des Denkens sind, darum nur willkürliche und konventionelle Geltung besitzen, wird von Spinoza zu jenen Absurditäten gerechnet, die sich von selbst aufheben und die daher keiner eingehenden Widerlegung bedürfen[1]). Die wahre Idee bezeugt unmittelbar ihre Gewißheit und ihre objektive Notwendigkeit und besitzt darin zugleich die zweifellose Gewähr, daß sie kein beliebiges Gebilde des Geistes ist, sondern eine „formale" Realität der Natur zum Ausdruck bringt. Die höchste und ursprüngliche Idee, aus der alle abgeleitete Erkenntnis quillt, ist daher selbst freilich keiner genetischen Erklärung fähig; aber sie bedarf dessen nicht, da in ihr Begriff und Sein, Essenz und Existenz unmittelbar in Eins fallen. So tritt die metaphysische Grundanschauung, die der „Kurze Traktat" gelehrt hatte, hier in die Lücke ein, die die reine Methodenlehre für sich allein nicht zu schließen vermag. Die logische Lehre von der „kausalen" Definition findet in dem ontologischen Begriff der „causa sui" ihren

---

[1]) H o b b e s, De corpore P. I, Cap. III, § 8; Leviathan Pars I, Cap. IV; in bewußtem Gegensatz hierzu: S p i n o z a, De intell. emend. § 59, 60.

Abschluß.[1]) Somit sind es zwei verschiedene und einander gegensätzliche Motive, die nunmehr im Aufbau des Systems zusammenwirken: es entsteht die Aufgabe, im Einzelnen zu prüfen, wie dieser Gegensatz der Prinzipien sich in den abgeleiteten metaphysischen Folgerungen ausprägt und kenntlich macht.

III.
Der Begriff der Substanz. — Die Metaphysik.

Wenn man ohne die Kenntnis der Entwicklung des Spinozistischen Denkens unmittelbar an die grundlegenden Bestimmungen der E t h i k herantritt, so sieht man sich alsbald in eine Fülle schwierigster Probleme verstrickt. Das Verhältnis zwischen der Einen allumfassenden Substanz und den veränderlichen, endlichen Einzeldingen scheint mit unauflöslichen Widersprüchen behaftet. Das besondere Sein erscheint bald als ein völlig Wesenloses, das nur in der inadäquaten subjektiven Auffassung unserer „Imagination" seinen Ursprung und seine Erklärung hat; bald wird es wie ein notwendiges Moment betrachtet, das in Gottes eigenem Wesen gegründet und aus ihm in lückenloser Folge abzuleiten ist. Die endlichen Dinge bedeuten bald nur die Negation des Seins und die Scheidewand, die uns von der Anschauung der göttlichen Natur trennt; bald wird ihnen eine Wesenheit und eine eigene Selbstbehauptung zugeschrieben. Die Art aber, in der die vielfältigen „Modi" aus der Einheit der Substanz hervorgehen, bleibt nach wie vor dunkel. Die besonderen Existenzen folgen nicht unmittelbar aus der Wesenheit Gottes, sondern sie lassen sich aus ihr nur ableiten, sofern wir diese selbst schon in einer einzelnen, bestimmten Richtung tätig und somit in bestimmter Weise modifiziert denken. Jeder Modus führt, wenn wir seinen kausalen Ursprung verfolgen, immer nur auf einen anderen, ihm selbst gleichartigen zurück, ohne daß wir die unbegrenzte Kette des

---

[1]) „Si res sit in se, sive, ut vulgo dicitur, c a u s a s u i, tum per solam suam essentiam debebit intelligi; si vero res non sit in se, sed requirat causam, ut existat, tum per proximam suam causam debet intelligi." Tr. de intell. emend. § 92; vgl. § 97.

Endlichen, die uns auf diese Weise entsteht, jemals unmittelbar an das unendliche Sein anheften könnten[1]). Wie weit wir in der Reihe auch zurückgehen mögen: die logische Kluft zwischen dem relativen und dem absoluten Sein wird dadurch nicht gemindert, geschweige geschlossen. So drängen, durch die starre Hülle der geometrischen Methodik hindurch, die alten Rätselfragen des Pantheismus immer energischer zum Vorschein. Ist das All lediglich als die Summe und der Inbegriff seiner Teile zu denken oder bedeutet es ihnen gegenüber etwas Eigenes und Selbständiges? Und wenn dies der Fall ist: wie ist es zu verstehen, daß es von seinen einzelnen Elementen u n t e r s c h i e d e n ist, ohne doch von ihnen g e t r e n n t zu sein; daß es ganz in jedem seiner Teile enthalten ist, ohne doch in irgendeinem von ihnen völlig aufzugehen? —

Um den richtigen geschichtlichen Gesichtspunkt für die Beantwortung dieser Fragen zu gewinnen, müssen wir genau von demjenigen Punkte ausgehen, bis zu welchem die Abhandlung über die Verbesserung des Verstandes das allgemeine Problem hingeführt hat. Was immer geschieht — so war hier gelehrt worden — das vollzieht sich nach einer ewigen Ordnung und nach bestimmten Naturgesetzen. „Da indessen der Mensch in seiner Schwäche diese Ordnung mit seinem Denken nicht unmittelbar zu erfassen vermag, er aber anderseits imstande ist, sich eine Natur, die seiner menschlichen weit überlegen ist, vorzustellen, ja, da er kein Hindernis sieht, selbst eine solche Natur zu erlangen: so wird er dazu angetrieben, Mittel zu suchen, die ihn zu einer derartigen Vollkommenheit zu führen vermögen. Was immer als Mittel dienen kann, um zu diesem Ziele zu gelangen, heißt ein wahres Gut. Das höchste Gut aber besteht darin, daß wir selber zugleich mit anderen Individuen, sofern es möglich ist, einer derartigen Natur teilhaft werden. Welcher Art aber diese Natur sei, werden wir an gehöriger Stelle zeigen: nämlich daß es d i e E r k e n n t n i s d e r E i n h e i t s e i , d i e d e n G e i s t m i t d e r A l l n a t u r ver-

---

[1]) S. hrz. bes. Ethik, Pars I, Propos. 28.

k n ü p f t [1])." Das echte Medium zur Erlangung dieser höchsten Einsicht aber — daran läßt schon die Abhandlung selbst nirgends einen Zweifel — ist uns einzig und allein in der G e o m e t r i e gegeben. Alle anderen Mittel und Instrumente des Erkennens, wie immer sie heißen mögen, gehören zuletzt der subjektiven, menschlichen Betrachtungsart an und sind mit all ihren Unvollkommenheiten behaftet. Menschlich ist der Zweckbegriff, menschlich die Begriffe der Zeit, der Zahl und des Maßes[2]); menschlich nicht minder die Gegensätze des Vor und Nach, des Schönen und Häßlichen. Die Geometrie erst ist es, die uns aus dem Banne aller dieser feineren oder gröberen Anthropomorphismen erlöst und uns zur Anschauung der absoluten, in sich selbst gegründeten Ordnung des Seins erhebt. In ihr allein sind wir den Schranken des spezifisch Menschlichen entrückt; in ihr denken wir nicht sowohl u n s e r e Gedanken, wie die Gedanken der Natur und des Alls selbst. Somit kann uns fortan nur dasjenige o b j e k t i v heißen, was in geometrischen Begriffen gegründet und in ihnen rein darstellbar ist. Die „geometrische Methode" — daran muß vor allem festgehalten werden — bildet für Spinoza kein äußerliches Hilfsmittel des B e w e i s e s , kraft dessen der bereits feststehende Begriff des Seins bloß expliziert würde, sondern sie ist es, wodurch dieser Begriff in dem Sinne, den Spinoza ihm gibt, erst gesetzt und begründet wird.

Es ist interessant, die weiteren Spuren dieser Grundanschauung in einem Werke zu verfolgen, das scheinbar einem völlig anderen Gedankenkreis angehört und auf durchaus andere Motive zurückgeht. Der „Theologisch-Politische Traktat" bildet sowohl zeitlich wie sachlich ein wichtiges Mittelglied zwischen der Darstellung der Ethik und der-

---

[1]) De intell. emendat. § 13. In der Übersetzung dieser Stelle nehme ich die Lesart an, die neuerdings Alfr. W e n z e l , Die Weltanschauung Spinozas, Lpz. 1907, S. 23, vorgeschlagen hat: „Quum autem humana imbecillitas illum ordinem cogitatione sua non assequatur, et interim homo concipiat naturam aliquam h u m a n a (nicht: humanam) s u a m u l t o f i r m i o r e m" etc.
[2]) Vgl. bes. Cogitata Metaphysica, P. II, Cap. 10, § 5.

jenigen der „Abhandlung über die Verbesserung des Verstandes". Die Grundtendenz ist hier darauf gerichtet, der theologischen Auffassung, die Gott nach Zwecken und Absichten tätig sein läßt, die wahre und adäquate Erkenntnis der Notwendigkeit seines Wirkens entgegenzustellen. „Unter der Leitung Gottes verstehe ich nichts anderes als jene feste und unabänderliche Ordnung der Natur oder jene Verkettung der Naturdinge. Denn die allgemeinen Naturgesetze, kraft deren alles geschieht und bestimmt wird, sind nichts als die ewigen Dekrete Gottes, die immer ewige Wahrheit und Notwendigkeit einschließen. Es ist demnach dasselbe, ob wir sagen, dass Alles gemäß den Gesetzen der Natur oder gemäß dem Beschluß und der Leitung Gottes geschehe[1])." Der „Wille" Gottes besagt somit nichts Anderes, als sein S e i n, das selbst wiederum nur ein anderer Ausdruck für die Unverbrüchlichkeit der Naturordnung ist. Daß das Sein in sich durchgehend geregelt und unwandelbar ist: das ist es, was es zum g ö t t l i c h e n Sein macht. Wer hier eine Lücke oder einen äußeren Eingriff duldet, der ist damit wahrhaft zum A t h e i s t e n geworden[2]). Eine andere Form des Geschehens setzen oder als möglich annehmen, heißt einen anderen G o t t setzen[3]). Die Gleichung „Deus sive natura" gewinnt in diesem Zusammenhang erst ihre schärfere Bestimmung und Bedeutung. Um die Identität der beiden Glieder zu begreifen, darf die „Natur" nicht schlechthin als die S u m m e der Einzeldinge, sondern muß als deren g e s e t z l i c h e V e r k n ü p f u n g betrachtet werden, darf sie somit nicht als ein allumfassendes dingliches Ganze,

---

[1]) Tractatus Theologico-Politicus Cap. III, § 7 u. 8.

[2]) „Si quid igitur in natura fieret, quod ex ipsius legibus non sequeretur, id necessario ordini, quem Deus in aeternum per leges naturae universales in natura statuit, repugnaret, adeoque id contra naturam ejusque leges esset, et consequenter ejus fides nos de omnibus dubitare faceret et ad atheismum duceret". Tractat. theologico-polit. Cap. VI, § 28.

[3]) Vgl. bes. Ethik I, Propos. 33, Demonstr.: „Si itaque res alterius naturae potuissent esse, vel alio modo ad operandum determinari, u t n a t u r a e o r d o a l i u s e s s e t, e r g o D e i e t i a m n a t u r a a l i a p o s s e t e s s e, q u a m j a m e s t."

sondern als die Einheit und Notwendigkeit der Regel des Geschehens gedacht werden.

Damit erst ist der spezifische Grundcharakter des Spinozistischen P a n t h e i s m u s gegeben. Wenn er in der Ethik nicht von Anfang an deutlich und unverkennbar hervortritt, so ist dies durch die Darstellung verschuldet, die Spinoza für seine Philosophie gewählt hat. Das eigentlich Scholastische dieser Darstellung liegt nicht in der Nachahmung des mathematischen Beweisverfahrens, sondern in dem Inhalt desjenigen Grundbegriffs, von dem Spinoza seinen Ausgang nimmt. Der S u b s t a n z b e g r i f f der mittelalterlichen Philosophie wird von ihm, ohne jeden Versuch der Kritik, herübergenommen und an die Spitze gestellt. Spinoza, der in den „Metaphysischen Gedanken" wie in der „Ethik" eine nominalistische Kritik des scholastischen Begriffssystems durchzuführen sucht, der neben den Begriffen der E i n h e i t und V i e l h e i t, der Z e i t und der D a u e r auch den allgemeinen Begriff des S e i e n d e n als eine bloße „Weise des Denkens" erklärt[1]): Spinoza macht vor dem eigentlichen Fundament der Ontologie Halt. Der Gegensatz von S u b s t a n z und M o d u s gilt als das zweifellose, durch sich selbst gewisse Instrument der absoluten Wirklichkeitserkenntnis. Freilich konnte dieser Gegensatz allgemein und weit genug erscheinen, um jeden gedanklichen Inhalt, wie immer er im Einzelnen bestimmt sein mochte, in sich zu fassen. Die Kategorie der Substanz besitzt nach ihrer Ableitung bei Aristoteles eine rein l o g i s c h e Funktion und Bedeutung: sie bezeichnet das letzte „Subjekt" der Aussage, das seinerseits nicht wiederum zum Prädikat werden kann. Diese logische Definition läßt der näheren inhaltlichen Bestimmung zunächst noch völlig freien Spielraum. „Spinozas Definition" — so urteilt Trendelenburg — „per substantiam intelligo id, quod in se est et per se concipitur" vollendet nur in einem scharfen Ausdruck, was Aristoteles beginnt; aber auch diese Definition, scheinbar positiv und aus sich

---

[1]) Cogitata Metaphys. P. 1, Cap. 1, § 4; Cap. VI. § 1; P. II, Cap. 10, § 5; Ethik P. II, Propos. 40, Schol. 1.

verständlich, hat ein Element in sich, das nur dann begriffen wird, wenn die Substanz, die definiert werden soll, vorausgesetzt in der Vorstellung vorangeht . . In Spinozas weitgreifendem Axiom: „omnia quae sunt vel in se, vel in alio sunt," ist Aristoteles' Unterscheidung der οὐσία und der συμβεβηκότα, der Substanz und der Accidenzen, real angewandt. Das Verständnis der Substanz ist darin vorausgesetzt. Daher geschieht es, daß . . die Substanz zunächst nur negativ bestimmt und der unwillkürlichen Induktion vertraut wird, die eine allgemeine Vorstellung als das Positive unterschieben werde[1])." Dieses Urteil beleuchtet in der Tat die logische Unbestimmtheit, die dem Grundbegriff des Spinozistischen Systems von seinem geschichtlichen Ursprung her anhaftet. Es gilt zunächst, jenes „Positive" anzugeben und aufzuzeigen, das wir, nach Spinozas Meinung, der Definition der Substanz unterschieben sollen, um ihren Sinn vollkommen zu begreifen. Dieser positive Gehalt ist für Spinoza ein völlig anderer, als er für Aristoteles gewesen war; und erst nachdem er festgestellt, ist auch das Eigentümliche seiner Lehre bezeichnet.

Hier scheint es nun zunächst, daß der Sinn des Spinozistischen Substanzbegriffs sich vollkommen und erschöpfend ausdrücken lasse, wenn wir den allgemeinen Begriff des „Daseins" an seine Stelle setzen. „Spinoza — so schreibt Goethe in dem bekannten Briefe an Jacobi — beweist nicht das Dasein Gottes: das Dasein ist Gott". Von diesem Grundbegriffe des Seins gelten alle jene Bestimmungen, die den logischen Inhalt und das logische Fundament der Gottesvorstellung ausmachen. Das Sein ist dasjenige, was mit jedem Denkakte, wie immer er im Einzelnen beschaffen sein mag, unmittelbar gesetzt, das daher durch sich selbst notwendig ist. Diese Setzung zum mindesten kann nicht als irrtümlich oder trügerisch verdächtigt werden: denn aller Irrtum entsteht nur daraus, daß wir in unserer Erkenntnis

---

[1]) Trendelenburg, Geschichte der Kategorienlehre, Berlin 1846, S. 53.

das Eine für das andere nehmen, daß wir einem Dinge eine bestimmte Qualität und Beschaffenheit beilegen, die nicht ihm, sondern einem davon verschiedenen Objekte zukommt. Eine solche Möglichkeit aber ist hier, wo wir es mit dem Prädikat des Seins ohne jede einschränkende Bedingung zu tun haben, ausgeschlossen; denn dieses Prädikat ist eben dadurch ausgezeichnet, daß es das schlechthin allgemeine und fundamentalste Merkmal ist, in dem alle Dinge übereinstimmen und das an keinem von ihnen fehlen kann. An diese völlig positive Bestimmung kann sich kein Irrtum heften: die falsche Aussage ist niemals darum falsch, weil sie ein Sein überhaupt setzt, sondern weil sie einem Dinge diese oder jene b e s o n d e r e Beschaffenheit mit Unrecht beilegt oder abspricht. Der Fehler des Urteils liegt in diesem Falle nicht in der Zuerkennung des Seins als solchen, sondern in seiner Begrenzung durch eine spezielle Eigenschaft: in der Behauptung des *A*- oder *B-Seins*. Auch der Irrtum reißt sich von dem Bereich der Gegenständlichkeit nicht los; es ist immer nur ein relatives, niemals ein absolutes „Nicht-Sein", das in ihm vorgestellt wird. (Vgl. ob. S. 76.) Hier haben wir somit einen Inhalt gefunden, der als notwendig aus sich selbst begriffen wird, weil er mit dem Erkennen selbst unaufheblich verbunden ist. Das „Sein" als diejenige Bestimmung, die allen besonderen Objekten, wie immer sie sich nun unterscheiden mögen, gemeinsam zukommt, bildet die einzig sichere Grundlage ihrer Realität und die Gewähr ihrer inneren Einheit[1]).

Mit dieser Deutung des Spinozistischen Substanzbegriffs ist jedoch sein eigentümlicher und s p e z i f i s c h e r Sinn nicht bezeichnet. Denn mitten in der allgemeinen Gedankenrichtung der Ontologie zeigt sich bei Spinoza ein neues Motiv. Das Verhältnis von Sein und Denken bleibt das alte: aber die inhaltliche Bedeutung des Seinsbegriffs selbst beginnt sich zu verschieben. Diese Wandlung spricht sich vor allem darin aus, daß Spinoza den Begriff des Seins, sofern er nicht

---

[1]) Vgl. hrz. S i m m e l, Hauptprobleme der Philosophie, Leipzig 1910, S. 53 ff.

mehr als ein bloßer **Allgemeinbegriff** sein will, selbst aufs entschiedenste verwirft und von sich weist. Von den „notiones communes" der traditionellen Philosophie scheint ihm der abstrakte Begriff der Existenz der leerste und unfruchtbarste. Denn in ihm wird ein bloßes Gedankending, das seinen Ursprung lediglich der subjektiven Vergleichung der Sinnendinge in unserem Geiste verdankt, mit der Wesenheit der Dinge selbst verwechselt. Die abstraktive Methode, die hier geübt wird, beruht auf einer willkürlichen Abtrennung, auf einer Verneinung und Weglassung alles dessen, was in den Dingen an besonderem Gehalt eingeschlossen liegt. Diesem Verfahren der „Imagination", in dem das Ganze vom Standpunkt eines Teiles betrachtet wird, tritt die intuitive Erkenntnis gegenüber, die umgekehrt von der vollkommenen Anschauung des Ganzen zur Anschauung der Teile weitergeht. In diesem Sinne soll die Gottesidee keineswegs eine bloße Gattungsvorstellung, sondern bei aller Universalität ihrer Bedeutung, doch eine durchaus **bestimmte** und konkrete sein. Denn je allgemeiner wir eine Vorstellung fassen, um so undeutlicher und verschwommener wird sie auch: während dieser erste Anfangspunkt der Deduktion die höchste Klarheit und Deutlichkeit verlangt und daher einen durchgehend bestimmten Inhalt, eine „essentia particularis affirmativa" fordert[1]).

Wie aber — so muß jetzt gefragt werden — lassen sich die beiden Forderungen, die somit an den Gottesbegriff zu stellen sind, logisch mit einander vereinen: wie ist es möglich, eine „**besondere**" Idee zu finden, die dennoch alle

---

[1]) „Quo existentia generalius concipitur, eo etiam confusius concipitur faciliusque unicuique rei potest affingi: e contra, ubi particularius concipitur, clarius tum intelligitur." „Unde nunquam nos licebit quam diu de inquisitione rerum agimus, ex abstractis aliquid concludere et magnopere cavebimus, ne miscamus ea, quae tantum sunt in intellectu, cum iis, quae sunt in re. Sed optima conclusio erit depromenda ab essentia aliqua particulari affirmativa, sive a vera et legitima definitione. Quo enim specialior est idea, eo distinctior ac proinde clarior est. Unde cognitio particularium quam maxime nobis quaerenda est." De intellect. emendat, § 55, 93, 98; vgl. auch oben S. 16.

Beschränkung von sich weist? Der Satz „omnis determinatio est negatio" scheint hier unmittelbar aufgehoben. Dennoch lassen sich die beiden Gesichtspunkte, die für den gedanklichen Bestand des Spinozismus gleich wesentlich sind, mit einander in Einklang setzen, wenn man die bestimmtere Gestaltung, die der Seinsbegriff bei Spinoza im Verlauf seiner gedanklichen Entwicklung gewinnt, zum Maßstab macht. Gegenstand der adäquaten Erkenntnis ist nicht das Einzelwesen als solches, wohl aber die O r d n u n g d e r E i n z e l - w e s e n. In ihrer durchgängigen Verknüpfung, in ihrer wechselseitigen Abhängigkeit stellen die Einzelwesen eine Verfassung dar, die zugleich universell und individuell ist: das erste, weil das Gesetz des Kosmos von allen seinen Gliedern gleichmäßig erfüllt wird, das zweite, weil dieses Gesetz nur in einer einzigen, einmaligen Folge des Geschehens sich verwirklicht. Die Regel, die in dieser Folge waltet, läßt sich von der G e s a m t h e i t der Einzelerscheinungen nicht loslösen, da sie nur an ihr überhaupt aufzeigbar ist; aber sie bleibt nichtsdestoweniger jedem bloßen Einzelglied gegenüber, das in diese Reihe eingeht, ein umfassendes und übergeordnetes Prinzip. Indem wir also von der inadäquaten empirischen Kenntnis der Dinge zu ihrer intuitiven Einsicht fortschreiten, bleibt das M a t e r i a l, das unserer Erkenntnis vorliegt, unverändert. Die besonderen Dinge, die res particulares, verwandeln sich nicht in die allgemeinen „Entitäten" der scholastischen Philosophie; vielmehr sind es eben diese besonderen Dinge selbst, die wir auch jetzt, jedoch in einer n e u e n F o r m d e s Z u s a m m e n h a n g s, vor uns erblicken[1]). Was zuvor als ein bloßes Aggregat beziehungsloser Sondertatsachen erschien, die je nach den zufälligen Umständen der Sinnesempfindung sich aneinanderreihten, das erscheint nunmehr als ein System, in dem ein Glied a u s dem anderen nach notwendigen und begreiflichen Gründen hervorgeht. Das Sein wird zu einem rationalen Gefüge, das der Geist in seiner eigenen schöpferischen Aktivität, in

---

[1]) Vgl. bes. Ethik V, propos. XXIV: Quo magis res singulares intelligimus, eo magis Deum intelligimus.

einer Stufenfolge von Prämissen und Schlußfolgerungen nachzubilden und sich völlig anzueignen vermag. Damit erst ist das positive inhaltliche Korrelat für das Verständnis des Spinozistischen Substanzbegriffs gefunden. Die Dinge in ihrer S u b s t a n t i a l i t ä t erkennen heißt sie in ihrer ein für allemal feststehenden mathematischen A b h ä n g i g k e i t erkennen. In diesem Sinne ist die Substanz nicht die „transiente", sondern die „immanente" Ursache der Einzeldinge: stellt sie doch nicht anderes, als deren eigenen notwendigen Zusammenhang dar. Solange Spinoza an dieser seiner spezifischen Grundansicht festhält: solange ist er den dialektischen Gefahren des Pantheismus enthoben. Bedeutet das All nichts als die durchgreifende Ordnung des Seins, so geraten wir nicht in Versuchung, es als ein eigenes Etwas zu denken, das außerhalb der Einzelobjekte und getrennt von ihnen ein gesondertes Dasein besäße; so wenig es uns auf der anderen Seite mit der bloßen Summe der Einzeldinge zusammenfällt. Denn dies einheitliche Gesetz, kraft dessen alles Einzelne unter einander zusammenhängt, ist kein Produkt und Ergebnis aus dem Bestande der Einzeldinge, sondern die Voraussetzung dieses Bestandes selbst. Es bleibt somit gegenüber allen Maßen, die wir den besonderen empirischen Gegenständen entlehnen, allerdings inkommensurabel, aber nicht deshalb, weil es außerhalb jeglicher B e z i e h u n g zu ihnen steht, sondern weil es umgekehrt die B e d i n g u n g all dieser Maße selbst ist. Durch alle die metaphysischen Grundbestimmungen Spinozas hindurch fühlt man das deutliche Bemühen, ein „Sein" zu ergreifen und zu beschreiben, das nur in der Korrelation zu den endlichen Dingen Bestand hat und das dennoch einer völlig anderen gedanklichen Dimension, als sie selber angehört. In diesem inneren Gegensatz der Motive: in dem Umstand, daß das Endliche und das Unendliche, die sich wechselseitig fordern, sich, unter einem anderen Gesichtspunkt, notwendig abstoßen, vollendet sich erst der Aufbau des Systems. Das ist das Eigentümliche von Spinozas Pantheismus, daß er zugleich der Ausdruck eines logischen Kampfes ist. Der Kampf, der hier gegen den persönlichen Gott der

Theologie geführt wird, stammt nur zur Hälfte aus ethisch-religiösen Motiven; er ist zugleich aus dem Streben hervorgegangen, das neue, gleichsam unpersönliche „Sein", das Spinoza in der Geometrie und in der mathematischen Physik in scharfer Ausprägung vor sich sieht, zu allumfassender und ausschließender Geltung zu bringen. Wir müssen von der Substanz die sinnlich-dingliche Individualität abstreifen, um in ihr rein den Charakter der allgemeinen geometrischen Gesetzlichkeit zu erkennen. Diese Gesetzlichkeit aber ist andererseits kein bloßes Begriffswesen, kein bloßer Gedanke in den Köpfen der Menschen, sondern sie steht in der Ordnung und dem tatsächlichen Verlauf der Einzeldinge konkret und wirklich vor uns.

Zu den gleichen Grundbestimmungen wird man geführt, sobald man die **Einheit** der Substanz, wie Spinoza sie denkt, logisch näher zu bezeichnen sucht. Daß diese Einheit nicht im Sinne der **Zahleinheit** zu denken ist, wird von ihm beständig hervorgehoben. Gilt ihm doch die Zahl selbst, gilt ihm somit der numerische Gegensatz der **Einheit** und der **Mehrheit** nur als ein Gebilde der „Imagination", das in der reinen intellektuellen Auffassung des Wirklichen keine Rolle spielen darf. So erklären die „Metaphysischen Gedanken" ausdrücklich, daß Gott nur uneigentlich und im übertragenen Sinne „Einer" und „Einziger" genannt werden könne[1]). Und ein Brief Spinozas gibt zu dieser Stelle die nähere Erläuterung. Wenn wir ein bestimmtes, empirisch gegebenes Ding als ein „einzelnes" bezeichnen, so kann dies nur geschehen, sofern wir ihm andere konkrete Objekte gegenüberstellen und sie mit ihm vergleichen; sofern wir also zuvor einen allgemeinen Gattungsbegriff bilden, der dieses Ding als Spezialfall, als ein besonderes Exemplar unter sich enthält. Dieses Verfahren aber wäre in der Bestimmung der göttlichen Wesenheit absurd: denn da sie die unendliche Totalität des Seins ist, so gibt es nichts außer ihr, was wir ihr entgegensetzen könnten[2]). Mit dieser

---

[1]) Cogitata Metaphys. P. I, Cap. VI, § 2.
[2]) Epist. 50 (2. Juni 1674); § 2 u. 3.

Einsicht sind wir zugleich aller Fragen überhoben, die aus der falschen Anwendung der Begriffskorrelation des G a n z e n und des T e i l e s auf das Verhältnis des Urwesens zu seinen besonderen Modifikationen entspringen. Auch Ganzes und Teil sind nur Gedankendinge, die uns dazu dienen können, bestimmte empirische Objekte, die wir isoliert und somit „verworren" auffassen, miteinander zu vergleichen, die aber in der Bestimmung und Bezeichnung des Alls keine Stelle finden dürfen. Dieses All ist unendlich, nicht der Größe, sondern der Wesenheit nach, sofern es jegliche Realität q u a l i t a t i v in sich befaßt[1]).

Schwieriger freilich gestaltet sich die Frage, wenn man nunmehr versucht, die nähere Beschaffenheit dieses qualitativen Verhältnisses selbst im Einzelnen zu charakterisieren. Denn hier bieten sich zwei verschiedene Gesichtspunkte dar, zwischen denen es bei Spinoza zu keiner eindeutigen Entscheidung kommt. Die Art, in der die Einzeldinge aus dem substantiellen Urgrund des Seins hervorgehen, scheint zunächst durchaus in d y n a m i s c h e m Sinne gedacht zu werden. Die Substanz bildet die einheitliche Grundkraft, die in eine unendliche Fülle von Einzeläußerungen ausströmt und sich in ihnen allseitig entfaltet und offenbart. Dennoch gibt dieses Bild, in dem man häufig die adäquate Darstellung der Spinozistischen Anschauung gesehen hat[2]), ihren spezifischen Grundgedanken nur unvollkommen wieder. Es gilt für jene Phase des Systems, die ihren Ausdruck im „Kurzen Traktat" gefunden hat. Denn hier steht Spinoza noch mitten in der Naturanschauung der Renaissance: die Natur ist ihm das einheitliche Leben des Alls, das alles einzelne Sein durchdringt und erhält. Je weiter aber das Ideal der mathematischen Deduktion sich entfaltet, um so mehr löst sich auch die Wirk-

---

[1]) Kurzer Traktat, Dialog II, § 4—9; Ethik P. I, Propos. 15, Schol.
[2]) Zu dieser „dynamischen" Deutung des Substanzbegriffs bei Spinoza s. bes. K u n o F i s c h e r , Gesch. der neueren Philosophie,⁴ II, 383 ff.; vgl. jetzt auch W e n z e l , a. a. O. S. 293 f., 315 ff.; gegen diese Auffassung s. bes. W i n d e l b a n d , Gesch. der neueren Philosophie, ³, I, 216 ff.

samkeit Gottes in sein zeitloses und ewiges Sein auf. Die göttliche Tätigkeit besagt jetzt nichts anderes, als die unveränderliche Ordnung, kraft deren die Dinge sind und sich in ihrer Folge wechselseitig bestimmen. Das „operari" geht in das reine mathematische „sequi" über. In der Tat ist für eine Ansicht, die den Begriff der Z e i t aus der adäquaten Erkenntnis der Dinge ausstreicht, auch der Begriff der Kraft im gewöhnlichen Sinne hinfällig geworden. Dennoch ist der gedankliche Prozeß, der hier einsetzt, bei Spinoza selbst nicht völlig zu Ende geführt. Die Motive der ersten Ansicht wirken weiter, und sie sind es, die selbst seinem mathematischen Rationalismus ein neues Gepräge geben. Die Begriffe der „causa" und der „ratio" durchdringen sich nun in eigentümlicher Weise: die logisch-mathematischen Gesetze des Alls erscheinen nicht als bloßer Begriffsausdruck für reale Verhältnisse, sondern sie besitzen eine eigene W i r k s a m - k e i t. Sie sind es, die das Ganze der Dinge im Innersten zusammenhalten und die ihm hierdurch seinen Bestand und seine Erhaltung sichern. Spinozas Lehre trägt hier, in ihrer Doppelstellung, die Spuren jener allgemeinen Wandlung in sich, die die wissenschaftliche Erkenntnis im siebzehnten Jahrhundert erfährt. Die Gleichung „Deus sive natura" bleibt von der Entwicklung, die der Begriff der Natur selbst erfahren hatte, nicht unberührt. Wenn für die Renaissance die Natur das unendliche, allgegenwärtige Sein war, das in seiner Kraftfülle unablässig neue Einzelgestalten gebiert, so war mit der Entstehung der exakten Wissenschaft eine völlig neue Betrachtung zur Herrschaft gelangt. Was von jenem lebenswarmen Bilde zurückblieb, schien nur ein Gerippe, schien nur das abstrakte Schema der mathematischen Notwendigkeit zu sein. Aber eben diese scheinbare Verarmung des S e i n s stellte sich auf der anderen Seite als eine unermeßliche Bereicherung des W i s s e n s dar. Und so zeigte es sich jetzt mehr und mehr, daß auch der neue mathematische Naturbegriff der gleichen metaphysischen Idealisierung, der gleichen Steigerung ins G ö t t l i c h e und U n b e d i n g t e fähig war. Die neue Physik erschließt zugleich eine neue Möglichkeit der Metaphysik: ist sie es doch, die den Weg weist, die endlichen Dinge und ihren Ablauf mathematisch, d. h. unter der Form des Ewigen zu begreifen. Die Zeitfolge selbst wird durch sie in das Gebiet des zeitlos gültigen Erkennens emporgehoben, so daß jetzt die Kluft zwischen dem Bedingten und Unbedingten erst wahrhaft überbrückt scheint. Kraft dieses Zusammenhangs aber belebt sich nunmehr für Spinoza gleichsam das mathematische Schema der Naturerklärung selbst. In der „intellektuellen Liebe zu Gott" gehen die beiden gegensätzlichen Begriffsmomente zu einer persönlichen Einheit zusammen: der Affekt, mit dem die Renaissance sich der Natur und ihrer inneren Lebendigkeit zuwandte, geht auf die neue Form des Seins über, die durch die exakte Forschung entdeckt und begründet war. In diesem Sinne bildet auch der Spinozismus den Reflex zweier verschiedener E r k e n n t n i s i d e a l e, die miteinander um die Herrschaft ringen.

Auch der persönliche Entwicklungsgang Spinozas scheint sich hier mit einiger Sicherheit nachzeichnen zu lassen. Von der Vertiefung in die jüdische und arabische Religionsphilosophie geht er aus, und hier bilden und befestigen sich ihm die Grundzüge seines Pantheismus. Aber der Zweifel an den Grundlehren der überlieferten Religion, der jetzt immer schärfer und energischer hervortritt, drängt ihn zugleich dazu, in der Wissenschaft einen festen Halt und Stützpunkt zu suchen. So beginnt jetzt jene kurze „naturalistische" Phase seines Denkens, in der die Betrachtung der Körperwelt und ihrer Probleme die Fragen der Religionsphilosophie zu verdrängen und abzulösen scheint[1]). Aber auch auf diesem Standpunkt verharrt er nur kurze Zeit. Sobald er in der Geometrie Descartes' ein neues und diesmal endgültiges Ideal des W i s s e n s erfaßt hat, gestaltet sich auch die Anschauung der Wirklichkeit um: der Gehalt der religiösen Spekulation verschmilzt mit der exakten mathematischen Naturbetrachtung und gibt ihr ein neues eigentümliches Gepräge.

In der Verfestigung und Verdinglichung, die der Begriff der mathematischen Ordnung hierbei erfährt, liegt der

---

[1]) Vgl. hrz. D u n i n - B o r k o w s k i, a. a. O. S. 278 ff.

tiefere Grund der systematischen Schwierigkeiten, die beim Ausbau der Lehre hervortreten. Vor allem ist es die A t t r i b u t e n l e h r e , die von Anfang an mit diesen Schwierigkeiten behaftet ist und die daher von jeher einen schweren Anstoß für die einheitliche Deutung des Gesamtsystems gebildet hat. Die i d e a l i s t i s c h e Auffassung, nach welcher die Verschiedenheit der Attribute nicht in der Substanz selbst, sondern in der subjektiven Beurteilung des Intellekts ihren letzten Grund haben soll, setzt eine Unterscheidung voraus, die dem Spinozismus selbst durchaus fremd ist. Für Spinoza vermag der Verstand auch in seinen höchsten und freiesten Betätigungen, in denen er sich lediglich durch die Gesetze seiner eigenen Natur bestimmt zeigt, nur wiederzugeben, was in der Wirklichkeit der Dinge real vorhanden ist: er setzt keine völlig neuen Unterschiede, sondern „referiert" nur für sich bestehende objektive Differenzen. Somit ist es die Substanz selbst, die die Attribute als reale Bestimmungen in sich trägt. Wie aber in dem schlechthin einheitlichen Urwesen der notwendige rationale Grund einer derartigen Mannigfaltigkeit liegen könne, bleibt nach wie vor ein Rätsel, in dessen Auflösung die Interpretation immer wieder zu bloßen Bildern, statt zu strengen Begriffen zurückgreift[1]). Dennoch läßt sich auch hier zum mindesten das gedankliche M o t i v von Spinozas Lehre deutlich bezeichnen, wenn man das methodische Interesse, von dem er seinen Ausgang nimmt, betrachtet. Die mathematische Verfassung des Alls, kraft deren jedes Glied sich deduktiv aus dem anderen ergibt, bildet den eigentlichen Gegenstand seiner Frage. Blickt man auf diesen Zusammenhang, wie er sich im Lehr-

---

[1]) Vgl. z. B. W e n z e l , a. a. O. S. 319: „Die Frage, wie kommt die Verschiedenheit in die Substanz hinein ? kann kaum noch Schwierigkeiten machen. Jede Verschiedenheit ist unter dem hemmenden Einfluß der Substanz leicht zu erklären. Ihr Wirken ist ja ihre innere Selbstbeschränkung, ihre innere Selbstbeschränkung aber das Setzen hemmender Einflüsse, das Erzeugen von inneren und äußeren (essentiellen und existentiellen), also realen Gegensätzen in sich selbst."

gebäude der Geometrie ausprägt, so bietet sich in ihm unmittelbar eine zwiefache Beziehung dar. Wir können entweder direkt auf die **Gegenstände** der geometrischen Sätze reflektieren und uns völlig in ihre Anschauung versenken, oder aber diese Sätze als solche betrachten und nach der Stellung erwägen, die sie im System des Wissens, im Gesamtsystem der wissenschaftlichen **Wahrheit** zueinander besitzen. Ein beliebiger geometrischer Lehrsatz sagt zunächst etwas über das Verhältnis objektiver, räumlicher **Gestalten** aus: aber durch diese Aussage wird zugleich unmittelbar ein Verhältnis zwischen Begriffen, eine logische Verknüpfung von **Gedanken** gesetzt. Beide Momente existieren nicht losgelöst voneinander, sondern sie sind in demselben einfachen Tatbestand der Erkenntnis gegeben. Es ist ein und derselbe Funktionszusammenhang, der uns jetzt als eine Ordnung der Gegenstände, jetzt als eine notwendige Abfolge in unserem Denken erscheint. Die Trennung in diese „subjektive" und „objektive" Betrachtungsweise ist all unserem Wissen wesentlich; aber sie läßt die Einheit des gewußten Inhalts unberührt. Die Ordnung und Verknüpfung der Ideen ist dieselbe, wie die Ordnung und Verknüpfung der Dinge: die **Identität der Ordnung** aber ist es, die, wie wir überall sahen, für Spinoza die **Identität der Substanz** ausmacht. Das Verknüpfte ist verschiedenartig und gehört insofern verschiedenen „Attributen" an; aber die **Weise der Verknüpfung** ist beiderseits gleich und stellt sich somit als eine ursprüngliche Einheit dar. Um sich diesen Sachverhalt zu verdeutlichen, muß man auf die moderne Form der Geometrie reflektieren, die Spinoza vor Augen hat. In der Tat ist es nicht die Euklidische, sondern die Cartesische Geometrie, die für ihn das systematische Vorbild darstellt[1]). In der analytischen Geometrie ist die

---

[1]) S. hierüber die treffenden Bemerkungen **Brunschvicgs**, La révolution cartésienne et la notion spinoziste de la substance, Revue de Métaphys. XII (1904), S. 755 ff. Mit Rücksicht auf diese Bemerkungen, auf die ich erst nachträglich aufmerksam werde, ist die Darstellung der ersten Auflage an diesem Punkte modifiziert worden. Vgl. auch **Dunin-Borkowski**, a. a. O. S. 403 ff.

Zahl auf den Raum, ist somit ein reiner Modus des „Denkens" auf einen Modus der „Ausdehnung" derart bezogen, daß zwischen beiden eine lückenlose, eindeutige Entsprechung stattfindet. Jede Abhängigkeit zwischen Raumgestalten spiegelt sich in einer Abhängigkeit zwischen Zahlgrößen wider: so daß hier ein und derselbe Zusammenhang in zwei verschiedenen Formen zum Ausdruck kommt. Dieses Grundverhältnis muß sich auf die Deutung des Alls in dem Maße übertragen, als die l o g i s c h e R e d u k t i o n d e s K a u s a l b e g r i f f s im Spinozistischen System fortschreitet. Solange wir das Kausalverhältnis als rein empirisches Verhältnis verstehen und anwenden, scheint es durchaus verständlich, daß in verschiedenen Gebieten des Seins auch verschiedene Gesetze des Wirkens herrschen. Für Spinoza dagegen ist das Verhältnis von Ursache und Wirkung in ein reines Begriffsverhältnis umgesetzt: die Ursache bedingt die Wirkung in derselben Weise, wie die Prämissen den Schlußsatz bedingen. Der Gedanke einer zwiefachen Kausalität würde daher dem Gedanken einer zwiefachen Logik gleichkommen: er würde nicht weniger besagen, als daß die Gesetze unseres Folgerns und Schließens nicht ein für allemal unverbrüchlich feststünden, sondern sich je nach dem Material, an dem sie ausgeübt werden, wandeln könnten. Die logische Gliederung des Alls ist nur Eine: wenn wir sie jetzt als eine solche der Körperwelt, jetzt als eine solche der Ideen bezeichnen, so ändern wir sie dadurch nicht, sondern stellen sie nur in einer bestimmten Ausprägung vor uns hin. Der Intellekt wendet sich einem bestimmten Gebiete des Seins zu; aber das Spezifische dieses Gebietes ist ihm nur das Mittel, um sich der universellen einheitlichen Ordnung des Geschehens zu versichern[1]). Was die Betrachtungsweise inner-

---

[1]) Vgl. Ethik, P. I, Def. 3 u. 4; P. II, Propos. 7, Schol: „Circulus in natura existens et idea circuli existentis, quae etiam in Deo est, una eademque est res, quae per diversa attributa explicatur. Et ideo sive naturam sub attributo extensionis, sive sub attributo cogitationis, sive sub alio quocumque concipiamus, u n u m e u n d e m q u e o r d i n e m s i v e u n a m e a n d e m q u e c a u s a r u m c o n n e x i o n e m, h o c e s t, e a s d e m r e s invicem sequi reperiemus."

halb eines Attributs uns liefert, ist daher keine bloße **Teilansicht** der Realität, sondern das Bestimmende und Charakteristische der Gesamtverfassung des Universums. Wir besitzen in jedem Attribut die **ganze** Substanz, weil wir in ihm die überall gleichartige Regel der Verknüpfung des Einzelnen, die sich nicht zerfällen noch auflösen läßt, rein und ungebrochen anschauen.

Läßt sich bis hierher das Motiv der Spinozistischen Attributenlehre in der Analyse der Erkenntnis aufzeigen: so begegnet uns eine neue und tiefere Schwierigkeit in der Annahme einer **Unendlichkeit von Attributen**, die dem menschlichen Geist für immer unzugänglich bleiben sollen. Hier ist jede Vermittlung abgebrochen; hier fehlt jeglicher Weg, der uns zu diesem prinzipiell unerkennbaren Sein hinauszuführen vermöchte. Die Einwände, die **Tschirnhaus** gegen diesen Teil des Systems gerichtet hat, hat Spinoza nicht zu widerlegen vermocht. Wenn jedes Einzelding das Urwesen unter einer Unendlichkeit von Attributen ausdrückt, von denen dem Denken jedoch lediglich das Attribut der Ausdehnung bekannt wird, so gibt es eine Unendlichkeit selbständiger Welten, die außerhalb jeglicher Beziehung zu unserer Erkenntnis stehen. Unser Wissen bietet uns alsdann nur einen beschränkten Ausschnitt des Alls, der im Vergleich zum Ganzen verschwindend klein heißen muß[1]). Hier grenzt daher das System des absoluten

---

— Von diesen Erwägungen aus läßt es sich vielleicht verstehen, daß Spinoza zur Begründung der Verschiedenheit der Attribute die Berufung auf die **Erfahrung** ablehnt. „Die Erfahrung — so schreibt er an Simon de Vries — brauchen wir nur für diejenigen Bestimmungen, die, wie die Existenz der Modi, nicht aus der Definition der Sache abgeleitet werden können, nicht aber für die Erkenntnis der Dinge, in denen Essenz und Existenz zusammenfällt und deren Sein somit aus ihrer Definition folgt ... Da nun bei den Attributen Essenz und Existenz nicht getrennt sind, so können wir uns ihres Seins nicht durch die Erfahrung versichern." (Epist. 28.) Die Begründung durch die Erfahrung erscheint von Spinozas Standpunkt aus ungenügend und unnötig, sofern sich die Erkenntnis der Attribute und ihrer Verschiedenheit bereits in der rein **rationalen Analyse des geometrischen Wissens** gewinnen läßt.

[1]) Vgl. hrz. Tschirnhausens Briefe an Spinoza, Epist. 65 u. 67.

Wissens in der Tat hart an die Skepsis an. Und der tiefere Grund dieses Zwiespalts wird deutlich, wenn man auf die Entstehung der Spinozistischen Attributenlehre zurückblickt. Die Grundanschauung von der Unendlichkeit der Attribute geht auf die erste Phase des Systems zurück, wie sie im „Kurzen Traktat" vorliegt. Hier besitzt sie denn auch ihren wahrhaften Ort und läßt sich in ihrem natürlichen Zusammenhange begreifen. Wir müssen der Natur unendlich viele Attribute zuschreiben, weil wir ihr nur auf diese Weise jene allseitige qualitative V o l l k o m m e n h e i t verleihen, kraft deren sie zum göttlichen Sein wird. Eine je größere Zahl realer Eigenschaften wir einem Dinge zusprechen, eine um so größere S e i n s f ü l l e denken wir in ihm verkörpert und vereinigt: das All der Realität kann daher nicht anders gedacht werden, als daß es jede nur erdenkliche Wesensbestimmtheit in sich faßt. „Die Einheit der Natur kann nicht stärker ausgedrückt werden, als durch die Formel, daß Alles, was ein Sein ausdrückt, ihr zugeschrieben werden muß; ihre Unendlichkeit nicht bestimmter, als wenn unendlich viele Welten, jede ebenso unendlich in ihrer bestimmten Gattung, wie Denken oder Ausdehnung, sie bilden. Ist sie das unendliche Eine, dem alle Attribute zukommen, so ist sie Gott, und daraus erst ergibt sich der Begriff Gottes, mit dem die Ethik beginnt als der Einen Substanz, die aus unendlich vielen Attributen besteht[1])." Die Lösung, die hier gegeben war, mußte jedoch von neuem zum Problem werden durch die innere Umbildung, die der Begriff des Seins bei Spinoza allmählich erfährt. Wir sahen, wie das absolute Sein jede bestimmte dingliche Beschaffenheit und Charakteristik immer mehr von sich abstreift, um sich in den Begriff der allumfassenden Weltordnung zu wandeln. Erst diese Läuterung des Begriffs stellte ihn außerhalb der Antinomien, in die jede pantheistische Ansicht sich sonst mit Notwendigkeit verwickelt. Die Lehre von der Unendlichkeit der Attribute aber bildet einen jener Bestandteile des Systems, der diesem inneren Bildungsprozeß widerstanden hat. Sie

---

[1]) S i g w a r t, Spinozas neuentdeckter Traktat S. 39.

bezeichnet am deutlichsten den Widerstreit, in welchem der Spinozismus zuletzt verharrt und in dem er verharren muß, sofern er es unternimmt, seinen eigentlichen Grundgedanken von der strengen deduktiven Verknüpfung alles Seins in der Form des S u b s t a n z b e g r i f f s auszusprechen. Der Dualismus der Auffassung wird nunmehr unverkennbar: auf der einen Seite eine universelle und allbefassende Regel, die jede besondere Seinsbeschaffenheit von sich ausschließt, auf der anderen ein „Ding aller Dinge", das die unendliche Fülle aller Eigenschaften in sich trägt und bewahrt; hier der reine Gedanke vom notwendigen Zusammenhang alles Wirklichen, dort wiederum das „Ens realissimum" der Scholastik.

Die Stellung, die das Attribut des Denkens im Ganzen der unendlich vielen Attribute einnimmt, führt schließlich noch einmal auf die eigentliche Hauptfrage des Spinozismus zurück. Ist der G e d a n k e lediglich ein einzelnes Erzeugnis des absoluten Seins oder kommt ihm eine auszeichnende Bedeutung zu? Es ist kein fremder Gesichtspunkt, der mit dieser Frage an das System herangebracht wird, sondern man kann ihre Entstehung innerhalb der eigenen Lehre Spinozas deutlich verfolgen[1]). Wir mögen uns noch so viele verschiedenartige Welten vorstellen, die aus dem Beisammen verschiedener, uns unbekannter Attribute bestehen: immer ist es das A t t r i b u t d e s D e n k e n s, das wir jedem dieser Gebiete des Seins zuordnen müssen, damit uns der Begriff einer in sich einheitlichen Wirklichkeit entsteht. So bildet das Denken kein einzelnes Attribut neben anderen, das von ihnen beliebig abgelöst werden könnte, sondern es ist gleichsam ein gemeinsamer Exponent, den wir zur Konzeption jedweden Seins notwendig brauchen. Hieraus aber ergibt sich, im Zusammenhang mit den Grundvoraussetzungen der reifen Spinozistischen Erkenntnislehre, ein weiterer Schritt. Die „wahre Idee" wird nicht von außen durch ihr Objekt bestimmt, sondern sie ergibt sich im notwendigen Fortschritt aus der Aktivität des Geistes.

---

[1]) Zum Folgenden vgl. P o l l o c k , Spinoza S. 173 ff.

Wenn wir irgendeinem Inhalte eine „formale", für sich bestehende Realität verleihen, so geschieht auch dies lediglich gemäß rein logischen Kriterien und Kennzeichen, nicht aber infolge einer tatsächlichen Einwirkung und eines Zwanges, den der Gegenstand selbst auf uns ausübt. Alles Sein, von dem wir Kunde haben, ist somit ein durch das Wissen gesetztes und vermitteltes Sein. Besitzen wir aber alsdann noch ein Recht, es von diesem seinem Urgrund loszulösen und ihm eine schlechthin u n b e d i n g t e Wirklichkeit zuzuschreiben? Die Unterschiedenheit der Attribute selbst kann nicht anders begründet und erwiesen werden, als daß wir auf die F u n k t i o n d e s I n t e l l e k t s, der die unendliche Substanz notwendig unter einem bestimmten „Gesichtspunkt" betrachten muß, Rücksicht nehmen; der Intellekt ist somit nicht nur ein einzelnes G l i e d in der Mannigfaltigkeit des Seins, sondern er bedeutet eine der Voraussetzungen dieser Mannigfaltigkeit[1]).

Auf der anderen Seite aber erwächst dieser Selbständigkeit des Denkens, die der Spinozismus fordert und voraussetzt, eine innere Schwierigkeit, wenn man ihr andere, nicht minder feste Grundsätze des Systems gegenüberstellt. Der Begriff der Seele und damit der Begriff des Selbstbewußtseins hat seit den Anfängen von Spinozas Gedankenentwicklung eine allmähliche Verschiebung erfahren. Die Seele wird anfangs noch im Cartesischen Sinne gefaßt: sie bezeichnet eine selbständige geistige Einheit, einen für sich vorhandenen Mittelpunkt von Wirkungen, die auf den Körper ausgeübt werden und von Einflüssen, die sie ihrerseits wieder vom Körper erfährt. In der weiteren Ausbildung der Attributenlehre aber wird diese Auffassung durch eine andere verdrängt. Die Seele ist jetzt keine selbständige Wesenheit mehr, die mit eigenen Kräften der körperlichen Welt gegenübersteht, sondern sie bildet nur die Spiegelung,

---

[1]) Vgl. Ethik, P. I, Propos. 10, Schol. und Epist. 27: „Per substantiam intelligo id, quod in se est et per se concipitur, hoc est, cujus conceptus non involvit conceptum alterius rei. Idem per attributum intelligo, nisi quod attributum dicatur respectu intellectus substantiae certam talem naturam attribuentis."

die die materiellen Vorgänge im Attribut des „Denkens" erfahren. Sie b e s i t z t nicht, neben anderen Eigenschaften und Inhalten, die ihr zukommen, die Idee des Körpers, sondern sie ist diese Idee des Körpers selbst, sofern sie dessen Natur in einem ideellen Ausdruck enthält und dessen Wandlungen in bestimmten Einzelvorstellungen zur Darstellung bringt[1]). Diese Korrelation ist dem Denken, als psychischen Vorgang, durchaus wesentlich: nur durch die Vorstellung der Affektionen des eigenen Körpers hindurch vermag die Seele sich zu irgend einem, noch so universellen Denkinhalt zu erheben und ihn sich zu eigen zu machen. Wie aber vermöchte unter dieser Voraussetzung der Gedanke zur a d ä q u a t e n Erkenntnis der Wirklichkeit durchzudringen, die eben dadurch charakterisiert ist, daß sich in ihr der Geist von der Betrachtung jeder b e s o n d e r e n Zuständlichkeit des Seins frei macht und sich zur Anschauung der schlechthin allgemeingültigen Ordnung des Seins erhebt? Die Aussonderung des Allgemeingültigen aus dem Ganzen der individuellen körperlichen Zustände, die uns in den sinnlichen Empfindungen zum Bewußtsein kommen, ist bei Spinoza gefordert, aber nicht erklärt. Denn welche Kraft wohnt dem einzelnen Vorstellungsmodus inne, sich von dem gesamten Inbegriff von Inhalten, dem er als Glied angehört, loszureißen und ihm als erkennendes S u b j e k t gegenüberzutreten? Um dieser Schwierigkeit zu begegnen, wird von Spinoza selbst neben der „idea corporis" die „idea mentis" eingeführt. Die Idee ist nicht nur der Ausdruck bestimmter körperlicher Beschaffenheiten, sondern sie vermag ihrerseits selbst wieder zum Gegenstand denkender Betrachtung, zum Objekt einer höheren Idee zu werden. Diese ins Endlose fortgehende Reflexion folgt schlechthin aus der Natur des Denkens selbst: denn wer irgend etwas weiß, der weiß damit auch, daß er es weiß und

---

[1]) Vgl. hrz. die Ausführungen von Otto B a e n s c h , Die Entwicklung des Seelenbegriffs bei Spinoza als Grundlage für das Verständnis seiner Lehre vom Parallelismus der Attribute, Archiv für Gesch. der Philosophie, 1907.

weiß zugleich, daß er wisse, daß er weiß u. s. f.[1]). Aber eben diese eigentümliche Vervielfältigung, die erst das Denken als seiner selbst bewußte Tätigkeit charakterisiert, hebt es zugleich aus dem Kreise der übrigen Attribute heraus und läßt es nicht länger als ihnen gleichwertige und koordinierte Seinsbestimmung erscheinen. Während auf der Seite der Ausdehnung jede besondere Modifikation nur für sich steht und nur sich selbst bedeutet, gewinnt die Idee erst in der Rückwendung auf sich, erst in der „idea ideae" ihren spezifischen Sinn. Sie besitzt eine innere qualitative Unendlichkeit, die sich als solche in keinem der übrigen zahllosen Attribute wiederfindet; sie bleibt somit nicht als ein einzelner Bestandteil neben ihnen stehen, sondern erschließt gleichsam den Ausblick in eine neue Dimension.

Und nicht nur die Begriffsbestimmung der A t t r i b u t e , sondern die der S u b s t a n z selbst weist zuletzt eine analoge Schwierigkeit auf. Kann die Idee der Substanz, kann die Idee der durchgängigen Gesetzesordnung des Alls selbst etwas anderes bedeuten wollen als eine, wenngleich begründete und notwendige, „Weise des Denkens"? Um der Relativität aller bloß „subjektiven" Betrachtungs- und Beurteilungsweisen zu entgehen, wurden wir an die G e o m e t r i e gewiesen, die nach Spinoza allein den wahren Zusammenhang des Seins treu und unverfälscht wiederspiegelt. Die Geometrie aber setzt die Anschauung des R a u m e s einerseits, die logischen Gesetze der S c h l u ß f o l g e r u n g andererseits voraus; sie zur alleinigen Norm machen, heißt somit nichts anderes, als die unendliche Fülle des Seins aus den beiden uns allein gegebenen Attributen zu erklären. Hier stehen wir also vor einem — Anthropomorphismus, der nicht zu umgehen und nicht zu überwinden ist. Die Begriffe der O r d n u n g, der E i n h e i t und der V i e l h e i t , des S u b j e k t s und der a t t r i b u t i v e n B e s t i m m u n g (subjectum et adjunctum) werden von Spinoza selbst in den „Metaphysischen Gedanken" zu den „modi cogitandi" gezählt, „vermöge deren wir die Dinge leichter behalten oder

---

[1]) Ethik, P. II, Propos. 21, Scholion.

vorstellen", die aber die W e s e n h e i t der Dinge selbst nicht berühren¹). Ist dem aber so, so läßt sich nicht verstehen, wie eben diese Begriffe in Spinozas Ethik dauernd als Mittel der a b s o l u t e n W i r k l i c h k e i t s e r k e n n t n i s gebraucht werden können. Der Widerstreit, der hier entsteht, ist auf dem Standpunkt, auf dem Spinoza selbst verharrt, nicht zu heben: er würde zu seiner Lösung eine Umformung des Begriffs des Seins, wie des Begriffs der Erkenntnis erfordern.

---

¹) Cogitata Metaphysica P. I, Cap. V.

Zweites Kapitel.
Leibniz.

Wenn für Descartes und für die gesamte Cartesische Schule die Untersuchung der letzten Gründe der Erkenntnis sich mit dem p s y c h o l o g i s c h e n Problem des Selbstbewußtseins verflicht; wenn für Spinoza die abstrakte Methodenlehre nur das Mittel ist, um eine sichere Antwort auf die ethischen und religiösen Fragen zu gewinnen und dem Menschen sein Verhältnis zu Gott anzuweisen; so ist für Leibniz die Frage nach den logischen P r i n z i p i e n d e s W i s s e n s zum ersten Male zum Selbstzweck geworden. Sein erstes Interesse an der Philosophie entzündet sich an diesem Problem, das ihn fortan nicht mehr verläßt und das sich durch alle Wandlungen seiner spekulativen Denkart hindurch in unveränderter Energie erhält. Hier liegen die eigentlichen Wurzeln seiner philosophischen Kraft. Die geschichtliche Stellung, die Leibniz' Philosophie einnimmt und die geschichtliche Mission, die sie zu erfüllen sucht, ist damit bereits von Anfang an deutlich bestimmt. Wenn Leibniz in der Entwicklung seiner Philosophie — über alle Gegensätze der metaphysischen Standpunkte hinweg — bald an D e s c a r t e s, bald an S p i n o z a und H o b b e s anknüpft, wenn er völlig unbefangen Bestandteile ihrer Lehren aufnimmt und dem eigenen Gedankenkreis einfügt, so müßte dieses Verhalten als ein bloß eklektischer Versuch erscheinen, wenn es nicht von vornherein von einem einheitlichen systematischen Interesse geleitet und beherrscht wäre. Nicht der Inhalt irgendwelcher philosophischer Lehrsätze, sondern die Forschungsweise, kraft deren sie erreicht und begründet sind, ist es, was ihn vornehmlich fesselt und was für ihn den eigentlichen Maßstab der Beurteilung bildet. Wenn er sich mit gleicher Hingebung in Descartes' rationale Physik oder in Galileis und Boyles „Experimentalphilosophie", in Spinozas Gotteslehre und in Hobbes Körperlehre versenkt, so geschieht es, weil er in ihnen, von allen Sonderfragen abgesehen, vor allem Beispiele und Ausprägungen des eigenen methodischen Ideals der reinen Deduktion sucht. Wie weit dieses Ideal sich verwirklichen und zur Lösung konkreter Aufgaben — sei es in der Physik oder in der Psychologie, in der Rechts- und Staatslehre oder in der Affektenlehre — fruchtbar machen läßt: dies ist die Frage, von der er seinen Ausgang nimmt. —

Somit steht Leibniz in seinen Anfängen durchaus innerhalb der allgemeinen geistigen Atmosphäre, die dem siebzehnten Jahrhundert eigentümlich ist. Die Lehre von der Definition — dieses charakteristische Hauptstück seiner logischen Methodenlehre — weist dieselben bezeichnenden Züge auf, die uns in Spinozas Abhandlung über die Verbesserung des Verstandes entgegengetreten sind, und die hier, wie wir sahen, wiederum auf Hobbes zurückweisen. Das letzte Kriterium für die Wahrheit einer Idee — davon wird auch hier ausgegangen — ist nicht in ihrer Übereinstimmung mit einem äußeren Dinge, sondern lediglich in der Kraft und dem Vermögen des Verstandes selbst zu suchen. Ein Begriff kann „möglich" und „wahr" sein, ohne daß sein Inhalt jemals in äußerer Realität gegeben werden könnte, sofern wir nur die Gewißheit besitzen, daß er, als innerlich widerspruchslos, den Ausgangspunkt und den Quell gültiger Urteile bilden kann. Dieser Möglichkeit und dieses inneren Reichtums eines Begriffes aber versichern wir uns vollkommen erst dann, wenn wir ihn konstruktiv vor uns entstehen lassen. Der Akt der genetischen Konstruktion verbürgt erst die Sicherheit und den Bestand eines bestimmten Begriffs; er ist es, der die echten, wissenschaftlich gültigen und fruchtbaren Konzeptionen von willkürlichen Namenerklärungen und fiktiven Gebilden der Einbildungskraft trennt. Die Geltung eines komplexen Begriffes wird daher erst damit bewiesen, daß wir ihn in seine „einfachen" Bestandteile zerlegen, deren jeder sich als konstruierbar, und somit als „möglich" aufweisen läßt. Wie von Spinoza, so wird auch von Leibniz dieses erste Grundvermögen der freien Begriffsgestaltung mit dem Namen der Intuition bezeichnet[1]); wie Spinoza, so fordert auch er, daß von den höchsten intuitiven Gewißheiten, von den anfänglichen Selbstbezeugungen des Denkens aus, der Weg zu den mittelbaren Erkenntnissen, durch die gesamte Reihe der bedingenden „Ursachen" hindurch, durchmessen werde.

Aber schon an diesem Punkte, an dem man Leibniz noch ganz innerhalb einer Gedankenreihe erblickt, die der gesamten rationalistischen Metaphysik gemeinsam ist, beginnen die unterscheidenden und eigentümlichen Züge sich herauszuheben. Für Spinoza wird der höchste Punkt alles Wissens durch die Gottesidee bezeichnet. Sie allein bildet das selbstgewisse Fundament, mit dem wir beginnen müssen, um zu irgendeiner gegründeten Kenntnis der abhängigen Modi zu gelangen. All unser empirisches Wissen bleibt in sich unfertig und haltlos, solange es uns nicht gelungen ist, die endlichen Einzeldinge selbst und das endliche, zeitliche Geschehen als eine notwendige Folge aus der Existenz des Urwesens, in dem

---

[1]) S. Nouveaux Essais sur l'Entendement humain, Buch IV, Kap. 1, § 1 (Gerh. V, 347): „On peut dire qu'une connoissance intuitive est comprise dans les définitions lorsque leur possibilité paroist d'abord. Et de cette manière toutes les définitions adéquates contiennent des vérités primitives de raison et par conséquent des connoissances intuitives." Vgl. bes. Gerh. VII, 310: „Definitio realis est ex qua constat definitum esse possibile nec implicare contradictionem... Itaque definitiones causales quae generationem rei continent, reales quoque sunt; ideas quoque rerum non cogitamus, nisi quatenus earum possibilitatem intuemur." (Specimen inventorum de admirandis naturae Generalis arcanis.)

In den Citaten werden folgende Abkürzungen gebraucht:
Gerh. - Die philosophischen Schriften von G. W. Leibniz. Herausgegeben von C. J. Gerhardt. 7 Bände.. Berlin 1875—90.
Math. - Leibnizens mathematische Schriften. Herausgegeben von C. J. Gerhardt. 7 Bände. Berlin 1848—63.
Opusc. - Opuscules et fragments inédits de Leibniz. Extraits des manuscrits de la Bibliothèque royale de Hannover. Par Louis Couturat. Paris 1903.
Hauptschr. - G. W. Leibniz, Hauptschriften zur Grundlegung der Philosophie, übers. von Artur Buchenau, herausgegeben von Ernst Cassirer. 2 B. Lpz. 1904—06. (Philosoph. Bibl. Bd. 107 u. 108.)

logisches und reales Sein zusammenfallen, zu begreifen. Auch Leibniz steht, namentlich in den Anfängen seiner Spekulation, noch durchaus innerhalb dieser allgemeinen Grundanschauung, die aber alsbald eine charakteristische Einschränkung erfährt. „Ein primitiver Begriff — so bemerkt ein Fragment der allgemeinen Charakteristik — ist ein solcher, der sich nicht in andere auflösen läßt, sofern der Gegenstand, den er bezeichnet, keine anderen Kennzeichen besitzt, sondern sich lediglich durch sich selber kundgibt (sed est i n d e x s u i). Nun kann es einen derartigen Begriff nur von derjenigen Sache geben, die durch sich selbst erkannt wird: nämlich von der höchsten Substanz, d. h. von Gott. Alle abgeleiteten Begriffe aber, die wir haben können, können wir nur vermittelst dieses primitiven Begriffs besitzen, so daß in den Dingen Nichts ist außer durch die Wirksamkeit Gottes, und in unserem Geiste Nichts gedacht werden kann, außer durch die Idee Gottes: w e n n g l e i c h w i r n i c h t v ö l l i g d i s t i n k t z u e r k e n n e n v e r m ö g e n, a u f w e l c h e W e i s e d i e N a t u r e n d e r D i n g e a u s G o t t, n o c h d i e I d e e n d e r D i n g e a u s d e r I d e e G o t t e s h e r f l i e ß e n, worin die letzte Analysis oder die adäquate Erkenntnis aller Dinge kraft ihrer Ursache bestehen würde[1].“ So unverkennbar es Begriffe und Wendungen der Spinozistischen Metaphysik sind, auf die Leibniz hier zurückgreift, so deutlich sieht man zugleich, wie er den Voraussetzungen dieser Metaphysik nunmehr mit freierer und gereifterer logischer Kritik gegenübersteht. Es übersteigt — wie er ausdrücklich hervorhebt — das Maß der menschlichen Erkenntnis, alles Sein rückwärts bis in seine absoluten Urbestimmungen, bis auf „Gott" und das „Nichts", zurückzuführen. So muß es

---

[1] „Introductio ad Encyclopaediam arcanam sive Initia et Specimina Scientiae Generalis etc.", Opusc. S. 513. — Für die frühe Abfassung dieses Fragments spricht, außer den Beziehungen zur Spinozistischen Methodenlehre, der Umstand, daß die T e r m i n o l o g i e hier noch nicht völlig fixiert ist: der „mögliche" Begriff wird als „conceptus a p t u s" dem „conceptus ineptus" entgegengesetzt, während die (später allein übliche) Bezeichnung als „conceptus realis", die L. anfänglich gebraucht hatte, durchstrichen ist.

uns genügen, statt die Möglichkeit der Dinge völlig a priori zu beweisen, die unendliche Menge des Gedachten auf wenige Begriffe zu reduzieren, deren Möglichkeit entweder postuliert oder aber durch die Erfahrung, d. h. durch die Aufzeigung der Wirklichkeit der Begriffsgegenstände dargetan werden muß.

„So werden in der Geometrie die Bahnen aller bewegten Punkte lediglich auf zwei Bewegungen, auf diejenige in der Geraden und auf die in der Kreislinie zurückgeführt. Denn setzt man diese beiden voraus, so kann man b e w e i s e n, daß alle anderen Linien, wie etwa die Parabel, die Hyperbel, die Conchoide, die Spirale möglich sind . . . Vollkommene kausale Definitionen der ersten Begriffe aber sogleich am Anfang zu geben, d. h. solche, die die Möglichkeit der Sache apriori anzeigen, ist freilich schwierig; an ihre Stelle können indessen bisweilen Nominaldefinitionen treten, durch welche die betrachtete Idee in andere Ideen, aus denen sie begriffen werden kann, aufgelöst wird, wenngleich wir nicht bis zu ihren ersten Bestandteilen vorzudringen vermögen[1]."   So wird hier die reine apriorische Ableitung jedweden Inhalts durch die Aufweisung seiner „Erzeugung" oder seiner „Ursache" zwar als allgemeine Aufgabe festgehalten; zugleich aber wird auf eine Reihe notwendiger vermittelnder und vorbereitender Denkschritte hingewiesen, die dieser Operation vorangehen müssen. Es bedarf einer langen und mühevollen Arbeit begrifflicher Analyse, es bedarf der immer erneuten Sichtung und Zerlegung unserer empirischen und reinen Begriffe, ehe wir zu jenen ersten Elementen gelangen, mit denen der synthetische konstruktive Aufbau der Erkenntnis beginnen kann. Wenn Descartes sich zum Erweis der obersten Begriffe und Grundsätze lediglich auf die psychologische Klarheit und Deutlichkeit, mit der wir sie vorstellen, berief; wenn Spinoza jede Frage nach ihrer unbedingten Gültigkeit mit dem Satze beschwichtigte, daß die wahre Idee Zeuge und Bürgschaft ihrer selbst und des Falschen sei: so wird Leibniz nicht müde, an

---

[1] De Organo sive Arte Magna cogitandi, Opusc. S. 429 ff. — Auch dieses Fragment gehört wahrscheinlich der ersten Periode von Leibniz' Philosophie, jedenfalls aber der Zeit vor d. J. 1686 an. — (S. hierüber die Bemerkung Couturats, Opusc. S. 430 Anm. 1.)

diesem Punkte immer von neuem auf schärfste kritische Prüfung zu dringen. Die Elemente der Deduktion dürfen nicht, wie ein selbstverständlicher Besitz, der unmittelbaren Anschauung entnommen werden, sondern müssen allmählich in immer tiefer dringender logischer Zergliederung gewonnen und erarbeitet werden. Und es besteht zuletzt kein Zweifel, daß innerhalb der Grenzen und der Bedingtheit unserer wissenschaftlichen Erkenntnis der definitive A b s c h l u ß dieser Arbeit an keinem Punkte gewährleistet ist. Die Einzelwissenschaften zwar können und sollen, von ersten Prinzipien aus, die sie h y p o t h e t i s c h zugrunde legen, ihren Fortgang beginnen, ohne sich davon beirren zu lassen, ob nicht jene Voraussetzungen selbst noch weiterer Zerlegung fähig und bedürftig sind. Aber was für sie ein sicheres und feststehendes D a t u m bildet, das wird für die Logik vielmehr **zum** eigentlichen und niemals völlig gelösten P r o b l e m. Der Beweis der angeblichen Axiome, so zweifellos sie sich der sinnlichen Vorstellung darbieten und aufdrängen, ist immer aufs neue zu fordern: die wahren Elemente, die anfangs in greifbarer Nähe vor uns zu liegen scheinen, rücken für die wissenschaftliche Reflexion immer weiter zurück.

Der höchste Begriff, von welchem all unsere Gewißheit abzuleiten ist, ist daher für Leibniz nicht sowohl der G o t t e s - b e g r i f f, als der W a h r h e i t s b e g r i f f. Ob die menschliche Erkenntnis zu einer vollkommenen Analyse der Vorstellungen, also zu den ersten Möglichkeiten und unauflöslichen Begriffen gelangen werde; ob sie, mit andern Worten, jemals alle Gedanken auf die absoluten Attribute Gottes selbst, als erste Ursachen und den letzten Grund der Dinge werde zurückführen können: darüber erklärt er — in den grundlegenden „Meditationes de Cognitione, Veritate et Ideis vom Jahre 1684 — keine Entscheidung treffen zu wollen[1]). Aber

---

[1]) „An vero unquam ab hominibus perfecta institui possit analysis notionum, sive an ad prima possibilia ac notiones irresolubiles, sive (quod eodem redit) ipsa absoluta Attributa Dei, nempe causas primas atque ultimam rerum rationem cogitationes suas reducere possint, nunc quidem definire non ausim." Gerh. IV, 425 (Hauptschr. I, 27.)

diese Resignation berührt nicht das eigentliche Ziel, noch das Verfahren der allgemeinen Prinzipienlehre. Was uns „Wahrheit" bedeutet und welche Voraussetzungen dieser Begriff in sich birgt: dies wenigstens muß sich klar und eindeutig beantworten lassen. „Wie jemand, der auf sandigem Boden ein Gebäude zu errichten gedenkt, fortfahren muß, zu graben, bis er auf steinigen und festen Grund gelangt; wie jemand, der einen verwickelten Knoten entwirren will, zunächst irgendeine Stelle, an der er beginnen kann, suchen muß, und wie Archimedes einen einzigen unbeweglichen Ort verlangte, um die größte Last zu bewegen, so wird, um die Elemente des menschlichen Wissens zu begründen, ein fester Punkt erfordert, auf den wir uns stützen und von dem aus wir sicher fortschreiten können. Dieser Anfang aber ist in der a l l g e - m e i n e n N a t u r d e r W a h r h e i t e n (in ipsa generali natura Veritatum) zu suchen[1]." Nicht das psychologische Faktum des Selbstbewußtseins ist es somit, von dem Leibniz seinen Ausgang nimmt; sondern womit er beginnt, das ist die allgemeine Natur, d. h. die Definition der Wahrheit selbst. Wir brauchen nur die Forderungen, die der Begriff des Wissens stellt, vollständig zu entwickeln, um damit einen sicheren und mannigfaltigen I n h a l t des Wissens zu gewinnen. Der Gehalt der Leibnizischen Philosophie wurzelt in den formalen Eigentümlichkeiten ihres Erkenntnisbegriffs und empfängt von hier aus erst sein volles Licht.

I.

Wenn wir — wie die Fragestellung Leibnizens es verlangt — nicht mit der Analyse der D i n g e , sondern mit der der U r t e i l e beginnen; wenn wir uns fragen, welches das allgemeine Kriterium ist, auf dem die Gültigkeit und Sicherheit eines beliebigen Urteils beruht: so finden wir, daß das Prädikat in das Subjekt auf irgendeine Weise „eingeschlossen" sein muß. Das Urteil fügt dem Inhalt des Subjektbegriffs nichts Fremdes und Äußerliches hinzu, sondern es enthüllt und

---

[1] Opusc. S. 401.

expliziert nur den Reichtum seiner idealen Bedeutung. Die gewöhnliche empiristische Ansicht pflegt das Urteil als eine Zusammenfügung verschiedenartiger, innerlich einander fremder Bestandteile anzusehen, die wir auf irgendeine Weise mit einander angetroffen haben; der Gedanke konstatiert nur eine tatsächliche Verbindung, die sich zufällig in der Beobachtung darbietet. Daß ein Begriff a ein Merkmal b besitzt: dies bedeutet nach dieser Auffassung nichts Anderes, als daß sich a und b, sei es in unserem Denken, sei es in der Erfahrung, regelmäßig zusammenfinden. Worauf aber — so muß hier gefragt werden — beruht die Gewißheit, daß dasjenige, was sich auf diese Weise in beliebig vielen Fällen zusammenfindet, auch nach allgemeinen logischen Gesetzen z u s a m m e n g e h ö r t? Die Gültigkeit der Beobachtung erstreckt sich nicht weiter, als ihr tatsächlicher Vollzug reicht. Was sie bietet, ist somit immer nur eine Zusammenstellung von einzelnen Fällen, aus deren Anhäufung, soweit sie auch gehen mag, niemals eine in sich selbst schlechthin notwendige Regel gewonnen werden kann. Soll es also überhaupt feststehende und beharrende W a h r h e i t von Urteilen geben; — soll es nicht, wie weit wir auch fortschreiten, dauernd zweifelhaft bleiben, ob bestimmte Sätze nur zufällige assoziative Verknüpfungen von Vorstellungen sind oder aber in sich selbst ein für allemal die Gewähr unbedingter Geltung besitzen: so muß es irgendwelche Zusammenhänge geben, die nicht aus der empirischen Vergleichung des Einzelnen, sondern aus objektiv notwendigen und unumstößlichen Relationen zwischen den Ideen selber stammen.

Daß derartige Relationen als Bedingung und Erklärungsgrund der I n d u k t i o n s e l b s t zu fordern sind, hat Leibniz bereits in einer seiner frühesten systematischen Schriften: in der Abhandlung über den philosophischen Stil des Nizolius vom Jahre 1670 mit voller Schärfe und Bestimmtheit entwickelt. Wir sahen, wie in der Logik des Nizolius der Versuch unternommen worden war, die selbständige Bedeutung der „abstrakten" Wahrheiten aufzuheben. Nach ihr ist der Begriff nicht mehr, als die Abkürzung und kompendiarische Zusammenfassung für vielerlei einzeln beobachtete Tatsachen, die durch einen gemeinsamen N a m e n zusammengehalten werden. Er ist somit nicht ein Mittel und ein Instrument der Forschung, sondern nur das Gefäß zur Aufbewahrung von Erkenntnissen, die aus anderen Quellen herstammen und in ihnen ihre Begründung suchen müssen. Die angebliche „Deduktion", die rein aus dem Inhalt eines Begriffs folgert, gewährt nicht die mindeste neue Einsicht, sondern hebt nur einen Einzelfall, der zur Bildung des Allgemeinbegriffs mitwirkte und mitwirken mußte, nochmals gesondert und namentlich heraus. Sie geht von einem G a n z e n von Erkenntnissen, die wir bereits besitzen, zu einem Teil fort, der darin enthalten ist; sie bereichert somit nicht, sondern verengert den Umfang des Wissens (Vgl. Bd. I, S. 150 f.). Was Leibniz dieser Auffassung gegenüberstellt, ist eine neue und tiefere Ansicht vom Sinn des „allgemeinen" Urteils. Entstünde die Allgemeinheit des Begriffs lediglich aus dem Zusammenfluß und der Summierung des Einzelnen, so wäre es freilich eine leere petitio principii, das Einzelne selbst wieder kraft des Begriffs entdecken und feststellen zu wollen. In Wahrheit aber bezeichnet die Allgemeinheit eine Bestimmung, die dem Gebiete der bloßen Q u a n t i t ä t gänzlich entrückt ist und einer rein qualitativen Betrachtungsweise angehört. Daß ein Begriff diese oder jene Eigentümlichkeit besitzt, dies besagt nicht, daß sie a l l e n s e i n e n E x e m p l a r e n einzeln zukommt, sondern daß in seiner D e f i n i t i o n, die ganz unabhängig davon erfolgte, ob überhaupt und wieviele konkrete Beispiele des Begriffs sich in der Natur der Dinge vorfinden, bestimmte abgeleitete Beschaffenheiten notwendig mitgesetzt sind. Das „Ganze" des Begriffs ist somit kein totum discretum, sondern ein totum distributivum, kein arithmetisches, sondern ein l o g i s c h e s Ganze. Haben wir den idealen S i n n eines Begriffs einmal gefaßt, wozu es nicht des Durchlaufens mehrerer Exemplare von ihm, sondern lediglich des einheitlichen Aktes seiner genetischen Konstruktion bedarf, so sind wir damit versichert, daß, was immer aus diesem Sinn und I n h a l t des Begriffs folgt, auch für jedwedes Glied seines U m f a n g s gültig sein muß. „Sagen wir also, alle Menschen sind Lebewesen, so ist der Sinn distributiv: ob man nun diesen oder jenen Menschen, ob man Cajus oder Titius nehmen mag, so wird man finden, daß er ein lebendes Wesen ist und Empfindung besitzt."

Bestünde dagegen die Ansicht des Nizolius zu Recht, so würde damit nicht nur alle rationale Erkenntnis, sondern vor allem der Wert und das Recht des Erfahrungsschlusses selbst entwurzelt. Denn der Kern des induktiven Verfahrens besteht darin, daß wir von einer geringen Zahl direkt beobachteter Fälle einen Schluß auf unzählige andere Fälle ziehen, die sich niemals der Beobachtung dargeboten haben. Was aber versichert uns der inneren Gleichartigkeit dieser beiden Reihen, was verbürgt uns die identische Wiederkehr des Erfolges unter gleichbleibenden oder ähnlichen Bedingungen? Die „moralische Gewißheit", mit welcher wir vom Gegebenen auf das nicht Gegebene, vom Vergangenen auf das Zukünftige schließen, ist selbst nur insoweit gültig, als sie sich auf das l o g i s c h e P o s t u l a t einer durchgängigen Gesetzlichkeit des Geschehens stützt. Von induktiver „Wahrscheinlichkeit" zu sprechen, hat nur dann einen Sinn, wenn der strenge rationale Begriff der W a h r h e i t bereits vorausgesetzt wird: wenn wir, mit anderen Worten, Grundsätze zulassen und an die Spitze stellen, die nicht aus der Betrachtung der Einzelfälle, sondern aus der „allgemeinen Idee oder der Definition der Termini selbst" stammen. „Somit ist klar, daß die Induktion an und für sich kein Wissen, ja nicht einmal eine bloße moralische Gewißheit hervorbringt, ohne die Stütze anderer Sätze, die nicht auf der Induktion, sondern auf allgemeinen Vernunftgründen beruhen. Denn beruhten auch diese Stützen auf der Induktion, so würden sie ihrerseits wieder neuer Stützen bedürfen und so gäbe es bis ins Unendliche keine moralische Gewißheit[1])."

Von so großer Bedeutung indessen diese ersten Festsetzungen für die Gesamtentwickelung der Leibnizischen Erkenntnislehre sind: der eigentliche, originale Grundgedanke der Leibnizischen Philosophie ist in ihnen noch nicht erreicht. Die Scheidung und Verhältnisbestimmung zwischen dem

---

[1]) S. die Vorrede zu Leibniz' Ausgabe des Nizolius. Gerh. IV, 160 ff.

„Allgemeinen" und „Besonderen" hat bisher die herkömmlichen Bahnen noch nicht prinzipiell verlassen. Noch sind es zwei Grundquellen der Erkenntnis, die in ihrer Wechselwirkung und somit in ihrem selbständigen Nebeneinander betrachtet werden. Die Vernunftsätze bilden die Stützen und Hilfsmittel (adminicula) der Erfahrungssätze. Von hier aus indessen muß die logische Reflexion weiter greifen und tiefer dringen. Soll das Ziel der rationalen Erkenntnis wahrhaft verwirklicht werden, so gilt es, die Vernunft über diese ihre helfende und dienende Rolle hinwegzuheben und sie zur höchsten, entscheidenden Instanz zu machen. So wenig es eine „doppelte Wahrheit", die eine für die menschlichen, die andere für die göttlichen Dinge gibt, so wenig darf es sie für das Gesamtgebiet unserer Wirklichkeitserkenntnis geben. Blicken wir auf die Art, in der bestimmte Sätze uns zuerst bekannt werden, so können wir hier allerdings Urteile verschiedener Herkunft, Urteile von empirischem und rationalem Charakter unterscheiden. Sobald wir indes auf die Art ihrer Begründung sehen, so bietet sich uns schlechthin nur ein einziger, streng einheitlicher Typus dar. Immer muß hier ein logisches Band aufgewiesen werden, das Subjekt und Prädikat aneinander knüpft; immer muß aus der bloßen Betrachtung der „Ideen" heraus die Übereinstimmung zwischen Subjekt und Prädikat dargetan werden können. Die notwendigen und zufälligen Wahrheiten unterscheiden sich hierbei lediglich nach dem Maße, in welchem diese Forderung bei ihnen erfüllbar ist: wenn bei den ersteren die Analyse an ein Ende gelangt, wenn sie also die gemeinsamen Momente des Subjekts- und Prädikatsbegriffs isoliert herausheben und deutlich aufzeigen kann, so ist bei den letzteren nur eine beständige Annäherung an dieses Ziel möglich. (S. unten Abschn. III.) Gleichviel indessen, ob dieses Ziel für uns erreichbar oder nicht erreichbar ist, ob es in endlicher oder unendlicher Ferne liegt: der Weg, der zu ihm hinführt, ist durch die allgemeinen rationalen Methoden völlig und eindeutig bestimmt. Die Aufgabe des Wissens besteht darin, jede Tatsachenwahrheit, die die Beobachtung uns darbietet, fortschreitend derart zu zergliedern, daß sie sich für uns mehr und mehr in ihre apriorischen „Gründe" auflöst¹). Auch diejenigen Urteile, die wir, die erkennenden Subjekte, nur empirisch, auf dem Wege der Sinnes- oder Selbstwahrnehmung, gefunden haben, sind doch der Ausdruck für objektive und sachliche Zusammenhänge, die „a parte rei" kraft der Gesetzlichkeit alles Geschehens, bestehen. Die beiden Bestimmungen, die wir in einem empirischen Urteil verknüpfen, könnten nicht in der Erfahrung neben einander stehen, wenn sie nicht irgendwie innerlich, kraft der Natur der Begriffe, durch einander bedingt wären.

Deutlicher noch tritt diese Grundanschauung hervor, wenn wir sie in die bekanntere und populärere Sprache von Leibniz' p s y c h o l o g i s c h e n Theorien übersetzen. Was immer dem Geiste gegeben werden kann, das muß er aus seinem eigenen Grunde schöpfen. Selbst dort, wo er sich zunächst rein aufnehmend zu verhalten, wo er keine andere Aufgabe zu haben scheint, als einen Stoff, der ihm aufgedrängt wird, in Besitz zu nehmen, ist er, wie die tiefere Betrachtung zeigt, der Schöpfer seiner Begriffe und Gedanken. Wenn in der ersten, exoterischen Fassung der Leibnizischen Lehre der I n t e l l e k t nur als der Grund der notwendigen und allgemeinen Wahrheiten bezeichnet, die Kenntnis des Besonderen dagegen den Sinnen und der äußeren Wahrnehmung überlassen wird²), so wird in den weiteren Darlegungen der „Nouveaux Essais" diese Ansicht berichtigt. Keine Erfahrung vermag in das Ich irgendeinen, allgemeinen oder besonderen, Inhalt hineinzuschaffen, der nicht aus den Bedingungen, die der Geist selbst in sich birgt, völlig v e r s t ä n d l i c h gemacht werden könnte. Wenn wir davon sprechen, daß die Natur der D i n g e es ist, die uns diese oder jene Erkenntnis

---

¹) „Quant à la Métaphysique, je prétends d'y donner des démonstrations Géométriques ne supposant presque que deux vérités primitives, savoir en premier lieu le principe de contradiction . . . et en deuxième lieu, que rien n'est sans raison, ou que toute vérité a sa preuve a p r i o r i tirée de la notion des termes, quoyqu'il ne soit pas toujours en notre pouvoir de parvenir à cette analyse." An Arnauld (14. Juli 1686); Gerh. II, 62; vgl. bes. Opusc. S. 402, 513 u. s.
²) Nouveaux Essais I, 1; Gerh. V, 76.

vermittelt und aufdrängt: so ist auch dies nur eine bequeme und im gewöhnlichen Sprachgebrauch zulässige Metapher, die indessen vor der philosophischen Reflexion in gleicher Weise hinfällig wird, wie vor dem Weltsystem der wissenschaftlichen Astronomie das gewöhnliche anthropozentrische Weltbild der sinnlichen Anschauung seine Geltung verliert. Was wir die Natur der Dinge nennen, das ist zuletzt nichts anderes, als die Natur des Geistes und seiner „eingeborenen Ideen"[1]). Jeder Erfahrungssatz bietet uns nur das Beispiel und die V e r k ö r p e r u n g eines notwendigen „Axioms" dar[2]). So kann man sagen, „daß sowohl die ursprünglichen, wie die abgeleiteten Wahrheiten sämtlich in uns sind, weil alle abgeleiteten Ideen und alle Wahrheiten, die man aus ihnen folgert, aus den Verhältnissen zwischen den ursprünglichen Ideen, die in uns sind, resultieren[3])." Es ist eine Durchdringung und eine Synthese allgemeiner Vernunftprinzipien, woraus die Wahrheit des Besonderen und Tatsächlichen hervorgeht.

So entsteht jetzt für die L o g i k ein völlig neuer Sinn und eine neue, unermeßliche Aufgabe. Sie kann sich nicht länger damit begnügen, die „formalen" Verknüpfungen des Denkens zu beschreiben und in ein System zu bringen, sondern sie geht auf den sachlichen G e h a l t d e s W i s s e n s selbst. Sie ist es, die jene „Verflechtung" der rationalen Grundbegriffe und Grundsätze darstellen soll, aus welcher die gegenständliche Erkenntnis des Einzelnen hervorgeht. Man erkennt in diesem Zusammenhang bereits die innere Beziehung, die in Leibniz' Sinne zwischen der Logik und der K o m b i n a t o r i k besteht. Jeder Erfolg, der im realen Geschehen durch das Zusammenwirken verschiedener, sich wechselseitig bestimmender Bedingungen e i n t r e t e n konnte, hätte sich durch geeignete Verknüpfung dieser Bedingungen, die einzeln völlig in unsere Hand gegeben waren, v o r a u s s e h e n und

---

[1]) Nouveaux Essais I, 1, 21 (vgl. hier den Text in E r d m a n n s Ausgabe der „Opera philosophica" (Berol. 1840) S. 211, dem gegenüber der Text bei Gerhardt vielfache Lücken aufweist).
[2]) Nouveaux Essais IV, 12, § 3; Gerh. V, 430.
[3]) Echantillon de Réflexions sur le I. Livre de l'Essay de l'Entendement de l'homme (1698). Gerh. V, 21.

h e r s t e l l e n lassen. Auf diesem Gedanken beruht und in ihm besteht der Entwurf der „Scientia generalis", wie Leibniz ihn entwickelt und begründet hat. „Daß es eine derartige Wissenschaft geben muß, ist a priori zu beweisen, wenngleich die große Menge in Dingen dieser Art gewöhnlich nur Beweise a posteriori, nämlich solche, die vom Erfolg hergenommen sind, versteht und gelten läßt. Ich sage also, daß, wenn irgendeine Wahrheit oder irgendeine technische Fertigkeit uns aus jenen Anfängen heraus, die wir bereits besitzen, von einem Engel gewiesen werden könnte, wir sie ebenso kraft dieser allgemeinen Wissenschaft hätten entdecken können, wenn wir unsere Gedanken auf die Erforschung dieser Wahrheit oder die Erreichung dieses technischen Zweckes gerichtet hätten. Der Grund hierfür liegt in aller Kürze darin, daß Nichts uns, selbst von einem Engel, gewiesen werden kann, außer sofern wir die B e d i n g u n g e n d e r S a c h e e i n s e h e n (nisi quatenus requisita ejus rei intelligimus). Nun sind in jeder Wahrheit die Bedingungen, die das Prädikat ausmachen, in denen des Subjekts enthalten und die Bedingungen eines gesuchten Erfolges enthalten zugleich die Mittel, die zu seiner Herstellung notwendig sind. In diesem Beweis sind alle Kunstgriffe dieser Wissenschaft enthalten[1])." Man sieht, wie der Plan der Scientia generalis auf der einen Seite den Leibnizischen Begriff des Bewußtseins voraussetzt, ihn aber andererseits auch erst zum Abschluß und zur konkreten Erfüllung bringt. Das Material jeglichen Wissens liegt in uns beschlossen und vorbereitet; die Allgemeinwissenschaft will nur den Weg weisen, auf dem wir dazu gelangen können, diesen unsern eigensten Besitz fortschreitend und nach strenger Methode zn e r w e r b e n. —

Alle Erkenntnis besteht somit in der schrittweisen Aufhellung und distinkten Auseinanderlegung dessen, was uns anfangs nur als ein Chaos mannigfaltiger Eindrücke gegeben ist. Je mehr wir das sinnlich Verschiedene und Auseinanderstrebende unter immer höhere und bestimmtere logische Einheiten fassen, ohne doch seine besondere spezifische Eigen-

---

[1]) Gerh. VII, 61 f.

tümlichkeit darüber zu vernichten: um so näher sind wir dem Ziel des Wissens gerückt. Die „Meditationen über die Erkenntnis, die Wahrheit und die Ideen" vom Jahre 1684, auf die sich Leibniz später durchweg als auf den eigentlichen Anfang seiner systematischen Forschung beruft, verfolgen diesen Stufengang der Erkenntnis. Eine Vorstellung ist d u n k e l , wenn sie nicht genügt, um die vorgestellte Sache wiederzuerkennen; sie ist k l a r , sobald sie uns in den Stand setzt, dies zu tun und uns somit die Mittel an die Hand gibt, den Inhalt der Vorstellung von dem jeder anderen zu unterscheiden. In diesem letzteren Falle wiederum kann sie entweder d i s t i n k t oder v e r w o r r e n sein, je nachdem die Merkmale, die in sie eingehen, sich deutlich sondern und in bewußter Abtrennung herausheben lassen, oder nur zu einem allgemeinen Gesamtbilde zusammenfließen, das bei aller Schärfe, in der es sich uns darbietet, doch keiner weiteren Zerlegung in seine einzelnen Momente fähig ist. Die distinkte Erkenntnis selbst ist weiterhin a d a e q u a t , wenn diese Scheidung bis ans Ende durchgeführt ist, wenn also jeder Einzelfaktor seinerseits wiederum in all seine konstitutiven Bestandteile aufgelöst ist. Endlich ist eine Erkenntnis s y m b o l i s c h , wenn sie sich damit begnügt, den Inhalt, statt ihn direkt in seiner konkreten Gesamtheit vorzustellen, durch Zeichen wiederzugeben; sie ist i n t u i t i v , wenn sie dieses Hilfsmittels nicht bedarf und alle Momente im wirklichen Denken umfaßt und begreift. „Von den distinkten primitiven Vorstellungen kann es keine andere als intuitive Erkenntnis geben; während das Denken der zusammengesetzten für gewöhnlich nur symbolisch ist[1]." Damit ist die Aufgabe, die der Grundwissenschaft gestellt ist, klar umgrenzt. Sie soll mit Hilfe einer allgemeinen Charakteristik, die die Verhältnisse der Ideen durch gesetzliche Verknüpfungen von Zeichen ausdrückt, und die sie damit der logischen Betrachtung und Handhabung unmittelbar zugänglich macht, alles Zusammengesetzte so weit entwickeln und entwirren, bis die ursprünglichen intuitiven Wahrheiten, die auf seinem Grunde liegen,

---

[1] Gerh. IV, 422 ff. (= Hauptschr. I, 22 ff.)

deutlich und selbständig heraustreten. Diese Aufgabe ist für die empirischen Begriffe prinzipiell unabschließbar; aber sie muß dennoch den beständigen Wegweiser bilden, der uns bei allen Untersuchungen leitet und der allen Versuchen der Einzelwissenschaften die allgemeine Richtung des Fortschritts anweist.

II.

Die Forderung eines G e d a n k e n a l p h a b e t s, das es uns ermöglichen soll, das Ganze der Erkenntnis aus relativ wenigen einfachen Elementen aufzubauen, eröffnet Leibniz' Philosophie. Aber es ist ein weiter Weg von dem ersten Entwurf, der in jugendlichem Überschwang erfaßt wird, bis zur reifen Ausführung, die, stets von neuem kritisch geprüft und umgeformt, doch immer wieder hinter den ursprünglichen Erwartungen zurückbleibt. Was immer Leibniz in der Gesamtentwicklung seiner Lehre an neuen Einsichten gewinnt, das wird sogleich in den Bann dieser einen Grundaufgabe gezogen und ihren Zielen dienstbar gemacht. Aber damit verändert sich schrittweise und unvermerkt auch der Charakter der Aufgabe selbst. Sie kann den neuen Inhalt, der ihr beständig zugeführt wird, nicht bezwingen, ohne selbst auf ihn einzugehen und so zuletzt ihrerseits von ihm bestimmt zu werden. In dieser doppelten Richtung des Denkens entsteht und reift das System der Leibnizischen Philosophie[1]).

Das erste und sichere Analogon für die allgemeine Konzeption der ,,Scientia generalis" sieht Leibniz in der Wissenschaft der Z a h l e n vor sich. Noch die ,,Meditationen über

---

[1]) Ich versuche diese Auffassung, die ich früher bereits ausgesprochen habe (s. Leibniz' System in seinen wissenschaftl. Grundlagen, Marburg 1902, Teil IV), hier nochmals im einzelnen durchzuführen und zu begründen. So sehr ich mit C o u t u r a t darin übereinstimme, daß die Logik den formalen G r u n d r i ß gebildet hat, nach welchem der Aufbau des Systems unternommen wurde, so sehr ist andererseits zu betonen, daß das M a t e r i a l für diesen Aufbau aus der Betrachtung der ,,realen" Wissenschaften, insbesondere aus den Problemen, die die neue A n a l y s i s darbot, gewonnen worden ist. Erst aus der Wechselwirkung dieser beiden Motive erklärt sich die Entstehung der Leibnizischen Philosophie.

die Erkenntnis, die Wahrheit und die Ideen" führen unsere Einsicht in das Wesen und die Verhältnisse der Zahlen als das einzige Beispiel an, in welchem die Forderung der a d a e - q u a t e n Erkenntnis ihre nahezu vollkommene Erfüllung findet. Jeder noch so komplexe Begriff, den wir in der Rechnung zulassen, muß in der Tat in lückenlosem Fortgang aus den Definitionen der Einheit und Vielheit gewonnen, jede Relation, die wir betrachten, muß aus dem einzigen Grundverhältnis der Folge in der ursprünglichen Reihe der ganzen Zahlen ableitbar sein. Und wie hier die Zahl als das formale Vorbild alles Wissens erscheint, so läßt sich andererseits kein I n h a l t denken, der ihrem Gesetze widerstrebte. „Ein altes Wort besagt, Gott habe alles nach Gewicht, Maß und Zahl geschaffen. Manches aber kann nicht gewogen werden: nämlich all das, dem keine Kraft oder Potenz zukommt, manches auch weist keine Teile auf und entzieht sich somit der Messung. Dagegen gibt es nichts, das der Zahl nicht unterworfen wäre. Die Zahl ist daher gewissermaßen eine metaphysische Grundgestalt und die Arithmetik eine Art Statik des Universums, in der sich die Kräfte der Dinge enthüllen[1])." Wie jede Zahl — falls sie nicht jede Teilung durch eine andere ausschließt und insofern „einfach" ist — sich als ein Produkt von Primzahlen darstellen läßt und wie sich kraft dieser Zerlegung für je zwei Zahlen bestimmen läßt, ob sie einen gemeinsamen Teiler besitzen, so müssen die zusammengesetzten Begriffe zunächst bestimmten Grundklassen zugeordnet werden, ehe die Frage nach ihrer gegenseitigen Vereinbarkeit sich streng und nach einem systematischen Plan beantworten läßt. Denken wir diese Analogie bis zu Ende durchgeführt, so wird also jedem Begriff eine bestimmte „charakteristische Zahl" entsprechen, die sich aus den Zahlen der einzelnen inhaltlichen Merkmale, die in ihn eingehen, zusammensetzt. Die Bedingung des wahren Urteils läßt sich dann dahin aussprechen, daß Subjekt und Prädikat in irgendeiner ihrer Grundbestimmungen übereinstimmen, also einen gemeinsamen Faktor aufweisen müssen. Und wie hier der

---

[1]) Gerh. VII, 184 (Hauptschr. I, 30).

Begriff als ein Komplex aus seinen sämtlichen inhaltlichen Bestimmungen gedacht wird, so überträgt sich nunmehr diese Betrachtungsweise auf die Gesamtheit des Seins überhaupt. „Da Alles was ist oder gedacht werden kann, sich aus realen oder wenigstens gedanklichen T e i l e n zusammensetzt, so muß, was immer sich spezifisch unterscheidet, sich entweder darin unterscheiden, daß es andere Teile besitzt, oder daß es dieselben Teile in anderer Anordnung enthält[1])." Die Kunst der Kombinatorik, die sich die Aufgabe stellt, die Anzahl der möglichen Verknüpfungen gegebener Elemente zu bestimmen, enthält somit das fertige Schema für alle Fragen, die die Wirklichkeit uns stellen kann. „Daß wir von unserem Thema abgeschweift sind — so beschließt Leibniz eine Erörterung der Schrift „De arte combinatoria" —, wird niemand behaupten, der begreift, wie alles innerlich aus der L e h r e v o n d e n V a r i a t i o n e n hervorgeht, die fast von selber den Geist, wenn er sich ihr überläßt, durch die unendliche Allheit der Probleme hindurchgeleitet und die Harmonie der Welt, den innersten Bau der Dinge, und die ganze Reihe der Formen in sich faßt. Den unermeßlichen Nutzen dieser Lehre wird erst eine vollendete, oder nahezu vollendete Philosophie recht zu schätzen wissen . . . Denn durch diese Betrachtung der Komplexionen wird nicht nur die Geometrie bereichert, sondern in ihr bietet sich auch (wenn anders es wahr ist, daß das Große aus Kleinem, mag man es nun A t o m oder M o l e k ü l heißen, sich zusammensetzt) der einzige Weg dar, um in die Geheimnisse der Natur einzudringen. Denn wir erkennen eine Sache um so besser, je mehr wir von ihren Teilen, sowie von den Teilen der Teile, und ihrer Gestalt und Lage, Kenntnis haben. Dieses Verhältnis der Gestalten haben wir zunächst abstrakt in der Geometrie und Stereometrie zu erforschen; treten wir aber alsdann an die Naturgeschichte und an die Eigenschaften der wirklichen Körper heran, so wird sich uns die Pforte der Physik weit auftun und die Beschaffenheit der Elemente, der Ursprung und die Mischung der Qualitäten, sowie der Ursprung der Mischung und die Mischung der

---

[1]) De Arte Combinatoria (1666) Usus Probl. I et II; Gerh. IV, 44.

Mischungen, nebst allem anderen, was wir sonst in der Natur staunend bewunderten, wird offen vor unseren Augen daliegen[1]." Die Atomistik bildet somit — innerhalb der Gesamtanschauung von Leibniz' erster Epoche — das notwendige naturphilosophische Korrelat zu seiner Begriffsbestimmung der Logik; sie ist gleichsam die unmittelbare sinnliche Verkörperung des Gedankens, daß alles Sein aus „einfachen" Elementen aufzubauen ist. —

Aber es ist nur ein allgemeiner programmatischer Entwurf, den die Schrift „De Arte combinatoria" darbietet, ohne daß der Weg der Lösung in ihr näher bestimmt wäre. Leibniz selbst hat später die Schrift als das Werk eines Jünglings bezeichnet, der in die realen Wissenschaften, vor allem in die Mathematik, noch zu wenig eingeweiht gewesen sei, um das große Ziel, das ihm klar vor Augen stand, im einzelnen wahrhaft zu fördern[2]). In der Tat haben erst die modernen geometrischen und analytischen Methoden, deren Kenntnis Leibniz während seines Pariser Aufenthaltes in den Jahren 1673—76 erwarb, das abstrakte Schema der Universalwissenschaft mit tieferem Gehalt erfüllt und ihm den Ausblick auf völlig neue Aufgabengebiete verschafft. Über die Enge der lediglich arithmetischen Betrachtungen sieht sich Leibniz jetzt, von allen Seiten her, hinausgewiesen. Die analytische Geometrie bietet ihm das Beispiel von Kurven, deren Abszissen- und Ordinatenwerte durch eine feste und eindeutige Regel mit einander verbunden sind, ohne daß diese Abhängigkeit sich doch in einer algebraischen Gleichung bestimmten Grades aussprechen ließe. Hier ist also eine strenge gesetzliche Beziehung zwischen Größen gesetzt, ohne daß doch die Reihe der einen aus der Reihe der andern durch die Anwendung der einfachen Rechenoperationen des Addierens und Subtrahierens, Multiplizierens und Dividierens ableitbar wäre. Allgemein ist es nunmehr der Funktionsbegriff, der sich an Stelle des Zahlbegriffs als der eigentliche Grund und Inhalt der Mathematik erweist. Der

---

[1]) De Arte Combinatoria, Gerh. IV, 56.
[2]) Gerh. VII, 186 (Hauptschr. I, 32).

Gesamtplan der Universalwissenschaft erfährt damit eine charakteristische Umbildung. Wenn das Interesse bisher wesentlich an der Bestimmung der E l e m e n t e haftete, aus denen die zusammengesetzten Inhalte sich erzeugen sollten, so wendet es sich jetzt vor allem den F o r m e n d e r V e r k n ü p f u n g zu. Die verschiedenen Arten, wie wir in unserem Denken Inhalte wechselseitig durch einander bedingen, müssen an und für sich und ohne daß wir den materialen Gehalt der einzelnen Inhalte selbst ins Auge zu fassen brauchen, zum Gegenstand der Untersuchung gemacht werden. Jede dieser Weisen, von einem Begriff kraft einer fortschreitenden Reihe vorgeschriebener Denkschritte zu einem anderen weiterzugehen, stellt eine neue eigentümliche Leistung des Intellekts dar, die allgemeinen, ein für allemal feststehenden Gesetzen gehorcht. So eröffnen sich uns hier ebenso viele Arten des begrifflichen „Kalküls", als es Arten des d e d u k t i v e n F o r t g a n g s von Begriff zu Begriff, von Wahrheit zu Wahrheit gibt. Die Methoden der Arithmetik erscheinen, in diesem Zusammenhange gesehen, nur als besondere Verknüpfungsweisen, die, statt allen anderen ihre speziellen Regeln aufzudrängen, die eigene Gültigkeit erst von höheren „logischen Formen" entlehnen müssen. Die Zahl selbst, die jetzt nicht mehr, wie anfangs, als bloße S u m m e von Einheiten, sondern als ein V e r h ä l t n i s von Größen aufgefaßt und definiert wird, ist nur der einfachste Fall der R e l a t i o n ü b e r h a u p t[1]. Die herkömmliche Fassung der Logik freilich vermag dem Gehalt, der sich jetzt aus der Behandlung und Analyse der Einzelwissenschaften ergibt, nicht gerecht zu werden. Die Arbeit des Aristoteles ist — wie Leibniz in seinem Schreiben an Gabriel Wagner über den Nutzen der Vernunftkunst ausspricht — nur ein Anfang und gleichsam das ABC, „wie es dann andere mehr zusammengesetzte und schwerere Formen gibt, die man alsdann erst brauchen kann, wenn man mit Hilff dieser ersten und leichten Formen festgestellet, als

---

[1] „Initia rerum Mathematicarum metaphysica" Math. VII, 23; vgl. Matheseos Universalis pars prior: Math. VII, 57, Opusc. S. 349; an des Bosses (17. März 1706) Gerh. II, 304 u. s.

zum Exempel die Euclidischen Schlußformen, da die Verhaltungen (proportiones) versetzt werden, invertendo, componendo, dividendo rationes etc., ja selbst Additionen, Multiplicationen oder Divisionen der Zahlen, wie man sie in den Rechenschulen lehrt, sind Beweisformen (Argumenta in forma) und man kann sich darauf verlassen, weil sie kraft ihrer Form beweisen . . . . So ist es auch mit der Algebra und vielen andern förmlichen Beweisen bewandt. . . Es ist nicht eben nötig, daß alle Schlußformen heißen: omnis, atqui, ergo. In allen unfehlbaren Wissenschaften, wenn sie genau bewiesen werden, sind gleichsam höhere logische Formen einverleibt, so theils aus den Aristotelischen fließen, theils noch etwas anders zu Hilfe nehmen . . . Daß aber diese Vernunft-Kunst noch unvergleichlich höher zu bringen, halte ich vor gewiß, und glaube es zu sehen, auch einigen Vorschmack davon zu haben, dazu ich aber ohne die Mathematik wohl schwerlich kommen wäre. Und ob ich zwar schon einigen Grund darin gefunden, da ich noch nicht einmal im mathematischen Novitiat war, und hernach im 20. Jahr meines Alters bereits etwas davon in Druck geben, so habe doch endlich gespüret, wie sehr die Wege verhauen, und wie schwer es würde gewesen sein, ohne Hilfe der innern Mathematik eine Öffnung zu finden[1].“

So bildet die Mathematik das Material, in welchem sich die mannigfachen Formen der Deduktion verkörpern und aus dem wir sie wiederum rein zurückgewinnen müssen. Wie vollkommen und selbständig die Deduktion sich zu betätigen vermag, ohne der Beihilfe **quantitativer** Betrachtungen zu bedürfen, dafür bietet die **geometrische Charakteristik**, die Leibniz entdeckt, ein klassisches Beispiel. Es ist eine rein kritische und prinzipielle Forderung, die ihn zum Ausbau dieser neuen Disziplin hintreibt. Die analytische Geometrie bildet trotz der unbestreitbaren technischen Meisterschaft, die ihr eignet, in ihren **Voraussetzungen** kein völlig geschlossenes und einheitliches Ganze. Statt alle Gebilde aus **einem** Grundelemente hervorgehen zu lassen, muß sie in der Erklärung ihrer ersten Bestimmungen alge-

---

[1] Schreiben an Gabriel Wagner (1696); Gerh. VII, 519—22.

braische und geometrische Momente mit einander vermischen und in einander übergehen lassen. Nur scheinbar löst sie alle Eigentümlichkeiten der sinnlichen Gestalt in reine Zahlenwerte und Zahlenverhältnisse auf: muß sie doch in der Definition des Coordinatensystems selbst, sowie in der Ableitung der ursprünglichen Gleichungen für die Gerade und für die Entfernung zweier Punkte auf Sätze zurückgreifen, die sich nicht anders, als mit Hilfe der geometrischen Anschauung beweisen lassen[1]). Aber auch nachdem diese ersten vorbereitenden Schritte geschehen und die Betrachtung völlig in den Abstraktionen der Algebra einherschreitet, sind in ihr nicht alle Bedingungen der echten, logischen Analyse erfüllt. Die analytische Geometrie vermag ihre Inhalte nur zu bezwingen, indem sie sie vernichtet; indem sie die Beziehungen zwischen ihnen, statt sie in ihrer unmittelbaren Eigenart zu erfassen, zuvor in eine fremde Sprache übersetzt. Und es ist keineswegs immer leicht, die Sätze dieser Sprache wiederum auf die Gebilde, von denen sie gelten wollen, zurückzudeuten, d. h. jedem Ausdruck der Rechnung eine bestimmte und einfache Konstruktion entsprechen zu lassen[2]). Die eigentlichen Relationen der Lage werden daher hier eher versteckt, als erleuchtet; eher geduldet, als daß sie als das eigentliche Ziel und Objekt der Untersuchung anerkannt werden. So entsteht jetzt eine doppelte Aufgabe. Die Forderung, das Komplexe nicht in seiner konkreten Gesamtheit aufzufassen, sondern es, ehe wir mit ihm operieren, in seine einfachen Bedingungen aufzulösen, bleibt bestehen; aber die inhaltliche Bestimmung des Grundelementes muß eine andere werden. An die Stelle des Kalküls der Größen und Zahlen tritt ein reiner Kalkül der P u n k t e[3]). Wie die Gerade durch zwei ihrer Punkte eindeutig bestimmt ist, wie also ihre Lage im Raume und ihre Beziehungen zu anderen Gebilden in diesen Punkten vollkommen mitgegeben sind, so läßt sich die gleiche Betrachtung

---

[1]) An Huyghens (1679), Math. II, 30; Characteristica Geometrica (10. August 1679) § 5, Math. V, 143; Opusc. S. 542 u. s.
[2]) De Analysi Situs, Math. V, 178 (Hauptschr. I, 69) u. s.
[3]) Specimen Geometriae Luciferae, Math. VII, 263; De ortu progressu et natura Algebrae, Math. VII, 207 u. s.

für alle geometrischen Grundbegriffe und die Verbindungen, die aus ihnen resultieren, durchführen. Statt die einzelnen Figuren in ihrer gesamten sinnlichen Erscheinung vor uns hinzustellen und mit einander zu vergleichen, beschränken wir uns in der Analysis der Lage darauf, nur diejenigen Bestimmungsstücke zu betrachten, die für ihren Begriff notwendig und hinreichend sind. Alle Verschiedenheit, die sich an den anschaulichen Einzelgestalten findet, muß aus der Differenz dieser ihrer logischen Grundmomente völlig ableitbar sein: denn es kann keinen äußerlichen Unterschied der fertigen Gebilde geben, der nicht aus den inneren Bedingungen ihrer Setzung herflösse und in ihnen seinen zureichenden Grund fände. „Ob aber gewisse Bedingungen wahrhaft bestimmend sind: das läßt sich aus ihnen selbst entnehmen, sofern sie nämlich so beschaffen sein müssen, daß sie die Erzeugung oder Hervorbringung der gesuchten Sache in sich enthalten, oder wenigstens deren Möglichkeit dartun und sofern man, im Fortgang des Beweises und der Erzeugung, immer nach einer festen Methode weiterschreitet, so daß für keinerlei Willkür Raum bleibt. Sobald man nämlich unter Einhaltung dieser Methode nichtsdestoweniger zur Erzeugung der Sache oder zum Beweis ihrer Möglichkeit gelangt, so ergibt sich daraus, daß das Problem vollkommen bestimmt ist[1])." So erfüllt die Analysis der Lage die allgemeine Aufgabe, die Leibniz' Universalwissenschaft sich stellt: sie löst die fertigen Gebilde des Denkens in eine nach strenger Regel fortschreitende Denkbewegung auf und bestimmt aus den formalen Eigentümlichkeiten dieses Prozesses sein schließliches Ergebnis. Die Elemente selbst werden nicht mehr vorausgesetzt, sondern deduktiv errechnet und abgeleitet. „Ich bin bestrebt — so spricht Leibniz selbst diese Tendenz aus — meinen calculum situs in Form zu bringen, weilen wir bisher nur calculum magnitudinis gehabt und daher unsere Analysis nicht perfecta, sed ab Elementis Geometriae dependens gewesen. Mir aber müssen die Elementa selbst per calculum herauskommen, und

---

[1]) Specimen Geometriae Luciferae Math. VII, 262.

gehet gar artlich von statten. Von dieser analysi dependieret alles, was imaginationi distinctae unterworffen[1])."
Die geometrische Charakteristik ist daher in ihrem Aufbau ein prägnantes Einzelbeispiel für Leibniz' allgemeine Prinzipienlehre, wie sie uns in den „Meditationen über die Erkenntnis, die Wahrheit und die Ideen" entgegentrat. Solange wir uns mit der unmittelbaren sinnlichen Erfassung der Figuren begnügen, mögen wir von ihnen klare und in allen ihren Einzelzügen scharf unterschiedene B i l d e r erlangen; aber diese Klarheit des Bildes ist für den Charakter der Gewißheit, der diesen Vorstellungen eignet, ohne Belang. Die Geometrie hat es nicht mit diesen Geschöpfen der Einbildungskraft, sondern lediglich mit den distinkten I d e e n zu tun, deren Inhalt sich in einer allgemeingültigen D e f i - n i t i o n festhalten läßt. So besitzt der Mathematiker eine ebenso distinkte Erkenntnis vom Tausendeck, wie er sie vom Dreieck und Viereck besitzt, weil er alle diese Figuren h e r - z u s t e l l e n versteht, wenn er sie auch nicht durch das Gesicht zu unterscheiden imstande ist. „Allerdings wird ein Arbeiter oder ein Ingenieur, ohne vielleicht ihre Natur völlig zu erkennen, vor einem großen Geometer darin einen Vorzug besitzen, daß er sie mit dem bloßen Blick zu unterscheiden vermag, wie es z. B. Lastträger gibt, die das Gewicht dessen, was sie tragen sollen, richtig angeben, ohne sich auch nur um ein Pfund zu täuschen, worin sie den tüchtigsten Statiker der Welt übertreffen werden . . . . Indessen besteht dieses k l a r e B i l d oder diese Empfindung, die man von einem regelmäßigen Zehneck oder von einem Gewichte von 99 Pfund besitzt, doch nur in einer verworrenen Idee, weil man dadurch nicht in den Stand gesetzt wird, die Eigenschaften dieses Gewichts oder des regelmäßigen Zehnecks zu entdecken, wie eine deutliche Idee dies verlangt[2])." Die Vollendung und das Muster einer derartigen d i s t i n k t e n Erkenntnis scheint in der analytischen Geometrie gegeben zu sein; denn hier birgt die Funktionsgleichung, die die Definition eines be-

---

[1]) Math. VII, 355.
[2]) Nouveaux Essais, II, 29. § 13; Gerh. V, 243.

stimmten Gebildes ausmacht, die gesamte Fülle seiner Merkmale, die jedes sinnliche Unterscheidungsvermögen übersteigt, in einer einzigen rechnerischen Formel in sich. Und dennoch haben wir es auch hier noch nicht mit einer völlig homogenen und a d ä q u a t e n Erkenntnis der spezifischen Lageverhältnisse zu tun, da die Elemente, die die analytische Geometrie zugrunde legt, nicht sowohl konstruktiv erschaffen, als vielmehr aus der Anschauung entlehnt, also nicht in ihre letzten begrifflichen Bestandteile zerlegt sind. Diesem Mangel soll die Analysis der Lage abhelfen; aber sie vermag es nur, indem sie, statt alle Einzelschritte der Untersuchung jedesmal explizit von neuem zu wiederholen, eine allgemeine Symbolik zugrunde legt, und statt mit der unübersehbaren Mannigfaltigkeit der Gestalten selbst, mit abgekürzten Zeichen für sie operiert, die alle ihre Beziehungen enthalten und getreu wiedergeben. So gelangen wir hier zuletzt zu einer adäquaten, symbolischen Erkenntnis, die das Höchste ist, was wir innerhalb der Grenzen menschlicher Wissenschaft fordern oder erstreben können. „Alles was die empirische Imagination aus den Figuren erkennt, das wird hier kraft sicherer Beweise aus den Zeichen abgeleitet, und es werden daraus Folgerungen entwickelt, zu welchen die sinnliche Vorstellung niemals vordringen kann. Somit ist die Ergänzung und gleichsam die Vollendung der Imagination in diesem Kalkül der Lage enthalten, der nicht nur für die Geometrie, sondern auch für die Erfindung von Maschinen und für die Beschreibung der wirklichen Maschinen der Natur von außerordentlichem, bisher unbekanntem Nutzen sein wird"[1]).

Der Übergang zu den Problemen der Natur kann indes nicht unvermittelt erfolgen, sondern er stellt die Universalwissenschaft vor eine neue und tiefere Aufgabe. Wie die Leibnizische Analysis aus der Analogie z a h l e n m ä ß i g e r Betrachtungen hervorgegangen ist, so bleibt sie zunächst durchaus auf das Gebiet der d i s k r e t e n Mannigfaltigkeit beschränkt. Selbst die Untersuchung der geometrischen Probleme führt über diese Fragestellung anfangs nicht hinaus;

---

[1]) De Analysi situs, Math. V, 182 f.

ist es doch gerade das Eigentümliche der geometrischen Charakteristik, daß in ihr die konkrete Figur, die als solche eine unendliche Punkt-Mannigfaltigkeit bildet, auf eine endliche Anzahl von Punkten zurückgeführt und in ihnen erschöpfend dargestellt wird. In der Tat scheint sich das räumliche und zeitliche K o n t i n u u m der bisherigen Betrachtungsweise prinzipiell zu entziehen. Die allgemeine Methode der Auflösung des Zusammengesetzten in seine E l e m e n t e scheint hier zum ersten Male zu versagen. Denn besteht nicht eben das wesentliche Merkmal und die charakteristische Definitionseigenschaft des Stetigen darin, daß es sich niemals aus letzten Einheiten aufbauen und zusammensetzen läßt? Die Punkte des Raumes, die Momente der Zeit sind nicht T e i l e, sondern G r e n z e n, die wir innerhalb der fertigen Gesamtheit setzen; sie im Sinne der Analysis zu den bedingenden und konstitutiven Faktoren von Raum und Zeit zu machen, hieße deren eigentlichen Begriff verleugnen.

Daß Leibniz in der Tat mit den Fragen, die sich hier aufdrängen, gerungen hat, beweist ein interessanter Versuch, die A n t i n o m i e n d e s S t e t i g e n in Form eines Platonischen Dialogs zu entwickeln und zur Auflösung zu bringen. Die Schrift — die im Oktober 1676 auf der Überfahrt von England nach Holland verfaßt ist — läßt die gewöhnlichen Erklärungen, die von der „Zusammensetzung des Kontinuums" gegeben werden, sämtlich vor uns vorüberziehen, um sie zuletzt gleichmäßig zu verwerfen. Wer die Elemente des Kontinuums leugnet, wer den einzelnen momentanen Zuständlichkeiten im Prozeß der stetigen Veränderung das Sein und die Bestimmtheit abspricht, dem droht zuletzt jegliches Sein und jeglicher Bestand des G a n z e n verloren zu gehen; wer sie zuläßt, der gerät damit in Gefahr, bloße Abstraktionen des Denkens zu Gebilden der Wirklichkeit zu hypostasieren. Der Ausweg aber, den Leibniz in diesem Dilemma ergreift, ist zunächst nicht logischer, sondern metaphysischer Natur. Was uns als ein ununterbrochenes stetiges Geschehen, was uns als ein einheitliches Dasein erscheint, das sich nach eigenen Gesetzen und Kräften erhält, das ist, wenn wir unsere

Betrachtung bis zum letzten Grunde der Dinge hinlenken, in Wahrheit das Produkt einer immer erneuten göttlichen Schöpfertätigkeit. Die Dinge bedürfen, um in der Zeit zu verharren und um Veränderungen einzugehen, einer äußeren Beihilfe und einer äußeren geistigen Wirksamkeit, die sie beständig begleitet und durchdringt. Es ist daher im strengen metaphysischen Sinne nicht ein und derselbe Körper, der jetzt an diesem, jetzt an jenem Raumpunkte auftritt; vielmehr wird der Körper an einem Punkte des Raumes vernichtet, um an einem anderen, benachbarten von neuem erschaffen zu werden. Alle Schwierigkeiten schwinden, sobald wir begriffen haben, daß die Bewegung nicht als stetiger Übergang von Stelle zu Stelle — denn dieser erweist sich in der Tat als unmöglich und widerspruchsvoll — sondern als beständige „Umschaffung" (transcreatio) zu denken ist[1]).

Es läßt sich indessen begreifen, daß diese Art der Lösung Leibniz nicht dauernd zu befriedigen vermochte. Denn so sehr diese radikale Zerstückung alles Seins den formalen Erfordernissen der Analysis zu genügen schien, — so sehr widerspricht sie zuletzt deren leitenden Grundgedanken. Wo zur Erklärung einer empirischen Erscheinung auf einen Deus ex machina zurückgegriffen wird, da ist damit eine absolute und unaufhebliche Grenze der B e g r e i f l i c h k e i t anerkannt. Zwar versucht Leibniz das rationalistische Motiv seiner Gesamtanschauung wenigstens mittelbar aufrecht zu erhalten, indem er nachdrücklich betont, daß jene göttliche Wirksamkeit, die hier dem natürlichen Geschehen unterlegt wird, nicht willkürlich erfolgt, sondern bestimmten und dauernden Gesetzen gehorcht. Trotzdem sind es nicht die eigenen Kräfte der

---

[1]) „Ac proinde illa actio qua mobile ex una sphaera in aliam contiguam transfertur, seu qua efficitur, ut mobile quod uno momento fuit in una sphaera, proxime sequenti sit in alia contigua, non ipsius est corporis transferendi ... Id a quo movetur corpus et transfertur non est ipsum corpus, sed causa superior quae agendo non mutatur, quam dicimus Deum ... Hoc non puto explicari posse melius quam si dicamus corpus E extingui quodammodo et annihilari in B, creari vero ac resuscitari in D, quod posses novo, sed pulcherrimo vocabulo appellare t r a n s c r e a t i o n e m". Pacidius Philalethi (Oktob. 1676) Opusc. S. 623 f.

„geschaffenen Dinge", somit auch nicht die eigenen Prinzipien der menschlichen Vernunft, denen hier die Erklärung entnommen wird: diese Erklärung bleibt daher ein „beständiges Wunder", in dem Sinne, den Leibniz selbst innerhalb seines reifen Systems dieser Bezeichnung gegeben hat[1]). Das Problem des Stetigen fordert eine tiefere und rein logische Aufklärung.

Wiederum muß man an diesem Punkte die Harmonie bewundern, die zwischen Leibniz' allgemeinen philosophischen Interessen und den besonderen Aufgaben besteht, vor welche die Entwickelung der Einzelwissenschaften ihn stellt. Eine Harmonie, die wahrhaft „prästabiliert" heißen kann, da sie nicht auf einem zufälligen Zusammentreffen verschiedenartiger Gedankenreihen beruht, sondern mit Notwendigkeit aus dem einheitlichen methodischen Grundplan der Leibnizischen Forschung hervorgeht. Die neue **Analysis des Unendlichen** ist es, die die Antwort auf die prinzipiellen Schwierigkeiten birgt, die bisher zurückblieben. Man kann den allgemeinen Leitgedanken dieser Analysis, im Zusammenhang mit den früheren Erwägungen, in aller Kürze bezeichnen. Wir sahen, wie die elementare Arithmetik und Geometrie, die zunächst das Vorbild der Methode bildeten, sich zum Gedanken einer „universalen Mathematik" erweiterten, die alle reinen Verknüpfungsformen des Denkens überhaupt umfassen sollte. Die Gesetze dieser Verknüpfungsformen ließen sich studieren, die Ergebnisse, zu denen sie hinführen, ließen sich ableiten, ohne daß die **Elemente**, deren Abhängigkeit von einander es zu erfassen galt, als **extensive Größen** bestimmt waren. So lehrt z. B. die geometrische Charakteristik uns einen Kongruenz-Kalkül kennen, in welchen weder Größen noch Zahlen, sondern lediglich einfache und ausgedehnte **Punkte** und Lageverhältnisse eingehen. Die Rechnung hat es einzig mit der Ordnung und wechselseitigen Bedingtheit rein **qualitativer Beziehungen**, nicht mit irgendwelchen **quantitativen Verhältnissen** zu tun. Allgemein zeigt sich jetzt, daß die Algebra als Wissenschaft

---

[1]) Vgl. Briefwechsel mit Clarke (1715), III, No. 17 (Hauptschr. I, 139); an Arnauld (April 1687); Gerh. II, 92 f. (Hauptschr. II, 217) u. ö.

der Quantität einer allgemeinen Formenlehre untergeordnet ist, deren Ursprung nach Leibniz in der „Metaphysik" zu suchen ist[1]). Der Funktionsbegriff ist an Ursprünglichkeit, sowie an methodischer Allgemeinheit dem gewöhnlichen arithmetischen und geometrischen Größenbegriff überlegen. Die Originalität und die anfängliche Paradoxie des Infinitesimalkalküls besteht darin, daß er diese allgemeine Einsicht **auf das Gebiet der Größen selbst anwendet**. Denken wir uns zwei Reihen veränderlicher Größen einander gegenübergestellt und durch ein festes Gesetz der Zuordnung miteinander verbunden, so bleibt dieses Gesetz, wenn wir die absoluten quantitativen Werte, die wir miteinander vergleichen, sich unbeschränkt vermindern lassen, in seinem **Sinn** und seiner **Geltung** völlig ungeschmälert. Das **begriffliche Verhältnis**, das wir zwischen ihnen festgestellt haben, bleibt bestehen, selbst wenn die Größen, an denen es sich uns zuerst darstellte, für die Anschauung verschwinden[2]). Ja, es ist umgekehrt eben dieses Begriffsverhältnis, das den eigentlichen **Erkenntnisgrund** für alle Bestimmung der **Maßverhältnisse** abgibt. Das gewöhnliche Verfahren der Größenvergleichung durch direkte Messung versagt überall dort, wo es sich um ungleichartige Gebilde, wo es sich etwa um Gerade und Kurven handelt. Hier bleibt kein anderes Mittel, als die verschiedenartigen Gestalten nicht direkt, in ihrem fertigen sinnlichen Bilde, zu vergleichen, sondern sie zuvor auf die Regel zu reduzieren, nach der wir sie entstanden denken. Diese Regel der Entstehung bildet fortan das wahre „Element", das die Analyse zu fordern hat. So wird die **Länge** einer Kurve ermittelt, indem wir in jedem ihrer Punkte eine bestimmte Richtung mitdenken und aus dem Gesetz der stetigen Richtungsänderung die Beschaffenheit und die sämtlichen quantitativen Merkmale der Kurve erschließen. Die Forderung der „genetischen Definition" hat hier ihre wahrhafte Erfüllung gefunden:

---

[1]) Initia rerum Mathematicarum metaphysica. Math. VII, 24 (= Hauptschr. I, 62).
[2]) Vgl. Justification du Calcul des infinitésimales par celui de l'Algèbre ordinaire, Math. IV, 104—6 (Hauptschr. I, 101 ff.).

wir verstehen ein Gebilde erst dann wahrhaft, wenn wir es in seinem logischen A u f b a u schrittweise verfolgen. Die Differentialrechnung erscheint nunmehr als ein technisches Verfahren, um uns — namentlich in dem Fortschritt zur Reihe der höheren Ableitungen — der Gesamtheit der B e ‑ d i n g u n g e n eines gegebenen Größeninhalts zu versichern, während die Integralrechnung lehrt, diesen Inhalt, sofern er noch nicht gegeben ist, aus dem Inbegriff eben dieser Bedingungen zu konstruieren. Faßt man alle bisherigen Ergebnisse zusammen, so zeigt sich jetzt eine charakteristische logische Stufenfolge. Wenn die Universalwissenschaft sich zunächst auf die Rückführung alles gedanklichen und wirklichen Seins auf Z a h l v e r h ä l t n i s s e beschränkte; wenn sie alsdann auf jede Mitwirkung der Zahl zu verzichten und die Verhältnisse der F o r m rein aus sich selbst heraus zu begreifen lernte: so ist jetzt die reine Theorie und der allgemeine Kalkul der Funktionen als das eigentliche und tiefste Instrument für die Zahl- und Größenbestimmung selbst erkannt.

Jetzt erst hat die Frage nach der „Zusammensetzung" des Stetigen die scharfe und prägnante Fassung erhalten, die die Voraussetzung ihrer Lösung ist. Der Gesichtspunkt des „Ganzen" und des „Teils" tritt zurück: an seine Stelle tritt ein Wechselverhältnis und eine Über- und Unterordnung begrifflicher Bedingungen. Das „Einfache" ist nicht ein Bestandstück des Zusammengesetzten, sondern ein logisches Moment, das in seine Definition eingeht. „Viele, die in der Mathematik über den Punkt und die Einheit philosophiert haben — so schreibt Leibniz an Bourguet — sind in Irrtümer geraten, weil sie zwischen der A u f l ö s u n g i n B e g r i f f e und der Z e r f ä l l u n g i n T e i l e nicht unterschieden haben. Die Teile sind nicht immer einfacher als das Ganze, obwohl sie stets kleiner als das Ganze sind[1]." Auch das „Unendlich-Kleine" will lediglich das begriffliche „Requisit" der Größe, nicht aber einen wirklichen „aktuellen" Bestandteil von ihr darstellen. Gegenüber jeder realistischen

---

[1] An Bourguet (5. August 1715); Gerh. III, 583.

Deutung, die die Materie aus unendlich kleinen Partikeln zusammengesetzt denkt, hat daher Leibniz stets von neuem den Charakter der Infinitesimalgröße als einer rein methodischen „Fiktion" betont: einer Fiktion, die nichtsdestoweniger notwendig und unentbehrlich ist, da — kraft eines Zusammenhangs, der uns erst später völlig durchsichtig werden wird — Alles in den Dingen sich so verhält, a l s o b sie unbedingte Wahrheit wäre. Allgemein kommt dem Unendlich-Kleinen die volle Geltung eines begrifflichen G r u n d e s, aber keinerlei Art tatsächlicher S o n d e r e x i s t e n z zu. Sein Platz ist — wie es in einem Briefe an Johann Bernoulli charakteristisch heißt — „in den i d e a l e n G r ü n d e n, von denen als ihren Gesetzen die Dinge regiert werden, obwohl es sich in den T e i l e n d e r M a t e r i e nicht findet[1]."

Die historische Frage nach der Ursprünglichkeit und Unabhängigkeit der Leibnizischen Entdeckung des Infinitesimalkalkuls erhält erst in diesem Zusammenhange ihr volles Licht. Die Antwort auf sie kann nicht zweifelhaft sein, sobald man erkannt hat, daß die neue Rechnungsart in der Tat, wie Leibniz selbst es ausspricht, aus dem innersten Quell seiner P h i l o s o p h i e hervorgegangen ist[2]. Die Analysis des Unendlichen ist nur eine neue und fruchtbare Durchführung der allgemeinen Forderung der Analysis der Begriffe, mit welcher Leibniz' Lehre beginnt. Es ist sehr bezeichnend, daß Leibniz in einem Aufsatze, der nach dem Ausbruch des Prioritätsstreites verfaßt ist, und der die Motive der Entdeckung in meisterhafter Prägnanz und Klarheit enthüllt, d i e s e n Gedanken wiederum an die Spitze stellt. Der eigentliche und letzte Ursprung liegt ihm hier wiederum

---

[1]) An Johann Bernoulli (7. Juni 1698), Math. III, 499. (Hauptschr. II, 361).

[2]) Nouvelles lettres et opuscules inédits de Leibniz, publ. par F o u c h e r d e C a r e i l, Paris 1857, S. 327: „Fortasse non inutile erit, ut nonnihil in praefatione operis tui attingas de n o s t r a h a c a n a l y s i i n f i n i t i e x i n t i m o p h i l o s o p h i a e f o n t e d e r i v a t a, qua Mathesis ipsa ultra hactenus consuetas notiones, id est ultra imaginabilia sese attollit . . . Et haec nova inventa mathematica partim lucem accipient a nostris philosophematibus, partim rursus ipsis autoritatem dabunt" (An Fardella).

in seiner Lehre von den Bedingungen der **Definition und des deduktiven Beweises**[1]). Die Weite und Allgemeinheit, in der Leibniz von Anfang an seine Grundkonzeption faßt und die ihre eigentliche Überlegenheit ausmacht, geht aus diesem Zusammenhang hervor. Der Gedanke des Infinitesimalen brauchte als solcher von ihm nicht entdeckt zu werden: er war bereits durch Galilei in der Mechanik, durch Kepler und Cavalieri in der Geometrie, durch Fermat und Descartes in der Analysis heimisch und fruchtbar geworden. (Vgl. Bd. I, S. 418 ff.) Leibniz' Leistung besteht darin, daß er all diesen verschiedenen Ansätzen, die in ihrer Durchführung auf ein Sondergebiet beschränkt blieben, ein einheitliches Begriffsfundament entdeckt. Hier geht er auch über **Newton** hinaus, der den Fluxionsbegriff durch den Begriff der Geschwindigkeit erläutert und dessen Betrachtungsweise somit im wesentlichen durch mechanische Analogien geleitet ist. Leibniz steht dieser Anschauung innerlich nicht fern: gilt doch auch ihm die **Bewegung** als ein reiner **rationaler** Grundbegriff, der dem Geiste als unverlierbarer Besitz eingeprägt ist. „Unser Geist könnte in einen Zustand kommen, in dem er keine Experimente anzustellen, noch auf die Erfahrungen acht zu haben vermöchte, die er in diesem Leben gesammelt; unmöglich aber ist es, daß die Ideen der Ausdehnung und der Bewegung, sowie der anderen **reinen Formen** jemals in ihm ausgelöscht würden[2])." Die „Bewegung", wie sie hier verstanden wird, ist kein einzelnes empirisches Datum mehr, sondern jenes allgemeine Prinzip, dessen der Gedanke sich bedient, wenn er das Zusammengesetzte aus dem Einfachen konstruktiv hervorgehen läßt. So läßt es sich verstehen, daß dieser Begriff die verschiedensten Problemgebiete gleichmäßig zu durchdringen und zu beherrschen vermag. Von der Cavalierischen „Geometrie des Unteilbaren" die uns „sozusagen die Rudimente oder An-

---

[1]) Historia et origo Calculi differentialis (hg. von. **Gerhardt**, Hannover 1846) S. 4 ff.
[2]) Dissertatio exoterica de Statu praesenti et incrementis novissimis deque usu Geometriae. Math. VII, 324.

fänge der Linien und Figuren" aufweist[1]), schreitet Leibniz zum physikalischen Begriff des Moments der Geschwindigkeit, von hier aus wiederum zur analytischen Geometrie und zum „umgekehrten Tangentenproblem" weiter, wobei jedoch sein Blick niemals auf der einzelnen Aufgabe als solcher, sondern auf der allgemeinen Methodik ihrer Lösung haftet.

So wird auch das **Prinzip der Kontinuität**, das Leibniz als den letzten Grund seiner Analysis bezeichnet, von ihm überall als ein Prinzip der **Ordnung und der Methode des Denkens** eingeführt. Betrachten wir zwei Wertefolgen veränderlicher Größen, die durch ein festes Gesetz miteinander verbunden sind, so darf die Beziehung, die zwischen den Reihengliedern besteht, nicht aufgehoben werden, wenn wir von ihnen auf die **Grenzen** der beiderseitigen Reihen übergehen. In der Anschauung zwar mögen diese Grenzfälle den übrigen Elementen unvergleichlich gegenüberzustehen scheinen; wie denn Ruhe und Bewegung, Gleichheit und Ungleichheit, Parallelismus und Konvergenz von Linien in der unmittelbaren sinnlichen Auffassung als Gegensätze erscheinen müssen. Aber diese Kluft, die für unsere „Imagination" bestehen bleibt, muß der **Gedanke** überbrücken und ausfüllen. Ein Element mag, isoliert betrachtet, einem anderen noch so „unähnlich" scheinen: wenn es sich aus ihm im stetigen logischen Fortgang ableiten und entwickeln läßt, so gewinnt es kraft dieses Prozesses der Schlußfolgerung eine höhere und fester gegründete Gemeinschaft mit ihm, als die sachliche Übereinstimmung in irgend welchen konstanten anschaulichen Einzelmerkmalen ihm zu geben vermöchte. „Ist irgendein stetiger Übergang gegeben, der in einem letzten Terminus endet — so formuliert Leibniz selbst den obersten Grundsatz der neuen Rechnung — so ist es stets möglich, eine gemeinsame rationale Betrachtungsweise durchzuführen (ratiocinationem communem instituere), die den letzten Terminus mit in sich einschließt"[2]). Die Gültigkeit

---

[1]) Hypothesis Physica nova (1671); Math. VI, 68.
[2]) S. den Aufsatz „Cum prodiisset atque increbuisset Analysis mea infinitesimalis." (Historia et origo Calc. differ., hg. von Gerhardt, S. 40.)

und Stringenz des logischen Verfahrens, kraft dessen wir die beiden Reihen aufeinander beziehen, bricht nicht ab, wenngleich die sinnliche Analogie und Ähnlichkeit verschwinden mag. Die R e g e l des Ungleichen muß so allgemein konzipiert werden, daß sie die Gleichheit als eine besondere Bestimmung in sich zu fassen vermag. Ausdrücklich wird daher das Prinzip der Kontinuität von Leibniz als ein logisches P o s t u l a t für die Aufstellung und Verknüpfung unserer Begriffe gefaßt, das als solches allerdings mittelbar auch für alle Wirklichkeit von Tatsachen gelten muß, da sich keine Wirklichkeit erdenken läßt, die nicht ihrem Grund und Inhalt nach durchgehend vernünftig wäre. „Da die Kontinuität ein notwendiges Erfordernis der wahren G e s e t z e der Mitteilung der Bewegung ist, wie ließe sich daran zweifeln, daß alle P h ä n o m e n e ihr unterworfen sind, da diese ja nur vermittels der wahren Gesetze der Mitteilung der Bewegung verstandesgemäß erklärbar werden"[1]). Wer daher Regeln der Bewegung und Ruhe aufstellen will, der muß sich vor allem gegenwärtig halten, daß „die Regel der Ruhe so zu fassen ist, daß sie als Korollar oder als Spezialfall der Regel der Bewegung angesehen werden kann. Wenn dies — wie bei den Cartesischen Stoßgesetzen — nicht der Fall ist, so ist dies das sicherste Zeichen dafür, daß die Regeln falsch aufgestellt sind und miteinander nicht in Einklang stehen"[2]). Es ist bemerkenswert, daß Leibniz nirgends versucht hat, einen direkten metaphysischen Beweis für die Kontinuität der Bewegung zu geben. Noch in Briefen an de Volder, die aus der späteren Periode seiner Philosophie stammen, äußert er sich über diesen Punkt mit größter Zurückhaltung[3]). Die Stetigkeit kann nicht unmittelbar aus dem „Wesen" der Bewegung, sondern nur aus den Prinzipien der

---

[1]) An Varignon, Hauptschr. II, 557.
[2]) „Principium quoddam generale" etc. (1687), Math. VI, 130. (Hauptschr. I, 86) vgl. bes. Animadversiones in partem generalem Principiorum Cartesianorum (1692), Gerhardt IV, 375 ff. (Hauptschr. I, 319 ff.)
[3]) S. den Brief an de Volder vom 24. März/3. April 1699 (Gerh. II, 168; Hauptschr. II, 288); sowie Gerh. II, 193 (Hauptschr. II, 301).

rationalen Ordnung, d. h. aus den Erfordernissen unserer vernünftigen Einsicht gefolgert werden. Aber freilich wird sie damit keineswegs zu bloß „subjektiver" Geltung herabgesetzt; denn was als „ewige W a h r h e i t " erkannt und erwiesen ist, das gilt damit nicht nur für unseren endlichen Verstand, sondern ist eine schlechthin unbedingte Regel, an welche der unendliche, absolute Verstand Gottes in der Realisierung der Dinge gebunden bleibt. „So kann man allgemein sagen, daß die gesamte Kontinuität etwas I d e a l e s ist, daß aber nichtsdestoweniger das Reale vollkommen vom Idealen und Abstrakten beherrscht wird, so daß die Regeln des Endlichen im Unendlichen . . . und umgekehrt die Regeln des Unendlichen im Endlichen ihre Geltung behalten. Denn alles untersteht der Herrschaft der Vernunft; anderenfalls gäbe es weder Wissenschaft, noch Regel, was der Natur des obersten Prinzips widerstreiten würde[1])." In diesem Sinne bedeutet für Leibniz das Gesetz der Stetigkeit den Schlüssel der wahrhaften Philosophie, die sich über die Sinne und die Einbildung erhebt und den Ursprung der Erscheinungen i m G e b i e t d e s I n t e l l e k t u e l l e n sucht[2]).

Jetzt erst ist uns der Weg zur Betrachtung des r e a l e n G e s c h e h e n s gebahnt, ohne daß wir fürchten müßten, im logischen Sinne eine $\mu\varepsilon\tau\acute{\alpha}\beta\alpha\sigma\iota\varsigma\ \varepsilon\iota\varsigma\ \ \ddot{\alpha}\lambda\lambda o\ \gamma\acute{\varepsilon}\nu o\varsigma$ zu begehen. Die A n a l y s e d e s Z e i t v e r l a u f s d e r w i r k l i c h e n E r e i g n i s s e stellt die „Scientia generalis" vor eine Aufgabe, vor der all ihre begrifflichen Mittel zunächst zu versagen drohen. Ein Zusammenhang der Wirklichkeit ist für uns — nach den ersten Voraussetzungen der Leibnizischen Lehre — nur dann vollkommen erkennbar, wenn er sich in einem Urteil darstellen läßt, dessen Prädikat ausdrücklich oder „virtuell" im Subjekt enthalten ist. Die Bestimmungen, die an den Subjektsbegriff herantreten,

---

[1]) An Varignon (2. Febr. 1702); Math. IV, 93 f. (Hauptschr. I, 100).
[2]) An Varignon (Hauptschr. II, 78 u. 559): „Le Principe de Continuité est donc hors de doute chez moi, et pourroit servir à établir plusieurs vérités importantes dans la véritable Philosophie, laquelle s'élevant au-dessus des sens et de l'imagination cherche l'origine des Phénomènes dans les Régions intellectuelles."

dürfen ihm gegenüber nichts Fremdes und Äußerliches bedeuten, sondern es muß möglich sein, sie lediglich aus der eigenen „Natur" des Subjekts vollständig zu entwickeln und zu begreifen. Die gewöhnliche Ansicht, die man sich von der Art des zeitlichen Geschehens macht, aber widerspricht dieser Grundforderung. Gilt doch gerade dies als das Charakteristische des zeitlichen Wandels, daß in ihm völlig neue Inhalte erschaffen werden, die plötzlich, wie aus einem unbekannten Grunde des Seins hervortauchen und dem Bewußtsein als etwas völlig Selbständiges, von all seinen bisherigen Kenntnissen Verschiedenes gegenübertreten. Ist diese Auffassung richtig, so müssen wir den Anspruch aufgeben, den **Intellekt selbst** als den zulänglichen Grund aller Wahrheiten, die ihm gegeben werden können, anzusehen; so muß neben und außer ihm in der Sinneserfahrung ein zweites, gleich ursprüngliches Prinzip der Gewißheit anerkannt werden. Diese Lösung aber würde den Leibnizischen **Begriff der Erkenntnis selbst** zunichte machen: denn alle bloßen Tatsachenwahrheiten wollen als Vorbereitung für **rationale** Sätze dienen und streben danach, sich fortschreitend in sie aufzulösen (vgl.ob.S.136 f.). So gilt es an diesem Punkte, die herkömmliche Betrachtungsweise umzugestalten. Was wir als eine völlige zeitliche Neuschöpfung anzusehen pflegen, das ist in Wahrheit nur die Entfaltung und das successive Hervortreten zuvor gegebener **Bedingungen**, in denen der Erfolg bereits völlig beschlossen lag. Jeder Moment des Werdens muß als eine eindeutige Folge aus der Gesamtheit der vorangehenden Momente ableitbar und in ihnen in seiner gesamten Eigenart **vorgebildet** sein.

Die mechanische Naturauffassung ist uns daher — wie Leibniz insbesondere gegen Robert **Boyle** hervorhebt —[1])

---

[1]) Nouv. Ess. IV, 12, § 13 (Gerh. V, 437); vgl. bes. „De modo perveniendi ad veram Corporum Analysin et rerum naturalium causas" (Mai 1677): „Ante omnia pro certo sumo omnia fieri per causas quasdam intelligibiles sive quae a nobis possent percipi, si quis angelus eas nobis vellet revelare. Cumque nihil a nobis accurate percipiatur, quam magnitudo, figura, motus et ipsa perceptio, hinc sequitur,

nicht lediglich durch die Erfahrung und durch die „Natur der Dinge" aufgedrängt, sondern sie wurzelt in den ersten Prinzipien unserer Vernunft. Der Satz, daß alle Veränderungen, die in der Natur vor sich gehen, aus den bloßen Begriffen von Größe, Gestalt und Bewegung vollständig erklärbar sein müssen, ist nur ein Korollar und eine speziellere Fassung des allgemeinen Satzes vom zureichenden Grunde. Denn diese Begriffe sind es, die das Wirkliche erst „intelligibel" machen, sofern sie gestatten, es dem exakten mathematischen Kalkul zu unterwerfen. Die Deutung, die die mechanische Physik den konkreten Naturerscheinungen gibt, begünstigt somit, wenn man sie ihrem tieferen Sinn und Rechte nach versteht, nicht die Folgerungen des dogmatischen M a t e - r i a l i s m u s, sondern umgekehrt ist sie es, die alles sinnliche Sein in einen logisch-mathematischen Erkenntniszusammenhang und damit in ein „geistiges" Sein auflöst. Wie in einer algebraischen Progression von Zahlen jedes folgende Glied durch das vorhergehende und das allgemeine Gesetz der Reihe bedingt und vollständig umschrieben ist, so muß jeder Folgezustand des Universums, der nur immer erreichbar ist, in dem Gegenwärtigen enthalten und aus ihm vollkommen ableitbar sein: „sonst wäre die Natur ungereimt und des Weisen unwürdig[1])." Könnte man kraft einer Formel einer „höheren Charakteristik" irgendeine wesentliche Eigenschaft des Universums ausdrücken, so könnte man aus ihr die Folgezustände all seiner Teile für alle angebbaren Zeiten herauslesen[2]). Die Gegenwart geht mit der Zukunft schwanger, wie sie die Vergangenheit in sich bewahrt und wiedergibt.

In diesen Erwägungen ist der physikalische K r a f t - b e g r i f f Leibnizens bereits seinem Hauptinhalt nach mitgegeben. Denn die „derivative Kraft", mit der es nach Leibniz die Physik allein zu tun hat, besagt nach seinen Erklärungen

---

omnia per haec quatuor debere explicari". (Gerh. VII, 265). S. ferner Leibniz' Bemerkungen zu Stahls „Theoria Medica" (Opera, ed. D u t e n s , II, 2, S. 131; Opusc. S. 12 u. ö.) und Hauptschr. II, 24 f.
   [1]) An de Volder (10. Nov. 1703), Gerh. II, 258. (Hauptschr. II, 333).
   [2]) An Varignon (Hauptschr. II, 76 u. 557).

nichts anderes, als „den gegenwärtigen Zustand des Geschehens selbst, sofern er zu einem folgenden strebt oder einen folgenden im voraus involviert[1]." Die Kraft ist, in diesem Sinne gefaßt, lediglich der Ausdruck für die durchgängige m a t h e m a t i s c h e u n d l o g i s c h e D e t e r m i n a t i o n alles künftigen Werdens durch die Bedingungen, die in der Gegenwart verwirklicht sind. Es gibt keine isolierte, für sich bestehende Gegenwart; vielmehr ist jeder Körper das, was er i s t , nur dadurch, daß er außer seiner momentanen Daseinsform eine unabschließbare Reihe zukünftiger Gestaltungen, die zu bestimmter, fest vorgeschriebener Zeit zur Wirklichkeit gelangen werden, in sich birgt. Nur vermöge dieser Beziehung und dieser Tendenz auf das Kommende gewinnen die verschiedenen momentanen Zustände des Seins ihre Differenzierung und ihre innere Unterscheidbarkeit[2]). Die Bewegung (so wie die Zeit) „hat, genau genommen, niemals ein eigentliches D a s e i n , da sie keine koexistierenden Teile besitzt, folglich niemals als Ganzes existiert. Und so liegt in ihr selbst nichts Reales, außer der Realität des momentanen Zustandes, der durch die Kraft und ihr Streben nach Veränderung zu bestimmen ist[3])." Der p h y s i k a l i s c h e Begriff der Kraft — denn von dem biologischen und metaphysischen ist hier noch nicht die Rede — wird somit zu keinem anderen Zwecke eingeführt, als um von den Phänomenen der Bewegung, die die Beobachtung uns darbietet, völlige l o g i s c h e R e c h e n s c h a f t zu geben. „Als Ursache bezeichnen wir diejenige Sache, aus deren Zustand sich am leichtesten der Grund der Veränderungen ergibt. Denken wir uns z. B. einen bewegten Körper in eine Flüssigkeit versetzt, in der er mannigfache Wellen erzeugt,

---

[1]) An de Volder (21. Januar 1704): „Vis autem derivativa est ipsa status praesens, dum tendit ad sequentem seu sequentem praeinvolvit, uti omne praesens gravidum est futuro", Gerh. II, 262 (Hauptschr. II, 336).
[2]) S. hierüber Hauptschr. I, 333 f.; II, 323, 326 u. 436 f. (Anm.)
[3]) Specimen dynamicum I (1695): Math. VI, 235 (Hauptschr. I, 257); An Clarke, fünftes Schreiben § 49. (Hauptschr. I, 187); Gerh. III, 457; Math. VII, 242 u. s.

so läßt sich der gesamte Verlauf der Erscheinungen, die sich hierbei ergeben, auch durch die Annahme ausdrücken, daß der feste Körper ruht und die Flüssigkeit um ihn herum in Bewegung begriffen ist; ja es lassen sich ein und dieselben Phänomene auf unendlich verschiedene Weise erklären. Und sicherlich ist auch die Bewegung in Wahrheit nur etwas Relatives; dennoch ist diejenige Hypothese, die dem festen Körper die Bewegung zuspricht und aus ihr die Wellen der Flüssigkeit herleitet, unendlich viel einfacher als alle übrigen, und es kann deshalb dieser Körper als Ursache der Bewegung angesehen werden." In aller Setzung von Ursachen und Wirkungen handelt es sich immer nur um eine derartige r a t i o n a l e B e s t i m m u n g, der wir die Erscheinungen unterwerfen: „causae n o n a r e a l i i n f l u x u, sed a r e d d e n d a r a t i o n e sumuntur[1])."

Die Ergebnisse der besonderen Wissenschaften greifen hier bedeutungsvoll in die Entwicklung der allgemeinen Methodenlehre ein. Schon während seines Pariser Aufenthalts, in der ersten Periode seiner Philosophie, wird Leibniz zum Kritiker der fast allgemein anerkannten Cartesischen Grundbegriffe der Mechanik. Er erkennt dem Cartesischen Kraftmaß, wonach die Kraft nach dem Produkt von Masse und Geschwindigkeit zu schätzen ist, seine r e l a t i v e Berechtigung zu, indem er zeigt, daß zwar nicht die absolute, wohl aber die algebraische Summe der „Bewegungsgrößen" sich im Ganzen des Alls konstant erhält[2]). Aber dieses Gesetz der „Erhaltung der Richtung" gilt ihm nunmehr nur noch als ein Sonderfall des umfassenderen Gesetzes der E r h a l t u n g d e r l e b e n d i g e n K r a f t, das er allgemein formuliert und a priori aus dem Satze, daß die volle Wirkung ihrer Ursache gleich sein muß, zu beweisen unternimmt. Dieser Satz ist, wie er ihn auffaßt, kein E r g e b n i s der sinnlichen Wahrnehmung, sondern er gründet sich auf

---

[1] „Specimen inventorum de admirandis naturae Generalis arcanis." Gerh. VII, 312; vgl. bes. an Arnauld (1686) Gerh. II, 69
[2] Specimen dynamicum (Math. VI, 238 f.; Hauptschr. I, 264 Anm.) An de l'Hospital (15. Januar 1696). (Math. II, 309; Hauptschr. I, 279).

„Prinzipien, die von den Erfahrungen selbst Rechenschaft geben und die imstande sind, Fälle, für die es noch keine Experimente oder Regeln gibt, zur Bestimmung zu bringen." Die Gleichheit von Ursache und Wirkung ist — im selben Sinne, wie das Stetigkeitsprinzip — ein P o s t u l a t, mit dem wir an die Wahrnehmung herantreten und gemäß dem wir sie in feste konstante Ordnungen fassen. Bleiben wir bei der bloßen sinnlichen Beobachtung stehen, so löst sich uns das Geschehene zunächst in völlig heterogene Reihen: in eine Welt der Töne und Farben, der Druck- und Muskelempfindung, wie der Temperaturempfindung auf. Damit alle diese Gebiete untereinander vergleichbar werden, damit etwa Phänomene der Schwere und Elastizität, der Wärme und der Bewegung sich wechselseitig einander zuordnen und durch einander m e s s e n lassen; dazu muß zunächst eine begriffliche E i n h e i t festgestellt werden, in der sie verbunden sind. Welche qualitativen Unterschiede die Erscheinungen auch unter sich aufweisen mögen: es muß einen Gesichtspunkt geben, der sie als G r ö ß e n einander gleichartig macht. Leibniz entdeckt diesen Gesichtspunkt im B e g r i f f d e r A r b e i t, den er zuerst, mit dem vollen Bewußtsein seiner allgemeinen prinzipiellen Bedeutung, zur Grundlage der gesamten Physik macht[1]). Die verschiedenartigen Prozesse des Wirkens besitzen ein gemeinsames Maß in ihrer Leistungsfähigkeit. Gäbe es kein derartiges Maß, fände es sich etwa, daß zwei „Kräfte", die innerhalb des einen Gebiets, wie z. B. in der Erhebung von Gewichten über ein bestimmtes Niveau, das Gleiche zu leisten vermögen, in anderen Gebieten zu verschiedenen Ergebnissen führen — so fiele damit die gesamte dynamische Wissenschaft dahin. Die Kraft wäre alsdann, weil nicht quantitativ faßbar, auch kein logisch bestimmbarer, eindeutiger Begriff; sie wäre keine feste Größe, sondern etwas Vages und Widerspruchsvolles[2]). Der strenge rationale Begriff der Ursache kann nur durch Vermittlung des Größenbegriffs auf die räumlich-zeitlichen Erscheinungen anwendbar gemacht werden.

---

[1]) Näheres hierüber: „Leibniz' System" S. 303 ff.
[2]) An Johann Bernoulli, 26. Juli 1695, Math. III, 210.

Aber noch in anderer Beziehung erweist der Gedanke der Erhaltung der lebendigen Kraft seine Bedeutung für die Gesamtheit von Leibniz' philosophischen Grundanschauungen. Die Forderung, die wir anfangs stellen mußten: den realen Z e i t v e r l a u f gemäß den allgemeinen Bedingungen der Prinzipienlehre zu begreifen, ist erst jetzt wahrhaft erfüllt. Es gibt kein absolutes E n t s t e h e n; sondern jede scheinbare Neuschöpfung ist nur die Umformung ein und desselben realen Inhalts, der als Größe b e h a r r t. Der Gedanke, den Leibniz für den B e w u ß t s e i n s b e g r i f f durchführt, erweist im Gesetz der Erhaltung sein Geltung für den W e l t b e g r i f f; die physikalische Betrachtung ergänzt und bestätigt die erkenntnistheoretisch-logische. Das All ist nunmehr zum selbstgenügsamen System geworden, das keines äußeren Eingriffs zu seinem Fortbestande bedarf. So erfüllt die Entwicklung der konkreten Einzelwissenschaften die Aufgabe, die methodischen Gedanken, die zunächst nur den Charakter allgemeiner Forderungen trugen, im einzelnen zu bewähren.

III.

Der Aufbau und der Stufengang der rationalen Erkenntnis war bei Leibniz durch seinen allgemeinen B e g r i f f d e r W a h r h e i t bestimmt. Der formale Charakter dieses Begriffs enthielt bereits eine bestimmte Anweisung auf den sachlichen Inhalt, der in ihn eingehen sollte. Jetzt, nachdem der erste Überblick über das System der Wissenschaften erreicht ist, läßt sich dieser prinzipielle Zusammenhang zwischen Form und Materie des Wissens noch von einer anderen Seite her beleuchten. Es ist ein eigentümlicher und spezifischer Zug des Leibnizischen I d e a l s d e r E r k e n n t n i s, der sich in der allgemeinen Charakteristik, wie in der Mathematik, in der Dynamik und Biologie, wie in der Metaphysik gleichmäßig ausprägt und der in diesem Fortgang zu immer bestimmterer Gestaltung gelangt. —

Die Ansicht, daß alle Erkenntnis das getreue A b b i l d einer für sich bestehenden Wirklichkeit sein muß, wird von

Leibniz von Anfang an verworfen. Zwischen unseren Ideen und dem Inhalte, den sie „ausdrücken" wollen, braucht keinerlei Verhältnis der Ä h n l i c h k e i t zu bestehen. Die Ideen sind nicht die B i l d e r, sondern die S y m b o l e der Realität; sie ahmen nicht ein bestimmtes objektives Sein in all seinen einzelnen Zügen und Merkmalen nach, sondern es genügt, daß sie die V e r h ä l t n i s s e, die zwischen den einzelnen Elementen dieses Seins obwalten, in sich vollkommen repräsentieren und sie gleichsam in ihre eigene Sprache übersetzen. „Eine Sache drückt eine andere aus, wenn eine konstante und geregelte Beziehung zwischen dem, was sich von der einen, und dem, was sich von der anderen aussagen läßt, besteht[1]." „So drückt das Modell einer Maschine die Maschine selbst, so drückt eine ebene perspektivische Zeichnung einen dreidimensionalen Körper, ein Satz einen Gedanken, ein Zeichen eine Zahl, eine algebraische Gleichung einen Kreis oder eine andere geometrische Figur aus: und allen diesen Ausdrücken ist dies gemeinsam, daß wir aus der bloßen Betrachtung der Verhältnisse des A u s d r u c k s zur Kenntnis der entsprechenden Eigenschaften der auszudrückenden S a c h e zu gelangen vermögen. Hieraus geht hervor, daß es nicht notwendig ist, daß Ausdruck und Sache einander ähnlich sind; sofern nur eine gewisse Analogie aller Verhältnisse gewahrt ist. Es ergibt sich ferner, daß die einen Ausdrücke ein sachliches Fundament (fundamentum in natura) besitzen, während die anderen, wie etwa die Worte der Sprache oder irgendwelche Zeichen, wenigstens zum Teil auf willkürlicher Knovention beruhen. Die sachlich gegründeten fordern irgendeine Art Ähnlichkeit, wie sie z. B. zwischen einer Gegend und ihrer geographischen Karte besteht, oder doch eine Verknüpfung von der Art, wie sie zwischen einem Kreise und seiner perspektivischen Darstellung in einer Ellipse stattfindet: denn jeder Punkt der Ellipse entspricht hier nach einem bestimmten Gesetz irgendeinem Punkte des Kreises. Daß also eine Idee der

---

[1] An Arnauld (September 1687), Gerh. II, 112 (Hauptschr. II, 233.)

Dinge in uns ist, bedeutet nichts anderes, als daß Gott, der in gleicher Weise der Urheber des Geistes und der Dinge ist, dem Geiste eine derartige Denkkraft gegeben hat, daß er aus seinen eigenen Tätigkeiten Ergebnisse abzuleiten vermag, die den wirklichen Folgen in den Dingen vollkommen entsprechen. Obwohl daher die Idee des Kreises dem Kreise in der Natur nicht ähnlich ist, so lassen sich doch aus ihr Wahrheiten ableiten, die die Erfahrung an dem wirklichen Kreise ohne Zweifel bestätigen wird[1])."

So geringfügig auf den ersten Blick die Änderung erscheinen mag, die Leibniz an der gewöhnlichen erkenntnistheoretischen Ansicht vollzieht: so wichtig und fruchtbar ist sie für seine gesamte Lehre geworden. Der erste und entscheidende Schritt zur Überwindung der „Abbildtheorie" ist jetzt getan. Zwar b e z i e h e n sich auch hier die Ideen auf ein objektives Sein, das ihnen gegenübersteht; aber sie brauchen dieses Sein nicht mehr zu k o p i e r e n, um es zu verstehen und in ihren eigenen Besitz zu verwandeln. Damit ändert sich zunächst die Auffassung von der Rolle und Bedeutung, die der W a h r n e h m u n g im Ganzen des Erkenntnisprozesses zukommt. Die „Nouveaux Essais" lassen in ihrer Theorie der „Perzeption" diesen Wandel deutlich hervortreten. Im Hinblick auf das bekannte M o l y -

---

[1]) „Quid sit Idea", Gerh. VII, 263 f. — Wie sehr der Leibnizische Wahrheitsbegriff, der hier formuliert wird, in der modernen erkenntniskritischen Diskussion fortlebt und weiterwirkt: dafür liefert ein Werk wie H e i n r i c h H e r t z' Prinzipien der Mechanik den deutlichen Beweis. „Das Verfahren, dessen wir uns zur Ableitung des Zukünftigen aus dem Vergangenen bedienen, ist dieses: Wir machen uns innere S c h e i n b i l d e r oder S y m b o l e der äußeren Gegenstände, und zwar machen wir sie von solcher Art, daß die denknotwendigen Folgen der Bilder stets wieder die Bilder seien von den naturnotwendigen Folgen der abgebildeten Gegenstände. Damit diese Forderung überhaupt erfüllbar sei, müssen gewisse Übereinstimmungen vorhanden sein zwischen der Natur und unserem Geiste . . . Die Bilder, von welchen wir reden, sind unsere Vorstellungen von den Dingen; sie haben mit den Dingen die e i n e wesentliche Übereinstimmung, welche in der Erfüllung der genannten Forderung liegt, aber es ist für ihren Zweck nicht nötig, dass sie irgendeine weitere Übereinstimmung mit den Dingen haben." (S. 1 f.)

n e u x sche Problem — ob nämlich ein Blindgeborener, der durch eine Operation sehend würde, sogleich die verschiedenen räumlichen Formen, die ihm bisher nur durch den Tastsinn bekannt waren, durch das Gesicht werde unterscheiden können — führt Leibniz aus, daß es von allgemeinem psychologischen Interesse wäre, die Vorstellungsweisen der Blinden und der Taubstummen eingehend zu untersuchen. Diese Vorstellungsweisen könnten voneinander und von der unsrigen vollkommen abweichen, wie sie denn aus ganz verschiedenem sinnlichen Material, als die unsrige aufgebaut sind und dennoch in dem, was sie ausdrücken, einander ä q u i v a l e n t sein. Denn die Empfindung als solche ist, für sich allein genommen, stumm; sie wird zur E r k e n n t n i s erst durch die ideale B e d e u t u n g, die wir ihr geben und für die sie uns nur als Hinweis dient. Es ist somit keineswegs widersprechend, daß derselbe e i n h e i t l i c h e I d e e n g e h a l t durch sehr verschiedene Gruppen sinnlicher Zeichen wiedergegeben und vermittelt werden kann. Der Grundmangel von Lockes Erkenntnistheorie besteht nach Leibniz darin, daß sie diese Unterscheidung nicht beachtet und durchgeführt hat: daß ihr dasjenige, was die Ideen im strengen Begriffsgebrauche der Wissenschaft b e d e u t e n, mit den Wahrnehmungskomplexen verschmilzt, die lediglich zu ihrer mehr oder weniger willkürlichen und wandelbaren B e z e i c h n u n g dienen. Der Geometer hat es nicht mit den Bildern der Geraden oder des Kreises zu tun, die in verschiedenen Individuen verschieden und somit schwankend und mehrdeutig sind, sondern mit notwendigen objektiven Beziehungen, für die jene Bilder nur als Abkürzungen dienen[1]).

Auf die Aufgabe der allgemeinen Charakteristik fällt von hier aus neues Licht. Jetzt versteht man es, daß die

---

[1]) Nouveaux Essais, Livr. II, Ch. 9, Gerh. V, 124 f. Vgl. L. II, Ch. 29, § 13, Gerh. V, 243 f. u. L. IV, Ch. 1, § 9, Gerh. V, 342. — Im strengen geschichtlichen Sinne trifft übrigens die Kritik, die hier an Locke geübt wird, nur auf diejenige Fassung seiner Erkenntnistheorie zu, die in den beiden ersten Büchern des „Essay" vorliegt; die Theorie des geometrischen Wissens im vierten Buch wird durch sie dagegen nicht getroffen. Vgl. hrz. unten S. 253 ff.

Charaktere die Dinge nicht in ihren konkreten Einzelheiten abzubilden und sich somit nicht in ihre unendliche Mannigfaltigkeit zu verlieren brauchen und daß sie trotzdem imstande sind, uns ihren gesamten „intelligiblen" Wahrheitsgehalt zu versinnlichen. „Charaktere sind Dinge, durch welche die wechselseitigen Relationen der Objekte untereinander ausgedrückt werden, deren Behandlung indessen leichter als die der Objekte selbst ist. So entspricht jeder Operation in den Charakteren irgend eine Aussage in den Objekten, und wir können die Behandlung der Gegenstände selbst oft bis zum Ende des Verfahrens aufschieben. Denn jedes Ergebnis, zu welchem wir in den Charakteren gelangen, kann leicht auf deren Gegenstände übertragen werden, wegen der Übereinstimmung, die zwischen ihnen von Anfang an festgesetzt worden ist . . . Je exakter nun die Charaktere sind, d. h. je mehr Beziehungen der Dinge sie zum Ausdruck bringen, um so größeren Nutzen gewähren sie[1]." Die Ansicht, daß die Wahrheit selbst, weil sie zu ihrer Darstellung irgendwelcher Zeichen bedarf, nur ein Gebilde subjektiver Willkür sei und von den Konventionen der S p r a c h e abhänge, ist damit bereits abgewehrt. Nur das Material, in welchem wir ihr zum sinnlichen Ausdruck verhelfen wollen, können wir nach Belieben wählen, während die Beziehungen zwischen den Ideen selbst als solche unabhängig und unveränderlich feststehen. Wie wir durch das Medium der sinnlichen Empfindung hindurch auf die konstanten Inhalte der mathematischen Definition hinblicken, so schauen wir in den Zeichen einen objektiv-begrifflichen Sachverhalt an, der jeder individuellen Willkür entrückt ist[2]).

Was dieser Grundgedanke für die Gestaltung der M a t h e m a t i k bedeutet und leistet, das haben wir insbesondere am Beispiel der A n a l y s i s d e r L a g e verfolgt. (S. ob. S. 146 ff.) Seine eigentliche Erfüllung aber findet

---

[1]) Characteristica geometrica (10. August 1679) Math. V, 141.
[2]) Dialogus (August 1677) Gerh. VII, 192 (Hauptschr. I, 19 f.); Meditationes de Cognitione, Veritate et Ideis (1684) Gerh. IV, 425 (Hauptschr. I, 26 f.); De Synthesi et Analysi universali, Gerh. VII, 295 (Hauptschr. I, 44 f.) u. ö.

er erst im Gebiete der Infinitesimalrechnung. Hier sehen wir, wie das Differential ein Gebilde, dem es doch in keiner Weise ähnlich und gleichartig ist, dennoch seiner gesamten begrifflichen Bedeutung nach zu repräsentieren und alle V e r h ä l t n i s s e , die es zu anderen Größen eingeht, zum exakten Ausdruck zu bringen vermag. Die mathematische Fruchtbarkeit der neuen Anschauung bekundet sich vor allem in einer Erweiterung und Umgestaltung des M a ß b e g r i f f s. Die elementare Geometrie kann sich für ihre Messungen mit irgendeiner gegebenen Einheitsstrecke begnügen, durch deren wiederholte Setzung sie schließlich das Gebilde, das sie mißt, in beliebiger Annäherung zu erreichen vermag. Maß und Gemessenes sind einander hier völlig homogen; sie gehören begrifflich wie sachlich derselben Dimension an. Die moderne Entwicklung der Mathematik hatte indessen immer energischer auf Probleme hingeführt, vor denen diese anfängliche Begriffsbestimmung versagte; sie hatte Größen-Mannigfaltigkeiten kennen gelehrt, die, obwohl an sich völlig bestimmt und nach einem festen Gesetz erzeugbar, doch kein angebbares quantitatives Verhältnis zu den Linien- oder Winkelgrößen aufwiesen, von denen die gewöhnliche Geometrie handelt. Eines der bekanntesten Probleme dieser Art stellt die Frage nach der Größe des Kontingenzwinkels, d. h. nach demjenigen Winkel dar, der von der Kreislinie und ihrer Tangente in einem bestimmten Punkte gebildet wird. Solange der Versuch gemacht wurde, ein gemeinsames, sinnliches Größenmaß für diesen Winkel und die geradlinigen Winkel zu entdecken und somit die beiden Größengruppen in irgendein direktes Verhältnis des „Größer" und „Kleiner" zu setzen, solange mußte sich die Aufgabe immer mehr dialektisch verwirren. Die mannigfachsten, sich direkt widerstreitenden Lösungsversuche standen denn auch zu Leibniz' Zeiten einander noch unvermittelt gegenüber. Die Entscheidung, die er zwischen ihnen trifft, entspricht seinem allgemeinen Grundgedanken. Die geradlinigen Winkel und die Kontingenzwinkel stehen untereinander in keinerlei meßbarer Beziehung, da sie völlig verschiedenen begrifflichen

Gattungen angehören. Dagegen bilden die Kontingenzwinkel unter sich ein geschlossenes System, dessen einzelne Elemente sich in eine feste und eindeutige Ordnung bringen lassen. Denn die „Größe" jedes dieser Winkel hängt von der Krümmung des Kreises ab, welch letztere wiederum durch die Länge des Radius bestimmt wird. Somit bilden die Längen der Radien das M a ß für das Wachstum oder die Abnahme der Kontingenzwinkel: nicht sofern zwischen den beiden Mannigfaltigkeiten, die hier miteinander verglichen werden, irgendeine Übereinstimmung in einem dinglichen Merkmal, sondern sofern zwischen ihnen ein allgemeines Gesetz der Z u o r d n u n g besteht. Das Maß ist nicht sachlicher, sondern s y m b o l i s c h e r Natur: es beruht nicht auf wirklicher Gleichartigkeit, sondern auf einer Regel der wechselseitigen Entsprechung ungleichartiger Gebilde[1]).

Auch beim Übergang zur M e c h a n i k bleibt dieser Gesichtspunkt bestehen. Wenn hier die sinnlichen Qualitäten durchgängig auf Größe, Gestalt und Bewegung zurückgeführt werden, so bedeutet dies doch nicht, daß sie völlig in ihnen verschwinden und die spezifische Besonderheit, die ihnen eignet, einbüßen sollen. „Man darf sich nicht vorstellen" — so wendet Leibniz gegen L o c k e ein — „daß Ideen, wie die der Farbe oder des Schmerzes schlechthin willkürlich und ohne Beziehung oder natürlichen Zusammenhang mit ihren Ursachen seien: ist es doch nicht der Brauch Gottes, mit so wenig Ordnung und Vernunft zu handeln. Ich möchte vielmehr sagen, daß hier zwischen Ursache und Wirkung eine Art Ähnlichkeit vorhanden ist, die zwar nicht zwischen den Termini selbst besteht, die aber expressiver Art ist und auf einer O r d n u n g s b e z i e h u n g beruht, in der Weise, wie eine Ellipse oder Parabel in gewisser Hinsicht dem Zirkel gleicht, dessen ebene Projektion sie ist, weil hier eine exakte und natürliche Beziehung zwischen dem projizierten Gebilde und seiner Projektion be-

---

[1]) S. hrz. die Abhandl. „In Euclidis πρῶτα" Math. V, 191; sowie die „Initia rerum Mathematicarum metaphysica." Math. VII, 22 (Hauptschr. I, 61 f.).

steht[1])." So sind denn auch die sogenannten sekundären Qualitäten nicht leerer und wesenloser Schein, sondern sie drücken eine reale Eigenschaft der Körper aus, die ihnen indessen nicht absolut, sondern mit Rücksicht auf das empfindende Organ zukommt. Die Aufgabe der Physik ist es daher nicht, das Weltbild der unmittelbaren Anschauung als bloße Illusion zu erweisen, vielmehr besteht das ganze Geheimnis der „physischen Analyse" „in dem einzigen Kunstgriff, daß wir die verworrenen Qualitäten der Sinne auf die distinkten Qualitäten, die sie b e g l e i t e n, wie z. B. die Zahl, die Größe, die Figur, die Bewegung und die Festigkeit zurückführen." „Denn wenn wir beobachten, daß gewisse verworrene Qualitäten immer von diesen oder jenen distinkten begleitet sind, und wenn wir mit Hilfe dieser letzteren die ganze Natur gewisser Körper bestimmt erklären können, so daß wir beweisen können, daß ihnen diese oder jene Figur oder Bewegung zukommen muß, so werden notwendig auch die verworrenen Qualitäten aus eben dieser Struktur herfließen müssen, wenngleich wir sie aus sich selber nicht vollkommen zu verstehen vermögen, da sie für sich allein keine Definition und somit auch keinen strengen Beweis verstatten. Es muß uns also genügen, alles distinkt Denkbare, was sie begleitet, durch sichere, mit der Erfahrung übereinstimmende Schlußfolgerungen erklären zu können[2])". Wir behaupten somit nicht, daß die sinnlichen Empfindungen mit den Bewegungen, von denen sie verursacht sind, sachlich schlechthin identisch sind: sondern nur, daß es kein anderes Mittel gibt, sie völlig zu b e g r e i f e n und verstandesmäßig zu durchdringen, als indem wir sie auf rein mathematische Bestim-

---

[1]) „Je dirois plutôt qu'il y a une manière de ressemblance non pas entière et pour ainsi dire i n t e r m i n i s, mais e x p r e s s i v e o u d e r a p p o r t d' o r d r e comme une Ellipse et même une Parabole ou Hyperbole ressemblent en quelque façon au cercle dont elles sont la projection sur le plan, puisqu'il y a un certain rapport exact et naturel entre ce qui est projetté et la projection, qui s'en fait, chaque point de l'un répondant suivant une certaine relation à chaque point de l'autre." Nouv. Ess., Livr. II, Ch. 8, § 13 (Gerh. V, 118).

[2]) Opusc. S. 190; vgl. Opusc. S. 360 (Generales Inquisitiones de Analysi notionum et veritatum, 1686).

mungen beziehen. Leibniz' Physik hat uns den Weg, auf dem dies geschieht, bereits kennen gelehrt. Wir müssen die verschiedenen Gebiete sinnlicher Erscheinungen zunächst dadurch vergleichbar machen, daß wir sämtliche Unterschiede, die zwischen den Arten des Wirkens obwalten, auf eine einzige Differenz: auf die Differenz von Arbeitsgrößen zurückführen. Der konkrete sinnliche Vorgang mit all seinen mannigfachen qualitativen Eigentümlichkeiten muß für die wissenschaftliche Betrachtung in eine andere Sprache übersetzt werden, indem wir ihn lediglich als einen quantitativen Ausgleich und als eine Umsetzung lebendiger Kraft ansehen. Indem wir auf diese Weise jedes besondere Geschehen durch einen festen Zahlenwert r e p r ä s e n t i e r e n, haben wir damit wiederum das exakte S y m b o l gefunden, kraft dessen es uns allein völlig erkennbar wird.

Von hier aus aber greift der Gedanke weiter. Die stetige Entwicklung des Symbolbegriffs hat uns der konkreten Frage der Leibnizischen M e t a p h y s i k fortschreitend näher gebracht. Wenn selbst die rationale Erkenntnis der Mathematik und Mechanik nur ein „Gleichnis" bleibt, wenn sie uns das absolute „Innere" der Natur nicht unmittelbar enthüllt: so erkennen wir die Bedingtheit und Relativität aller bisher erreichten Erkenntnisstufen. Auch die derivativen Kräfte der Physik, die uns vom Standpunkt der Wissenschaft als das eigentlich „Reale" gelten durften, gehören, wie sich jetzt zeigt, dem Bereich der Erscheinungen an; auch das Erhaltungsgesetz, das die oberste Regel für alles natürliche Geschehen darstellt, beschränkt sich darauf, eine sichere gesetzliche Ordnung zwischen den P h ä n o m e n e n zu stiften[1]). Hier aber gilt es vor allem, den B e g r i f f d e s P h ä n o m e n s in der genauen und strengen Bedeutung zu fassen, die er in Leibniz' System besitzt. Die Frage nach dem Verhältnis der Phänomene zu den S u b s t a n z e n, d. h. zu den S u b j e k t e n, denen sie als Inhalt der Vorstellung gegeben sind, muß zunächst zurücktreten.

---

[1]) An de Volder, Gerh. II, 251 (Hauptschr. II, 325); II, 275 (Hauptschr. II, 349).

So wichtig sie ist und so sehr sich in ihr das eigentliche Interesse der Leibnizischen Metaphysik konzentriert: so sehr bedarf sie, um ihrem wahren Sinne nach verstanden zu werden, der logischen Vorbereitung durch ein anderes Problem. Wie verhält sich — so muß vor allem gefragt werden — die Welt der „Erscheinung", wie verhält sich das wirkliche Sein im Raume und das konkrete Geschehen in der Zeit zu den universellen und „intelligiblen" Wahrheiten? Bedeuten diese Wahrheiten nur Abstraktionen, die also die Tatsachen unvollkommen und in einer willkürlichen Einschränkung wiedergeben, oder läßt sich zwischen den beiden Gebieten eine vollkommene und lückenlose Deckung erzielen? Genau gesprochen muß freilich diese Frage in Leibniz' Sinne eine Umkehrung erfahren. Die ewigen Wahrheiten gelten an und für sich und gänzlich unabhängig davon, ob für sie in der Welt der Tatsachen irgendeine direkte Entsprechung gefunden werden kann. Sie sagen nicht das Mindeste über E x i s t e n z aus, sondern formulieren nur allgemeine Bedingungssätze, die keine andere als h y p o t h e t i s c h e Geltung beanspruchen. Nicht was i s t , lehren sie, sondern was, unter Voraussetzung bestimmter Existenzen, notwendig und allgemein gültig aus ihnen f o l g t. Dies gilt in gleicher Weise für die rationalen Prinzipien, auf denen die Moral, wie für diejenigen, auf denen die Mathematik und Naturwissenschaft beruht. Wie die Beziehungen zwischen den Zahlen wahr bleiben, gleichviel ob es jemand gibt, der zählt oder ob Dinge vorhanden sind, die gezählt werden, so wird die Idee des Guten nicht dadurch hinfällig, daß keine empirische Wirklichkeit ihr jemals völlig entspricht und gerecht wird[1]). So haben die notwendigen und beweiskräftigen Wissenschaften — wie Logik und Metaphysik, Arithmetik und Geometrie, Dynamik und Bewegungslehre, Ethik und Naturrecht — ihren eigentlichen R e c h t s g r u n d nicht in Erfahrungen und Tatsachen, sondern dienen vielmehr dazu, „von den Tatsachen selber R e c h e n s c h a f t z u

---

[1]) „Juris et aequi elementa" (M o l l a t , Mitteilungen aus Leibnizens ungedruckten Schriften, Lpz. 1893, S. 22 = Hauptschr. II, 504).

g e b e n und sie im voraus zu regeln[1])." Die Doppelstellung, die die ewigen Wahrheiten im Verhältnis zu den Tatsachen einnehmen, tritt hier deutlich hervor. Sie bedürfen ihrer nicht für die eigene Evidenz und Gewißheit; aber sie besitzen an ihnen dennoch das eigentliche Material für ihre Betätigung. So wenig eine e i n z e l n e Wirklichkeit jemals die idealen Gesetze unmittelbar abzubilden vermag, so sehr muß die gesamte O r d n u n g u n d V e r k n ü p f u n g d e r E r s c h e i n u n g e n ihnen gemäß sein und auf sie hinweisen. So bietet uns die Wirklichkeit niemals ein Gebilde dar, dessen Gestalt irgendeiner geometrisch definierten Figur in allen Stücken gleich wäre; dennoch aber müssen wir die exakten Definitionen der Geometrie als oberste begriffliche Norm festhalten, der, wie wir versichert sein dürfen, kein empirisches Dasein jemals widersprechen kann. In dem Maße, als sie die Bedingungen dieser Form erfüllt, hat die „Erscheinung" selbst am „Intelligiblen" teil. „Wenngleich in der Natur niemals vollkommen gleichförmige Veränderungen vorkommen, wie sie die Idee, die die Mathematik uns von der Bewegung gibt, erfordert, so wenig wie jemals eine wirklich existierende Figur in aller Strenge die Eigenschaften besitzt, die die Geometrie uns lehrt . . ., so sind doch nichtsdestoweniger die tatsächlichen Phänomene der Natur derart geregelt und müssen es in der Weise sein, daß kein wirklicher Vorgang jemals das Gesetz der Kontinuität . . und alle die anderen exaktesten Regeln der Mathematik verletzt. Ja, es gibt keinen anderen Weg, die Dinge verstandesmäßig darzustellen, als vermöge dieser Regeln, die — im Verein mit denen der Harmonie oder der Vollkommenheit, die die wahrhafte Metaphysik uns liefert — allein imstande sind, uns einen Einblick in die Gründe und Absichten des Urhebers der Dinge zu verschaffen[2])."

Alle s k e p t i s c h e n Einwände gegen die Realität der Erscheinungswelt sind damit endgültig abgewehrt. Was

---

[1]) Méditation sur la notion commune de la justice, Mollat S. 47 (Hauptschr. II, 510 f.).
[2]) Réponse aux réflexions de Bayle (1702); Gerh. IV, 568 (Hauptschr. II, 402).

die Skepsis mit Recht bestreitet, das ist die Existenz jenseitiger Originale, die „hinter" den Phänomenen, aber diesen irgendwie vergleichbar und ähnlich, bestehen sollen. Die eigentliche erkenntnistheoretische Frage aber betrifft, wie wir nunmehr gesehen haben, nicht die Übereinstimmung der Erscheinungen mit absoluten D i n g e n, sondern mit den ewigen, idealen O r d n u n g e n. Die Erscheinungswelt ist genau insoweit real, als sie eine systematische Einheit darstellt, die den allgemeinen Vernunftregeln gehorcht. Eine andere Art des Seins von ihr verlangen, heißt ihren Begriff verkennen und verfälschen. Nicht ihre metaphysische W i r k l i c h k e i t außerhalb jeglichen Bewußtseins, sondern lediglich ihre logische W a h r h e i t ist es, wonach mit Recht gefragt werden kann. Die Wahrheit der Sinnendinge aber erweist sich in ihrer V e r k n ü p f u n g, die durch die reinen intellektuellen Prinzipien und durch die Konstanz der Beobachtungen gesichert wird[1]). Will man diese ganze, in sich geschlossene und geregelte Wirklichkeit nur einen Traum nennen, so läuft dies zuletzt auf ein bloßes Spiel mit Worten hinaus. Denn wie wenig oder wieviel absolute Realität man ihr auch zugestehen mag: der innere Z u s a m m e n h a n g, der zwischen ihren einzelnen Gliedern besteht und der alles ist, was wir für die Zwecke unserer Erfahrung zu kennen brauchen, wird dadurch nicht berührt[2]).

In voller Schärfe tritt dieser Gedanke dort hervor, wo Leibniz an die Frage nach dem wahren astronomischen W e l t s y s t e m herantritt. Da alle Bewegung ihrer Natur nach etwas rein Relatives ist, so läßt sich jede wechselseitige Verschiebung zwischen Körpern je nach dem Bezugspunkt, den wir wählen, durch verschiedenartige Hypothesen, die sämtlich untereinander äquivalent sind, zum Ausdruck bringen.

---

[1]) Nouveaux Essais, Livr. IV, Chap. 4, § 1, Gerh. V, 373; Chap. 11, § 10; Gerh. V, 426; vgl. bes. Chap. 2, § 14, Gerh. V, 355: „La liaison des phénomènes, qui garantit les v é r i t é s d e f a i t à l'égard des choses sensibles hors de nous se vérifie par le moyen des v é r i t é s d e r a i s o n; comme les apparences de l'Optique s'éclaircissent par la Géométrie."

[2]) Nouv. Essais IV, 2, 14, Gerh. V, 356.

Keine dieser Hypothesen besitzt den Vorzug, die absolute Ordnung und Verfassung der Körperwelt allein und ausschließlich wiederzugeben. „Wahr" heißt uns vielmehr diejenige Annahme, die der Gesamtheit aller Erscheinungen gerecht wird und die sie auf die einfachste Weise zu erklären gestattet. Das Maß der objektiven Gültigkeit eines bestimmten astronomischen Systems liegt daher einzig in seiner „Verständlichkeit", d. h. in seiner Fähigkeit, eine möglichst große Zahl von Beobachtungen aus einer möglichst geringen Zahl von Voraussetzungen begreiflich zu machen. Hält man dieses Kriterium fest, so ergibt sich auf der einen Seite der entschiedene Vorzug des Copernikanischen Weltbildes, wie sich andererseits zeigt, daß dieser Vorzug zuletzt lediglich ein logischer und methodischer ist und nichts anderes zu sein beanspruchen darf. „Der Unterschied zwischen denen, die das Copernikanische System als eine klarere und unserem Verständnis angemessenere H y p o t h e s e ansehen und denen die es als Wahrheit verfechten, fällt daher ganz weg; da es in der Natur der Sache liegt, daß hier beides identisch ist und man eine größere Wahrheit, als diese nicht verlangen kann"[1]). Wissenschaftliche Annahmen sind — wie wir jetzt wiederum von einer neuen Seite her erkennen — niemals eine einfache K o p i e der Wirklichkeit, sondern sie sind Versuche, das Material der Beobachtung derart zu bearbeiten, daß in ihm die größte Einheit bei der größten Mannigfaltigkeit hervortritt. In diesem Sinne hat Leibniz schon von seinem physikalischen Erstlingswerk: von der „Hypothesis physica nova" her, die Aufgabe der Forschung bestimmt[2]). An dieser Einsicht findet die Skepsis ihre Schranke. Was Wahrheit, was „Sein" bedeutet: darüber geben die S i n n e freilich keine erschöpfende Auskunft. „Denn es wäre keineswegs unmöglich, daß ein Geschöpf lange und geregelte Träume hätte, die unserem Leben glichen, so daß alles das, was es vermittels der Sinne wahrzunehmen glaubte, nichts als bloßer

---

[1]) Phoranomus sive de Potentia et Legibus naturae, Opusc. S. 592; vgl. bes. Tentamen de motuum coelestium causis (1688) Math. VI, 146 f. Anm.

[2]) S. den Brief an Hon. Fabri (1677) Math. VI, 85.

Schein wäre. Es muß also etwas über den Sinnen Stehendes geben, das Wahrheit und Schein unterscheidet. Die Wahrheit der streng demonstrativen Wissenschaften aber unterliegt diesen Zweifeln nicht: ist sie es doch vielmehr, die über die Wahrheit der Sinnendinge zu entscheiden hat[1]." Denn es bedarf — wie Leibniz insbesondere gegen F o u c h e r , den Erneuerer der akademischen Skepsis im 17. Jahrhundert, hervorhebt — auch zwischen der Welt der Wahrheiten und der der Wirklichkeiten keiner materiellen, sondern lediglich einer funktionellen „Entsprechung[2]." Das Ideale findet im konkreten Dasein kein unmittelbares Gegenbild; dennoch ist das Wirkliche derart g e o r d n e t , als ob die rein idealen Normen vollkommene Realitäten wären.

Mit alledem ist jedoch nur e i n e Seite des Leibnizischen Begriffs des Phänomens bestimmt und somit nur eine Teilansicht des Systems gewonnen. Wenn die Gesamtheit der Erscheinungen mit den ewigen Wahrheiten der Mathematik und Dynamik „harmonieren" muß, so geht sie doch andererseits in ihnen niemals völlig auf. Und in diesem zweiten Zuge erst vollendet sich der Leibnizische Begriff der „Tatsachenwahrheit". Zwischen dem Gebiet der Tatsachen und dem der reinen rationalen Prinzipien besteht, bei aller Übereinstimmung der Grundstruktur, doch nicht minder eine dauernde Spannung und ein A b s t a n d , der auf keiner Stufe wissenschaftlicher Erkenntnis jemals völlig aufgehoben werden kann. Das Einzelne stellt die Vernunfterkenntnis vor eine unvollendbare Aufgabe; wir können es fortschreitend immer mehr mit den allgemeinen wissenschaftlichen Grundsätzen durchdringen, ohne es doch jemals gänzlich in sie aufzuheben. Auch hier beruft sich Leibniz, um dieses Doppelverhältnis zu

---

[1] „Sur ce qui passe les sens et la matière" (1702); Gerh. VI, 502 (Hauptschr. II, 414): Mais la vérité des sciences démonstratives est e x e m p t e de ces doutes (nicht: „exemple", wie es durch einen sinnstörenden Druckfehler bei Gerh. heißt).

[2] An Foucher (1686): „Il n'est pas nécessaire que ce que nous concevons des choses hors de nous leur soit parfaitement semblable, mais qu'il les exprime, comme une Ellipse exprime un cercle vu de travers, en sorte qu'à chaque point du cercle il en réponde un de l'Ellipse et vice versa suivant une certaine loi de rapport." (Gerh. I, 383).

verdeutlichen, auf die Grundgedanken seiner neuen Analysis. „Erst die geometrische Erkenntnis und die Analysis des Unendlichen — so heißt es in einer Abhandlung über die Unterscheidung der notwendigen und der zufälligen Wahrheiten — haben mir Licht verschafft und mich erkennen lassen, d a ß a u c h d i e B e g r i f f e i n s U n e n d l i c h e a u f l ö s b a r s i n d[1])." Um irgendein Urteil als wahr zu erweisen, gibt es — nach der allgemeinen Grundanschauung, von der wir ausgegangen waren — freilich nur einen Weg: wir müssen den Nachweis führen, daß das Prädikat im Subjekt eingeschlossen und somit mit ihm in irgendwelchen Bestimmungen identisch ist. (S. oben S. 132 ff.). Der Beweis hierfür kann jedoch entweder nach einer endlichen Reihe von Denkschritten erbracht und abgeschlossen sein, so daß die gemeinsamen Merkmale sich nunmehr deutlich bezeichnen und gesondert herausheben lassen, oder aber er erfordert eine immer weitergehende Zergliederung des Inhalts der beiden Begriffe. Als typisches Beispiel für diesen Unterschied gilt Leibniz der Gegensatz der Rational- und Irrationalzahlen. Während wir zwei rationale Zahlen schließlich immer auf eine gemeinsame Grundeinheit zurückführen und dadurch ihr beiderseitiges Verhältnis exakt zum Ausdruck bringen können, erweist sich das Irrationale gegenüber diesem Verfahren als „inkommensurabel". Zwar dürfen und müssen wir versuchen, den irrationalen Wert zwischen immer engere Grenzen einzuschließen und ihm somit wenigstens annäherungsweise seine Stelle innerhalb des Systems der zunächst allein gegebenen, rationalen Zahlen anzuweisen. Aber wir begreifen zugleich, daß dieser Versuch niemals zu einem endgültigen Abschluß führen kann und sehen ein, daß es nicht nur das zufällige Unvermögen unseres Intellekts, sondern die N a t u r d e r A u f g a b e s e l b s t ist, die einen derartigen Abschluß verbietet[2]). Im gleichen Sinne muß auch das einzelne zufällige „Faktum" der immer weitergehenden Bestimmung durch die rationalen Wahrheiten z u g ä n g l i c h

---

[1]) Opusc. S. 18; vgl. bes. De libertate (Nouv. lettr. et opusc., par Foucher de Careil, S. 179 f. = Hauptschr. II, 498 f.).
[2]) S. De libertate S. 183 (Hauptschr. II, 502); Gerh. VII, 200 u. ö.

sein und dieser Bestimmung nirgends prinzipiell Halt gebieten, ohne doch darum den Charakter des „Unerschöpflichen" jemals zu verlieren. Das Kriterium für die allgemeine Geltung einer Wahrheit ist daher zu verändern: damit ein Satz wahr ist, ist es nicht erforderlich, daß das Prädikat im Subjekt tatsächlich und ohne Rest aufgeht, sondern daß eine allgemeine Regel des Fortschritts ersichtlich ist, aus der wir mit Sicherheit entnehmen können, daß der Unterschied zwischen beiden mehr und mehr verringert werden und schließlich unter jede noch so kleine Größe sinken kann[1]). So wird das Verhältnis zwischen I d e e und E r s c h e i n u n g zuletzt im rein platonischen Sinne bestimmt: die Phänomene „streben" danach, die reinen Ideen zu erreichen, aber sie bleiben nichtsdestoweniger beständig hinter ihnen zurück. Diese Mittelstellung zwischen Erfüllung und Mangel, zwischen Wissen und Nicht-Wissen ist es, auf welcher alle Möglichkeit und aller Antrieb der Forschung beruht.

IV.

In der Einsicht, daß das E i n z e l n e eine Unendlichkeit begrifflicher Teilbedingungen in sich schließt und somit für unsere Erkenntnis, die sich diese Bedingungen nur im successiven Fortschritt von einem Moment zum anderen zu verdeutlichen vermag, zuletzt unausschöpfbar bleibt, ist der höchste Punkt der rein logischen Analyse erreicht. Die „Scientia generalis" findet in dem unbeschränkten Feld ihrer Tätigkeit, das sich ihr jetzt darbietet, zugleich ihre natürliche Grenze. Und wir sahen bereits, daß Leibniz sich dieser Grenze in den ersten Schriften, in denen er den all-

---

[1]) „Quodsi jam continuata resolutione praedicati et continuata resolutione subjecti nunquam quidem demonstrari possit coincidentia, sed ex continuata resolutione et inde nata progressione ejusque regula saltem appareat nunquam orituram contradictionem, propositio est possibilis. Quodsi appareat ex regula progressionis in resolvendo eo rem reduci, u t d i f f e r e n t i a i n t e r e a q u a e c o i n c i d e r e d e b e n t, s i t m i n u s q u a l i b e t d a t a, demonstratum erit propositionem esse veram." (Generales Inquisitiones de Analysi Notionum et Veritatum. 1686. Opusc. S. 374).

gemeinen Entwurf der Universalwissenschaft begründet, deutlich bewußt geblieben ist. Die unendliche Mannigfaltigkeit der Dinge auf ihren letzten metaphysischen Wesensgrund zurückzuführen und sie aus den absoluten Attributen Gottes zu deduzieren ist uns — wie er hier hervorhebt — versagt: wir müssen uns mit der Analyse der I d e e n begnügen, die wir soweit zu treiben haben, als es zum Beweis der Wahrheiten erforderlich ist und die in obersten Prinzipien, die wir h y p o t h e t i s c h zugrunde legen, ihren Abschluß findet. (Vgl. ob. S. 130 f.)

Und dennoch drängt der allgemeine Grundgedanke des m e t a p h y s i s c h e n Rationalismus über diese methodische Beschränkung immer von neuem hinaus. Was für u n s e r e Erkenntnis gültig und bindend ist: das erscheint immer wieder als eine bloß subjektive Schranke, an die der u n endliche Verstand Gottes nicht gebunden ist. Die Totalität der Bedingungen, die wir nur Glied für Glied zu verfolgen vermögen, vermag der ewige Intellekt Gottes in einem einzigen Blicke zu überschauen. Für ihn ist die Auflösung aller empirischen Wahrheiten in apriorische, die das Ziel unserer Forschung ausmacht, vollendet. Die notwendige Verknüpfung zwischen dem Subjekt und Prädikat eines Urteils, das sich auf eine individuelle Tatsache, auf ein „Hier" und „Jetzt" bezieht: diese Verknüpfung, die durch keinen abstrakten B e w e i s festzustellen ist, wird von ihm in unfehlbarer Intuition (infallibili visione) erkannt[1]). Der Grundplan des Universums aber ist aus dieser Intuition hervorgegangen und wird durch sie bestimmt. Was in ihr gesetzt, was durch sie implizit mitgegeben ist, das ist zugleich ein objektives Gesetz der Dinge. Wir haben kein Recht, die zufälligen Bedingungen unserer menschlichen Einsicht den Gegenständen als Norm vorzuschreiben; wohl aber muß,

---

[1]) De libertate (Foucher de Careil S. 184 = Hauptschr. II, 503) „Veritates contingentes seu infinitae subeunt scientiam Dei et ab eo non quidem demonstratione (quod implicat contradictionem) sed tamen infallibili visione cognoscuntur. Dei autem visio minime concipi (debet) ut scientia quaedam experimentalis, quasi ille in rebus a se distinctis videat aliquid, sed ut cognitio a priori per veritatum rationes."

was aus dem Begriff der höchsten, in sich v o l l k o m m e n e n Erkenntnis folgt, für das All der Realität vorbildlich und zwingend sein. —

Wir sahen, wie bei S p i n o z a , so nahe er dieser allgemeinen Grundanschauung steht, die Forderung, d i e e m p i r i s c h e F o l g e d e s E i n z e l n e n aus ihr abzuleiten, ausdrücklich abgewiesen wurde. Was wir wahrhaft zu begreifen vermögen, sind nur die „festen und ewigen Dinge": die Reihe der veränderlichen Einzelobjekte zu verfolgen, scheint ihm dagegen eine Bemühung, die ebenso unerfüllbar wie — unnötig ist, da sie unsere Kenntnis vom innersten Grund der Dinge nicht vermehren würde. Die Erscheinungen begreifen heißt sie in die abstrakten Ordnungen der Geometrie und Mechanik aufheben, in die sie, all ihrer modalen Besonderungen ungeachtet, nur als Beispiele universeller gesetzlicher Zusammenhänge eingehen. (S. ob. S. 94 ff.) Damit aber sind — wie Leibniz erkennt — die Aufgaben, die die empirische Forschung uns stellt, nicht sowohl bewältigt, als vielmehr beiseite geschoben. Behält Spinoza recht, so bliebe zuletzt immer eine unabsehbare Mannigfaltigkeit von Einzelkenntnissen übrig, die wir lediglich hinzunehmen hätten, ohne sie jemals im strengen rationalen Sinne begründen zu können. Es ist nicht genug, zu wissen, daß ein allgemeiner B e g r i f f A ein „Merkmal" B für alle Zeiten in sich schließt, sondern wir müssen die Notwendigkeit einsehen, gemäß welcher an einem bestimmten, nur einmal vorhandenen „ S u b j e k t " diese oder jene Eigentümlichkeit sich findet, und müssen weiterhin begreifen, warum sie zu diesem b e s t i m m t e n Z e i t p u n k t , nicht früher oder später, an ihm hervortritt. Nichts kann a n einem Subjekt geschehen, was nicht a u s ihm quillt und bedingt ist. Jede Veränderung, die in ihm vorgeht, ist durch die Natur, die ihm eignet, von vornherein logisch „präformiert": ja, diese Natur bedeutet nichts anderes, als die eindeutige Gesetzlichkeit in der Abfolge der Veränderungen.

Betrachten wir zunächst die Folgen, die dieser Gedanke für die Gestaltung unseres phänomenalen Weltbildes besitzt, so erkennen wir, daß wir mit ihm den Umkreis der abstrakten

Mechanik verlassen haben und auf das Gebiet der **organischen Naturbetrachtung** übergetreten sind. Indem wir ein bestimmtes Subjekt als den selbsttätigen Quell all seiner inneren Wandlungen denken, verleihen wir ihm damit den Charakter und die spezifische Eigenart eines Organismus. Nichts, was sich an ihm vorfindet, gilt uns jetzt mehr als der bloße Eindruck eines äußeren Geschehens, sondern es erscheint als die Ausprägung einer inneren **Tendenz** zu bestimmten Veränderungs- und Entwicklungsreihen. Der allgemeine logische Gedanke nimmt hier eine **biologische** Fassung und Wendung an. Das Subjekt bildet nicht mehr einen bloßen ruhenden Inbegriff von Bedingungen, sondern es ist eine **aktive** Einheit, die sich in einer Fülle successiver Gestaltungen zu entfalten strebt. Die „derivative" Kraft, wie die Mechanik sie denkt, bezeichnete einen **Einzelzustand** des Geschehens, sofern er zu anderen strebt oder andere im voraus involviert. (S. ob. S. 162 f.) Gehen wir jetzt über jede derartige Besonderung hinaus, fassen wir nicht mehr ein einzelnes, zeitlich begrenztes Sein, sondern die Gesamtheit einer Entwicklungsreihe ins Auge und die Regel, nach der in ihr der Übergang von Glied zu Glied erfolgt, so entsteht uns damit der Begriff der **primitiven Kraft**. Diese Regel ist **universell**, sofern sie gegenüber den wechselnden momentanen Zuständlichkeiten immer ein und dieselbe bleibt; aber sie ist zugleich im strengsten Sinne individuell, da sie sich nicht in mehreren gleichartigen Exemplaren verwirklicht, sondern das eigentümliche Gesetz **einer** konkreten Reihe darstellt. „Alle Einzeldinge sind successiv oder dem Wandel unterworfen, dauernd ist in ihnen nichts als das Gesetz selbst, das eine beständige Veränderung in sich schließt, und das in den einzelnen Substanzen mit dem Gesamtgesetz, das im ganzen Universum herrscht, übereinstimmt[1]." So ergibt sich eine unendliche Mannigfaltigkeit von Veränderungsreihen, die sämtlich ohne direkte physische Einwirkung aufeinander verlaufen und deren beherrschende Regeln dennoch

---

[1] An de Volder (31. Mai 1704), Gerh. II, 263 (Hauptschr. II, 338).

nicht beziehungslos nebeneinander stehen, sondern nach einem allgemeinen **idealen Plane** zusammenhängen. Die verschiedenen ,,Subjekte" entfalten völlig unabhängig voneinander den Inhalt ihrer Vorstellungen; aber alle diese subjektiven ,,Bilder" machen dennoch nur ein einziges Universum der Erscheinungen aus, da zwischen ihnen allen eine konstante Ordnung und Entsprechung besteht.

Der allgemeine Grundriß des Systems der **Monadologie** ist damit entworfen. Und von neuem tritt nunmehr hervor, daß es Leibniz' Begriff der **Erkenntnis** ist, der hier noch einmal eine charakteristische Ausprägung erfahren hat. Man hat gegen Leibniz' Lehre eingewandt, daß sie, indem sie alle Realität in die Tätigkeit des Vorstellens auflöse, damit alle unabhängige Materie der Vorstellung vernichte. Ist — so hat man gefolgert — der ganze Bestand des Alls nichts anderes als eine endlose Fülle vorstellender Wesen, so hat schließlich die Wirklichkeit keinen anderen Inhalt, als ein Vorstellen des Vorstellens, so droht sie sich schließlich in lauter leere Formen zu verflüchtigen. Dieser Einwand verkennt den Leibnizschen **Seinsbegriff**, weil er den **Wahrheitsbegriff** verkennt, den Leibniz zugrunde legt. Das Kriterium für die Wahrheit einer Idee — davon war ausgegangen worden — kann nicht darin gesucht werden, daß sie irgendeinem äußeren Gegenstande nachgeahmt ist. Wie vielmehr die abstrakte Wahrheit der notwendigen Wissenschaften auf einer bestimmten ,,Proportion" oder ,,Relation" der Ideen selbst beruht, so beruht auch die empirische Wahrheit einer einzelnen Erscheinung einzig auf ihrer **harmonischen Zusammenstimmung** mit den reinen Vernunftregeln und der Gesamtheit aller übrigen Beobachtungen. Der gleiche Gesichtspunkt, der hier für die Phänomene durchgeführt ist, beweist nunmehr seine Geltung in einer neuen Sphäre. Auch die metaphysische Realität der Erkenntnis besteht nicht darin, daß die verschiedenen vorstellenden Subjekte ein gemeinschaftliches äußeres **Objekt** besitzen, sondern daß sie in ihrer reinen **Funktion**, in der Kraft der Vorstellungserzeugung, aufeinander abgestimmt sind und miteinander in Zusammenhang stehen. —

Wir können den Aufbau der Leibnizischen Metaphysik hier nicht weiter verfolgen[1]), nur insoweit gehörte sie in den Kreis unserer Betrachtung, als sich in ihr die allgemeinen Züge des Leibnizischen Ideals des W i s s e n s widerspiegeln. Blicken wir jetzt auf die Gesamtentwicklung zurück, die Leibniz' philosophische und wissenschaftliche Forschung genommen, so erscheint nunmehr auch der Grundbegriff der H a r m o n i e in einem neuen Lichte. Das einzelne empirische Subjekt findet sich, sobald es auf sich selber und den Inhalt seiner Vorstellungen zu reflektieren beginnt, zunächst scheinbar einer wirren und beziehungslosen Vielheit von Eindrücken gegenüber. Indem es diese Mannigfaltigkeit fortschreitend ordnet, indem es von der Welt der sinnlichen Empfindung zur Welt der distinkten Begriffe des R a u m e s, der Z e i t und der Z a h l aufsteigt, um sich weiterhin zur Anschauung der lebendigen zwecktätigen Substanzen zu erheben, erwirbt es damit keinen völlig fremden S t o f f von außen hinzu, sondern gewinnt nur immer reichere und adäquate F o r m e n für die erkenntnismäßige Gestaltung und Deutung seines Bewußtseinsinhalts. Erst in diesem Akt der fortgesetzten gedanklichen Vereinheitlichung wird die Wahrheit des Seins erreicht: denn diese besteht in nichts anderem, als in dem durchgängigen E i n k l a n g dieser mannigfachen Gesichtspunkte der Betrachtung. Keiner dieser Gesichtspunkte ist entbehrlich; aber keiner besitzt auch ein alleiniges und ausschließliches Recht. Jede Phase, die erreicht wird, besitzt ihre eigentümliche r e l a t i v e Bedeutung, aber sie weist zugleich auf eine andere hin, die sich über sie erhebt und sie ablöst. Nur in diesem S t u f e n g a n g von Betrachtungsweisen erschließt sich uns der Gesamtinhalt der Wirklichkeit. So ist schon der Inhalt, den die Sinneswahrnehmung uns darbietet, kein leerer wesenloser Schein, wenngleich er, um der exakten wissenschaft-

---

[1]) Vgl. hierüber Leibniz' System, T. III, und die Einleitung zu Leibniz' metaphysischen Schriften: Hauptschr. II, 81 ff.

lichen Erkenntnis zugänglich zu werden, in reine Größenverhältnisse aufgelöst werden muß. (S. ob. S. 172 f.) So bildet weiterhin das Reich der **Größen** nur die Vorbereitung für das Reich der **Kräfte**, in dem wir die innere Verfassung des Alls von einem neuen Standpunkt aus erfassen. Und innerhalb dieses Kräftereiches selbst deuten wiederum die „niederen Substanzen," die nur der Ausdruck für die Einheit eines natürlichen Lebensprozesses sind, auf die höheren hin, in denen sich zugleich die bewußte Einheit einer moralischen „Persönlichkeit" offenbart. Wie alle diese intellektuellen Auffassungsweisen ineinandergreifen und sich übereinander aufbauen, gewinnt das **Sein** für uns immer reicheren Gehalt. Die echte Wirklichkeit kann nicht auf einmal ergriffen und abgebildet werden, sondern wir können uns ihr nur in immer vollkommeneren **Symbolen** beständig annähern. Noch einmal tritt somit die zentrale Bedeutung dieses Begriffs für das Ganze der Leibnizischen Lehre deutlich heraus. Der Wert, den der Gedanke der allgemeinen Charakteristik für das System besitzen muß, bestimmt sich nunmehr genauer. Es ist kein Zufall, der uns dazu drängt, die Verhältnisse der Begriffe durch Verhältnisse der „Zeichen" zu ersetzen; sind doch die Begriffe selbst ihrem Wesen nach nichts anderes als mehr oder minder vollkommene Zeichen, kraft deren wir in die Struktur des Universums Einblick zu gewinnen suchen. —

Daß damit ein eigentümlicher und spezifisch moderner Gedanke erreicht ist, wird sogleich ersichtlich, wenn man Leibniz an diesem Punkte mit seinen rationalistischen Vorgängern, mit Descartes und Spinoza, vergleicht. Für Descartes war die **Ausdehnung** mit der ersten Ausbildung seiner Metaphysik zur unabhängigen, für sich bestehenden Substanz geworden; für Spinoza bedeutet sie ein göttliches Attribut, das dem Attribut des Denkens gleichgestellt und nebengeordnet ist. Für Leibniz dagegen sind **Raum** und **Zeit** nichts anderes als ideelle **Ordnungen** der Erscheinungen, sie sind somit keine absoluten Realitäten, sondern lösen sich in die „Wahrheit von Beziehungen" auf[1]). „Raum und Zeit, Ausdehnung und Bewegung, sind — wie es in einem bezeichnenden Worte heißt — nicht Dinge, sondern Weisen der Betrachtung" (modi considerandi)[2]). So sehr gilt die Rückführung der Phänomene auf mechanische Vorgänge als ein bloßes Mittel der Methode, daß dieser schroff subjektive Ausdruck gewagt werden kann. Die Gültigkeit der mathematischen Grundbegriffe wird dadurch nicht angetastet; wissen wir doch, daß sie, wenngleich sie uns kein unbedingtes Dasein erschließen, doch an ihrem Orte innerhalb des Systems darum nicht minder notwendig sind. Die Begriffe selbst sind „real" und haben ein objektives Fundament, wenngleich sie nicht auf irgendwelche transscendenten Gegenstände gehen. In diesem Zusammenhange zeigt sich erst ganz, daß die „Versöhnung", die Leibniz zwischen Metaphysik und Mathematik, zwischen teleologischer und kausaler Auffassung anstrebt, nicht auf einer eklektischen Mischung des Inhalts beider Gebiete beruht. Nicht die Ergebnisse sollen einander äußerlich angepaßt, sondern ein und derselbe reale Zusammenhang soll unter verschiedene Gesichtspunkte der Beurteilung gestellt werden. Die Zwecke werden nicht einzeln als wirkende Kräfte in das ursächliche Geschehen hineingelegt, sondern die Gesamtheit dieses Geschehens wird, ohne daß seine immanenten Regeln gestört würden, als Sinnbild eines höheren geistigen Zusammenhangs gedeutet.

Selbst an diesem Punkte, an dem Leibniz sich der Aristotelischen Weltansicht wieder unmittelbar zu nähern scheint, behauptet er daher den originalen Grundgedanken, durch den er sich von der Scholastik unterscheidet. So nahe er in seinem Begriffe der „Entelechie" der organischen Naturauffassung des Aristoteles kommt, so ruht sie für ihn dennoch auf einem veränderten logischen Fundament und weist einen

---

[1]) Vgl. bes. an Clarke (1715); fünftes Schreiben § 47: „Ces choses ne consistent que dans la vérité des rapports et nullement dans quelque réalité absolue."

[2]) „Spatium tempus extensio et motus non sunt res, sed modi considerandi fundamentum habentes." Opusc. S. 522.

völlig neuen Typus der B e g r ü n d u n g auf. Leibniz geht von dem F u n k t i o n s b e g r i f f der neuen Mathematik aus, den er als Erster in seiner vollen Allgemeinheit faßt und den er schon in der ersten Konzeption von aller Einschränkung auf das Gebiet der Zahl und der Größe befreit. Mit diesem neuen Instrument der Erkenntnis ausgerüstet, tritt er an die Grundfragen der Philosophie heran. Und nun erweist es sich, daß es kein starres und totes Werkzeug ist, das er ergriffen hat; sondern je weiter er fortschreitet, um so mehr gewinnt es an innerem Gehalt und Reichtum. Der abstrakte mathematische Begriff der F u n k t i o n weitet sich zum H a r m o n i e b e g r i f f der Ethik und Metaphysik. Was zuvor als ein unversöhnlicher Gegensatz zur mathematisch-naturwissenschaftlichen Betrachtungsweise erschien, das erscheint jetzt als ihre Ergänzung und ihr ideeller Abschluß. Die überlieferte Metaphysik der „substantiellen Formen" erfährt indessen hier nur eine scheinbare Erneuerung. Denn trotz aller Zustimmung zu dem I n h a l t einzelner ihrer Hauptsätze: der E r k e n n t n i s b e g r i f f, auf dem sie ruht, ist endgültig überwunden. Die „oberflächliche" Ansicht, daß die „Formen" der Dinge es sind, die in den Geist eindringen und in ihm die Erkenntnis der Objekte erzeugen, wird von Leibniz in allen Phasen seines Denkens gleich rückhaltlos verworfen. Hier zum mindesten kennt er keine Möglichkeit der Vermittlung und Versöhnung. Leibniz selbst bezeichnet sein System mit Vorliebe als das „System der Harmonie". Die Harmonie aber bedeutet ihrem Grundsinne nach nicht lediglich das Verhältnis, das zwischen Leib und Seele, noch auch die Übereinstimmung, die zwischen den verschiedenen individuellen Substanzen und der Folge ihrer Vorstellungen besteht; sie geht vielmehr ursprünglich auf den Einklang zwischen den verschiedenartigen und wechselweise einander bedingenden ideellen Betrachtungsweisen, aus denen sich das Sein darstellen und deuten läßt. Auch Leibniz' Gottesbegriff mündet in seiner Vollendung in diesen Gedanken ein: bedeutet doch die Idee Gottes für Leibniz zuletzt nichts anderes, als den „Vernunftglauben" an eine innere Übereinstimmung zwischen dem „Reich der

Natur" und dem „Reich der Zwecke[1])." Die Gleichung „Harmonia universalis, id est Deus" bildet, lange bevor die eigentliche Monadologie konzipiert ist, einen Ausgangspunkt von Leibniz' Metaphysik[2]): sie bleibt zugleich der Zielpunkt, auf den die mannigfachen Richtungen der Forschung gemeinsam hinweisen und zustreben.

[1]) S. hierüber Albert G ö r l a n d , Der Gottesbegriff bei Leibniz. Ein Vorwort zu seinem System. (Philosoph. Arbeiten, hg. von H. Cohen und P. Natorp I, 3). Gießen 1907.
[2]) S. den Brief an Herzog Johann Friedrich v. Braunschweig (1671). Gerh. I, 61.

Drittes Kapitel.
Tschirnhaus.

Das Bild der Gesamtentwicklung des Rationalismus bliebe unvollständig, wenn wir einen Denker außer acht ließen, der — so wenig bleibend und nachhaltig der Eindruck seiner Lehre war — doch die geschichtlichen Hauptströmungen, die sich im siebzehnten Jahrhundert gegenüberstanden, am deutlichsten in sich vereint. Die Methodenlehre, die Ehrenfried Walter v. Tschirnhaus in seiner „Medicina mentis" niedergelegt hat, zeigt keine völlig neuen und originalen Züge. Sie ist in ihrem Grundgedanken, wie in ihrem gesamten Aufbau von Spinozas „Tractatus de intellectus emendatione" abhängig, und sie geht nur darin über ihn hinaus, daß sie die Theorie des Erfahrungswissens, deren Ausführung Spinoza gefordert und versprochen, die er indessen selber nicht mehr geleistet hatte, im Einzelnen zu begründen sucht. Wichtiger als die eigenen positiven Leistungen Tschirnhausens indessen ist die Rolle der geschichtlichen Vermittlung, die ihm zufiel. Er zuerst ist es, der Leibniz, gerade in der Epoche seiner ersten jugendlichen Empfänglichkeit, mit den Grundgedanken von Spinozas Prinzipienlehre bekannt macht und der damit die Entwicklung seiner Philosophie im positiven, wie im negativen Sinne bestimmt. Die Weiterbildung, die insbesondere Hobbes' und Spinozas Lehre von der genetischen Definition bei Leibniz gefunden hat, die ununterbrochene Stetigkeit der Gedankenentwicklung, die hier obwaltet, findet ihre historische Erklärung in der gemeinsamen Arbeit, die Leibniz und Tschirnhaus, wie aus ihrem Briefwechsel ersichtlich ist, in der Zeit ihres Pariser Aufenthalts diesem Teil der allgemeinen Methodenlehre gewidmet haben.

Aber eben diese Gemeinsamkeit der Aufgaben beleuchtet zugleich die spezifischen Unterschiede in der Forschungsart der beiden Denker. Wenn Leibniz überall durch den Gedanken der Universalwissenschaft geleitet wird, wenn er daher über die Algebra hinaus zu einer allgemeinen „Wissenschaft der Formen" fortstrebt, so ist es ein engeres Gebiet, das sich Tschirnhaus von Anfang an absteckt. Der Gegensatz, der hier besteht, ist namentlich in den späteren Phasen der Korrespondenz zum schärfsten Ausdruck gelangt. Immer von neuem betont Tschirnhaus hier, daß es ein vergebliches Bemühen sei, die abstrakten algebraischen Methoden, statt sie in sich selber zu verbessern und zu vollenden, prinzipiell überbieten zu wollen. Auch die Kombinatorik könne dieses Ziel niemals erreichen: sei sie doch selbst nichts anderes als die Wissenschaft von der Z a h l der möglichen Verknüpfungen und somit ersichtlich der allgemeinen Zahlenlehre untergeordnet. Auch gegenüber den eingehenderen Erläuterungen Leibnizens, der nunmehr seinen Gesamtplan in seiner ganzen Weite darlegt, verharrt er auf diesem Standpunkt[1]). Und er schildert in einem wichtigen Schreiben, das auf die gesamte Gedankenbewegung der Epoche helles Licht wirft, die Art, in der der Entwurf seiner Methode sich in ihm zuerst gestaltet und gefestigt habe. Er berichtet, wie in ihm, kaum daß er die ersten genauen Kenntnisse in der A l g e b r a erworben, der Wunsch rege geworden sei, ein Verfahren von gleicher unfehlbarer Sicherheit und von derselben Leichtigkeit der Handhabung auch für die übrigen Wissenschaften zu besitzen. Indem er diesem Ziele nachging, seien ihm zuerst die Schriften Descartes' in die Hände gefallen, in denen er sein allgemeines methodisches Ideal nahezu verwirklicht fand. Und mehr noch als die bekannten metaphysischen Hauptwerke habe auf ihn jener Brief Descartes' an Mersenne, in welchem von der Möglichkeit einer a l l g e m e i n e n p h i l o s o p h i s c h e n S p r a c h e die Rede ist, bleibenden Eindruck gemacht. Die Aufgabe, die nunmehr zurückblieb, aber bestand darin, das

---

[1]) S. Leibniz, Mathemat. Schriften IV, 459 ff.

noch unbekannte W ö r t e r b u c h dieser Sprache zu suchen: eine Aufgabe, über die er lange vergebens nachgesonnen, bis er endlich gefunden habe, daß das Vorbild eines derartigen Wörterbuchs eben in der Cartesischen G e o m e t r i e selber bereits fertig vorliege. Wie hier alle räumlichen Gebilde einem exakten algebraischen Kalkül unterworfen werden, so gelte es, das Gleiche für die Probleme der Natur durchzuführen, um zum höchsten Ziel alles Wissens zu gelangen. „Ich habe Dir — so fährt Tschirnhaus in seinem Briefe an Leibniz fort — wie Du sicherlich wissen wirst, dieses Schreiben Descartes' an Mersenne gezeigt und mit Dir darüber wiederholt diskutiert; ich erinnere mich aber, daß unser Gespräch immer damit endete, daß Du die Methode a u f a l l e D i n g e d e r W e l t ausdehnen wolltest . . ., während mein Gedanke vorzüglich darauf gerichtet war, ein Verfahren zu gewinnen, das es gestattet, die Probleme der P h y s i k in derselben Weise zu behandeln und aufzulösen, wie sämtliche Fragen der M a t h e m a t i k vermittelst der Algebra zur Auflösung gelangen[1])."

In dieser B e g r e n z u n g des Themas liegt Tschirnhaus' eigentliche und charakteristische Leistung. Er geht durchaus von den Voraussetzungen des Rationalismus aus: „wahr" heißt auch ihm nur das, was wir nicht lediglich in der Wahrnehmung vorgefunden, sondern aus seinen allgemeinen logischen Gründen entwickelt haben. Jede Erklärung irgend eines Einzeldinges muß die Erkenntnis seiner nächsten Ursache einschließen und von ihr weiterhin zur Einsicht in die Gesamtheit seiner näheren und ferneren Bedingungen aufsteigen. Wer sich dieser Bedingungen versichert hat, wer den Gegenstand, den er betrachtet, nicht nur aus irgendeiner einzelnen Beschaffenheit kennt, sondern ihn nach der Art seines Aufbaus durchschaut, der erst vermag ihn begrifflich und sachlich vollkommen zu beherrschen. „Denn eine Sache begreifen, ist nichts anderes, als die Tätigkeit vermöge deren wir sie vor uns im Geiste entstehen lassen, und was immer von einer

---

[1]) Tschirnhaus an Leibniz (1678), a. a. O. IV, 474 ff.

Sache begriffen werden kann, ist lediglich die erste Art ihrer Bildung oder, besser gesagt, ihre Erzeugung. Soll also die Definition die schlechthin erste Grundlage für all das bilden, was sich von einer Sache begreifen läßt, so muß notwendig jede gute und rechtmäßige Definition eine Erzeugung in sich schließen. Hier besitzen wir also eine unfehlbare Regel, nach der wir nicht nur wissenschaftliche, d. h. Wissenschaft schaffende Definitionen aus eigener Kraft feststellen, sondern auch Erklärungen, die von anderen vorgebracht werden, nach ihrem wahren Werte abschätzen können[1])." Die vollendete Analysis der Dinge ist daher mit der Fähigkeit zu ihrer synthetischen Hervorbringung gleichbedeutend: wer die rechte Definition des Lachens besitzt, der wird das Lachen auch nach Belieben hervorzurufen verstehen. Wenn hier der reinen begrifflichen Einsicht unmittelbar die Kraft zugestanden wird, das empirische Sein zu p r o d u z i e r e n, so muß andererseits alle unsere Bildung und Verknüpfung von Begriffen ihren Weg und ihre alleinige R i c h t u n g eben nach diesem empirischen Inhalt hin nehmen. Das höchste Ziel, das alle unsere rationalen Methoden sich stecken können, ist eben die Erfahrung selber und ihre gesetzliche Struktur. So betont Tschirnhaus — und dies ist die fruchtbarste Einsicht, die er gewinnt — unablässig die strenge K o r r e l a t i o n zwischen dem „apriorischen" und dem „aposteriorischen" Wege der Begründung. „Induktion" und „Deduktion" sind nicht zu trennen, sondern sie bedürfen und ergänzen einander wechselseitig. Das Experiment ist nichts anderes als eine Hilfe und ein Regulativ der Begriffsbildung, wie andererseits der echte Begriff vor allem der Schlüssel zu neuen tatsächlichen Beobachtungen sein will. Wir beginnen damit, die „Möglichkeiten" der Erzeugung einer Sache zuerst rein abstrakt und hypothetisch im Geiste zu erwägen und ihnen bis in ihre letzten Verzweigungen nachzugehen. Wenn indessen, je näher wir dem besonderen sinnlichen Sein kommen,

---

[1]) T s c h i r n h a u s, Medicina mentis sive Artis inveniendi praecepta generalia. Editio nova, Lips. 1695, S. 67 f.

die Bedingungen immer komplizierter, die Wege immer schwerer zu überschauen werden, so bedienen wir uns der methodischen Beobachtung, um durch sie unsere allgemeinen begrifflichen Entwürfe zu begrenzen und zwischen ihnen eine sichere A u s w a h l zu treffen. Die Erfahrung d e ‑ t e r m i n i e r t unseren Begriff, ohne sich ganz und ausschließlich an seine Stelle zu setzen. Erst wenn das Experiment in dieser Weise aufgefaßt und beurteilt wird, kann es für unsere Einsicht in die Gründe des Geschehens wahrhaft förderlich werden, kann es zu Ergebnissen gelangen, die den bloßen Empirikern, die ihre Versuche ohne Leitung der Vernunft anstellen, für immer versagt bleiben[1]). Es ist auch hier nur die Erfahrungslehre Descartes', die Tschirnhaus annimmt und weiter ausbaut. (S. Bd. I, S. 476 ff.) Aber er hat ihr durch die Klarheit, mit der er sie entwickelt und durch die prinzipielle Schärfe, mit der er sie von allem Metaphysischen loslöst, eine weitere geschichtliche Wirksamkeit gesichert, als sie zunächst innerhalb des engeren Kreises der Cartesischen Schule entfalten konnte. Insbesondere die d e u t s c h e vorkantische Philosophie knüpft in ihren bedeutendsten Vertretern, wie vor allem in L a m b e r t, ersichtlich an Tschirnhaus an, um die Grundsätze seiner Erfahrungstheorie für die Methodik der Einzelwissenschaften fruchtbar zu machen. —

Die Aufstellung der allgemeinen Forderung einer kritischen Erfahrungslehre bei Tschirnhaus ist freilich mit der

---

[1]) „Antequam rem quandam, cujus generatio hactenus ope regularum modo ostensarum nondum innotuit ulterius prosequamur: omnium prius rerum generationes a priori ope elementorum physices sunt considerandae. Ubi vero eo perventum est, ut intellectui impossibile sit, prae nimia rerum particularium varietate progredi, tunc demum juxta has generales canones, qui ope veraePhysices conduntur . . experimenta rursus constituenda suht, quae tunc non poterunt non singularia producere: taliaque inde determinabuntur, qualia praestare omnibus Empiricis, utpote absque ratione experimenta sua dirigentibus, absolute est impossibile." Medicina mentis S. 88; zum Verhältnis von „Induktion" und „Deduktion" bei Tschirnhaus vgl. bes. W i n d e l ‑ b a n d , Gesch. d. neuer. Philos.³ I, 197 f., sowie V e r w e y e n , T. als Philosoph, Bonn 1905, S. 118 ff.

Erfüllung dieser Forderung nicht gleichbedeutend. Die inneren Schwierigkeiten, die der Ausbildung dieser Lehre entgegenstanden, treten an Tschirnhaus' Beispiel klar hervor. Sie sind vor allem darin begründet, daß das Objekt, um das es sich handelt, daß der Begriff der **Realität** selbst noch nicht zur unzweideutigen Bestimmung gelangt ist. Der Inbegriff des Denkbaren wird in drei Klassen zerlegt: in die sinnlich-anschaulichen, in die rationalen oder mathematischen, und in die physischen oder realen Dinge. Während die Vorstellungen der ersten Klasse, die Inhalte der Sinnlichkeit, sich dem Geiste wider seinen Willen und ohne sein Zutun von außen aufdrängen, sind die der zweiten reine Schöpfungen des Geistes selbst, die keines äußeren Originals bedürfen. Es ist lediglich der Akt der genetischen Konstruktion, der sie hervorbringt und der ihnen alle Bestimmtheit ihres Inhalts verleiht. Die Gebilde, die auf diese Art entstehen, lassen indessen stets eine **Mehrheit von Erzeugungsweisen** zu, die sämtlich untereinander äquivalent sind und zum gleichen Ergebnis führen. Ob wir den Kreis durch die Bewegung einer Geraden um einen festen Endpunkt, oder aber durch einen Kegelschnitt erzeugt denken, ist für seinen reinen mathematischen Begriff gleichbedeutend. Diese **Vieldeutigkeit** nicht sowohl des Inhalts, als der Art seiner Hervorbringung, ist bei der dritten Gruppe von Wesenheiten, bei den „Entia Realia seu Physica" überwunden. Was sie von den bloßen „Gedankendingen" trennt, ist eben dies, daß wir sie nur auf eine **einzige** Art und aus einer einzigen Ursache entstanden denken können. Die Begriffe, die wir von ihnen entwerfen, hängen daher in keiner Weise von unserer Willkür, sondern lediglich „von der eigenen Natur der Gegenstände selbst ab", es sind Begriffe, die nicht sowohl **durch uns** zu bilden, als vielmehr nur mit unserer **Mitwirkung** und Hilfe gebildet sind[1]). „Von dieser

---

[1]) „Denique observo me quorundam entium habere cogitationes, quae quidem a me optime, non tamen instar praecedentium rationalium varia, sed unica tantum ac constanti ratione concipiuntur; adeoque deprehendo ejusmodi cogitationes nullatenus varie ad libitum formari posse, sed absolute a propria eorundem entium natura dependere,

Art ist z. B. alles das, was wir als **materiell** denken, d. h. alles, was nicht eine reine oder durchdringbare Ausdehnung, wie es die mathematische ist, sondern eine undurchdringliche Ausdehnung, wie es die aller Körper ist, voraussetzt." Deutlich läßt sich erkennen, wie in dieser Unterscheidung zwei verschiedene gedankliche Tendenzen ineinander verwoben sind. Auf der einen Seite gilt es, eine Differenz der **Erkenntnis** zu bezeichnen: Tschirnhaus unterscheidet scharf zwischen der Fähigkeit des **Intellekts** und der **Einbildungskraft**, zwischen demjenigen, was von uns wahrhaft „konzipiert" und dem, was von uns nur sinnlich „perzipiert" werden kann. Jeder Inhalt bietet uns Merkmale dar, die einer rein begrifflichen Fixierung fähig sind, während andere sich dem Versuche einer derartigen Bestimmung entziehen. So besitzen wir von Ausdehnung, Gestalt und Bewegung distinkte und klare Einsichten, während die rote Farbe eines Gegenstandes, wenngleich aufs klarste perzipiert, doch niemals ein Objekt wirklichen wissenschaftlichen Begreifens werden kann, da sie in jedem empfindenden Individuum verschieden ist und somit keinerlei **allgemeingültige** Erkenntnis zuläßt[1]). Und es gibt eine Unendlichkeit von Inhalten, von welchen das Gleiche gilt, bei welchen wir also von Anfang an darauf verzichten müssen, sie begrifflich völlig durchsichtig und faßbar zu machen. Dieser methodische Unterschied aber steigert sich weiterhin zu einem metaphysischen Gegensatz der Seinsarten. Es fehlt bei Tschirnhaus der tiefe Gedanke, von dem Leibniz in seinem Entwurf der „Scientia generalis" geleitet war: der Gedanke, daß die besonderen „Tatsachenwahrheiten" nicht den absoluten Gegensatz zu den rationalen Erkenntnissen, sondern vielmehr das Material und die **Aufgabe** für die ins Unendliche fortschreitende Betätigung der allgemeinen Methoden bilden. (S. ob. S. 179 ff.) So bleibt ihm ein Gebiet zurück, das aus

---

ut non a me formandae, sed potius quasi mecum formatae dici posse videantur harumque objecta non nisi ut existentia possint concipi." Medicina mentis, S. 76.

[1]) Medicina mentis S. 41 ff. u. ö.

dem Kreise, den seine logische Theorie zieht, prinzipiell herausfällt, und das sich doch immer deutlicher als der eigentliche Bereich des „wirklichen", des empirisch-physikalischen Seins ausweist.

Aus diesem Mangel, der für Tschirnhaus selbst, je weiter er schritt, um so fühlbarer werden mußte, erklären sich die mannigfachen Vermittlungsversuche, die er unternimmt, um die beiden getrennten Sphären, um Vernunft und Erfahrung wiederum zu einer sachlichen Einheit zusammenzuschließen. Und da eine vollständige logische Auflösung des „Tatsächlichen" nicht gelingt, so muß nunmehr der umgekehrte Weg beschritten werden, indem die Prinzipien, auf denen alle Deduktion ruht, selbst wiederum als Ergebnisse der „inneren Erfahrung" behauptet werden. So sind es zuletzt vier grundlegende Tatsachen der Selbstbeobachtung, auf welche Tschirnhaus seinen gesamten Aufbau stützt. Daß sich mannigfache Inhalte des Bewußtseins in uns finden; daß die einen von ihnen uns lustvoll, die anderen uns schmerzlich berühren; daß bestimmte Verknüpfungen für unser Denken sich als möglich, andere als unmöglich erweisen, und daß es schließlich sinnliche Vorstellungen in uns gibt, die nicht aus uns selbst stammen, sondern von außen in uns gewirkt werden: dies alles bedarf keines begrifflichen Beweises, da es in sich eine unmittelbare Evidenz besitzt, die durch abstrakte Gründe weder widerlegt, noch überboten werden kann. Die „Deduktion" vermag nichts anderes, als all unser Wissen auf diese Grunderfahrungen zurückzuführen; sie vermag deren eigentlichem I n h a l t nichts hinzuzufügen. Es kann kein höheres Kriterium der Wahrheit geben, als den inneren psychologischen Zwang, der uns dazu nötigt, ein bestimmtes Subjekt immer mit einem bestimmten Prädikat zusammenzudenken, oder der uns irgendwelche geforderte Vorstellungsverbindung als unmöglich und widerstreitend erscheinen läßt. Solange wir uns einzig auf diese Grundlage stützen, sind wir jeder Gefahr der Täuschung überhoben. „Hieraus ist denn auch offenbar, daß jeder Begriff oder, wie andere es nennen, jede Idee nicht etwas Stummes ist, wie ein Bild auf einer Tafel, sondern daß sie notwendig stets eine Bejahung oder Verneinung einschließt. Denn Bejahen und Verneinen sind nichts anderes als der Ausdruck, kraft dessen wir kundtun, daß wir innerlich in unserem Geiste etwas denken können oder nicht denken können. Zwischen Sein und Nicht-Sein besteht also kein anderer Unterschied, als zwischen Möglichkeit und Unmöglichkeit oder zwischen dem, was sich denken und nicht denken läßt." So bezeichnen die obersten logischen Regeln, wie z. B. der Satz des Widerspruchs, nicht sowohl ein Gesetz der D i n g e , als vielmehr ein Gesetz unseres B e g r e i f e n s : sie stellen fest, welche Gedanken sich tatsächlich in unserem aktuellen Denken v o l l z i e h e n lassen und welche anderen unvollziehbar bleiben[1]).

Daß mit dieser Konsequenz, streng genommen, der Begriff der Wahrheit r e l a t i v i e r t wird, daß es nunmehr von der empirischen Beschaffenheit des „Denkvermögens" abhängt, was als „wahr" und „falsch" zu gelten habe: diesen Schluß, der freilich seinem Ausgangspunkt unmittelbar zuwider gewesen wäre, hat Tschirnhaus nicht gezogen. Um die Lücke zu füllen, die zwischen dem logischen und dem psychologischen Wahrheitskriterium bestehen bleibt, tritt jetzt eine metaphysische Behauptung ein. Was immer wir nicht nur sinnlich perzipieren, sondern klar und deutlich begreifen, dessen Geltung dürfen wir auch auf alle anderen denkenden Wesen erstrecken: besteht doch alle individuelle Verschiedenheit unter den Menschen nur in dem Vermögen der Sinnlichkeit und der Einbildungskraft, während der „Intellekt" in ihnen nur einer ist und stets denselben Bedingungen gehorcht[2]). Man sieht, wie die unverbrüchliche Identität und Unwandelbarkeit der reinen „Vernunftregeln" hier nicht erwiesen, sondern erschlichen wird. Tschirnhaus betrachtet es als den wesentlichen Fortschritt, den er über Descartes hinaus gewonnen habe, daß er die Kennzeichen der „wahren Vorstellung" nicht nur abstrakt bezeichnet, sondern auch den Weg gewiesen habe, wie man im e i n -

---

[1]) Medicina mentis, S. 35 ff.
[2]) a. a. O. S. 37 f., S. 59 u. s.

z e l n e n F a l l e sich vergewissern könne, ob irgendein Satz, der den Schein der Evidenz besitzt, auch objektiv allgemeingültig sei[1]). Es genügt nicht, wenn man uns sagt, daß all das, was wir „klar und deutlich" begreifen, wahr sei: wir müssen auch ein sicheres Unterscheidungsmerkmal dafür besitzen, ob ein Inhalt, der sich uns mit dem Anspruch der Klarheit und Notwendigkeit aufdrängt, auch wahrhaft „gedacht", nicht nur sinnlich vorgestellt und „imaginiert" ist. Und dieses Merkmal kann nirgends anders, als in der a l l g e m e i n e n M i t t e i l b a r k e i t gefunden werden. Jede e c h t e begriffliche Einsicht muß sich, da sie aus dem allen gemeinsamen Quell des reinen Verstandes herstammt, jedem anderen ebenso deutlich machen lassen, als sie es uns selber ist. Wo diese Probe versagt, da dürfen wir sicher sein, daß trotz alles subjektiven Zutrauens, das wir zu unserer Vorstellung hegen mögen, eine sachliche Gewähr ihrer Notwendigkeit nicht besteht[2]). Aber man erkennt leicht, daß sich gegen diesen Versuch einer Umbildung des Cartesischen Wahrheitsprinzips alsbald die gleichen Bedenken erheben müssen. Ist die „allgemeine Mitteilbarkeit" eines gedanklichen Inhalts nur durch Induktion festzustellen, fordert sie somit, daß wir die einzelnen Individuen gesondert betrachten und befragen? Oder genügt ein e i n z e l n e s Beispiel, um uns alsbald der G e s a m t h e i t aller Fälle zu versichern und jede widerstreitende Instanz für immer auszuschließen? Gilt das erste, so ist niemals jene unbedingte und abschließende Gewißheit zu erreichen, die Tschirnhaus fordert; gilt das zweite, so ist damit wiederum die Wahrheit allgemeiner M a x i m e n d e r I n d u k t i o n erwiesen, deren Grund nicht in der Aufreihung einzelner Beobachtungen zu suchen ist. Tschirnhaus hat derartige Maximen nicht geleugnet; aber er hat sich der Forderung entzogen, sie logisch im einzelnen darzulegen und zu begründen, da sie für ihn selber durch das metaphysische Axiom von der durchgängigen Gleichartigkeit der „Vernunft" ersetzt und entbehrlich gemacht werden. —

---

[1]) S. bes. Medicina mentis, S. 290.
[2]) a. a. O. S. 45 f.

So ist denn bei ihm die Harmonie, die er zwischen Vernunft und Erfahrung herzustellen sucht, lediglich ein Postulat geblieben. Seine Leistung besteht darin, daß er die wissenschaftliche Erfahrung als das zentrale Problem heraushebt und hinstellt, auf welches auch alle „apriorischen" Methoden dauernd gerichtet sein müssen. Die Physik gilt ihm als der Inbegriff aller echten Erkenntnis; sie ist es, die all das, was Logik und Mathematik, ja was Metaphysik und Theologie nur jemals erstrebt haben, erfüllt und zum Abschluß bringt. Alle anderen Wissenschaften sind menschlicher Art und Herkunft; sie entwickeln nur Gesetze, die von unserem eigenen Intellekt geformt sind und die daher nicht sowohl für die Gegenstände, als für uns allein Geltung besitzen. „In ihr allein dagegen enthüllen sich uns die Gesetze, die Gott seinen Werken einverleibt hat und die somit nicht von unserem Verstande, sondern von Gott selbst und seinem realen Sein abhängen, so daß die Betrachtung der Werke der Physik nichts anderes als die Betrachtung der Wirksamkeiten Gottes ist[1])." Eine solche Schätzung, eine solche Ausnahmestellung der Physik mußte innerhalb des Rationalismus selbst erkämpft werden, wenn er seinen eigensten modernen Aufgaben gerecht werden wollte.

---

[1]) a. a. O. S. 280 ff.

Viertes Kapitel.
Der Rationalismus in der englischen Philosophie.

I.

Wenn man die Fortbildung des Rationalismus von H o b b e s zu S p i n o z a, von S p i n o z a zu L e i b n i z und T s c h i r n h a u s verfolgt, so ergibt sich hier das Bild einer völlig geschlossenen Gedankenentwicklung. In der Lehre von der Definition, in ihrer Ansicht vom Wert und Ursprung des Begriffs besitzen diese Denker einen gemeinsamen Mittelpunkt, auf den ihre Fragestellung, trotz der verschiedenen Richtungen, in denen sie weitergeht, bezogen bleibt. Neben dieser Hauptrichtung des Fortschritts aber stehen andere Gedankenkreise, die zunächst relativ isoliert bleiben und die sich daher an allgemeiner geschichtlicher Wirkung mit ihr nicht messen können, die aber nichtsdestoweniger für den Fortgang des allgemeinen Problems nicht ohne Bedeutung geblieben sind. In der englischen Philosophie insbesondere lagen von Anfang an, neben der Richtung auf die Erfahrungswissenschaft, Keime einer rationalistischen Denkweise, die sich sodann unter der Einwirkung der Cartesischen Lehren mehr und mehr entfalteten. Von Hobbes, in dem man nicht den Logiker und Methodiker, sondern lediglich den Metaphysiker und „Materialisten" sieht, hält diese gedankliche Bewegung sich fern. Wo sie eine direkte geschichtliche Anknüpfung sucht, da geht sie entweder auf Descartes oder mit immer entschiedenerer enthusiastischer Verehrung auf Platon zurück. So bildet sich hier allmählich, außerhalb der bekannten Hauptsysteme der englischen Philosophie, eine eigene Gedankenrichtung heraus, die auf diese Systeme selbst im positiven, wie im negativen Sinne mannigfach einwirkt. Insbesondere ist es

Locke, der dieser Lehre das Schema des Rationalismus entnimmt, das er bekämpft, während er auf der anderen Seite doch, in der Entscheidung bestimmter spekulativer Einzelfragen, von den Denkern dieses Kreises, insbesondere von der Schule von Cambridge, abhängig bleibt[1]). In der Betrachtung dieser Zusammenhänge, in welchen die strenge Scheidung der philosophischen Schulen durchbrochen wird, erschließt sich erst der Einblick in die Stetigkeit des Entwicklungsganges der neueren Philosophie.

Die Frage nach den apriorischen Grundlagen der Erkenntnis gehört bereits den ersten Anfängen der englischen Philosophie an; aber es ist bezeichnend, daß sie nicht lediglich aus abstrakten logischen Erwägungen erwächst, sondern ursprünglich aufs engste mit ethischen und religiösen Gedanken verflochten ist. Die Forderung eines festen und allgemeingültigen Grundes sittlicher Normen ist es, die zu ihr hindrängt und die ihr Kraft und Nachdruck gibt. In Herbert v. Cherburys Werk „de Veritate" (1624) tritt dieser Zusammenhang aufs deutlichste hervor. Das Streben nach der wahrhaften Einheitsreligion, die sich, über alle Besonderheit und Vereinzelung der verschiedenen Kulte hinweg, erheben soll, bildet das entscheidende Motiv der Untersuchung. Der sittliche Grundgedanke des Humanismus treibt zu einer neuen theoretischen Begründung des Wahrheitsbegriffs. Eine schlechthin allumfassende Gemeinschaft, eine wahrhafte universale Kirche soll herrschen, wie es nur Eine Menschheit und Eine Vernunft gibt. Diese echte „katholische" Kirche aber wird nicht konstituiert durch Menschen, die in Wort oder Schrift ihre eigenen, eingeschränkten Lehrmeinungen stürmisch verkünden, noch durch irgendwelche Sondergemeinschaften, die in enge räumliche und zeitliche Grenzen eingeschlossen, nur unter einem einzelnen beschränkten Wahrzeichen streiten. Die einzige katholische, die einzige sich selbst überall gleiche Kirche ist die Erkenntnis jener allgemeinen Wahrheiten,

---

[1]) Näheres hierüber bei G. v. Hertling, John Locke und die Schule von Cambridge, Freiburg i. B. 1892.

die an keinen einzelnen Ort und an keine einzelne Zeit gebunden sind. „Denn sie allein breitet die universelle göttliche Vorsehung, breitet die Weisheit der Natur vor uns aus; sie allein zeigt, warum Gott unser aller gemeinsamer Vater genannt wird, außerhalb dessen kein Heil ist. Alles Lob, dessen sich die besonderen Kirchen rühmen, gebührt somit in Wahrheit dieser Lehre. Je weiter man sich von ihr entfernt, um so mehr verfällt man dem Irrtum; man entfernt sich aber von ihr, sobald man sich von den sicheren allgemeingültigen Wahrheiten der göttlichen Vorsehung hinweg zu ungewissen Meinungen verlocken läßt, die man zu neuen Glaubensdogmen umschmiedet[1].“ Die Offenbarung mag der Wahrheit, die sich uns hier in den rationalen Begriffen erschließt, manche besonderen konkreten Züge hinzufügen und dadurch ihr Bild für die verschiedenen Zeiten und Völker im einzelnen verschieden gestalten; aber sie vermag ihr weder zu widersprechen, noch sie zu begründen. Keine Religion kann eine schlechthin alleingültige, auszeichnende Offenbarung aufweisen, die nicht auch alle anderen für sich in Anspruch nehmen könnten; das eigentliche Kriterium der Entscheidung ist also immer aufs neue in den unwandelbaren Grundsätzen der Vernunft zu suchen, die stets und überall die gleichen sind.

Damit indessen dieser Wert sich behaupte, müssen wir ihn bis auf seinen letzten physischen und metaphysischen Ursprung zurückverfolgen; müssen wir den Gemeinbegriffen ihren Halt und gleichsam ihren substantiellen Untergrund in einem allgemeinen seelischen „Vermögen" geben, das seinerseits wieder im bestimmten Zusammenhang mit der göttlichen Allnatur zu denken ist. So wird die Vernunft für Herbert zu einer N a t u r m a c h t, die in allem Sein und in allem Denken wirksam ist. Wie es eine und dieselbe Kraft ist, die

---

[1]) H e r b e r t v. C h e r b u r y, De veritate, prout distinguitur a revelatione, a verisimili, a possibili et a falso. (Zuerst: 1624), London 1633, p. 222 f. — Über Herbert vgl. bes. D i l t h e y, Die Autonomie des Denkens, der konstruktive Rationalismus und der pantheistische Monismus nach ihrem Zusammenhang im 17. Jahrhundert. Arch. f. Gesch. d. Philos. Bd. VII.

in der Bildung der Mineralien oder in der der Pflanzen und Tiere wirkt, so ist auch das Denken der einzelnen Individuen getrieben und geleitet von einem gemeinsamen natürlichen Instinkt. Dieser Instinkt, der von den Launen und der subjektiven Willkür des diskursiven Denkens unberührt ist und sich daher stets in streng gleichförmiger und notwendiger Weise betätigt, bildet das wahrhafte Siegel der ewigen Weisheit, die in uns eingeschrieben ist[1]). In ihm besitzen wir implizit bereits all das, was die abstrakte logische Arbeit später nur entwickelt und ans Licht stellt. Schon im Embryo waltet als dunkle Naturkraft das Vermögen, aus dem sich weiterhin in stufenweiser Entwicklung alle unsere rationalen Begriffe erzeugen. Der Instinkt bildet somit, im logischen wie im zeitlichen Sinne, die ,,Antizipation" der Erfahrung[2]). Wir brauchen nur alles, was uns von den äußeren sinnlichen Dingen kommt, abzutrennen, um in demjenigen, was uns alsdann zurückbleibt und was nicht auf diesem Wege erklärt und abgeleitet werden kann, ein ursprüngliches geistiges Besitztum zu entdecken. Wer dies einmal begriffen hat, hat ein wahrhaft Göttliches erlangt. ,,Was du mit dir selber an die Objekte heranbringst, das ist die väterliche Mitgift der Natur und das Wissen des natürlichen Instinktes. Von dieser Art sind die Kennzeichen, vermöge deren wir in der Beurteilung der äußeren Welt Wahr von Falsch und in der Beurteilung der inneren Gut von Böse unterscheiden. Wie aber die seelischen Vermögen des Sehens und Hörens, des Liebens und Hoffens, wenn es an Objekten fehlt, die ihnen entsprechen, in uns stumm bleiben und sich durch kein Zeichen nach außen hin bekunden: so gilt das Gleiche von den all-

---

[1]) De veritate S. 41 f., S. 66 u. s.
[2]) A. a. O. S. 60: ,,Instinctus enim naturalis prima, discursus ultima est facultatum. Ideo in Elementis Zoophytis et in ipso demum Embryone propriam conservationem procurat facultas ista, q u a e g r a d a t i m   d e i n c e p s   s e s e   a d   o b j e c t a   e x p l i c a n s n o t i o n e s   d i s c u r s u s   u b i q u e   a n t i c i p a t; ideo in domo secundum regulas Architectonicas exstructa, pulchrum symmetriae prius ab instinctu naturali percipitur, quam ipsa ratio, quae ex proportionibus partium, et inter se et ad totum, operose, neque tamen sine auxilio notitiarum communium perficitur."

gemeinen Grundwahrheiten (notitiae communes), d i e d o c h
s o w e n i g E r f a h r u n g e n s i n d, d a ß w i r v i e l -
m e h r o h n e s i e n i c h t s z u e r f a h r e n v e r -
m ö g e n." Die Fähigkeit, nicht nur von den Dingen zu leiden,
sondern auch auf sie zu wirken und ihnen tätig gegenüberzutreten: diese Fähigkeit, deren wir uns bewußt sind,
kann nicht selbst wieder in den Dingen ihren Ursprung haben.
Der Geist gleicht nicht einer leeren Tafel, sondern einem
geschlossenen Buch, das sich zwar nur auf einen Anstoß von
den Gegenständen der Außenwelt eröffnet, das aber in sich
selbst bereits einen reichen und eigentümlichen Inhalt des
Wissens birgt. (S. 53 f.) Die Grundbegriffe der Erkenntnis,
die jedem von uns gemeinsam sind, richten sich a u f die
Objekte und werden erst von ihnen geweckt, aber Torheit
wäre es, zu glauben, daß sie m i t den Objekten in uns eindringen und von unserem Geiste Besitz ergreifen[1]). Die
Wahrheit der „Sache" mag bestehen, worin sie will: sie hilft
uns nichts und kann uns nichts bedeuten, wenn sie nicht
eine Wahrheit für uns, für unser W i s s e n geworden ist.
Was immer den Anspruch der Wahrheit erhebt, muß das
Zeugnis irgendeines geistigen „Vermögens" für sich anführen
können und gilt nur relativ zu diesem Zeugnis. „Unsere
gesamte Lehre von der Wahrheit führt sich also zurück auf
die rechte Festigung und Begründung (confirmatio) dieser
Vermögen, deren Mannigfaltigkeit, entsprechend den Unterschieden in den Objekten, jeder in sich selbst erfährt." Die
Bedingungen, unter welchen die inneren Kräfte des
Geistes mit den Außendingen übereinstimmen, gilt es vor
allem zu erforschen. (S. 5 f.) „Was durch diese Kräfte nicht
als wahr, als adäquat, als allgemeingültig und notwendig
eingesehen werden kann, das kann auf keine Weise bewiesen

---

[1]) „Vocantur autem notitiae communes, quia in omni homine
sano et integro, modo objecta sive rerum, sive verborum, sive signorum
constent; ad objecta enim excitari notitias communes, ipse sensus . .
docet: neque igitur c u m objectis ipsis invehi, vel delirus quispiam
existimaret unquam: Restat, ut in nobis a natura describantur et ut,
ista lege, explicentur (quae aliter in nobis silere possunt) notitiae communes." A. a. O. S. 47 f.

werden: so daß gegenüber dem, was die Bücher uns darbieten, immer wieder die Frage zu erheben ist, auf welches Vermögen der Erkenntnis sie ihre Behauptungen stützen." Diese eine Frage gestattet mit wunderbarer Leichtigkeit, alle bloßen Erdichtungen und Meinungen abzuscheiden und Wahrscheinlichkeit und Wahrheit von einander zu sondern. (S. 38.) In all diesen Entwicklungen hat Herbert zwar der s t o i s c h e n Lehre von den κοιναὶ ἔννοιαι keinen sachlich völlig neuen Zug hinzugefügt; aber er hat durch die Energie und Klarheit, in der er den Wahrheitsbegriff in den M i t t e l p u n k t all seiner Untersuchungen stellt, dennoch ein echt modernes Interesse bekundet und die Fragestellung der künftigen Erkenntnistheorie vorbereitet. —

Ein zweites Moment des gedanklichen Fortschritts ist in der Gesamtentwicklung des englischen Rationalismus gegeben, indem die Analyse des Wahrheitsbegriffs durch die des D i n g b e g r i f f s ergänzt wird. Seit den grundlegenden Untersuchungen in Descartes' Meditationen[1]) gewinnt diese Frage immer mehr an Prägnanz und Klarheit. Die scholastischen Voraussetzungen, von denen aus sie zunächst gestellt wird, treten mehr und mehr zurück und eine neue kritische Betrachtung kündet sich an. In eigentümlicher und paradoxer Weise tritt diese Mischung mittelalterlicher und moderner Züge bei einem englischen Denker des siebzehnten Jahrhunderts zutage, in dessen Physik und Metaphysik sich Aristotelische Einflüsse und Lehrmeinungen mit Ergebnissen der neueren Mechanik und Physik durchdringen. Das Werk S i r K e n e l m D i g b y s über die Natur und Unsterblichkeit der Seele (1644) wird durch dieses Ineinandergreifen verschiedenartiger Motive zu einem typischen geschichtlichen Dokument. Digby ist ein persönlicher Freund Descartes' und mit dessen Lehre vertraut: so bietet er denn auch eines der frühesten Beispiele dar, wie die neue idealistische Denkweise innerhalb der scholastischen Tradition selbst zur Geltung kommt und zu einer Umgestaltung des Problems der Erkenntnis führt. —

---

[1]) Vgl. Bd. I, S. 486.

Digby geht von der scholastischen Erklärung aus, nach welcher die Wahrheit in der „Übereinstimmung des Intellekts mit den ihm gegenüberstehenden Dingen" besteht[1]); aber er überwindet diese Auffassung, indem er sie verschärft und überbietet. Die gewöhnliche Lehre, daß die Objekte nur mit einem Teil ihres Seins in die Seele eingehen, daß es nur „Bilder" von ihnen sind, die dem Geist unmittelbar gegeben und seiner Betrachtung unterworfen sind, wird von ihm entschieden verworfen. Wir müssen uns zu der vollen Konsequenz verstehen, daß die Sache selbst ihrer eigensten Natur und ihrer uneingeschränkten realen Beschaffenheit nach in das erkennende Ich übergeht. Wie dieser Übergang sich vollzieht, wie es möglich ist, daß die körperlichen Dinge in ihrer vollen Wesenheit und dennoch auf unkörperliche Weise in uns existieren, dies ist und bleibt freilich ein Geheimnis, das sich niemals völlig enträtseln lassen wird; aber eben dieses „Mysterium" bildet die Voraussetzung all unseres Wissens[2]). Die herkömmliche Theorie der Spezies löst dieses Rätsel nicht, sondern gibt ihm nur einen veränderten Ausdruck: denn damit die Spezies die Sache völlig und wahrhaft repräsentieren könne, ist es erforderlich, daß sie ihr i n a l l e n S t ü c k e n gleiche, daß also zwischen ihr und dem Gegenstand nicht nur ein Verhältnis der Ähnlichkeit, sondern durchgängiger I d e n t i t ä t waltet. (S. 461 f.) Wenn aber zwischen dem Ding, wie es an und für sich besteht, und unserer geistigen Auffassungsweise durchweg vollkommene Deckung stattfindet, s o g e n ü g t e s, d i e s e g e i s t i g e A u f -

---

[1]) K e n e l m D i g b y, Demonstratio immortalitatis animae rationalis sive Tractatus duo philosophici etc. (zuerst in englischer Sprache: Paris 1644), Francof. 1664; S. 483. — Über Digbys Naturphilosophie s. L a ß w i t z , Gesch. d. Atomistik II, 188 ff., wo auch auf die eigenartige ErkenntnislehreDigbys ausdrücklich hingewiesen wird.
[2]) „Si a me dicere aveas quaerasque, quo ut ita dicam naturae artificio corpora in spiritus evadunt, fateor me tibi satisfacere non posse, nec aliud demum respondere, quam haec fieri quidem, sed arcana mihique ignota animae efficacia . . . Reipsa scimus mysterium hoc ita ut diximus se habere, licet quia veram perfectamque animae naturam ignoramus, modum quo ab anima peragatur exprimere nequeamus." A. a. O. S. 513.

fassungsweise selbst zu betrachten, um in ihr zugleich alle wesentlichen Momente des Wirklichen wiederzufinden. Durch diese eigentümliche und originelle Wendung macht Digby die dogmatische Grundansicht selbst, von der er ausgegangen war, für die Kritik der Erkenntnis fruchtbar. Die Analysis des Erkenntnisprozesses hat es nicht mit einer bloßen Spiegelung, einem bloßen Scheinbild der Wirklichkeit zu tun, sondern sie erschließt uns deren absolutes Wesen. Indem wir verfolgen, wie die B e g r i f f e in unserem Geiste sich wechselweise bedingen, wie die abgeleiteten aus den ursprünglichen bestehen und hervorgehen, enthüllt sich vor uns schrittweise die wahrhafte Struktur des Seins. —
Es genügt also nicht, bei den sinnlichen Eindrücken, die stets schon ein vielfältiges und kompliziertes Ganze ausmachen, stehen zu bleiben, sondern wir müssen dieses Ganze bis auf seine konstitutiven Elemente, bis auf seine notwendigen und hinreichenden Bedingungen zurückverfolgen. Die Wahrnehmungen, die wir von außen her erlangen, lösen sich für die denkende Betrachtung in „einfache" Bewußtseinsdaten auf, die gleichsam „die Glieder und Teile sind, aus welchen die ganze und vollkommene Apprehension des Dinges sich bildet." (S. 463.) Der letzte, schlechthin unauflösliche Begriff, bis zu welchem wir die Untersuchung zurückführen können, ist nun der B e g r i f f d e r E x i s t e n z. Er ist es, der in alle abgeleiteten Begriffe notwendig eingeht, der sie erst bestimmt und ermöglicht. Wir können keinen Inhalt als irgendwie b e s c h a f f e n denken, ohne ihn zugleich als e x i s t i e r e n d zu denken; ohne also den Grundbegriff des Seins mit ihm zu verknüpfen und in ihn aufzunehmen. So ist es dieser Begriff, der am tiefsten im Geiste des Menschen wurzelt, der sein natürlichstes und einfachstes, sein allgemeinstes und allumfassendes Denkmittel bildet[1]). Alles andere, was für uns Inhalt des Wissens werden soll, muß an diesem Denkmittel, das die spezifische Bestimmung des Menschen (propria hominis affectio) ausmacht, Anteil gewinnen; muß

---

[1]) „Notio enim existentiae . . est omnium communissima, universalissima, simplicissima, maxime naturalis, profundissimeque demum in homine radicata." (S. 475).

— wie Digby es ausdrückt — „gleichsam dem Grundstamm des Seins eingefügt werden". „So sehen wir, daß wir nichts sprachlich auszudrücken vermögen, ohne ihm die Bezeichnung des Seins zu geben; daß wir nichts gedanklich zu erfassen vermögen, ohne es unter den Begriff des Seins zu fassen." Alle Betrachtung des Verstandes geht zuletzt auf diese e i n e Grundfunktion, auf die Subsumption alles Mannigfaltigen unter den einheitlichen Gedanken des Seins zurück[1]). Wenn jeder andere Begriff ein bloßer Vergleichungsbegriff ist, der lediglich eine B e z i e h u n g zwischen Dingen zum Ausdruck bringt, so haben wir es hier mit einer unbedingten Setzung und somit mit dem absoluten Anfang des Denkens selbst zu tun. (S. 468.) Eine zweite, komplexere Stufe wird bereits erreicht, wenn wir vom „Sein" zum „Seienden", vom abstrakten Begriff der Existenz zu dem existierenden „Dinge" übergehen. Der Gedanke des „Dinges" setzt sich bereits zusammen aus der Existenz und aus demjenigen, was die Existenz besitzt; aber er übertrifft andererseits an Einfachheit und logischer Ursprünglichkeit weitaus alle Inhalte der gewöhnlichen sinnlichen Anschauung. Denn er selbst kann ohne Hinzunahme der M a n n i g f a l t i g k e i t der sinnlichen Objekte im Geiste erzeugt werden, während umgekehrt jedes empirische Objekt ihn notwendig voraussetzt. Wir können den Gedanken eines Dinges, losgelöst von all seinen wandelbaren und zufälligen Eigenschaften, wie Größe, Gestalt, Farbe u. dergl. fassen; aber wir können keinen einzelnen Gegenstand als gestaltet oder gefärbt bezeichnen, ohne ihn zuerst als ein Etwas oder ein „Seiendes" zu begreifen. (S. 465).

---

[1]) „Ex iis quae modo diximus, duo colligi possunt, quae homini peculiariter convenientia diligenter a nobis observari postulant. Prius est, quod e x i s t e n t i a s i v e e n s . . s i t p r o p r i a h o m i n i s a f f e c t i o. Res enim quaelibet particularis in homine e x i s t i t p e r q u a n d a m (ut ita dicam) sui insitionem in i p s o e x i s t e n t i a e s i v e e n t i s t r u n c o: juxtaque experimur nihil a nobis loquendo exprimi, cui entis appellationem non tribuamus, nihil mente concipi quod sub entis notione n o n a p p r e h e n d a m u s . . . Dubium igitur non est, quin n e g o t i a t i o omnis intellectus circa objecta sibi p r o p o s i t a s u b n o t i o n e e n t i s v e r s e t u r." (S. 466.)

Ein weiterer Fortschritt in der Richtung auf das konkrete Dasein besteht sodann darin, daß wir die Objekte nicht mehr isoliert, sondern in ihren mannigfachen Verhältnissen betrachten. Auch hierin offenbart und betätigt sich eine wahrhafte geistige Grundkraft: ist es doch der S e e l e eigentümlich, daß sie eine Fähigkeit des V e r g l e i c h e n s, eine potentia comparativa ist. (S. 468.) Alle Relationen der Dinge finden in ihr ihr wahrhaftes Korrelat: sie werden erkannt, nicht indem sie passiv von außen in uns übergehen, sondern indem sie in der freien Aktivität des Geistes nacherzeugt werden. Betrachten wir Beziehungen, wie G a n z e s und T e i l, wie U r s a c h e und W i r k u n g, so muß sogleich deutlich werden, daß sich für sie in der Außenwelt kein Original aufweisen läßt, welches ihnen unmittelbar ähnlich wäre. „Die D i n g e, von denen diese Beziehungen ausgesagt werden, können gleichsam in ihren eigenen Farben geschildert und nachgezeichnet werden; wie aber ließe sich ihr Verhältnis selbst abmalen und welches B i l d ließe sich von der Hälfte, von der Ursache, von der Wirkung entwerfen? Wer nur einigermaßen zu denken versteht, dem kann es nicht zweifelhaft sein, daß Begriffe dieser Art von denen, die vermittelst der Sinne in uns eingehen, toto coelo verschieden sind . . . Haben wir die Kraft dieses Beweisgrundes einmal ganz begriffen, so werden wir einsehen, daß das Aristotelische Axiom, daß nichts im Verstande ist, was nicht zuvor in den Sinnen war, so wenig im strengen Sinne wahr ist, daß vielmehr das Gegenteil gilt: es ist N i c h t s im Verstande, was zuvor im Sinne war." (S. 516.) Denn wenngleich der Intellekt mit der Betrachtung sinnlicher Eindrücke beginnen mag, so nimmt er sie doch niemals in der Gestalt, in der er sie unmittelbar vorfindet, in sich auf, sondern vollzieht an ihnen eine Umformung, die ihnen eine neue und eigentümliche Wesenheit verleiht. Immer wird hier eine ursprüngliche Einheitsfunktion der Seele erfordert, die dasjenige, was in der äußeren Welt zerstreut ist und auseinanderliegt, zusammenschaut und unter einen einzigen, allgemeinen Begriff faßt. Betrachten wir etwa den Begriff der Z a h l, so könnte es bei oberflächlicher Beurteilung zunächst scheinen, daß er eine bloße Nachbildung eines Tatbestandes der Empfindung, daß er ein einzelnes Merkmal der gezählten Dinge und von ihnen abstrahiert ist. Die genauere logische Analyse aber führt uns zu einer tieferen Unterscheidung. Der Sinn vermag allenfalls die Einzeldinge als solche aufzufassen und auseinanderzuhalten; daß aber die Elemente nicht nur unterschieden, sondern zugleich auch verknüpft werden, daß aus dem Durchlaufen der Mehrheit eine neue qualitative E i n h e i t sich bildet, dies ist eine spezifische und reine Verstandesleistung. Die Synthese, die zur Bildung jedes Zahlbegriffs unumgänglich notwendig ist, gehört nicht den Objekten, sondern lediglich der Seele an. Zehn Sinnendinge sind und bleiben, als solche betrachtet, eine Sammlung und Anhäufung untereinander beziehungsloser Einzelelemente; sie wachsen niemals zu der streng einheitlichen idealen B e d e u t u n g zusammen, die der arithmetische B e g r i f f d e r Z e h n fordert. (S. 519 f.) Und so führt uns allenthalben die Frage nach dem Geltungswert unserer logischen Grundbegriffe und Grundurteile von den Objekten zu den Funktionen unseres Geistes zurück. Wenn wir etwa die stetige Größe, um sie wahrhaft zu begreifen, in Punkte, die Zeit und die Bewegung in unteilbare Augenblicke auflösen, so folgen wir darin nicht der Natur der Objekte, sondern einem Zuge und „Instinkt" unseres Geistes, der überall das Zusammengesetzte und Teilbare auf ein qualitativ Einfaches zurückzuführen und aus ihm zu verstehen strebt. Die „Seele" ist es, die ein „Unteilbares" fordert, an das sie sich heftet, um in ihm sich selber zu fixieren. Die „Substantialität" der Dinge ist nur der Widerschein dieser ihrer geistigen Vereinheitlichung. Daß wir alle Begriffe, die wir bilden, unter den Gesichtspunkt der Substanz stellen, rührt daher, daß einzig ein für sich bestehendes, selbständiges Ding d e r S e e l e e i n g e e i g n e t e s u n d s i c h e r e s F u n d a m e n t d a r b i e t e t, auf das sie sich stützen und in dem sie sich befestigen kann. Die bloßen „Accidentien" wären, für sich betrachtet, zu flüchtig und schlüpfrig, um der Tätigkeit des Verstandes einen festen Haltpunkt zu gewähren; wir müssen ihnen daher, um von

ihnen Begriffe zu bilden, die „Bedingungen der Substanz zusprechen", wenngleich aus dieser W e i s e d e r B e t r a c h t u n g , wenn sie nicht mit großer Vorsicht geübt wird, häufig große Irrtümer entstehen[1]). —
Die gesamte Geschichte der neueren Philosophie enthält kaum ein zweites Beispiel, daß von einem ursprünglich rein metaphysischen Ausgangspunkt aus so wichtige und weittragende erkenntniskritische Folgerungen gezogen werden, als es hier geschieht. Digbys philosophisches Interesse ist keineswegs in erster Linie auf die Analyse des Wissens, sondern auf den Beweis der Immaterialität und der Unsterblichkeit der Seele gerichtet. Aber als echter Geistesverwandter Descartes' erweist er sich darin, daß sein Spiritualismus sich vor allem auf l o g i s c h e Erwägungen stützt: daß die „Seele" ihm wesentlich mit der Grundfunktion des B e w u ß t s e i n s , kraft deren der mannigfaltige sinnliche Inhalt zur Einheit gestaltet wird, zusammenfällt. Zwar der Dualismus zwischen körperlichem und geistigem Sein, zwischen Bewußtsein und äußerer Wirklichkeit besteht auch bei ihm ungeschwächt fort. Die Erkenntnis soll auch hier nur das absolute Wesen der Dinge, das als feststehend vorausgesetzt wird, zum Ausdruck bringen. Aber es handelt sich in diesem

---

[1]) „Atque haec demum ratio est, cur o m n i b u s q u a s f o r m a m u s n o t i o n i b u s s u b s t a n t i a e r a t i o n e m t r i b u a m u s . . Hoc autem idcirco evenit, quia s u b s t a n t i a (id est res per se subsistens porpriisque terminis circumscripta) i d o n e u m s t a b i l e q u e f u n d a m e n t u m a n i m a e p r a e b e t , c u i i n n i t a t u r , e t i n q u o s e q u o d a m m o d o d e f i g a t . Caeterae vero veluti appendices substantiae, si juxta propriam cujusque conditionem spectarentur, fluxae nimis forent ac lubricae, quam ut imposita sibi animae, sive intellectus opera firmiter sustinerent. Hinc igitur est, quod notiones de illis efformans s u b s t a n t i a e c o n d i t i o n e s i i s t r i b u a t; accedit tamen non raro, ut ex hoc a p p r e h e n d e n d i m o d o , nisi magnam subinde cautelam adhibeat, decipi se et in gravissimos errores labi patiatur." (S. 521 f.). — Vgl. hiermit besonders die ganz analogen Erklärungen bei G e u l i n c x und B u r t h o g g e (Bd. I, S. 538 ff., 543 ff.); ob diese Erklärungen direkt von D i g b y beeinflußt sind, oder ob sie eine selbständige Fortbildung Cartesischer Gedanken bilden, läßt sich nicht mit Sicherheit bestimmen.

Prozeß nicht um ein bloßes Nachbilden, sondern um ein reines geistiges Tun; um ein Licht, das der Intellekt auf die Dinge wirft, nicht das er von ihnen erst empfängt. Die Welt der Objekte liegt, solange sie außerhalb der geistigen Funktionen und losgelöst von ihnen gedacht wird, in völligem Dunkel; sie erhellt sich erst und gewinnt bestimmte Umrisse und Formen, wenn wir mit den Grundbegriffen des Verstandes ihr gegenübertreten. Alle „subjektivistischen" Folgerungen liegen dieser Lehre durchaus fern: die Kategorien des Denkens prägen den realen Gegenständen keine ihnen f r e m d e Form auf, sondern sie entwickeln und verdeutlichen nur, was in ihnen selbst liegt. Der Gegenstand der Erkenntnis büßt seine eigene Natur nicht ein, indem er in den Bereich des Verstandes eintritt, wenngleich er hier zu einer neuen „höheren" Wirklichkeit gelangt. Der Grundstamm der „Existenz", welchem die Dinge, indem sie ins Bewußtsein erhoben werden, sich einfügen, hegt und bewahrt die Natur jedes einzelnen Schößlings[1]). So durchdringen sich die ursprünglichen und die abgeleiteten Begriffe in uns, um in ihrem Zusammenschluß die geistige Gesamtauffassung, die „Apprehension" der Erfahrungswirklichkeit zu erzeugen. Denn was anderes leistet jedes empirische U r t e i l, als daß es zwei Bestimmungen, die in der Vorstellung g e t r e n n t erscheinen, durch die Copula „Ist" aneinanderbindet und wechselweise aufeinander bezieht? „Dies geschieht indes nicht derart, als würden zwei verschiedene Dinge in ein Bündel zusammengeschnürt oder als würden verschiedene Steine zu einem Haufen zusammengeworfen, wobei doch die einzelnen in der Menge immer als völlig unterscheidbare Individuen enthalten sind und ihre eigenen fest umschriebenen Grenzen besitzen; sondern es erfolgt in der Weise, daß die beiden

---

[1]) „Quod vero intellectum hominis ingreditur propios adhuc limites, propriamque naturam illic retinet, non obstante illius ad altiorem hunc statum assumptione: jungitur enim cuilibet rei illuc intranti e x i s t e n t i a, cum (ut supra monuimus) nihil illuc nisi beneficio existentiae ingrediatur. Hic ergo quem supra diximus existentiae truncus propriam cujuslibet surculi in eo insiti naturam fovet et conservat." (S. 467.)

Inhalte gleichsam demselben Stamm eingepflanzt werden, der ihnen nunmehr sozusagen gemeinsames Leben spendet und sie dadurch miteinander identisch macht." (S. 473 f.) D i e s e l b e Grundkraft des Geistes, die in der einfachen „Apprehension" einem einzelnen Inhalt seine Wesenheit und Einheit verleiht, erzeugt also, auf komplexere begriffliche Gebilde angewandt, den Zusammenhang und die Systematik des Wissens[1]). Immer handelt es sich um ein „Ineinssetzen" des Verschiedenen, kraft dessen die Mannigfaltigkeit der Dinge der Seele erst gemäß und für sie erkennbar wird. —

II.

Die Lehre Kenelm Digbys ist ein Beweis für die Fruchtbarkeit, die die Gedanken des Idealismus selbst bei denjenigen Denkern gezeigt haben, die zunächst in ihrer Physik und Metaphysik noch keineswegs prinzipiell aus dem Kreise der Aristotelischen Tradition herausgetreten waren. Die R e n a i s s a n c e d e s P l a t o n i s m u s fand somit auch in der englischen Philosophie des 17. Jahrhunderts bereits den Boden bereitet. Sie gewinnt ihren festen Mittelpunkt in der S c h u l e v o n C a m b r i d g e, die auf lange Zeit hinaus entscheidenden Einfluß auf das Ganze der gedanklichen Entwicklung geübt hat und deren Nachwirkung sich selbst bei Denkern wie N e w t o n, noch deutlich verfolgen läßt. Die erkenntnistheoretischen Grundanschauungen dieser Schule haben ihre Verkörperung vor allem in R a l p h C u d w o r t h' philosophischem Hauptwerk: „The true In-

---

[1]) A. a. O. Tractatus secundus, Cap. 2; vgl. bes. S. 481: „Atque hinc manifestum est e a n d e m p o t e n t i a m s i v e a n i m a m quae per simplicem apprehensionem objecti e n t i t a t e m sive u n i t a t e m concipit et in se recipit applicatam enuntiationi scientiam illius acquirere sive de ea judicare: cum scientia nihil aliud sit quam apprehensio manifestae identitatis inter extrema seu terminos propositionis. Quae quidem apprehensio vel ex proxima et immediata ipsorum extremorum compositione vel eorundem ad aliquod tertium applicatione oritur: porro applicatio haec ulterius forte ad remotiores scilicet notiones extendi postulabit, ut identitas inter primos illos terminos evidenter appareat."

tellectual System of the Universe" (1678) gefunden. Cudworth' Werk löst in der allgemeinen geistigen Bildung der modernen Zeit das Werk des Marsilius Ficinus ab: es gilt fortan als das eigentliche Kompendium und die authentische Darstellung der Platonischen Gedankenwelt. Zu ihm wendet man sich, um sich, gegenüber dem stetigen Vordringen der sensualistischen und materialistischen Systeme, der allgemeinen Beweise für die Unabhängigkeit des „geistigen" Seins zu versichern. In der Tat steht die Begründung des Spiritualismus für Cudworth wie für Digby im Vordergrund des Interesses; aber wie bei letzterem, so führen auch bei ihm von dieser Frage Fäden zurück, die sie mit den allgemeinen Grundproblemen der Erkenntniskritik verknüpfen.

Denn die eigentliche wissenschaftliche Entscheidung zwischen Theismus und Atheismus muß nach Cudworth durch die Analyse des Wissens herbeigeführt werden. Wer es bestreitet, daß die Dinge aus einer geistigen Ursache stammen, der stützt sich hierbei vor allem auf die Ansicht, daß alle Erkenntnis, daß somit alle geistige Auffassung der Wirklichkeit notwendig den Gegenständen, auf die sie sich bezieht, nachfolgen müsse. Die Objekte sind ihm in ihrer konkreten stofflichen Natur vorhanden und gewinnen erst nachträglich ein Abbild im denkenden Bewußtsein. So kann nach dieser Auffassung die Welt nicht aus einem höchsten Verstande hervorgehen, weil es, bevor eine Welt vorhanden war, auch kein Verstehen geben konnte. Dies ist somit die eigentliche theoretische Grundanschauung des Atheismus: daß die Dinge die Erkenntnis machen und nicht die Erkenntnis die Dinge macht, daß also der Geist nicht der Schöpfer, sondern das Geschöpf des Universums ist[1]). Dieser fundamentale Irrtum muß beseitigt werden, ehe der Zugang zur wahrhaften Metaphysik eröffnet werden kann. Unsere Erkenntnis ist kein bloßer Tummelplatz sinnlicher Vorstellungen, die von äußeren Gegenständen in uns erregt werden, sondern

---

[1]) Cudworth, The true Intellectual System of the Universe, London 1678, Book I, Chap. 4; fol. 730.

was ihr ihre Form und Einheit gibt, ruht gänzlich auf der Kraft und Aktivität des Geistes selbst. Ohne allgemeine „intelligible Naturen und Wesenheiten", die wir in uns tragen, ließe sich nichts Einzelnes aufnehmen und verstehen. Wir müssen das Besondere unter universelle gedankliche Gesichtspunkte rücken, wir müssen es unter ideale Kategorien von allgemeingültiger Bedeutung stellen, um es wahrhaft zu begreifen. Insbesondere lehrt uns die mathematische Erkenntnis, daß der Weg, zur Wahrheit zu gelangen, nicht darin besteht, von den Einzeldingen zu abstrakten Gattungsbegriffen aufzusteigen, sondern umgekehrt darin, eine allgemeine Definition fortschreitend derart zu b e stimmen, daß sie auf das Einzelne a n w e n d b a r wird. „Unser Wissen f o l g t hier nicht den einzelnen Körpern und ist ihnen gegenüber etwas Abgeleitetes und Sekundäres; sondern es geht ihnen in der Rangordnung der Natur voraus und verhält sich p r o l e p t i s c h zu ihnen[1])."

Den Vorwurf, daß es sich hierbei um eine falsche Projektion, daß es sich um einen naiven Begriffsrealismus handle, wehrt Cudworth ausdrücklich ab. Die „intelligiblen Wesenheiten" besitzen kein selbständiges substantielles D a s e i n außerhalb des Verstandes. Sie bedeuten nichts anderes und können nicht mehr, als I n h a l t e d e s G e i s t e s , als allgemeingültige G e d a n k e n bedeuten. Aber freilich muß es, so wahr es ewige, an keine zeitlichen Grenzen gebundene W a h r h e i t e n gibt, auch ein unveränderliches und dauerndes geistiges S u b j e k t geben, in welchem sie ihre Stütze finden[2]). Daß der Durchmesser eines Quadrats

---

[1]) A. a. O. fol. 732: „Wherefore the Knowledge of this and the like Truths is not derived from S i n g u l a r s , nor do we arrive to them in way of Ascent from Singulars to Universals, but on the contrary h a v i n g f i r s t f o u n d t h e m i n t h e U n i v e r s a l s , we afterwards Descending apply them to Singulars: so that our Knowledge here is n o t After Singular Bodies, and Secundarily or Derivatively From them; but in order of Nature B e f o r e them, and Proleptical to them."
[2]) Book I, Chap. 5, fol. 835: „The True meaning of these Eternal Essences is indeed no other than this, That Knowledge is Eternal; or that there is an Eternal Mind, that comprehendeth the Intelligible

mit der Seite inkommensurabel ist, ist notwendig und ewig wahr, gleichviel ob es in den konkreten existierenden Dingen etwas derartiges wie ein Quadrat gibt, und ob irgendein bestimmtes empirisches Individuum existiert, das hier und jetzt diesen Gedanken tatsächlich denkt. Das „Sein", das dieser Wahrheit eignet, verlangt daher einen festeren Untergrund, als ihn die Welt der empirischen Gegenstände oder die Welt der subjektiven Vorstellungen in uns darbieten kann: es fordert einen unendlichen Verstand, in welchem es als Inhalt seines Denkens besteht und realisiert ist. (S. 736, 835). Es sind, wie man sieht, im wesentlichen die Gedanken A u g u s t i n s und F i c i n s, die Cudworth aufnimmt und weiterführt. (Vgl. Bd. I, S. 93 ff. und 506 ff.) Seine Beweisführung für die Wahrheit der intellektuellen Welt fügt — so ausführlich sie entwickelt und ausgesponnen wird — dem geschichtlichen Bilde des Platonismus kaum einen einzigen völlig neuen Zug hinzu. Nur an einzelnen Stellen erhalten die Argumente, die bisher hauptsächlich im m e t a p h y s i s c h e n Sinne gebraucht wurden, eine schärfere m e t h o d i s c h e Fassung. Der Inhalt und Bestand der Naturwissenschaft selbst wird gegen den Versuch ihrer sensualistischen Begründung zum Zeugen angerufen. Indem die Naturwissenschaft sich auf Begriffe, wie die des A t o m s und des L e e r e n stützt, beweist sie damit in ihrer G r u n d l e g u n g die Notwendigkeit eben jener rein „geistigen" Wirklichkeiten, die sie in ihren dogmatischen Konsequenzen zu beseitigen strebt. (S. 637.)

Wenn hier ein Punkt erreicht war, von dem aus H o b b e s' Lehre, gegen die sich Cudworth' Angriffe vornehmlich richten, in der Tat wirksam bekämpft werden konnte, so schwächt doch Cudworth selbst die Kraft seiner Beweise alsbald dadurch ab, daß er in der traditionellen Naturanschauung,

---

Natures and Ideas of all things, whether Actually existing, or Possible only; their necessary relations to one another, and all the I m m u t a b l e V e r i t i e s belonging to them . . These Eternal Essences themselves (are) nothing but O b j e c t i v e E n t i t i e s o f t h e M i n d, or N o e m a t a and I d e a s."

in der Lehre von den „plastischen Naturen", verharrt[1]). Die Frage nach dem Verhältnis des empirischen und des intelligiblen Seins gewinnt erst dort neue Bedeutung und tritt in eine neue Phase ihrer Entwicklung ein, wo sie den modernen Begriff der Naturgesetzlichkeit in sich aufgenommen hat, und sich, statt auf Augustin, auf Descartes und Malebranche stützt. Die eigentliche geschichtliche Fortwirkung, die Malebranches Lehre geübt hat, vollzieht sich innerhalb der englischen Philosophie. Hier findet sie in John Norris ihren eifrigen Vorkämpfer, der sie gegenüber allen empiristischen Einwänden verteidigt und aufrecht erhält und der ihr zuerst eine streng schulmäßige Fassung gibt. Malebranche ist für Norris „der große Galilei der intellektuellen Welt": der erste, der uns den Zugang zu ihr wahrhaft erschlossen und ihre innerste Struktur enthüllt hat. Er hat uns den wahren Gesichtspunkt der Forschung gewiesen, so daß jede fernere Entdeckung durch das Teleskop, das er uns in die Hände gegeben, zu erfolgen hat[2]). Wenn demgemäß Norris' Lehre keinen originalen philosophischen Inhalt darbietet, so gewinnt sie doch einen eigentümlichen Charakter durch die scholastische Pünktlichkeit, mit der sie in strenger logischer Deduktion das Sein des Intelligiblen zu erweisen und gegen alle Einwände sicher zu stellen sucht. Diese eingehende formale Zergliederung der Beweisgründe bringt die charakteristische Weise des Schließens, deren Malebranche sich bedient, die aber bei ihm selbst oft hinter dem metaphysischen Endergebnis fast ganz zurücktritt, noch einmal zu voller Deutlichkeit. Welches „Sein" — so lautet auch hier die Grundfrage — eignet den allgemeingültigen und ewigen Wahrheiten, die wir nicht entbehren können, wenn es, über das Gebiet des bloßen individuellen Meinens hinaus, feste und bleibende Wissenschaft geben soll? Irgendeine Form des Seins müssen wir diesen Wahrheiten notwendig zugestehen, da es sonst nicht möglich wäre, von ihnen sichere

---

[1]) S. hrz. Cudworth, a. a. O., Book I, Chap. 3; fol. 146 ff.
[2]) Norris, An Essay towards the Theory of the Ideal or Intelligible World. Part I: London 1701; Part II: London 1704. I, S. 4.

Aussagen zu machen und ihnen irgendwelche unabänderlichen Bestimmungen zuzuschreiben: denn vom „Nichts" kann es keine Eigenschaften, geschweige dauernde und unwandelbare Beschaffenheiten geben. Und was von den Axiomen und Grundsätzen der Wissenschaft gilt, das gilt in nicht minderem Maße von den einfachen Begriffen, die in diese Axiome eingehen. Wenn „Wahrheit", ihrer Definition nach, nichts anderes als eine Übereinstimmung zwischen zwei Ideen, also eine reine Relation zwischen verschiedenen Termini bedeutet, so ist es für den Bestand der Wahrheit erforderlich, daß der Bestand der F u n d a m e n t e dieser Relation gesichert ist. Die Beziehung besitzt, losgelöst von den Elementen, die durch sie verknüpft und zusammengehalten werden, keine abgesonderte selbständige Wirklichkeit; die Aufhebung der Elemente würde also gleichzeitig die Aufhebung ihrer objektiven Gewißheit besagen. Die Anerkennung der zeitlosen G ü l t i g k e i t bestimmter Sätze schließt somit implizit die Annahme der ewigen E x i s t e n z einfacher intelligibler Wesenheiten in sich. Unser Wissen kann nicht, wie Hiob es von der Erde sagt, frei auf dem Nichts schweben; es fordert eine substantielle Unterlage, die über alle Änderungen in der sinnlichen Erscheinungswelt erhaben ist und in immer gleichbleibendem Bestande beharrt[1]). —

---

[1]) „Since by Truth according to the Objective and Complex Notion of it . . . is meant only certain Habitudes or Relations of Union or Agreement, Disunion or Disagreement between Ideas . . to affirm that there are Eternal Truths imports as much as that there are such Eternal Habitudes and Relations, that never were made by any Understanding or Will, nor can ever be unmade by them, but have a certain stated and unalterable Order from Everlasting to Everlasting . . . . (But) these Eternal Habitudes . . and Relations of things wherein consists the formal Reason of Eternal Truths, cannot Exist without the reality of their respective C o r r e l a t e s , those things or natures whose Relations they are . . I conclude therefore that these Eternal Relations of Truth cannot Exist by themselves, and if they do Exist at all (as most certainly they do if they are necessary and eternal) the Simple Essences which they respect must Exist too, and if they Exist Eternally, those Essences must be Eternal too . . . . For can any thing be more inconceivable than this, that there should be any relation of Union, Agreement or Connexion between things, that are

Gegen diese Art der Beweisführung liegt freilich — wie Norris sich alsbald selber einwendet — der Einwurf nahe, daß hier das „Sein" der C o p u l a im Urteil mit dem Sein eines konkreten E i n z e l g e g e n s t a n d e s verwechselt werde. Daß der Mensch ein Lebewesen „ist", das bedeutet — wie schon die Scholastik und insbesondere S u a r e z argumentiert hatte — keineswegs, daß der Mensch existiert: es schließt keinerlei absolute Setzung und Behauptung ein, sondern will nur eine hypothetische Beziehung zwischen zwei Begriffssphären zum Ausdruck bringen. Nicht die tatsächliche Wirklichkeit der beiden Termini, sondern lediglich ihre logische V e r k n ü p f u n g macht den Inhalt der Aussage aus. So einleuchtend indessen dieses Argument zu sein scheint, so wenig hält es, nach Norris, der genaueren Prüfung Stich. Die ewigen Wahrheiten begnügen sich niemals damit, einen Zusammenhang auszusagen, der unter bestimmten Bedingungen möglicherweise einmal eintreten wird, sondern sie drücken einen dauernden, zu allen Zeiten v o r h a n d e n e n Sachverhalt aus. Wenn die Geometrie die Eigenschaften des Kreises aus seinem Begriffe herleitet, so will sie damit nicht lediglich sagen, daß, w e n n i r g e n d e i n m a l ein kreisähnliches Gebilde existieren werde, es diese und jene Beschaffenheit aufweisen werde. Sie verzeichnet hierin vielmehr einen ein für allemal gültigen Tatbestand; sie sagt aus, was i s t, nicht was einmal flüchtig und innerhalb eines beschränkten örtlichen und zeitlichen Umkreises sein könnte. Es ist ein stehendes und unbewegliches „Jetzt", ein *nunc stans*, das in derartigen Urteilen fixiert werden soll. Das h y p o t h e t i s c h e Urteil steht in dieser Hinsicht mit dem k a t e g o r i s c h e n auf völlig derselben Stufe. Die B e - d i n g u n g ist nur die äußere Form, in die es sich kleidet; aber die Aussage selbst will ihrem Inhalt nach schlechter-

---

not? . . Might it not be most strictly said of them what Job by way of Figure says of the Earth, that they hang upon Nothing? And would not this undermine the Foundations of Truth, evacuate our Philosophy, and turn all Science into meer Dream and Reverie, as having no better realities even for its most stable and permanent Objects than the Relations of Nothing." (N o r r i s, Essay, I, 67—74.)

dings unbedingt gelten. Um sich dies zu verdeutlichen, muß man freilich nicht lediglich einseitig das S u b j e k t des hypothetischen Urteils, sondern den gesamten Bedingungssatz (that entire conditional) als ein untrennbares logisches Ganze ins Auge fassen. Die Gesamtheit dieses Zusammenhangs, nicht ein einzelnes Element, das wir aus ihm herauslösen können, ist es, was den eigentlichen Gegenstand der Aussage ausmacht und was über ihren logischen Charakter entscheidet. Der Bedingungssatz selbst gilt absolut; die Verknüpfung, die durch ihn gesetzt wird, hat ein gleich unaufhebliches Sein, als es in irgendeinem kategorischen Urteil gesetzt und festgestellt wird. Alle denkende Betrachtung setzt somit ein Gegenständliches, worauf sie sich richten kann, notwendig voraus. Dieser Satz gilt für das Gebiet des reinen begrifflichen Denkens nicht minder, als er für das der Sinnlichkeit gilt. Ein „Etwas", ein unabhängiger Bestand des Seins muß uns immer gegenüberstehen, wenn unsere wandelbare Vorstellung sich fixieren, sich auf e i n e n Punkt richten soll: „Science is so far from abstracting from „ T h a t ", that it necessarily involves and implies it." Die idealen Wahrheiten wären nichts ohne eine für sich bestehende Natur und Verfassung idealer Gegenstände: eine Verfassung, die unsere Vernunft nicht zu erschaffen, sondern nur nachzubilden vermag. (S. 91—105.) —

Deutlicher noch, als bei dem Meister selbst, tritt hier bei dem Schüler und Fortbildner das Doppelmotiv hervor, von welchem sich Malebranches Idealismus von Anfang an beherrscht zeigte. (Vgl. Bd. I, S. 577 f.) Die Grundurteile der Wissenschaft sollen in ihrer unbedingten Allgemeingültigkeit verstanden; sie sollen von allen empirischen Aussagen, die nur einen vereinzelten und einmaligen Tatbestand bezeichnen, scharf und prinzipiell gesondert werden. Die geometrischen Sätze lassen sich in keiner Weise auf derartige Behauptungen über bloße Tatsächlichkeiten reduzieren, die irgendwo und irgendwann, an einer bestimmten Stelle des Raumes und der Zeit gegeben wären. Sie sprechen weder von den konkreten Verhältnissen der Einzeldinge, noch von den Modifikationen unseres eigenen Bewußtseins, von dem aktuellen Vollzug der Denkakte in uns selbst. Das wäre eine sonderbare Art von „Wahrheiten", die erst dann ihre Erfüllung und R e a l i s i e r u n g fänden, wenn einmal in der äußeren Welt ein exaktes geometrisches Gebilde sich fände, oder wenn wir uns getrieben fühlten, es zu konzipieren und auf dem Papier vor uns hinzuzeichnen. (S. 100 f.) Soll die Sicherheit des Gedanklichen nicht hinter der des Sinnlichen zurückbleiben, so muß ihr daher ein sachliches Korrelat gegeben werden; so muß das „hypothetische" Sein, das ihm eignet, in ein k a t e g o r i s c h e s Sein umgedeutet werden. Und der neue Bereich intelligibler Gegenstände, der damit geschaffen ist, erweist sich jetzt als ein festerer Besitz, als ihn die Sinnendinge uns jemals darzubieten vermögen. Zwar verwahrt sich Norris gegen die „Extravaganz", an der absoluten Wirklichkeit der materiellen Welt zu zweifeln; aber er spricht es aus, daß sich im ganzen Umkreis des Erkennens kein demonstrativer B e w e i s finden läßt, der diese Wirklichkeit völlig sicher stellt. Jede apriorische Schlußfolgerung aus bloßen Begriffen ist uns hier versagt: bildet doch die Sinnenwelt das Erzeugnis einer freien göttlichen Schöpfertätigkeit und ist somit nicht mit logischer Notwendigkeit aus ihrer „Ursache" zu begreifen. Aber auch ein bloß empirischer und induktiver Beweis ist an diesem Punkte, kraft der Eigenart des Problems, unerreichbar. Der S i n n kann kein sicheres Urteil über das Dasein der Gegenstände fällen, weil er überhaupt nicht urteilt; weil er sich auf eine Aussage über den augenblicklichen Zustand des Subjekts beschränkt, ohne zu den Ursachen dieses Zustandes hinauszugehen[1]). „Man müßte wahrlich einen sehr metaphysischen „Sinn" besitzen, um mit ihm die Existenz

---

[1]) „My Reason will assure me of many things without having any Sense of them . . . but Sense on the other hand cannot assure me of any one thing within the whole of its Jurisdiction without the Concurrence of Reason, no not so much as of that great Sensible Object, a Natural World . . . Since even that Sensible Evidence which I have for the Existence of a Material World (which to be sure is the greatest that Sense can give) will not stand, and is not sufficient for clear conviction without a Principle of Reason to support and confirm it."

wahrzunehmen — und einen sehr wenig metaphysischen Verstand, um zu glauben, daß dies möglich sei. Denn wahrnehmen, daß ein Ding existiert, hieße ein Urteil wahrnehmen. Wir fühlen uns stets nur auf mannigfache Weise bestimmt und modifiziert, so daß wir niemals eine Empfindung von Körpern, sondern immer nur eine Empfindung schlechthin besitzen." So löst sich die scheinbar sinnliche Evidenz, die wir von der Realität der Außenwelt zu besitzen glauben, soweit sie überhaupt zu Recht besteht, in einen Akt der intellektuellen Beurteilung der Eindrücke, und somit in eine rein rationale Evidenz auf. ,,Unsere Sinne sind hier, wie in allen anderen Fragen, stumm, so klare Berichte und Erzählungen wir ihnen immer leihen mögen: und die Vernunft allein ist es, die in uns und zu uns spricht." (S. 198 ff.) Wie Digby, dessen Einfluß sich hier bekundet, so kehrt daher auch Norris die Aristotelische Maxime der Erkenntnis um: Nichts, was wahrhaft im Verstande ist, ist in eigentlicher Bedeutung jemals in den Sinnen gewesen. (S. 370 f.) Auch dort, wo wir lediglich auf Grund der Empfindung ein Urteil zu fällen, eine Wirklichkeit zu konstatieren glauben, sind wir von allgemeinen Vernunftgrundsätzen, wie etwa vom Satze des Widerspruchs geleitet, ohne welche unsere Aussage keire Kraft und keine allgemeine Geltung besäße. (S. 195.) Es ist die bewußte Reaktion gegen diese in allen Phasen des Rationalismus gleichmäßig wiederkehrende Grundanschauung, von der die Erkenntnislehre Lockes ihren Ausgang nimmt.

Sechstes Buch

Das Erkenntnisproblem im System des Empirismus

Erstes Kapitel.
Locke.

Die eigentliche Leistung Lockes, die ihn aus seiner geschichtlichen Umgebung heraushebt, besteht nicht darin, daß er im Gegensatz zu ihr das Problem der Erkenntnis erst e n t d e c k t. Dieses Problem war vielmehr, wie sich zeigte, von den Vorgängern bereits als solches begriffen und seit Descartes zum mindesten bedurfte es keines neuen Anstoßes, um ihm seine entscheidende Bedeutung zu sichern. Aber bei aller Energie, mit der sich nunmehr auch der englische Rationalismus wieder dieser Grundfrage zuwandte, kam es doch in ihm zu keiner scharfen Scheidung der Gesichtspunkte. Noch blieb, wie das Beispiel von Cudworth und Burthogge, von Digby und Norris lehrt, das Erkenntnisproblem vermischt mit den Fragen der spekulativen Seelen- und Gotteslehre und drohte sich in sie immer von neuem aufzulösen. An diesem Punkte greift der Gedanke Lockes ein. Die Frage nach dem objektiven Wert des Wissens trennt sich von jeder metaphysischen oder naturwissenschaftlichen Theorie der „Seele" und ihrer Vermögen. Sie wird als die Voraussetzung jeder derartigen Theorie begriffen und hingestellt. „Wenn ich durch die Untersuchung der Natur des Verstandes entdecke, welches seine Fähigkeiten sind und wie weit sie reichen, welchen Gegenständen sie einigermaßen angemessen sind und bei welchen sie versagen, so wird dies den geschäftigen Geist der Menschen vielleicht zu größerer Vorsicht in der Beschäftigung mit Dingen bewegen, die seine Fassungskraft übersteigen und wird ihn dazu bestimmen, einzuhalten, sobald er an den äußersten Grenzen seiner Fähigkeiten angelangt ist. Vielleicht wird man alsdann weniger dazu neigen, mit dem Anspruch eines allumfassenden Wissens, Fragen zu erheben und sich und andere in Streitigkeiten über Gegenstände zu verwickeln, für die unser Verstand nicht geschaffen ist und von denen unser Geist sich keinen klaren und deutlichen Begriff zu bilden vermag. Wenn wir ausfindig machen können, wie weit der Verstand seinen Blick auszudehnen vermag, wie weit er Gewißheit zu erreichen imstande ist und in welchen Fällen er nur meinen und vermuten kann, so werden wir lernen, uns mit dem zu begnügen, was uns in diesem unserem Zustand erreichbar ist[1].“

Wie immer man über die Methode und das Ergebnis von Lockes Untersuchung urteilen mag: man sieht, daß er in der Tat von der echten kritischen Grundfrage nach dem objektiven Gehalt und nach den Grenzen der Erkenntnis seinen Ausgang nimmt. Hier knüpft er unmittelbar an die Aufgabe an, die Descartes in unvergleichlicher Klarheit der neueren Philosophie gestellt hatte. Die Allheit der Dinge umspannen und ausmessen zu wollen, wäre ein vergebliches Beginnen; — wohl aber muß es möglich sein, die Grenzen des Intellekts, deren wir uns in uns selber bewußt werden, genau und sicher zu bestimmen. (Vgl. Bd. I, S. 442 ff.). Zwar sind die „Regeln", in denen dieser Grundgedanke Descartes' sich am deutlichsten ausspricht und entfaltet, erst gegen Anfang des 18. Jahrhunderts vollständig veröffentlicht worden, aber es wäre irrig zu glauben, daß ihre geschichtliche Wirkung erst von diesem Zeitpunkt an datiert. Lange vor ihrem Erscheinen war die Schrift — wie Baillet, Descartes' Biograph, bezeugt — in den Pariser philosophischen Kreisen bekannt und benutzt. Die Logik von Port Royal entnimmt ihr wichtige Abschnitte und Malebranches Recherche de la vérité stimmt in den Ausführungen zur Methodenlehre mit ihr oft wörtlich überein. Gleichviel, ob Locke — der während der ersten Konzeption und Ausarbeitung des „Essay" in Frankreich lebte — Descartes' Schrift gekannt hat oder nicht: in jedem Falle steht auch er unter dem Einfluß der geistigen Atmosphäre, die durch sie geschaffen war. Das Problem der Methode ergreift auch ihn, um bei ihm allerdings sogleich neue und eigentümliche Züge anzunehmen.

---

[1] An Essay concerning human understanding Buch I, Chap. 1, sect. 4.

Denn der Gedanke, daß alle Begriffe, ehe über ihren Gehalt und ihre Bedeutung entschieden werden kann, in den Prozeß ihrer E n t s t e h u n g aufgelöst werden müssen, tritt in der Tat erst jetzt bestimmend hervor. Das genetische Interesse der Psychologie war freilich auch den vorangehenden Lehren keineswegs fremd. Es wird von G a s s e n d i und H o b b e s und innerhalb der Cartesischen Schule selbst, von M a l e - b r a n c h e vertreten und zu einem Grundbestandteil des philosophischen Systems gemacht. Aber die Psychologie bedeutete in ihrer engen Verbindung mit der Physiologie doch auch hier im wesentlichen einen e i n z e l n e n Zweig empirischer Wissenschaft, der nicht zur Norm und zum Maß für das Ganze dienen konnte. Sie vermochte die Zuständlichkeiten und „Modifikationen" des individuellen Bewußtseins zu beschreiben, nicht aber die Geltung unserer objektiven Erkenntnis zu begründen: und gerade diese ihre innere Schranke war es, die immer von neuem zu einer — spiritualistischen oder materialistischen — Metaphysik zurücktrieb. Bei Locke erst wird die psychologische Behandlungsweise als eine völlig ursprüngliche und eigene Art der Auffassung hingestellt, die sich durch keine andere ersetzen und hinter die sich nicht weiter zurückgehen läßt. Was er anstrebt, ist keine „physikalische" Erklärung des Geistes und seiner Empfindungen und Regungen. „Die Untersuchungen, worin das Wesen unserer Seele besteht, oder durch welche Bewegungen in unseren Lebensgeistern und durch welche Veränderungen in unseren Körpern wir dazu gelangen, Empfindungen und Vorstellungen zu haben; ob endlich diese Vorstellungen in ihrer Bildung ganz oder zum Teil von der Materie abhängen oder nicht: das alles sind Spekulationen, die, so anziehend und unterhaltend sie sein mögen, für jetzt ganz außerhalb meines Weges liegen. Für meine jetzige Aufgabe genügt es, die verschiedenen Fähigkeiten des menschlichen Geistes unmittelbar in ihrer Funktion kennen zu lernen; und ich werde glauben, meine Mühe nicht verschwendet zu haben, wenn ich k r a f t d i e s e r s c h l i c h t e n e r z ä h l e n d e n M e t h o d e (in this historical plain method) einige Rechenschaft von den Wegen geben kann, auf denen der Geist zu seinen Begriffen der Dinge gelangt und einige Kriterien über die Gewißheit unserer Erkenntnis aufzustellen vermag"[1]). Die Beobachtung und Zergliederung der psychischen P h ä n o m e n e ohne Rücksicht auf den physischen oder metaphysischen Urgrund, dem sie etwa entstammen mögen, ist also das bewußte Ziel von Lockes Philosophie. Von diesem Ausgangspunkt aus läßt sich ihr Verfahren und ihre systematische Gliederung alsbald übersehen; sie hat ihre Aufgabe erfüllt, wenn es ihr gelingt, das Ganze des Wissens aus den Inhalten der „reinen Erfahrung" mit Ausschluß jeder metaphysischen Hypothese aufzubauen. —

Der Kampf gegen die „angeborenen Ideen", mit dem der Essay beginnt, erscheint von hier aus sogleich in seinem richtigen Lichte. Er bildet nicht, wie man häufig angenommen hat, das wesentliche E r g e b n i s von Lockes Philosophie, sondern er bezeichnet nur, in veränderter Wendung, noch einmal die A u f g a b e , die sie sich stellt. Das „Angeborene" als Erklärungsgrund zulassen, hieße die psychischen T a t - s a c h e n, die uns als solche unmittelbar bekannt und gegeben sind, auf fiktive Begriffselemente zurückführen, die sich jeder Bestätigung durch direkte Erfahrung und Beobachtung prinzipiell entziehen. Erst wenn diese Annahme völlig entwurzelt ist, kann es daher gelingen, auch nur das Gebiet, auf dem die Fragestellung sich fortan einzig zu bewegen hat, mit Sicherheit abzugrenzen. Aus dieser Notwendigkeit, sein eigentliches Problem erst einmal allgemein zu b e z e i c h n e n und zu rechtfertigen, mag sich die Umständlichkeit erklären, mit der Locke bei diesen vorbereitenden Fragen verweilt. Man hat immer wieder nach dem G e g n e r gefragt, auf den alle diese Angriffe abzielen; man hat geglaubt, daß Locke die Lehre, die hier bestritten wird, in seiner nächsten geschichtlichen Umgebung in irgendeiner konkreten Ausprägung vor sich gehabt haben müsse. Das System der „angeborenen Ideen", das Locke vor Augen hat, ist indessen in seinen Einzelheiten keine geschichtliche Realität, sondern eine polemische Konstruktion, die er als Erläuterung und als Gegenbild der

---

[1]) Essay, Book I, chap. 1, sect. 2.

eigenen Anschauung braucht. Es ist im Grunde nicht der theoretische Philosoph, sondern der Erzieher, der im ersten Buche des Essay das Wort führt: nicht eine erkenntniskritische, sondern eine pädagogische Einführung in Lockes Reformwerk ist es, die beabsichtigt wird. Der Glaube an das „Angeborene" birgt eine innere Gefahr, weil er der freien wissenschaftlichen Prüfung eine willkürliche Schranke zu setzen sucht, weil er die Evidenz und die Autorität letzter unbeweisbarer Grundsätze an die Stelle kritischer Begründung setzt. Man verschließt sich den Weg zu wahrer Einsicht, wenn man „blindlings und gläubig Grundsätze annimmt und herunterwürgt, statt in eigener Arbeit klare distinkte und vollständige Begriffe zu g e w i n n e n und zu fixieren[1])." Man sieht sogleich, daß es die allgemeine Tendenz der Aufklärungsphilosophie, daß es die Überzeugung von dem unumschränkten Recht der V e r n u n f t f o r s c h u n g ist, die auch die „empiristische" Kritik des Angeborenen bestimmt. Auch die psychologische Methode Lockes will zunächst das Werkzeug sein, mit dem er diese seine r a t i o n a l e Grundabsicht erreicht. Daß all unserem Wissen Prinzipien v o n a l l g e m e i n e r u n d n o t w e n d i g e r G e l t u n g zugrunde liegen: dies wird von Locke an keiner Stelle bestritten[2]). Aber man darf nicht glauben, daß diese Prinzipien dem Geiste als ein fertiger Wissensschatz mitgegeben wären, nach dem er nur zu greifen brauchte, um ihn für immer und in voller Sicherheit sein eigen zu nennen. Die Einsicht in die Art des E r w e r b e s ist die Bedingung für alle Gewißheit im B e s i t z unserer Erkenntnis. Erst wenn wir den Inhalt jedes Begriffs in dieser Weise auseinanderlegen, gelangen wir zum klaren Bewußtsein über die einzelnen Momente, aus denen

---

[1]) Essay, Book IV, chap. 12, sect. 6; vgl. bes. Book I, chap.3, sect. 24—26. — Vgl. hierzu die Ausführungen von F r a s e r , Locke, Edinb. and London 1890, S. 113 ff.

[2]) „Universal and ready assent upon hearing and understanding the terms, is, I grant, a mark of s e l f - e v i d e n c e: but self evidence, depending not on innate impressions, but on something else (as we shall show hereafter) belongs to several propositions, which nobody was yet so extravagant as to pretend to be innate." Vgl. hrz. unten S. 255 f.

er sich konstituiert. Die genetische Ableitung ist das unentbehrliche Hilfsmittel der logischen Analyse. Das Interesse an der zeitlichen Folge, in welcher die einzelnen Vorstellungen im Bewußtsein auftreten, tritt daher auch für Locke zurück; es ist an und für sich nicht Selbstzweck, sondern nur ein Durchgangspunkt auf dem Wege der rein inhaltlichen Zerlegung der Vorstellungen in ihre Elementarbestandteile. In diesem Sinne hat Locke, am Schluß des ersten Buches, seine allgemeine Frage gestellt und präzisiert. Die Annahme der „angeborenen Wahrheiten" war bisher nur ein bequemer Vorwand für den Trägen, der hierdurch aller Mühe des Suchens und der Prüfung durch eigene Vernunft und eigenes Urteil überhoben wurde. Statt dessen gilt es nunmehr, in dem weiteren Verlauf der Untersuchung, ein Gebäude zu errichten, „das in all seinen Teilen gleichförmig und harmonisch ist und das sich auf einer Basis erhebt, die keiner Stützen und Pfeiler bedarf, welche auf erborgtem oder erbetteltem Grunde ruhen[1]". In diesen Worten hat Locke selber den gültigen Maßstab angegeben, nach dem sein Werk zu beurteilen ist: die gesamte Betrachtung konzentriert sich von nun ab auf die Frage, wie weit es ihm geglückt ist, seine eigene allgemeine Forderung an den konkreten Einzelproblemen der Erkenntnis zur Durchführung zu bringen.

I.

Sensation und Reflexion.

Wenn wir den Stoff, aus dem all unsere Erkenntnis gewoben ist, unbefangen betrachten, wenn wir, ohne nach seiner Herkunft und Abstammung zu fragen, lediglich seinen Inhalt ins Auge fassen, so zerlegt er sich uns sogleich von selbst in zwei deutlich geschiedene Gruppen von Elementen. Von den Vorstellungen der Sinne, die der Seele wie ein objektives Sein entgegentreten, heben sich die Empfindungen ab, die sich nur auf ihren eigenen inneren Zustand beziehen. Die Erfahrung, aus der — gemäß der methodischen Voraussetzung der Unter-

---

[1] Essay I, 4, § 24 und 25.

suchung — all unser Wissen ableitbar sein muß, ist daher selbst kein einheitlicher und überall gleichförmiger Bestand. Sie spaltet sich schon für die erste Analyse in zwei verschiedene Momente, die, wenngleich sie im Aufbau unserer Erscheinungswelt beständig zusammenwirken, darum doch in ihrem Wesen und ihrer Eigenart geschieden sind. Wenn der erste Schritt darin besteht, daß „die Sinne uns mit einzelnen Vorstellungen versehen und damit das noch leere Kabinett einrichten[1]", so entsteht uns aus der Beobachtung der eigentümlichen R e a k t i o n, die in der Seele durch diese äußeren Reize hervorgerufen wird, eine neue Klasse von Inhalten. So bilden Sensation und Reflexion, Sinnes- und Selbstwahrnehmung den Quell und die Materie all unserer Erkenntnis: „alle jene erhabenen Gedanken, die sich über die Wolken erheben und zum Himmel selber aufreichen, haben hier ihren Ursprung und ihren Boden; in all den weiten Räumen, die der Geist durchwandert, in all den hochstrebenden Gedankenbauten, zu denen er sich aufschwingt, fügt er nicht das geringste Stück zu jenen Vorstellungen hinzu, die die Sinne oder die innere Wahrnehmung ihm zur Betrachtung darbieten[2]."

Alle Schwierigkeiten, die Lockes Essay dem geschichtlichen Verständnis bietet, liegen schon in diesen ersten Anfangssätzen beschlossen. Daß all unser Wissen in „Sensation" und „Reflexion" besteht: dieser Satz ist ih seiner Allgemeinheit so unbestimmt und vieldeutig, daß jede philosophische Lehre und jede erkenntnistheoretische Richtung ihn sich ohne Unterschied aneignen könnte. Je nach dem V e r h ä l t n i s, in das man die beiden Grundelemente setzt, je nach der Deutung, die man insbesondere dem schwierigen Terminus der „Reflexion" gibt, muß man zu völlig verschiedenen Auffassungen vom Sinn und von der Absicht der Lockeschen Lehre gelangen. So wird es verständlich, daß sie bald als „Empirismus" und „Materialismus", bald als reiner „Intellektualismus" bezeichnet worden ist, daß man sie auf der einen Seite als den Anfang der kritischen Philosophie betrachten konnte, während man

---

[1] Essay, I, 2, § 15.
[2] Essay II, 1, § 24.

auf der andern Seite in ihr den Typus des psychologischen Dogmatismus erblickt[1]). Um hier zu einer sicheren Entscheidung zu gelangen, muß versucht werden, den proteusartigen Begriff der „Reflexion", der sich allen Wendungen und Wandlungen von Lockes Gedanken gleichmäßig anbequemt, in seiner Entstehung und in den einzelnen Phasen seiner Bedeutung zu verfolgen. Die „Reflexion" besagt ursprünglich für Locke nichts anderes, als was ihr Wortsinn nahelegt: sie ist, nach der Analogie der optischen Verhältnisse, jene eigentümliche S p i e g e l u n g, in der die Vorgänge des inneren Lebens sich uns darstellen. So bezeichnet sie eine merkwürdige V e r d o p p e l u n g: wie die Empfindung das A b b i l d der äußeren Dinge ist, so muß auch jeder psychische Vorgang erst eine Nachahmung und einen Abdruck seiner selbst in uns bewirken, ehe er zu klarem Bewußtsein erhoben werden kann. Man sieht, daß in dieser Grundauffassung die Ideen der Sensation und der Reflexion völlig auf derselben logischen und erkenntnistheoretischen Stufe stehen; in beiden handelt es sich um ein lediglich p a s s i v e s Verhalten des Geistes, der bestimmte Inhalte, die ihm gegenüberstehen, nur zu empfangen und wiederzugeben hat. „In diesem Teile verhält sich der Verstand rein leidend und es steht nicht in seiner Macht, ob er zu diesen Anfängen und diesem Grundstoff alles Wissens gelangt oder nicht. Denn die Gegenstände der Sinne drängen dem Geiste die verschiedenartigen Ideen, die ihnen entsprechen, wider seinen Willen auf, und auch die Tätigkeiten der Seele lassen uns nicht ganz ohne einige dunkle Vorstellungen von sich . . . Wenn diese einfachen Ideen dem Geiste entgegengebracht werden, so kann er sich gegen sie weder verschließen, noch sie, wenn sie ihm eingedrückt sind, verändern oder sie vertilgen und sich selbst neue schaffen; so wenig ein Spiegel die Bilder abweisen, verändern oder auslöschen kann, die die äußeren Gegenstände in ihm bewirken[2])."

Das Entscheidende in diesen Ausführungen liegt in der Begriffsbestimmung der „Idee", die in ihnen vorausgesetzt

---

[1]) S. hrz. G. v. H e r t l i n g, a. a. O. S. 1 ff.
[2]) Essay II, 1, § 25.

wird. Es ist in der Tat einseitig und irreführend, die Lehre Lockes schlechthin als „Sensualismus" zu bezeichnen: denn sinnliche und „geistige" Inhalte, Ideen der Sinnes- und der Selbstwahrnehmung gelten ihm als gleich selbständige und unentbehrliche Faktoren der Erkenntnis. Sie können nebeneinander gebraucht und anerkannt werden, weil sie in einem Grundmoment übereinkommen: beide sind feste Zuständlichkeiten des Bewußtseins, die der Geist in seiner denkenden Betrachtung als fertige Gegebenheiten vorfindet. Was sich nicht in dieser Weise darstellen, was sich nicht als ein isolierter Bestand aus dem Ganzen der Bewußtseinserlebnisse herauslösen läßt: das besitzt für diese Methode keine wahrhafte Wirklichkeit. Die psychischen Funktionen und Tätigkeiten, wie die reinen logischen Beziehungen kommen für sie nur insoweit in Betracht, als sie sich in „Vorstellungen" von bestimmter individueller Prägung ausdrücken und in ihnen festhalten lassen. Diese Verfestigung aller geistigen Prozesse und aller gedanklichen Relationen zu konstanten und starren „Elementen", in denen sie erst greifbar und deutlich zu werden scheinen, bildet die erste Voraussetzung, die schon in der Fragestellung Lockes eingeschlossen ist. Freilich läßt sich diese Voraussetzung im weiteren Fortgang der Betrachtung nicht unbedingt aufrecht erhalten. Je mehr und je weitere Gebiete des Bewußtseins von der psychologischen und erkenntnistheoretischen Analyse ergriffen werden: um so mehr muß auch das ursprüngliche Schema der Betrachtung sich weiten. Niemals zwar wird dieses Schema gänzlich verlassen; vielmehr wirkt es stets als das latente Vorbild, an dem sich die Betrachtung orientiert. Aber die Ergebnisse, die in ihm successiv aufgenommen werden, führen dennoch allmählich zu einer Umbildung seiner eigenen Form. Der ganze Fortschritt von Lockes Philosophie läßt sich in diesem eigentümlichen Prozeß verfolgen: je näher die Methode den eigentlichen „Tatsachen" der Erkenntnis kommt, je mehr sie das „Faktum" des Wissens selbst durchdringt, um so weiter entfernt sie sich von ihrem ursprünglichen Ausgangspunkt. Es ist Lockes Verdienst, daß er — im Gegensatz zu seinen nächsten Schülern und Nachfolgern — dieses Faktum nirgends umzudeuten, sondern unbefangen darzustellen und wiederzugeben sucht: aber freilich wird es eben damit zu einer fortschreitenden Kritik des prinzipiellen G e s i c h t s p u n k t s, unter dem er es zunächst allein zu begreifen suchte.

Ein erster Schritt in dieser Richtung wird getan, indem der Begriff der seelischen „Tätigkeit" schärfer bestimmt und herausgehoben wird. Wenn zu Beginn des Essay von Tätigkeiten des Geistes die Rede ist, die in unseren Vorstellungen nachgebildet werden sollen, so bedeuten sie hier eine einfache Reaktion, vermöge deren — ähnlich wie in Hobbes' Lehre — ein vorhandener Tatbestand nur b e m e r k t, nicht aber in irgendeiner Weise bearbeitet und umgestaltet wird. Es ist daher bereits ein neuer Inhalt, den der Begriff der „Reflexion" gewinnt, wenn er weiterhin dazu verwandt wird, die Funktion der „Verbindung", die wir zwischen den einzelnen Vorstellungen vollziehen, zu bezeichnen. Alle Tätigkeiten, die der Geist an dem sinnlichen Stoffe vollzieht, gehen zuletzt auf ein Zusammenfügen und Trennen der Empfindungsbestandteile zurück. Alle abstrakte Begriffsbildung, und somit im Grunde alle Wissenschaft, wurzelt in diesem Vermögen der Vergleichung, sowie der Verknüpfung und Lösung der primitiven Wahrnehmungselemente[1]). In diesem Verfahren aber handelt es sich freilich noch immer um einen völlig w i l l k ü r l i c h e n Akt des Denkens, der nach Belieben vollzogen oder unterlassen werden kann. Die Vorstellungsgebilde, die sich auf diese Weise ergeben, haben daher keinerlei objektiven Bestand und Halt: sie sind flüchtige Geschöpfe unserer subjektiven Phantasie, die in derselben Weise, wie sie entstanden sind, wieder verschwinden können. Echte und tatsächliche Wirklichkeit kommt also auch nach dieser Auffassung nur den einfachen Empfindungen selber zu, nicht den „gemischten Zuständen" (mixed modes), die wir aus ihnen bilden. Diese bleiben vielmehr „fließende und vorübergehende Zusammenstellungen einfacher Ideen, die nur irgendwo im Geiste der Menschen ein kurzes Dasein fristen und die nur so

---

[1]) Vgl. bes. Essay II, 11: Of discerning and other operations of the mind (bes. § 6 und 9)

lange bestehen, als man tatsächlich an sie denkt, ja, die in der Seele selbst, in der sie doch ihren eigentlichen Sitz haben sollen, nur eine sehr ungewisse Wirklichkeit besitzen[1]). Mag also der Geist immerhin die einzelnen Daten der Sinne mannigfach gruppieren, mag er sie — nach Lockes Ausdruck — in Bündel zusammenbinden und in Arten sondern[2]): er gewinnt hierdurch für sich nur ein Mittel, sie bequemer zu überschauen, ohne selbständig irgendeinen neuen Inhalt zu erschaffen. So bleibt der Verstand nach wie vor „ein dunkler Raum", in den nur kraft der Sinnes- und Selbstwahrnehmung hier und da ein spärliches Licht fällt; die Bilder, die auf diese Weise in ihn eingelassen werden, können sich in ihm wie in einem Kaleidoskop vielfältig verschieben und umordnen, aber sie können keine neue Bestimmung ihrer Form und Wesenheit erfahren[3]). —

Ueber diese Begriffsbestimmung der Reflexion ist Locke in den G r u n d l a g e n seines Werkes nirgends hinausgelangt; erst die A n w e n d u n g, die er von seinem Prinzip zur Erklärung der wissenschaftlichen Begriffe und Grundsätze macht, zwingt ihn immer mehr zu einer sachlichen Umgestaltung. Unter den „einfachen Ideen", die ihren Ursprung der Sensation und Reflexion zugleich verdanken, werden zunächst nicht nur Lust und Unlust, Freude und Schmerz, sondern auch die Vorstellungen der K r a f t, der E i n h e i t und des D a s e i n s genannt. Jeder äußere Gegenstand und jede innere Vorstellung zwingt dem Geist ohne weiteres die Begriffe der Existenz und der Einheit auf, und in gleicher Weise gehört der Begriff der Kraft und der Verursachung zu denen, deren „Original" unmittelbar in der Sinnen- und Selbstwahrnehmung gegeben ist[4]). Die Naivität dieser Anschauung die, wie bekannt, den Anstoß und den kritischen Ansatzpunkt für die gesamte künftige Entwicklung der englischen Philosophie gebildet hat, macht erst dort, wo Locke zur Betrachtung des U n e n d l i c h k e i t s p r o b l e m s fortschreitet, einer

---

[1]) Essay II, 22, § 8.
[2]) Essay II, 32, § 6.
[3]) Essay II, 11, § 17.
[4]) S. bes. Essay II, 7, § 1 und § 7—8, sowie Essay II, 21, 1.

schärferen Analyse Platz. Hier erst bilden Sensation und Reflexion nicht mehr gleichwertige Elemente, die in dem schließlichen Ergebnis nur in unbestimmter Weise miteinander verschmolzen sind, sondern sie treten als selbständige Faktoren von eigentümlichem logischen Charakter und Geltungswert einander entgegen. Die Gegensätzlichkeit dieser beiden psychologischen Momente gilt als der tiefere Grund der sachlichen Schwierigkeiten, die Philosophie und Wissenschaft seit jeher im Begriff des Unendlichen gefunden haben. Betrachtet man die Reihe der einzelnen gedanklichen Schritte, kraft deren die Idee der Unendlichkeit sich im Geiste erzeugt, so läßt sich hier zunächst ein sicherer und positiver Grundbestand aussondern, der von Anfang an in voller Klarheit vor uns liegt. Immer ist es zunächst eine einzelne begrenzte Größe, eine endliche Strecke des Raumes oder der Zeit, von deren Betrachtung wir ausgehen. Auch wenn wir weiterhin darauf achten, daß diese Größe einer unbestimmten V e r m e h r u n g fähig ist, daß wir sie etwa in Gedanken verdoppeln und auf das Resultat dieser Vervielfältigung immer von neuem wieder die gleiche Operation anwenden können, haben wir die Grenzen dessen, was sich unmittelbar erfahren oder beobachten läßt, noch nirgends überschritten. Denn was sich aus diesem Gedanken der fortschreitenden Hinzufügung von Teilen ergibt, ist kein neuer Vorstellungs i n h a l t, der gleichartig und gleichberechtigt neben die früheren tritt: es ist nur das Bewußtsein eines möglichen Vorstellungsp r o z e s s e s, von dem wir gewiß sind, daß ihm auf keiner bestimmten Einzelstufe ein plötzlicher Stillstand geboten werden kann. Wahrhafte E x i s t e n z können wir somit immer nur dem endlichen Stücke zuschreiben, das in der Vorstellung unmittelbar realisiert und durch sie verbürgt ist, während das Bewußtsein, auch über diesen gegebenen Inhalt wieder hinausgehen zu können, nur eine subjektive Eigentümlichkeit unseres Geistes zum Ausdruck bringt, die für irgendwelche Schlußfolgerungen auf die gegenständliche Welt nicht bindend und nicht beweiskräftig ist. So ist denn auch hier, wie es scheint, die „Reflexion" über ihren willkürlichen und somit negativen Charakter noch nirgends hinausgewachsen.

„Eine Vorstellung, in der der größte Teil von dem, was ich unter sie befassen möchte, ausgelassen und nur durch die unbestimmte Andeutung eines „noch größer" ersetzt ist, kann wohl nicht den Anspruch erheben, positiv und vollendet zu heißen[1]." Das Vermögen des Geistes, zu immer neuen Größensetzungen fortzuschreiten, spiegelt uns nur einen Scheininhalt vor, der sich bei dem geringsten Versuch, ihn fassen und greifen zu wollen, in Nichts auflöst. Nachdem der Gedanke sich damit ermüdet hat, so viele Millionen bekannter Raum- und Zeitgrößen, als es ihm immer beliebt, zusammenzuhäufen, ist die klarste Vorstellung, die er von der Unendlichkeit erreichen kann, doch nichts anderes, als „der verworrene unbegreifliche Rest ins Endlose weiter addierbarer Zahlen, bei denen sich nirgend eine Aussicht auf einen Halt oder eine Grenze bietet[2])."

Wir fragen an dieser Stelle, an der wir es lediglich mit der D a r s t e l l u n g der Lockeschen Lehre zu tun haben, nicht, ob diese Auffassung des Unendlichkeitsbegriffs seinem logischen Gehalt, ob sie seiner positiven E r k e n n t n i s f u n k t i o n in Mathematik und Naturwissenschaft gerecht wird. Aber selbst wenn wir uns einzig auf den Standpunkt stellen, den Lockes psychologische Erklärung und Zergliederung uns anweist, so ergibt sich auch hier alsbald ein schwieriges Problem. Was wir bisher kennen gelernt, das waren die sinnlichen Eindrücke und das Vermögen des Geistes, sie beliebig zu verknüpfen und zu trennen. Diese letztere Fähigkeit aber bedeutete uns wiederum nichts anderes, als einen reinen Willkürakt: keine objektive Regel, sondern lediglich das subjektive Belieben des Denkens entschied darüber, in welcher Richtung und zu welchen Verbindungen es fortschreiten wollte. Woher also — so müssen wir fragen — stammt jene innere N ö t i g u n g des Denkens, über jede gegebene Grenze fortzuschreiten, woraus erklärt sich der psychische Zwang, der uns über jeden Abschluß in unserer Vorstellung der Zahl, des Raumes und der Zeit immer von neuem hinaustreibt? Die

---

[1]) Essay II, 17, § 15.
[2]) Essay II, 17, § 9.

Grenzenlosigkeit der Zahlenreihe, die für Locke als das eigentliche Prototyp und Vorbild gilt, an dem sich zu einer sicheren Entscheidung über alle Probleme des Unendlichen gelangen läßt, bedeutet nicht lediglich, daß es in unsere Macht gegeben ist, von jeder Zahl zu einer höheren fortzugehen; sondern sie besagt, daß diese Fortsetzbarkeit durch den B e g r i f f d e r Z a h l s e l b s t gesetzt und g e f o r d e r t wird. Nicht was aus psychologischen Gründen m ö g l i c h , sondern was aus logischen Gründen n o t w e n d i g ist, ist hier das Entscheidende. Diese N o t w e n d i g k e i t aber wird durch Lockes Analyse nirgends erklärt. „Keine körperliche Schranke" — so führt er aus — „kein diamantener Wall vermag die Seele in ihrem Fortschritt innerhalb der Ausdehnung und des Raumes aufzuhalten, vielmehr würde beides nur dazu dienen, diesen Fortgang zu erleichtern und anzuspornen: denn so weit der Körper reicht, so weit muß zweifellos auch die Ausdehnung reichen. Und was könnte uns, nachdem wir einmal zu der äußersten Grenze der körperlichen Welt gelangt sind, hier einen Halt gebieten oder die Seele glauben machen, daß sie am Ende des Raumes angelangt ist, da sie doch b e m e r k t , daß dies nicht der Fall ist, und daß auch jenseit dieser Grenze die Möglichkeit der Bewegung des Körpers fortbesteht ... Wohin sich die Seele also auch immer in Gedanken stellen und ob sie innerhalb der Körper oder entfernt von ihnen ihren Standort wählen mag, so kann sie doch i n d e r g l e i c h f ö r m i g e n V o r s t e l l u n g d e s R a u m e s nirgends eine Schranke entdecken und muß somit notwendig schließen, daß er vermöge der Natur und der Vorstellung jedes Teiles wirklich unendlich (actually infinite) ist[1])." Aber die bloße Abwesenheit des Hindernisses vermag den positiven Antrieb, der den Geist zum Fortgang ins Unendliche drängt, nicht zu erklären; die bloße Tatsache, daß dem Ich auf seinem bisherigen eng umgrenzten Wege kein Hemmnis entgegengetreten ist, gibt ihm keine Gewißheit darüber, daß ein solches Hemmnis unmöglich und widersprechend wäre. Wenn wirklich — wie Locke in einem bekann-

---

[1]) Essay II, 17, § 4.

ten Beispiel ausführt — der Geist in seiner Vorstellung der Unendlichkeit dem Matrosen zu vergleichen ist, der von der „unermeßlichen" Tiefe des Meeres spricht, weil in allen Versuchen, die er auch angestellt hat, sein Senkblei niemals den Grund erreicht hat: so ist der Begriff des Unendlichen nicht nur ein „negativer", sondern ein fehlerhafter und grundloser Begriff, so schließt er eine Behauptung ein, die sich in keiner Weise rechtfertigen läßt.

Locke mag immerhin die „potentielle" und die „aktuelle" Unendlichkeit unterscheiden, er mag die Unendlichkeit aus der Wirklichkeit verbannen, um sie dem Geist als Eigentum zuzusprechen: von seinem ursprünglichen Standpunkt aus bleibt das eine nicht minder wie das andere rätselhaft und problematisch. Denn welche induktive B e o b a c h t u n g versicherte uns, wenn nicht eines grenzenlosen Seins, so auch nur eines wahrhaft unbeschränkten geistigen „Vermögens"? Wenn die „Reflexion" nichts anderes bedeuten soll, als den „Abdruck", den die Seele von ihren eigenen inneren Zuständen erhält, so kann sie das seelische Geschehen zwar auf eine begrenzte Strecke hin begleiten und verfolgen, aber sie kann niemals ein a l l g e m e i n e s Urteil begründen, das über die Grenzen dieser unmittelbaren empirischen Beobachtung hinausginge. So stehen wir hier vor einem unentrinnbaren Gegensatz: wir müssen den Begriff der Reflexion, wie er sich uns bisher allein dargeboten hat, preisgeben oder aber auf jeden Gehalt des Unendlichkeitsbegriffs verzichten. Denn wo immer in der Wissenschaft, insbesondere in der Mathematik, vom Unendlichen gesprochen wird, da soll damit niemals ein Prozeß bezeichnet sein, bei dem keine Grenzen b e m e r k b a r, sondern bei dem sie aus positiven Gründen a u s g e s c h l o s s e n sind; da wird also implizit stets eine allgemeine Regel und Methode vorausgesetzt, die es uns ermöglicht, uns die einzelnen Schritte nicht nur nacheinander bis zu einem bestimmten Punkte empirisch zu vergegenwärtigen, sondern sie in ihrer Gesamtheit zu überblicken und sie trotz ihrer sinnlichen Unabschließbarkeit begrifflich zu beherrschen. Locke selbst sieht sich gedrängt, diesen Tatbestand, den die wissenschaftliche Erkenntnis ihm darbietet, je weiter seine Analyse fortschreitet, mehr und mehr anzuerkennen. Wenn das Unendliche ihm anfangs nur eine vereinzelte „Idee", nur ein einfaches Vorstellungsbild bedeutet, das aber im Gegensatz zu den völlig scharfen Bildern der endlichen Dinge, verschwommen und unbestimmt ist, so wird er, je mehr er sich bemüht, seinen Ursprung aufzudecken, dazu geführt, es als eine charakteristische psychische F u n k t i o n zu fassen und in ihm somit eine n o t w e n d i g e Betätigung des Geistes anzuerkennen. Jetzt ist es nicht mehr das subjektive Belieben, das uns in den „Verknüpfungen" der sinnlichen Einzeldaten leitet, sondern es spricht sich hierin eine feste Regel und eine allgemeine Gesetzlichkeit aus, der wir uns nicht zu entziehen vermögen; jetzt ist es daher auch kein bloß flüchtiges und jederzeit wieder aufhebbares Beisammen von Vorstellungen, das hierdurch geschaffen wird, sondern ein neuer Inhalt, der — wie immer man über sein Anrecht urteilen mag — mit unserem Bilde von der „objektiven" Wirklichkeit unlöslich verschmilzt und aus ihm fortan nicht wieder fortzudeuten ist. —

Der gleiche Fortgang, der hier hervortritt, zeigt sich überall, wo Locke sich der schärferen Betrachtung der wissenschaftlichen Begriffe zuwendet; er läßt sich bei seiner Analyse des Raumes, wie der Zeit, der Zahl, wie der Kraft deutlich verfolgen. Alle diese Bestimmungen werden nicht nur schlechthin in den Dingen angetroffen, sondern sie weisen Bestandteile auf, die der Geist „in sich selbst ohne die Hilfe äußerer Objekte und ohne fremde Einflüsterung zu erzeugen vermag"[1]). Zwar wird auch in der Zergliederung der Raumvorstellung, die Locke mit diesen Worten einleitet, der Nachdruck vor allem auf das sinnliche Moment gelegt: der A b s t a n d zweier Körper voneinander läßt sich durch Gesichts- und Tastsinn ebenso unmittelbar wahrnehmen, wie wir die verschiedene Färbung der Körper direkt erfassen. Das Grundmoment der Raumanschauung, das in all ihre komplexen Gebilde als Bedingung eingeht, ist also einer weiteren begrifflichen Ableitung und Zerlegung weder fähig, noch bedürftig; es ist durch die bloße

---

[1]) Essay II, 13, § 1.

Empfindung hinreichend verbürgt. Die „einfache" Vorstellung des Ortes ist, wie jedes andre Element unseres Bewußtseins der äußeren Wirklichkeit, den sinnlichen Dingen entlehnt: ihr Unterschied gegen die übrigen Qualitäten besteht lediglich darin, daß sie auf zwei verschiedene Sinnessphären, die bei ihrer Bildung mitwirken, zurückgeht[1]). Es ist klar, daß auf dieser Grundlage sich, streng genommen, nur eine e m p i r i s t i s c h e Raumlehre hätte aufbauen lassen, wie sie später insbesondere von B e r k e l e y folgerichtig entwickelt worden ist. Ist der Raum lediglich ein Produkt der Wahrnehmung, so kann er uns nur zugleich mit den Körpern und als ein einzelnes sinnliches Merkmal an ihnen gegeben werden; so muß daher jeder Versuch, ihn als ein besonderes und abtrennbares Sein zu denken, lediglich eine metaphysische Verirrung scheinen. Auch an diesem Punkte jedoch sucht Locke der Konsequenz seines Gedankens, die ihn nicht nur mit der Naturphilosophie, sondern auch mit der wissenschaftlichen Physik seiner Zeit in Widerstreit zu bringen droht, auszuweichen. Er b e g i n n t mit dem Satz der R e l a t i v i t ä t des Ortes und der Bewegung, der zunächst ohne jegliche Einschränkung behauptet wird. Der Ort eines Dinges ist nichts anderes als die Beziehung, in der es zu bestimmten K ö r p e r n, die wir als fest ansehen, steht; er verliert somit alle Bedeutung, sobald wir von jedem materiellen Bezugssystem, von jeder Grundlage der Vergleichung und Messung absehen[2]). Es sind insbesondere die frühen Schriften Lockes — vor allem sein auch in anderer Hinsicht wichtiges und interessantes Reisetagebuch — die diese Anschauung in aller Klarheit enthalten und ausführen. Der Abstand zweier Objekte wird hier als eine Relation definiert, die abgesondert von den Elementen, zwischen denen sie besteht, keinerlei Bedeutung besitzt. Es ist nur eine psychologische Selbsttäuschung, wenn wir dem Raum irgendeine unabhängige, für sich bestehende Realität zuschreiben und ihn als ein positives Etwas betrachten, das ohne die Dinge zu existieren vermag. Diese Loslösung und

---

[1]) Essay II, 13, § 10 und 27.
[2]) Vgl. bes. Essay II, 17, § 7—9.

Verdinglichung einer abstrakten Beziehung ist es, die uns alsbald in alle die bekannten Schwierigkeiten der theologischen und metaphysischen Raumtheorien verwickelt, die die unlösbaren Fragen, ob der Raum „Etwas" oder „Nichts", ob er „geschaffen" oder „ewig", ob er eine Eigenschaft der Körper oder ein Attribut Gottes sei, heraufbeschwört[1]). In der Entwicklung dieser Gedanken tritt der Einfluß von Hobbes' phänomenalistischer Raumlehre unverkennbar hervor. (Vgl. ob. S. 62 ff.). „Wenn die ganze Welt vernichtet würde und nur ein Mensch und seine Seele zurückbliebe, so wäre diese imstande, sich in ihrer Einbildung die Welt und die Ausdehnung, die sie hatte, d. h. den Raum, den sie erfüllte, zu vergegenwärtigen. Aber dies beweist nicht, daß der gedachte Raum (imaginary space) ein wirkliches Ding, ein Etwas ist. Denn Raum oder Ausdehnung besitzen, losgelöst von den Körpern und der Materie, nicht mehr reale Existenz, als sie der Zahl ohne irgend-

---

[1]) „Space in itself seems to be nothing but a capacity, or possibility, for extended beings or bodies to be, or exist, which we are apt to conceive infinite; for there being in nothing no resistance, we have a conception very natural and very true, that, let bodies be already as far extended as you will, yet, if other new bodies should be created, they might exist, where there are now no bodies . . . And because we have by our acquaintance with bodies got the idea of the figure and distance of the superficial part of a globe of a foot diameter, we are apt to imagine the space, where the globe exists to be really something, to have a real existence before and after its existence there. W h e r e a s, i n t r u t h, i t i s r e a l l y n o t h i n g, and so has no opposition or resistance to the being of such a body there; though we, applying the idea of a natural globe, are apt to conceive it as something so far extended, and these are properly the imaginary spaces which are so much disputed of... W e r e t h e r e n o b e i n g s a t a l l, w e m i g h t t r u l y s a y t h e r e w e r e n o d i s t a n c e. The fallacy we put upon ourselves which inclines us to think otherwise is this, that whenever we talk of distance, we first suppose some real beings existing separate from another, and that, without taking notice of that supposition, and the relation, that results from their placing one in reference to another, we are apt to consider that space as some positive real being existing without them: whereas, as it seems to me, to be but a bare relation (1677)." (The Life and Letters of John Locke, with extracts from his journals and Common-Place books, By L o r d K i n g. New edition, London 1864, S. 336 f.).

einen gezählten Inhalt zukommt; ebensogut also könnte man sagen, daß die Zahl des Sandes am Meere wirklich existiere und auch nach der Vernichtung des Universums noch fortbestände, wie daß der Raum oder die Ausdehnung des Meeres für sich existiere und nach der Vernichtung noch etwas sein würde[1])." Der Begriff des „r e i n e n Raumes" ist also nichts anderes, als die Hypostasierung einer Eigenschaft, die wir beständig an den Körpern beobachten, zu einer selbständigen Wesenheit, die ihnen vorausgehen soll; er greift ein vereinzeltes, sinnliches Merkmal heraus, um es zu einer für sich bestehenden Wirklichkeit zu machen[2]).

Diese Auffassung, die von Lockes empiristischem Ausgangspunkt aus zunächst in der Tat notwendig erscheint, ist im „Essay" jedoch verlassen. Denn hier stützt sich die Raumlehre nicht mehr vornehmlich auf die Ergebnisse der psychologischen Analyse, sondern auf die Entwicklung, die die moderne Physik genommen hatte. Nicht die Lehren von Hobbes, sondern die von G a s s e n d i und N e w t o n bilden für sie den eigentlichen Orientierungspunkt[3]). Wenngleich daher Locke auch hier keine endgültige Entscheidung über die Existenz des „leeren Raumes" versucht, so ist doch sein Interesse jetzt deutlich auf eine A u f h e b u n g der untrennbaren Korrelation gerichtet, die er zuvor zwischen Raum und Körper behauptet hatte. Die Erfahrung — so wird betont — lehrt uns unmittelbar den Unterschied zwischen der bloßen

---

[1]) Lockes Reisetagebuch, Eintragung vom 27. März 1676. — (S. Ausg. Lord King, a. a. O. S. 66).
[2]) „That which makes us so apt to mistake in this point, I think, is this, that having been all our lifetime accustomed to speak ourselves, and hear all others speak of space, in phrases that import it to be a real thing, . . we come to be possessed with this prejudice that it is a real thing and not a bare relation. And that which helps to it is, that by constant conversing with real sensible things, which have this relation of distance one to another, which we, by the reason just now mentioned, mistake for a real positive thing, we are apt to think that it as really exists beyond the utmost extents of all bodies or finite beings, though there be no such beings there to sustain it, as it does here amongst bodies, — which is not true." Miscellaneous Papers 1678, ed. Lord King, a. a. O. S. 341.
[3]) S. ob. S. 36, Anm. 2.

Idee der Ausdehnung und der Vorstellung der Materie kennen, in welcher zugleich die Bestimmungen der Dichtigkeit und des Widerstands mitgesetzt sind. Die blosse Möglichkeit, von einem leeren Raume zu sprechen und ihn der Welt der Körper entgegenzusetzen beweist, daß hier eine grundlegende Differenz vorliegt, die sich durch abstrakte Argumente nicht wegdeuten läßt. Über das Dasein des Leeren und seine Unterscheidung von der Materie könnte nicht gestritten werden, wenn wir nicht beides wenigstens in Gedanken deutlich auseinanderhalten und für sich begreifen könnten[1]). Mit dieser Beweisführung macht der empiristische Kritiker freilich der Ontologie ein bedenkliches Zugeständnis: denn wenn jeder Inhalt, der nur durch irgendein W o r t bezeichnet und herausgehoben wird, an sich schon sein Recht und seine ,,Realität" erwiesen hätte, so gäbe es kein Mittel, irgendwelche willkürliche Fiktionen von begründeten Annahmen und Begriffen zu unterscheiden. Bleibt Locke hier an formaler Folgerichtigkeit des Denkens hinter seiner früheren Auffassung zurück, so wäre es dennoch irrig, in seinem sachlichen Ergebnis selbst einen Rückschritt zu sehen. Man erkennt, daß es neue P r o b l e m e sind, die jetzt in ihm lebendig geworden und die in ihm nach begrifflicher Anerkennung ringen. Die Sorge um die Grundlegung der empirischen Physik treibt ihn zu einer veränderten Fassung seines Raumbegriffs hin: das P h ä n o m e n der Bewegung selbst ist, wie er ausspricht, ohne die Behauptung und Setzung des reinen, vom Körper unterschiedenen Raumes nicht zu begreifen und zu ,,retten"[2]). Die Schwierigkeiten und Dunkelheiten in Lockes Raumlehre klären sich daher, wenn man die verschiedenen Motive seiner Fragestellung bestimmt auseinanderhält. Er geht von den metaphysischen Problemen der Raumlehre aus, die er in seiner geschichtlichen Umgebung, insbesondere bei Henry More vorfindet[3]), um sie fortschreitend auf p s y c h o l o g i s c h e zurückzuleiten. Aber seine eigenen psychologischen

---

[1]) Essay II, 13, § 24.
[2]) Essay II, 13, § 23.
[3]) Näheres hierüber Buch VII, Cap. 2; vgl. auch v. Hertling, a. a. O. S. 180 ff.

Bestimmungen, nach denen die Raumanschauung nur einen Sonderfall der sinnlichen Empfindung bedeutet, erweisen sich ihm alsbald als ungenügend, um das Ganze der **wissenschaftlichen** Fragen zu bewältigen, um die Gleichförmigkeit, die Stetigkeit und die Unveränderlichkeit, die wir dem reinen Raum im Unterschied von dem wahrnehmbaren Stoffe zuschreiben, zu begründen. Seine Analyse führt bis hart an die Grenze der methodischen und erkenntniskritischen Probleme, die der Raumbegriff einschließt; aber sie bietet kein Mittel zu ihrer Lösung und Bewältigung[1]).

Auch die Zergliederung des Zeitbegriffs weist im Ganzen die gleichen begrifflichen Abstufungen auf und führt zu einem analogen Endergebnis. Die Zeitvorstellung ist, im spezifischen und ausgezeichneten Sinne, ein Produkt der „Reflexion", da sie zu ihrer Entstehung nicht der Wahrnehmung äußerer Bewegungen bedarf, sondern lediglich aus der Beobachtung der inneren Wandlungen des Bewußtseins quillt. Wir brauchen nur dem Zuge unserer Vorstellungen zu folgen, um in ihnen eine bestimmte Folge des **Nacheinander** und einen zeitlichen Abstand der einzelnen Elemente unmittelbar gewahr zu werden. So ist die Zeit im Sinne von **Hobbes** als reiner „Akt des Geistes" begriffen: die „Idee" der Dauer ist ohne jede sinnliche Wahrnehmung materieller Vorgänge und Veränderungen zu gewinnen[2]). Es sind daher nicht die empirischen Bewegungen, die das eigentliche M a ß der Dauer abgeben, sondern umgekehrt ist es die **stetige und regelmäßige Folge der Gedanken**, die uns erst in den Stand setzt, den Ablauf des äußeren Geschehens in bestimmte, gleichmäßige Intervalle zu gliedern und abzuteilen. Wenn wir praktisch für die Bedürfnisse der Zeit-

---

[1]) S. Essay II, 13, § 11—13; vgl. **Riehl**, Der philosophische Kritizismus, 2. Aufl., I, 57 f.

[2]) „We have as clear an idea of succession and duration by the train of other ideas succeding one another in our minds without the idea of any motion, as by the train of ideas caused by the uninterrupted sensible change of distance between two bodies which we have from motion; and therefore we should as well have **the idea of duration**, were there **no sense of motion** at all." (Essay II, 14, § 16).

messung stets irgendwelche körperliche Bewegungen, wie insbesondere die Umdrehungen der Himmelskörper zugrunde legen, so kommt diesem Verfahren doch keine innere logische Notwendigkeit zu; vielmehr benutzen wir diese sinnlichen und wahrnehmbaren Vorgänge nur, weil wir in ihnen jene Gleichförmigkeit und Stetigkeit, die wir in unseren Gedanken beobachten, äußerlich am reinsten ausgeprägt finden. „Wir müssen daher sorgfältig zwischen der **Dauer selbst** und den **Maßen**, nach denen wir ihre Länge beurteilen, unterscheiden. Die Dauer selbst wird als etwas angesehen, was in konstanter, regelmäßiger und gleichförmiger Weise verläuft. Aber von keinem der Maße, die man für sie benutzt, kann man das Gleiche mit Sicherheit behaupten, da man hier niemals gewiß sein kann, daß irgendwelche Einzelabschnitte oder Perioden einander an Dauer völlig gleich sind ... Die Bewegung der Sonne, die man so lange und so zuversichtlich als ein exaktes Maß der Dauer ansah, hat sich in ihren einzelnen Teilen als ungleichförmig ergeben, und wenn man auch neuerdings das Pendel als eine regelmäßigere und genauere Bewegung zur Zeitmessung benutzt hat, so würde uns doch, wenn wir gefragt würden, woher wir denn mit Sicherheit wissen, daß zwei aufeinanderfolgende Pendelschwingungen wirklich **gleich** seien, die Antwort schwer fallen. Denn da wir nicht wissen, ob die uns unbekannte Ursache der Pendelbewegung immer gleichmäßig wirkt, ja, da wir gewiß sind, daß das Medium, in dem das Pendel schwingt, nicht immer genau dasselbe bleibt, so kann jede Veränderung hierin ersichtlich die Gleichheit der Perioden aufheben und somit die unbedingte Zuverlässigkeit und Exaktheit dieses Zeitmaßes ebensogut, wie die jedes anderen, zunichte machen. **Nichtsdestoweniger bleibt der Begriff der Dauer immer klar**, obwohl man von keinem ihrer Maße beweisen kann, daß es wirklich genau ist .. Alles, was wir hier tun können, besteht darin, daß wir solche kontinuierlichen und successiven Erscheinungen zugrunde legen, die in scheinbar gleichmäßigen Perioden verlaufen, für welche scheinbare Gleichheit wir aber kein anderes Maß besitzen, als den Zug unserer eigenen Ideen, der sich unserem Gedächtnis eingeprägt hat und den wir, auch aus anderen wahrscheinlichen Gründen, als gleichförmig ansehen[1])."

So erkennt Locke, daß alle Behauptungen über irgendwelche Konstanz der äußeren Wirklichkeit zuletzt auf gedankliche Bestimmungen zurückgehen; aber es kommt freilich zu keiner Klarheit darüber, daß auch die Gleichförmigkeit des „inneren" Geschehens nicht unmittelbar **gegeben** ist, sondern eine begriffliche **Deutung** der Erscheinungen und eine **Forderung**, die wir an sie stellen, in sich schließt. Immerhin ist hier die „Reflexion", wie man sieht, über ihre anfängliche, eng begrenzte Bedeutung wiederum weit hinausgehoben: ist sie es doch, die nunmehr das **Kriterium** und die **Kontrolle** der „Sensation" enthält. Die Idee der Zeit, die wir in uns selbst und „ohne fremde Einflüsterung" gewinnen, ist jetzt das Vorbild, nach dem wir die Veränderungen der sinnlichen Wirklichkeit bemessen und beurteilen. Der Grundsatz, von dem Locke ausging, daß die Tätigkeit des Denkens nur gegebene Elemente zusammenzufügen, nicht aber ihren Inhalt zu bestimmen und umzuwandeln vermag, ist daher hier in der Tat durchbrochen; die Reflexion ist nunmehr nicht nur ein Vermögen der willkürlichen Verbindung, sondern der **Gestaltung** der sinnlichen Empfindungen.

Noch deutlicher müßte sich dieses Verhältnis bei der Erörterung des Zahlbegriffs ergeben, bei der sich indessen wiederum die unmittelbare Umdeutung der reinen Vorstellungsfunktionen in feste und abgeschlossene Vorstellungsbilder geltend macht. Von allen Ideen, die wir besitzen, soll keine auf mehrerlei Weisen und auf mehreren Wegen dem Geiste „aufgedrängt" werden, als die der Zahl und Einheit: denn jeder Gegenstand, auf den unsere Sinne sich richten, jede Vorstellung in unserem Verstand, jeder Gedanke in unserer Seele, bringt diese Idee mit sich (brings this idea along with it), so daß sie die allgemeinste ist, die wir nur zu fassen vermögen. Vor den übrigen Vorstellungen ist ferner

---

[1]) Essay II, 14, § 21.

die Zahl dadurch ausgezeichnet, daß alle ihre besonderen Bestimmungen und „Modi" sich völlig scharf voneinander unterscheiden, so daß hier niemals, wie im Gebiet der Sinnesempfindungen, zwei Elemente, die einander sehr nahe stehen, miteinander verschwimmen und nicht mehr auseinander gehalten werden können. In dieser ihrer Eigentümlichkeit wurzelt ihr Erkenntniswert: die klare Unterscheidung jeder einzelnen Zahlbestimmung von allen anderen, so nahe sie ihr auch stehen mögen, ist der Grund dafür, daß zahlenmäßige Beweise, wenn nicht evidenter und genauer als die geometrischen, doch von allgemeinerer Anwendung als diese sind. „Die einfachen Modi der Zahl sind unter allen die distinktesten, da die geringste Änderung, auch nur um eine Einheit, jede zusammengesetzte Zahl ebenso verschieden von ihrer nächsten, wie von ihrer entferntesten macht: deshalb ist die 2 von der 1 ebensosehr unterschieden, wie die 100, und unterscheidet sich ihrerseits von der 3 ebensosehr, wie die ganze Erde von einer Milbe[1])." In dieser Ausnahmestellung der reinen Zahl liegt für Lockes psychologische Fragestellung in der Tat ein ernsthaftes Problem. Sind alle wahrhaften „Ideen" zuletzt bestimmte und einzelne Vorstellungsbilder, so müssen sie, um unterschieden werden zu können, einander als konkrete Inhalte gegenübergestellt werden. Und es erscheint als ein merkwürdiges Phänomen, daß diese Fähigkeit der Sonderung — kraft der Tatsache der Unterschiedsschwelle — bei den sinnlichen Qualitäten eine bestimmte Grenze hat, während sie innerhalb des Gebietes der Zahl unbeschränkt gültig und wirksam ist. In Wahrheit liegt in der Anerkennung dieses Sachverhalts implizit das Zugeständnis, daß die Zahl einer völlig anderen Kategorie angehört, als die Wahrnehmungsdaten, mit denen sie hier zunächst noch ganz in eine Reihe gestellt wird. Die „Zwei" und die „Drei" werden — soweit sie Zahlen und nicht gezählte Dinge bedeuten — gar nicht „vorgestellt", sondern rein begrifflich d e f i n i e r t: sie bezeichnen keine Bewußtseins i n h a l t e , die miteinander „verschmelzen" könnten, sondern sind der Ausdruck für logische

---

[1]) S. Essay II, 16, § 3 und 4.

Funktionen, deren eine die andere voraussetzt und die hierdurch in eindeutiger Weise voneinander geschieden sind. —
Wir stehen hier vor einer Frage, zu der Lockes Analyse der wissenschaftlichen und metaphysischen Begriffe uns zuletzt immer wieder mit Notwendigkeit hinführt. Die „einfachen" Elemente, die sie aussondert, sollen der Grundstoff sein, aus dem all unsere Erkenntnis sich aufbaut. „Es kann nicht wundernehmen, daß wenige einfache Ideen genügen, das schnellste Denken und die weiteste Fassungskraft ganz auszufüllen und das Material zu all den mannigfaltigen Kenntnissen und noch mannigfaltigeren Einbildungen und Meinungen der Menschen zu liefern, wenn man bedenkt, wie viele Worte aus der verschiedenartigen Verbindung der 24 Buchstaben gebildet werden können[1]." Die Vorstellung eines „Gedankenalphabets", die hier zugrunde liegt, teilt Locke mit all den großen rationalistischen Systematikern; in ihr stimmt er mit Descartes und insbesondere mit Leibniz völlig überein. Aber auch der charakteristische Unterschied tritt sogleich hervor. Wenn den Klassikern des Rationalismus eine reine „Formenlehre" der Erkenntnis als Ideal vorschwebt, so ist es hier der materiale Gehalt der „einfachen" Empfindungen, der den Halt und den Baugrund für das Ganze unserer Erkenntnis bilden soll. Hier ist der Punkt, an dem Sein und Denken zu wahrhafter Deckung gelangen; denn jede einfache Vorstellung trägt die Bürgschaft für die objektive E x i s t e n z ihres Gegenstandes unmittelbar in sich. An dieser Überzeugung hält Lockes Erkenntnislehre als an einem unbezweifelbaren Dogma fest. Jede elementare Wahrnehmung macht uns nicht nur mit ihrem eigenen Inhalt vertraut, sondern sie liefert uns in sich selbst und ohne daß es hierfür weiterer gedanklicher Vermittlungen bedürfte, den vollgültigen Beweis für die Existenz eines äußeren, dinglichen „Originals", dem sie entspricht[2]. Diese Grundansicht wird

---

[1] Essay II, 7, § 10.
[2] „Our simple ideas are all real, all agree to the reality of things" Essay II, 30, 2. — „How shall the mind, when it perceives nothing but its own ideas know that they agree with things themselves? This, though it seems not to want difficulty, yet I think there be two sorts

für Locke auch durch die Kritik, die er an den „sekundären Qualitäten" übt, nirgends erschüttert; sie bildet vielmehr die selbstverständliche Voraussetzung, auf der eben jene Kritik in ihrer ganzen Ausführung ruht. Daß die Empfindungen der einzelnen Sinnesgebiete das Sein nicht in unbedingter Treue wiedergeben, daß die „Bilder", die von diesem Sein in uns entstehen, durch mannigfache subjektive Bedingungen bestimmt und spezifisch gefärbt sind: diese Einsicht bildet nur die negative Kehrseite der Auffassung, daß alles wahrhafte Erkennen auf ein „Abbilden" einer absoluten Existenz gerichtet sein muß. „Ein Stück Manna von wahrnehmbarer Größe kann in uns die Vorstellung einer runden oder viereckigen Gestalt, und wenn es von einem Ort nach einem anderen bewegt wird, die Vorstellung der Bewegung erwecken. Diese Vorstellung der Bewegung gibt ihr Objekt so wieder, wie es in dem bewegten Körper selbst enthalten ist, ein Kreis und ein Viereck sind d i e s e l b e n in der Vorstellung wie in der Wirklichkeit, in der Seele, wie im Manna." In dieser I d e n t i t ä t liegt für Lockes Erkenntnislehre kein Problem: „Jedermann erkennt sie bereitwillig an[1]." So zeigt sich hier deutlich die Schranke von Lockes Kritik: wenn sie allen geistigen Inhalt zuletzt in Empfindungen auflöst, so geschieht es nur, weil die Empfindung selbst, in ihrer psychologischen „Einfachheit", zugleich an einer metaphysischen Gewißheit teilhat; weil in ihr Sein und Bewußtsein sich unmittelbar berühren und ineinander übergehen. Nur scheinbar führt Lockes Zergliederung all unser Wissen auf Sinnes- und Selbstwahrnehmung zurück; denn neben diesen beiden Grundvermögen bleibt die Welt der körperlich ausgedehnten „Dinge" in

---

of ideas that we may be assured agree with things. The first are simple ideas, which since the mind, as has been showed, can by no means make to itself, m u s t n e c e s s a r i l y b e t h e p r o d u c t o f t h i n g s o p e r a t i n g o n t h e m i n d in a natural way and producing therein those perceptions which by the wisdom and will of our Maker they are ordained and adapted to ... And this conformity between our simple ideas and the existence of things is sufficient for real knowledge." (IV, 4, § 3 und 4).

[1]) Essay II, 8, § 18.

ihrer ganzen Mannigfaltigkeit und Vielgestaltigkeit, als unentbehrliche Voraussetzung zurück. Sensation und Reflexion erscheinen jetzt nur als die Mittler zwischen „Subjekt" und „Objekt", während der eigentliche Realgrund des Wissens in den für sich bestehenden Substanzen und den realen Wirkungen, die sie auf uns ausüben, zu suchen ist. Die „Wirklichkeit" dieser Substanzen und ihrer Kräfte bleibt als das eigentliche Rätsel stehen, als ein unbegriffener und unbegreiflicher Rest, den keine psychologische Analyse weiter aufzuklären vermag.

II.

Der Begriff der Wahrheit.

Wir haben bisher die Erkenntnislehre Lockes nur nach ihrer allgemeinen Grundform betrachtet, in der sie sich in den beiden ersten Büchern des Essay konstituiert. Zu einer neuen Ansicht werden wir geführt, wenn Locke sich im vierten Buch der speziellen Aufgabe zuwendet, die Mittel, über die die Erkenntnis verfügt, im Einzelnen zu mustern und ihnen ihren eigentümlichen Geltungswert und Geltungsumkreis zu bestimmen. Schon der Ausgangspunkt der Betrachtung ist jetzt ein anderer geworden: denn wenn in der psychologischen Betrachtung die Einzelempfindung überall als das eigentliche Grundmaß des Wissens erschien, wenn jede „allgemeine" Erkenntnis sich als eine Summe besonderer Wahrnehmungsinhalte zu beglaubigen hatte, so sind es jetzt — in der logischen Schätzung und Wertordnung — die universellen und allgemeingültigen Beziehungen, die an den Anfang treten. Die höchste Gewißheit, deren die Seele teilhaft werden kann, wird nicht in der Vergleichung und Zusammenstellung der einzelnen Empfindungsdaten gewonnen, da diese ihr stets nur ihren augenblicklichen, von Moment zu Moment wandelbaren Zustand widerspiegeln. Es muß, wenn anders auf irgend einem Gebiete Evidenz und unverbrüchliche Sicherheit erreicht werden soll, ein Mittel geben, kraft dessen wir über diesen Strom des bloß **zeitlichen** Geschehens hinauszublicken und uns einen dauernden und zeitlos gültigen B e s t a n d ideeller Wahrheiten anzueignen vermögen. Gäbe es keine ursprünglichen und notwendigen Beziehungen zwischen Ideen, die für alle Zeiten feststehen und deren wir uns ein für allemal versichern können, so wären wir der Skepsis rettungslos anheimgegeben. In der Tat, wenn alles Wissen auf unseren Vorstellungen beruht und wir uns den Inhalt dieser Vorstellungen niemals anders als in der e m p i r i s c h e n B e o b a c h t u n g ihres zeitlichen Ablaufs zum Bewußtsein bringen können, so kann es, in keinem Bereich der Erkenntnis, andere als relative Gewißheit geben. Von den geometrischen Urteilen etwa bliebe alsdann nichts anderes übrig, als Aussagen über bestimmte, hier und jetzt gegebene Einzelfiguren mit all ihren zufälligen und äußerlichen Beschaffenheiten. Daß damit aber der Sinn und Wert der mathematischen Sätze nicht getroffen wird, muß schon die unbefangene p h ä n o m e n o l o g i s c h e Zergliederung des mathematischen Erkennens uns lehren. Nirgends bildet das einzelne sinnliche Bild, von dem immerhin ausgegangen werden mag, den eigentlichen Gegenstand, auf den der Geometer abzielt und den er in seiner Beweisführung m e i n t; und ebensowenig vermag eine unbeschränkte Anhäufung derartiger besonderer Vorstellungsinhalte, wie Locke klar erkennt und ausspricht, den eigentümlichen Gehalt dieser Beweise jemals zu erklären. Die Vermehrung der Instanzen könnte uns niemals zu wahrhaft allgemeiner Erkenntnis führen, wenn nicht schon dem Einzelfall die Funktion innewohnte, uns ein universelles Gesetz unmittelbar zu beglaubigen[1]). An dieser Stelle trennt sich

---

[1]) „If the perception that t h e s a m e i d e a s w i l l e t e r n a l l y h a v e t h e s a m e h a b i t u d e s a n d t h e s a m e r e l a t i o n s be not a sufficient ground of knowledge, there could be no knowledge of general propositions in mathematics; for no mathematical demonstration would be any other than particular: and when a man had demonstrated any proposition concerning one triangle or circle, his knowledge would not reach beyond that particular diagram. If he would extend it farther, he must renew his demonstration in another instance, before he could know it to be true in another like triangle and so on: b y w h i c h m e a n s o n e c o u l d n e v e r

Locke von Hobbes und seiner **nominalistischen** Begriffstheorie, der er überall sonst getreulich folgt: die Symbole und Zeichen der Mathematik sind ihm zwar notwendige Hilfsmittel des Gedächtnisses, nicht aber der logische **Grund** für die Allgemeinheit der mathematischen Urteile. Die Zeichen verdanken ihren sachlichen Wert lediglich den **Ideen**, für die sie einstehen und die sie vertreten wollen; die Bürgschaft für die Gewißheit der Erkenntnis ist also schließlich immer nur in diesen letzteren und in den notwendigen Verknüpfungen, die zwischen ihnen obwalten, zu suchen[1]). So hat die „Idee" selbst hier unvermerkt einen neuen Sinn angenommen und einen tieferen Gehalt gewonnen. Während sie zuvor einen Einzelinhalt bezeichnete, der nur für sich selbst und auf sich selbst stand und der daher nach freier Willkür mit anderen Inhalten zusammentreten und sich wieder von ihnen lösen konnte, kommt ihr jetzt eine dauernde logische Beschaffenheit zu, kraft deren sie notwendig zu bestimmten Folgerungen hinführt, während sie andere von sich ausschließt. Sie bildet kein isoliertes Element, kein bloßes Steinchen in dem Mosaik der Vorstellungen mehr, das sich nach Belieben hin und her schieben läßt, sondern sie fordert kraft der „Natur", die ihr ein für allemal innewohnt, eine bestimmte Stelle im System der Erkenntnisse und besitzt innerhalb eines Ganzen von Voraussetzungen und Ableitungen einen eindeutig bestimmten Ort.

Um dieses ursprüngliche Geltungsverhältnis zu bezeichnen, wird ein neues psychologisches „Vermögen" eingeführt. Sensation und Reflexion treten zurück gegenüber der „**Intuition**", die fortan als das eigentliche Funda-

---

come to the knowledge of any general propositions." (Essay IV, 1, § 9).

[1]) „The cyphers or marks help not the mind at all to perceive the agreement of any two or more numbers, their equalities or proportions: **that the mind has only by intuition of its own ideas of the numbers themselves**. But the numerical characters are helps to the memory to record and retain the several ideas about which the demonstration is made, whereby a man may know, how far his intuitive knowledge in surveying several of the particulars has proceeded." (Essay IV, 3, § 19).

ment des Wissens erscheint. Ihr gegenüber muß jeder Zweifel und jeder Einwand, wie er sich gegen die sinnliche Empfindung immer wieder hervorwagen kann, verstummen. „Hier braucht sich der Geist nicht mit Beweisen und Prüfen zu bemühen, sondern er bemerkt die Wahrheit, wie das Auge das Licht, bloß dadurch, daß er sich auf sie richtet. In dieser Weise erkennt er, daß Schwarz nicht Weiß, daß ein Kreis kein Viereck, daß drei mehr als zwei und gleich $1 + 2$ ist. Wahrheiten dieser Art erfaßt er beim ersten Anblick der Ideen und ohne die Vermittlung irgendeiner anderen Idee, durch reine Intuition. Dieser Teil des Wissens ist unwiderstehlich und drängt sich, gleich dem hellen Sonnenschein, unmittelbar auf, sobald einmal der Geist sich ihm zuwendet. Auf einer derartigen Intuition ruht alle Gewißheit und Evidenz unseres Wissens, wer eine höhere verlangt, der weiß nicht, was er will; er möchte wohl ein Skeptiker sein aber er ist keiner[1].“ Daß in diesen Sätzen ein völlig **neuer Typus des Wissens** eingeführt und anerkannt ist, ist ersichtlich. Auf der einen Seite ein induktorisches Sammeln und Vergleichen einzelner Tatsachen, auf der andern ein ideeller Zusammenhang, den wir mit einem einzigen Blicke des Geistes erfassen, um ihn fortan als unverbrüchliche Regel festzuhalten, in der wir den Gang und die Ordnung alles künftigen Geschehens antizipieren. Die **Relationen** zwischen den Ideen unterstehen einer festen Norm und bilden einen Bereich objektiver Geltung, der dem individuellen Denken des Einzelsubjekts wie eine eigene, festgegründete Realität gegenübersteht. Zwar tritt der Gegensatz der Betrachtungsweisen nicht sogleich an die Oberfläche; die neue Ansicht, die sich im vierten Buche ausspricht, hebt die frühere Auffassung nicht schlechthin auf, sondern duldet sie neben sich und sucht sich mit ihr in Einklang zu setzen. Die Differenz wird dadurch zu schlichten gesucht, daß die beiden Grundanschauungen, statt in ihrem gegensätzlichen **formalen** Charakter begriffen und hingestellt zu werden, nur auf verschiedene Klassen von Wissens**objekten**, als das Ge-

---

[1] Essay IV, 2, § 1.

biet ihrer Betätigung, verwiesen und verteilt werden. In dem Kampf der Motive aber, der sich hierdurch entspinnt, behauptet die „Intuition" zuletzt durchaus ihren Vorrang und ihre Selbständigkeit. Nur dort, wo es sich nicht um die Existenz der Dinge, sondern — wie in der Mathematik und Moral — um die notwendige Verknüpfung der Begriffe handelt, ist echtes Wissen erreichbar. Sobald wir über dieses Gebiet hinausgehen, sobald wir irgendeine Aussage über die wirklichen Gegenstände jenseits des Bewußtseins wagen, sind wir freilich damit der bloßen Wahrscheinlichkeit überliefert. Denn alles, was wir von der Welt der Körper wissen, beschränkt sich auf die sinnlichen Eindrücke, die sie in uns hervorrufen; jeder dieser Eindrücke ist aber nur so lange evident und gewiß, als wir unmittelbar von ihm erfüllt sind und ihn gegenwärtig erleben. Alles, was wir vom Sein der Dinge aussagen können, kann sich in Wahrheit immer nur auf unser momentanes „Affiziertsein" von ihnen beziehen. So bleiben wir hier in die engsten räumlichen und zeitlichen Grenzen eingeschlossen; sobald die Empfindung, die ein Objekt in uns hervorrief, aus dem aktuellen Bewußtsein geschwunden ist, ist das eigentliche Wissen um seine Existenz dahin und kein Mittel des Denkens, keine mittelbare Beweisführung und Schlußfolgerung, vermag es uns jemals zurückzubringen[1]).

Und nicht anders als mit unserer Erkenntnis des S e i n s der Einzeldinge, steht es mit unserer Einsicht in die Verknüpfung, die zwischen ihren einzelnen Merkmalen besteht. Auch hier können wir zwar empirisch das Zusammenbestehen verschiedener Eigenschaften an ein und demselben Objekt feststellen; der G r u n d ihrer Zusammengehörigkeit aber bleibt uns verborgen. Nur wenn es gelänge, aus irgendeiner Beschaffenheit eines Körpers, die wir als bekannt zugrunde legen, alle seine übrigen Eigentümlichkeiten streng d e - d u k t i v abzuleiten, könnte das Ziel der Erkenntnis als erreicht gelten. Wenn wir, statt das regelmäßige Auftreten bestimmter Merkmalskomplexe nur sinnlich zu beobachten, die Sache „am andern Ende anfassen" könnten; wenn wir

---

[1]) S. bes. Essay IV, 1, § 7; IV, 2, § 14; IV, 11, § 9 u. ö.

klare Einsicht in die inneren Strukturverhältnisse der Körper besäßen und daraus folgern könnten, welche sinnliche Qualitäten sie notwendig besitzen m ü s s e n: dann erst wäre unsere Kenntnis zum Range der Wissenschaft erhoben. „Könnten wir entdecken, worin die Farbe eigentlich besteht, was es ist, das einen Körper leichter oder schwerer macht, welches Gewebe seiner Teile ihn biegsam, schmelzbar oder feuerbeständig macht und seine Löslichkeit in einer bestimmten Art von Flüssigkeit bewirkt, hätten wir, sage ich, eine solche Idee von den Körpern und könnten wir begreifen, worin alle sinnlichen Eigenschaften ursprünglich bestehen und wie sie hervorgebracht werden: so könnten wir von ihnen abstrakte Begriffe bilden, die als Grundlage universeller Sätze von allgemeiner Gewißheit und Wahrheit dienen könnten[1]." In Wirklichkeit aber bleiben wir von dieser Forderung dauernd entfernt; und keine noch so große Ansammlung physikalischer T a t s a c h e n kann uns darüber hinwegtäuschen, daß das eigentliche gesetzliche Band, das sie n o t w e n d i g miteinander verknüpft, von uns nirgends erfaßt werden kann. So bleibt alle unsere „Erfahrung" nicht nur Fragment und Stückwerk, sondern sie liegt auch nicht einmal auf dem Wege, der uns zum echten, „intuitiven" Wissen geleiten könnte.

Erst im Zusammenhang dieser Ausführungen fällt auf die Eigenart und die Tendenz des Lockeschen „Empirismus" volles Licht. Man muß Locke mit seinen sensualistischen Vorgängern, man muß ihn etwa mit Bacon vergleichen, um sich des Gegensatzes in der Grundstimmung des Philosophierens ganz bewußt zu werden. Für Bacon ist die Erfahrung die „Mutter aller Wissenschaft"; sie enthält die Antwort auf alle Fragen und Zweifel, die bisher die Menschheit bedrückt haben. Indem sie zur Ermittlung der „reinen Formen" hinführt und uns in ihnen die innere Wesenheit der Dinge enthüllt, beschließt sie das Ziel jeglicher Erkenntnis. Kein berechtigter Wunsch kann über sie hinausfragen und hinausverlangen: ist sie es doch, die die höchste denkbare Erfüllung aller Wünsche von Anfang an in sich birgt und die

---

[1] Essay IV, 6, § 10.

das „regnum hominis" in intellektueller, wie in praktischer Hinsicht begründet. Von solcher Wertschätzung und solcher Zuversicht ist Locke weit entfernt. Er kennt einen W a h r - h e i t s b e g r i f f, der über alle „Induktion" erhaben ist, und er sieht ihn in der Mathematik und Moral unmittelbar erfüllt. Die P h y s i k aber zeigt sich diesem strengen Maßstab nirgends gewachsen: sie bleibt auf die empirische und somit jederzeit unvollkommene Ansammlung erscheinender Merkmale angewiesen, ohne jemals ihren begrifflichen Zusammenhang wahrhaft zu v e r s t e h e n. Nicht dies ist die Meinung, daß die Physik, um strenge Wissenschaft zu werden, sich lediglich auf Erfahrung stützen und aufbauen müsse; — vielmehr ist ihr eben darum, weil sie Erfahrung ist und bleiben muß, der höchste Erkenntniswert für immer versagt. Eine W i s s e n s c h a f t der Natur- und der Körperwelt ist unmöglich; was uns bleibt, sind nur mehr oder minder wahrscheinliche Vermutungen, die durch jedes neue Faktum umgestoßen werden können[1]). So ist Locke, im Gebiete der Naturwissenschaften, Empirist aus Resignation, aus einem notgedrungenen Verzicht. Die D e d u k t i o n erscheint in den Ausführungen des vierten Buches durchweg als das eigentliche methodische Ideal, während das E x - p e r i m e n t nur nebenher als ein Notbehelf des Wissens gewürdigt wird[2]). „Da unsere Sinne nicht scharf genug sind,

---

[1]) „Therefore I am apt to doubt, that how far soever human in-- dustry may advance useful and experimental philosophy in physical things, s c i e n t i f i c a l w i l l s t i l l b e o u t o f o u r r e a c h .. Distinct ideas of the several sorts of bodies that fall under the examination of our senses perhaps we may have; but adequate ideas, I suspect, we have not of any one amongst them. And though the former of these will serve us for common use and discourse; yet whilst we want the latter, w e a r e n o t c a p a b l e o f s c i e n t i f i c a l k n o w - l e d g e , nor shall ever be able to discover general instructive, unquestionable truths concerning them. Certainty and demonstration are things we must not in these matters pretend to." (Essay IV, 3, § 26).

[2]) Vgl. bes. IV, 12, § 10: „I deny not but a man accustomed to rational and regular experiments shall be able to see farther into the nature of bodies, and guess righter at their yet unknown properties, than one that is a stranger to them; but yet . . this is but judgement and opinion, not knowledge and certainty. This way of getting and

um die kleinsten Teile des Körpers zu entdecken und uns eine Vorstellung ihrer mechanischen Wirkung zu verschaffen, so müssen wir uns damit abfinden, daß wir über ihre Eigenschaften und Wirkungsarten im Ungewissen bleiben und daß wir hier nicht über das hinauskommen, was einzelne Versuche uns lehren. Ob diese Versuche in einem anderen Falle wieder den gleichen Erfolg haben werden, dessen können wir niemals gewiß sein: und so gelangen wir nie zu sicherer Erkenntnis a l l g e m e i n e r Wahrheiten über die Naturkörper, und unsere V e r n u n f t vermag uns nur sehr wenig über den besonderen Tatbestand hinauszuführen[1].“

Zwischen intuitivem und empirischem Wissen, zwischen Mathematik und Naturbetrachtung besteht somit eine strenge und unaufhebliche Scheidung. Keine Brücke führt von dem einen zum andern Gebiet hinüber. Der Gedanke, daß die mathematische T h e o r i e sich der Tatsachen selbst bemächtigen, daß sie es unternehmen könne, sie zu formen und zu beherrschen: dieser Gedanke bleibt Locke fremd. Deduktion und Beobachtung gehören zwei völlig getrennten Gebieten an; ein Eingriff der einen in die Sphäre der anderen ist unmöglich. So energisch Locke das Recht und die Bedeutung der Intuition verficht, so sehr sie ihm das alleinige Muster des echten Wissens ist, so sehr bleibt ihre Leistung auf den engen Bereich unserer „Vorstellungen" beschränkt. Das reale Naturgeschehen bleibt ihr entzogen; jeder Versuch, auch in ihm e x a k t e Verknüpfungen und Gesetzlichkeiten feststellen zu wollen, würde Locke als eine Verkennung des eigentlichen Gewißheitscharakters gelten, der hier allein zu fordern und zu erreichen ist. So treten, nach allen kritischen Bemühungen Lockes, S e i n und W i s s e n doch wiederum als getrennte Welten auseinander. Wahrhafte Erkenntnis

---

improving our knowledge in substances only by experience and history, which is all that the weakness of our faculties in this state of mediocrity which we are in this world can attain to, makes me suspect t h a t n a t u r a l p h i l o s o p h y i s n o t c a p a b l e o f b e i n g m a d e a s c i e n c e."
[1]) Essay IV, 3, § 25.

gibt es nur vom — Nicht-Wirklichen[1]), während uns über die Wirklichkeit der Dinge nur der flüchtige und wechselnde Sinneneindruck belehrt, der sich nirgends fassen und in strenge allgemeingültige Regeln bannen läßt. So mannigfach indessen die Schwierigkeiten sind, in die diese Auffassung uns verwickelt, so kann man dennoch sagen, daß erst an diesem Punkte Lockes philosophische Frage sich zu wahrhafter Schärfe und Bestimmtheit erhebt. Die logische K r i t i k d e r E r f a h r u n g setzt erst hier ein. Nirgends wird versucht, den Gegensatz, der zwischen der Erfahrung und den strengen und unabweislichen Forderungen der Erkenntnis besteht, zu leugnen; nirgends wird der logische Unterschied der Methoden durch die Einführung unbestimmter psychologischer Allgemeinbegriffe zu verwischen gesucht. Die Vernunft vermag von ihrem notwendigen Ideal nicht abzustehen, gleichviel, ob sie jemals hoffen darf, es im konkreten empirischen Wissen erfüllt und verwirklicht zu sehen. So hat Locke die A u f g a b e einer philosophischen Erfahrungstheorie gerade hier, wo er an ihrer L ö s u n g verzweifelt, am schärfsten und eindringlichsten formuliert.

Blickt man von dem Wahrheitsbegriff, der jetzt festgestellt ist, auf Lockes frühere Untersuchungen zurück, so ergibt sich freilich ein merkwürdiges Bild. Wenn all unser Wissen von E x i s t e n z sich auf den Inhalt der g e g e n w ä r t i g e n Wahrnehmung bezieht, wenn wir niemals über den jeweiligen Augenblick, in dem ein bestimmter Reiz auf uns einwirkt, hinauszublicken vermögen, so löst sich uns alles Sein in einen Wechsel von Eindrücken auf, die je nach der besonderen Verfassung des Subjekts ins Unendliche wandelbar und vieldeutig sind. Wir wüßten nur um ein Kommen und Gehen, um ein Auftauchen und Verschwinden von Einzelempfindungen, ohne daß es jemals gelingen könnte, diesen Wandel an irgendeinem Punkte zum Stehen zu bringen und damit zum Begriff konstanter und einheitlicher D i n g e zu gelangen. Ist alle Erfahrung auf die unmittelbare Sinneswahrnehmung als ihre einzige Quelle verwiesen, ist sie von

---

[1]) S. hrz. z. B. Essay IV, 4, § 8 u. ö.

allen gedanklichen Funktionen prinzipiell entblößt, so bleibt der Zusammenschluß verschiedener Qualitäten zu e i n e m Objekt, sowie die Zuordnung der zeitlich wechselnden Zustände zu einem i d e n t i s c h e n Gegenstand in der Tat unverständlich. Was aber wird, wenn wir an dieser Konsequenz festhalten, aus jenem allgemeinen Bilde des Seins, das Locke selbst an die Spitze gestellt hatte und das, wie wir gesehen haben, als notwendige Voraussetzung in seine psychologische Analyse der Erkenntnis einging? Unverkennbar sind in dieses Bild Züge verwoben, die ihre Gewähr dem flüchtigen und vereinzelten Sinneseindruck nicht entnehmen können; unverkennbar wirkt in ihm die Überzeugung von einer bestimmten, feststehenden und unabänderlichen V e r f a s s u n g der äußeren Wirklichkeit, die — wie Locke so eindringlich gezeigt hat — auf dem Wege der bloßen Induktion niemals völlig zu erreichen und zu begründen ist. Wo von einer Welt der „primären Qualitäten", wo von einer festen mechanischen Struktur der Dinge gesprochen wird, da ist der Schritt, den Locke dem Denken verwehren möchte, bereits getan; da ist das Gebiet dessen, was in der Empfindung unmittelbar g e g e b e n ist, bereits überschritten. Und noch schärfere Form gewinnt dieser Einwand, sobald wir vom Gebiete der äußeren auf dasjenige der „inneren" Erfahrung hinüberblicken. Denn auch sie muß nunmehr ersichtlich der gleichen logischen Kategorie sich einfügen: sie vermag nichts anderes, als die vereinzelten momentanen Zustände des Ich, wie sie jeweilig im Bewußtsein gegeben sind, aufzufassen und sie allenfalls vergleichend aneinanderzureihen. Ist dies aber der Fall, so ist wiederum aus Lockes eigener Grundanschauung klar, daß auch sie in den Bereich bloßer Wahrscheinlichkeit gebannt bleibt, ohne jemals zu wahrhaften und allgemeinen G e s e t z e n über das psychologische Geschehen gelangen zu können. Wie aber vermöchte sie alsdann, da sie selbst nur ein besonderer und in eingeschränktem Maße gültiger A u s s c h n i t t der Erkenntnis ist, das G a n z e der Erkenntnis zu erschöpfen und seine Grenzen zu bestimmen; wie könnte sie uns zu irgendeinem abschließenden, objektiven Urteil über den Wert und die sachliche Rangordnung der einzelnen Wissensinhalte berechtigen? So führt die Anerkennung der „Intuition" und ihres eigentümlichen Wahrheitsgehalts nicht zu einer Erweiterung, sondern zu einer Sprengung des psychologischen Schemas von „Sensation" und „Reflexion". Und wie hier der Begriff der **Wahrheit** sich der Einfügung in dieses Schema entzieht, so ist es auf der anderen Seite der Begriff des **Seins**, der in der genaueren Entwicklung, die er nunmehr erfährt, immer deutlicher über dasselbe hinausweist.

III.

Der Begriff des Seins.

Die **Kritik des Substanzbegriffs** gehört zu den populärsten und geschichtlich wirksamsten Leistungen der Lockeschen Philosophie. In ihr scheint in der Tat das letzte Ziel erreicht, zu dem die psychologische Analyse hinstreben kann. Der Begriff der Substanz bildet nicht nur seit Aristoteles den Mittelpunkt aller Metaphysik, er erwies sich auch in seiner traditionellen Fassung als die eigentliche Schranke, die der Ausbildung des neuen, wissenschaftlichen Ideals der Erkenntnis entgegenstand. Erst wenn es gelungen ist, dieses letzte Hemmnis zu besiegen, ist der Weg für die echte Methode des Erfahrungswissens frei. Wie immer die Entscheidung ausfallen und ob sie zur psychologischen Rechtfertigung oder zur Selbstauflösung des Substanzgedankens führen mag: sie bildet einen notwendigen Schritt in dem Versuch, das Wissen zum Bewußtsein seiner selbst zu erheben.

Und auch das allgemeine Verfahren, von dem allein die endgültige Aufklärung zu erhoffen ist, ist uns in festen und bestimmten Umrissen vorgezeichnet. Soll der Substanzbegriff seine Realität in der Erkenntnis behaupten, so muß er sich in irgendeiner unmittelbaren Wahrnehmung des äußeren oder inneren Sinnes beglaubigen lassen. Entbehrt er diese Unterlage, so ist damit erwiesen, daß er eine willkürliche Erdichtung, eine grundlose Zutat des Geistes ist, die sich uns, unter dem Zwange metaphysischer Denkgewohnheiten, unwiderstehlich aufdrängen mag, die aber keine Geltung für die Verfassung des objektiven Seins besitzt. Wo aber ließe sich ein gesonderter I n h a l t   d e r   A n s c h a u u n g aufweisen, der dem allgemeinen Begriff der Substanz entspräche und ihn zu konkreter Erfüllung brächte? Was die Beobachtung der Natur uns darbietet, ist, wie wir sahen, immer nur das empirische B e i s a m m e n einer Mehrheit wahrnehmbarer Merkmale, während der innere Grund, der sie verknüpft und zueinander zwingt, uns verborgen bleibt. Und nicht minder bleibt die innere Erfahrung auf unsere Frage stumm: lehrt doch auch sie uns nur die einzelnen Zuständlichkeiten des Bewußtseins und ihre Aufeinanderfolge kennen, ohne uns jenes „Ich", an dem sie „haften", für sich allein bloßzulegen. So bleibt uns bei schärferer Zergliederung der Substanzvorstellung nur ein unvollziehbarer und widerspruchsvoller Gedanke, so bleibt uns zuletzt ein bloßes W o r t übrig, das in dem tatsächlichen Vollzug unserer Erkenntnis niemals zu wirklichem Leben erweckt werden kann. „Wir sprechen gleich Kindern, die auf die Frage, was ein bestimmter, ihnen unbekannter Gegenstand sei, nur die eine Antwort „Etwas" zur Hand haben. Dies aber bedeutet bei Kindern wie bei Erwachsenen nichts anderes, als daß sie nicht wissen, womit sie es zu tun haben, und daß sie von dem Dinge, das sie zu kennen und von dem sie zu sprechen vorgeben, keinerlei deutliche Vorstellung besitzen, vielmehr hinsichtlich seiner gänzlich unwissend sind und im Dunkel tappen. Die Idee, die wir mit dem allgemeinen Namen „Substanz" verbinden, ist nichts anderes, als der vorausgesetzte, aber unbekannte Träger existierender Eigenschaften, von denen wir annehmen, daß sie *sine re substante*, d. h. ohne etwas, was sie stützt und hält, nicht bestehen können[1]."

So ist in dieser ersten Argumentation, zu der Locke immer wieder zurückkehrt und an deren Ausführung er, wie bekannt, alle Mittel des Stils und des Witzes wendet, die Substanz, Baconisch gesprochen, als ein *idolon fori* ent-

---

[1] Essay II, 23, § 2.

larvt. Es scheint, als müßte damit das Problem, das sie uns aufgab, endgültig zum Schweigen gebracht sein; als müßten die Zweifel und Fragen, die sich an sie knüpften, nunmehr für alle Zeiten verstummen. Und doch kehren sie für Locke selbst alsbald von einer neuen Seite her zurück. Das Verlangen, den letzten absoluten Träger der sinnlichen Einzelmerkmale statt dieser selbst zu greifen, bewahrt, auch nachdem es völlig durchschaut und in seinem subjektiven Ursprung aufgedeckt ist, die alte Kraft. Die F o r d e r u n g, die sich im Begriff der Substanz ausspricht, drängt sich uns mit einem dunklen und unwiderstehlichen Zwange auf, um freilich sogleich in Nichts zu zerrinnen, sobald wir den Versuch machen, sie ins helle Licht der Erkenntnis zu rücken. So steht der Gedanke hier an einem Punkte, an dem es für ihn weder ein Vorwärts noch ein Zurück gibt, an dem Verzicht und Erfüllung gleich unmöglich sind. Die psychologischen T a t s a c h e n scheinen des Ergebnisses der psychologischen Analyse zu spotten; sie behaupten ihren Bestand, auch nachdem sie in ihrer Grundlosigkeit erkannt sind. Das wirkliche Denken erweist sich der empiristischen Aufklärung gegenüber als unbelehrbar; es hält unablässig an einem Inhalt fest, für den es, in Sensation und Reflexion, kein Beispiel und keinen Beleg findet. Für die metaphysische Frage, deren wir nunmehr enthoben zu sein scheinen, haben wir somit nur eine um so seltsamere psychologische Paradoxie eingetauscht. Woher stammt jenes Trugbild, mit dem wir notwendig behaftet sind und das wir immer wieder in unsere Auffassung der objektiven Wirklichkeit hineintragen? Denn daran besteht für Locke kein Zweifel: die Empfindungen würden sich uns nicht zu G e g e n s t ä n d e n ordnen, sie würden uns nicht zum Gedanken einer selbständigen, eigenen Gesetzen gehorchenden N a t u r der Dinge hinführen, wenn wir ihnen nicht eben jene verworrene und unklare Vorstellung eines „Etwas", das sie stützt und zusammenhält, beständig hinzufügen würden. Das bloße Zusammen sinnlicher Einzeleigenschaften macht nicht den Sinn des Objektsbegriffs aus; dieser entsteht erst, sobald wir alle besonderen Merkmale irgendwie geeint und auf einen gemeinsamen, wenngleich unbekannten Träger bezogen denken¹). So wird denn jenes „ich weiß nicht, was" zur B e d i n g u n g all unseres gegenständlichen Wissens; so würde mit dem Verzicht auf jenen „dunklen" und unanalysierbaren Rest die Erscheinungswelt selbst, die uns klar vor Augen liegt, ihres Halts und ihres Seins beraubt. — Immer deutlicher zeigt es sich jetzt, daß nicht etwa nur die populäre Weltansicht, sondern auch die wissenschaftliche Gesamtanschauung des Begriffs der Substanz nicht entraten kann Ein wahrhaftes und vollkommenes Wissen von irgendeinem empirischen Körper — daran hält Locke durchaus fest — wäre erst dann erreicht, wenn es gelänge, uns seiner inneren Wesenheit derart zu bemächtigen, daß wir aus ihr all seine Eigenschaften unmittelbar ablesen könnten. Zwei verschiedene Weisen der Betrachtung sind es, die hier zusammenfließen und ohne klare Sonderung nebeneinander gebraucht werden. Wieder ist es das deduktive Ideal des Wissens, das Locke als Maßstab vor Augen steht: eigentliche E i n s i c h t in den Zusammenhang der Erkenntnisobjekte ist nur dort vorhanden, wo wir ihre Verknüpfung als notwendig und unabänderlich begreifen. Diese Forderung aber scheint ihm nicht anders erfüllt werden zu können, als indem wir aus dem Kreis der Phänomene heraustreten, um zu den absoluten Grundnaturen der Körper zu gelangen, aus denen wir alsdann, als den wahrhaften und identischen Einheiten, die Mannigfaltigkeit ihrer sinnlichen Bestimmungen und Veränderungen abzuleiten vermöchten. Der Gedanke, daß i n n e r h a l b d e r E r f a h r u n g s e l b s t jemals eine deduktive Verknüpfung zwischen einzelnen ihrer Teile, daß eine strenge und exakte Theorie des empirischen

---

¹) S. z. B. Essay II, 23, 3: „These and the like fashions ot speaking intimate that the substance is supposed always something besides the extension, figure, solidity, motion, thinking or other observable ideas, though we know not what it is." — „The ideas of substances are such combinations of simple ideas as are taken to represent distinct particular things subsisting by themselves, i n w h i c h t h e s u p p o s e d o r c o n f u s e d i d e a o f s u b s t a n c e, s u c h a s i t i s, i s a l w a y s t h e f i r s t a n d c h i e f." (Essay II, 12, § 6).

Geschehens selbst möglich sei, liegt Locke, wie wir sahen, völlig fern: —. so kann ihm vollkommenes und adäquates Wissen nichts anderes, als ein Wissen aus den „Ursachen", aus den inneren absoluten Urgründen des Seins bedeuten[1]). Und so sehr er betont, daß ein solches Wissen uns tatsächlich versagt ist, so wenig hat der theoretische N o r m b e g r i f f einer derartigen Erkenntnis bei ihm seine Kraft eingebüßt. Er mißt das m e n s c h l i c h e Erkennen an diesem vorausgesetzten Musterbild, das nach ihm um so mehr als innerlich möglich und berechtigt gelten muß, als es vielleicht in der Erkenntnisweise der höheren „geistigen Naturen" erfüllt und verwirklicht ist. „Sicherlich können die Geister, die nicht an den Stoff gefesselt und in ihn versenkt sind, ebenso klare Ideen von der wurzelhaften Verfassung der Substanzen haben, als wir sie von einem Dreieck besitzen und können somit begreifen, wie all ihre Eigenschaften und Wirkungen aus ihnen abfließen: die Art aber, wie sie zu diesem Verständnis gelangen, übersteigt unsere Fassungsgabe[2])." Subjekt und Objekt dieser Sätze widerstreiten gleich sehr der skeptschen Stimmung, die anfangs gegen den Substanzbegriff vorwaltete: denn nicht nur wird hier — wie an zahlreichen anderen Stellen des Essay[3]) — ein Stufenreich reiner geistiger „Formen" und Intelligenzen als wirklich vorausgesetzt, sondern es wird ein substantielles Innere der Körperwelt, als Korrelat und möglicher Gegenstand überempirischen Wissens angenommen. Die höchste Erkenntnis — dies tritt jetzt deutlich hervor — würde nicht, wie es zuerst scheinen konnte, den Begriff der Substanz zum Verschwinden bringen und in seiner Nichtigkeit erweisen, sondern ihn mit positivem Gehalt erfüllen und ihn zum Werkzeug des Begreifens der Phänomene machen. Daß wir ein solches Wissen nicht unser Eigen nennen, daß wir die innere Wesenheit des Körpers, so wenig wie die der Seele kennen, und von der Einwirkung beider aufeinander so wenig einen deutlichen Begriff besitzen, wie von der Mitteilung der Bewegung durch Druck

---

[1]) Vgl. ob. S. 259, Anm. 1.
[2]) Essay III, 11, § 23; vgl. III, 6, 3 u. s.
[3]) S. bes. Essay II, 23, § 13; IV, 3, § 27 u. s.

und Stoß, — „dies darf nicht wundernehmen, da wir nur die wenigen o b e r f l ä c h l i c h e n Vorstellungen der Dinge besitzen, die uns durch die Sinne von außen kommen oder uns durch die Reflexion des Geistes auf dasjenige, was er in sich selbst erfährt, bekannt werden[1]." Man sieht, wie völlig der Standpunkt der Betrachtung sich verkehrt hat: wenn anfangs Sensation und Reflexion als die eigentlichen K r i t e r i e n aller Erkenntnis galten und der Substanzbegriff, weil er sich vor ihnen nicht ausweisen und beglaubigen konnte, als dunkel und unklar verworfen wurde, so gelten jetzt die Substanzen als das eigentliche und wahrhafte Sein, zu dem wir nur wegen der Mängel unser subjektiven Fähigkeiten nicht durchdringen können[2]. Wieder zeigt sich, daß, was anfangs von Locke als ein „Werk des Verstandes" charakterisiert war, das ihm „im gewöhnlichen Gebrauch seiner eigenen Vermögen" erwächst[3]), nunmehr dem Verstand selbst als unabhängige Realität gegenübertritt, die seinem Wissen Schranken setzt.

Der innere Grund aller Schwierigkeiten, die der Substanzbegriff für Lockes Analyse bietet, tritt jetzt deutlich hervor. Soll die Substanz wahrhafte Bedeutung und Geltung besitzen, so muß sie — dies ist die unbestrittene Grundannahme — sich als ein „Etwas" im Bewußtsein aufzeigen lassen, so muß sie in der Art eines a b g e s c h l o s s e n e n V o r s t e l l u n g s b i l d e s sinnlich und greifbar vor das Erkennen hintreten. In der bloßen Aussprache dieser Forderung aber liegt schon ihre Unerfüllbarkeit: was der Substanzbegriff m e i n t, das läßt sich in keinem Einzelinhalt der inneren und äußeren Wahrnehmung zum adäquaten Ausdruck bringen. Es ist indessen nicht ein sachlicher Mangel des Substanzbegriffs selbst, sondern ein Mangel der Lockeschen F r a g e s t e l l u n g, der hier zutage tritt. Wenn die Substanz statt in ihrer notwendigen Funktion für das System des Wissens begriffen zu werden, als ein abgesondertes, physisches oder psychisches Sein g e s u c h t wird, so bleibt

---

[1] Essay II, 23, § 32.
[2] S. Essay IV, 3, § 23 u. s.
[3] S. Essay II, 12, § 8.

von ihr freilich nicht mehr als ein blasser und gestaltloser Schemen zurück. Was Locke als eine Kritik des Inhalts der Erkenntnis erscheint, das wird somit unvermerkt zu einer Selbstkritik seiner psychologischen Voraussetzungen. Seine Behandlung des Substanzbegriffs steht hier völlig auf einer Stufe mit derjenigen des Unendlichkeitsbegriffs: indem er die gedanklichen Operationen unmittelbar a b - z u b i l d e n sucht, behält er von ihnen notwendigerweise nur unvollkommene und verworrene „Vorstellungsreste" übrig. (Vgl. ob. S.239 f.). Dennoch ist seine Analyse scharf und ehrlich genug, um zu erkennen, daß wie immer man über die E n t - s t e h u n g des Substanzbegriffs urteilen mag, sein G e - h a l t sich aus dem Ganzen der Erkenntnis nicht wegdenken läßt. Aber da diesem Gehalt im System der Erkenntnisprinzipien keine sichere Stelle angewiesen werden kann, so kehrt er immer von neuem in dinglicher Form zurück und erzwingt zuletzt, trotz all seiner eingestandenen „Dunkelheit", seine Anerkennung. Und doch gibt es in Lockes eigener Erkenntnislehre eine Kategorie, unter die sich der Substanzbegriff ohne Zwang hätte einordnen lassen: spricht er selbst es doch aus, daß das Wissen von den B e z i e h u n g e n zumeist klarer und sicherer ist, als dasjenige von den sinnlichen Vorstellungen, die ihre Fundamente abgeben[1]). J e d e angeblich „einfache" Idee schließt — wie sich bei näherer Betrachtung zeigt — eine Beziehung ein, von der sie nicht abtrennbar ist, ohne ihres eigenen Gehalts verlustig zu gehen[2]). Ist dem aber so, so können die schlechthin „einfachen" Empfindungen nicht mehr als ein unangreifbares psychologisches F a k t u m , sondern immer nur als eine, vielleicht unentbehrliche, psychologische Abstraktion gelten. Sie selbst wären alsdann nicht mehr abgetrennt gegeben, sondern würden ihrerseits die allgemeinen gedanklichen Beziehungsformen ebenso voraussetzen, wie diese zu ihrer konkreten Darstellung auf das sinnliche Material hingewiesen sind.

---

[1]) Essay II, 28, § 19.
[2]) Essay II, 21, § 3.

Daß diese Korrelation zwischen der „Form" und der „Materie" der Erkenntnis, zwischen den reinen Relationsbegriffen und den Inhalten, die sich in ihnen ordnen, von Locke nicht festgehalten und durchgeführt wird, tritt schließlich in charakteristischer Weise noch einmal in seiner allgemeinen Behandlung des W i r k l i c h k e i t s p r o b l e m s hervor. Es ist bemerkenswert, daß der Gedanke der Existenz von ihm selbst zunächst lediglich als eine Beziehung von bestimmter logischer Eigenart eingeführt wird. In der Vergleichung der Ideen finden wir, daß es vier verschiedene Verhältnisse gibt, nach welchen Inhalte übereinstimmen oder nicht übereinstimmen können. Die Inhalte können miteinander identisch oder voneinander verschieden sein; sie können in irgend einem Verhältnis der „Verknüpfung" miteinander stehen, so daß der eine den anderen bedingt und fordert; sie können als Merkmale ein und desselben Subjekts nebeneinander bestehen oder endlich sich zueinander verhalten, wie eine Vorstellung zu dem wirklichen Gegenstand, der durch sie bezeichnet wird. „In diesen vier Arten der Übereinstimmung oder Nichtübereinstimmung ist alle Erkenntnis beschlossen, deren wir fähig sind; denn alle Untersuchungen, die wir bezüglich unserer Ideen anstellen können, alles, was wir von ihnen wissen und über sie aussagen können, erschöpft sich darin, daß die eine mit der anderen identisch oder nicht identisch ist, daß beide miteinander stets an demselben Subjekt zusammen vorkommen oder nicht, daß sie diesen oder jenen Zusammenhang (relation) miteinander haben oder daß die Idee eine wirkliche Existenz außerhalb des Geistes besitzt[1])." Mit dieser letzteren Bestimmung aber ist offenbar dem Denken eine völlig neue Aufgabe gestellt: denn jetzt handelt es sich nicht mehr darum, wie in den drei ersten Grundformen der Vergleichung, eine Idee mit einer anderen, sondern sie mit ihrem wirklichen Urbild und „Archetyp" zusammenzuhalten[2]). Hier aber

---

[1]) Essay, IV, 1, § 1—7.
[2]) For the attaining of knowledge and certainty, it is requisite that we have determined ideas: and to make our knowledge real, it is requisite that the ideas answer their archetypes . . . Truth is the

entsteht eine Schwierigkeit, die Locke selbst alsbald in aller Schärfe empfindet und ausspricht: seine eigene Logik bietet ihm kein Mittel dar, den geforderten Vergleich anzustellen. Das U r t e i l , als geistiger Akt ist auf die Inhalte der Sensation und Reflexion hingewiesen; es kann also immer nur eine „Idee" an einer anderen messen, nicht aber prinzipiell über den Inbegriff der Vorstellungen selbst hinausführen. „Es ist evident, daß der Geist nicht unmittelbar die Dinge kennt, sondern von ihnen nur durch die Vermittlung der Ideen weiß, die er von ihnen besitzt. Unsere Erkenntnis aber ist nur insofern real, als eine Übereinstimmung zwischen unseren Ideen und der Realität der Dinge besteht. W a s a b e r s o l l h i e r d a s K r i t e r i u m s e i n ? Wie soll der Geist, wenn er nichts anderes als seine eigenen Ideen erfaßt, Gewißheit darüber erlangen, daß sie mit den Dingen selbst übereinstimmen[1])."

Immerhin gibt es für Locke zwei verschiedene Bezirke der Erkenntnis, für welche diese Grundfrage sich lösen läßt. Betrachtet man aber diese Lösung näher, so erkennt man, daß sie sich in zwei verschiedenen gedanklichen Tendenzen bewegt. Auf der einen Seite sind es die Sätze der reinen Mathematik und der reinen Moral, die in ihrer intuitiven Gewißheit unverändert erhalten bleiben: denn alle diese Sätze gehen nicht unmittelbar auf Gegenstände der äußeren, für sich bestehenden Wirklichkeit, sondern haben es lediglich mit den idealen Schöpfungen des Geistes selbst zu tun. Der Mathematiker handelt von keinen anderen Objekten als denjenigen, die er in reinen ursprünglichen Definitionen bestimmt und abgrenzt; er darf also sicher sein, daß in diesen Objekten nur solche Merkmale, die mit dieser Definition übereinstimmen, anzutreffen sind. Die „Dinge", von denen hier die Rede ist, „existieren" nicht erst, um dann in unseren Ideen lediglich

---

marking down in words the agreement or disagreement of ideas as it is. Falsehood is the marking down in words the agreement or disagreement of ideas otherwise than it is. And so far as these ideas thus marked by sounds agree to their archetypes, so far only is the truth real." Essay IV, 4, § 8; IV, 5, § 9.
[1]) Essay IV, 4, § 3.

nachgebildet zu werden: sondern sie empfangen ihr Sein ursprünglich in der mathematischen Begriffsbestimmung und werden von hier aus auf die Betrachtung der empirischen Wirklichkeit übertragen. Findet sich in dieser Wirklichkeit ein Inhalt, von dem die Bedingungen, die in der mathematischen Definition festgestellt sind, gelten, so gelten von ihm notwendig auch alle Folgerungen, die sich an sie knüpfen; findet er sich nicht, so wird doch das mathematische Urteil als solches in seiner Wahrheit nicht im mindesten beeinträchtigt, da es sich auf ein ganz anderes Subjekt als das empirisch vorhandene bezieht. Um die Anwendung der Mathematik auf Wirkliches zu ermöglichen, bedürfen wir nicht der Feststellung, daß der ideale Fall dem empirischen, sondern umgekehrt der Feststellung, daß der empirische Fall dem idealen entspricht und mit ihm in allen wesentlichen Grundbestimmungen übereinkommt: das „Urbild", das wir suchen, ist also im Denken selbst gegeben und somit vom Denken nicht zu verfehlen[1]).

Anders gestaltet sich die Entscheidung, wenn wir von den mathematischen zu den sinnlichen Ideen übergehen; denn diese erhalten ihre Wahrheit in der Tat erst durch den Nachweis, daß sie mit den Gegenständen der wirklichen körperlichen Welt, die sie nachbilden, in allen Teilen zusammenstimmen. Aber dieser Nachweis läßt sich wenigstens für eine bestimmte Klasse von Inhalten tatsächlich führen: die schlechthin e i n f a c h e n Empfindungen müssen den äußeren Reizen genau entsprechen, da sie in ihrer Eigenart und ihrer Bestimmtheit nicht vom Bewußtsein selbst erzeugt, sondern von ihm nur vorgefunden werden können. Die einfache Sinnesempfindung bezeugt nicht nur ihren eigenen Inhalt, sondern läßt diesen Inhalt auch unmittelbar als die Affektion durch einen äußeren Gegenstand erscheinen, der in der Empfindung adäquat nachgebildet wird[2]). Aber gerade dieses letzte Moment birgt freilich all die Probleme in sich,

---

[1]) Essay IV, 4, § 6. Es ist bemerkenswert, daß Locke in diesen Ausführungen mit den methodischen Grundgedanken G a l i l e i s durchaus übereinstimmt (vgl. Bd. I, S. 383 ff.).
[2]) Vgl. Essay IV, 4, § 3 u. 4 (oben S. 251, Anm. 2.)

die bei den Nachfolgern Lockes mit Notwendigkeit zu einer Umgestaltung des Systems hindrängen. Denn selbst zugegeben, daß die einfache Empfindung mehr als sich selbst, daß sie zugleich eine bestimmte k a u s a l e B e z i e h u n g ausdrückt: woher stammt die Gewißheit, daß die Wirkung der Ursache wahrhaft adäquat ist? Da nur das eine Glied des Verhältnisses uns bekannt ist, so bleibt diese Annahme eine rein dogmatische Behauptung, die mit den Erkenntnismitteln, über die Lockes System verfügt, nicht zu rechtfertigen ist. Allgemein zeigt es sich jetzt, daß es zwei verschiedene Auffassungen und Begriffsbestimmungen der Realität selbst sind, die in Lockes Lehre miteinander abwechseln. Auf der einen Seite besteht die Objektivität des Wissens in der Bindung an allgemeingültige R e g e l n , die ihm wesentlich sind. Diese Regeln drücken sich in notwendigen und unabänderlichen Beziehungen aus, die zwischen den I d e e n obwalten. Es gibt ein Reich von Wahrheiten, das in sich selbst bestimmt und jeder individuellen Willkür entrückt ist: und in ihm besitzen wir eine feste Norm, mit der das subjektive Denken übereinstimmen muß. Im empirischen Erkennen aber treten für diese Normen wieder die für sich bestehenden, absoluten und unerkennbaren „Dinge" ein. Aber freilich erklärt sich auch dieser Übergang, wenn man das Ganze von Lockes System ins Auge faßt. Der Grundmangel dieses Systems besteht darin, daß es das rationale und das empirische Wissen, das es aufs bestimmteste zu s o n d e r n weiß, nicht wiederum v e r k n ü p f t und wechselseitig aufeinander bezieht. (S. ob. S. 260.) Statt die physikalische Erkenntnis an der mathematischen Erkenntnis zu messen, statt die U r t e i l e über die empirische Wirklichkeit mit den U r t e i l e n über die reinen Ideen in einem einzigen systematischen Zusammenhang zu begreifen, bleibt ihm somit nur der Ausweg übrig, sie auf eine Instanz, die außerhalb der Erkenntnis überhaupt liegt, zu beziehen. Dem Problem der Objektivität der Erfahrungserkenntnis schiebt sich das Problem der metaphysischen Transzendenz der Körperwelt unter. So konnte es geschehen, daß die Nachfolger Lockes, indem sie diesen letzteren Bestandteil aus dem System zu entfernen suchten, auch wiederum an den logischen Grundlagen des Erfahrungswissens selbst irre wurden. Erst nachdem die beiden Probleme, die hier unvermerkt miteinander verschmolzen waren, sich wieder deutlich geschieden hatten, konnte ihre kritische Lösung einsetzen, — konnte die Wahrheit und objektive Gewißheit der empirischen Erkenntnis unabhängig von jeder Beziehung auf ein Reich an sich bestehender, substantieller Wesenheiten begründet werden.

Zweites Kapitel.
Berkeley.

I.
Die Theorie der Wahrnehmung.

Die Philosophie Lockes enthält, wenn sie schärfer analysiert und auf ihre letzten Voraussetzungen zurückgeführt wird, ein **skeptisches** Moment in sich. Das Endziel, das Locke der Erkenntnis weist, ist mit den Mitteln, die er ihr zugesteht, nicht zu erreichen. Indem das Bewußtsein sich auf seine Grundprinzipien besinnt, indem es sich in die Welt der Sensation und Reflexion eingeschlossen sieht, empfindet es darin zugleich das Dasein einer positiven und unüberwindlichen Schranke. Die Einsicht in die absoluten Gegenstände bleibt ihm versagt. Und doch erweist es sich unmöglich, auf das **Sein** dieser Gegenstände zu verzichten; wäre doch damit die Empfindung selbst ihrer objektiven Bedeutung und der Mannigfaltigkeit ihres Inhalts beraubt. Der Begriff der „Außenwelt" kann von Locke nicht als **Produkt** der Erfahrung abgeleitet werden, da er vielmehr als **Bedingung** und **Ursprung** der Erfahrung gilt. Hier ist also ein letzter, den Mitteln der psychologischen Zergliederung unzugänglicher und undurchdringlicher Rest schon im ersten Ansatz der Untersuchung anerkannt. Soll die empirische Methode der Forschung zu wahrhaft folgerechter und durchgreifender Anwendung gelangen, so muß vor allem dieser Anstoß beseitigt werden. Eine erneute und schärfere **Kritik des Dingbegriffs** bildet das nächste, zwingende Problem. Jede Analyse, die vor diesem Begriff Halt macht, wird damit um die Frucht aller ihrer Bemühungen gebracht. Der Dingbegriff kann für die Erkenntnis keine prinzipielle und unlösliche Schwierigkeit bilden, da sie selbst es ist, die ihn setzt und erschafft. Der Weg des

Wissens — dies muß immer von neuem betont werden — geht von den **Empfindungen**, die wir in uns selber erleben, zum **Sein** der Gegenstände, von den „Ideen" zur „Natur". Daß wir reale „Objekte" annehmen und sie unserem Ich gegenüberstellen, daß wir diese Scheidung unserer Erfahrungswelt in ein „Außen" und „Innen" vollziehen: dies gehört nicht zu den tatsächlichen **Voraussetzungen** der Psychologie, die sie hinzunehmen hat, sondern es bildet ihre erste und entscheidende **Frage**. Die „äußeren" Gegenstände selbst müssen als das Ergebnis und Endglied eines notwendigen psychologischen Prozesses erkannt und abgeleitet werden.

Bleiben wir bei dem stehen, was uns im **Inhalt** der Wahrnehmung zunächst unmittelbar gegeben ist, so muß allerdings diese Schöpfung wie ein Rätsel erscheinen. Die Eindrücke der Sinne bieten uns Nichts, was das Hinausgehen über die Sphäre des eigenen Ich erklären und rechtfertigen könnte. Der Gesichtssinn insbesondere, der dem populären Bewußtsein als der sicherste Zeuge einer objektiven Naturwirklichkeit gilt, enthält, in sich selbst, keinen derartigen Anspruch. Was er uns gibt, sind lediglich Empfindungen von Licht und Farben, die sich in mannigfachen Abstufungen, in verschiedenen Graden der Intensität und Qualität aneinanderreihen. So weit man auch die Zergliederung dieser Eindrücke treiben mag, nirgends entdeckt man in ihnen die Gewähr für äußere Dinge, die ihnen entsprechen. So wenig Lust und Schmerz ein eigenes Dasein außerhalb des Aktes der Empfindung besitzen, so wenig gilt dies für die Daten, die uns im Akt des Sehens zum Bewußtsein kommen. Es ist lediglich die Wirkung eines traditionellen Vorurteils, wenn wir den Bestand einer von uns gesonderten Welt hier direkt und ohne weitere Vermittlung zu erfassen glauben. Denn gerade dasjenige Moment, das die notwendige Bedingung aller Objektivierung bildet, gerade die **räumliche** Gliederung der Empfindungen ist uns niemals mit ihnen selber fertig mitgegeben. Daß wir die Dinge in eine feste **Stellenordnung** einfügen, in der ihre Lage und ihr Abstand bestimmt ist, dies bedeutet eine völlig neue Gesetzlichkeit, die über den bloßen **Inhalt** der Einzelempfindung, sowie über jede bloße **Summierung** von Tast- und Gesichtseindrücken hinausgeht. Der Raum, der ein wesentliches und notwendiges Glied in der Welt der **Vorstellung** ist, die das entwickelte Bewußtsein als fertiges Ergebnis vorfindet, entzieht sich prinzipiell der Möglichkeit der unmittelbaren **Wahrnehmung**.

Von dem Paradoxon, das hierin für die Methode der empirischen Psychologie liegt, nimmt Berkeley seinen Ausgang. Schon seine früheste theoretische Schrift, der Versuch über eine neue Theorie des Sehens, formuliert die Frage in aller Prägnanz und Klarheit. Der **Abstand** zwischen den einzelnen Objekten, den wir nicht aufgehoben denken können, ohne sie in ihrem sinnlichen Bestand zu vernichten, ist selbst kein Gegenstand der Sinnesempfindung. In die sichtbare Welt, die uns wie etwas Fertiges und Selbstverständliches umgibt, ist ein Moment verwoben, das seiner Natur nach — unsichtbar ist. „Distance is in its own nature **imperceptible and yet it is perceived by sight**[1]." In diesem Problem grenzt das Jugendwerk bereits das Gebiet ab, auf dem die künftigen erkenntnistheoretischen Untersuchungen Berkeleys sich bewegen sollen. Und schon in der Fassung der Aufgabe kündigt sich die Hauptrichtung der künftigen Untersuchung an. Es ist eine Kritik des Begriffs der „**Perzeption**", mit der Berkeley einsetzt. Verstehen wir unter Perzeption nichts anderes, als einen isolierten Empfindungsinhalt, so zeigt es sich alsbald, daß die Welt der **Perzeptionen** und die der **Objekte** keineswegs zusammenfallen. Die gegenständliche Wirklichkeit entsteht uns erst auf Grund einer **Deutung**, die wir an den sinnlichen „Zeichen", die uns zunächst allein gegeben sind, vollziehen. Erst indem wir zwischen den verschiedenen Klassen sinnlicher Eindrücke einen bestimmten Zusammenhang stiften, indem wir sie in ihrer wechselseitigen Abhängigkeit voneinander erfassen, ist der erste

---

[1] **Berkeley**, An essay towards a new theory of vision (1709) § 11. — Vgl. § 2, 41, 43, 45, 46, 77 u. s.

Schritt zum Aufbau des Seins getan. Bevor wir nicht gelernt haben, die an sich unräumlichen Qualitäten des Gesichtssinnes als S y m b o l e für die räumlichen Verhältnisse des Tastsinnes zu verstehen und zu verwerten, besitzen wir keinerlei Hinweis, der uns zur Annahme der Tiefendimension, sowie zur Abgrenzung bestimmter Gestalten und Formen hinführen könnte. Der Gegenstand der räumlichen Anschauung löst sich somit, schärfer betrachtet, in eine psychische Synthese auf: wir gelangen zu ihm nicht anders, als durch die feste und eindeutige Korrelation, die wir zwischen den Daten verschiedener Sinnesgebiete herstellen und durch den Akt, kraft dessen wir alle jene Daten selbst samt ihren mannigfachen wechselseitigen Beziehungen in Eins fassen.

Jede Aussage über die Lageverhältnisse der Objekte, sowie jede Schätzung ihrer Größe und Entfernung ist demnach — wie gleich zu Beginn der Theorie des Sehens ausgesprochen wird — eher eine Leistung des U r t e i l s, als des S i n n e s[1]). Was der Sinn uns gibt, das ist nur dem einzelnen, für sich allein bedeutungslosen, Laute zu vergleichen, während die artikulierte und gegliederte Sprache der Erfahrung erst im Urteil erschaffen wird. So gelangt hier innerhalb des Sensualismus ein neues Kriterium zur Anerkennung. Zwar sollen „Sensation". und „Reflexion" nach wie vor die Richter über alles Sein und alle Wahrheit bleiben, aber sie sind nunmehr in ein neues, schärfer bestimmtes Verhältnis getreten. Bei Locke herrscht — trotz einzelnen gelegentlichen Selbstkorrekturen — im Ganzen die Anschauung vor, daß die beiden fundamentalen Erkenntnisquellen sich auf die beiden „Hälften'. des Seins verteilen: der Sinneswahrnehmung fällt das Gebiet der äußeren Existenz, der Selbstwahrnehmung das Gebiet der „inneren" Zustände anheim. Diese schematische Trennung wird von Berkeley von Anfang an mit Entschiedenheit verworfen. Die oberflächliche Ansicht, daß uns durch die Sinne irgendwelche Objekte zugeführt werden, die alsdann durch die Tätigkeit der Reflexion nur „bearbeitet" und in bestimmte Ordnungen gefaßt werden, ist von

---

[1]) New theory of vision § 3.

Grund aus zu berichten. Das empirische Objekt tritt nicht fertig vor das Bewußtsein hin, um von ihm empfangen und beurteilt zu werden; vielmehr besitzt es erst kraft des Urteils ein eigenes Sein, weil erst in ihm die V e r k n ü p f u n g der heterogenen sinnlichen Einzeldaten zu einem Ganzen zustande kommt. So erscheint fortan auch die Wahrnehmung in einem neuen Licht; denn so sehr ihr der Wert als Anfangs- und Ausgangspunkt alles Wissens gewahrt bleiben soll, so zeigt sich doch, daß die „Urwahrnehmungen" selbst nicht direkt zutage liegen. Die schlechthin „einfachen" Empfindungen lassen sich nicht unmittelbar aus dem gewöhnlichen populären Weltbilde ablesen, sondern es bedarf zu ihrer Feststellung einer eigenen erkenntnistheoretischen Methodik. Die „reine" Wahrnehmung ergibt sich erst, wenn wir aus dem komplizierten, fertigen Produkt unserer Vorstellungswelt alles abscheiden, was Erfahrungs- und Gewohnheitsschlüsse, Urteil und Vorurteil zu den bloßen Eindrücken der Sinne hinzugetan haben; — was die naive Ansicht der Dinge mit Händen zu greifen glaubt, das muß vielmehr die wissenschaftliche und philosophische Analyse erst gewinnen und sicherstellen.

Bis hierher scheint Berkeley durchaus dem geschichtlichen Wege zu folgen, der der modernen Theorie der Wahrnehmung durch D e s c a r t e s gewiesen war. Seine Fragestellung erinnert deutlich an den Versuch der „Meditationen", den Begriff des „Gegenstandes" aus seiner logischen und psychologischen Quelle abzuleiten. Das „Sein" des Wachses — so war hier ausgeführt worden — kann nicht gesehen, noch durch irgend einen anderen Sinn direkt bezeugt werden, sondern es entsteht uns erst auf Grund eines eigenen und selbständigen Aktes des G e i s t e s. Die gesamte Optik Descartes' war der wissenschaftlichen Ausführung und Befestigung dieses Gedankens gewidmet. Die sinnlichen Eindrücke sind nicht Abbilder der Dinge, die sich von ihnen loslösen, um in das Bewußtsein hinüberzuwandern, sondern sie sind umgekehrt Zeichen, aus deren Interpretation wir erst zum Begriff einer objektiven logischen Verfassung der Dinge fortschreiten. (Vgl. Bd. I, S. 487 ff.) Eine derartige

Beurteilung des Stoffes der Sinneswahrnehmung ist es insbesondere, auf die all unser Wissen über die wechselseitige Lage und Entfernung der Dinge zurückgeht. Mit dieser Grundansicht — die insbesondere in M a l e b r a n c h e s physiologischer Optik ihre schärfere Ausbildung erhalten hatte — stimmt Berkeley seinen ersten Voraussetzungen nach überein: der Cartesische Satz, daß nicht das Auge, sondern der G e i s t es ist, der sieht[1]), bildet auch für seine Untersuchung die Richtschnur.

Aber der Begriff des Geistes selbst hat nunmehr eine Umprägung erfahren. Für Descartes bedeutet der Intellekt zuletzt nichts anderes als die Einheit und den Inbegriff der r a t i o n a l e n Prinzipien, auf denen unsere Erkenntnis ruht, und unter diesen waren es wiederum die Grundsätze der M a t h e m a t i k , die das Fundament für alle übrigen abgaben. Jede echte und wahrhafte Betätigung des Geistes mußte daher nach diesem Vorbild gestaltet, mußte zuletzt nach der Analogie des m a t h e m a t i s c h e n S c h l u ß v e r f a h r e n s begriffen werden. Die verstandesmäßige Deutung der Sinneseindrücke gilt als das Werk einer u n b e w u ß t e n G e o m e t r i e , die wir im Akte des Sehens ausüben. Die Erkenntnis der Größe und des Abstandes der Objekte erfolgt auf Grund eines „Raisonnements", das Descartes dem Verfahren, das wir bei trigonometrischen Messungen anwenden, vergleicht. Gegen diesen Begriff der „unbewußten Schlüsse" wendet sich Berkeleys Kritik. Jeder Erklärungsgrund für irgendeinen Inhalt oder Vorgang des Bewußtseins muß vor allem die Bedingung erfüllen, dem Gebiet, das er aufhellen will, selber anzugehören. Was nicht im Bewußtsein selbst entdeckt und aufgewiesen werden kann, ist daher als Prinzip oder Mittelglied jeder wahrhaft p s y c h o l o g i s c h e n Ableitung von Anfang an zu verwerfen[2]). An diesem Kriterium ergibt sich sogleich die Unhaltbarkeit der bisherigen Theorie. Die Linien und Winkel, nach deren Ver-

---

[1]) D e s c a r t e s , Dioptrik, Cap. VI, sect. 17.
[2]) Vgl. New theory of vision § 70: „That which is unperceived cannot suggest to our perception any other thing"; s. a. a. a. O. § 19, § 90 u. ö.

schiedenheit wir, wie hier angenommen wird, den Abstand der Dinge vergleichend abschätzen sollen, sind nur für einen äußeren Beobachter, der den Wahrnehmungsakt nachträglich beschreibt, nicht aber für das empfindende Subjekt selbst vorhanden. Sie können daher nicht in Frage kommen, wenn es sich darum handelt, zu verstehen, wie im Bewußtsein eine bestimmte Annahme über Größen und Entfernungen entsteht und auf welche psychischen Beweggründe sie zurückgeht. Die mathematischen Begriffe sind lediglich Hypothesen und Abstraktionen, die wir anwenden, um die Phänomene abgekürzt zu beschreiben; nur ein naiver Begriffsrealismus kann in ihnen zugleich die Hebel sehen, die den Mechanismus des Bewußtseins beherrschen[1]). Die „Grille den Menschen durch Geometrie sehend zu machen[2])" hat den wahren Standpunkt der Untersuchung verrückt. Berkeley grenzt zuerst den streng p s y c h o l o g i s c h e n Gesichtspunkt der Betrachtung — der ihm der „philosophische" heißt — gegen alle anderen Methoden ab, mit denen Physik und Physiologie an das Wahrnehmungsproblem herantreten. „Zu erklären, wie der Geist und die Seele des Menschen dazu gelangt, zu sehen, ist das e i n e Problem und gehört zur Aufgabe der Philosophie. Die Bewegung bestimmter Partikeln in einer gegebenen Richtung, die Brechung und Zurückwerfung der Lichtstrahlen ist ein hiervon gänzlich verschiedener Gegenstand, der der Geometrie zugehört; die Erklärung der Gesichtsempfindung aus dem Mechanismus des Auges endlich ist ein Drittes, worüber die experimentelle Anatomie zu entscheiden hat." Die beiden letzten Betrachtungsweisen mögen praktisch von Wichtigkeit sein, um Mängel des Sehens abzustellen; aber nur die erstere Theorie verschafft uns einen wahren Einblick in die Natur des Sehens, sofern wir es als eine seelische Fähigkeit betrachten. Im ganzen aber läßt sich diese Theorie auf eine einzige Frage zurückführen: wie kommt es, daß eine Reihe von sinnlichen Eindrücken, die von den Vorstellungen des Tastsinns gänzlich verschieden sind, u n d

---

[1]) Vgl. New theory of vision, § 12, 14, 22.
[2]) New theory of vision, § 53, vgl. § 3, 4, 24 u. s.

mit ihnen in keinerlei notwendiger Verknüpfung stehen, uns diese Vorstellungen nichtsdestoweniger ins Bewußtsein rufen und uns alle Beziehungen und Verhältnisse, die zwischen ihnen obwalten, mittelbar darstellen können[1])? Wie kann mit anderen Worten eine bestimmte „Perzeption" etwas bedeuten, was sie nicht ist; wie kann ihr, über ihren unmittelbaren Inhalt hinaus, eine Funktion zuwachsen, vermöge deren sie uns völlig anders geartete Beschaffenheiten und Verhältnisse repräsentiert?

Daß die Logik es nicht ist, die diesen neuen und eigentümlichen Wert erschafft und die für ihn einzustehen vermag, ist sogleich ersichtlich. Denn ihr Reich reicht nur so weit, als es sich um einen streng notwendigen Zusammenhang zwischen Inhalten handelt, als das eine der Elemente, die in Beziehung treten, in dem anderen enthalten und aus ihm kraft des Satzes der Identität abzuleiten ist. Nun aber entsteht die Aufgabe, einen Zusammenhang zwischen zwei völlig disparaten Gruppen von Erscheinungen zu entdecken und den Übergang, den das Bewußtsein zwischen ihnen vollzieht, zu erklären. Das Band, das Gesichtseindrücke und Tasteindrücke zusammenhält, liegt nicht in der eigenen Natur dieser Ideen. Im fertigen Weltbild freilich scheinen beide unlöslich verschmolzen: es besteht zwischen ihnen eine durchgreifende funktionale Abhängigkeit, so daß wir jedem Inhalt des einen Gebiets einen Inhalt des anderen unmittelbar zugeordnet denken. Die erkenntnistheoretische Reflexion lehrt uns jedoch, daß diese Beziehung weder ursprünglich noch unaufheblich ist. Berkeley knüpft, um

---

[1]) The theory of vision vindicated and explained (1733), § 43. — Vgl. bes. § 37: „The knowledge of these connexions, relations, and differences of things visible and tangible, their nature, force and significancy hath not been duly considered by former writers in Optics, and seems to have been the great desideratum in that science, which for want thereof was confused and imperfect. A Treatise, therefore, of this philosophical kind, for the understanding of Vision, is at least as necessary as the physical consideration of the eye, nerve, coats, humours, refractions, bodily nature and motion of light, or the geometrical application of lines and angles for praxis or theory."

dies zu erweisen, an die bekannte Frage an, die M o l y -
n e u x in seiner Optik gestellt hatte und die bereits von
Locke diskutiert worden war: wird ein Blindgeborener, der
durch eine glückliche Operation die Gabe des Sehens plötzlich
gewonnen hat, imstande sein, die Umrisse und Formen, die
ihm nunmehr durch das Auge vermittelt werden, als diejenigen w i e d e r z u e r k e n n e n, die ihm zuvor der Tastsinn geliefert hat; wird er also z. B. die sichtbare Gestalt
eines Würfels unmittelbar mit der tastbaren verknüpfen
und beide auf e i n e n Gegenstand beziehen? Es ist klar,
daß diese Frage verneint werden muß: denn welche Ähnlichkeit besteht zwischen Licht und Farbe auf der einen und
Druck- und Widerstandsempfindung auf der anderen Seite[1])?
Beide stehen in keiner inneren und sachlichen Gemeinschaft;
nur die Erfahrung lehrt uns durch das beständige Beisammen,
in dem sie sie uns zeigt, den Fortgang vom einen zum anderen
zu vollziehen. Das Bewußtsein ist in diesem Prozeß nicht
von rationalen Gesetzen beherrscht, sondern lediglich dem
Zuge der Assoziation hingegeben; nicht die deduktive Schlußfolgerung, sondern Ü b u n g u n d G e w o h n h e i t (habit
and custom) sind die Triebkräfte, die es leiten. Berkeley
schafft einen neuen bezeichnenden Ausdruck für dieses Verhältnis: die Verbindung zwischen den Inhalten wird nicht
erschlossen, sondern „suggeriert" (suggested). Dieser Begriff
übernimmt nunmehr die kritische Ergänzung der einfachen
„Perzeption". Er zeigt, daß nicht die bloße Materie des
Sinneseindrucks, sondern erst ihre Formung und Verknüpfung
durch die „Seele" die „Dinge" in ihrer endgültigen Gestalt
erschafft[2]); aber er weist nicht minder darauf hin, daß der
Geist in dieser Gestaltung keine selbstbewußte und selbsttätige

---

[1]) S. New theory of vision, § 103, 158.
[2]) Vgl. bes. The theory of vision vindicated and explained, § 9:
„Besides things properly and immediately p e r c e i v e d by any
sense, there may be also o t h e r t h i n g s s u g g e s t e d t o
t h e m i n d by means of those proper and immediate objects; w h i c h
t h i n g s   s o   s u g g e s t e d   a r e   n o t   o b j e c t s   o f   t h a t
s e n s e,   b e i n g   i n   t r u t h   o n l y   o b j e c t s   o f   t h e   i m a g i -
n a t i o n   a n d   o r i g i n a l l y   b e l o n g i n g   t o   s o m e   o t h e r
s e n s e   o r   f a c u l t y."

Leistung vollzieht. Es ist keine eigentümliche logische Funktion, sondern gleichsam ein durch Erfahrung geregelter Naturtrieb des Bewußtseins, der uns über die Größe und Entfernungen der Objekte und damit über ihr Sein und ihre Ordnung belehrt.

II.
Die Begründung des Idealismus.

Wir verfolgen die einzelnen Phasen nicht, in denen dieser Gedanke sich entwickelt. So wichtig sie für die Geschichte der Psychologie sind: für die Erkenntniskritik bedeuten sie nur mannigfache Variationen des einen Grundthemas und der einen Grundfrage, wie es möglich ist, daß die Empfindungen zu Gegenständen, das „Innere" zum „Äußeren" wird. In der Theorie des Sehens zwar vermeidet es Berkeley noch, die dialektischen Schwierigkeiten dieses Gegensatzes vollständig zu erörtern und zu entwirren. Er begnügt sich hier mit der Gegenüberstellung, bei der die populäre Weltansicht sich beruhigt: die Empfindungen des Gesichtssinnes sind die Zeichen, durch die wir uns die Objekte außer uns mittelbar vergegenwärtigen; neben dieser symbolischen Form der Erkenntnis aber besitzen wir im Tastsinn einen selbständigen Zeugen, der uns von der Existenz der Dinge direkte und zweifellose Kunde gibt. Die „tastbare Ausdehnung" wird der „realen Ausdehnung", die außerhalb des Bewußtseins ein eigenes Dasein besitzt, gleichgesetzt[1]). Wäre indessen diese Lösung als endgültig anzusehen, so wäre damit zugleich der theoretische Hauptzweck Berkeleys, wie er sich uns anfangs ergab, verfehlt. Wenn die beiden Enden, die die „Neue Theorie des Sehens" zu verknüpfen strebt, wenn die Perzeption in uns und das absolute Dasein außer uns sich an irgendeiner Stelle von selbst zusammenfügten: so hätte es der gesamten gedanklichen Zurüstung der Schrift nicht bedurft. Berkeley selbst belehrt uns jedoch, daß es sich

---

[1]) Vgl. bes. New theory of vision, § 111: „For all visible things are equally in the mind, and take up no part of the external space; and consequently are equidistant from any tangible thing, which exists without the mind." S. a. § 74, 94 ff. u. s.

hier lediglich um eine Beschränkung handelt, die er sich mit Rücksicht auf die D a r s t e l l u n g auferlegt habe. Indem er in seinem folgenden Werk: der „Abhandlung über die Prinzipien der menschlichen Erkenntnis", die Frage von neuem und in einem weiteren gedanklichen Zusammenhange aufnimmt, bezeichnet er als den Zweck des vorangehenden Versuches den Nachweis, daß die eigentlichen Objekte des Sehens weder außerhalb des Geistes existieren, noch die Kopien äußerer Dinge sind. „Was die Eindrücke des Tastsinns betrifft — so fährt er fort — so wurde von ihnen in dieser Schrift freilich das Gegenteil angenommen: nicht als ob es zur Begründung meiner Anschauung notwendig gewesen wäre, diesen allgemein verbreiteten Irrtum vorauszusetzen, sondern weil es außer meiner Absicht lag, ihn in einem Traktat über das S e h e n zu widerlegen[1])." Hier erst gelangt somit die Frage, die bisher auf einen speziellen Gegenstand eingeschränkt blieb, zu wahrer Schärfe und Allgemeinheit. Die verschiedenen Gebiete von Sinneseindrücken haben, soweit das allgemeine Problem der Objektivität in Betracht kommt, vor einander keinen Vorrang: wie sie auf der einen Seite den e c h t e n Begriff des Gegenstandes nur in ihrer Gesamtheit erfüllen können, so ist umgekehrt jedes von ihnen unzureichend, die falsche Forderung einer Wirklichkeit, die außerhalb jeder Korrelation zum Bewußtsein stände, zu befriedigen. Der Physiker mag die Farben und Töne auf Gestalt und Bewegung zurückführen und sie kraft dieser geometrischen Bestimmungen zu „erklären" suchen, aber gänzlich irrig wäre es, diese Beziehung und Unterordnung, die wir zum Zweck einer Gliederung des Wissens vornehmen, als einen Gegensatz im Sein zu deuten und der Ausdehnung eine andere Art der Existenz, als der Farbe zuzuschreiben. Beide sind unmittelbar nur als Zustände eines Subjekts bekannt und gegeben; beide sind weiterhin gleich notwendige Grundlagen, um zu der empirischen Welt der „Dinge", d. h. zu der Vorstellung einer

---

[1]) A treatise concerning the principles of human knowledge (1710), § 44.

gesetzlich geregelten und somit „objektiven" Ordnung der Erscheinungen zu gelangen. Die unbedingte Scheidung zwischen primären und sekundären Qualitäten und zwischen der Daseinsform, die beiden zuzusprechen ist, beruht im Grunde auf derselben Verwechslung von Erkenntnisinstanzen, die den Irrtum in der Wahrnehmungstheorie verschuldete: eine methodische A b s t r a k t i o n, die als solche brauchbar und förderlich sein mag, wird zum Range einer metaphysischen Wirklichkeit erhoben.

So ist es wieder dieselbe Schranke, die hier wie überall der adäquaten Erfassung der „Urwahrnehmungen" entgegentritt. Soll dieser Grundbestand all unseres Wissens aus den mannigfachen Vermischungen und Verdunkelungen, in denen die gewöhnliche „Erfahrung" ihn uns darbietet, herausgelöst, soll die „reine" Wahrnehmung, frei von allen täuschenden Zutaten ergriffen werden, so gilt es vor allem, diese ständige Fehlerquelle zu beseitigen, indem wir das psychologische Grundmotiv des Irrtums aufhellen. Und der Weg zu dieser K r i t i k d e s a b s t r a k t e n B e g r i f f s ist durch die M e t h o d e, die Berkeley zugrunde legt und die er in seiner Theorie der Wahrnehmung bewährt hat, bereits eindeutig vorgezeichnet. Wenn wir uns hier die Aufgabe stellten, eine „Perzeption" aufzuweisen, die für sich allein den dreidimensionalen Raum enthalten und a b b i l d e n sollte, so mußten wir erkennen, daß diese Forderung falsch gestellt und unerfüllbar war. Es gibt keine einfache sinnliche Vorstellung, die als unmittelbare K o p i e der Lageverhältnisse der Objekte gelten könnte. Wollten wir für diese objektiven Verhältnisse das echte psychologische Korrelat aufsuchen, so mußten wir vielmehr stets auf den Prozeß der V e r k n ü p f u n g der Vorstellungen, der sich in keinem einzelnen sinnlichen Bilde ausprägt, zurückgehen; so mußten wir in der einzelnen Empfindung, außer ihrem unmittelbaren Inhalt, eine F u n k t i o n anerkennen, kraft deren sie andere darzustellen und zu vertreten vermag. Wir brauchen dieses Ergebnis nur zu erweitern und in seiner allgemeinen Bedeutung auszusprechen, um die wahre logische und psychologische Schätzung des begrifflichen Denkens zu gewinnen. Die abstrakten Begriffe sind keine besonderen psychischen W i r k l i c h k e i t e n, die sich abgelöst im Bewußtsein vorfinden. Wer sie in dieser Weise auffaßt und unter diesem Gesichtspunkt sucht, der sieht sich damit alsbald in handgreifliche Absurditäten verwickelt; der muß mit Locke von einem „abstrakten Dreieck" sprechen, das weder spitz- noch rechtwinklig, weder gleichseitig noch ungleichseitig ist, das keins von diesen Einzelmerkmalen und zugleich sie alle in ihrer Gesamtheit besitzt[1]). Wenn indes jegliche, metaphysische oder psychologische E x i s t e n z, die wir dem abstrakten Begriff zusprechen, in sich selbst widerspruchsvoll ist, da Existenz nichts anderes besagt, als eben jene durchgängige individuelle B e s t i m m t - h e i t, die der Allgemeinbegriff von sich abweist —, so brauchen wir damit doch auf seine G e l t u n g im Ganzen der Erkenntnis keineswegs zu verzichten. Diese Geltung wurzelt in der Fähigkeit des Geistes, an einer Einzelvorstellung nicht nur ihre besonderen Eigentümlichkeiten zu ergreifen, sondern über sie hinaussehend, die ganze Gruppe verwandter Vorstellungen, die irgendein charakteristisches Merkmal mit ihr teilen, in e i n e m Blicke zu befassen. Auch hier ist es somit nicht sowohl der Inhalt wie die F u n k t i o n der Vorstellung, die ihren Erkenntnisgehalt ausmacht. „Betrachten wir das Verfahren, das ein Geometer anwendet, um zu zeigen, wie eine Linie sich in zwei gleiche Teile zerlegen läßt, so sehen wir, daß er etwa damit beginnt, eine schwarze Linie von einem Zoll Länge hinzuzeichnen. Diese Linie, die an und für sich eine einzelne Linie ist, ist nichtsdestoweniger in ihrer Bedeutung allgemein, da sie in der Art, wie sie hier gebraucht wird, alle beliebigen besonderen Linien r e p r ä s e n t i e r t, so daß, was von ihr bewiesen ist, von a l l e n, oder mit anderen Worten von der Linie im allgemeinen gilt." Diese Allgemeinheit gründet sich also nicht darauf, daß eine abstrakte Linie existiert, sondern darauf, daß der Einzelfall, den wir herausgreifen, die Kraft

---

[1]) S. L o c k e, Essay IV, 7, § 9 und Berkeleys Bemerkungen: Principles of human knowledge, Introduction, § 13. New theory of vision, § 125.

besitzt, die gesamte Mannigfaltigkeit besonderer Linien unterschiedslos zu bezeichnen und für sie einzustehen[1]). Die Vorstellung als solche ist und bleibt individuell: ihre „Allgemeinheit" bedeutet keinen Zuwachs an Inhalt, sondern eine eigentümliche neue Qualität und Färbung, die sie durch die Betrachtung des Geistes gewinnt. Faßt man nur den Inhalt dieser Lehre ins Auge, so scheint sie sich von der Theorie des mittelalterlichen „Terminismus", die auch in der neueren Zeit in mannigfachen Formen wieder hervorgetreten war[2]), kaum in irgendeinem Zuge zu unterscheiden. Ihre Originalität und ihre spezifische Bedeutung erhält sie erst durch die Stellung, die sie im Gesamtsystem Berkeleys einnimmt. Die „repräsentative Funktion", die Berkeley dem Begriff zuspricht, tritt bei ihm nicht als etwas völlig neues und unvermitteltes auf, vielmehr mußten wir sie bereits in der sinnlichen Empfindung selbst anerkennen, wenn wir von ihr zur Anschauung räumlich ausgedehnter, empirischer Objekte gelangen wollten. Jetzt erst scheint daher der Begriff völlig erklärt und abgeleitet, da wir in ihm nur dieselbe Leistung, die sich bereits in der Wahrnehmung wirksam erwies, auf einer anderen Stufe wiederfinden. Die „Perzeption" scheint nunmehr in der Tat den Gesamtinhalt des psychischen Seins zu erschöpfen, sofern wir sie — gemäß der kritisch berichtigten Auffassung, die wir von ihr gewonnen haben — nicht nur durch ihren eigenen unmittelbaren Inhalt, sondern auch durch ihre mannigfachen assoziativen Verbindungen und Beziehungen charakterisiert denken.

So sehr indessen Berkeley den Kampf gegen die abstrakten Begriffe in den Vordergrund rückt und so sehr er die ganze Kraft seiner Dialektik auf ihn konzentriert, so bedeutet er im systematischen Ganzen seiner Philosophie doch nur eine Vorbereitung und ein Mittelglied. Es ist ein bestimmter Einzelbegriff, e i n e verhängnisvolle Abstraktion, die vor allem getroffen werden soll. Die gesamte Metaphysik des Erkenntnisproblems ist in diesem einen Begriff

---

[1]) Principles of human knowledge, Introduction, § 12.
[2]) Vgl. Bd. I, S. 150 ff. und 229 ff.

des **Daseins** enthalten und beschlossen. Der Inhalt der Betrachtung vertieft sich nunmehr, indem ihr Umkreis sich verengt und auf eine Einzelfrage konzentriert. Die neue Auffassung, die wir vom Charakter des Bewußtseins gewonnen haben, fordert eine neue Bestimmung der Realität des Naturgegenstandes. Wo immer man in der Analyse des Bewußtseins bei der „einfachen" Empfindung als dem echten Grundinhalt stehen blieb, da erschien zugleich mit ihr, die selbst in der Art eines **starren** unveränderlichen Seins angesehen wurde, auch das äußere absolute Objekt gesetzt. Der reine „Phänomenalismus" wandelte sich — wie wir insbesondere am Beispiel von **Hobbes** verfolgen konnten — immer wieder in einen naiven Realismus: die Wahrnehmung, die als das Prinzip und die notwendige Basis des systematischen Aufbaues anerkannt war, wurde wiederum zum **Produkt** einer unabhängigen Körperwelt, die ihr vorangeht. (S. oben S. 67 f.) Für Berkeley indes ist die **Voraussetzung**, die immer von neuem zu diesem Schlusse hinleitete, hinfällig geworden. Der Inhalt des Bewußtseins erschöpft sich ihm nicht in den einzelnen **Daten** der Empfindung und Vorstellung, sondern er entsteht erst in ihrer wechselseitigen **Verknüpfung**: das Bewußtsein ist seiner Natur nach kein ruhender und geschlossener Bestand, sondern ein ständig sich erneuernder **Prozeß**. Wie aber vermöchten unsere Ideen, die in stetem Wandel einander ablösen und die somit selbst nichts anderes als ein ununterbrochenes zeitliches Geschehen darstellen, uns eine unbedingte und beharrliche äußere Wirklichkeit abzubilden[1]? Das Idol der „**absoluten Materie**" muß sich zugleich mit dem der absoluten Vorstellung in Nichts auflösen.

---

[1] „How then is it possible that things perpetually fleeting and variable as our ideas should be copies or images of anything fixed and constant? Or, in other words, since all sensible qualities, as size, figure, colour etc., that is our ideas are continually changing upon every alteration in the distance, medium or instruments of sensation; how can any determinate material objects be properly represented or painted forth by several distinct things, each of which is so different from and unlike the rest." (Three Dialogues between Hylas and Philonous (1713), Dialog I, gegen Ende).

Ist einmal erkannt, daß die einzelne Vorstellung ihren Sinn und ihren Erkenntnisgehalt erst den Beziehungen verdankt, die sie in sich darstellt und verkörpert, so sind alle weiteren Folgerungen zwingend gegeben. Denn alle Beziehungen schließen — wie Berkeley scharf hervorhebt — e i n e n A k t d e s G e i s t e s ein[1]) und können von ihm nicht losgelöst gedacht werden. Der bloße Inhalt der Einzelwahrnehmung drängt immer von neuem dazu, ihn in ein transzendentes „Jenseits" hinauszuprojizieren und ihn an ein für sich bestehendes Urbild zu heften; der Akt der Verknüpfung dagegen erfüllt und erschöpft sich völlig im Ich und findet in ihm sein einziges „Original". Die „Wirklichkeit" eines Inhalts wird uns nur durch die Art, in der er uns in der Vorstellung gegeben ist, vermittelt; es ist der prinzipielle Grundirrtum, der alle übrigen verschuldet, wenn man versucht, durch eine willkürliche Trennung diesen Zusammenhang aufzuheben, wenn man also die G e g e n s t ä n d e des Bewußtseins von den B e d i n g u n g e n des Bewußtseins, unter denen allein sie uns bekannt werden, loslöst. Das denkende Ich und der gedachte Inhalt sind aufeinander notwendig angewiesen; wer es unternimmt, diese beiden Gegenpole voneinander zu scheiden und in abstrakter Sonderung festzuhalten, der zerstört mit diesem Einschnitt den Organismus und das Leben des Geistes selber. „So unmöglich es ist, ohne eine tatsächliche Empfindung ein E t w a s zu sehen und zu fühlen, so unmöglich ist es, in Gedanken irgendein sinnliches Objekt oder Ding gesondert von seiner Wahrnehmung oder Perzeption zu setzen[2])."

Die Grundansicht, von der Berkeleys „Theorie des Sehens" ausgegangen war, erfährt hier eine neue Anwendung. Wie dort gezeigt werden sollte, durch welche wechselseitige assoziative Verbindung von Gesichts- und Tasteindrücken das objektive Raumbild entsteht, so gilt es nunmehr zu begreifen, daß der g e s a m t e Bestand dessen, was wir die objektive Natur der Dinge nennen, sich auf einen analogen Prozeß zurückführt und in ihm seine endgültige Begründung

---

[1]) S. Principles of human knowledge, § 142.
[2]) S. Principles of human knowledge, § 5; vgl. bes. § 10, 81 u. s.

findet. Nicht der Zusammenhang mit einer Welt körperlicher Substanzen, sondern die Beständigkeit und Geschlossenheit, die ein Vorstellungskomplex in sich selbst aufweist, ist es, die ihm den Wert der Realität verleiht. „Wirklich" heißen uns solche Gruppen von Empfindungen, die im Unterschiede zu den vagen und wandelbaren Bildungen der Phantasie ein unveränderliches Gefüge, eine konstante Zusammengehörigkeit und Wiederkehr aufweisen. An Stelle des dinglichen Maßstabes tritt ein rein ideeller; was die Erscheinungen zu „Gegenständen" macht, ist die Ordnung und Gesetzlichkeit, die sich in ihnen ausprägt. In dieser Erklärung trifft Berkeley, bis auf den Wortlaut genau, mit L e i b n i z' Begriffsbestimmung des „Phänomens" und seiner Wirklichkeit zusammen[1]). Eben diese Übereinstimmung aber beleuchtet scharf den Gegensatz der Methoden: denn wenn bei Leibniz die Verknüpfung der Phänomene, die die Gewähr ihrer Realität enthält, in den „idealen Regeln der Arithmetik, der Geometrie und der Dynamik" gegründet ist, wenn sie also zuletzt auf r a t i o n a l e Formen von notwendiger und allgemeiner Geltung zurückgeht, so ist es hier nur die erfahrungsgemäße Assoziation der Vorstellungen, die uns über ihren Zusammenhang belehren soll. „Wirklich" ist nicht nur der Inhalt der aktuellen Wahrnehmung, sondern auch was immer mit ihm nach einer empirischen Regel zusammenhängt. Wir behaupten mit vollem Rechte, daß die Gegenstände, auch außerhalb des jeweiligen Wahrnehmungsaktes, existieren; aber wir setzen sie damit nicht außer jeg-

---

[1]) Vgl. bes. Dialogues between Hylas and Philonous III: „These and the like objections vanish, if we do not maintain the being of absolute external originals, but place the reality of things in ideas, fleeting indeed and changeable; however not changed at random, but according to the f i x e d o r d e r o f n a t u r e. F o r, h e r e i n c o n s i s t s t h a t c o n s t a n c y a n d t r u t h o f t h i n g s w h i c h s e c u r e s a l l t h e c o n c e r n s o f l i f e a n d d i s t i n g u i s h e s t h a t w h i c h i s r e a l f r o m t h e i r r e g u l a r v i s i o n s o f t h e f a n c y." Vgl. hiermit die Leibnizische Definition der „Realität" der Sinnendinge, in der das Moment der Übereinstimmung, wie das des Gegensatzes gleich scharf heraustritt: Bd. I, 410, Anm. 1.

licher Beziehung zum Bewußtsein, sondern sprechen damit nur die **Erwartung möglicher Perzeptionen** aus, die sich unter bestimmten Bedingungen für uns realisieren können. „Die Bäume s i n d im Garten, ob ich es will oder nicht, ob ich sie vorstelle oder nicht; aber dies heißt nichts anderes, als daß ich nur hinzugehen und die Augen zu öffnen brauche, um sie notwendig zu erblicken[1]." So darf die idealistische Lehre sich hier die Ausdrucksweise der gewöhnlichen Weltansicht zu eigen machen. Auch für sie erschöpfen die jedesmal im Bewußtsein **v o r h a n d e n e n** Inhalte keineswegs das Sein; auch für sie bilden die direkt gegebenen Empfindungen nur die unvollständigen „Symbole" der Wirklichkeit. Aber was in diesen Inhalten symbolisiert ist, das sind keine absoluten Dinge außerhalb des Geistes, sondern der Inbegriff und der geregelte Zusammenhang unserer geistigen **G e s a m t e r f a h r u n g**. Die gegenwärtigen Perzeptionen bleiben nicht isoliert, sondern sie bringen, kraft der gesetzlichen Verknüpfung, in der sie mit anderen stehen, diese selbst zum Ausdruck, so daß wir in ihnen **m i t t e l b a r** das **G a n z e** der möglichen empirischen Inhalte und somit das All der Dinge besitzen[2]). Die Grundgleichung esse = percipi gewinnt ihren wahren Sinn erst dann, wenn wir die Perzeption in ihrer kritisch berichtigten Bedeutung verstehen, wenn wir in ihr somit die Funktion mitdenken, den empirischen Zusammenhang, in den sie hineingestellt ist, zu repräsentieren.

---

[1]) S. das von **F r a s e r** veröffentlichte wissenschaftliche Tagebuch Berkeleys aus seiner frühesten Epoche: **C o m m o n p l a c e B o o k** (1705—08). (**W o r k s** of Berkeley, edit. by Alexander **C a m p b e l l F r a s e r**, 4 vol., New edit., Oxford 1901, I, 65).

[2]) Vgl. bes. Dialogues I (gegen Ende): „I grant we may in one acceptation, be said to perceive sensible things m e d i a t e l y by sense — that is, when, from a frequently perceived connexion, the immediate perception of ideas by one sense suggests to the mind others, perhaps belonging to another sense, which are wont to be connected with them. For instance, when I hear a coach drive along the streets, immediately I perceive only the sound; but, from the experience I have had that such a sound is connected with a coach, I am said to hear the coach."

Blickt man von hier aus auf den A n f a n g der Untersuchung zurück, so erkennt man, in wie strenger und lückenloser Folgerichtigkeit die Hauptsätze Berkeleys aus einander folgen. Der „Idealismus", wie er hier verstanden und verkündet wird, ist keine willkürliche spekulative These, sondern er ist, als notwendiges Ergebnis, bereits in dem ursprünglichen Gesichtspunkt enthalten, durch den Berkeleys Analyse geleitet wurde. Nachdem wir uns einmal auf den Standpunkt der „reinen Erfahrung" gestellt, nachdem wir alles, was durch sie nicht beglaubigt werden konnte, prinzipiell verworfen haben, gibt es für uns keine Wahl mehr. Die Begriffsbestimmung der Wirklichkeit, zu der wir vorgedrungen sind, ist nichts anderes als die vollständige Aufhellung und die analytische Darlegung des methodischen Grundgedankens. So kann diese Begriffsbestimmung freilich nicht im gewöhnlichen Sinne durch syllogistische Mittelglieder b e w i e s e n werden; nur der Weg kann angezeigt werden, auf welchem wir sie in fortschreitender Selbstbesinnung in uns selbst entdecken müssen, sofern es uns gelingt, den gegebenen Inhalt des Bewußtseins, frei von allen fremden Zutaten, herauszustellen. „Vergeblich breiten wir unseren Blick in die himmlischen Räume aus und suchen in die Tiefen der Erde zu dringen, vergeblich befragen wir die Schriften der Gelehrten und gehen den dunklen Spuren des Altertums nach: wir brauchen nur den Vorhang von Worten wegzuziehen, um den Baum der Erkenntnis, dessen Frucht vortrefflich und unserer Hand erreichbar ist, in aller Schönheit vor uns zu erblicken[1]." Die schlichte Sprache des Selbstbewußtseins widerlegt für jeden, der einmal auf sie zu hören gelernt hat, die dogmatischen Theorien über ein zwiefaches und in sich selbst gespaltenes Sein. Daß die Vorstellungen in uns die A b b i l d e r äußerer Substanzen sind, und sie kraft der Ä h n l i c h k e i t, die sie mit ihnen besitzen, repräsentieren: dies ist keineswegs die Aussage der unbefangenen inneren Erfahrung, sondern eine scholastische Behauptung. Wenn die „neue Theorie des

---

[1] Principles of human knowledge, Introd., § 24.

Sehens" es unternommen hatte, diese Auffassung durch die Berufung auf die psychologischen Tatsachen zu entwurzeln, so geht Berkeley nunmehr daran, sie als unvereinbar mit den ersten l o g i s c h e n Postulaten zu erweisen. In der Tat sind die W i d e r s p r ü c h e , in die jede Annahme eines transszendenten Erkenntnismaßstabes uns verwickelt, nirgends schärfer aufgedeckt und eindringlicher dargelegt worden, als in Berkeleys „Dialogen zwischen Hylas und Philonous". Enthielte Kants Vernunftkritik nichts anderes als den negativen Gedanken, daß die Wahrheit unserer Erkenntnis nicht in ihrer Übereinstimmung mit den „Dingen an sich" zu suchen ist, so dürfte ihr Ergebnis hier in der Tat als vollständig antizipiert gelten[1]). Alle Sicherheit des Vorstellens und Denkens würde — wie Berkeley dartut — zunichte, wenn wir sie in einem Gebiet suchen müßten, das dem Denken prinzipiell unzugänglich bleibt. Jedes Wissen in uns müßte, ehe wir uns seiner Gültigkeit versichert halten dürften, auf seine Übereinstimmung mit den jenseitigen „Urbildern" geprüft und an ihnen bewährt sein. Die V e r g l e i c h u n g zweier Inhalte aber, wie sie hier gefordert wird, ist selbst ein Akt des Bewußtseins und als solcher auf die Grenzen des Bewußtseins eingeschränkt: wir können stets nur eine I d e e mit einer anderen, nicht aber mit ihrem absoluten dinglichen Urbild zusammenhalten[2]). Der Vorwurf, daß der Idealismus das Sein zur I l l u s i o n herabsetzt, fällt also auf die Gegner zurück: sie sind es, die unserer empirischen Erkenntnis jeden Wert rauben, indem sie ihr ein falsches und unerreichbares Ideal vorhalten. Wer die Realität der Vorstellung darin sieht, daß sie ein Unvorstellbares wieder-

---

[1]) „Hylas u. Philonous" bes. Dialog II. Vgl. Principles § 8, 18 f., 24, 45, 56, 57, 79 u. s. — Vgl. bereits das Commonplace Book: „The philosophers talk much of a distinction twixt absolute and relative things or twixt things considered in their own nature and the same things considered with respect to us. I k n o w n o t w h a t t h e y m e a n b y t h i n g s c o n s i d e r e d i n t h e m s e l v e s . This is nonsense, jargon." (Fraser I. 53).

[2]) S. Principles of human knowledge § 8; Dialoge I; Theory of vision vindicated and explained § 26 u. s.

gibt, wer somit die Schätzung des unmittelbar Bekannten von einem schlechthin Unerkennbaren abhängig macht, der hat damit das Wissen aus seinen Angeln gehoben[1]). Die Aufgabe der Philosophie aber besteht nicht darin, von einer im voraus festgestellten metaphysischen Annahme aus die Wahrheit des empirischen Weltbildes zu kritisieren; vielmehr darf sie kein anderes Ziel kennen, als den Inhalt dieses Weltbildes selbst zur Klarheit und Selbstgewißheit zu erheben. Nicht um die Leugnung der Existenz der Sinnendinge handelt es sich also, sondern umgekehrt um die vollständige Aufhellung des Sinnes, den wir, innerhalb unseres Erfahrungsgebrauches, mit dem Begriff der Existenz verbinden[2]). Hier aber hat sich uns das entscheidende Merkmal, das in der Konstanz und regelmäßigen Verknüpfung der Vorstellungsinhalte liegt, bereits ergeben. Der Unterschied zwischen Chimäre und Wirklichkeit bleibt somit in voller Kraft: es gibt eine „Natur der Dinge", sofern die Ideen in uns nicht willkürlich auftreten und verschwinden, sondern in ihrem Fortgang eine eindeutige objektive Bestimmtheit aufweisen[3]).

Somit bildet der Begriff des N a t u r g e s e t z e s das unentbehrliche Korrelat für den neuen Begriff der Wirklichkeit, der hier geprägt ist. Die Bürgschaft des Seins liegt nicht lediglich in dem Stoffe der sinnlichen Empfindung, sondern

---

[1]) „The supposition that things are distinct from ideas takes away all real truth and consequently brings in a universal scepticism: since all our knowledge and contemplation is confin'd barely to our own ideas." Commonplace Book (Fraser I, 30). Vgl. bes. Principles § 40, 86, 87 und die Dialoge zwischen Hylas und Philonous.

[2]) Vgl. Commonplace Book I, 17: „'tis on the discovering of the nature and meaning and import of Existence that I chiefly insist." ... „Let it not be said that I take away existence. I only declare the meaning of the word, so far as I can comprehend it." (Ebda. I 29).

[3]) „To all which, and whatever else of the same sort may be objected, I answer, that by the principles premised, we are not deprived of any one thing in nature. Whatever we see, feel, hear or anywise conceive or understand remains as secure as ever, and is as real as ever. T h e r e i s *a rerum natura* and the distinction between realities and chimeras retains its full force." Principles § 34. — Vgl. bes. Commonplace Book I, 83.

in dem gesetzlichen Zusammenhang, den dieser Stoff in der Betrachtung der Wissenschaft gewinnt. Der Wert, der hier der Wissenschaft zugesprochen wird, ist freilich an die Bedingung geknüpft, daß sie sich damit begnügt, die Phänomene in ihrem Beisammen und in der Regelmäßigkeit ihrer Abfolge zu beschreiben, statt sie aus höchsten metaphysischen Wesenheiten ableiten zu wollen. Nicht der substantielle Untergrund, sondern lediglich der unmittelbare Inhalt der Erscheinung selbst und seine exakte Wiedergabe ist es, worauf ihre Aufgabe sich richtet. Die „Erklärung" eines Faktums kann demnach nichts anderes bedeuten, als den Nachweis seiner Übereinstimmung mit zuvor bekannten Tatsachen: ein Phänomen ist vollständig begriffen, wenn wir es mit der Gesamtheit der empirischen Tatbestände in Einklang gesetzt haben[1]). Die Zusammenhänge, die die Naturwissenschaft stiftet, stehen demnach nicht im Verhältnis des logischen Grundes und der logischen Folge. Die Elemente können zwar vermöge der konstanten Verbindung, in der sie stehen, zum „Zeichen" für einander dienen, so daß sich beim Auftreten des einen das andere mit Sicherheit voraussehen und vorhersagen läßt; immer aber läßt sich die Verbindung, die zwischen ihnen besteht, nur erfahrungsgemäß erfassen, nicht aber begrifflich einsehen und als notwendig erweisen[2]). Die „Kräfte", die die mathematische Naturphilosophie einführt, sind somit nur methodische Hülfsgrößen, die uns Gesamtgruppen von Phänomenen in abgekürzter Form bezeichnen; nicht aber reale Potenzen, die die Erscheinungen aus sich hervorbringen[3]). Mit dieser Grundanschauung fühlt sich Berkeley in prinzipieller Übereinstimmung mit der Wissenschaft seiner Zeit: hatte doch Newton selbst unablässig betont, daß seine Forschung lediglich auf die Gesetzlichkeit der Naturerscheinungen, nicht auf die Erkenntnis ihrer absoluten „Ursachen" gerichtet sei. Wenn Newton trotzdem diesen Grundsatz nicht durch-

---

[1]) Vgl. Principles § 62, § 105 u. s.
[2]) Principles, § 65, 108 u. s. — Vgl. bes. die Schrift „De motu" (1721).
[3]) „De motu" § 6, 17, 28, 39 u. s.

gehend zur Geltung gebracht, wenn er in die Erklärung der Tatsachen Elemente eingemischt hat, die sich prinzipiell jeder Bestätigung durch die Erfahrung entziehen, so braucht man sich also nur auf seine ursprüngliche und eigene Maxime zurückzubesinnen, um seine Wissenschaft in sich selbst einstimmig zu machen. Die Polemik, die Berkeley gegen die Newtonischen Begriffe des absoluten Raumes und der absoluten Zeit richtet, will daher als immanente Kritik gelten, die die Einheit des Systems wiederherstellt[1]). So stimmt, wie es scheint, die Analyse des objektiven Gehalts der wissenschaftlichen Prinzipien mit dem Ergebnis der psychologischen Analyse Punkt für Punkt überein. Die psychischen wie die physischen Grundtatsachen haben eine neue Gestalt angenommen, seit die Schranke, die eine falsche Metaphysik zwischen ihnen aufgerichtet hatte, beseitigt ist und sie unter einem gemeinsamen methodischen Gesichtspunkt begriffen sind.

III.

Kritik der Berkeleyschen Begriffstheorie.

Die Kritik der Berkeleyschen Lehre ist in der Geschichte der Philosophie fast durchgehend von einem Standpunkt aus erfolgt, der ihr selbst innerlich fremd ist. Immer wieder wurden gegen sie Einwände erhoben, die gerade das, was sie bezweifelt, fraglos voraussetzten; immer wieder wurden ihre Ergebnisse aus dem Zusammenhang mit der originalen Fragestellung, von der Berkeley seinen Ausgang nimmt, gelöst, um für sich allein betrachtet und beurteilt zu werden. Jede derartige Beurteilung aber verfehlt — nicht minder unter dem systematischen, als unter dem geschichtlichen Gesichtspunkt — ihr Ziel. Die Ergebnisse Berkeleys können nirgends anders als an seiner eigenen Methode gemessen werden. Hat diese Methode — so muß die Frage lauten — die Aufgabe, die sie sich gestellt hat, wirklich erfüllt; ist es ihr gelungen, die reine Erfahrung, abgesondert von jeglicher „metaphysischen" Beimischung, auf sich selbst zu stellen

---

[1]) Über diese Polemik s. Buch VII, Kap. 2.

und besitzt sie die Mittel, die Verfassung der Erfahrung selbst vollständig zu begreifen und durchsichtig zu machen?

Beginnen wir mit dieser zweiten Frage, so führt sie uns wiederum in den Mittelpunkt von Berkeleys logischer Theorie: zu der Verhältnisbestimmung von Empfindung und Urteil, von Perzeption und Begriff zurück. Berkeleys Polemik gegen die „abstrakten Begriffe" hat ihr Thema keineswegs erschöpft. Denn sie hielt ihren Blick lediglich auf ein einzelnes geschichtliches Vorbild gerichtet; sie wandte sich einzig gegen die bestimmte Form, die L o c k e der Lehre von der Abstraktion gegeben hatte. So berechtigt und treffend sie daher erscheint, wenn man diese ihre eingeschränkte Absicht festhält, so wenig vermögen ihre Argumente etwas gegen die tiefere Fassung und Begründung, die die Klassiker des Rationalismus, die insbesondere Leibniz der Theorie des Begriffs gegeben hatten. Denn hier handelte es sich nirgends darum, das Allgemeine selbst in die Form der „Vorstellung" zu zwängen. Die B e d e u t u n g des Begriffs wurde nicht dadurch zu sichern gesucht, daß ihm ein unbestimmtes „Gattungsbild" als psychisches Korrelat zur Seite trat, sondern dadurch, daß er als die notwendige V o r a u s s e t z u n g für jegliche Verknüpfung von Bewußtseinsinhalten und somit für jegliche „Wahrheit", die wir von ihnen aussagen können, aufgewiesen wurde. Überall dort, wo die moderne Mathematik als Vorbild der Methodenlehre galt, war an die Stelle des scholastischen Abstraktionsverfahrens das Verfahren der Analysis getreten, das im Gebiete der Logik zu fundamentalen D e f i n i t i o n e n und U r t e i l e n, im Gebiete der Tatsachen zu umfassenden G e s e t z e n hinleitet. Nicht isolierte Vorstellungsinhalte, sondern die Operationen des Geistes und die durch sie erfaßten idealen Beziehungen waren es somit, in denen der Gehalt des Begriffs begründet wurde. Vergleicht man Berkeleys Anschauung hiermit, so zeigt sich in ihr zweifellos ein verwandter Zug. Hebt doch auch er beständig hervor, daß die begriffliche Allgemeinheit, die wir einer Vorstellung zusprechen, lediglich in ihrer Fähigkeit wurzelt, eine unbestimmte Mehrheit anderer Inhalte, zu denen sie in

Beziehung steht, dem Geiste zu r e p r ä s e n t i e r e n[1]). Der Begriff der „Repräsentation" indessen, der hier als die endgültige L ö s u n g der Schwierigkeit auftritt, bildet vielmehr nur den schärfsten Ausdruck des eigentlichen P r o b l e m s. Denn dieser Begriff, der uns, in gleicher Bedeutung wie hier, bereits in der Entwicklung der Berkeleyschen Wahrnehmungstheorie sowie in der Definition des empirischen Gegenstandes entgegentrat und der somit im Mittelpunkt des Systems steht, ist von Anfang an mit einer Zweideutigkeit behaftet. Daß Vorstellungen einander ausdrücken und sich wechselseitig „vertreten" können, dies will nach der allgemeinen Grundauffassung Berkeleys zunächst nichts anderes besagen, als daß mit dem Auftreten der einen auch die andere assoziativ erweckt und angeregt wird. Daß ein einzelnes Dreieck im geometrischen Beweisverfahren für alle anderen einstehen kann, beruht zuletzt einfach darauf, daß jeder Inhalt des Bewußtseins die Tendenz besitzt, alle ihm ähnlichen Einzelinhalte gleichzeitig anklingen zu lassen und sie, wenngleich in mittelbarer und abgeschwächter Form, dem Geiste darzubieten. Was immer wir vom Dreieck als solchen aussagen und beweisen können, das will daher im letzten Grunde immer nur für die A l l h e i t d e r E i n z e l e x e m p l a r e gelten, die wir mit einem raschen Blicke überschauen. Daß aber damit die eigentliche Funktion des Begriffs nicht erklärt, ja nicht beschrieben ist, ist leicht ersichtlich. Das Durchlaufen des U m f a n g s eines Begriffs ist für die Erfassung seines I n h a l t s zufällig und nebensächlich. Denn ganz abgesehen davon, daß unter einen allgemeinen Begriff u n e n d l i c h viele und verschiedene Exemplare fallen können, die sich niemals in der wirklichen Vorstellung des Einzelnen erschöpfen lassen, so setzt doch bereits die V e r g l e i c h u n g des Einzelfalles mit anderen voraus, daß zuvor ein allgemeiner G e s i c h t s p u n k t fixiert ist, unter dem sie erfolgt. Das

---

[1] „Universality, so far as I can comprehend, (consists) not in the absolute, positive nature or conception of anything, but in the relation it bears to the particulars signified or represented by it." Principles, Introd. § 15.

bloße Zusammennehmen „ähnlicher" Vorstellungen kann für sich allein niemals genügen, um eben jenes Grundmoment, in welchem sie übereinstimmen, zu gesondertem Bewußtsein zu bringen und es als eine konstante Einheit dem Wechsel der verschiedenartigen Einzelinhalte entgegenzustellen. Daß die einzelnen Ideen irgendwie „gleichartig" s i n d , ist unzureichend, solange sie nicht als gleichartig b e m e r k t und b e u r t e i l t werden. Hierfür aber wird eine besondere geistige Leistung erfordert, die von der sinnlichen Auffassung prinzipiell geschieden ist. Wenn in der unmittelbaren Wahrnehmung der Inhalt nur als ein unterschiedsloses Ganze erscheint, so tritt jetzt eine gedankliche G l i e d e r u n g , eine Über- und Unterordnung ein, kraft deren wir die besonderen und zufälligen Beschaffenheiten, die die individuelle Vorstellung mit sich führt, loslösen, um in ihr nur den Ausdruck eines allgemeinen und gleich bleibenden gedanklichen Zusammenhangs zu sehen. Diese Wandlung, die der Eindruck, ohne eine stoffliche Änderung zu erleiden, durch die Eigenart unserer Weise der Auffassung erfährt, vermag die bloße Assoziation niemals zu erklären. Denn in ihr handelt es sich immer nur um eine A u f r e i h u n g von Vorstellungen, bei der die Teile doch stets nebeneinander und gleichsam in einer Ebene liegen bleiben, bei der also jene charakteristische Differenzierung der B e d e u t u n g der einzelnen Elemente, in der die Wurzel des Begriffs liegt, niemals erreicht werden kann. Die bloße Anhäufung der Vorstellungen kann ihnen keinen neuen f o r m a l e n S i n n geben, den sie nicht schon zuvor besitzen; es bleibt hier immer bei dem einfachen gleichmäßigen Ablauf der Vorstellungsmassen, ohne daß in ihnen selber eine Unterscheidung und Abhebung zustande kommt.

Berkeley selbst sieht sich daher schon in den ersten Ausführungen der „Prinzipien" zu Berichtigungen und positiven Ergänzungen der ursprünglichen Ansicht gedrängt. Ein bestimmtes geometrisches Gebilde, etwa ein rechtwinkliges gleichschenkliges Dreieck von fester Seitenlänge kann, wie er ausführt, im gegebenen Falle als Repräsentant des Dreiecks überhaupt gelten, sofern von all den besonderen

Bestimmungen, die die **Vorstellung** nicht entbehren kann, im exakten **Beweisverfahren** keinerlei Gebrauch gemacht wird, sofern also unser **Wissen** nicht auf jenen zufälligen Eigenheiten beruht, sondern lediglich die überall gemeinsamen und unveränderlichen Bestandteile ins Auge faßt. „Es muß somit zugestanden werden, daß man eine Figur lediglich als Dreieck **betrachten** kann, ohne auf die besondere Beschaffenheit der Winkel oder die Größenverhältnisse der Seiten zu achten und daß man insofern allerdings abstrahieren kann: aber dies beweist nie und nimmer, daß man eine abstrakte, allgemeine Idee des Dreiecks, die in sich selbst widerspruchsvoll ist, bilden kann[1])." Eben das Recht dieser **Betrachtung** aber, kraft deren wir in einem Individuellen ein Typisches erschauen, kraft deren wir von den variablen Eigentümlichkeiten der einzelnen Gestalt absehen, um lediglich ihre **Definition** und in dieser ihr allgemeines Bildungsgesetz ins Auge zu fassen, bildet das eigentliche sachliche Problem, dem Berkeleys psychologische Schematik nicht gerecht zu werden vermag[2]). Denn die Tatsache, daß es in unsere Macht gegeben ist, unsere Aufmerksamkeit von einzelnen Bestimmungen eines gegebenen Inhaltes willkürlich abzulenken, macht offenbar nur eine negative Vorbedingung der „Abstraktion" kenntlich. Daß dieser — Mangel unserer Auffassung, der das Vorstellungsgebilde als solches auflöst und zerstört, uns dennoch einen festen Kern und Inhalt des **Wissens** zurückläßt, der mit dem Anspruch auftritt, die allgemeingültige Regel für die Erkenntnis der Einzelfälle in sich zu enthalten, — dies bleibt nach wie vor unbegreiflich.

Wenn daher Berkeleys Theorie in der Kritik bestimmter physikalischer Anschauungen, die er in seiner geschichtlichen Umgebung vorfindet, hie und da ihre Bestätigung zu finden scheint — wie denn die Polemik gegen die Newtonischen

---

[1]) S. Principles, Introd., § 16. — Die zuletzt angeführten Sätze sind ein Zusatz der zweiten Ausgabe von 1734.
[2]) Vgl. hrz. die treffenden Einwendungen **Husserls** gegen Berkeleys Repräsentationstheorie: Logische Untersuchungen, Halle 1901, II, 176 ff.

Begriffe des absoluten Raumes und der absoluten Bewegung in der Tat klärend und fruchtbar gewirkt hat — so stellt sie in der Betrachtung der Prinzipien der M a t h e m a t i k alsbald all ihre inneren Mängel bloß. Hier geht Berkeley ersichtlich noch hinter seine eigene logische Grundansicht zurück. Denn wenn zuvor die Operationen und V e r k n ü p f u n g s w e i s e n des Geistes in ihrer unaufheblichen Eigenart anerkannt und den sinnlichen Eindrücken als selbständige Faktoren zur Seite gestellt wurden, so ist es jetzt wiederum die bloße „Impression", die das eigentliche Kriterium abgeben muß. So muß der Begriff des U n e n d l i c h k l e i n e n , weil er in der Empfindung keine Stütze und keinen unmittelbaren Beleg findet, von Anfang an und ohne Einschränkung verworfen werden[1]). Die Tatsache, daß es eine psychologische Grenze der Wahrnehmbarkeit gibt, dient als der gültige Beweis für die Grenze der möglichen Teilung. Die gleiche Betrachtung gilt, nach der Gegenseite hin, für das Problem der unbeschränkten Vermehrung: die einfache Erwägung, daß jeder Teil der Ausdehnung, den unsere „Imagination" als Einheit festhalten soll, von bestimmter konstanter Länge sein muß, reicht für Berkeley hin, um den Begriff einer Größe, die „größer als jede gegebene" wäre, aufzuheben[2]). „Wie es unseren Sinnen Anstrengung und Verlegenheit bereitet, außerordentlich kleine Objekte zu erfassen, so verwirrt sich auch unsere Einbildungskraft, die ja von den Sinnen herstammt, wenn sie versucht, sich klare Ideen von den letzten Teilen der Zeit oder den Zuwüchsen, die in ihnen erzeugt werden, zu bilden . . . Je mehr der Geist die flüchtigen Ideen analysiert und verfolgt, um so mehr verliert und verwickelt er sich: die D i n g e er-

---

[1]) Commonplace book I, 9: „No reasoning about things wherof we have no ideas, therefore no reasoning about infinitesimals." Vgl. Principles § 130, 132.
[2]) „We cannot i m a g i n e a line or space infinitely great — therefore absurd to talk or make propositions about it. We cannot imagine a line, space etc. quovis dato majus. S i n c e y't w h a t w e i m a g i n e m u s t b e d a t u m a l i q u o d , a thing can not be greater than itself." Commonplace book I, 9.

scheinen ihm zerfließend und winzig, um ihm schließlich gänzlich aus dem Gesicht zu entschwinden[1])." Um Einwände dieser Art zu widerlegen, bedarf es kaum der tieferen sachlichen Zergliederung des Unendlichkeitsbegriffs: es genügt, sich auf Berkeleys eigene Begriffsbestimmungen zu berufen. Er selbst hat es — in einem Zusatz zur zweiten Auflage der „Prinzipien" — gelegentlich ausgesprochen, daß, wenn die E i n z e l d i n g e nur eine Sammlung sinnlicher Ideen ausmachen, doch die Beziehungen zwischen ihnen nicht in gleicher Weise erfaßt werden können: von den R e l a t i o n e n gibt es, da sie sämtlich einen Akt des Geistes einschließen, keine sinnliche, sondern nur eine rein begriffliche, aber darum nicht minder gesicherte Erkenntnis[2]). Dieser Gedanke, der freilich bei Berkeley auf den Umkreis m e t a p h y s i s c h e r Erwägungen beschränkt bleibt[3]), reicht hin, um all seinen Einwendungen gegen die neue Wissenschaft des Unendlichen den Grund zu entziehen. Die Widersprüche, die er in ihr vereinigt findet, entstehen erst in seiner eigenen Deutung, die den reinen Operationen und Relationen des mathematischen Denkens überall einen d i n g l i c h e n Sinn unterschiebt und die danach freilich erwarten muß, sie in „einfachen" Eindrücken abgebildet zu finden. In der wissenschaftlichen Prinzipienlehre bleibt Berkeley trotz all der eindringenden Kritik, die er an Locke geübt hatte, noch völlig im Banne seiner Ansicht: gerade hier, wo er die mathematische Abstraktion am wirksamsten zu bekämpfen glaubt, ist er selbst der psychologischen Abstraktion des „Einfachen" unmittelbar verfallen.

So entsteht nunmehr eine rein atomistische Auffassung: jeder echte Inhalt der Erkenntnis muß sich in diskrete Elemente auflösen und auf letzte sinnliche Eindrücke zurückführen

---

[1]) The Analyst (1734), § 4.
[2]) „It is also to be remarked that a l l r e l a t i o n s i n c l u d i n g a n a c t o f t h e m i n d, w e c a n n o t s o p r o p e r l y b e s a i d t o h a v e a n i d e a, b u t r a t h e r a n o t i o n o f t h e r e l a t i o n s a n d h a b i t u d e s b e t w e e n t h i n g s." Principles, § 142 (Zusatz der zweiten Auflage).
[3]) Vgl. hrz. S. 311.

lassen, aus denen er sich zusammensetzt. Die Mängel, die dieser Ansicht anhaften, müssen am charakteristischsten gegenüber dem Problem der Stetigkeit hervortreten. Die stetig ausgedehnte Linie ist für Berkeley nichts anderes als eine Summe von „Punkten", d. h. von kleinsten, noch wahrnehmbaren räumlichen Elementen. Von dieser psychologischen Definition aus unternimmt er es, die wissenschaftlichen Begriffe der Mathematik, insbesondere den Begriff des Irrationalen zu widerlegen. Da die Zerfällung jeder gegebenen Größe notwendig einmal ihr Ende erreicht, so muß die Menge der Punkte, aus denen die Größe besteht, sich jederzeit durch eine endliche ganze Zahl wiedergeben lassen. Der Begriff des „Inkommensurablen" und mit ihm alle Sätze, in die er als Bestandteil eingeht, gehört somit in das Gebiet der grundlosen und trügerischen Abstraktionen; der Pythagoreische Lehrsatz ist falsch[1]). Allgemein muß jetzt selbst der reinen Mathematik die Exaktheit abgesprochen werden: ihr Verfahren ist auf „Versuche und Induktionen" gestützt und muß sich daher mit einer für die Praxis zureichenden Annäherung begnügen[2]). Diese Konsequenz entscheidet über den Wert des Ausgangspunktes. „Ich kann den Kreis quadrieren, sie (die Geometer) können es nicht; wer von uns stützt sich auf bessere Prinzipien?" — ruft Berkeley in dem philosophischen Tagebuch seiner Jugendjahre triumphierend aus[3]). Dieses Wort wendet sich unmittelbar gegen ihn selbst zurück: es ist in der Tat eine logische Quadratur des Zirkels, die er mit seiner Ableitung des Kontinuums aus den einzelnen Atomen der Sinneswahrnehmung versucht hat.

Wenn indessen Berkeleys Begriffstheorie vor der Mathematik versagt, so scheint sich ihr innerhalb der Erfahrungswissenschaft ein um so fruchtbareres Gebiet zu eröffnen, in dem sie sich unmittelbar bewähren kann.

---

[1]) „One square cannot be double of another. Hence the Pythagoric theorem is false." Commonplace book I, 19. — Vgl. ebda. I, 14, 20 ff., 81, 88; New theory of vision, § 112 u. s.
[2]) „The Analyst", vgl. bes. Query 33 und 34.
[3]) Commonplace book I, 91.

Die empirischen Begriffe zum mindesten scheinen keine andere Deutung und Erklärung zuzulassen, als sie die Theorie der Assoziation der Vorstellungen enthält. Sie bedeuten nichts anderes, als eine Sammlung von Merkmalen, die nicht durch eine logische Notwendigkeit zusammengehalten werden, sondern die lediglich durch die beständige erfahrungsmäßige Verknüpfung, in der sie auftreten, für das Bewußtsein zu einer Einheit zusammenwachsen. Besinnen wir uns indessen auf die Grundlagen von Berkeleys Lehre zurück, so erhebt sich hier alsbald ein neues Problem. Die r e a l i s t i s c h e Weltansicht mag getrost die Erfahrung zum Führer und zum alleinigen Bürgen unseres Wissens machen; denn für sie handelt es sich nur darum, die einmal vorhandene, objektive Verfassung der Dinge, deren B e s t a n d für sie keinem Zweifel unterliegt, im Erkennen nachzubilden. Die Gegenstände stehen uns unabhängig in festen unveränderlichen Ordnungen gegenüber: die Erfahrung hat nur das W i s s e n von ihnen, nicht ihr S e i n zu vertreten und zu erklären. Für den Idealismus Berkeleys hingegen ist diese Lösung hinfällig geworden. Hier bedeutet die Erfahrung nicht das Produkt, sondern die Schöpferin der äußeren Wirklichkeit. Die empirische Verknüpfung der Vorstellungen will kein bloßer Widerschein an sich bestehender Verhältnisse der Dinge sein, sondern sie ist es, kraft deren sich die einzelnen Eindrücke erst zu O b j e k t e n formen. (Vgl. oben S. 291 f.) Diese neue Aufgabe aber verlangt zu ihrer Lösung neue Mittel. Wenn wir von G e g e n s t ä n d e n der Natur sprechen, so m e i n e n wir damit — gleichviel wie diese Meinung sich begründen und rechtfertigen lassen mag — eine in sich unveränderliche und notwendige Ordnung, die durch keine subjektive Willkür angetastet werden kann. Wie aber kann die Gewißheit einer solchen unverbrüchlichen Konstanz auf dem Boden der bloßen Erfahrung entstehen und erwiesen werden? Die empirische Assoziation stiftet lediglich relative und jederzeit wieder aufhebbare Zusammenhänge, die vor jeder neu beobachteten Tatsache in Nichts zergehen können. Die Grundüberzeugung von einer in sich selbst unveränderlichen, ein für allemal feststehenden Verfassung der Erscheinungswirklichkeit vermag sie somit niemals ausreichend zu begründen: vielmehr muß diese Überzeugung auf dem Standpunkt der Betrachtung, auf dem wir hier stehen, wie ein bloßes, willkürlich angenommenes Dogma erscheinen. Wir mögen immerhin subjektiv unter bestimmten Bedingungen das Auftreten bestimmter Vorstellungsgruppen erwarten; aber wir besitzen keinerlei Gewähr dafür, daß die Verbindungen, die sich uns auf Grund früherer Erfahrungen geknüpft haben, auch in Zukunft s t a n d h a l t e n werden, daß somit in diesem gesamten zeitlichen Ablauf der Empfindungen irgendwelche zeitlos gültigen Beziehungen und Regeln sich herausheben und festhalten lassen. Solange aber eine derartige Gewißheit nicht besteht, bleibt nicht nur der absolute, sondern auch der empirische „Gegenstand", wie Berkeley ihn versteht und definiert, fragwürdig. Jedes einzelne empfindende Subjekt bliebe nunmehr in der Tat in den Umkreis seiner eigenen „Perzeptionen" gebannt, ohne daß der Gedanke einer einheitlichen, allen denkenden Individuen gemeinsamen W e l t der Phänomene sich mit sachlichem Rechte bilden könnte.

Die Schwierigkeit, die hierin liegt, hat Berkeley deutlich empfunden. Er selbst stellt die Frage, wie das Bewußtsein dazu gelange, mannigfach verschiedene Wahrnehmungsinhalte, die an sich völlig getrennt, ja disparat sein können, dennoch auf E i n e n Gegenstand zu beziehen. Was veranlaßt uns dazu, die beiden Gesichtsbilder, die etwa die unmittelbare sinnliche Wahrnehmung und die Beobachtung durch das Mikroskop uns darbieten, in Eins zu fassen und sie als verschiedene „Zeichen" eines i d e n t i s c h e n Objekts zu deuten? Die Antwort, die die „Dialoge zwischen Hylas und Philonous" auf diese Frage erteilen, macht die Schranke von Berkeleys Erkenntnislehre von neuem fühlbar. Im strengen Sinne — so wird erwidert — ist es nicht dasselbe Objekt, das wir sehen und tasten, noch ist es ein und derselbe Gegenstand, der durch das Mikroskop und durch das bloße Auge wahrgenommen wird. Lediglich die notwendige Rücksicht auf die Kürze des sprachlichen Ausdrucks zwingt uns, die unübersehbare Mannigfaltigkeit, die die einzelnen Empfindungen der verschiedenen Sinnesgebiete zu verschiedenen Zeiten und unter verschiedenen Umständen darstellen, nicht durch ebensoviele besondere N a m e n zu bezeichnen, sondern eine Mehrheit empirisch verknüpfter Inhalte unter einer Benennung und somit unter einem „Begriff" zu befassen. Der Akt dieser Zusammenfassung beruht nicht auf einem objektiven logischen Grunde, sondern stellt eine willkürliche Umformung des Erfahrungsinhalts dar, die wir mit Rücksicht auf die praktischen Zwecke der Mitteilung vornehmen. Wer ein festeres Band der Identität verlangt, der wird hierbei nur durch das Vorurteil einer unwandelbaren, unwahrnehmbaren wirklichen Natur, die jedem Namen entsprechen soll, getäuscht[1]). Mit dieser Kritik wird jedoch nicht nur dem transzendenten Objekt „hinter" den Erscheinungen, sondern auch dem Erfahrungsobjekt selbst das Fundament entzogen. Nicht nur die Metaphysik, sondern auch die theoretische Naturwissenschaft wird durch sie getroffen: muß doch auch sie die veränderlichen Einzelwahrnehmungen, um sie einer festen Regel zu unterwerfen, auf b e h a r r e n d e G r u n d e i n h e i t e n zurückbeziehen. In dem Streben, die unwandelbaren metaphysischen Substanzen zu beseitigen, hat Berkeley auch die begriffliche F u n k t i o n d e r I d e n t i t ä t s s e t z u n g und ihre Notwendigkeit preisgegeben. Der eigentliche methodische Charakter der theoretischen Physik wird daher nicht minder als der der reinen Mathematik verkannt: weil zwischen den „primären" und „sekundären" Qualitäten kein absoluter, dinglicher Unterschied besteht, darum wird auch jede begriffliche Zurückführung der einen auf die anderen, jeder Versuch einer durchgehenden mechanischen Erklärung der Naturerscheinungen als eitles und nutzloses Bemühen verspottet[2]).

Auch die allgemeine Analyse des Begriffs der Bewegung enthält in sich die gleiche Zweideutigkeit. Die Bewegung bedeutet, wie hier ausgeführt wird, wenn wir lediglich ihre

---

[1]) Dialogues between Hylas and Philonous III.
[2]) Principles § 102 u. ö.

unmittelbare Erscheinung ins Auge fassen, ohne ihrem vorgeblichen „abstrakten" Begriff nachzujagen, nichts anderes als die räumliche Verschiebung bestimmter Empfindungsqualitäten innerhalb unseres sinnlichen Anschauungsraumes. So wenig der „reine" Raum, losgelöst von aller Farben- und Tastempfindung, ein Gegenstand der Erfahrung und der Wissenschaft sein kann, so wenig bedeutet der Stellenwechsel in ihm etwas Objektives, das von der jeweiligen Beschaffenheit des wahrnehmenden Subjekts unabhängig wäre. Die Natur der Bewegung können wir nicht abgetrennt von unseren „Ideen", somit nicht losgelöst von individuellen psychologischen Bedingungen und Dispositionen bestimmen: je nach der Beschleunigung oder Verzögerung des V o r s t e l l u n g s a b l a u f s muß daher auch das Urteil über die körperlichen Bewegungen bei verschiedenen Beurteilern verschieden ausfallen[1]). Diese Betrachtung aber hebt wiederum nicht nur die Bewegung als absolutes Objekt auf, sondern sie läßt es auch völlig im Dunkeln, wie, innerhalb der Erfahrung selbst, zu einer wissenschaftlichen Objektivierung und zu einer exakten Gesetzlichkeit der Bewegungsphänomene zu gelangen ist. Die Erkenntnislehre Berkeleys besitzt kein Mittel, um diesen Fortschritt zu erklären, weil ihr die „Ideen" lediglich die Vorstellungsbilder selbst, nicht aber allgemeine begriffliche Prinzipien ihrer Formung und Gestaltung bedeuten.

Dieser Mangel eines objektiv-begrifflichen „Grundes" der Erscheinungsrealität kann für Berkeley selbst freilich nicht fühlbar werden, da er eine Gewähr für die Konstanz und Einheitlichkeit des Naturganzen kennt, die alles rein logische Wissen hinter sich läßt. Die Gleichförmigkeit des Naturlaufs ist durch den unwandelbaren Willen seines Schöpfers und Erhalters unmittelbar verbürgt. Die Erfahrung, die uns bisher als das Prinzip alles Begreifens galt, wäre in sich selbst unbegreiflich, wenn sie nicht aus einem „intelligiblen" Sein herstammte, das ihr Halt und Zusammenhang gibt. Daß die Objekte nicht, zugleich mit dem Wechsel unserer Vor-

---

[1]) Dialogues between Hylas and Philonous I.

stellungen, selbst dahinschwinden, daß sie ein festgefügtes und abgeschlossenes Reich bilden, das der Willkür des Individuums entzogen ist: dies bedeutet nichts anderes, als daß sie in einem höchsten, g ö t t l i c h e n V e r s t a n d e geeint sind und hier ihren dauernden Bestand besitzen. Der Gedanke, daß alle unsere Vorstellungen, um als „real" gelten zu können, auf eine letzte absolute Ursache zurückgeführt werden müssen, wird somit von Berkeley unverändert festgehalten: nur tritt dieses Absolute dem Geiste nicht mehr als eine ihm wesensfremde Macht gegenüber, sondern es ist mit ihm von derselben Natur, da es den höchsten Typus und die Vollendung des Bewußtseins selbst darstellt[1]). Um uns des göttlichen Seins zu versichern, brauchen wir nicht über die Welt der Phänomene hinauszugehen, es genügt, den Inhalt jeder Einzelwahrnehmung vollständig und bis zu Ende zu analysieren, um auf ihrem Grunde den Begriff Gottes unmittelbar zu entdecken[2]). Die Z e i c h e n s p r a c h e der Natur, die wir in der Wahrnehmungstheorie als den eigentlichen Grund aller unserer Erfahrungsschlüsse kennen lernten, lernen wir nunmehr als die Zeichensprache G o t t e s begreifen: Gott ist es, der unserem Geiste die mannigfachen sinnlichen Impressionen in bestimmter Ordnung und Folge einprägt und der dadurch das Bild der empirischen Wirklichkeit in ihm erstehen läßt[3]). So ist auch für Berkeley, trotz seines sensualistischen Ausgangspunktes, die V e r n u n f t d a s n o t w e n d i g e K o r r e l a t d e s S e i n s; aber dies bedeutet ihm nicht, daß die Erfahrung auf notwendige rationale P r i n z i p i e n zurückgeht, sondern daß sie das Werk und die Kundgebung eines höchsten, vernünftigen S c h ö p f e r w i l l e n s ist.

---

[1]) Vgl. bes. Dialogues II: „All the notion I have of God is obtained by reflexion on my own soul, heigthening its powers and removing its imperfections."
[2]) Vgl. hrz. R. R i c h t e r in der Einleitung zur Übersetzung der Dialoge zwischen Hylas und Philonous. (Philos. Bibl., Bd. 102, S. XV f.
[3]) S. hrz. bes. die Darstellung im „Alciphron" (1732), bes. Dialog IV, § 7.

IV.
Der Begriff der Substanz.

Der Gottesbegriff, der für den Abschluß von Berkeleys Erfahrungstheorie unentbehrlich ist, enthält, wenn man ihn den Anfängen dieser Theorie gegenüberstellt, ein schwieriges Problem, das, weiter verfolgt, zu einer veränderten Schätzung der einzelnen Erkenntnismittel hinführen muß. In den Eindrücken, die die Sinne uns darbieten und in den assoziativen Verknüpfungen, die wir an ihnen vollziehen, schien sich bisher aller Inhalt des Bewußtseins zu erschöpfen. Der Gegenstand wurde zu einem Komplex sinnlicher Ideen, — die „Idee" selbst aber galt als ein in sich ruhender, durchaus passiver Tatbestand, den wir rezeptiv hinzunehmen haben. Dieses Ergebnis aber enthält implizit bereits die Aufforderung und das Motiv zu einem weiteren Fortschritt in sich. Jedes psychische Phänomen bietet sich der philosophischen Reflexion unter einem doppelten Gesichtspunkt dar: es stellt nicht nur objektiv einen Gegenstand als einen Inbegriff von Perzeptionen dar, sondern ist zugleich der Ausdruck einer Funktion und Betätigung des Geistes. Wie die Wirklichkeit der Sinnendinge direkt in ihrem Wahrgenommenwerden besteht und nicht erst durch mittelbare Folgerungen erschlossen zu werden braucht, so ist die Gewißheit eines aktiven Prinzips, eines „Ich", dem alle diese Objekte erscheinen, nicht minder ursprünglich gegeben. „Neben der endlosen Mannigfaltigkeit der Ideen oder der Gegenstände der Erkenntnis gibt es in gleicher Weise Etwas, das sie erkennt oder wahrnimmt und das an ihnen verschiedene Operationen ausübt, indem es sie begehrt, sie in der Vorstellung verknüpft und trennt oder sie in der Erinnerung hervorruft. Dieses erkennende tätige Wesen ist es, was ich Geist, Seele, Bewußtsein oder Ich nenne: alles Ausdrücke, durch die ich nicht eine von meinen Ideen, sondern ein von ihnen durchaus verschiedenes Ding, worin sie existieren oder wahrgenommen werden, bezeichne[1]."

---

[1] Principles § 2; vgl. § 27, 28, 135—39.

Der neue Gegenstand verlangt somit, um in seiner Eigenart faßbar und darstellbar zu werden, eine neue Kategorie der Erkenntnis. Der B e g r i f f , der in der Analyse des wissenschaftlichen Denkens nirgends in der vollen Kraft und Selbständigkeit seiner Geltung erfaßt worden war, behauptet an diesem Problem sein uneingeschränktes Recht. Daß damit der systematische Mittelpunkt von Berkeleys Lehre allmählich von seiner Stelle rückt: dies tritt schon in seinen Versuchen einer Umgestaltung seiner T e r m i n o l o g i e deutlich hervor. Die „Idee" erweist sich, in ihrer bisherigen Definition, unzureichend; da sie lediglich ein einzelnes, fest umgrenztes Wahrnehmungsbild bedeutet, so kann sie weder die mannigfachen B e z i e h u n g e n zwischen den Inhalten des Bewußtseins wiedergeben, noch zur Bezeichnung seiner inneren Tätigkeiten verwendet werden. Die späteren Bearbeitungen der „Prinzipien" und der „Dialoge" geben dieser Einsicht klaren Ausdruck. „Man darf sagen — heißt es hier — daß wir eine Art Wissen oder einen Begriff (*some knowledge or notion*) von unserer eigenen Seele und von geistigen und tätigen Wesen haben, daß wir dagegen im strengen Sinne von ihnen keine I d e e n besitzen. Ebenso wissen wir um die R e l a t i o n e n zwischen den Dingen oder Ideen und haben von ihnen einen Begriff, während doch diese Relationen von den aufeinander bezogenen Dingen oder Ideen selber verschieden sind, sofern die letzteren von uns ohne die ersteren erfaßt werden können. Es scheint mir demnach, daß I d e e n , G e i s t e r und R e l a t i o n e n in ihren mannigfachen Arten den Inbegriff der menschlichen Erkenntnis und den Gegenstand jeglicher Untersuchung ausmachen, und daß es ein ungenauer Gebrauch des Wortes „Idee" ist, wenn man es auf alles anwendet, was ein Objekt unseres Wissens ist oder wovon wir irgendeinen Begriff haben[1])."

---

[1]) Principles § 89; vgl. bes. § 142 (Zusätze der 2. Aufl. von 1734); man vgl. die analogen Ergänzungen, die in der 3. und letzten Ausgabe der Dialoge, die ebenfalls 1734 erschien, zu Beginn des dritten Dialogs, hinzugekommen sind. In der ersten Ausgabe der „Principien" sind „idea" und „notion" noch gleichbedeutend gebraucht.

Ist also die **Idee** als sinnliche Vorstellung keine unentbehrliche Bedingung der Erkenntnis mehr, so bleibt doch das Wissen, das hier anerkannt wird, von der „abstrakten" Allgemeinvorstellung, die vielmehr nach wie vor als ein unmögliches Zwitterding zwischen Denken und sinnlicher Empfindung erkannt wird, deutlich geschieden. Wie bei Descartes, so wird bei Berkeley die Gewißheit von der Realität des Ich in einem inneren „Schauen" erlangt, das von der Art, wie wir irgendein empirisches Ding erfassen und von jeder mittelbaren Einsicht durch syllogistische Schlußfolgerungen, gleich weit absteht. Und dieselbe ursprüngliche Einsicht, die uns der Existenz des Ich versichert, gibt uns auch die Erkenntnis seiner Wesenheit als eines unteilbaren und unausgedehnten Dinges, welches denkt, handelt und wahrnimmt[1]). Gegen diese Folgerung müssen sich freilich alsbald die altbekannten Einwände erheben: denn wie vermöchte der geistige **Akt**, kraft dessen die Mannigfaltigkeit der Eindrücke sich zur Einheit und zu einer gemeinsamen Beziehung zusammenschließt, uns ein einfaches und identisches **Substrat** des Bewußtseins zu verbürgen? Die „reine Erfahrung" zum mindesten, die Berkeley selbst als Richterin aufgerufen und anerkannt hatte, muß sich jedem derartigen Schluß versagen: es ist völlig konsequent, wenn die frühesten Begriffsbestimmungen Berkeleys, wie sie in dem philosophischen Tagebuch seiner Jugendjahre erhalten sind, den Geist nur als einen „Haufen von Vorstellungsinhalten" (a congeries

---

[1]) S. bes. Dialoge III: „I own I have properly no **idea**, either of God or any other spirit; for these being active, cannot be represented by things perfectly inert, as our ideas are. I do nevertheless know that I, who am a spirit or thinking substance, exist as certainly as I know my ideas exist. Farther I know what I mean by the terms *I* and *myself;* and **I know this immediately or intuitively**, though I do not perceive it as I perceive a triangle, a colour, a sound. The Mind, Spirit, or Soul is that indivisible unextended thing which thinks, acts, and perceives." (Zusatz der letzten Ausgabe.) — Auch die „Reflexion" bedeutet bei Berkeley kein „diskursives" Verfahren, sondern lediglich den intuitiven Akt, in dem das Ich sich selbst und seine Wesenheit erfaßt; sie kann daher dem „inneren Selbstgefühl" (inward feeling) unmittelbar gleichgesetzt werden.

of perceptions) kennen.[1]) Wie ein bestimmtes äußeres Objekt nichts anderes ist als ein Beisammen verschiedener sinnlicher Qualitäten, so geht hier das Ich völlig in der Summe seiner Wahrnehmungen auf. Die endgültige Ausgabe der „Dialoge" — die von jenen ersten Aufzeichnungen fast durch drei Jahrzehnte getrennt ist — erinnert sich dieser Auffassung: aber es ist charakteristisch, daß es nunmehr Berkeleys G e g n e r ist, der sie aussprechen und vertreten muß. Was wir unser Selbst nennen — so argumentiert dieser — ist in Wahrheit nur ein Inbegriff fließender Ideen, ohne ein dauerndes Sein, das sie stützt und trägt: die geistige Substanz ist nicht minder wie die körperliche ein bedeutungsleeres Wort[2]). Berkeley sucht diesen Einwand zu entkräften, indem er die Frage vom theoretischen Bewußtsein in das praktische verlegt. Der W i l l e ist ihm das eigentliche Urphänomen, das uns vom Dasein des individuellen Geistes zwingend überzeugt. Die geistige Tätigkeit, die wir an dem sinnlichen Stoffe ausüben, die Freiheit, in der wir mit ihm schalten, gibt uns erst den wahren Begriff des Ich und seine endgültige Unterscheidung von den passiven und „trägen" Wahrnehmungsinhalten. In dieser Richtung des Willens auf sein Objekt ist uns der eigentliche Ursprung und das Wesen aller echten Kausalität enträtselt. Wenn von Berkeley der Begriff der Kraft aus der N a t u r w i s s e n s c h a f t verwiesen wurde, so geschah es nur, um ihn einem „höheren" geistigen Gebiet ausschließlich vorzubehalten. Der Begriff des Wirkens kommt einzig im geistigen Geschehen zu wahrhafter Erfüllung und Geltung; es ist eine falsche und irreführende Metapher, die ihn auf die Beziehungen innerhalb der Körperwelt zu übertragen sucht.

Wenn Berkeley die Kategorien der „Ursache" und der „Wirkung" aus unserer Erfahrungserkenntnis ausgeschaltet und sie durch den Begriff des assoziativen „Zeichens" ersetzt hatte, so betraf also diese Kritik nicht den I n h a l t,

---

[1]) „Mind is a congeries of perceptions. Take away perceptions and you take away the mind. Put the perceptions and you put the mind." Commonplace book I, 27 f.
[2]) Dialoge III. (Zusatz der letzten Ausgabe).

sondern nur die **Anwendung** des Kausalprinzips. Das Prinzip selbst bleibt in voller Geltung: ausdrücklich wird es als das **rationale** Mittel anerkannt, das uns die Existenz anderer geistigen Wesenheiten, außerhalb des eigenen Ich und ihren gemeinsamen Ursprung in der allumfassenden göttlichen Substanz kennen lehrt[1]). Das Schlußverfahren, in dem wir zu diesem höchsten Ergebnis hingeleitet werden, ist von völlig anderer Art und ruht auf völlig anderem Grunde, als alle unsere empirischen Folgerungen, die nur eine Häufigkeit im Beisammen verschiedener Ideen aussprechen, ohne uns zwischen ihnen einen logischen und deduktiven Zusammenhang erkennen zu lassen. Wenn in ihnen der bloße Trieb der Gewohnheit uns leitet, so ist es hier das **Urteil** und der **Verstandesschluß**, der jeden unserer Schritte beherrscht und rechtfertigt. Erst in der Metaphysik und in der spekulativen Theologie ergreifen wir die „notwendige Verknüpfung", die uns innerhalb der Erfahrung und der mathematischen Physik versagt blieb[2]).

An dieser Stelle hat sich das System am weitesten von seinen sensualistischen Anfängen entfernt. Schon in den

---

[1]) „I do by no means find fault with your reasoning, in that you collect a cause from the phenomena; but I deny that **the cause deducible by reason** can properly be termed matter." . . „I assert as well as you that, since we are affected from without, we must allow powers to be without, in a being distinct from ourselves. So far we are agreed. But then we differ as to the kind of this powerful being. I will have it to be Spirit, you Matter . . ." etc. (Dialoge II und III).

[2]) „To perceive is one thing; to judge is another. So likewise, to be suggested is one thing, and to be inferred another. Things are suggested and perceived by sense. **We make judgements and inferences by the understanding**. What we immediately and properly perceive by sight is its primary object, light and colours. What is suggested, or perceived by mediation thereof, are tangible ideas, which may be considered as secondary and improper objects of sight. **We infer causes from effects, effects from causes** and properties one from another, **where the connexion is necessary**. But how comes it to pass that we apprehend by the ideas of sight certain other ideas, which neither resemble them, nor cause them, nor are caused by them, nor have any necessary connexion with them"? etc. The theory of vision vindicated § 42. —

"Prinzipien" wird der Gegensatz zwischen der Begriffstheorie, mit der das Werk beginnt und der spiritualistischen Metaphysik, mit der es abschließt, deutlich fühlbar; und die Weiterführung der Berkeleyschen Philosophie dient nur dazu, ihn zu vertiefen und unausgleichbar zu machen. Fortan kann kein Kompromiß, keine Umformung der Terminologie und Begriffssprache mehr über den Widerstreit zwischen den beiden Enden des Systems hinwegtäuschen. Soll die Einheit der Lehre wahrhaft hergestellt werden, so bedarf es einer radikalen Umgestaltung ihrer ersten Prinzipien und Voraussetzungen. Dieser Schritt ist es, den Berkeley in der letzten Epoche seiner Philosophie mit Energie und Kühnheit vollzieht. Und wenngleich diese Revision vor allem im metaphysischen Interesse unternommen wird, so wird sie doch mittelbar von entscheidender Bedeutung für die Logik und Erkenntnislehre, die jetzt auf einem völlig neuen Grunde errichtet werden.

V.

Die Umgestaltung der Berkeleyschen Erkenntnislehre.

In der Geschichte der **Religionsphilosophie** bildet die Lehre Berkeleys eine der originalsten Erscheinungen. In eigentümlicher Art wird hier das sinnliche und das geistige Sein ineinander verwoben, wird die Erfahrung, ohne durch einen fremden Zusatz verfälscht und ihrer selbständigen Eigenart beraubt zu werden, unmittelbar an ein „intelligibles" Sein geknüpft. Wo immer von der realistischen Weltansicht ausgegangen wird, da setzt sich der Dualismus, der ihr zugrunde liegt, auch ins Gebiet der Religion fort. Besitzt die Materie ein absolutes Dasein, so kann das Göttliche fortan nur noch als eine jenseitige Macht gedacht werden, die ihr gegenübersteht. Diese Trennung ist für Berkeleys Philosophie von Anfang an aufgehoben. Was das „Sein" der empirischen Dinge bedeutet, dies ließ sich nicht einmal verstehen und aussprechen, ohne daß wir, in dieser Erklärung selbst, auf das unendliche Bewußtsein Gottes zurückgingen. „So sicher daher die sinnliche Welt wirklichen Bestand hat, so sicher existiert ein unendliches allgegenwärtiges geistiges Wesen, das sie in sich enthält und trägt[1]."

Die religiöse Anschauung erwächst somit nicht mehr im Widerstreit zur Welt der Erfahrung und in der Abwendung von ihr. Sie entsteht vielmehr gerade dann, wenn wir versuchen, das Ganze der Erfahrung selbst systematisch zu begreifen. Stellen wir uns auf den Standpunkt der unmittelbaren Empfindung, so zerfällt uns die Realität in eine Reihe von sinnlichen Einzelinhalten, die einander in völliger Isolierung gegenüberstehen. Wir könnten diese unübersehbare Mannigfaltigkeit von Empfindungen niemals zu Objekten zusammenschließen, wir könnten nicht versuchen, sie als einen einheitlichen Text der Erfahrung zu lesen, wenn wir nicht den Gedanken zugrunde legten, daß in diesem scheinbaren Chaos eine latente Regel enthalten ist, daß es eine höchste Intelligenz ist, die sich uns hier mittels willkürlich gewählter, sinnlicher Zeichen kundgibt. Der Gottesbegriff ist eine notwendige und konstitutive Bedingung des Erfahrungsbegriffs. „Es ist nicht genug, von den gegenwärtigen Phänomenen und Wirkungen, durch eine Kette natürlicher Ursachen hindurch, zu einem göttlichen Verstand als der entfernten und ursprünglichen Ursache fortzugehen, die die Welt zuerst erschaffen und ihr dann ihren Lauf gelassen hat. Vielmehr können wir, wenn wir Rechenschaft von den Phänomenen geben wollen, keinen einzigen Schritt tun, ohne die unmittelbare Gegenwart und die unmittelbare Wirksamkeit eines unkörperlichen, tätigen Wesens anzunehmen, das alle Dinge nach bestimmten Gesetzen und Zwecken verknüpft, bewegt und ordnet[2]."

Ist es aber die V e r n u n f t des Weltganzen, die sich uns auch in jeder scheinbar vereinzelten Empfindung enthüllt, so müssen wir erwarten, daß die neue m e t a -

---

[1] Dialoge zw. Hylas u. Philonous, II.
[2] S i r i s , a chain of philosophical reflexions and inquiries concerning the virtues of tar-water (1744), § 237. — Vgl. bes. Alciphron, Dialog IV, § 14.

p h y s i s c h e Rangordnung, die damit geschaffen ist, auch innerhalb der E r k e n n t n i s t h e o r i e allmählich zum Ausdruck gelangt. Die Wahrnehmung kann fortan nicht mehr schlechthin als das sachliche Prius des Denkens gelten, da vielmehr ihr ganzer Sinn und Wert darin besteht, einen ursprünglichen gedankenmäßigen Zusammenhang s y m - b o l i s c h wiederzugeben. So beginnt schon in den Schriften der mittleren Periode der Schwerpunkt des erkenntnistheoretischen Systems sich zu verschieben. Wenn in den „Dialogen" die Prinzipien und Theoreme der Wissenschaften als allgemeine, intellektuelle Erkenntnisse bezeichnet werden, deren Geltung somit vom Sein oder Nichtsein der M a t e r i e nicht berührt wird[1]) — so ist dies vorerst nur ein vereinzeltes Aperçu, das in dem Zusammenhang der Schrift keine Ausführung und keine Stütze findet. Das folgende systematische Hauptwerk aber, der „Alciphron" vom Jahre 1723, führt den Gedanken sogleich um einen Schritt weiter. Die universellen Regeln und Grundsätze, deren der Geist notwendig bedarf, um innerhalb der Welt der Erscheinungen irgendeine dauernde Ordnung und eine feste Richtschnur des Handeln zu gewinnen, können ihm — wie hier ausgeführt wird — nicht aus der Anschauung konkreter Einzeldinge erwachsen. „Nicht durch die bloße Betrachtung besonderer Dinge, noch weniger aber durch die Betrachtung abstrakter allgemeiner Ideen, vollzieht sich der Fortschritt des Geistes, sondern einzig und allein durch eine geeignete Wahl und durch methodische Handhabung von Z e i c h e n . . . So ist, wer die Bezeichnung der Zahlen versteht, dadurch imstande, die gesamte Mannigfaltigkeit und Verschiedenheit der Zahlen kurz und distinkt auszudrücken und alle arithmetischen Operationen an ihnen mit Hülfe allgemeiner Gesetze kurz und rasch zu vollziehen[2])." Dem „Zeichen" eignet somit

---

[1]) Dialoge I: „Do you mean the principles and theorems of sciences? But these you know are u n i v e r s a l i n t e l l e c t u a l n o t i o n s, and consequently independent of Matter; the denial therefore of this doth not imply the denying them."
[2]) Alciphron: or, the Minute Philosopher in seven dialogues (1732), Dialog VII, sect. 11 u. 12.

jene **Funktion der Allgemeinheit**, die der sinn-lichen Vorstellung für immer versagt bleibt. Alle Wissenschaft, sofern sie allgemeingültig und streng rational erweislich ist, hat es unmittelbar lediglich mit Symbolen zu tun, obwohl diese nachträglich, in der Anwendung, auf Dinge bezogen werden[1]).

Diese „nominalistische" Ansicht enthält indessen, wie man sich gegenwärtig halten muß, keine der **skeptischen** Folgerungen in sich, die sonst mit ihr verbunden zu sein pflegen. Die Zeichen, die das Material und das Grundmittel aller wissenschaftlichen Erkenntnis ausmachen, sind für Berkeley keine bloß willkürlichen Gebilde, keine äußerlichen Marken und Benennungen, die den Ideen nach Belieben aufgeheftet werden können. Die „Stellvertretung", auf der sie beruhen, macht vielmehr **den Grund und die Möglichkeit unserer objektiven Erfahrung selbst** aus. Ohne die Möglichkeit, ein Einzelbild als Symbol eines allgemeinen Zusammenhangs zu deuten, wäre uns nicht nur die abstrakte wissenschaftliche Erkenntnis, sondern jede Anschauung der Dinge und ihrer räumlichen Gestaltung und Gliederung versagt. Der Begriff der „Repräsentation" besitzt hier einen reicheren und tieferen Gehalt, als in seinen sonstigen geschichtlichen Ausprägungen. Gegenüber der ersten Fassung, in welcher er im System Berkeleys auftrat, hat er jetzt vor allem **eine** wichtige Klärung erfahren. Daß ein Inhalt eine Gesamtgruppe von Vorstellungen darstellt und vertritt, dies bedeutet jetzt nicht mehr, daß diese Vorstellungen irgendwie selber als wirkliche psychische Inhalte in uns vorhanden wären und vom Bewußtsein durchlaufen würden. (S. hrz. ob. S. 299.) Vielmehr kann auch dort, wo jede derartige sinnliche Vergegenwärtigung prinzipiell ausgeschlossen ist, eine allgemeine Erkenntnis erreicht werden. Begriffe können ihren Wert und ihr Recht besitzen, selbst wenn es — wie im Falle der

---

[1]) „If I mistake not, all sciences, so far as they are universal and demonstrable by human reason, will be found conversant about **signs** as their immediate object, though these in the application are referred to things." Alciphron VII, sect. 13.

imaginären Wurzeln der Algebra — unmöglich ist, für sie irgendeine unmittelbar korrespondierende V o r s t e l l u n g aufzuweisen[1]). Denn ihr eigentliches Korrelat liegt nicht in den einzelnen Ideen als solchen, sondern in den B e z i e h u n g e n und V e r k n ü p f u n g e n, die zwischen diesen bestehen. Die Gültigkeit solcher gesetzlichen Beziehungen, nicht das Sein irgendwelcher besonderer oder allgemeiner Bilder ist es, was uns durch die Zeichen der Wissenschaft repräsentiert wird[2]). So haben wir von der K r a f t, die einen Körper bewegt, keine bestimmte „Idee", während wir nichtsdestoweniger evidente Sätze und Theoreme über sie besitzen, die wertvolle W a h r h e i t e n in sich enthalten und uns für die spekulative Erkenntnis wie für das praktische Handeln gleich unentbehrlich sind[3]). Allgemein gefaßt ist es nicht der bloße nominale Gehalt der Symbole, sondern die Bedeutung, die der Gedanke mit ihnen verknüpft, was ihren Erkenntniswert ausmacht: die Zeichen b e g r ü n d e n nicht die Wahrheit der idealen Relationen, sondern sie sagen sie lediglich aus. Der objektive gesetzliche Zusammenhang der Ideen, auf dem alle Wissenschaft beruht, wird durch sie nicht erschaffen, sondern nur für das Bewußtsein fixiert.

Die neue Problemstellung, die im „Alciphron" nur im Zusammenhange theologischer Fragen entsteht und hinter diesen alsbald gänzlich zurücktritt, gewinnt ihre vollkommene und selbständige Entwicklung in der letzten und in vieler Hinsicht eigentümlichsten Schrift Berkeleys. Diese Schrift — die „Siris" — beginnt mit der Aufzählung der mannigfaltigen Heilwirkungen des Teerwassers und geht von hier aus in stetigem und fast unmerklichem Fortgang zu den höchsten metaphysischen Fragen weiter, um damit

---

[1]) Alciphron VII, sect. 14.
[2]) „The signs, indeed, do in their use imply r e l a t i o n s or p r o p o r t i o n s o f t h i n g s: but these relations are not abstract general ideas, being founded in particular things, and not making of themselves distinct ideas to the mind, exclusive of the particular ideas and the signs", Alciphron VII, sect .12. (Erläuternder Zusatz der dritten Ausgabe von 1752.)
[3]) Alciphron VII, sect. 7.

die göttliche Verfassung und Verkettung des Alls, kraft deren das Kleinste mit dem Größten zusammenhängt, ersichtlich zu machen. Damit soll zugleich der wahrhafte innere Zusammenhang des Systems erst völlig deutlich werden, indem sein Anfang und sein Ende, Erkenntnislehre und Metaphysik in einer neuen Gesamtanschauung verknüpft werden. Der „Anstieg" vom Sinnlichen zum Intellektuellen tritt nunmehr in seinen einzelnen Phasen klar heraus. „Die Sinne sind es, die zuerst den Geist unterjochen und gefangen nehmen. Die sinnlichen Erscheinungen sind uns alles in allem: all unsere Schlüsse haben es nur mit ihnen zu tun, all unser Streben findet in ihnen sein Ziel. Wir fragen nicht weiter nach Realitäten oder Ursachen, bis der **Verstand** zu dämmern beginnt und einen Strahl auf dieses Schattenspiel fallen läßt. Dann erst erkennen wir das wahre Prinzip der **Einheit**, der **Identität** und der **Existenz**. Die Dinge, die zuvor für uns den ganzen Inbegriff des Seins auszumachen schienen, werden uns zu zerfließenden Phantomen, sobald wir sie mit dem Auge des Intellekts betrachten[1]." Nur der „gemeinen Ansicht" sind demnach „sinnlich" und „wirklich", Empfindung und Erkenntnis dasselbe, während alle echte Philosophie darauf gerichtet ist, zu zeigen, daß die Prinzipien der Wissenschaft weder Gegenstände des Sinnes, noch der Einbildungskraft sind, und daß **Verstand** und **Vernunft** allein die sicheren Führer zur Wahrheit sind[2]). So ist der Geist, der für die ganze vorangehende Entwicklung bereits als das höchste **Objekt** des Wissens galt, nunmehr ausdrücklich auch in seiner selbsttätigen und schöpferischen **Funktion** anerkannt. „Seine Vermögen und seine Betätigungen bilden eine **neue und distinkte Klasse von Inhalten**, aus deren Betrachtung uns Begriffe, Grundsätze und Wahrheiten erwachsen, die so fern von jenen ersten Vorurteilen liegen, in die die sinnliche Betrachtung uns verstrickt, ja ihnen so entgegen sind, daß sie aus den gewöhnlichen Schriften und Reden ausgeschlossen werden,

---

[1]) Siris (1744), § 294.
[2]) Siris § 264.

und, als abgesondert von allem Sinnlichen (a b s t r a c t from sensible matters) der spekulativen Mühe Weniger überlassen bleiben[1])." Die Geschichte der Philosophie enthält kein zweites Beispiel einer derart offenen und schonungslosen S e l b s t k r i t i k, wie Berkeley sie hier vollzieht. Man muß, um sich den Abstand ganz zum Bewußtsein zu bringen, der zwischen Ziel und Ausgangspunkt liegt, vor allem die frühesten Aufzeichnungen des „Commonplace Book" zum Vergleiche heranziehen. Hier war es mit der ganzen radikalen Schroffheit, die diese jugendlichen Versuche kennzeichnet, ausgesprochen: „wir müssen, m i t d e m P ö b e l, die Gewißheit in die Sinne setzen". „Es ist Narrheit, sie zu verachten; denn wären sie nicht, so gäbe es überhaupt weder Erkenntnis noch Denken." Ein „reiner Verstand" ist nur ein bedeutungsleeres Wort[2]). So hat Berkeley den gesamten Weg durchmessen, der zwischen der sensualistischen Auffassung der „Idee" und ihrer Platonischen Urbedeutung liegt.

Denn P l a t o n ist es, zu dem er sich nunmehr bekennt und zu dessen reiner Grundlehre er vorzudringen strebt. „Aristoteles und seine Nachfolger haben eine monströse Darstellung der Platonischen Ideen gegeben, und auch in der eigenen Schule Platons sind gar seltsame Dinge über sie vorgebracht worden. Würde indes dieser Philosoph nicht nur gelesen, sondern auch eindringlich studiert und zu seinem eigenen Ausleger gemacht, so würde das Vorurteil, das jetzt gegen ihn besteht, bald schwinden und sich in die höchste Achtung für die erhabenen Begriffe und die schönen Fingerzeige wandeln, die uns in all seinen Schriften entgegenleuchten." Denn in der Sprache Platons bedeutet die Idee „kein träges und untätiges O b j e k t des Denkens, sondern sie ist ihm mit $αἴτιον$ und $ἀρχή$, mit Ursache und Prinzip gleichbedeutend. Güte, Schönheit, Tugend und dergleichen sind nach ihm nicht leere Erdichtungen des Geistes, noch bloße

---

[1]) Siris § 297.
[2]) „We must with the mob place certainty in the senses" (Commonplace book I, 44). — „Pure intellect — I understand not" (ebda. I, 51), vgl. I, 23 u. s.

willkürlich gebildete Kollektivvorstellungen, noch schließlich abstrakte Begriffe im Sinne der Modernen; sondern sie bilden das höchste intellektuelle und unwandelbare Sein, das an Realität den fließenden und vergänglichen Sinnendingen, die niemals Bestand haben und daher keinen Gegenstand des Wissens bilden können, überlegen ist[1].“ Die Forderung, „Platon zu seinem eigenen Ausleger zu machen", begegnet hier nicht zum ersten Male. Sie ist, mit den gleichen Worten, von L e i b n i z erhoben worden[2]); wie sie denn überhaupt bei allen großen idealistischen Denkern in typischer Weise wiederkehrt. Gegen Lockes Kritik des „Angeborenen" wird die Platonische Grundansicht von Berkeley jetzt ausdrücklich verteidigt. Die „Ideen", wie Locke und die Neueren sie fassen, die trägen und passiven Vorstellungsobjekte leiten sich allerdings sämtlich von den Sinnen her; neben ihnen aber müssen wir ursprüngliche geistige A k t e und Tätigkeiten anerkennen — und von dieser Art sind alle reinen B e g r i f f e, wie das Sein und das Gute, das Gleiche und das Ähnliche[3]). „Wie der Verstand nicht wahrnimmt, d. h. nicht hört und nicht sieht und nicht tastet, so vermag der Sinn nicht zu erkennen. Wenn daher der Geist die Sinne und die Einbildungskraft auch als Mittel brauchen kann, um zur Erkenntnis zu gelangen, so gibt doch der Sinn für sich allein niemals ein Wissen. Denn, wie Platon im Theaetet richtig bemerkt: Wissen besteht nicht in passiven Wahrnehmungen, sondern entsteht erst in ihrer Bearbeitung durch die Vernunft; es ist nicht in den Inhalten der Empfindung, sondern $\grave{\epsilon}\nu$ $\tau\tilde{\omega}$ $\pi\epsilon\rho\grave{\iota}$ $\grave{\epsilon}\kappa\epsilon\acute{\iota}\nu\omega\nu$ $\sigma\upsilon\lambda\lambda\text{o}\gamma\iota\sigma\mu\tilde{\omega}$ gegründet[4]).“ Die charakteristische Wendung, die Berkeleys Denken von den Impressionen zu den idealen Prinzipien, vom Psychologismus zur Idee der „reinen Logik" vollzogen hat, kommt hier in aller Schärfe zum Ausdruck.

---

[1]) Siris, § 338 u. 335; betreffs des Verhältnisses zu Plato vgl. noch § 296, 332, 345 f. u. ö.
[2]) L e i b n i z , Philosoph. Schriften, hg. von Gerhardt, VII, 147 ff.; vgl. Hauptschriften, Bd. II, S. 459 f.
[3]) S. Siris § 308 u. 309.
[4]) Siris § 305.

An einem Punkte freilich bleibt der Zusammenhang mit der früheren Grundanschauung fortbestehen: die veränderte Wertschätzung betrifft die logischen und metaphysischen, nicht aber die mathematischen und physikalischen Begriffe. Die rationale Erhöhung der Erkenntnis läßt das E r f a h r u n g s w i s s e n unberührt. Die Wissenschaft des körperlichen Seins steht, wie dieses Sein selbst, im Kontrast und Widerstreit zur Welt des Reinen und Gedanklichen. Die spiritualistische Geringschätzung des Objekts der Physik erstreckt sich auch auf ihre begrifflichen Methoden. Dieser Zug, der schon in den Anfängen von Berkeleys Philosophie deutlich hervortritt, hat sich durch all ihre inneren Umbildungen hindurch unverändert erhalten. Gegen seine sensualistische Kritik der mathematischen Begriffe erhebt er in seinem philosophischen Tagebuch gelegentlich selbst den Einwand, daß das Urteil über diese Begriffe nicht den Sinnen, sondern dem reinen Verstande zukomme. Aber er weist dieses Bedenken alsbald zurück: „Linien und Dreiecke sind keine Operationen des Geistes[1]." Die Torheit der Mathematiker besteht eben darin, daß sie zur Entscheidung über s i n n l i c h e I n h a l t e, wie Ausdehnung und Gestalt, eine andere Instanz als die sinnliche Wahrnehmung anrufen, daß sie die Objekte der Empfindung mit dem Maßstabe der Vernunft messen wollen. „Die Vernunft ward uns für e d l e r e Z w e c k e gegeben[2];" sie kann nur dort in Wirksamkeit treten, wo es sich um geistige und unausgedehnte Wesenheiten handelt, wie unsere Seele und ihre Vermögen und Beschaffenheiten es sind[3]. So wird Berkeley dazu geführt, selbst den subtilen scholastischen Streitigkeiten, trotz all ihrer inneren Leere und Verworrenheit, noch den Vorrang

---

[1] „Say you pure intellect must be judge. I reply that line and triangles are not operations of the mind". Commonplace-book (1705 bis 1708) I, 22.

[2] Commonplace book I, 88: „The folly of the mathematicians in not judging of sensations by their senses. R e a s o n w a s g i v e n u s f o r n o b l e r u s e s."

[3] „Intellectus purus . . versatur tantum circa r e s s p i r i t u a l e s e t i n e x t e n s a s, cujusmodi sunt mentes nostrae earumque habitus, passiones virtutes, et similia." De motu (1721), § 53.

vor den modernen mathematischen Diskussionen über das
Unendliche und das Unendlichkleine zuzugestehen: hatten
doch jene es wenigstens mit großen und erhabenen Gegenständen zu tun, während diese zum größten Teil auf gänzlich
nichtige und unbedeutende Dinge gehen[1]). In dieser Zuweisung der Mathematik und mathematischen Physik zu einer
"niederen" Sphäre des Wissens aber ist Berkeley selbst
Scholastiker geblieben. Er wiederholt hier nur ein Motiv,
das für die mittelalterliche Weltansicht typisch ist, und das
die moderne Philosophie und Wissenschaft, um ihrem neuen
Erkenntnisideal Eingang zu verschaffen, von Anfang an
ständig zu bekämpfen hatte[2]) Und dieses Motiv beherrscht
auch noch die letzte Phase seines Systems: sofern
es über die sensualistischen Anfänge hinausschreitet,
geschieht es, um den Geist in seiner metaphysischen
Natur und seinem metaphysischen Ursprung, nicht aber um
ihn in seinen wissenschaftlichen Betätigungen zu begreifen.
Die Polemik gegen Newton und die mathematische Naturphilosophie kann daher die "Siris" ungeschmälert aufrecht
erhalten. Berkeley stellt der Mathematik und der theoretischen
Physik eine höhere, "transszendentale" Wissenschaft entgegen, der die Aufgabe zufällt, die Prinzipien dieser Disziplinen aufzudecken und ihnen ihre "Grenzen" zu bestimmen[3]).
Aber die Grenzbestimmung erfolgt nicht in fundamentaleren
logischen G r u n d s ä t z e n, sondern wird durch den Ausblick in ein absolutes Reich stoffloser W e s e n h e i t e n
gewonnen. "In der Physik überlassen wir uns den Sinnen
und der Erfahrung, die uns lediglich die erscheinenden Wir-

---

[1]) Commonplace book I, 11 f.
[2]) Vgl. Bd. I, 323 f., 349 ff. u. s.
[3]) De motu (1721), § 41, 42. — The Analyst (1734), Query 49:
"Whether there be not really a p h i l o s o p h i a p r i m a, a c e r t a i n
t r a n s c e n d e n t a l s c i e n c e superior to and more extensive
than mathematics, which it might behove our modern analysts rather
to learn than despise." Vgl. bes. Principles § 118: "Mathematicians,
though they deduce their theorems from a great height of evidence,
yet their first principles are limited by the consideration of quantity: and
they do not descend into any inquiry c o n c e r n i n g t h o s e t r a n s -
s c e n d e n t a l m a x i m s which influence all the particular sciences."

kungen kennen lehren; in der Mechanik stützen wir uns auf abstrakte mathematische Begriffe. In der ersten Philosophie oder Metaphysik aber handeln wir von immateriellen Objekten und Ursachen und von der Wahrheit und Existenz der Dinge. Der Physiker betrachtet die Aufeinanderfolge der Sinnendinge und die Gesetze, durch welche sie verknüpft sind, indem er, was vorangeht, als Ursache, was folgt, als Wirkung ansieht. In dieser Weise müssen die sekundären körperlichen Ursachen aufgefaßt werden, die uns doch von den wirklichen tätigen Kräften und von der realen Ursache, in der sie gegründet sind, keine Rechenschaft geben. Die wahrhaften tätigen Ursachen können nur durch r e i n e V e r n u n f t e r w ä g u n g aus den Schattenbildern, in die sie eingeschlossen sind, herausgelöst und zur Erkenntnis gebracht werden. Sie bilden den Bereich und Gegenstand der ersten Philosophie oder Metaphysik. Erst wenn in dieser Weise jeder Wissenschaft ihr eigenes Gebiet zugewiesen und dessen Grenzen bestimmt sind und weiterhin ihre Objekte und Prinzipien deutlich gesondert sind, lassen sich die Probleme, die zu jeder einzelnen gehören, mit Klarheit behandeln[1]).‟ Es kann keinen schärferen Gegensatz geben, als zwischen der „transszendentalen" Wissenschaft Berkeleys, die über dem Erfahrungswissen ein neues S e i n zu erbauen unternimmt und dem transszendentalen Idealismus Kants, der die logischen Grundlagen der Erfahrungserkenntnis selbst zu begreifen und zu sichern sucht. Kants Urteil über Berkeley, das man so häufig als irrig und ungerecht bekämpft hat, erscheint daher durchaus verständich und zutreffend, wenn man das Ziel ins Auge faßt, dem dieser Idealismus von Anfang an zustrebt[2]).

Die letzte Phase des Systems läßt zugleich die inneren Triebkräfte seiner Entwicklung deutlich hervortreten. Indem

---

[1]) De motu, § 71 u. 72.
[2]) „Raum und Zeit, samt allem, was sie in sich enthalten — so heißt es in den Prolegomena — sind nicht die Dinge oder deren Eigenschaften an sich selbst, sondern gehören bloß zu Erscheinungen derselben; bis dahin bin ich mit jenen Idealisten auf einem Bekenntnisse. Allein diese, und unter ihnen vornehmlich B e r k e l e y, sahen den Raum für eine bloß empirische Vorstellung an, die ebenso wie die Erscheinungen in ihm, uns nur vermittelst der Erfahrung oder Wahr-

Berkeley das methodische Prinzip der „reinen Erfahrung" proklamierte, war seine Grundabsicht darauf gerichtet, das B e w u ß t s e i n auf sich selbst zu stellen und es von dem Zwange der äußeren, absoluten Materie zu befreien. In der Durchführung dieses Gedankens aber sieht er sich zunächst auf die E r k e n n t n i s m i t t e l hingewiesen und eingeschränkt, die L o c k e s Philosophie geschaffen hatte. Indem er jedoch Lockes psychologisches Schema ungeprüft herübernimmt, war damit zugleich unvermerkt das metaphysische Grundmotiv des „Essay" geduldet und anerkannt. Lockes Begriffsbestimmung der „Idee" ist der Ausdruck seiner Gesamtansicht von der Funktion und Stellung des Geistes: der Gedanke der p a s s i v e n Natur des Bewußtseins und seiner Abhängigkeit von den Außendingen bildet ihr notwendiges Korrelat. Das Instrument, das Berkeley hier ergreift, entstammt somit einer Grundanschauung und

---

nehmung, zusamt allen seinen Bestimmungen bekannt würde; ich dagegen zeige zuerst, daß der Raum (und ebenso die Zeit, auf welche Berkeley nicht acht hatte) samt allen seinen Bestimmungen a p r i o r i v o n u n s e r k a n n t w e r d e n k ö n n e, weil er sowohl als die Zeit uns vor aller Wahrnehmung oder Erfahrung, als reine Form unserer Sinnlichkeit beiwohnt und alle Anschauung derselben, mithin auch alle Erscheinungen möglich macht. Hieraus folgt, daß, da Wahrheit auf allgemeinen und notwendigen Gesetzen, als ihren Kriterien beruht, d i e E r f a h r u n g b e i B e r k e l e y k e i n e K r i t e r i e n d e r W a h r h e i t h a b e n k ö n n e, weil den Erscheinungen derselben von ihm nichts a priori zugrunde gelegt ward (*vgl. hierzu oben S.* 305 f); woraus dann folgte, daß sie nichts als lauter Schein sei, dagegen bei uns Raum und Zeit (in Verbindung mit den reinen Verstandesbegriffen) a priori aller möglichen Erfahrung ihr Gesetz vorschreiben, welches zugleich das sichere Kriterium abgibt, in ihr Wahrheit von Schein zu unterscheiden . . Der eigentliche Idealismus hat jederzeit eine schwärmerische Absicht und kann auch keine andere haben, der meinige aber ist lediglich dazu, die Möglichkeit unserer Erkenntnis a priori von Gegenständen der Erfahrung zu begreifen, welches ein Problem ist, das bisher noch nicht aufgelöst, ja nicht einmal aufgeworfen worden." „Der Satz aller echten Idealisten, von der eleatischen Schule an bis zum Bischof Berkeley, ist in dieser Formel enthalten: „a l l e E r k e n n t n i s d u r c h S i n n e u n d E r f a h r u n g i s t n i c h t s a l s l a u t e r S c h e i n, u n d n u r i n d e n I d e e n d e s r e i n e n V e r s t a n d e s u n d V e r n u n f t i s t W a h r h e i t." „Der Grundsatz, der meinen Idealismus durchgängig

dient einem Zwecke, der dem seinen unmittelbar entgegengerichtet ist. Diese Inkongruenz zwischen Ziel und Mittel bildet den dialektischen Anstoß für die Fortbildung des Systems. Aber vergebens ringt Berkeley nach einer völligen Loslösung von den ersten Voraussetzungen. Sein Weg führt ihn zu dem Platonischen Begriff des Geistes zurück: aber der Zusammenhang mit der M a t h e m a t i k, der diesem Begriff erst Leben und Inhalt gab, wird nicht wiedergewonnen. So sieht sich das Bewußtsein zuletzt dennoch von allem selbständigen und ursprüglichen Gehalt entblößt und an ein höheres göttliches Sein geknüpft, aus dem ihm alle Wahrheit und alle Erkenntnis fließt.

* * *

Die metaphysische Entwicklung des Idealismus, die in Berkeleys letzten Schriften ihren Höhepunkt erreicht, stellt

---

regiert und bestimmt, ist dagegen: „alle Erkenntnis von Dingen aus bloßem reinen Verstande oder reiner Vernunft ist nichts als lauter Schein, und nur in der Erfahrung ist Wahrheit." (Prolegomena, Anhang). So merkwürdig diese Darstellung von Berkeleys Lehre erscheinen mag, wenn man sie — wie es z. B. J a n i t s c h (Kants Urteile über Berkeley, Diss, Straßburg 1879) getan hat — an den „Principles of human knowledge" mißt: so schlagend gibt sie die Grundanschauung von Berkeleys letzter Epoche wieder (vgl. bes. Siris, § 292—294). Man wird daher annehmen müssen, daß Kant seine Auffassung der Lehre Berkeleys nicht aus dem Studium der „Prinzipien", sondern aus der „Siris" gewonnen hat. Daß er diese Schrift gekannt hat, ist auch aus äußeren Gründen wahrscheinlich, da sie, hauptsächlich ihres medizinischen Inhalts wegen, bei ihrem Erscheinen das größte Aufsehen erregte und vielfach übersetzt worden ist. So ist z. B. eine v o l l s t ä n d i g e französische Übersetzung bereits im Jahre 1745 erschienen: „Recherches sur les Vertus de l'Eau de Goudron, où l'on a joint des Réflexions Philosophiques sur divers autres sujets, Traduit de l'Anglois du Dr. George Berkeley. Amsterdam 1745." Die beiden d e u t s c h e n Übersetzungen, die mir bekannt sind, enthalten freilich nur den medizinischen Teil des Werkes: 1. Gründliche historische Nachricht vom Theerwasser etc. Aus dem Englischen Original zusammengetragen und herausgegeben von Diederich Wessel Linden, Amsterdam und Leipzig 1745. 2. Nachricht vom Theer-Wasser. Nach der Londner Deutschen Ausgabe, o. O. 1745. (Unter der „Londner Deutschen Ausgabe" ist wohl die unter 1. bezeichnete Übersetzung verstanden, deren V o r r e d e: London 2. (12) Februar 1745 unterzeichnet ist).

sich zugleich in dem Werke eines Zeitgenossen dar, das in seinen Motiven dem Denken Berkeleys durchaus verwandt ist, in der Form der Begründung dagegen selbständige und eigentümliche Züge aufweist. Colliers „Clavis universalis" ist drei Jahre nach den „Principles of human knowledge" erschienen, doch ist der Grundgedanke der Schrift, nach dem Zeugnis des Verfassers, unabhängig von Berkeley konzipiert und durchgeführt worden. In der Tat knüpft Collier geschichtlich unmittelbar an M a l e b r a n c h e und N o r r i s an; aber nicht minder deutlich ist der Einfluß, den B a y l e s „Dictionnaire", der freilich nirgends ausdrücklich erwähnt wird, auf die Problemstellung geübt hat. Wie B a y l e, so geht auch Collier davon aus, daß alle Beweise, die für die Subjektivität der sekundären Qualitäten angeführt werden, volle und uneingeschränkte Geltung auch für die primären Eigenschaften der Ausdehnung, Gestalt und Bewegung besitzen[1]). Auch diese angeblich absoluten Beschaffenheiten der Dinge sind sinnlich vermittelt und können ihr Dasein nicht anders als vermittelst des Zeugnisses der Empfindung dartun. Daß ihre Entstehungsart komplizierter sein mag; — daß sie eine Mitwirkung v e r s c h i e d e n e r Organe voraussetzt, kann keinen logischen Wertunterschied und keine metaphysische Seinsdifferenz begründen. Alle Zustände des Bewußtseins, von den Illusionen und Täuschungen angefangen bis hinauf zu den kompliziertesten Vorstellungen und Urteilen von Gegenständen bilden eine einzige stetige Reihe, deren Glieder nur graduell, nicht prinzipiell verschieden sind. Eine beliebige Phantasievorstellung unterscheidet sich von der „wirklichen" sinnlichen Empfindung nicht dadurch, daß die letztere sich auf eine völlig andere

---

[1]) C o l l i e r, Clavis universalis: or a new Inquiry after Truth. Being a Demonstration of the Non Existence, or Impossibility of an external world. London 1713. (Hier zitiert nach der Neuausgabe von Samuel Parr: Metaphysical Tracts by English Philosophers of the 18. Century' London 1837.) — Ins Deutsche wurde Colliers Schrift zugleich mit Berkeleys „Dialogen" von Joh. Chr. E s c h e n b a c h übertragen: „Sammlung der vornehmsten Schriftsteller, die die Wirklichkeit ihres eigenen Körpers und der ganzen Körperwelt leugnen", Rostock 1756.

Art von Gegenstand bezieht, sondern lediglich in rein psychologischen Qualitäten und Merkmalen. Denken wir uns diese variiert, denken wir uns etwa die „Lebhaftigkeit" des Phantasiebildes sowie die Bestimmtheit seiner einzelnen Teile stetig gesteigert, so werden wir dadurch das „subjektive" Bild in ein „objektives" überführen können, ohne ihm doch irgendwelche anderen Bestimmungen, als solche, die rein dem Gebiet des B e w u ß t s e i n s angehören, hinzugefügt zu haben[1]). Daß das Objekt der Gesichtswahrnehmung sich von unserem „Ich" loszulösen scheint und ihm als ein Selbständiges und Äußeres gegenübertritt, ist freilich richtig und soll, wie Collier betont, durch seine Theorie nicht bestritten werden: aber es gilt einzusehen, daß diese Art „Äußerlichkeit" keine absolute, keine den Dingen an sich selbst anhaftende Beschaffenheit ist, sondern ihren Grund in den B e d i n g u n g e n d e s S e h e n s besitzt. Die F u n k t i o n der Wahrnehmung, nicht ein von ihr gänzlich unabhängiger G e g e n s t a n d enthält die zureichende Erklärung dieses Grundphänomens[2]). Die Scheidung in eine innere und äußere Welt ist selbst eine L e i s t u n g des Bewußtseins, nicht ein T a t b e s t a n d, der ihm vorausliegt. Was wir Materie, was wir Körper oder Ausdehnung nennen, hat seinen Bestand nur im Geiste, d. h. abhängig von seinen Gedanken und Vorstellungen und ist keines Seins außerhalb dieser Abhängigkeit fähig[3]).

---

[1]) A. a. O. S. 12 ff.
[2]) „I believe and am very sure, that this seeming or . . q u a s i e x t e r n i t y of visible objects, is not only the effect of the will of God (as it is his will that light and colours should seem to be without the soul . .) but also that it is a natural and necessary condition of their visibility. I would say, that though God should be supposed to make a world, or any one visible object, which is granted to be not external, yet by the condition of its being seen, it would and must be q u a s i e x t e r n a l to the perceptive faculty (S. 4 f.).
[3]) „I mean and contend for nothing less, than that all matter, body, extension etc. exists in or in dependance on mind, thought or perception, and that it is not capable of an existence, which is not thus dependant." (S. 2).

Die Wahrheit dieser These sucht Collier zunächst durch rein methodische Erwägungen über Aufgabe und Charakter des logischen Beweises darzutun. Wer einen Gegenstand, losgelöst von allen Beziehungen zur E r k e n n t n i s, annimmt, den trifft ersichtlich die B e w e i s l a s t dafür, daß eine derartige Hypothese irgendeinen Rechtsgrund besitzt. Was für uns in jeder Beziehung unbekannt ist und kraft seines Begriffes unbekannt bleiben muß: das besitzt für unsere Vernunfterwägung keine andere Bedeutung, als wenn es überhaupt nicht wäre. Es ist eine allgemeingültige wissenschaftliche Maxime, daß nur auf Grund irgendwie g e g e b e n e r Tatsachen sich ein Urteil fällen läßt: „eadem est ratio non entis et non apparentis". (S. 41 f.) „Niemand hat das Recht, Etwas, von dem er selbst nicht das Geringste zu wissen bekennt, zum Gegenstand einer Frage zu machen, und umgekehrt hat jeder ein Recht, nicht nur das Dasein von Etwas, das zugestandenermaßen gänzlich unbekannt ist, in Frage zu stellen, sondern auch sein Nichtsein zu behaupten." (S. 43.) Aber selbst, wenn wir von dieser Maxime abgehen, wenn wir, ohne den geringsten positiven Beweisgrund zu besitzen, die absolute Existenz der Dinge einmal als gültige H y p o t h e s e anerkennen wollten: so erweist auch diese Stellung sich der tieferen Reflexion alsbald als unhaltbar. Denn diese Existenz ist kein problematischer Begriff, der als solcher nach subjektivem Ermessen angenommen oder abgewiesen werden könnte, sondern sie ist, ganz abgesehen von dem metaphysischen Recht, das wir ihr einräumen, bereits mit völlig unlösbaren l o g i s c h e n Widersprüchen behaftet. Von der V e r n u n f t eine Rechtfertigung des Daseins absoluter Gegenstände zu verlangen — wie noch N o r r i s es getan hatte — heißt also das Unmögliche von ihr fordern, heißt ihr die Quadratur des Zirkels zumuten. Wieder sind es die A n t i n o m i e n d e s U n e n d l i c h e n, auf die Collier sich, gleich B a y l e, zum Erweis dieses Satzes beruft. Betrachten wir die Ausdehnung als eine selbständige, durch die Eigenart und die Gesetze unseres Denkens nicht bedingte Wesenheit, so ist es ein Leichtes, von ihr gänzlich entgegengesetzte Thesen zu beweisen: so läßt sich ebensowohl dartun, daß sie endlich, wie unendlich, daß sie unbegrenzt teilbar ist, wie daß sie aus letzten einfachen Bestandteilen besteht (vgl. Bd. I, S. 592 f). Die Tatsache dieses Widerstreits zwischen Sätzen, deren jeder sich auf gleich strenge, logische Argumente zu stützen vermag, ist durch die Geschichte der Philosophie unzweideutig bewiesen; sie bildet das eigentliche „opprobrium philosophorum". (S. 47.) Aber so unfruchtbar dieser Kampf der Meinungen verbleibt, solange jeder nur bei der Verteidigung der eigenen Ansicht verharrt: ein so wichtiges Ergebnis birgt er für den unparteiischen philosophischen Zuschauer. Der unaufhebliche Widerstreit der F o l g e r u n g e n, die aus dem Begriffe einer absoluten Welt gezogen werden können, zeigt ihm mit zwingender Deutlichkeit, daß das S u b j e k t, das hier zugrunde gelegt wird, sich selbst aufhebt, daß es im logischen Sinne Nichts ist. Sind wir einmal von einem derartigen Subjekt ausgegangen, haben wir etwa den Begriff eines „dreieckigen Vierecks" gebildet, so hält es freilich nicht schwer, aus ihm verschiedene kontradiktorische Bestimmungen abzuleiten, ohne dabei die formalen Regeln der Schlußfolgerung im geringsten zu verletzen; aber wir werden durch die Aufdeckung dieses Tatbestandes nicht an der Gültigkeit dieser Regeln selbst irre werden, sondern den Grundmangel in der falschen Voraussetzung erkennen, von der aus beide Parteien argumentierten. „Fragt man mich somit, ob es eine ausgedehnte Materie (unabhängig von Bewußtsein und Denken) gibt, so antworte ich mit Nein: denn sie weist diese und jene Widersprüche auf, die ihr Dasein vernichten und unmöglich machen. Was kann ein Gegner hierauf erwidern? Er kann die bezeichneten Widersprüche nicht leugnen: denn alle Philosophen stimmen in diesem Punkte überein. Oder wird er den Schlußsatz bestreiten, während er die Prämissen zugibt? Gewiß nicht — denn dies wäre offenbarer Skeptizismus und eine Verleugnung aller Wahrheit, aller Vernunft und alles Denkens und Schließens überhaupt. Was also bleibt übrig, als daß wir alle den Schluß ziehen, daß eine absolute äußere Materie ein gänzlich unmögliches Ding ist?" (S. 52.) Sinnenschein und gemeiner

Verstand vermögen dieses Ergebnis, das nunmehr aus allgemeinen rationalen Gründen feststeht, nicht mehr in Frage zu stellen. Ihnen wird das typische Beispiel entgegengehalten, das sich allen idealistischen Denkern der neueren Zeit immer von neuem aufdrängt. Wie die C o p e r n i k a n i s c h e Weltansicht die unmittelbare Anschauung kritisch berichtigt und überwunden hat, so sollen wir uns, wenngleich wir fortfahren mögen, die S p r a c h e des täglichen Lebens zu sprechen, doch in G e d a n k e n und U r t e i l zu einer höheren Auffassung erheben. (S. 82.) So quillt uns jetzt aus dem, was anfangs eine unlösliche Schwierigkeit schien, eine unerwartete neue Klarheit; so dient der Widerspruch, der die Vernunft zu vernichten drohte, dazu, sie in sich selbst zu festigen, indem er beweist, daß alles Sein nur relativ zu ihr und zu irgendeinem Vermögen unserer „Perzeption" sich behaupten läßt[1]).

Für C o l l i e r freilich handelt es sich nicht lediglich darum, die Sicherheit und Selbständigkeit der V e r n u n f t, sondern vor allem auch die Unabhängigkeit und Selbstgenügsamkeit G o t t e s zu wahren. Wer der Materie ein unabhängiges Dasein zugesteht, der muß folgerichtig auch den R a u m, in welchem sie sich befindet, als eine für sich bestehende Wesenheit ansehen. Damit aber wäre ein u n e n d l i c h e s und n o t w e n d i g e s Dasein gesetzt, das außerhalb Gottes und gleichsam neben ihm bestünde; damit wären der „Creatur" alle Rechte eingeräumt und alle Prädikate zugestanden, die einzig und allein dem Schöpfer zugehören. Es gäbe nunmehr ein geschaffenes Wesen, dem die Bestimmungen der Allgegenwart und der strengen Einheit und Gleichförmigkeit, die Eigenschaft der Unbegrenztheit und Unabhängigkeit von allem körperlichen Dasein zukäme. (S. 68 f.) So würde das göttliche Sein nicht mehr alles

---

[1]) „If this be all the difficulty, it immediately vanishes or loses its name as soon as we suppose that there is no such thing or matter, or make this the question, whether there be such thing or not? For then, instead of difficulty, it becomes light and argument, and is no other than a demonstration of the impossibility of its existence." (S. 56 f.).

Sein überhaupt ausfüllen, sondern wäre durch sein eigenes Werk gehemmt und beschränkt. Und wenn man, um dieser Gefahr zu entgehen, die Ausdehnung selbst zum T e i l des göttlichen Wesens macht, wenn man den Raum als ein A t t r i b u t der göttlichen Substanz ansieht, so kehrt auch damit die Schwierigkeit nur von neuem und in verstärktem Maße zurück. Denn sollen Gott und Welt nicht in eine pantheistische All-Einheit aufgehen; soll jedes von ihnen sein eigenes und gesondertes Sein bewahren, so würden wir wiederum zwei verschiedene, unendliche R ä u m e erhalten, von denen nicht einzusehen ist, wie sie nebeneinander sollen bestehen können. (S. 70 f.) Der absolute Raum erweist sich, sobald er in seine logischen Bedingungen zerlegt wird, als ein bloßes „I d o l u n s e r e r E i n b i l d u n g s k r a f t": und das gleiche Verdikt muß denn auch die absolute Materie treffen, deren Voraussetzung er ist. Collier hat hier bereits aufs schärfste die allgemeinen metaphysischen und erkenntnistheoretischen Probleme bezeichnet, die den Kampf zwischen L e i b n i z und N e w t o n, der kurz darauf zum literarischen Austrag kam, beherrschen. Dieser Umstand erklärt es, daß — so gering die unmittelbare geschichtliche Wirkung war, die von seiner Schrift ausging — die sachlichen Motive, die in ihr enthalten waren, dennoch nicht verloren gingen: sie gelangen im Briefwechsel zwischen Leibniz und Clarke, in dem sie völlig selbständig und unter einem allgemeinen logischen Gesichtspunkt erörtert werden, zu neuer Bedeutung und greifen nunmehr entscheidend in die philosophische Gedankenbewegung der Zeit ein[1]). Wenn Colliers eigener Lehre diese Fortdauer versagt blieb, so läßt sich dies aus der Einschränkung verstehen, in welcher sie von Anfang an die Aufgabe des Idealismus faßt. Sie beschränkt sich auf die kritische Aufweisung der Widersprüche des gemeinen Weltbegriffs; aber sie gibt keine Erläuterung, wie diese Widersprüche sich vom Stand-

---

[1]) Vgl. hrz. noch bes. die Erörterungen über die Antinomien des Bewegungsbegriffs (S. 58 ff.) und über die Widersprüche der herkömmlichen Wahrnehmungstheorie (S. 62) mit der Behandlung der gleichen Fragen im Leibniz-Clarkeschen Briefwechsel.

punkt der neuen Denkart lösen. Zwar verspricht Collier, dereinst, wenn erst das Fundament seiner Philosophie sichergestellt und anerkannt sei, diese Lösung nachzuholen[1]), aber da dieses Versprechen nicht zur Ausführung gelangt ist, so fehlt seiner Lehre die eigentliche positive Erfüllung, die ihr allein geschichtlichen Bestand hätte sichern können.

---

[1]) „I need not undertake to shew that these absurdities about motion do not in the least affect a sensible world. Nevertheless, if upon a due perusal of what I have here written, this seems yet to be wanting, I shall be ready, as soon as called upon, to give my reader the best satisfaction, I am capable of as to this matter" (S. 62).

Drittes Kapitel.
Hume.

Der Begriff der **Erfahrung** hat sich für die philosophische Kritik Berkeleys in zwei ungleichartige Bestandteile zerlegt. Nicht der einfache Inhalt der Wahrnehmung, sondern der Akt der **Verknüpfung** der Einzelempfindungen ist es, der das primitive sinnliche Weltbild erschafft. Was wir die empirische Wirklichkeit nennen, das kommt erst durch eine eigentümliche Deutung und Umbildung der unmittelbaren „Perzeptionen" zustande: ein und dasselbe Material von Sinneseindrücken kann je nach der Verschiedenheit der assoziativen Verbindungen, die es auslöst, zu entgegengesetzten psychologischen Endergebnissen weitergeführt werden[1]). Der neue Faktor, der hier in die Betrachtung eintritt, aber enthält zugleich ein neues Problem. Wenn es möglich sein soll, zwischen zwei Inhalten, die an und für sich keinerlei notwendige logische Beziehung aufweisen, dennoch einen festen Vorstellungszusammenhang zu stiften, so ist die erste Bedingung hierfür, daß die Elemente uns wenigstens in der Erfahrung in regelmäßiger und gleichartiger **Wiederholung** gegeben seien. Ohne eine solche regelmäßige Abfolge des Vorstellungsstoffes fände die psychische Funktion der Verknüpfung nirgends einen Gegenstand, an dem sie sich betätigen könnte. Wir könnten — in Berkeleys Sprache ausgedrückt — die „Zeichen", die uns in den einzelnen Eindrücken gegeben sind, nicht verstehen und lesen, sie nicht zu einem einheitlichen Text zusammenschließen, wenn wir nicht von Anfang an sicher wären, daß sie eine **Bedeutung** in sich bergen, die wir nur zu entdecken und zu entwickeln haben. Wäre

---

[1]) S. z. B. Berkeley, New theory of vision § 26.

das Ganze der Erscheinungen ein ungeordnetes Gewirr von Wahrnehmungen, die durch keine Regel der Wiederkehr miteinander verbunden wären, so wäre das Kryptogramm der Natur nicht zu entziffern. Alle jene Erfahrungsschlüsse, vermöge deren wir erst Eindrücke zu **Gegenständen** umbilden, beruhen somit auf dem gedanklichen **Postulat einer inneren Gleichförmigkeit des Naturlaufs.** „Wir können durch sorgfältige Beobachtung der Phänomene, die in unseren Gesichtskreis fallen, zwar die allgemeinen Gesetze der Natur erkennen und aus ihnen die besonderen Erscheinungen ableiten, nicht aber sie als notwendig erweisen. Denn alle Deduktionen dieser Art sind abhängig von der Voraussetzung, daß der Urheber der Natur stets gleichmäßig handelt und die Regeln, die wir als Prinzipien zugrunde gelegt haben, beständig befolgt: eben dies aber können wir niemals mit Evidenz erkennen[1]."

So sehen wir, wie nicht nur das Verfahren der empirischen **Physik**, sondern auch dasjenige der **Psychologie** — wie nicht nur unser Wissen von der Körperwelt, sondern auch die Erkenntnis der „Natur" unseres Geistes auf **hypothetischem** Grunde ruht. Bei Berkeley selbst zwar kann die Frage, die hiermit gestellt ist, sich nicht zu voller Schärfe und Klarheit entwickeln. Denn die Gewißheit, die die Logik nicht zu gewähren vermag, ist ihm durch seine religiöse Grundanschauung verbürgt: die göttliche Wirksamkeit, aus der die Einzeldinge hervorgehen, ist zugleich die Gewähr für ihren inneren Vernunftzusammenhang. In einer Welt, die das Werk eines höchsten Verstandes ist, muß eine feste methodische Ordnung herrschen. Die Beziehung auf den gemeinsamen intelligiblen Urgrund sichert den Erscheinungen jene Verwandtschaft und Gleichartigkeit, die die Bedingung ihrer wissenschaftlichen Erkenntnis ist. Man hebe diese Wesenseinheit der Dinge auf: und das empirische Sein löst sich wiederum in ein Chaos auf. Betrachten wir die Erfahrung nur in ihrem eigenen Gehalt, so bietet sie uns keinerlei Beweis für eine dauernde Gesetzlichkeit, die in den

---

[1] **Berkeley**, Principles § 107.

Erscheinungen waltet und sie den Forderungen der Vernunft zugänglich und gefügig macht.

So führt die bloße Aufhellung der Bedingungen, auf denen Berkeleys Lehre ruhte, unmittelbar bis an die Schwelle von H u m e s Philosophie.

Der Vergleich zwischen Berkeley und Hume zeigt in charakteristischer Deutlichkeit, zu welch verschiedenartigen Ergebnissen ein und dieselbe methodische Betrachtungsweise hinführen kann, wenn sie von Geistern von verschiedener intellektueller Prägung und verschiedenartiger persönlicher Grundtendenz ergriffen wird. D i e s e l b e n Tatsachen, die für Berkeley den Grund und Ansporn enthielten, über das Gebiet der bloßen Sinneswahrnehmung hinauszugehen, dienen nunmehr dazu, um uns in dieses Gebiet festzubannen. So unbefriedigend die Antwort sein mag, die die Erfahrung auf die Zweifel und Fragen der Vernunft zu erteilen vermag, so unausweichlich bleiben wir an diese Antwort gebunden. Der Gegensatz, der zwischen unseren gedanklichen Forderungen und den Mitteln zu ihrer Erfüllung besteht, soll in seiner ganzen Schärfe aufgedeckt werden; nicht um ihn in einer „höheren" metaphysischen Konzeption zu beseitigen, sondern um ihn vom logischen Standpunkt als unaufheblich zu begreifen. Der Weg nach vorwärts ist uns verschlossen: so bleibt für die rein theoretische Betrachtung kein anderes Mittel, als die gesamte Arbeit, die das „Denken" am Stoff der Empfindung vollzieht, wieder zurückzutun. Es gilt zum mindesten den psychologischen Zwang zu verstehen, der uns immer von neuem zu dieser Umdeutung der einfachen Perzeptionen verleitet. So hält Hume an der Grundeinsicht fest, daß das empirische Sein, welches der naiven Betrachtung als etwas Letztes und Unzerlegbares erscheint, ein Werk der Verknüpfung der Vorstellungen ist; aber er fordert zugleich, daß jene Verknüpfung, sofern ihr irgendein R e c h t und eine Bedeutung erwachsen soll, sich in einem unmittelbaren Eindruck, der ihr zur Seite steht, zu beglaubigen habe. Gleichviel ob diese Forderung sich im Ganzen unserer Erkenntnis als erfüllbar erweisen wird, oder nicht; sie ist es, die zuletzt über die Schätzung unseres Wissens entscheidet. Humes „Empirismus" darf uns daher nicht darüber täuschen, daß auch er die „Tatsachen" der Erkenntnis nicht einfach registrieren, sondern sie einer Prüfung und Beurteilung unterziehen will. Das Kriterium der „reinen Empfindung", das er hierbei anwendet, mag seinem I n h a l t nach noch so weit von allen l o g i s c h e n Kriterien abstehen, an denen sonst das Wissen gemessen wurde: es teilt mit ihnen dennoch die allgemeine Eigentümlichkeit, daß es einen methodischen Maßstab abgeben will, kraft dessen wir jedem Begriff seinen Rang und seine relative „Wahrheit" zuweisen können.

Der Kampf gegen jegliche Form und Abart der „Abstraktion" gewinnt daher jetzt eine neue und radikalere Bedeutung. Hume selbst sieht die entscheidende Leistung von Berkeleys Philosophie in der endgültigen Klärung der Frage nach der Natur unserer „allgemeinen Vorstellungen". „Ein großer Philosoph hat die herkömmliche Meinung in diesem Punkte bekämpft und behauptet, alle allgemeinen Vorstellungen seien nichts als individuelle Vorstellungen, verknüpft mit einem bestimmten N a m e n , der ihnen eine umfassendere Bedeutung gebe und bewirke, daß im gegebenen Falle andere ähnliche Einzelvorstellungen in die Erinnerung gerufen werden. Ich sehe in dieser Einsicht eine der größten und schätzenswertesten Entdeckungen, die in den letzten Jahren im Reiche der Wissenschaften gemacht worden sind. Ich will aber versuchen, sie noch durch einige Argumente zu bestätigen, die sie, wie ich hoffe, über jeden Zweifel und jede Anfehdung erheben sollen[1])." Die Art, in der Hume hier Berkeleys Lehre wiedergibt, bedeutet indessen — wie mit Recht hervorgehoben worden ist[2]) — bereits eine Verschärfung und Weiterführung ihrer Grundtendenz. Denn so sehr Berkeley jegliche Fixierung des „Allgemeinen" in

---

[1]) H u m e , A treatise of human nature, Book I, Part I, Sect VII. (Ich benutze im Text vielfach die vortreffliche von L i p p s herausgegebene Übersetzung, 2. Aufl., Hamburg u. Lpz. 1904.)

[2]) S. M e i n o n g , Hume-Studien I: Zur Geschichte und Kritik des modernen Nominalismus. (Sitzungsber. der Wiener Akademie der Wissensch. Philos.-histor. Klasse 1877.)

einem abstrakten Vorstellungsbilde abwies, so wenig suchte er die generelle B e d e u t u n g , die einem Einzelinhalt im Ganzen unserer Erkenntnis zuwachsen kann, lediglich auf den N a m e n zurückzuführen, den wir zufällig und äußerlich mit ihm verbinden. Daß ein psychischer Inhalt andere zu „repräsentieren" vermag, galt vielmehr als eine unableitbare Eigentümlichkeit des Vorstellens selbst. Das sinnliche „Zeichen" wurde hier nur als die Darstellung einer Beziehung angesehen, die zwischen den Ideen selber besteht; es war nicht der Träger, sondern nur der Ausdruck der allgemeinen Bedeutung. (S. ob. S. 286ff.) Erst in Humes Theorie ist auch diese letzte Schranke gefallen. Die „general idea", die Berkeley ausdrücklich anerkannt und zugelassen hatte[1]), wird jetzt mit derselben Entschiedenheit wie die „abstrakte" Gattungsvorstellung verworfen. „Allgemeinheit" ist keine psychologische Eigentümlichkeit, die ein V o r s t e l l u n g s i n h a l t unmittelbar besäße oder im Laufe der Erfahrung erwerben könnte, sondern sie kommt einzig dem Worte zu, das in seiner U n b e s t i m m t h e i t nicht alle Einzelzüge des Wahrnehmungsbildes in sich zu fassen und wiederzugeben vermag. Das Ziel der E r k e n n t n i s steht zu dem Verfahren, das die Sprache notgedrungen einschlagen muß, in direktem Gegensatz; wenn es sich hier darum handelt, zum Zweck der allgemeinen Verständigung die psychischen Erlebnisse nur in ihren groben und äußeren Umrissen nachzuzeichnen, so soll dort die konkrete Fülle des Bewußtseins ausgeschöpft werden. Solange in unserem angeblichen „Wissen" noch irgendein Rest zurückbleibt, der nicht in individuelle Empfindungen und Empfindungsgruppen aufgelöst ist, solange dürfen wir sicher sein, daß wir in den Kreis der echten T a t s a c h e n der Erkenntnis noch nicht vorgedrungen sind. Die Aufgabe ist jetzt sicher und unzweideutig vorgezeichnet: es bleibt übrig, nunmehr im einzelnen zu bestimmen, wie weit die verschiedenen Wissenszweige in ihrer herkömmlichen Form und Behandlung ihr gerecht zu werden vermögen.

---

[1]) B e r k e l e y , Principles, Introduction § 12.

I.

Die Kritik der mathematischen Erkenntnis.

Zwischen dem System der mathematischen Wahrheiten und dem allgemeinen **Erkenntnisideal**, von dem Hume seinen Ausgang nimmt, scheint auf den ersten Blick kein Gegensatz zu bestehen. Galt es doch von jeher als der eigentümliche Vorzug der Mathematik, daß sie es nicht mit der Existenz der Dinge, sondern nur mit ihrer Vorstellung, daß sie es nicht mit dem Dasein der Objekte, sondern nur mit der Beschaffenheit der ,,Ideen" selber zu tun habe. Diese Bestimmung, die vom Streite der Schulen unberührt geblieben war und die sich in gleicher Weise bei D e s c a r t e s wie bei L o c k e findet, bildet auch den ersten Ansatzpunkt für Humes Untersuchung. Die Gebilde des mathematischen Denkens unterstehen keinem anderen Gesetz, als demjenigen, das unsere eigene, psychische Natur ihnen vorschreibt. Hier scheint also jeder Widerstreit zwischen dem Erkenntnisgegenstand und unseren psychologischen Erkenntnismitteln ausgeschlossen: was die Grenze unserer ,,Eindrücke" überschreitet, das liegt eben damit außerhalb der Grenze der mathematischen Betrachtung und Beurteilung. Da die Vorstellung jeder geometrischen Figur ihr selber völlig adäquat ist und sie ohne jeglichen Rest in sich enthält, so muß jede Übereinstimmung oder jeder Gegensatz, der uns in den Ideen entgegentritt, auch unmittelbar auf ihre Objekte übertragbar sein[1]). So wahr sie es lediglich mit Inhalten des B e w u ß t s e i n s zu tun hat, so wahr hat die Mathematik die Psychologie als Richterin über sich anzuerkennen.

Tritt man indessen mit diesem Prinzip, das Hume das ,,Fundament aller menschlichen Erkenntnis" nennt, an die k o n k r e t e wissenschaftliche Gestalt der Mathematik heran, so sieht man sich sogleich aufs schwerste enttäuscht. Scheint

---

[1]) H u m e , Treatise, P. II, Sect. II: ,,Wherever ideas are adequate representations of objects, the relations, contradictions and agreements of the ideas are all applicable to the objects; and this we may in general observe to be the foundation of all human knowledge."

es doch, als wäre man hier der schlichten Selbstbesinnung auf den fraglosen Inhalt unserer einfachen Vorstellungen wie mit Absicht aus dem Wege gegangen, um sich in die Betrachtung rein fiktiver Gebilde zu verlieren. Wir mögen alle Daten des Bewußtseins noch so sehr zergliedern, wir mögen alle Erkenntnisquellen, die uns gegeben sind, befragen: nirgends entdecken wir das Bild der stetigen, ins Unendliche teilbaren Ausdehnung, mit deren Setzung die Geometrie beginnt. Die fortschreitende Verminderung einer räumlichen Strecke hebt ihr sinnliches Bild, hebt also die einzige geistige Daseinsweise, die sie besitzt, zuletzt gänzlich auf. Jenseits des Minimums unserer Wahrnehmungsfähigkeit ist jeder ferneren Größenunterscheidung der Grund und die Möglichkeit entzogen; der Versuch einer weiteren Sonderung kommt der psychischen Vernichtung des Inhalts gleich. Da ferner jeder kleinste Teil der Ausdehnung, um für uns erfaßbar zu sein, eine b e s t i m m t e Größe besitzen muß, die sich nicht willkürlich verschieben läßt, sondern durch die Natur des Vorstellens selbst ein für allemal gegeben ist, so müßte eine unendliche Anhäufung dieser konstanten Elemente auch eine unendliche Größe erzeugen: die Behauptung der schrankenlosen Teilbarkeit verwischt also, unter dem Vorwand einer e x a k t e n Erfassung und Beurteilung, vielmehr alle festen Grenzen und zerstört damit alle Unterscheidbarkeit der Einzelgebilde. Die Annahme des sinnlichen Minimums erst schafft die Möglichkeit der E i n h e i t und des M a ß e s. In der Frage nach der Natur und der Zusammensetzung des Raumes handelt es sich — wie Hume scharf betont — nicht um die Aufwerfung skeptischer Schwierigkeiten, bei denen die Entscheidung in der Schwebe bleiben könnte, sondern um zwingende psychologische Demonstrationen, die alle anderen Instanzen, welchen Schein sie auch für sich haben mögen, von Anfang an ausschließen[1]). Hier haben wir es nicht mit einem dialektischen Für und Wider, sondern mit dem schlichten Ausspruch der Selbstbeobachtung zu tun. In der Tat sind Humes

---

[1]) T r e a t i s e , P. II, Sect. II (gegen Ende).

Sätze innerhalb des Z u s a m m e n h a n g s, in dem sie auftreten, völlig unwiderleglich. Wenn die Geometrie wirklich die Wissenschaft von unseren „Raumvorstellungen" sein will, wenn sie die Art beschreiben will, wie die einzelnen räumlichen Ideen im Geiste entstehen und sich zu bestimmten Zusammenhängen verknüpfen — so stehen Prinzipien, wie das der unendlichen Teilbarkeit im unmittelbaren Widerstreit zu dem O b j e k t, das es zu beschreiben gilt. Da aber andererseits die Wahl der Prinzipien in unserer Macht steht, während die Objekte uns als etwas Festes und Unwandelbares gegenübertreten, so ist uns kein anderer Ausgleich gelassen, als die mathematische M e t h o d i k von Grund aus umzugestalten. „Da unser letzter Maßstab für die geometrischen Gebilde nur aus den Sinnen und aus der Einbildungskraft stammen kann, so ist es absurd, von einer Vollkommenheit zu sprechen, die über das hinausgehen soll, was diese Vermögen beurteilen können; besteht doch die wahre Vollkommenheit jedes Dinges darin, daß es seinem Muster und Richtmaß entspricht[1])."

Die echte Sicherheit, deren die Geometrie fähig ist, wird daher in Wahrheit erst mit dem Verzicht auf die absoluten, rationalistischen Normen erreicht. Die geometrischen Beweise können, sofern sie ins Kleine gehen, nicht eigentlich als Beweise gelten, da sie auf Ideen aufgebaut sind, die nicht genau und auf Grundsätzen, die nicht völlig wahr sind. „Wenn die Geometrie irgendein Urteil über quantitative Verhältnisse fällt, so dürfen wir niemals von ihr die äußerste Präzision und Exaktheit verlangen. Keiner ihrer Beweise geht so weit. Sie bestimmt die Dimensionen und Verhältnisse der Figuren wohl richtig, aber nur im Rohen und innerhalb eines gewissen Spielraumes (roughly and with some liberty). Ihre Fehler sind freilich niemals bedeutend, und sie würde überhaupt nicht irren, wenn sie nicht einer so absoluten Vollkommenheit zustrebte." Die tatsächliche und erreichbare Vollendung der Geometrie kann also nur darin liegen, daß sie das induktive Verfahren der Naturwissenschaft nachahmt; daß sie sich

---

[1]) T r e a t i s e, P. II, Sect. IV.

begnügt, über die jeweiligen sinnlich-gegebenen Einzelfälle ihre Aussagen zu machen, ohne eine unbedingte Allgemeinheit des Urteils für sich in Anspruch zu nehmen. So mag etwa der Satz, daß zwei gerade Linien sich nur in einem Punkte schneiden, für den Fall, daß sie untereinander einen hinreichend großen Winkel bilden, vollkommen zutreffend sein; während er, sobald die beiden Linien vor ihrem Zusammentreffen eine Zeitlang in sehr geringer Entfernung nebeneinander herlaufen, ersichtlich seine Geltung verliert. Denn für unsere **Wahrnehmung** wenigstens ist das Gebilde, das im letzteren Falle aus dem Schnitt der beiden Geraden entsteht, in Nichts von dem Eindruck verschieden, den eine sehr kleine Strecke auf uns macht: um über die „Wesenheit" von Punkten und Strecken und ihre Identität und Verschiedenheit zu urteilen, gibt es aber keinen anderen Anhalt, als daß wir auf die allgemeine Art ihrer „Erscheinung" im Bewußtsein achten[1]).

Führen wir dieses Kriterium allseitig durch, so tritt erst der Sinn der mathematischen Grundbegriffe in voller Klarheit heraus. Ein Begriff, wie der der **Gleichheit** z. B. scheint, wenn wir nur dem üblichen mathematischen Verfahren folgen, jeder genauen Erklärung und Bestimmung zu spotten. Die Gleichheit zweier Strecken kann nicht bedeuten, daß die Anzahl ihrer **Punkte** genau identisch ist: fehlt uns doch jedes Mittel, um die Menge der mathematischen Punkte, d. h. der kleinsten noch eben wahrnehmbaren Ausdehnungsgrößen in einer Geraden wirklich abzuschätzen. Ebensowenig aber bietet das Verfahren der **Kongruenz** ein sicheres Mittel dar, um zu einem Urteil über die Größenübereinstimmung zweier Raumgebilde zu gelangen; denn jede **genaue** Feststellung würde wiederum voraussetzen, daß wir die Gebilde, nach deren Verhältnis wir fragen, bis in ihre letzten Teile verfolgen und sie Punkt

---

[1]) „The original standard of a right line is in reality nothing but a certain general appearance; and 'tis evident right lines may be made to concur with each other, and yet correspond to this standard, tho' corrected by all the means either practicable or imaginable" (Treatise, P. II, Sect. IV).

für Punkt zur Deckung kommen lassen — was auf dieselbe unausführbare Zerlegung eines Ganzen in seine einfachen Elemente führt. So ist uns denn auch hier keine andere Wahl gelassen, als uns bei dem unmittelbaren Ausspruch der Sinne zu begnügen: zwei Größen heißen gleich, wenn uns, den vorstellenden Subjekten, in ihrer Betrachtung gleichartig zumute ist. Man mag diese Berufung auf die bloße „allgemeine Gesamterscheinung" der Gegenstände vage und oberflächlich finden; genug, daß sich kein Weg angeben läßt, um jemals über sie wahrhaft hinauszukommen. Alle Verbesserung und Verfeinerung unserer Instrumente stellt doch das Verfahren selbst auf keinen neuen logischen Grund: das völlig „exakte" Maß, nach dem wir suchen, ist lediglich ein imaginäres Gebilde, das sogleich verschwindet, wenn wir uns streng an die besondere, konkrete Erscheinung der Dinge halten. Die Täuschung, der wir immer wieder verfallen, ist freilich natürlich; denn nichts ist gewöhnlicher, als daß unsere geistigen Tätigkeiten einen Weg, den sie einmal eingeschlagen haben, weiter verfolgen, auch nachdem der berechtigte Grund und Anlaß, der zu ihm hintrieb, zu bestehen aufgehört hat. Aber diese psychologische Erklärung vermag an der Entscheidung über das Recht der geometrischen Idealbegriffe nichts zu ändern: sie bleiben bloße Fiktionen, die ebenso nutzlos wie unverständlich sind[1]).

---

[1] „The only useful notion of equality or inequality is derived from the whole united appearance and the comparison of particular objects ... For as sound reason convinces us that there are bodies vastly more minute than those, which appear to the senses; and as a false reason wou'd perswade us, that there are bodies infinitely more minute; we clearly perceive, that we are not possessed of any instrument or art of measuring, which can secure us from all error and uncertainty ... We therefore suppose some imaginary standard of equality, by which the appearances and measuring are exactly corrected ... This standard is plainly imaginary. For as the very idea of equality is that of such a particular appearance corrected by juxta-position or a common measure, the notion of any correction beyond what we have instruments and art to make, is a mere fiction of the mind, and useless as well as incomprehensible." (Treatise, P. II, Sect. IV.)

Wie immer das sachliche Urteil über diese Ausführungen lauten mag: man muß anerkennen, daß sie auf dem Standpunkt, auf dem Hume steht, in sich konsequent und notwendig sind. Besteht alles psychische Sein in einer Ansammlung verschiedenartiger Empfindungen, — ist das Bewußtsein nichts anderes, als der Schauplatz besonderer und wechselnder Sinneseindrücke, so sind die geometrischen Urteile in der Form, in der sie sich gewöhnlich darstellen, in der Tat völlig willkürliche Erdichtungen. Die Gegenstände, von denen sie sprechen, besitzen weder in uns, noch außer uns irgendein wahrhaftes Sein; ihr Gehalt geht bei schärferer psychologischer Analyse in ein bloßes Wort auf. Es ist nicht zutreffend, wenn man zur Verteidigung von Humes Standpunkt anführt, daß seine Kritik sich hier nur auf die angewandte, nicht auf die reine Geometrie beziehe: nicht die Wahrheit der geometrischen Sätze, sondern nur die Übertragung dessen, was aus ihnen gefolgert ist, auf die konkreten empirischen Dinge werde bestritten. Die B e -
w e i s f ü h r u n g Humes stützt sich freilich zunächst auf die Tatsache, daß uns nirgends absolut gleiche G e g e n -
s t ä n d e gegeben sind: der S c h l u ß aber, den er hieraus zieht, wendet sich unmittelbar gegen den reinen geometrischen B e g r i f f der Gleichheit, der ihm eine bloße Fälschung der Wahrnehmungsdaten ist. In der Tat: welche Wahrheit könnten wir Aussagen zusprechen, die von völlig leeren und inhaltslosen Subjekten handeln? Zwar gibt Hume selbst in der späteren Fassung, die seine Lehre im Enquiry erhält, eine wesentliche Einschränkung seiner ursprünglichen Darstellung. Der Erkenntnis von T a t s a c h e n , die nur durch Erfahrung und Gewöhnung erreicht werden kann, werden nunmehr die reinen R e l a t i o n e n z w i s c h e n I d e e n gegenübergestellt, die kraft der bloßen Operation des Denkens entdeckt werden können, ohne von irgendetwas, was im Universum existiert, abhängig zu sein[1]). Diese Trennung indessen mochte in L o c k e s Essay, dem Hume sie ent-

---

[1]) An Enquiry concerning human Understanding. Sect. IV, Part. I. — (Essays Moral Political and Literary, edit. by G r e e n and G r o s e , London 1898, Vol. II, S. 20 ff.)

lehnt, ihren Sinn und ihr gutes Recht haben; für ihn selber ist sie sachlich hinfällig geworden und bedeutet nur ein ungerechtfertigtes Zugeständnis an die traditionelle Anschauung. Daß die Beziehungen, die wir in den mathematischen Urteilen fixieren, in den Ideen eingeschlossen sind und aus ihnen analytisch gefolgert werden können: diese Auskunft versagt für eine Ansicht, die eben dasjenige, was diese Ideen selbst meinen, leugnen und verwerfen muß. Die Linien, Dreiecke und Winkel, von denen der Geometer spricht, gehören nicht dem Tatbestand unserer Impressionen an, der nach Hume die ausschließliche Grundlage aller gültigen Urteile zu bilden hat. Sie sind uns nirgends in den Eindrücken selbst g e g e b e n, sondern durch ein Hinausgreifen über jegliches sinnliche Datum willkürlich erschaffen. In den ersten geometrischen Definitionen bereits verlassen wir den Umkreis der sicheren und selbstgewissen Empfindung. Die Geometrie ist daher vom Standpunkt Humes — der die „Idee" nur als eine vereinzelte, von Moment zu Moment veränderliche Modifikation des individuellen Bewußtseins kennt — nicht minder „transzendent", als es die Metaphysik ist. Ihre idealen Formen stehen auf einer Stufe mit den absoluten Substanzen der scholastischen Ontologie: beide wurzeln in demselben zügellosen Trieb unserer Einbildungskraft, über der empirischen Wirklichkeit eine begriffliche Scheinwelt konstruktiv zu erbauen. Indem der „Treatise" diese Folgerung rückhaltlos zieht, schafft er damit — unbekümmert um alle Konsequenzen, die in ihr liegen mögen — erst den einheitlichen Unterbau des Systems.

Nur e i n e Frage bleibt allerdings zurück, die bisher keine Aufklärung gefunden hat. Selbst die s u b j e k t i v e Notwendigkeit des Prozesses, der zur Bildung der mathematischen Abstrakta hinführt, vermögen wir einstweilen nicht zu begreifen. Es mag sein, daß diesen Gebilden jeglicher objektive Wert abzusprechen ist: wie aber vermögen sie auch nur als psychologische Täuschungen zu entstehen und sich zu behaupten? Solange dieses Problem nicht gelöst ist, ist die Phänomenologie des Bewußtseins nicht zum Abschluß gelangt. Ist es nur ein seltsamer Eigensinn, der den Geometer vom Bekannten zum Unbekannten hinaustreibt oder ist er hierbei von einer allgemeinen psychologischen Tendenz beherrscht, die sich auch auf anderen Gebieten bekundet? Dringlicher noch muß diese Frage sich gegenüber Humes Analyse des Raum- und Zeitbegriffs erheben. Er folgt auch hier seinem allgemeinen Schema: was Raum und Zeit s i n d , das können wir nur dadurch entdecken, daß wir die Empfindungen, aus denen sie sich z u s a m m e n s e t z e n , im einzelnen aufweisen und vorführen. Befolgen wir diese Vorschrift, so löst sich uns die stetige Ausdehnung in eine Summe farbiger und tastbarer Punkte, die gleichförmige Dauer in eine Folge innerer oder äußerer Wahrnehmungen auf. Beide sind k e i n e b e s o n d e r e n I n h a l t e d e r V o r s t e l l u n g , die wir irgendwie n'e b e n den Empfindungen, die wir räumlich und zeitlich verknüpfen, vorfinden könnten, sondern sie bezeichnen lediglich eine eigentümliche „Art und Weise", in der diese Empfindungen sich dem Geiste darstellen. „Fünf Töne, die auf einer Flöte gespielt werden, geben uns den Eindruck und die Idee der Zeit; dabei ist aber die Zeit kein sechster Eindruck, welcher sich dem Gehör oder einem anderen Sinne darböte. Sie ist auch nicht etwa ein sechster Eindruck, den der Geist kraft der Reflexion in sich selbst auffände. Die fünf Töne, die in dieser bestimmten Art auftreten, rufen keine bestimmte Erregung im Geiste hervor, die zur Bildung einer neuen Idee Anlaß geben könnte . . . Tritt somit die Zeit nicht als ein primärer und gesonderter Eindruck in die Erscheinung, so kann sie offenbar nichts anderes sein, als eine Mehrheit verschiedener Ideen, Eindrücke oder Objekte, die in einer bestimmten Weise angeordnet sind, d. h. die einander folgen[1].“ Aber selbst wenn man dieser Erklärung vollkommen beistimmt, wenn man also mit Hume die Folgerung zieht, daß die abgesonderte, von jeglichem Empfindungsinhalt entblößte Vorstellung der Zeit und des Raumes in sich unmöglich ist: so bleibt doch stets die Tatsache bestehen, daß die Empfindungen in uns nicht unterschiedslos

---

[1] Treatise, P. II, Sect. III.

beisammenliegen, sondern bestimmte s p e z i f i s c h e V e r -
k n ü p f u n g e n eingehen. Es gäbe alsdann Vorstellungen
in uns, die, ohne daß ihnen ein unmittelbarer Eindruck der
Sinnes- oder Selbstwahrnehmung entspräche, doch nicht
jeglichen Gehaltes bar sind, in denen uns vielmehr die Art
und Ordnung, in der Eindrücke existieren (the manner or
order, in which objects exist) zum Bewußtsein gelangt. So
wenig diese Ordnung eine selbstgenügsame absolute Existenz
a u ß e r h a l b aller Inhalte der Wahrnehmung hätte, so
wenig ginge sie doch in der bloßen S u m m e dieser Inhalte
auf, sondern brächte zu ihr eine neue und eigenartige W e i s e
d e r B e z i e h u n g hinzu. Die frühere Schwierigkeit hat
sich somit verschärft und vertieft. Der Vorwurf, der sich
zuvor gegen die W i s s e n s c h a f t kehrte, richtet sich nunmehr gegen das gewöhnliche populäre Bewußtsein, das ebenfalls beharrlich daran festhält, Inhalte zu setzen und zu behaupten, die über alles, was die direkte Wahrnehmung uns
bietet, hinausgehen.

Denn der Versuch, den Hume unternimmt, die Beziehungen des räumlichen Beisammen wie der zeitlichen
Folge als einen direkten B e s t a n d t e i l unserer „Perzeptionen" selber nachzuweisen, muß notwendig scheitern.
Immer wenn uns zwei Gesichts- oder Tasteindrücke gegeben
sind — so führt er aus — sind wir imstande, nicht nur sie
selbst in ihrer bestimmten Qualität zu erfassen, sondern
auch ihren A b s t a n d voneinander unmittelbar wahrzunehmen. Der völlig leere Raum ist freilich an und für sich
kein möglicher Gegenstand der Vorstellung, wohl aber stellen
wir, wenn uns zwei konkrete, sicht- oder tastbare Raum-
elemente gegeben sind, an denen das Bewußtsein ein festes
sinnliches Substrat besitzt, zugleich mit ihnen auch ihr Lageverhältnis und ihre E n t f e r n u n g vor. Denn um dies zu
tun, brauchen wir uns nicht die gesamte Zwischenstrecke,
die sie trennt, in all ihren Teilen einzeln zu vergegenwärtigen
und sie mit wirklichen Empfindungen auszufüllen, sondern
es genügt der Gedanke, daß dort, wo wir jetzt ein bloßes
Nichts, wo wir die A b w e s e n h e i t jeglichen Wahrnehmungsinhalts bemerken, eine neue Empfindung auftreten

und ihren Platz finden k ö n n t e. Daß indessen diese Bemerkungen die Anschauung des Raumes voraussetzen, statt sie zu erklären, ist ersichtlich[1]). An diesem Punkte geht Hume — um nicht entweder die Vorstellungen des Raumes und der Zeit verwerfen oder aber auf den Grundsatz der ausnahmslosen Entsprechung der „Ideen" und „Impressionen" verzichten zu müssen — noch hinter Berkeleys psychologische Analyse zurück. Denn in dieser war es völlig klar geworden, daß keine direkte Wahrnehmung, sondern nur ein komplizierter geistiger Prozeß der Verknüpfung der Sinneseindrücke uns von ihrer Lage und ihrem gegenseitigen Abstand Kunde verschafft. Es ist bezeichnend, daß diese Einsicht sich Hume selber nachträglich aufdrängt und daß er — im Anhang zum Treatise — die frühere Behauptung, nach welcher wir in der bloßen sinnlichen Erscheinung zweier getrennter Objekte ein genügendes Mittel zur Abschätzung ihrer Distanz besitzen, ausdrücklich zurücknimmt[2]).

Immer deutlicher zeigt es sich nunmehr, daß die Empfindung sich den Ansprüchen, die hier an sie gestellt werden, versagt. Wenn gegen die Zusammensetzung des Raumes aus diskreten „mathematischen Punkten" der Einwand erhoben zu werden pflegt, daß der Punkt nichts anderes als die N e g a t i o n der Ausdehnung sei, daß aber die Summierung von „Nichtsen" niemals ein reales Ergebnis liefern könne, so entgegnet Hume, daß die Elemente, die er zugrunde legt, von diesem Bedenken nicht getroffen werden könnten, da er ihnen F a r b e und F e s t i g k e i t beilege und sie daher, kraft völlig unzweideutiger sinnlicher Bestimmungen, vom bloßen Nichts unterscheide. Der gleiche Umstand soll auch den Einwurf hinfällig machen, daß unteilbare Punkte, falls sie sich berühren, vollständig ineinanderfallen müssen und somit zur Erzeugung einer S t r e c k e untauglich sind. Denn warum sollten nicht zwei durch ihre sichtbare und tastbare Qualität deutlich unterschiedene Bestandteile, auch

---

[1]) Treatise, P. II, Sect. V. — Vgl. hrz. R i e h l , Der philosophische Kriticismus, 2. Aufl., I, 176 f.

[2]) Treatise, Appendix (edit. S e l b y - B i g g e , Oxford 1896, S. 636).

wenn sie einander noch so nahe kommen, diese ihre charakteristische Eigenart bewahren? „Läßt sich irgendeine Notwendigkeit dafür einsehen, daß ein farbiger oder tastbarer Punkt bei der Annäherung eines anderen farbigen oder tastbaren Punktes vernichtet werde? Erhellt nicht im Gegenteil deutlich, daß aus der Vereinigung dieser Punkte ein neuer Gegenstand hervorgehen muß, der zusammengesetzt und teilbar ist; der, genauer gesagt, in zwei Teile zerlegt werden kann, von denen jeder, trotz seiner Berührung mit dem anderen, seine selbständige und gesonderte Existenz bewahrt? Man komme der Einbildungskraft zu Hülfe, stelle sich diese Punkte, um ihre Vereinigung und Vermischung sicherer zu verhindern, verschiedenfarbig vor. Gewiß können doch ein blauer und ein roter Punkt sich berühren ohne Durchdringung und Vernichtung. Denn was sollte aus ihnen werden, wenn sie es nicht könnten? Soll der rote oder der blaue Punkt vernichtet werden? Oder was für eine neue Farbe sollen ihre Farben hervorrufen, wenn sie sich zu einer vereinigen[1]?"

Die eigentliche Schwäche von Humes Beweisführung tritt hier deutlich hervor. Aus der „Vereinigung" zweier Elemente, die durch nichts als ihre F a r b e charakterisiert und unterschieden sind, kann so wenig ein r ä u m l i c h e r „Gegenstand" hervorgehen, als etwa aus der Verschmelzung von Tönen eine Farbe sich bilden könnte. Betrachtet man die „Punkte" nur nach ihrem sinnlichen Inhalt und ihrer sinnlichen Beschaffenheit, so ist eben jene „Berührung", aus der Hume die Ausdehnung hervorgehen läßt, unverständlich. Um zu einem G a n z e n des Raumes zu gelangen, müssen wir die räumliche C h a r a k t e r i s t i k der „Lage" bereits den Elementen zusprechen. Ist aber die „Lage" im gleichen Sinne wie Farbe oder Härte unmittelbar wahrzunehmen? Den Raum aus Punkten zusammenzusetzen: dies mag einen guten Sinn haben, solange man den Punkt selbst nicht als a b s o l u t e s Element, sondern lediglich als Subjekt bestimmter räumlicher R e l a t i o n e n auffaßt, sofern man also in ihm nur den einfachsten Ausdruck der ursprünglichen

---

[1] Treatise, P. II, Sect. IV.

Grundbeziehung und Grundfunktion sieht, aus deren Anwendung die Vorstellung des fertigen Raumes sich entfaltet. Bei Hume indessen bedeutet die Ordnung unter den Elementen, bedeutet ihr eigentümliches Beisammen und Nebeneinander eine völlige Schöpfung aus Nichts: ein Vorstellungsprodukt, das er ebensowenig entbehren kann, als er es, nach seinen Prinzipien, dulden dürfte.

Auch Humes Auffassung und Begriffsbestimmung der Zahl unterliegt dem gleichen prinzipiellen Einwand. Hier scheint seine skeptische Methode sich von Anfang an zu bescheiden: Algebra und Arithmetik gelten als die einzigen Wissenschaften, in denen eine Kette von Schlußfolgerungen bis zu einem beliebig verwickelten Grade fortgeführt werden kann, ohne daß dabei die vollkommene Exaktheit und Sicherheit verloren ginge[1]). Wenn wir, um zwei räumliche Strecken miteinander zu vergleichen, auf das vage sinnliche Gesamtbild, das sie uns darbieten, angewiesen sind und daher hier niemals zu völliger Genauigkeit vordringen können, so besitzen wir dagegen innerhalb der Zahlenlehre einen unbedingten und durchaus unfehlbaren Maßstab. Zwei Zahlen heißen gleich, wenn sie einander derart zugeordnet werden können, daß immer eine Einheit der einen einer Einheit der anderen entspricht. In dieser Art der Zuordnung ist keinerlei Irrtum möglich; denn an die Stelle der oberflächlichen Totalanschauung, mit der wir uns in der Geometrie begnügen mußten, tritt hier die Zerlegung in die konstituierenden Elemente, deren jegliches mit voller Präzision erfaßt werden kann. Verfolgt man indessen diesen Gedanken, so führt er — wenn man an der Grundvoraussetzung von Humes Erkenntnislehre festhält — alsbald in neue Schwierigkeiten. Um die „Idee" einer Zahl zu bilden, um sie mit einer anderen vergleichen zu können, müßten wir sie uns notwendig zuvor in allen ihren Bestandteilen einzeln vergegenwärtigen können. Die Gleichheit zwischen Zahlen wäre nicht anders feststellbar, als daß wir ihre sämtlichen Einheiten gesondert „perzipierten" und einander gegenüberstellten.

---

[1]) Treatise, P. III, Sect. I.

Aber ganz abgesehen davon, daß ein derartiges Verfahren von Anfang an auf g a n z e Zahlen eingeschränkt wäre: so müßte hier bei jeder Betrachtung größerer Zahlenkomplexe sich alsbald die gleiche Ungenauigkeit und Verwirrung ergeben. Die Bestimmtheit der Zahl könnte nicht weiter reichen, als diejenige des empirischen Aktes der Abzählung der Einheiten. Oder würde Hume, um dieser Konsequenz zu entgehen, darauf hinweisen, daß es zum Verständnis eines Zahlbegriffs nicht erforderlich ist, die Einheiten, die in seine Bildung eingehen, tatsächlich zu durchlaufen, sondern daß wir uns seine Bedeutung in einem einzigen und einheitlichen Akte des Geistes vergegenwärtigen können? Damit aber wäre die Kritik der Mathematik, die Hume durchgeführt hatte, um ihr eigentliches Ergebnis gebracht. Denn die Grundabsicht dieser Kritik bestand eben darin, den Wahn zu zerstören, als habe die Mathematik es mit Ideen von so verfeinerter und geistiger Natur zu tun, daß sie einer besonderen logischen Gerichtsbarkeit angehöre und an dem Urteil der Sinne in keiner Weise zu messen sei. Der Zahlbegriff hingegen eröffnet von neuem einen Ausblick in das Gebiet jener „reinen intellektuellen Perzeptionen", die Hume als das asylum ignorantiae aller bisherigen Philosophie bekämpft[1]); die exakte Geltung, die ihm zugestanden wird, muß, wie es scheint, alle Schwierigkeiten und Unklarheiten der „metaphysischen" Logik von neuem heraufbeschwören.

---

[1]) „'Tis usual with mathematicians, to pretend, that those ideas, which are their objects, are o f s o r e f i n e d a n d s p i r i t u a l a n a t u r e , that they fall not under the conception of the fancy, but must be comprehended b y a p u r e a n d i n t e l l e c t u a l v i e w , of which the superior faculties of the soul are alone capable. The same notion runs thro' most parts of philosophy, and is principally made use of to explain our abstract ideas, and to shew how we can form an idea of a triangle, for instance, which shall neither be an isosceles nor scalenum, nar be confined to any particular length and proportion of sides. 'Tis easy to see, why philosophers are so fond of this notion of some spiritual and refin'd perceptions; since by that means they cover many of their absurdities, and may refuse to submit to the decision of clear ideas, by appealing to such as are obscure and uncertain." Treatise, P. III, Sect. I.

II.
Die Kritik des Kausalbegriffs.

Die Analyse der mathematischen Erkenntnis bildet für Hume nur das Vorspiel seiner eigentlichen Lehre; sie will nur der tieferen und weiterreichenden Aufgabe der kritischen Zergliederung des Ursachenbegriffs den Boden bereiten. Mit vollem Rechte sieht Hume selbst hierin die entscheidende und originale Leistung seiner Philosophie. Das Problem, das uns bisher in mannigfachen Formen und Ansätzen beschäftigt hat, gewinnt erst an diesem Punkte seine wahre Schärfe. Durch alle Phasen der bisherigen Entwicklung hindurch konnten wir den Trieb des Bewußtseins verfolgen, über den Stoff der unmittelbar gegebenen Wahrnehmung hinauszugehen; aber er beschränkte sich zunächst auf den Inhalt der Einzelimpressionen selbst, den er in einer bestimmten Richtung und unter einem gewissen Gesichtspunkt umzuformen strebte. Immer schien es daher, als könne diesem Triebe Einhalt geboten werden, als genüge es, den Eigengehalt jeglicher Vorstellung scharf und bewußt ins Auge zu fassen, um der fremden und nachträglichen Zutaten ledig zu werden. Sobald es sich indessen nicht mehr um die Zergliederung unserer Ideen, sondern um einen Schluß auf das reale Sein der Dinge handelt, erhält die Frage eine veränderte Gestalt. Das Gebiet, zu dem hier hinausgegangen wird, behauptet nicht nur gegenüber aller philosophischen Kritik sein Recht und seinen Bestand, sondern es macht selbst dem Reich der Perzeptionen, in dem es wurzelt, den Rang streitig, so daß es der ganzen Kraft der psychologischen Analyse bedarf, um sich, vorübergehend und künstlich, auf den Standpunkt der „reinen Wahrnehmung" zurückzuversetzen.

Für die gesamte empiristische Kritik war bisher der Kausalbegriff in unangefochtener metaphysischer Geltung geblieben: wenn er bei Locke zwischen der absoluten Welt der Dinge und der Welt unserer Vorstellungen die Brücke schlug, so war er für Berkeley das gedankliche Mittel, kraft dessen das Einzelsubjekt über seine eigene Sphäre hinausgriff und sich in seiner Abhängigkeit von dem göttlichen Urheber alles Seins erfaßte. Es ist Humes entscheidendes Verdienst, daß er, all diesen transzendenten Anwendungen gegenüber, die Frage rein auf das Gebiet der Erfahrung und des W i s s e n s konzentriert. Nicht welche äußere Macht zwei D i n g e aneinanderfesselt und beständig zueinander zwingt, sondern welcher Grund unsere U r t e i l e über die kausale Verknüpfung bestimmt, bildet fortan das Problem. Wenn wir von Ursache und Wirkung, von Kraft und Notwendigkeit sprechen, so bezeichnen all diese Ausdrücke nichts, was sich an den Gegenständen selbst vorfände, sondern sie gewinnen erst in der Betrachtung des Geistes ihren Sinn. ,,Wie die Notwendigkeit, daß zwei mal zwei vier ist oder daß die drei Winkel eines Dreiecks gleich zwei Rechten sind, nur an dem A k t e u n s e r e s V e r s t a n d e s haftet, vermöge dessen wir diese Ideen betrachten und vergleichen, so hat auch die Notwendigkeit oder Kraft, die Ursachen und Wirkungen verbindet, einzig in derjenigen Bestimmung des Geistes, die ihn von den einen zu den anderen übergehen läßt, ihr Dasein. Die Wirksamkeit oder Energie der Ursachen liegt weder in den Ursachen selbst, noch in der Gottheit, noch im Zusammenwirken dieser beiden Faktoren, sondern sie ist einzig und allein der Seele eigen, die die Verbindung zweier oder mehrerer Objekte in den früheren Fällen sich vergegenwärtigt. Hier wurzelt die reale Kraft der Ursachen samt ihrer Verknüpfung und ihrer Notwendigkeit[1].“ Die Begriffe der Wirksamkeit und der Tätigkeit, der Kraft und der Energie, der produktiven Qualitäten und Vermögen: sie alle werden auf den einen Problemausdruck der N o t w e n d i g k e i t d e r V e r k n ü p f u n g zusammengezogen. In dieser Art der F r a g e s t e l l u n g stimmt Hume — so merkwürdig dies auf den ersten Blick erscheinen mag — mit den r a t i o n a l i s t i s c h e n Kritikern des Kausalbegriffs durchaus überein. Die Fragen, die sich an den Begriff der Ursache knüpfen, waren unbeantwortbar, solange sie von ihrem eigentlichen Ursprung gelöst wurden und dem Geiste als

---

[1] Treatise, P. III, Sect. XIV.

etwas Fremdes gegenübertraten; um sie auch nur richtig zu verstehen, müssen wir sie auf ihren eigenen Boden, auf das Gebiet des „Verstandes" und seiner Operationen zurückversetzen. Hier nun wird es zunächst deutlich, daß es kein l o g i - s c h e s Schlußverfahren ist, das uns von der Kenntnis der Ursache zu der der Wirkung hinüberführt. Denn alles syllogistische Schließen ruht völlig auf dem Satze der I d e n t i t ä t: es bringt nur dasjenige, was in den Vordersätzen vollständig enthalten war, zu bewußtem und gesondertem Ausdruck. Keine Analyse aber vermag jemals den B e g r i f f einer einzelnen konkreten Wirkung im Begriff ihrer Ursache zu entdecken und aufzuweisen. Alle Sätze der Naturwissenschaft bestehen darin, an einen bestimmten Komplex von Bedingungen einen von ihnen v e r - s c h i e d e n e n Erfolg zu knüpfen, der somit aus keiner bloßen Betrachtung des Vorstellungsmaterials und einer Umlagerung seiner einzelnen Elemente eingesehen werden kann. Der Rationalismus sieht in den Gesetzen über die Mitteilung der Bewegung das Muster und Vorbild einer ursächlichen Verknüpfung, die a priori einzusehen ist: die mechanischen Gründe, auf die wir dieses Verhältnis zurückführen, sind, — wie Leibniz ausspricht — die eigentlich „intelligiblen" Gründe, auf denen all unser Verständnis des Zusammenhangs der Erscheinungen beruht. Die Dinge und Vorgänge auf die reinen Bewegungsgesetze zurückführen, bedeutet daher hier zugleich, sie als einen rein vernunftgemäßen Zusammenhang aufzufassen[1]). Und doch: wenn das Prinzip aller vernunftgemäßen Folgerungen, wie gleichfalls Leibniz betont, im Satz der Identität und des Widerspruchs liegt: wo fände sich eine solche Identität zwischen dem, was wir im Sinne der Mechanik als Ursache und dem, was wir als Wirkung bezeichnen? „Der Geist kann trotz sorgfältigster Untersuchung und Prüfung den Effekt in der vorausgesetzten Ursache niemals entdecken. Denn dieser Effekt ist von der Ursache gänzlich verschieden und kann

---

[1]) Vgl. ob. S. 161 f.

infolgedessen in ihr nicht aufgefunden werden. Die Bewegung in der zweiten Billardkugel ist ein völlig anderer Vorgang, als die Bewegung der ersten: und es gibt nicht den geringsten Umstand in dem einen, der auf den anderen irgendwie hindeutet. Ein Stein oder ein Stück Metall, das in die Luft gehoben und ohne Stütze gelassen wird, fällt sofort: können wir aber, um die Sache a priori zu betrachten, in dieser Lage irgendetwas entdecken, das uns eher auf die Idee des Abwärts, als auf die des Aufwärts oder auf irgendeine beliebige andere Bewegung hinführt? Und kann ich mir nicht ebenso vorstellen, daß auch aus dem Zusammentreffen der beiden Kugeln hundert verschiedene Erfolge sich ergeben könnten. Könnten nicht beide Kugeln in absoluter Ruhe verharren? oder könnte nicht die erste in gerader Linie zurückgehen oder in irgendeiner Richtung von der zweiten abprallen? Alle diese Annahmen sind an sich folgerichtig und begreiflich. Warum sollten wir also der einen vor der anderen den Vorzug geben? Alle unsere Schlüsse a priori werden niemals imstande sein, uns einen Grund für diesen Vorzug zu entdecken[1].“ Vom logischen Standpunkt aus wäre die Verbindung jeder einzelnen Ursache mit jeder beliebigen Wirkung gleich berechtigt und zulässig: nur die E r f a h r u n g ist es, die uns eine feste Schranke setzt und uns einer Bestimmtheit der Aufeinanderfolge versichert.

Bis hierher bewegt sich Hume indessen nur in bekannten Gleisen: wäre dies der Kern und Inhalt seiner Lehre, so wäre er in der Tat an keinem Punkte über die Erfahrungslehre der antiken Skepsis hinausgelangt. Daß Ursache und Wirkung durch kein b e g r i f f l i c h e s Band geeint sind, daß vielmehr beide nur durch die regelmäßige Verbindung, in welcher sie in der Erfahrung stehen, einander in der Vorstellung assoziativ hervorzurufen vermögen; dieser Gedanke war hier nicht nur gelegentlich gestreift, sondern zu einer vollständigen und in sich zusammenhängenden Theorie entwickelt worden. All unser Wissen von einer angeblichen Wirksamkeit beruht einzig und allein auf der Erinnerung daran, welcher Vorgang

---

[1] Enquiry, Sect. IV, Part I, S. 26 f.

mit welchem anderen zusammen auftrat und welcher von beiden voranging oder folgte. Erkenntnis gibt es nicht vom Zusammenhang der Dinge, sondern der Z e i c h e n: sie bedeutet nichts anderes, als die Fähigkeit, verschiedene Eindrücke, die häufig zusammen gegeben waren, im Gedächtnis aufzubewahren und sie als Merkzeichen und Hinweis für einander zu brauchen. (*μνήμη τῶν πολλάκις συμπαρατερηϑέντων*[1]). An die Stelle der begrifflichen Einsicht tritt die empirische E r w a r t u n g , die indes für die Voraussicht des Künftigen und somit für alle Ziele der praktischen Lebensführung völlig zureichend ist. An diesem Punkte, an dem die Skepsis endet, aber beginnt erst Humes tieferes Problem. „Wenn wir untersuchen, was die Natur aller unserer Schlüsse über Tatsachen ist, so erkennen wir, daß sie zuletzt sämtlich auf die Relation von Ursache und Wirkung zurückgehen; wenn wir weiter forschen, was uns die Kenntnis dieser Relation selbst verschafft, so mag das eine Wort „Erfahrung" als hinreichende Antwort erscheinen. Lassen wir indessen unserer Forschungslaune die Zügel schießen und fragen wir: w a s i s t d e r G r u n d a l l e r u n s e r e r E r f a h r u n g s s c h l ü s s e , so schließt dies eine neue Frage ein, deren Lösung und Aufhellung noch schwieriger sein mag."

In der Tat löst sich Hume hier von der gesamten Vergangenheit des Empirismus los und erfaßt eine neue und originale Aufgabe. Die Erfahrung, die bisher als das Allheilmittel galt, bei dem die Untersuchung sich beruhigte, ist jetzt zum unauflöslichen P r o b l e m geworden. Ihre Geltung wird nicht länger naiv vorausgesetzt, sondern sie bildet das eigentliche Rätsel. So wenig wie in der logischen Schlußfolgerung, so wenig kann in der Erfahrung die R e c h t - f e r t i g u n g unserer kausalen Schlüsse gesucht werden. Denn es ist ihr eigener Grund, der eben hier in Frage steht. Es läßt sich verstehen, daß wir uns kraft der Erinnerung die vergangenen Fälle, die uns in der Wahrnehmung gegeben waren, von neuem zurückrufen können; völlig unbegreiflich

---

[1] Näheres über die Erfahrungslehre der antiken Skepsis bei N a t o r p , Forschungen zur Geschichte des Erkenntnisproblems im Altertum, Berlin 1884, S. 127 ff.

aber bleibt es, wie wir von unseren bisherigen begrenzten Einzelbeobachtungen aus das Ganze der k ü n f t i g e n Ereignisse sollten übersehen und bestimmen können. Um hier irgendeinen notwendigen Zusammenhang aufzuweisen, müßte irgendein ,,Medium", müßte ein Mittelbegriff aufgewiesen werden, der sie miteinander verbindet. Wie aber wäre dies möglich, da beide Urteile sich auf völlig verschiedene S u b j e k t e , da sie sich auf räumlich und zeitlich g e - t r e n n t e Erscheinungen beziehen? ,,Wenn jemand sagt: *,,ich habe in allen früheren Fällen bestimmte sinnliche Qualitäten mit bestimmten geheimen Kräften verknüpft gefunden"* und wenn er sagt *,,derartige sinnliche Qualitäten werden immer mit derartigen geheimen Kräften verbunden sein"*, so macht er sich keiner Tautologie schuldig, noch sind diese Sätze in irgendeiner Hinsicht dieselben. Ihr sagt: der eine ist eine Folgerung aus dem anderen. Doch müßt Ihr zugeben, daß diese Folgerung weder intuitiv gewiß noch rein begrifflich beweisbar ist. Sagt Ihr, sie sei ein Erfahrungsschluß (experimental inference), so setzt Ihr eben das, wovon die Rede ist, bereits als bewiesen voraus." Die Induktion verdankt alle ,,Beweiskraft", die man ihr zugestehen mag, einzig dem P o s t u l a t , daß die Zukunft der Vergangenheit gleichen werde; es ist daher vergeblich, sich auf sie zu berufen, wenn es sich darum handelt, dieses Postulat selbst erst zu prüfen. Kein deduktiver oder induktiver Beweis vermag uns gegen die Annahme zu schützen, daß alle ,,Naturen" der Dinge, die wir empirisch festgestellt haben, von einem bestimmten Zeitpunkt an eine Wandlung erfahren und somit alle unsere noch so scheinbaren Vermutungen hinfällig werden könnten. ,,Die Praxis, sagt Ihr, widerlegt meine Zweifel. Aber Ihr verkennt den Sinn meiner Frage. Als Handelnder fühle ich mich in dem Punkte vollkommen befriedigt; als P h i l o s o p h aber, der seinen Teil Wißbegierde, ich will nicht sagen Skeptizismus, besitzt, wünsche ich die Grundlage dieser Folgerung kennen zu lernen. Keine Lektüre, kein Forschen ist jemals imstande gewesen, meinen Skrupel zu beseitigen und mich in einer Frage von solcher Wichtigkeit wahrhaft zufriedenzustellen. Kann ich etwas Besseres tun, als die Schwierigkeit dem

Publikum vorzulegen, selbst wenn ich vielleicht nur geringe Hoffnung hege, eine Lösung zu erhalten[1]?"

Es ist keine bloß äußerliche skeptische Haltung, die sich in diesen Sätzen kundgibt; sondern sie bezeichnen den Grundgedanken von Humes Lehre in seiner reifsten Gestalt. Nur dort, wo Hume in seinem Zweifel v e r h a r r t, wo er jede Möglichkeit einer Abschwächung oder Beschwichtigung seiner Argumente von sich weist, vermag er seine neue Stellung in der Geschichte des Erkenntnisproblems zu behaupten. Die positive und fruchtbare Substanz seines Denkens liegt einzig und allein in seiner S k e p s i s; — während er dort, wo er eine, wenngleich nur bedingte L ö s u n g seiner Bedenken versucht, alsbald wieder in die traditionelle Ansicht zurückfällt. Man hat seine Lehre häufig so gedeutet, daß sie die demonstrative Gewißheit unserer kausalen Urteile bestreite und ihnen nur den Rang bloßer w a h r s c h e i n l i c h e r Vermutungen lasse; aber man verfehlt damit ihre eigentliche Grundabsicht. Eine derartige, allerdings eingeschränkte, aber immerhin l o g i s c h e Schätzung der Erfahrungsschlüsse mochte in Lockes System ihre Stelle haben: für Hume würde sie nur eine Rückkehr zu jener naiven Anschauung bedeuten, die er kritisiert. Um ein Ereignis als ,,wahrscheinlich" zu bezeichnen, müssen wir uns die einzelnen Bedingungen, von denen es abhängig ist, vergegenwärtigen und sie mit anderen Umständen, die einen anderen Erfolg bestimmen, in Gedanken zusammenhalten. Wir können indessen augenscheinlich diesen Vergleich nicht vollziehen, noch irgendeinen V o r r a n g eines Ereignisses vor seinem Gegenteil feststellen, wenn wir nicht eine Ordnung des Geschehens zugrunde legen, die sich selbst im Fluß der Zeit gleich bleibt. Wenn wir etwa erwarten, daß die Ziffern, die sich auf den verschiedenen Seitenflächen eines Würfels befinden, bei einer hinreichend großen Anzahl von Würfen in annähernd gleicher Häufigkeit herauskommen werden, so müssen wir voraussetzen, daß die Bedingungen, von denen der Fall des Würfels abhängt, sich k o n s t a n t erhalten

---

[1] Enquiry, Sect. IV, Part II (ed. G r e e n and G r o s e, p. 33).

und nicht beliebige und unvorhergesehene Änderungen in der Art ihrer Wirksamkeit erleiden. Die Behauptung der „Wahrscheinlichkeit" schließt somit jene o b j e k t i v e G e w i ß h e i t ein, nach deren Recht Hume fragt. Wenn der „Treatise" an diesem Punkte noch eine Unklarheit zurückgelassen hatte, so weist der Enquiry, der sich allgemein durch eine wesentlich schärfere Fassung des Ursachenproblems auszeichnet, auch diesen letzten Versuch der B e g r ü n d u n g des Kausalaxioms ausdrücklich ab. „Wenn es Argumente gäbe, die uns dazu veranlassen würden, der vergangenen Erfahrung zu trauen und sie zur Richtschnur für unser Urteil über die Zukunft zu machen, so könnten diese Argumente zweifellos nur wahrscheinliche sein, da sie sich nicht auf den logischen Zusammenhang der Ideen, sondern auf Tatsachen und Existenz beziehen würden. Daß es aber keinen Beweisgrund dieser Art gibt, ist offenbar, sofern man nur unsere Erklärung dieser Art von Schlußfolgerung festhält und zu Recht bestehen läßt. Wir haben gesagt, daß alle Behauptungen über Existenz sich auf die Relation von Ursache und Wirkung gründen, daß unsere Kenntnis dieser Beziehung lediglich aus der Erfahrung stammt und daß unsere Erfahrungsschlüsse auf der Annahme beruhen, daß die Zukunft mit der Vergangenheit übereinstimmen werde. Den Beweis dieser letzteren Behauptung mit Wahrscheinlichkeitsgründen führen zu wollen, hieße also augenscheinlich sich im Kreise bewegen und das für erwiesen halten, was gerade in Frage steht[1]." Daß die Sonne morgen von neuem aufgehen wird: dies ist wahrscheinlich in dem Sinne, daß es den psychologischen Schein der Wahrheit für sich hat; objektiv betrachtet aber spricht für diese Annahme nicht das Geringste mehr, als für die Behauptung des Gegenteils.

So wird von Locke und Hume am Begriff und logischen Wert der Erfahrung von entgegengesetzten Gesichtspunkten aus Kritik geübt. Wenn Locke in der Erfahrung nur eine eingeschränkte und unvollkommene Erkenntnisweise sieht, die niemals zum Range echter Wissenschaft erhoben werden

---

[1] Enquiry, Sect. IV, Part II, S. 31.

kann, so geschieht es, weil sie, die für ihn nur ein Beisammen und eine Anhäufung vereinzelter sinnlicher Wahrnehmungen ist, dem Ideal strenger deduktiver Notwendigkeit nicht gewachsen ist. (Vgl. ob. S. 258 ff.) Für Hume hingegen gilt die umgekehrte Beurteilung: unser empirisches Weltbild kann keine Gewißheit für sich in Anspruch nehmen, weil es, statt bei den einzelnen „Impressionen" zu verweilen, beständig über sie hinausgreift und ihnen Annahmen hinzufügt, die sich durch keinen Eindruck belegen lassen. Gelänge es, die einzelnen zeitlich getrennten Ereignisse auch in unserer Vorstellung völlig lose und getrennt zu erhalten: so besäßen wir damit ein getreues Bild der Wirklichkeit[1]). Aber es genügt, diese Forderung auszusprechen, um alsbald zu erkennen, daß sie unerfüllbar ist. Denn jede derartige Trennung würde einen Schnitt durch den Nerv unseres physischen und psychischen L e b e n s selbst bedeuten. Die „Natur" widersteht an diesem Punkte siegreich allen Forderungen des kritischen und diskursiven Denkens. Was rein begrifflich niemals begründet werden kann: das ist doch tatsächlich der Grund und Halt all unserer geistigen Betätigungen. Hier gibt es für uns also praktisch keine Wahl: die unlösbare Frage nach der G e l t u n g unserer kausalen Schlüsse wird durch die Einsicht in ihre unentrinnbare psychische W i r k - l i c h k e i t zurückgedrängt und erledigt. „Die Natur nötigt uns mit absoluter und unabwendbarer Notwendigkeit, Urteile zu fällen, ebenso, wie sie uns nötigt, zu atmen und zu empfinden. Wir können ebensowenig verhindern, daß gewisse Gegenstände vermöge ihrer gewohnheitsmäßigen Verbindung mit einem gegenwärtigen Eindruck in unserem Bewußtsein

---

[1]) „Upon the whole, there appears not throughout all nature, any one instance of c o n n e x i o n , which is conceivable by us. All events seem entirely l o o s e a n d s e p a r a t e. One event follows another; but we never can observe any tye between them. They seem c o n - j o i n e d , but never c o n n e c t e d. And as we can have no idea of any thing, which never appeared to our outward sense or inward sentiment, the necessary conclusion seems to be, that we have no idea of connexion or power at all and that these words are absolutely without any meaning when employed either in philosophical reasonings, or common life". Enquiry, Sect. VII, Part. II, S. 61.

kräftiger und voller beleuchtet erscheinen, als wir uns enthalten können, zu denken, solange wir wach sind oder die Körper um uns her zu sehen, wenn wir bei hellem Sonnenschein unsere Augen auf sie richten. Hat sich je einer die Mühe gegeben, die Spitzfindigkeiten eines solchen gänzlichen Skeptizismus zu widerlegen, so hat er in der Tat ohne Gegner gestritten, um durch Argumente ein Vermögen im Menschen festzustellen, das die Natur lange vorher dem Geist eingepflanzt und zu seinem unvermeidlichen Besitztum gemacht hat[1])." Gewohnheit und Übung sind die großen Führerinnen unseres Lebens. Die Frage, ob wir uns diesen „Instinkten" anvertrauen sollen, wird gegenstandslos, sobald sich einmal ergeben hat, daß wir uns ihnen kraft des Mechanismus, der unser geistiges Denken und Fühlen beherrscht, anvertrauen müssen. Indem unsere Vorstellung wiederholt von dem einen Inhalt des Bewußtseins zu einem anderen, häufig mit ihm verknüpften, übergeht, gewinnt dieser Akt immer mehr an Stärke und Lebhaftigkeit des Vollzuges: und dieser gefühlte Unterschied der Intensität bildet das wahrhaft psychische Korrelat und Original für den Gedanken der Kausalität.

Daß jedoch mit all diesen Erwägungen, in denen Humes Lehre ihren Abschluß erreicht, die ursprüngliche Frage nicht beantwortet, sondern vielmehr lediglich verschoben ist, ist leicht ersichtlich. Denn man sieht, wie hier Humes eigentümliche und originale P r o b l e m s t e l l u n g verlassen ist: die Notwendigkeit gehört nicht mehr dem Bereich der Gedanken und Urteile, sondern dem Gebiet der Dinge an. Daß diese Dinge nicht als physische, sondern als psychische gedacht werden, begründet keinen prinzipiellen Unterschied. Der Satz, daß Notwendigkeit nicht selbst ein Attribut der Gegenstände, sondern ein Attribut der „Vorstellung" ist, ließ sich anfangs so auffassen, daß sie damit in ihrem rein i d e a l e n Sinne bezeichnet und bestimmt werden sollte. Der Psychologismus Humes aber vertauscht diese ideale Bedeutung alsbald mit einer Existenz bestimmter

---

[1]) Treatise, Part. I, Sect. IV.

psychischer Inhalte und mit dem realen Ablauf des psychischen Geschehens. Und nunmehr sind es wieder objektiv bestimmte, innere Kräfte, die die Vorstellung selbst beherrschen und zu einem bestimmten, durch ihre Natur vorgeschriebenen Ziele leiten. So kehren denn jetzt in der Beschreibung der psychischen Erscheinungen alle die Begriffe und Ausdrücke wieder, mit denen die Naturwissenschaft die Gesetzlichkeit der Körperwelt darzustellen pflegt. Jede einzelne Beobachtung übt auf den Geist je nach den besonderen Verbindungen, in denen sie steht, einen verschiedenartigen E i n f l u ß aus; jede neue Wahrnehmung besitzt die „Tendenz", die Einbildungskraft in eine bestimmte Richtung zu zwingen. Es gibt eine psychische D y n a m i k d e r V o r s t e l l u n g e n : je nach der sinnlichen Lebhaftigkeit oder der Häufigkeit der Einzelvorstellungen, die miteinander zusammentreffen, entscheidet sich die Art und Richtung des Geschehens in uns und sein schließlicher tatsächlicher Erfolg[1]). Zwar betont Hume, daß wir auch von dem Grundprinzip der Gewohnheit, das dieses Geschehen beherrscht, kein inneres „metaphysisches" Verständnis gewinnen können. „Indem wir dieses Wort gebrauchen, behaupten wir nicht den letzten Grund eines derartigen Hanges angegeben zu haben. Wir bezeichnen damit lediglich ein Prinzip der menschlichen Natur, das allgemein anerkannt und durch seine Wirkungen wohlbekannt ist. Vielleicht können wir unsere Forschungen nicht weiter treiben, also nicht beanspruchen, die Ursache dieser Ursache anzugeben; sondern müssen uns hierbei beruhigen als dem letzten Prinzip, das wir für all unsere Schlüsse aus der Erfahrung aufweisen können[2])." Indessen grenzt diese Bemerkung das Verfahren, das Hume zur Anwendung bringen will, offenbar nur gegen die scholastische Metaphysik, nicht aber gegen die moderne exakte Naturwissenschaft ab. Daß wir es in dieser nicht mit den „substantiellen Ursachen" der Erscheinungen, sondern

---

[1]) S. bes. das Kapitel „Of the probability of causes" (Treatise, P. III, Sect. 13); vgl. hrz. Edmund K ö n i g , Die Entwicklung des Kausalproblems, Bd. I, Lpz. 1888, S. 242 f.
[2]) Enquiry, Sect. V, P. I, S. 36.

lediglich mit ihrer gesetzlichen Folge und Ordnung zu tun haben, war seit den Tagen Keplers und Galileis der allgemein anerkannte Grundsatz[1]). Was für Hume charakteristisch ist, ist also nicht der Rückgang von den dunklen Qualitäten und Kräften zu den Prinzipien und Gesetzen — denn dieser Rückgang war längst vollzogen — sondern die Tatsache, daß er diese Prinzipien aus dem Gebiet des Logisch-Mathematischen in das Psychologische zurückschiebt. Nun aber zeigt es sich, daß — abgesehen von allen sachlichen Einwendungen, die sich hiergegen erheben — Humes eigene Frage, wie er sie anfänglich formuliert hat, sich damit abstumpft. Die Gleichförmigkeit des „Naturlaufs", die Annahme, daß die Zukunft der Vergangenheit gleichen werde, sollte nicht als Dogma hingenommen, sondern kritisch auf ihr Recht geprüft werden. Innerhalb der eigenen psychologischen Theorien Humes aber bricht diese Prüfung plötzlich ab. Hier verhält er sich selbst als naturwissenschaftlicher Beobachter, der den „Induktionsschluß", nach dessen Geltung gefragt wird, unbefangen benutzt und handhabt. Wäre die „menschliche Natur" nicht in allem Wechsel der Zeiten in ihren Grundzügen ein und dieselbe, besäße sie nicht eine konstante und gleichbleibende Verfassung, so wäre es offenbar widersinnig, nach einem „Prinzip" für sie zu suchen. Wir blieben auf die Feststellung momentaner Zuständlichkeiten in uns beschränkt, ohne über die Art, wie diese Zuständlichkeiten sich in anderen Subjekten oder zu anderen Zeitpunkten verhalten, irgendeine begründete Vermutung fassen zu können. Der Obersatz für alle unsere kausalen Schlüsse, den die psychologische Methode entdecken sollte, wird also von ihr in all ihren Teilen bereits gebraucht und vorausgesetzt.

Deutlich tritt dieses Verhältnis hervor, wenn man den allgemeinsten Grundsatz von Humes Psychologie ins Auge faßt. Daß jeder „Idee", die sich in uns findet, ein gleichartiger „Eindruck" vorangegangen sein muß: dies gilt für Hume als ein Axiom, das, allen scheinbar widerstreitenden

---

[1]) Vgl. bes. Bd. I, S. 348 ff. u. S. 402 ff.

Instanzen zum Trotz, unbedingt festzuhalten ist. „Dieser Grundsatz ist bereits so unbedingt sichergestellt, daß seine Anwendbarkeit auch auf unseren Fall keinem Zweifel mehr unterliegen kann". Hier also besitzen wir zwischen Inhalten des Bewußtseins ein konstantes funktionales Abhängigkeitsverhältnis, und die Gewißheit dieser Abhängigkeit wird uns zum allgemeinen Regulativ, das uns in der Durchforschung des besonderen psychischen Geschehens leitet[1]). Worauf aber stützt sich die Sicherheit jenes leitenden Grundsatzes selbst? Läßt er sich rein logisch nach dem Satze der Identität erweisen; liegt es im bloßen Begriff der „Idee", daß sie notwendig mit einer Impression zusammenhängen und aus ihr hervorgegangen sein muß? Zweifellos kann dies nicht die Meinung sein: handelt es sich doch auch hier um zwei Inhalte, die ihrer psychologischen Qualität nach v e r s c h i e d e n und ihrem zeitlichen Auftreten nach g e t r e n n t sind. Somit kann der Satz keine andere als tatsächliche Wahrheit beanspruchen, kann er lediglich eine Verallgemeinerung bestimmter psychologischer Beobachtungen sein wollen. Das Recht dieser Verallgemeinerung muß vorausgesetzt werden, wenn Humes psychologische Beschreibungen selbst ihren Sinn behalten sollen. Die T h e o r i e der Gewohnheit zum mindesten läßt sich selbst nicht wiederum a u f Gewohnheit gründen. Wo daher Hume, in seiner biologischen Ableitung, auf den dauernden Grund des „Seins", auf die Einheit und Gleichförmigkeit der menschlichen „Natur" stößt — da steht er in Wahrheit auch wieder, ohne sich dessen bewußt zu werden, auf logischem Grund und Boden. Die Gewohnheit als solche mag immerhin der „blinde" Instinkt sein, als welcher er sie schildert: aber indem er sie zum P r i n z i p des seelischen Geschehens erhebt, wendet er damit bereits eine bestimmte

---

[1]) „Shall the despair of success make me assert, that I am here possest of an idea, which is not preceded by any similar impression? This wou'd be too strong a proof of levity and inconstancy; since the contrary principle has been already s o f i r m l y e s t a b l i s h'd, as to admit of no farther doubt; at least, till we have more fully examin'd the present difficulty" (Treatise, P. III, Sect. II).

kausale **M e t h o d i k** und in ihr bestimmte logische Voraussetzungen an.

Und diese erste, nur halb bewußte Anerkennung setzt sich allmählich auch in das Gebiet der speziellen Erkenntnistheorie fort. Immer deutlicher tritt nunmehr das Bestreben heraus, die „unphilosophische" Art des Wahrscheinlichkeitsschlusses, gemäß der wir von der Beobachtung weniger und verstreuter Fälle sogleich zur Bildung allgemeiner Regeln des Geschehens übergehen, von der bewußten philosophischen und wissenschaftlichen **M e t h o d e** zu scheiden, die überall das **G a n z e** der in Betracht kommenden Tatsachen ins Auge faßt und die die „wesentlichen" Bedingungen eines Ereignisses von den unwesentlichen Umständen, die mit ihm verbunden waren, abzusondern sucht. Für das Denken der Menge ist es, damit der Eintritt eines bestimmten Ereignisses erwartet werde, nicht erforderlich, daß die Umstände, unter denen es zuerst beobachtet wurde, sich völlig gleichartig wiederholen; es genügt, wenn sie nur irgendeine oberflächliche Ähnlichkeit mit den früher gegebenen Bedingungen aufweisen. Die Wissenschaft indessen begnügt sich nicht mit derlei vagen Analogieschlüssen, sondern sie sucht, bevor sie ihren Ausspruch fällt, den komplexen Fall in seine einfachen Faktoren zu zerlegen und jeden einzelnen Faktor wiederum nur mit den genau übereinstimmenden Inhalten und ihrer gewohnten „Wirkungsweise" zu vergleichen[1]). Daß ihr indessen aus diesem Verfahren irgendein sachlicher Wertvorzug erwachsen sollte, ist aus Humes Prinzipien nicht zu begreifen: enthält doch auch der Wiedereintritt völlig identischer Bedingungen nicht die geringste objektive Gewähr dafür, daß der Erfolg, der einmal an sie geknüpft war, sich erneuern werde. Gleichviel daher, ob wir uns zufällig und willkürlich herausgegriffenen Einzelbeobachtungen überlassen oder uns dem methodischen Gange der Wissenschaft anvertrauen: die **l o g i s c h e** Charakteristik unserer Aussagen wird hierdurch, da sie in beiden

---

[1]) Vgl. bes. Treatise, Part III, Sect. XIII: „Of unphilosophical probability."

Fällen negativ ausfallen muß, nicht berührt. Die Gemeinplätze der alltäglichen Erfahrung treten mit den allgemeinen „Maximen", zu denen die wissenschaftliche Forschung uns hinleitet, in Widerspruch, ohne daß eine der beiden Parteien eine alleingültige, beweisbare „Wahrheit" für sich in Anspruch nehmen könnte. Der skeptische Philosoph genießt das Schauspiel dieses Kampfes als unparteiischer Zuschauer: „er mag sich freuen, hier einem neuen und bedeutsamen Widerspruch in unserer Vernunft zu begegnen und zu sehen, wie unsere Philosophie so leicht jetzt durch ein Prinzip der menschlichen Natur umgestoßen, dann wiederum durch eine neue Anwendung eben desselben Prinzips gerettet wird. Wenn wir allgemeinen Regeln trauen, so leitet uns hierin eine sehr unphilosophische Art von Wahrscheinlichkeitsschluß; und doch können wir nur durch solche Schlüsse die hier in Rede stehenden und alle anderen unphilosophischen Wahrscheinlichkeitsurteile berichtigen." Wenn trotzdem, auch in Humes eigener Darstellung, die wissenschaftliche Technik vor der populären Beobachtung allmählich den Vorrang gewinnt, so ist hierfür kein innerer logischer Grund, sondern der praktische Erfolg bestimmend. Die Erfahrung zeigt uns, daß unsere Voraussagen durch die wirklichen Ereignisse um so eher bestätigt werden, als sie sich auf umfassendere Kenntnis und schärfere Zergliederung von Tatsachen stützen; und die Gewohnheit leitet uns an, diesen Zusammenhang auch für die Zukunft vorauszusetzen. So können nunmehr verschiedene aufsteigende G r a d e d e r G e w i ß h e i t unterschieden, so kann ein Maßstab geschaffen werden, der es gestattet, zwischen widerstreitenden Aussagen der Einbildungskraft eine Entscheidung zu treffen[1]). Eine allgemeine Funktion der Einbildungskraft, die als solche konstant und regelmäßig wirkt, scheidet sich von ihren besonderen zufälligen Betätigungen, die von Fall zu Fall, von Individuum zu Individuum wechseln. Damit aber ist ersichtlich in dieses Gebiet, das als Ganzes der logischen Be-

---

[1]) Vgl. Treatise, Part III, Sect. XIII gegen Ende und Part III, Sect. XV.

gründung und Beurteilung fremd bleiben sollte, ein bedingter und mittelbarer Wertunterschied eingeführt. Wir begnügen uns jetzt nicht mehr damit, jedem beliebigen Antrieb der Einbildungskraft willenlos zu folgen, sondern wir wägen all ihre mannigfachen Motive gegeneinander ab. Wir suchen in den Erscheinungen eine größere Konstanz und Kohärenz, als die unmittelbare Wahrnehmung sie uns darbietet und bemühen uns, sie, wo sie uns nicht direkt gegeben ist, durch Auffindung von Mittelgliedern künstlich herzustellen. Wie sehr Hume sich zuletzt dazu gedrängt sieht, diesen aktiven und konstruktiven Teil unserer Erfahrungswissenschaft anzuerkennen, dies geht mit charakteristischer Deutlichkeit aus seinem Kapitel „über die Wunder" hervor. Ausdrücklich wird hier davon ausgegangen, daß die Erfahrung, wenngleich sie unsere einzige Führerin in allen Urteilen über Tatsachen ist, dennoch nicht in allen Fällen gleich unfehlbar ist, sondern uns häufig genug zu Irrtümern verleitet. Wir haben indessen kein Recht, uns über sie zu beklagen: ist sie es doch selbst, die uns über ihre eigene Unsicherheit belehrt, sofern sie uns entgegengesetzte Instanzen vorführt und uns dadurch Gelegenheit gibt, unser Urteil zu prüfen und zu berichtigen. „Nicht alle Wirkungen folgen mit gleicher Sicherheit aus ihren angeblichen Ursachen. Von bestimmten Vorgängen hat es sich gezeigt, daß sie, in allen Ländern und zu allen Zeiten, beständig miteinander verbunden sind; während andere eine losere und schwankendere Verknüpfung zeigen und daher bisweilen unsere Erwartungen täuschen, so daß es in unseren Urteilen über Tatsachen a l l e e r d e n k l i c h e n G r a d e d e r S i c h e r h e i t, von der höchsten Gewißheit bis zur niedrigsten Art der Wahrscheinlichkeit (moral evidence) gibt[1]." Die Widerlegung der Wunder erfolgt durch den Nachweis, daß ihre Überzeugungskraft über diese letzte, unterste Stufe niemals hinauswachsen kann, denn auf welche Autoritäten und Zeugnisse sie sich stützen mögen, so widerspricht doch, was sie berichten, so sehr dem konstanten Laufe der Dinge, den eine feste und unabänder-

---

[1] Enquiry, Sect. X, Part I: Of Miracles.

liche Erfahrung uns kennen gelehrt hat, daß alle Einzelbeweise, gegenüber der Gesamtmasse der Tatsachen und Beobachtungen, die hier verkörpert sind, verstummen müssen.

Mit dieser Argumentation hat Hume indessen das Gebiet, auf dem seine sonstige Untersuchung sich bewegt, bereits verlassen. Wenn die „Objektivität", die wir bestimmten Tatsachen und ihrer Verknüpfung zusprechen, niemals logisch zu begründen ist, sondern lediglich auf der Energie und Lebhaftigkeit beruht, mit der der Geist sich getrieben fühlt, diese Inhalte in der Vorstellung zu verwirklichen: so müßten alle Motive, die imstande sind, diese Energie des Vorstellens zu steigern, die gleiche Bedeutung für unser Urteil über die Realität haben. „Nicht allein in Poesie und Musik — so urteilt Hume selbst — müssen wir unserem Geschmack und Gefühl folgen, sondern auch in der Philosophie. Wenn ich von irgendeinem Satz überzeugt bin, so heißt dies nur, daß eine Vorstellung stärker auf mich einwirkt; wenn ich einer Beweisführung den Vorzug vor einer anderen gebe, so besteht, was ich tue, einzig darin, daß ich mein Gefühl befrage und nach ihm darüber entscheide, welche Beweisführung in ihrer Wirkung auf mich der anderen überlegen ist[1])." Die Lebhaftigkeit des Vorstellens ruft nicht bloß den Glauben an die Realität des vorgestellten Inhalts hervor, sondern dieser Glaube i s t seinem ganzen Wesen nach nichts anderes, als eben dieser innere Zwang und Trieb der Einbildungskraft[2]). Warum sollte aber dieser Trieb lediglich von der Q u a n t i t ä t übereinstimmender Beobachtungen abhängig sein, statt zugleich durch die eigentümliche B e s c h a f f e n h e i t der Vorstellungen und durch die Umstände, unter denen sie uns dargeboten werden, bestimmt zu werden? Der Bericht über ein Wunder mag daher noch so sehr bekannten Tatsachen widerstreiten: wenn er die Imagination anregt und zu energischer Tätigkeit aufruft,

---

[1]) Treatise, Part III, Sect. VIII.
[2]) „Here we must not be contented with saying, that the vividness of the idea p r o d u c e s the belief: W e m u s t m a i n t a i n, t h a t t h e y a r e i n d i v i d u a l l y t h e s a m e." Treatise, P III, Sect. X.

wenn er das Bewußtsein völlig ausfüllt und in Anspruch nimmt, so haben wir, nach Humes eigenen psychologischen Kriterien im Grunde kein Mittel mehr, ihm die Glaubwürdigkeit zu versagen. Denn nur um das, was geschieht, nicht um das, was berechtigterweise geschehen s o l l t e, kann es sich handeln. Weist die „menschliche Natur" einen ebenso konstanten Hang zum Wunderbaren und zur Ausnahme auf, wie sie ihn andererseits für das Gewohnte und Bekannte zeigt, so haben wir, auf dem Standpunkt der beobachtenden und zergliedernden Psychologie, auf dem wir hier stehen, diese Tatsache schlechthin anzuerkennen und hinzunehmen. Über den künftigen o b j e k t i v e n Verlauf des Geschehens aber ist b e i d e n Tendenzen die Entscheidung versagt. Wenn Hume diese rücksichtslose Konsequenz seiner Grundansicht zuletzt dennoch abzuschwächen sucht, wenn er sich genötigt sieht, gleichsam eine Vernunft der Einbildungskraft selbst anzuerkennen, so liegen die Motive hierfür in den besonderen geschichtlichen Bedingungen seines Systems. Was das Interesse der abstrakten Wissenschaft nicht vermochte, das vermag über ihn das Interesse der religiösen und moralischen Aufklärung. So ergibt sich jetzt eine eigentümliche Divergenz der theoretischen Überzeugung und der praktisch sittlichen Forderungen. Es entsteht eine Mittelstellung der Erkenntnis: wenngleich wir niemals mit Sicherheit wissen können, ob die wirklichen Erscheinungen uns künftig in fester gesetzlicher Fügung oder als bloßes Chaos gegeben sein werden, so müssen wir doch unser Denken und Handeln so gestalten, a l s o b das Erstere der Fall wäre; als ob die m e t h o d i s c h e Erforschung der Natur uns im Gegensatz zur populären Auffassung auch einer höheren „Wahrheit" der Dinge versicherte. Indem der Geist dieser Weisung folgt, reiht er die einzelnen Eindrücke, die sich ihm darbieten, nicht lediglich nebeneinander, sondern sucht sie in einer Weise zu verknüpfen, daß sich daraus die größtmögliche Einheit und Regelmäßigkeit des Geschehens ergibt.

Überblicken wir nunmehr das Ergebnis der kritischen Analyse des Kausalbegriffs und stellen wir es der Kritik, die

Hume an der Mathematik geübt hatte, gegenüber, so tritt der Fortschritt in der philosophischen Fragestellung deutlich hervor. Hier wie dort hat sich die Eigentümlichkeit des Bewußtseins gezeigt, bei dem Stoff der unmittelbar gegebenen Perzeptionen nicht stehen zu bleiben, sondern über ihn hinauszufragen, — hier wie dort wird das objektive Recht dieses Triebes bestritten. Aber der Ausgleich, der im Gebiet der Mathematik noch möglich schien, ist uns nunmehr versagt. Gegenüber der „Transzendenz", deren sich das mathematische Denken schuldig macht, mochte der Hinweis auf das naive Bild der Wirklichkeit genügen. Es konnte die Forderung gestellt werden, auf die geometrischen Ideale zu verzichten und sich lediglich im Kreise des Sinnlich-Wahrnehmbaren zu halten; es konnte versucht werden, eine neue Mathematik zu ersinnen, die die Vorstellungsinhalte, statt sie durch abstrakte Deutungen zu verfälschen, in ihrer konkreten Wahrheit ergreift. An dem Punkte dagegen, an dem wir jetzt stehen, ist eine derartige Umkehr unmöglich. So wenig wir das kausale Schließen wahrhaft begründen können, so wenig können wir uns seiner begeben. Dem Denken schien innerhalb der reinen Mathematik eine rein negative Leistung zuzukommen: sein Verfahren bestand darin, daß es über die Einzelbestimmungen der individuellen Vorstellung hinwegsah und sie unbeachtet ließ. Hier dagegen handelt es sich nicht um eine derartige Verarmung, sondern um eine, wenngleich unbegreifliche, Bereicherung des Wahrnehmungsinhalts: nicht ein Akt der Abstraktion, sondern der Konstruktion ist es, der in Frage steht. Gleichviel woher dieser rätselhafte Zuwachs stammt, den die bloßen Empfindungsdaten durch den Gedanken der notwendigen Verknüpfung erfahren: die Meinung, daß er selbst sich auf eine einzelne „Impression" zurückführen lasse, ist nunmehr endgültig überwunden. Das Korrelat, das die psychologische Analyse für ihn zu entdecken vermag, besteht nicht in einem besonderen sinnlichen Bilde, sondern in einer konstanten und regelmäßigen Funktion der Einbildungskraft. Vermag diese Funktion nur Verknüpfungen, die in der Erfahrung gegeben waren, einfach zu wiederholen oder besitzt sie, darüber hinaus, eine eigene schöpferische Bedeutung für den Begriff der Erfahrung selbst? Die Antwort auf diese Frage bildet die Grenzscheide zwischen **H u m e s** und **K a n t s** Philosophie; aber es läßt sich zeigen, daß das Problem selbst wenigstens an **e i n e r** Stelle noch in den Gesichtskreis von Humes Erkenntnislehre getreten ist, die damit einen neuen charakteristischen Zug gewinnt.

III.

Der Begriff der Existenz.

Der Begriff der Ursache wurzelt, wenn wir ihn psychologisch betrachten und erklären, in einer Nötigung unseres Vorstellens; aber er geht, wenn wir lediglich seinen Gehalt und seine eigene Meinung ins Auge fassen, über das Gebiet der Vorstellungsinhalte beständig hinaus. Wir behaupten eine notwendige kausale Verknüpfung nicht sowohl zwischen unseren Empfindungen, als zwischen den realen Dingen, die wir unseren wechselnden Wahrnehmungen als dauernde reale Existenzen gegenüberstellen. Welches Recht immer dieser Behauptung zukommen mag: wir müssen sie zu verstehen und in sich selber aufzuklären suchen, sofern wir uns auch nur den tatsächlichen Befund, den unser Bewußtsein uns darbietet, ganz zu eigen machen wollen. Die Kritik des **S u b s t a n z b e g r i f f s** ist daher von der des **K a u s a l b e g r i f f s** nicht zu scheiden: beide vereint erschöpfen erst das Gebiet der Erkenntnis und des empirischen Seins.

Wir beginnen hier mit der gleichen negativen Feststellung, mit der die Erörterung des Kausalproblems abschloß: der Begriff des „Seins" ist uns ebensowenig wie der der Ursache durch eine einzelne Perzeption bekannt oder gegeben. Daß dieser oder jener Inhalt „existiert", dies bedeutet kein vorstellbares Merkmal, das er, neben anderen Bestimmungen, an sich trüge. Die „Wirklichkeit", die wir ihm zusprechen, ist keine besondere ablösbare Eigenschaft, die an ihm etwa in derselben Weise, wie die Farbe am farbigen Körper haftet; vielmehr besagt das „Dasein" eines Objekts nichts anderes, als den Inbegriff aller seiner erscheinenden Merkmale selbst. „An etwas einfach denken und es als existierend denken, dies sind nicht zwei verschiedene Dinge. Die Vorstellung der Existenz fügt, wenn sie mit der Vorstellung eines beliebigen Gegenstandes verbunden ist, nichts zu ihr hinzu. Was immer wir vorstellen, stellen wir als existierend vor. Jede Vorstellung, die es uns beliebt zu vollziehen, ist die Vorstellung von etwas Seiendem; und die Vorstellung von etwas Seiendem ist nichts anderes, als eben eine beliebige von uns vollzogene Vorstellung. Wer dies bestreitet, der müßte notwendig die bestimmte Impression aufzeigen können, von der die Idee des Seins sich ableitet, und den Nachweis führen, daß diese Impression von allem, was wir als existierend betrachten, untrennbar ist; dies aber ist, wie wir unbedenklich behaupten dürfen, völlig unmöglich."

Gibt es somit keine e i n z e l n e Impression, die uns den Inhalt des Seinsbegriffs vermittelte, so ist doch andererseits zu fordern, daß wir im G a n z e n unserer Vorstellungen das Korrelat und den Ursprung für ihn entdecken. Denn das gesamte Material für jegliche Begriffsbildung liegt notwendig in diesem Umkreis beschlossen. „Man richte seine Aufmerksamkeit so intensiv als möglich auf die Welt außerhalb seiner selbst; man dringe mit seiner Einbildungskraft bis zum Himmel oder bis an die äußersten Grenzen des Weltalls; man gelangt doch niemals einen Schritt weit über sich selbst hinaus, noch kann man irgendeine Art der Existenz erfassen, außer den Perzeptionen, die in dieser engen Sphäre erschienen sind. Dies ist das Universum der Einbildungskraft: wir haben keine Vorstellung, die nicht darin ihr Dasein hätte[1]." Der Gedanke eines „absoluten" Seins, das mit den Inhalten unserer Erkenntnis keine einzige Qualität und Beschaffenheit gemeinsam hat, muß daher von Anfang an aus der Untersuchung ausscheiden; er ist völlig leer und bedeutungslos. Läßt man aus dem Begriff der Materie alle erkennbaren Eigenschaften, die primären sowohl wie die sekundären, weg, so hat man ihn damit im Grunde vernichtet und lediglich ein gewisses unbekanntes und unerklärliches Etwas als die

---

[1] Treatise, P. II, Sect. VI.

Ursache unserer Perzeptionen zurückbehalten: „ein Begriff, der so unvollkommen ist, daß kein Skeptiker es der Mühe wert finden wird, gegen ihn zu streiten[1])." Die „Substanz" in diesem Sinne ist und bleibt eine „unfaßbare Chimäre": nach ihr suchen, heißt nach Schatten haschen. Wenn die Erkenntnis der gegenständlichen Wirklichkeit nichts anderes besagen sollte, als die Forderung, diesen unbekannten „Grund der Vorstellungen" zu erfassen, so wäre sie ein wahrhaft hoffnungsloses Beginnen: jenem Zustand vergleichbar, „von dem uns die Dichter in ihren Beschreibungen der Bestrafung des Sisyphus und Tantalus nur einen schwachen Begriff gegeben haben. Oder kann man sich eine größere Qual denken als die, mit Eifer zu suchen, was uns für immer entflieht und es an einem Orte zu suchen, wo es unmöglich je sich finden kann[2])?"

Das eigentliche kritische Grundproblem aber ist mit dieser Einsicht nicht erledigt, ja noch nicht einmal in Angriff genommen. Wenn wir die Illusion der „absoluten" Gegenstände durchschauen, so sind wir damit doch der Frage nicht überhoben, auf welche Art der Begriff des **empirischen Gegenstandes** zustande kommt. Den Gedanken an ein völlig unerkennbares Sein „hinter" den Erscheinungen dürfen wir abweisen; aber damit tritt nur um so deutlicher die Forderung vor uns hin, zu erklären, wie wir, in der Betrachtung der Phänomene selbst, dazu gelangen, von einem „Sein" und einer **Fortdauer** des Objekts **über den Akt der unmittelbaren sinnlichen Wahrnehmung hinaus** zu sprechen. Der Begriff einer **doppelten** Wirklichkeit: eines Seins innerhalb und außerhalb des Wahrnehmungsaktes drängt sich jetzt von neuem hervor. Dieser Begriff ist auch dem naiven Weltbild, das von der künstlichen spekulativen Trennung des Seins in eine Sphäre der unerkennbaren „Dinge an sich" und in eine Sphäre der Erscheinungen nichts weiß, durchaus wesentlich. Aber er besagt freilich etwas ganz anderes, als in der gewöhnlichen philo-

---

[1]) Enquiry, Sect. XII, P. I (S. 127).
[2]) Treatise, Part IV, Sect. 3 (S. 222 f.).

sophischen Deutung. Die „Objekte", von welchen das naive Bewußtsein spricht und deren Existenz es als notwendig annimmt, sind nicht Gegenstände, die von allen Qualitäten der Sinneswahrnehmung entblößt sind, sondern sie bestehen aus der Gesamtheit eben dieser Qualitäten selbst, sofern wir ihnen über den Augenblick der sinnlichen Empfindung selbst hinaus einen gleichartigen Fortbestand zuerkennen. Der Glaube an einen solchen Fortbestand — nicht derjenige an gänzlich unbekannte Substanzen — ist unvermeidlich, wenngleich wir auch für ihn vergebens nach einer rationalen Begründung suchen[1]). Was uns wirklich gegeben ist, sind Komplexe von Empfindungsqualitäten, die sich vielfach kreuzen und verdrängen, die jetzt aus unserem Bewußtsein schwinden, um nach einer gewissen Zeit wieder aufzutauchen. Was veranlaßt uns, diesen m o m e n t a n e n Bildern einen Zusammenhang zuzuschreiben, den sie für die direkte Wahrnehmung jedenfalls nicht besitzen; was berechtigt und was zwingt uns, sie, die uns doch stets nur in lückenhafter und unstetiger Folge gegeben sind, zu einem kontinuierlichen Ganzen zusammenzufassen und ihnen ein und denselben „Gegenstand" entsprechen zu lassen? Fragen dieser Art

---

[1]) Die „Außendinge", deren Existenz Hume zugesteht, während er freilich ihre Beweisbarkeit leugnet, sind daher nicht die metaphysischen Substanzen, sondern die empirischen Dinge in Raum und Zeit. (Gegen H ö n i g s w a l d: Über die Lehre Humes von der Realität der Außendinge und die Bemerkungen von P. W ü s t in der Rezension dieser Schrift: Kant-Studien XV, 333). Es sind die objektivierten Perzeptionen, die wir von dem Wahrnehmungs a k t loslösen, wobei wir indessen die i n h a l t l i c h e qualitative Bestimmtheit, die sie in der Wahrnehmung selbst besitzen, ungeändert lassen. Eine derartige Loslösung enthält, wenngleich sie nach Hume unbegreiflich bleibt, zum mindesten keinen inneren Widerspruch: the supposition of the continu'd existence of *sensible objects or perceptions* involves no contradiction (Treatise P. IV, Sect. II, 208). Daß dieser Standpunkt — abgesehen von allen sachlichen Einwendungen, die man gegen ihn erheben mag — in sich durchaus möglich und mit der Leugnung der „absoluten" Substanzen verträglich ist, zeigt der moderne Positivismus, der sich hier Humes Ansicht vielfach völlig zu eigen gemacht hat (vgl. z. B. P e t z o l d t, Das Weltproblem vom positivistischen Standpunkte aus, Lpz. 1906, S. 141 ff.).

sind nicht neu, sondern hatten seit Descartes' kritischer Analyse des Dingbegriffs die moderne Philosophie dauernd beschäftigt. Humes Verdienst ist somit nicht die Entdeckung des Problems, wohl aber seine scharfe und bewußte Herauslösung aus den metaphysischen Zusammenhängen, in die es bisher gestellt war. Was wir darunter verstehen, wenn wir den Objekten ein losgelöstes Sein „außerhalb" des Bewußtseins zusprechen: dies wird sich, wie er hervorhebt, erst dann wahrhaft beantworten lassen, wenn zuvor eingesehen ist, was die zeitliche K o n s t a n z bedeutet, die wir ihnen beizulegen pflegen. Das Substanzproblem wird gleichsam aus der Sprache des Raumes in die der Zeit übertragen: nicht eine, irgendwie örtlich zu verstehende „Transzendenz" der Dinge, sondern ihre empirische Beharrlichkeit bildet die eigentliche erkenntnistheoretische Grundfrage. Sie war bereits bei Berkeley aufgetaucht, um jedoch sogleich durch die Berufung auf den Gottesbegriff erledigt zu werden: wir haben trotz aller Unterbrechung, die unsere Wahrnehmungen erfahren, das Recht, von bleibenden identischen Gegenständen zu sprechen, weil die Perzeptionen, die für das einzelne individuelle Subjekt entschwinden, im göttlichen Bewußtsein ihren Fortbestand behaupten. Jetzt indessen, nachdem dieser letzte Hort und Bürge der Objektivität geschwunden ist, stehen wir vor einer völlig neuen Aufgabe. Der Gedanke der dauernden Existenz der Gegenstände kann, wie wir sahen, nicht den Sinnen entstammen, da deren Aussage sich immer nur auf den augenblicklichen Zustand des Subjekts erstreckt, nicht aber in eine zeitliche Ferne übergreift. Noch weniger aber können wir diesen Gedanken als ein Produkt der vernünftigen Schlußfolgerung begreifen: ist doch alles logische Schließen, wie Hume immer von neuem einschärft, lediglich auf den Satz der Identität gestellt, während es sich hier darum handelt, über den Inhalt der jeweilig gegebenen Perzeptionen hinauszugehen. Aber auch das Kausalprinzip muß an diesem Punkte versagen: denn dieses Prinzip ist, wenn ihm überhaupt irgendein relatives Recht zuerkannt werden soll, an die Bedingung gebunden, daß es sich rein auf eine immanente Verbindung von Perzeptionen selbst beschränkt, daß es also eine Perzeption mit einer anderen, nicht aber die Perzeption mit ihrer angeblichen dinglichen Ursache verknüpft[1]). So führt denn alle abstrakte philosophische Erwägung nicht sowohl zu einer Begründung, wie zu einer Bestreitung der Setzungen, die das gewöhnliche Bewußtsein hier naiv und unbekümmert vollzieht. „Die Annahmen der Menge und die Forderungen, die sich aus der Philosophie ergeben, sind an diesem Punkte einander direkt entgegengesetzt. Die Philosophie lehrt uns, daß alles, was sich dem Geist darstellt, lediglich eine Perzeption, also in seinem Dasein unterbrochen und vom Geist abhängig ist, während die Menge Wahrnehmungen und Gegenstände zusammenwirft und eben den Dingen, die empfunden oder gesehen werden, eine gesonderte dauernde Existenz beilegt. Da diese Anschauung v o l l k o m m e n u n v e r n ü n f t i g i s t, so muß sie aus einem anderen Vermögen, als dem Verstande stammen."

In der Ausführung, die Hume diesem Gedanken gibt, gilt es wiederum zweierlei zu unterscheiden. Wir müssen die Aufdeckung und Zergliederung des psychologischen T a tb e s t a n d e s von der E r k l ä r u n g, die Hume für ihn versucht, völlig absondern. So unzureichend die letztere Leistung bleibt, so sehr hat sich die erstere für den Fortschritt der Probleme fruchtbar erwiesen. Welche inhaltliche Bestimmtheit, welche phänomenologische Beschaffenheit ist es, die wir meinen, wenn wir unseren Ideen ein „objektives" Sein zusprechen? Es genügt — wie nunmehr im Gegensatz zu früheren Ausführungen klar hervorgehoben wird — keineswegs, wenn man hier auf ihre besondere Stärke und Lebhaftigkeit und auf die Unwillkürlichkeit, mit der sie sich unserem Bewußtsein aufdrängen, verweist, kommen doch all diese Eigenschaften in nicht geringerem Maße unseren Lust- und Unlustgefühlen, unseren Affekten und Leiden-

---

[1]) „As no beings are ever present to the mind but perceptions, it follows that we may observe a conjunction or a relation of cause and effect between different perceptions but can never observe it between perceptions and objects." Treatise P. IV, Sect. II.

schaften zu, die wir doch niemals aus dem Umkreis des eigenen Ich herauszuversetzen versucht sind. Es müssen somit Merkmale sein, die den sachlichen Inhalt und die Verknüpfung der Vorstellungen selbst, nicht aber die bloße Reaktion des empfindenden Subjekts angehen, welche uns dazu veranlassen, bestimmten Gruppen und Folgen von Erscheinungen jene eigenartige „Realität" zuzuerkennen. Nun scheint es zunächst, als ob die bloße Konstanz der Eindrücke ihnen diesen Wert und Anspruch verleihen könnte. „Jene Berge, Häuser, Bäume, die sich jetzt eben meinen Blicken zeigen, sind mir stets in derselben Ordnung entgegengetreten, und wenn ich die Augen schließe oder den Kopf wende und sie dadurch aus dem Gesicht verliere, so sehe ich sie doch gleich darauf ohne die geringste Veränderung von neuem vor mir. Mein Bett, mein Tisch, meine Bücher und Papiere zeigen dieselbe Gleichförmigkeit des Daseins; sie ändern sich nicht, wenn die Tätigkeit des Sehens oder Wahrnehmens eine Unterbrechung erleidet. Und dies ist bei allen Eindrücken der Fall, deren Objekte ich als außer mir existierend betrachte, es ist bei allen anderen Eindrücken, mögen sie nun geringe oder große Aufdringlichkeit besitzen, willkürlich oder unwillkürlich sein, nicht der Fall." Aber dieses erste Merkmal ist offenbar für sich allein unzureichend; denn wäre es entscheidend und ausschlaggebend, so würde die Realität eines Eindrucks an seine Unwandelbarkeit gebunden sein, so wäre mit anderen Worten keine objektive Feststellung von Veränderungen möglich. Gerade hier aber liegt der eigentliche Schwerpunkt des Problems: Erscheinungen heißen „wirklich", wenn sie — welchen Wechsel ihrer Beschaffenheiten und ihrer gegenseitigen Beziehungen sie immer erleiden mögen — doch niemals völlig unvermittelte und sprunghafte Änderungen erfahren, sondern in all ihren einzelnen Phasen einen bestimmten und geregelten Übergang aufweisen. Diese Kohärenz der Eindrücke, dieses einheitliche Gesetz, das sie in ihrer Abwandlung befolgen, ist es erst, was uns von einem stetigen und lückenlosen „Sein" sprechen läßt. Damit wir den Inhalt einer Perzeption über eine bestimmte Zeitstrecke ausbreiten, müssen wir ihn gleichsam mit dem geistigen Blick verfolgen können; hierzu aber ist nicht erforderlich, daß völlig gleichartige Empfindungen sich aneinander reihen, sondern nur, daß die verschiedenen Momente durch die A b h ä n g i g k e i t, die zwischen ihnen besteht, zu einer ideellen Einheit zusammengefaßt sind.

Jetzt erst, nachdem der Sinn des Problems in dieser Weise geklärt ist, kann die psychologische Lösung einsetzen. Die dauernde Existenz hat sich uns in die Gesetzmäßigkeit eines Prozesses aufgelöst; der Grund und Ursprung dieses Prozesses selbst aber kann nirgends anders als im Bewußtsein gesucht werden. Wiederum ist es die Einbildungskraft, die dadurch, daß sie den einzelnen Eindrücken folgt und, auf Grund der Ä h n l i c h k e i t zwischen ihnen, vom einen zum anderen ü b e r g e h t, ein geistiges Band zwischen ihnen schafft, das sodann von uns fälschlich als ein substantielles Band in den Dingen selber gedeutet wird. Wir reden von einem identischen Objekt, wo in Wahrheit nur zeitlich getrennte, jedoch durch assoziative Beziehungen verknüpfte Gruppen von Vorstellungen vorhanden sind. ,,Wenn die Einbildungskraft leicht an den Vorstellungen der verschiedenen und unterbrochenen Wahrnehmungen hingleitet oder leicht von der einen zur anderen fortschreitet, so schließt dies fast dieselbe Tätigkeitsweise des Geistes in sich, wie sie stattfindet, wenn wir einer gleichmäßigen und ununterbrochenen Wahrnehmung folgen. Es ist uns daher die Verwechslung des einen und des anderen Tatbestandes eine sehr natürliche Sache." So ist es zuletzt ein und derselbe Trugschluß, der uns zur Annahme eines realen dauernden Seins, wie zur Setzung einer objektiv notwendigen Verknüpfung der Dinge verleitet. Und dennoch gewinnt Humes allgemeiner Gedanke hier, wenn man ihn schärfer ins Auge faßt, eine neue Nuance. Wenn der Kausalschluß über den Bereich des Gegebenen hinausging, so beschränkte sich doch seine Leistung darauf, eine Verknüpfung, die die vergangene Erfahrung uns kennen gelehrt hatte, auf das zukünftige Geschehen zu übertragen. Er stiftete somit im Grunde keinen neuen Inhalt, sondern verfolgte nur einen empirisch bekannten Tatbestand über das Gebiet hinaus, auf dem er der Wahrnehmung zuerst entgegentrat. Jetzt dagegen handelt es sich um einen weitaus schwierigeren und fragwürdigeren Prozeß. Indem die Einbildungskraft, allen Lücken der aktuellen Wahrnehmung zum Trotz, die einheitliche Fortdauer des Gegenstandes behauptet, sagt sie damit einen Zusammenhang aus, der prinzipiell alle Grenzen der sinnlichen Beobachtung überschreitet. Sie setzt den Bestand von Inhalten dort voraus, wo er empirisch niemals erweisbar ist; sie erschafft an den Stellen, die die direkte Empfindung leer läßt, eigene Gebilde, die ihrerseits den wahrgenommenen Tatsachen erst Halt und Zusammenhang geben. Hier stehen wir also nicht mehr vor einer bloßen Wiederholung, sondern vor einer echten Schöpfung; nicht vor einer gewohnheitsmäßigen Reproduktion, sondern — so paradox dies auch sein mag — vor einer Produktion von Inhalten. Und es ist Hume selbst, der diesen Unterschied nunmehr energisch hervorhebt. Der Schluß auf die Stetigkeit und Kohärenz der Erscheinungen ist, wie sich bei näherer Betrachtung ergibt, von allen Folgerungen, die wir auf Grund des Kausalbegriffs ziehen, wesentlich verschieden: will man auch ihn aus der G e w o h n h e i t ableiten, so kann dies doch nur in mittelbarer und uneigentlicher Weise (in an indirect and oblique manner) geschehen. „Denn es wird ohne weiteres zugegeben werden, daß, da dem Geiste doch nichts anderes als seine eigenen Perzeptionen gegenwärtig ist, eine Gewohnheit sich nur auf Grund der regelmäßigen Verknüpfung eben dieser Perzeptionen bilden kann, und daß sie demnach auch ü b e r d e n G r a d d i e s e r R e g e l m ä ß i g k e i t n i e m a l s h i n a u s g e h e n k a n n. Ein bestimmter Grad der Regelmäßigkeit in unseren Wahrnehmungen kann daher für uns niemals der Grund sein, auf einen höheren Grad von Regelmäßigkeit in anderen Objekten, die sich unserer Wahrnehmung entziehen, zu schließen. Dies schließt vielmehr einen Widerspruch ein: nämlich eine Gewohnheit, die auf Grund von etwas, was dem Geiste niemals gegenwärtig war, entstanden wäre. Nun wollen wir aber offenbar, wenn wir aus der Kohärenz der Sinnesobjekte oder der Häufigkeit ihrer Verbindung auf ihre dauernde Existenz schließen, diesen Gegenständen eben damit **eine größere Regelmäßigkeit sichern als wir in unseren Wahrnehmungen beobachtet haben.** Wir mögen uns in einem gegebenen Falle davon überzeugt haben, daß zwei Arten von Gegenständen, jedesmal wenn sie den Sinnen erschienen, miteinander verbunden waren; eine vollkommene Konstanz dieser Verbindung aber konnten wir unmöglich beobachten. Es genügt ja schon eine bloße Wendung des Kopfes oder die Schließung der Augen, um diese Konstanz aufzuheben. Gerade in diesem Falle aber nehmen wir ja an, daß jene Gegenstände, trotz der anscheinenden Unterbrechung, in ihrer gewöhnlichen Verbindung beharren und schließen demnach, daß die Erscheinungen, die sich uns als etwas Regelloses darbieten, dennoch durch etwas aneinander geknüpft seien, das für uns nur nicht wahrnehmbar ist. Nun beruhen zwar alle unsere Schlüsse über Tatsachen einzig auf der Gewohnheit, die ihrerseits wieder nur die Wirkung wiederholter Wahrnehmungen sein kann: die Ausdehnung der Gewohnheit aber über das Gebiet der Wahrnehmung hinaus kann niemals die direkte und natürliche Wirkung der konstanten Wiederholung und Verbindung sein, sondern muß auf der Mitwirkung anderer Faktoren beruhen[1].''

Diese Faktoren aber haben wir bereits kennen gelernt. In der Analyse der mathematischen Erkenntnis zeigte es sich uns, daß die Gebilde, von denen hier die Rede ist, niemals der einfache Ausdruck bestimmter Empfindungen sind, sondern daß in ihnen der Inhalt, den die Wahrnehmung bietet, nach einer bestimmten Richtung hin umgebildet und weitergeführt ist. Auf Grund einer unvollkommenen Gleichheit, die uns in den sinnlichen Dingen begegnet, sehen wir uns dazu gedrängt, einen vollkommenen und absolut genauen Maßstab der Vergleichung zu ersinnen, bei dem auch der geringste Irrtum und die geringste Wandlung ausgeschlossen sein soll. Genau der gleiche Fall liegt hier vor. ,,Gegenstände

---

[1] Zum Ganzen vgl. das Kapitel: ,,Of scepticism with regard to the senses'' (Treatise, P. IV, Sect. II).

zeigen schon, soweit sie den Sinnen erscheinen, einen **gewissen** Zusammenhang, der aber weit fester und gleichförmiger wird, sobald wir voraussetzen, daß sie eine kontinuierliche Existenz besitzen. Da nun der Geist **einmal im Zuge ist**, eine Gleichförmigkeit in den Objekten zu beobachten, so ist es ihm natürlich, damit fortzufahren, bis er diese Gleichförmigkeit in eine möglichst vollkommene verwandelt hat[1]." Mit diesen Betrachtungen steht Hume an der Schwelle eines Problems von grundlegender erkenntniskritischer Bedeutung. Neben dem Substanzbegriff und dem Kausalbegriff tritt jetzt der **Grenzbegriff**, wenngleich nur in unbestimmter und bildlicher Fassung, hervor. Was wir die „Wirklichkeit" der Dinge nennen, das ist nicht lediglich der ruhende Ausdruck der „Perzeptionen" in unserem Geiste, oder auch die bloße Übersetzung des gegebenen Empfindungsinhalts in eine andere Sphäre des Seins, sondern es kann erst **durch einen fortschreitenden Prozeß der Idealisierung** aus dem, was Beobachtung und Erfahrung uns bieten, gewonnen und erarbeitet werden. Der Begriff des stetigen und beharrlichen Seins bedeutet nichts anderes als eine Grenzsetzung des Geistes, die sich ihm mit innerer Notwendigkeit ergibt, sobald er das Material der Sinneswahrnehmungen zu durchgängiger und geschlossener Einheit zu verknüpfen strebt. Das Objekt geht gleichsam aus der Integration der Empfindung hervor: eine Integration, die sich über alle Unstetigkeitsstellen der bloßen Wahrnehmung

---

[1] Ibid. — „Hiermit ergänzt oder vervollständigt Hume — so bemerkt **Lipps** treffend zu dieser Stelle —, wie man sieht, sein Prinzip der Gewohnheit. Zugleich gewinnt das Prinzip damit einen neuen Charakter, derart, daß es fast wie ein logisches oder Erkenntnisprinzip sich ausnimmt; es wird zu einer Art von allgemeinem Prinzip der Konstanz, Konsequenz, kurz Gesetzmäßigkeit **des „Geistes"**. Ein Schritt weiter in dieser Richtung, und das Gewohnheitsprinzip als solches ... mußte fallen und die wirkliche Gesetzmäßigkeit des Geistes im engeren und spezifischen Sinne dieses Wortes, die apriorische Gesetzmäßigkeit des Denkens, die Eines ist mit der Gesetzmäßigkeit der gedachten Gegenstände und in der auch das Kausalgesetz beschlossen liegt, wurde von Hume gefunden. Hume hat diesen Schritt nicht getan." (A. a. O., 2. **Auflage**, Anm. 282.)

hinweg zu erstrecken vermag, sofern diese Stellen durch die Wirksamkeit der Einbildungskraft ergänzt und ausgefüllt werden. Hume hat als Psychologe diese eigentümliche Tätigkeit der I n t e r p o l a t i o n aufgezeigt und geschildert, ohne sie doch als Philosoph und Erkenntniskritiker begreifen und r e c h t f e r t i g e n zu können.

Die Kritik der mathematischen Erkenntnis erscheint daher von hier aus gesehen noch fragwürdiger als zuvor. Denn wenn die geometrischen Begriffe verworfen wurden, weil sie bloße Abstraktionen seien, die in den sinnlichen Empfindungen keine hinreichende, unmittelbare Stütze besitzen, so erweist sich jetzt das gleiche idealisierende Verfahren, auf dem sie beruhen, als unumgänglich, um zu unserem e m p i r i s c h e n Begriff der Wirklichkeit zu gelangen. Hume freilich hält auch hier streng an seiner Alternative fest: er kennt nur Impressionen und — Fiktionen. Aber diese Scheidung, die begrifflich so einfach schien, erweist sich im praktischen Gebrauch und in der praktischen Beurteilung als undurchführbar: denn so unlöslich sind beide Momente ineinander verwoben und verwirrt, daß die Herauslösung der reinen Empfindung sich zuletzt als eine unerfüllbare Forderung erweist. „Ich begann die Erörterung unseres Themas — so spricht Hume selbst das Ergebnis seiner Untersuchung aus — indem ich bemerkte, daß wir gut täten, unseren Sinnen unbedenklich zu vertrauen; dies sei der Schluß, der sich aus meiner ganzen Untersuchung ergeben werde. Jetzt denke ich, offen gestanden, ganz anders: ich bin weit eher geneigt, in meine Sinne oder besser gesagt in meine Einbildungskraft gar kein Vertrauen zu setzen, als ihnen so unbedenklich zu vertrauen. Ich kann nicht verstehen, wie solche triviale Neigungen der Einbildungskraft, von solchen falschen Annahmen geleitet, je zu einer begründeten und vernünftigen Gesamtanschauung sollten führen können .... Es ist eine grobe Täuschung, anzunehmen, daß die einander ähnlichen Wahrnehmungen numerisch identisch seien; und doch ist es diese Täuschung, welche uns zu dem Glauben führt, die Wahrnehmungen seien ununterbrochen und existierten, auch wenn sie den Sinnen nicht gegenwärtig sind. So steht es mit der Anschauung des gewöhnlichen Lebens. Aber unsere philosophische Anschauung unterliegt schließlich denselben Schwierigkeiten; sie ist überdies mit der Ungereimtheit behaftet, daß sie die Voraussetzung des gewöhnlichen Lebens zu gleicher Zeit leugnet und bestätigt . . . Was anderes können wir wohl von diesem Durcheinander grundloser und sonderbarer Gedanken erwarten als Fehler und Irrtümer? Und wie können wir vor uns selbst das Vertrauen rechtfertigen, das wir in sie setzen?"

Dieser allgemeine Rückblick bezeichnet in der Tat aufs schärfste den Fortschritt von Humes Untersuchung. Er geht von der „Impression" als sicherem und gültigem Tatbestand aus, um zu erkennen, daß an diesem Kriterium gemessen nicht nur die mathematische, sondern zuletzt auch die empirische Erkenntnis sich in nichts auflöst. In dieser Konsequenz liegt der eigentlich positive Gewinn seiner Erkenntnislehre. Der Gedanke, die reinen Verknüpfungsweisen des Geistes in sinnlichen Eindrücken aufzeigen und begründen zu wollen: dieser Gedanke, der Humes anfängliche Problemstellung noch beherrschte, wird durch das Ergebnis seiner Philosophie für immer beseitigt. Deutlicher noch als an der Analyse der äußeren Erfahrung tritt dies an der „inneren Erfahrung" hervor. Auch hier wird das „Ich" verworfen, weil es als besonderer Vorstellungsinhalt nicht auffindbar ist. Das Ich oder die Persönlichkeit ist selbst kein Eindruck: denn es soll ja vielmehr das sein, worauf unsere verschiedenen Eindrücke und Vorstellungen sich beziehen[1]). Ebensowenig aber läßt es sich als ein abgesondertes Etwas denken, das irgendwie neben den Ideen und Eindrücken steht. „Ich zum mindesten kann, wenn ich mir das, was ich mein eigenes „Selbst" nenne, so unmittelbar wie nur möglich vergegenwärtige, nicht umhin, jedesmal über die eine oder die andere besondere Perzeption zu stolpern: die Perzeption der Wärme oder Kälte, des Lichtes oder Schattens, der Liebe oder des Hasses, der Lust oder Unlust. Niemals treffe ich *mich selbst* ohne eine Perzeption an und niemals kann ich

---

[1]) „Self or person is not any one impression, but that to which our several impressions and ideas are suppose'd to have a reference." Treatise P. IV, Sect. VI.

etwas anderes beobachten, als eine Perzeption." Was wir unser Ich nennen, ist also nichts anderes als das Mosaik der Vorstellungsbilder selbst, die sich rastlos gegeneinander verschieben. „Der Geist ist eine Art Theater, auf dem verschiedene Perzeptionen nacheinander auftreten, kommen und gehen, und sich in unendlicher Mannigfaltigkeit der Stellungen und Arten der Anordnung untereinander mengen. Es findet sich in ihm in Wahrheit weder in einem einzelnen Zeitpunkt Einfachheit, noch in verschiedenen Zeitpunkten Identität; so sehr wir auch von Natur geneigt sein mögen, uns eine solche Einfachheit und Identität einzubilden." Und selbst dieser Vergleich des Bewußtseins mit dem indifferenten Schauplatz der Vorstellungen sagt noch zu viel. Denn die Bühne bedeutet doch stets Etwas, was außerhalb dessen, was auf ihr vorgeht, an und für sich besteht, während hier jede derartige Trennung widersinnig ist. „Die einander folgenden Vorstellungen sind das, was den Geist konstituiert, während wir ganz und gar nichts von dem Schauplatz wissen, auf dem sich jene Szenen abspielten oder von einem Material, aus dem dieser Schauplatz gezimmert wäre."

Die Illusion aber, die uns trotz alledem immer wieder das Ich als einen beharrlichen und selbständigen Gegenstand vortäuscht, ist mit derjenigen, die in der Bildung der Vorstellung der äußeren Gegenstände wirkte, nahe verwandt. Hier wie dort wird eine Beziehung der Ähnlichkeit, die sich zwischen verschiedenen Bewußtseinsinhalten findet, mit einer absoluten Identität verwechselt. Weil die Inhalte des gegenwärtigen Moments sich von denen des folgenden nur unmerklich unterscheiden, gleitet die Einbildungskraft in ihrer Betrachtung bequem von der einen Phase unseres geistigen Daseins in die andere über: und diese K o n t i n u i t ä t d e s F o r t g a n g s veranlaßt die Fiktion ein und desselben G e g e n s t a n d e s, der hier zugrunde liegen soll. In Wahrheit aber ist die Identität, die hier angenommen wird, nicht etwas, was den verschiedenen Perzeptionen selbst realiter zukäme und sie miteinander verbände, sondern sie ist lediglich eine Bestimmung, die wir ihnen zuschreiben auf Grund der Verbindung, die sie in unserer Einbildungskraft besitzen, wenn wir über die Perzeptionen reflektieren[1]). Die Beziehung der Teile ist es, die hier allein zurückbleibt, während das angebliche Prinzip ihrer Einheit nicht als ein selbständig Wirkliches neben ihnen steht. So wichtig hier auch die kritische Feststellung ist, daß das Ich nicht selbst ein Inhalt, sondern der Ausdruck eines Verhältnisses und einer funktionalen Beziehung von Inhalten ist: so bleibt doch die spezielle Erklärung, die Hume von der Entstehung der Ichvorstellung gibt, noch problematischer, als die analoge Ableitung der Vorstellung des äußeren Gegenstandes. Denn wie vermöchte das Ich als bloßer „Schauplatz" der Perzeptionen mit einem Male aus seiner Passivität herauszutreten und selbständig in das Spiel der Vorstellungen einzugreifen? Wie könnten wir, statt die Inhalte einfach hinzunehmen, über sie „reflektieren" und ihnen damit ein neues Gepräge aufdrücken? Die Erklärung, die Hume von der Entstehung des Ichbegriffs gibt, setzt diesen Begriff selbst bereits in einer anderen Bedeutung voraus, als er sie ihm zugesteht. Selbst wenn das Ich in dem Sinne, in dem es gewöhnlich genommen wird, Täuschung wäre: so ist doch selbst ein Bewußtsein, das sich durch Hinausgehen über die unmittelbar gegebenen Empfindungen zu täuschen vermag, von dem, was Hume als den eigentlichen Inhalt des Ich bezeichnet, charakteristisch geschieden[2]). Hier bricht bei Hume die eigentliche Frage ab, wo sie in Wahrheit beginnen sollte. Er löst die Dinge der äußeren wie der inneren Erfahrung in Beziehungen auf; aber er besitzt keine Möglichkeit, die objektive Geltung dieser Beziehungen selbst zu verstehen, weil er als letzten Maßstab der Objektivität die einzelne, isolierte Impression aufgestellt hat. Was Hume in der Kritik des Substanzbegriffs wie in

---

[1]) „From thence it evidently follows, that identity is nothing really belonging to those different perceptions, and uniting them together; but is merely a quality, which we attribute to them, because of the union of their ideas in the imagination, when we reflect upon them" (ibid., S. 260).
[2]) Vgl. hrz. R. Reininger, Philosophie des Erkennens, Lpz. 1911, S. 273 ff.

der des Kausalbegriffs in sich erlebt, das ist der Zusammenbruch dieses sensualistischen Grundschemas der Erkenntnis, den er freilich als Untergang des Wissens überhaupt empfinden und schildern muß. Weil die Annahme eines unbekannten substantiellen „Trägers" der Sinnes- und Selbstwahrnehmungen willkürlich und unbeweisbar ist, darum ist auch die begriffliche Funktion, kraft deren wir die Empfindungen zu gesetzlicher Einheit zusammenschließen, recht- und grundlos, wenngleich wir niemals daran denken können, sie aufzuheben und entbehrlich zu machen. Wir durchschauen die Illusion, ohne sie zerstören zu können. Sorglosigkeit und Unachtsamkeit: das allein kann uns heilen. In diesem Ende der Erfahrungsphilosophie liegt bereits der Keim und das Motiv eines neuen Anfangs, der freilich nur aus einer völligen Umkehr des bisherigen W e r t m a ß s t a b e s der Erkenntnis hervorgehen konnte.

* * *

Die Kritik, der Humes Lehre bei seinen unmittelbaren Nachfolgern begegnete, hat freilich diesen neuen Maßstab nicht zu bestimmen vermocht. Der Grundmangel dieser Kritik, wie sie in der S c h o t t i s c h e n S c h u l e geübt wird, besteht eben darin, daß sie für die Begründung der Prinzipien der Erkenntnis zuletzt keine anderen Mittel kennt, als diejenigen, gegen welche die Frage Humes sich gerichtet hatte. Wenn, wie es hier geschieht, der natürliche „Instinkt" zum Richter über alles Sein und über alle Wahrheit erhoben wird, so ist damit das entscheidende Ergebnis Humes bereits zugestanden. Daß dieser Instinkt allen denkenden Subjekten gleichmäßig innewohnt und daß er in ihnen als unwiderstehlicher Zwang wirksam ist: dies war von Hume nicht bestritten, sondern vielmehr vorausgesetzt und eingeschärft worden. Der immer erneute Beweis dieser Tatsache, der in der Commonsense Philosophie versucht wird, läuft demnach auf eine bloße ignoratio elenchi hinaus. Daß der Substanzgedanke, wie der Kausalgedanke zur Konstitution der „menschlichen Natur" gehören, bedurfte nach Hume keiner weiteren Erörterung: die Frage aber, mit welchem Rechte diese Gedanken in die „objektive" Naturordnung hineingetragen und in ihr als schlechthin gültig vorausgesetzt werden, wird hier nicht gelöst, sondern durch das Dogma einer durchgängigen Harmonie zwischen dem „gesunden Menschenverstand" und der Natur der Dinge abgeschnitten.

Die nähere Begründung des Apriorismus bei Reid fügt in der Tat den Gedanken, die schon bei Herbert von Cherbury in fertiger Ausbildung vorliegen, keinen wesentlich neuen Zug hinzu. Hier wie dort ist es insbesondere das ästhetische Urteil, auf welches als das eigentliche Muster und Beispiel verwiesen wird. Wie der gute Geschmack zwar durch Übung und Vernunftbetätigung vervollkommnet werden kann, wie er aber niemals erworben werden könnte, wenn die ersten Grundlagen und Prinzipien für ihn nicht in unserem Geiste eingepflanzt wären, so gilt das Gleiche für jegliches Gebiet des Urteilens überhaupt[1]). Auch das Erfahrungsurteil wäre tatsächlich unmöglich und logisch haltlos, wenn ihm nicht allgemeine Vorbegriffe, deren Inhalt nicht aus der Erfahrung stammt, zugrunde lägen. Die bloße Induktion würde uns niemals eine Gewißheit verschaffen, die über die einzelnen beobachteten Fälle hinausgeht, wenn nicht der Satz, daß die Natur überall gleichförmig handelt, als gesichertes Ergebnis schon voranginge. In diesem Satze besitzen wir ein „instinktives Vorauswissen über die Natur" (an instinctive prescience of nature), das so wenig aus der Beobachtung wie aus begrifflicher Schlußfolgerung stammt, sondern einen ursprünglichen, nicht weiter ableitbaren Teil unseres geistigen Wesens ausmacht. „Man nehme das Licht dieses Prinzips der Induktion hinweg, und die Erfahrung ist so blind wie ein Maulwurf: sie vermag nur das wahrzunehmen, was tatsächlich gegenwärtig ist und sie unmittelbar berührt; aber sie sieht nichts, was vor oder hinter ihr liegt, was der Zukunft oder Vergangenheit angehört." (S. 346 f.) Man erkennt hier, wie die Auffassung des „A priori" als des psychologischen Prius und der logischen Bedingung unmerklich ineinander übergehen. Die allgemeine

---

[1]) Reid, An inquiry into the human Mind on the Principles of Common Sense. Second edition, Edinb. 1765, S. 89.

Struktur der Dinge muß in unserem Geiste als fester Besitz des Wissens vor aller Erfahrung vorgebildet sein. „Auf welche Weise und zu welcher Zeit ich diese ersten Prinzipien, auf die ich all meine Schlüsse stütze, erworben habe, weiß ich nicht, — denn ich besitze sie so lange ich zurückdenken kann: aber ich bin sicher, daß sie einen Teil meiner Konstitution bilden und daß ich mich von ihnen nicht losmachen kann." (S. 111.)

Ein höheres Kriterium für die allgemeine Gültigkeit der Prinzipien zu suchen, als diesen Zwang, mit dem sie sich uns unwiderstehlich aufdrängen, erscheint vergebens. Alle Wahrheit geht ihren letzten inhaltlichen Gründen nach auf einen derartigen Akt der „Suggestion" zurück. Nur an einer Stelle schreitet die Untersuchung R e i d s über diese Problemstellung hinaus und erhebt sich damit über das Gebiet rhetorischer Deklamationen, in welchem seine Nachfolger, insbesondere O s w a l d und B e a t t i e, verharren. Die Kritik der Erkenntnis zerstört — wie er ausführt — das gewöhnliche Vorurteil, daß alles Wissen von den Gegenständen uns durch Bilder, die ihnen gleichen, vermittelt werden muß. An die Stelle dieser metaphysischen Theorie versucht Reid eine rein psychologische und logische Bestimmung zu setzen. Die Ähnlichkeit zwischen Empfindung und Ding kann nicht das Kriterium der Objektivität sein, weil wir, solange wir uns auf den reinen Erfahrungsstandpunkt stellen, von einer derartigen Trennung nichts wissen. Die empirischen Inhalte gelten uns hier unmittelbar als wirklich und als die einzigen Wirklichkeiten, die uns bekannt sind. Im weiteren Verlauf des Denkens entwickelt sich freilich eine Scheidung zwischen einer „subjektiven" und einer „objektiven" Sphäre: aber der Charakter der Objektivität, der nunmehr entsteht, ist auch jetzt niemals in einem bloßen Merkmal der Vorstellung, wie etwa in ihrer Lebhaftigkeit, sondern in dem Urteil begründet, das sich auf sie bezieht. Das Urteil ist daher, seiner Grundbedeutung nach, mehr als die Vergleichung gegebener Einzeleindrücke, zu welcher die sensualistische Theorie es macht. Es schließt eine eigentümliche Funktion der „Vergegenständlichung" ein, die zu den einzelnen sinnlichen Inhalten als etwas spezifisch Neues hinzukommt. In diesen Darlegungen rührt Reid in der Tat an ein neues Problem, das indessen in seinem eigenen System nicht zur Wirksamkeit zu gelangen vermochte, da er seine Schärfe durch die vage Fassung des „Apriori" als eines allgemeinen psychologischen Instinktes alsbald wieder abstumpft. Gerade an diesem Punkte, an dem er sich — in der Anerkennung ursprünglicher synthetischer Urteilsakte — mit der Kantischen Lehre zu berühren scheint, tritt sein Abstand von ihr scharf hervor: die Grundurteile werden nicht als notwendige Bedingungen für den Aufbau des Erfahrungswissens erwiesen, sondern sie treten als dogmatische Behauptungen auf, die jeder weiteren Zergliederung und Begründung Schranken setzen.

Siebentes Buch
Von Newton zu Kant

Wenn man, dem Gange der philosophischen Systeme folgend, von der Erkenntnislehre Leibnizens und der Engländer zu den Anfängen des kritischen Systems gelangt, so muß alsbald die Empfindung einer Lücke der geschichtlichen Erklärung sich fühlbar machen. Es ist ein veränderter Horizont, in den man sich hier unvermittelt versetzt sieht. Der Schwerpunkt der Betrachtung hat sich verschoben; die systematische Stellung der einzelnen Probleme und ihre gegenseitige Abhängigkeit ist eine andere geworden. Und dennoch deutet, in Kants eigener Darstellung, kein äußeres Zeichen auf diese Wandlung hin. Völlig abgeschlossen treten die Grundfragen vor uns hin; nichts zeigt mehr den Weg oder die inneren Motive an, die zu ihnen hingeführt haben. Diese Lösung der geschichtlichen Kontinuität, diese Heraushebung der Lehre aus allen historischen Zusammenhängen ist es, die auch ihrem sachlichen Verständnis immer von neuem Schwierigkeiten bereitet.

Je tiefer man indessen in die Voraussetzungen der kritischen Philosophie eindringt, um so deutlicher zeigt es sich, daß die Isolierung, in der man sie zunächst erblickt, nur Schein ist. Die Originalität der Vernunftkritik besteht nicht darin, daß sie ein vereinzeltes neues Grundprinzip „entdeckt", sondern darin, daß sie die G e s a m t h e i t der Erkenntnisprobleme auf eine andere Stufe der Betrachtung erhebt. Ihr Wert und ihre Eigenart wird somit nicht verringert, wenn man erkennt, daß die M a t e r i e der besonderen Fragen, die sie zugrunde gelegt, bis ins Einzelne durch die philosophische und wissenschaftliche Arbeit des achtzehnten Jahrhunderts vorbereitet ist. Der Einblick in diesen Zusammenhang wird freilich durch die Vielgestaltigkeit der intellektuellen Interessen des Zeitalters, die sich zunächst nirgends zu einer festen Einheit zusammenzufassen scheinen, erschwert. Die mannigfachen gedanklichen Bewegungen der Epoche treten anfangs in schärfstem Widerstreit einander entgegen. Leibniz' philosophisches Erbe war alsbald nach seinem Tode verstreut worden; was von ihm übrig blieb, lebte nur noch in vereinzelten Anregungen fort, die sich nicht mehr um einen gemeinsamen systematischen Mittelpunkt zu sammeln vermochten. Und auch die mathematische Naturwissenschaft bietet, so sehr sie in sich selber ein Muster strenger deduktiver Geschlossenheit ist, dem philosophischen Einheitsstreben keine endgültige Befriedigung. Zwar scheint mit der Lehre Christian Wolffs die Herrschaft der mathematischen Methode auch für die Philosophie angebrochen zu sein; und der Eklektizismus der Zeit stützt sich in der Tat fort und fort auf diesen Zusammenhang, um ihn als die echte und dauernde „Versöhnung" von Metaphysik und empirischer Forschung zu feiern[1]). Den tieferen logischen Geistern aber wird gerade diese angebliche Identität der Methoden zum Anstoß und zum schwierigsten Problem. An die Stelle der naiven Gleichsetzung tritt bei ihnen die Aufgabe einer exakten Grenzbestimmung von Mathematik und Metaphysik. Es ist ein neues Verhältnis der einzelnen Wissenssphären, es ist damit ein neuer Begriff der Erkenntnis selbst, der jetzt in fortschreitenden Versuchen erarbeitet wird. Daß diese Entwicklung sich zunächst an keinen einzelnen großen Namen knüpft, darf nicht dazu führen, ihren allgemeinen Kulturwert zu verkennen. Wie auf moralischem und religiösem Gebiet, so ist es auch hier, innerhalb des rein theoretischen Bereichs, eine unschätzbare intellektuelle Aufklärungsarbeit, die das achtzehnte Jahrhundert vollzieht. Um sich der einheitlichen Tendenz dieser Bewegung zu versichern, muß freilich von allen üblichen Trennungslinien der philosophischen Geschichtsschreibung abgesehen werden. Wenn man die einzelnen Gruppen abgelöst voneinander ins Auge faßt, wenn man den deutschen Rationalismus oder die Lehre der Enzyklopädisten, die Naturphilosophie oder die Religionsphilosophie der Zeit gesondert betrachtet, so gerät man damit

---

[1]) Besonders charakteristisch hierfür ist Samuel Königs „Oratio inauguralis de optimis Wolfiana et Newtoniana Philosophandi Methodis earumque amico consensu" (1749).

in Gefahr, über der Erkenntnis des Einzelnen die gemeinsamen Züge zu verlieren, die hier das Entscheidende und Wesentliche bilden[1]). Was der Zeit ihr einheitliches Gepräge gibt, das fällt gleichsam zwischen all diese historischen Sondererscheinungen und tritt erst in den B e z i e h u n g e n, die sich zwischen den verschiedenen Problemgebieten knüpfen, deutlich heraus. Die innere Gemeinsamkeit der Richtungen erweist sich zunächst in der Aufhebung der nationalen Schranken: in dem Zusammenhang, der jetzt, enger als je zuvor, die einzelnen Völker und ihre geistigen Bestrebungen verbindet. Die drei großen Kulturkreise in England, Frankreich und Deutschland treten nunmehr in so nahe Berührung und Wechselwirkung, daß es unmöglich ist, auch nur die Geschichte eines einzelnen Begriffs zu verfolgen, ohne beständig von einem zum andern überzugreifen. Nicht minder schwinden jetzt alle festen, fachlichen Einteilungen und Abgrenzungen. Philosophie und Wissenschaft bilden nur ein einziges, in sich zusammenhängendes Gebiet, in dem es keine losgelösten Sonderbezirke gibt. Und es bleibt keineswegs bei der bloß enzyklopädischen Sammlung des Wissensstoffes, sondern es ist eine neue methodische Grundansicht, die in den führenden Denkern, in d'A l e m b e r t und M a u p e r t u i s, in E u l e r und L a m b e r t zur Klarheit drängt. Wir versuchen zu schildern, wie diese Anschauung sich bildet und wie sie allmählich immer weitere und konkretere Probleme in ihren Kreis zieht. Hierbei überlassen wir uns zunächst lediglich dem Fortgang der geschichtlichen Entwicklung selbst, ohne nach dem Ziele zu fragen, dem sie zustrebt: aber eben diese immanente Betrachtung wird uns von selber zu den Begriffen und Fragen hinleiten, von denen die kritische Philosophie ihren Ausgang nimmt.

---

[1]) So hat — um nur ein Beispiel herauszugreifen — L e s l i e S t e p h e n in seiner eingehenden Schilderung der religiösen Bewegung in England gerade die theologischen Diskussionen über die Begriffe des Raumes und der Zeit übersehen, in denen sich die religionsphilosophischen Probleme mit den erkenntnistheoretischen Interessen der Epoche aufs nächste berühren (S. hrz. Buch VII, Kap. 2, Nr. 2).

… Erstes Kapitel.
Das Problem der Methode.

I.

Die Aufgabe der Induktion.

Die Entwicklung des Erfahrungsbegriffs kommt in der Folge der großen empiristischen „Systeme" nur ungenügend zur Anschauung. Seit dem Anfang der neueren Zeit steht neben diesen Systemen ein anderer Gedankenkreis, der zwar nicht unmittelbar in die abstrakte Spekulation eingreift, dennoch aber für die Fortbildung ihrer Grundfragen von entscheidender Bedeutung wird. Indem die neuere Naturwissenschaft den Versuch unternimmt, sich rein auf sich selbst zu stellen und die Hülfe aller philosophischen „Hypothesen" zu entbehren, entdeckt und erschafft sie gerade in dieser Grenzscheidung ein neues philosophisches Problem. Wenn man die zweite Generation der großen Naturforscher mit der ersten, wenn man Huyghens, Boyle und Newton mit Kepler und Galilei vergleicht, so fällt zunächst auf, wie sehr der persönliche Zusammenhang von Philosophie und exakter Wissenschaft sich jetzt gelockert hat. Sie alle streben danach, die experimentellen Methoden, die sie immer schärfer und feiner ausbilden, von der Berührung und Einwirkung allgemeiner spekulativer Fragen nach Möglichkeit freizuhalten. Huyghens, dessen Jugend in die Blütezeit des Cartesianismus fällt und der an dessen Problemen zunächst den regsten Anteil nimmt, läßt in seiner weiteren Entwicklung und in dem Maße, als der hypothetische Charakter von Descartes' Physik ihm zum Bewußtsein kommt, die rein philosophischen Interessen mehr und mehr zurücktreten. Er diskutiert mit Leibniz die Probleme der Atomistik, wie die Fragen, die sich an den Gegensatz der absoluten und relativen Bewegung knüpfen; aber er bewahrt in all diesen Erörterungen die echte Zurückhaltung des positiven Forschers, der jede Entscheidung, die über die Grenzen der „Tatsachen" selbst hinausgeht, von sich weist. Noch deutlicher tritt dieser neue Typus der Naturforschung in dem Kreise der englischen Denker hervor, der sich um die „Royal Society" gruppiert. Die „reine Erfahrung" im Gegensatz zu aller Theorie wird hier das allgemeine Losungswort. G o e t h e hat im historischen Teil der Farbenlehre die intellektuelle Gesamtansicht dieser Epoche prägnant gezeichnet. „Damit man ja vor allem Allgemeinen, vor allem, was eine Theorie nur von fern anzudeuten schien, sicher wäre; so sprach man den Vorsatz bestimmt aus, die Phänomene sowie die Experimente an und für sich zu beobachten, nebeneinander, ohne irgendeine künstlich scheinende Verbindung, einzeln stehen zu lassen . . . Indem man aber mit Furcht und Abneigung sich gegen jede theoretische Behandlung erklärte, so behielt man ein großes Zutrauen zu der Mathematik, deren methodische Sicherheit in Behandlung körperlicher Dinge ihr, selbst in den Augen der größten Zweifler, eine gewisse Realität zu geben schien. Man konnte nicht leugnen, daß sie, besonders auf technische Probleme angewendet, vorzüglich nützlich war, und so ließ man sie mit Ehrfurcht gelten, ohne zu ahnden, daß, indem man sich vor dem Ideellen zu hüten suchte, man das Ideellste zugelassen und beibehalten hatte." Hier lag in der Tat ein logisches Problem vor, das innerhalb des Kreises der Royal Society selbst allmählich immer deutlicher zum Ausdruck kommt. Die Erfahrung, die hier gesucht wird, ist nicht die vage sinnliche Beobachtung, sondern sie hat bereits alle Methoden der mathematischen und physikalischen Messung in sich aufgenommen. Die Messung selbst aber ist nur durch bestimmte Grundbegriffe und Grundsätze möglich, die an die sinnliche Wahrnehmung herangebracht werden. Indem Newton, der die Entwicklung der Epoche abschließt, das System dieser Grundsätze festzulegen sucht, hat er dadurch einen neuen Inbegriff theoretischer Voraussetzungen geschaffen und damit dem Begriff der „Hypothese", den er ursprünglich bekämpft, selbst einen anderen und tieferen Inhalt gegeben.

Der Zusammenhang von Philosophie und Wissenschaft, der anfangs gelöst schien, ist damit auf einem neuen Wege wieder hergestellt.

Ihren theoretischen Ausdruck und ihre explizite Darstellung hat die Grundansicht, die im Kreise der Royal Society lebendig ist, in den Schriften J o s e p h G l a n v i l l s gefunden. Es ist durchaus irrig, wenn man Glanvill — durch den Titel seines Hauptwerks, der „Scepsis scientifica" getäuscht — allgemein als „Skeptiker" betrachtet und beurteilt hat. Seine Skepsis richtet sich, wie er selbst gegenüber falschen Deutungen, die sie schon bei den Zeitgenossen erfuhr, nachdrücklich hervorhebt[1]), lediglich gegen die überlieferte Schulphilosophie. Ihr stellt er die Methode der induktiven Forschung gegenüber, als deren eigentlichen Meister er B o y l e verehrt[2]). Der Kontrast zwischen der scholastischen Ansicht der Natur, die die Welt mit bloßen Wortwesen bevölkert und dem empirischen Verfahren, das lediglich auf die exakte Feststellung der Phänomene selbst geht, bildet das durchgängige Thema von Glanvills Schriften. Das neue Wissensideal, das in der Royal Society seinen sichtbaren Ausdruck gefunden hat, eröffnet einen unermeßlichen Fortschritt, während der bloße „Begriffsweg" (the Notional way) zu ewiger Unfruchtbarkeit verurteilt bleibt[3]). „Ein Kursus der Philosophie ist für mich nur eine Narrheit in Folio und sein Studium nur ein anstrengender Müßiggang. Die Dinge

---

[1]) S. bes. G l a n v i l l s Schrift: $Scir_i^e$ tuum nihil est: or, the Authors Defence of the Vanity of Dogmatizing against the Exceptions of the learned Thom. Albius (Thomas White) in his Late „Sciri", London 1665. — Vgl. ferner die Verteidigungsschrift Glanvills gegen Thomas White: „Of Scepticism and Certainty." (Essays on several important Subjects in Philosophy and Religion, London 1676, Essay II.)

[2]) Über Glanvills Stellung zu B o y l e und zur empirischen Naturforschung der Zeit s. bes. seine Schrift: P l u s U l t r a : Or the Progress and Advancement of Knowledge since the days of Aristotle. Occasioned by a Conference with one of the notional way. London 1668; bes. Chap. XII, S. 83 ff. u. 92 ff. — S. a. Essays III: Modern Improvements of Useful Knowledge.

[3]) S. bes. G l a n v i l l, Scepsis Scientifica: or Confest Ignorance, the way to Science, London 1665, S. 176; Essay IV, S. 36 ff.; Essay II, S. 44 f. u. s.

werden hier in Begriffsatome zerbröckelt und ihre Substanz in einen Äther der Einbildung verflüchtigt. Der Verstand, der in dieser Luft zu leben vermag, ist ein Chamäleon, eine bloße aufgeblasene Hülse." Im Gegensatz hierzu betrachtet es die Forschung als ihre erste und vornehmste Aufgabe, sorgsam zu untersuchen und genau zu b e r i c h t e n, wie die Dinge sich d e f a c t o verhalten. Ihr Geschäft besteht nicht im Disputieren, sondern im Handeln; ihr Endzweck geht darauf, die Philosophie von leeren Bildern und Schöpfungen der Phantasie zu befreien und sie auf die offenkundigen Gegenstände der Sinne einzuschränken[1]). „Wenn diese Methode in der Weise fortschreitet, wie sie begonnen hat, so wird sie die Welt mit Wundern erfüllen. Ich zweifle nicht, daß sich für die Nachwelt manche Dinge, die jetzt bloße Gerüchte sind, in praktische Wirklichkeiten gewandelt haben werden, daß in wenigen Menschenaltern eine Reise nach dem Monde nicht seltsamer sein wird, als heute eine Reise nach Amerika . . . Diejenigen, die nur nach der Enge früherer Prinzipien und Grundsätze urteilen, werden freilich über diese paradoxen Erwartungen lächeln: aber unzweifelhaft waren die großen Entdeckungen, die in den letzten Jahrzehnten der Welt eine neue Gestalt gegeben haben, früheren Epochen nicht minder lächerlich. Und wie wir heute die Ungläubigkeit der Alten verdammen, so wird auch die Nachwelt Ursache genug haben, mitleidig auf die unsere herabzusehen. Es gibt, trotz aller Beschränktheit oberflächlicher Beobachter, Seelen von weiterem Gesichtskreis, die eine größere vernünftige Gläubigkeit besitzen. Wer mit der Fruchtbarkeit der Cartesischen Prinzipien und den unermüdlichen und scharfsinnigen Bemühungen so vieler wahrer Philosophen vertraut ist, wird an nichts verzweifeln[2])." Man sieht: dies ist nicht die Sprache des „Skeptikers"; es ist die Glaubenserklärung der Erfahrungswissenschaft, die fortan, innerhalb ihres eigentümlichen Gebietes, keine Schranken und Hemmnisse mehr anerkennt.

---

[1]) Essay III, S. 37.
[2]) „Scepsis Scientifica", Chap. XXI, S. 134 f.

Diese Fruchtbarkeit wird freilich damit erkauft, daß wir auf die Frage nach den metaphysischen „Gründen" der Phänomene endgültig verzichten lernen. Die „Ursächlichkeit" kann und darf uns nichts anderes bedeuten als das empirische Beisammen und die empirische Succession der Erscheinungen. Jeder Schritt, der hierüber hinausführt, würde uns ins Dunkle und Unbekannte, in das Gebiet der bloß fiktiven Begriffswesen zurückleiten. Auf welche Weise die Wirkung in der Ursache enthalten und durch sie gesetzt ist: dies läßt sich auf keine Weise l o g i s c h deutlich machen. Daß die Seele, daß ein rein geistiges Wesen den Körper zu bewegen vermag: dies ist ebenso schwer zu begreifen, wie daß ein bloßer Wunsch Berge versetzen sollte. Weder die innere, noch die äußere Wahrnehmung, die für uns die einzigen Quellen der Erkenntnis sind, vermag uns hier einen einzigen Schritt vorwärts zu bringen. „Wenn jemand anderer Meinung ist, so laßt ihn nur sorgsam seine Vorstellungen prüfen: und wenn er alsdann irgendeine bestimmte Einsicht von den Beschaffenheiten des Seins in sich findet, die er weder aus dem äußeren, noch aus dem inneren Sinn geschöpft hat, so will ich glauben, daß ein Solcher Chimären zu Wirklichkeiten machen kann"[1]). So leitet Glanvill, der ursprünglich von Descartes ausgegangen war und der in ihm, trotz mancher Abweichungen im Einzelnen, noch immer den eigentlichen „Großsiegelbewahrer der Natur" erblickt[2]), auf der anderen Seite unmittelbar zu der Problemstellung Lockes und Humes über. Aber sein Beispiel lehrt zugleich, daß die bloße Hingabe an die empirische Erforschung der Tatsachen ohne die tiefere Kritik des Verstandes gegen die Gefahren der Transszendenz nicht dauernd zu schützen vermag. Glanvill selbst ist, so energisch und unablässig er die Rechte der Erfahrung verficht, durch eine merkwürdige Paradoxie der

---

[1]) Scepsis Scientifica, Chap. 4, § 2, S. 17 f.
[2]) Für Glanvills Verhältnis zu D e s c a r t e s vgl. die enthusiastischen Urteile: Scepsis scientifica, S. 133, 155, 183; u. bes. Sciri tuum nihil est, S. 5: „If that great Man, possibly one of the greatest that ever was, must be believed a Sceptic, who would not ambitiously affect the title"?

Geschichte, gleichzeitig zu einem der eifrigsten Verteidiger des Hexenglaubens geworden, den er noch einmal im Bewußtsein der Zeitgenossen zu befestigen und mit neuen „tatsächlichen" Beweisen zu stützen versucht hat[1]). An diesem Punkte ist seine wissenschaftliche „Skepsis" erlahmt. Nichts zeigt deutlicher, als dieses Zusammentreffen, daß die bloße empirische Beobachtung, solange sie sich noch nicht ihrer letzten P r i n z i p i e n und G r ü n d e versichert hat, für die wahrhaft philosophische und wissenschaftliche Aufklärung unzureichend bleibt. Das Verständnis dieser Prinzipien aber konnte erst gewonnen werden, nachdem die Wissenschaft selbst, in der Lehre Newtons, sich ihre einheitliche systematische Verfassung erarbeitet hatte.

Die Frage nach der Methode, mit der die moderne Philosophie begonnen hatte, scheint in der Newtonischen Wissenschaft in der Tat zum sicheren Abschluß gelangt. Was die abstrakte Spekulation vergeblich gesucht und ersehnt hatte, das schien hier die empirische Forschung in ihrem stetigen Gange errungen zu haben. Newtons nächste Schüler und Anhänger fassen seine Leistung durchaus in diesem Sinne auf. Ihnen ist Newton nicht in erster Linie der Entdecker des Gravitationsgesetzes, sondern der Begründer einer neuen Forschungsart. Sein Werk bedeutet ihnen zugleich eine philosophische Tat, sofern in ihm das induktive Verfahren nicht nur zu seinen höchsten Ergebnissen, sondern überhaupt zur ersten logischen Aussprache und Fixierung gelangt ist. Die Einsicht in die Grundformel des kosmischen Geschehens mußte gering erscheinen gegenüber dem großen prinzipiellen Vorbild, das hier für alle künftige „Experimentalphilosophie" geschaffen war[2]). Newton selbst hatte, am Schluß

---

[1]) Über Glanvills Stellung zum Hexenglauben und seinen „Sadducismus triumphatus" vgl. L e c k y , Geschichte des Ursprungs u. Einflusses der Aufklärung in Europa, Deutsche Ausg., Lpz. 1873, S. 85 ff.

[2]) Für die Auffassung und Wertschätzung der Newtonischen „Methode" bei den nächsten Schülern und Nachfolgern sei hier nur ein besonders bezeichnendes Beispiel angeführt: „Upon mechanics is

seiner Optik, das Ziel und den Leitgedanken seiner physikalischen Forschung mit der Klarheit des Entdeckers und des Meisters gezeichnet. Die Frage, was die Schwere ihrem Wesen nach sei und welchen „inneren" Eigenschaften sie ihre Wirksamkeit verdanke, wird hier mit voller Bestimmtheit abgewiesen. Denn wie immer man diese Frage auch beantworten mag, so trägt sie doch nichts zu unserer Erkenntnis der Schwere p h ä n o m e n e bei, mit deren Darstellung und wechselseitiger funktionaler Verknüpfung die mathematische Physik es allein zu tun hat. Die Prinzipien und Kräfte, die diese Physik annimmt, wollen keine verborgenen Eigenschaften bedeuten, deren Ursprung in erdichteten „spezifischen Formen" der Dinge zu suchen wäre, sondern sie wollen lediglich der Ausdruck für die a l l g e m e i n e n N a t u r g e s e t z e sein, die für alle Formung und Gestaltung der Dinge die Voraussetzung bilden. „Daß es derartige Prinzipien tatsächlich gibt, lehren die Erscheinungen der Natur, mag auch ihre Ursache noch nicht erkundet sein. Die Eigen-

---

also founded t h e N e w t o n i a n o r o n l y t r u e p h i l o s o p h y i n t h e w o r l d ... It has been ignorantly objected by some that the Newtonian philosophy, like all others before it, will grow old and out of date and be succeeded by some new system. .. But this objection is very falsely made. F o r n e v e r a p h i l o s o p h e r b e f o r e N e w t o n e v e r t o o k t h e m e t h o d t h a t h e d i d. For whilst their systems are nothing but hypotheses, conceits, fictions, conjectures and romances invented at pleasure and without any foundation in the nature of things, he on the contrary and by himself alone set out upon a very different footing. For he admits nothing but what he gains from experiments and accurate observations and from this foundation whatever is further advanced, is deduced by strict mathematical reasoning. The foundation is now firmly laid: the Newtonian philosophy may indeed be improved and farther advanced: but it can never be overthrown: notwithstanding the efforts of all the B e r n o u l l i ' s , the L e i b n i z ' s , the G r e e n ' s , the B e r k e l e y ' s , the H u t c h i n s o n ' s etc. (E m e r s o n , The Principles of Mechanics, London 1773, S. V ff.) —
Vgl. ferner E m e r s o n , A short comment on Sir I. Newtons Principia, London 1770, S. III; P e m b e r t o n , A view of Sir Isaac Newtons philosophy, London 1728, Introduct.; s' G r a v e s a n d e , Philosophiae Newtonianae Institutiones in usus academicos. Lugd. Batav. 1723, Praefatio.

schaften, von denen wir sprechen, sind also offenbar, und nur die Ursachen sind es, die man dunkel nennen kann. Die Aristoteliker und Scholastiker haben dagegen als dunkle Qualitäten nicht irgendwelche offenkundige Eigenschaften bezeichnet, sondern solche, von denen sie annahmen, daß sie im Körper verborgen seien und den unbekannten Grund der sichtbaren Wirkungen ausmachen. Von dieser Art wären aber die Gravitation, wie die elektrische und magnetische Kraft nur dann, wenn wir voraussetzten, daß sie aus inneren, uns unbekannten Beschaffenheiten der Dinge stammten, die unausdenkbar und unerforschlich sind. Derartige ,,Qualitäten" sind freilich ein Hemmnis jedes wissenschaftlichen Fortschritts und werden daher von der modernen Forschung mit Recht verworfen. Die Annahme spezifischer Wesenheiten der Dinge, die mit spezifischen verborgenen Kräften begabt und dadurch zur Erzeugung bestimmter sinnlicher Wirkungen befähigt sein sollen, ist gänzlich leer und nichtssagend. Aus den Phänomenen dagegen zwei oder drei allgemeine B e w e g u n g s p r i n z i p i e n abzuleiten und sodann zu erklären, wie aus ihnen als klaren und offen zutage liegenden Voraussetzungen, die Eigenschaften und Wirkungsweisen aller körperlichen Dinge folgen: dies wäre selbst dann ein gewaltiger Fortschritt wissenschaftlicher Einsicht, wenn die U r s a c h e n dieser Prinzipien uns unbekannt blieben. Ich stelle daher unbedenklich die angegebenen Prinzipien der Bewegung auf, da sie sich uns in der gesamten Natur überall sichtlich darbieten, während ich die Erforschung ihrer Ursachen gänzlich dahingestellt sein lasse[1])."

Diese fundamentalen Sätze bilden den Ausgangspunkt, zu dem der Streit der Methoden im achtzehnten Jahrhundert fortan immer von neuem zurückkehrt. In der Tat sind hier die Hauptfragen der philosophischen Prinzipienlehre wie in einem Brennpunkt vereinigt. Wie verhalten sich P r i n z i p und T a t s a c h e, G e s e t z e und D i n g e, P h ä n o m e n und U r s a c h e ? Und die Antwort, die hier erteilt wird,

---

[1]) N e w t o n , Optice: lat. reddidit Samuel C l a r k e , Lausanne und Genf 1740, Lib. III, Quaest. 31, S. 326 f.

ist vor allem in einem Punkte wichtig: in der entschiedenen und bewußten T r e n n u n g , die jetzt zwischen den Prinzipien und den Ursachen eintritt. Worauf alle Wissenschaft abzielt, das ist die Feststellung allgemeinster und oberster Gesetze, durch die die Erscheinungen einer bestimmten Regel und Ordnung unterworfen werden und durch die wir daher erst zu wahrhaften Erkenntnisobjekten gelangen. Der Seinsgrund dieser Gesetze bleibt uns verschlossen; ja die Frage nach ihm fällt bereits aus den Grenzen des Wissens heraus. Ein derartiger Seinsgrund mag immerhin existieren: für die empirische Forschung aber und ihren W a h r h e i t s w e r t ist er ohne Belang. Denn dieser Wert wird ihr nicht von außen verliehen, sondern sie muß ihn aus sich selber gewinnen: aus der strengen deduktiven Verknüpfung, die sie zwischen den einzelnen Phänomenen auf Grund ihrer mathematischen Erkenntnismittel herstellt. Der Gegensatz, der hierdurch geschaffen ist, spricht sich von nun ab in vielfältiger Form aus. Er findet seine konkrete Entwicklung vor allem in dem Kampf der Newtonischen und Wolffischen Schule, wie er in den Abhandlungen der Londoner Royal Society einerseits, in den Leipziger „Acta Eruditorum" andererseits geführt wird: einem Kampfe, der sich bis über die Mitte des achtzehnten Jahrhunderts hin fortsetzt und der sich somit unmittelbar vor den Augen des jungen Kant abspielt. In der Tat spürt man in Kants vorkritischen Schriften noch überall deutlich den Nachklang dieses methodischen Streites. Insbesondere sind es die Argumente der jüngeren radikaleren Mitglieder der Newtonischen Schule, wie K e i l l oder F r e i n d , die auf ihn ersichtlich nachhaltigen Einfluß geübt haben. Die Grenzscheide zwischen empirischer und metaphysischer Naturbetrachtung war hier bereits scharf und unerbittlich gezogen. Wenn man bisher das absolute W e s e n der Wirklichkeit in Definitionen, die nach Genus und spezifischer Differenz gebildet sind, zu fassen und festzuhalten wähnte, so gesteht die Erfahrungswissenschaft an diesem Punkte frei ihre Unwissenheit. „Die innersten Naturen und Gründe der Dinge — so schreibt K e i l l in seiner „Einführung in die wahre Physik" — sind mir unbekannt; was ich dagegen von den Körpern und ihren Wirkungen weiß, das verdanke ich entweder dem unmittelbaren Zeugnis der Sinne oder habe es aus einer Eigenschaft, die die Sinne mir darboten, erschlossen. Es mag also genügen, wenn wir an Stelle von Definitionen, wie sie die Logiker beibringen, eine bloße B e s c h r e i b u n g anwenden, durch die jedoch der Gegenstand, um den es sich handelt, klar und distinkt erfaßt und von jedem anderen unterschieden werden kann. Wir werden also die Dinge durch ihre Eigenschaften erklären, indem wir irgendein einzelnes Merkmal, oder eine Anzahl von Merkmalen, die die Erfahrung uns an ihnen zweifellos zeigt, zugrunde legen und aus ihnen wiederum andere Bestimmungen nach geometrischer Methode ableiten. Gegen diese Regel fehlen zumeist die Lehrer einer neuen Philosophie, indem sie die Dinge nicht nach denjenigen Eigenschaften betrachten, die ihnen mit Sicherheit zukommen, sondern nach den Wesenheiten und Naturen forschen, die sie ihnen innewohnend denken[1].'' Das empiristische Losungswort der „Beschreibung" der Phänomene ist somit keine moderne Entdeckung, sondern geht, wie man sieht, bis auf die Anfänge der „Experimentalphilosophie" zurück. Einen Naturvorgang „erklären" kann nichts anderes bedeuten, als ihn in all seinen Einzelmomenten, sowie in der Abhängigkeit, in der er von anderen Ereignissen und Umständen steht, zu erfassen. Dieses Ziel ist erreicht, sobald wir ihn, kraft der mathematischen Rechnung, in Zusammenhang mit irgendeiner bekannten Tatsache gesetzt haben. Alles Wissen ist daher, wenn man es auf seine letzten Elemente zurückführt schließlich von rein f a k t i s c h e r Geltung. Die Einsicht in die Gewißheit unserer wissenschaftlichen Prinzipien gewinnen wir nicht dadurch, daß wir sie aus einem höheren metaphysischen Grunde ableiten, sondern dadurch, daß

---

[1] K e i l l, Introductio ad veram Physicam, Leyden 1725, S. 15 (erste Ausgabe: Oxford 1702). — Vgl. hiermit insbesondere die Schilderung der Newtonischen Methode in K a n t s Schrift über die Deutlichkeit der Grundsätze der natürlichen Theologie und der Moral (Akad. Ausgabe II, 286). K e i l l wird von Kant auch in der „Monadologia physica" Propos. X u. XI zitiert.

wir sie, nach vorwärts, in ihre Folgerungen entwickeln und sie in ihnen mittelbar bewähren. Zum Beweise für diese Grundanschauung wird jetzt neben dem System der Physik auch ihre G e s c h i c h t e aufgerufen. „Der göttliche Archimedes forschte nach den Gesetzen der Mechanik und Hydrostatik, ohne sich dabei aufzuhalten, die Ursache der Schwere oder des flüssigen Zustandes zu erkunden. Indem er vielmehr nur das zugrunde legte, was die unmittelbare Wahrnehmung uns lehrt, drang er von hier aus mit dem größten Scharfsinn in die Geheimnisse dieser beiden Wissenschaften ein. So brachte auch Galilei keinerlei Hypothese über die Ursache der Schwere vor, sondern stellte lediglich die G e s c h w i n d i g k e i t fest, die schwere Körper im Fall erlangen, womit er das Fundament legte, auf dem die größten Meister in der Physik ihre schönsten Entdeckungen aufgebaut haben[1].“

E i n Moment tritt jedoch in diesen Darlegungen nicht hervor, wenngleich es implizit in der Betätigung der Methode durchweg anerkannt wird. Die „Beschreibung" der Tatsachen hat ihre Aufgabe erst dann erfüllt, wenn sie in bestimmten Größenwerten endet. Eine Tatsache wird niemals allein durch die vage sinnliche Empfindung, sondern einzig durch die Angabe ihrer exakten Maße festgestellt. Newtons dynamische Physik kann freilich gegenüber dem Mechanismus des Cartesischen Natursystems zunächst als „qualitative" Naturerklärung erscheinen. Denn während Descartes prinzipiell daran festhält, daß alle Bestimmungen der Körper, die sich klar und deutlich erkennen lassen, auf Bewegungen zurückgehen und in Bewegungen auflösbar sein müssen, bleibt Newton bei einer Reihe von Grundeigenschaften stehen, die sich nicht mehr aufeinander reduzieren lassen. Die Schwere insbesondere gilt ihm als eine Beschaffenheit, die, zum mindesten für den empirischen Standpunkt der Physik, keiner weiteren Zerlegung in bekanntere Erscheinungen

---

[1] S. F r e i n d s Verteidigung seiner „Praelectiones chymicae" gegen die Kritik der „Acta Eruditorum" (1711): Philosophical Transactions abridged and disposed under General Heads, Vol. V, 1749, S. 429 f. —

fähig ist. Was aber die Mannigfaltigkeit der Qualitäten, die auf diese Weise zurückbleiben, von den scholastischen Qualitäten trennt, ist der Umstand, daß sie sämtlich in numerischen Werten fixierbar und gemäß einer feststehenden Skala meßbar sind. Deutlich tritt diese Auffassung in der Neugestaltung hervor, die die O p t i k durch Newton erfahren hat. Was das Licht seiner inneren Natur nach sei und ob es „an sich" einfach oder zusammengesetzt ist: diese Frage gilt ihm hier als völlig müßig. Er beginnt — hierin dem großen Gegner seiner Optik durchaus verwandt — mit der Betrachtung der „Taten des Lichts[1])": mit der Analyse seiner empirisch bekannten Wirkungen. Aber diese Analyse führt nunmehr dazu, in dem anschaulich einheitlichen Phänomen eine m a t h e m a t i s c h e Differenzierung zu entdecken. Es gibt verschiedene „Arten" des Lichtes, weil es verschiedene Zahlenwerte als Ausdruck seiner Brechbarkeit gibt. In diesen Werten ist alles das, was die betreffende „Qualität" physikalisch charakterisiert und unterscheidet, festgehalten. Wenn die Zeitgenossen, wie z. B. Robert H o o k e, gegen diese Betrachtungsweise einwenden, daß die Brechbarkeit ein bloßes „Accidens" des Lichtes, und daher zur Bestimmung seines Wesens und seiner spezifischen Differenz nicht brauchbar sei, so weist Newton diesen Einwurf energisch zurück. Das p h y s i k a l i s c h e Wesen des Lichtes ist das, was wir von ihm wahrhaft erkennen können, und unsere Erkenntnis wiederum führt uns über die Abhängigkeit bestimmter Größen- und Maßverhältnisse nirgends hinaus. Die Phänomene unter dem Gesichtspunkt ihrer Meßbarkeit zu ordnen und zu einem System zu verknüpfen, heißt zugleich dasjenige Wissen von ihnen erlangen, dessen wir allein fähig sind[2]).

Hatte sich diese Auffassung in dem Kreise der empirischen Forscher durchgreifende Anerkennung erworben, so bestand die nächste Aufgabe darin, i n n e r h a l b d e r P h i l o - s o p h i e s e l b s t ihr Recht zu begründen und ihre Geltung zu sichern. An diesem Punkte setzt die Aufklärungsarbeit

---

[1]) Vergl. G o e t h e, Farbenlehre, Didakt. Teil, Vorwort.
[2]) Vergl. hrz. L é o n B l o c h, La philosophie de Newton S. 353 ff., 451 f.

der französischen Encyclopädisten ein. Während **Voltaire** vor allem den **Inhalt** der Newtonischen Lehre darzustellen und dem allgemeinen Verständnis nahe zu bringen sucht, ist es **d'Alembert**, der, als der bedeutendste Mathematiker und Logiker dieser Richtung, das methodische Problem in Angriff nimmt. Freilich erhält hierbei die Frage bereits eine Verschiebung: denn die „Prinzipien" sollen jetzt nicht nur in ihrer Bedeutung für den Aufbau des Systems der Physik, sondern vor allem auch in ihrer **psychologischen Entstehung** begriffen und dargestellt werden. Das Abhängigkeits- und Wertverhältnis, das bisher zwischen den beiden Gegenpolen der wissenschaftlichen Betrachtung: zwischen den Tatsachen und den Axiomen stillschweigend angenommen wurde, ist, wie d'Alembert ausführt, umzukehren. Die Axiome sind nicht der Quell der Wahrheit, da sie sich vielmehr bei näherer Prüfung als leere **identische Sätze** erweisen, — da somit derselbe Umstand, der ihnen ihre notwendige Geltung sichert, sie zugleich zu dauernder Unfruchtbarkeit verurteilt[1]). Ihr Wissensgehalt wurzelt in den **Definitionen**, die sie als Materie und Inhalt der Aussage zugrunde legen. Die Definition selbst aber besitzt keine schöpferische Kraft; sie vermag keine neuen Wahrheiten zu erzeugen, sondern kann nur gewissen allgemeinen Tatsachen des Vorstellens zum Ausdruck und zur Fixierung verhelfen. Die echten Anfangsgründe müssen somit überall bestimmte psychische **Tatbestände** bilden, für die es keine andere Ableitung und keinen Beweis geben kann, als daß wir sie unmittelbar in äußerer oder innerer Erfahrung vorfinden. Einen derartigen zweifellosen Ausgangspunkt besitzen wir für die Physik in den alltäglichen Phänomenen der Beobachtung, für die Geometrie in den sinnlichen Merkmalen der Ausdehnung, für die Metaphysik in dem Inbegriff unserer Wahrnehmungen, für die Moral in den ursprünglichen, allen Menschen gemeinsamen Neigungen.

---

[1]) **d'Alembert**, Eléments de philosophie (1759), § 4. — (Mélanges de littérature, d'histoire et de philosophie, 5 vol., Amsterdam 1763—70, Bd. IV, S. 25.) — Vgl. Discours préliminaire de l'Encyclopédie (Mélanges I, 46).

„Die Philosophie ist nicht dazu bestimmt, sich in die allgemeinen Eigenschaften des Seins und der Substanz, in unnütze Fragen über abstrakte Begriffe, in willkürliche Einteilungen und ewige Nomenklaturen zu verlieren; sie ist die Wissenschaft der Tatsachen oder die der Chimären[1]." So sehen wir, wie der rationalistischen Methodik hier ihr eigenstes und stärkstes Instrument, mit dem sie den Stoff der Erfahrung zu meistern gedenkt, entwunden werden soll. Das Besondere sollte durch das Mittel der Definition dem Allgemeinen eingefügt und unterworfen werden; jetzt ergibt sich umgekehrt, daß die Definition selbst, der scheinbare Typus des Allgemeinen, nur eine Einzeltatsache bestimmter Art ist. Sie begnügt sich damit, Vorstellungsinhalte aufzusuchen und festzustellen, die sich in allen Subjekten gleichartig wiederfinden, und sie will hierin lediglich ein nicht weiter erklärbares anthropologisches Faktum registrieren. Eine Auflösung der zusammengesetzten „Ideen" in ihre Elementarbestandteile ist die einzige Leistung, die für die Logik zurückbleibt. Der Anspruch der logischen Definition, die wirkliche Natur der Sache wiederzugeben, bleibt dagegen unerfüllbar: „denn nicht nur ist uns die Natur jedes Einzelwesens unbekannt, sondern wir können nicht einmal klar angeben, was unter der Natur eines Dinges an sich selbst überhaupt zu verstehen sein soll. Die Natur eines Dinges besteht, von uns aus betrachtet, in nichts anderem, als in der Entwicklung der einfachen Vorstellungen, die in seinem Begriff enthalten sind." Die übliche Scheidung in Real- und Nominaldefinitionen ist daher müßig. Unsere wissenschaftlichen Erklärungen sind weder das eine noch das andere: denn so wenig sie bloße Bezeichnungen sein wollen, die wir den Objekten anheften, so wenig geben sie uns Kunde von ihrer inneren Wesenheit. Sie erklären die Natur des Gegenstandes, so wie wir ihn begreifen, nicht so wie er an sich selbst ist[2]). Die eigentliche Einsicht in die Bedeutung eines Begriffes gewinnen wir nicht dadurch,

---

[1] d'Alembert, Eléments de philosophie, a. a. O., S. 27.
[2] Eléments de philosophie, S. 33.

daß wir seine Merkmale einzeln aufzählen und durchgehen, sondern dadurch, daß wir uns die Art vergegenwärtigen, in der er aus einfacheren Vorstellungen entstanden ist. Was die Philosophie zu leisten vermag und was sie bisher über angeblich höheren, in Wahrheit aber widerspruchsvollen Aufgaben versäumt hat, das ist die Aufstellung einer genau gegliederten Tafel der letzten unerweislichen Grundbegriffe, aus welcher sich die Art ihrer möglichen Verknüpfung und Zusammensetzung sogleich übersichtlich ergeben würde[1]).

Wie d'Alembert diese Grundanschauung in seiner Entscheidung des Streites zwischen Cartesianern und Leibnizianern über das wahre Kraftmaß bewährt hat, ist bekannt. Dieser Streit wurzelt nach ihm in dem rationalistischen Grundirrtum, den beide Gegner teilen: in der Überschätzung der Definition und ihrer objektiv realen Bedeutung. Sobald einmal erkannt ist, daß all unsere Begriffe nichts anderes als abgekürzte Bezeichnungen für bestimmte Erfahrungstatsachen sein können, ist die Frage von selbst entschieden. Die Leibnizische wie die Cartesische Maßbestimmung sind als Formeln unserer empirischen Erkenntnis gleich wertvoll, wie sie als metaphysische Bestimmungen gleich nichtig sind. Dieses Urteil indessen, das man von jeher als einen Triumph der positivistischen Aufklärung rühmt, läßt dennoch zugleich die Schranken von d'Alemberts Kritik deutlich hervortreten. Der Streit um das Kraftmaß war, zum mindesten auf Leibniz' Seite, keineswegs ein bloßer Wortstreit gewesen: denn nicht darum handelte es sich hier, welchem willkürlich bestimmten analytischen Ausdruck man den Namen der Kraft beilegen sollte, sondern welche unter allen empirisch bekannten Größen dem Postulat der Erhaltung gerecht würde, das Leibniz als obersten Grundsatz der Physik verkündet hatte. Dieses Postulat bezog sich, wie Leibniz unzweideutig ausgesprochen hatte, nicht auf die Welt der Monaden, sondern es wollte lediglich die Grundgesetzlichkeit,

---

[1]) Eclaircissements sur différens endroits des Eléments de philosophie, § II. — (Mélanges V, 19 u. V, 22 f.)

die unter den Phänomenen selbst herrscht und die erst ihre mathematische Erkenntnis ermöglicht, zum Ausdruck bringen. Faßt man diese Ansicht ins Auge, so gewahrt man sogleich die Lücke in d'Alemberts Beweisführung. Die Tatsache, daß dem allgemeinen Begriff der Einblick in die absoluten Wesenheiten der Dinge versagt bleibt, führt hier unmittelbar dazu, auch die Funktion, die er innerhalb der empirischen Erkenntnis selbst ausübt, herabzusetzen. Das Verdikt, das zunächst nur Aussagen über ein Sein jenseits der Erfahrung treffen sollte, erstreckt sich nunmehr auf die rationalen Grundlagen der Erfahrungserkenntnis selbst. Das Recht dieses Schrittes aber konnte nicht erwiesen werden, und so verliert d'Alemberts positivistische Kritik an diesem Punkte in der Tat ihre Schärfe und Kraft. Solange die metaphysischen und die wissenschaftlichen „Hypothesen" noch auf **einer** Stufe standen, solange konnte die Metaphysik, gegen die d'Alemberts Kampf sich wendet, noch ungeschwächt ihre Macht behaupten: mußte doch die Analyse der Erfahrung selbst, sofern sie auf notwendige und allgemeine **Erkenntnisgründe** führte, zugleich ihre Behauptungen zu stärken scheinen.

Daß hier im Begriff der Erfahrung, der bei d'Alembert gleich sehr durch **Locke** wie durch **Newton** bestimmt bleibt, eine Zweideutigkeit liegt, wird schließlich von ihm selbst empfunden und hervorgehoben. Von der „Beobachtung" im gewöhnlichen Sinne, die nur die zufällige Auffassung eines gegebenen Objektes ist, scheidet auch er das Verfahren der empirischen Wissenschaft, das sich nicht mit passiv hingenommenen Wahrnehmungen begnügt, sondern mit eigenen, vom Geiste selbst gestellten Fragen vor die Natur hintritt[1]). Darin spricht sich freilich nur die alte Baconische Forderung der „experientia litterata" aus; aber sie wird jetzt in völlig neuem Sinne gestellt, da die **Mathematik** nunmehr als eigentlicher Ausdruck jener Aktivität des Geistes erkannt ist, in der auch der Wert und die Kraft des naturwissenschaftlichen **Experiments** wurzelt.

---

[1]) Eléments de philosophie § XX (Mél. IV, 269 f.).

D'Alemberts sensualistische Grundansicht[1]) erfährt in der Entwicklung der algebraischen und geometrischen Prinzipien eine wesentliche Einschränkung. Die Gewißheit der Algebra beruht darauf, daß sie es lediglich mit **rein intellektuellen Begriffen** und somit mit Ideen, die wir selbst uns durch Abstraktion bilden, zu tun hat. Ihre Prinzipien sind allem Zweifel und aller Dunkelheit enthoben, weil sie unser eigenes Werk sind und nur das enthalten, was wir **in sie gelegt haben**[2]). Unter dem „abstrakten" Begriff wird jetzt also nicht mehr der unvollkommene Abdruck bestimmter individueller Wahrnehmungsinhalte verstanden, sondern das Ergebnis eines reinen Denkverfahrens, kraft dessen wir neue und selbständige Inhalte erschaffen, die über alle Daten der Empfindung hinausgehen. So wird insbesondere an den geometrischen Begriffen dargetan, daß ihr Sinn sich niemals in irgendeiner einzelnen „Impression" verkörpert, noch an ihr zu messen ist. So gewiß wir, um zu ihnen zu gelangen, von sinnlichen Eindrücken den Anfang machen müssen: so wenig vermögen diese allein ihren Gehalt und ihre Bildung zu erklären. Denn jede geometrische Aussage greift prinzipiell über alles, was der direkten psychologischen Erfahrung gegeben ist, hinweg, sie bezieht sich nicht auf irgendwelche einzelne **Vorstellungsbilder**, sondern auf die **intellektuellen Grenzen**, die wir einer in sich selbst unabgeschlossenen und unendlichen Reihe solcher Bilder kraft einer Setzung des Begriffs hinzu-

---

[1]) „Toutes nos connoissances directes se réduisent à celles que nous recevons par les sens; d'où il s'ensuit que c'est à nos sensations que nous devons toutes nos idées. Ce principe des premiers philosophes a été longtemps regardé comme un axiome par les Scholastiques ... Aussi cette vérité fut-elle traitée à la renaissance de la Philosophie comme les opinions absurdes, dont on auroit dû la distinguer; on la proscrivit avec ces opinions, parce que rien n'est si dangereux pour le vrai et ne l'expose tant à être méconnu, que l'alliage ou le voisinage de l'erreur ... Enfin depuis assez peu de temps on convient presque généralement que les Anciens avoient raison; et ce n'est pas la seule question sur laquelle nous commençons à nous rapprocher d'eux." Discours préliminaire (Mélanges I, 13 f.).

[2]) Eléments § XIV (Mél. IV, 154 f.).

fügen¹). Man versteht es in diesem Zusammenhange, daß d'Alembert zu einer Rechtfertigung und Wertschätzung der „Abstraktion" gelangt, die den A n f ä n g e n seiner Erkenntnislehre unmittelbar widerstreitet. Je „abstrakter" die Grundlagen einer Wissenschaft sind, um so sicherer ist die Erkenntnis, die sie verstattet; je mehr dagegen ihr Gegenstand sich dem Sinnlichen nähert, um so ungewisser und dunkler wird das Wissen von ihm²). Eine wichtige Anwendung der neuen Grundanschauung, die er hier gewinnt, hat d'Alembert in seiner kritischen Erörterung des Z e i t b e g r i f f s gemacht. Hier zeigt es sich, daß die Bedeutung der Grenzbegriffe sich nicht auf die Mathematik einschränken läßt, sondern daß sie überall in unsere Erkenntnis der konkreten physischen Wirklichkeit eingreift, die somit gleichalls ein „ideales" Moment in sich schließt. Die Idee der Zeit gewinnen wir sicherlich nur aus der Succession unserer Vorstellungen; aber die Frage nach der Natur und dem Gehalt des Begriffes ist mit dieser psychologischen Aufklärung nicht erschöpft. Denn der Fluß unserer Vorstellungen zeigt uns niemals jene exakte Gleichförmigkeit, die wir mit dem Begriff der Zeit verbinden und kraft deren sie uns zum Grundmaß für alle empirischen Veränderungen wird. Ebensowenig aber kann man sich, zur Ableitung des Begriffs der streng gleichförmigen Bewegung, einfach auf die äußere Erfahrung berufen: denn wie ließe sich irgend welche physikalische Erfahrung anstellen, ohne daß wir ein festes und bestimmtes Zeitmaß bereits zugrunde legten³)?

---

¹) Eléments § XV (S. 159): „Les vérités que la Géométrie démontre sur l'étendue sont des vérités purement hypothétiques . . . Les propositions de Géométrie . . . sont l a l i m i t e intellectuelle des vérités physiques, le terme dont celles-ci peuvent approcher aussi près qu'on le désire, sans jamais y arriver exactement. . . . Dans l'Univers il n'y a point de cercle parfait, mais plus un cercle approchera de l'être, plus il approchera des propriétés rigoureuses du cercle parfait que la Géométrie démontre."
²) Discours préliminaire (Mél. I, 44 f.).
³) Eléments de philosophie § XVI (IV, 190 ff.); Eclaircissements § XVI (V, 270).

Hatten daher d'Alemberts „Elemente der Philosophie" jedweden „metaphysischen" Bestandteil aus der empirischen Wissenschaft schlechthin verwiesen, so geben die Erläuterungen, die später diesem Werke hinzugefügt werden, der positivistischen Grundanschauung eine veränderte Wendung. „Die Metaphysik ist je nach dem Gesichtspunkt, unter dem man sie betrachtet, die befriedigendste oder die nichtigste aller menschlichen Erkenntnisse: die befriedigendste, solange sie sich auf die Gegenstände beschränkt, die ihren Horizont nicht übersteigen, solange sie sie mit Schärfe und Genauigkeit analysiert und sich in ihrer Zergliederung nicht über dasjenige, was sie an eben diesen Gegenständen klar erkennt, forttreiben läßt; die nichtigste, wenn sie sich, zugleich vermessen und dunkel, in ein Gebiet versenkt, das ihren Blicken entzogen ist, wenn sie über die Attribute Gottes, über die Natur der Seele, über die Freiheit und andere Fragen dieser Art streitet, in denen die gesamte philosophische Vorzeit sich verloren hat und in denen auch die moderne Philosophie nicht hoffen darf, glücklicher zu sein . . . . Was wir an die Stelle all jener nebelhaften Spekulation setzen müssen, ist eine Metaphysik, die mehr für uns geschaffen ist und die sich näher und unmittelbarer an der Erde hält: eine Metaphysik, deren Anwendungen sich in die Naturwissenschaften und vor allem in die Geometrie und in die verschiedenen Zweige der Mathematik hinein erstrecken. Denn es gibt im strengen Sinne keine Wissenschaft, die nicht ihre Metaphysik hätte, wenn man darunter die allgemeinen Prinzipien versteht, auf denen eine bestimmte Lehre sich aufbaut und die gleichsam der Keim aller besonderen Wahrheiten sind." So sehr man daher die Hypostasierung der mathematischen Methodenbegriffe zu einer für sich bestehenden unabhängigen W i r k l i c h k e i t verwerfen wird — so sehr muß man andererseits die ebenso feine, als wahre Metaphysik anerkennen, die bei der Entdeckung der Algebra, der analytischen Geometrie und insbesondere der Infinitesimalrechnung am Werke war; wie man nicht minder in der Zergliederung der Grundbegriffe der allgemeinen Physik, in der „Métaphysique de la Physique générale" eine notwendige und fruchtbare philosophische Aufgabe zu erkennen hat[1]). Diese Arbeit an den Prinzipien der Mathematik und der empirischen Wissenschaft bildet die echte und unentbehrliche Leistung des *esprit systématique*, der von d'Alembert von dem verpönten *esprit de système* ausdrücklich geschieden wird[2]). So hat d'Alemberts Denken eine doppelte Bewegung vollzogen, in der auf der einen Seite der Begriff der **Erfahrung**, auf der anderen der der **Metaphysik** einer neuen Bedeutung entgegengeführt wird. Beide Begriffe gehen nunmehr eine neue Beziehung ein und weisen wechselseitig auf einander hin. So klar er indessen das Ziel bezeichnet und so wirksam er es in seinen Untersuchungen über die Grundbegriffe der Mechanik im Einzelnen gefördert hat: so mußte ihm, dem die Philosophie zuletzt in die „Experimentalphysik der Seele" aufgeht[3]), die allgemeine Lösung der Aufgabe versagt bleiben. Und hierin spiegelt er nur die Denkart und das Schicksal des Zeitalters wieder, dessen philosophischer Wortführer er ist. Der Versuch, alles Denken in der Erfahrung zu binden und an ihr festzuhalten, konnte nicht gelingen, bevor nicht eine schärfere kritische Trennung die verschiedenartigen logischen Bestandteile, die in den Begriff der Erfahrung eingehen, gesondert und zu klarem Bewußtsein erhoben hatte.

2. Vernunft und Sprache.

Das allgemeine Problem der Methode, das seit den Anfängen der neueren Philosophie im Mittelpunkt der Betrachtung steht, erhält im achtzehnten Jahrhundert eine neue und wichtige Wendung, indem es sich mit dem **Problem der Sprache** verbindet. Bei Descartes bereits wird der Plan der philosophischen „Universalsprache" erwogen, der dann bei Leibniz feste Gestalt und entscheidende Bedeutung gewinnt. Fortan sind es nicht bloß die psychologischen Anfänge und Motive der Sprachbildung, die man zu erforschen

---

[1]) Eclaircissements § XV: Sur l'usage et sur l'abus de la Métaphysique en Géométrie et en général dans les Sciences Mathématiques. (Mél. V, 253 ff.)
[2]) Discours préliminaire (Mél. I, 36).
[3]) Discours préliminaire (Mél. I, 141 f.).

sucht, sondern die Sprache gilt als ein unentbehrliches logisches Instrument, von dessen Schätzung der Wert oder Unwert des Denkens selbst abhängig ist. Keines der großen philosophischen Systeme vermag sich dieser Fragestellung zu entziehen. Für Hobbes wird das Wort zum Träger und zur Substanz der „vernünftigen" Schlußfolgerung überhaupt; Locke widmet ihm fast ein Viertel seines Gesamtwerkes, und noch bei Berkeley wird das Problem des „Zeichens" zu einem Motiv der fortschreitenden inneren Umgestaltung seiner Lehre. Die moderne Physik schien sodann die allgemeine Bedeutung der Frage von neuem ans Licht zu stellen. Denn indem sie sich die Aufgabe stellte, die Phänomene lediglich zu „beschreiben", statt ihre letzten substantiellen Ursachen zu ermitteln, mußte damit alles Interesse auf die Mittel, deren diese Beschreibung sich bedient, also auf die allgemeinen S y m b o l e der Mathematik sich richten. In diesen Symbolen erst gewinnen die Erscheinungen ihren festen Gehalt und ihre exakte Bestimmung, indem sie in ein System von Größen und Zahlen eingefügt werden. Was die Wissenschaft über die vage sinnliche Empfindung hinaus enthält und was sie allein geben kann: das scheint also lediglich in dieser allgemeingültigen numerischen B e z e i c h n u n g zu liegen. In dieser Formulierung des Problems liegt freilich, sachlich betrachtet, von Anfang an eine Zweideutigkeit. Je nachdem man in der Sprache einen transzendenten Seinszusammenhang oder lediglich eine Beziehung zwischen den Ideen selbst symbolisiert denkt, ergeben sich zwei verschiedene Grundauffassungen der Erkenntnis. Der Kampf dieser Auffassungen ließ sich insbesondere bei Berkeley verfolgen, bei dem er zuletzt zu einer völligen Sprengung der anfänglichen Systemform führt. Die Philosophie des achtzehnten Jahrhunderts zeigt sodann die Fortsetzung dieses Kampfes: neben der religiös-symbolischen Ausdeutung der Sprache, die sich vor allem bei H a m a n n ausprägt, stehen Versuche, aus der Mannigfaltigkeit der Sprachformen einen allgemeingültigen Kern rein l o g i s c h e r Relationen herauszuschälen. Und auch hierin läßt sich wieder eine zwiefache Richtung der Betrachtung unterscheiden:

denn Sensualismus und Intellektualismus treffen noch einmal am Problem der Sprache zusammen und suchen sich hier wechselseitig den Rang streitig zu machen.

Selbst bei einem Denker, wie C o n d i l l a c , der seiner ganzen Gedankenrichtung nach völlig der sensualistischen Ansicht anzugehören scheint, läßt sich die Wirksamkeit beider Motive verfolgen. Die Ideen, die Locke der bloßen „Sensation" entzogen und einer eigenen Tätigkeit der Reflexion zugewiesen hatte, bilden nach Condillac freilich eine selbständige und unterschiedene Klasse von Inhalten: aber um diese Inhalte zu verstehen, brauchen wir nicht auf ein besonderes „rationales" Vermögen des Geistes, sondern lediglich auf seine Fähigkeit der Zeichen- und Namengebung zurückzugehen. Wer das Verhältnis von Begriff und Wort durchschaut hat, der hat damit die Einsicht in die Grundlage aller Erkenntnis gewonnen. Denn die Wissenschaften sind in ihrer Gesamtheit nichts anderes als geregelte und gegliederte Sprachen. „Wirklich" im eigentlichen Sinne ist nur das, was sich uns in einer einzelnen Empfindung darbietet; aber wir könnten diese gesamte sinnliche Mannigfaltigkeit nicht überblicken und im Gedächtnis bewahren, wenn wir nicht bestimmte Gruppen zusammenfaßten und mit festen, wenngleich willkürlichen, Orientierungsmarken versähen. So erschaffen wir in der Erkenntnis ein System von Gattungsnamen höherer und niederer Ordnung, in das wir — freilich vergebens — die Gesamtheit des Seins und den Inbegriff der individuellen Dinge zu fassen versuchen. Man begreift hieraus, daß es sich in dem wahrhaft exakten Wissen nicht darum handeln kann, zu immer reineren und von der Wahrnehmung immer entfernteren Abstraktionen aufzusteigen, sondern daß die Aufgabe allein darin besteht, primitive und ungenügende Bezeichnungsweisen durch schärfere und feinere zu ersetzen. So enthält die gesamte A l g e b r a nicht eine einzige gedankliche Operation, die nicht schon im Rechnen mit den Fingern gebraucht würde. Was sie vor diesem elementaren Verfahren voraus hat, ist lediglich der technische Vorzug, daß die Zeichen in ihr einerseits außerordentlich vermehrt, andererseits aber derart g e o r d n e t sind, daß sie bequemer zu handhaben und zu übersehen sind. Und wie die populäre Rechenkunst zur wissenschaftlichen Algebra, so verhält diese letztere sich wiederum zur **M e t a - p h y s i k**. Die Metaphysik ist die „Grammatik der Algebra": denn sie ist es, die die Regeln, die dort unbewußt geübt werden, in ihrer allgemeinen Gültigkeit zu begreifen und zu erweisen hat. Die Methode der Analyse, die uns in der Mathematik nur in einer vereinzelten Anwendung entgegentritt, kommt erst in ihr zu universeller Geltung. Indem sie das Netzwerk von Benennungen, in das wir die einfachen Daten der Wahrnehmung fassen, in seine einzelnen Fäden auseinander legt, macht sie damit zugleich die Art kenntlich, in der die komplexen Inhalte sich aus den sinnlichen Einzelbestandteilen, als ihren wahrhaften Komponenten, zusammensetzen[1]).

Der Gedanke, den Condillac hier verfolgt, wird in Deutschland gleichzeitig von **P l o u c q u e t** und **L a m b e r t** aufgenommen, von beiden indessen ohne die dogmatische Beschränkung auf eine bestimmte erkenntnistheoretische Richtung durchzuführen gesucht. Während Ploucquet sich vor allem der Fortbildung und Vervollkommnung des logischen Kalkuls zuwendet[2]), schreitet Lambert zu dem weiteren Plan einer allgemeinen „Semiotik" fort. In einer wissenschaftlich vollkommenen Sprache wären alle einfachen Begriffe durch bestimmte „Wurzelwörter" zu benennen, deren Zusammensetzungen und Abwandlungen weiterhin ihre Modifikationen und mannigfachen Verhältnisse kenntlich zu machen hätten. Das Grammatische wäre in ihr daher zugleich „charakteristisch", sofern es den Ausdruck für eine logische Abhängigkeit zwischen den Begriffen und Begriffsgegenständen selbst enthielte. Die Theorie der Sachen wäre hier auf die der Zeichen reduziert und somit das dunkle Bewußtsein der Begriffe durch eine anschauende Erkenntnis, mit der Empfindung und klaren Vorstellung der Zeichen, er-

---

[1]) C o n d i l l a c , La langue des calculs (Oeüvr., Paris 1798, Vol. XXIII), S. 10 ff., 210 ff., 228 u. s.
[2]) Vgl. P l o u c q u e t , Principia de Substantiis et Phaenomenis. Accedit Methodus calculandi in Logicis ab ipso inventa, cui praemittitur Commentatio de Arte Characteristica. Francof. et Lips. 1764.

setzt¹). Die philosophische Literatur der deutschen Aufklärungszeit wendet sich mit Vorliebe der Erörterung dieses Themas zu. In die Popularphilosophie findet der Gedanke besonders durch **Sulzer** Eingang, der in den Schriften der Berliner Akademie wiederholt auf den gegenseitigen Einfluß der Vernunft in die Sprache und der Sprache in die Vernunft zurückkommt. Es ist auch hier wieder das große Beispiel der Differentialrechnung, das vornehmlich als Beleg dient. „Verschiedene große Meßkünstler, welche vor der Entdeckung der Infinitesimalrechnung gearbeitet haben, besaßen beinahe eben die Kenntnisse, welche, in Verbindung mit der Anwendung dieser Rechnung, so große Entdeckungen in der Mathematik veranlaßt haben. Es fehlte ihnen nur an Zeichen, und an dem **Algorithmus** der Rechnung, oder an derjenigen Art von Sprache, wodurch sie die Ideen, die sie gehabt hatten, deutlich hätten ausdrücken können. Da sie es nicht versucht hatten, oder da es ihnen vielleicht nicht gelungen war, eine schickliche Methode zur Bezeichnung ihrer Ideen ausfindig zu machen, so sind ihnen tausend sehr wichtige Wahrheiten entwischt." Je mehr man über diese Wirkung der Sprache nachdenkt, desto mehr sieht man, daß die Rede in Bezug auf die Vernunft und die Kenntnisse überhaupt eben das ist, was die Analyse in Bezug auf die Mathematik ist. Die volle logische Evidenz der Mathematik ließe sich daher auch in den philosophischen Wissenschaften durchführen, wenn es gelänge, in ihnen zu einer gleich scharfen Bezeichnung und Veranschaulichung der Grundideen vorzudringen. Schon im Hinblick auf dieses Ziel gilt der Wert der allgemeinen Ontologie als erwiesen. „Manche Philosophen, welche die äußerste Verachtung gegen die Ontologie äußern, wissen nicht, wie viel sie dieser Wissenschaft ihres bloßen Namensverzeichnisses (Nomenclatur) wegen zu danken haben. Eine Wissenschaft kann niemals zu viel Kunstwörter haben, wenn nur ein jedes Wort einen wirklichen Begriff ausdrückt. Die Wörter **wie? warum? wann? wodurch?** wo-

---

¹) **Lambert**, Neues Organon, 2. B., Lpz. 1764, Semiotik § 112, 309 u. s.; Näheres bei O. **Baensch**, Joh. H. Lamberts Philosophie und seine Stellung zu Kant, Tüb. u. Lpz. 1902, S. 33 ff.

zu? Verhältnis, Wesen, Zufälligkeit, veranlassen öfters Untersuchungen, die man nicht angestellt hätte, wenn uns das Gedächtnis nicht diese Wörter hergegeben, und wenn uns diese Wörter nicht an die Ideen, welche sie ausdrücken, erinnert hätten." Man sieht, wie hier der Plan einer allgemeinen Grammatik mit dem Plan einer allgemeinen K a t e g o r i e n l e h r e verschmilzt. „Sehr wichtige und in den Schriften von erfinderischen Köpfen deutlich auseinandergesetzte Kenntnisse bleiben zuweilen halbe Jahrhunderte hindurch verborgen oder rätselhaft, bis ein anderer guter Kopf kommt, und die dazu gehörige Sprache bildet und festsetzt. Dann wird das, was gleichsam in den Schächten vergraben gelegen hatte, zu Tage gebracht und zu jedermanns Gebrauche zugerichtet. Dies ist der Dienst, den der berühmte W o l f den von L e i b n i z gesehenen und vorgetragenen Wahrheiten geleistet hat."

In der näheren Ausführung lenkt Sulzer allerdings wieder zu den rein psychologischen Problemen der Sprachentstehung zurück, von denen er auch über die objektive Erkenntnis wesentliche Aufschlüsse erwartet. Die etymologische Geschichte der Sprachen wäre unstreitig die beste Geschichte des Fortgangs des menschlichen Geistes, und nichts wäre für einen Philosophen schätzbarer, als sie. Die eigenen Versuche, die Sulzer in diesem Gebiet unternimmt, sind freilich naiv genug[1]). Aber die Richtung, die er in diesen Untersuchungen bezeichnet, hat sich dennoch historisch fruchtbar und weiterwirkend erwiesen. Denn die Frage nach dem Ursprung der Sprache, die im Kreise der Berliner Akademie auf M a u p e r t u i s', S ü ß m i l c h s und S u l z e r s Anregungen hin, eifrig erörtert wird, gibt zu der Preisaufgabe des Jahres 1771 Anlaß, in welcher H e r d e r s Abhandlung den Preis erhält[2]). Das Problem ist damit einer allgemeineren

---

[1]) Zum Ganzen vgl. Sulzers Anmerkungen über den gegenseitigen Einfluß der Vernunft in die Sprache und der Sprache in die Vernunft (zuerst in den Schriften der Berliner Akademie 1767), Vermischte philosophische Schriften, Lpz. 1773, S. 166 ff.
[2]) Näheres hierüber in H a r n a c k s Akademiegeschichte, Berlin 1900, I, 413 f.

und tieferen Betrachtungsweise zugeführt, in welcher eine neue Methodik der Geisteswissenschaften gewonnen wird. Der Begriff des Symbols greift über den engeren Problemkreis, in dem er zunächst entstanden war, hinaus und beginnt jene universelle Bedeutung anzunehmen, die er für die klassische deutsche Litteratur und Philosophie besitzt. In einer anderen Richtung aber wird der Gedanke innerhalb der Naturwissenschaft selbst, im Ausbau einer ihrer modernen Grunddisziplinen, weitergeführt[1]). Um diesen Fortschritt zu verstehen, müssen wir uns jedoch nochmals zu der Entwicklung zurückwenden, die die naturwissenschaftliche Prinzipienlehre im achtzehnten Jahrhundert erfährt.

3. Der Begriff der Kraft.

Die Newtonische Grundansicht, daß unser physikalisches Wissen sich lediglich auf die Verhältnisse der Phänomene, nicht auf ihre unbekannten „Ursachen" erstreckt, findet ihren deutlichen Ausdruck in der Gestaltung, die der Begriff der Kraft in der allgemeinen wissenschaftlichen Literatur der Epoche erhält. In der Tat bildet das Attraktionsproblem den eigentlichen Mittelpunkt und das konkrete Musterbeispiel, an dem fortan jede allgemeine Erörterung des Kausalproblems einsetzt. Wenn Newton, bei aller Zurückhaltung, die er sich auferlegte, mit der Frage nach der „Erklärung" der Schwerkraft innerlich noch dauernd gerungen hatte[2]), so ist bei seinen philosophischen Erklärern und Nachfolgern die Schwierigkeit bereits kurzerhand beseitigt. Daß die Wirkung in die Ferne „unbegreiflich" ist, ist freilich wahr: aber dieser Mangel fällt nicht dem speziellen ursächlichen Verhältnis, das hier behauptet wird, zur Last, sondern er haftet an dem allgemeinen Begriff der ursächlichen Verknüpfung überhaupt. Der Zusammenhang von Ursache und Wirkung ist in keinem Falle logisch zu verstehen, sondern stets nur durch die Erfahrung zu erlernen; ist dies

---
[1]) S. hierüber unten: Abschnitt 4 dieses Kapitels.
[2]) Näheres hierüber bei Rosenberger, Isaac Newton und seine physikalischen Prinzipien, Lpz. 1895, S. 407 ff.

aber einmal eingesehen, so bietet uns die Fernkraft kein größeres Rätsel dar, als es auch in der angeblich unmittelbar gewissen und „verständlichen" Mitteilung der Bewegung durch Berührung und Stoß enthalten ist[1]). Wo immer wir daher von „Kräften" der Materie sprechen, da dürfen wir uns nicht anmaßen, damit den wahrhaften inneren Grund des Geschehens aufdecken zu wollen, sondern dürfen diesen Begriff nur als eine kurze Bezeichnung für wahrnehmbare und meßbare empirische Verhältnisse brauchen. Die Gravitation, wie die Elektrizität oder der Magnetismus spielen in unserer Fassung der Naturgesetze keine andere Rolle, als die **Unbekannten** einer algebraischen Gleichung: ihr ganzer Sinn und ihre alleinige Bedeutung besteht in der **Relation**, die sie aussagen und in der mathematischen Proportion, die sie zum Ausdruck bringen. Diese treffende und glückliche Formulierung, die sich in **Keills** „Einführung in die wahre Physik" vom Jahre 1702 findet[2]), ist besonders charakteristisch dafür, wie sehr Humes Kampf gegen den populären Kraftbegriff, sofern er zugleich die Anschauungen der exakten **Wissenschaft** treffen wollte, verspätet kam und nur noch einen Anachronismus bedeutete. Selbst die Naturphilosophie der Zeit, die auf eine dynamische Konstruktion der Materie ausgeht, hält sich hierbei doch streng innerhalb der allgemeinen Anschauung: unter der Kraft zweier Körper haben wir, wie **Boscovich** erklärt, nichts anderes als die numerische **Bestimmung** zu verstehen, die das Größenverhältnis der Beschleunigung regelt, welche sie sich wechselweise erteilen[3]).

---

[1]) d'**Alembert**, Eléments de philosophie, § XVII (IV, 241); § XIX (IV, 258 f.); **Condillac**, L'Art de raisonner (Oeüvres de Condillac, Paris 1798, T. VIII, 103) u. ö.

[2]) „Eodem sane jure quo in aequatione Algebraica incognitas quantitates literis x vel y designamus et methodo haud multum dissimili harum qualitatum intensiones et remissiones quae ex positis quibuscunque conditionibus sequuntur, investigari possunt." (**Keill**, Introductio ad veram Physicam, Sect. I.)

[3]) S. **Boscovich**, Theoria philosophiae naturalis, 2. Ausg., Venetiis 1763 (zuerst: Wien 1758), § 9.

Die erste Rezeption und Weiterführung der Humeschen Gedanken findet sich unter den Mathematikern bei M a u p e r t u i s, der zugleich — da seine Schriften in den Abhandlungen der Berliner Akademie erscheinen — das Humesche Problem zuerst in den Gesichtskreis der deutschen Philosophie rückt. Der Einfluß Humes bekundet sich hier vor allem darin, daß — im Gegensatz zu d'Alembert — nunmehr auch die Sätze der r e i n e n Mathematik in den Kreis der empirischen Ableitung hineingezogen werden. Der Satz, daß die mathematischen Gebilde E r ‑ z e u g n i s s e des Geistes selbst sind, wird von Maupertuis ausdrücklich bekämpft: der Geist vermag kein neues Objekt zu schaffen, sondern nur die Impressionen, die er von den Sinnen empfängt, zu verknüpfen und zu trennen. Der eigentümliche logische Vorzug, den wir den Begriffen der Mathematik zuzusprechen pflegen, wurzelt daher gleichfalls einzig in der Materie der Eindrücke, auf die sie zurückgehen: er beruht darauf, daß in ihnen durchaus g l e i c h a r t i g e Sensationen zusammengefaßt sind und daß somit jedes G a n z e, das uns hier entgegentritt, aus der einfachen W i e d e r h o l u n g einer Grundeinheit hervorgeht und durch sie genau meßbar ist. Wenn wir der Ausdehnung eine andere Art der Gewißheit und eine höhere Form des „Seins" zuschreiben, als der Farbe oder irgendeiner sonstigen sekundären Qualität, so hat diese Unterscheidung keinerlei reale Bedeutung. Sie ist vielmehr lediglich der Ausdruck dafür, daß die Ausdehnung unserer E r k e n n t n i s einen bequemeren Angriffspunkt darbietet, sofern sich jeder ihrer Teile aus der gleichmäßigen Addition einer Strecke, die wir zugrunde legen, gewinnen läßt; während in keinem anderen Gebiet eine gleich leichte und sinnfällige Vergleichung der verschiedenen Gebilde erreichbar ist. Der Grund der Sicherheit der Mathematik ist lediglich diese „Wiederholbarkeit" (réplicabilité) der sinnlichen Ideen, von welchen sie ausgeht. Ihre Gewißheit ist nicht darin begründet, daß ihre Begriffe von höherem als empirischen Ursprung sind, sondern darin, daß sie die Ergebnisse einer früheren und „einfacheren" Erfahrung sind¹). Der gleiche Schluß gilt in noch höherem Maße für die Prinzipien der M e c h a n i k, die sämtlich nicht mehr als verallgemeinerte Beobachtungen sind, wenngleich die lange Vertrautheit, die wir mit diesen Beobachtungen besitzen, uns immer von neuem eine innere logische Notwendigkeit an ihnen vortäuscht²). Daß jede angeblich rationale Einsicht in die Gesetze über die Mitteilung der Bewegung nur Schein ist, vermag die einfachste psychologische Reflexion zu lehren. Denken wir uns jemand, der niemals irgendeine Berührungswahrnehmung gehabt hätte, der dagegen aus einer Anzahl von Beobachtungen die Kenntnis von den Gesetzen der Farbenmischung gewonnen hätte, und stellen wir ihm die Frage, was bei der immer größeren Annäherung und schließlichen Begegnung zweier Körper, von denen der eine blau, der andere gelb ist, geschehen werde? Er wird voraussichtlich antworten, daß aus den beiden Körpern, sobald sie zusammentreffen, ein neuer Körper mit der Mischfarbe Grün hervorgehen werde: niemals aber könnte er dazu gelangen, vorauszusagen, daß beide sich nach der Begegnung mit einer gemeinsamen Geschwindigkeit weiter bewegen werden, oder daß der eine einen Teil seiner Geschwindigkeit an den anderen abgeben oder von ihm zurückprallen werde³). Erst die Eindrücke und Erfahrungen des Tastsinns sind es, die uns den Begriff der „Undurchdringlichkeit" vermitteln und uns damit in den Stand setzen, die G e s e t z e des Stoßes aufzustellen, ohne daß wir doch in das innere Geschehen, das ihm zugrunde liegt, den geringsten Einblick besäßen. Der Begriff der K r a f t ist daher nur ein Deck-

---

¹) M a u p e r t u i s, Examen philosophique de la preuve de l'existence de Dieu etc. Première partie: Sur l'évidence et la certitude Mathématique (Histoire de l'Académie Royale des Sciences et Belles Lettres 1756), bes. § XI ff.
²) M a u p e r t u i s, a. a. O., II. partie, § XXIX u. XXXV.
³) M a u p e r t u i s, Essai de Cosmologie (Oeüvres de Maupertuis, nouvelle édit. corrigée et augmentée, Lyon 1756), Vol. I, S. 31 f. (Die betreffende Stelle findet sich bereits 1746 in den Schriften der Berliner Akademie; sie beweist daher, daß Maupertuis' Kenntnis von H u m e s Lehre nicht auf dem „Enquiry" beruht, der erst i. J. 1748 in London erschien, sondern auf dem „Treatise" v. J. 1739/40.)

mantel unserer Unwissenheit. „Es gibt in der gesamten modernen Philosophie kein Wort, das häufiger wiederholt worden ist, als dies, und keines, mit dem man einen so wenig bestimmten Sinn verbunden hat." Die Vorstellung der Kraft wurzelt lediglich in der Anstrengung, die wir bei der Überwindung von Widerständen verspüren; sie ist somit in ihrem Ursprung nichts anderes, als eine verworrene Empfindung, von der wir schon zu viel sagen, wenn wir ihr auch nur den Namen einer „Idee" zugestehen. Wir mögen immerhin, da wir uns von dem Gedanken einer wechselseitigen Beeinflussung der Körper nicht ganz frei machen können, fortfahren, das W o r t „Kraft" zu gebrauchen: aber wir müssen uns beständig erinnern, daß wir damit nichts anderes, als bestimmte erscheinende Wirkungen bezeichnen und bezeichnen können[1]). Selbst Newton ist, bei all seiner kritischen Vorsicht, dieser Vorschrift nicht dauernd treu geblieben: denn indem er in seinem zweiten Gesetz ausspricht, daß die Änderung der Bewegung eines Körpers der auf ihn einwirkenden Kraft proportional sei, hat er damit einen leeren identischen Satz, der nur unsere D e f i n i t i o n des Kraftbegriffs feststellt, zum Range eines Naturgesetzes erhoben. Der Begriff der „Ursache der Beschleunigung" muß aus der Mechanik schwinden; an seine Stelle haben lediglich die Maßbestimmungen der Beschleunigung zu treten[2]).

So radikal indessen diese Sätze klingen und so sehr sie die letzten Konsequenzen zu ziehen scheinen, so dienen sie doch bei Maupertuis selbst einer unverhohlen metaphysischen Grundabsicht. Daß wir den Zusammenhang der U r s a c h e n nicht zu durchschauen vermögen: dies wird nur darum eingeschärft, damit wir die Natur als einen Zusammenhang der Z w e c k e erkennen und beurteilen lernen. Die echte Philosophie hat den Mittelweg zu gehen zwischen denen, die allenthalben Ursachen sehen und denen, die, wie Hume, jegliche Kausalität leugnen: — „denn es hieße der Vorsehung weigern, was ihr gebührt, wenn man die Ursachen

---
[1]) Essai de Cosmologie, a. a. O. I, 28 ff.
[2]) M a u p e r t u i s , Examen philosophique etc., II. partie, § XXIII u. XXXVI.

leugnete, und es hieße wiederum uns etwas anmaßen, was uns nicht zukommt, wenn wir uns stets fähig glaubten, sie zu erkennen[1]." Der Grundplan der göttlichen Verfassung des Universums ist uns durch die Prinzipien der Mechanik selbst verbürgt. Die „Zufälligkeit" der Naturgesetze, die uns ihr rein logisches Verständnis verwehrte, erschließt uns zugleich eine wichtige positive Einsicht, sofern sie uns ihren t e l e o l o g i s c h e n Charakter und Ursprung enthüllt. Das Prinzip der kleinsten Wirkung muß als oberster Grundsatz der Mechanik proklamiert werden, weil in ihm diese Beziehung und diese Bedingtheit am deutlichsten zutage tritt: die Bewegungsgesetze, denen die Herleitung aus Begriffen des Denkens versagt war, werden jetzt aus den Attributen der höchsten, verstandesbegabten Ursache deduziert[2]). So ist bei aller Relativierung unseres Erfahrungswissens der Gedanke des A b s o l u t e n noch in voller Kraft geblieben und beherrscht, wie bisher, das Gesamtsystem der Erkenntnis.

Und die Schranke, auf die wir hier stoßen, ist wiederum nicht der Problemstellung eines einzelnen Denkers eigentümlich, sondern sie bezeichnet scharf die allgemeine Grenze, über die die wissenschaftliche Gesamtanschauung der Epoche nirgends hinausgeht. Nicht die E x i s t e n z , sondern lediglich die E r k e n n b a r k e i t der absoluten Ursachen ist es, die bestritten wird. So ist es ein unbekannter und unerforschlicher Grund, auf dem zuletzt all unser Wissen ruht. Der Gedanke, daß jenseits aller unserer empirisch-phäno-

---

[1]) Examen philosophique, II. partie, § XXIV: „Tandis qu'on abuse ainsi des mots de causes et d'effets et qu'on les place partout, quelques autres philosophes nient toute causalité: les arguments dont se sert pour cela un des plus grands hommes de l'Angleterre (Mr. Hume) sont assurément des plus ingénieux et des plus subtils: cependant il me semble qu'entre trouver des causes partout et n'en trouver nulle part il est un juste milieu où se trouve le vrai: si c'est refuser à la Providence ce qui lui appartient que de nier les causes, c'est nous arroger ce qui ne nous appartient pas que de nous toujours croire capables de les connoître."
[2]) Essai de Cosmologie: II. Partie, où l'on déduit les loix du mouvement des attributs de la suprême Intelligence. (Oeüvr. de Maupertuis I, 26 ff.)

menalen Erkenntnis eine Welt unerkennbarer „Dinge an sich" sich verbirgt: dieser Gedanke, den man so häufig als die Substanz der Kantischen Lehre angesehen hat, ist in Wahrheit nichts anderes, als die herrschende Überzeugung der gesamten Philosophie des achtzehnten Jahrhunderts. Man kann kaum ein naturwissenschaftliches oder erkenntnistheoretisches Werk der Zeit aufschlagen, ohne ihm allenthalben zu begegnen[1]). Kant hat diese Anschauung nicht „erfunden", sondern sie aufgenommen, um sie zu vertiefen

---

[1]) Ich greife aus den vielfältigen Beispielen nur einige besonders charakteristische heraus: L e t t r e s d e M a u p e r t u i s, L. IV, Oeüvr. II, 202: „Voilà où nous en sommes: nous vivons dans un Monde où rien de ce que nous appercevons ne ressemble à ce que nous appercevons. Des êtres inconnus excitent dans notre âme tous les sentiments, toutes les perceptions qu'elle éprouve; et sans ressembler à aucune des choses que nous appercevons, nous les représentent toutes." Vgl. ferner C o n d i l l a c, L'Art de raisonner (Oeüvres, Paris 1798, VIII, 75 f.): „Il faut donc vous souvenir que je ne parlerai que des propriétés relatives toutes les fois que je dirai qu'une chose est évidente de fait. Mais il faut vous souvenir aussi que ces propriétés relatives prouvent des propriétés absolues, comme l'effet prouve sa cause. L'évidence de fait suppose donc ces propriétés, bien loin de les exclure, et si elle n'en fait pas son objet, c'est qu'il nous est impossible de les connoître" (cf. C o n d i l l a c, La Logique Chap. V. u. d'A l e m b e r t, Éléments de philosophie, § XIX (Mélanges IV, 258 f.). —
Aus dem Kreise der exakten und empirsichen Forschung kommen hier, neben den unmittelbaren Schülern und Anhängern Newtons, vor allem B o n n e t und K a e s t n e r in Betracht: „Nous ne connoissons donc point l'Essence réelle des Choses. Nous n'appercevons que les Effets et point du tout les Agents. Ce que nous nommons l'Essence du Sujet n'est donc que son Essence nominale. Elle est le résultat de l'Essence réelle, l'expression des Rapports nécessaires, sous lesquels le Sujet se montre à nous. Nous ne pouvons donc affirmer que le Sujet soit réellement ce qu'il nous paroît être. Mais nous pouvons affirmer que ce qu'il nous paroît être résulte de ce qui est réellement et de ce que nous sommes par rapport à lui." (B o n n e t, Essai analytique sur les facultés de l'âme, Kopenhagen 1760, Chap. XV, § 242.) — „Unsere ganze Kenntnis der Natur ist doch nichts weiter, als eine Kenntnis von Erscheinungen, die uns ganz was anderes darstellen würden, wenn wir das Wirkliche in ihnen sähen" (K a e s t n e r, Anfangsgründe der höheren Mechanik, Göttingen 1766, III. Teil, No. 196). Über die Entwicklung des „Phaenomenalismus" innerhalb der deutschen Philosophie und Psychologie s. auch S. 485 ff.

und ihr einen neuen Sinn abzugewinnen. Daß indessen von diesem Standpunkt aus auch die **Erfahrung** ihrem Wesen nach zuletzt unverständlich bleibt, ist klar ersichtlich: erfassen wir doch an ihr immer nur die **eine**, dem denkenden Subjekt zugekehrte, Seite, während ihr Ursprung in den absoluten Dingen uns entgeht. Die eifrigsten Parteigänger des „Empirismus" empfinden diesen Mangel und sprechen ihn in aller Schärfe aus. „Die eingeborenen Ideen sind eine Chimäre, die durch die Erfahrung widerlegt wird; die Art aber, in der wir zu unseren Sensationen und von ihnen zu Vorstellungen der Reflexion gelangen, ist, wenngleich sie durch dieselbe Erfahrung bewiesen wird, darum doch nicht minder **unbegreiflich**. Über all diese Dinge hat der höchste Verstand für unseren schwachen Blick einen Schleier gebreitet, den wir vergeblich wegzuziehen streben. Ein trauriges Los für unsere Wißbegierde und Eigenliebe; — aber es ist das Los der Menschheit[1]." Und diese Grundstimmung behält schließlich auch gegenüber den reinen wissenschaftlichen Prinzipien das letzte Wort: was Raum und Zeit, Materie und Bewegung, Kraft und Geschwindigkeit ihrem eigentlichen inneren **Wesen** nach sind, vermögen wir nicht zu durchschauen[2]. In dieser Skepsis verrät sich das Scheitern aller Versuche, das Wissen allein auf dem sicheren Grunde der „Tatsachen" zu errichten. Je mehr der Einfluß der „metaphysischen" Begriffe **innerhalb** der empirischen Wissenschaft beschränkt wurde, um so mehr drängen sie sich gleichsam im Hintergrunde der Erfahrung zusammen und bilden eine feste und unübersteigliche Schranke des Erkennens.

4. Das Problem der Materie. — Die Chemie.

Die Umbildung, die der Kraftbegriff im wissenschaftlichen Bewußtsein des achtzehnten Jahrhunderts erfährt, findet ihre Ergänzung und ihr genaues Analogon in der

---

[1] d'Alembert, Eléments de philosophie, § VI (IV, 63).
[2] „Etendue, matière, corps, espace, temps, force, mouvement, vitesse sont autant de choses, dont la nature nous est tout à fait cachée." Condillac, L'Art de raisonner, Oeüvres VIII, S. 88. —

Umgestaltung des Begriffs der Materie. Lange schien es, als habe sich dieser Begriff der wissenschaftlichen „Revolution der Denkart", die mit Descartes und Galilei einsetzt, allein entzogen. Denn die C h e m i e schien, trotz aller Fortschritte der Einzelerkenntnisse, in ihrer allgemeinen Grundform bei der Naturanschauung des Mittelalters stehen geblieben zu sein. Auch der Übergang von der Alchemie zur Iatrochemie, wie er sich insbesondere bei P a r a c e l s u s vollzieht, hatte diese Form nicht prinzipiell verändert. Noch immer war es der q u a l i t a t i v e Gesichtspunkt, der die Darstellung und Erklärung der Tatsachen allein beherrschte. In der Alchemie ist es dieser Gesichtspunkt, der den gesamten konstruktiven Aufbau bestimmt: die einzelnen Metalle müssen in einander überführbar sein, weil sie sämtlich in gewissen Grundeigenschaften übereinstimmen und daher an bestimmten qualitativen „Naturen" teilhaben, die die Kunst des Alchemisten zu sondern und einer gegebenen Materie im geregelten Fortgang aufzuprägen vermag. Wir sahen, wie diese Anschauung zu Beginn der neueren Zeit noch unverändert weiterbestand und in Bacons Natursystem noch einmal einen allgemeinen theoretischen Ausdruck fand[1]). Das chemische „Element" ist, von diesem Standpunkt aus betrachtet, kein selbständiger gesondert darstellbarer K ö r p e r , sondern der Ausdruck für irgend eine allgemeine G r u n d e i g e n s c h a f t. So wird in der älteren Alchemie im Element des „Quecksilbers" der Inbegriff der dauernden und gemeinsamen metallischen Eigenschaften bezeichnet, während durch das Element des „Schwefels" die Zersetzbarkeit und Veränderlichkeit, die wir bei den empirischen Körpern vorfinden, ausgedrückt und erklärt werden soll[2]). Paracelsus fügt beiden Elementen das Element des Salzes hinzu; aber er verharrt hierbei durchaus in der älteren Gesamtanschauung. Die drei Elemente sind ihm

---

[1]) S. ob. S. 13 ff.
[2]) Näheres hierüber bei K o p p , Geschichte der Chemie, Braunschweig, 1843 ff., I, 44 ff., II, 224 ff.; vgl. bes. B e r t h e l o t , Die Chemie im Altertum und im Mittelalter, dtsch. Ausg. von F r. S t r u n z , Lpz. u. Wien 1909, S. 18 ff.

nichts anderes als qualitative Zustände der Materie, die sich in jedem besonderen Körper, jedoch in verschiedenen Graden der Reinheit, wiederfinden. So bezeichnet er selbst das „syderische", d. h. das absolut reine Salz als den Begriff der Konsistenz und der Unzerstörbarkeit durch das Feuer; den syderischen Schwefel als Begriff der Verbrennlichkeit und Veränderlichkeit überhaupt, den syderischen Merkur endlich als Begriff der Flüssigkeit und der unveränderten Verflüchtigung durch Hitze[1]). Immer sind es gewisse M e r k m a l e von Körpern und Körpergruppen, die in dieser Begriffssprache zu dingartigen W e s e n h e i t e n umgedeutet werden. Das Geschehen in der Natur und die chemische Umwandlung vollzieht sich, indem diese Wesenheiten von einem „Subjekt" auf das andere übergehen und ihm ihre eigene Natur mitteilen. Die sichtbaren Beschaffenheiten der Körper sind nur die äußere Erscheinungsweise dieser letzten qualitativen Komponenten, die uns, wenn sie einmal in ihrer Eigenart und ihrer Wirkungsweise durchschaut sind, das Ganze der Natur völlig übersehen und das Geheimnis ihrer schöpferischen Tätigkeit beherrschen lassen.

Erst allmählich gelangt mit dem endgültigen Siege, den die mechanische Naturauffassung in der neueren Physik erringt, auch in der Chemie eine neue Ansicht zur Geltung. Es ist insbesondere R o b e r t B o y l e, der sie erfaßt und der in ihr dem Begriff des „Elements" eine gänzlich neue Bedeutung gibt. An die Stelle der „dunklen Qualitäten" tritt die „Korpuskularphilosophie", die in den Dingen nichts anderes als ihre distinkt erkennbaren Eigenschaften, als Größe, Gestalt und Bewegung anerkennt. Jede chemische „Erklärung", die nicht wenigstens der Möglichkeit nach in diesen Grundbestimmungen endet und in sie auflösbar ist, hat ihr eigentliches Ziel verfehlt: sie verdunkelt den Tatbestand, den sie angeblich verständlich machen will. Boyles „Chemista Scepticus" verfolgt so durchaus den Weg, den Galilei in der Physik gewiesen hatte: die Skepsis gegenüber jeder Theorie über die letzten Urbestandteile der Dinge führt erst zur Sicherung

---

[1]) S. K o p p, a. a. O. I, 97.

und Kräftigung des **empirischen** Wissens von der Konstitution der Körper. Die absoluten Urbestandteile der Materie mögen unserer Wissenschaft immerhin verborgen bleiben; — wenn es gelingt, statt ihrer die Bestandteile anzugeben, in die wir kraft des Experiments die Körper tatsächlich zerlegen können, so besitzen wir in diesen relativen Elementen alles, was für unser Wissen notwendig und fruchtbar ist[1]).

„Denn nehmen wir selbst einmal an, Salz und Schwefel seien die Prinzipien, auf die sich diese oder jene Beschaffenheit im besonderen zurückführen lasse, so wird doch derjenige, der uns **etwas** von dieser Qualität lehrt, uns eben nur **etwas** von ihr lehren, uns aber keine vollständige Einsicht verschaffen. Denn was nützt es mir, zu wissen, daß diese oder jene Qualität in diesem oder jenem Prinzip oder Element begründet sei, wenn ich doch ihre eigene Ursache und die Art ihrer Wirkungsweise in keiner Weise kenne? Wie wenig unterscheidet sich mein Wissen von dem der großen Menge, wenn ich nichts anderes weiß, als daß das Gewicht der zusammengesetzten Körper von der Erde abhängt, die in ihnen enthalten ist, während ich doch nicht weiß, warum die Erde selbst schwer ist? Es ist und bleibt etwas anderes, ein Subjekt zu kennen, dem eine bestimmte Beschaffenheit vorzüglich eignet oder aber einen wahren Begriff und eine Einsicht von dieser Beschaffenheit selbst zu besitzen. Der Hauptmangel jeder derartigen chemischen Theorie aber scheint mir in demselben Umstand zu liegen, der auch die Aristotelische und viele andere Theorien zur Erklärung des wahren Ursprungs der Qualitäten untauglich macht. Die Phänomene der Natur können nicht erklärt werden, solange man nur versucht, sie aus der bloßen Gegenwart und Mischung dieser oder jener materialer Bestandteile, die man lediglich im Zustand der **Ruhe** betrachtet, herzuleiten; denn der weitaus größte Teil aller Beschaffenheiten der Materie und somit aller Naturerscheinungen hängt von der **Bewegung** und Struktur ihrer kleinsten körperlichen

---

[1]) **Boyle**, Chymista Scepticus vel Dubia et Paradoxa Chimico-Physica, Genf 1677; vgl. **Kopp**, a. a. O. II, 273 ff.

Teile ab"¹). Der Bewegung ist es zu danken, daß ein Körper auf den anderen wirkt, — sodaß in ihr, nicht aber in irgendwelchen inneren „Sympathien" der Körper, der Grund für ihre gegenseitige chemische Verwandtschaft zu suchen ist.

Daß mit dieser Anschauung nicht nur eine einzelne Ansicht in einem besonderen Gebiet verändert, sondern eine neue methodische Auffassung der Naturerkenntnis überhaupt begründet ist: dies hat Boyle selbst deutlich empfunden und ausgesprochen. Seine Abhandlung „De ipsa Natura" bringt die Wandlung, die sich hier vollzieht, zu klarem und prägnantem Ausdruck. Über allgemeinen Lobeserhebungen, mit denen man die Natur bedacht — so führt sie aus — habe man bisher versäumt, eine scharfe und eindeutige Bestimmung ihres B e g r i f f s zu geben. Man spricht von ihr als dem einheitlichen, für sich bestehenden Urwesen und übersieht hierbei, daß der Sprachgebrauch des gemeinen Lebens wie der Wissenschaft das Wort in einer Weite und Unbestimmtheit nimmt, die es um allen festen logischen Sinn bringt. Die Natur einer Sache bedeutet uns bald die geheime Grundkraft, der alle ihre einzelnen Beschaffenheiten und Wirkungen entströmen, bald nur die geordnete Verfassung ihrer einzelnen Teile; sie erscheint uns bald als eine Art geistiger Macht, die nach bestimmten Zielen hin und gemäß bestimmten Zwecken tätig ist, bald als ein Inbegriff bloß mechanischer Antriebe und Wirksamkeiten²). So wird zu einem einzelnen und einfachen D i n g e gemacht, was doch nur der Ausdruck und Reflex verschiedenartiger, einander mannigfach kreuzender und widerstreitender B e t r a c h t u n g s w e i s e n ist. Dem gegenüber gesteht Boyle, soweit von der gewohnten Heerstraße des Denkens abgewichen zu sein, daß er häufig das Paradoxon hin und her erwogen habe: ob überhaupt die Natur ein G e g e n s t a n d oder vielmehr ein bloßer

---

¹) Chymista Scepticus, p. 113 f.
²) R o b e r t B o y l e , De ipsa Natura sive libera in receptam Naturae Notionem Disquisitio, London 1687 (zuerst englisch 1682; der Entwurf der Schrift geht bis auf das Jahr 1666 zurück). S. bes. S. 14 ff.

Name; ob sie ein reales existierendes Etwas oder nur ein Begriffswesen sei, das die Menschen erdacht haben, um eine Mannigfaltigkeit von Erscheinungen in einem abgekürzten Ausdruck zu bezeichnen. Wenn etwa — um ein Beispiel anzuführen — von dem tierischen Verdauungsvermögen die Rede ist, so werden diejenigen, die ihre Worte sorgsam prüfen und abwägen, darunter keine vom menschlichen Körper losgelöste Wesenheit verstehen, sondern nur das Ganze der chemischen und physiologischen Bedingungen, die für den Prozeß der Verdauung erforderlich sind[1]). Folgen wir diesem Vorbild, so werden wir allgemein in der Natur nicht länger eine selbständige kraftbegabte Potenz sehen, sondern in ihr eine „ideale" Begriffsschöpfung erkennen. Boyle vollendet hier in einem scharfen Ausdruck, was Kepler und Galilei in ihrem Kampf gegen Aristoteles begonnen hatten; er entkleidet die Natur ihrer innerlichen qualitativen Strebungen und Kräfte, um sie lediglich als das geordnete Ganze der Bewegungen selbst zu denken. Freilich ist selbst diese entscheidende Umformung von theologischen Motiven und Zusammenhängen noch nicht gelöst. Noch wird die absolute Macht der Natur bekämpft und eingeschränkt, um damit alles Sein und Wirken auf Gott allein zurückzuführen. Aber der methodische Gedanke, der der gesamten modernen Wissenschaft von ihren ersten Anfängen an innewohnt, tritt selbst in dieser Verkleidung noch deutlich zutage. „Wenn wir sagen, daß die Natur handelt, so meinen wir damit nicht sowohl, daß ein Vorgang kraft der Natur, als vielmehr, daß er gemäß der Natur vonstatten geht. Die Natur ist hier also nicht als eine distinkte und abgesonderte Tätigkeit, sondern gleichsam als die Regel oder vielmehr als das System der Regeln zu betrachten, gemäß welchen die tätigen Kräfte und die Körper, auf welche sie wirken, von dem großen Urheber der Dinge zum Handeln und Leiden bestimmt werden"[2]). Der materiale Begriff der Natur ist damit

---

[1]) A. a. O., Sectio quarta, S. 30.
[2]) De ipsa Natura, Sect. VII, S. 122.

in den f o r m a l e n , die Natur als Sache in die Natur als Inbegriff der Regeln aufgehoben.

Der neue Gedanke, der hier ausgesprochen ist, findet jedoch im speziellen Ausbau der Chemie selbst nur sehr allmählich Verständnis und Anerkennung. In den „Praelectiones chymicae" vom Jahre 1709 versucht F r e i n d die gesamte Chemie nach Newtonischer Methode abzuleiten, indem er den Begriff der Attraktion in sie einzuführen und für die Erklärung fruchtbar zu machen sucht. Aber dieses Bemühen um eine chemische Dynamik blieb vereinzelt, da der Stand der empirischen Tatsachenkenntnis ihm nirgends entsprach. Die erste Hälfte des achtzehnten Jahrhunderts bleibt durchweg von den Theorien der „Phlogistiker" beherrscht, in denen die qualitative Auffassung des Naturgeschehens noch einmal in bezeichnender Weise hervortritt. Wo immer eine Mehrheit von Körpern ein und dieselbe E i g e n s c h a f t aufweist — so hatte S e n n e r t gelegentlich diese Ansicht formuliert — da muß in ihnen auch ein gemeinsames P r i n z i p tatsächlich enthalten sein: „ubicunque pluribus eaedem affectiones et qualitates insunt, per commune quoddam principium insint, necesse est[1])." Wenn eine bestimmte Klasse von Körpern die Eigenschaft der „Brennbarkeit" aufweist, so beruht dies also auf dem Innewohnen eines eigenen Grundelements, das ihnen diese Fähigkeit verleiht. Daß dieses Element sich nicht gesondert darstellen läßt, bildet keinen Einwand gegen die Grundansicht selbst: es genügt, wenn es begrifflich als das notwendige Substrat einer offenkundigen empirischen Beschaffenheit abgeleitet und begründet ist. In gleicher Weise wie hier das „Phlogiston" als Träger der Brennbarkeit eingeführt wird, werden auch überall sonst bestimmte übereinstimmende Wirkungsweisen auf beharrende Dinge zurückgedeutet. So wird die gemeinsame Eigenschaft aller Säuren einem Gehalt an einem sauren Prinzip, der Ursäure, zugeschrieben, die gemeinsame Eigenschaft der kaustischen Alkalien durch die Annahme eines „kaustischen Prinzips" in ihnen er-

---

[1]) Vgl. K o p p , III, 112.

klärt[1]). Man sieht: wie sehr auch die Einzelkenntnisse und das allgemeine Ziel der Chemie sich gegenüber dem Mittelalter geändert haben: der logische Gesichtspunkt selbst, unter dem sie ihre Grundelemente fixiert, ist der gleiche geblieben.

Erst L a v o i s i e r s Reform führt eine prinzipiell neue Betrachtungsweise ein, in welcher sich der wissenschaftliche B e g r i f f der Chemie selbst umgestaltet. Und es scheint zunächst eine geringfügige Wendung zu sein, durch welche sie dieses Ziel erreicht: die genaue n u m e r i s c h e F e s t s t e l l u n g u n d V e r g l e i c h u n g des Gewichts, das die einzelnen Körper vor und nach einer bestimmten chemischen Operation besitzen, führt zu einer veränderten Ansicht des Verbrennungsprozesses und damit zu einer neuen theoretischen Grundlegung. Indessen ist nicht der Umstand, daß die Gewichtszahlen überhaupt berücksichtigt werden, sondern die gedankliche T e n d e n z , in welcher diese Berücksichtigung erfolgt, das eigentlich Entscheidende. Daß der Prozeß der Verbrennung mit einer Gewichtsvermehrung verbunden ist, war schon innerhalb der Phlogistontheorie bekannt. Die Theorie selbst aber galt hierdurch nicht als erschüttert, da innerhalb der Gesamtansicht, auf die sie sich stützt, den rein quantitativen Kriterien überhaupt kein bestimmender Einfluß zuerkannt wird. So konnte S t a h l es unbefangen aussprechen, daß bei der Verkalkung der Metalle das Phlogiston verschwinde, ,,obwohl" eine Gewichtsvermehrung beobachtet werde, während bei der Reduktion zwar Phlogiston aufgenommen wird, sich aber ,,nichtsdestoweniger" eine Abnahme des Gewichts zeige[2]). Was Lavoisier gegenüber dieser Anschauung auszeichnet, ist weniger die Kenntnis völlig neuer Tatsachen, als

---

[1]) Vgl. K o p p I, 155 f.; s. auch B e r t h e l o t , La révolution chimique. Lavoisier, Paris 1890, S. 38. — Über die philosophischen Voraussetzungen der Phlogiston-Theorie s. M e y e r s o n , Identité et Réalité, Paris 1908, S. 305 ff.

[2]) S. Kopp I, 188 f., III, 126 f.; vgl. hiermit vor allem das bezeichnende Verhalten Macquers gegenüber den Einwänden, die sich auf quantitative Betrachtungen stützen: Kopp I, 223.

eine veränderte logische B e w e r t u n g der bekannten Erscheinungen selbst. In dem Kampf um die neue chemische Theorie wiederholt sich jetzt ein Zug, den wir in der Grundlegung der wissenschaftlichen Mechanik verfolgen konnten. Auch hier war von den Anhängern der alten Ansicht versucht worden, die exakten quantitativen Feststellungen, auf die die moderne Betrachtungsweise sich stützte, zwar nicht zu leugnen, wohl aber sie als unerheblich beiseite zu schieben: alle diese rein mathematischen Bestimmungen beträfen nur die Oberfläche der Dinge, statt in ihren Kern und ihre eigentliche Substanz einzudringen. Aber wie Kepler zu Robert Fludd[1]), so steht jetzt Lavoisier zu seinen Gegnern. Ihm ist die Größe kein bloßes ,,Accidens" mehr, sondern sie wird ihm zur konstitutiven Voraussetzung für die Feststellung der empirischen ,,Wesenheit" der Körper selbst. Jede chemische Umwandlung eines Körpers in einen anderen ist an die Bedingung gebunden, daß bestimmte G l e i c h u n g e n zwischen dem Anfangs- und dem Endzustand bestehen. In dieser Forderung besitzen wir ein mathematisches Kriterium, das von vornherein die vielerlei qualitativen ,,Möglichkeiten" einschränkt. ,,Weder in den Operationen der Kunst, noch in denen der Natur kann irgend etwas entstehen, und man kann es als allgemeines Prinzip hinstellen, daß die Menge der Materie vor und nach jeder Operation die gleiche ist. Die Beschaffenheit und die Größe der wirkenden Prinzipien bleibt dieselbe, und es findet nur ein Wechsel, eine Modifikation statt. Auf diesen Grundsatz gründet sich die gesamte Kunst, chemische Experimente anzustellen: man muß in ihnen allen eine wahrhafte Gleichheit oder Gleichung zwischen den Prinzipien der ursprünglich gegebenen Körper und zwischen denen, die man aus ihnen durch die Analyse gewinnt, voraussetzen.[2])" Die ,,Substanzen" im chemischen Sinne sind durch die quantitative Beharrlichkeit charakterisiert, und diese ist es, die uns zuletzt allein ein W i s s e n von ihnen ermöglicht.

---

[1]) Vgl. Bd. I, 349 ff.
[2]) L a v o i s i e r , Traité élémentaire de Chimie, P. I, Chap. 13: Oeüvres de Lavoisier, Paris 1864, I, 101.

Die **logische Parallele**, die hier zwischen der Grundlegung der Mechanik und der der Chemie besteht, ist für die Entwicklung des allgemeinen Erkenntnisbegriffs besonders bezeichnend und lehrreich. Neben dem Begriff der Substanz ist es der der **Kausalität**, bei dem diese Analogie sich bewährt. Der physikalische Begriff der Ursache hatte sich gleichfalls erst vermittels des Durchgangs durch den Größenbegriff zur vollen Bestimmtheit seiner Bedeutung zu entfalten vermocht. Was Galilei seinen peripatetischen Gegnern vorwirft, ist, daß sie dieses Kennzeichens der Bestimmtheit ermangeln und sich statt seiner mit vagen begrifflichen Distinktionen der „materialen" und „formalen", der „substantiellen" und „accidentellen" Ursachen begnügen. Die Erklärung verliert damit jede feste Richtschnur; die Prinzipien erweisen sich als derart biegsam, daß sie sich nach Belieben jedem Tatbestand anpassen können, dadurch aber keinen einzigen wahrhaft begreiflich machen[1]). Der gleiche Vorwurf wird von Lavoisier gegen die „qualitative" Chemie seiner Zeit erhoben. Das Phlogiston ist in ihrer Hand zu einem wahren Proteus geworden. Da es niemals wirklich gegeben, sondern immer nur für die Bedürfnisse des gerade vorliegenden Falles postuliert ist, so vermag es beliebig seine Form zu ändern, um bald eine bestimmte Erscheinung, bald ihr gerades Gegenteil zu „erklären"[2]). Erst die Anwendung genauer Maßmethoden ist es, die dieser Unsicherheit eine Grenze setzt. Jetzt genügt es nicht mehr — wie Stahl es getan hatte — die atmosphärische Luft zwar als notwendiges Ingrediens der Verbrennungserscheinungen anzuerkennen, sie aber als eine bloße Nebenbedingung anzusehen, die keine eigentlich chemische Bedeutung besitzt, sondern nur mechanisch kraft ihrer Schwere und Elastizität das Feuer anfacht und unterhält[3]). Denn da, wie in einem klassischen Versuch gezeigt wird[4]), die **Menge** des verschwundenen Sauer-

---

[1]) S. Bd. I, S. 395 f.
[2]) Lavoisier, Oeüvres II, 638 f.
[3]) Kopp III, 137 f.; vgl. Berthelot, La révolution chimique, S. 51 f., 85.
[4]) Lavoisier, Oeüvr. II, 225; vgl. Berthelot, a. a. O. S. 86.

stoffes der G e w i c h t s z u n a h m e des verbrannten Körpers genau proportional ist, so ist damit eine feste funktionale Abhängigkeit gewonnen, die den Übergang, der sich hier vollzieht, vollständig und eindeutig bestimmt. Die neue Disziplin fügt sich somit genau dem Rahmen ein, den die physikalische Methodik Newtons für das Naturerkennen überhaupt geschaffen hatte. Sie verzichtet auf die Erklärung des „Warum" der einzelnen Qualitäten: die Gegner Lavoisiers werfen ihm ausdrücklich vor, daß seine Theorie es nicht verständlich mache, weshalb bestimmten Körpern das Prädikat der Brennbarkeit zukomme, das anderen Körpern fehlt[1]). Aber sie erreicht durch diese Beschränkung erst die Sicherheit und relative Vollständigkeit der Tatsachen selbst. Es ist interessant, hier zu verfolgen, wie eng die neue Form der c h e m i s c h e n Analyse, die Lavoisier feststellt, sich mit dem Ideal der p h i l o s o p h i s c h e n Analyse berührt, das im achtzehnten Jahrhundert zu allgemeiner Anerkennung gelangt. Die Analyse — so hatte die Philosophie der „Encyklopädisten" gelehrt — hat zum eigentlichen Ziel nicht die absoluten Elemente der D i n g e, die unerforschlich sind, sondern die Elemente unseres W i s s e n s von den Dingen. Sie geht nicht direkt auf die Zergliederung der letzten wirkenden Kräfte des Alls, sondern auf die Zergliederung unserer empirischen I d e e n und Kenntnisse. In der Einleitung zu seinem „Traité élémentaire de Chimie" geht Lavoisier unverkennbar auf diese Bestimmungen zurück. Das einzige Mittel, die Fehler der bisherigen Systeme zu vermeiden, besteht darin, nur diejenigen Fakta zugrunde zu legen, die uns von der Erfahrung selbst gegeben sind: auf dieselbe Weise, wie die

---

[1]) S. K o p p III, 155 f. — Wenn die Frage nach dem „Warum" auf einer späteren Stufe der Chemie wiederkehrt, so hat sie hier doch einen veränderten Sinn angenommen: sie betrifft nicht mehr den metaphysischen „Grund" der Qualitäten, sondern ihre Abhängigkeit vom „Atomgewicht", also einer rein quantitativen Bestimmung. Die „Ableitung" der Elemente bezieht sich lediglich auf ihre Zusammenfassung in einer einzigen geordneten Reihe, in welcher der Fortschritt von Glied zu Glied nach allgemeinen Gesetzen bestimmt ist. Näheres s. Substanzbegriff und Funktionsbegriff, S. 287 ff.

Mathematiker zur Lösung eines Problems durch die einfache Verknüpfung der ursprünglichen Daten gelangen. Das herrschende Schulsystem aber verfährt gerade umgekehrt: man beginnt damit, die Prinzipien der Körper festzusetzen, die Tafel der Verwandtschaften zu erklären, ohne zu bemerken, daß man hierzu notwendig von Anfang an die wichtigsten Phänomene der Chemie zugrunde legen und Ausdrücke, die nicht definiert werden, gebrauchen muß, so daß man also die Wissenschaft, die man lehren will, schon als fertig gegeben voraussetzt. ,,Alles, was man über die Zahl und die Natur der Elemente sagen kann, beschränkt sich demgemäß auf rein metaphysische Streitfragen: es handelt sich hierbei um unbestimmte Probleme, die man aufzulösen sucht, die aber einer Unendlichkeit von Lösungen fähig sind, ohne daß doch wahrscheinlich eine einzige unter ihnen im besonderen mit der Natur im Einklang ist." Begnügen wir uns dagegen, mit dem Namen des Elements nichts anderes zu bezeichnen als das letzte Ergebnis, bis zu dem unsere Analyse gelangt ist, so werden alle Substanzen, die wir bisher noch durch kein Mittel zerlegen konnten, uns Elemente heißen: nicht als ob wir behaupten könnten, daß diese Körper, die wir als einfach betrachten, nicht selbst wiederum aus zweien oder mehreren Bestandteilen zusammengesetzt seien, sondern nur in dem Sinne, daß sie sich, da wir sie in keiner Weise mehr zerlegen können, f ü r u n s wie einfache Körper verhalten und wir sie nicht eher als zusammengesetzt ansehen dürfen, bevor Erfahrung und Beobachtung uns den Beweis hierfür geliefert hat[1])." In dieser Festsetzung tritt sowohl die Bedeutung wie die Schranke des neuen Gesichtspunktes, den Lavoisier einführt, deutlich hervor: und in beidem steht er mit der Philosophie des Zeitalters in nahem Zusammenhang. Das gedankliche und konstruktive Moment, das schon mit der Umsetzung der chemischen Erfahrungen in exakte Größenbestimmungen gegeben ist und das im weiteren Fortgang der Chemie immer klarer

---

[1]) L a v o i s i e r , Traité élémentarie de Chimie, Oeüvres I, 4 ff.; vgl. hrz. bes. die Bestimmungen d ' A l e m b e r t s (ob. S. 408 ff.).

zutage getreten ist[1]), wird zurückgedrängt: um die „reine" Erfahrung von metaphysischen Bestandteilen frei zu halten, muß sie, soweit als möglich, in die bloße Wahrnehmung aufgelöst werden[2]). Dennoch bedeutet Lavoisiers Leistung implizit einen der wichtigsten Schritte in der Richtung auf die Erkenntnis der l o g i s c h e n Grundsätze der Erfahrungserkenntnis selbst: denn der Begriff der Substanz geht hier endgültig von seiner ontologischen in seine moderne erkenntniskritische Bedeutung über, indem er als reiner Korrelatbegriff zum Gedanken der quantitativen Erhaltung gefaßt wird.

Von einer anderen Seite her erfaßt man den Zusammenhang, der zwischen der Neubegründung der Chemie und den philosophischen Bestrebungen der Zeit besteht, wenn man von der Betrachtung der chemischen B e g r i f f s - s p r a c h e, die jetzt entsteht, seinen Ausgang nimmt. Daß die Einführung dieser Begriffssprache von Anfang an ein wesentliches Ziel seiner Forschung gebildet habe, hat Lavoisier selbst hervorgehoben. Hier knüpft er an die Lehre Condillacs über den Zusammenhang von Sprache und Vernunft ausdrücklich an. (Vgl. S. 417 ff.) Es ist nicht möglich, das Problem des E r f o r s c h u n g der Dinge von dem ihrer B e z e i c h n u n g zu trennen: denn Wort und Begriff stimmen innerlich darin überein, daß sie beide nur zwei Seiten der einheitlichen Methode der gedanklichen A n a l y s e sind. „Und so hat sich mir, während ich mich nur mit der Nomenklatur der Chemie zu beschäftigen glaubte, und mein Streben auf die Vervollkommnung der chemischen Sprache ging, mein Werk unter meinen Händen unmerklich zu einem elementaren Traktat der Chemie gewandelt. Die Unmöglichkeit, beides zu sondern, ergibt sich daraus, daß alle Naturwissenschaft es notwendig mit drei Arten von Gegenständen zu tun hat: mit der Reihe der Tatsachen, die ihr eigentliches Objekt bildet, mit den Ideen, vermöge deren wir uns die

---

[1]) Vgl. hrz. die Bemerkungen B e r t h e l o t s gegen Lavoisiers Definition des chemischen Elements: La révolution chimique, S. 148 ff., cf. B e r t h e l o t , La Chimie organique fondée sur la Synthèse.
[2]) Vgl. ob. S. 410 f.

Tatsachen zurückrufen und mit den Worten, durch die wir sie bezeichnen. Das Wort soll die Idee wachrufen, die Idee soll die Tatsache abbilden: es handelt sich hier nur um drei Abdrücke ein und desselben Siegels; und da es die Worte sind, die die Ideen festhalten und übermitteln, so folgt daraus, daß man weder die Sprache ohne die Wissenschaft, noch die Wissenschaft ohne die Sprache vervollkommnen kann[1])." So lenkt Lavoisier auch hier zu den Forderungen zurück, die die Philosophie seiner Zeit allgemein formuliert hatte: ein erneuter Beweis dafür, wie sehr das allgemeine Erkenntnisideal einer Epoche sich bis in ihre konkretesten wissenschaftlichen Einzelbestrebungen hinein fruchtbar und bestimmend erweist. Zugleich aber geht von der besonderen Gestaltung der Chemie eine Rückwirkung auf die logischen Probleme aus; denn die Funktion der B e z e i c h n u n g, die hier ihre Bedeutung erweist, führt für die tiefere Analyse notwendig wiederum zu der Frage nach der allgemeinen Funktion des B e g r i f f s zurück.

---

[1]) L a v o i s i e r, Traité élémentaire, Oeüvres I, 1 f.

Zweites Kapitel.
Raum und Zeit.

1. Das Raum- und Zeitproblem in der Metaphysik und spekulativen Theologie.

Das Ziel, das Newtons Wissenschaft sich stellt, ist, wie sich zeigte, nicht auf die Aufhebung der Metaphysik, sondern lediglich auf ihre Abgrenzung gegen die exakte mathematische Forschung gerichtet. Daß es Objekte gebe, an denen unsere Erfahrungserkenntnis schließlich ihre Schranke findet, wird hier nirgends bestritten: aber soviel ist erreicht, daß jenes überempirische Sein den stetigen Gang der wissenschaftlichen Beobachtung und Zergliederung der Phänomene nicht mehr zu hemmen vermag. Zwei verschiedene Gebiete mit eigener und unabhängiger Gerichtsbarkeit stehen nunmehr einander gegenüber. Newtons philosophische Größe bekundet sich eben darin, daß er den religiösen und metaphysischen Problemen, zu denen er selbst noch im innerlichsten persönlichen Verhältnis steht, jeden Eingriff in das Gebiet der physikalischen Tatsachenforschung mit Kraft und Entschiedenheit verwehrt.

Nur an einem Punkte tritt Newton aus dieser kritischen Zurückhaltung heraus: seine wissenschaftliche Lehre von Raum und Zeit klingt zuletzt in einer Schilderung beider als göttlicher Attribute aus, die uns mitten in die Grundfragen der spekulativen Theologie der Zeit versetzt. Damit aber entsteht eine Problemverwicklung, die für die gesamte Epoche charakteristisch ist und deren Nachwirkung sich noch bis in die Anfänge des Kantischen Denkens verfolgen läßt. Wenn man versucht, die einzelnen Fäden, die sich hier ineinanderwirren, wiederum zu lösen und gesondert zu verfolgen, so sieht man sich geschichtlich auf die Philosophie Henry Mores zurückgewiesen, die das eigentliche Zentrum für die Metaphysik des Raump r o b l e m s bildet. In Mores „Enchiridium Metaphysicum" treten uns die Motive, die sich später nur vereinzelt und durch andersartige Tendenzen gehemmt vorfinden, in völlig reiner Ausprägung entgegen. More ist einer der Ersten, der von Descartes' philosophischer Reform ergriffen wird; aber er tritt der neuen Lehre, die er in wichtigen Punkten annimmt, sogleich mit selbständiger Kritik gegenüber. Seine Briefe an Descartes gehören zu den interessantesten Gegenäußerungen und haben vielfach zu einer schärferen Aussprache und Begründung der wichtigsten Cartesischen Lehren mitgewirkt. Der Gegensatz zwischen More und Descartes gipfelt in der Lehre vom Raume: wenn Descartes Ausdehnung und Materie gleichsetzt und damit den Raum zum S t o f f e macht, so ist es umgekehrt sein „geistiger" und unkörperlicher Charakter, den More zu erweisen sucht. Darin erst sieht er den Widerstreit zwischen den religiösen Interessen und der empirischen Forschung wahrhaft geschlichtet: die Analyse des mechanischen Geschehens selbst wird zum Schlüssel für die Erkenntnis der geistigen Naturen. Die Existenz der unendlichen unbeweglichen Ausdehnung, die kraft dieser ihrer Grundeigenschaften vom Körper prinzipiell geschieden ist, bietet den sichersten und unmittelbar anschaulichen Beleg für ein höheres, stoffloses Dasein dar. Jeder Versuch einer subjektivistischen Deutung und Abschwächung dieses „spirituellen" Gehaltes muß — wie Henry More im Hinblick auf Hobbes' Raumlehre ausführt, — notwendig scheitern. Der Raum ist kein bloßer gedanklicher Beziehungsbegriff; er ist vielmehr das „reale Fundament", das bei jeder Setzung von Beziehungen, bei jeder Aussage über die wechselseitige Lage und Entfernung der Körper von uns bereits zugrunde gelegt werden muß[1]). Wir müssen uns notwendig vorstellen, daß die Aus-

---

[1]) „Nec eludi potest vis Argumenti dicendo quod distantia non sit proprietas alicujus rei Physica, sed tantum respectiva et notionalis. Esto enim, quatenus utique duo corpora a se invicem dicuntur distare, quod isthoc modo sint Relata. F u n d a m e n t u m t a m e n h u j u s r e l a t i o n i s e s t r e a l e q u i d , ut in multis aliis Relationibus rerum Physicarum." (M o r e , Enchiridium Metaphysicum sive de

dehnung von jeher existiert hat und für immer existieren wird, gleichviel ob irgendein denkendes Individuum besteht, das sie sich in seiner „Imagination" vergegenwärtigt. Wie aber könnte es eine in Ewigkeit fortbestehende, wirkliche **E i g e n s c h a f t** geben, ohne daß zugleich eine reale **s u b - s t a n t i e l l e** Grundlage für sie bestände[1])? Diese Grundlage aber, die wir notwendig fordern müssen, finden wir nirgends im Bereich des physischen Seins, das uns unmittelbar umgibt. Was uns an den Körpern als deren Beschaffenheit entgegentritt, das sind nur begrenzte und von einander getrennte Teile der Ausdehnung, deren Summierung niemals das Ganze des **E i n e n** unendlichen Raumes ausmacht. Soll also dieses Ganze nicht lediglich ein Gebilde unserer Einbildungskraft sein, so müssen wir ihm einen sichereren Halt suchen, als die wandelbaren empirischen Objekte ihn darbieten können. Das wirkliche Subjekt des absoluten Raumes und der absoluten Zeit kann nur die göttliche Substanz sein, deren schrankenloses Wirken sich uns hier in der Form eines zwiefach unendlichen Seins offenbart. „So strebe ich danach und streite dafür — mit diesen Worten beschließt More seine Untersuchung — Gott durch dieselbe Pforte in die Welt wieder einzuführen, durch welche die Cartesische Philosophie ihn von ihr auszuschließen gedachte[2])."

Die **s c h o l a s t i s c h e n** Voraussetzungen dieser Beweisführung treten jetzt freilich unverkennbar hervor. Die Raumlehre Henry Mores wurzelt gänzlich in seinem metaphysischen Substanzbegriff. Jedes „Accidens" weist auf einen Träger hin, der ihm an Realität mindestens gleichsteht:

---

rebus incorporeis P. I, Cap. VIII, § 5. — Henrici Mori Cantabrigiensis Opera, London 1679.)

[1]) „Imo vero non possumus non concipere Extensionem quandam immobilem omnia in infinitum pervadentem extitisse semper et in aeternum exstituram (sive nos de ea cogitemus, sive non cogitemus) et a materia denique mobili realiter distinctam. Ergo necesse est ut reale aliquid subjectum huic subsit Extensioni, cum sit attributum reale. Haec argumentatio ita firma est, ut nulla possit esse firmior. Nam si illa vacillet, nullius prorsus realis Subjecti existentia certo concludere possumus in rerum natura." (Enchiridium P. I, Cap. VIII, § 6.)

[2]) A. a. O. § 7.

denn vom Nichts kann es keine Eigenschaften geben. Innerhalb dieses Gesichtskreises bewegt sich auch die gesamte weitere Argumentation, die darauf abzielt, die Übereinstimmung und Vereinbarkeit von Ausdehnung und Dauer mit den übrigen Attributen und Grundcharakteren der Gottheit nachzuweisen. Nacheinander werden hier die bekannten dogmatischen Bestimmungen, die verschiedenen „Titel" des höchsten Seins aufgezählt und zu den logischen Eigentümlichkeiten des Raumes und der Zeit in Beziehung gesetzt[1]). Gott wird als unbedingte E i n h e i t und E i n f a c h h e i t gedacht: aber auch für den absoluten Raum gelten diese Merkmale, da er qualitativ durchaus gleichartig und quantitativ einzig, weil nicht in eine wirkliche Mehrheit von Teilen zerlegbar, ist. Denn so wenig er aus physischen Elementen besteht, so wenig kann er in sie wahrhaft aufgelöst werden; vielmehr besitzt alle Zerlegung, die wir in der Vorstellung mit ihm vornehmen, lediglich abstrakte und logische Bedeutung. Wird ferner Gott den Dingen als u n a b h ä n g i g e Existenz entgegengesetzt, so steht der Raum den Objekten nicht minder selbstgenügsam gegenüber, da er ihrer für sein eigenes Dasein nicht bedarf, sondern sie, als in sich selbst fertige und abgeschlossene Natur, nur nachträglich in sich eingehen läßt. Denken wir uns daher selbst alle Dinge vernichtet, so können wir uns doch seine Existenz niemals fortdenken: sie behauptet für unsere Vorstellung notwendigen Bestand[2]). In gleicher Weise werden die übrigen Prädikate

---

[1]) „Neque enim reale dumtaxat, sed Divinum quiddam videbitur hoc Extensum infinitum ac immobile ... postquam Divina illa Nomina vel titulos, qui examussim ipsi congruunt enumeraverimus: qui et ulteriorem fidem facient illud non posse esse Nihil, utpote cui tot tamque praeclara Attributa competunt. Cujusmodi sunt quae sequuntur quaeque Metaphysici primo Enti speciatim attribuunt. U t U n u m , S i m p l e x , I m m o b i l e , A e t e r n u m , C o m p l e t u m , I n d e p e n d e n s , A s e e x i s t e n s , p e r s e s u b s i s t e n s , I n c o r r u p t i b i l e , N e c e s s a r i u m , I m m e n s u m , I n c r e a t u m , O m n i p r a e s e n s , I n c o r p o r e u m , O m n i a p e r m e a n s e t c o m p l e c t e n s . (A. a. O. § 8.)
[2]) „Necesse autem est concipere tanquam existens a se, cum sit omnino independens ab alio. Quod autem ab alio non dependet, hoc

des Raumes, seine Unbeweglichkeit, seine Unvergänglichkeit und Unermeßlichkeit als Zeugen seiner reinen Geistigkeit angerufen. Das sinnliche Bild, das wir uns vom Raume zu machen pflegen, kann jetzt nur noch als der ungenaue Umriß seiner echten Realität gelten. Im Symbol der sinnlichen Ausdehnung offenbart sich uns ein intelligibles Sein. Zu diesem hinzuleiten, erscheint als die eigentliche Aufgabe der Philosophie, in der sie die Mathematik, die bei dem bloßen Anschauen des bildlichen Schemas selbst verharrt, weit hinter sich läßt. „Das geistige Objekt, das wir Raum nennen, ist nur ein verschwindender Schatten, der uns die wahre allgemeine Natur der ununterbrochenen göttlichen Allgegenwart im schwachen Lichte unseres Intellekts darstellt, bis wir sie mit wachen Augen und aus größerer Nähe anzuschauen imstande sind[1]."

Die metaphysische Gesamtanschauung, die damit geschaffen ist, bildet auch für Newtons Denken den latenten Untergrund. Daß Newton sich zu More hingezogen fühlte, erscheint historisch begreiflich: denn bei ihm schien er die philosophische Vorbereitung und Zurüstung für den Kampf zu finden, den er als Forscher gegen das Cartesische System der Physik zu führen hatte. Freilich geht alles das, was bei More als dogmatische Behauptung auftritt, bei Newton alsbald in die vorsichtige Form der F r a g e über. Gibt es in den Räumen, die wir von Materie leer denken, dennoch ein Medium und lassen sich mit seiner Hilfe vielleicht die Gravitationserscheinungen erklären? Wie kommt es, daß in der Natur nichts vergebens geschieht und woher rührt die Schönheit und Harmonie des Weltganzen? Folgt nicht aus den Naturerscheinungen, daß es ein unkörperliches, verstandesbegabtes und allgegenwärtiges Wesen gibt, für das der Raum gleichsam das Sensorium ist, in dem es die

---

manifestissimo est indicio, nempe quod tametsi res reliquas omnes tanquam rerum natura exterminabiles concipere possumus, h o c t a m e n Extensum infinitum immobile ne cogitatione quidem vel fingi potest exterminabile." (A. a. O. § 10.)
[1] Enchiridium Metaphysicum (Op. I, 171 ff.); vgl. a. Antidoton adversus Atheismum, Appendix, Cap. 7, 1 und 2. (Opera II, 162.)

Dinge selbst wahrnimmt und in ihrer Wesenheit begreift; — während das wahrnehmende und denkende Prinzip in uns selbst stets nur die Abbilder der Dinge in seinem kleinen Sensorium aufzufassen vermag[1]?" Die menschliche Seele — so erläutert C l a r k e in seinen Schriften gegen Leibniz diese Ansicht — hat es immer nur mit den Kopien der Objekte zu tun, die sich vermittelst der Sinnesorgane im Gehirn erzeugen und sie betrachtet diese Kopien, als besäße sie an ihnen die Gegenstände selbst. Gott dagegen ergreift die ursprünglichen Originale und Wesenheiten der Dinge kraft der unmittelbaren gegenwärtigen Gemeinschaft (immediate presence), in der er zu ihnen steht. Die Einzelwesen müßten, jeglichen Haltes beraubt, in Nichts zerfallen, sobald sie gänzlich aus der göttlichen Substanz entlassen und von ihr g e t r e n n t wären; was sie erhält und ihnen ihren Anteil am Dasein gibt, ist nur die reale Allgegenwart, kraft deren Gott in jedem ihrer Teile unmittelbar enthalten und wirksam ist[2].

Bei Newton selbst bilden freilich alle diese Bestimmungen nur ein Neben- und Außenwerk: sie treten, sobald er sich den exakten Definitionen der physikalischen Grundbegriffe zuwendet, mehr und mehr zurück. Auf die Zeitgenossen indessen haben sie kaum eine geringere Wirkung, als die Ergebnisse seiner empirischen Forschung geübt. Es knüpft sich an sie eine theologische Bewegung, die — wenngleich sie von den Geschichtschreibern der Epoche kaum beachtet

---

[1] „Atque his quidem rite expeditis, annon ex phaenomenis constat, esse Entem incorporeum, viventem, intelligentem, omnipraesentem, qui in spatio infinito, tanquam sensorio suo, res ipsas intime cernat, penitusque perspiciat, t o t a s q u e i n t r a s e p r a e s e n s p r a e s e n t e s c o m p l e c t a t u r ; quarum quidem rerum id quod in nobis sentit et cogitat, imagines tantum ad se per organa sensuum delatas, in sensoriolo suo percipit et contuetur." N e w t o n, Optice, lat. reddid. S a m u e l C l a r k e, Lausanne 1740, Quaest. XXVIII. — Vgl. Philosophiae naturalis principia mathematica. Lib. III, Scholium generale.

[2] Streitschriften zwischen Leibniz und Clarke: Clarkes erste Replik § 3; dritte Replik § 10—12; näheres hierüber in m. Ausgabe von Leibniz' Hauptschriften: Bd. I, S. 116, 121 f., 143 f.

worden ist — doch zu den charakteristischsten Zügen im Gesamtbilde der Zeit gehört. Die Zurückhaltung, die den Meister an diesem Punkte kennzeichnete, wurde von den Schülern bald nur noch als eine formale Eigentümlichkeit seiner Darstellungsweise empfunden, von der es sich zu befreien galt: an die Stelle der zweifelnden Frage treten nun breite dogmatische Erörterungen, in denen der absolute Raum und die absolute Zeit als göttliche „Attribute" bestimmt und abgehandelt werden. Die Gottesbeweise insbesondere schienen hier den festen „apriorischen" Grund gefunden zu haben, auf den sie sich fortan stützen konnten. Sie waren in ihrer überlieferten Form bereits allgemein als unzulänglich erkannt, und insbesondere gegen den ontologischen und kosmologischen Beweis mehrten sich mit dem Erstarken der psychologischen und erkenntnistheoretischen Kritik die Angriffe. Die Existenz der sichtbaren Welt vermag — wie nunmehr auch von theologischer Seite her ständig betont wird — keinen völlig einwandfreien Beweis für ihren unendlichen Schöpfer abzugeben: denn von der Wirkung auf die Ursache gilt kein sicherer Schluß. Die Materie und die Körperwelt stehen mit dem Sein Gottes in keinem inneren und notwendigen Zusammenhang, sondern sind ein freies Produkt seiner Willkür; so können wir denn aus ihnen auch niemals einen streng logischen Beweisgrund entnehmen, der uns zum unbedingten Sein hinleitete. Aber was der Scholastik versagt blieb, das scheint nunmehr die mathematische Naturwissenschaft zu leisten. Nicht sowohl die Zergliederung der Naturerscheinungen, als vielmehr die Analyse der Grundbegriffe der Naturerkenntnis ist es, von der wir die Aufklärung über das Sein und die Attribute Gottes zu erwarten haben. Der Grund des „Absoluten" ist in den Fundamenten des empirischen Wissens selbst fest und unerschütterlich gelegt: der Rückschluß von dem unendlichen Raume und der unendlichen Dauer auf ein allgegenwärtiges und ewiges Subjekt, das jene Bestimmungen in sich enthält und trägt, wird jetzt als „der einzig reale und demonstrative Beweis" für das Dasein des Urwesens verkündet. Es ist insbesondere

Samuel Clarke, der in seinem weitverbreiteten und historisch wirksamen Werke: „A Discourse concerning the Being and Attributes of God" die neue Beweisart ausprägt und nach allen Richtungen durchzuführen sucht. Der langwierige Dogmenstreit, der damit entfacht wird[1]), aber dient wenigstens mittelbar dem erkenntniskritischen Interesse, da beide Parteien, um ihre Stellung zu behaupten, sich immer mehr auf die selbständige logische Bearbeitung der wissenschaftlichen Begriffe, die sie zunächst als bloßes Material benutzt hatten, hingewiesen sehen.

Und nicht nur in den Kreisen der Theologie, sondern auch in denen der exakten Forschung wirkt diese Verschmelzung von Raum- und Gotteslehre weiter. War doch, trotz allen

---

[1]) Aus der reichen Literatur dieses theologischen Streites greife ich nur einige Werke heraus, die von erkenntnistheoretischem Interesse sind. Für Samuel Clarkes Stellung kommt insbesondere sein Werk: „A Discourse concerning the Being and Attributes of God, the obligations of Natural Religion and the Truth and Certainty of the Christian Revelation" (London 1705/06) in Betracht, sowie seine Verteidigung gegen Einwände, die wider dieses Werk von Joseph Butler gerichtet wurden. („Letters to the Reverend Dr. Clarke from a Gentleman in Gloucestershire with the Doctor's Answers"; gedr. als Anhang der neuen Ausgabe von Clarkes Discourse, Glasgow 1823, bes. S. 424 ff.) Für Clarke trat insbesondere John Jackson ein (The Existence and Unity of God; proved from his Nature and Attributes, Being a Vindication of Dr. Clarke's Demonstration of the Being and Attributes of God (London 1734); gegen ihn schrieb: Edmund Law (Additional Notes to Archbishop King's Essay on the Origin of Evil; u. insbes.: „An enquiry into the ideas of space, time, immensity and eternity; as also the Self-Existence, Necessary Existence and Unity of Divine Nature", Cambridge 1734).

Joseph Clarke (Examination of Dr. Clarke's notion of space, with some Considerations on the Possibility of eternal Creation; Cambridge 1734; A farther examination of Dr. Clarkes notion of space, ibid. 1735).

Isaac Watts, Philosophical Essays on various subjects Second edit., London 1736 (zuerst 1732); Essay I: A fair Enquiry and Debate concerning Space whether it be Something or Nothing, God or a Creature.

u. Ramsay, The Philosophical Principles of Natural and Revealed Religion, Glasgow 1748, Book I, Propos. VIII, Scholium (Vol. I, S. 57 ff.).

kritischen Ansätzen, zum mindesten in den einzelnen Denkerpersönlichkeiten die Trennung der Probleme nirgends bestimmt erfolgt, so daß die Grenzen der verschiedenen Sphären überall unvermerkt in einander übergehen. Wieweit der Einfluß der Metaphysik hier noch reicht, das ergibt sich am deutlichsten aus dem Beispiel derer, die ihm nur widerstrebend folgen. Auch innerhalb der positivistischen Aufklärungsphilosophie ist die endgültige innere Befreiung noch keineswegs erreicht: d'Alembert, der es unternommen hatte, die Philosophie ihres „chimärischen" Charakters zu entkleiden und sie als reine Tatsachenwissenschaft zu begründen, bleibt bei einer dogmatischen Seelen- und Unsterblichkeitslehre stehen[1]), während Maupertuis, der als Erster unter den zeitgenössischen Forschern Humes Zweifel aufnimmt und fortspinnt, die theoretische Physik, deren rein empirischen Ursprung er beständig hervorhebt, zum Fundament eines exakten Gottesbeweises zu machen denkt[2]). So zeigt sich überall im Fortgang der Mathematik selbst eine starke metaphysische Unter- und Gegenströmung. Ein Mathematiker des Newtonischen Kreises und der Verfasser einer Geschichte der Fluxionsrechnung, Joseph Raphson ist es, der die spekulativen Grundgedanken von Mores und Newtons Raumtheorie ergreift und weiterbildet. Wo immer uns irgendeine „Vollkommenheit" in den Dingen entgegentritt, da müssen wir — wie er argumentiert — ihren Quell und ihr Prototyp in der ersten Ursache suchen, die alle nur erdenkliche Realität in einem höheren, „transzendentalen" Sinne in sich enthält. Wenn also die Idee des unendlichen Raumes und der unermeßlichen Zeit irgendeinen positiven Inhalt repräsentiert — und wie wäre es anders möglich, da beide die Voraussetzungen sind, unter denen wir erst von dem Dasein der begrenzten Körperwelt sprechen können? — so ist auch das eigentliche und vollkommene Urbild beider in Gottes eigenem Sein zu suchen. Wie aus einem Ungeistigen kein

---

[1]) Vgl. bes. d'Alembert, Eléments de philosophie, Chap. VI
[2]) Maupertuis, Essai de Cosmologie (s. ob. S. 425 f.).

Geistiges, so könnte auch aus einem Unausgedehnten kein Ausgedehntes sich jemals entfalten[1]). So wenig wir daher in Gott jene beschränkte, teilbare und unvollkommene Ausdehnung annehmen dürfen, die den empirischen Körpern eignet, so sehr müssen wir in ihm eine unbegrenzte und stetige, in sich einfache und unteilbare Erstreckung und Dauer anerkennen. Seine Existenz ist gleichmäßig in allen Punkten des Raumes und allen Momenten der Zeit. Das Einzelding wird also von der höchsten unendlichen Substanz nicht nur symbolisch, sondern im wirklichen Wortsinne u m f a ß t und u m s c h l o s s e n und besitzt außerhalb ihres Umkreises keinen möglichen Bestand. „Im Vergleich mit jenem Wesenhaftesten sind die Objekte eher schwache Abschattungen der wahren Wirklichkeit, als daß sie selber etwas Reales wären; denn selbst wenn sie überall wären, so würden sie doch, da sie das Sein nur in vielfältiger Zerstückung enthalten, an die Unendlichkeit der obersten Ursache, die im höchsten Sinne positiv und real ist, niemals heranreichen[2])." Der wahre Weg, der vom Bedingten zum Unbedingten führt, ist nunmehr in klarer Weise vorgezeichnet: wir brauchen nur, was uns in der empirischen Auffassung als Bruchstück gegeben ist, von jeglicher gedanklichen Schranke zu befreien, um uns zur adäquaten Anschauung der absoluten Wirklichkeit zu erheben. Der Raum, wie der Mathematiker und mathematische Physiker ihn denkt, leistet uns hierbei den entschiedensten und unentbehrlichen Mittlerdienst. Denn er enthält alle Bestimmungen, die wir am materiellen Körper gleichsam in getrübtem und gebrochenem Lichte erblicken, in reinerer und geistigerer Weise in sich. Er ist unteilbar und doch der Grund aller Teilbarkeit, unbeweglich und doch die

---

[1]) „Hinc appareat duplex ille perfectionum in rebus creatis Fons primus seu πρωτότυπος in Prima Causa modo (ut loquuntur) eminentiori et transscendentali. Cumque . . . Nil dat quod non habet (modo perfectiori) in seipso: eadem rationis paritate redibit quaestio: Qui ex non cogitante produci potest cogitans?, eadem inquam paritate rationis: Qui ex non Extenso provenire possunt Extensa?" (J o s e p h R a p h - s o n, De Spatio Reali seu Ente Infinito Conamen Mathematico-Metaphysicum, London 1702, Cap. VI, S. 83.)

[2]) R a p h s o n, De Spatio Reali, Cap. VI, S. 90.

Bedingung für jede Bewegung, in sich homogen und einheitlich und doch die Voraussetzung für alle Besonderung und wechselseitige Abgrenzung der Dinge. Mit allen diesen Eigenschaften aber ist er das schärfste und genaueste Spiegelbild der göttlichen Substanz, das wir kennen, und offenbart uns in jedem Einzelzuge eines ihrer wesentlichen Attribute[1]). An diesen Ausführungen und Weiterbildungen der Newtonischen Ansicht zeigt es sich besonders deutlich, wie sehr in ihr der methodische Grundgedanke, der die neue Wissenschaft charakterisiert, bereits verlassen war. Und dennoch ist auch dieses Moment — so vielseitig sind die Bahnen und Möglichkeiten der Ideenentwicklung — nicht lediglich negativ abzuschätzen: denn in der S p i r i t u a l i s i e r u n g des Raumes und der Zeit war, wie sich zeigen wird, zugleich ihrer künftigen I d e a l i s i e r u n g der Weg gewiesen.

II.

Die kritische Erörterung von Henry Mores Raumlehre hält sich — wenn wir sie zunächst nur innerhalb des engeren Gebietes der englischen Philosophie verfolgen — anfangs selbst noch durchaus im Umkreis der theologischen Fragen, um erst allmählich in psychologische Bahnen einzulenken. Für die spekulative Gotteslehre schien Mores Anschauung einen entscheidenden Gewinn zu bedeuten: denn den „Hobbisten" und „Atheisten" war hier ihre stärkste logische Waffe entwunden. Der leere Raum, der bisher die Grundlage aller atomistischen und mechanistischen Konstruktionen des Geschehens gebildet hatte, wurde nunmehr zu einem klaren und bündigen Beweisgrund für das Dasein einer höchsten unkörperlichen Substanz. In diesem Sinne verwendet C u d w o r t h die Beweise Mores, ohne sich ihren sachlichen Inhalt

---

[1]) „Omnigenae autem infinitudinis verae ratio ultima et reciproca in absolutissima unitate consistere invenietur ut et summa unitatis ratio in infinitudinem absolutam desinere et absorberi. Quicquid ergo infinitudinem actualem et in suo genere absolutissimam exprimit, essentiam Primae Causae exprimit necessario existentem omniumque quae sunt Authorem." (R a p h s o n , De spatio reali, Cap. V, S. 80.)

ganz zu eigen zu machen, als Argumente *ad hominem* im Kampfe gegen die materialistischen Systeme[1]). Schwerer freilich als dieser Vorzug der Lehre mußten zuletzt die theologischen Bedenken wiegen, die ihrer Annahme entgegenstanden. Die strenge Scheidewand zwischen Gott und Welt war durch sie beseitigt; der reine Raum schien gleichsam zwischen der Sinnenwelt und der intelligiblen Welt zu schweben, so daß beide unmittelbar einander berühren und unmerklich in einander überfließen konnten. So werden jetzt gegen Mores und Clarkes Auffassung Bedenken und Einwände laut, wie etwa B a y l e sie gegen S p i n o z a gerichtet hat. Gehört der Raum notwendig und untrennbar zur göttlichen Wesenheit, so bildet jeder Körper kraft der Ausdehnung, die ihm zukommt, einen wirklichen T e i l vom Sein Gottes; so müssen wir also die Einzelwesen entweder jeder selbständigen Realität berauben, oder aber in ihnen ebensoviele einzelne „Götter" anerkennen. Wie immer wir hier die Entscheidung zu treffen suchen, so sehen wir uns alsbald in unlösbare Schwierigkeiten verstrickt. Die Abhandlung eines bekannten theologischen Schriftstellers der Zeit: I s a a c W a t t s' „Enquiry concerning Space" faßt alle diese Paradoxa der Moreschen Lehre — freilich mehr in rhetorischem als in philosophischem Stile — zusammen. „Was ist zuletzt dieses so gewöhnliche und doch so seltsame Ding, das wir Raum nennen? Was bedeutet dieses Mysterium, das so allgemein bekannt und doch so gänzlich unerkennbar ist? Ist es weder Nichts noch Etwas, weder Modus noch Substanz, weder Geschöpf noch Gott?" Alle diese Bestimmungen können ihm weder abgesprochen, noch können sie ihm in ihrer Gesamtheit zuerkannt werden, ohne es damit zu einer absurden Mischung widerstreitender Merkmale zu machen. „So lernen wir durch alle unsere mühsamen und beschwerlichen Beweise zuletzt nur die Schwäche unserer eigenen Vernunft kennen. Eine alltägliche und jedermann bekannte Idee, in der alle Welt übereinzustimmen scheint,

---

[1]) C u d w o r t h, The True Intellectual System of the Universe. London 1678, fol., Book I, chap. IV; p. 769/70.

ist es, die zuletzt alle unsere philosophischen Systeme beschämt: wir versinken in den Abgrund des unendlichen und ewigen Raumes und unser Denken verliert und begräbt sich in ihm[1])."

Das einzige Mittel, um einen Rückweg aus dieser Skepsis zu finden, schien in der psychologischen Besinnung auf den Ursprung und die Entwicklung der Raumvorstellung zu liegen. Um diese Aufgabe zu lösen, knüpft Edmund Law in seiner „Untersuchung über die Ideen des Raumes und der Zeit, der Unermeßlichkeit und der Ewigkeit" an Lockes Kritik des Unendlichkeitsbegriffs an. Das ist der Grundirrtum, den die Gegner der relativistischen Theorie begehen: daß sie in der Unendlichkeit des Raumes und der Zeit den Beweis für ihr absolutes und transzendentes Sein erblicken. Weil Ausdehnung und Dauer der Größe nach alle unsere endliche Fassungskraft übersteigen, darum sollen sie uns — wie z. B. Raphson argumentiert hatte — auch in ihrer inneren Wesenheit unbegreiflich sein[2]). In Wahrheit ist der Schluß, der hier versucht wird, umzukehren: eben die Grenzenlosigkeit des Raumes und der Zeit gibt uns die sichere Gewähr dafür, daß wir es in ihnen nicht mit Dingen, sondern mit Ideen des reinen Verstandes zu tun haben. Von Schranken der räumlichen oder zeitlichen Ausdehnung zu sprechen, ist somit freilich ein Widerspruch: aber nicht deshalb, weil eine falsche objektive Behauptung über die Natur der Dinge darin läge, sondern weil es eine Verkennung unseres Intellekts und seiner Grundfunktionen bedeuten würde[3]). Alles Existierende ist

---

[1]) Isaac Watts, A fair Enquiry and Debate concerning Space (vgl. ob. S. 449, Anm. 1), Sect. VI, p. 20 f.

[2]) Raphson, De Spatio Reali, Cap. V, S. 78: „Spatium est nobis incomprehensibile. Ex eo patet, quod infinitum est."

[3]) „And this very thing demonstrates that they are nothing but Ideas of pure intellect and have no regard to the Existence of any external Object and that therefore to limit them is to destroy one of our Faculties, viz. that of Numbering. The Reason then of their Indefiniteness is with me not „because in their real existent Natures they are necessarily infinite", but quite the reverse viz. because they have no real existent Nature at all." (Edmund Law, An enquiry

in sich bestimmt und abgeschlossen: nur unser D e n k e n ist es, das über jeden erreichten Punkt immer wieder hinausdrängt und das damit der Grund und Quell für jegliche Art der Unendlichkeit wird. Die Frage ist hier von der spekulativen Theologie und Mystik wiederum auf ihren eigentlichen erkenntniskritischen Grund und Boden zurückgeführt; die Geltung und die Notwendigkeit, die wir dem Raume und der Zeit zusprechen, ist nicht irgendwie in den Dingen als solchen, sondern in unserem Begreifen der Dinge zu gründen.

Es ist in der Tat — wie nunmehr im einzelnen dargetan wird — das alte o n t o l o g i s c h e Vorurteil, das das Festhalten an den Begriffen des absoluten Raumes und der absoluten Zeit verschuldet. Aus der Beschaffenheit unserer Ideen glaubt man unmittelbar auf die Existenz und Beschaffenheit der Sachen schließen zu dürfen. Von der Vorstellung zum absoluten Sein aber führt keine Brücke und kein logisches Verbindungsglied. Alle notwendige Verknüpfung bezieht sich, wie Law unter Berufung auf Locke ausführt, zuletzt auf das Verhältnis der Ideen selber, nicht auf eine Beziehung, die zwischen irgendeiner Idee und ihrem äußeren Gegenstand besteht. Die Bedeutung und der Wert aller unserer Wahrheiten ist also immer nur in der inneren Übereinstimmung der Begriffe untereinander zu suchen, nicht aber an den dinglichen „Originalen" zu messen, die ihnen etwa entsprechen mögen. „Hier sind wir gezwungen — so bemerkt Law in voller Klarheit gegen C l a r k e und seine Anhänger — nicht nur in unserer Auffassung von Raum und Zeit, sondern auch in den ersten Prinzipien und Grundlagen der Erkenntnis, ja i n u n s e r e m B e g r i f f d e r E r k e n n t n i s s e l b e r von unseren Gegnern abzuweichen[1])." Wir wissen nur, daß w e n n unseren Ideen

---

into the ideas of Space, Time, Immensity and Eternity (1734) (vgl. S. 449, Anm. 1), Ch. I, S. 32.)

[1]) „I am sorry to find that we are obliged to differ from this celebrated Writer, not only in the subjects of Space and Time, but in the first Principles and Foundations of Knowledge, nay in our very Notion of Knowledge itself. He seems . . . to place it in a connection

objektive Gegenstände entsprechen, diese auch all die Beschaffenheiten und Verhältnisse zeigen müssen, die wir aus der Betrachtung der Begriffe als notwendige Folgerungen abgeleitet haben; ob aber dieser Fall eintritt, ob die Bedingungen, für die dieses hypothetische Urteil gilt, sich jemals ganz verwirklicht finden, läßt sich niemals mit unbedingter Sicherheit entscheiden. „Sucht man somit die wirkliche oder mögliche Existenz eines Dinges aus dem B e - g r i f f, den wir von ihm in unserem Geiste haben, zu beweisen, so heißt dies einen falschen Maßstab der Wahrheit voraussetzen." Zwischen der idealen und realen Existenz besteht niemals die gleiche Verknüpfung, wie sie zwischen den Gliedern einer logischen oder mathematischen Schlußfolgerung besteht. Das Dasein des Raumes ist in seiner Vorstellung nicht im gleichen Sinne enthalten, wie der Begriff der „Vier" in dem Produkt aus Zwei und Zwei enthalten ist: wir können die Verbindung beider in Gedanken aufheben, ohne daß der geringste logische W i d e r s p r u c h sich bemerkbar macht[1]). Zwar mögen wir immerhin aus unserer Perzeption auf eine äußere Ursache schließen, die sie hervorbringt; aber wir bleiben alsdann auf den Inhalt dessen beschränkt, was uns unmittelbar in der Wahrnehmung gegeben und durch sie bezeugt wird. Sobald wir diesen Inhalt begrifflich zu bearbeiten beginnen, sobald wir ihm irgend etwas hinzufügen oder etwas von ihm wegnehmen, haben wir es fortan lediglich mit einem Gebilde des Geistes zu tun,

---

between Ideas and certain Ideata, or real Existences; we, with Mr. Locke, must place it in a perceiving a connection between our Ideas themselves, and can carry it but a little way into real Existence." (L a w, a. a. O., Ch. I, p. 5.)

[1]) „To prove therefore either the actual or possible Existence of Things from the Conceptions which we have of them in Our Minds, is, in my opinion, setting up a f a l s e S t a n d a r d o f T r u t h ... Is Existence ad extra as clearly implied in the Idea of Space, as four is implied in the Idea of twice two? Can I be as sure of the E x i - s t e n c e of a Triangle, as I am of some of its P r o p e r t i e s? Or do I as plainly perceive that there is a perfect Square or Globe in Nature, as that a Square is not a Globe?" (Law, a. a. O., p. 6 f.; vgl. bes. p. 46 f.)

für welches kein sachliches Korrelat zu fordern und zu suchen ist[1]).

Was nun insbesondere die Begriffe des reinen Raumes und der reinen Zeit betrifft, so ist es klar, daß zwar die erste **Anregung** zu ihrer Bildung von außen durch den Eindruck, den die Körper auf unsere Sinne ausüben, stammen mag, daß aber ihr eigentlicher **Gehalt** lediglich im Intellekt seinen Ursprung hat. Denn beide sind die Muster **relativer** Ideen: jede Beziehung aber bringt zu dem verglichenen Inhalt etwas hinzu, was nicht in ihm selber liegt, sondern lediglich unserer denkenden Betrachtung angehört. Das „Sein", das wir der Ausdehnung und der Dauer zusprechen, wurzelt zuletzt in dem geistigen Akt der Vergleichung und Verhältnissetzung und müßte, sobald wir diesen aufgehoben denken, in Nichts zerfallen[2]). Auch die Folgerung, daß mit dieser Relativierung des Raumes und der Zeit auch die empirische Körperwelt betroffen und ihrer unabhängigen Existenz beraubt würde, darf uns nicht beirren und ablenken. Daß das Universum „im Raume existiert": dies bedeutet nichts anderes, als daß wir es in unserer Anschauung auf ein bestimmtes Modell, das wir in unserem Geiste tragen, beziehen. „Wir haben die abstrakte Vorstellung eines solchen Modells und eines solchen allgemeinen Behältnisses, und wenden sie sodann auf die Körperwelt oder vielmehr auf unsere Vorstellung der Körperwelt an, **Das ideale Universum hat, mit anderen Worten, einen idealen Ort in unserem Geiste und nicht mehr**[3])." Und es wäre irrig anzunehmen, daß unser **Wissen** mit dieser Einsicht irgend

---

[1]) A. a. O., Ch. I, S. 10 f.

[2]) „All relative Ideas are Comparisons made only by Men's Thoughts and are Ideas only in Mens Minds and of consequence neither have nor can be supposed to have any external Archetypes." A. a. O., Ch. I, S. 36.

[3]) „When the Universe exists in Space, we really mean no more than this, that we refer it to a certain Standard or receptacle lodged in our Mind. We have an abstract idea of such a capacity, which we apply to it, or rather to our Idea of it: that is, the ideal Universe has an ideal Place in our Minds and nothing more." (S. 72.)

etwas von seinem Wert und seiner objektiven Gültigkeit einbüßte. Sind Raum und Zeit nichts Wirkliches — so hatten die Anhänger Newtons argumentiert — so fallen damit auch alle örtlichen und zeitlichen U n t e r s c h e i d u n g e n dahin, so müssen wir jeder bestimmten Gliederung und Ordnung der Phänomene verlustig gehen. Die Wände eines leeren Gefäßes müßten sich alsdann, da sie durch nichts Reales getrennt wären, unmittelbar berühren; die Grenzen des zeitlichen Geschehens müßten sich verwischen und jede Differenz des Früher oder Später aufgehoben sein[1]). Auf diesen seltsamen Einwand entgegnet Law wiederum mit einer schärferen erkenntniskritischen Bestimmung des Begriffs der R e l a t i o n. Raum und Zeit sind ideale Verhältnisbegriffe, die uns aber eben kraft dieser Grundeigenschaft dazu dienen, die Inhalte, die uns gegeben werden, in feste Formen zu fassen und sie in bestimmter Weise zu gliedern. Wir haben es in ihnen nicht mit Bildern von Dingen, sondern mit reinen Maßbegriffen zu tun, die wir zur Gestaltung des empirischen Stoffes anwenden. Wie die Begriffe der Z a h l und der Q u a n t i t ä t, der O r d n u n g und der Q u a l i t ä t keine für sich bestehenden Existenzen sind; wie sie aber nichtsdestoweniger die Voraussetzungen bilden, ohne welche wir über Dinge weder sprechen noch an sie denken könnten: so gilt das Gleiche für Ausdehnung und Dauer. Ihre Idealität beeinträchtigt nicht im mindesten die reale Leistung, die ihnen für den Aufbau und das System unserer Erkenntnis zukommt. So bildet etwa der W e r t, den wir zwei Dingen relativ zu einander zusprechen, nicht noch ein eigenes Etwas n e b e n den verglichenen Inhalten und dient trotzdem dazu, sie tatsächlich zu unterscheiden und in unserer Schätzung auseinanderzuhalten: ein Pfennig und ein Shilling sind nicht dasselbe, wenngleich es niemand einfallen wird, den Preis der Gegenstände selbst wiederum zu einem besonderen Gegenstande eigener Art zu hypostasieren[2]).

---

[1]) S. hrz. J a c k s o n , The Existence and Unity of God (vgl. S. 449, Anm. 1), S. 57 f.

[2]) „Our Author might as well argue for the Reality of Price, Weight, etc. because if these were nothing, there would be nothing

Müssen wir daher — wie Law zugesteht — alle empirischen Veränderungen, die uns entgegentreten, auf die Idee der reinen gleichförmigen Zeit als Grundnorm b e z i e h e n, so enthält doch diese Beziehung keinerlei Nötigung zur Setzung eines neuen metaphysischen Seins[1]). Die Erfahrung und die Wissenschaft zum mindesten vermögen diesen Schritt niemals zu rechtfertigen. Wenn der Physiker vom Unterschiede „wahrer" und „scheinbarer", „absoluter" und „relativer" Bewegung spricht, so besitzt er hierzu, auf dem Standpunkt, auf dem er steht, das volle Recht. Denn zergliedern wir derartige Aussagen, so finden wir, daß mit ihnen zuletzt nichts anderes gemeint ist, als die Gegenüberstellung verschiedener B e z u g s s y s t e m e, deren einem wir eine größere „Allgemeinheit" als dem anderen zuschreiben. Wir können die Bewegung eines Körpers, wie sie sich von dem Standort eines zufälligen Beobachters ausnimmt, von seiner „wahren" Bahn, die ihm etwa mit bezug auf die Sonne zukommt, unterscheiden: aber wir müssen uns darüber klar werden, daß wir — so bedeutsam diese Unterscheidung für unsere physikalische Erkenntnis sein mag — doch im l o g i s c h e n Sinne aus dem Kreise der Relativität niemals heraustreten. Was sich hier ergibt, sind gleichsam nur verschiedene, einander übergeordnete Relationsschichten, während der Gedanke, damit dereinst zur metaphysischen Überwindung jeglicher Relation überhaupt zu gelangen, ein bloßes Trugbild wäre[2]).

---

to determine the different Value, or Gravity of things. The Idea of Space is indeed a very convenient M e a s u r e set up to determine the Relations of things and a more general extensive one than most others, but (this proves not) its Reality ad extra any more than the Reality of these and some other i d e a l M e a s u r e s, such as N u m b e r, Q u a n t i t y, O r d e r, Q u a l i t y, S t a t i o n etc., w i t h o u t w h i c h w e c a n h a r d l y t e l l h o w t o s p e a k o r t h i n k o f t h i n g s a t a l l; but yet few are so far gone in the visionary way as to believe them to be real Existences, to be any thing but abstract Notions of our own inventing." (Law, a. a. O., Chap. I, S. 75; vgl. Chap. II, S. 86.)
    [1]) Chap. 2, S. 83.
    [2]) „Real or absolute Motion is allowed in the physical Meaning as opposed to a particular Relative one ... But this has nothing to

Wenn also die **Notwendigkeit** und **Unabhängigkeit**, die die Ideen des Raumes und der Zeit besitzen, zum Beweis dafür angerufen werden, daß beiden ein konstantes **sachliches** Urbild entsprechen muß, so sehen wir jetzt die ganze Schwäche dieses Schlusses klar vor uns. Das „Original" für die exakten mathematischen Begriffe der Ausdehnung und der Dauer ist freilich nicht in den konkreten empirischen Einzelobjekten zu suchen; aber statt hieraus zu folgern, daß wir, um es zu finden, zu einem höheren göttlichen Sein hinausgehen müssen, sollten wir umgekehrt begreifen, daß wir es hier überhaupt nicht mit irgendeinem Zwang der Gegenstände, sondern lediglich mit der Notwendigkeit unseres Denkens zu tun haben[1]). Um diese letztere zu erklären aber sieht sich Law auf die Hülfsmittel von Lockes Psychologie hingewiesen. Sind Raum und Zeit Gebilde des Geistes, so müssen sie sich in „Sensation" und „Reflexion" begründen lassen, so muß ihre Entstehung aus der bloßen Verknüpfung der einfachen Eindrücke zu begreifen sein. Den Grund für die Objektivität, die sie für sich in Anspruch nehmen, haben wir somit nicht in der Physik, sondern zuletzt in der Assoziationspsychologie zu suchen. Sie sind, wie alle „abstrakten" Begriffe, nicht sowohl Schöpfungen der **Vernunft**, als der **Einbildungskraft**, die sich uns nur kraft einer langen Gewöhnung mit einem so unwiderstehlichen Zwange aufdrängen, daß wir sie als wahrhafte Naturerscheinungen mißverstehen[2]). Wir treiben irgendeine Beziehung, die wir

---

do with the metaphysical Sense of these Words, i. e. as opposed to all Kind of relation." Ch. I, S. 69.

[1]) „His great Difficulty is to conceive how it should become necessary, infinite, and independent . . . He concludes therefore that it is not a Property of the (material) things; **very true**: and therefore that we are under a Necessity of conceiving it to be a Property of **some other Thing** infinite and independent: **quite the Contrary**. Therefore we are under a Necessity of conceiving it to be, what it really is and **what we ourselves have made it**, viz. an abstract idea." (S. 80.)

[2]) **Custom** may render it so familiar to us, that we shall at length mistake this Imagination for an Appearance of Nature and,

einmal an den Körpern wahrgenommen haben, über jegliche Grenze der möglichen Beobachtung hinaus. Weil wir irgendein Verhältnis bald an dieses, bald an jenes Subjekt gebunden fanden, lösen wir es von jeglicher Bindung überhaupt los und machen es zum substantiellen Sein. Wenn man von Raum und Zeit gesagt hat, daß sie die Ursache, der sie ihre Entstehung verdanken, übersteigen und „transzendieren", so gilt das Gleiche, schärfer betrachtet, für jede unserer gedanklichen Schöpfungen. Nur bei den zufälligen Assoziationen, die keine Gelegenheit hatten, sich zu wiederholen und fester ineinander zu wachsen, gelingt es uns hie und da, die Fäden, die die Erfahrung geknüpft hat, wieder zu lösen, während in allen anderen Fällen das bloße ständige Beisammen der Ideen gleich einer Naturkraft wirkt, die sie unaufheblich aneinander kettet. „Was uns einmal lange Zeit hindurch dauernd entgegengetreten ist, das geht in alle Kategorien unseres Denkens ein und wird zum Fundament für das gesamte System unserer Erkenntnis. Wir rufen sogleich aus, daß mit seiner Aufhebung der Bau der Erkenntnis selber untergraben werde, daß es die Wahrhaftigkeit unserer geistigen Vermögen leugnen und alle Evidenz, Wahrheit und Gewißheit aufheben heiße, wenn man ihm sein Recht bestreite. Auf diese Art geschieht es oft, daß Ideen, ob wir es wollen oder nicht, auf unseren Geist eindringen und in ihm haften. Die Einbildungskraft wird von diesen unruhigen Geistern heimgesucht und vermag sie nicht sogleich von sich zu weisen; denn sie durch Beweisgründe bannen zu wollen, würde nicht mehr helfen, als wollte man jemand, der Gespenster sieht, durch vernünftige Schlußfolgerung überzeugen. Es ist ein sehr falscher Satz, daß die Einbildungskraft das, was sie einmal geschaffen hat, ebenso leicht auch wieder zu vernichten vermag. Die Tatsachen und die Erfahrung beweisen das Gegenteil und lehren uns, daß auch für die Philosophen

---

like that too, it will force itself upon us, whether we will or no. The Ideas (of Space and Time) were relative ones, tho' we can easily carry them **n o t b y R e a s o n a n d P r o o f**, **b u t b y t h e P o w e r o f I m a g i n a t i o n** far beyond their **o r i g i n a l I d e a t a.**" Ch. I, S. 11 ff., 21 f.

gilt, was man gemeinhin von den Zauberern und Beschwörern sagt: sie werden die Geister nicht los, die sie selbst gerufen haben[1]."

Diese Sätze — die mehrere Jahre v o r dem Erscheinen von H u m e s Treatise geschrieben sind und die daher zeigen, wie sehr diesem Werk bereits der Boden bereitet war — bezeichnen deutlich die Grenzen der „relativistischen" Lehre. So klar hier der i d e a l e Charakter des Raumes und der Zeit erfaßt war, so wenig gelang es, unter dieser Voraussetzung, die Allgemeingültigkeit und die Notwendigkeit dieser Begriffe verständlich zu machen. Mit der Zurückführung auf den Kreis der „Subjektivität" werden diese Gebilde logisch entwurzelt; sie fallen der Gewohnheit und Willkür anheim. Bedeuten aber der reine Raum und die reine Zeit, wie die mathematische Physik sie zugrunde legt, wirklich nichts anderes, als — „philosophische Gespenster"? Diese Frage muß sich nunmehr unausweichlich erheben, und sie ist es, die das Problem fortan nicht mehr zur Ruhe kommen läßt. Solange der eigentümliche m e t h o d i s c h e Wert, den Raum und Zeit gegenüber den Sinnesempfindungen besitzen, nicht anerkannt, solange beide als E r k e n n t n i s m i t t e l nicht völlig gewürdigt waren: solange mußte immer von neuem der Versuch gemacht werden, ihren Vorrang, der sich nicht beseitigen oder abstreiten ließ, m e t a p h y s i s c h zu begründen. Die Forderungen, die sich aus der Grundlegung der exakten Wissenschaft ergaben, lehnten sich immer wieder gegen die Ergebnisse der psychologischen Zergliederung der Vorstellungen auf. Bloße Produkte der „Einbildung" können nicht die Grundlagen für die realen Gesetze der Mechanik bilden, nach denen die Körper in ihren Bewegungen sich richten. (Vgl. unten S. 476.) Oder gäbe es ein Mittel, die I d e a l i t ä t von Raum und Zeit zu behaupten, ohne damit ihrer O b j e k t i v i t ä t Eintrag zu tun? Die Antwort auf diese Frage war mit den Mitteln der rein psychologischen Methodik nicht zu gewinnen. „Nach allem mühsamen Forschen und Suchen — so schließt ein

---

[1] Ch. I, S. 27 ff.; S. 29.

Denker dieser Epoche seine Erörterungen — nachdem ich mein ganzes Leben lang über diese Probleme gedacht und gelesen habe, muß ich doch gestehen, daß hier noch manche Schwierigkeiten und Dunkelheiten zurückbleiben, die wohl dem Gegenstand selbst anhaften. Die Gelehrten haben seit jeher und vor allem zu unserer Zeit daran gearbeitet, sie zu zerstreuen, ohne daß es ihnen doch jemals ganz gelungen wäre. Vielleicht aber findet sich in Zukunft ein Weg, auf dem all diese Schwierigkeiten sich heben lassen und auf dem sich die Frage zur größeren Befriedigung der Folgezeit entscheiden läßt[1].ʺ Wie eine Voraussage der „Kritik der reinen Vernunft" wirken diese Sätze, die, wie sich zeigen wird, in einem anderen Gedankenkreis ihr genaues Analogon besitzen.

2. **Das Raum- und Zeitproblem in der Naturwissenschaft.**

a) **Newton und seine Kritiker.**

So zurückhaltend Newton in der Aussprache der allgemeinen **Folgerungen** aus seiner Lehre von Raum und Zeit ist: so entschieden fixiert er den Gehalt dieser Begriffe selbst, wo es sich darum handelt, lediglich ihren empirisch-wissenschaftlichen Sinn und Gebrauch zu bestimmen. Nicht in mühsamer Analyse werden diese Begriffe gewonnen, sondern sie treten von Anfang an als die sicheren und fraglosen Voraussetzungen vor uns hin, von denen alle Feststellung von Bewegungserscheinungen abhängig ist. „Der **a b s o l u t e** Raum, der vermöge seiner Natur ohne Beziehung auf einen äußeren Gegenstand besteht, bleibt stets gleich und unbeweglich; der relative dagegen ist ein Maß oder ein beweglicher Teil des ersteren, welcher von unseren Sinnen durch seine Lage gegen andere Körper bezeichnet und gewöhnlich fälschlich für den unbeweglichen Raum selbst genommen wird . . . Weil die Teile dieses letzteren weder gesehen, noch überhaupt sinnlich unterschieden werden können,

---

[1] Isaac Watts, A fair Enquiry and Debate concerning Space, Sect. XII, S. 45 f.

nehmen wir statt ihrer wahrnehmbare Maße an und bestimmen alle Orte nach ihrer Lage und Entfernung von einem gegebenen Körper, den wir als unbeweglich ansehen. So bedienen wir uns statt der absoluten Orte und Bewegungen der relativen, was auch für praktische Zwecke ausreicht: in der wissenschaftlichen Theorie aber müssen wir von den Sinnen absehen" (in Philosophicis autem abstrahendum est a sensibus[1]). Somit beginnt die Grundlegung des Systems der **Induktion** mit der Setzung eines Seins, das der Bestätigung und Nachprüfung durch die unmittelbare **Wahrnehmung** prinzipiell entzogen ist. So wichtig und folgenreich sich dieser Zusammenhang für die künftige Entwicklung der Philosophie erweisen sollte, so unlösbare Schwierigkeiten bietet er uns auf dem Standpunkt dar, auf dem wir hier stehen. In der Tat, was bedeuten **Raum, Zeit** und **Bewegung**, wenn man die Forderung der reinen „Beschreibung" der Tatsachen, wie sie von Newton und seiner Schule gestellt worden war, in aller Strenge aufrecht zu erhalten sucht? Was die Beobachtung uns darbietet, sind niemals Punkte oder Abstände des **reinen** Raumes oder der **reinen** Zeit, sondern nur irgendwelche **physische Inhalte**, die in räumlichen und zeitlichen Verhältnissen stehen. So löst sich alles Wissen von den örtlichen und zeitlichen Bestimmtheiten des Seins durchweg in Relationen auf. Nach einem Sein des Raumes außerhalb dieser wahrnehmbaren Beziehungen der **Körper** scheint jede Frage verwehrt. Wenn dennoch der absolute Raum, obgleich er uns niemals in irgend welcher Weise **gegeben** werden kann, als unentbehrliches Prinzip der Mechanik bezeichnet wird, so ist es also irrig, daß die **Erfahrung** die Grenze für den Inhalt all unseres Wissens bildet; — so ist in die Fundamente der mathematischen Physik selbst ein „metaphysischer" Begriff eingesenkt. Damit aber wäre die Kraft der reinen Induktion, wie Newton sie verstanden und verkündet hatte, bereits gebrochen. Von den methodischen Regeln, die er

---

[1] Newton, Philosophiae naturalis principia mathematica (Scholium zur 8. Definition).

der Forschung vorhält, verlangt die erste, keine anderen als „wahren Ursachen" zuzulassen, d. h. solche, die sich in der Erklärung der Phänomene bewähren[1]). Die Existenz des absoluten Raumes und der absoluten Zeit aber ist in diesem Sinne keine „vera causa": keine Naturerscheinung kann uns von ihr sichere Kunde verschaffen, keine Erfahrung kann sie rechtfertigen oder widerlegen.

In diesem Widerstreit liegt die Krise der Newtonischen Erfahrungstheorie: und hier setzen denn auch die Einwände der Gegner immer von neuem ein. Man begreift es, daß B e r k e l e y sich berufen glaubte, die empirische Grundlegung der Wissenschaften, die er hier bedroht sah, wiederherzustellen und von neuem in ihrer Einheit und Geschlossenheit aufzurichten. Die Kritik der Raumlehre wurzelt bei ihm, gleich der der höheren Analysis, in der Polemik gegen die abstrakten Begriffe. Der Begriff des absoluten Raumes entsteht uns, indem wir eine einfache Eigenschaft, die die Wahrnehmung uns an den Körpern darbietet, von den begleitenden Umständen, unter denen sie uns jederzeit entgegentritt, loslösen und mit ihr wie mit einem selbständigen Inhalt schalten. Ist einmal die natürliche Einheit der Erfahrung in dieser Weise zerschnitten, so vermag freilich keine logische Bemühung mehr, ihre Bestandteile wiederum zu verknüpfen und deren gegenseitiges Verhältnis widerspruchslos zu bestimmen. Was in Wahrheit nur ein Einzelmoment ist, das wir aus dem empirischen Objekt willkürlich herausgreifen, das wächst nunmehr zu einem unbedingten Sein heran, das den Erfahrungsgegenständen in tatsächlicher Wirklichkeit v o r a n g e h t und das ihnen mit der Geltung einer „höheren" und notwendigen Existenz gegenübertritt. Die „existierenden Undinge" des „leeren Raumes" und der „leeren Zeit" aber müssen vor der psychologischen Analyse, die die Entstehung dieser Vorstellungen bloßlegt, alsbald in nichts zerfallen. „Stellen wir uns vor, daß alle Körper zerstört und vernichtet werden: so wird das, was alsdann

---

[1]) S. die „Regulae philosophandi", zu Beginn des dritten Buches der mathemat. Prinzipien der Naturlehre.

zurückbleibt und worin, zugleich mit den Körpern selber, auch jede Beziehung der Lage und Entfernung der Körper aufgehoben ist, der absolute Raum genannt. Nun ist dieser Raum unendlich, unbeweglich, unteilbar und, da jede Möglichkeit der Beziehung und Unterscheidung in ihm aufgehört hat, kein Gegenstand der Wahrnehmung. Alle seine Attribute sind, mit anderen Worten, privativ oder negativ; er scheint somit ein bloßes Nichts zu bedeuten. Die einzige Schwierigkeit besteht darin, daß er ausgedehnt ist und daß die Ausdehnung doch eine positive Beschaffenheit darstellt. Aber welch eine Art Ausdehnung ist es auch, die weder geteilt noch gemessen werden kann und von der kein Teil sich sinnlich wahrnehmen oder in der Vorstellung erfassen läßt! ... Prüft man eine derartige Idee genau — wenn anders man sie eine Idee nennen kann — so sieht man, daß sie die vollkommenste Vorstellung des Nichts ist, die man sich denken kann." Und auch die psychologische Illusion, die uns immer wieder an diesen Scheininhalten festhält, läßt sich nunmehr leicht durchschauen. Das wahrnehmende Subjekt glaubt in seiner Abstraktionstätigkeit von a l l e n materiellen Inhalten überhaupt abgesehen zu haben: und es hat in Wahrheit nur die A u ß e n d i n g e aufgehoben, während sein eigener Leib, in seinem stofflichen Dasein, ihm zurückgeblieben ist. So schleicht sich auch dort, wo wir meinen, die gesamte Körperwelt hinter uns gelassen zu haben, doch immer wiederum ein sinnlich-empirisches Datum ein, auf das wir uns unbewußt stützen, wenn wir fernerhin die Möglichkeit räumlicher Vergleichung und Unterscheidung behaupten. Unser Körper bietet uns in der Lage und Gliederung seiner Teile den unentbehrlichen Anhaltspunkt und das notwendige Bezugssystem, das wir zugrunde legen müssen, um von örtlichen Bestimmungen und Veränderungen zu sprechen[1]). Auch die Betrachtung der d y n a m i s c h e n Beziehungen und Grundgesetze vermag an der allgemeinen Entscheidung nichts zu ändern: bedeuten doch die obersten

---

[1]) B e r k e l e y, De motu (1721), § 53—55; Principles of human knowledge, § 116.

Regeln der Mechanik, wie etwa das Trägheitsprinzip, nichts anderes, als die Verallgemeinerungen bestimmter tatsächlicher Beobachtungen und können als solche kein Moment in sich enthalten, das nicht mittelbar oder unmittelbar in der Erfahrung wurzelt und sich in ihr belegen läßt. Die Behauptung, daß jeder sich selbst überlassene Körper in seinem Zustand der Ruhe oder der gleichförmigen geradlinigen Bewegung verharre, verliert nichts von ihrer Geltung, wenn wir die Fortbewegung des Körpers, statt sie auf den „absoluten Raum" zu beziehen, an seiner Lage gegen den F i x s t e r n - h i m m e l messen[1]). Als ein Mangel kann diese Annahme eines besonderen, materiellen Koordinatensystems, dessen wir uns zur Formulierung der Bewegungsgesetze bedienen, nur dann erscheinen, wenn man die jederzeit bedingte und empirische Gültigkeit, die diesen Gesetzen selbst zukommt, noch nicht durchschaut hat und von ihnen fälschlich eine unbedingte logische Notwendigkeit verlangt. So wenig Berkeley hier den tieferen rationalen Motiven der Newtonischen Begriffe gerecht geworden ist, so hat er doch in diesen letzten Sätzen wiederum ein allgemeines philosophisches P r o b l e m gestellt, das fortan der Lösung durch die wissenschaftliche Mechanik harrte. Die Fortbildung, die die Lehre Newtons innerhalb seiner Schule, und insbesondere durch seinen bedeutendsten und originalsten Schüler, durch L e o n - h a r d E u l e r erfährt, nimmt auf Berkeleys Einwände überall stillschweigend Bezug und gelangt erst kraft dieses Gegensatzes zur eigenen Reife und Sicherheit.

Und noch ein anderer Zug, der für die Weiterentwicklung des Problems bedeutsam werden sollte, tritt in Berkeleys Kritik charakteristisch hervor. Er selbst hält seinen Ausführungen entgegen, daß der reine Raum und die reine Zeit, wenngleich sie keine Objekte der S i n n e s e m p f i n d u n g und der E i n b i l d u n g s k r a f t sind, darum doch nicht auf ursprüngliche und notwendige Geltung zu verzichten brauchten, sofern sie als Gebilde und Erzeugnisse des „r e i n e n V e r s t a n d e s" aufgefaßt und gerechtfertigt

---

[1]) De motu, § 64 f.

werden könnten. Aber er zieht diese Möglichkeit nur in Erwägung, um sie alsbald von sich zu weisen. Der reine Verstand hat es lediglich mit geistigen und unausgedehnten Dingen zu tun; sein Gebiet liegt somit gänzlich j e n s e i t s der Sphäre, an die Raum und Zeit kraft ihrer Natur gebunden bleiben[1]). Der Ort sowohl wie die Dauer und die Bewegung haften den materiellen Körpern an und nehmen an all ihren Bestimmungen teil; sie gehören somit ihrem ganzen Inhalt nach der Welt des Stoffes an, die wir nur sinnlich zu erfassen vermögen. Die Schrift „de Motu", die die Polemik gegen Newtons Raum- und Zeitlehre enthält, bedeutet für die eigene philosophische Entwicklung Berkeleys einen entscheidenden Wendepunkt. Sie steht genau an der Grenzscheide zwischen der ersten Epoche, die auf die sensualistische Ableitung des Wissens ausging und der späteren Fortbildung der Lehre, die rein auf den Ausbau einer spiritualistischen Metaphysik gerichtet ist. B e i d e Tendenzen müssen sich nunmehr zur Bekämpfung der Grundbegriffe der mathematischen Physik vereinen. Wenn es sich zuvor gezeigt hatte, daß diese Begriffe in keiner sinnlichen „Perzeption" wurzeln, — so erweist es sich andererseits, daß sie mit der Welt des Sinnlichen dennoch zu eng verflochten sind, als daß es gelingen könnte, sie jemals zum Inhalte einer rein „geistigen" Betrachtung und Erwägung zu machen Raum und Zeit b e z i e h e n sich, samt allen übrigen „mathematischen" Prinzipien, lediglich auf jenen Umkreis empirischwahrnehmbarer Erscheinungen, den Berkeleys Spiritualismus zu verlassen und zu überfliegen strebt; sie können somit nicht an der höchsten „intellektuellen" Gewißheit teilhaben, die vielmehr nur den metaphysischen Begriffen, den Begriffen der S u b s t a n z und der U r s a c h e vorbehalten bleibt. (S. hrz. ob. S. 323 ff.)

An diesem Punkte zeigt sich der ganze Gegensatz von Berkeleys und L e i b n i z ' Kritik der Newtonischen Prinzipienlehre. So sehr beide, auf den ersten Blick, auf das gleiche sachliche Ziel gerichtet scheinen, so sehr werden sie

---

[1]) De motu, § 53; vgl. ob. S. 323, Anm. 3.

in ihrer Prüfung und Untersuchung von verschiedenen m e t h o d i s c h e n Gesichtspunkten beherrscht. Die „Abstraktion", die für Berkeley der Quell des Irrtums ist, bedeutet für Leibniz den Grund aller rationalen und wissenschaftlichen Einsicht. Indem der reine Raum und die reine Zeit als a b s t r a k t e Begriffe bezeichnet werden, indem ihnen also jede gesonderte dingliche E x i s t e n z abgesprochen wird, wird ihnen doch eben damit im System der E r k e n n t n i s der höchste Rang zugewiesen. Jetzt erst, nachdem wir sie von den konkreten Einzelgegenständen, die uns durch die Empfindung gegeben werden, deutlich gesondert haben, erkennen wir ihre begriffliche Allgemeinheit und Notwendigkeit. Der Begriff der unendlichen und stetigen Ausdehnung, wie der streng gleichförmig verfließenden **Dauer** entsteht uns nicht, indem wir ihn aus vereinzelten Beobachtungen zusammenlesen, sondern er bedeutet eine ursprüngliche g e d a n k l i c h e N o r m, die wir aus „uns selbst" schöpfen, um sie den Tatsachen entgegenzuhalten. So gewinnen Raum und Zeit, was sie an aktuellem gegenständlichen Sein eingebüßt haben, an idealer Wahrheit zurück. Sie bilden, in Gemeinschaft mit den mathematischen Folgebegriffen, die sich aus ihnen ergeben, die „ewigen Wahrheiten", die von keinem empirischen Phänomene jemals verletzt werden können, — die vielmehr die Regeln sind, nach denen wir ein bestimmtes Phänomen, das uns sinnlich gegeben ist, als „wirklich" bezeichnen oder aber als bloßen Schein verwerfen. (S. ob. S. 160, 175 f.) Die Bezeichnung des Raumes und der Zeit als der O r d n u n g e n des Neben- und Nacheinander gibt das Doppelverhältnis, in dem sie zu den Empfindungen stehen, charakteristisch wieder. Denn so wenig die „Ordnung" an sich etwas außerhalb der Inhalte ist, auf die sie sich bezieht: so sehr sind doch diese Inhalte lediglich dadurch b e s t i m m t, daß sie nicht chaotisch durcheinanderliegen, sondern eine allgemeine gesetzliche Gliederung in sich darstellen. So scharf und unablässig Leibniz daher das absolute selbständige Dasein von Raum und Zeit bestreitet, so wenig verkennt er die l o g i s c h e Sonderstellung, die beide Begriffe einnehmen. „Eine Folge von Vorstellungen" — so führt er speziell für den Begriff der Zeit in den „Nouveaux Essais" aus — **e r w e c k t** in uns die Idee der Dauer, aber sie macht nicht das Wesen dieser Idee aus. Unsere Vorstellungen besitzen niemals eine hinreichend konstante und gleichförmige Folge, um dem Begriff der Zeit zu entsprechen, die, gleich der geraden Linie, ein einfaches und gleichförmiges kontinuierliches Gebilde ist. Der Wechsel der Vorstellungen bietet uns Anlaß, den Gedanken der Zeit zu fassen, und wir messen sie durch gleichförmige Veränderungen; aber selbst wenn es keinerlei gleichförmiges Geschehen in der Natur gäbe, so würde nichtsdestoweniger die Zeitfolge der Ereignisse bestimmt bleiben, wie auch der **Ort** bestimmt bliebe, selbst wenn es keinen festen und unbeweglichen Körper gäbe. Denn da man die Regeln der ungleichförmigen Bewegungen kennt, so kann man sie immer **auf intelligible gleichförmige Bewegungen beziehen** und dadurch das Ergebnis der Verknüpfung verschiedener Bewegungen vorausbestimmen. In diesem Sinne ist denn auch die Zeit das Maß der Bewegung, das heißt die gleichförmige Bewegung ist das Maß der ungleichförmigen."[1]) Der Kernpunkt der Leibnizschen Kritik tritt in diesen Worten deutlich hervor: was Newton als ein Absolutes ansah, das verwandelt er in ein „Intelligibles". Raum und Zeit sind „Ideen des reinen Verstandes[2])"', die als solche die Grundlagen exakter Definitionen und streng deduktiver Beweise bilden können, aber trotz dieses ihres rein gedanklichen **Ursprungs** bleiben sie in ihrer **Anwendung** auf den Bereich der empirischen Wirklichkeit beschränkt. Sie über dieses Gebiet hinauszutreiben, sie als Attribute Gottes oder irgend welcher immaterieller Substanzen denken, heißt ihnen all ihren realen Erkenntniswert rauben und sie zum Herd unlösbarer Widersprüche machen.

Die Einwände, die Leibniz und Berkeley gegen Newtons Raum- und Zeitlehre und ihre metaphysischen Folgerungen richten, messen — gerade wegen des weiten

---

[1]) **Leibniz**, Nouveaux Essais, Livr. II, Chap. 14, § 16.
[2]) **Leibniz**, Nouv. Essais, Livr. II, Chap. 5.

Abstandes, der zwischen ihnen selber besteht — das Gesamtgebiet des Problems aus und stecken das Feld, auf dem die Diskussion sich fortan bewegen sollte, bereits in allgemeinen Umrissen ab. Der Kampf dauert fort und bestimmt immer mehr das literarische und wissenschaftliche Gepräge der Zeit. Die Streitschriften zwischen Leibniz und Clarke — von denen V o l t a i r e urteilt, daß sie vielleicht das schönste Monument sind, das wir von einem literarischen Kampfe besitzen[1]) — sind, nach dem Zeugnis eines Zeitgenossen, „in jedermanns Händen[2])". Und es handelt sich jetzt um keinen persönlichen Zwist der Parteien mehr, sondern um eine Schranke, die die sachlichen Hauptgebiete und -Richtungen der wissenschaftlichen Kultur voneinander scheidet. Innerhalb der mathematischen Naturwissenschaft bleiben die Newtonischen Begriffe herrschend und errringen sich, mit dem endgültigen Siege von Newtons physikalischen Theorien, ebenfalls unbestrittene Geltung. Die Lehrbücher der Mechanik setzen diese Begriffe nunmehr als notwendig und unbezweifelbar voraus: es ist charakteristisch, daß selbst die Phoronomie H e r r m a n n s, die überall sonst Leibniz nahe steht und die ihm insbesondere im Kampf um das wahre Kraftmaß verbündet ist, hiervon keine Ausnahme macht[3]). Auf der anderen Seite vereint sich die P h i l o s o p h i e in ihren extremsten Gegensätzen, vereinen sich der Rationalismus der Wolffischen Schule und die französische Aufklärung

---

[1]) V o l t a i r e, La métaphysique de Newton ou Parallèle des sentiments de Newton et de Leibniz (Amsterdam 1740), Chap. II.

[2]) B é g u e l i n, Conciliation des idées de Newton et de Leibniz sur l'espace et le temps (Hist. de l'Acad. Royale des Sciences et des Belles Lettres 1769), S. 346: „Il seroit inutile de rapporter ici en détail leur sentiments sur l'espace et le vide et d'énumérer les arguments, sur lesquels ils appuyoient leurs décisions: les ouvrages de ces illustres Philosophes sont entre les mains de tout le monde et ces matières ont été trop souvent débattues et discutées pour qu'il soit besoin de les répéter."

[3]) H e r r m a n n, Phoronomia sive de viribus et motibus corporum solidorum et fluidorum, Amstelod. 1726; weitere Beispiele bieten die Lehrbücher von B o s s u t, Traité élémentaire de mécanique et de dynamique, Charleville 1763, p. IV, sowie von M a r i e, Traité de mécanique, Paris 1774, p. 2 f.

zur Abweisung der absoluten Realität des Raumes und der Zeit[1]). Die Lösung dieser Divergenz konnte erst erfolgen, nachdem sie zu schärfer und bewußter A u s s p r a c h e gelangt war. Es ist L e o n h a r d E u l e r , der diese Leistung vollzieht und mit dem daher das allgemeine Problem in eine neue Phase eintritt.

b) Die Fortbildung der Newtonischen Lehre. — Leonhard Euler.

Die beiden Bestrebungen, die im Titel des Newtonischen Hauptwerks nebeneinander stehen, finden in E u l e r ihre typische Verkörperung: er ist der eigentliche und klassische Zeuge des Geistes der m a t h e m a t i s c h e n N a t u r p h i l o s o p h i e. Das Wort eines neueren Geschichtsschreibers der Mathematik, daß „das wissenschaftliche Bewußtsein in der Mitte des achtzehnten Jahrhunderts am vollständigsten durch Euler vertreten wird", gilt mehr noch als für den Inhalt der sachlichen Probleme, die sich bei ihm finden, für die methodische Art ihrer Auffassung und Bearbeitung. Die Magisterrede Eulers behandelt bereits die naturphilosophische Grundfrage der Epoche, indem sie die Prinzipien der Cartesischen und der Newtonischen Physik mit einander vergleicht. Indem Euler weiterhin im Streit der Differential- und Fluxionsmethode den Sieg der Leibnizischen Rechnung entscheidet, sieht er sich hier auf eine prinzipielle Erörterung des Unendlichkeitsbegriffs hingedrängt.

---

[1]) Für die deutsche Philosophie vgl. besonders die interessante Diskussion der Frage bei P l o u c q u e t , Principia de substantiis et phaenomenis, Frankf. u. Lpz. 1764, Cap. VIII u. Cap. XII, § 294 ff. — S. ferner Christian W o l f f , Theologia naturalis, p. II, § 689; D a r j e s , Elementa Metaphysices (ed. nova, Jena 1753) Ontologia § CXXVIII (Schol. 3) (gegen K e i l l); sowie G o t t s c h e d , Erste Gründe der gesamten Weitweisheit (6. Aufl., Lpz. 1756, zuerst 1734), § 265. — Für die französ. Philosophie siehe C o n d i l l a c , La logique (Oeüvr. XXII, S. 196, und d'A l e m b e r t , Eclairciss. sur les éléments de Philosophie, Cap. XVI. — Eine Ausnahmestellung in der Behandlung von Raum und Zeit nimmt unter den Philosophen C r u s i u s ein. (Entwurf der notwendigen Vernunftwahrheiten, 3. Aufl., Lpz. 1766, § 50—52.)

die für dessen tiefere logische Charakteristik unmittelbar fruchtbar wird. So steht denn auch seine Raum- und Zeitlehre in der allgemeinen philosophischen Diskussion mitten inne und führt uns, indem sie in ihrem allmählichen Fortschritt die verschiedenen systematischen Gesichtspunkte nach einander zu Worte kommen läßt, durch alle einzelnen Entwicklungsstufen des Problems hindurch.

Das erste umfassende Werk über die Mechanik vom Jahre 1736 setzt bereits mit der entscheidenden Frage ein, die fortan von Euler durch dreißig Jahre hindurch festgehalten und von immer neuen Seiten her angegriffen wird. Die Bewegung zeigt uns, wenn wir sie in der Art auffassen, in der sie sich der ersten unbefangenen Betrachtung darbietet, lediglich einen Prozeß der Ortsveränderung: der „Ort" selbst aber kann nicht anders, denn als Teil des unermeßlichen, unendlichen Raumes bestimmt werden, in dem die Körperwelt enthalten ist. „Da wir uns indessen von diesem unermeßlichen Raum und den Begrenzungen in ihm **k e i n e b e s t i m m t e   I d e e   z u   b i l d e n   v e r m ö g e n**, so pflegt man statt seiner einen endlichen Raum und körperliche Grenzen zu betrachten und nach ihnen die Bewegung und Ruhe der Körper zu beurteilen. So sagen wir, daß ein Körper, der in bezug auf diese Grenzen seine Lage beibehält, ruht, derjenige dagegen sich bewegt, der seine Lage hinsichtlich ihrer verändert. Dabei muß jedoch, was wir über den unendlichen Raum und die Begrenzungen in ihm gesagt haben, so gefaßt werden, daß man beide Bestimmungen nur im Sinne reiner **m a t h e m a t i s c h e r** Begriffe nimmt. Mögen diese Vorstellungen immerhin mit metaphysischen Spekulationen scheinbar in Widerspruch stehen, so können wir sie doch mit Recht zu unserem Zwecke anwenden. Wir behaupten nämlich gar nicht, daß es einen derartigen unendlichen Raum und feste und unbewegliche Abgrenzungen in ihm gebe, sondern, unbekümmert um sein Dasein oder Nichtsein, postulieren wir nur, daß derjenige, der die **absolute** Ruhe oder Bewegung betrachten will, sich einen solchen Raum **v o r s t e l l e** und darnach über den Zustand der Ruhe oder Bewegung eines Körpers **u r t e i l e**. Diese Erwägung stellen wir nämlich am bequemsten in der Weise an, daß wir von der Welt ganz absehen (animum a mundo abstrahentes) und uns einen unendlichen leeren Raum denken, in dem die Körper sich befinden"[1]). Das Problematische, das diesen Erklärungen anhaftet, tritt in dem zwiespältigen und vieldeutigen Ausdruck der „Idee" deutlich zutage. Der reine Raum soll nicht die Setzung eines für sich bestehenden selbständigen D i n g e s bedeuten, sondern er will nicht mehr sein als ein V o r s t e l l u n g s p o s t u l a t. Auf der anderen Seite aber wird deutlich, daß wir mit allem, was Sinne und Einbildungskraft uns darbieten, der eigenartigen Forderung, die hier an uns gestellt wird, nicht zu genügen vermögen: wir sind gänzlich außerstande, den Inhalt, um den es sich handelt, in eine einzelne Vorstellung zu fassen. Welches psychologische Mittel bleibt uns also, um diese Forderung zu realisieren? Betrachten wir den absoluten Raum mit Rücksicht auf die gewöhnliche metaphysische Grundunterscheidung des p h y s i s c h e n oder p s y c h i s c h e n Seins, so sehen wir ihn alsbald in eine unhaltbare Mittelstellung versetzt: die Sphäre des „Subjekts" wie die des „Objekts" scheint ihn in gleicher Weise auszuschließen. Und noch ein stärkeres Bedenken allgemein methodischer Art muß sich gegen ihn geltend machen. Der absolute Raum und die absolute Zeit werden von Newton und nach ihm von der gesamten mathematischen Physik fort und fort als der w a h r e mathematische Raum und die w a h r e mathematische Zeit bezeichnet, während allen unseren Aussagen über relative Räume und Zeiten nur eingeschränkte und bedingte Gewißheit zugesprochen wird. Damit aber ergibt sich, wie es scheint, eine völlige Umkehr aller logischen Wertverhältnisse. Mit welchem Rechte machen wir eine Fiktion,

---

[1]) „Namque non asserimus d a r i hujusmodi spatium infinitum, quod habeat limites fixos et immobiles, sed sive sit, sive non sit non curantes, postulamus tantum, ut motum absolutum et quietem absolutam contemplaturus sibi tale spatium repraesentet ex eoque de corporum statu vel quietis vel motus judicet." E u l e r , Mechanica sive motus scientia analytice exposita, 2 tom., Petrop. 1736—42, Definit. II, Scholion 1 u. 2.

von der wir gänzlich dahingestellt sein lassen, ob ihr irgend etwas Objektives entspricht, zum Maßstab für unsere empirischen Urteile, die doch den Inbegriff dessen ausmachen, was uns bekannt und zugänglich ist? Ist damit nicht das Grundübel aller bisherigen Philosophie, ist damit nicht die o n t o l o g i s c h e D e n k a r t wiederum in die Physik eingedrungen und wird nicht die unmittelbare Sicherheit unserer Erfahrungserkenntnis zugunsten einer „Hypothese" verdunkelt und herabgesetzt? Oder sollte es eine tiefere Rechtfertigung der Begriffe des absoluten Raumes und der absoluten Zeit, sollte es ein anderes l o g i s c h e s K r i t e r i u m geben, das ihnen ihre unbedingte Gültigkeit sichert?

Indem wir diese Fragen stellen, sehen wir uns damit unmittelbar zu dem Punkte hingeführt, an dem Eulers spätere Untersuchungen einsetzen. Die „Réflexions sur l'espace et le temps", die im Jahre 1748 in den Schriften der Berliner Akademie erscheinen, geben der Frage sogleich eine allgemeinere prinzipielle Wendung. Ehe das besondere Problem in Angriff genommen werden kann, handelt es sich vor allem darum, zwischen dem m e t a p h y s i s c h e n und dem m a t h e m a t i s c h e n W a h r h e i t s b e g r i f f eine Entscheidung zu treffen. Der Prüfstein hierfür aber kann nirgends anders, als in den Prinzipien der w i s s e n s c h a f t l i c h e n M e c h a n i k liegen und in den B e w e g u n g s g e s e t z e n , die sie an die Spitze stellt. Diese Gesetze sind so fest gegründet und von so unumstößlicher Sicherheit, daß sie das alleinige Fundament für alle unsere Urteile über die Körperwelt bilden müssen; und sie behaupten diesen Wert, gleichviel ob es gelingt, sie aus angeblich höheren Sätzen der Metaphysik abzuleiten oder nicht. „Die Gewißheit der mechanischen Grundsätze muß uns in den dornigen Untersuchungen der Metaphysik über das Wesen und die Eigenschaften der Körper zum Führer dienen. Jede Schlußfolgerung, die ihr widerstreitet, wird man, so gegründet sie auch erscheinen mag, mit Recht verwerfen. Die ersten Vorstellungen, die wir uns von den Dingen außer uns bilden, sind gewöhnlich so dunkel und unbestimmt, daß es äußerst gefährlich ist, aus ihnen sichere Schlüsse ziehen zu wollen. Es ist daher schon ein großer Fortschritt, wenn man von anderer Seite her Ergebnisse kennt, auf die auch die Sätze der Metaphysik zuletzt hinauskommen müssen, und diese F o l g e r u n g e n sind es sodann, nach denen man die metaphysischen Grundideen richten und denen gemäß man sie bestimmen muß"[1]). In der Frage nach der Natur des Raumes und der Zeit gewinnen wir daher sogleich ein festes Richtmaß, wenn wir diese Begriffe nicht für sich und in abstrakter Isolierung erfassen, sondern sie in der Verhältnisstellung und Verknüpfung betrachten, die sie miteinander im P r i n z i p d e r B e h a r r u n g eingehen. Die Wahrheit dieses Prinzips steht außer Frage und ist dem Streit der Schulen entrückt: die verschiedenen philosophischen Parteien bemühen sich gleichmäßig, sie zu erweisen und sie von den eigenen Voraussetzungen aus verständlich zu machen. Nicht was Raum und Zeit an und für sich s i n d , sondern als was sie in der Aussprache und Formulierung des Trägheitsgesetzes g e b r a u c h t werden, bildet also die entscheidende Frage. Genügt die Betrachtung der relativen Orte und relativen Bewegungen, um den Inhalt des Gesetzes verständlich zu machen, so mögen wir bei ihnen stehen bleiben; zeigt es sich dagegen umgekehrt, daß das Gesetz seinen vollen und klaren Sinn erst erhält, wenn wir über diese Betrachtungsweise fort zu einem absoluten Raume und zu einer absoluten Zeit hinausgehen, so ist die Notwendigkeit dieser Begriffe erwiesen. Der Einwand, daß wir in ihnen nur unsere eigenen Vorstellungen hypostasieren, wird alsdann hinfällig: „denn es ist offenbar eine absurde Behauptung, daß reine Einbildungen den r e a l e n P r i n z i p i e n d e r M e c h a n i k als Grundlage dienen könnten"[2]).

Bevor wir Eulers eigene positive Entscheidung betrachten, gilt es vor allem, den charakteristischen A u s g a n g s p u n k t seiner Untersuchung ins Auge zu fassen. Es ist ein neuer Weg, der uns hier gewiesen wird, um zur Klarheit über die

---

[1]) E u l e r , Réflexions sur l'espace et le temps. (Hist. de l'Acad. des Sciences et Belles Lettres, 1748.) § I u. II.
[2]) Réflexions, § IV u. V.

Realität unseres Wissens zu gelangen. Die wirkliche Natur des Raumes und der Zeit erschließt uns nicht die unmittelbare sinnliche Beobachtung; — aber auch die psychologische Zergliederung der Vorstellungen kann uns nicht zum Ziele führen. Das Wesen beider ist vielmehr einzig und allein nach der F u n k t i o n zu bestimmen, die sie im System der mathematischen Physik erfüllen. Der Inbegriff der mechanischen Grundsätze bildet, da er die Voraussetzung für alle exakte Erklärung der Phänomene ist, den Archimedischen Punkt unseres Wissens. Den vagen spekulativen Bestrebungen steht hier ein festes Faktum entgegen, das sich nicht beiseite schieben oder wegdeuten läßt. Eulers Lehre ist die philosophische Mündigkeitserklärung der neuen mathematischen Wissenschaft, die es fortan unternimmt, aus sich selbst heraus den echten Maßstab der „Objektivität" aufzustellen, statt ihn sich durch irgendein fremdes Interesse aufdrängen zu lassen. Die Philosophie hat — wie nunmehr scharf und unzweideutig ausgesprochen wird — die Erfahrung nicht zu meistern, sondern lediglich sie zu verstehen und ihre Fundamente bloßzulegen. Erweisen sich unsere psychologischen oder metaphysischen Begriffe zu eng, um den Inhalt, den die physikalische Wissenschaft uns bietet, unter sich zu fassen, so liegt die Schuld lediglich an diesen Begriffen selbst; so müssen wir sie so lange berichtigen und umgestalten, bis sie der Aufgabe, für die sie zuletzt bestimmt sind, volles Genüge tun. In dieser Auffassung fixiert Euler nur das allgemeine I d e a l, das der exakten Forschung der Zeit beständig vorgeschwebt hatte; — es ist bezeichnend, daß die gleiche Forderung, die er hier stellt, wenngleich in geringerer Prägnanz und Bestimmtheit zur selben Zeit von M a c - l a u r i n , nach Newtons Tode dem bedeutendsten englischen Mathematiker, erhoben wird[1]).

---

[1]) S. M a c l a u r i n , An account of Sir Isaac Newtons philosophical discoveries, London 1748, Buch II, Cap. 1, § 9: „I know that some metaphysicians of great character condemn the notion of absolute space and accuse mathematicians in this of realizing too much their ideas, but if those philosophers would give due attention to the phenomena of motion, they would see, how ill grounded their complaint is.

Halten wir nunmehr an dem allgemeinen Kriterium fest, so ist das Urteil über die besondere Frage, die uns hier beschäftigt, mittelbar bereits gegeben. Der Metaphysiker, der die Begriffe des absoluten Raumes und der absoluten Zeit leugnet, hat die Aufgabe, sie im Aufbau des Systems der Mechanik durch andere und triftigere zu ersetzen. Er möge somit seine eigenen Definitionen des Ortes und der Dauer einsetzen, um zu sehen, wie weit sie sich dem deduktiven Gefüge der mechanischen Grundsätze und Theoreme widerspruchslos einordnen. Aber man braucht nur ein einziges Mal diesen Versuch zu unternehmen, um alsbald für immer von seiner Undurchführbarkeit überzeugt zu werden. Betrachten wir etwa die Cartesische Definition, nach der der **Ort** eines Körpers durch die Beziehung zu den **Körpern seiner Nachbarschaft** bestimmt wird, und versuchen wir unter dieser Voraussetzung das Trägheitsgesetz zu formulieren: so werden wir also behaupten müssen, daß ein Körper, auf den keine äußere Kraft einwirkt, seine Lage gegenüber den ihm zunächst stehenden und ihn unmittelbar berührenden Stoffteilen nicht zu ändern vermöge. Daß indessen diese Folgerung absurd wäre, ist leicht zu sehen: genügt es doch, die Einwirkung der Kraft, ohne daß wir den Körper selber durch sie betroffen denken, auf seine materielle Nachbarschaft zu richten, um sogleich das konstante wechselseitige Lageverhältnis zwischen beiden aufgehoben zu sehen. Allgemein zeigt es sich, daß das Bezugssystem, das wir stillschweigend voraussetzen, wenn wir einem sich selbst überlassenen Körper eine Bewegung von gleichförmiger Geschwindigkeit und Richtung zuschreiben, uns niemals im Bereich des empirisch wahrnehmbaren Seins unmittelbar

---

From the observation of nature we all know that there is motion, that a body in motion perseveres in that state, till by the action or influence of some power it be necessitated to change it, that **it is not in relative or apparent motion in which it perseveres in consequence of its inertia, but in real and absolute space.** The perseverance of a body in a state of rest can only take place with relation to absolute space and **can only be intelligible by admitting it.**"

gegeben werden kann. Die Beobachtung bietet uns nirgends irgendwelche Massen dar, die als völlig ruhend anzusehen und somit, in aller Strenge, zum Bezugspunkt für jegliche Feststellung von Bewegungserscheinungen tauglich wären. Jeder Versuch, das Trägheitsprinzip seines allgemeinen Charakters zu entkleiden und es — wie Berkeley es getan hatte, — als einen empirischen Einzelsatz zu fassen, der für die irdischen Körper gilt, sofern wir ihre Bewegungen im Verhältnis zum Fixsternhimmel betrachten: jeder derartige Versuch würde den eigentlichen Sinn und die besondere logische Geltungsart des Gesetzes verdunkeln[1]). Wir haben es in ihm nicht mit der Feststellung einer Einzeltatsache, sondern mit einer idealen Norm zu tun, nach der wir alles Naturgeschehen beurteilen. Zum mindesten ist es deutlich, daß die wissenschaftliche Mechanik in ihrer Aufstellung und Begründung des Beharrungsgesetzes auf das Sein oder Nichtsein der Fixsterne nicht die geringste Rücksicht genommen hat; — daß wir also, da wir gemäß unserer anfänglichen allgemeinen Forderung den Inhalt der exakten Wissenschaft lediglich aufweisen und erklären, nicht aber willkürlich umdeuten wollen, jegliche derartige Beziehung gleichfalls aus dem Spiele lassen müssen. Die mathematische Physik bietet uns, nach welcher Seite wir immer ihre Ergebnisse und Grundsätze betrachten mögen, niemals eine andere Antwort dar; sie muß auf dem Postulat des absoluten Raumes und der absoluten Zeit bestehen, wenn sie ihren obersten Regeln irgendeine klare und in sich einstimmige Bedeutung geben will. Beide Begriffe besitzen unzweifelhafte Realität, nicht weil sie sich durch die Empfindung beglaubigen lassen, sondern weil sie uns — was schwerer ins Gewicht fällt — für die Gesamtheit unseres wissenschaftlichen Weltverständnisses unentbehrlich sind.

Wenn trotzdem die „Philosophen" — und darunter werden von Euler nicht nur die psychologischen Analytiker, sondern in erster Linie die rationalistischen Denker der Leibniz-Wolffischen Schule verstanden — diese Begriffe immer wieder

---

[1]) Euler, Réflexions sur l'espace et le temps, § IX ff.

als bloße Abstrakta bezeichnet und ihnen damit den echten gegenständlichen Inhalt abgesprochen haben, so unterliegen sie hierbei einer Selbsttäuschung, die in dem unbestimmten und vieldeutigen Sinn der Abstraktion ihren Ursprung hat. Daß eine eigene Leistung des D e n k e n s erforderlich ist, um sich zu der Idee des reinen Raumes und der reinen Zeit zu erheben, ist unbestreitbar: aber das Verfahren der „Reflexion", das wir hierbei verfolgen, ist v o n d e r A r t u n d W e i s e, w i e w i r a l l g e m e i n e G a t t u n g s b e g r i f f e b i l d e n, g r u n d v e r s c h i e d e n. Zu einem allgemeinen Begriff gelangen wir, indem wir uns zunächst irgend ein durchgängig bestimmtes Einzelwesen mit allen seinen Beschaffenheiten vergegenwärtigen und sodann fortschreitend das eine oder das andere seiner besonderen Merkmale von ihm weglassen. Dieser Weg mag in der Tat ausreichend sein, um zum Begriff der A u s d e h n u n g zu gelangen, der uns dadurch entsteht, daß wir aus unserer Vorstellung eines konkreten Körpers nach und nach seine Farbe, seine Härte, seine Widerstandsfähigkeit und andere sinnliche Qualitäten entfernen. Die Idee des Ortes kann indessen kraft dieser Methode nicht gewonnen werden: denn der Ort, in dem ein Ding sich befindet, ist keine E i g e n s c h a f t, die dem Dinge neben seinen sonstigen Beschaffenheiten zukommt, sondern etwas von dem gesamten Inbegriff seiner sinnlichen Merkmale völlig Verschiedenes. Der Komplex wahrnehmbarer Eigenschaften, den wir mit dem Namen „Körper" bezeichnen, schließt nicht unter anderem auch die Beschaffenheit des „Ortes" ein, so daß wir diese nur herauszuheben und gesondert zu betrachten brauchten; „vielmehr resultiert die Idee des Ortes, wenn man den Körper i n s e i n e r G e s a m t h e i t aufgehoben denkt, so daß d e r O r t k e i n e B e s t i m m u n g d e s K ö r p e r s g e w e s e n s e i n k a n n, da er ja zurückbleibt, nachdem wir den Körper selbst mit all seinen Dimensionen weggenommen haben. Denn man muß bemerken, daß der Ort, den ein Körper einnimmt, von der Ausdehnung, die ihm zukommt, sehr verschieden ist: gehört doch die Ausdehnung mit zu dem besonderen Körper und wandert mit ihm in der Bewegung von Ort zu Ort, während der Raum und der Ort selbst keiner Bewegung fähig sind[1])". Wollen wir somit für den Raum der mathematischen Physik das rechte psychologische Korrelat gewinnen, so müssen wir zwischen Wahrnehmung und Begriff, zwischen die konkrete Empfindung und das abstrakte Denken, wie es die logische Schultradition versteht, ein neues Mittelglied einschieben. Die herkömmliche Trennung erweist sich gegenüber den Begriffen der exakten Wissenschaft als unzureichend: die Analyse der objektiven naturwissenschaftlichen Erkenntnis drängt zu einer Ergänzung und Vertiefung unserer psychologischen Kategorien.

So fruchtbar indessen die Anregung, die hier gegeben ist, sich erweisen sollte, so dringt doch Eulers eigene Grundanschauung über die Anfänge des neuen Problems, das hier bezeichnet ist, nicht hinaus. Die Tatsache, daß der reine Raum und die reine Zeit notwendige Begriffe sind, verbürgt ihnen unmittelbar auch ihre dingliche Wirklichkeit. Es ist die selbstverständliche, ungeprüfte Voraussetzung Eulers, daß für die objektive Bedeutung der Prinzipien ein sachliches Korrelat im absoluten Sein anzunehmen und zu fordern ist. Wäre dem nicht so, wären Raum und Zeit nur „ideale" Ordnungen, wie Leibniz sie bezeichnet hatte, so ständen wir vor dem Widerspruch, daß die Materie, daß das Ens realissimum der Physik sich in ihrer Bewegung und Veränderung nach den subjektiven Vorstellungen in uns richten würde.[2]) Den Gedanken aber, die Körperwelt selbst als bloßes

---

[1]) „L'idée du lieu qu'un corps occupe ne se forme pas en retranchant quelques déterminations du corps; elle résulte en ôtant le corps tout entier de sorte que le lieu n'ait pas été une détermination du corps, puisqu'il reste encore après avoir enlevé le corps tout entier avec toutes ses quantités. Car il faut remarquer que le lieu qu'un corps occupe est bien différent de son étendue, parce que l'étendue appartient au corps et passe avec lui par le mouvement d'un lieu à l'autre; au lieu que le lieu et l'espace ne sont susceptibles d'aucun mouvement." (Réflexions § XV.)

[2]) Vgl. Réflex. XIII: „On ne sauroit dire que le premier principe de Mécanique soit fondé sur une chose qui ne subsiste que dans notre imagination et de là il faut conclure absolument, que l'idée mathématique du lieu n'est pas imaginaire, mais qu'il y a quelque chose de réel au monde qui répond à cette idée.

„Phänomen" zu betrachten, weist Euler überall mit dem natürlichen Widerstreben des empirischen Forschers gegen jegliche erkenntnistheoretische „Subtilität" von sich ab. Die Körper bilden das unbedingte Sein; so muß auch alles, was mit ihnen und ihren Gesetzen unlöslich verknüpft ist, den gleichen Rang und Anspruch behaupten. —

Daß aber trotz allem die erkenntniskritischen Skrupel und Fragen sich nicht dauernd beschwichtigen ließen, dafür bietet Eulers letzte große Gesamtdarstellung der Mechanik, die „Theorie der Bewegung" vom Jahre 1765 den charakteristischen Beweis. Nach siebzehn Jahren kommt er hier von neuem auf das Problem zurück: und nun bietet seine Darstellung das eigentümliche Schauspiel, daß sie b e i d e gegnerische Ansichten — ohne zwischen ihnen zunächst eine endgültige Entscheidung zu treffen — in voller Unparteilichkeit nebeneinander stellt und sie bis in ihre letzten Konsequenzen verfolgt. Diese Methode erstreckt sich freilich nur auf den ersten phoronomischen Teil des Werkes, während der zweite, der den Aufbau der Dynamik enthält, wiederum zu der positiven Auffassung Eulers, wie sie in den „Reflexionen" entwickelt war, zurückkehrt[1]). Der Eingang der Schrift stellt zunächst die relativistische Grundanschauung fest. „Zuerst tritt uns die Idee des O r t e s entgegen; — was aber ein Ort sei, läßt sich nicht leicht erklären. Diejenigen, die sich einen unermeßlichen Raum vorstellen, worin die ganze Welt sich befindet, nennen seine von Körpern besetzten Teile deren O r t e; denn infolge seiner Ausdehnung muß jeder Körper einen ihm gleichen Teil des Raumes einnehmen und gleichsam ausfüllen. Den Begriff dieses Raumes aber bilden wir nur durch A b s t r a k t i o n, indem wir in

---

Il y a donc au monde outre les corps qui le constituent quelque réalité que nous nous représentons par l'idée du lieu."

[1]) Dieses Verhältnis der beiden Teile hat S t r e i n t z verkannt, der daher meint, es sei ein „unaufgeklärtes Rätsel, wie der Verfasser in ein und demselben Werke die zwei sich geradezu bekämpfenden Ansichten, die in beiden Fällen mit Überzeugung und mit Nachdruck verteidigt werden, stehen lassen konnte." (Die physikalischen Grundlagen der Mechanik, Lpz. 1883, S. 45.)

Gedanken alle Körper aufheben und das, was alsdann unserer Meinung nach zurückbleibt, mit dem Namen Raum bezeichnen. Wir nehmen nämlich an, daß nach Aufhebung der Körper ihre Ausdehnung noch übrig bleibt: eine Auffassung, welche die Philosophen mit vielen Gründen zu bekämpfen pflegen. Da indessen diese Frage, bevor wir nicht eine zutreffende Vorstellung von der Bewegung erlangt haben, nicht erledigt werden kann, so wollen wir hier von Anfang an **alle derartige bedenkliche Abstraktionen verschmähen und die Sache lediglich so erwägen, wie sie unmittelbar in die Sinne fällt**. Halten wir hieran fest, so werden wir über den Ort eines Körpers nicht anders urteilen können, als dadurch, daß wir ihn auf andere Körper seiner Umgebung beziehen. So lange er im Verhältnis zu diesen seine Lage beibehält, sagen wir, daß er ruhe; sobald er sie verändert, sagen wir, daß er seinen Ort gewechselt habe[1])." So fällt demnach jene berühmte Unterscheidung zwischen der Ruhe und der Bewegung, als wesentlichen inneren Eigenschaften der Körper, dahin. Hier an der Schwelle der Mechanik zum mindesten haben wir uns um sie nicht zu kümmern, — wissen auch nicht, ob ihr überhaupt irgendwelche Bedeutung zukommen kann. Vielmehr können wir ohne den geringsten Widerspruch einem und demselben materiellen System gleichzeitig eine Bewegung von beliebig verschiedener Geschwindigkeit und Richtung zuschreiben oder es als ruhend betrachten, je nachdem wir die Wahl des Bezugskörpers treffen. Die Auffassung, daß die Bewegung ein eindeutig bestimmter Zustand oder eine spezifische Beschaffenheit des einzelnen Körpers sei, an dem sie auftritt, verliert nunmehr jeden Halt. „Die Philosophen mögen zusehen, welcher Klasse von Prädikamenten man Ruhe und Bewegung zurechnen kann: E i g e n s c h a f t e n aber kann man sie gewiß am wenigsten nennen. Nichts aber spricht gegen ihre Bezeichnung als R e l a t i o n e n: wenn man nämlich ein und dieselbe Sache bald mit diesen, bald mit

---

[1]) Euler, Theoria motus corporum solidorum seu rigidorum ex primis nostrae cognitionis principiis stabilita, Rostock u. Greifswald 1765, Cap. I, § 2.

jenen Objekten vergleicht, so erleidet ihre innere Natur dadurch keine Änderung[1])."
Dieses Ergebnis aber, zu dem die Beschreibung und Analyse der Erfahrung uns notwendig hinleitet, läßt sich trotzdem nicht festhalten, sobald wir uns der Betrachtung der obersten P r i n z i p i e n der Mechanik zuwenden. Das Bemühen, diese Prinzipien derart zu formulieren, daß sie lediglich unmittelbar gegebene Tatsachen der Beobachtung beschreiben und wiedergeben, erweist sich, wie jetzt von neuem dargetan wird, als undurchführbar. Wieder ist es vor allem das Beharrungsgesetz, das uns den Gedanken des absoluten Raumes und der absoluten Zeit aufzwingt. So stehen wir hier vor einer Paradoxie schwerster Art: was die Erfahrung uns versagt und was sie für immer aus ihrer Sphäre ausschließt, das scheinen die G e s e t z e eben dieser Erfahrung selbst zu ihrer Begründung notwendig zu fordern[2]). Die „Abstraktion", die noch eben verworfen wurde, muß somit wieder zu Ehren gebracht und in ihre Rechte eingesetzt werden: „solcher Abstraktionen bedienen sich die Philosophen beständig, und wenn sie dieselben untersagen wollten, so würde gar kein Zugang zur Erkenntnis der Wahrheit übrig bleiben[3])." Das M o t i v , das Eulers gesamte gedankliche Entwicklung beherrscht, steht hier klar vor uns. Um die Erfahrung zu begründen, drängt es ihn immer aufs neue von der Sinnesempfindung zum r e i n e n B e g r i f f zurück: wird dieser aber einmal geduldet und als Mittel gegenständlicher Erkenntnis anerkannt, so scheint die Grenzscheide zwischen exakter Wissenschaft und Metaphysik wiederum aufgehoben. Gibt es irgendein Kriterium, das die Begriffe der Erfahrungswissenschaft selbst von denen der spekulativen Ontologie endgültig und sicher scheidet? —

---

[1]) Theoria motus, Cap. I, § 17.
[2]) Theoria motus, Cap. II, § 81: „Qui spatium absolutum negare voluerit, in gravissima incommoda delabitur. Cum enim motum et quietem absolutam tanquam vanos sine mente sonos rejicere debeat, non solum leges motus, quae huic principio (inertiae) innituntur, rejicere debet, s e d   e t i a m   n e   u l l a s   q u i d e m   m o t u s   l e g e s   d a r i   a f f i r m a r e   c o g i t u r."
[3]) Theoria motus, Cap. II, § 77.

Die Antinomie, vor die er sich zuletzt gestellt sieht, hat sich Euler nicht verhehlt, noch sie durch halbe Auskünfte und Lösungsversuche zu verdecken gesucht. „Der Ort — so faßt er das Ergebnis seiner Untersuchung zusammen — ist etwas, was **von den Körpern nicht abhängt**, ebensowenig aber ein bloßer Verstandesbegriff (merus mentis conceptus); **was er aber außerhalb des Verstandes für eine Realität besitzt, das möchte ich nicht zu bestimmen wagen, wenngleich wir in ihm irgendeine Art Realität anerkennen müssen**. Wenn aber die Philosophen alle Realitäten in bestimmte Klassen teilen und beweisen, daß der Ort zu keiner von ihnen gehöre, so möchte ich lieber glauben, daß **diese Klassen aus Mangel gründlicher Einsicht von ihnen zu Unrecht aufgestellt worden sind**[1]." Die Entwicklung der philosophischen Probleme hat das, was Euler hier zögernd als Vermutung ausspricht, zur Gewißheit erhoben: sie hat gezeigt, daß es der Aufhebung aller überlieferten Schemata und Einteilungen bedurfte, ehe die eigenartige „Objektivität", die dem Raume und der Zeit zukommt, sicher bezeichnet und begründet werden konnte. Die „Klassen" der Metaphysik mußten zuvor zerbrochen werden, um der neuen Realität, die die exakte Wissenschaft und ihre Gesetze darboten, zu ihrem Rechte innerhalb des Gesamtsystems der Erkenntnis zu verhelfen.

3. **Die Idealität des Raumes und der Zeit. — Die Antinomien des Unendlichen.**

In seinen „Briefen" vom Jahre 1752 kommt **Maupertuis** auf die Unterscheidung der **primären** und **sekundären** Qualitäten zu sprechen, um sie nach ihrer erkenntnistheoretischen und metaphysischen Bedeutung zu erwägen. Was bestimmt uns zu dem Glauben, daß Ausdehnung, Gestalt und Bewegung nicht lediglich subjektive

---

[1] Theoria motus, Cap. III, § 128.

Empfindungen in uns sind, sondern daß ihnen eine unabhängige, für sich bestehende Wirklichkeit in den Körpern selbst zukommt? Die Gründe, die man hierfür herkömmlicherweise anführt, halten einer schärferen Zergliederung nirgends stand. „Ich berühre einen Körper und erhalte dadurch die Empfindung der H ä r t e, die dem Körper selbst viel fester anzuhaften scheint, als sein Geruch, sein Ton, sein Geschmack. Ich betaste ihn noch einmal und gleite mit der Hand über ihn weg: jetzt erhalte ich einen Eindruck, der noch inniger mit ihm verbunden zu sein scheint; nämlich den des A b s t a n d e s zwischen seinen äußersten Enden oder seiner A u s d e h n u n g. Erwäge ich indessen aufmerksam, was Härte und Ausdehnung sind, so finde ich keinen Grund zu der Annahme, daß sie zu einer anderen Gattung, als Geruch, Ton und Geschmack gehören. Ich gelange auf ähnliche Art dazu, sie wahrzunehmen; ich besitze keine distinktere Idee von ihnen und nichts kann mich in Wahrheit zu dem Glauben bewegen, daß sie eher dem Körper, den ich berühre, als mir selber zugehören... Hat man sich einmal überzeugt, daß zwischen unseren Perzeptionen und den äußeren Objekten keinerlei Ähnlichkeit und keinerlei notwendige Beziehung besteht, so wird man zugestehen müssen, daß auch alle diese Dinge nichts als bloße Erscheinungen sind. Die Ausdehnung, die wir als das Fundament aller anderen Eigenschaften zu betrachten gewohnt waren, und als dasjenige, was ihre innere Wahrheit ausmacht: die Ausdehnung selbst ist nicht mehr als ein Phänomen[1]“.

Auf diese Stelle hat S c h o p e n h a u e r verwiesen, um sie als Beweis gegen Kants philosophische Originalität zu brauchen. „Was sollen wir aber sagen" — heißt es im zweiten Bande der „Welt als Wille und Vorstellung" —, wenn wir K a n t s w i c h t i g s t e u n d g l ä n z e n d s t e G r u n d l e h r e, die von der Idealität des Raumes und der bloß phänomenalen Existenz der Körperwelt, schon dreißig Jahre früher ausgesprochen finden von Maupertuis?... Maupertuis spricht diese paradoxe Lehre so entschieden und doch ohne

---

[1] M a u p e r t u i s, Lettres (1752), No. IV (Oeuvres, Lyon 1756, II, 198 ff.)

Hinzufügung eines Beweises aus, daß man vermuten muß, auch er habe sie wo anders hergenommen. Es wäre sehr wünschenswert, daß man der Sache weiter nachforschte, und da dies mühsame und weitläufige Untersuchungen erfordert, so könnte wohl irgendeine Deutsche Akademie eine Preisfrage darüber aufstellen." Die Briefe Schopenhauers kommen sodann wiederholt auf dieses Problem zurück. „Ich glaube wirklich, daß Kant wenigstens den Grundgedanken daher genommen hat zu seiner glänzendsten Entdeckung. Maupertuis spricht die Sache so vollkommen aus, gibt jedoch durchaus keinen Beweis dafür: — ob er gar auch noch einen Hintermann hat? Kant steht demnach zu ihm, wie Newton zu Robert Hook. Der erste Wink ist immer die Hauptsache. Diese Entdeckung, die Kanten großen Abbruch tut, ist sehr wichtig und wird eine bleibende Stelle in der Geschichte der Philosophie behalten[1]." —

Für die Gesamtanschauung, die Schopenhauer von Kants Philosophie hat, ist dieses Urteil äußerst charakteristisch. Abgesehen davon aber ist es zugleich als allgemeines Symptom bedeutsam: denn es zeigt, wie sehr alle geschichtlichen Perspektiven sich verschieben und verwirren, sobald man einmal den Mittelpunkt des kritischen Systems in der Lehre von der Phänomenalität der Körperwelt sucht. In der Tat verlohnt es, die Frage, die Schopenhauer stellt, aufzunehmen und weiter zu verfolgen: nicht um den geheimen Quellen des kritischen Idealismus nachzuspüren, sondern um zu einer klaren Unterscheidung und Abgrenzung seiner spezifischen Eigenart zu gelangen. Die historische Betrachtung lehrt und beweist unmittelbar, daß Kant die Lehre von der Idealität des Raumes und der Zeit wahrlich nicht zu „entdecken" brauchte. Sie lag in den mannigfachsten Ausprägungen vor und gehörte zum festen wissenschaftlichen Problembestand der Zeit. Aber es sind sehr verschiedenartige Bestrebungen, die sich hier zusammenfinden. Der philosophische Gattungsname des „Idealismus" bildet nur eine

---

[1] Schopenhauer Briefe (Grisebachsche Ausg.), S. 123; vgl. S. 252 f.; Welt als Wille u. Vorstellung II, 57.

Scheineinheit, die man auflösen muß, um zu den wahrhaften gedanklichen Triebkräften zu gelangen. D r e i Hauptgruppen und Hauptrichtungen des Denkens sind es vor allem, die gesondert heraustreten und die von einander nicht minder abweichen, als sie sich ihrerseits wiederum, ihrer Grundtendenz nach, vom „transzendentalen" Idealismus unterscheiden.

Was zunächst M a u p e r t u i s' Sätze betrifft, so enthalten sie nicht mehr, als was im Zeitalter der Rezeption der M o n a d e n l e h r e unbedingtes philosophisches Gemeingut war. Sie bilden in der Tat nur eine Wiederholung und Paraphrase Leibnizischer Gedanken, die freilich hier bereits aus ihrem ursprünglichen systematischen Zusammenhang gelöst und damit in eine veränderte Beleuchtung gerückt sind. Daß nicht nur Licht, Wärme und Farbe, sondern auch Ausdehnung, Gestalt und Bewegung bloß „erscheinende" Qualitäten sind, daß somit die gesamte Körperwelt nichts anderes als ein „Phänomen" ist, das außerhalb der denkenden Substanzen keinen Bestand und keine Wirklichkeit besitzt: dies gehörte zu den populärsten Lehrsätzen der Leibnizischen Philosophie. Einer der bekanntesten und eifrigsten Anhänger der Leibnizischen Lehre, Johann August E b e r h a r d , bezeichnet es als ihren wichtigsten Fortschritt, daß sie die Trennung zwischen den „primären" und „sekundären" Eigenschaften, an der der philosophische und wissenschaftliche Empirismus festhalten, zuerst in voller Klarheit beseitigt habe. „Er übertrug das, was Newton nur von den abgeleiteten Eigenschaften der Körper bemerkt hatte, auch auf die ersten und ursprünglichen, die Ausdehnung, die Undurchdringlichkeit, die Figur und die Bewegung und brachte dadurch die Psychologie um viele beträchtliche Schritte weiter als L o c k e[1]". Was indessen die Analyse der Vorstellungen hier an Einheitlichkeit gewann, das schien nunmehr die Physik an objektivem Gehalt einbüßen zu müssen. Die Realität ihres Gegenstandes scheint sich in ein Chaos subjektiver Empfindungen zu

---

[1] Johann August E b e r h a r d , Allgemeine Theorie des Denkens und Empfindens (1776). — Neue Aufl.: Berlin 1786, S. 9.

verflüchtigen; die Welt der Vorstellung droht in der Umwandlung, die Leibniz' System durch die Nachfolger erfährt, ihre Notwendigkeit und ihren unbedingten gesetzlichen Zusammenhang zu verlieren. „Ein Körper istja nach dem Herrn v. Leibniz — so heißt es in Kasimir von C r e u z ' „Versuch über die Seele" — nur eine Sammlung von Monaden, oder Dingen, die keine Ausdehnung, Größe und Figur haben...; Ausdehnung, Größe und Figur und alles, was wir denken, was uns vorkömmt, was wir uns vorstellen, wenn ein Körper unserem Bewußtsein gegenwärtig ist: Dieses alles sind Erscheinungen, Blendwerke, Zaubergestalten, und kurz, die Natur scheint eine uns täuschende Circe zu sein... Was wir zu sehen und zu fühlen vermeinen, ist eine Erscheinung; es ist ein Schatten, nach welchem wir greifen; eine Wolke, die wir anstatt einer Juno umarmen[1]." Kein Wunder, daß die exakte Naturwissenschaft diese Auffassung von sich wies; daß insbesondere E u l e r diese Philosophie, in der „alles Geist, alles Illusion, alles Betrug" sei, ständig und hartnäckig bekämpfte[2]). Zugleich aber drängt es alle diejenigen, die gleich sehr an der Entwicklung der Logik und Ontologie, wie an derjenigen der empirischen Forschung teilnehmen, an diesem Punkte zu einer tieferen gedanklichen Synthese. So vereinigt L a m b e r t die Raum- und Zeitlehre mit der Lehre von den Empfindungen unter dem allgemeinen Titel der „P h ä n o m e n o l o g i e", während er in der „A l e t h i o l o g i e" beide scharf auseinander hält und unter verschiedene methodische Gesichtspunkte faßt. Das „Ideale" wird jetzt dem „Imaginären" wiederum ausdrücklich entgegengesetzt, sofern es, wenngleich ihm kein äußeres Ding entspricht, doch der Grundquell wissenschaftlicher W a h r -

---

[1]) Friedrich Carl Casimir Frhr. v. C r e u z , Versuch über die Seele. Erster Teil. Frkf. u. Lpz. 1754, § 43. — (Zur Entstehung und Ausbildung des „Phaenomenalismus" in der deutschen Philosophie des 18. Jahrh. vgl. Robert S o m m e r , Grundzüge einer Geschichte der deutschen Psychologie und Ästhetik, Würzburg 1892, sowie Max D e s s o i r , Geschichte der neueren deutschen Psychologie, 2. Aufl., Berlin 1902, S. 411 f., 425 f. — Vgl. übr. S. 427, Anm. 1.)

[2]) E u l e r , Lettres à une Princesse allemande. Brief 127.

h e i t ist[1]). Damit aber ist der Betrachtung ein neues Ziel gewiesen: der metaphysische Begriff der „Erscheinung" erfährt nunmehr in sich selber eine strengere erkenntniskritische Differenzierung, die, ohne etwas in der Einteilung und Klassifizierung der S a c h e n zu ändern, zu einer neuen Ordnung der B e g r i f f e hinführt. Diese beiden Punkte: die Gleichstellung von Raum und Zeit mit den Sinnesqualitäten nach ihrem Seinscharakter, und die Absonderung von ihnen nach ihrem Erkenntnischarakter, bestimmen gleichsam die feste Achse, um welche sich die Erörterung des Problems im achtzehnten Jahrhundert bewegt. —

Zunächst freilich scheint es, als sollte die „Idealität" des Raumes und der Zeit in rein empiristischem Sinne behauptet und durchgeführt werden. M a u p e r t u i s setzt an diesem Punkte nur fort, was er in seiner allgemeinen Methodenlehre begonnen hatte. (Vgl. ob. S. 423 ff.) Seine Lehre von Raum und Zeit, die in den Briefen nur als vereinzeltes Aperçu auftritt, läßt sich nur im Zusammenhang mit der a l l g e m e i n e n T h e o r i e d e r E x i s t e n t i a l u r t e i l e begreifen, die er in seinen „Philosophischen Versuchen über den Ursprung der Sprache" eingehend entwickelt. Das System von Zeichen, das wir „Sprache" nennen, dient — wie hier ausgeführt wird — keinem anderen Zweck, als in der Masse unserer „Perzeptionen" bestimmte Einschnitte zu treffen und für die verschiedenen zusammengehörigen Gesamtgruppen abgekürzte Ausdrücke zu schaffen, an denen wir sie bei erneutem Auftreten wiedererkennen können. Fragen wir also nach dem Sinn des B e g r i f f e s Existenz, so kann dies nichts anderes besagen, als daß wir die Vorstellungen kennen lernen wollen, auf welche das W o r t „Sein" sich stützt. Hier aber zeigt es sich, daß es nicht sowohl ein bestimmter, angebbarer E i n z e l e i n d r u c k, als vielmehr eine Art des a s s o c i a t i v e n B e i s a m m e n s e i n s verschiedenartiger Eindrücke ist, was uns veranlaßt, von einer Realität außer uns

---

[1]) L a m b e r t, Neues Organon, Lpz. 1764, Alethiologie § 42 f. (Bd. I, S. 481 f.) — Vgl. Lamberts Deutschen gelehrten Briefwechsel, hrg. v. Johann Bernoulli, Berlin 1781 ff., I, 56 f., 76 ff.

zu sprechen. Der Satz „es existiert ein Baum" erscheint, sobald wir ihn schärfer analysieren als eine Synthese mehrerer, unterschiedlicher Wahrnehmungsurteile: er besagt nicht mehr, als daß ich an einem bestimmten Orte und unter bestimmten Bedingungen jederzeit gewisse Tast- und Gesichtsqualitäten zusammengefunden habe und daß ich sie bei der Rückkehr an diesen Ort und der Wiederherstellung dieser Bedingungen stets wiederzufinden e r w a r t e. Wenn indessen jedes Einzelurteil, das in diese komplexe Aussage als Bestandteil eingeht, für sich allein lediglich einen momentanen Zustand des empfindenden Subjekts zum Ausdruck bringen will, so resultiert aus der G e s a m t h e i t und der wechselseitigen V e r k n ü p f u n g aller dieser besonderen Aussagen ein neuer psychischer Inhalt. Wir verlegen diesen Zusammenhang gleichsam außer uns und lassen ihn in einem für sich bestehenden „Objekt" gegründet sein. Und es bedarf nunmehr der ganzen Kraft der philosophischen Reflexion, um uns zu zeigen, daß wir es, wo immer wir von einem Dasein von Dingen sprechen, in Wahrheit immer nur mit konstanten Beziehungen zwischen unseren eigenen Ideen zu tun haben. Diese Beziehungen selbst aber gründen sich nicht auf irgendwelche l o g i s c h e Grundrelation, sondern verdanken ihren Bestand lediglich den empirischen Regeln der Association; nicht der Vernunftschluß, sondern Erfahrung und Gewohnheit sind es, worauf sie beruhen. Selbst wenn wir, kraft des Satzes vom Grunde, für die einzelnen Perzeptionen eine objektive U r s a c h e voraussetzen, so bleibt doch deren nähere Beschaffenheit uns völlig unbekannt. Die Grenze unserer subjektiven Empfindungen ist daher zugleich die Grenze unseres Verstandes, in die wir uns für immer eingeschlossen sehen[1]).

So ergibt sich jetzt ein Zwiespalt und ein schwieriges Problem. Ist unsere Wissenschaft — so formuliert Maupertuis selbst die Frage — die allgemeine Wissenschaft der vernünftigen Wesen überhaupt, ist sie ein Teil des göttlichen Wissens und

___
[1]) M a u p e r t u i s , Réflexions Philosophiques sur l'origine des langues et la signification des mots; bes. § XXII—XXVIII; Oeüvres I, 277 ff. — Vgl. ob. S. Cap. 1, Anm. 32.

ein Anschauen unabänderlicher und ewiger Wahrheiten: oder ist sie lediglich das Ergebnis der Verbindung unserer spezifischen Sinneswahrnehmungen und somit von der besonderen biologischen Beschaffenheit unserer Gattung abhängig? Vermag der Verstand die a l l g e m e i n e n Gesetze des Seins zu ergreifen oder spiegelt sich ihm in allen seinen Erkenntnissen nur seine eigene eingeengte Natur wieder? „Diese Frage ist so wichtig und notwendig, daß man sich nicht genug darüber wundern kann, soviele gewaltige Systeme erbaut, soviele große Bücher geschrieben zu sehen, bevor man sie gelöst, ja bevor man sie auch nur aufgeworfen hat[1].‟ In der Tat ist hier das eigentliche Grundproblem, das uns in der Erkenntnislehre der Zeit in den verschiedensten Formen entgegentritt, auf den kürzesten und treffendsten Ausdruck gebracht. Ist es unsere zufällige psychologische Organisation, die den B e g r i f f der Wahrheit bestimmt und die ihm erst seinen Inhalt gibt, oder gibt es unverbrüchliche und notwendige Grundregeln jeglicher Erkenntnis überhaupt, die für alle unsere Aussagen über E x i s t e n z maßgebend und somit auch in jeder Behauptung über die „Natur" und Beschaffenheit des empirischen Subjekts schon implicit enthalten sind? Solange die Entscheidung in dieser Frage nicht getroffen ist, solange ist der B e g r i f f d e s I d e a l i s m u s s e l b s t schwankend und zweideutig. Während die idealistische Grundanschauung auf der einen Seite mit einer relativistischen Skepsis zusammenzufallen droht, sieht sie sich auf der anderen Seite in der Gefahr, um die objektive Gültigkeit der Ideen zu wahren, zu ihrer metaphysischen Hypostasierung zu schreiten. Wenn wir das eine Extrem in Maupertuis dargestellt sehen, so hat das andere in einem deutschen Denker der Zeit, in G o t t f r i e d P l o u c q u e t, seinen Ausdruck gefunden.

Ploucquet steht der Wolffischen Schule nahe, aber er wächst über ihre Ergebnisse hinaus, indem er, mit selbstständiger Kritik, den originalen Sinn der Leibnizischen Lehre

---

[1] M a u p e r t u i s, Examen philosophique de la preuve de l'existence de Dieu (Mém. de Berlin 1756), Ie partie, § 4—7.

wieder herzustellen unternimmt. Aber auch in ihr findet er keine endgültige Befriedigung, so daß es ihn, über sie hinaus, zu Malebranches Idealismus zurückdrängt, den er indessen fast ausschließlich nach seinen spekulativen Folgerungen erfaßt, während seine rationalistischen Motive im Hintergrund bleiben. Der Begriff der S u b s t a n z — darin stimmt Ploucquet mit dem Grundgedanken der Monadologie überein — findet seine wahre Anwendung und Erfüllung lediglich im Gebiet des S e l b s t b e w u ß t s e i n s. Hier finden wir den wahren a b s o l u t e n Ausgangspunkt, mit dem verglichen jeder andere als vermittelt und abgeleitet erscheinen muß. Das Bewußtsein kann niemals als die bloße Eigenschaft oder Beschaffenheit irgendeines weiter zurückliegenden dinglichen Seins gedeutet werden; sondern es ist dasjenige, was uns den allgemeinen Begriff und die Bedeutung des Seins überhaupt erschließt. „Existieren" heißt nichts anderes als sich selber offenbar werden; was nicht „für sich" da ist und nicht sich selbst im Wechsel seiner Zustände innerlich erlebt, dem können wir keine selbständige Realität zusprechen. Ein Ding, dem nicht an und für sich innere Bestimmungen zukommen, könnte solche auch einem äußeren Beobachter nicht darbieten: die „observabilitas ad intra", die „perceptio sui" bildet die sachliche Voraussetzung der „observabilitas ad extra", kraft deren ein Gegenstand sich anderen Subjekten darstellt.[1]) Will man der Substanz neben diesem ihrem eigentlichen metaphysischen Grundcharakter noch andere Beschaffenheiten, will man ihr etwa eine bewegende Kraft beilegen, so darf darüber doch nicht vergessen werden, daß das neue Merkmal niemals ihre eigentliche ursprüngliche W e s e n h e i t aus-

---

[1]) P l o u c q u e t, Principia de Substantiis et Phaenomenis. Accedit Methodus calculandi in Logicis ab ipso inventa, cui praemittitur Commentatio de Arte Characteristica. Francof. et Lips. 1764; Cap. II, § 24: „Observabilitas ad intra seu perceptio sui natura prior est observabilitate ad extra h. e. tali qualis caderet in aliud subjectum observans substantiam de qua quaeritur. Quia igitur substantia a substantia observari nequit, nisi prior semet ipsam observet, etiam ex hac ratione patet, principium sui manifestativum esse substantiam et reciproce substantiam esse tale principium."

macht, die vielmehr durch das Selbstbewußtsein bereits völlig erschöpft ist[1]).

Je klarer aber die monadologische Grundanschauung sich herausarbeitet, um so drohender erhebt sich wiederum die Gefahr des s u b j e k t i v e n Idealismus. Der Inhalt, den die Monade vorstellt, ist — wie Ploucquet es scharf formuliert — nicht außerhalb der Monade, sondern in ihr[2]). Die einzelne Perzeption vermittelt uns lediglich ihren eigenen Gehalt; sie erschöpft sich im Akt der Wahrnehmung, ohne uns etwas über seine Ursachen zu verraten[3]). So scheint der Kreis, in den das einzelne empfindende Individuum sich zunächst eingeschlossen findet, an keiner Stelle durchbrochen werden zu können. In der Tat erweisen sich alle Beweise, die man für die Existenz einer für sich bestehenden Körperwelt außerhalb jeglicher Beziehung zum Bewußtsein versucht hat, als trügerisch. Will man die Sophistik dieser Beweise meiden und dennoch das Universum nicht in die subjektive und wandelbare Empfindung aufgehen lassen, so bleibt nur ein Mittelweg übrig. Der objektive Halt der Vorstellungsbilder ist nicht in ihrer Beziehung auf äußere m a t e r i e l l e Gegenstände, sondern in ihrer Zugehörigkeit zu einem allumfassenden, göttlichen Bewußtsein zu suchen. Das Sein der Dinge bedeutet nicht, daß sie einem einzelnen, endlichen Geist, der selbst nur einer beschränkten Fortdauer fähig wäre, sondern daß sie einer ewigen und notwendigen geistigen Wesenheit als Inhalte ihrer Vorstellung gegeben sind. Das innere „Schauen Gottes" ist es, in dem die Einzelgegestände entstehen und hervortreten. Denken wir

---

[1]) P l o u c q u e t , a. a. O., Cap. II, § 37 f.

[2]) „Quaelibet monas habet mundum perceptum in se. Ergo nulla monas percipit alteram, sed percipit aliquid quod similitudinem habet cum aliis perceptionibus reliquarum monadum. Sic igitur phaenomena non erunt resolubilia in monades, sed in perceptiones seu ideas partiales. Id enim, quod monas repraesentat, non est aliquid extra monadem, sed in monade." Ploucquet, a. a. O., Cap. XI, § 259.

[3]) „Primaria . . . ratio pro idealismo militans, et quam ego omnium fortissimam judico, haec est, quia omnis perceptio semet ipsam repraesentat. Cum igitur sensationes sint perceptiones; necessario semet ipsas repraesentant. Si vero semet ipsas repraesentant, nullum vestigium objecti externi relinquitur." Cap. XXII, § 563.

diesen Urquell des Seins aufgehoben, sehen wir von dem zeitlosen intuitiven Akt ab, kraft deren Gott sich die Folge und Ordnung der einzelnen Phänomene innerlich vergegenwärtigt, so schwindet jeder Inhalt der Existenz[1]). Aus dieser Grundanschauung ergibt sich nunmehr auch die Stellung, die R a u m und Z e i t im Gesamtsystem der Erkenntnis einnehmen. Beide sind weder die absoluten Realitäten, zu denen die mathematische Naturwissenschaft, noch die bloßen subjektiven Vorstellungsformen, zu denen der psychologische Empirismus sie macht. Wir können uns einen reinen Raum und eine reine Zeit abgelöst von jeder Beziehung auf sinnlich-konkrete Dinge denken und beide zur Grundlage für allgemeine und notwendige Wahrheiten machen: die Möglichkeit dieser überindividuellen Geltung aber läßt sich zuletzt nicht anders als durch den Hinweis auf ein überindividuelles Bewußtsein erklären. Hier allein, nicht aber im empirischen Einzelsubjekt, liegt das eigentliche und unentbehrliche „Korrelat" dieser Begriffe. Die Vorstellung findet den Raum und die Zeit nicht als etwas Äußeres und Gegebenes vor, sondern sie ist es, die beide erst erzeugt[2]). Aber wir

[1]) Zur Lehre von der „visio realis Dei", s. bes. Cap. X, § 189, 190, 198, 202. — Zur Beziehung auf Malebranche s. § 196.

[2]) „Spatium esset aliquid absolutum, si extra omnem repraesentationem existeret. Sed c e s s a n t i b u s r e p r a e s e n t a t i o n i b u s i p s u m s p a t i u m c e s s a t, quia id, quod substantiae charactere destituitur, extra repraesentationem substantiae non existere potest. Non postulo, ut corporum existentia unice generet spatium, quam sententiam ipse fovi. Radix spatii primitiva est Dei repraesentatio . . . adeoque sublata spatii repraesentatione ipsum spatium tollitur. Sic spatium nec per se existit, nec pendet ab idea corporum, sed a repraesentationibus. Spatium absque corporibus repraesentari posse nihil est absurdi. Sed spatium ab omni repraesentatione separatum non est intelligibile, quia effectus a causa, relatum a correlato nunquam separantur . . . Idem . . . applicari quoque potest ad genesin temporis. Dico igitur tempus a parte rei seu objective per se non existere, neque pendere ultimato a mutationibus corporum, sed a repraesentationibus entis intelligentis. Cessante repraesentatione nullum a parte rei datur tempus. Positis corporum vel aliarum rerum mutationibus simul infertur tempus, sed sublatis corporum mutationibus non aufertur tempus, quia est aliquid ideale in ente repraesentativo suam radicem habens. Posita autem temporis repraesentatione idem ponitur et sub-

müssen sie, um diese ihre Leistung zu begreifen, nicht in der Einschränkung verstehen, in der sie uns psychologisch allein bekannt ist, sondern sie in ihrer höchsten intelligiblen Form, als die „visio realis Dei" erfassen. So wenig Raum und Zeit für sich bestehende Substanzen sind, so wenig sind sie daher bloße „Phantasmen", „Es ist ein falscher Satz, daß alles das, was nicht an sich selbst existiert, ein bloßes Scheinbild (merum phantasma apparens) sei. Denn was aus den realen und schöpferischen Vorstellungen Gottes folgt, das ist keine bloße Erscheinung, sondern es besitzt alle diejenige Realität und Existenz, die einem endlichen Dinge nur immer zukommen kann. Denn eine höhere Wahrheit läßt sich von einem endlichen Dinge und seiner Existenz nicht behaupten, als daß es aus dem Quell und Prinzip alles Daseins herstammt"[1]).

Man muß M a u p e r t u i s' und P l o u c q u e t s Grundanschauung in e i n e m Blick zusammenfassen, um ein deutliches Bild von der allgemeinen Lage des Erkenntnisproblems im 18. Jahrhundert zu gewinnen. Je schärfer die Gegensätze einander gegenübertreten, um so klarer bestimmt sich dadurch die künftige Aufgabe des Idealismus. An dem Punkte der geschichtlichen Entwicklung, an dem wir jetzt stehen, scheint das Dilemma zunächst unlöslich: gegen die subjektivistische S k e p s i s scheint zuletzt nur die M y s t i k sicheren Halt und Schutz zu gewähren. Aber die Frage dringt von hier aus weiter. Sollte es nicht möglich sein, ohne den Boden der E r f a h r u n g s e r k e n n t n i s zu verlassen, in ihr selbst die Kriterien notwendiger Wahrheit zu entdecken? Sind die Gesetze des V e r s t a n d e s, die wir zum Maßstab für alles Sein machen, nur aus unserer individuellen psychologischen Beobachtung abstrahiert und besitzen sie demgemäß nur induktive Geltung, die durch jedes neue Faktum umgestoßen werden kann? Oder ließe sich ein System o b j e k t i v a l l g e m e i n g ü l t i g e r logischer Grundsätze gewinnen, das für alle Feststellung von Tatsachen, es sei auf physikalischem oder auf psychologischem Gebiete,

---

lata tollitur . . . Repraesentatio f a c i t spatium et tempus, non i n v e n i t vel supponit extra repraesentationem." Cap. XII, § 294—96.
[1]) Cap. XXII, § 567.

die Voraussetzung bildete? Erst wenn wir hierüber Gewißheit erlangt haben, wären wir damit der Alternative zwischen der relativen „menschlichen" Erkenntnis, die nur ein Scheinbild des Seins und der Wahrheit erfaßt, und der göttlichen, die die absolute Wesenheit der Dinge ergreift, überhoben[1]) und eine neue Lösung, die gänzlich außerhalb der Kategorien dieses Gegensatzes stünde, könnte sich vorbereiten. Wir werden sehen, wie das Problem, ehe es im Kritizismus zur Reife und Klarheit gelangt, auch innerhalb der Psychologie des achtzehnten Jahrhunderts noch einmal zum typischen Ausdruck kommt.

* * *

Unter den Beweisen, die Ploucquet dafür anführt, daß Raum und Zeit außerhalb der göttlichen Vorstellungen keine selbständige Existenz besitzen, wird auch der Schwierigkeiten im Begriffe der unendlichen Teilung gedacht. Wäre die Ausdehnung und mit ihr der ausgedehnte Körper eine wirkliche, für sich bestehende Substanz, so müßten sich irgendwelche letzten Elemente aufzeigen lassen, aus denen sich beide zusammensetzen und in welchen ihre Realität zuletzt bestünde. Denn die bloße Anhäufung von Teilen kann für sich allein keine Wirklichkeit erschaffen, wenn diese nicht schon in den elementaren Inhalten irgendwie gesetzt und gegeben ist. In Wahrheit aber zeigt es sich alsbald, daß wir im Gebiet des körperlichen Seins, wie weit wir die Zerlegung auch treiben mögen, niemals auf derartige letzte und unauflösbare Grundbestände gelangen. Alle Auskunftsmittel, die man hier versucht hat, haben sich als trügerisch erwiesen: die Atome sind leere Fiktionen; die physischen Punkte sind, ob man sie im Zenonischen oder Leibnizischen Sinne nimmt, bloße Chimären, die uns nur um so tiefer in die logischen Widersprüche verstricken, zu deren Beseitigung sie erdacht sind. So zeigt es

---

[1]) „Voilà donc une étrange alternative: notre science est elle la science universelle des esprits, une vue de vérités éternelles, une partie de la Science de Dieu? ou n'est-elle que le résultat, la combinaison de nos sensations, notre propre ouvrage, une propriété seulement de notre espèce?" (M a u p e r t u i s, a. a. O., s. S. 492, Anm. 1.)

sich, daß die Schwierigkeit auf dem Boden der realistischen Grundansicht niemals zu lösen ist. Erst wenn wir erkannt haben, daß der Raum und die Körper nur als Inhalte der V o r s t e l l u n g s k r a f t existieren, schwindet jeglicher Zweifel. Da der Urgrund der Materie in den realen Vorstellungen Gottes zu suchen ist, so verstattet die Frage nach ihrer Teilbarkeit eine doppelte Lösung, je nachdem wir sie im „subjektiven" oder „objektiven" Sinne verstehen. Fassen wir sie im e r s t e r e n Sinne auf, fragen wir also nur, was uns und unseren Perzeptionen möglich ist, so ist klar, daß es ein Minimum der Wahrnehmung und somit eine Grenze der tatsächlichen Zerlegung unserer Bewußtseinsinhalte gibt; betrachten wir dagegen das echte objektive Sein, das Ausdehnung und Körper im göttlichen Geiste besitzen, so müssen wir von dieser Schranke, die nur in der zufälligen Organisation des empfindenden Individuums begründet ist, notwendig absehen. Die unendliche Teilung des Stoffes ist etwas R e a l e s , sofern sie im unendlichen Verstande Gottes r e a l i s i e r t ist; — sie ist i d e a l , sofern es eben nur ein Akt des göttlichen B e w u ß t s e i n s ist, aus dem das Dasein der Materie und alle ihre „physischen" Beschaffenheiten und Merkmale quellen[1]).

Wenn hier die A n t i n o m i e n d e s U n e n d l i c h e n als Argumente gegen die absolute Existenz des Raumes und

---

[1]) „Si materia aliquid esset reale per se existens; tum modus compositionis materiae esset intelligibilis. Sed insuperabiles occurrunt difficultates in quocunque modo. Ergo materia pro re existente haberi nequit . . . Atomi sunt fictiones per se cadentes, Puncta vel Zenonica vel Leibniziana sunt chimaerae, quarum nullitas satis fuit demonstrata . . . Quocunque igitur nos convertamus, nihil in materia detegimus, quod ad existentiam ejusdem realem nos ducere possit." Cap. XXII, § 561.) Die Auflösung dieses Einwands des „Idealisten" wird im Cap. XII, § 278 ff. gegeben: „Fundamentum materiae primitivum sunt reales Dei repraesentationes. Hinc duplici modo divisibilitas spectari poterit. Aut enim de resolubilitate objectiva, aut de subjectiva agitur. Objective, h. e. in quantum materia effective pendet a repraesentationibus divinis eo usque est resolubilis quo usque resolubilitatem intellectus infinitus videt. Divisibilitas materiae subjectiva non ultra perceptiones nostras extenditur."

der Körper gebraucht werden, so ist dies keine neue Wendung; vielmehr ist damit nur ein Grundmotiv berührt, das in der Entstehung des modernen Idealismus überall entscheidend mitwirkte. Es steht durch L e i b n i z' eigenes Zeugnis fest, daß das Verlangen, einen Ausweg aus dem „Labyrinth des Continuums" zu finden es war, was ihn zuerst zu der Auffassung des Raumes und der Zeit als Ordnungen der P h ä n o m e n e hingeführt hat[1]). Und wenngleich der originale Sinn des Leibnizischen Begriffs der „Erscheinung" bei den Nachfolgern sich verdunkelt, so wirkt doch der Problemzusammenhang, der hier entstanden war, weiter; zumal er in dem literarischen Sammel- und Mittelpunkt der philosophischen Diskussionen der Zeit, in Bayles „Dictionnaire", zu allseitiger Darstellung gebracht wird. Die Zenonischen Beweise gegen die unendliche Vielheit, die hier erneuert und erweitert werden, bilden fortan — wie insbesondere das Beispiel C o l l i e r s uns gezeigt hat — den schärfsten, unbesieglichen Einwand gegen das absolute Sein der Körperwelt.

Dem achtzehnten Jahrhundert aber stellt sich das allgemeine Problem sogleich in bestimmterer wissenschaftlicher Fassung dar. An die Stelle der bloßen dialektischen Zergliederung des Unendlichkeitsbegriffs tritt die Analyse der logischen und mathematischen Grundmittel der I n f i n i t e s i m a l r e c h n u n g. Nur allmählich freilich ringt sich die neue Fragestellung durch, und Schritt für Schritt hat sie der Theologie und Metaphysik, die im Begriff des Unendlichen ihren ureignen Besitz sehen, das Gebiet streitig zu machen. Der Anfang des achtzehnten Jahrhunderts ist reich an Versuchen, die Begriffe und Ergebnisse der neuen Rechnung den

---

[1]) „Mihi olim meditanti visum est non aliter illo Labyrintho continui exiri posse, quam ipsum quidem spatium perinde ac tempus commune non accipiendo pro alio quam quodam ordine compossibilium vel simultaneorum vel successivorum . . . Quicquid a toto reali abscindi potest, ei actu inesse . . . putavi, non aeque quod a possibili seu ideali, uti numerus non potest intelligi ex omnibus possibilibus fractionibus conflatus nec fingi ultima minimave fractio etc." L e i b n i z , Philosoph. Schriften, hrg. von Gerhardt, Bd. VII, S. 467.

Fragen der spekulativen Gotteslehre dienstbar zu machen[1]). Die Schöpfung des Etwas aus dem Nichts, die bisher als der eigentliche Anstoß der religiösen Glaubenslehre galt, schien hier plötzlich durch die Wissenschaft selbst beglaubigt und gerechtfertigt. Wenn die E r k e n n t n i s des endlichen empirischen Seins des Hilfsmittels des Unendlichen nicht zu entraten vermag, so scheint damit der sicherste Beweis erbracht, daß dieses Sein selber, seinem sachlichen Ursprung nach, sich aus einem höheren, intelligiblen Prinzip ableitet. Auf der anderen Seite ist es die S k e p s i s, die sich nunmehr der „Unbegreiflichkeiten der Mathematik" — wie ein Lieblingsausdruck der Zeit lautet —[2]) bemächtigt, um sie zur eigentlichen Probe und Übung ihres Scharfsinns zu machen[3]). So sieht sich die Wissenschaft in zwei verschiedenen Richtungen von feindlichen Ansprüchen bedroht und in ihrer Gewißheit gefährdet. Für sie selbst aber konzentrieren sich alle Schwierigkeiten nunmehr im Begriff der a k t u e l l u n e n d l i c h e n Größe und Zahl. Das Infinitesimale darf kein bloßes Gebilde unseres Denkens sein, sondern es muß sich — wenn anders ihm unbedingte W a h r h e i t zugesprochen werden soll — im Bereich der wirklichen Dinge verkörpert und gegenständlich vorfinden. Diese Forderung, die bereits in den Anfängen der neuen Analysis von Johann B e r n o u l l i und d e l'H o s p i t a l proklamiert wurde, wird von ihren eigentlichen philosophischen und wissenschaftlichen Begründern vergebens bekämpft. Sie alle sind in der Abweisung des Unendlichkleinen als einer d i n g l i c h e n E x i s t e n z einig: es ist charakteristisch, daß M a c l a u r i n, der in seinem

---

[1]) Das deutlichste Beispiel hierfür bietet die Schrift von G r a n d i , De infinitis infinitorum et infinite parvorum ordinibus disquisitio, Pisa 1710, s. S. 96 u. ö.

[2]) S t u r m , De matheseos incomprehensibilibus, Frankf. u. Lpz., 1722; vgl. z. B. P r é m o n t v a l , De la notion de l'Infini, Mém. de Berlin 1758, S. 445.

[3]) S. hrz. besonders: (C a r t a u d) , Pensées critiques sur les mathématiques où l'on propose divers préjugés contre ces sciences à dessein d'en ébranler la certitude et de prouver qu'elles ont peu contribué à la perfection des beaux arts. Paris 1733. (Unter Berufung auf B a y l e s Artikel: Zeno, S. 286.)

Kampfe für die Fluxionsmethode überall sonst als Leibniz' Gegner auftritt, sich in diesem einen Punkte auf seine philosophische Autorität beruft[1]). Vorerst indessen behauptet die populäre Ansicht — wie sie etwa durch F o n t e n e l l e s „Elements de la géométrie de l'Infini" vertreten wird[2]) — durchaus den Vorrang. Wenn diese Schrift, die nach der philosophischen, wie der mathematischen Seite hin überall das Gepräge des Dilettantismus trägt, zum Mittelpunkt der gesamten weiteren Diskussion werden kann[3]), so lassen sich an diesem einen Zuge all die Schwierigkeiten ermessen, die sich dem Verständnis der Grundlagen der neuen Rechnung in den Weg stellten.

Erst E u l e r bringt in seinem grundlegenden Werk über die Differentialrechnung diese Schwierigkeiten auf einen scharfen begrifflichen Ausdruck und bereitet damit ihre Lösung vor. Seine kritischen Angriffe richten sich in erster Linie gegen die Monadenlehre, die er freilich nicht in ihrer ursprünglichen Fassung, sondern in der Umbildung betrachtet, die sie inzwischen durch Wolff und seine Schule erfahren hatte. Indem die Monade hier ihres eigentlichen spezifischen Merkmals, des Bewußtseins und der Vorstellungskraft, beraubt worden war, war damit ihre charakteristische Unterscheidung gegenüber dem Atom wiederum verwischt. Die Monaden bedeuten fortan nicht mehr als die letzten Komponenten der Körper. So muß die Wolffische Metaphysik den Grundsatz der unendlichen Teilbarkeit, ohne ihn übrigens zu bestreiten, doch auf unsere „verworrene" und sinnliche Ansicht der Dinge einschränken. Aber welcher Wert kann der reinen Mathematik noch in einem derartigen System zukommen? Ist sie es nicht, die uns nunmehr,

---
[1]) M a c l a u r i n , A treatise on fluxions (1742); Neue Ausg.: London 1801, S. 44.
[2]) F o n t e n e l l e , Eléments de la Géométrie de l'Infini. Paris 1727.
[3]) Vgl. außer der Kritik von Fontenelles Schrift durch d'A l e m b e r t , Eclaircissements sur les Eléments de Philosophie, § XV (Mél. V, 264 ff.) u. M a c l a u r i n , A treatise on fluxions, London 1801, S. 40 ff.; noch P r é m o n t v a l , a. a. O und A c h a r d , Réflexions sur l'Infini mathématique (Berl. Akademie 1745).

statt uns in die innere Verfassung des Wirklichen einzuführen, sein Bild verdunkelt und verfälscht? Die Mathematik darf keine Einschränkung ihrer Geltungssphäre kennen; — wer ihr irgend ein Gebiet des Seins verschließt, der raubt ihr damit alle Gewißheit und Evidenz der Erkenntnis. „Wer die Teilbarkeit der Materie ins Unendliche leugnet, der vermag den Schwierigkeiten, die sich ergeben, nicht anders als durch leichtfertige metaphysische Distinktionen zu begegnen, die zum größten Teil darauf abzielen, daß wir den Folgerungen aus unseren mathematischen Prinzipien nicht trauen sollen. Man erwidert auf die Einwände gegen die einfachen Teile der Materie, daß sie von den Sinnen und der Einbildungskraft hergenommen seien: in dieser Frage aber müsse man den reinen Verstand brauchen, da die Sinne und die Folgerungen, die wir aus ihnen ziehen, uns häufig täuschen... Nun ist das letztere zwar wahr; aber man kann es keinem mit so geringem Recht entgegenhalten, als dem Mathematiker. Denn die Mathematik ist es, die uns vor dem Trug der Sinne schützt und die uns den Unterschied zwischen Schein und Wahrheit kennen lehrt. Diese Wissenschaft enthält die sichersten Vorschriften, deren Befolgung uns vor der Illusion der Sinne schützt. Der Metaphysiker, der zu einer solchen Entgegnung greift, vermag also damit seine Lehre nicht zu behaupten, sondern er macht sie damit nur um so mehr verdächtig"[1]).

---

[1]) E u l e r , Institutiones Calculi Differentialis. Petropol. 1755, § 80 f.: „Hasque difficultates aliter diluere non possunt, nisi aliquot levisciculis metaphysicis distinctionibus, quae maximam partem eo tendunt, ut ne consequentiis quidem quae secundum mathematica principia formantur, fidamus . . . Cum enim ex hoc labyrintho exitum nullum invenire, neque objectionibus debito modo occurrere queant, ad distinctiones confugiunt, respondentes has objectiones a sensibus atque imaginatione suppeditari, in hoc autem negotio s o l u m i n t e l l e c t u m p u r u m a d h i b e r i o p o r t e r e; sensus autem ac ratiocinia inde pendentia saepissime fallere. Intellectus scilicet purus agnoscit fieri posse, ut pars millesimus pedis cubici materiae omni extensione carere, quod imaginationi absurdum videatur. Tum vero, quod sensus saepenumero fallant res vera quidem est, a t n e m i n i m i n u s , q u a m m a t h e m a t i c i s o p p o n i p o t e s t . M a t h e s i s e n i m n o s i n p r i m i s a f a l l a c i a s e n s u u m

So führt die Diskussion des Unendlichkeitsbegriffs zu demselben Ergebnis, das uns in der Erörterung des Begriffes des reinen Raumes und der reinen Zeit entgegentrat. Der Grundbegriff der neuen Analysis sprengt alle herkömmlichen Einteilungen der Ontologie. Welche Bedeutung aber kann die alte Gliederung der Erkenntnis in verschiedene, gesonderte „Vermögen" noch haben, wenn der wichtigste und gesichertste Inhalt alles Wissens ihr entgeht? Die Mathematik gehört nicht dem „reinen Intellekt" an, wenn man diesen Begriff in dem Sinne versteht, den die Schulphilosophie ihm gibt. Ebenso wenig aber läßt sie sich ins Gebiet der „Sinnlichkeit" verweisen und einschließen: ist sie es doch, die uns über den vagen sinnlichen Schein hinausführt und uns der W a h r h e i t der empirischen Objekte versichert. So bildet sie nicht einen Teil, sondern vielmehr die Kritik und Kontrolle des Sinnlichen. Aufs neue erhebt sich somit die Forderung, die bekannten

d e f e n d i t atque docet objecta, quae sensibus percipiuntur aliter revera esse comparata, aliter vero apparere: haecque scientia tutissima tradit praecepta, quae qui sequuntur ab illusione sensuum immunes sunt. Hujusmodi ergo responsionibus tantum abest, ut Metaphysici suam doctrinam tueantur, ut eam potius magis suspectam efficiant." Man vgl. hiermit die Worte K a n t s (Kr. d. r. Vern.; Anm. zur 2. Antinomie): „Wider diesen Satz einer unendlichen Theilung der Materie, dessen Beweisgrund bloß mathematisch ist, werden von den M o n a d i s t e n Einwürfe vorgebracht, welche sich dadurch schon verdächtig machen, daß sie die klarsten mathematischen Beweise nicht für Einsichten in die Beschaffenheit des Raumes, sofern er in der Tat die formale Bedingung der Möglichkeit aller Materie ist, wollen gelten lassen, sondern sie nur als Schlüsse aus abstrakten, aber willkürlichen Begriffen ansehen, die auf wirkliche Dinge nicht bezogen werden könnten. Gleich als wenn es auch nur möglich wäre, eine andere Art der Anschauung zu erdenken, als die in der ursprünglichen Anschauung des Raumes gegeben wird, und die Bestimmungen desselben a priori nicht zugleich alles dasjenige beträfen, was dadurch allein möglich ist, daß es diesen Raum erfüllt." S. ferner Kants Reflexionen zur kritischen Philosophie, hg. von Benno Erdmann, Bd. II, Nr. 414: „Es ist soweit gefehlt, daß die sinnlichen Anschauungen von Raum und Zeit sollten v e r w o r r e n e Vorstellungen sein, daß sie vielmehr d i e d e u t l i c h s t e n E r k e n n t n i s s e unter allen, nämlich die m a t h e m a t i s c h e n verschaffen." (Zum Verhältnis dieser Sätze zu E u l e r vgl. bes. die Vorrede zu Kants „Versuch, den Begriff der negativen Größen in die Weltweisheit einzuführen".)

„Klassen" der Philosophen einer Erneuerung und Revision zu unterziehen. (S. ob. S. 485.) Wie immer aber diese Einteilung getroffen werden mag und wie immer wir insbesondere das „Ideale" vom „Realen" scheiden mögen: das Eine muß von Anfang an feststehen, daß die exakten Begriffe der **Mathematik** und die konkreten Objekte der **Natur** zum **selben** Bereich des Wissens gehören. Zwischen ihnen eine metaphysische Scheidewand aufbauen zu wollen, ist ein Bemühen, das sich selber richtet. Noch prägnanter und schärfer, als in der Einleitung zur Differentialrechnung, tritt dieser Gedanke Eulers in seinem populärsten und bekanntesten Werke, den „Briefen an eine deutsche Prinzessin", hervor. Eine „elende Chikane" wird es hier genannt, den wirklichen Körpern ihre vornehmsten und deutlichsten Eigenschaften unter dem Vorwand abstreiten zu wollen, daß dasjenige, was aus bloß geometrischen Begriffen folgt, für die realen Dinge nicht in aller Strenge gültig sei. Wenn der Philosoph dem Mathematiker einwendet, daß die Ausdehnung zum Bereich der Erscheinung gehöre und daß daher, was aus ihr abgeleitet wird, für unsere Erkenntnis des Wesens der Dinge unverbindlich sei, so gibt es ein einfaches Mittel, um dieser Distinktion zu entgehen. Wir brauchen nur, was hier vom **Raum** behauptet wird, auf das Gesamtgebiet der **Gegenstände im Raume** zu übertragen, um die **Einheit** zwischen beiden alsbald wiederherzustellen. Denn nicht darauf kommt es an, ob vom Standpunkte des Metaphysikers, der seinen Blick auf eine Welt absoluter Substanzen gerichtet hält, die Ausdehnung als etwas Imaginäres, als eine bloße „Quasi-Ausdehnung" bezeichnet wird, sondern einzig das bildet die Frage, ob die Schlüsse, die wir aus den reinen geometrischen Begriffen ziehen, für alle Objekte der **Erfahrung** vorbildlich und zwingend sind. Um alle Einwürfe zum Schweigen zu bringen, brauchten somit „die Geometer nur zu sagen, daß die Gegenstände, deren Teilbarkeit ins Unendliche sie bewiesen hätten, auch nur eine Quasi-Ausdehnung besäßen und daß somit alle Dinge, denen die Quasi-Ausdehnung zukäme, notwendig bis ins Unendliche teilbar sein müssten... Man wird zugeben müssen, daß der Gegenstand der Geometrie d i e s e l b e scheinbare Ausdehnung sei, die unsere Philosophen den Körpern zuschreiben. Dieser nämliche Gegenstand aber ist ins Unendliche teilbar, und folglich werden es auch notwendig die existierenden Wesen sein, die mit dieser scheinbaren Ausdehnung begabt sind". Wäre dem nicht so, so wäre die Geometrie „eine ganz unnütze und vergebliche Spekulation, von der sich nie eine Anwendung auf Dinge machen ließe, die wirklich in der Welt existieren. Gleichwohl aber ist sie ohne Zweifel eine der nützlichsten Wissenschaften, und so wird wohl ihr Objekt etwas mehr als eine bloße Chimäre sein müssen"[1]). Die Metaphysiker pflegen freilich von ihrem erhabenen Standpunkt aus geringschätzig auf die eingeschränkte Betrachtungsweise der empirischen Forschung herabzublicken: „aber was kann uns denn am Ende Erhabenheit ohne Wahrheit nützen?"

Ob man ihren Gegenstand im erkenntnistheoretischen Sinne als „absolut" oder als „Phänomen" bezeichnet, danach braucht somit die Naturwissenschaft wenig zu fragen; aber was sie zu fordern hat, ist dies, daß die Welt der mathematischen W a h r h e i t e n und die Welt der D i n g e in durchgängigen Einklang zu setzen sind. Die Mathematik darf sich den Begriff des Seins nicht von Außen her aufdrängen lassen, sondern sie ist es, die — im Unterschied zur sinnlichen Empfindung — die Wahrheit des Objekts bestimmt und umschreibt. Der Widerspruch im Begriff des Unendlichen, der der Mathematik zum Verhängnis zu werden drohte, hat somit zu einer tieferen Besinnung über die letzten Gründe ihrer Geltung hingeführt. Der Anspruch aber, den hier der exakte Forscher erhebt, mußte ein bloßes Postulat bleiben, solange der Begriff der g e g e n s t ä n d l i c h e n E r k e n n t n i s selbst nicht eine veränderte Deutung erhalten hatte: eine Aufgabe, die wiederum die P h i l o s o p h i e selber zur Hilfe und Mitwirkung aufrief.

* * *

---

[1]) E u l e r , Briefe an eine deutsche Prinzessin, Petersburg 1768 ff., Brief 124 u. 125.

4. Das Raum- und Zeitproblem in der Naturphilosophie. — Boscovich.

Der Gegensatz zwischen **Leibniz** und **Newton** bildete, wie wir sahen, für das achtzehnte Jahrhundert überall den eigentlichen Anstoß für erneute kritische Bemühungen. Die Versöhnung zwischen beiden Gegnern wird nunmehr zum wissenschaftlichen Losungswort der Zeit. Der Eklektizismus der Zeit bemüht sich vergeblich um die Lösung dieser Aufgabe[1]: die äußere Anpassung der Folgerungen, die er versucht, vermag an keinem Punkte über den Widerstreit der Prinzipien der beiden Systeme hinwegzutäuschen. Auch war es nicht genug, die beiden verschiedenartigen Methoden dadurch zu vereinen, daß jede besonders für ein bestimmtes Gebiet von Aufgaben in Anspruch genommen wurde; sondern **innerhalb der Physik selbst** und an ihren konkreten Objekten und Problemen drängte die Frage zur Entscheidung. Den Ausgleich zwischen den Forderungen des Denkens und der Erfahrung, der der bloßen physikalischen Empirie versagt geblieben war, scheint fortan nur eine allgemeine **Naturphilosophie** darbieten zu können, die ihr Material lediglich der unmittelbaren Beobachtung entnimmt, die aber, darüber hinaus, zu einer konstruktiven Synthese der Erscheinungen und zu ihrer Ableitung aus einem einzigen Grundprinzip fortschreitet. Das naturphilosophische Hauptwerk der Epoche, **Boscovichs** „Theoria philosophiae naturalis" ist die charakteristische Ausprägung dieser Doppeltendenz. Der **Kraftbegriff**, der hier gelehrt wird, will — wie Boscovich selbst gleich anfangs betont — die Newtonische Ansicht von der *actio in distans* mit der Leibnizischen Grundanschauung von den „einfachen" Elementen der Dinge harmonisch vereinen[2]. Auf dem Wege dieser

---

[1] S. z. B. **Béguelin**, Essai d'une conciliation de la Métaphysique de Leibniz avec la Physique de Newton (Berl. Akad. 1766). Conciliation des idées de Newton et de Leibniz sur l'Espace et le Vide. (Berl. Akad. 1769.)

[2] **Boscovich**, Theoria philosophiae naturalis redacta ad unicam legem viriumin natura existentium. Venetiis 1763, Praef. S. X.; sowie § 1 ff.

Vereinigung aber entsteht ein neuer Begriff der R e a l i t ä t , der zugleich dem Raum- und Zeitproblem ein verändertes Ansehen gibt.

In der Naturphilosophie der neueren Zeit hatten sich allmählich zwei Grundfragen immer entschiedener herausgearbeitet. Die Rückführung alles Geschehens auf mechanische Prozesse war seit Descartes mit der Reduktion des Wirkens auf S t o ß v o r g ä n g e gleichbedeutend. Die Frage nach der Mitteilung der Bewegung beim Aufeinandertreffen zweier gegeneinander anlaufenden Massen bildete nunmehr den Kernpunkt des allgemeinen Kausalproblems. Hier entdeckt L e i b n i z das Prinzip der Erhaltung der lebendigen Kraft; hier setzen H u m e s Zweifel und Angriffe gegen die rationale Geltung des Ursachenbegriffs ein. Während indessen der Streit der philosophischen Schulen zunächst noch durchaus auf diesen einen Punkt gerichtet blieb, schien die konkrete Entwicklung der Wissenschaft bereits über ihn hinweggeschritten zu sein. An Stelle des unmittelbaren Impulses war die F e r n k r a f t als eigentlicher Grundtypus alles Wirkens getreten. Der Fortschritt der Physik drängte immer mehr zu der Forderung, daß sie, die zuerst als „unbegreiflich" abgewiesen wurde, in Wahrheit als das einzige und allgemeingültige P r i n z i p für all unser Begreifen der empirischen Vorgänge anzuerkennen sei. An dieser Stelle liegt auch der Angriffspunkt für Boscovichs Kritik. Der Vorgang des Stoßes, der Übergang einer Wirkung auf eine unmittelbar benachbarte Raumstelle, den man so lange Zeit als unmittelbar „verständlich" und keiner weiteren Erklärung bedürftig angesehen hat, gibt selbst vielmehr zu den schwersten begrifflichen Bedenken Anlaß. Wir können ihn nicht zur Erläuterung der Phänomene brauchen, ehe wir ihn nicht in seinen Einzelmomenten völlig durchschaut und zur widerspruchslosen Darstellung gebracht haben.

In den bisherigen Theorien aber ist dies nirgends geleistet. Denken wir uns etwa zwei gleiche, vollkommen unelastische Massen, die sich in gleicher Richtung vorwärtsbewegen, wobei die eine eine Geschwindigkeit von 12 Meter in der Zeiteinheit, die andere eine Geschwindigkeit von 6 Meter besitzen soll. Im Momente des Zusammentreffens wird alsdann ein bestimmter Teil der Bewegungsquantität von dem schnelleren Körper auf den langsameren übergehen und beide werden nunmehr mit einer gemeinsamen Geschwindigkeit von 9 Metern fortschreiten. Der Übergang von der ursprünglichen zur abgeänderten Geschwindigkeit vollzieht sich jedoch hierbei durchaus sprunghaft: es läßt sich kein Zeitmoment angeben, in dem eine der beiden Massen einen mittleren Geschwindigkeitswert zwischen dem Anfangs- und Endergebnis angenommen hätte. Schon bei Betrachtung dieses einfachsten Falles, dem sich weiterhin verwickeltere Untersuchungen anschließen lassen, ergibt sich also eine handgreifliche Verletzung des Kontinuitätsprinzips, das für jede Größe, beim Fortschritt von einem Wert zum anderen, das Durchlaufen sämtlicher Zwischenphasen verlangt[1]). Damit aber ist ein eigentümlicher dialektischer Widerstreit aufgedeckt. An die Wirkung durch Berührung hatte man sich geklammert, weil man eine s t e t i g e Vermittlung zwischen Ursache und Wirkung als im Begriff der Ursache selbst gegründet ansah, weil man somit die Kontinuität als ein Postulat aller unserer kausalen Erkenntnis anerkannte. In Wahrheit aber hat man eben dieses Postulat, indem man es für die sinnliche Anschauung scheinbar rettete, in der wissenschaftlichen P r i n z i p i e n l e h r e preisgegeben. Die philosophische Betrachtung der Natur muß den entgegengesetzten Weg gehen: sie muß die F o r d e r u n g d e r S t e t i gk e i t, die durch die Induktion und durch „metaphysische" Beweisgründe gesichert ist, auch dort festhalten und durchführen, wo die Beobachtung und der Sinnenschein sich ihr entgegenzustellen scheinen[2]). Denn Wissenschaft besteht nicht darin, daß wir die Erfahrungen wahllos hinnehmen und sammeln, sondern darin, daß wir sie nach begrifflichen Kriterien deuten. Bei dem betrachteten Problem also werden wir zunächst die stetige Zu- und Abnahme der Geschwindigkeiten als unverbrüchlichen Grundsatz feststellen, um sodann

---

[1]) B o s c o v i c h, Theoria philosophiae naturalis, § 18.
[2]) Theoria philosophiae naturalis, § 31, 43, 63 u. s.

zu sehen, welcher theoretischen Mittelglieder es bedarf, um ihm allgemeine Anwendung und Geltung im Gebiet der konkreten Erscheinungen zu verschaffen. Wir nehmen also an, daß die Geschwindigkeit der beiden materiellen Systeme sich nicht im Momente des Stoßes sprunghaft ändert, sondern daß schon vorher, zugleich mit der stetigen Annäherung der beiden Körper, ein Ausgleich in ihrer Geschwindigkeit sich vollzogen habe, indem die des einen sich vermehrte, die des anderen dagegen sich verringerte. Hierzu aber ist die weitere Voraussetzung erforderlich, daß, sobald der Abstand zwischen den beiden Körpern unter eine bestimmte Größe gesunken ist, zwischen ihnen a b s t o ß e n d e K r ä f t e in Wirksamkeit treten. So gelangt Boscovich von hier aus in strenger logischer Folge zu seiner bekannten physikalischen Theorie der e i n f a c h e n K r a f t p u n k t e, die — solange ihre Entfernung noch eine gewisse Größe überschreitet — aufeinander eine Anziehung ausüben, die jedoch zugleich ihre eigene, genau definierte Wirkungssphäre haben, innerhalb welcher jeder in sie eintretende Körper eine Zurückstoßung erfährt. Mathematisch läßt sich dies durch die Annahme zum Ausdruck bringen, daß die Kräfte der Repulsion in außerordentlich viel stärkerem Maße als die der Attraktion mit der Entfernung abnehmen, daß sie daher gegen diese erst wenn die Annäherung bis zu einem sehr hohen Grade gelangt ist, zu merklicher Wirkung gelangen, dann aber bei fortgesetzt vermindertem Abstand über jede Größe hinauswachsen und dadurch jede wirkliche Berührung der bewegten Elemente ausschließen. Das Bild der einen, gleichförmigen und zusammenhängenden Masse des Stoffes löst sich uns in isolierte Zentren der Wirksamkeit auf, sobald wir es einmal vom Gesichtspunkt der dynamischen Prinzipien betrachten und es demgemäß umgestalten[1]).

---

[1]) Theoria philos. naturalis, § 81 ff.: „Quoniam imminutis in infinitum distantiis vis repulsiva augetur in infinitum facile patet nullam partem materiae posse esse contiguam alteri parti: vis enim illa repulsiva protinus alteram ab altera removeret. Quamobrem necessario inde concluditur prima materiae elementa esse omnino simplicia et a nullis contiguis partibus composita . . . Ita omne Continuum

Wir stehen somit vor einem paradoxen Ergebnis: das materielle K o n t i n u u m ist kraft des K o n t i n u i t ä t s g e s e t z e s aufgehoben. Um die Stetigkeit des G e s c h e h e n s zu wahren und in aller Strenge aufrecht zu erhalten, muß das Sein in diskrete Elemente zerfällt werden. Das Prinzip der Kontinuität selbst erfährt jetzt eine schärfere logische Fixierung und Aussprache. M a u p e r t u i s hatte es angegriffen, indem er — an eine laxe Fassung des Stetigkeitsbegriffs anknüpfend — die Bedingung der Stetigkeit dahin aussprach, daß jeder folgende Zustand sich vom nächstvorhergehenden nur „um eine unendlich kleine Größe" unterscheiden dürfe. Ist aber — so hatte er gefragt — der Übergang einer Größe x zum Werte $x + dx$ in irgend einem Sinne logisch verständlicher, als ihr Zuwachs um jede beliebige e n d l i c h e Größe, da es sich doch auch im ersteren Falle immer um v e r s c h i e d e n e Zustände handelt, die durch einen zwar sehr kleinen, aber doch immer konstanten und fixen Abstand voneinander getrennt sind[1]? Im Gegensatz zu einer derartigen Auffassung bezeichnet Boscovich es als den eigentlichen prinzipiellen Irrtum, daß man den Fortschritt vom einen Werte der Veränderlichen zum „nächsten" Wert gleichsam in unmittelbarer sinnlicher Anschauung zu erfassen und zu verfolgen sucht. Diese Ansicht ist in sich selbst widersprechend: liegt doch in der Kontinuität des Raumes und der Zeit eben dies eingeschlossen, daß es, wenn wir von einem bestimmten Punkte in ihnen ausgehen, einen „nächsten" Raumpunkt und einen „nächsten" Zeitmoment nicht gibt. Wir können den Sinn des Stetigkeitsgesetzes allgemein aussprechen, ohne den Begriff einer konstanten, aktuell-unendlichkleinen Größe irgend einzumischen. Die Kontinuität der Bewegung bedeutet zuletzt nicht mehr als die Forderung, daß jedem bestimmten Zeitpunkt eine

---

coexistens eliminabitur e Natura in quo explicando usque adeo desudarunt et fere incassum Philosophi."

[1] S. M a u p e r t u i s , Essai de Cosmologie, Oeüvres Lyon 1756, I, 38, sowie Examen philosophique de la preuve de l'Existence de Dieu (Berl. Akad. 1756), 2e partie, § 48. — Vgl. auch K a e s t n e r , Anfangsgründe der höheren Mechanik, Göttingen 1766, S. 191 ff.

und nur eine Lage des bewegten Körpers eindeutig zugeordnet ist[1]). In jeder sprungweise verlaufenden Ortsveränderung würde diese Forderung verletzt. Denn nehmen wir etwa an, die Bewegung würde im Moment t_1 an der Stelle a unterbrochen, um im Zeitpunkt t_2 an der Stelle b wieder aufgenommen zu werden, so ergibt sich hier eine doppelte Möglichkeit, je nachdem wir t_2 von t_1 als unterschieden oder als mit ihm zusammenfallend ansehen. Ist das erstere der Fall, so folgt — gemäß der unendlichen Teilbarkeit der Zeit, die hier von Boscovich ohne näheren Beweis vorausgesetzt wird — daß sich zwischen t_1 und t_2 unendlich viele Zeitpunkte angeben lassen, für die sich indessen keine entsprechende Lage des Körpers angeben läßt; gilt das zweite, so müßten wir ein und demselben Moment zwei verschiedene Orte entsprechen lassen[2]). Und was hier für den Begriff des Ortes bewiesen ist, das läßt sich in gleicher Weise auf die Geschwindigkeit übertragen. Auch sie muß in einem gegebenen Zeitmoment einen eindeutigen Wert haben, da sie nichts anderes als eine Bestimmung zur künftigen Bewegung, also lediglich das Gesetz ist, nach welchem wir gewissen k ü n f -
t i g e n Zeitpunkten bestimmte Raumpunkte zuordnen[3]). Die Theorie des „Impulses" verstand den stetigen Zusammenhang, indem sie ihn in den Teilen der Materie suchte, doch immer nur als ein sinnliches Ineinanderfließen der Grenzen der einzelnen Partikel: jetzt erst scheint dagegen der wahre logische B e g r i f f der Stetigkeit begründet, nachdem das Stetige aus dem Bereich der physischen D i n g e geschwunden ist.

Immer energischer jedoch muß sich nunmehr die Frage erheben, welche Bedeutung und Funktion der Idee des einheitlichen und gleichförmigen R a u m e s in diesem System noch zukommen kann? Das D a s e i n ist ihm notwendig

---

[1]) B o s c o v i c h , Theoria philosophiae naturalis, § 30—33; vgl. bes. Boscovich' Dissertation: „De Continuitatis lege et ejus consectariis pertinentibus ad prima materiae elementa eorumque vires." Romae 1754, § 104 ff.

[2]) Theoria philosophiae naturalis, § 50.

[3]) Theoria, § 60 f.

versagt; denn alle Realität, die die Physik kennt, ist in den unausgedehnten einfachen Kraftpunkten beschlossen. Es ist lediglich der subjektive Mangel unserer Unterscheidungsfähigkeit, der uns an Stelle isolierter dynamischer Elemente und ihrer wechselseitigen Wirksamkeit das Bild der stetigen Ausdehnung vortäuscht[1]). Und dennoch kann der Raum nicht zum bloßen Produkt unserer Einbildungskraft herabgesetzt werden, da seine charakteristischen Grundbestimmungen im Begriffe des Kraft p u n k t e s, also im Begriffe des physisch Wirklichen unmittelbar wiederkehren. An diesem Problem nimmt daher die Untersuchung eine neue Wendung. Das ,,Hier" und ,,Jetzt" des Kraftpunktes, die Stelle, die er im Raume und in der Zeit einnimmt, bezeichnen jedenfalls r e a l e Eigenschaften, die er unabhängig von unserer Art der Betrachtung besitzt. Beide bedeuten je einen besonderen und eigenartigen ,,Modus der Existenz", der dem substantiellen, physischen Punkte in der gleichen Weise ,,anhaftet", wie irgendeinem Dinge seine verschiedenen sinnlichen Beschaffenheiten und Merkmale zukommen. So geraten die Begriffe des Raumes und der Zeit hier in eine eigentümliche logische Nachbarschaft. Ihre Elemente bilden eine neue Klasse d i n g l i c h e r Q u a l i t ä t e n, mit denen ein bestimmtes Kräftezentrum sich in seiner Bewegung bekleidet und die es auf gleiche Weise wiederum von sich abstreift. ,,Man muß notwendig einen r e a l e n M o d u s d e s S e i n s zulassen, kraft dessen ein Ding dort, w o es ist und dann, w a n n es ist, existiert. Ob man diesen Modus ein Ding oder eine Eigenschaft, ein Etwas oder ein Nichts nennen will: in jedem Falle muß er etwas außerhalb unserer Einbildungskraft sein, da ja die Gegenstände selbst ihn ändern und bald diese, bald jene räumliche und zeitliche Seinsweise annehmen können[2])."

---

[1]) ,,Continuitas exacta (materiae) est illusio quaedam sensuum tantummodo et quoddam figmentum mentis reflexione vel non utentis, vel abutentis." (Theoria, § 159.)

[2]) Theoria, § 143: ,,Ego quidem continuum nullum agnosco coexistens . . . nam nec spatium reale mihi est ullum continuum, sed imaginarium tantummodo . . . Censeo nimirum q u o d v i s

Von Raum und Zeit als einem System von B e z i e h u n g e n ist bis hierher, wie man bemerkt, nirgends die Rede: es handelt sich durchaus um einzelne physische Dinge, denen einzelne absolute „Stellen" zukommen sollen. Sobald ein Kräftezentrum seine Stellung ändert, geht ein bestimmtes „Hier" und „Jetzt", das bisher als reale Beschaffenheit bestand, zugrunde, während ein anderer Lokal- und Temporalcharakter wie aus dem Nichts entsteht. Gibt es somit Stellen nicht anders, denn als Eigenschaften an physischen Dingen, so können sie, streng genommen, auch immer nur i n e n d licher A n z a h l existieren. Denn alles Dasein ist an das G e s e t z d e r b e s t i m m t e n Z a h l gebunden; das Unendliche dagegen ist lediglich ein Produkt unserer subjektiven Phantasie, das in den Gegenständen nirgends Platz findet[1]).

Wie aber gelangen wir, wenn es in Wahrheit stets nur eine in sich abgeschlossene Menge von Kraftpunkten und ihrer wirklichen Orte gibt, jemals zur Setzung einer k o n t i n u i e r l i c h e n S t r e c k e, die eine unbegrenzte Mannigfaltigkeit von Punkten in sich schließt? In dieser Frage konzentriert sich von nun ab der gesamte Inhalt des Problems;

---

materiae punctum habere binos reales existendi modos, alterum localem alterum temporarium, qui num appellari debeant res an tantummodo modi rei ejusmodi litem quam arbitror esse tantum de nomine nihil omnino curo." Vgl. De Spatio ac Tempore (Supplem. I zur Theoria philos. naturalis), § 2 f.: „Inprimis illud mihi videtur evidens tam eos qui spatium admittunt absolutum natura sua reali continuum, aeternum, immensum, tam eos qui cum Leibnitianis et Cartesianis ponunt spatium ipsum in ordine quem habent inter se res quae existunt, praeter ipsas res, quae existunt debere admittere modum aliquem non pure imaginarium, sed realem existendi, per quem ibi sint, ubi sunt et qui existat tum cum ibi sunt, pereat cum ibi esse desierint, ubi erant. Necessario igitur admittendus est realis aliquis existendi modus, per quem res est i b i , ubi est et t u m, cum est. Sive is modus dicatur res sive modus rei, sive aliquid, sive non nihil; is extra nostram imaginationem esse debet et res ipsum mutare potest, habens jam alium ejus modi existendi modum, jam alium."

[1]) Zum „Gesetz der bestimmten Anzahl" s. Theoria § 90, sowie Elementa universae Matheseos, Rom 1754, Bd. III, Nr. 879.

denn wenn auch der stetigen Ausdehnung die Existenz abgesprochen ist, so muß doch ihre I d e e sich in ihrer Entstehung erklären und rechtfertigen lassen. Betrachten wir eine gegebene Gliederung des Stoffes zu einem bestimmten Zeitpunkt, so haben wir hier freilich immer nur eine konstante und begrenzte Zahl von physischen Punkten vor uns, die sämtlich durch feste, endliche Abstände voneinander getrennt sind. Von hier aus jedoch geht unser Gedanke weiter: er faßt die Möglichkeit der Veränderung des gegenwärtigen Gesamtzustandes, den Übergang zu einer anderen Konfiguration ins Auge, in der nunmehr jedem dynamischen Element ein a n d e r e r Ort als zuvor als Beschaffenheit zukommen würde[1]). Auf diese Weise lassen sich in der Phantasie immer wieder neue und neue Stellen erzeugen, deren Inbegriff indessen niemals gleichzeitig verwirklicht ist. Der Abstand zwischen zwei materiellen Zentren läßt sich in Gedanken mit immer neuen ,,möglichen" Lagen besetzen, die vielleicht in Zukunft einmal von einem physischen Element angenommen werden können und die alsdann erst als aktuell vorhanden zu gelten haben. Die Stetigkeit und unendliche Teilbarkeit des Raumes und der Zeit bedeutet nichts anderes als diese subjektive Fähigkeit der Einschaltung immer neuer gedachter Zwischenstellen[2]). ,,In W i r k l i c h k e i t gibt es immer eine bestimmte Grenze und eine bestimmte Anzahl von Punkten und Intervallen: im M ö g l i c h e n dagegen zeigt sich nirgends ein Ende. Die abstrakte Betrachtung der Mög-

---

[1]) ,,Quoniam autem puncta materiae habent semper aliquam a se invicem distantiam et numero finita sunt: finitus est semper etiam numerus localium modorum, nec ullum reale continuum efformat. Spatium vero imaginarium est mihi possibilitas omnium modorum confuse cognita quos simul per cognitionem praecisivam concipimus licet simul omnes existere non possint." (Theoria § 143.)

[2]) De Spatio ac Tempore § 8 f.: ,,Quotiescunque illa puncta loci realia interposita fuerint interpositis punctis materiae realibus, finitus erit eorum numerus, finitus intervallorum numerus illo priore interceptorum et ipsi simul aequalium: at numerus ejusmodi partium possibilium finem habebit nullum . . . Hinc vero dum concipimus possibilia haec loci puncta spatii infinitatem et continuitatem habemus cum divisibilitate in infinitum."

lichkeiten ist es daher, die den Gedanken der Kontinuität und Unendlichkeit einer imaginären Linie in uns erzeugt. Da indessen diese Möglichkeit selbst etwas Ewiges und Notwendiges ist — denn es ist notwendig und ewig wahr, daß physische Punkte mit allen diesen Beschaffenheiten und Modis existieren können — so ist auch der imaginäre, stetige und grenzenlose Raum etwas Ewiges und Notwendiges; nicht aber etwas Existierendes, sondern die bloße unbestimmte Annahme von etwas, das existieren kann[1]."

Die Bezeichnung des Raumes und der Zeit als „Möglichkeiten" erinnert an die Leibnizische Grundanschauung, aber man erkennt bei schärferer Betrachtung sogleich, daß sie hier in völlig anderem Sinne und in durchaus entgegengesetzter Tendenz gebraucht wird. Für Leibniz bilden Raum und Zeit einen Inbegriff notwendiger Beziehungen, die für alle unsere Urteile über empirisches Sein und empirisches Geschehen apodiktische Geltung besitzen. Die „idealen" und abstrakten Regeln bilden hier die Grundlage für jede Feststellung und Bestimmung des konkreten Seins des Erfahrungsgegenstandes. (Vgl. ob. S. 468 ff.) Boscovich dagegen geht umgekehrt von der absoluten Existenz der Kraftpunkte aus, und sucht von hier aus die zeitliche und örtliche Bestimmtheit als eine Eigenschaft, die ihnen neben anderen physischen Merkmalen, wie etwa ihrer Undurchdringlichkeit, zukommt, zu begreifen. Daß indessen die reinen geometrischen Grundbegriffe sich auf diesem Wege nicht gewinnen und ableiten lassen, ist leicht ersichtlich. Selbst wenn man Boscovichs Verfahren als völlig unanfechtbar betrachtet, so wird dadurch im günstigsten Falle die unendliche Teilbarkeit der Linie, nicht aber ihre Stetigkeit erklärt. Die unbeschränkte Einschaltung von Zwischen-

---

[1] „Cumque ea possibilitas et aeterna sit et necessaria (ab aeterno enim et necessario verum fuit posse illa puncta cum illis modis existere), spatium hujusmodi imaginarium continuum infinitum simul etiam aeternum fuit et necessarium, sed non est aliquid existens, sed tantummodo aliquid potens existere et a nobis indefinite conceptum." (De Spatio ac Tempore § 9.)

werten zwischen zwei gegebenen einfachen Lageelementen kann niemals ein kontinuierliches Ganze ergeben; was daraus resultieren würde, wäre immer nur eine diskrete, wenngleich unendliche Punktmenge, die vom gleichen Typus wie das System der r a t i o n a l e n Z a h l e n wäre, nicht aber dem stetigen Inbegriff der reellen Zahlen entsprechen würde. So sehen wir, daß der Begriff des I n t e r v a l l s zwischen zwei einfachen Kraftpunkten von Boscovichs ursprünglichem Standpunkt aus nicht zu rechtfertigen ist. Und doch kann dieser Begriff für die Begründung der physikalischen Wirklichkeit nicht entbehrt werden, da er seine Stelle in dem r e a l e n K r ä f t e g e s e t z behauptet, das Boscovich als oberste Regel alles Geschehens proklamiert. Die Anziehung und Abstoßung der einfachen Elemente richtet sich nach den jeweiligen A b s t ä n d e n, in denen sie voneinander stehen. Damit aber erhebt sich wiederum die alte Eulersche Frage: wie ist es zu verstehen, daß die Materie in ihren realen Betätigungen von etwas bloß ,,Gedachtem" und ,,Möglichem" abhängig sein soll? Und auch in anderer Richtung zeigt es sich nunmehr, daß Boscovichs Erklärung sich in einem Zirkel bewegt. Um zu dem Begriff der Entfernung zu gelangen, muß er annehmen, daß die mannigfachen und verschiedenartigen ,,Hier" und ,,Jetzt", die wir als Bestimmungen der physischen Punkte kennen lernen, untereinander ein festes gegenseitiges Verhältnis aufweisen. ,,Alle diese einzelnen realen Modi entstehen und vergehen; aber sie sind in sich selbst gänzlich unteilbar, unausgedehnt, unbeweglich und i n i h r e r O r d n u n g u n v e r ä n d e r l i c h. Damit aber bieten sie die G r u n d l a g e f ü r d i e r e a l e R e l a t i o n d e r D i s t a n z dar, sei es, daß wir darunter die örtliche zwischen zwei Punkten oder die zeitliche zwischen zwei Ereignissen verstehen. Daß zwei materielle Punkte eine gewisse Distanz besitzen: dies besagt nichts anderes, als daß ihnen diese beiden bestimmten und unterschiedlichen Modi des Seins zukommen[1])." Es ist indessen keineswegs selbstverständlich, noch aus dem Früheren ersichtlich, daß

---

[1]) De Spatio ac Tempore § 5.

zwischen den besonderen q u a l i t a t i v e n Merkmalen —
als welche wir die Raum- und Zeitpunkte hier allein kennen —
eine derartige feste Ordnung und Reihenfolge herrscht, die
es uns ermöglicht, sie miteinander zu vergleichen und zwischen
ihnen eine Beziehung des „größeren" oder „kleineren" Abstandes festzustellen. Vielmehr ist in eben dieser Annahme
der Raum als Stellen s y s t e m neben und über den E i n z e l -
s t e l l e n bereits stillschweigend mitgesetzt. Vom absoluten
gänzlich isolierten Moment aus läßt sich die Eigenart der
räumlichen und zeitlichen R e l a t i o n nicht verständlich
machen; sie kann nur durch eine petitio principii eingeführt
werden. Die Beziehung ist kein bloßes Nebenergebnis, das
aus der Summierung der „einfachen" Elemente resultierte,
sondern umgekehrt muß deutlich sein, daß dasjenige, was
einen Punkt erst zum Raum- oder Zeitpunkt m a c h t ,
nichts anderes als eben diese ursprüngliche und spezifische
Beziehung ist, die wir in ihn hineindenken.

Unter einem neuen Gesichtspunkt tritt uns das gleiche
Problem in Boscovichs Erörterung des Maßbegriffes entgegen. Die konkrete Messung besteht darin, daß wir die
bestimmte Länge, die wir als Grundeinheit brauchen, bald
hier, bald dort anlegen; sie setzt also voraus, daß wir den
Maßstab, ohne daß seine Natur dadurch geändert würde, im
R a u m e f o r t b e w e g e n k ö n n e n. Gerade diese
Voraussetzung aber ist — wie sich aus Boscovichs physikalischer Grundanschauung zwingend ergibt — in Wirklichkeit
niemals erfüllbar. Die Linie ist bisher als ein Inbegriff von
Raumpunkten definiert, die uns ihrerseits nur als abhängige Eigenschaften von Kraftpunkten bekannt sind.
Es ist daher nur folgerecht, wenn jetzt hervorgehoben wird,
daß die I d e n t i t ä t d e s M a ß e s, die für jede e x a k t e
Vergleichung zu fordern wäre, im strengen Sinne niemals
besteht. Die Einheitsstrecke erleidet, indem sie an eine
andere Stelle des Raumes übertragen wird, eine innere Änderung, da sie hier eine andere Verteilung der physischen
Punkte vorfindet und sich somit fortan auch aus anderen
realen „Orten" als zuvor zusammensetzt. Gäbe es eine
gleichförmige und stetige Ausbreitung des Stoffes, so ließe sich

unser materieller Maßstab innerhalb ihrer beliebig verschieben, ohne irgendeine Wandlung zu erfahren; — da indessen in Wirklichkeit die Materie durchgängig differenziert ist und sich ein und dieselbe Konfiguration der diskreten Kraftpunkte niemals wiederholt, so ist eine wahrhafte Identität von Längen im Grunde eine abstrakte Erdichtung: eine Fiktion, die für die Geometrie von Nutzen sein mag, die aber in den wirklichen konkreten Gegenständen keine Stütze findet[1]). So stehen wir hier vor einer empiristischen Auflösung der Geometrie: denn die tatsächliche Natur der Körper ist es, die über die Gültigkeit der mathematischen Begriffe entscheidet. Zwar versucht Boscovich diese Konsequenz abzuschwächen, indem er betont, daß wir, ohne die strenge Identität des Maßstabes zu behaupten, doch von der Gleichheit zweier, an verschiedenen absoluten Raumstellen befindlichen, Strecken sprechen können[2]). Indessen fehlt auch hierfür nach den Voraussetzungen des Systems die exakte l o g i s c h e Bürgschaft: wieder ist es nur die Ungenauigkeit der Sinne, die die Bildung dieses nicht minder „imaginären" Begriffs begünstigt. Die Geometrie ist an und für sich „wahr", da sie, wenn man ihr einmal ihre Voraus-

---

[1]) A. a. O., § 21: „Illam ligneam vel ferream decempedam habemus pro eodem comparationis termino post translationem. Si ea constaret ex materia prorsus continua et solida, haberi posset pro eodem comparationis termino, at in mea punctorum a se invicem distantium sententia omnia illius decempedae puncta dum transferuntur p e r p e t u o d i s t a n t i a m r e v e r a m u t a n t. Distantia enim constituitur per illos reales existendi modos, qui mutantur perpetuo."

[2]) „In mensura locali aeque in mea sententia ac in mensura temporaria impossibile est certam longitudinem, ut certam durationem e sua sede abducere in alterius sedem, ut binorum comparatio habeatur per tertium. Utrobique a l i a logitudo, ut a l i a duratio substituitur, quae priori illi aequalis censetur, nimirum nova realia punctorum loca ejusdem decempedae novam distantiam constituentia . . . Vulgus tantummodo in mensura locali eundem haberi putat comparationis terminum: Philosophi ceteri fere omnes eundem saltem haberi posse per mensuram perfecte solidam et continuam, in tempore tantummodo aequalem, ego vero utrobique aequalem tantum agnosco, nuspiam eundem." (De Spatio ac Tempore § 24.)

setzungen zugesteht, aus ihnen widerspruchslose Schlüsse entwickelt; aber es fehlt ihr zuletzt jede Handhabe, um in die Gestaltung der Physik einzugreifen, da die Stetigkeit, die wir im rein mathematischen Gebiet zugrunde legen, dem Begriff des „aktuellen" physikalischen Objekts widerstreitet[1]).

Der Konflikt zwischen dem I d e a l e n und R e a l e n ist somit hier nicht zum Austrag gelangt, sondern er hat sich nur von neuem verschärft. Boscovichs merkwürdige und schwierige Raum- und Zeittheorie ist ein letzter interessanter Versuch, diese beiden Grundbegriffe und ihr Verhältnis zu den realen physischen Gegenständen zu verstehen. Blickt man nunmehr noch einmal auf das G a n z e der vorangehenden Entwicklung zurück, so sieht man, welche gewaltige unausgesetzte Gedankenarbeit das achtzehnte Jahrhundert an die Bewältigung dieses Problems gewendet hat. Raum und Zeit haben in den verschiedenen Lösungsversuchen, die wir verfolgt haben, die gesamte Skala des „subjektiven", wie des „objektiven" Daseins durchlaufen. In der ersteren Hinsicht waren sie bald als Produkte unmittelbarer innerer oder äußerer Wahrnehmung, bald als abstrakte Denkerzeugnisse, bald als Gebilde gewohnheitsmäßiger Assoziation der Vorstellungen, bald als notwendige und allgemeingültige Begriffe bezeichnet worden. Analog wurde ihre Existenz hier in der Art eines selbständigen und unabhängigen Daseins gefaßt, während sie dort als bloße Beschaffenheiten und Modi der Dinge oder aber als objektive Verhältnisse zwischen ihnen gedeutet wurden. Der Umkreis des möglichen physischen oder psychischen Seins ist nunmehr durchmessen, ohne daß die Begriffe

---

[1]) „At erit fortasse qui dicet sublata extensione absolute mathematica tolli omnem Geometriam. Respondeo Geometriam non tolli quae considerat relationes inter distantias et inter intervalla distantiis intercepta, quae m e n t e c o n c i p i m u s et per quam ex hypothesibus quibusdam conclusiones cum iis connexas ex primis quibusdam principiis deducimus. T o l l i t u r G e o m e t r i a a c t u e x i s t e n s, quatenus nulla linea, nulla superficies mathematice continua, nullum solidum mathematice continuum ego admitto inter ea quae existunt, an autem inter ea quae possunt existere · habeantur plane ignoro." (Theoria § 373.)

des Raumes und der Zeit ihren wahren logischen Ort gefunden haben. Die endgültige Aufklärung des Problems kann nur von einer Philosophie erwartet werden, die von einer kritischen Umformung des B e g r i f f s d e s S e i n s selbst ihren Ausgang nimmt und die damit die Gebiete des „Subjektiven" und „Objektiven" zu einander in ein völlig neues Verhältnis rückt.

Drittes Kapitel.

Die Ontologie. — Der Satz des Widerspruchs und der Satz vom zureichenden Grunde.

I.

Wenn man der Entwicklung der mathematischen Physik im achtzehnten Jahrhundert die Entwicklung der schulmäßigen Logik gegenüberstellt, so tritt die Inkongruenz zwischen Form und Inhalt des Wissens alsbald deutlich hervor. Der Gehalt, den die exakte Forschung sich stetig erarbeitet, spottet zunächst aller Bestrebungen, ihn in die überlieferten Begriffsschemata einzureihen. So droht jetzt zwischen Philosophie und Wissenschaft eine völlige Entfremdung einzutreten. Nur in der populären Fassung und Wendung, die sie durch die französische Aufklärung erhalten hatte, steht jetzt die Philosophie mit den Interessen der Erfahrungswissenschaft noch in lebendigem Zusammenhange, während sie ihn um so mehr verliert, je strenger sie ihr eigenes Gebiet und ihre eigentliche Aufgabe systematisch abzugrenzen strebt. Und doch wäre es irrig und ungerecht, wenn man den Wert der Wolffischen Lehre nur nach dem bemessen wollte, was sie für die äußere technische Gliederung und die formale syllogistische Ableitung des Wissens geleistet hat. So nüchtern und unfruchtbar sie uns heute im einzelnen oft erscheinen mag: so war sie es doch, die die zentrale Frage der Philosophie, die Frage nach der Methode der Erkenntnis, dauernd wach erhielt. In diesem einen Punkte blieb sie die echte Erbin der Leibnizischen Lehre: es ist ihr Verdienst, daß sie, bei aller Abweichung und Abschwächung im einzelnen, die Leibnizische Problemstellung gegenüber allen Angriffen gewahrt und im Bewußtsein des Zeitalters lebendig erhalten hat.

Das Problem der Objektivität hat in Leibniz' Lehre eine völlig neue Bestimmung erfahren. Indem alle Realität sich in den Inbegriff der vorstellenden Subjekte und ihrer Bewußtseinsinhalte auflöste, entstand nunmehr die Aufgabe, ein allgemeines Kriterium zu finden, das den „objektiven" Gegenstand der Physik von den beliebigen flüchtigen Inhalten der Phantasie unterschied. Der Hinweis auf eine äußere, für sich bestehende Ursache vermochte hier nichts zu leisten: war doch jede Möglichkeit abgeschnitten, aus dem Kreise des Vorstellens herauszutreten, um sich ihrer zu versichern. Das einzig faßbare und tatsächlich anwendbare Kriterium für die Wahrheit einer Perzeption konnte nicht länger in jenseitigen, von ihr unterschiedenen Dingen, sondern nur in inneren logischen Merkmalen, die ihr zukommen, gesucht werden. Wenn wir eine bestimmte, uns gegebene Erscheinung als „wirklich" bezeichnen, so kann dies, schärfer betrachtet, nicht bedeuten, daß sie neben dem, als was sie sich uns unmittelbar zeigt, noch eine zweite gänzlich andersartige F o r m d e r E x i s t e n z außerhalb aller denkenden Subjekte besitze, sondern es besagt nur etwas über die Stellung, die sie innerhalb des G e s a m t s y s t e m s u n s e r e r E r f a h r u n g einnimmt. Wir nennen ein Phänomen „real", wenn es nicht beliebig und regellos in uns entsteht, sondern sich in seinem Auftreten sowohl wie in seinen Folgen an konstante gleichbleibende Bedingungen gebunden erweist. Die Vorstellungen in uns kommen und gehen nicht nach schrankenloser Willkür, sondern sie ordnen sich in fest umschriebene gesetzliche Zusammenhänge. Diese G e s e t z l i c h k e i t, in der sie untereinander stehen, ist es, die ihnen den Charakter der W i r k l i c h k e i t aufprägt, denn wirklich heißt uns ein Inhalt, wenn er nicht ein schwankendes Gebilde des Augenblicks ist, sondern unserer denkenden Betrachtung immer die gleiche unveränderliche Eigenart darstellt. Die Bestimmtheit indessen, die hier gemeint und gefordert ist, kann durch die bloße empirische Assoziation der Vorstellungen niemals gewährleistet werden. Jede Aussage über empirische Verknüpfungen setzt allgemeine und notwendige Grundsätze voraus, auf die sie sich stützt. Und so sind es die letzteren, in denen schließlich die Wirklichkeit der Erscheinungswelt verankert ist. Die Phänomene der Sinne dürfen uns als gesichert gelten, sofern sie derartig verknüpft sind, wie die „intelligiblen Wahrheiten" es fordern. Als Muster dieser Wahrheiten werden von Leibniz vor allem die Sätze der Mathematik, weiterhin aber insbesondere die Grundregeln der Dynamik, wie das Gesetz der Erhaltung der lebendigen Kraft genannt. Wenngleich alle diese Sätze lediglich „ideal" sind, so gelten sie doch in aller Strenge für den gesamten Bestand und Umfang der konkreten gegenständlichen Welt, die, da sie selbst ein Produkt der Vernunft ist, sich von den obersten Normen der Vernunft nicht entfernen kann. (Vgl. ob. S. 174 ff.)

Es macht den wesentlichen Vorzug des Wolffischen Systems aus, daß es an diesem Grundgedanken des Leibnizischen Rationalismus festgehalten und ihn der Folgezeit rein überliefert hat. Das eigentliche Kennzeichen für die Wirklichkeit der Dinge und das Merkmal, das sie vom Traume unterscheidet, können wir nicht entdecken, so lange wir nur ein einzelnes isoliertes Objekt ins Auge fassen. Die „Realität" der Erscheinung resultiert erst aus der wechselseitigen Beziehung und Ordnung der Phänomene. „Da nun dergleichen Ordnung sich im Traume nicht befindet, als wo vermöge der Erfahrung kein Grund anzuzeigen, warum die Dinge bei einander sind und so nebeneinander stehen, auch ihre Veränderungen auf einander erfolgen: so erkennt man hieraus deutlich, daß die Wahrheit vom Traume durch die Ordnung unterschieden sei. Und ist demnach die Wahrheit nichts anderes, als die Ordnung der Veränderung der Dinge ... Wer dieses wohl erwäget, der wird zur Genüge erkennen, daß ohne den Satz des zureichenden Grundes keine Wahrheit sein kann. Ja es erhellet ferner, daß man die Wahrheit erkennet, wenn man den Grund versteht, warum dieses oder jenes sein kann, das ist die Regel der Ordnung, die in denen Dingen und ihren Veränderungen anzutreffen[1])". Die rationale Verknüpfung der

---

[1]) Christian Wolff, Vernünftige Gedanken von Gott, der Welt und der Seele des Menschen, auch allen Dingen überhaupt, Halle 1720, § 142—145. — Vgl. hrz. z. B. Bülffinger, Dilucidationes philosophicae de Deo, anima humana, mundo et generalibus

Dinge, wie sie durch den Satz vom Grunde bezeichnet wird, ist somit kein abgeleitetes Ergebnis, sondern sie ist die fundamentale Bedingung, unter der von einer gegenständlichen Erkenntnis überhaupt erst die Rede sein kann. Die „Objektivität" wurzelt nicht in der Sinneswahrnehmung, sondern in den Gesetzen des Denkens, die den Zusammenschluß aller besonderen Phänomene zu einer systematischen Einheit verbürgen[1]). Der Satz des Widerspruchs und der Satz vom zureichenden Grunde sind der Quell der „transzendentalen Wahrheit" in den Dingen, wie der logischen Wahrheit in unseren Aussagen. Gäbe es keine notwendigen und unabänderlichen Zusammenhänge, denen die O b j e k t e in ihrer Verknüpfung unterstehen, so besäßen wir keinerlei Recht, einem bestimmten Subjekt ein bestimmtes Prädikat als ihm wesentlich zugehörig zuzuschreiben, — so müßte jedes Urteil sich auf die Konstatierung augenblicklich gegebener Bewußtseinszustände beschränken, statt eine für alle Zeiten und alle denkenden Individuen gültige Beziehung auszusprechen[2]). Die Möglichkeit der Wissenschaft wäre damit aufgehoben[3]), und sofern überhaupt eine Art „Wirklichkeit" zurückbliebe, so wäre sie eine bloße Schlaraffen- und Fabelwelt, in der Jegliches aus Jeglichem entstehen und zu Jeglichem werden könnte[4]). So wird hier die logische Wahrheit der „transszendentalen" untergeordnet: die letztere selbst aber besitzt ihren Halt und Ursprung im „göttlichen Verstande", der, wie weit er immer über den unseren erhaben

---

rerum affectionibus, Tüb. 1725, Sect. II, cap. 2, § 162; Georg Friedrich M e i e r , Metaphysik, Erster Teil, Halle 1755, § 33, 89, 91 u. s.

[1]) S. hrz. u. zum Folgenden: Edmund K ö n i g , Über den Begriff der Objektivität bei Wolff u. Lambert, mit Beziehung auf Kant. Ztschr. f. Philosophie. Bd. 85, S. 292 ff.

[2]) W o l f f , Philosophia Prima sive Ontologia, Francof. et Lips. 1730, § 499: „Si nulla datur in rebus veritas transscendentalis, nec datur veritas logica propositionum universalium, nec singularium datur, nisi in instanti."

[3]) Ontologia, § 501.

[4]) Zum Begriff des „mundus fabulosus" („das Schlaraffenland") s. Ontologia, § 77 u. 493; sowie Georg Fr. M e i e r , Metaphysik, Erster Teil, § 92.

gedacht werden mag, mit ihm doch in seinen allgemeinsten Grundregeln als wesensgleich gilt¹). Die Welt der Dinge, die selbst aus einem höchsten geistigen Prinzip herstammt, ist den Gesetzen unseres Begreifens durchaus gemäß. Erst in diesem vermittelnden Gedanken gewinnt Wolffs Rationalismus seine Universalität und seine Geschlossenheit. Wahr ist, was aus dem B e g r i f f einer Sache als notwendig eingesehen werden kann: denn der Urbegriff, der „conceptus primus" eines Dinges ist zugleich das Vorbild, nach welchem es geschaffen und nach welchem über seine Zulassung zur Wirklichkeit bestimmt worden ist²).

Der Widerspruch gegen diese Gesamtkonzeption tritt innerhalb der deutschen Philosophie anfangs nur an wenigen Stellen hervor; aber er gewinnt immer mehr an Stärke und Ausbreitung. Es ist vor allem A n d r e a s R ü d i g e r, der in seiner logischen Hauptschrift „de sensu veri et falsi" den Kampf aufnimmt. Der reine Begriff kann — wie er ausführt — niemals die E x i s t e n z einer Sache verbürgen; vielmehr können wir die Gewähr hierfür lediglich dem Eindruck der Sinne entnehmen³). Die gewöhnliche Definition der Wahrheit: daß sie nämlich die Übereinstimmung unserer Gedanken mit den D i n g e n sei, ist daher falsch und irreführend; denn sie setzt voraus, daß wir unmittelbar die W e s e n h e i t der Dinge besitzen und an ihr das Recht unserer Vorstellungen messen können. Stellen wir uns dagegen auf den tatsächlichen Standpunkt unserer Erkenntnis, so kann die logische Wahrheit uns nichts anderes bedeuten, als

---

¹) S. Ontologia, § 502.
²) Vgl. D a r j e s , Elementa Metaphysices (ed. nova: Jenae 1753), Philos. prima, § 188: „Est ergo veritas in genere convenientia eorum, quae simul ponuntur. Quare cum metaphysici sit, ut de iis, de quibus dicit, dicat qua talibus; de objecto vero qua tali dicere idem sit, ac in iis quae de eodem dicuntur nil supponere, quam ipsius n o t i o n e m, patet veritatem metaphysicam quae etiam transscendentalis dicitur esse convenientiam eorum, quae de re dicenda, cum ipsius notione seu conceptu primo."
³) A n d r e a s R ü d i g e r , De sensu veri et falsi (zuerst: Halle 1709), Editio altera, perpetuis scholiis auctior, Lips. 1722, Lib. I, cap. 2, § 17 (S. 39 f.).

die Übereinstimmung unserer Begriffe mit den sinnlichen Wahrnehmungen, die für uns das höchste Prinzip der Gewißheit sind.[1]) Auch die Methode der Mathematik — und das ist ein entscheidender Einwand, durch den der Rationalismus in seiner Grundanschauung getroffen werden soll — bietet uns keinerlei neue und spezifische Quellen der Gewißheit dar. Die Wurzeln dieser Methode liegen nicht, wie man fälschlich annimmt, in der Syllogistik, sondern in der direkten sinnlichen Anschauung. Dies gilt nicht nur von ihren Grundbegriffen, die wie alle abstrakten Ideen zuletzt auf die Empfindung zurückgehen, sondern — was hier den Ausschlag gibt — von ihrem eigentlichen Beweis- und Schlußverfahren. Denn alle mathematischen Schlußweisen lassen sich zuletzt auf den einzigen A k t d e s Z ä h l e n s reduzieren; dieser aber ist notwendig sinnlicher Natur, da er sich auf konkrete Einzelelemente stützt, die als solche nur durch die Empfindung gegeben werden können[2]). Und noch deutlicher als in der Algebra tritt dieses sinnliche Moment in der reinen Geometrie hervor, deren ganze Aufgabe sich darin erschöpft, die tatsächlichen Beschaffenheiten der wahrnehmbaren Figuren, die sich wegen ihrer Mannigfaltigkeit auf den ersten Blick

---

[1]) R ü d i g e r, a. a. O., Lib. I, cap. 1, § 8—12 (S. 25 ff.); vgl. bes. Kap. 3: De sensione, veritatis primo principio et ultimo criterio (S. 57 ff.), sowie die „Disputatio de eo quod omnes ideae oriuntur a sensione." Lips. 1704.

[2]) „Omnis quidem ratiocinatio, quantum ad primam sui originem, sensualis est, adeoque mathematica h o c r e s p e c t u minime sensualis dicitur, s e d a m o d o c o n c l u d e n d i, qui in sola hac ratiocinatione sensualis est... Omnes enim partes matheseos ex arithmetica et geometria procedunt. Sed et modus argumentandi in geometria non alius est, quam arithmeticus, quoniam et magnitudines numerando mensurantur, ut adeo tota mathesis, si modum argumentandi respicias, recte ad arithmeticam referatur... Omnis autem numeratio est individuorum, quatenus eorum termini sensu percipiuntur: hi quippe termini sunt principia numerationis, h. e. verae et reales unitates. Ergo omnis numeratio est sensualis: universus autem modus ratiocinationis mathematicae est numeratio, ergo universus iste modus est sensualis." R ü d e r, a. a. O., Lib. II, cap. IV, S. 283, Anm. a); vgl. das ganze Kapitel: De ratiocinatione sensuali seu mathematica, ἀσυλλογίστως.

nicht sogleich erfassen lassen, zu sammeln und übersichtlich zu gruppieren. Wenn in der Syllogistik aus e i n e m Satze deduktiv eine Folge von anderen entwickelt wird, so schreitet hier die Untersuchung in entgegengesetzter Richtung fort, indem eine M e h r h e i t anschaulich gegebener Tatsachen in einen einheitlichen Gesamteindruck vereinigt und zusammengezogen wird. Ist dies aber einmal erkannt, so ergibt sich klar, daß die Philosophie von der Anwendung der mathematischen Methode keinerlei wesentliche Fortschritte zu gewärtigen hat. Was sie von der Mathematik zu lernen hat, beschränkt sich lediglich auf die äußere Form der Darstellung und Anordnung, während sie ihrem eigentlichen sachlichen Ziele nach wie in den Mitteln, mit denen sie es zu erreichen strebt, von ihr prinzipiell abweicht[1]).

Wenn hier die Trennung von philosophischer und mathematischer Methode nur dadurch erkauft werden kann, daß die letztere selbst ihren eigentümlichen logischen Wert einbüßt, so erfährt bei Rüdigers Schüler und Nachfolger, bei Christian August C r u s i u s , das Problem eine tiefere Fassung. Der Grundgegensatz zwischen den beiden Hauptrichtungen der deutschen Philosophie tritt sogleich scharf und bestimmt zu Tage, wenn Crusius gegen Leibniz und Wolff ausspricht, daß man, sobald das Kriterium der Wahrheit unserer Erkenntnis nur in ihrer f o r m a l e n inneren Übereinstimmung gesucht werde, über bloßen B e z i e h u n g e n zuletzt allen materialen Gehalt des Seins verliere. Alles „Kernichte und Positive in den ersten menschlichen Begriffen" werde durch dieses System aufgehoben und statt dessen alles „auf Schrauben und relativische in einen Zirkel zusammenlaufende Begriffe" gesetzt. „Denn wenn das Wesen

---

[1]) „Ex hoc patere exemplo potest, quid distet ratiocinatio haec mathematica ab ideali syllogistica. In hac enim ex una propositione elicitur alia, in illa ex multis una conficitur. Plures enim illae circumstantiae sensuales singulam conclusionem faciunt. Porro in illa per assumptionem aut transsumptionem ideae argumentamur: hic nulla nova assumitur idea; sed per conjunctionem plurium illarum circumstantiarum sensualium conclusio n u m e r a n d o , n o n s u b s u - m e n d o . . . exurgit" (A. a. O., S. 285 f.; s. ferner S. 296, Anm. f.) u. Lib. II, cap. 3: De veritate ratiocinativa in genere.

der einen Monade darinnen besteht, daß sie sich die andere vorstellet und das Wesen der anderen darinnen, daß sie sich die erste vorstellet: So ist ja noch vor das Wesen keiner von beyden ein absoluter Begriff angegeben. Wenn das g a n z e Wesen derselben darinnen bestehen soll, so ist auch keiner möglich. W o a b e r n i c h t s a b s o l u t e s i s t, d a i s t e s a u c h w i d e r s p r e c h e n d, e t w a s r e l a t i v i s c h e s z u s e t z e n"[1]). Der Grund und Urbegriff der Existenz läßt sich daher niemals in bloße Beziehungen auflösen, sondern er beruht auf einer schlechthin einfachen, nicht weiter zurückführbaren Setzung. Statt mit „möglichen Begriffen" zu beginnen und von hier aus — wie Wolff es tut — durch fortschreitende logische Determinationen das Wirkliche bestimmen zu wollen, müssen wir vielmehr den umgekehrten Weg einschlagen. „Es verdienet angemerket zu werden, dass, ungeachtet in dem B e g r i f f e des Möglichen weniger ist, als in dem B e g r i f f e des Wirklichen, dennoch der Begriff des Wirklichen sowohl der Natur nach, als unserer Erkenntnis nach, eher sei, als der Begriff des Möglichen. Ich sage erstlich, daß er d e r N a t u r n a c h eher sei. Denn wenn nichts Wirkliches wäre: So wäre auch nichts Mögliches, weil alle Möglichkeit eines noch nicht existierenden Dinges eine Causalverknüpfung zwischen einem existierenden und zwischen einem noch nicht existierenden Dinge ist. Ferner ist auch unserer Erkenntnis nach der Begriff des Wirklichen eher, als der Begriff des Möglichen. Denn unsere ersten Begriffe sind existierende Dinge, nemlich Empfindungen, wodurch wir erst hernach zu dem Begriffe des Möglichen gelangen müssen." Die bloße Tatsache, daß ein Begriff sich nicht widerspricht und somit in sich selbst formal einstimmig ist, enthält für sich allein nicht den mindesten Hinweis auf irgendein D a s e i n außer ihm; vielmehr quillt die Anzeige und der Beweis des Seins aus völlig andersartigen Voraussetzungen. „Wenn eine Substanz existieren soll, so muß sie unmittelbar

---

[1]) Chr. Aug. C r u s i u s , Entwurf der nothwendigen Vernunftwahrheiten, wiefern sie den zufälligen entgegengesetzet werden. (Dritte Aufl.: Lpz. 1766; zuerst: Lpz. 1745), § 423; vgl. bes. die „Vorrede zur andern Auflage".

in einem **irgendwo** und zu einer **Zeit** existieren. Wenn also die Möglichkeit einer Substanz nichts der Existenz widersprechendes in sich haben soll: So wird Raum und Zeit in dem weitesten Verstande schon voraus gesetzt, und für bekannt angenommen, und es ist ein Teil von dem, was zur Möglichkeit einer Substanz erfordert wird. Ferner wenn ein noch nicht existierendes Ding wahrhaftig möglich sein soll: So wird in einem andern existierenden Dinge schon etwas vorausgesetzt, wodurch es ihm, vermittelst einer **Causalität**, die Wirklichkeit geben kann, und welches eben die Kraft dazu heisset. Daher sind **Kraft, Raum und Zeit** die Teile, welche zu der vollständigen Möglichkeit eines gedachten Dinges gehören"[1]).

So fruchtbar diese Gedanken für eine allgemeine Erkenntniskritik sind, so wenig vermag freilich Crusius das Problem, das er aufwirft, selbst zur Lösung zu bringen. Er erkennt, daß das **Denken**, so lange es lediglich unter der Herrschaft und Leitung des Satzes des Widerspruchs steht, unfruchtbar und zur Gestaltung des Erfahrungsgegenstandes unzureichend bleibt. Aber er besitzt kein anderes Mittel, um diese Lücke zu füllen, als die Berufung auf die „einfache" Sinnesempfindung. Damit aber greift er auf eine Anschauung zurück, der durch die psychologische Analyse bereits der Boden entzogen war und die somit jetzt im Kampf gegen das rationalistische System der Erkenntnis keinen festen Stützpunkt mehr zu bieten vermag. Daß die **Kraft**, die hier neben Raum und Zeit als die eigentliche „Erfüllung der Möglichkeit" bezeichnet wird, uns direkt durch die Wahrnehmung verbürgt werde: diese Behauptung stellt nach **Humes** Untersuchungen nur noch einen Anachronismus dar. So muß sich hier das Problem erneuern und verschärfen. Die naive Anschauung, daß unsere ersten Empfindungen die Gewißheit des äußeren Daseins **unmittelbar** in sich tragen, ist durch die Fortschritte der psychologischen Erkenntnistheorie selbst hinfällig geworden. Der Begriff des Gegenstandes — dies ist auch

---

[1]) **Crusius**, Entwurf der nothw. Vernunftwahrheiten, § 57 und 59.

hier sicher erkannt — ist kein ursprünglicher und selbstverständlicher Besitz, sondern er entsteht uns erst als Abschluß eines komplizierten Bewußtseinsprozesses, in welchem wir die gegebenen Impressionen formen und umdeuten. Nur über die M i t t e l , die wir bei dieser Deutung verwenden, nicht über das Faktum selbst kann fortan Streit herrschen. So entsteht nunmehr eine doppelte gedankliche Bewegung, die von verschiedenen Seiten her auf ein und dasselbe Ziel hinweist. Dem Rationalismus ist die Aufgabe gestellt, seine allgemeinen Prinzipien zu immer größerer Bestimmtheit zu entwickeln, damit sie den Forderungen, die der konkrete Gegenstand der Physik stellt, immer vollkommener zu genügen vermögen, — während auf der anderen Seite in dem, was man bisher als eine einfache Leistung der Empfindung hinzunehmen pflegte, immer schärfer der Anteil anderer Faktoren und ,,Vermögen" ans Licht gestellt werden muß.

In der Richtung auf diese Aufgabe liegt auch Crusius' eigene und positive Leistung. Der eigentliche Gegensatz zwischen der Logik der Schule und der Logik der empirischen Wissenschaft kam, wie wir uns erinnern, am Problem der D e f i n i t i o n zum Austrag. Wenn vom Standpunkt der Ontologie die Definition das Wesen des Gegenstandes selbst enthalten sollte, so wurde sie auf der Gegenseite nur als die Beschreibung eines psychologischen Faktums gefaßt. (Vgl. ob. S. 404 ff.) In die allgemeine Diskussion dieser Frage greift nunmehr Crusius ein. Es ist wie er ausführt ein vergebliches Bemühen, in der Ontologie mit der Erklärung der einfachen Begriffe zu beginnen, um von hier, im synthetischen Beweisgang, zur Aufstellung der zusammengesetzten Merkmale zu gelangen. Die primitiven Grundbegriffe lassen sich nicht durch Genus und spezifische Differenz definieren, sondern sie lassen sich nur als ein tatsächlicher Bestand, der in alle unsere komplexen Bewußtseinsinhalte eingeht, a u f z e i g e n und vor Augen legen. Wir gelangen zu ihnen nicht kraft logischer Setzung, der immer der Schein der Willkür anhaften bliebe, sondern kraft der Zerlegung g e g e b e n e r Vorstellungen. ,,So muß man merken, daß die einfachsten Begriffe selbst sich nicht anders, als durch die analytische Art des Nachdenkens deutlich machen lassen. Man kann bei denselben nichts weiter thun und darf auch nichts mehr verlangen, als daß man die Art und Weise erkläre, wie man zu den einfachen Begriffen gelange, das ist, wie einem, der auf alles genau Acht hat, bei der fortgesetzten Zergliederung der zusammengesetzten Dinge, die unsere Sinne rühren, endlich die einfachsten Begriffe übrig bleiben."

So ist denn auch die Gewißheit und „Deutlichkeit", die den Grundlagen der Ontologie zukommt, von völlig eigentümlicher Art und läßt sich weder mit der „gemeinen Deutlichkeit", die unseren sinnlichen E m p f i n d u n g e n anhaftet, noch mit der Deutlichkeit, die die sonstigen abstrakt-wissenschaftlichen B e g r i f f e besitzen, auf eine Stufe stellen. Von der letzteren unterscheidet sie sich dadurch, daß eine erschöpfende Definition, die in der Aufzählung der verschiedenen Teile und Merkmale des Begriffs bestünde, hier unmöglich ist, — von der ersteren dadurch, daß ein besonderes Verfahren der Abstraktion erfordert wird, um sich ihrer zu versichern. „Die dritte Art von Deutlichkeit entsteht dadurch, daß man bei der Zergliederung derer aus den Sinnen kommenden zusammengesetzten Begriffen Achtung gibt, wie aus den zusammengesetztern die einfachern herauskommen, indem man dasjenige, was nicht dazu gehöret, dergestalt hinwegnimmt, daß in Gedanken nichts mehr übrig bleibt, als was dazu gehöret. Diese Deutlichkeit kann man im engeren Verstande die l o g i k a l i s c h e D e u t l i c h k e i t oder die D e u t l i c h k e i t d e s A b s t r a k t i o n s w e g e s nennen.... Die deutliche Erkenntnis des menschlichen Verstandes endiget sich unten nothwendig in die gemeine und oben in die logikalische Deutlichkeit. Denn wir müssen unsere Erkenntnis von den Sinnen anfangen, da wir also auf Begriffe kommen, die unauflöslich sind und die nicht mehr als die gemeine Deutlichkeit haben können. Durch fortgesetztes Nachdenken können diejenigen, die Verstand und Fleiß genug haben, bis auf die einfachsten Begriffe durchdringen, welche aber eben ihrer Einfachheit wegen dem Verstande nicht durch Zergliederung ihrer selbst, sondern nur durch Zergliederung des G a n z e n , in welchem sie angetroffen werden, können deutlich gemacht werden. Weil demnach diese beyden **extrema** der menschlichen Erkenntnis nicht so mit sich umgehen lassen, wie der ganze zwischen ihnen befindliche Zwischenraum so vieler gelehrter Wissenschaften, darinnen man die Begriffe durch Zergliederung deutlich zu machen gewohnt ist, so wissen sich manche nicht recht darein zu finden. Denn einige, wenn sie sehen, daß sich bei den extremis der menschlichen Erkenntnis nicht eben die Art von Deutlichkeit anbringen lasse, an welche sie in den anderen Wissenschaften gewöhnt sind, klagen sogleich über eine allgemeine Dunkelheit, welche sich zuletzt in aller menschlichen Erkenntnis befände. Andere aber, indem sie diesem Vorwurf ausweichen wollen, schmähen ziemlich unbedachtsam auf die Sinne. Sie wollen lauter Begriffe haben, die der Verstand aufgelöst hat. Wenn sie an die obersten Grenzen aller menschlichen Erkenntnis gekommen sind, so wollen sie die einfachen Begriffe ebenfalls durch eine fernere Auflösung definieren und deutlich machen. Notwendig müssen sie sich aber alsdann in einem Wirbel herumdrehen und können nicht weiter kommen. Sie flechten und wirren eins in das andere und definieren erst dieses durch jenes, und hernach jenes durch dieses. Weil sie die rechte Methode, einfache Begriffe deutlich zu machen, aus der Acht lassen: so verfallen sie dabei auf bloß relativische und negativische Begriffe, wobei sie aber das absolute und positive aus der Acht lassen und nichts als pure Cirkel und leere Worte übrig behalten[1]).„

Wir mußten diese Sätze von Crusius ausführlich wiedergeben, weil sie es sind, die den eigentlichen Anstoß zur Kritik der „geometrischen Methode" des Philosophierens gegeben haben. Innerhalb der deutschen Philosophie entsteht jetzt eine kräftige Gegenströmung gegen das herrschende Schulsystem. Die geschichtliche Wirkung, die Crusius' Lehre hier geübt hat, tritt nicht nur bei L a m b e r t und M e n d e l s-

---

[1]) Entwurf der nothw. Vernunftwahrheiten, § 7 u. 8; vgl. bes. C r u s i u s , Weg zur Gewißheit und Zuverlässigkeit der menschlichen Erkenntnis, Lpz. 1747, § 172 f. (Man vgl. hiermit die Bestimmungen R ü d i g e r s , De sensu veri et falsi, S. 285, § 2, Anm. u. S. 296, § 2 Anm.)

sohn, sondern vor allem auch in Kants vorkritischen Schriften deutlich hervor. Kant selbst gedenkt, in der Kontrastierung des mathematischen und metaphysischen Verfahrens, der „Methode dieser neuen Weltweisheit", die „in kurzem so berühmt geworden" sei, und „in Ansehung der besseren Aufklärung mancher Einsichten ein so zugestandenes Verdienst" besitze[1]). In der Tat mußte Crusius' Leistung innerhalb des engeren geschichtlichen Kreises, dem sie angehört, als ein entscheidender Fortschritt erscheinen: war doch hier zum ersten Male scharf hervorgehoben, daß die Philosophie die Begriffe der Einzelwissenschaften nicht willkürlich hervorzubringen, sondern als ein F a k t u m aufzunehmen habe, das es zu begründen und in seine Voraussetzungen aufzulösen gilt. Die einfachen und fundamentalen Prinzipien können uns nicht anders zum Bewußtsein kommen, als dadurch, daß wir sie an der empirischen Anschauung selbst als deren notwendige M o m e n t e und B e d i n g u n g e n aufweisen. Ohne diese beständige Beziehung auf den konkreten Gegenstand der Erfahrung müßte die philosophische Systematik der Begriffe ins Grund- und Bodenlose sinken. Und dennoch vermag Crusius' eigene Lehre die K o r r e l a t i o n zwischen Erfahrung und Denken, die sie fordert, nicht klar und einwandfrei zu begründen. Wer nur aufmerksam und scharfsinnig genug wäre, der könnte — wie sie betont — „aus einem jedweden wirklich vorhandenen Dinge, das unseren Sinnen vorkommt, die ganze Ontologie abstrahieren[2])." Die einfachen Begriffe „stecken" in den Sinnendingen; es kommt nur darauf an, sie aus ihnen wiederum herauszuziehen und zu gesondertem Bewußtsein zu bringen. Aber das eigentümliche Verfahren dieser Reduktion bleibt in Dunkel gehüllt. Crusius gedenkt, trotz aller Hinneigung zum Empirismus, auf das allgemeine Ideal der Metaphysik nicht zu verzichten. Die Metaphysik ist ihm die „Lehre von den nothwendigen Vernunftwahrheiten, sofern sie den zufälligen entgegengesetzt werden"; sie will somit — wie im

---
[1]) K a n t, Untersuchung über die Deutlichkeit der Grundsätze der natürl. Theologie und der Moral (Akad.-Ausg. II, 293).
[2]) C r u s i u s, Entwurf d. nothw. Vernunftwahrheiten, § 8.

Anklang an die Leibnizische Spekulation ausgesprochen wird — nur solche Sätze enthalten, die bei Setzung einer j e d w e d e n Welt statthaben müssen. So ist sie es, die für die Kenntnisse, die wir in den übrigen Wissenschaften nur a posteriori erfassen, „die Gründe der Möglichkeit oder Notwendigkeit a priori" aufweist, wodurch die Erkenntnis derselben deutlicher und vollständiger wird[1]). Wie aber gelangen wir zu derartigen Grundwahrheiten von allgemeiner und notwendiger Geltung, da wir doch die Begriffe niemals für sich und losgelöst besitzen, sondern sie immer nur im konkreten Einzelbeispiel anschauen können? Wird nicht — da wir keinen andern Ausgangs- und Stützpunkt haben sollen, als die Empfindung — unser Wissen dadurch zu einem Inbegriff zufälliger Einzelsätze, die nur für diesen oder jenen bestimmten Zeitpunkt und unter diesen und jenen individuellen Umständen gültig sind? Auf diese Fragen findet Crusius' Philosophie keine endgültige Antwort: der vieldeutige Ausdruck der „Abstraktion", den sie gebraucht, b e z e i c h n e t mehr die Schwierigkeit, als daß er sie zur Lösung brächte.

Erwägt man diese Schranke, so tritt der Fortschritt, den L a m b e r t s Lehre vollzieht, erst in die rechte geschichtliche Beleuchtung. L a m b e r t nimmt in der Tat das Problem genau an demjenigen Punkte auf, an dem Crusius es verlassen hatte. Er selbst übernimmt von Crusius die allgemeinen Einwände, die dieser gegen Wolffs Methode gerichtet hatte: wie er ihn denn, neben D a r j e s, als einen der vorzüglichsten Erneuerer der Ontologie nennt[2]). Die Entwicklung der einfachen Begriffe und ihre Verknüpfung zu immer neuen zusammengesetzten Bildungen führt uns, so fruchtbar und notwendig sie ist, doch über den Bereich des bloß „Gedenkbaren" und Möglichen nirgends hinaus. „Von der F o r m allein — so schreibt Lambert an Kant — kommt man zu keiner M a t e r i e, und man bleibt im

---

[1]) S. die Vorrede zur ersten Auflage des Entwurfs u. § 1.
[2]) L a m b e r t, Anlage zur Architektonik oder Theorie des Einfachen und des Ersten in der philosophischen und mathematischen **Erkenntnis. 2 B. Riga 1771, § 11.**

Idealen und in bloßen Terminologien stecken, wenn man sich nicht um das Erste und für sich Gedenkbare der Materie oder des objektiven Stoffes der Erkenntnis umsiehet[1]." Bisher freilich ist man in der Grundlehre anders verfahren: „denn indem man von der Realität, wegen der Besorgnis des Scheines abstrahierte und anstatt von der Sache selbst hergenommene Axiomata zu gebrauchen, sich nur an Principia hielt, die nicht den Stoff, sondern nur die Form der Erkenntnis betrafen, so blieben höchstens nur Verhältnisbegriffe. Da sich aber aus bloßen Verhältnissen keine Sache bestimmen läßt, so war die Schwierigkeit immer noch ganz da, wie man nach der in der Ontologie angenommenen Ordnung zum Realen kommen könnte[2])." Die bloße Gesetzlichkeit der Verknüpfung, auf die Leibniz und Wolff sich berufen hatten, vermag diesem Problem nicht zu genügen. „In der Metaphysik hat man die metaphysische Wahrheit durch die Ordnung, die in den Dingen und ihren Teilen ist, definiert. Man sah nämlich, daß das logisch Wahre von dem Irrigen und Falschen, das metaphysisch Wahre aber von dem Traume müsse unterschieden werden. Diesen letztern Unterschied fand man nun fürnehmlich darin, daß das Geträumte weder unter sich, noch mit dem, was wir wachend erfahren, denjenigen Zusammenhang habe, den es haben würde, wenn es ein Stück der wirklichen Welt wäre... So hat man in dieser durchgängigen Ordnung das Wesentliche der metaphysischen Wahrheit gesucht, und diese durch die Ordnung in den Dingen definiert. Sie wird aber dadurch von der logischen Wahrheit noch nicht unterschieden, weil letztere ebenfalls eine complete Harmonie, Gedenkbarkeit und durchgängigen Grund und Zusammenhang hat. Was wir wachend sehen, empfinden, gedenken und vorstellen, läßt sich mit allem seinem Zusammenhange als gedenkbar ansehen, wenn auch nichts von demselben existierte. Demnach macht

---

[1]) Lambert an Kant (13. Nov. 1765), s. Kants Briefwechsel (Akad.-Ausg.) X, 49.
[2]) Lambert, Architektonik § 43.

dieser Zusammenhang den Beweis, daß es existieren könne, noch nicht vollständig, ungeachtet allerdings o h n e einen solchen Zusammenhang die Existenz oder das Existierenkönnen nicht angeht."

Die Widerspruchslosigkeit und innere Übereinstimmung ist somit nur die negative Bedingung des Daseins, während die positive „in dem Soliden und in den Kräften zu suchen ist". Erst in ihnen wird wahrhaft ein „reales kategorisches Etwas", wird somit das Fundament für alle Aussagen und Urteile über Existenz gesetzt[1]). Kräfte aber lassen sich nicht rein logisch ersinnen und ableiten, sondern wir sind zu ihrer Feststellung lediglich auf das unmittelbare — „Gefühl" verwiesen[2]). So bleibt alle Bestimmung der Existenz zuletzt der E r f a h r u n g eigen[3]): während jeder Versuch, dasjenige, was wir unter der Wirklichkeit eines Inhalts verstehen, auf abstrakt begriffliche Merkmale zurückzuführen, notwendig fehlschlägt. Wenn Lambert bis hierher Crusius bis ins Einzelne gefolgt ist, so sieht er sich indessen nunmehr vor eine neue und tiefere Frage gestellt. Das Problem der Existenz ist der E r f a h r u n g zur Lösung und Entscheidung übergeben; aber dieser Begriff fordert selbst eine schärfere Fassung. Besagt die Erfahrung nicht mehr als eine Summe sinnlicher Beobachtungen, oder wirken auch in ihr allgemeine gedankliche Gesichtspunkte und Maximen mit? So streng daran festzuhalten ist, daß lediglich die sinnliche Wahrnehmung uns die Kenntnis des Soliden und der Kräfte verschaffen kann und daß sie somit für die Begründung der Realität die erste und unentbehrliche Instanz darstellt: so fragt sich doch weiterhin, ob all unser Wissen von den B e z i e h u n g e n und V e r h ä l t n i s s e n der Kräfte rein auf empirischer Grundlage ruht. Die Dynamik als Wissenschaft setzt sowohl die Geometrie wie die reine Phoronomie,

---

[1]) Architektonik § 297 u. 304.
[2]) Architektonik § 94 u. 374; vgl. Neues Organon, Lpz. 1764, Alethiologie § 93, sowie die „Gedanken über die Grundlehren des Gleichgewichts und der Bewegung" (in den Beiträgen zum Gebrauche der Mathematik, Berlin 1765 ff.), § 3 u. 9.
[3]) Neues Organon, Dianoiologie § 660.

sie setzt somit zwei Grunddisziplinen voraus, in denen es sich nur um die Entwicklung „idealer" Möglichkeiten handelt, von jeder Existenz dagegen prinzipiell abgesehen wird. So stellt die Erkenntnis der Wirklichkeit ein eigentümliches Ineinandergreifen „apriorischer" und „aposteriorischer" Bestandteile dar, die es zunächst zu sondern und in ihrem gegenseitigen Verhältnis zu begreifen gilt.

Um die e i n f a c h e n Begriffe, die den Grundstock all unseres Wissens ausmachen, aufzuhellen, ist uns kein anderes Mittel gelassen, als sie wirklich zu „ g e b e n", d. h. als den Weg aufzuzeigen, auf dem das Subjekt sie sich zu erwerben und zu deutlichem Bewußtsein zu bringen vermag. L o c k e hat für diese Art der Erkenntnis die vorbildliche Methode geschaffen, indem er — ohne sich um die Definition der einzelnen Grundbegriffe weiter zu bemühen — einfach nur die Art der Empfindungen anzeigt, wodurch wir zu diesen Begriffen gelangen[1]). „Er ahmete den Zergliederern des menschlichen Leibes auch in der Zergliederung der Begriffe nach. Er nahm unsere Erkenntnis, so wie sie ist, vor sich, trennete darin das Abstrakte und eben daher bloß Symbolische von dem, was wirklich Begriff und klare Vorstellung heißt und beobachtete, welchen Sinnen und Empfindungen wir jede Arten von Begriffen zu danken haben und welche aus vermischten Empfindungen entstehen? Die Einfachen sonderte er von den übrigen aus und brachte sie in gewisse Klassen. Diese einfachen Begriffe setzete er dergestalt zur Grundlage jeder menschlichen Begriffe und Erkenntnis, daß, was nicht in dieselben aufgelöst werden kann, aus unserer Erkenntnis notwendig wegbleibet[2])." Gibt es somit keinen anderen Weg, um zur Tafel der Grundbegriffe zu gelangen, als dieses Verfahren der e m p i r i s c h e n Auslese, kraft dessen wir „die menschlichen Begriffe sämtlich durch die Musterung gehen lassen", so nimmt doch die Methode der Erkenntnis, n a c h d e m e i n m a l d i e s e B e g r i f f e g e w o n n e n u n d f e s t g e s t e l l t s i n d, eine andere

---

[1]) Architektonik § 51.
[2]) Architektonik § 9.

Wendung. Denn nunmehr können wir, ohne uns weiterhin irgendwie auf die Erfahrung berufen zu müssen, aus der Betrachtung dieser Begriffe selbst Folgerungen ziehen und Bestimmungen ableiten, die mit ihnen n o t w e n d i g verknüpft sind. So mag z. B. der Begriff der Ausdehnung immerhin aus den Sinnen stammen: der Geometer entwickelt nichtsdestoweniger, indem er ihn, ohne seiner Entstehungsweise weiter nachzufragen, als gegeben hinnimmt, aus ihm Sätze, denen unverbrüchliche und unabänderliche Wahrheit zukommt und die somit im strengen Sinne als „a priori" zu bezeichnen sind. Denn diese Bezeichnung betrifft nicht den Ursprung der einzelnen Vorstellung, die als S u b j e k t in das Urteil eingeht, sondern lediglich den Geltungscharakter des U r t e i l s s e l b s t. Eine Aussage besitzt apriorische Gültigkeit, wenn sie uns aus der erstmaligen Betrachtung des beurteilten Gegenstandes und seiner Beschaffenheit unmittelbar einzuleuchten vermag, wenn wir es also zu ihrer Begründung auf die Induktion, d. h. auf die Wiederholung gleichartiger Umstände „gar nicht ankommen zu lassen brauchen[1]." Wahrheiten dieser Art aber sind keineswegs — wie man häufig fälschlich angenommen hat — auf das Gebiet der mathematischen Disziplinen im herkömmlichen Sinne, also auf die Geometrie und Arithmetik, beschränkt: sondern j e d e einfache Vorstellung, wie immer sie beschaffen sein mag, kann zum Fundament apriorischer Sätze dienen, sofern wir lediglich dasjenige, was direkt in ihr selbst liegt und mit ihr gesetzt ist, fortschreitend entwickeln. Denn in jeder Mannigfaltigkeit — auch wenn ihre E l e m e n t e, wie es etwa bei den Farben und Tönen der Fall ist, nur sinnlich bestimmt sind, — lassen sich doch gewisse allgemeine B e z i e h u n g e n und V e r k n ü p f u n g e n feststellen, die sich rein aus der Betrachtung und Vergleichung der Inhalte selbst ergeben. Was Lambert hier vorschwebt, das läßt sich am besten etwa an dem Beispiel der „Farbengeometrie" erläutern und deutlich machen. Und an diesem Punkte gilt es nunmehr, Locke zu ergänzen,

---

[1] S. Dianoiologie § 639.

der die einfachen Begriffe, nachdem er sie einmal ausgesondert hatte, unberührt und ungenutzt liegen ließ, statt sie in die Folgerungen zu entfalten, die sich deduktiv aus ihnen gewinnen lassen. „Locke blieb bei seiner Anatomie der Begriffe fast ganz stehen und gebrauchte sie wenigstens nicht, soweit es möglich gewesen wäre. Es scheint ihm an der Methode, oder wenigstens an dem Einfalle gefehlt zu haben, d a s, w a s d i e M e ß k ü n s t l e r i n A b s i c h t a u f d e n R a u m g e t a n h a t t e n, i n A b s i c h t a u f d i e ü b r i - g e n e i n f a c h e n e b e n f a l l s z u v e r s u c h e n "[1]). Das echte Verfahren der Philosophie liegt daher zwischen dem Verfahren L o c k e s und demjenigen W o l f f s mitten inne: wenn wir jenem in der F e s t s t e l l u n g der einfachen Elemente folgen dürfe, so können wir von diesem die strenge logische Methode lernen, kraft deren erst der notwendige Z u s a m m e n h a n g zwischen ihnen hergestellt werden kann. „Es ist nicht genug, einfache Begriffe ausgelesen zu haben, sondern wir müssen auch sehen, woher wir in Ansehung ihrer Zusammensetzung a l l g e m e i n e M ö g - l i c h k e i t e n aufbringen[2])." d. h. wie wir aus der selbsttätigen Verknüpfung der primitiven, für sich „gedenkbaren" Begriffe universelle Regeln und Wahrheiten gestalten können.

Lamberts eigenartige Problemstellung ist damit in den allgemeinen Hauptzügen festgestellt. Was ihre schärfere historische Charakteristik sowie den Einblick in die Motive, die ihr zugrunde liegen, erschwert hat, ist der Umstand, daß sie in ihrer näheren geschichtlichen Umgebung kein eigentliches Analogon besitzt. Wenn man bisher fast allgemein gewohnt war, Lambert als einen unmittelbaren Vorgänger K a n t s zu betrachten und zu beurteilen, so hat eine tiefere Untersuchung seiner Lehre neuerdings diese Anschauung berichtigt. Die „objektiv einfachen Begriffe", um deren Feststellung er sich bemüht, decken sich in keiner Weise mit den Kategorien Kants: denn wenn letztere die allgemeinen f o r m a l e n Regeln sind, die unsere wissen-

---

[1]) Architektonik § 10.
[2]) Alethiologie § 29; vgl. bes. die Vorrede zum „Neuen Organon".

schaftliche Erfahrung erzeugen und gestalten, so bilden jene den materialen Grundstoff des Wissens, den wir unmittelbar aus der Empfindung oder Anschauung entnehmen[1]). So können bei Lambert die Farben- und Geschmacksqualitäten unter die „einfachen" Begriffe gerechnet und in dieser Hinsicht mit Ausdehnung und Dauer auf eine Stufe gesetzt werden[2]). Dennoch ist es irrig, die Erfahrungslehre Lamberts lediglich als eine eklektische Mischung aus Bestandteilen des Lockeschen und Wolffischen Systems zu betrachten; vielmehr ist es ein eigentümlicher und neuer Gesichtspunkt, den sie in die Entwicklung des Erkenntnisproblems einführt. Das wesentliche Interesse Lamberts ist weder der Psychologie, noch der Erkenntniskritik zugewandt, sondern es liegt in der Richtung auf dasjenige, was man neuerdings als „Gegenstandstheorie" zu bezeichnen und abzugrenzen versucht hat. Wir können Inhalte, ohne ihrem psychologischen Ursprung nachzuforschen und ohne danach zu fragen, ob ihnen irgend eine reale E x i s t e n z entspricht, lediglich in ihrem unmittelbaren Bestande auffassen, um an ihnen bestimmte allgemeingültige Relationen zu entdecken und damit dasjenige, was an ihnen a priori und ohne Rücksicht auf die induktive Sammlung der Einzelfälle erkennbar ist, gleichsam „herauszupräparieren"[3]). Indem wir irgend eine einfache Vorstellung erfassen, ist uns zugleich mit ihr ein reicher Inhalt notwendiger Sätze und Wahrheiten implicit mitgegeben. Wenn wir, um uns den Inhalt der Vorstellung selbst zum Bewußtsein zu bringen, auf die Vermittlung der Erfahrung angewiesen waren, so kann dennoch das Urteil, das wir an diese Vorstellung anknüpfen, jeglichen weiteren Rekurs auf sie entbehren. „Denn da sich die Möglichkeit eines Grundbegriffes zugleich mit der Vorstellung aufdringt, so wird er von der Erfahrung dadurch ganz unabhängig,

---

[1]) S. hierüber: Otto B a e n s c h , Johann Heinrich Lamberts Philosophie und seine Stellung zu Kant, Tüb. u. Lpz. 1902, bes. S. 75 f.
[2]) Alethiologie § 28.
[3]) Man vgl. bes. die Ausführungen der Dianoiologie § 634 ff. mit Meinongs Schrift „über die Erfahrungsgrundlagen unseres Wissens", Berlin 1906, § 1.

so daß, wenn wir ihn auch schon der Erfahrung zu danken haben, diese uns gleichsam nur den Anlaß zu dem Bewußtsein desselben gibt. Sind wir uns aber einmal desselben bewußt, so haben wir nicht nötig, den Grund seiner Möglichkeit von der Erfahrung herzuholen, weil die Möglichkeit mit der bloßen Vorstellung schon da ist. Endlich, wenn uns die Grundlage der Möglichkeit der Zusammensetzung bekannt ist, so sind wir auch imstande, aus diesen einfachen Begriffen zusammengesetzte zu bilden, ohne sie von der Erfahrung herzuholen. Demnach wird unsere Erkenntnis auch hierin im strengen Verstande a priori[1]."

Die Schwierigkeiten in der Verhältnisbestimmung des a priori und a posteriori aber sind auch jetzt noch nicht behoben. Wir stehen vor zwei verschiedenen und, wie es scheint, völlig heterogenen Weisen der Erkenntnis: wir besitzen eine Klasse von Urteilen, die auf jede Setzung von E x i s t e n z verzichten, die damit aber eine um so höhere Gewißheit und Notwendigkeit erlangen; während auf der andern Seite Aussagen über die wirkliche Beschaffenheit der Dinge stehen, die indessen stets bloß empirische und zufällige Geltung beanspruchen können. Und dennoch kann dieser Gegensatz kein ausschließender sein sollen: denn wäre er es, so wäre damit jede Möglichkeit einer T h e o r i e der Natur aufgehoben. Unsere wissenschaftliche Erkenntnis der Natur steht genau an demjenigen Punkte, an dem die beiden Arten des Urteils, die von verschiedenen Zentren ihren Ausgang nehmen, sich begegnen und einander berühren. Eine reine Theorie des „Gedenkbaren" muß jeder Feststellung und Sammlung von Tatsachen zur Leitung und Richtschnur dienen. Wir können die E r f a h r u n g nicht verstehen und beherrschen, wenn wir nicht zuvor das „R e i c h d e r W a h r h e i t" entwickelt haben, das sich aus der systematischen Verknüpfung der einfachen Begriffe ergibt. „Wir betrachten demnach hier" — so formuliert Lambert die Aufgabe seiner „Alethiologie" — „das ganze System aller B e g r i f f e , S ä t z e und V e r -

---

[1] Dianoiologie § 639.

hältnisse, die nur immer möglich sind, als bereits in seiner Verbindung und Zusammenhange, und sehen das, so wir etwann bereits davon wissen, als Teile und einzelne Stücke dieses Systems an, weil wir auf diese Art, so oft wir neue Stücke finden und mit den bereits gefundenen zusammenhängen wollen, den Grundriß des gesamten Gebäudes vor Augen haben und jede einzelne Stücke danach prüfen können[1]."
Schon die Konstatierung einer einfachen Tatsachenwahrheit kann somit nicht in der Art gedacht werden, daß damit dem vorhandenen Wissensschatze ein neues Ergebnis lediglich von außen her zuwächst; vielmehr ist der neue Wissensinhalt bereits durch die inneren Bedingungen des allgemeinen Systems des Wissens und durch seine deduktive Gliederung mitbedingt. Wir dürfen die komplexen Begriffe weder willkürlich ersinnen, noch können wir sie etwa unmittelbar der Beobachtung entnehmen: sondern wir müssen sie synthetisch aus ihren Grundelementen hervorgehen lassen. Nur diejenigen Begriffe, die wir auf diese Weise in stetigem Fortgang erzeugt haben und deren innerer Widerspruchslosigkeit wir uns hierbei bewußt geworden sind, dürfen wir zur Anknüpfung wissenschaftlicher Sätze und Urteile brauchen. Die zusammengesetzten Begriffes kommen somit „im Reiche der Wahrheit als P r ä d i k a t e vor, ehe sie als S u b j e k t e vorkommen", sofern nämlich „die Möglichkeit der Zusammensetzung eines Begriffes, ehe derselbe als Subjekt vorkommt, bereits schon erwiesen sein muß[2])."

Von den Einteilungen der Dinge in Arten und Gattungen, wie sie die schulmäßige Ontologie vornimmt, ist dieser streng gesetzliche Aufbau aus den „einfachen und unbedingten Möglichkeiten", durch einen charakteristischen Unterschied getrennt. Wenn man dort durch W e g l a s s e n der individuellen Merkmale der Dinge zu immer abstrakteren, dadurch aber auch zu immer inhaltsärmeren Klassen aufsteigt, so geht man hier von einem einfachen Falle aus und fügt sodann, indem man fortschreitend immer weitere und

---

[1]) Alethiologie § 160.
[2]) Alethiologie § 241.

kompliziertere Bedingungen in den Kreis seiner Betrachtung zieht, dem anfänglichen Begriff i m m e r n e u e B e s t i m m u n g s s t ü c k e h i n z u. Die allgemeinen Formeln, zu denen man auf diese Weise gelangt, werden freilich immer zusammengesetzter, aber sie besitzen den Vorzug, das Besondere nicht von sich auszuschließen, sondern es unmittelbar in sich zu bergen, so daß man es aus ihnen jederzeit wieder zurückgewinnen kann. Die Mathematik kann, „wie in allem, was Methode heißt, so auch hierin den Philosophen mit einem guten Beispiele vorangehen... Die Mathematiker suchen nämlich allerdings auch ihre Begriffe, Sätze und Aufgaben allgemeiner zu machen, allein dies geschieht nicht so, daß sie im Abstrahieren bald alles wegließen, sondern sie nehmen ehender noch mehr Umstände dazu... Hingegen wird bei dem philosophischen Abstrahieren von den spezialen Begriffen desto mehr ganz weggelassen, je abstrakter oder je allgemeiner man sie machet. Und dieser Weg ist dem erstbeschriebenen so entgegengesetzt, daß die Mathematiker ihre Begriffe und Formeln mit vieler Mühe und Sorgfalt allgemeiner machen, um die spezialeren nicht nur alle zu haben, sondern sie leicht daraus herleiten zu können; den Philosophen hingegen das Abstrahieren sehr leicht, dagegen aber die Bestimmung des Spezialen aus dem Allgemeinen desto schwerer wird. Denn bei dem Abstrahieren lassen sie alles Speziale dergestalt weg, daß sie es nachher bald nicht mehr wiederfinden und noch weniger die Abwechslungen, die es leidet, genau abzählen können[1]."

Kraft der angegebenen Methode der Verknüpfung des Einfachen werden nun zunächst drei ideale Grundwissenschaften erschaffen, in denen wir es mit nichts anderem als mit der Entwicklung unserer eigenen Vorstellungen zu tun haben und die insofern ein „Werk des reinen Verstandes" sind[2]. Die idealen Begriffe des Raumes und der Zeit werden zur Grundlage für die streng apriorischen Disziplinen der G e o m e t r i e, der C h r o n o m e t r i e und der P h o -

---

[1]) Architektonik § 193 ff., § 197; Dianoiologie § 110.
[2]) Neues Organon: Phaenomenologie § 120.

r o n o m i e. Die Geometrie fordert keine andere Möglichkeit, als die einer geraden Linie und ihrer Lage um einen Punkt herum, um sogleich Winkel, Zirkel und Sphären zu konstruieren; — die Chronometrie fordert nichts, als den einförmigen Lauf der Zeit, um damit ihre Zyklen und Perioden zu errichten; die Phoronomie endlich nimmt Raum und Zeit zusammen, um auf ihnen die allgemeine Theorie der Bewegung, Geschwindigkeit und Translation bewegter Punkte aufzubauen[1]). Ist dies geschehen, so besitzen wir den festen Maßstab, mit dem wir nunmehr an die physikalische und astronomische E r f a h r u n g herantreten. Findet es sich, daß irgend ein Inhalt der Beobachtung mit einer der zuvor betrachteten Möglichkeiten, die „im Reich der Wahrheit" ihre festumschriebene Stelle besitzt, zusammentrifft: so haben wir jetzt und erst jetzt das Recht, von einer T a t s a c h e im Sinne der Wissenschaft zu sprechen. Der Satz, daß die Bestimmung der Existenz der Erfahrung eigen sei, hat sich nun geklärt: das Sein wird nicht schlechthin durch die einzelne sinnliche Empfindung, sondern durch ihre Übereinstimmung mit den allgemeinen und idealen Vernunftsätzen bestimmt und begründet. Freilich bildet die vollständige Deckung zwischen dem Bereich der beobachteten Tatsachen und dem der a priori erwiesenen Regeln ein I d e a l, das auf keiner Stufe der Betrachtung als gänzlich erfüllt anzusehen ist. Zwischen beiden Arten der Erkenntnis bleibt schließlich immer ein A b s t a n d bestehen, „den wir durch kein bekanntes Maß ausdrücken oder uns vorstellen können, ungeachtet es uns in vielen Fällen möglich bleibt, beide durch schlüssige Ketten von mehr oder minder Gliedern zusammenzuhängen[2])."

Mit so ausgezeichneter Klarheit indessen Lambert hier den Doppelweg der theoretischen Naturwissenschaft, an deren Entwicklung er selbst produktiven Anteil hat, beschreibt, so bleibt doch vom philosophischen Standpunkt aus noch

---

[1]) Dianoiologie § 658 ff.; Alethiologie § 127 ff.; Architektonik § 79 bis 85. — Vgl. bes. die Gedanken über die Grundlehren des Gleichgewichts u. der Bewegung, § 2.
[2]) Alethiologie § 66.

die entscheidende Hauptfrage zurück. Ist diese Harmonie zwischen Erfahrung und Begriff, die für alle gültigen Urteile über die Wirklichkeit der Dinge erfordert wird, lediglich einem glücklichen Zufalle zu danken, oder besitzen wir für sie eine objektiv notwendige Gewähr? Gibt es eine zwingende Erklärung dafür, daß die beiden verschiedenen Wege, die völlig unabhängig nebeneinander herlaufen, sich zuletzt in einem Punkte schneiden und zu e i n e m Ergebnis vereinen? Die Lösung, die Lambert diesem Problem gibt, verharrt schließlich dennoch in dem gewohnten Gleis der Ontologie. Die idealen Möglichkeiten würden haltlos bleiben, wenn sie nicht in einer höchsten absoluten Wirklichkeit ihre Stütze fänden. Die bloße „Gedenkbarkeit" ist nichts, wenn nicht die metaphysische Wahrheit dazukommt, d. h. wenn nicht ein denkendes Wesen existiert, welches alles Gedenkbare wirklich denkt. „Das Reich der logischen Wahrheit wäre ohne die metaphysische Wahrheit, die in den Dingen selbst ist, ein leerer Traum und ohne ein existierendes S u p p o s i - t u m i n t e l l i g e n s würde es auch nicht einmal ein Traum, sondern vollends gar nichts sein . . . Demnach zieht der Satz, daß es nothwendige, ewige unveränderliche Wahrheiten gebe, die Folge nach sich, daß ein ewiges unveränderliches Suppositum intelligens sein müsse, und daß der Gegenstand dieser Wahrheiten, das will sagen, das Solide und die Kräfte eine nothwendige Möglichkeit zu existieren haben[1])." „Es sind Wahrheiten, weil ein Gott ist, und hinwiederum: es ist ein Gott, weil Wahrheiten sind[2])." An dieser Modifikation des ontologischen Beweisgrundes hält Lambert und mit ihm sein gesamtes Zeitalter unbeirrt fest. Um sich von der typischen Bedeutung und von der Ausbreitung dieser Grundanschauung zu überzeugen, muß man Lambert hier mit M e n d e l s s o h n vergleichen. Auch dieser geht davon aus, die Grenze zwischen dem abstrakten Begriff und der empirischen Wirklichkeit schärfer zu ziehen. Das Problem der Existenz bildet die strenge Scheidewand zwischen Mathe-

---

[1]) Architektonik § 299; vgl. bes. § 473.
[2]) Alethiologie § 234a.

matik und Metaphysik. „In dem ganzen Umfange der Mathematik findet sich kein Beispiel, daß man aus bloß möglichen Begriffen auf die Wirklichkeit ihres Gegenstandes sollte schließen können. Die Natur der Quantität, als des Gegenstandes der Mathematik, widerspricht einem solchen Schlusse. Unsere Begriffe von der Quantität stehen mit anderen B e g r i f f e n, aber mit keinen W i r k l i c h k e i t e n in einer notwendigen Verbindung." Eben dieser Übergang aber, der der Mathematik für immer versagt bleibt, bildet das eigentliche Vorrecht der Metaphysik. Während wir für die Existenz der endlichen Einzeldinge niemals ein anderes Zeugnis als das der sinnlichen Wahrnehmung anführen können, hat dort, wo von der Möglichkeit des unendlichen Wesens die Rede ist, der „Schluß von der Möglichkeit auf die Wirklichkeit" sein völliges und unbestreitbares Recht[1]). An dieser inneren Inkonsequenz scheitert die Kritik des ontologischen Schulsystems, so energisch sie anfangs eingesetzt hatte: denn es ist ein Widerspruch, dem reinen Denken die unmittelbare Erfassung des höchsten absoluten Seins zuzugestehen und seine Leistung für die konkreten Naturgegenstände beschränken zu wollen.

II.

In einer neuen allgemeineren Fassung tritt uns der Gegensatz, den wir bisher verfolgt haben, entgegen, wenn wir das Verhältnis der beiden ontologischen Grundprinzipien ins Auge fassen. Wenn bei Wolff anfangs der S a t z d e s W i d e r s p r u c h s und der S a t z v o m G r u n d e als selbständige Wahrheiten einander gegenüberstehen, so drängt doch die Tendenz seines Systems immer stärker auf eine Aufhebung dieser fundamentalen Unterscheidung. Erst wenn es gelungen ist, das Prinzip der Tatsachenwahrheiten aus dem höchsten konstitutiven Grundsatz des Denkens überhaupt abzuleiten, scheint das Ziel des Rationalismus erreicht. Soll der Satz vom Grunde sich als notwendige

---

[1]) S. M e n d e l s s o h'n, Über die Evidenz in metaphysischen Wissenschaften, Erster u. dritter Abschnitt.

Vernunftwahrheit behaupten, so muß sich zeigen lassen, daß seine Aufhebung einen W i d e r s p r u c h einschließen würde. Wolff unternimmt es, diesen Beweis in syllogistischer Strenge zu führen. „Wo etwas vorhanden ist, woraus man begreiffen kann, warum es ist, das hat einen zureichenden Grund. Derowegen wo keiner vorhanden ist, da ist n i c h t s , woraus man begreiffen kann, warum etwas ist, nemlich warum es wirklich werden kann, und also muß es aus nichts entstehen.... D a n u n a b e r u n m ö g l i c h i s t, d a ß a u s n i c h t s e t w a s w e r d e n k a n n, s o m u ß a u c h a l l e s, w a s i s t, s e i n e n z u r e i c h e n d e n G r u n d h a b e n, w a r u m e s i s t, das ist, es muß allezeit etwas sein, daraus man verstehen kann, warum es wirklich werden kann"[1]). Bedürfte es eines geschichtlichen Beweises dafür, wie wenig die streng formale Schulung imstande ist, vor den gröbsten Fehlschlüssen zu bewahren, sobald es sich um die Ableitung von Wahrheiten handelt, die im Voraus, aus materialen Gründen, als feststehend angesehen werden, so wäre er hier erbracht. Die petitio principii, die in Wolffs Argumentation begangen wird, liegt deutlich zutage: sie konnte später H u m e zum Musterbeispiel dienen, auf das er sich beruft, um die Nichtigkeit jedes Beweises des Kausalprinzips aus bloßen Begriffen darzutun. Einstweilen aber wird innerhalb der Wolffischen Schule die Zurückführung des Satzes vom Grunde auf den Satz des Widerspruchs allgemein angenommen.[2]) Die Bedenken, die sich etwa hiergegen regen, kommen höchstens mittelbar darin zum Ausdruck, daß man sich bei dem rein „logischen" Beweis nicht beruhigt, sondern ihn durch Argumente anderer Art, die indessen seine demonstrative Kraft sehr verdächtig machen müssen, zu stützen sucht. So greift man bald auf

---

[1]) Christian W o l f f , Vernünftige Gedanken von Gott usw., § 30; vgl. bes. Ontologia § 66 u. 70.
[2]) S. z. B. B ü l f f i n g e r , Dilucidationes philosophicae, Sect. I, cap. 3, § 73. — D a r j e s , Elementa Metaphysices: Philosophia prima; C a r p o v i u s , Tractationes Duae, prima de Rationis sufficientis principio etc., Recusae 1735, § XV; M e n d e l s s o h n , Über die Evidenz in metaphys. Wissenschaften, Abschn. 3 u. ö.

die **Erfahrung**, bald auf **teleologische** Gründe zurück, indem man sich darauf beruft, daß, wenn nicht alle Dinge ihren Grund besäßen, der natürliche Instinkt, der uns treibt, überall nach den Ursachen zu forschen, vergeblich und zweckwidrig wäre. „Die Natur hätte uns einen Hunger eingepflanzt und sie hätte die Nahrung desselben vergessen, und kann dieses mit der weisen Haushaltung der Natur bestehen?"[1]).

Wiederum ist es **Crusius**, der hier als Erster der allgemeinen Überzeugung der Schule entgegentritt. Sein Widerspruch wurzelt freilich nicht sowohl in logischen, als in ethischen Motiven: die Freiheit und Verantwortlichkeit der menschlichen Handlungen sucht er gegen das System der fatalistischen Notwendigkeit zu schützen. Das Postulat der ursächlichen Verknüpfung, wie das rationalistische System es versteht, bedeutet mehr, als der farblose Ausdruck des „zureichenden" Grundes zunächst erkennen läßt: es besagt, daß jedes zeitliche Ereignis durch die Reihe der vorhergehenden **vollständig und eindeutig** bestimmt ist. Die „ratio sufficiens", wie sie hier gefaßt wird, ist in Wahrheit „ratio determinans": der Erfolg ist durch den Inbegriff der Bedingungen zwingend gefordert und gesetzt. Keine logische Distinktion vermag diese Folgerung abzuschwächen. Insbesondere ist, wie Crusius ausführt, die Unterscheidung der absoluten und hypothetischen Notwendigkeit hier eine bloße Ausflucht; denn nicht darauf kommt es an, ob es im allgemeinen **Begriff** des Subjekts liegt, daß ihm dieses oder jenes Merkmal zukommt, sondern ob die besonderen örtlichen und zeitlichen Umstände, unter denen es sich befindet, in ihrer Gesamtheit eine derartige Beschaffenheit verlangen und mit sich führen. Daß Cajus hier und jetzt zum Lügner wird, das liegt freilich nicht in seinem Begriffe, der ja nicht mehr enthält, als die Eigenschaften, die allen Menschen gemeinsam zukommen; wohl aber ist es, — nach der Ansicht, die hier bekämpft werden

---

[1]) Georg Friedrich **Meier**, Vernunftlehre, Halle 1752, § 30; Metaphysik, Erster Teil, Halle 1755, § 33.

soll — durch seine **individuellen** Merkmale und durch die spezifischen Beziehungen, in die er hineingesetzt ist, unausweichlich gegeben[1]). Ist nunmehr der Sinn des Satzes vom Grunde scharf und prägnant fixiert, so muß die Lücke in seinem Beweise deutlich hervortreten. Der Satz des Widerspruchs kann fortan nicht mehr als hinlängliches Prinzip der Ableitung gelten; denn er ist „ein ganz leerer Satz", der nicht mehr besagt, als „daß nichts in einerlei Verstande genommen und zu ganz einerlei Zeit zugleich sein und auch nicht sein könne". Der Begriff der Ursache dagegen will zwei **zeitlich getrennte** und somit **verschiedene** Zustände des Seins miteinander verknüpfen; er steht daher von Anfang an außerhalb des Rahmens und der Befugnis des nackten Identitätsprinzips. Sich ein Wesen zu denken, das ohne irgendwelchen Grund von selbst entsteht, mag absurd und unglaubhaft sein; aber es ist nicht im mindesten widersprechend. Wer das Eintreten eines ursachlosen Ereignisses behauptet, der sagt nichts anderes, als daß ein Ereignis, das jetzt besteht, zuvor nicht bestanden habe, worin niemals der geringste Widerspruch angetroffen werden kann, da die beiden Urteile, um die es sich handelt, verschiedene Zeitmomente betreffen und somit gar nicht auf das gleiche **Subjekt** gehen. Noch deutlicher tritt die Erschleichung, die man begeht, hervor, wenn man sich zum Beweise des Prinzips darauf beruft, daß im Begriff einer „Wirkung" der Begriff der Ursache eingeschlossen sei. Denn hier handelt es

---

[1]) „Quid enim ad rem facit, si oppositum separatim spectatum cogitari potest, possibilitas autem ejus vel existentia ob eas circumstantias, quibuscum simul est cogitari non potest? . . . Homo cogitari potest sine impostura, non vero Cajus, quia dum Caium cogitas, ejusmodi cogitas subjectum, in quo impostura rationem habet determinantem, sinceritas vero non habet. Eodem sane jure adseverare possem, figuram aequilateram circulo inclusam angulos habere posse inaequales. Scilicet figura aequilatera angulis constans inaequalibus nihil habet contradictorii. Attamen in hoc conditionum complexu contradictionem implicat, quia reliquis circumstantiis, quae simul sumuntur contradicit." (C r u s i u s, Dissertatio philosophica de usu et limitibus principii rationis determinantis, vulgo sufficientis, Lips. 1743, § VI.)

sich nicht um die Bildung unserer Begriffe und um die Benennung, die wir ihnen geben wollen, sondern um ein objektives Gesetz des Geschehens. Haben wir etwas einmal als Wirkung bezeichnet, so liegt darin freilich schon, daß wir eine Ursache zu ihm hinzudenken: die Frage abei, ob dieser Gedanke irgendwelches Recht und irgendeine gegenständliche Bedeutung besitzt, ist damit in keiner Weise entschieden[1]).

So ergibt sich jetzt eine scharfe Scheidung zwischen „Grund" und „Ursache". Der Realgrund (principium essendi vel fiendi), der ein wirkliches Ereignis setzt und den Zeitpunkt seines Eintretens bestimmt, sondert sich von dem reinen E r k e n n t n i s g r u n d (principium cognoscendi), der lediglich eine psychologische Bedingung unserer E i n s i c h t darstellt. „Man nennet etwas zuweilen den Grund einer Sache, ungeachtet es nichts anderes, als ein Erkenntnisgrund der Gedanke davon ist, und ungeachtet man es auch nicht anders meinet. Dieses ist zur Vermeidung der Verwirrung wohl zu merken, damit man nicht etwa meine, wenn man einen Begriff gesetzet hat, aus welchem sich ein anderer bequem herleiten läßt, daß man deswegen hiermit sogleich auch den Realgrund der in dem letzteren vorgestellten Sache schon erkläret habe"[2]). Im weiteren Fortgang der Untersuchung entsteht dann bei Crusius jenes allgemeine Schema, das fortan bis in die neueste Zeit erhalten bleibt und das z. B. in S c h o p e n h a u e r s Schrift „über die vierfache Wurzel des Satzes vom zureichenden Grunde" fast unverändert wiederkehrt. Der Realgrund zerlegt sich wieder in zwei verschiedene Momente, je nachdem das Bedingte der Bedingung zeitlich folgt oder mit ihr zugleich notwendig und unmittelbar gesetzt ist. Nur im ersteren Falle haben wir es mit dem Verhältnis von Ursache und Wirkung im engeren Sinne zu tun, während es sich im zweiten um eine gesetzmäßige Beziehung zwischen objektiven Inhalten, nicht aber um die H e r v o r b r i n g u n g des enien aus dem andern handelt. Das klassische Beispiel

---

[1]) De usu et limitibus etc. § XIV; Weg zur Gewißheit u. Zuverlässigkeit der menschl. Erkenntniss § 260.
[2]) Entwurf der nothw. Vernunftwahrheiten § 37.

für diese Art der Beziehung, die Crusius durch den Terminus des „unwirksamen Realgrundes" oder des „Existentialgrundes" (principium existentialiter determinans) bezeichnet, haben wir in der M a t h e m a t i k vor uns. „Z. E. die drei Seiten in einem Triangel und ihr Verhältnis gegen einander machen einen Realgrund von der Größe seiner Winkel aus, jedoch nur einen unwirksamen, oder bloßen Existentialgrund; hingegen das Feuer ist eine wirkende Ursache der Wärme"[1]). Man sieht, wie hier der Versuch gemacht wird, innerhalb der „Realgründe", den empirischen Begriff der K a u s a l i t ä t von dem allgemeinen mathematischen Begriff der F u n k t i o n zu unterscheiden. Während die Ursache der Wirkung voraufgehen muß, die zeitliche Stellung beider also eindeutig bestimmt und geregelt ist, ist es das Eigentümliche der funktionalen Abhängigkeit, daß der Grund und das Gegründete sich wechselseitig bedingen und daß somit die Beziehung zwischen beiden rein umkehrbar ist[2]). Ein letzter Gegensatz ergibt sich, indem schließlich die physischen Gründe in ihrer Gesamtheit den „moralischen" entgegengestellt werden: wenn jene lediglich auf die Bestimmung des Seins gehen, so haben wir es in diesen mit den Bestimmungsgründen des W o l l e n s zu tun, die eine neue und eigene Art der Gesetzlichkeit darstellen[3]).

Die Wirkung, die Crusius' Sätze geübt haben, läßt sich vor allem daran ermessen, daß fortan selbst innerhalb der Popularphilosophie das Verlangen nach einer schärferen logischen Sonderung der Prinzipien immer klarer zutage tritt. Charakteristisch hierfür ist besonders eine Abhandlung B é g u e l i n s , die im Jahre 1755 in den Schriften der Berliner Akademie erscheint und die bereits deutlich die Einwirkung der H u m e schen Gedanken, die inzwischen auch in Deutschland erfolgt war, erkennen läßt[4]). Ausgegangen wird auch

---
[1]) Entwurf der nothw. Vernunftw. § 36; vgl. De usu et limitibus § XXXVI u. § XXII und „Weg zur Gewißheit und Zuverlässigkeit" § 141.
[2]) Weg zur Gewißheit und Zuverlässigkeit § 141.
[3]) De usu et limitibus § XXX u. XXXVIII.
[4]) B é g u e l i n , Mémoires sur les premiers principes de la Métaphysique. (Berliner Akademie 1755.) — B. beruft sich ausdrücklich

hier von dem Gegensatz der mathematischen und der metaphysischen Erkenntnisart: wenn der Mathematiker die Objekte, über die er urteilt, selbst erschafft und daher von willkürlichen Definitionen und ihrer Verknüpfung ausgehen darf, so ist der Metaphysiker an das absolute Sein als an ein objektives Vorbild, das er erreichen oder verfehlen kann, gebunden. So beginnt hier der Zwist bereits in der Erklärung und Festsetzung der Grundbegriffe. Wir erleben das Schauspiel, daß jeder von uns, wenngleich wir alle mit den gleichen logischen Regeln ausgerüstet sind, von ihnen aus folgerichtig weiterschließend, zu einer „privaten Metaphysik" gelangt, die mit der der übrigen weder vereinbar, noch durch sie widerlegbar ist. Es wäre vergeblich, hier eine Verständigung suchen zu wollen: reicht doch der Widerstreit bis in die ersten Prinzipien aller Erkenntnis hinab. So ist der Satz vom Grunde weder aus dem Satz des Widerspruchs ableitbar[1]), noch kann für ihn jemals ein strikter Erfahrungsbeweis erbracht werden. Denn die **Wirklichkeit der Dinge außer uns** bleibt selbst solange problematisch, als nicht das Recht der kausalen Schlußfolgerung sichergestellt ist; das Prinzip des zureichenden Grundes kann also kein bloßes Ergebnis der Beobachtung gegebener objektiver Tatsachen sein, da es vielmehr die Bedingung darstellt, unter der wir von einem Sein und einer „Objektivität" überhaupt erst sprechen können[2]). Nicht

---

auf Maupertuis' Philosoph. Reflexionen über die Sprache, die ihrerseits wieder auf einer Fortbildung der Grundgedanken Humes beruhen. (S. ob. S. 423 ff. u. 490 ff.) Im Jahre 1755 war auch Sulzers deutsche Übersetzung von Humes Enquiry erschienen, die wohl die eigentliche Anregung zu Béguelins Abhandlung gegeben hat.

[1]) „Il ne reste donc à chercher le fondement de notre principe que dans celui de la contradiction. Il faudroit donc que la proposition opposée à notre principe fut contradictoire, c. a. d. qu'on pût prouver, que si une chose pourroit exister sans raison, elle pourroit exister ou n'exister pas en même tems. Or je ne vois rien dans l'idée de l'existence, ni dans celle de l'hazard qui contienne cette assertion . . ., l'idée d'une existence fortuite ne renferme point de contradiction manifeste". Béguelin, a. a. O.; § X.

[2]) „Il est donc manifeste que l'existence réelle des choses hors de nous n'est constatée par l'expérience qu'autant qu'on suppose d'avance la vérité du Principe de la raison suffisante. Par conséquent

minder erweist sich die psychologische Erklärung, die ohne Rücksicht auf jede äußere Existenz den Begriff der Ursache lediglich aus dem Spiel der V o r s t e l l u n g e n in uns abzuleiten sucht, als unzureichend. Was uns gegeben ist, das sind lediglich mannigfach wechselnde Perzeptionen, die in bunter Folge vorüberziehen. Nichts an diesen stummen Bildern verrät uns, daß das eine den „Grund" des anderen enthält. Was wir sehen, sind nur verschiedene Inhalte, die gleichzeitig oder nacheinander auftreten, während sich von einem „Übergang" und einer Verknüpfung zwischen ihnen nicht das Geringste bemerken läßt. So wird der Begriff der Ursache auch durch die „innere" Erfahrung nicht gegeben, sondern vielmehr in sie hineingedeutet. Wir können ihn nur dann aus der Erfahrung ziehen und herleiten, wenn wir ihn zuvor als einen apriorischen Begriff fertig in sie gelegt haben[1]). Mit alledem soll jedoch die W a h r h e i t des Satzes vom Grunde nicht geleugnet werden; — nur seine E r w e i s l i c h k e i t soll bestritten werden, um dadurch den allgemeinen Charakter unserer metaphysischen Erkenntnis zu beleuchten. Wir verstehen nunmehr, warum hier den entgegenstehenden Theorien die gleiche Überzeugungskraft innewohnt, — warum selbst die Systeme des Fatalismus, des Idealismus und Egoismus, so absurd sie ihren Gegnern erscheinen mögen, vor jeder l o g i s c h e n Widerlegung sicher sein dürfen. Für unser praktisches Verhalten bleibt unter diesen Umständen nur e i n Weg übrig: jeder schaffe für sich allein, so gut es ihm

---

toute démonstration de ce Principe a posteriori, qui supposera l'existence réelle des choses hors de nous sera une pure pétition de principe." (A. a. O., § XVII).

[1]) „Regarderai-je cet ordre, ces rapports, ces retours constants (des perceptions) comme une preuve démonstrative qu'il y a une raison suffisante, pourquoi B précède toujours G, pourquoi G précède toujours L et pourquoi A accompagne toujours E? Oui, assurément, s'il étoit déjà prouvé que rien n'est sans raison suffisante. Mais cela n'étant pas encore prouvé, ne serait-ce pas là le même cercle, que nous voulons éviter? Cela ne voudroit-il pas dire que p o u r p o u v o i r p r o u v e r n o t r e P r i n c i p e a p o s t e r i o r i il f a u d r o i t q u ' i l f û t d é j à d é m o n t r é a n t é c é d e m m e n t a p r i o r i?" (Ibid.)

gelingen mag, seine eigene Metaphysik, aber er widerstehe der Versuchung, sie andern aufdrängen zu wollen. Die Metaphysik wird alsdann freilich keine Fortschritte machen — zum mindesten aber wird sie durch diesen Verzicht auf ihren allgemeingültigen wissenschaftlichen Charakter vor Mißachtung geschützt sein[1]). —

Mit dieser resignierten Entscheidung, die in manchen Punkten sehr modern anmutet, schließt Béguelins Abhandlung. Der Knoten muß, da er nicht gelöst werden kann, zerhauen werden. Die beiden Glieder des Gegensatzes: die Dinge und die Begriffe sind jetzt so sicher geschieden, daß jede Vermittlung zwischen ihnen, jede Korrelation von Denken und Sein ausgeschlossen scheint. Und dennoch ruht selbst die Skepsis Béguelins auf einer dogmatischen Voraussetzung, die er mit seinen Gegnern teilt. Allgemeingültige und notwendige Erkenntnis — davon geht auch er aus — gibt es nur soweit, als die Leitung und Herrschaft des S a t z e s v o m W i d e r s p r u c h reicht. Ein Prinzip a priori erweisen bedeutet nichts anderes und kann nichts anderes bedeuten wollen, als es in einen identischen Satz auflösen. Alle Sachvoraussetzungen der Erkenntnis werden innerhalb der Wolffschen Schule in den Kreis dieser Betrachtungsweise hineingezogen. Nicht nur der Satz vom Grunde, der im engeren Sinne als eine Regel unserer B e g r i f f e gedacht werden könnte, sondern auch Raum und Zeit, also die Grundlagen jeder gegenständlichen Wirklichkeit, werden jetzt in dieser Art logisch zu deduzieren gesucht. „Was wir als von uns v e r s c h i e d e n denken — so heißt es in T h ü m m i g s „Institutiones Philosophiae Wolfianae" — das stellen wir als a u ß e r uns vorhanden vor. Und was immer wir von einander unterscheiden, das stellen wir auch als a u s e i n a n d e r b e f i n d l i c h vor, k r a f t d e s S a t z e s d e s W i d e r s p r u c h s"[2]). Man sieht, wie hier der eigentliche positive

---

[1]) A. a. O., § IV.
[2]) T h ü m m i g , Institutiones Philosophiae Wolfianae, Francof. et Lips. 1740, Ontologia § 49. — Vgl. hrz. W o l f f s Ableitung des Raumbegriffs: Ontologia § 544, und Vernünftige Gedanken von Gott usw., § 45 f.

Gehalt der Raumanschauung nicht sowohl abgeleitet, als vermöge einer petitio principii erschlichen wird: der logischen Funktion der Unterscheidung schiebt sich unvermerkt die konkrete Form des „Beisammen" und „Nebeneinander" unter. Gelänge es, diese allgemeine Grundansicht zu durchbrechen, gelänge es, „Axiome" aufzuweisen, die, ohne von der Erfahrung entlehnt zu sein, ihren Wert und ihre Beweiskraft dennoch nicht dem Satze der Identität verdanken: so wäre damit die Schlußfolgerung, mit der Béguelin endete, hinfällig geworden und eine „Metaphysik" von völlig neuem Geltungscharakter könnte sich bilden. —

Und es fehlt, schon innerhalb der deutschen Philosophie des achtzehnten Jahrhunderts, nicht an vereinzelten Hinweisen auf eine derartige Entwicklung. Neben dem Satze des Widerspruchs formuliert Crusius zwei andere Realprinzipien der Erkenntnis, die er als den „Satz des nicht zu Trennenden" und den „Satz des nicht zu Verbindenden" bezeichnet. „Was sich nicht ohne einander denken läßt, das kann auch nicht ohne einander sein" und „was sich nicht mit und neben einander denken läßt, das kann auch nicht mit und nebeneinander sein". „Das allerhöchste Kennzeichen der möglichen und wirklichen Dinge ist das Wesen des Verstandes, daß nämlich dasjenige nicht möglich oder wirklich sei, was sich nicht also denken läßt; und daß hingegen dasjenige möglich sei, bei dessen Leugnung man mittelbar oder unmittelbar etwas zugeben müßte, was sich nicht als wahr denken läßt"[1]. Wenn also Crusius ursprünglich das Kriterium aller Wirklichkeit lediglich in der Empfindung sucht, wenn er eindringlich betont, daß wir uns, statt überall einen Idealgrund a priori zu verlangen, zumeist mit Erkenntnisgründen a posteriori zu begnügen haben[2], — so sehen wir ihn hier wiederum bereit, dem Rationalismus seine allgemeine Voraussetzung zuzugestehen. Hier ist es nicht die unmittel-

---

[1] Crusius, Entwurf der nothwendigen Vernunftwahrheiten, § 15; — De usu et limitibus § XXVII; Weg zur Gewißheit u. Zuverlässigkeit, § 261.
[2] Crusius, Entwurf der nothw. Vernunftwahrh. § 38; Weg zur Gewißheit und Zuverlässigkeit § 142.

bare sinnliche Wahrnehmung, die gegen das Denken aufgerufen wird, sondern es ist ein neuer Grundsatz der Erkenntnis, der als Ergänzung des Satzes vom Widerspruch gefordert wird. So ungenügend dieser Grundsatz bei Crusius selber noch formuliert sein mag, so ist doch hier aufs schärfste ein D e s i d e r a t der Theorie der Erkenntnis aufgezeigt. „Der Satz des Widerspruchs setzt schon gewisse Begriffe voraus, welche ihre Einrichtung schon haben und auf welche man ihn applicieret"; und in eben diesen Begriffen ist zuletzt alles „Positive und Kernichte" in unserm Wissen gegründet[1]). Läßt sich auch für diese im höchsten Sinne positiven Kategorien unseres Denkens der Beweis der Wahrheit und Gewißheit führen? läßt sich auch ihnen Gehalt und gegenständliche Bedeutung sichern? Mit dieser Frage, die sich hier mit innerer Notwendigkeit erhebt[2]), stehen wir an der äußersten Grenze

---

[1]) C r u s i u s , Weg zur Gewißheit § 258 u. 259.
[2]) Vgl. Weg zur Gewißheit § 260: „Man merke zum voraus, daß die Frage nicht davon sei, ob diese Sätze völlig wahr und gewiß sind, welches niemand zu leugnen begehret, sondern nur davon, wie sie in dem menschlichen Verstande entstehen und woher wir also die Erkenntnis derselben haben . . . Die Frage ist, ob d e r S a t z d e s W i d e r s p r u c h s auch von der Einrichtung der Begriffe selbst der zureichende Grund gewesen sei, oder auch nur habe sein können. Daß dieses sich nicht so verhalte, läßt sich leicht zeigen. Man muß nur nicht hieraus schließen, als ob hierdurch die Sache ungewiß werde, s o n d e r n v i e l m e h r e r k e n n e n , d a ß d e r S a t z v o m W i d e r s p r u c h e , w e i l e r e i n l e e r e r S a t z i s t , n i c h t d a s e i n z i g e P r i n c i p i u m d e r m e n s c h l i c h e n G e w i ß h e i t s e y. Z. E. daß jeder E f f e k t eine U r s a c h e voraussetze, läßt sich durch den Satz vom Widerspruche leicht klar machen. Es kommt aber daher, weil man unter einem Effekte etwas versteht, welches von einem andern, das die Ursache heisset, hervorgebracht worden und also in den B e g r i f f des Effektes die Ursache schon hineingenommen hat, welchen man daher freilich, solange man jenen setzt, nicht verneinen kann, ohne sich selbst zu widersprechen . . . Das aber läßt sich aus dem Satze vom Widerspruch nicht erkennen, daß ein entstehendes D i n g eine Ursache habe . . . Gleichwol (ist ein Geschehen ohne Ursache) etwas, welches eben so wol als das Widersprechende von uns als schlechterdings falsch und unmöglich gedacht werden muß. Es folgt also so viel daraus, daß der Satz von der zureichenden Ursache und mithin die R e a l i t ä t in den Begriffen der Ursache und Wirkung i n u n s e r e m V e r s t a n d e u r s p r ü n g-

des rationalistischen Schulsystems: an dem Punkt, an dem es in das System der kritischen Philosophie übergeht.

lich einen andern Grund als den Satz des Widerspruchs habe."... Die Hauptursache dafür aber, daß man „zu unsern Zeiten geneigt ist, den Satz vom Widerspruche vor den einzigen Grund unserer Schlüsse anzusehen" liegt darin, „daß man mehr gewohnt ist, aus schon vorausgesetzten Begriffen zu schließen, als die Gründe der Realität in der Einrichtung der Begriffe selbst aufzusuchen. Allein auf diesem Wege kommt man entweder nicht weit genug oder man unterstehet sich gar, den Begriffen die Realität selbst geben zu wollen, und verwirret hernach bloß hypothetische Folgen, die man aus angenommenen Begriffen herausziehet, mit Realsätzen."

Diese Stelle ist geschichtlich von höchstem Interesse, da sie aufs schärfste die allgemeine Problemlage beleuchtet, aus der Kants „klassische" Unterscheidung der analytischen und synthetischen Urteile hervorgewachsen ist.

Viertes Kapitel.
Das Problem des Bewußtseins. — Subjektive und objektive Begründung der Erkenntnis.

I.

Die Fortbildung der Psychologie im achtzehnten Jahrhundert knüpft überall an Locke an, dessen Prinzipien sie bis in ihre letzten Konsequenzen zu verfolgen strebt. Aber je weiter die Zergliederung von Lockes Lehre getrieben wird, um so deutlicher tritt eine Zweideutigkeit in ihren ersten Grundbegriffen hervor. Das systematische Verhältnis, in dem die beiden Erkenntnisquellen der äußeren und inneren Erfahrung zu einander stehen, hatte der „Versuch über den menschlichen Verstand" nicht endgültig aufzuhellen vermocht. Je nach der Auslegung, die man insbesondere dem schwankenden Begriffe der „Reflexion" gab, konnte man jetzt zu Auffassungen und Folgerungen entgegengesetzter Tendenz weitergeführt werden. Sollte daher die Herrschaft des Empirismus sicher und dauernd begründet werden, so schien kein anderer Ausweg gelassen, als den Dualismus der Prinzipien aufzuheben. Die äußere sinnliche Wahrnehmung mußte als der alleinige Ursprung des Wissens erwiesen werden, der gegenüber jede andere Erkenntnisweise nur einen mittelbaren und sekundären Wert beanspruchen kann. Erst wenn dies geschehen, kann von einer wahrhaft einheitlichen Methode gesprochen werden, die das gesamte Gebiet der möglichen Erfahrung umspannt und beherrscht. —

Ein erster Schritt in dieser Richtung wird in einem Werke „The Procedure, Extent and Limits of Human Understanding" getan, das im Jahre 1729 in London anonym erscheint. Sein Verfasser, Peter B r o w n e , ist ein hoher englischer Geistlicher: und so sind es denn auch überall theologische Motive, die hier der Kritik der Lockeschen Lehre zu Grunde liegen und die — paradox genug — eine schärfere Betonung und Heraushebung ihrer sensualistischen Tendenz fordern. „Ideen" in eigentlicher Bedeutung kann es, nach Browne, nur von Dingen geben, die sich außerhalb unseres Geistes befinden und die uns kraft sinnlicher Abbilder, welche sie in uns bewirken, zum Bewußtsein kommen. Sobald neben diesen direkten Eindrücken, die uns unmittelbare Kunde von den Gegenständen verschaffen, noch andersartige, gleich ursprüngliche Inhalte anerkannt werden, ist damit die Klarheit und Geschlossenheit der Erkenntnislehre bereits aufgegeben. Die Annahme einer besonderen Klasse von „Ideen der Reflexion" ist der erste verhängnisvolle Schritt, ist der eigentliche „Stein des Anstoßes", den es aus dem Wege zu räumen gilt[1]). Die religiöse Wahrheit und der Offenbarungsglaube haben von der rückhaltlosen Anerkennung der Regel, daß nichts im Intellekt ist, was nicht zuvor in den Sinnen war, nichts zu fürchten: — Gefahr droht ihnen vielmehr dort, wo mit dieser Regel nicht voller Ernst gemacht, wo sie noch irgendwelchen einschränkenden Bedingungen unterworfen wird. Die Empfindung enthält die höchste mögliche Form der „Evidenz", die sich nicht ableugnen noch überbieten läßt: man kann gegen sie wohl in Worten streiten, nicht aber sich in Wirklichkeit über sie erheben und außerhalb ihrer seinen Standort nehmen. Die Frage kann niemals lauten, ob das Zeugnis der Sinne wahr ist, sondern nur, ob irgend ein bestimmtes Faktum auch wirklich sinnlich bezeugt und insofern evident ist. Die Axiome und Postulate des Verstandes besitzen um so höhere Gewißheit, je näher sie diesem Urquell des Wissens stehen; je mehr sie

---

[1]) (Peter Browne), The Procedure, Extent and Limits of human Unterstanding. Second edit. London 1729. S. 66, 414, 419 f.: „This is to shew the great mistake and absurdity of that Expression „Idea of Reflection"; since we neither have nor can have Ideas, pertinently speaking, of any thing but what is external to the Mind; and which can enter into no other way than by Similitude only, or Representation of itself . . The laying down Ideas of Sensation and Reflection as Equally original and equally the Ground of all our Knowledge doth shamefully mislead and confound the Understanding; under a Pretence and solemn Profession of Helping it forward, of setting out its true Bounds and Limits and describing its Progress."

sich darauf beschränken, unmittelbar gegebene Wahrnehmungstatsachen zu beschreiben, ohne ihnen aus Eigenem etwas hinzuzufügen[1]). Unser Bewußtsein ist somit bei unserer Geburt durchaus eine tabula rasa, eine vollkommen unbeschriebene Fläche, die dem Verstande keinerlei Anhaltspunkt und keinen Stoff der Betrachtung und Vergleichung darbietet. „Wir besitzen keine eingeborenen Ideen von materiellen oder immateriellen Dingen, noch steht uns eine Fähigkeit oder ein Vermögen zu, reine Verstandesbegriffe unabhängig von aller Wahrnehmung wie aus dem Nichts zu schaffen oder irgendwelche ersten Grundsätze festzustellen, die wir nicht aus unseren Vorstellungen sinnlich-körperlicher Gegenstände ableiteten oder erschlössen." Wenn man von Erkenntnissen spricht, die der Geist nicht durch die Betrachtung der Außendinge, sondern durch die Reflexion auf sein eigenes Wesen gewinnt, so ist dies ein trügerisches und irreführendes Gleichnis. „Wie wir keinen Begriff vom Sehen hätten, wenn nicht äußere Objekte auf das Auge einwirkten, so könnte der Intellekt sich keiner seiner Operationen bewußt werden, wenn nicht eine sinnliche Vorstellung voranginge, an der er sie ausübt. Und wie das Auge die ganze Ordnung und Schönheit der sichtbaren Dinge überschauen kann, aber nicht die Fähigkeit besitzt, seinen Blick auf sich selbst zu wenden: so kann die Seele des Menschen die unerschöpfliche Fülle der Vorstellungen, die in der Einbildungskraft aufgespeichert sind, betrachten, aber sie kann nicht die geringste direkte oder abgeleitete Idee von sich selbst und ihren Tätigkeiten gewinnen."[2]) Was wir „Selbstbewußtsein" nennen, das kommt nicht durch ein unnatürliches Schielen, nicht durch eine gequälte Rückwendung auf unser eigenes Innere zustande, sondern es besteht in dem unmittelbaren Gewahrwerden der Tätigkeiten, die wir an dem Stoff der Sinnesempfindungen ausüben, indem wir ihn verschiedenartig anordnen und umstellen.[3]) Alles Wissen, das wir von

---

[1]) A. a. O., bes. S. 216 f.
[2]) A. a. O., S. 67; vgl. bes. S. 412 u. S. 382 f.
[3]) „The Eye of the Mind . . cannot take a view either of its own Substance or Essence, or of its own Properties or Qualities by any

unserer eigenen Seele besitzen, ist daher notwendig symbolischer Art: wir können von ihr nicht anders, als in Metaphern sprechen, die wir dem körperlichen Sein und Geschehen entnehmen. Und nachdem die Untersuchung einmal bis zu diesem Punkte fortgeschritten ist, nimmt sie nunmehr eine unvermutete Wendung, die sie erst ihrem eigentlichen Endziele entgegenführt. Besitzen wir von unserem eigenen Sein keine direkte Erkenntnis, so wäre es töricht, sie vom göttlichen Sein fordern zu wollen. Alles Übersinnliche vermögen wir nur in Analogien und Gleichnissen zu erfassen; aber wir haben keinen Grund und Vorwand, es darum abzuweisen: haben wir doch eingesehen, daß die gleiche analogische Form des Wissens auch in anderen Gebieten, die wir doch als zuverlässig bekannt ansehen, herrschend ist. —

Wenn hier das Lockesche Grundschema aus theologischen Bedenken verworfen wird, so erwächst ihm ein ernsthafterer Gegner in der Associationspsychologie des achtzehnten Jahrhunderts. David H a r t l e y, ihr erster Begründer, bestimmt den Unterschied der neuen Lehre von Locke gleichfalls dahin, daß in ihr die „Reflexion" nicht als eine eigene und distinkte Quelle von Erkenntnissen angesehen, sondern die Zurückführung auch der komplexesten Ideen auf einfache Sinneseindrücke gefordert werde. Die Reflexion spielt — wie er hervorhebt — in Lockes Lehre lediglich die Rolle einer unbekannten Größe: sie ist nur der Ausdruck für einen unaufgelösten Rest, der bei der psychologischen Zergliederung zurückbleibt[1]). Um auch ihn der naturwissenschaftlichen Erkenntnis und der naturwissenschaftlichen Methodik zu unterwerfen, gilt es, in der Theorie der Wahrnehmung das Verfahren Lockes mit demjenigen Newtons zu verbinden. So entsteht

---

Reflex Act: It doth not come to the knowledge of its own Faculties by any such unnatural Squint, or distorted Turn upon itself; but by an immediate Consciousness of the several different ways of its own working upon these Ideas of Sensation lodged in the Imagination" (A. a. O. S. 97).

[1]) D a v i d H a r t l e y, Observations on Man, his Frame, his Duty and his Expectations (1749), Fifth edit. London 1810, S. 373. „It appears to me, that all the most complex ideas, arise from sensation; and that reflection is not a distinct source, as Mr. Locke makes it . . .

hier von neuem die Aufgabe einer Physik der Seele, die Locke ausdrücklich, als seinem eigenen Vorhaben fremd, abgewiesen hatte (s. ob. S. 229 f.). Die ersten Anfänge zu ihr schienen durch die eigenen Andeutungen Newtons am Schluß der „Prinzipien" und im Anhang zur Optik bereits gegeben. Neben den Phänomenen der äußeren Natur zieht Newton hier auch die Entstehung der sinnlichen Empfindung in den Kreis seiner Betrachtung. Die Hypothese eines den Weltraum allseitig erfüllenden Aethers wäre hinreichend, nicht nur die Fortpflanzung des Lichtes, sowie die Erscheinungen der Elektrizität und der Schwere zu erklären, sondern sie würde auch das Problem aufhellen, wie die Veränderungen in den Außendingen dem empirischen Subjekt zum Bewußtsein gebracht werden können. Denken wir uns ein äußerst feines Medium, das alle dichten Körper durchdringt, so läßt es sich verstehen, daß die Schwingungen, in die es versetzt wird, sich auf die peripherischen Sinnesorgane fortpflanzen und von dort aus vermöge der Nervenfasern zum Gehirn weitergeleitet werden, wo sie der Seele, die hier ihren Sitz und ihre unmittelbare „Gegenwart" hat, als Empfindungen bewußt werden[1]). Hartleys gesamte Theorie besteht in der Weiterführung und näheren Begründung dieser aphoristischen Bemerkung. Wie die Luftschwingungen, auf denen die Töne beruhen, sich anderen Körpern mitteilen und sie in entsprechende Vibrationen versetzen, so übertragen sich auch die Vibrationen des Äthers auf die kleinsten Teile der nervösen Substanz, die ihrerseits wieder mit dem Zentralorgan in Verbindung steht. Da das Bewußtsein erst durch derlei elementare Bewegungsvorgänge geweckt wird, so muß sich jeder komplexe psychische Inhalt auf sie zurückführen und als Resultante aus ihnen darstellen lassen. Alle Besonderheiten der Vorstellungen müssen sich zuletzt durch Besonderheiten in den zugrunde liegenden

---

We may conceive, that he called such ideas as he could analyse up to sensation, ideas of sensation; the rest ideas of reflection, using reflection as a term of art, denoting an unknown quantity."

[1]) Newton, Philosophiae naturalis Principia Mathematica, gegen Ende. — Optice, Quaestio XXIII u. XXXI.

Schwingungen zum Ausdruck bringen lassen. Hier aber lassen sich wesentlich vier Momente unterscheiden, nämlich einerseits die Amplitude und die Geschwindigkeit der Schwingung selbst, anderseits die Stelle im Gehirn, die von ihr betroffen wird und der Weg, auf dem sie ihm zugeführt wird. Folgt man dieser Richtschnur der Betrachtung, so wird nicht nur die Entstehung der einzelnen Wahrnehmungen völlig verständlich, sondern es fällt nunmehr auch auf die Regeln der Vorstellungsverknüpfung helles Licht. Zunächst nämlich ist es deutlich, daß eine Vibration, die der Hirnsubstanz wiederholt von außen mitgeteilt worden ist, in ihr eine bestimmte physiologische ,,Spur" zurückläßt. Es wird durch sie eine gewisse Disposition zur Erzeugung einer ähnlichen Schwingung geschaffen, die gleichsam ein Miniaturbild der ursprünglichen, durch den äußeren Reiz hervorgerufenen, ist und alle ihre Bestimmungen in verkleinertem Maßstabe wiederholt. So erklärt sich die Tatsache, daß eine Erregung, die dem Gehirn einmal mitgeteilt worden ist, fortan auch ohne die Einwirkung einer äußeren Ursache sich erneuern und ein abgeschwächtes Erinnerungsbild des ersten Eindrucks hervorrufen kann. Denken wir uns weiterhin, daß zwei verschiedene äußere Reize A und B gleichzeitig auf das Gehirn einwirken, so wird jeder von ihnen ihm die entsprechende Bewegung a und b einzuprägen bestrebt sein, woraus eine resultierende Schwingung, die zwischen beiden die Mitte hält, sich ergeben muß. Die Disposition, die nunmehr entsteht, ist somit gleichsam ein mittlerer Zustand, der weder einseitig auf die Erzeugung von a, noch auf diejenige von b gerichtet ist, sondern beide zugleich in einer bestimmten wechselseitigen Modifikation, die sie durch einander erfahren, zu reproduzieren strebt. Hat diese Disposition sich kraft der häufigen Verbindung von A und B befestigt, so wird jede der beiden Bewegungen, auch wenn sie jetzt für sich allein auftreten, in der Richtung auf die gemeinsame Resultante abgelenkt und umgeformt: die zugehörigen Vorstellungen streben also unmittelbar danach, einander gegenseitig wachzurufen. In analoger Weise wie diese Association des Gleichzeitigen (synchronous association) erklärt sich auch das Zusammenwachsen solcher Vorstellungen, die in regelmäßigem Nacheinander auf einander folgen[1]). Die Grundtendenz von Hartleys Theorie ist somit darauf gerichtet, die Verknüpfung als eine eigene Funktion des „Bewußtseins" entbehrlich zu machen: das Ich ist in die Mechanik der Gehirnbewegungen aufgelöst. Zwar sucht Hartley die materialistischen Folgerungen, die man aus seiner Lehre herauslesen könnte, abzuwehren[2]); aber dieser Einspruch hat nicht zu verhindern vermocht, daß nicht bereits sein unmittelbarer Nachfolger und der Herausgeber seiner Werke, Joseph Priestley, sie konsequent und rückhaltlos gezogen hätte[3]).

Wenn indessen damit die Betrachtung wiederum ins Metaphysische abbiegt, so gewinnen Hartleys Gedanken auch auf rein psychologischem Gebiet durch die Lehre Condillacs allgemeine Verbreitung. Der Satz von der reinen Passivität des Geistes erhält in der bekannten Fiktion Condillacs, in der das Bewußtsein einer Statue verglichen wird, die erst allmählich durch das Hinzutreten der äußeren Sinneseindrücke zum Leben erweckt wird, einen charakteristischen und sinnfälligen Ausdruck. Alles Denken ist ein Rechnen, ist somit — wie Condillac ausdrücklich hervorhebt — im letzten Grunde eine bloß mechanische Operation der Umstellung, die wir an den sinnlichen Wahrnehmungen vollziehen. Die Konsequenz, die diese Ansicht für den Gesamtbegriff des „Geistes" und des Bewußtseins in sich schließt, tritt scharf und bezeichnend im ästhetischen Gebiete hervor. Auch die künstlerische Phantasie ist kein eigentümliches und schöpferisches Prinzip, sondern lediglich eine besondere Anwendung des allgemeinen logischen Verfahrens der „Analyse". Das vollkommene Kunstwerk ist, so gut wie ein beliebiges astronomisches oder physikalisches Problem, nur ein richtig gelöstes Rechenexempel. Es ist ein Vorurteil, daß es zur dichterischen Erfindung einer besonderen Funktion und Tätigkeit der „Einbildungskraft" bedürfe. „Ein Geometer wird vielleicht sagen, daß Newton ebensoviel Einbildungskraft wie Corneille besitzen mußte, weil er eben-

---

[1]) Hartley, Observations on Man, p. 22, 60 ff., 67 ff.
[2]) Hartley, a. a. O. S. 33.
[3]) Joseph Priestley, Disquisitions relating to matter and Spirit, London 1777; vgl. die Vorrede, p. XII ff.

soviel Genie besaß: aber er sieht nicht, daß auch das Genie Corneilles nur darin bestand, daß er ebenso scharf, wie Newton, zu analysieren verstand. Die Analyse macht den Poeten, wie sie den Mathematiker macht . . . Ist einmal der Stoff eines Dramas gegeben, so sind die Erfindung des Gesamtplanes, der Charaktere, der Sprache fortan nur eine Reihe von Problemen, die sich analytisch auflösen lassen. Was ist somit das Genie? Nichts anderes als ein gerader und einfacher Geist, der das findet, was niemand vor ihm zu finden wußte[1])."

In diesen Sätzen, in denen das Drama in eine Art höhere Regeldetri aufgelöst wird, erweist sich Condillac als der Wortführer und typische Vertreter des französischen „esprit classique". Wir stehen hier im Mittelpunkt jener philosophischen Grundanschauung, von deren Wirkung auf sich selbst und seinen Straßburger Kreis Goethe berichtet. „Wenn wir von den Encyclopädisten reden hörten oder einen Band ihres ungeheuren Werkes aufschlugen, so war es uns zu Mute, als wenn man zwischen den unzählig bewegten Spulen und Weberstühlen einer großen Fabrik hingeht und vor lauter Schnarren und Rasseln, vor allem Aug' und Sinne verwirrenden Mechanismus, vor lauter Unbegreiflichkeit einer auf das mannigfaltigste in einander greifenden Anstalt, in Betrachtung dessen, was alles dazu gehört, um ein Stück Tuch zu fertigen, sich den eigenen Rock selbst verleidet fühlt, den man auf dem Leibe trägt." Der Widerspruch gegen diese Seite der französischen Aufklärung aber, der in der Genieperiode laut wird, bestimmt nunmehr auch die Richtung, die die allgemeine theoretische Kultur der Zeit nimmt. Es ist im höchsten Maße interessant, hier an einem prägnanten Einzelbeispiel zu verfolgen, wie die neue Gesamtanschauung, die die Epoche vom Gehalt und Reichtum des geistigen Innenlebens gewinnt, zugleich immer energischer zu einer Umgestaltung des abstrakten psychologischen Schemas hindrängt. Die neue Auffassung der „Seele", die das Zeitalter Rousseaus und Goethes erringt, bedingt und erzeugt einen neuen philosophischen Begriff des „Bewußtseins". Und hier ist es denn wiederum bezeichnend, daß die

---

[1]) Condillac, La langue des calculs, S. 233 f.

ästhetischen Probleme und Interessen es sind, von denen die Reform der Psychologie ihren Ausgang nimmt. Indem die Schweizer in ihrem Kampfe gegen Gottsched und die Alleinherrschaft der Regel, der „Einbildungskraft" ihr eigentümliches Recht wiederzugeben suchen, sehen sie sich damit mit innerer Notwendigkeit auf die Grundlagen der Leibnizischen Lehre zurückgewiesen. Die Autonomie des Genies, die sie verkünden, entspringt ihrer Anschauung von der Autonomie des Geistes. Das Bewußtsein darf nicht lediglich als die Sammelstätte und der Schauplatz für das associative Spiel der Empfindungen gelten, sondern es birgt in sich freie und ursprünglich gestaltende Kräfte. Nicht auf der Empfindung, die von Leibniz „ihres so lange Zeit wider Recht gebrauchten Richteramtes entsetzt" worden, sondern auf dem „Urteil der Seele" beruht somit, nach den Schweizern, die ästhetische Stimmung: dieses Urteil selbst aber gehört einer besonderen Gerichtsbarkeit an und untersteht einer eigenen „Logik der Phantasie". Kraft dieser Auffassung werden die Schweizer zu den eigentlichen Vorläufern der wissenschaftlichen Ästhetik: Baumgartens Werk geht unmittelbar auf ihre Anregung zurück und steht, gerade in der entscheidenden Fragestellung, unter ihrem Einfluß[1]). Der Begriff der „Dichtkraft" aber, der jetzt geprägt und als Bezeichnung eines eigentümlichen Grundvermögens der Seele gebraucht wird, greift seinerseits wieder in die Gestaltung der Psychologie und Erkenntnislehre ein. Es ist Baumgartens Schüler, Georg Friedrich Meier, der ihm zuerst diese allgemeine Bedeutung gibt. „Manche glauben, daß dieses Erkenntnisvermögen nur die poetischen Erdichtungen und andere dergleichen Erdichtungen erzeuge. Allein ein geringes Nachdenken kann uns überzeugen, daß es sich viel weiter erstrecke. Nämlich wir dichten oder erdichten, wenn wir Teile verschiedener Einbildungen und Vorstellungen solcher abgesonderten Begriffe, die wir von unsern klaren Empfindungen abgesondert haben, uns zusammen als einen

---

[1]) S. hrz. Danzel, Gottsched und seine Zeit, Lpz. 1884, Abschn. VII, S. 185 ff. — Über Baumgartens Verhältnis zu den Schweizern s. S. 223 ff.

Begriff vorstellen." Neben den „undeutlichen" Erdichtungen, zu welchen alle poetischen Fiktionen zu zählen sind, da sie sich lediglich aus sinnlichem Vorstellungsmaterial aufbauen, besitzen wir daher „deutliche Erdichtungen" — von welcher Art z. B. alle Begriffe sind, die durch „willkürliche Verbindung" ihrer Grundbestandteile, die also nicht abstraktiv, sondern konstruktiv entstehen[1]). —

Zu seiner Vollendung und Reife ist dieser Begriff der Dichtkraft bei dem bedeutendsten Psychologen der Zeit, bei Tetens, gelangt, in dessen System er eine zentrale und beherrschende Stellung gewinnt. Für die historische Entwicklung des Gedankens ist Tetens' Lehre besonders charakteristisch, da sie die neue Gesamtanschauung nicht fertig hinstellt, sondern sie erst allmählich und schrittweise erarbeitet. Die „Philosophischen Versuche über die menschliche Natur" scheinen in ihren Anfängen noch durchaus unter der Herrschaft des allgemeinen Schemas der Associationspsychologie zu stehen: die Vorstellungen in uns sind die „Spuren" äußerer Einwirkungen, die die Seele nur passiv zu empfangen hat, die sie aber, nachdem sie sie einmal gewonnen, in beliebiger Weise umstellen und zusammenordnen kann. „Die ursprünglichen Vorstellungen sind die Materie und der Stoff aller übrigen, das ist, aller abgeleiteten Vorstellungen. Die Seele besitzet das Vermögen, jene auseinander zu legen, zu zerteilen, von einander abzutrennen, und die einzelnen Stücke und Bestandteile wieder zu vermischen, zu verbinden und zusammenzusetzen. Hier zeigt sich ihr Dichtungsvermögen, ihre bildende, schaffende Kraft und äußert sich auf so mannigfaltige Arten, als die schaffende Kraft der körperlichen Natur, die sich zwar keinen neuen Stoff, keine neue Elemente erschaffen kann, aber durch eine Auflösung der Körper, welche weiter

---

[1]) Georg Friedrich Meier, Metaphysik. Dritter Teil: Die Psychologie. Halle 1757, § 587 u. 588 (S. 185 ff.) — Über den Begriff der Dichtkraft und seine Entwicklung in der deutschen Psychologie und Ästhetik des 18. Jahrhunderts vgl. Rob. Sommer, Grundz. einer Gesch. d. neueren deutschen Psychologie u. Ästhetik, S. 55 f., 208 f., 274 ff. u. Max Dessoir, Abriß einer Geschichte der Psychologie. Heidelberg 1911, S. 136.

gehet, als wir mit unsern Sinnen reichen können und durch eine neue Vermischung eben so unsichtbarer Partikeln, neue Körperchen und neue Geschöpfe darstellet, die noch für unsere Sinne einfach sind[1])." Wenn Tetens im weiteren Fortgang betont, daß diese Tätigkeit des Bewußtseins nicht auf die Verbindung bekannter Elemente eingeschränkt sei, sondern daß wir durch die vergleichende Betrachtung der einzelnen Empfindungen auch einfache Vorstellungen, die zuvor nicht gegeben waren, entdecken und gleichsam produzieren können — so bleibt er trotzdem prinzipiell hier noch bei der sensualistischen Grundansicht stehen. Die Aufgabe des Denkens erschöpft sich noch in der „Auflösung und Wiedervermischung der Vorstellungen". Auch die „einfachen Grundsätze der Naturlehre" werden daher zunächst lediglich als „Sammlungen einer Menge übereinstimmender und ähnlicher Erfahrungen" gefaßt: sie sind — wie Hume gegenüber ausdrücklich zugestanden wird — nichts anderes als „immer wieder kommende und uns allenthalben aufstoßende Empfindungen, aus denen gewisse Reihen verknüpfter Vorstellungen in uns entstanden sind, die sich unauflöslich mit einander vereinigt haben[2])."

Aber wenn diese Erklärung dem Verfahren, das die populäre unkritische Beobachtung einschlägt, genügen mag, so bleibt sie doch, wie Tetens weiterhin erkennt, zur Begründung der exakten wissenschaftlichen Prinzipien unvermögend. Hier tritt uns ein Element entgegen, das mit den herkömmlichen Mitteln der Psychologie nicht zu fassen ist. Der Natur unserer vernünftigen Einsicht sind die „neueren Untersucher", wie Locke und Condillac, Bonnet und Hume nicht gerecht geworden; den Gang des Verstandes in den Spekulationen und in der Errichtung der allgemeinen Theorien haben sie nicht aufzuhellen vermocht. Denn in alledem handelt es sich offenbar um mehr, als um ein bloßes „Stellversetzen der Phantasmen". Der Künstler, der in seiner Phantasie das Bild eines Gegenstands erzeugt, den er nie zuvor wahrgenommen, fügt nicht nur gegebene Vorstellungen äußerlich zusammen,

---

[1]) Joh. Nikolaus T e t e n s, Philosophische Versuche über die menschliche Natur und ihre Entwicklung. Riga 1777. 2 B. I, 24 f.
[2]) T e t e n s, Philosophische Versuche, Bd. I, S. 315.

sondern er webt und bildet sie in einander und schafft sie zu einer völlig neuen einheitlichen Gesamtanschauung um. Diese produktive Synthese, die über alles „schwache Nachmachen" hinausgeht, ist es, die wir auch in der Wissenschaft überall anzuerkennen haben. Sie tritt vor allem in der Geometrie hervor: die Exaktheit der geometrischen Figuren ist „ein Zusatz der Dichtkraft, dergleichen es in allen unseren Idealen gibt[1]." In gleicher Weise erweisen sich auch die Grundgesetze der Bewegung, die man für gewöhnlich schlechthin als empirische Verallgemeinerungen ansieht, bei schärferer Betrachtung als idealische Produkte. Das Beharrungsprinzip, das Gesetz der Gleichheit der Wirkung und Gegenwirkung, verdanken ihre Sicherheit keineswegs der bloßen induktiven Beobachtung einzelner Tatsachen. „Es sind ohne Zweifel Empfindungen gewesen, welche die erste Gelegenheit gegeben haben, das Gesetz zu entdecken, aber es ist ein Raisonnement hinzugekommen, eine innere Selbsttätigkeit des Verstandes, von der jene Verknüpfung der Ideen bewirket worden ist ... Solche allgemeine Gedanken sind wahre Gedanken, vor aller Erfahrung vorher. Wir erlernen sie aus dieser nicht durch die Abstraktion, und es hängt also auch nicht von einer mehrmals wiederholten Übung ab, daß sich solche Ideenverknüpfungen festsetzen." (I, 320f.)

Die eigentliche Natur des Verstandes kann daher erst ergründet werden, wenn man ihn in einem völlig anderen Gebiete seiner Tätigkeit, als bisher aufsucht. „Man hat den Verstand am öftesten da beobachtet, wo er Erfahrungen sammelt und aus Empfindungen sich die ersten sinnlichen Ideen macht, wie in der Naturlehre und Seelenlehre; aber da, wo dieselbige Denkkraft einen höhern Flug in den allgemeinen Theorien nimmt und Wahrheiten zu Wissenschaften zusammenkettet; auf diese Bahn, die in der Philosophie so schlüpfrig, als sie fest und eben in der Mathematik ist, wie da ihr Gang und was die Richtschnur ihres Verfahrens sei, das hat man nicht so scharf, so innig, so anschauend nachgespüret. Und dies ist die Quelle so mancher einseitigen Urteile. Ob

---

[1] Tetens, a. a. O. I, 116, 125 f., 135.

die Denkkraft sich dann vielleicht nicht mehr in einer ihr natürlichen Beschäftigung finde, wenn sie spekuliert? Ob die allgemeinen Abstraktionen und deren Verbindung nicht etwan außer ihrer Atmosphäre liegen? ob sie hier in einer zu dünnen Luft, oder auch beständig mit Nebel und Wolken umgeben sei, und jemals sichere Kenntnisse erhalten könne? Dies, meine ich, sind keine Fragen mehr, und Dank sei es den mathematischen Wissenschaften, daß sie es nicht mehr sind. Auf eine allgemeine Grundwissenschaft, die in der Philosophie die Algeber sein soll, will ich mich hier nicht berufen, weil von ihr noch die Frage ist, was man an ihr hat .... Aber die Geometrie, die Optik, die Astronomie, diese Werke des menschlichen Geistes und unwiderlegliche Beweise seiner Größe, sind doch reelle und feststehende Kenntnisse. Nach welchen Grundregeln baut denn Menschenvernunft diese ungeheuren Gebäude? Wo findet sie dazu den Boden und wie kann sie aus ihren einzelnen Empfindungen allgemeine Grundideen und Prinzipe ziehen, die als ein unerschütterliches Fundament so hohen Werken untergeleget werden? Hierbei muß doch die Denkkraft sich in ihrer größten Energie beweisen." (I, 427 ff.) Mit diesen Sätzen hat Tetens einen entscheidenden Schritt vollzogen: er hat, wenngleich seine ganze Grundabsicht zunächst rein psychologisch gerichtet war, das psychologische Problem bis zu der Grenze hingeführt, an der es sich mit dem „transzendentalen" berührt. Der Verstand soll nicht in seiner unmittelbaren Tätigkeit der Vorstellungsverknüpfung beschrieben, sondern in seinem höchsten und reifsten Produkt, in der mathematischen Physik, aufgezeigt und nach ihm beurteilt werden. Über die Stellung der Frage freilich kommt Tetens nicht hinaus: er endet an dem Punkte, an dem die Kritik der reinen Vernunft beginnt. —

Wenngleich indessen der neue Gedanke hier nicht zu allgemeiner Entfaltung gelangt, so hat er sich doch an einem wichtigen Einzelproblem: an der psychologischen Theorie des Urteils bewährt. Die traditionelle Auffassung, die Tetens vorfindet, sieht das Wesen des Urteils in einem Zusammenstellen und Vergleichen gegebener Vorstellungen, die entweder als gleichartig oder als unterschieden befunden werden. Erschöpft aber diese Auffassung, die z. B. bei Condillac herrschend ist, den gesamten Inhalt des Problems? „Sollten wohl alle Verhältnisse" — so fragt Tetens — „auf Identität und Diversität, oder, wie einige sich ausgedrückt haben, auf Einstimmung und Widerspruch zurückgeführt werden können; und also alle Urteile in Gedanken dieser einzigen Gattung von Verhältnissen bestehen?" Die gewöhnliche Methode der Vernunftlehrer wird dem Reichtum und der inneren Vielgestaltigkeit der Erkenntnis nirgend gerecht; sie vermag nur durch künstliche Umbiegungen die Mannigfaltigkeit aller möglichen Aussagen diesem einzigen Typus einzuordnen. „Dadurch wird die Lehre von den Urteilen einfacher, aber sie wird auch zugleich magerer, und anstatt einer reichhaltigen Theorie über die Verstandestätigkeiten, worauf die Entwicklung der ersten fruchtbaren Erklärung führen könnte, erhält man eine eingeschränkte und wenig aufklärende Rubrik." Als wichtigster Beleg hierfür wird von Tetens das Urteil der kausalen Verknüpfung angeführt. Die Abhängigkeit eines Dinges von einem anderen ist ein völlig eigenartiges Verhältnis, das unter keinen anderen Titel subsumiert werden kann. Das Gleiche gilt sodann für die übrigen fundamentalen Verhältnisbegriffe; die Folge der Dinge auf einander, ihr Beieinandersein, die besondere Art ihrer Coexistenz, ihre Lage gegen einander, das „Inhärieren" einer Beschaffenheit in ihrem Subjekt: dies alles ist nicht lediglich eine Unterart der Identität oder Diversität, sondern bezeichnet eine neue, spezifische Weise der Beziehung. Tetens beruft sich zum Beweis hierfür auf Leibniz, durch dessen „scharfe und eindringende Blicke in die allgemeinen Denkarten des menschlichen Verstandes" bereits zwei Grundklassen einfacher Verhältnisse herausgesondert worden seien: sofern er bloße Vergleichungsverhältnisse, die lediglich die Ähnlichkeit oder Unähnlichkeit der Vorstellungen angehen, von objektiven Verhältnissen aus der Verbindung, die die gegenständliche Ordnung der Dinge betreffen, unterschied. Innerhalb der letzteren Gattung aber ist weiterhin eine neue Sonderung vorzunehmen. Den unwirksamen Beziehungen der bloßen „Mitwirklichkeit", wie dem räumlichen Getrenntsein oder dem zeitlichen Nacheinander stehen die dynamischen

Verhältnisse: die Verhältnisse der Dependenz, die Verbindung des Gegründeten mit seinem Grunde und der Wirkung mit ihrer Ursache gegenüber. Denn es ist etwas anderes, Ideen bloß in einer bestimmten Folge und Verbindung zusammenzunehmen, oder aus der einen auf die andere zu schließen. Die Ähnlichkeit oder das assoziative Beisammen der Vorstellungen mag der psychologische Anlaß eines derartigen Schlusses sein, aber sie enthält nicht seinen sachlichen Grund. Dieser liegt vielmehr in einer eigenen Tätigkeit des Verstandes: in dem „tätigen Hervorbringen eines Verhältnisgedankens aus einem anderen, welches mehr ist als zwei Verhältnisse nach einander gewahrnehmen."

Wenn indes in den drei Grundklassen des Urteils, die Tetens ausgesondert hat, der Inhalt aller unserer Aussagen sich erschöpft, so ist freilich die Frage, ob durch sie auch alle Beziehungen der absoluten, für sich bestehenden Dinge umfaßt werden, bisher nicht beantwortet. Die „Gedenkbarkeit der Dinge" ist eine Beziehung auf den Verstand eines erkennenden Wesens; die Aufsuchung aller von uns gedenkbaren Verhältnisse und Beziehungen der Dinge stellt somit „den Umfang und die Grenzen des menschlichen Verstandes aus einem neuen Gesichtspunkt dar". Aber ist dieser menschliche Verstand die Norm der Wirklichkeit überhaupt? „Sollten wir behaupten können, daß nicht noch mehrere allgemeine objektivische Verhältnisse von anderen Geistern denkbar sind, wovon wir so wenig einen Begriff haben, als von dem sechsten Sinn und von der vierten Dimension?[1])" Damit ist ein neues Problem berührt, das auf einen allgemeineren Gegensatz innerhalb der Philosophie des achtzehnten Jahrhunderts zurückweist.

II.

Die konsequente Verfolgung des psychologischen Weges muß zu einem Punkte hinführen, an dem der Begriff der Wahrheit seine bisherige Bedeutung verliert. Besteht all unser Wissen in nichts anderem als in einer Vergleichung

---

[1]) Zum Ganzen s. Tetens, a. a. O. I, 328—335.

unserer Vorstellungen, so ist es müßig, nach einem objektiven Kriterium der Wahrheit zu fragen. Die Regeln des tatsächlichen Denkgeschehens entscheiden alsdann über den Inhalt des Gedachten. Der alte Protagoreische Satz, daß der Mensch das Maß der Dinge sei, kehrt nunmehr in schärferer Bedeutung wieder. Was wir als unverbrüchliche Gesetze des Seins hinzustellen pflegen, das ist nur das Ergebnis eines Naturzwanges, der unsere Köpfe beherrscht. Die biologische Struktur jeder Gattung entscheidet darüber, was für sie wahr oder falsch heißt. Einen umfassenden und universellen Maßstab zu suchen, der von dieser Bedingtheit auf das spezifisch organisierte Subjekt frei wäre, ist vergeblich. Es gibt keine Aussagen, denen rein kraft ihres Inhalts und ganz unabhängig davon, von wem sie gedacht werden, Wahrheit zukommt: jede noch so große und noch so scheinbare Evidenz besagt nur, was für uns, nicht aber was „an sich" möglich oder unmöglich ist. —

Es sind zunächst bestimmte physiologische Erfahrungen und Spekulationen, die auf diesen Gedanken hinführen. Die physiologische Psychologie des 18. Jahrhunderts verweilt mit Vorliebe bei der Betrachtung der Abhängigkeit des Denkens von den einzelnen Sinneskreisen, die ihm das Material zu seinen Betätigungen darbieten. Immer von neuem wird die Frage erörtert, in welcher Weise eine Änderung dieses Materials auch eine völlige Umgestaltung in der gedanklichen F o r m unseres Weltbildes nach sich ziehen müßte. Die Erfahrungen an Blindgeborenen und an Taubstummen werden als Beleg für diese Anschauung herangezogen: es ist insbesondere D i d e r o t , der sie zusammenfaßt und sie zum Beweise seines philosophischen Sensualismus verwertet[1]). „Wenn jemals ein blinder und tauber Philosoph den Gedanken faßte, in der Art Descartes' einen Menschen zu schaffen, so wird er sicherlich der Seele ihren Platz in den Fingerspitzen anweisen: denn von dort kommen ihm seine Hauptempfindungen und alle seine Kenntnisse." Die Popularphilosophie

---

[1]) D i d e r o t , Lettre sur les aveugles (1749), sowie Lettre sur les sourds et muets (1751).

greift sodann dieses Thema auf, um es mannigfach zu variieren. Die materielle Beschaffenheit der Ideen hängt einzig und allein von der Organisationsart der verschiedenen Sinne ab, die die Natur dem empfindenden Wesen verliehen hat. Alle Ideen, die wir von der Körperwelt, von der Ausdehnung, der Bewegung, den Gestalten, den Farben usw. haben, würden ganz anders sein, als sie gegenwärtig sind, wenn unsere Sinne anders organisiert wären. „Wir wissen, daß es Tiere gibt, die einiger Sinne, womit die Natur uns versehen hat, beraubt sind, und andere, die einige zu haben scheinen, welche uns fehlen. Diese letztere Anmerkung scheint zu beweisen, daß die Körper Eigenschaften haben, die sich auf keinen anderen Sinn beziehen, und wovon wir folglich nicht die geringste Vermutung haben[1]". Schärfer und gefährlicher gestalten sich diese Folgerungen, indem sie auf die formalen Grundprinzipien der Erkenntnis, insbesondere auf den S a t z d e s W i d e r s p r u c h s übergreifen. Die Deutung, die diesem Prinzip gegeben wird, bringt den Gegensatz zwischen der „logischen" und der „psychologistischen" Auffassung zum klarsten und prägnantesten Ausdruck. In dem Kampf, der hier einsetzt, treten bereits im achtzehnten Jahrhundert alle die Argumente, die noch in der modernen Diskussion der Frage wirksam sind, in scharfer Prägung hervor[2]). Ist der Satz des Widerspruchs eine notwendige und allgemeingültige Norm, oder wurzelt er nur in irgend einer zufälligen Beschaffenheit und Einrichtung unseres Denkens? Ist er es, auf dem jede Feststellung von „Tatsachen" überhaupt beruht oder bezeichnet er nur ein einzelnes Faktum, das wir, ohne es weiter begründen zu können, einfach hinzunehmen haben? Diese Zweifel, die uns früher bereits in einzelnen Andeutungen entgegengetreten sind[3]), gewinnen jetzt festere Gestalt, indem sie an die allgemeine Grundansicht

---

[1]) S u l z e r , Zergliederung des Begriffs der Vernunft (1758); Verm. philos. Schriften I, 249 f.
[2]) Man vergleiche, um sich dieses Zusammenhangs bewußt zu werden, die Auseinandersetzung zwischen L o s s i u s und T e t e n s mit der Darstellung des Problems bei N a t o r p , Über objektive und subjektive Begründung der Erkenntnis (Philos. Monatshefte, XXIII) u. bei H u s s e r l , Logische Untersuchungen, I, 78 ff. u. 110 ff.
[3]) Vgl. ob. S. 491 f. u. 496 f.

der Assoziationspsychologie anknüpfen. Wenn es wahr ist, daß all unser Denken nur ein Zusammentreten und Verschmelzen der einzelnen Sinneseindrücke ist, so werden uns die Naturgesetze, nach denen dieser Vorgang sich vollzieht, auch die einzige befriedigende Aufklärung über die Ergebnisse des Denkens geben können; — so gehören diese Ergebnisse somit nicht vor das Forum der Logik, sondern vor dasjenige der Gehirnphysiologie. Die Vernunftlehre — so formuliert Lossius in seiner Schrift über die „Physischen Ursachen des Wahren" diese Ansicht — soll nichts anderes sein, als ein Inbegriff von Regeln zum Denken, abstrahiert aus der Geschichte des menschlichen Geistes. „Sie ist ein Stück der Seelenlehre und verhält sich zu ihr wie die Metaphysik zur Experimentalphysik oder der Naturgeschichte, als welche die Fakta hergibt, die jene vergleicht, von einander absondert, das Gemeinsame zusammenfasset und Regeln schaffet. Nach dieser Idee sollte freilich die Lehre von dem Entstehen der Begriffe, und das Mechanische bei dem Denken als etwas Nützlicheres an die Stelle der unnützen Lehren von logischen Sätzen und Schlüssen gesetzt werden . . . Wie, wenn man nach dieser Angabe die Begriffe lieber klassifizirte nach den Organen, welche für diesen oder jenen Begriff gemacht zu sein scheinen? Wenn man zeigte, ob ein vorkommender Begriff durch einen oder mehrere Organe zugleich in die Seele gehe und durch welche? Wenn man den Bau dieses Organs zu Hilfe nähme, die Entstehungsart der Begriffe, die durch ihn möglich sind, zu erklären? . . . Ohne Zweifel würden wir die Natur der menschlichen Ideen auf diese Art, wo nicht völlig, doch unendlich weit deutlicher einsehen, als aus allen Erklärungen, die vom Aristoteles an bis auf Leibnitzen sind gegeben worden."[1]).

Die physiologische Psychologie ist somit auf halbem Wege stehen geblieben, indem sie den Grundsatz, den sie an den einzelnen Begriffen durchführte, auf das Ganze unserer Erkenntnis anzuwenden unterließ. Was wir Wahrheit nennen, das ist kein absolutes und körperloses Ideal, das irgendwie im Leeren

---

[1]) Johann Christian Lossius, Physische Ursachen des Wahren Gotha 1775. S. 8 ff.

schwebte, sondern es wird durch den Mechanismus unseres Leibes und sein Fibernsystem bestimmt. Daß zwei Ideen in unserem Geiste nicht miteinander bestehen können, das bedeutet schließlich nichts anderes, als daß die Gehirnschwingungen, die ihnen entsprechen, einander aufheben und physisch mit einander unverträglich sind. Der letzte Grund des Widerspruchs kann nirgends anders als in diesem Spiele der Fibern zu suchen sein. Nicht darauf kommt es an, ob die Dinge wirklich so sind, wie wir sie denken, sondern ob wir sie nach unserer gegenwärtigen Einrichtung als Menschen von dieser Welt, mit diesen menschlichen Organen, anders zu denken imstande sind. Dem Urheber der Natur wäre es ein leichtes gewesen, das menschliche Auge so einzurichten, daß es sich ein kreisrundes Dreieck hätte vorstellen können, und wir würden auf die Gewißheit unserer Erkenntnis alsdann nicht minder stolz gewesen sein, als wir es jetzt sind: „so aber wollte er, daß der Widerspruch für unseren Verstand das sein sollte, was der Schmerz für unseren Körper ist[1]". Diese Analogie wird bis in ihre letzten Konsequenzen verfolgt, und weitergesponnen: die Wahrheit ist nichts anderes als „das angenehme Gefühl aus der Zusammenstimmung der Schwingungen der Fibern im Gehirne". „Der Streit, ob die Schönheit subjektivischer Natur sei, scheint nunmehr entschieden, und man hat sich mehrenteils für das erstere erklärt. Und hierin hat die Wahrheit einerlei Schicksal mit der Schönheit, sie ist mehr subjektivischer als objektivischer Natur, sie ist nicht sowohl eine Eigenschaft der Gegenstände, die wir ebenso wahr nennen, wie wir andere schön nennen, als vielmehr eine Vorstellung von dem Verhältnisse der Dinge auf uns, sie ist Relation auf den, der sie denkt[2]".

Hier liegt, wie man sieht, ein fruchtbares Problem noch völlig eingehüllt in unklare und dogmatische Voraussetzungen. Den Begriff des Seins sollen wir nur gemäß den Gesetzen des Denkens bestimmen können; aber diese Gesetze selbst gelten als eine willkürliche Einrichtung, die von dem Urheber der

---

[1] Lossius, Physische Ursachen des Wahren, S. 56.
[2] Lossius, A. a. O. S. 65; vgl. S. 58 u. 76.

Natur getroffen ist. Wäre es möglich, diese innere Zweideutigkeit zu heben, ließe sich die Ansicht durchführen, daß unser Begriff der Wirklichkeit in den Kategorien des Verstandes wurzelt, ohne daß dieser Begriff darum chimärisch würde und sich schlechthin ins „Subjektivische" verflüchtigte? Es ist wiederum Tetens'·Verdienst, diese Frage bestimmt gestellt zu haben. Das Problem mußte ihm um so dringlicher werden, als seine eigenen Voraussetzungen ihn unwiderstehlich zu der gleichen Relativierung des Wahrheitsbegriffes hinzudrängen schienen, die die Psychologie seiner Zeit bereits vollzogen hatte. Denn nicht nur von Humes, sondern auch von Leibniz' Standpunkt aus liegt das Kriterium der Gewißheit nicht jenseit des Bereichs des Bewußtseins, sondern beruht auf inneren Kennzeichen, auf der Ordnung und Verknüpfung der Ideen selbst. (S. ob. S. 521 ff.) So scheint auch hier der Gehalt aller unserer logischen Grunderkenntnisse von der spezifischen „Natur" der vorstellenden Subjekte abhängig zu werden. Es gilt daher, eine schärfere Bestimmung zu treffen, kraft deren, unter strenger Wahrung der idealistischen Prinzipien, die notwendige und objektive Geltung der fundamentalen Wahrheiten gesichert werden kann. Die Berufung auf den „gesunden Menschenverstand" vermag gegen die skeptischen Folgerungen, zu denen die Entwicklung der psychologischen Betrachtungsweise hinführt, nichts auszurichten. Wer die objektive Existenz der Gegenstände auf ein unmittelbares Datum der inneren Erfahrung gründet, wer zur Entscheidung der Frage auf einen absolut selbstgewissen „Instinkt" zurückgreift: der gibt, um den Grundsätzen des Skeptizismus zu entgehen, das erste Postulat jeder echten Philosophie preis. „Das heißt die Untersuchung allzu voreilig abbrechen, wobei der philosophische Psycholog so wenig befriedigt wird, als der philosophische Naturforscher, wenn man ihm sagt, es sei ein Instinkt des Magneten, daß er Eisen anziehe. Wo nicht weiter fortzukommen ist, so muß man freilich stille stehen, aber jenes ist doch zu versuchen, und ist die Pflicht des Nachdenkenden, der an der alten bequemen Methode, sich auf qualitates occultas zu berufen keinen Geschmack hat." „Dagegen, wenn man auf die Art zu Werke geht, wie Reid, Beattie und Oswald; nur unbedingt und gerade als ein Prinzip es annimmt, es sei ein untrüglicher Charakter der Wahrheit, daß der Menschenverstand sich die Sachen so und nicht anders denke oder denken könne; wenn der Ausspruch der entwickelnden und schließenden Vernunft nicht geachtet, und ihr sogar ihr Stimmrecht bei der Beurteilung von Wahrheit, Vorurteil und Irrtum entzogen wird; wie kann der denkende Zweifler auf diese Art überzeugt werden? Ist es zu hart zu sagen, daß dies Verfahren wider den Menschenverstand ist[1])?"

Wir müssen somit von der „subjektivischen Notwendigkeit" gewisser allgemeiner Grundsätze, die wir als solche in uns empfinden, allerdings ausgehen: aber wir haben damit die Frage nicht gelöst, sondern erst gestellt. Zunächst nämlich ist diese angebliche Notwendigkeit in sich selbst schwankend und zweideutig, und es bleibt immer zu entscheiden, wie weit sie in Wahrheit auf der gleichbleibenden und unveränderlichen Natur unseres Verstandes beruht oder ihm nur von außen durch Gewohnheit und Erfahrung aufgedrängt worden ist. Weiterhin aber: wie gelangen wir dazu, ein Verhältnis, das wir in unsern Ideen antreffen, aus diesen gleichsam herauszusetzen und es als eine Beschaffenheit und ein Verhältnis in den Sachen zu deuten, das ihnen auch ohne unser Denken zukommen würde[2])? Der Anspruch der Objektivität wenigstens steht als ein Faktum fest; es gilt ihn zu begreifen und die einzelnen Behauptungen, die in ihm zusammengefaßt sind, gesondert zu prüfen. Hier zeigt sich nun erstlich, daß die Objektivität, die wir unseren Aussagen zuschreiben, nicht von der einzelnen materiellen Empfindung abhängt, sondern daß sie lediglich die Art betrifft, wie wir die Empfindungen wechselseitig miteinander verknüpfen und in bestimmte Beziehungen ordnen. Die einfache „Impression" der roten Farbe mag immerhin in verschiedenen Beobachtern ganz verschieden sein, so daß einem andern das, was mir als grün erscheint, rot heißt: wenn dadurch in den Verhältnissen der Eindrücke unter ein-

---
[1]) Tetens, Philosophische Versuche über die menschliche Natur, I, 529; s. ferner I, 375 f., 393, 402 f.
[2]) Tetens, Philosophische Versuche, I, 470 ff.; vgl. bes. I, **527** und 531 f.

ander nichts geändert wird, wenn alle Gegenstände, die für mich gleichfarbig sind, auch für den andern so erscheinen, so wird sich in den beiderseitigen Urteilen niemals eine angebbare Differenz finden, so besitzen wir also beide dieselbe „Wahrheit". „Die Richtigkeit des Gedankens hängt nur davon ab, daß mein Urteil richtig sei und das Urteil ist ein Verhältnisgedanke. Die Impressionen sind nur die Schriftzüge oder Buchstaben. Diese mögen sein, welche sie wollen, — sie sind zu entziffern, wenn auch jeder Buchstabe seinen eigenen Zug hat und die Worte, zu welcher Sprache sie auch gehören, sind verständlich, wenn jeder bestimmte Gedanke seinen bestimmten Ton hat[1]." Fragen wir jetzt weiter, was die Objektivität der Verhältnisbegriffe zu besagen hat, so finden wir, daß darunter nichts anderes gemeint ist, noch gemeint sein kann, als daß ebendieselben Beziehungen, die ich hier und jetzt unter den besonderen Bedingungen des Augenblicks und meiner individuellen Disposition feststelle, auch für jedes andere Subjekt und unter beliebigen anderen Umständen gültig sind. Weiter als bis hierher kann die Frage nicht gehen. Denn wollte man jetzt noch einwenden, daß doch alle Verhältnisgedanken als Gedanken etwas Subjektivisches seien, so hieße dies die Art des Problems völlig verkennen. Daß alle unsere Urteile und somit alle Wahrheiten insofern subjektiv sind, als nur eine Denkkraft ihrer empfänglich ist; daß wir also aus dem Kreise unseres Bewußtseins nicht heraustreten können; das ist freilich richtig, aber es ist, für sich allein genommen, ein banaler und unfruchtbarer Satz[2]). Wenn die Metaphysik an diesem Satze ein Interesse haben mag, so wird das Interesse der Erkenntnistheorie durch ihn noch in keiner Weise angedeutet, geschweige erschöpft. Es ist nichts damit geleistet, wenn wir unsere sämtlichen Erkenntnisse gemeinsam dem allumfassenden Gattungsbegriff des „Bewußtseins" einordnen; vielmehr besteht die eigentliche Aufgabe darin, innerhalb dieser Einheit selbst, die wir anerkennen und zugrunde legen dürfen, wiederum eine scharfe Sonderung

---

[1]) T e t e n s , a. a. O. I, 534, vgl. bes. I. 550.
[2]) T e t e n s , a. a. O. I, 539.

zwischen zufälligen und allgemeingültigen Sätzen, zwischen faktischen Aussagen über den momentanen Zustand eines Einzelsubjektes und notwendigen und unaufheblichen Grundwahrheiten zu treffen. Die Beziehung auf andere denkende Wesen, die vielleicht eine andere Organisation als wir selbst besitzen, können wir aus dieser letzteren Frage völlig ausschalten. „Man setze anstatt der Wörter objektivisch und subjektivisch die Wörter unveränderlich subjektivisch und veränderlich subjektivisch, so ist es nicht nötig, auf die Denkkräfte anderer Wesen Rücksicht zu nehmen, von denen wir keine Begriffe haben, und dennoch zeigt es sich, wie viel sie bedeutet. Es ist das nämliche, wenn wir fragen, was hängt von der besonderen Einrichtung unserer Organe ab und von unserer jetzigen Verfassung? was ist dagegen notwendig und immer so und bleibet so, wie auch die körperlichen Werkzeuge unseres Denkens verändert werden möchten, so lange unser Ich nur ein denkendes Wesen bleibt?[1]" Die Grenzlinie verläuft jetzt nicht mehr wie in der Metaphysik, zwischen den absoluten Dingen „außer uns" und den Erkenntnissen „in uns", sondern sie hält sich im Gebiet der Erkenntnisse selbst, um diese nach ihrem Werte und nach der Art ihrer Geltung zu unterscheiden.

Ist die Aufgabe einmal auf diese Weise fixiert, so droht der Sicherheit des Wissens von den skeptischen Relativitätstheorien keine Gefahr mehr. Denn nunmehr läßt sich das πρῶτον ψεῦδος aller dieser Theorien leicht durchschauen. Sie alle legen irgendeine Gesamtanschauung über das Sein der Dinge zu Grunde und versuchen von ihr aus das unbedingte Recht der logischen Wahrheit zu bestreiten. Aber es ist vergeblich, die Logik auf diese Weise in die Naturwissenschaft und insbesondere in die Physiologie aufgehen zu lassen: denn müßten wir nicht, um dies tun zu können, die unbedingte Gültigkeit eben unserer naturwissenschaftlichen Erkenntnisse dargetan haben? „Ich sehe" — bemerkt Tetens gegen Lossius — „darin keine Erklärung unserer Denkarten, wenn

---

[1]) A. a. O. I, 540; vgl. bes. I, 560: „das sogenannte O b j e k t i v i s c h e o d e r, w e l c h e s g l e i c h v i e l i s t, d a s U n v e r ä n d e r l i c h e u n d N o t h w e n d i g e i n d e m S u b j e k t i v i s c h e n."

nur bloß statt der Wörter Vorstellungen, Gedanken, Seele, Einbildungskraft, die Wörter Fibernschwingungen, Fibernsystem und Wirkungen auf das Fibernsystem u. s. f. gebraucht werden. Wir haben von den letzteren nicht bessere Ideen, als den gewöhnlichen." Soll aber hierdurch gar die Art und Weise angegeben werden, wie das Widersprechende sich im Denken vereinigen lasse, — so ist das freilich von allem das Unbegreiflichste. Zunächst nämlich wird hier schon der eigentliche Sinn des Satzes vom Widerspruch verfälscht. Denn falls dieser Satz überhaupt etwas darüber aussagen wollte, was in unserem tatsächlichen Denken vor sich geht, falls er lediglich ein empirisches Naturgesetz des wirklichen Denkgeschehens sein wollte, so wäre er offenbar ungenau. Daß irgendein einzelnes Subjekt sachlich unvereinbare Bestimmungen dennoch in seinen Gedanken vereint: dies ist nicht nur nicht unmöglich, sondern durch die alltägliche Erfahrung bewiesen. Die Frage lautet indessen hier nicht, ob kontradiktorische Merkmale in der subjektiven Vorstellung zusammengenommen werden können sondern ob sie objektiv zusammengehören. Sie betrifft nicht den Akt des Denkens, sondern die Verhältnisse des Gedachten, nicht den psychologischen Vollzug der Vorstellungen, sondern lediglich die Bedeutung, die sie als Prädikate eines Urteils besitzen. „Sollten solche Ideen, als unsere widersprechende Prädikate sind, die Idee vom Zirkelrunden und die Idee von Winkeln und Ecken, in irgend einer Denkkraft als Prädikate Einer Figur vereinigt werden können, so müssen es solche Ideen nicht mehr sein, als sie es bei uns sind. Sie müssen sich nicht ausschließen oder aufheben. Und wenn sie das nicht thun, so sind sie freilich auch nicht widersprechend, aber dann sind sie auch nicht unsere Ideen, sondern wer weiß was anders"[1]). Sobald wir von einem andersartigen Verstande sprechen, für den ein anderer Begriff der Wahrheit als der unsrige gelten soll, so stellen wir damit doch eine hypothetische Setzung auf, die als solche, wie jeglicher andere Inhalt, den formalen Gesetzen unseres

---

[1]) Tetens, I, 543 ff.; zum Vergleich mit der modernen Diskussion s. bes. Husserl, a. a. O. I, 118 f.

Denkens Genüge tun muß. Es läßt sich indessen leicht einsehen, daß eben diese Grundbedingung hier nicht erfüllt ist. Ein Verstand, der Widersprüche sollte denken können, „müßte etwas gewahrnehmen und nicht gewahrnehmen können, zugleich dieselbigen Dinge für ähnliche erkennen, und auch für verschiedene", er würde somit für den menschlichen selbst nichts anderes als ein viereckiger Zirkel sein. „Das Dasein eines solchen Verstandes muß ich also eben so nothwendig verneinen, als die Existenz eines widersprechenden Objekts: und jenen für möglich halten, heißt ebenso viel als die ungedenkbare Sache selbst dafür ansehen." Der Satz des Widerspruchs ist also nicht allein ein Gesetz für unseren Verstand, sondern für jeden andern: er ist, mit andern Worten, ebenso gewiß ein objektivisches Prinzip als er ein wahres Prinzip ist. Das gleiche gilt weiterhin für alle notwendigen Grundsätze, wie es z. B. die Sätze der Geometrie sind: wer es unternimmt, sie aus unserer spezifischen Organisation abzuleiten, der muß sie zuvor ihres eigentlichen Sinnes entkleiden[1]). Denn ihre logische Grundbedeutung besteht eben darin, daß wir es in ihnen nicht mit einem bloßen „matter of fact", nicht mit besonderen **Tatsachenwahrheiten** zu tun haben, sondern daß wir in ihnen allgemeingültige ideale Beziehungen besitzen, auf Grund deren wir alle unsere **Urteile über Tatsachen** regeln. Die Frage nach dem Gegenstand der Erkenntnis löst sich in die andere nach der „objektivischen" Natur unserer obersten Denkgesetze auf, womit die Untersuchung in neue kritische Bahnen gelenkt wird.

---

[1]) T e t e n s , a. a. O., bes. I, 545.

Achtes Buch.
Die kritische Philosophie.

Erstes Kapitel.
Die Entstehung der kritischen Philosophie.

Weniger als jedes andere philosophische System scheint die kritische Lehre des Rückgangs auf ihre Entstehungsbedingungen zu bedürfen. Die Vernunftkritik bildet ein vollendetes und abgeschlossenes Ganze, das auf sich selber steht und aus sich selbst erklärt sein will. Wie sie der philosophischen Vergangenheit als ein Neues und Eigenes gegenübertritt, so hat sie auch mit der vorangehenden Gedankenentwicklung in Kants vorkritischen Schriften gebrochen. Der zentrale methodische Grundgedanke besitzt daher seinem wesentlichen Inhalt nach keine Geschichte; nur seine allmähliche Ausführung und seine immer weiter greifende Anwendung ist es, die sich in verschiedene zeitliche Phasen auseinanderlegen läßt.

Und dennoch ist es nicht nur das Interesse an der persönlichen Entwicklung des philosophischen Genius, sondern der Zwang der Sache selbst, der den Blick immer wieder auf Kants vorkritische Schriften zurückwendet. Der Einblick in den sachlichen Gehalt und in die sachliche Struktur des Systems wird immer aufs neue durch die komplizierten geschichtlichen Problembedingungen, in welche es eintritt, erschwert. Schon der Stil Kants ist hierfür charakteristisch: ist es doch bisweilen, als werde die Periode durch die Fülle der kritischen und polemischen Beziehungen, die sich sogleich an jeden neuen Gedanken knüpfen, aus ihrem ruhigen Ebenmaß gedrängt; als vermöchte sie nicht den ganzen Inhalt zu fassen, den sie gleichzeitig zum Ausdruck bringen soll. Ein Schlag schlägt hier tausend Verbindungen; ein einziger Satz genügt, uns mitten in weltgeschichtliche Kämpfe und Gegensätze zu stellen. An diesem Punkte kann die Rücksicht auf die vorkritischen Schriften das Verständnis ergänzen und fördern. Denn in ihnen tritt Kant einzeln mit den geistigen

Mächten in Beziehung, die er in der Vernunftkritik auf einmal zu überblicken und zu meistern sucht. Das Verhältnis, in welchem er zu den verschiedenen Richtungen der zeitgenössischen Philosophie steht, tritt daher hier in helles Licht. Gedanken, die im Zusammenhang der Vernunftkritik schwierig und fremdartig erscheinen, finden ihre Erklärung, wenn man sie als Nachwirkung früherer Problemstellungen begreift; Gegensätze der Darstellung versöhnen und lösen sich, wenn man sie nicht unmittelbar aneinander hält, sondern sie verschiedenen zeitlichen Schichten zuweist. Denn so sehr es in der Tendenz des kritischen Gedankens liegt, einen völlig neuen Aufbau zu beginnen, so ist doch der Zusammenhang mit der eigenen vorangehenden Entwicklung Kants nirgends gänzlich aufgehoben. Die Motive und Fragestellungen der früheren Epoche spielen noch immer in die Darlegung der reifen Ergebnisse hinein und bilden oft eine latente Gegeninstanz gegen die freie Gedankenentwicklung. Es gibt keinen anderen Weg, dieser Schwierigkeit zu begegnen, als diese Motive selbst klar abzugrenzen und gesondert zu verfolgen. Die Einsicht in die Bedingungen, aus denen die Vernunftkritik heraus und über die sie emporgewachsen ist, lehrt erst völlig, was sie, unabhängig von diesen Bedingungen, sachlich bedeutet.

I.

Die früheste Epoche von Kants gedanklicher Entwicklung geht vor allem in der Rezeption des Stoffes auf, der ihm durch die Naturwissenschaft der Zeit dargeboten wird. Zwar treten auch hier sogleich neue und fruchtbare Gesichtspunkte auf, und das Verfahren der physikalischen Induktion wird über die Grenzen hinaus, in denen es bei Newton verblieben war, zu erweitern gesucht. Diese Betrachtungsweise aber, die in der „Allgemeinen Naturgeschichte und Theorie des Himmels" ihre Ausprägung und ihren Abschluß findet, übt zunächst auf die philosophische Grundanschauung keine entscheidende Rückwirkung. Die erste metaphysische Schrift Kants: die „Nova dilucidatio" vom Jahre 1755 sucht nur einige formale Änderungen an dem herkömmlichen Schema der Ontologie vorzunehmen, tritt aber im ganzen aus der allgemeinen Ansicht des Wolffischen Schulsystems nicht heraus. Der Gegensatz, der zwischen den Voraussetzungen dieses Systems und dem Verfahren der empirischen Forschung besteht, wird zwar bemerkt; aber er wird noch nicht in seiner eigentlichen prinzipiellen Bedeutung erfaßt. Die Vermittlung wird auf dem Gebiet der Naturphilosophie selbst gesucht: eine neue konstruktive Synthese und Deutung der Tatsachen soll sie den Forderungen der Metaphysik versöhnen. So sucht die „Physische Monadologie" den mathematischen Satz der unendlichen Teilbarkeit der Materie mit der Behauptung letzter „einfacher" Elemente der Dinge, so sucht sie den Newtonischen und den Leibnizischen Begriff der Kraft mit einander zu vereinbaren. In allen diesen Versuchen — so bedeutend sie unter anderen Gesichtspunkten sind — offenbart sich noch kein neuer methodischer Grundgedanke; dieser tritt erst heraus, wenn es sich nicht sowohl um die Verschmelzung, wie um die kritische Sonderung der einzelnen Gebiete des Wissens handelt. —

Die Schriften des Jahres 1763, in denen Kant es unternimmt, die Grenze zwischen Mathematik und Metaphysik zu ziehen, bilden daher den ersten selbständigen Anfang seiner Philosophie. Zwar heißt es die Bedeutung dieser Schriften überschätzen, wenn man in ihnen bereits die wesentlichen Züge der allgemeinen Problemstellung der Vernunftkritik finden will. Denn so frei Kant hier bereits der Wolffischen Lehre gegenübersteht, so fügt er doch den Einwänden, die bereits innerhalb der zeitgenössischen Philosophie selbst allenthalben gegen sie laut geworden waren, sachlich noch keine völlig neue Bestimmung hinzu: seine Leistung besteht lediglich darin, sie zu vereinigen und durch die Richtung auf ein gemeinsames Ziel zu verstärken. Wir erinnern uns, daß die erste entschiedene Opposition gegen das Wolffische System in dem Kreise von Newtons Schülern und Anhängern erwachsen war. Hier war der Gegensatz zwischen Ontologie und Empirie bereits zu klarer Aussprache gelangt: statt von allgemeinen Begriffsbestimmungen auszugehen und aus ihnen die besonderen Fälle syllogistisch herzuleiten, sollen wir umgekehrt mit der

Betrachtung der konkreten Erscheinungen beginnen und von ihnen aus durch fortschreitende Zergliederung die Prinzipien zu entdecken suchen, auf denen sie ruhen. Solche Prinzipien aber haben lediglich hypothetischen Wert: sie reichen nicht weiter und können nur insoweit Bedeutung beanspruchen, als sie sich unmittelbar in der Deutung und Voraussage der Phänomene bewähren. Die Tatsachen, nicht die Definitionen bilden den gültigen Anfang der Forschung. Innerhalb der deutschen Philosophie war diese Anschauung sodann von Crusius aufgenommen und energisch verfolgt worden. Man versteht es, daß Kant, der von der Naturwissenschaft herkommt und um ihre prinzipielle Grundlegung wesentlich bemüht ist, sich von Crusius' Lehre lebhaft angezogen fühlen mußte und daß er in ihr die erste Anknüpfung für seine eigenen Gedanken findet. Als die eigentliche Methode der Philosophie war hier, im Gegensatz zum Verfahren der Mathematik, der „analytische Weg des Nachdenkens" bestimmt worden. Wir können nicht mit der Erklärung und Festsetzung der einfachen Begriffe beginnen, sondern müssen sie durch Zergliederung eines gegebenen Tatbestandes erst herausstellen und entdecken, ehe wir sie zu neuen Verbindungen zusammenfügen können. Die „Deutlichkeit", die den ontologischen Begriffen eignet, ist daher lediglich die „Deutlichkeit des Abstraktionsweges"; wir können sie, ohne sie weiter aufzulösen und durch eine Mehrheit von Merkmalen zu erklären, nur in den komplexen Tatsachen selbst als deren Bestandteile nachweisen und die Art angeben, wie wir allmählich zu ihrer Isolierung und bewußten Absonderung gelangen[1]).

Die Beschreibung der metaphysischen Methode, die Kant in der Schrift über die „Deutlichkeit der Grundsätze der natürlichen Theologie und Moral" gibt, stimmt hiermit bis ins Einzelne überein. Das Vorrecht der Mathematik, von willkürlich festgesetzten Begriffen deduktiv weiterzuschreiten, bleibt der Philosophie versagt. Denn das Ziel und die Grundabsicht der Philosophie ist auf die Bestimmung der Existenz

---

[1]) S. ob. S. 530 ff.

gerichtet, von der die mathematischen Disziplinen kraft ihrer Eigenart absehen dürfen. Das Sein, mit dem sie es zu tun haben, besteht nicht außerhalb des Begriffs, sondern es entsteht erst in und mit diesem. ,,Ein Kegel mag sonst bedeuten, was er wolle; in der Mathematik entsteht er aus der willkürlichen Vorstellung eines rechtwinklichten Triangels, der sich um eine Seite dreht. Die Erklärung entspringt hier und in allen anderen Fällen offenbar durch die Synthesin." Mit den Definitionen der Weltweisheit dagegen ist es ganz anders bewandt. Denn hier liegt ein fertiges Material vor, das es zu verstehen gilt; hier ist daher von Anfang an ein festes Vorbild vorhanden, nach welchem die Erklärung der Begriffe sich zu richten hat. Die Metaphysik kann keine neue Wirklichkeit erzeugen; sondern ihre ganze Aufgabe besteht darin, das was uns in der Wirklichkeit der inneren Erfahrung als ein zunächst unübersehbares Ganze gegeben ist, zu verdeutlichen und aufzuhellen. Das Ziel, das sie sich setzt, ist somit mit demjenigen des empirischen Forschers aufs nächste verwandt: nicht darum handelt es sich, die Realität aus Begriffen herauszuspinnen, sondern ein Dasein, das als ein sicheres und unbezweifelbares Faktum feststeht, auf Begriffe zu bringen, die uns seine Struktur im einzelnen durchsichtig machen. ,,Die ächte Methode der Metaphysik ist mit derjenigen im Grunde einerlei, die Newton in die Naturwissenschaft einführte und die daselbst von so nutzbaren Folgen war. Man soll, heißt es daselbst, durch sichere Erfahrungen, allenfalls mit Hilfe der Geometrie, die Regeln aufsuchen, nach welchen gewisse Erscheinungen in der Natur vorgehen. Wenn man gleich den ersten Grund davon in den Körpern nicht einsieht, so ist gleichwohl gewiß, daß sie nach diesem Gesetze wirken, und man erklärt die verwickelten Naturbegebenheiten, wenn man deutlich zeigt, wie sie unter diesen wohlerwiesenen Regeln enthalten seien. Ebenso in der Metaphysik: suchet durch sichere innere Erfahrung, d. i. ein unmittelbares augenscheinliches Bewußtsein, diejenigen Merkmale auf, die gewiß im Begriffe von irgend einer allgemeinen Beschaffenheit liegen, und ob ihr gleich das ganze Wesen der Sache nicht kennt, so könnt ihr euch doch derselben sicher bedienen, um Vieles in dem Dinge daraus herzuleiten[1]."

So wichtig indes dieser Vergleich mit der Methode der Experimentalphysik ist, so ist doch hier die kritische Unterscheidung der analytischen und synthetischen Urteile noch keineswegs erreicht. Man muß den Gedanken an diese Unterscheidung völlig fernhalten, um den bestimmten geschichtlichen Sinn, den die Sätze der Preisschrift haben, nicht zu verdunkeln. Für das ausgebildete System heißen alle diejenigen Urteile synthetisch, deren eigentliche Aufgabe die Bestimmung des Erfahrungsgegenstandes ist, die sich also, mittelbar oder unmittelbar, auf die Erkenntnis der Wirklichkeit beziehen; analytisch dagegen sind Urteile, die das Verhältnis zwischen bloßen Begriffen explizieren. Vom Standpunkt dieser Unterscheidung der Urteile gehören also die mathematischen Urteile mit den Erfahrungsurteilen unter dem allgemeinen Oberbegriff des „Synthetischen" zusammen und stehen den bloßen Begriffsurteilen der rationalen Metaphysik gegenüber. Die Betrachtung der analytischen und synthetischen Methode dagegen schafft einen andersartigen Gegensatz und demgemäß eine andere Anordnung der verschiedenen Erkenntnisgebiete. Die Mathematik kann synthetisch sein, sie kann ihre Grund-

---

[1]) Untersuchung über die Deutlichkeit der Grundsätze der natürlichen Theologie und der Moral (1763). Sämtl. Werke (Akademie-Ausgabe) II, 286.

Wie genau Kant hier die Anschauungen und Forderungen der Newtonischen Schule der Naturforschung wiedergibt, mag die Gegenüberstellung der folgenden Sätze F r e i n d s ergeben: „How far different and unlike to this is the true Method of cultivating philosophical knowledge! In this nothing is supposed but what most evident observation pronounces to be the constitution of things; and though the Cause and Origin of the principle we make use of is concealed from us, yet from this many things may flow, which dayly use will inform us of and may depend upon it. Therefore it is the business of an ingenuous philosopher, first to deduce the powers of bodies by experiments; and afterwards, when they are carefully examined and established, to show distinctly and plainly what other effects will necessary follow from them." (Freind, Philosophical Transactions abridged and disposed under General Heads, Vol V., Part I, S. 435. London 1749.) Vgl. a. oben S. 402 ff.

lagen frei erschaffen, weil sie von allem wirklichen Sein gänzlich absieht und sich auf die Welt ihrer willkürlichen Begriffe einschränkt, während die Metaphysik, die konkrete Tatsachen zu ihrem Vorwurf hat, diese lediglich hinzunehmen und analytisch aufzulösen hat[1]). Die Einheit von Philosophie und Experimentalphysik, die hier verkündet wird, kann also nur dadurch hergestellt werden, daß die Physik zugleich von der Mathematik getrennt, damit aber von ihrem eigentlichen Nährboden losgelöst wird. Man begreift, daß sich bei diesen Bestimmungen nicht stehen bleiben ließ, daß sie vielmehr in sich selbst bereits den Anstoß zu neuen Fragen enthielten. —

Auch der Gedanke, die Mathematik auf die reine Anschauung zu gründen, liegt hier für Kant noch durchaus fern. Zwar wird es als ihr wesentlicher Vorzug betrachtet, daß sie in all ihren Beweisen und Folgerungen das Allgemeine unter Zeichen in concreto betrachte, während die Philosophie dieses Mittel entbehrt. Der Metaphysiker besitzt weder Figuren noch sichtbare Zeichen, um die Gedanken und deren Verhältnisse auszudrücken. Ihm ist es daher versagt, ,,eine Versetzung der Zeichen nach Regeln an die Stelle der abstrakten Betrachtungen zu setzen, so daß man die Vorstellung der Sachen selbst in diesem Verfahren mit der klareren und leichteren der Zeichen vertauschte, sondern das Allgemeine muß in abstracto erwogen werden." (II, 278 f.) Indessen bildet auch für die Geometrie, wie man sieht, die ,,Anschauung" hier nur ein technisches Hilfsmittel, dessen sie sich bedient, nicht aber den Rechtsgrund, auf dem ihre Wahrheiten beruhen[2]). Was anfänglich eine prinzipielle Unterscheidung schien, löst sich daher zuletzt in eine bloß quantitative Differenz auf: die Metaphysik ist ebensowohl wie die Mathematik einer Gewißheit, die zur Überzeugung hinreicht, fähig; nur ist die Anschauung ,,größer in der Mathematik, als in der Weltweisheit". In dieser Fassung aber besitzt der Gedanke noch keine originale und

---

[1]) Wie nahe K a n t hierin der zeitgenössischen Philosophie noch steht, lehrt ein Vergleich mit der Abhandlung B é g u e l i n s: ,,Sur les premiers principes de la Métaphysique" (1755). S. ob. S. 551 ff.
[2]) Vgl. hrz. C o h e n , Die systematischen Begriffe in Kants vorkritischen Schriften, Berlin 1873, S. 19.

prägnante Bedeutung; wie er sich denn bezeichnenderweise in den Schriften von Mendelssohn und Tetens, die das gleiche Thema der „Evidenz in den metaphysischen Wissenschaften" behandeln, völlig gleichartig wiederfindet[1]).

Auch die Kritik der spekulativen Gottesbeweise, die jetzt ihren Anfang nimmt, führt zunächst über die Grundanschauung die Crusius entwickelt hatte, in rein erkenntnistheoretischem Sinne nicht wesentlich hinaus. Daß sich die „Existenzen nicht wie die Lehrsätze der Geometrie aus möglichen Wesen demonstrieren lassen", war schon bei ihm klar ausgesprochen. „Die Begriffe, darinnen wir uns das Wesen realer Dinge vorstellen, müssen erst selbst aus Sätzen, darinnen man Existenzen erkennet, erwiesen werden, wenn es nicht am Ende auf willkührliche Sätze und auf eine Wortkrämerei hinauslaufen soll. Der Weg, Existenzen zu erkennen, ist also vielmehr dieser, daß man Empfindungen zum Grunde legt und aus denselben zur Erkenntnis der Causalverknüpfungen fortgehet." Von diesem Gesichtspunkt aus hatte Crusius insbesondere den Zirkel im Cartesischen Gottesbeweis aufgedeckt, in welchem das Dasein des allervollkommensten Wesens aus seinem Begriffe gefolgert werden soll. Legt man als Prämissen bloße Idealsätze zugrunde, die nichts anderes, denn ein Sein und eine Verknüpfung im Verstande besagen, so ist es unmöglich, im Schlußsatze auf einen Realsatz, auf eine Wirklichkeit außerhalb des Gedankens zu kommen[2]). Über die Tragweite dieser Entscheidung war es freilich bei Crusius nirgends zu klarer Einsicht gekommen: denn wenn er dem ontologischen Beweis den Boden entzog, so glaubte er im kosmologischen und physikotheologischen Beweis genügende und gesicherte Grundlagen zu besitzen, die jenen entbehrlich machen konnten. Für Kant indessen, der insbesondere der gewöhnlichen teleologischen Betrachtungsweise entwachsen ist, entsteht hier ein tieferes

---

[1]) Mendelssohn, Über die Evidenz in den metaphysischen Wissenschaften, Erster Abschnitt. — Tetens, Gedanken über einige Ursachen, warum in der Metaphysik nur wenige ausgemachte Wahrheiten sind. Bützow u. Wismar 1760. S. 15 f.
[2]) Crusius, Entwurf der nothwendigen Vernunftwahrheiten § 235 u. 377.

und schwierigeres Problem. Ist die Erfahrung das alleinige Kriterium der Existenz, so scheint unser Wissen von Wirklichkeit nicht weiter, als die sinnliche Beobachtung selbst führen zu können, so wäre somit ein unendliches Sein, das gänzlich außerhalb aller Erfahrbarkeit liegen müßte, eine contradictio in adjecto.

An diesem Punkte setzt der „Einzig mögliche Beweisgrund zu einer Demonstration des Daseins Gottes" ein. Nur ein streng apriorischer Beweis kann dem Problem genügen; — das schlechthin notwendige Wesen kann aus einzelnen und zufälligen Wahrheiten von Tatsachen niemals mit Grund gefolgert werden. So scheint hier das Unmögliche gefordert: wir sollen uns nicht nur über den Umkreis der bloß logischen Begriffe, sondern auch über alles Wissen von empirischen Objekten erheben. Aber noch unternimmt es Kant, das Unmögliche zu leisten. Die Forderung, die hier gestellt ist, läßt sich erfüllen, wenn wir nur, statt uns auf die Tatsachen des Denkens und der Wirklichkeit einzuschränken, auf die Bedingung zurückgehen, die ihnen gemeinsam zugrunde liegt. Die „innere Möglichkeit" der Gedanken wie der Dinge setzt i r g e n d e i n Dasein jedenfalls voraus. Denn diese Möglichkeit ist noch keineswegs durch die bloße formale Widerspruchslosigkeit als solche verbürgt, sondern sie fordert vor allem, daß irgendwelche Einzelelemente, daß bestimmte Daten ursprünglich vorhanden sind, die miteinander Verhältnisse und Beziehungen eingehen können. Dieses Material des Denklichen selbst wäre uns geraubt, die Logik selbst wäre somit um ihren Stoff und Inhalt gebracht, wenn wir jedwedes Sein überhaupt aufheben wollten. „Wodurch das Materiale und die Data zu allem Möglichen aufgehoben werden, dadurch wird auch alle Möglichkeit verneint. Nun geschieht dieses durch die Aufhebung alles Daseins; also wenn alles Dasein verneint wird, so wird auch alle Möglichkeit aufgehoben. Mithin ist schlechterdings unmöglich, daß gar nichts existiere." (II, 79). Ist aber auf diese Weise einmal der Zusammenhang zwischen Möglichem und Wirklichem geknüpft, so steht nunmehr der weitere Weg offen: es handelt sich nur noch darum, daß wir von der Existenz, die wir als notwendig erkannt haben, die

Prädikate der Einheit, der Ewigkeit und Unveränderlichkeit aufzeigen und daß wir sie somit als identisch mit derjenigen Wesenheit erweisen, die wir durch den Begriff Gottes zu bezeichnen pflegen. —

So wird hier nicht die Existenz als ein Prädikat Gottes, sondern umgekehrt die Göttlichkeit als ein Prädikat der Existenz bewiesen[1]). Aber diese eigenartige Umkehrung in der Form des Beweises läßt seinen eigentlichen logischen Inhalt unberührt. Das ontologische Motiv des Gedankenganges ist verhüllt, aber nicht überwunden. Den Fortschritt aber, den Kant in der Kritik des Seinsbegriffs nicht rein und unzweideutig zu vollziehen vermochte, hat er alsbald in der Kritik des Kausalbegriffs erreicht. Es ist charakteristisch, daß er, der die Ontologie im Gebiet der metaphysischen Fragen noch nicht völlig bemeistert hat, ihr im Gebiete der Naturforschung, das noch immer das eigentliche produktive Feld seiner Gedankenarbeit bildet, klar und sicher entgegentritt. Hier aber handelte es sich um eine neue und schwierigere Aufgabe: denn innerhalb der Physik liegen die ontologischen Momente nicht unmittelbar zutage, sondern es gilt, sie erst zu entdecken und ans Licht zu ziehen. In der Scheidung des logischen Grundes vom Realgrund, die in der Schrift über die ,,negativen Größen" durchgeführt wird, ist dieser Schritt getan. Schon die ,,Physische Monadologie" hatte versucht, das körperliche Dasein in ein Spiel von Kräften, in die Anziehung und Abstoßung zwischen den einfachen Elementen aufzulösen. Die Materie ist nichts anderes, als das Ergebnis und die Resultante verschiedenartiger dynamischer Wirkungsarten, die einander das Gleichgewicht halten. Für diese neue Konzeption des physikalischen Seins aber bietet die herkömmliche Logik kein ausreichendes Mittel dar. Denn sie kennt den Gegensatz nur als einen Gegensatz der Begriffe; sie muß ihn also notgedrungen zuletzt immer wieder auf die einzige Form des Widerspruchs zurückführen. Der Unterschied von der naturwissenschaftlichen Betrachtungsweise aber tritt hierin klar hervor; denn wenn die logische Opposition von Merkmalen ein völliges Nichts zurückläßt,

---

[1]) Vgl. die Bemerkung T i e f t r u n k s (bei C o h e n , a. a. O. S. 33).

so handelt es sich hier umgekehrt darum, aus Wirkung und Gegenwirkung das reale Etwas zu konstruieren und aufzubauen. Der logische Widerstreit der Begriffe kommt der Vernichtung des Inhalts gleich, während der reale Widerstreit der Kräfte einen eindeutig bestimmten Zustand der Wirklichkeit von festem Größenwerte erzeugt.

So einleuchtend und zweifellos diese Unterscheidung uns heute erscheinen mag, so wenig konnte sie zu Kants Zeiten bereits als anerkanntes wissenschaftliches Gemeingut gelten. Daß der Einfluß der Ontologie an der Grenze der Physik nicht endet: dafür gibt es in der Geschichte der Philosophie ein klassisches Beispiel. In der Begründung der Stoßgesetze geht Descartes von der Annahme aus, daß ein bestimmter Teil des Stoffes durch seine bloße Lage in einem gegebenen Raumpunkte zugleich eine Kraft besitze, vermöge deren er an seinem Orte zu beharren strebe, — daß also ein ruhender Körper, dem lediglich die geometrische Bestimmung der Ausdehnung zukommt, bereits einen Widerstand gegen andere Massen, die auf ihn eindringen, betätige. Die Wahrheit dieser Grundanschauung gilt schon durch die Logik für verbürgt: kann es doch nichts geben, was der Bewegung mehr entgegengesetzt ist als die Ruhe, und was daher mehr als diese geeignet wäre, sie zu hemmen und aufzuheben. Hier sehen wir, wie die rein logische Opposition unvermerkt in eine reale übergeht: der Gegensatz der Begriffe ist zur Kraftwirkung in den Objekten hypostasiert. Dieser Begriffsrealismus, der schon von Leibniz erkannt und scharf kritisiert war, hatte dennoch in der Philosophie des achtzehnten Jahrhunderts noch nichts von seiner Kraft eingebüßt. Das vorherrschende Streben der Wolffischen Methode ist darauf gerichtet, alle Grundbestimmungen des Seins aus dem Satze des Widerspruchs abzuleiten. Wir sahen, wie selbst der Raum auf diese Art „deduziert" werden sollte; die logische Kategorie der Verschiedenheit sollte hinreichen, um die Form des empirischen Neben- und Auseinander der Körper zu erklären. (S. ob. S. 554 f.) Hier bildet Kants „Versuch, den Begriff der negativen Größen in die Weltweisheit einzuführen", die charakteristische Grenzscheide. Wir müssen eine besondere Klasse **gegenständlicher Re-**

l a t i o n e n annehmen, die einen selbständigen und spezifischen Gehalt besitzen, der sich aus dem bloßen Identitätsprinzip nicht verständlich machen läßt. An Stelle dieses Prinzips tritt nunmehr als oberste Regel des Naturgeschehens ein Erhaltungssatz, den Kant in genauer Übereinstimmung mit Newtons Gesetz von der Erhaltung der algebraischen Summe der Bewegungsgrößen formuliert: „in allen natürlichen Veränderungen der Welt wird die Summe des Positiven, insoferne sie dadurch geschätzt wird, daß einstimmige, nicht entgegengesetzte Positionen addiert und real entgegengesetzte von einander abgezogen werden, weder vermehrt noch vermindert." (II, 194).

Aber freilich birgt diese Lösung zugleich einen neuen Zwiespalt. Die durchgehende mathematische Gesetzlichkeit des Geschehens steht durch Erfahrung und Beobachtung fest; aber wir finden im gesamten Umkreis unseres Denkens nichts, was dieses Grundverhältnis des Seins zum Ausdruck bringen könnte. Wie „etwas aus etwas Anderem, aber nicht nach der Regel der Identität fließen könne": dies ist es, was sich Kant auf dieser Stufe der Betrachtung in keiner Weise „deutlich machen" kann. „Was den Realgrund und dessen Beziehung auf die Folge anlangt, so stellt sich meine Frage in dieser einfachen Gestalt dar: wie soll ich es verstehen, daß weil Etwas ist, etwas Anderes sei?" „Man versuche, ob man die Realentgegensetzung überhaupt erklären und deutlich könne zu erkennen geben, wie darum, weil etwas ist, etwas Anderes aufgehoben werde, und ob man etwas mehr sagen könne, als was ich davon sagte, nämlich lediglich, daß es nicht durch den Satz des Widerspruchs geschehe. Ich habe über die Natur unseres Erkenntnisses in Ansehung unserer Urtheile von Gründen und Folgen nachgedacht, und ich werde das Resultat dieser Betrachtungen dereinst ausführlich darlegen. Aus demselben findet sich, daß die Beziehung eines Realgrundes auf etwas, das dadurch gesetzt oder aufgehoben wird, gar nicht durch ein Urtheil, sondern bloß durch einen Begriff könne ausgedrückt werden, den man wohl durch Auflösung zu einfacheren Begriffen von Realgründen bringen kann, so doch, daß zuletzt alle unsere Erkenntnis von dieser Beziehung sich in einfachen und unauflöslichen Begriffen der Realgründe endigt, deren

Verhältnis zur Folge gar nicht kann deutlich gemacht werden. Bis dahin werden diejenigen, deren angemaßte Einsicht keine Schranken kennt, die Methoden ihrer Philosophie versuchen, bis wie weit sie in dergleichen Frage gelangen können." (II, 203 f.)

Daß die Beziehung des Realgrundes zur Folge sich durch kein Urteil bezeichnen und ausdrücken lasse, klingt freilich paradox: denn kann uns diese Beziehung jemals anders als in Urteilen, die wir über das Geschehen und seine Verknüpfung fällen, zum Bewußtsein kommen? Aber diese Schwierigkeit schwindet, wenn man die Besonderheit des Standpunkts und der Terminologie Kants zu dieser Zeit schärfer ins Auge faßt. Der Begriff des synthetischen Urteils, in seinem späteren kritischen Sinne, ist Kant hier noch völlig fremd. (Vgl. ob. S. 590.) „Urteilen" bedeutet ihm nichts anderes, als einem Subjekt ein Prädikat zuschreiben, das in seinem Begriff bereits völlig enthalten ist, wenngleich es in ihm nur verworren gedacht wird. Alle bejahenden Urteile stehen daher — wie die gleichzeitige Schrift über die falsche Spitzfindigkeit der vier syllogistischen Figuren (1762) ausspricht — unter einer gemeinschaftlichen Formel, dem Satze der Einstimmung: „cuilibet subjecto competit praedicatum ipsi identicum"; alle verneinenden unter dem Satze des Widerspruchs: „nulli subjecto competit praedicatum ipsi oppositum." (II, 60.) Im Verhältnis des Realgrundes zur Folge dagegen handelt es sich um eine völlig andersartige Beziehung: hier wird nicht von einem bestehenden Subjekt irgendeine Eigenschaft analytisch abgesondert, sondern es wird eine Abhängigkeit zweier verschiedener Subjekte oder zweier verschiedener Zustände des Seins von einander behauptet.

Daß für Leibniz das Problem sich nicht in dieser Form stellen konnte: das hängt mit seinen tiefsten spekulativen Überzeugungen innerlich zusammen. Das System der Monadologie kennt keinen Übergang zwischen Bestimmungen, die verschiedenen realen Subjekten angehören; vielmehr beschränkt sich ihm alle wahrhafte Wirksamkeit auf den Bereich der Einzelsubstanz und auf die Art, in der diese die Mannigfaltigkeit ihrer Phänomene lediglich aus ihrem eigenen Grunde erzeugt. Für Kant indessen, der an die metaphysischen Voraussetzungen dieser Lehre nicht gebunden ist und der bereits in der „Nova dilucidatio" das System der prästabilierten Harmonie bekämpft hatte, muß sich nunmehr die Lücke des logischen Schematismus deutlich fühlbar machen. Die Ergänzung freilich, auf die er selbst hindeutet, ist zunächst nicht minder problematisch: denn der Begriff, auf den er hinweist, ist jener Begriff des Daseins als einer „absoluten Position", der, wie wir sahen, gleichfalls noch im Umkreis der ontologischen Denkweise verharrt. —

Dieser Lösungsversuch allein müßte es daher deutlich machen, daß hier von einer entscheidenden Einwirkung der H u m e schen Lehre noch nicht die Rede ist. Daß Kant schon zu dieser Zeit Humes Enquiry gekannt hat, ist an und für sich sehr wahrscheinlich, da die Kenntnis dieses Werkes sich in der gleichzeitigen deutschen Philosophie bereits vielfach nachweisen läßt —; auch weisen die biographischen Zeugnisse Borowskis und Herders hierauf hin. Der Gesamtcharakter seiner Philosophie in dieser Epoche aber wird hierdurch nicht bestimmt. Will man Kants Sätze hier auf eine äußere Anregung zurückführen, so könnte sie nur in demjenigen Kreise gesucht werden, in dem sich die Gedanken dieser Zeit allgemein bewegen. In der Tat berührt sich die Art seiner Problemstellung auch an diesem Punkte am nächsten mit Crusius' Philosophie. In dieser war es bereits mit voller Energie und Bestimmtheit ausgesprochen, daß der Satz des Widerspruchs zur Erklärung und Begründung unserer kausalen Schlußfolgerungen untauglich sei. Denn die Wirkung ist mit der Ursache nicht identisch, sondern ein von ihr völlig verschiedener und zeitlich getrennter Zustand des Seins. Und für die neue Verknüpfungsart, die sich damit ergab, war auch hier bereits ein neues Prinzip gefordert, das zwar völlig gewiß, dennoch aber nicht im syllogistischen Sinne beweisbar sein sollte[1].

---

[1] Zwar hebt Kant mit Recht hervor, daß die Unterscheidung die er zwischen Realgrund und logischem Grund durchführt, „von der Einteilung des Herrn Crusius in den Ideal- und Realgrund" ganz verschieden sei; doch bildet diese letztere „Einteilung" bei Crusius selbst nur ein Moment von relativ untergeordneter Bedeutung und macht keineswegs das G a n z e seiner Leistung aus. Das w e s e n t l i c h e

In der näheren Bestimmung dieses Prinzips geht freilich Kant alsbald über Crusius hinaus. Die Preisschrift rühmt es als einen Vorzug von Crusius' Lehre, daß sie zuerst den bloß formalen Sätzen der Einstimmung und des Widerspruchs die „materialen Grundsätze" der Erkenntnis gegenübergestellt habe, die, wie sie mit Recht betone, „die Grundlage und Festigkeit der menschlichen Vernunft" ausmachen. „Was aber die oberste Regel aller Gewißheit, die dieser berühmte Mann aller Erkenntnis, und also auch der metaphysischen vorzusetzen gedenkt, anlangt: was ich nicht anders als wahr denken kann, das ist wahr usw., so ist leicht einzusehen, daß dieser Satz niemals ein Grund der Wahrheit von irgendeiner Erkenntnis sein könne. Denn wenn man gesteht, daß kein anderer Grund der Wahrheit könne angegeben werden, als weil man es unmöglich anders, als für wahr halten könne, so gibt man zu verstehen, daß gar kein Grund der Wahrheit weiter angeblich sei und daß die Erkenntnis unerweislich sei. Nun gibt es freilich wohl viele unerweisliche Erkenntnisse, allein das Gefühl der Überzeugung in Ansehung derselben ist ein Geständnis, aber nicht ein Beweisgrund davon, daß sie wahr sind." (II, 295.) Die Richtung, die die Frage Kants künftig einschlagen sollte, ist hier bereits bezeichnet. Die materialen Grundsätze sind „unerweislich", wenn man unter dem Beweis nichts anderes als die Herleitung aus dem Satz des Widerspruchs versteht; und dennoch dürfen sie nicht auf ihre bloße psychologische „Evidenz" hin angenommen werden, sondern bedürfen einer anderen und tieferen objektiven Begründung.

Überblickt man nunmehr das Ganze der Kantischen Lehre, wie es die Schriftengruppe des Jahres 1763 darbietet, so treten uns hier die Grundzüge eines, wenn nicht originalen, so doch völlig bestimmten und in sich einheitlichen Systems entgegen. Man hat diese einheitliche Grundansicht verdunkelt, indem

---

Ergebnis seiner Erkenntnislehre liegt dagegen in der Einsicht, daß für unsere kausalen Schlüsse ein eigenes, vom Satz des Widerspruchs unterschiedenes Prinzip und ein selbständiger Grund der Gewißheit zu fordern ist: und eben diese Einsicht ist es, die auch den eigentlichen Ertrag der Schrift über die „negativen Größen" ausmacht.

man von vornherein mit den fertigen Gegensätzen des „Rationalismus" und „Empirismus" an die Beurteilung der Kantischen Hauptsätze heranging. Wenn die Lehre Kants, unter diesem Gesichtspunkt betrachtet, schwankend und zweideutig erscheint, so liegt die Schuld nicht an ihr, sondern an dem falschen Maßstab, der hier an sie angelegt wird. Kant steht nunmehr außerhalb des rationalistischen Schulsystems; aber auch die Erfahrungslehre Lockes und Humes hat noch keinen entscheidenden Einfluß auf ihn ausgeübt. Der Erfahrungsbegriff der mathematischen Physik ist es, von dem er seinen Ausgang nimmt und von dem aus er die philosophischen Theorien seiner Zeit mustert[1]). Will man seine Anschauung gleichsam in ihrer natürlichen Genealogie erkennen, so muß man sie daher nicht den Lehren der Engländer, sondern den Lehren solcher Denker vergleichen, die gleich ihm die Wissenschaft Newtons zum Mittelpunkt der erkennnistheoretischen Betrachtung machen. So erinnern die Bestimmungen der Preisschrift bis ins Einzelne an die Fassung, die d'Alembert der logischen Lehre von der Definition gegeben hatte. Hier wie dort finden wir die Forderung, daß die Philosophie nicht mit Begriffserklärungen, sondern mit sicher anerkannten Tatsachen, wie sie die äußere oder innere Erfahrung darbietet, den Anfang zu machen habe; hier wie dort die Bestimmung, daß der Mathematiker sich nicht mit der analytischen Zergliederung seiner Grundbegriffe aufzuhalten brauche, sondern sie „nach seiner klaren und gemeinen Vorstellung" hinnehmen dürfe. Und nicht mindere Übereinstimmung herrscht darüber, daß die Aufgabe der Definition nicht darin besteht, die Wesenheit der Dinge zu enthüllen, sondern nur ihre anschaulich gegebenen Merkmale zu beschreiben und auszudrücken. (Vgl. ob. S. 408 ff.) Ja selbst in der Stellung, die er zu den Fragen der „natürlichen Theologie" einnimmt, steht Kant bezeichnenderweise hier den mathematischen Empirikern ebenso nahe, als er auf der anderen Seite von Hume entfernt bleibt. Wie er die Methode lehren will, „vermittelst der Naturwissenschaft zur Erkenntnis Gottes

---

[1]) S. ob. S. 590; vgl. R i e h l , Der philosophische Kritizismus ²I 299 ff.

aufzusteigen", so sehen auch d'Alembert und Maupertuis in den primitiven Gesetzen der Bewegung den Ausgangspunkt für jeden Gottesbeweis; wie er, betonen beide, daß die unverbrüchliche Gesetzlichkeit des Mechanismus die zweckmäßige Ordnung des Universums nicht ausschließe, sondern erst wahrhaft bestätige und erweise[1]). Man kann an diesem Punkte gleichmäßig die Fruchtbarkeit und die Grenzen der Kantischen Philosophie, wie sie sich bisher entwickelt hat, übersehen; die mathematische Naturwissenschaft bildet das Fundament, auf das er sich stützt, aber sie ist dennoch nur die erste Stufe und Staffel, von der er zur spekulativen Erkenntnis des Absoluten aufzusteigen strebt.

II.

Wenn man von den Schriften des Jahres 1763 zu den „Träumen eines Geistersehers" gelangt, so fühlt man mit der veränderten literarischen Atmosphäre, in die man hier eintritt, auch die Gesamtstimmung des Denkens geändert. Fast muß es daher ein vergebliches Beginnen scheinen, diese Schrift, die so ersichtlich der freien Laune des Augenblicks ihre Entstehung verdankt, dem strengen Gange der Kantschen Gedankenentwicklung einfügen zu wollen. Besteht doch gerade ihr Reiz in der Leichtigkeit und Ungebundenheit, mit der die einzelnen Probleme entstehen und sich zu mannigfachen phantastischen Bildern verknüpfen. Es scheint pedantisch, die freie Beweglichkeit der Phantasie, die sich hier betätigt, zum Stehen zu bringen und die Ergebnisse der Schrift in ein festes logisches Schema zu zwängen. Und doch ist der neue Stil, der uns hier entgegentritt, zugleich das lebendige und unmittelbare Zeugnis einer neuen Denkart. Was sich der Form nach als eine Eingebung des Augenblicks gibt, das bedeutet seinem Gehalt nach den letzten folgerechten Abschluß einer schwierigen theoretischen Gedankenentwicklung. Diese Verbindung

---

[1]) d'Alembert, Mélanges de Littérature, d'Histoire et de Philosophie IV, 71 f. — Über Maupertuis s. ob. S. 425 f. — Maupertuis' Werke werden in Kants vorkritischen Schriften häufig erwähnt, vgl. S. W. I. 232, 254, II, 181, 330 u. s.

erst prägt der Schrift die Eigenart auf, die ihr nicht nur im literarischen, sondern vor allem im philosophischen Sinne zukommt. Die ästhetische Unbefangenheit des Humors ist kein Geschenk, das Kant von außen mühelos zugefallen wäre; sie ist die Frucht der strengen Selbstprüfung, die er nunmehr an seinen eigenen Grundgedanken vollzogen hat. —

Die Schrift über die „negativen Größen" hat mit einer Scheidung des Reichs der Begriffe vom Reich des Seins geendet. Der Satz des Widerspruchs ist unvermögend, die Probleme, die das empirische Dasein darbietet, zu bezeichnen und zu beherrschen. Wenn die Wolffische Philosophie das Kriterium der Realität in der Ordnung und Verknüpfung des Einzelnen gesucht hatte, so zeigt sich jetzt, daß diese logischen Kennzeichen unzureichend bleiben, solange nicht andere „materiale" Faktoren und Bestimmungsgründe hinzutreten. Das Auszeichnende der Realität im Unterschied vom Traume liegt nach der bekannten Lehre der Wolffischen Ontologie, die allgemein anerkannt und in die Lehrbücher der Metaphysik aufgenommen ist, in dem durchgängigen Zusammenhang, den sie aufweist: in der Tatsache, daß jedes folgende Element im vorhergehenden vollständig gegründet ist und aus ihm gefolgert werden kann. Die Kennzeichen der Wirklichkeit fallen somit mit denen der logischen Wahrheit in Eins zusammen. Unter diesen letzteren aber verlor der Satz vom Grunde immer mehr von seinem selbständigen Kriterienwert; er wurde zu einem bloßen Corollar und Anhang des Identitätsprinzips. (Vgl. ob. S. 521 ff. u. 546 ff.) An diesem Punkte setzt nunmehr Kants neuer Gedanke ein. Ist es wirklich lediglich die formale Ordnung und Widerspruchslosigkeit der Vorstellungen, die das wache Dasein vom Traume scheidet? Oder kann nicht der Traum selbst eine innere Zusammenstimmung, kann er nicht gleichfalls ein festes systematisches Gefüge aufweisen? Gibt es nicht ebensowohl Träume der Vernunft, als der Einbildungskraft? Die rationalistischen Systeme der Metaphysik enthalten in sich selbst die Antwort auf diese Fragen; sie zeigen, was Widerspruchslosigkeit allein ohne jegliche andere Gewähr der Gewißheit bedeutet. Die „Vernünftigkeit", auf die sie pochen, hat mit wissenschaftlicher Wahrheit nichts zu tun: kommt sie doch in nicht minderem Maße allen in sich einstimmigen Erdichtungen, allen luftigen und abenteuerlichen Spekulationen zu, solange diese nur den einmal festgesetzten willkürlichen Grundannahmen getreu bleiben. In dieser Gegenüberstellung tritt die Krisis der Ontologie offen zutage. Die Philosophie der Aufklärung rühmte sich, kraft der rationalen Prinzipien, auf die sie sich stützt, das „Schattenreich" der Phantasten für immer gebannt zu haben; jetzt zeigt es sich, daß sie in Wahrheit die Schranke niedergerissen hat, die die wissenschaftliche Erfahrung von willkürlicher Erdichtung scheidet. Auch die „Luftbaumeister der Gedankenwelten", so sorgsam sie ihre Gebäude zusammenfügen und deren einzelne Teile aneinander anpassen mögen, arbeiten mit keinem anderen Stoff, als mit Träumen. —

Dies ist die letzte folgerechte Entscheidung, die aller Metaphysik aus willkürlich festgestellten Begriffen das Urteil spricht. Und es gibt jetzt für Kant in der zeitgenössischen Philosophie keine Unterschiede mehr: sein Verdikt trifft, nicht minder als Wolff, auch Crusius, der „durch die magische Kraft einiger Sprüche vom Denklichen und Undenklichen" die Ordnung der Dinge wie aus dem Nichts zu erschaffen gesucht habe. (II, 342.) Man erkennt sogleich, daß damit ein neuer Standpunkt der Betrachtung und Beurteilung erreicht ist. Und schon der Ton und die Schreibart der „Träume eines Geistersehers" zeugen dafür, daß eben der Verzicht, der sich jetzt so klar und bewußt ausspricht, einen tieferen positiven Gewinn in sich birgt. Was der Metaphysik bisher immer wieder von neuem ihren Halt gab, das waren nicht rein logische Beweisgründe, sondern die e t h i s c h e n Fragen und Interessen, mit denen sie unlöslich verbunden schien. „Die Verstandeswage ist doch nicht ganz unparteiisch, und ein Arm derselben, der die Aufschrift führt: Hoffnung der Zukunft, hat einen mechanischen Vorteil, welcher macht, daß auch leichte Gründe, welche in die ihm angehörige Schale fallen, die Spekulationen von an sich größerem Gewichte auf der anderen Seite in die Höhe ziehen. Dieses ist die einzige Unrichtigkeit, die ich nicht wohl heben kann und die ich in der Tat niemals heben will." (II. 349.) Und dennoch hat auch dieses Motiv für Kant nunmehr seine unausweichliche und zwingende Macht verloren. Welchen Ausblick uns auch die sittlichen Probleme zuletzt gewähren mögen: für die B e g r ü n d u n g der sittlichen Gesetze sind wir einzig auf uns selbst gewiesen, ohne den Hebel einer jenseitigen Welt zu bedürfen. „Die wahre Weisheit ist die Begleiterin der Einfalt und da bei ihr das Herz dem Verstande die Vorschrift gibt, so macht sie gemeiniglich die großen Zurüstungen der Gelehrsamkeit entbehrlich und ihre Zwecke bedürfen nicht solcher Mittel, die nimmermehr in aller Menschen Gewalt sein können. Wie? ist es denn nur darum gut, tugendhaft zu sein, weil es eine andere Welt gibt, oder werden die Handlungen nicht vielmehr dereinst belohnt werden, weil sie an sich selbst gut und tugendhaft waren? Enthält das Herz des Menschen nicht unmittelbare sittliche Vorschriften, und muß man, um ihn allhier seiner Bestimmung gemäß zu bewegen, durchaus die Maschinen an eine andere Welt ansetzen?" Der sittliche Vernunftglaube braucht, um seiner selbst sicher zu sein, keine metaphysischen Stützen. „Laßt uns demnach alle lärmenden Lehrverfassungen von so entfernten Gegenständen der Spekulation und der Sorge müßiger Köpfe überlassen. Sie sind uns in der Tat gleichgültig und der augenblickliche Schein der Gründe für oder dawider mag vielleicht über den Beifall der Schulen, schwerlich aber etwas über das künftige Schicksal der Redlichen entscheiden . . . . Da aber unser Schicksal in der künftigen Welt vermutlich sehr darauf ankommen mag, wie wir unsern Posten in der gegenwärtigen verwaltet haben, so schließe ich mit demjenigen, was Voltaire seinen ehrlichen Candide, nach so viel unnützen Schulstreitigkeiten, zum Beschlusse sagen läßt: laßt uns unser Glück besorgen, in den Garten gehen und arbeiten." (II, 372 f.)

Das Motiv, das die innere Umwandlung in Kant bewirkt hat, tritt hier in voller Deutlichkeit hervor. Die Grundfragen der Ethik haben ihn seit den ersten Anfängen seiner Philosophie dauernd beschäftigt und festgehalten; aber erst jetzt haben sie die volle Bedeutung erlangt, die sie fortan im Aufbau des Systems bewahren. Den reinsten und tiefsten Gehalt der moralischen Aufklärung des achtzehnten Jahrhunderts hat Kant nunmehr aufgenommen und in sich nacherschaffen. Es ist der Schüler und Verehrer Rousseaus, der in den ,,Träumen eines Geistersehers" zu uns spricht[1]). Die Wirkung, die Rousseau auf Kant geübt hat, ist von diesem selbst in allgemein bekannten Sätzen bezeugt. ,,Ich bin selbst aus Neigung ein Forscher. Ich fühle den ganzen Durst nach Erkenntnis und die begierige Unruhe, darin weiter zu kommen, oder auch die Zufriedenheit bei jedem Fortschritte. Es war eine Zeit, da ich glaubte, dieses alles könnte die Ehre der Menschheit machen, und ich verachtete den Pöbel, der von nichts weiß. Rousseau hat mich zurecht gebracht. Dieser verblendete Vorzug verschwindet; ich lerne die Menschen ehren, und würde mich viel unnützer finden, als die gemeinen Arbeiter, wenn ich nicht glaubte, daß diese Betrachtung allen übrigen einen Wert geben könne, die Rechte der Menschheit herzustellen." Die Aufgabe der Philosophie besteht nun nicht länger darin, den Menschen mit einem trügerischen Schatze spekulativen Wissens zu bereichern, sondern ihn auf den Bezirk seiner notwendigen sittlichen Bestimmung einzuschränken. ,,Gesetzt, er hätte über sich oder unter sich täuschende Anlockungen kennen gelernt, die ihn unvermerkt aus seiner eigentümlichen Stellung gebracht haben, so wird ihn diese Unterweisung wiederum zum Stande des Menschen zurückführen, und er mag sich alsdann auch noch so klein oder mangelhaft finden, so wird er doch für seinen angewiesenen Punkt recht gut sein, weil er gerade das ist, was er sein soll[2])."

Damit ist in der Entwicklung der Kantischen Lehre ein entscheidender Schritt getan. Das ,,Reich der Geister" hat seinen lockenden Reiz verloren; an seine Stelle aber ist das ethische ,,Reich der Zwecke" getreten. Um sich des Bürgerrechts in diesem letzteren zu versichern, um sich des Zusammenhangs mit der ,,Gemeinschaft der Vernunftwesen" bewußt zu werden, dazu bedarf das Individuum keiner metaphysischen

---

[1]) In dieser Ansicht stimme ich mit Windelband, Gesch. der neueren Philosophie, 3. Aufl., II, 26 f., überein.
[2]) Kant, Sämtl. Werke, herausg. von Hartenstein VIII, 624 f. Über Kants Verhältnis zu Rousseau vgl. Dieterich, K. u. Rousseau, Freiburg 1885.

Bilder mehr, die, so erhaben und „geistig" sie erscheinen mögen, im letzten Grunde doch immer eine intelligible Aufgabe in sinnliche Gegebenheiten verwandeln. So sicher und unangreifbar die Realität übersinnlicher sittlicher Werte uns feststeht, so sehr müssen wir darauf verzichten lernen, sie in ein mythisches jenseitiges Sein umzudeuten[1]). Der Zweifel, der sich gegen die Metaphysik kehrt, ist somit der Ausdruck einer tieferen ethischen Selbstgewißheit; und diese innere Befreiung ist es, die dem Stil der „Träume eines Geistersehers" seinen Schwung und seine Heiterkeit gibt.

Auch in der Stellung, die Kant zu den philosophischen Vorgängern einnimmt, ist nunmehr eine bedeutsame Wandlung eingetreten: die Lehre Humes ist erst jetzt in ihm eigentlich wirksam geworden. Die „Träume eines Geistersehers" zeigen uns Kant in einer Epoche, in welcher er mit Hume in nichts Geringerem, als in der Gesamtkonzeption der Metaphysik und in der Schätzung ihres möglichen Ertrags einig ist. Die Metaphysik ist ihm nunmehr die Wissenschaft von den Grenzen der menschlichen Vernunft; ihre Aufgabe ist es, das Reich der Erfahrung von dem der transzendenten Erdichtung zu scheiden. (II, 367). Im gleichen Sinne hatte auch Hume die Philosophie zum Kampfe gegen die spekulative Mystik aufgerufen. „Verjagt vom offenen Lande fliehen diese Räuber in das Dickicht und liegen auf der Lauer, um in jeden unbewachten Zugang des Geistes einzubrechen und ihn mit religiösen Schreckbildern und Vorurteilen zu erdrücken. Der stärkste Gegner wird übermannt, wenn er nur einen Augenblick in seiner Wachsamkeit nachläßt. Und viele öffnen aus Feigheit oder Unverstand den Feinden die Tore und empfangen sie mit demütiger Unterwerfung als ihre rechtmäßigen Herren." Und die einzige wirksame Schutz-

---

[1]) Vgl. hrz. besonders Kants Brief an Mendelssohn vom 8. April 1766, in welchem Kant seinen eigenen Versuch, eine Analogie zwischen der sittlichen Verfassung des Geisterreichs und der „allgemeinen Gravitation" durchzuführen, ausdrücklich preisgibt: dieser Versuch sei „nicht eine ernstliche Meinung, sondern ein Beispiel, wie weit man, und zwar ungehindert, in philosophischen Erdichtungen fortgehen kann, wo die Data fehlen." (X, 69.)

wehr liegt auch ihm in der kritischen Analyse der Vermögen des Verstandes: ,,wir müssen die wahre Metaphysik ausbilden, um die falsche und verderbte zu zerstören[1]." Daß es diese Tendenz, daß es diese subjektive Grundstimmung der Humeschen Philosophie ist, die Kant jetzt vor allem wert hält, — dies hat er selbst unzweideutig ausgesprochen. ,,Bei der frühen Auswicklung Ihrer Talente — schreibt er im Jahre 1768 an Herder — sehe ich mit mehrerem Vergnügen auf den Zeitpunkt hinaus, wo der fruchtbare Geist nicht mehr so sehr getrieben durch die warme Bewegung des jugendlichen Gefühls diejenige Ruhe erwirbt, welche sanft und empfindungsvoll ist und gleichsam das beschauliche Leben des Philosophen ist, gerade das Gegenteil von demjenigen, wovon Mystiker träumen. Ich hoffe diese Epoche Ihres Genies aus demjenigen, was ich von Ihnen kenne, mit Zuversicht: eine Gemütsverfassung, die dem so sie besitzt und der Welt unter allem am nützlichsten ist, worin Montaigne den untersten und Hume, so viel ich weiß, den obersten Platz einnehme." (X, 70.)

Aber auch wichtige Bestimmungen von Humes E r - k e n n t n i s l e h r e finden wir jetzt bei Kant wieder. Die Kenntnis der kausalen Verknüpfungen kann niemals durch logische Schlußfolgerung gewonnen werden, sondern lediglich der Erfahrung verdankt werden, die somit für alle unsere Urteile über Existenz die einzige Instanz bildet. Was uns aber hier gegeben wird, ist immer nur ein tatsächliches regelmäßiges Beisammen von Vorstellungen, ohne daß uns zwischen ihnen ein notwendiger Zusammenhang erkennbar und b e g r e i f l i c h würde. Auch die Berufung auf die ,,innere Erfahrung" vermag uns nicht weiter zu führen: die Phänomene des Willens bleiben, gleich denen der äußeren Beobachtung, stumm. In der vorangehenden Epoche seines Denkens hatte Kant hier für einen Moment die Lösung gesucht: ,,das Verhältnis der Ursache ziehen wir aus unsern eigenen Handlungen und applizieren es auf das, was beständig in den Erscheinungen äußerer Dinge ist[2]." Jetzt wird auch diese Auskunft mit den gleichen

---

[1] H u m e , Essays, ed. G r e e n and G r o s e S. 8 ff.
[2] Reflexionen Kants zur kritischen Philosophie, hg. von Benno E r d m a n n . Bd. II, Lpz. 1884; Nr. 289. — Diese Reflexion steht,

Gründen wie bei Hume bekämpft. Der Einfluß, den mein Denken und Wollen auf meinen Körper ausüben, läßt sich zwar als eine „einfache Erfahrung" erkennen, nicht aber aus Gründen einsehen. Daß mein Wille meinen Arm bewegt, ist mir um nichts verständlicher, als wenn jemand sagte, daß er auch den Mond in seinem Kreise zurückhalten könne: der Unterschied besteht nur darin, daß ich jenes erfahre, dieses aber niemals in meine Sinne gekommen ist (II, 370)[1]).

---

wie E r d m a n n mit Recht hervorhebt, im Gegensatz zu Hume; — jedoch in einem Gegensatz, der von den „Träumen eines Geistersehers" ausdrücklich berichtigt und aufgehoben wird. Es läßt sich daher aus ihr nicht, wie Erdmann will, ein Argument gegen die Übereinstimmung Kants mit Hume in der Epoche, die wir hier betrachten, entnehmen, sondern nur schließen, daß sie den „Träumen" zeitlich vorausgeht. Da sie ferner — wie der Begriff des synthetischen Urteils, der sich in ihr findet, beweist — auf die Schriftengruppe des Jahres 1763 folgt, so muß ihre Abfassung in die Jahre 1764—66 gesetzt werden.
[1]) Vgl. H u m e , Enquiry, Sect. VII, part. 1: „With regard to the influence of volition over the organs of the body: this influence, we may observe, is a fact, which like all other natural events, *can be known only by experience,* and can never be foreseen from any apparent energy or power in the cause, which connects it with the effect, and renders the one an infallible consequence of the other. The motion of our body follows upon the command of our will. *Of this we ary every moment conscious.* But the means, by which this is effected; the energy, by which the will performs so extraordinary an operation; of this we are so far from being immediately conscious, that it must for ever escape our most diligent enquiry. *Were we empowered, by a secret wish, to remove mountains, or control the planets in their orbits; this extensive authority would not be more extraordinary, nor more beyond our comprehension . . . We learn the influence of our will from experience alone.* And experience only teaches us, how one event constantly follows another; without instructing us in the secret connexion, which binds them together and rends them inseparable.. That the motion (of our limbs) follows the commands of the will *is a matter of common experience* like other natural events: But the power or energy by which this is effected, like that in other natural events, is unknown and inconceivable." Die Übereinstimmung zwischen Kants und Humes Sätzen, die sich bis in die einzelnen Ausdrücke und Wendungen hinein erstreckt, ist unverkennbar: für beide wird der Zusammenhang des Willensimpulses mit der zugehörigen Bewegung uns durch die Erfahrung b e k a n n t , aber er kann durch sie freilich niemals „innerlich" b e g r e i f l i c h werden. Die Interpretation, durch welche N e l s o n an diesem Punkte

So bleibt allgemein, wo es sich um die Feststellung der ursprünglichen kausalen Grundverhältnisse handelt, den Erfahrungen allein das Recht der Entscheidung, während „die Vernunftgründe in dergleichen Fällen weder zur Erfindung, noch zur Bestätigung der Möglichkeit oder Unmöglichkeit von der mindesten Erheblichkeit sind." (II, 371.)[1]) Die

---

— gegenüber der Darstellung des Verhältnisses in der ersten Auflage dieser Schrift — einen systematischen Gegensatz zwischen Kant und Humes Lehre zu konstruieren sucht, wird damit hinfällig. (Abh. der Fries'schen Schule, Neue Folge, III, S. 89 ff; vgl. die folg. Anmerk.).

[1]) Einen merkwürdigen Einwand gegen die Annahme einer Annäherung Kants an Hume in den „Träumen eines Geistersehers" hat A d i c k e s (Kant-Studien, Kiel 1895, S. 101) erhoben, dem neuerdings N e l s o n folgt (a. a. O. S. 87 ff.). Er sieht es als einen Gegensatz zwischen beiden an, daß Kant, im Jahre 1766, den Ursprung der kausalen Begriffe und Urteile in der E r f a h r u n g suche, während Hume gerade leugne, „daß unserem Begriffe der Ursache irgend eine von Gegenständen außer uns ausgehende „impression" entspreche." Hierauf ist zu erwidern, daß auch für Hume die K e n n t n i s aller kausalen Zusammenhänge zweifellos „aus der Erfahrung" stammt. „I shall venture to affirm — heißt es im Enquiry — as a general proposition which admits of no exception, that the knowledge of this relation i s n o t i n a n y i n s t a n c e a t t a i n e d b y r e a s o n i n g s a p r i o r i; but arises entirely from e x p e r i e n c e, when we find that any particular objects are constantly conjoined with each other.... When it is asked: What is the foundation of all our reasonings and conclusions concerning that relation? i t m a y b e r e p l i e d i n o n e w o r d, E x p e r i e n c e (ed. Green and Grose, p. 24 u. 28). Die Erfahrung gibt nach Hume keinen R e c h t s g r u n d für unsere kausalen Schlüsse ab, da der Satz, daß die Zukunft der Vergangenheit gleichen werde, schlechterdings unerweislich ist: aber dennoch ist sie es, die uns erst die M a t e r i e für diese Schlüsse liefert, sofern nur durch sie der Geist zur Kenntnis der Verknüpfung von Ursache und Wirkung überhaupt, sowie des regelmäßigen Zusammenhangs einer bestimmten Ursache mit einer bestimmten Wirkung gelangen kann. Dieses letztere Moment ist es, was Kant nunmehr im Anschluß an Hume betont, während er freilich die Frage nach dem „Rechtsgrund" auf keiner Stufe völlig im Sinne Humes entschieden hat. Diese Frage selbst aber tritt zunächst noch zurück; sie wird erst in der Epoche, die den „Träumen eines Geistersehers" folgt, aufgenommen und führt alsdann zu jener gedanklichen Entwicklung, die Kant fortschreitend von Hume entfernt. In diesem Sinne bezeichnet das Jahr 1766 nur den A n f a n g der Einwirkung der Humeschen Lehre: doch erstreckt sich diese Ein-

Gesamtansicht über das Verfahren der mathematischen Naturwissenschaft hat daher jetzt, im Vergleich mit der „Preisschrift", eine deutliche Ablenkung erfahren. Dort galten — getreu der Weisung, die Newton selbst gegeben hatte und die z. B. Roger Cotes in der Vorrede zur zweiten Auflage der mathematischen Prinzipien der Naturlehre ausführlich entwickelt hatte — Analysis und Synthesis noch wesentlich als korrelative Methoden: nachdem die Induktion zu den allgemeinen Prinzipien hingeführt hatte, durfte und mußte die Deduktion einsetzen, um aus ihnen wiederum in strenger Verknüpfung die besonderen Tatsachen abzuleiten und im voraus zu bestimmen. Jetzt aber bedeuten die empirischen Daten nicht nur den Anfang und den Grundstoff der philosophischen Reflexion, sondern, wie es scheint, auch deren Ende. Aber freilich handelt es sich hierbei nur um eine kurze Durchgangsphase des Kantischen Denkens, die in ihren Motiven durchaus verständlich ist. Das Ziel, das Kant der Philosophie nunmehr stellt, die Begrenzung des Wissens auf den U m k r e i s der Erfahrung, schien nicht anders erreicht werden zu können, als indem auch der G r u n d des Wissens lediglich in den Tatsachen der Beobachtung gesucht wurde. Dennoch bleibt der Ausspruch Kants, daß er weit davon entfernt gewesen sei, Hume in Ansehung seiner Folgerungen Gehör zu geben, auch für diese Epoche zu Recht bestehen. Denn wenn er mit ihm die Aufgabe der Metaphysik in eine Theorie des Erfahrungswissens setzt, so hat ihm doch die psychologische Ableitung der Erfahrungsbegriffe aus dem Spiel der Assoziation und der Gewohnheit niemals als eine „ernstliche Meinung" gegolten. Hier entsteht daher ein neues und tieferes Problem. Der Wert der Erfahrung mußte bis zur Einseitigkeit betont und hervorgehoben werden, solange es sich gegenüber den Übergriffen der spekulativen

---

wirkung auf den gesamten folgenden Zeitraum bis zum Brief an Markus Herz im Jahre 1772, besitzt aber hier nicht sowohl positive, als vielmehr n e g a t i v e Bedeutung. Die Darstellung des Humeschen Einflusses in den „Prolegomenen" hat diese Entwicklung, die sich auf einen längeren Zeitraum erstreckt, zusammengedrängt und auf die einzelnen sachlichen Hauptphasen des Problems konzentriert.

Mystik darum handelte, das echte Gebiet philosophischer Forschung zu sichern und abzustecken. Ist dieses Ziel einmal erreicht, so kann die Untersuchung weiter dringen, so muß von neuem die Frage nach den logischen Prinzipien entstehen, denen die Erfahrung selbst ihren Halt und ihre Gewißheit verdankt.

III.

Die Schriften des Jahres 1763, vor allem die Abhandlung über die „negativen Größen", enden mit einer scharfen Sonderung zwischen logischen und realen Sätzen, zwischen Begriffs- und Tatsachenwahrheiten. Nicht nur ist es unmöglich, das Dasein der Dinge aus bloßen Begriffen zu konstruieren, sondern wir besitzen im ganzen Umkreis der Logik nicht einmal ein Mittel, um die empirisch gegebene Verknüpfung der Objekte auszudrücken und nachzubilden. Jedes Urteil beschränkt sich darauf, einen gegebenen Begriff durch Zergliederung zu verdeutlichen; von ihm führt daher kein Weg zum Dasein, das niemals als bloßes Prädikat oder als Determination in einem Subjekt eingeschlossen liegt. Es gibt keine Logik der Wirklichkeit. (Vgl. ob. S. 590 ff.)

Diese Folgerung ist notwendig und unausweichlich, solange man — wie Kant es zunächst noch tut — die Wolffische Konzeption der Logik und seine Erklärung des Urteils zugrunde legt: — aber bleibt sie es, wenn man die eigene Auffassung, die Kant jetzt erreicht hat, zum Maßstab macht? Gilt dasjenige, was von der traditionellen Logik der Schule erwiesen ist, von jeder Form der Logik überhaupt? Oder sollte nicht hier der umgekehrte Weg einzuschlagen sein: — sollten nicht die neuen Beziehungs- und Verknüpfungsarten, die wir im empirisch Realen kennen gelernt haben, zur Entdeckung einer neuen Urteilsform hinleiten, die ihnen entspricht? Fragen dieser Art mußten um so dringender werden, je mehr sich Kant von der überlieferten Lehre innerlich loslöste. So werden wir nunmehr zu der Unterscheidung analytischer und synthetischer Urteile geführt, die in der

Preisschrift noch nicht vollzogen war[1]). Unsere Aussagen gehören zu verschiedenen logischen Grundklassen und besitzen verschiedenen logischen Charakter und Geltungswert, je nachdem sie ein Merkmal, das im Subjekt bereits enthalten war, nur gesondert herausheben oder aber dem Inhalt des Subjektbegriffs eine völlig neue Bestimmung hinzufügen. —
Der Grund dieser Erweiterung aber kann auf dem Standpunkt, auf dem wir jetzt stehen, zunächst nirgends anders als in der Erfahrung gesucht werden. Sie allein vermag zu leisten, was für die formale Logik ein Rätsel, wo nicht ein Widerspruch, bleibt. In ihr ist das Unbegreifliche getan: die Verknüpfung des begrifflich Verschiedenartigen tritt uns hier als anschaulich gewisses Faktum entgegen. Somit sind alle synthetischen Urteile, ihrer Art und ihrer Abkunft nach, zugleich empirische. Auch bei dieser Gleichsetzung können wir indessen nicht stehen bleiben, ohne daß alsbald ein neues Problem sich geltend machte. Die Preisschrift hat die Synthesis als das allgemeine Verfahren der mathematischen Begriffsbildung gekennzeichnet; während sie die mathematischen Urteile, die lediglich den in der Definition zuvor gegebenen Inhalt entwickeln, unmittelbar dem Satz der Identität unterstellte. (II, 294.) Reflektiert man jedoch — wie es dem Sinne der neuen Unterscheidung analytischer und synthetischer Urteile gemäß ist — nicht sowohl auf die äußere Form des Urteils, als auf den Ursprung der Erkenntnis, so zeigt sich alsbald, daß, unter diesem Gesichtspunkt betrachtet, das mathematische Urteil gleichfalls als ein synthetisches gelten muß: ist es doch keine bloße Zergliederung, sondern eine echte Neuschöpfung, worauf sein eigentlicher Wahrheitsgehalt beruht. Wenn früher der Schnitt, der die mathematische Methode von der metaphysischen trennen sollte, auch das Verfahren der Physik von demjenigen der Mathematik absonderte, so sind jetzt beide wiederum unter einem gemeinsamen Titel vereinigt. Die beiden Grundfaktoren, auf denen der Bestand der Naturwissenschaft ruht:

---

[1]) S. ob. S. 590; vgl. Paulsen, Versuch einer Entwicklungsgeschichte der Kantischen Erkenntnistheorie, Lpz. 1875, S. 77 ff. und 167 ff.

"Beobachtung" und "Geometrie" stehen nun nicht mehr einander entgegen, sondern besitzen, als synthetische Erkenntnisquellen, einen gemeinsamen prinzipiellen Boden. Aber freilich erschwert eben der Gegensatz, in welchem sie nunmehr gleichmäßig zu den abstrakt logischen und metaphysischen Erkenntnissen stehen, zugleich die schärfere methodische Abgrenzung zwischen ihnen selber und ihrem Geltungsanspruch. Sollten die beiden Momente, die sich zum Aufbau der Physik vereinigen, lediglich einander nebengeordnet sein oder besteht zwischen ihnen ein charakteristischer Wertunterschied? Gibt es neben den synthetischen Aussagen, die lediglich eine einzelne Tatsache der Beobachtung wiedergeben, auch solche von allgemeiner und notwendiger Geltung? Wenn diese Fragen bejaht werden sollten — und sie müssen es, wenn wir nicht an der Allgemeingültigkeit der Mathematik selbst irre werden sollen — so würde sich damit eine neue Perspektive eröffnen; so wäre damit eine Art der Notwendigkeit entdeckt, die ihre Gewähr und Rechtfertigung nicht von der formalen Logik zu empfangen, sondern sie in einer anderen Instanz zu suchen hätte.

Damit aber wären wir bis unmittelbar an die Schwelle der kritischen Philosophie hingeleitet. So folgerecht und zwingend scheint der Gedankenzusammenhang zu sein, den wir hier kurz zu skizzieren gesucht haben, daß man eben darum gegen ihn mißtrauisch werden, daß man in ihm eher eine begriffliche Konstruktion, denn eine Beschreibung der geschichtlichen Tatsachen vermuten könnte. Gerade an diesem Punkte bieten indessen die Fragmente aus Kants philosophischem Tagebuch die unmittelbare Bestätigung der Ergebnisse der sachlichen Analyse. Schritt für Schritt lassen sich hier die einzelnen Phasen und Durchgangsstadien des Kantischen Denkens aufweisen und belegen. Die „synthetischen Urteile" werden anfangs den empirischen noch schlechthin gleichgesetzt. Ihre „Möglichkeit" ist nicht anders, denn durch die Erfahrung zu erweisen, während jede rationale Begründung, die sich als solche lediglich auf den logischen Satz der Identität stützen müßte, ihnen versagt bleibt. „Möglichkeit der Begriffe beruht bloß auf dem Satze des Widerspruchs, die der Synthesis auf Erfahrung." (Reflexionen No. 296.) Somit entsteht hier eine klare und eindeutige Wechselbeziehung: „alle analytischen Urteile sind rational und umgekehrt; alle synthetischen Urteile sind empirisch und umgekehrt." (Refl. 500 und 292.) Die Kluft zwischen Erfahrung und Denken droht nunmehr unüberbrückbar zu werden: denn der ausschließende Gegensatz, der jetzt geprägt ist, scheint keinerlei Vermischung und Vermittlung mehr zu dulden. Es ist die Grundansicht, wie sie uns in den „Träumen eines Geistersehers" entgegentritt: die Vernunftgründe sind, wo es sich um die Feststellung der Realprinzipien des Geschehens handelt, weder zur Erfindung, noch zur nachträglichen Bestätigung „von der mindesten Erheblichkeit". Der Satz des zureichenden Grundes gilt als Musterbeispiel dieses Verhältnisses. Die „Allgemeinheit", die wir diesem Satze herkömmlich zugestehen, ist nicht die unbedingte logische Allgemeingültigkeit, sondern beruht lediglich auf einer unbestimmten Generalisierung von Beobachtungsdaten. „In dem Verstandesbegriffe bedeutet der Grund dasjenige, woraus allgemein auf etwas Anderes der Schluß gilt. Die Möglichkeit davon läßt sich zwar in logischen, aber nicht realen Gründen einsehen. Die Erfahrung gibt aber keine wahre Allgemeinheit, weil sie keine Notwendigkeit gibt. Nun nehmen wir doch die Anwendung des Begriffs vom realen Grunde bloß aus der Erfahrung. Daher können die Grundsätze nur empirisch allgemein sein und haben auch nur eine empirische Bedeutung, nämlich, daß mit Etwas etwas Anderes als Grund jederzeit verbunden sei." (Refl. 726.) Weil somit die Anwendung des Kausalbegriffs an die Erfahrung gebunden ist, so soll auch die Geltung der „Grundsätze" selbst eine nur empirische sein. „Die Begriffe der Ursache sind synthetisch und also empirisch." (Refl. 499.)

Diese Gleichsetzung des Synthetischen und Empirischen aber ist kaum vollzogen, als bereits die gedankliche Reaktion gegen sie einsetzt. Denn nunmehr tritt eine neue und folgenreiche Unterscheidung ein: als eine besondere Hauptklasse der synthetischen Grundsätze werden die Grundsätze der Mathematik erkannt und herausgehoben. „Einige Grundsätze sind analytisch und betreffen das Formale der Deutlichkeit in unserer Erkenntnis; einige sind synthetisch und betreffen das Materiale, als da sind die arithmetischen, geometrischen und chronologischen, imgleichen die empirischen." (Refl. 504.) Was dieser Fortschritt für das Ganze des Problems bedeutet, das hat Kant selbst in seiner späteren Erörterung und Kritik der Humeschen Fragestellung klar bezeichnet. Es war — wie er hier ausführt — der Grundirrtum Humes, daß er ,,unbedachtsamer Weise eine ganze, und zwar die erheblichste Provinz der apriorischen Erkenntnis, nämlich reine Mathematik davon abschnitt, in der Einbildung, ihre Natur und sozusagen ihre Staatsverfassung beruhe auf ganz anderen Prinzipien, nämlich lediglich auf dem Satze des Widerspruchs .. Nun irrte er hierin gar sehr und dieser Irrtum hatte auf seinen ganzen Begriff entscheidend nachteilige Folgen .. Denn wäre das von ihm nicht geschehen, so hätte er seine Frage wegen des Ursprungs unserer synthetischen Urteile weit über seinen metaphysischen Begriff der Kausalität erweitert und sie auch auf die Möglichkeit der Mathematik a priori ausgedehnt, denn diese mußte er ebensowohl für synthetisch annehmen .. Die gute Gesellschaft, worin Metaphysik alsdann zu stehen gekommen wäre, hätte sie wider die Gefahr einer schnöden Mißhandlung gesichert, denn die Streiche, welche der letzteren zugedacht waren, hätten die erstere auch treffen müssen, welches aber seine Meinung nicht war, noch sein konnte" (Prolegomena § 4). Waren also, wie es jetzt geschehen ist, die Grundurteile der Mathematik einmal als synthetisch erkannt[1]), so war damit über die Richtung der gesamten Untersuchung entschieden. Zwar wird zunächst noch behauptet, daß es allgemeingültige formale Prinzipien nur für die rein logischen und rationalen, nicht aber für die empirischen und mathematischen Urteile geben könne. ,,Die Möglichkeit analytischer Verbindung läßt sich

---

[1]) Dieser Schritt ist z. B. Refl. 496 geschehen: ,,Alle principia prima sind entweder Elementarsätze und analytisch, oder axiomata und sind synthetisch .. Die rationalen sind analytisch, die empirischen synthetisch, i m g l e i c h e n m a t h e m a t i s c h e." Vgl. hierzu und zu den folgenden Reflexionen A d i c k e s, Kant-Studien, S. 92 ff., 103 ff.

a priori einsehen, nicht aber der synthetischen." (Refl. 291 vgl. 497.) Aber es ist zugleich klar, daß sich auf diesem Standpunkt nicht verharren ließ, ohne die Sicherheit der mathematischen Erkenntnis selbst anzutasten. Und so ergibt sich hier der umgekehrte Schluß: sollen wir die Wahrheit der Mathematik, die als unangreifbares Faktum feststeht, begrifflich verstehen, so müssen wir ein Prinzip fordern, das uns der Möglichkeit der Synthesis a priori versichert. Damit aber stehen wir nunmehr vor der entscheidenden kritischen Grundfrage: „Wie werden empirische und synthetische Urteile allgemein? Haben wir nicht etwa außer den principiis formalibus der rationalen Sätze noch formalia der synthetischen und empirischen? Imgleichen, hat man nicht ebenso principia formalia der Realverknüpfung als der logischen?" (Refl. 490.)[1]) An die Stelle der „materialen Grundsätze", die in der Preisschrift dem Satz der Identität und des Widerspruchs gegenübergestellt wurden, sind jetzt reine Formprinzipien der Erfahrung und der mathematischen Erkenntnis getreten: und sie sind es nunmehr, die die „Grundlage und Festigkeit der menschlichen Vernunft" ausmachen. (Vgl. ob. S. 599.) Die „Vernunft" hat einen positiven Inhalt gewonnen: neben der Logik beginnt eine allgemeine synthetische Formenlehre der Erkenntnis zu erstehen.

IV.

Die „Träume eines Geistersehers" haben, indem sie scheinbar nur den Gedankengängen Swedenborgs und der spekulativen Mystik folgten, ein Problem berührt, das auch innerhalb der exakten Naturwissenschaft selbst noch nicht zur endgültigen Entscheidung gelangt war. Um die Möglich-

---

[1]) Die Zeitbestimmung für diese Reflexion ergibt sich daraus, daß sie eine Umbildung der „empiristischen" Erkenntnislehre der „Träume eines Geistersehers" vollzieht; die Erfahrung selbst bedarf zu ihrer Gültigkeit bestimmter allgemeiner Prinzipien, auf die sie sich stützt. Diese Prinzipien werden hier gefordert, aber sie sind noch nicht gewonnen: woraus sich ergibt, daß die betreffende Reflexion vor das Jahr 1769 zu setzen ist, in welchem

keit der Fernkräfte zu erweisen, hatten sich Newton wie Clarke auf die Vermittlung eines unstofflichen „spirituellen" Mediums berufen, das den Weltraum allseitig durchdringen und hierdurch die Fortpflanzung jeder Wirkung auf entfernte Stellen erklären sollte. Und diese Annahme, die innerhalb der Physik nur zögernd und hypothetisch auftrat, gewann in der Psychologie und Theologie, in der Seelen- und Gotteslehre festere Gestalt. Um die Gemeinschaft Gottes mit der Welt, sowie der Seele mit dem Körper zu verstehen, müssen wir die beiden Glieder in ein Verhältnis der räumlichen Gegenwart zu einander setzen. Wie die Seele vermöge ihres Sitzes im Gehirn die Bilder der Dinge, die hier erzeugt werden, unmittelbar wahrnimmt, so soll die göttliche Substanz durch das gesamte Universum gleichmäßig verbreitet sein und kraft dieser ihrer Allgegenwart die Wesenheit aller Dinge in sich befassen und erkennen. (S. ob. S. 446 f. u. 562.)

So vereinen sich nunmehr Physik und Metaphysik, so begegnen sich die empirische Forschung, wie die Monadenlehre in der einen Frage nach dem Verhältnis der immateriellen Substanzen zum Raume. Und daß diese Frage es ist, die auch den theoretischen Mittelpunkt der „Träume eines Geistersehers" ausmacht: dies spricht Kant selbst in einem Briefe an Mendelssohn aus. „Meiner Meinung nach kommt alles darauf an, die data zu dem Problem aufzusuchen: wie ist die Seele in der Welt gegenwärtig, sowohl den materiellen Naturen, als denen anderen von ihrer Art." (X, 68.) Diese Untersuchung aber muß nach der Wandlung, die nunmehr Begriff und Aufgabe der Metaphysik erfahren haben, eine völlig neue Richtung nehmen. Die Metaphysik handelt nicht mehr von den absoluten Dingen, sondern sie ist die Lehre von der Beschaffenheit und von den Grenzen der menschlichen Vernunft. Die Frage wird somit, wenn wir sie in der

---

Kant bereits ein ausgebildetes System reiner apriorischer Grundsätze besitzt; Grundsätze, die uns zwar bei Gelegenheit der Erfahrung zum Bewusstsein kommen, die aber in der Art ihrer Geltung von der sinnlichen Wahrnehmung völlig unabhängig sein sollen. (Vgl. hrz. S. 623 ff.) Somit ergibt sich das Jahr 1766 als die untere, das Jahr 1769 als die obere Zeitgrenze.

Tat bis in ihre letzten „Data" auflösen und zurückverfolgen, nicht mehr lauten können, wie die für sich bestehenden Substanzen sich im Raume vereinigen und aufeinander wirken können; sondern sie wird darauf gerichtet sein müssen, wie unsere Erkenntnis der Substanzen sich zu unserer räumlichen Erkenntnis verhält. Es ist müßig, nach dem inneren Wesenszusammenhang der Geisterwelt und Körperwelt zu forschen; aber das Problem ist nicht abzuweisen, wie unsere sinnliche Anschauung, die uns über die empirische Verknüpfung der Natur belehrt, sich zu den reinen Vernunftbegriffen verhält, kraft deren wir, über die empirische Wirklichkeit hinausgehend, eine „intelligible" Ordnung der Zwecke erdenken. —

Der erste Schritt in dieser Untersuchung muß in einer kritischen Zergliederung des Raumbegriffs bestehen. In der Tat ist es diese Aufgabe, die von Kant in der Epoche, die den „Träumen eines Geistersehers" folgt, von allen Seiten her in Angriff genommen wird. Es ist bezeichnend für die Weite des historischen Blickes, die er nunmehr erlangt hat, daß in der eingehenden sachlichen Prüfung, die jetzt einsetzt, keine einzige der mannigfachen geschichtlichen Tendenzen, die sich in der Deutung des Raumbegriffs entgegenstanden, unberücksichtigt bleibt. Die „Reflexionen" liefern den bündigen Beweis, daß alle die verschiedenen Argumente, daß alle Gründe und Gegengründe, die in dieser Frage gewechselt worden waren, von Kant gekannt und erwogen werden. Sein Blick bleibt vornehmlich auf die prinzipielle Grundlegung der Geometrie und Mechanik gerichtet; aber er umfaßt zugleich all die andern großen Gedankenkreise, die wir gesondert in ihrer Entstehung und Ausbildung verfolgt haben. Neben den Fragen der empirischen Forschung werden die der Naturphilosophie, neben denen der erkenntnistheoretischen Analyse die der spekulativen Theologie der Betrachtung unterworfen. Keine geschichtliche Anregung wird verschmäht; aber keiner gibt sich Kant ganz gefangen. Wo eine feste und endgültige Entscheidung getroffen zu sein scheint, da tritt ihr alsbald die Gegenansicht von neuem gegenüber und macht ihr das Recht streitig. Es ist jene

Epoche, die Kant selbst charakterisiert hat. „Ich sah anfänglich diesen Lehrbegriff nur in einer Dämmerung. Ich versuchte es ganz ernstlich, Sätze zu beweisen und ihr Gegenteil, nicht um eine Zweifellehre zu errichten, sondern weil ich eine Illusion des Verstandes vermutete, zu entdecken, worin sie stäcke. Das Jahr 69 gab mir großes Licht." (Refl. 4.)

Einen ersten Haltpunkt innerhalb dieser Gedankenbewegung scheint wiederum die Methode und das Ergebnis der Newtonischen Wissenschaft zu gewähren. Ihr wendet sich daher Kant nunmehr von neuem zu; aber er tritt ihr nicht mehr als Schüler, sondern als selbständiger philosophischer Denker gegenüber, der die gewonnenen Resultate mit neuen Gründen zu stützen sucht. Wenn Euler den Begriff des absoluten Raumes dadurch als gültig zu erweisen suchte, daß er ihn als latente und unentbehrliche Bedingung für den Bestand der obersten Bewegungsgesetze nachwies, so soll jetzt das gleiche Verfahren um einen Schritt weiter zurückverfolgt werden. Nicht nur das Faktum der Mechanik, sondern bereits das der Geometrie enthält — wie die Schrift „von dem ersten Grunde des Unterschiedes der Gegenden im Raume" (1768) ausspricht — den zwingenden Beweis für die Wahrheit der Newtonischen Voraussetzungen. „In den anschauenden Urteilen der Ausdehnung, dergleichen die Meßkunst enthält", liegt die Gewähr dafür, „daß der absolute Raum unabhängig von dem Dasein aller Materie und selbst als der erste Grund der Möglichkeit ihrer Zusammensetzung eine eigene Realität habe." Denn die Geometrie liefert uns bestimmte räumliche Verhältnisse und gibt uns das Beispiel bestimmter räumlicher Unterscheidungen, die sich in keiner Weise als bloße Unterschiede in der wechselseitigen Lage der Teile eines Körpers auffassen und deutlich machen lassen. Zwei Gebilde können vollkommen ähnlich, können also in der Anordnung, die ihre Teile untereinander aufweisen, identisch sein, ohne doch jemals zur Deckung gebracht werden zu können; ohne also als „Räume" dasselbe zu bedeuten. Die Art, in der Kant diesen Gedanken am Beispiel der „inkongruenten Gegenstücke" durchführt, ist bekannt. Das eigentümliche und spezifische Merkmal, das die Differenz der rechten und der linken Hand ausmacht, liegt nicht in irgendeiner Beschaffenheit der beiden Hände selbst, noch im Verhältnis ihrer einzelnen Teile; vielmehr müssen wir zu seiner Feststellung die beiden Körper gegen das Ganze des Raumes halten, so wie ihn sich die Meßkünstler denken. „Es ist hieraus klar, daß nicht die Bestimmungen des Raumes Folgen von den Lagen der Teile der Materie gegen einander, sondern diese Folgen von jenen sind und daß also in der Beschaffenheit der Körper Unterschiede angetroffen werden können, und zwar wahre Unterschiede, die sich lediglich auf den absoluten und ursprünglichen Raum beziehen, weil nur durch ihn das Verhältnis körperlicher Dinge möglich ist." (II, 383.)

Aber welche „Evidenz" diese Lösung, die sich lediglich auf die Grundtatsachen der Geometrie selbst stützt, auch zu besitzen scheint: sie ist und bleibt darum nicht minder paradox. Wie Euler vermag Kant „den Begriff des Raumes, so wie ihn der Meßkünstler denkt und auch scharfsinnige Philosophen ihn in den Lehrbegriff der Naturwissenschaften aufgenommen haben" nicht als ein „bloßes Gedankending" anzusehen; aber wie dieser muß er zugleich zugestehen, „daß es nicht an Schwierigkeiten fehlt, die diesen Begriff umgeben, wenn man seine Realität, welche dem inneren Sinn anschauend genug ist, durch Vernunftideen fassen will." (Vgl. ob. S. 485.) Der absolute Raum ist kein Gegenstand der Erfahrung oder der „äußeren Empfindung"; er entzieht sich somit den Erkenntnismitteln, über die die empirische Wissenschaft sonst allein verfügt. So stehen wir hier vor dem gleichen Widerstreit, der in Newtons und Eulers Lehre bereits unaufhaltsam zutage trat: was zur Bedingung aller unserer Erkenntnis gemacht wird, das ist seinem eigentlichen Wesen nach selbst — unerkennbar. Und noch andere schwierigere Probleme drängen sich nunmehr hervor. Wenn Raum und Zeit ein gesondertes dingliches Dasein besitzen, das dem Sein der Dinge vorauf geht, so ist die Frage nicht abzuweisen, auf welche Weise diese leeren Schemen mit realem Gehalt erfüllt wurden, auf welche Art die Objekte nachträglich zu ihnen hinzugebracht und in ihnen geordnet worden sind. Es ist nichts Geringeres als eine wirkliche Schöpfung, die hierzu erfordert zu werden scheint. Geben wir aber einmal dem Gedanken der Schöpfung statt, so sehen wir uns damit in unlösliche Schwierigkeiten verstrickt. Alle jene Zweifel, die im Streite zwischen Leibniz und Newton so ausführlich erörtert worden waren, treten jetzt von neuem vor uns hin. Wir müssen einen bestimmten Zeitpunkt für die Entstehung der Dinge annehmen und können doch, da die leere Zeit als solche keine bestimmenden und unterscheidenden Gründe in sich enthält, keinem Moment den Vorzug vor einem beliebigen anderen einräumen; wir müssen dem körperlichen Universum einen festen Ort innerhalb des unendlichen Raumes zuschreiben und andererseits dennoch zugestehen, daß Beziehungen des Ortes und des Abstandes zwischen den Teilen des Alls, nicht aber für das Weltganze stattfinden können[1]). Das Problem des Raumes und der Zeit wandelt sich, bei schärferer Betrachtung und Zergliederung, in das Problem der A n t i n o m i e n.

Mit der Erkenntnis der neuen Frage aber war zugleich deren kritische Lösung gegeben: die Antinomien finden ihre Aufhellung und ihre Bewältigung in der Lehre von der Idealität des Raumes und der Zeit[2]). Die Schwierigkeiten schwinden, wenn wir Raum und Zeit nicht mehr als gegebene äußere

---

[1]) Wie eingehend Kant sich mit den Problemen des Briefwechsels zwischen L e i b n i z und C l a r k e beschäftigt hat, dafür enthalten die Reflexionen durchgehende und unzweideutige Belege. Vgl. z. B. die Reflexionen 1416, 1417 u. 1426 (Problem des Anfangs der Welt in der Zeit) mit Leibniz' fünftem Schreiben, § 55; Refl. 1557 (über die Bewegung des Weltganzen) mit Leibniz V, 52; Refl. 1423 (die Schwierigkeiten von dem Orte der Welt und der Zeit vor der Welt) mit Leibniz' drittem Schreiben, § 5, viertem Schreiben, § 13 ff. u. s.; Refl. 1458 (über die „logische", nicht „reale" Teilbarkeit des absoluten Raumes) mit C l a r k e s vierter Replik, § 11 u. 12 u. ö. Alle diese Reflexionen gehören deutlich dem allgemeinen Gedankenkreis des Antinomienproblems an; sie stützen somit die Vermutung V a i h i n g e r s, daß Kant in der Zeit von 1768—70 „die Akten des großen Streites zwischen Leibniz und Clarke wieder genauer studiert habe." (Kommentar II, 436 u. 530 f.).

[2]) Auf die Bedeutung des Antinomienproblems für die Entwicklungsgeschichte des Systems gehe ich hier nicht näher ein, sondern verweise auf die erschöpfende Darstellung B e n n o E r d m a n n s: in der Vorrede zu den Reflexionen, S. XXIV ff. und zu seiner Prolegomena-Ausgabe.

Objekte betrachten, sondern sie als reine Formen und Mittel der Erkenntnis begreifen, kraft deren wir die unbestimmte Mannigfaltigkeit der Empfindungen ordnen und zu systematischer Einheit verknüpfen. So widerspruchsvoll beide erscheinen, solange man sie als für sich bestehende substantielle Wesenheiten oder als Beschaffenheiten der Dinge ansieht, so klar und durchsichtig werden sie, sobald man in ihnen Begriffe und Erzeugnisse des reinen Verstandes erkennt. Denn in dieser Bedeutung, nicht aber als Formen der Sinnlichkeit, treten uns Raum und Zeit nunmehr entgegen. „Einige Begriffe sind von den Empfindungen abstrahiert; andere bloß von dem Gesetze des Verstandes, die abstrahierten Begriffe zu vergleichen, zu verbinden oder zu trennen. Der letzteren Ursprung ist im Verstande; der ersteren in den Sinnen. Alle Begriffe von solcher Art heißen reine Verstandesbegriffe: *conceptus intellectus puri*. Zwar können wir nur bei Gelegenheit der sinnlichen Empfindungen diese Tätigkeiten des Verstandes in Bewegung setzen, und uns gewisser Begriffe von den allgemeinen Verhältnissen abstrahierter Ideen nach Gesetzen des Verstandes bewußt werden; und so gilt auch hier Lockes Regel, daß ohne sinnliche Empfindung keine Idee in uns klar wird; aber die *notiones rationales* entspringen wohl vermittelst der Empfindungen, und können nur in Applikation auf die von ihnen abstrahierten Ideen gedacht werden, aber sie liegen nicht in ihnen und sind nicht von ihnen abstrahiert; so wie wir in der Geometrie die Idee vom Raume nicht von der Empfindung ausgedehnter Wesen entlehnen, ob wir diesen Begriff nur bei Gelegenheit der Empfindung körperlicher Dinge klar machen können. Daher ist die Idee des Raumes *notio intellectus puri*, welche auf die abstrahierte Idee der Berge und der Fässer kann angewandt werden." (Refl. 513.)[1])

---

[1]) Der Zeitpunkt dieser und der folgenden Reflexionen läßt sich mit Sicherheit bestimmen. Raum und Zeit gelten in ihnen nicht mehr — wie es noch in der Schrift „vom ersten Grunde des Unterschiedes der Gegenden im Raume" der Fall ist — als absolute Realitäten, sondern als B e g r i f f e d e s V e r s t a n d e s; anderèrseits aber ist im System der Grundbegriffe selbst der Unterschied zwischen den „sinn-

So ist der Raum — und mit ihm die Zeit, die ihm alsbald in gleicher Bedeutung an die Seite gestellt wird (vgl. Refl. 1238) — ein reines Gebilde des „intellectus ipse", der hier durchaus im Leibnizischen Sinne verstanden und erläutert wird. Man sieht, daß Kant das Grundproblem der „Nouveaux Essais", die im Jahre 1765 erschienen waren, nunmehr ergriffen und für sich selbst entschieden hat. In dem Streit zwischen Locke und Leibniz steht er bewußt auf seiten des Letzteren[1]). Aber es handelt sich hier um keine passive Anlehnung an ihn, noch um einen bloß äußeren „Anstoß", den er von Leibniz' erkenntnistheoretischem Grundwerk erhalten hätte. Der Weg, der ihn zu seiner Entscheidung hinführen mußte, war ihm vielmehr in der eigenen vorangehenden Problemstellung klar vorgezeichnet. Die Frage: wie werden empirische und synthetische Urteile allgemein? hatte sich ihm bereits in aller Bestimmtheit gestellt; der Plan einer rationalen Wissenschaft, die die synthetischen Grundformen aller unserer Erkenntnis aussondern und zu systematischer Ordnung verknüpfen sollte, war bereits im allgemeinsten Umriß konzipiert (s. S. 616). Dieser Plan war es, der nunmehr durch Leibniz' Werk der Erfüllung unmittelbar nahe gerückt schien[2]). Die Art, in der Kant jetzt den Begriff und die Gesamtaufgabe der Metaphysik bestimmt, erinnert bis ins Einzelne an die Darstellung, die in den „Nouveaux Essais" gegeben war. „Die Philosophie über die Begriffe des *intellectus puri* ist die Metaphysik; sie

---

lichen" und den „intellektualen" Elementarbegriffen, der in der Dissertation bereits aufs strengste durchgeführt ist, noch nicht vollzogen. Die betreffenden Reflexionen gehören somit dem kurzen Zeitraum, der diese beiden Schriften voneinander trennt, also den Jahren 1768 bis 1770, an.

[1]) Es ist die Stellung, die er fortan bis in die kritische Zeit hinein bewahrt; vgl. eine Bemerkung vom Jahre 1780 (Lose Blätter I, 153): (Der erste Weg der Erkenntniskritik) „ist der Empirismus. Aber da nicht allein die mathematische Kenntnis a priori die Falschheit dieses angeblichen Ursprungs unserer Erkenntnisse widerlegt, sondern auch die Begriffe, welche in der Erfahrung vorkommen, eine Nothwendigkeit enthalten, die die Erfahrung nicht lehren konnte, so fällt Locke, der damit fast zu viel Ehre erwarb, nachdem ihn Leibniz schon widerlegt hat, weg."

[2]) S. hierüber A d i c k e s , Kant-Studien. S. 164.

verhält sich zur übrigen Philosophie, wie die *mathesis pura* zur *mathesis applicata*. Die Begriffe des Daseins (Realität), der Möglichkeit, der Notwendigkeit, des Grundes, der Einheit und Vielheit, der Teile, Alles, Keines, des Zusammengesetzten und Einfachen, des Raumes, der Zeit, der Veränderung, der Bewegung, der Substanz und des Accidens, der Kraft und der Handlung und alles, was zur eigentlichen Ontologie gehört, ist im Verhältnis auf die übrige Metaphysik, wie die allgemeine Arithmetik in der *mathesi pura*." (Ibid., Refl. 513.)[1]) Für die neue Stellung, die Raum und Zeit jetzt gewonnen haben, kann nichts charakteristischer sein, als die Umgebung, in der sie uns hier begegnen. Jetzt handelt es sich nicht mehr in erster Linie darum, ihr Verhältnis zu den empirischen Dingen zu bestimmen, sondern ihnen in dem allgemeinen System der Bedingungen der Erkenntnis ihren logischen Ort zuzuweisen. Sie sind ihrer allgemeinen Funktion und Bedeutung nach „objektive Grundsätze der Synthesis"; wobei sie sich von den übrigen reinen Begriffen nur dadurch unterscheiden, daß sie lediglich die Verknüpfung im Beisammen und Nacheinander betreffen, während jene sich auf das „qualitative" Verhältnis der Über- und Unterordnung und der wechselseitigen Abhängigkeit der Erscheinungen

---

[1]) Wo immer man daher **Kants Verhältnis zu Leibniz** und die Einwirkung, die er etwa von ihm erfahren hat, untersucht, da darf man nicht von der Dissertation des Jahres 1770 ausgehen, sondern muß die vermittelnde Phase des Kantischen Denkens zugrunde legen, die sich uns in den Reflexionen des Jahres 1768/69 erschließt. Denn hier stimmt Kant mit Leibniz **selbst in der Raumlehre noch völlig überein**: ist doch auch für Leibniz der Raum eine „Idee des reinen Verstandes", die aus dem „Geiste selbst" stammt und deren wir uns nur bei Gelegenheit der sinnlichen Empfindungen bewußt werden. (Gegen: **Adickes**, Kant-Studien, S. 160 f.; Näheres s. Leibniz' System, S. 267 ff.). Daß es sich freilich auch in diesem Falle nicht um eine Entlehnung Leibnizischer Gedanken, sondern um ein selbständiges sachliches Zusammentreffen mit ihnen handelt, beweist der Umstand, daß Kant sich dieser seiner Übereinstimmung mit der echten und originalen Form der Leibnizischen Raumlehre gar nicht bewußt wird, sondern diese Lehre alsbald wieder im Sinne **Wolffs** auffaßt und demgemäß kritisiert. (Dissert., Sekt. III, § 15 D).

beziehen[1]). Raum und Zeit sind somit — um es in der Sprache der vollendeten kritischen Lehre zu bezeichnen — dem System der synthetischen Grundsätze eingereiht; aber sie nehmen insofern eine Sonderstellung ein, als sie den Inbegriff der mathematischen Grundsätze, im Unterschied von den „dynamischen" Grundsätzen der Substanz und Kausalität, ausmachen[2]).

Erst allmählich tritt sodann die Loslösung der „Formen der Anschauung" von dem gemeinsamen Grund und Boden der Intellektualbegriffe ein. Daß es ihm erst „nach langem Nachdenken gelang, die sinnlichen Elementarbegriffe von den intellektuellen zu scheiden", hat Kant selber in den Prolegomenen erklärt. Ein Motiv dieser Trennung nun läßt

---

[1]) In der Reflexion 514 werden unterschieden: 1. der Satz der Identität und des Widerspruchs, 2. o b j e k t i v e G r u n d s ä t z e d e r S y n t h e s i s , R a u m u n d Z e i t , 3. objektive Grundsätze der synthesis qualitativa, 4. u. 5. materiale Sätze. — Zur „synthesis qualitativa" im Unterschied von der „synthesis quantitativa" s. II, 388 Anm.

[2]) Im Gegensatz zu einer Auffassung, die das Wesentliche des kritischen Idealismus in der „transzendentalen Ästhetik" enthalten glaubt und die Lehre von den Verstandesbegriffen nur als ein Außen- und Nebenwerk betrachtet, hat C o h e n den Gedanken durchgeführt: daß der wahre Mittelpunkt des Kantischen Problems im System ·der s y n t h e t i s c h e n G r u n d s ä t z e zu suchen ist. Diese bilden ihm den eigentlichen sachlichen Anfangspunkt, von welchem aus der Weg erst weiterhin zu Raum und Zeit hinausführt. „Denn worauf und wovon Kant ausging, war die Frage: Wie sind synthetische Sätze a priori möglich? Diese Möglichkeit beruht auf der synthetischen Einheit, welche wir aus uns in die Dinge legen. Diese synthetische Einheit ist die Kategorie. Erst von den Kategorien aus scheint daher der transzendentale Charakter des a priori auf Raum und Zeit überzugehen." Im Anschluß hieran bezeichnet es Cohen als „eine für das systematische Verständnis förderliche Aufgabe, den vorhandenen Schatz an Kantischen Manuskripten daraufhin durchzusehen: ob sich Bemerkungen finden, welche diese Vermutung bestätigen." (Kants Theorie der Erfahrung, 2. Aufl., S. 261.) Durch die „Reflexionen" wird in der Tat Cohens Annahme völlig außer Zweifel gestellt: Raum und Zeit lösen sich erst allmählich aus dem gemeinsamen Grundsystem der reinen Verstandesbegriffe heraus; sie sind „objektive Grundsätze der Synthesis", ehe sie zu „Begriffen der Anschauung" und schließlich zu „Formen der Sinnlichkeit" werden.

sich bereits in den früheren Versuchen und Ansätzen deutlich erkennen. Es ist unmöglich, Raum und Zeit, die die ersten und ursprünglichen Grundformen sind, in denen sich uns die konkreten empirischen Gegenstände ordnen, mit Begriffen, wie Möglichkeit und Notwendigkeit, die lediglich ein logisches Verhältnis zur urteilenden Subjekt aussagen, unmittelbar auf eine Stufe zu stellen. So treten zunächst den allgemeinen Vernunftbegriffen die Einzelbegriffe (conceptus singulares) gegenüber. Zu diesen letzteren sind Raum und Zeit zu zählen, da es nur Ein einheitliches Ganze des Raumes und der Zeit gibt, in welchem jede begrenzte Ausdehnung und jede endliche Dauer als Teil enthalten ist[1]). Und diese ihre auszeichnende Eigentümlichkeit ist es denn auch, kraft deren beide nunmehr als „Anschauungen" bezeichnet und von den abstrakten Gattungsbegriffen abgesondert werden. Aber die Besonderheit des Inhalts, der in ihnen vorgestellt wird, bleibt zunächst auf die Charakteristik dessen, was sie als Erkenntnisart bedeuten, ohne bestimmenden Einfluß. Raum und Zeit unterscheiden sich ihrem Gegenstand, nicht aber dem eigentümlichen Prinzip der Gewißheit nach von den übrigen Verstandesbegriffen: sie sind, wie es in einem bezeichnenden zusammenfassenden Ausdruck heißt, „reine Begriffe der Anschauungen." (Refl. 275.) „Alle menschlichen Erkenntnisse lassen sich in zwei Hauptgattungen einteilen: 1. die, so aus den Sinnen entspringen und empirisch genannt werden, 2. die gar nicht durch die Sinne erworben werden, sondern ihren Grund in der beständigen Natur der Denkungskraft der Seele haben und können reine Vorstellungen genannt werden . . . Die Form der Erscheinungen beruht lediglich auf Raum und Zeit, und diese Begriffe entspringen durch keine Sinne oder Empfindung, sondern beruhen auf der Natur des Gemüts, nach welcher die verschiedenen Empfindungen unter solchen Relationen vorgestellt werden können. Daher, wenn alle Empfindung der Sinne beiseite gesetzt ist, so ist der des Raumes und (der) Zeit ein reiner Begriff der Anschauung

---

[1]) Über Raum und Zeit als „conceptus singulares" und somit als „intuitus puri" s. Refl. 274; vgl. 334 u. 373.

und weil in ihm alles liegt, was nur der Verstand in Erfahrung erkennen kann, so ist er ein Verstandesbegriff; und obgleich die Erscheinungen empirisch sind, so ist er doch intellektual. Ebenso sind allgemein gemachte Empfindungen und Erscheinungen nicht reine, sondern empirische Vernunftbegriffe. Wenn man aber alle Wirkung der Sinne wegläßt, so sind die Begriffe reine Begriffe der Vernunft, als: möglich, Substanz usw. Daher sind alle reinen Begriffe intellektual und intuitiv, oder rational und reflektierende Begriffe. Ferner sind alle Erkenntnisse entweder gegeben oder gedichtet. Die Materie der Erkenntnis kann nicht gedichtet werden, also nur die Form und in der Form nur die Wiederholung. Also geht alle Erdichtung der Vernunft auf die Mathematik; dagegen ist die Form, welche in der Geometrie gegeben ist, der Raum." (Refl. 278.) Die beiden Momente, die in der Kritik der reinen Vernunft einander entgegenstehen, sind somit hier noch reine Wechselbegriffe; das „Intuitive" bildet nicht den Gegensatz, sondern eine nähere Bestimmung des „Intellektualen". Und so sehr betont Kant hier den produktiven Sinn der Anschauungsformen, daß er dafür auf den Begriff der Dichtkraft zurückgreift, der, wie wir sahen, von der Ästhetik her in die allgemeine Erkenntnislehre eingedrungen war[1]). Aber freilich macht innerhalb der Mathematik selbst sich bereits ein Unterschied bemerkbar. Das freie synthetische Verfahren kommt nur in der Arithmetik zu vollkommener Entfaltung und Ausprägung: „dichten können wir keine Verhältnisse, von deren Möglichkeit wir überzeugt sein können, als der Größe nach durch Wiederholung in der Zahlwissenschaft[2])." In die Geometrie dagegen spielt bereits ein fremdes Moment hinein:

---

[1]) Über den Begriff der „Dichtkraft" und seinen Gebrauch bei Georg F r. M e i e r s. ob. S. 566 f.; T e t e n s' Werk, das diesen Begriff zu neuer Bedeutung erhebt, ist erst 1776 erschienen.

[2]) Refl. 519 vgl. bes. Refl. 520: „Keine anderen, bloß willkürlichen Begriffe der reinen Vernunft können in uns entstehen, als die durch die W i e d e r h o l u n g, folglich der Zahl und Größe." (S. auch Refl. 507.) — Es ist wahrscheinlich, daß Kant hier an M a u p e r t u i s anknüpft, dem die „Wiederholbarkeit" (réplicabilité) der mathematischen Objekte als deren auszeichnendes Merkmal gilt, das ihre exakte Erkenntnis ermöglicht. (S. ob. S. 423.)

die „Anschauung" hat hier nicht lediglich den Charakter des spontanen Entwerfens der Raumgebilde, sondern sie steht als etwas „Gegebenes" dem Geiste gegenüber.

Trotz allen diesen Ansätzen aber bliebe die scharfe und unaufhebliche Scheidung zwischen den sinnlichen und intellektuellen „Elementarbegriffen" nicht völlig verständlich, wenn man ihre Gründe lediglich im Problemgebiet der wissenschaftlichen Erkenntnis suchen wollte. Hier hätte in der Tat das Ergebnis, zu dem Kant nunmehr vorgedrungen ist, allen Schwierigkeiten genügt: die Begriffe der Anschauung konnten von den allgemeinen Vernunftbegriffen unterschieden werden, ohne darum aufzuhören, derselben übergeordneten Gattung der „synthetischen Grundbegriffe" anzugehören. Es ist nicht sowohl die Kritik der Wissenschaft, wie die Kritik der Metaphysik, die an diesem Punkte weiter drängt. Wir erinnern uns an das Problem, von dem Kant seinen Ausgang genommen hatte. Die „Träume eines Geistersehers" hatten die strenge Grenze zwischen Körperwelt und Geisterwelt, zwischen der Welt der wissenschaftlichen Wahrheit und der der spekulativen Dichtung gezogen. Die Erfahrung — so hatten sie gelehrt — ist das einzige Kriterium der Gewißheit; jede Hypothese, die über ihr Gebiet hinausgreift, stellt sich daher von selber außerhalb des Gegensatzes von „Wahr" und „Falsch". Jetzt dagegen scheint diese Folgerung aufgehoben; denn besitzen wir nicht wiederum ein System reiner Vernunftbegriffe, deren Gültigkeit von der Erfahrung unabhängig ist und ihr vorausliegt? Somit wäre also die Geisterwelt nicht verschlossen; somit könnten wir, mit dem neuen Hilfsmittel ausgerüstet, von neuem daran gehen, uns die Verfassung des Reiches der absoluten Substanzen zu enträtseln. Die Schranke zwischen dem „Sinnlichen" und „Intelligiblen" scheint nunmehr gefallen zu sein. Solange die Begriffe des Raumes und der Zeit mit dem Begriff der Substanz logisch noch völlig auf einer Stufe stehen: solange kann, wie es scheint, nichts uns hindern, die Verhältnisse, die wir zwischen den räumlichen und zeitlichen Objekten vorfinden, unmittelbar auf die Welt der einfachen Substanzen zu übertragen.

Und es handelt sich hier nicht um eine bloße, abstrakt erwogene Möglichkeit, sondern die Gefahr einer derartigen Vermischung, die das „Geistige" in die Formen des Sinnlichen zwängt, steht Kant deutlich und greifbar vor Augen. Die Dissertation vom Jahre 1770 zeigt, nebst den verwandten zugehörigen Reflexionen, die eingehende kritische Beschäftigung Kants mit der Raum- und Gotteslehre Newtons und Henry Mores[1]). Hier aber hatte eben jene Umdeutung sinnlicher Bestimmungen in absolute und transzendente ihre typische Ausprägung gefunden. „Die notwendige Einheit der Zeit und des Raumes — so schildert Kant selbst in einer späteren Aufzeichnung diesen Prozeß — verwandelt sich in die notwendige Einheit eines Urwesens, die Unermeßlichkeit der ersteren in die Allgenügsamkeit des andern. Der Anfang der Welt in der Zeit in den Ursprung derselben, die Teilbarkeit der Erscheinungen in das Einfache[2])." Dieser „Übergang" der Prinzipien ineinander muß verhindert werden, wenn die beiden Reiche des Wissens in ihrer Reinheit bestehen bleiben sollen; wenn einerseits die Naturwissenschaft vor jedem Eingriff der Metaphysik geschützt und auf der anderen Seite der sittliche Vernunftglaube davor behütet werden soll, sich in spiritualistische Mystik aufzulösen. Denn Mystik entsteht nicht, wo eine „intelligible" Welt moralischer Wesen überhaupt angenommen und behauptet wird, sondern wo ihre Grenzen mit denen der empirischen Wirklichkeit zusammen-

---

[1]) S. Kants Lehre vom Raum als der „Omnipraesentia phaenomenon" in der Dissertation (II, 409 f.); sowie die zugehörigen Refl. 337—342, 363 (vgl. Benno E r d m a n n, Refl. S. 104 ff.) Hier tritt bei aller Anlehnung an Newton doch zugleich die K r i t i k seiner Raum- und Zeitlehre deutlich hervor, die unter dem erkenntnistheoretischen Gesichtspunkt der Scheidung zwischen Sinnlichkeit und Verstand geführt wird. Die A n t i n o m i e n, die daraus entstehen, daß man Raum und Zeit zu a b s o l u t e n A t t r i b u t e n der Gottheit macht, lösen sich durch die Unterscheidung der sensitiven und intellektualen Begriffe: die spekulativen Probleme, die für M o r e und N e w t o n eine ernsthafte Schwierigkeit bildeten, werden jetzt als „quaestiones inanes" erkannt, die aus einer Vermischung der Grenzen der Erkenntnisarten entspringen. (Vgl. bes. Dissert. § 27 (II, 414) sowie Refl. 1375 u. 1379).
[2]) Lose Blätter I, 111.

fließen; wo der Versuch gemacht wird, reine Vernunftbegriffe in Bildern der Anschauung vorstellig zu machen. „Wenn ich den mundum sensibilem nach Begriffen des intelligibilis denke, so ist es mundus mysticus." (Refl. 1152.) Das wesentliche Ziel der Schrift „De mundi sensibilis atque intelligibilis forma et principiis" ist daher nicht auf die Erschließung der reinen Gedankenwelt, sondern auf ihre Absonderung und Unterscheidung gerichtet. Sie ist eine Probe nicht sowohl der Metaphysik, wie der Propädeutik zur Metaphysik, die den Umfang und Bereich der beiden fundamentalen Erkenntnisquellen gegeneinander abzugrenzen hat[1]). „Wenn die Lehre von Raum und Zeit dabei stehen bliebe, daß es bloß Affektionen des Gemüts, keine objektiven Bedingungen sind, so wäre sie" — wie Kant selbst gelegentlich erklärt — „eine subtile, aber wenig erhebliche Betrachtung. Daß man aber diese Begriffe darum nicht über die Grenzen der Sinnlichkeit ausdehnen müsse, ist wichtig." (Refl. 417.) Noch einmal hat Kant sich den Streit zwischen Leibniz und Newton, zwischen Metaphysik und Mathematik in allen seinen einzelnen Phasen vor Augen gestellt; aber er ist jetzt in diesem Streit nicht mehr Partei, sondern — der Forderung gemäß, die er selbst an sich gestellt hatte — der „unbestochene Sachwalter, der von zwei strittigen Teilen die Gründe so abwiegt, daß er sich in Gedanken in die Stelle derer, die sie vorbringen, selbst versetzt." (II, 67 f.) Beide Teile, so sehr sie sonst auseinandergehen mögen, sind der gleichen „Vermengung der Arten des Intelligiblen und Sinnlichen" schuldig: der eine, sofern er Raum und Zeit, die nichts anderes als die Funktionen und Bedingungen unserer Erkenntnis der empirischen Objekte sind, zu Attributen der Gottheit macht[2]), der

---

[1]) Dissertat., Sect. II, § 8.
[2]) Vgl. bes. Kants Brief an Lambert vom 2. September 1770: „Die allgemeinsten Gesetze der Sinnlichkeit spielen fälschlich in der Metaphysik, wo es doch bloß auf Begriffe und Grundsätze der reinen Vernunft ankömmt, eine große Rolle. Es scheinet eine ganz besondere, obzwar bloß n e g a t i v e Wissenschaft (phaenomologia generalis) vor der Metaphysik vorhergehen zu müssen, darin denen Prinzipien der Sinnlichkeit ihre Gültigkeit und Schranken bestimmt werden, damit sie nicht die Urteile über Gegenstände der reinen Vernunft verwirren,

andere, indem er den Begriff des „Einfachen", der einer völlig anderen Sphäre des Denkens angehört, als Prinzip für die Erklärung der Naturerscheinungen braucht[1]). Die beiden Gegner verfallen, wenngleich in verschiedenem Sinne, einer petitio principii; denn „wenn man von einem Dinge überhaupt *a priori* Prädikate des Raumes und der Zeit braucht, so ist dieses eine *petitio phaenomenorum*; wenn man von Dingen, die man nur unter den Erscheinungen des Raumes kennt, allgemeine Realbegriffe des Verstandes braucht, so begeht man eine *petitio noumeni*. Jenes ist *synthesis subreptiva*, dieses *analysis subreptiva*." (Refl. 1222.)[2])

Aber auch jetzt noch, nachdem das Ziel erreicht, nachdem die exakte Wissenschaft zugleich begründet und das ihr eigene Gebiet begrenzt scheint, bietet sich eine neue Schwierigkeit dar, die alle früheren Ergebnisse von neuem in Frage stellt. Raum und Zeit besitzen kein unbedingtes Sein mehr; sie sind, wenn

---

wie bis dahin fast immer geschehen ist. Denn Raum und Zeit und die Axiomen, alle Dinge unter den Verhältnissen derselben zu betrachten, sind in Betracht der empirischen Erkenntnisse und aller Gegenstände der Sinne sehr real und enthalten wirklich die Conditionen aller Erscheinungen und empirischen Urteile. Wenn aber etwas gar nicht als ein Gegenstand der Sinne, sondern durch einen allgemeinen und reinen Vernunftbegriff, als ein Ding oder eine Substanz überhaupt etc. gedacht wird, so **kommen sehr falsche Positionen heraus, wenn man sie den gedachten Grundbegriffen der Sinnlichkeit unterwerfen will**." (X, 94); vgl. bes. Lose Blätter I, 160.

[1]) Vgl. z. B. Refl. 1124. „Man kann über die Erscheinungen nicht weiter, als die Bedingungen der Erscheinung reichen, argumentieren. **Daher nicht aus Gründen der Intellektualbegriffe über Raum und Zeit, daß es keine substantiae, accidentia, relationes sind.** Denn daraus folgt, daß es nur die Form der Erscheinung ist. Ebenso aus der Undurchdringlichkeit und Ausdehnung nicht weiter als auf die Teilbarkeit, die der **Raum** verstattet, wovon es die Erscheinung ist, nicht aus dem Begriffe **Substanz**, wenn er aus dem inneren Sinne abgezogen worden." Vgl. bes. Refl. 1473.

[2]) Zur Zeitbestimmung dieser Refl. s. die Ausführungen der Dissertation über die „axiomata subreptitia", die aus der Vermischung sinnlicher und intellektueller Bestimmungen entstehen (Sect. V, § 24—27). Vgl. ferner Refl. 1376 über das „vitium subreptionis transscendentale".

man sie für sich betrachtet und sie von allen Bedingungen der Erkenntnis loslöst, bloß „imaginäre Wesenheiten". Damit aber scheint Kant wiederum der Auffassung der Wolffischen Schulphilosophie zugetrieben zu werden: der „reine Raum" und die „reine Zeit" drohen von neuem zu einem leeren „Betrug der Einbildungskraft" zu werden[1]). Gerade diese Ansicht aber war es, die Kant zuvor, als der Sicherheit und Evidenz der mathematischen Erkenntnis widersprechend, beständig bekämpft hatte. Was er der Metaphysik zum Vorwurf machte, war eben dies, daß sie „anstatt sich einige von den Begriffen oder Lehren der Mathematik zu Nutze zu machen, vielmehr sich öfters wider sie bewaffne und sich bemüht zeige, aus den Begriffen des Mathematikers nichts als feine Erdichtungen zu machen, die außer seinem Felde wenig Wahres an sich haben." Gegen dieses Verfahren ruft er schon in der Schrift über die negativen Größen vom Jahre 1763 die Autorität E u l e r s an, die er seitdem beständig zitiert, wo es sich darum handelt, die Geometrie und Mechanik vor Übergriffen der Metaphysik zu schützen. (II, 167 ff, 378.) Wir erinnern uns in der Tat, daß Eulers unablässiger Kampf gegen die Monadologie lediglich aus dem Gesichtspunkt der Sicherung der mathematischen Prinzipienlehre geführt worden war. Es ist vergeblich — so hatte er der Philosophie seiner Zeit entgegengehalten — die Grundsätze der Mathematik einer niederen sinnlichen Sphäre zuweisen zu wollen: bilden sie doch vielmehr das einzige Kriterium, um Wahrheit und Irrtum, um die Welt des Scheins von der Welt der Wirklichkeit zu unterscheiden. Wer daher irgend ein sicheres mathematisches Prinzip, wie das der unendlichen Teilbarkeit, in seiner Geltung zu beschränken sucht, wer sich weigert, eine mathematisch notwendige Folgerung auf das Sein der Dinge

---

[1]) Vgl. hrz. z. B. G o t t s c h e d , Erste Gründe der gesamten Weltweisheit (6. Aufl., Lpz. 1756), § 265: „Außer diesen wahrhaften Begriffen vom Raume (als Verhältnis der Körper) pfleget man sich auch einen eingebildeten Raum vorzustellen, der von allen für sich bestehenden Dingen leer sein und doch für sich selbst bestehen, untheilbar, ewig und unendlich groß sein soll. A l l e i n d i e s e s i s t e i n b l o ß e r B e t r u g d e r E i n b i l d u n g s k r a f t, die durch die Absonderung von dem wirklich erfüllten Raume sich diesen Begriff gemacht hat." (Das Analoge von der Zeit: § 267.)

auszudehnen: der macht damit nur seine eigene philosophische These verdächtig. (S. ob. S.) Die „Briefe an eine deutsche Prinzessin", in denen Euler diese Sätze am nachdrücklichsten behauptet und verteidigt hat, sind im Jahre 1768 erschienen; sie werden von Kant in der Dissertation mehrfach und mit vollster Zustimmung erwähnt[1]). Die gewöhnliche philosophische Lehre von der Sinnlichkeit, nach der sie eine „verworrene Vorstellung der Dinge" ist, würde die Geometrie, die doch „die treueste Auslegerin aller Phänomene der Natur" ist, zur bloßen Scheinwissenschaft herabsetzen. „Es ist so weit gefehlt, daß die sinnlichen Anschauungen von Raum und Zeit sollten verworrene Vorstellungen sein, daß sie vielmehr die deutlichsten Erkenntnisse unter allen, nämlich die mathematischen verschaffen." (Refl. 414). So entsteht hier eine doppelte Aufgabe; es gilt einen Begriff zu schaffen, der die mathematischen Sätze auf die empirischen O b j e k t e als einziges und wahrhaftes Erkenntnisziel hinweist und der sie andererseits nicht minder bestimmt von allen bloß empirischen E r k e n n t n i s s e n unterscheidet. Im Begriff der reinen Sinnlichkeit ist diese zwiefache Forderung erfüllt: er verbürgt die absolute Gewißheit der Mathematik, indem er ihr das absolute Sein verschließt. Die Dissertation hebt in ihrer Charakteristik des Raum- und Zeitbegriffs noch deutlich diesen doppelten Gesichtspunkt hervor: beide sind als Wesenheiten betrachtet imaginär, während sie als Wahrheiten unumstößlich sind[2]).

Ist aber das intelligible Sein vom sinnlichen klar und sicher geschieden, so rückt nunmehr auch die Frage nach seiner

---

[1]) Dissertat., Sect. V, § 27: „perspicacissimus E u l e r u s , c e t e r a p h a e n o m e n o r u m m a g n u s i n d a g a t o r e t a r b i t e r "; vgl. die Anmerk. zum Schluß der Dissertat. — Auch die Unterscheidung von „Infinitum" und „Maximum" (Dissertat., Sect. I, § 1 (II, 388 Anm.) geht auf E u l e r zurück (vgl. dessen Institutiones Calculi differentialis, Petrop. 1755, § 75). S. übr. ob. S. 502, Anm. 1.

[2]) „Quanquam autem tempus in se et absolute positum sit e n s i m a g i n a r i u m , tamen, quatenus ad immutabilem legem sensibilium qua talium pertinet, est c o n c e p t u s v e r i s s i m u s et per omnia possibilia sensuum objecta in infinitum patens intuitivae repraesentationis conditio." (Dissertat., Sect. III, § 14, Nr. 6.)

Erkennbarkeit in ein neues Licht. Der Gedanke, daß wir von den besonderen sensitiven Bedingungen unseres Wissens absehen und den Gegenstand so, wie er sich als Objekt des reinen Verstandes darstellt, erwägen können, birgt zum mindesten keinen inneren Widerspruch mehr: er ist ein in sich möglicher Gedanke. Nur die V e r m i s c h u n g intellektueller und anschaulicher Bestimmungen war es, die die Metaphysik in antinomische Behauptungen auflöste; dagegen scheint jede der Betrachtungsweisen, für sich genommen, der Erkenntnis einen gleich positiven Ertrag zu versprechen. So entsteht nunmehr der Gegensatz zwischen „Erscheinungen" und „Ding an sich", zwischen dem Objekt der sinnlichen und der nicht-sinnlichen Erkenntnis. Schon in diesem Ursprung des Problems aber liegt eine wichtige systematische Lehre. Das „Ding an sich" bedeutet kein Sein, das außerhalb j e g l i c h e r Beziehung zur Erkenntnis stünde; sondern es bezeichnet vielmehr den Gegenstand einer besonderen, spezifisch bestimmten und gerichteten Erkenntnisart. Die Abstraktion, die zu ihm hinführt, sieht nicht von den Bedingungen des Wissens überhaupt ab; sondern sie trennt nur die reinen Gedankenformen von den Formen der Anschauung ab und spricht ihnen eine eigene und unabhängige Gewißheit zu. Der Begriff des „Dinges an sich" erhält seinen Sinn einzig durch diese Korrelation zu den reinen Verstandesbegriffen: die Grenzlinie verläuft schon hier nicht zwischen den absoluten Objekten einerseits und dem Gesamtgebiet des Wissens auf der anderen Seite, sondern sie zerlegt dieses Gebiet selbst in zwei ungleichartige Bereiche, die unter verschiedenen Erkenntnisbedingungen stehen.

Welcher positive Grund aber kann uns zu einem derartigen Überschreiten aller sinnlichen Bedingungen hindrängen, kann die Konzeption eines Gegenstandes rechtfertigen, für den die empirische Anschauung uns keinerlei Data zu liefern vermag? Die Dissertation enthält hierauf die klare Antwort, die durch die zugehörigen „Reflexionen" noch wesentlich ergänzt wird. Was wir im theoretischen Gebiet vergeblich suchen, das ist im Gebiet der Ethik der unmittelbar gewisse Ausgangspunkt. Der unbedingte Anspruch, den das sittliche Gesetz an das einzelne Subjekt stellt, ist klar und unzweideutig gegeben. Dieser Anspruch läßt sich weder bestreiten, noch mit bloß empirischen Maßen messen und ausdrücken. Unser moralisch bestimmter Wille ist „selbst ein Beispiel einer Idee von Freiheit, von intelligibler Substanz, und zwar dadurch, daß er Folgen, die sich in der Erfahrung geben lassen, an Bestimmungsgründe über Erfahrung hinaus knüpft." Der Standpunkt, den die „Träume eines Geistersehers" erreicht hatten, ist in dieser Hinsicht nicht verlassen: das „Reich der Geister" geht auch hier in das Reich der Zwecke auf. „Die Erkenntnis ist entweder sensitiv oder intellektual; die Objekte entweder sensibel oder intelligibel. Es kann uns keine andere Welt als die sensible gegeben werden. Also ist jeder *mundus physicus (materialiter) sensibilis*; nur der *mundus moralis (formaliter)* ist *intelligibilis* darum, weil die Freiheit das Einzige ist, was *a priori* gegeben wird, und in diesem Geben *a priori* besteht. Die Regel der Freiheit a priori in einer Welt überhaupt macht formam mundi intelligibilis aus . . . Die intelligible Welt ist, deren Begriff für jede Welt gilt, folglich enthält sie nicht physische Gesetze, sondern objektive und moralische. Der Intellektualbegriff der Welt ist also der Begriff der Vollkommenheit. Die Verstandeswelt ist also die moralische, und die Gesetze derselben gelten für jede Welt als objektive Gesetze der Vollkommenheit." (Refl. 1156 u. 1157.)[1]) Und auch der Gottesbegriff ist nunmehr, gemäß der Grundtendenz des Leibnizischen Zeitalters, rein in diese Idee des „Gottesstaates" aufgelöst. „Der *mundus intelligibilis* als ein Gegenstand der Anschauung ist eine bloße unbestimmte Idee; aber als ein Gegenstand des praktischen Verhältnisses unserer Intelligenz zu Intelligenzen der Welt überhaupt und Gott als das praktische Urwesen derselben, ist er ein wahrer Begriff und bestimmte Idee: *civitas Dei*." (Refl. 1162.)

Wenn somit hier unserer theoretischen Erkenntnis kein neuer konkreter Gegenstand zufließt, so wirken andererseits

---

[1]) Zur Zeitbestimmung der Refl. vgl. bes. die Ausführung der Dissertat. über die „Perfectio Noumenon", Sect. II, § 9. — Vgl. auch Refl. 1318: „Der mundus vere intelligibilis ist mundus moralis", sowie Refl. 1125.

die ethischen Probleme doch mittelbar auf die Grundansicht über die Methode des Wissens zurück. Im Gedanken der F r e i h e i t sind wir nicht von außen durch die Naturbedingungen bestimmt, sondern wir sind die Gesetzgeber der Natur; hier bilden wir nicht gegebene Tatsachen nach, sondern halten eine selbstgeschaffene Forderung aller empirischen Wirklichkeit entgegen. Damit aber entdeckt sich uns, im Gegensatz zur sinnlichen Anschauung, die nur die ,,Rezeptivität des Gemüts" bedeutet, eine ursprüngliche und schöpferische Spontaneität des Geistes; ein Vermögen der Vernunft, den Gegenstand nicht nur zu empfangen, sondern ihn a priori zu bestimmen und hervorzubringen. Gilt diese Selbsttätigkeit nur im Gebiete des Willens, oder müssen wir sie nicht in gleicher Weise im Gebiete des Verstandes anerkennen? In dieser Frage konzentriert sich nunmehr das Interesse der Untersuchung. Der Begriff der Autonomie greift von der sittlichen Sphäre in die theoretische über. ,,Alle durch Erfahrung erkannten Gesetze — so lautet eine charakteristische spätere Reflexion — gehören zur Heteronomie; die aber, durch welche Erfahrung überhaupt möglich ist, zur Autonomie." (Refl. 951). Betrachten wir lediglich die zeitliche Abfolge des Denkgeschehens, so müssen wir jeden Denkakt dem Kausalgesetz unterstellen und ihn somit durch den vorangehenden Zustand unserer Vorstellungen und ihre assoziativen Zusammenhänge vollständig determiniert denken. Nach dem Recht oder Unrecht einer Vorstellungsverknüpfung können wir auf diesem Standpunkt nicht fragen; jeder Gedanke ist gleich ,,notwendig", weil gleich sehr durch zureichende psychologische Ursachen bestimmt. Aber bei dieser Betrachtungsweise läßt sich nicht stehen bleiben. Es gibt Sätze, die, ohne nach den subjektiven Bedingungen des Denkaktes zu fragen, lediglich den Gegenstand des Denkens ins Auge fassen und somit eine objektiv notwendige Verknüpfung des Gedachten behaupten. Und sie erst sind es, kraft deren wir, im Gleichmaß des psychischen Geschehens, bestimmte logische Unterscheidungen treffen; kraft deren wir bestimmten Urteilen, ohne daß ihnen in der Reihe der empirischen Verursachung eine Ausnahmestellung zukäme, allgemeine und unbedingte

Geltung verleihen. So ist in den Erkenntnissen sowohl wie in den Handlungen die Wertbetrachtung von der kausalen Betrachtung zu scheiden; so gehört hier wie dort ein und derselbe Inhalt gleichsam verschiedenen Dimensionen an, je nach dem intellektuellen Maßstab, den wir an ihn anlegen.

Von solchen Erwägungen aus läßt sich die letzte und diesmal entscheidende Umformung der Problemstellung verstehen, die der bekannte Brief an Markus Herz vom Jahre 1772 vollzieht. ,,In der Unterscheidung des Sinnlichen vom Intellektualen in der Moral — so heißt es hier — und denen daraus entspringenden Grundsätzen hatte ich es schon vorher ziemlich weit gebracht. Die Prinzipien des Gefühls, des Geschmacks und der Beurteilungskraft, mit ihren Wirkungen, dem Angenehmen, Schönen und Guten hatte ich auch schon vorlängst zu meiner ziemlichen Befriedigung entworfen, und nun machte ich mir den Plan zu einem Werke, welches etwa den Titel haben könnte: Die Grenzen der Sinnlichkeit und der Vernunft. Ich dachte mir darin zwei Teile, einen theoretischen und praktischen ... Indem ich den theoretischen Teil in seinem ganzen Umfange und mit den wechselseitigen Beziehungen aller Teile durchdachte, so bemerkte ich: daß mir noch etwas wesentliches mangele, welches ich bei meinen langen metaphysischen Untersuchungen, sowie andere aus der Acht gelassen hatte und welches in der Tat den Schlüssel zu dem ganzen Geheimnisse der bis dahin sich selbst noch verborgenen Metaphysik ausmacht[1]). Ich frug mich nämlich

---

[1]) Aus dieser Einführung des Problems geht hervor, daß Kant sich bewußt ist, hier eine völlig neue Grundfrage aller Philosophie ergriffen zu haben. In der Tat bildet diese Frage den eigentlichen Wendepunkt, an dem er sich von der gesamten philosophischen Vergangenheit am deutlichsten trennt. Daß — wie B. Erdmann annimmt — Hume an diesem Punkte einen positiven Einfluß auf Kant geübt habe, scheint mir daher ausgeschlossen. Denn gerade hier befindet sich Kant bereits im schärfsten Gegensatz zu Hume: die Anregung, die er ursprünglich von Hume empfangen, hat sich nunmehr, in langjähriger Entwicklung, bis zu dem Punkte fortgesetzt, an dem er sich endgültig von ihm scheidet. Wenn Hume den Realitätswert einer Vorstellung in der ,,Lebhaftigkeit", mit der sie sich den Sinnen oder der Einbildungskraft aufdrängt, begründet sieht, so erkennt Kant, daß er überhaupt in keinem einzigen psychologischen Merkmal

selbst, auf welchem Grunde beruht die Beziehung desjenigen, was man in uns Vorstellung nennt, auf den Gegenstand?" (X, 124.) Diese Beziehung ist nur dann erklärlich, wenn entweder die Vorstellung die Wirkung des Gegenstandes oder umgekehrt dieser die Wirkung der Vorstellung ist. So läßt sich die allgemeine und apodiktische Gültigkeit der Mathematik begreifen; denn die Objekte, von denen sie handelt, entstehen erst kraft der Definition und haben kein Sein außerhalb dieses ihres begrifflichen Ursprungs. Bei den realen Grundsätzen der Metaphysik aber ist schon seit den ersten methodischen Festsetzungen der Preisschrift vom Jahre 1763 dieser Ausweg verschlossen. Hier soll ein Wirkliches und „Äußeres" ergriffen werden; dennoch aber soll es nicht successiv und stückweise durch die Wahrnehmung in uns hineingelangen, was immer nur zu Urteilen von empirischer Geltung führen könnte, sondern seinem ganzen Gehalt nach a priori bestimmt und umgrenzt werden. Damit stehen wir vor einem offenen Widerspruch zwischen dem Begriff des Seins und dem Begriff der Erkenntnis: wir müssen uns entschließen, den einen oder den andern dieser beiden Begriffe aufzugeben.

V.

„Wie können in uns Erkenntnisse erzeugt werden, wovon sich uns die Gegenstände noch nicht dargestellt haben? Da sich die Objekte nicht nach unseren Erkenntnissen, sondern diese nach den Objekten richten müssen, so scheint es, sie müssen uns wenigstens ihren Grundstücken nach vorher

---

der Vorstellung selbst gegeben ist, sondern einen selbständigen Akt der B e u r t e i l u n g voraussetzt. Die apriorische „Dignität" dieses Urteilsaktes, die Hume leugnet, gilt es für Kant zu sichern. Hume hat, nach Kant, die Apriorität der wissenschaftlichen Grundurteile verkannt, weil er die Frage nach der Beziehung der Vorstellung auf ihren Gegenstand nicht in logischer Schärfe gestellt hat, sondern von ihr zu dem völlig andersgerichteten Interesse der „empirischen Ableitung" der reinen Begriffe abgeirrt ist. Hätte er das Problem des „Gegenstandes" der Erkenntnis bestimmt erfaßt, so hätte er auf dem Grunde dieses Problems die Geltung eben jener allgemeinen und notwendigen Kategorien gefunden, deren Recht er bestreitet.

gegeben sein, ehe sie können gedacht werden. Es ist also die Möglichkeit einer jeden Erkenntnis *a priori*, welche für sich beständig ist, ohne von den Gegenständen geschöpft zu sein, welche unsere erste und wichtigste Frage ausmacht, eine Frage, welche auch nur aufgeworfen und wohl verstanden zu haben schon einiges Verdienst an sich hat, nämlich in einem Teile der Philosophie, welche der Erfahrung und den Sinnen nichts zu danken hat." (Refl. 282.) In dieser Formulierung zeigt sich eine neue dialektische Zuspitzung des Problems. „Gegenständlich", im kritischen Sinne des Wortes, heißt dasjenige, was in unserer Erkenntnis „beständig" ist: beständig aber ist nur, was durch die Gesetze der Erkenntnis ein für allemal vorgeschrieben ist und somit nicht von den — Gegenständen entlehnt zu werden braucht. Der traditionelle Begriff des Objekts als Etwas, was dem Denken fremd und äußerlich ist, vernichtet die Objektivität des Wissens. Jeder metaphysische Ausgleich, der hier versucht wird, muß scheitern. Denn alle metaphysischen Theorien setzen gerade dasjenige voraus, wonach hier gefragt wird: sie gehen von einer für sich bestehenden Welt aus, die auf irgend welche Weise dem Ich, das gleichfalls als eine selbstgenügsame substantielle Wesenheit gefaßt wird, zum Bewußtsein gebracht werden soll. Wie ist es möglich — so fragen sie — daß die Qualitäten der Dinge, daß Ausdehnung und Bewegung sich in Empfindung und Vorstellung wandeln, daß das Sein in das Denken übergeht und sich in ihm nach allen seinen Verhältnissen widerspiegelt? Und sie beantworten diese Frage, indem sie wiederum auf eine höchste und ursprüngliche Welteinrichtung verweisen, die den Geist und die Objekte einander angepaßt und harmonisch verbunden habe. So enden sie bei einem Deus ex machina, der — wie Kant ausspricht — „in der Bestimmung des Ursprungs und der Gültigkeit unserer Erkenntnisse das Ungereimteste ist, was man nur wählen kann" und der „außer dem betrüglichen Zirkel in der Schlußreihe noch das Nachteilige hat, daß er jeder Grille oder andächtigem oder grüblerischem Hirngespinst Vorschub gibt." (X, 126.) „Zu sagen, daß ein höheres Wesen in uns schon solche Begriffe und Grundsätze weislich gelegt habe, heißt alle Philosophie zugrunde richten. Es muß in der Natur der Erkenntnisse überhaupt gesucht werden, wie eine Beziehung und Verknüpfung möglich sei, wo doch nur eines von der Relation gegeben ist." (Refl. 925.)[1]

Jetzt erst setzt die eigentliche Aufgabe der kritischen Philosophie ein: es gilt innerhalb des Umkreises der Erkenntnis selbst diejenigen Synthesen und Verknüpfungsformen aufzuweisen, denen die Vorstellung ihre Objektivität verdankt. Aber noch bedarf es der immer wieder erneuten Gedankenarbeit eines Jahrzehnts, um diese Aufgabe zum Abschluß zu bringen. Die Aufzeichnungen der siebziger Jahre lassen das allmähliche Reifen des Gedankens deutlich erkennen: sie zeigen fast alle vermittelnden Phasen, die zu durchschreiten waren, ehe der Standpunkt und die endgültigen Formulierungen der Kritik der reinen Vernunft erreicht waren. Man kann an diesem Punkte den gesamten Weg, den Kant von Anfang an durchmessen, nochmals überblicken. Der rationalen Schulphilosophie wurde in der ersten philosophischen Epoche die Erfahrung entgegengestellt: den logischen Gründen traten die Realgründe gegenüber. Aber diese Realgründe selbst forderten nunmehr ein eigenes methodisches Prinzip ihrer Begründung. So entstand der Gedanke einer „Logik", die nicht mehr lediglich auf die Verknüpfung der Begriffe, sondern auf die gegenständliche Erkenntnis gerichtet ist. Innerhalb der Gegenständlichkeit aber schieden sich, kraft des Problems der Antinomien, zwei verschiedene Gebiete voneinander ab: der Gegenstand der Erscheinung, der durch die „sinnlichen" Bedingungen von Raum und Zeit bestimmt wird, sonderte sich scharf von dem Objekt der reinen Verstandeserkenntnis, in dem wir das „Ding" unabhängig von allen Einschränkungen durch die Formen der Anschauung erfassen. Im Brief an Markus Herz ist diese Analyse des Objektivitätsproblems um einen wichtigen Schritt weitergeführt. Das Problem — so wird nunmehr erkannt — beginnt nicht jenseits des Bereichs der „Erscheinungen" in Raum

---

[1] Daß diese Reflexion der gleichen Zeit, wie der Brief an M. Herz angehört, lehrt der Vergleich mit diesem; s. bes. X, 125 f. — Vgl. auch die Bemerkung B. E r d m a n n s zu dieser Reflexion.

und Zeit, sondern es entsteht mit innerer Notwendigkeit mitten in diesem bekannten und, wie es schien, völlig gesicherten Gebiet. Denn ganz abgesehen davon, ob es für sich bestehende Dinge außerhalb dieses Gebietes gibt oder nicht: so liegt doch in der Raum- und Zeitordnung selbst und in der Stellung, die wir den einzelnen Erfahrungen in dieser Ordnung zuweisen, ein festgefügtes Ganze vor, das auf bestimmte Regeln gegründet ist. Diesem Ganzen gilt nunmehr die eigentliche Frage: innerhalb der Anschauungsbedingungen selbst gilt es, notwendige und konstante Zusammenhänge von wechselnden und zufälligen zu unterscheiden und die Kriterien dieses Unterschiedes aufzuweisen. Das Problem des Gegenstandes ist damit auf das Problem der Notwendigkeit der Verknüpfung zurückgeführt. „Denn meinen Vorstellungen Gegenstände zu setzen, dazu gehört immer, daß die Vorstellung nach einem allgemeinen Gesetze determiniert sei: denn in dem allgemeingültigen Punkte besteht eben der Gegenstand[1].“ Insbesondere ist es die Art der Verknüpfung in der Zeitreihe, die hier von entscheidender Bedeutung ist. Der tatsächliche Ablauf der Vorstellungen in einem einzelnen Bewußtsein läßt die Frage nach ihrer objektiven Zusammengehörigkeit noch völlig offen. Wir besitzen keinerlei Gewißheit darüber, daß die Folge, wie sie sich uns in einer einmaligen, hier und jetzt gegebenen Wahrnehmung darbietet, auch allgemein wiederholbar und insofern notwendig sei. Um uns dessen zu versichern, um also gewiß zu sein, daß die Art der Abfolge nicht nur von den individuellen Umständen der Wahrnehmung abhängt, sondern in der „Sache" selbst gegründet sei, müssen wir in ihr eine gesetzliche Bestimmtheit erkennen, kraft der die Einzelglieder sich wechselseitig funktional bedingen, statt sich nur äußerlich aneinanderzu-

---

[1] Lose Blätter I, S. 21: Im Folgenden sind insbesondere die „Losen Blätter" des Duisburg'schen Nachlasses benutzt, die den Vorzug einer genauen Datierung bieten: sie gehören sämtlich dem Jahre 1775 an und zeigen somit Kant mitten in der Entwicklung, die ihn zur Vernunftkritik hinführt. Diese Aufzeichnungen sind neuerdings, nebst einem eingehenden und gründlichen Kommentar, gesondert herausgegeben worden von Theodor Haering: Der Duisburgsche Nachlaß und Kants Kritizismus um 1775, Tübingen 1910.

reihen. Es ergibt sich jetzt eine doppelte Reihenform: diejenige, die wir in der unmittelbaren, noch ungeprüften Wahrnehmung vorfinden und diejenige, die wir auf Grund allgemeingültiger Kriterien der Verknüpfung der Erscheinungen fordern und als gültig hinstellen. „Durch die Regeln der Wahrnehmung sind die Objekte der Sinne bestimmbar in der Zeit; in der Anschauung sind sie als Erscheinungen bloß gegeben. Nach jenen Regeln wird eine ganz andere Reihe gefunden, als die ist, worin der Gegenstand (bloß) gegeben war." „Ohne solche Regeln der Wahrnehmung könnten keine Erfahrungen gemacht werden, weil dieses die Titel der Erscheinungen sind", kraft deren wir sie nämlich auf einander beziehen und ihr wechselseitiges Verhältnis in Begriffe fassen können. Der Begriff selbst als Form der notwendigen Beziehung von Elementen im Gegensatz zu ihrem zufälligen, bloß assoziativen Beieinander ist damit zur eigentlichen Grundbedingung der Objektivität des Erfahrungsgegenstandes geworden. „Man kann zwar vieles sehen, aber nichts verstehen, was erscheint, als wenn es unter Verstandesbegriffe und vermittelst ihrer im Verhältnis, auf eine Regel gebracht wird: dieses ist die Annahme durch den Verstand[1]." Und jetzt läßt sich nicht mehr fragen, wie unsere reinen Begriffe auf die sinnliche Anschauung „passen" und den Gegenständen dieser Anschauung gemäß sind: denn nur durch sie gibt es für uns eine objektive Ordnung und somit eine Gegenständlichkeit innerhalb der Raum- und Zeitform selbst. „Die Synthesis enthält das Verhältnis der Erscheinungen nicht in der Wahrnehmung, sondern im Begriff ... Es kann nichts synthetisch (und) objektiv gültig sein, als das, wodurch es als Objekt gegeben oder (vielmehr als das), wodurch etwas, was gegeben worden, als Objekt gedacht wird. (Ein) Objekt wird (nun aber) nur gedacht, sofern es unter einer Regel der Erscheinung steht, und die .. Regel ist es, was die Erscheinung objektiv macht ... Nur das, was beständiger Grundsätze im Gemüte fähig ist, nennen wir Objekt[2]." Jetzt also ist

---

[1] Lose Blätter I, 42 f.
[2] Lose Blätter (R e i c k e I, S. 43, 42, 44; vgl. die Anordnung und die Ergänzungen des Textes bei H a e r i n g, a. a. O. S. 23 ff.).

der Begriff nur der Ausdruck einer „Beständigkeit" der Erkenntnis selbst: jetzt ist es demnach nicht mehr ein transzendentes Objekt, das er erfassen, sondern nur der Gegenstand der Erfahrung, den er an seinem Teil bedingen und konstituieren will.

Zu einer weiteren Frage aber werden wir geführt, wenn wir daran gehen, die objektivierenden Begriffe im Einzelnen aufzuweisen: denn noch fehlt es hier an einem festen Prinzip der Besonderung und Einteilung. Indessen ist durch die bisherigen Erörterungen zum mindesten ein leitender Gesichtspunkt festgestellt: die Analyse der Zeitform und ihrer „Objektivität" muß zu den verschiedenen Funktionen hinleiten, die dem Begriff im Aufbau der Erfahrungserkenntnis zukommen. In der Betrachtung des zeitlichen Geschehens treten uns nun sogleich drei Grundverhältnisse entgegen. Wir müssen den Begriff der D a u e r von dem der zeitlichen V e r ä n d e r u n g sondern und andererseits in den veränderlichen Ereignissen selbst, solche, die auf einander f o l g e n, von denen die g l e i c h z e i t i g miteinander bestehen, unterscheiden. Je nachdem wir eines dieser Momente festhalten und nach den Bedingungen seiner Objektivierung fragen, ergeben sich uns drei verschiedene Kategorien der Substanz, des Grundes und des „Ganzen" (d. h. die Kategorie des „Systems", in welchem jeder Teil den andern bedingt und wechselweise durch ihn bedingt wird). „Es dienen also die Begriffe Substanz, Grund und Ganzes nur dazu, um jeder Realität in der Erscheinung ihre Stelle anzuweisen, indem ein jedes eine Funktion oder Dimension der Zeit vorstellt, darin das Objekt, was wahrgenommen werden soll, bestimmt und aus der Erscheinung Erfahrung wird[1])." Hierbei scheint zunächst dem Substanzbegriff die eigentlich beherrschende Rolle zugewiesen zu werden. „Ein Gegenstand der Sinne ist nur das was auf meine Sinne wirkt, mithin handelt und also Substanz ist. Daher ist die Kategorie der Substanz prinzipial." (I, S. 38.) Bald aber tritt dieses metaphysische Kriterium der Handlung vor dem logischen der Beharrlichkeit zurück. „Wenn nicht

---

[1]) Lose Blätter I, S. 45.

etwas jederzeit wäre, also etwas Permanentes, stabile, so würde kein fester Punkt oder Bestimmung des Zeitpunktes sein, also keine Wahrnehmung, d. i. Determination in der Zeit[1]." Unter diesem leitenden Gesichtspunkt aber sind die beiden übrigen „Titel", unter welchen die Zeitbestimmung sich vollzieht, dem ersten logisch gleichberechtigt. Vor einer Begebenheit kann an und für sich sehr vielerlei vorhergehen: aber unter allen diesen mannigfaltigen Umständen muß einer angetroffen werden, der in einer ganz bestimmten und eindeutigen Beziehung zu dem betreffenden Ereignis steht, so daß wir ihn mit diesem nicht nur hier und jetzt, sondern jederzeit verbunden denken[2]). Und ebenso steht im Verhältnis des Zugleichseins der Dinge ein Gegenstand in sehr verschiedenartigen Zusammenhängen: — „aber wo etwas als objektiv zusammenverbunden betrachtet werden soll, ist eine wechselseitige Bestimmung des Mannigfaltigen untereinander" erforderlich. (L. Bl. I, S. 42.)

Wie man sieht, sind es die drei Kategorien der Relation, die von Kant zuerst bestimmt herausgehoben werden. Ohne sie würden die Erscheinungen insgesamt getrennt sein und nicht zu einander gehören (I, S. 40). In der Tat gelten diese Kategorien anfangs als die einzigen, die sich als Bedingungen der objektiven Zeitordnung nachweisen und damit als notwendig „deduzieren" lassen. „Nur von der Relation gelten objektiv synthetische Sätze der Erscheinung" (L. Bl. I, 17). „Denn Einheit betrifft eigentlich nur das Verhältnis. Also macht dieses den Inhalt der Urteile überhaupt aus und läßt sich allein a priori bestimmt denken." (Refl. 596.) Hier in der Analyse der Verhältnisse werden wir nicht auf F o r m e n zurückgeführt, die den reinen Anschauungsformen vergleichbar wären, sondern auf F u n k t i o n e n, und die Einheit besteht hier nicht vermöge desjenigen, w o r i n das Mannigfaltige geordnet wird, sondern vermöge dessen, w o d u r c h es in Eins gebracht wird. Wenn Raum und Zeit trotz ihres rein formalen Gehalts dennoch selbst immer wieder als I n h a l t e er-

---

[1]) Lose Blätter, Reicke, S. 42; cf. Haering, S. 15.
[2]) Lose Blätter I, 41 f.

scheinen, so sind die reinen Verhältnisbegriffe ihrem ganzen Sinne nach nur erfaßbar, wenn wir auf die „H a n d l u n g" der Synthesis zurückgehen. Wir müssen zu ihrer Begründung auf die innere Handlung des Gemüts reflektieren, Vorstellungen zu verknüpfen und aus ihnen, statt sie bloß in der Anordnung n e b e n e i n a n d e r zu stellen, ein G a n z e s der Materie nach zu machen[1]). Damit ist bereits der spätere Gesichtspunkt, aus welchem die Einteilung der Kategorien erfolgt, angedeutet, wenngleich er in der Mitte der siebziger Jahre noch nicht vollständig fixiert ist[2]). Der Begriff des „Verhältnisses" wächst über die engere Bedeutung, in der er zunächst genommen wurde, hinaus. Überall dort, wo eine bestimmte Weise und Richtung des U r t e i l s vorliegt, ist ein bestimmter eigenartiger Verhältnisgedanke als erkenntniskritisches Korrelat zu fordern und in einer eigenen Kategorie zu bezeichnen. In ihnen allen aber haben wir nicht allgemeine Beschaffenheiten der Dinge an sich selbst, sondern lediglich Bedingungen des Verstehens, die indes notwendig gelten und insofern innerhalb der Grenzen der Erfahrung und ihrer Gegenstände uneingeschränkte Wahrheit besitzen[3]). Noch aber harrt eine andere terminologische und sachliche Frage, die freilich bis mitten in die Kritik der reinen Vernunft selbst hineinreicht, der Klärung und Bestimmung. Die sinnlichen Bedingungen sind seit ihrer Abgrenzung in der Dissertation mit dem Scheine der Subjektivität behaftet. Auf dem Standpunkt, auf welchem die Dissertation steht, ist dies durchaus verständlich: da es einen Gegenstand der reinen, von allen sinnlichen Bedingungen losgelösten Verstandeserkenntnis gibt, so geht auf ihn der eigentliche Wert der Objektivität über, während das em-

---

[1]) S. hrz. Lose Blätter I, S. 16 f.
[2]) Vgl. hrz. H a e r i n g, a. a. O. S. 140.
[3]) Vgl. Refl. 1011: „Das *principium contradictionis* enthält die *conditiones* des Denkens überhaupt. Die *anticipationes*, welche die *conditiones* der Apprehension von den Verstandesbegriffen affirmieren (z. B. in jeder Substanz ist *aliquid perdurabile* oder eine Substanz dauert immer) enthalten die Bedingungen *(postulata)* des Verstehens und sind also in Ansehung der sinnlichen *conditiones* allemal wahr." S. auch Refl. 927.

pirische Objekt in Raum und Zeit einer Sphäre von relativ geringerer Geltung angehört. Nun aber zeigt es sich, daß auch die Verstandesbegriffe an diese Bedingtheit des Raumes und der Zeit durchaus gebunden sind. Ihre Funktion erweist sich nur an dem Material, das die Anschauung ihnen darbietet und bleibt, abgelöst von dieser Beziehung, ohne Sinn und Bedeutung. Alle synthetischen Sätze gehören somit ein und demselben Umkreis der Geltung an: sie haben eine „Homogeneität" miteinander, sofern in ihnen Intellektuelles und Sinnliches nur in Korrelation zueinander, niemals aber abgesondert wahrhaften Erkenntniswert besitzt[1]). Diese Homogeneität aber kann nunmehr auf zwei Wegen hergestellt werden, die beide, in den Aufzeichnungen Kants, sowie in der Kritik der reinen Vernunft beschritten werden. Auf der einen Seite nämlich werden die Verstandesbedingungen, da sie für sich allein kein selbständiges Objekt der Erkenntnis jenseits der Erfahrung mehr bestimmen, in den Kreis der Subjektivität hineingezogen. Sie sind in den Funktionen des „Gemüts" gegründet: in der Einheit der Apperzeption oder „Selbstwahrnehmung", die mit der Einheit von Raum und Zeit notwendig verbunden sein muß, da ohne sie die Erscheinungen in Raum und Zeit keine „Realvorstellungen" abgeben würden[2]). Das Objektive bedeutet somit hier, wie bei Tetens, das „unveränderlich Subjektivische"[3]). „Dieses Objekt kann nur nach seinen Verhältnissen vorgestellt werden und ist nichts anderes, als die subjektive Vorstellung (des Subjekts) selbst, aber allgemein gemacht: denn Ich bin das Original aller Objekte." In dem Maße dagegen, als für ihn auch die F r a g e nach dem absoluten Objekt zurücktritt, als somit die Objektivität von dem transzendenten auf den empirischen Gegenstand übergeht, ändert sich für Kant gleichsam die Betonung dieses Grundverhältnisses. Das „Noumenon" selbst nimmt eine andere Bedeutung an: der jenseitige Grund der Erscheinung wird zum gedachten ideellen

---

[1]) Zum Begriff der „Homogeneität" vgl. Lose Blätter, Reicke S. 45 (cf. Haering, S. 74 f.).
[2]) Vgl. z. B. Lose Blätter I, 33 f. u. ö.
[3]) Vgl. ob. S. 580.

Einheitspunkt, auf den wir die Mannigfaltigkeit der Vorstellungen beziehen, um ihr systematische Geschlossenheit und Notwendigkeit der Verknüpfung zu geben. „Noumenon bedeutet eigentlich allerwärts Einerlei: nämlich das transcendentale Objekt der sinnlichen Anschauung. Dieses ist aber kein reales Objekt oder gegebenes Ding, sondern ein Begriff, auf den in Beziehung Erscheinungen Einheit haben[1]).“ Das Reich der metaphysischen Substanzen verblaßt: denn der Begriff der Substanz ist selbst ein Begriff, der nur unter *phaenomenis* gilt (vgl. Refl. 1164). „Unabhängig von aller Erfahrung gibt es keine Gegenstände und auch keine Gesetze des Verstandes (z. B. Substanz: daß dieser Begriff etwas sei, muß aus der Erfahrung der Beständigkeit eines gewissen Subjekts bei allen Umständen geschlossen werden). Wir haben demnach Begriffe 1.) um Phänomena zu erklären, 2.) um die Gründe des moralisch Guten und Bösen einzusehen (Refl. 927). Damit ist die neue kritische Problemstellung erfaßt und der Weg bezeichnet, der zur Kritik der reinen, wie zu der der praktischen Vernunft hinführt.

---

[1]) S. Lose Blätter I, 162 (Aufzeichnung aus der Zeit vor der Abfassung der Vernunftkritik; vgl. Reicke I, 118).

Zweites Kapitel.
Die Vernunftkritik.

I.

Wenn man die Gesamtentwicklung des Erkenntnisproblems in ihren Hauptmotiven überschaut, so heben sich deutlich zwei verschiedene Richtungen der Betrachtung heraus. Ein wesentlicher Ertrag der geschichtlichen Arbeit besteht darin, daß diese beiden Arten der Fragestellung, die zunächst unvermerkt ineinanderfließen, zu immer deutlicherem Bewußtsein ihrer selbst und zu immer strengerer logischer Abgrenzung erhoben werden. Die erste Frage, die zunächst die alleinige Herrschaft behauptet, ist so alt, wie das philosophische Denken selbst; ja sie greift über dessen Grenzen hinaus in die Anfänge des Mythos und der Religion zurück. Das Ich, die Einzelseele des Menschen, sieht sich in einen allumfassenden Zusammenhang der Wirklichkeit hineingestellt, dem es nicht zu entrinnen vermag und gegen dessen Notwendigkeit es dennoch, wenn es nicht der eigenen Wesenheit verlustig gehen will, seine selbständige Eigenart behaupten muß. In immer neuen Formen tritt daher das Problem vom Verhältnis der Seele und der Allnatur hervor. Der Begriff der Erkenntnis wurzelt hier in fundamentalen metaphysischen Zusammenhängen. Die Erkenntnis soll zwischen den beiden Welten, die sich zunächst als getrennte Potenzen gegenüberstehen, die Brücke schlagen, soll Ich und Welt wiederum in Eins fassen. Die Vereinzelung des Ich, seine Trennung von dem substantiellen Urgrund aller Dinge ist es, was sie zu überwinden trachtet. Sein und Bewußtsein dürfen nicht als einander fremde Mächte gedacht werden, sondern sie müssen, wie sie sich im empirischen Prozeß des Erkennens unmittelbar berühren und ineinander aufgehen, ihren Ursprung in einem letzten gemeinsamen Wesensgrund besitzen. Diese höchste

Einheit, in welcher der Gegensatz zwischen „Subjekt" und „Objekt" aufgehoben ist, wird zum eigentlichen Richt- und Zielpunkt aller Spekulation. So bildet die Entfremdung des Individuums vom Urgrund alles Seins und die Rückkehr zu ihm auf dem Wege der Betrachtung das durchgängige Thema der Philosophie wie der Religion. Gleichviel ob der Zusammenhang dadurch geknüpft wird, daß das Selbst sich dem Zwange der Dinge fügt und unterordnet, indem es die Wesenheit der Objekte vermittels der Sinnesempfindung in sich aufnimmt, oder ob dem Geiste selbst die Kraft zugesprochen wird, aus eignem Vermögen ein Bild des Seins zu entwerfen, das der absoluten Wirklichkeit entspricht: immer handelt es sich um eine Anpassung und Ausgleichung zwischen getrennten Polen des Seins. Die Harmonie, die hier gestiftet wird, läßt daher die ursprüngliche Entzweiung der beiden Grundfaktoren nur um so schärfer hervortreten. Der Prozeß der Erkenntnis wird eingeleitet und angetrieben durch eine metaphysische Differenz im Wesen der Dinge: eine Differenz, die nicht selbst von der Erkenntnis gesetzt, sondern ihr als Faktum vorausgesetzt wird.

Es ist das Eigentümliche dieser Gedankenrichtung, daß sie, so unübersehbar reich die Variationen sind, in welchen sie durch die Geschichte der Philosophie hindurchgeht, in ihrem eigentlichen Grundthema von aller geschichtlichen Entwicklung, insbesondere von aller Umgestaltung des wissenschaftlichen Denkens, so gut wie unberührt bleibt. Der metaphysische Idealismus der Inder enthält bereits in überraschender Vollständigkeit alle die wesentlichen Motive, deren Abwandlung die Geschichte der abendländischen Metaphysik ausmacht. Der Gegensatz zwischen Ich und Welt wird hier, in der Philosophie der Upanishad's, bereits bis in seine feinsten dialektischen Verzweigungen hinein verfolgt. Die Versöhnung dieses Gegensatzes aber kann in dem trügerischen Bereich unseres empirischen Wissens niemals gefunden werden. Die räumlich-zeitliche Ansicht der Dinge, die das All in eine Vielheit unterschiedener Einzelwesen zersplittert, bildet die Scheidewand, die uns von der Erfassung des innerlichen Wesenszusammenhanges zwischen dem Selbst und den Dingen trennt. Wer auf diese Ansicht zu verzichten gelernt hat, der hat damit die Identität von Seele und Sein, von Atman und Brahman, unmittelbar erfaßt. „Wer das Selbst gesehen, gehört, verstanden und erkannt hat, von dem wird diese ganze Welt gewußt." Hier ist der Punkt, an dem aller Widerstreit sich zur Einheit auflöst. Das Subjekt des Erkennens, das auf dem Grunde aller Gegensätze unserer empirischen Sinnenwelt liegt, ist selbst diesen Gegensätzen enthoben. Es ist größer als Himmel, Raum und Erde, da es dies alles in sich befaßt und zugleich kleiner als ein Reiskorn, da es als streng unteilbare Einheit jede Mannigfaltigkeit von sich ausschließt. Keine qualitative Bestimmtheit haftet an ihm, da alle Bestimmtheit nur in einer Zweiheit, in einer Unterscheidung und Entgegensetzung entsteht, außerhalb des Bewußtseins aber nichts ist, was ihm entgegengestellt werden könnte. Jede Beschaffenheit, die wir von dem Selbst aussagen wollten, würde seine unendliche, alles umschließende Wesenheit begrenzen und demnach aufheben; jeder Versuch, es zum bestimmten und einzelnen Objekt des Begreifens zu machen, würde eine Vernichtung seiner absoluten Wesenheit bedeuten. Der Seher des Sehens kann nicht gesehen, der Hörer des Hörens nicht gehört, der Versteher des Verstehens nicht verstanden werden. Wir können die Natur des Ich, wie andererseits die Natur des Alls der Dinge, sofern wir sie fassen und aussprechen wollen, nur in lauter Negationen kleiden; nicht was sie ist, sondern lediglich was sie nicht ist, läßt sich in der Sprache unseres empirischen Wissens zum Ausdruck bringen[1]). So führt diese Begriffsbestimmung der Erkenntnis freilich zu ihrer inneren Selbstauflösung: die Erkenntnis erscheint als ein Produkt, dessen einzelne Faktoren für uns dauernd unzugänglich sind.

Blickt man von hier aus zu den Anfängen der griechischen Philosophie hinüber, so sieht man sich sogleich in eine neue Sphäre des Denkens versetzt. Die Frage nach dem Ich, nach dem erkennenden Bewußtsein, das in seiner Unendlichkeit unfaßbar und keiner bestimmten Gestalt fähig ist, scheint hier zunächst völlig zurückgedrängt. Der Blick der Forschung

---

[1]) Zum Ganzen vgl. Deussen, Allgemeine Geschichte der Philosophie, Bd. I, Abteil. 2. Lpz. 1899.

scheint einzig und allein auf die empirischen Objekte, auf den festen und sicheren Umriß der sichtbaren Welt gerichtet. Zwar lehrt die nähere Betrachtung sogleich, daß auch diese ersten Anfänge wissenschaftlicher Welterklärung sich vom Grundgedanken und Grundtrieb der Mystik noch nirgends in prinzipieller Schärfe losgelöst haben. Auch hier wird nach dem einheitlichen Urgrund geforscht, der das Sein der Natur und das Sein der Seele gleichmäßig umfaßt; auch hier wird die Tatsache des Seins aus der Tatsache des Lebens zu deuten und zu begreifen gesucht. Aber so wenig dieser Zusammenhang geleugnet werden kann, so wenig wird durch ihn doch die spezifische Eigenart der griechischen Spekulation bezeichnet. Was hier an wahrhaft originalen Leistungen geschaffen wird, das entstammt nicht dem Geiste der Mystik, sondern muß sich gegen ihn, der freilich als ein Erbgut aus Poesie und Religion weiterwirkt, allmählich durchsetzen und befestigen. Es ist eine andere Art der Betrachtung, eine andere Stellung des Gedankens zur Wirklichkeit, die sich, wenngleich nur in ersten Versuchen und Ansätzen, ihr Recht erringt. Das Dasein und die sinnliche Lebendigkeit der Dinge wird nicht mehr unmittelbar erfaßt und beschrieben, sondern es wird kraft eines allgemeinen „Prinzips" gemeistert. An die Stelle der Besonderheit der Sinnendinge tritt eine universelle gesetzliche Ordnung, über deren Wahrheit nach feststehenden logischen Kriterien entschieden wird. Auch dort, wo die Naturerklärung der Vorsokratiker mit Bestandteilen durchsetzt bleibt, die ihren letzten Ursprung in der Mystik haben, gewinnen daher diese Motive nunmehr eine neue Prägung. Die Forderung einer ursprünglichen G l e i c h h e i t, einer Identität von Subjekt und Objekt wird nach wie vor aufrecht erhalten: denn nur das Gleiche wird vom Gleichen erkannt. Aber diese Identität wird nicht mehr jenseits der Erscheinungswelt, in einem Sein, das jegliche empirische Bestimmung von sich abweist, gesucht, sondern sie bezeugt und offenbart sich unmittelbar in den Phänomenen selbst. Wie in der stofflichen Natur alles Gleichartige zu einander strebt und sich zu vereinen trachtet, so beruht nach der bekannten Lehre des Empedokles, die eine gemeinsame Grundanschauung der gesamten griechischen

Naturphilosophie zum prägnanten Ausdruck bringt, auch alle unsere Wahrnehmung der äußeren Dinge auf einem Prozeß wechselseitiger Ausgleichung und Verähnlichung. „Denn mit unserem Erdstoff erblicken wir die Erde, mit unserem Wasser das Wasser, mit unserer Luft die göttliche Luft, mit unserem Feuer endlich das vernichtende Feuer, mit unserer Liebe ferner die Liebe der Welt und ihren Haß mit unserem traurigen Hasse"[1]). Das metaphysische Grundproblem, das hier so deutlich hindurchklingt, ist jetzt dennoch in die S p r a c h e d e r P h y s i k übertragen und damit einer veränderten Auffassung zugänglich gemacht. Die Einheit der chemisch-physikalischen Erklärungsweise ist dazu bestimmt, die Trennung von Ich und Universum aufzuheben; die Erkenntnis bildet nur einen Sonderfall des allgemeinen natürlichen Geschehens und wird von den gleichen Gesetzen, wie dieses beherrscht. Physisches und psychisches Sein können unmittelbar auf einander einwirken und ineinander übergehen.

Dennoch verharrt auch diese Anschauung, wenn man lediglich die prinzipielle Richtung ins Auge faßt, die die Fragestellung hier einschlägt, noch in dem gleichen begrifflichen Gegensatz, von welchem die Metaphysik ihren eigentlichen Ausgang genommen hatte. Eine neue und entscheidende Wendung des Problems bereitet sich erst mit den Anfängen der exakten Wissenschaft vor. Erst der Aufbau und die systematische Verfassung der Mathematik sind es, die nunmehr auf eine völlig andersartige Aufgabe hinausweisen. Hier zuerst erfolgt jene eigentümliche Abwendung von jeglicher Art des dinglichen Seins, die die Frage nach der Möglichkeit und der Gewißheit der Erkenntnis fortan auf eine neue Grundlage stellt. Die Wahrheit der reinen Geometrie besteht nicht darin und sucht nicht darin ihren Beweis, daß in ihren Sätzen irgendwelche Verhältnisse der tatsächlichen, konkreten „Wirklichkeit" zum Ausdruck und zur Nachbildung gelangen. Sie bleibt von der Frage nach dem Sein und Ursprung der Dinge, wie von der nach der Natur und Beschaffenheit unseres Geistes

---

[1]) D i e l s , Die Fragmente der Vorsokratiker: Empedokles, fragm. 109.

in gleicher Weise unberührt. Hier handelt es sich lediglich um den begrifflichen Zusammenhang von Sätzen, von denen jeder einzelne ohne existenziellen Halt und Untergrund ist. Jeder Folgesatz ist gültig, weil und sofern er in notwendiger deduktiver Verknüpfung aus dem vorhergehenden hervorgeht; der gesamte Inbegriff dieser Sätze aber bildet ein Ganzes, in dem jeder Teil wechselseitig den anderen stützt und trägt, ohne daß sie in ihrer Gesamtheit eine Beziehung auf ein äußeres Sein als Stütze bedürften. Was sich uns hier darbietet, ist ein Komplex von Bedingungen, der seinen Schwerpunkt und seine Festigkeit rein in sich selbst besitzt. Wir wissen nur, daß, w e n n ein Satz a gilt, auch ein anderer b gelten muß, und diese hypothetische Behauptung bleibt in Kraft und verliert nichts von ihrem Wert, gleichviel ob sich in irgend einem Bereich der Wirklichkeit tatsächliche Korrelate für die einzelnen Elemente finden, deren Verknüpfung hier ausgesagt wird. So hält sich die Mathematik, wie sie auf die Forderung des Daseins überhaupt verzichten kann, insbesondere auch völlig außerhalb jener ursprünglichen dualistischen Entzweiung der Wirklichkeit, die für die metaphysische Erkenntnistheorie den Anstoß bildete. So wenig sie es unmittelbar mit den konkreten physischen Objekten zu tun hat, so wenig versenkt sie sich jemals direkt in die Tatsachen unserer geistigen Innenwelt, in die Betrachtung und Zergliederung der Vorstellungen. Das mathematische Urteil berichtet nicht, was irgend ein psychologisches Subjekt hier und jetzt, unter diesen oder jenen Umständen gedacht habe, noch auch, was es nach seiner empirischen Beschaffenheit immer denken werde; sondern es setzt eine Beziehung zwischen Begriffen fest, die rein aus deren idealer logischer Bedeutung hervorgeht und die daher von der Frage, ob diese Begriffe im aktuellen Vorstellen jemals realisiert sein werden, völlig unabhängig bleibt. Daher drängt die Mathematik — auch wenn sie keineswegs von Anfang an in dieser Klarheit ihrer logischen Grundtendenz erfaßt wird — doch von selbst und immer stärker zu einer Kritik des herkömmlichen Gegensatzes des „Psychischen" und „Physischen", des „Subjektiven" und „Objektiven", der zunächst unüberwindlich, weil ausschließlich und allgemeingültig zu sein schien.

Jetzt handelt es sich nicht mehr darum, einen Übergang zwischen zwei getrennten Sphären des Seins herzustellen, sondern einen bestimmten Inbegriff von W a h r h e i t e n derart zu analysieren, daß die Bedingungen seiner Geltung zutage treten; jetzt geht die Frage nicht mehr in erster Linie auf die Existenz der S a c h e n , sondern auf die Beziehung und Abhängigkeit, auf das Verhältnis der Über- und Unterordnung, das zwischen U r t e i l e n obwaltet.

Aus diesem Zusammenhang mit der Mathematik erwächst jene neue Form des Seins, die P l a t o n in seiner Dialektik entdeckt. Die Realität, die der I d e e eignet, ist im letzten Grunde aus der Zergliederung des logischen Sinnes der mathematischen Urteile abgeleitet. In der Analyse des Urteils wird das Sein, das zuvor als unmittelbar bekannter Bestand galt, für Platon zum Problem. Jetzt erscheinen ihm alle Leistungen der Vorgänger, so sehr er beständig auf sie zurückweist, fast wie ein Mythos, sofern sie insgesamt eben das vorausgesetzt haben, was vom Standpunkt der philosophischen Betrachtung in Frage steht. Alle diejenigen, die sich bisher an eine Scheidung (κρίσις) des Seienden gewagt hätten, um zu bestimmen, von welcher Art und wie vielerlei es wäre — so führt der „Sophistes" aus — wären „etwas obenhin" verfahren. „Jeder, scheint es, hat uns sein Geschichtchen (μῦθόν τινα) erzählt, wie Kindern. Der Eine, dreierlei wäre das Seiende, bisweilen einiges davon miteinander in Streit, dann wieder alles Freund, da es dann Hochzeiten gibt und Zeugungen und Auferziehungen des Gezeugten. Ein Anderer beschreibt es zweifach, feucht und trocken oder warm und kalt, und bringt beides zusammen und stattet es aus . . . Ob nun an dem allen einer von ihnen etwas Wahres gesagt hat oder nicht, das ist schwer zu entscheiden, und es ist wohl auch frevelhaft, gegen so hoch berühmte Männer der Vorzeit Vorwürfe zu erheben: soviel aber kann man doch, ohne sich irgend zu vergehen, behaupten, daß sie allzusehr über uns, die große Menge, hinweggesehen und wenig auf uns Acht genommen haben. Denn ohne irgend danach zu fragen, ob wir ihnen folgen können oder zurückbleiben, vollenden sie alle ihren Spruch. Ich meine nun, wir wüßten die Methode anwenden, sie zu befragen, als ob sie selbst gegenwärtig wären. Ihr, die Ihr vom All sagt, es s e i warm und kalt oder irgendein anderes derartiges Gegensatzpaar, was sagt Ihr von diesen beiden Gliedern eigentlich aus, indem Ihr von jedem einzelnen und von ihnen insgesamt behauptet, daß sie s i n d. Was sollen wir unter diesem Euern Sein verstehen? Da wir selbst keinen Rat wissen, so macht doch Ihr uns recht deutlich, was Ihr damit ausdrücken wollt, wenn Ihr vom „Seienden" sprecht. Denn offenbar wißt Ihr doch dies schon lange; wir aber glaubten es vorher gleichfalls zu wissen, jetzt aber stehen wir ratlos[1]."

Die eigentliche positive Antwort auf diese Grundfrage aber gewinnt Platon nicht in der Betrachtung der „äußeren" Wirklichkeit der Dinge, noch in der „inneren" der Vorstellungen, sondern in der Analyse der Bedeutung, die mit jedem mathematischen Urteil, seinem Sinn und seiner Tendenz nach, verknüpft ist. Was besagt es, wenn wir hier mit einem Subjekt ein bestimmtes Prädikat ein für allemal verknüpfen, wenn wir von einem *A* aussagen, daß es *B* ist? Worin liegt der Grund und die Gewähr dieses Zusammenhangs? Beschränken wir uns auf das Gebiet des sinnlich wahrnehmbaren Seins, so finden wir in ihm nirgends ein Analogon der Notwendigkeit, die hier gefordert und behauptet wird. Denn keinem empirischen Gegenstand kommt irgendwelche Bestimmung schlechthin und für immer zu: sondern er ist bald dies, bald jenes, bald groß, bald klein, bald leicht, bald schwer, je nachdem er von verschiedenen Subjekten und zu verschiedenen Zeitpunkten aufgefaßt wird. Nichts ist hier an sich selbst weder ein Eins, noch ein irgendwie Beschaffenes, weder ein Etwas, noch ein Derartiges, weder ein Ich, noch ein Du, „sondern durch Bewegung und Veränderung und wechselseitige Mischung w i r d Alles, wovon wir mit einem falschen Ausdruck sagen, es s e i." Erst im Gebiet des arithmetischen und geometrischen Wissens sind wir dieser grenzenlosen Relativität enthoben — gelangen wir somit zu einem echten und dauernden Gegenstand. Hier, wo wir es nicht

---

[1] P l a t o n, Sophistes, 243, C. ff.

mehr mit der Existenz konkreter Dinge zu tun haben, erschließt sich uns ein neuer Sinn der Objektivität. Wir können die „Fünf" und die „Sieben" s e l b s t betrachten, wir können nach ihrer wechselseitigen Beziehung und ihrer Summe fragen, ohne „fünf und sieben Menschen" im Sinne zu haben. Die Dinge der Wirklichkeit mögen sich stetig verändern, sie mögen aus großen zu kleinen, aus gleichen zu ungleichen werden: aber die Bedeutung, die wir mit den B e g r i f f e n Größe und Gleichheit verbinden, bleibt nichtsdestoweniger dieselbe. Die Naturobjekte mögen entstehen und vergehen und sich mit immer neuen Merkmalen bekleiden: wenn nur der Sinn dieser Grundprädikate b e h a r r t.

Neben der Mathematik aber ist es ein anderes Motiv, das jetzt eintritt und das für die geschichtliche Fortentwicklung des Problems von entscheidender Bedeutung wird. Platons Grundlegung des Begriffs der Erkenntnis ist auf dem Boden der Ethik erwachsen. Nicht von der Mannigfaltigkeit der Naturdinge wird hier ausgegangen, sondern von der Sokratischen Frage nach dem sittlichen Begriff. So sehr Platon diese Frage erweitert, so sehr er den Sokratischen Begriff des Wissens mit neuem Gehalt erfüllt hat: die Idee des Guten bleibt auch ihm die höchste Erkenntnis, die an Rang und Würde alle anderen überragt. Die Natur selbst ist nur insofern ein Vorwurf der Philosophie, als sich in ihr eine harmonische Ordnung der Zwecke vor uns enthüllt. So behauptet hier von Anfang an das Problem des Wertes den Vorrang vor dem Problem der Wirklichkeit. Die „Objektivität" aber bedeutet im Gebiet des Sittlichen nichts anderes und kann hier in keinem anderen Sinne verstanden werden, als daß es allgemein verbindliche Regeln gibt, kraft deren unser Wollen und Tun, entgegen der Vielfältigkeit und dem Widerstreit der individuellen Affekte und Neigungen, ein in sich folgerechtes und einheitliches gesetzliches Gepräge gewinnt. Diese Forderung, die Sokrates für das Handeln gestellt, wird jetzt auf das Gesamtgebiet des geistigen Seins ausgedehnt. Der Gegensatz des „Subjektiven" und „Objektiven" wandelt sich aus einem Gegensatz des Seins in einen Gegensatz des Wertes. An die Stelle der Unterscheidung des „Innern" und „Äußeren", der Vorstellung und ihres absoluten Objekts, tritt in erster Linie die Unterscheidung der Gewißheitsgrade der Erkenntnis selbst, die Unterscheidung von δόξα und ἐπιστήμη. Die eigentliche Frage lautet jetzt nicht mehr, ob eine Vorstellung in uns ein einzelnes äußeres Dasein unmittelbar nachbildet, sondern ob in einer bestimmten einzelnen Aussage die allgemeinen Bedingungen und Kriterien des echten Wissens erfüllt sind. Die Wahrheit der Vorstellung hängt nicht länger von ihrem materiellen Gehalt, von ihrer isolierten absoluten Seinsbeschaffenheit ab, sondern von dem Zusammenhang der Begründung, in welchen sie eingestellt ist. Hier erst erschließt sich das wahrhafte Sein, das allein die dialektische Methode zu gewähren vermag. Die „Vorstellung" heißt uns „wahr", wenn sie kraft dieser Methode Bestand gewinnt; wenn sie aus dem Kreise der bloßen Meinung heraustritt und einen neuen Charakter der Notwendigkeit erwirbt.

Aber freilich wird das Schicksal des Platonismus und die Form, in welcher er in der Geschichte weiterlebt, nicht durch diesen seinen eigentümlichsten Grundgedanken bestimmt, durch den er sich von der Vergangenheit der Philosophie unterscheidet. Bei Platon selbst wirkt von Anfang an ein anderes Interesse, das nicht minder entschieden Geltung verlangt. Zwar die Gefahr der unmittelbaren Hypostasierung der Idee ist, soweit sie bestand, von Platon in der ständig erneuten, kritischen Selbstprüfung seiner Lehre, die die späteren Dialoge durchführen, mehr und mehr als solche erkannt und somit überwunden worden. Das Problem, an dem der Platonismus, logisch betrachtet, seine Grenze findet, ist nicht die Transzendenz der Idee, sondern die Transzendenz der Seele. In der Frage nach dem Sein und Ursprung der Seele steht Platon mit der religiösen Bewegung der Zeit, insbesondere mit der Orphik in der Tat in unmittelbarem lebendigen Zusammenhang. Der eine wesentliche Grundzug aller Mystik zwar, die unmittelbare Verschmelzung von Seele und Welt, ist bei ihm aufgehoben und endgültig überwunden. Nach der Seele des Menschen wird nicht mehr, wie bisher, im Zusammenhang der Naturprobleme gefragt; sondern diese Frage betrifft ausschließlich im Sokratischen Sinne das Problem seines sittlichen Wertes und seiner sittlichen Bestimmung. Aber eben diese Bestimmung scheint nur dann klar begriffen werden zu können, wenn die andere Frage nach der Herkunft der Seele eindeutig beantwortet ist. An diesem Punkte wandelt sich die Analyse des Wissens von neuem in das metaphysische Problem des Ursprungs des Seins. Die logische Priorität der Grunderkenntnisse wird in einer vorzeitlichen Existenz des Bewußtseins zu sichern und zu gründen gesucht. So lenkt die Platonische Lehre der ἀνάμνησις, so reich auch sie selbst noch an fruchtbaren logischen Motiven ist, als Ganzes dennoch wiederum in jenen Umkreis der Betrachtung zurück, über den Mathematik und Ethik gleichmäßig hinauswiesen. Die Frage nach dem Ursprung und Geschick der Einzelseele, nach ihrem wahren Sein und ihrer wahren Heimat, verdrängt die andere nach den Gründen der Gewißheit der theoretischen und praktischen Urteile.

Die Entwicklung, die die Philosophie im ausgehenden Altertum nimmt, macht es begreiflich, daß dieses Problem immer mehr als der eigentliche Kern des Platonischen Denkens erscheinen mußte. Die Neuplatonische Lehre erwächst aus dem religiösen Grundtrieb der Erlösung. Wieder soll das Ich seiner engen empirischen Schranken entledigt, wieder soll es einer höheren Form des Seins teilhaft gemacht werden. Die Seele soll zu ihrem göttlichen Ursprung, von dem sie abgefallen ist, emporgehoben werden, indem sie alle Grade und Stufen, die zwischen ihr und dem höchsten unbedingten Sein stehen, rückwärts von neuem durchmißt. Und dieser Weg führt nur auf eine kurze Strecke hin durch das Gebiet der Erkenntnis hindurch: denn das Urwesen liegt als solches über alles Sein und über alle Bedingungen des Wissens hinaus. Diese Ansicht der Platonischen Gedankenwelt ist es, die insbesondere durch die Vermittlung Augustins auf das christliche Mittelalter übergeht und die noch in der Renaissance ihre ungeschwächte Fortwirkung beweist. Bei Augustin ist die Substantialisierung der Platonischen Gedanken vor allem an einem Punkte zum Abschluß gelangt. Die ewigen Wahrheiten haben sich in die Gedanken Gottes gewandelt: die Geltung der Ideen sucht ihren Halt und ihre Sicherheit im aktuellen Sein des göttlichen Geistes. So ist hier der religiöse Begriff des „Selbstbewußtseins" zum Fundament der Erkenntnislehre geworden. Gott und die Seele bilden wieder die einzigen, ausschließlichen Angelpunkte, um die alle Spekulation, um die alle philosophische Selbsterkenntnis sich bewegt. „Augustin" — so urteilt Harnack — „hat die Entwicklung der antiken Philosophie zu Ende geführt, indem er den Prozeß, der aus dem naiv-Objektiven zu dem subjektiv-Objektiven führte, zum Abschluß gebracht hat. Was längst gesucht wurde — das Innenleben zum Ausgangspunkt des Denkens über die Welt zu machen — das hat er gefunden. Und indem er sich dabei nicht leeren Träumereien hingab, sondern mit einer wahrhaft „physiologischen Psychologie" alle Zustände des Innenlebens von den elementaren Vorgängen an bis zu den sublimsten Stimmungen durchforschte, ist er, weil das Gegenbild des Aristoteles, so der wahre Aristoteles einer neuen Wissenschaft geworden, die es freilich vergessen zu haben scheint, daß sie als Erkenntnistheorie und innere Beobachtung aus dem monotheistischen Glauben und dem Gebetsleben entsprungen ist[1])." Bei diesem Urteil ist das eine, entscheidende Moment übersehen, daß, wie mächtig Augustin auch auf die neuere Zeit gewirkt hat, der moderne kritische Begriff der „Subjektivität" nur im methodischen Gegensatz zu ihm geschaffen werden konnte. Dieser Begriff stammt nicht aus der psychologischen Selbstbeobachtung, noch aus der religiösen Stellung zur Wirklichkeit, sondern aus der Untersuchung der „objektiven" begrifflichen Fundamente des exakten und empirischen Wissens. Aber freilich ist diese Aufgabe, auch dort, wo sie in prinzipieller Schärfe und Klarheit erfaßt wird, in den Anfängen der neueren Philosophie noch überall durchsetzt mit den Elementen Augustinischer Gedankenstimmung. In Descartes Begriff des „Cogito" lassen sich beide Momente deutlich erkennen und sondern. Dieser Begriff bezeichnet ebensosehr die Einheit der Methode der

---

[1]) Harnack, Lehrbuch der Dogmengeschichte³, III, 99 ff.

Cartesischen Philosophie, wie die Einheit des empirischen Selbstbewußtseins; er steht ebensowohl für den „Intellekt" als den Inbegriff der Regeln und Prinzipien des Wissens, wie für das Sein der individuellen Seele und ihre Unterscheidung von der Körperwelt. Und eben diese Doppelheit der Betrachtungsweise war es, die die gesamte weitere Entwicklung des Cartesianismus bestimmte und die in ihr zu immer schärferem Ausdruck gelangte. (Vgl. Bd. I, S. 506 ff.) Auch in Leibniz ist, bei allem systematischen Fortschritt über Descartes hinaus, der endgültige Ausgleich dieses Grundkonfliktes nicht erfolgt. Er bezeichnet die Untersuchung des Begriffs der Wahrheit mit vollster Bewußtheit und Entschiedenheit als den Anfang aller Philosophie; er sucht in der Analyse des Urteils die Elemente für alle metaphysische Bestimmung des Seins zu gewinnen. Und er bleibt nicht dabei stehen, diese Forderung im allgemeinen zu konzipieren, sondern er führt sie, durch alle Gebiete des konkreten Wissens hin, in unvergleichlicher logischer Energie durch. Aber diese seine allgemeine Prinzipienlehre bleibt dennoch nicht seine geschichtlich markanteste Leistung. Den Zeitgenossen zum mindesten und den nächsten Nachfolgern tritt der Schöpfer der „Scientia generalis" alsbald hinter dem Urheber des Systems der „prästabilierten Harmonie" zurück. Und die „Harmonie" wird hierbei nicht in jenem engeren, esoterischen Sinne des Systems gefaßt, nach welchem sie den Einklang verschiedenartiger gedanklicher Gesichtspunkte und Beurteilungsweisen bedeutet, sondern sie erscheint als eine Gemeinschaft und als ein sachliches Band, das die unendliche Mannigfaltigkeit der individuellen Substanzen untereinander vereinigt. Wiederum ist es somit, in dem abschließenden Weltbilde der Monadologie, die ursprüngliche göttliche Verfassung des U n i v e r s u m s, die die Möglichkeit der E r k e n n t n i s als einen Sonderfall in sich begreifen soll. Die verschiedenen empirischen Subjekte stimmen in ihrer Auffassung der phänomenalen Wirklichkeit überein, weil sie sämtlich Produkte und Teilausdrücke des göttlichen Intellekts sind, der ihre übergreifende systematische Einheit darstellt.

Wie tief dieser allgemeine Einfluß der Metaphysik in die ersten geschichtlichen Anfänge der Erkenntniskritik eingreift, dafür gibt sodann die Entwicklung des philosophischen Empirismus einen neuen überzeugenden Beweis. Gerade hier, wo man sich der Herrschaft der Metaphysik entwachsen glaubt, tritt ihre latente Fortwirkung aufs deutlichste zutage. Bei Locke bildet, trotz aller psychologischen Kritik, das alte Subjekt - Objekt - Schema noch den selbstverständlichen, nirgends ernsthaft bezweifelten Ausgangspunkt. Daß alle Erkenntnis sich aus den Eindrücken der absoluten Objekte auf das Ich und aus der Rückwirkung der „Seele" auf diese Reize, die sie von außen empfängt, zusammensetzt, dies ist bei ihm nicht das Ergebnis der psychologischen Analyse, sondern ein Faktum, das er ihr voransetzt. Und bei Berkeley, der diesen Grundmangel aufdeckt, trifft die Kritik gleichfalls nur die eine Seite des Gegensatzes. Die Vernichtung der absoluten Materie dient nur dazu, dem Ich um so festeren und substantielleren Gehalt zu verleihen. Von neuem ist es das Grundmotiv des Spiritualismus, das hier noch einmal in voller Stärke erwacht, und das sich, wie wir im Einzelnen verfolgen konnten, mit der fortschreitenden Entwicklung von Berkeleys Lehre immer deutlicher an die Stelle der empirisch-psychologischen Zergliederung der Vorstellungen setzt. Erst die Lehre Humes scheint den Prozeß der Selbstauflösung der Metaphysik wahrhaft zu Ende zu führen; erst sie scheint das äußere, wie das innere „Sein" gleichmäßig in die bloße assoziative Verknüpfung der Eindrücke aufzulösen. Aber abgesehen davon, daß sie in ihren eigenen psychologischen „Erklärungen" die objektive Gültigkeit derjenigen Begriffe voraussetzen muß, deren logisches Recht sie ursprünglich verneint: so liefert doch gerade die Negation, mit der sie endet, den stärksten mittelbaren Beweis für die Macht des metaphysischen Grundschemas. Dieses Schema bestreiten: dies scheint jetzt nichts Geringeres zu bedeuten, als die Möglichkeit der Erkenntnis selbst leugnen. So tief ist die Auffassung der Erkenntnis als einer Abbildung des absoluten Seins in die Fundamente unseres Wissens eingesenkt, daß es der Zerstörung dieser Fundamente selbst gleichzukommen scheint, wenn der Versuch unternommen wird, diese Auffassung kritisch zu negieren.

An diesem Punkte setzt die Kantische Philosophie ein. Von ihr gilt, sofern man sie in ihrer Grundtendenz betrachtet, in der Tat das Wort des bekannten Schillerschen Epigramms: daß sie von dem Ding nichts weiß und nichts von der Seele. In ihren Anfängen und ihrer Grundlegung zum mindesten braucht sie diesen Gegensatz nicht zu kennen; braucht sie ihn nicht als einen ursprünglichen und selbstverständlichen anzuerkennen. Den wesentlichen Inhalt der Kantischen Lehre bildet nicht das Ich, noch sein Verhältnis zu den äußeren Gegenständen, sondern worauf sie sich in erster Linie bezieht, das ist die Gesetzlichkeit und die logische Struktur der Erfahrung. Gegenstände, „innere" wie „äußere", sind nicht an und für sich vorhanden, sondern immer nur unter den Bedingungen der Erfahrung gegeben. Die Normen und Regeln der Erfahrung gilt es daher zu entwickeln, bevor wir irgendeine Aussage über das Sein der Dinge tun. Wenn bisher die Dinge und das Ich, um in ihrem Zusammenhang begriffen zu werden, stets auf einen gemeinsamen metaphysischen Hintergrund projiziert, wenn sie aus einem gemeinsamen sachlichen Ursprung abzuleiten gesucht wurden, so nimmt jetzt die Frage eine neue Wendung. Was gesucht wird, ist die allgemeingültige logische Grundform der Erfahrung überhaupt, die für die „innere" wie für die „äußere" Erfahrung in gleicher Weise verbindlich sein muß. Das Wissen um die Gegenstände kann von dem Wissen um unser „Ich" nicht völlig verschieden sein, sondern beide Arten der Erkenntnis müssen in irgendeinem systematischen Prinzip geeint sein. Hier besitzen wir die eigentliche, wahrhafte Ursprungseinheit, auf die wir nur zurückzugreifen brauchen, um die absoluten Gegensätze der bisherigen Ontologie zur Auflösung zu bringen. Die Methode der Kantischen Untersuchung ist damit bereits sicher abgegrenzt. Nicht die Dinge, sondern die Urteile über die Dinge bilden ihren Vorwurf. Ein Problem der Logik ist gestellt; aber dieses logische Problem bezieht und richtet sich einzig und allein auf diejenige eigentümliche und spezifische Form des Urteils, in welcher wir Existenz setzen, in welcher wir empirische Gegenstände zu erkennen behaupten. Erst durch diese zwiefache Richtung ist der Doppelcharakter der kritischen Philosophie bezeichnet. Beurteilt man Kant als reinen Logiker, betrachtet man lediglich dasjenige, was er für die formale Logik selbst, wie für die abstrakte Prinzipienlehre der reinen Mathematik geleistet hat, so kann kein Zweifel bestehen, daß er hier hinter den großen rationalistischen Vorgängern, daß er insbesondere hinter Leibniz zurückbleibt. Aber dieser Mangel hängt mit seinem eigentümlichsten Vorzug innerlich zusammen. Sein Blick ist vor allem auf die Prinzipien der empirischen Erkenntnis gerichtet. Die Mathematik selbst kommt nur insoweit in Betracht, als sie sich in der Anwendung auf konkrete, tatsächliche Objekte zu bewähren vermag. Die Untersuchung des reinen geometrischen Raumes, die Rückführung seiner Gebilde auf die kleinste Zahl von Prinzipien und Axiomen wäre nach Kant um nichts besser, denn „die Beschäftigung mit einem bloßen Hirngespinst, wäre der Raum nicht als Bedingung der Erscheinungen, welche den Stoff zur äußeren Erfahrung ausmachen, anzusehen; daher sich jene reinen synthetischen Urteile, obzwar nur mittelbar, auf mögliche Erfahrung oder vielmehr auf dieser ihre Möglichkeit selbst beziehen und darauf allein die objektive Gültigkeit ihrer Synthesis gründen. Da also Erfahrung als empirische Synthesis in ihrer Möglichkeit die einzige Erkenntnisart ist, welche aller anderen Synthesis Realität gibt, so hat diese als Erkenntnis a priori auch nur dadurch Wahrheit (Einstimmung mit dem Objekt), daß sie nichts weiter enthält, als was zur synthetischen Einheit der Erfahrung überhaupt notwendig ist." (Kr. 196 f.)[1]) Die Analyse des Wahrheitsbegriffs, die den Grund und Beginn des Leibnizischen Rationalismus ausmachte, wird als erste, wesentliche Forderung festgehalten; aber sie erhält ein neues Ziel, indem sie einzig und allein auf die Analyse des Erfahrungsbegriffs hingelenkt und ihr dienstbar gemacht wird.

---

[1]) Die Zitate aus der Vernunftkritik beziehen sich durchweg auf die Seitenzahlen der zweiten Auflage von 1787; die Seitenzahlen der ersten Auflage von 1781 sind durch A bezeichnet.

II.

Das Problem der Objektivität. — Analytisch und synthetisch.

Es ist charakteristisch, daß die allgemeine Einführung des kritischen Problems, die Kant in den „Prolegomenen" gibt, mit einer Unterscheidung innerhalb des Gebiets des Urteils beginnt. Der neue Sinn der Gegenständlichkeit, auf den die Frage abzielt, wird in dieser Unterscheidung der Bedeutung der Urteile gegründet. „Empirische Urteile, sofern sie objektive Gültigkeit haben, sind **Erfahrungsurteile**; die aber, so nur subjektiv gültig sind, nenne ich bloße **Wahrnehmungsurteile**." (Proleg. § 18.) Was bisher eine Differenz des Seins bedeutete, das bedeutet somit jetzt eine Differenz der Gültigkeit. Ein Urteil heißt ein bloßes Wahrnehmungsurteil, wenn es sich begnügt, verschiedene Vorstellungen so zu verbinden, wie sie sich im augenblicklichen Bewußtseinszustand nebeneinander vorfinden, wenn es also lediglich einen Zusammenhang konstatieren will, der hier und jetzt, zu diesem bestimmten Punkte der Zeit von einem einzelnen Beobachter als unmittelbares Erlebnis vorgefunden wird. Die Kraft jedes derartigen Urteils ist auf die bloße Beschreibung des Gegebenen und Gegenwärtigen beschränkt; sie reicht über den gerade vorliegenden Moment des individuellen Vorstellungsablaufs nirgends hinaus. Das Erfahrungsurteil indes, vor allem in derjenigen Gestalt, in der es in der empirischen Wissenschaft im Gebrauch und in Geltung ist, gehört seiner eigentlichen Absicht nach bereits einem völlig anderen Typus an. Der Zusammenhang, der in ihm ausgesagt wird, soll nicht nur für dieses oder jenes psychologische Einzelsubjekt gelten, sondern es wird die Forderung erhoben, daß er schlechthin unabhängig von diesem „besteht" und auf Gründen beruht, die für jedes Subjekt in gleicher Weise notwendig und verbindlich sind. Über die momentane Zuständlichkeit des Einzelbewußtseins, die freilich den Ausgangspunkt bildet und die psychologisch zuletzt das Datum ist, auf das wir uns stützen müssen, gehen wir hier hinaus, um die Aussage in einen völlig andersartigen Zusammenhang einzuordnen. Wenn wir einen Tatbestand als „objektiv gültig" bezeichnen, so haben wir ihm dadurch rein inhaltlich nicht den mindesten neuen Zug hinzugefügt, so haben wir die bloße Materie des Vorstellens nicht im geringsten bereichert. Das Neue liegt lediglich in der veränderten formalen Beurteilung, in der neuen Beleuchtung gleichsam, die er empfängt, indem wir ihn als Symbol einer allgemeingültigen Verknüpfung ansehen und ihn damit unter eine andere logische Wertkategorie fassen. Die Behauptung der objektiven Gültigkeit einer Aussage schließt somit nicht die Beziehung auf ein Etwas ein, das der Erkenntnis als etwas völlig Fremdes gegenübersteht, sondern sie ist lediglich gemäß deren Bedingungen setzbar. Objektive Gültigkeit und notwendige Allgemeingültigkeit sind Wechselbegriffe. „Wir erkennen durch das Urteil das Objekt (wenn es auch sonst, wie es an sich selbst sein möchte, unbekannt bliebe) durch die allgemeingültige und notwendige Verknüpfung der gegebenen Wahrnehmungen, und da dieses der Fall von allen Gegenständen der Sinne ist, so werden Erfahrungsurteile ihre objektive Gültigkeit nicht von der unmittelbaren Erkenntnis des Gegenstandes (denn diese ist unmöglich), sondern bloß von der Bedingung der Allgemeingültigkeit der empirischen Urteile entlehnen ... Das Objekt bleibt an sich selbst immer unbekannt; wenn aber durch den Verstandesbegriff die Verknüpfung der Vorstellungen, die unserer Sinnlichkeit von ihm gegeben sind, als allgemeingültig bestimmt wird, so wird der Gegenstand durch dieses Verhältnis bestimmt, und das Urteil ist objektiv." (Proleg. § 19.)

Die Bedeutung dieser Darlegungen — die freilich nur die erste didaktische Fixierung, nicht die endgültig systematische Lösung des Objektivitätsproblems enthalten — tritt vor allem hervor, wenn man sich gegenwärtig hält, daß es sich keineswegs bloß um die Begründung der a p r i o r i s c h e n Erkenntnis handelt, sondern daß hier eine noch weit allgemeinere Frage zur Entscheidung gelangt. Auch das Erfahrungsurteil als solches enthält eine eigentümliche „Notwendigkeit", die der Empirismus in seiner psychologischen Analyse nicht zu würdigen und zu erklären vermocht hat. Wenn ich aussage, daß der Körper schwer ist, so will dieser Satz freilich nur eine Eigenschaft des Körpers feststellen, die in der Erfahrung jederzeit mit ihm verbunden ist. Aber selbst diese Feststellung liegt bereits außerhalb der Kompetenz der einfachen sinnlichen Empfindung. Auch hier wird die Geltung des Urteils über den einzelnen Zeitpunkt der Urteilsfällung hinaus behauptet; auch hier wird ein Zusammenhang, der zunächst nur in einem einzelnen Falle und unter besonderen Umständen vorgefunden wurde, von der Einschränkung auf diese speziellen Bedingungen befreit und zu allgemeiner Gültigkeit erhoben. Die Kopula des Urteils, ,,das Verhältniswörtchen ist", bezeichnet auch in diesem Falle eine notwendige Einheit der Vorstellungen. ,,Dadurch allein wird aus diesem Verhältnisse ein Urteil, d. i. Verhältnis, das objektiv gültig ist und sich von dem Verhältnisse eben derselben Vorstellungen, worin bloß subjektive Gültigkeit wäre, z. B. nach Gesetzen der Assoziation, hinreichend unterscheidet. Nach den letzteren würde ich nur sagen können: wenn ich einen Körper trage, so fühle ich einen Druck der Schwere, aber nicht: er, der Körper ist schwer, welches soviel sagen will als: diese beiden Vorstellungen sind im Objekt, d. i. ohne Unterschied des Zustandes des Subjekts verbunden und nicht bloß in der Wahrnehmung (so oft sie auch wiederholt sein mag) beisammen." (Kr. 142)[1]. Jedes physikalische Urteil geht über die Feststellung eines bloßen Beisammen von Wahrnehmungen innerhalb eines empfindenden Subjekts hinaus, um

---

[1] Vgl. auch Prolegomena, § 22, Anm.: ,,Wie stimmt aber dieser Satz, daß Erfahrungsurteile Notwendigkeit in der Synthesis der Wahrnehmungen enthalten sollen, mit meinem oben vielfältig eingeschärften Satze, daß Erfahrung als Erkenntnis a posteriori bloß zufällige Urteile geben könne? Wenn ich sage, Erfahrung lehrt mich etwas, so meine ich jederzeit nur die Wahrnehmung, die in ihr liegt, z. B. daß auf die Beleuchtung des Steins durch die Sonne jederzeit Wärme folge, und also ist der Erfahrungssatz sofern allemal zufällig. Daß diese Erwärmung notwendig aus der Beleuchtung durch die Sonne erfolge, ist zwar in dem Erfahrungsurteile (vermöge des Begriffs der Ursache) enthalten, aber das lerne ich nicht durch Erfahrung, sondern umgekehrt, Erfahrung wird allererst durch diesen Zusatz des Verstandesbegriffs (der Ursache) zur Wahrnehmung erzeugt."

einen Zusammenhang zwischen den Gegenständen der Erfahrung zu setzen; jedes derartige Urteil erhebt den Anspruch, in irgendeiner Weise begründbar und damit dem Zufall und der Laune des individuellen Vorstellens entrückt zu sein. Wenngleich die empirischen Urteile daher nur für einen bestimmten eingeschränkten Kreis der Beobachtung gelten wollen, so wird doch innerhalb dieses Kreises die Beziehung, die sie aussagen, als objektiv wahr behauptet und ihre Anerkennung gefordert. Auch die Aussagen über Einzelobjekte, die als solche nur an einer bestimmten Stelle des Raumes und der Zeit anzutreffen sind, stellen fest, daß an dieser Einzelstelle, auf die sie sich allein beziehen, ein fester unverrückbarer Bestand gegeben ist; daß hier eine Bestimmtheit herrscht, die sich nicht nach Belieben verändern oder aufheben läßt. Diese bestimmte Regel der Verknüpfung ist es, die zur bloßen Wahrnehmung hinzutreten muß, um ihr den Wert der „Gegenständlichkeit" zu verleihen. Zum Objekt wird uns der Wahrnehmungsinhalt nicht, indem wir ihn, in einer rätselhaften Umformung, in eine andere Form der Existenz überführen, sondern indem wir ihn, der zunächst nur eine bunte und wirre Mannigfaltigkeit von Eindrücken schien, zu strenger verstandesgemäßer Einheit formen; indem wir das Chaos des Bewußtseins zum Kosmos gestalten.

Diese Mittel der Gestaltung also gilt es zu entdecken und bloßzulegen, wenn wir den Prozeß der fortschreitenden Objektivierung in seinen einzelnen Phasen verfolgen wollen. Die Bedingungen, auf denen der gesetzliche Zusammenhang der Wahrnehmungen beruht, können nicht in ihnen selber, als einzelnen isolierten Elementen gesucht werden. Erst der logische Gesichtspunkt der Beurteilung gibt ihnen den Charakter der Einheit und somit der Objektivität. Die Eindrücke stehen nicht von Anfang an in festen, gesonderten Klassen und Gruppen vor uns da, so daß wir ihre Einteilung und Abgrenzung nur gleichsam von ihnen selbst abzulesen hätten; sondern erst das Denken ist es, was ihnen diese Gliederung verleiht, indem es sie auf bestimmte Grundzüge des Urteils bezieht, die es als Norm an sie heranbringt. Die gewöhnliche Theorie der Begriffsbildung läßt den Begriff lediglich aus der bloßen Zusammenfassung von Wahrnehmungsdaten entstehen, die in irgendeinem gemeinsamen Merkmal miteinander übereinstimmen. Aber eben diese „Gemeinsamkeit" ist nichts unmittelbar Gegebenes und Selbstverständliches; eben sie entsteht erst, indem wir das an und für sich in der bloßen Empfindung Verschiedenartige unter bestimmte ideelle Gesichtspunkte fassen und ordnen. Der Vergleich der Wahrnehmungen wäre unmöglich, weil in sich selbst schranken- und ziellos, wenn nicht bestimmt wäre, in welcher „Hinsicht", nach welchem unterscheidenden Kriterium sie aufeinander bezogen werden sollen. „Daher ist es nicht, wie man gemeiniglich sich einbildet, zur Erfahrung genug, Wahrnehmungen zu vergleichen und in einem Bewußtsein vermittelst des Urteilens zu verknüpfen; dadurch entspringt keine Allgemeingültigkeit und Notwendigkeit des Urteils, um derenwillen es allein objektiv gültig und Erfahrung sein kann. Es geht also noch ein ganz anderes Urteil voraus, ehe aus Wahrnehmung Erfahrung werden kann. Die gegebene Anschauung muß unter einen Begriff subsumiert werden, der die Form des Urteilens überhaupt in Ansehung der Anschauung bestimmt, das empirische Bewußtsein der letzteren in einem Bewußtsein überhaupt verknüpft, und dadurch den empirischen Urteilen Allgemeingültigkeit verschafft; dergleichen Begriff ist ein bloßer Verstandesbegriff a priori, welcher nichts tut, als bloß einer Anschauung die Art zu bestimmen, wie sie zu Urteilen dienen kann" (Proleg. § 20). Man erkennt in diesem Zusammenhang deutlich, wie wenig das „Bewußtsein überhaupt" für Kant ein besonderes psychologisches Vermögen bedeutet, das als eine geheimnisvolle Urpotenz hinter und über dem individuellen Bewußtsein stünde. Auch dieser Begriff ist der Ausdruck nicht eines Seins, sondern eines reinen logischen Wertverhältnisses; er bezeichnet lediglich die neue Befugnis, er bezeichnet die Zugehörigkeit zu einer neuen logischen Ordnung, die eine Verknüpfung gewinnt, wenn wir sie nicht lediglich nach ihrem tatsächlichen Vollzug im empirischen Subjekt betrachten, sondern sie kraft allgemeiner Prinzipien als g e f o r d e r t ansehen.

Geschichtlich betrachtet steht Kant hier am Ziele einer gedanklichen Bewegung, deren Wurzeln bis in die ersten Anfänge der modernen Philosophie sowohl, wie der modernen Wissenschaft zurückreichen. Er zuerst bringt diese Bewegung zu ihrem inneren Abschluß, indem er die beiden Entwicklungsreihen, die bisher getrennt voneinander verliefen, nunmehr mit klarem Bewußtsein in Eins faßt. Innerhalb der Philosophie knüpft er an die Gestaltung an, die Leibniz dem Begriff der phänomenalen Wirklichkeit gegeben hatte. Die Realität der Phänomene besteht in der Bestimmtheit ihres gesetzlichen Zusammenhangs. Was das empirische Sein vom Traume oder von einer bloß erdichteten Fabelwelt unterscheidet, das ist die durchgreifende logische Harmonie, die sich in ihm allenthalben bekundet. Unsere Träume sind nicht aus einem völlig anderen Stoffe gewoben, als unsere wachen Vorstellungen — handelt es sich doch hier wie dort um eine Welt der Perzeption, um eine Welt des Bewußtseins —; was beide unterscheidet ist vielmehr das formale Moment, daß die einen streng und ausschließlich dem Satz vom Grunde, also einem rein rationalen Prinzip gehorchen, während die anderen nur gesetzlose Folgen von Einzeleindrücken sind. Auf diesen Gedanken, der, wie wir sahen, innerhalb der Wolffschen Schule erhalten und weitergebildet worden war, greift Kant in der Darstellung der Vernunftkritik, wie der Prolegomenen, wiederholt zurück. „Der Unterschied zwischen Wahrheit und Traum wird nicht durch die Beschaffenheit der Vorstellungen, die auf Gegenstände bezogen werden, ausgemacht, denn die sind in beiden einerlei, sondern durch die Verknüpfung derselben nach den Regeln, welche den Zusammenhang der Vorstellungen in dem Begriffe eines Objekts bestimmen, und wie fern sie in einer Erfahrung beisammen stehen können oder nicht." (Proleg. § 13, Anm. III.) Die empirische Wahrheit der Erscheinungen in Raum und Zeit ist daher genugsam gesichert und von der Verwandtschaft mit dem Traume hinreichend unterschieden, wenn sie nach empirischen Gesetzen in einer Erfahrung richtig und durchgängig zusammenhängen. (Kr. 520 f.) Und das entscheidende Kriterium dieser immanenten „Richtigkeit" ist wiederum in den reinen Kategorien der Relation, vor allem in dem begrifflichen Verhältnis von Ursache und Wirkung zu suchen, das seinerseits erst das objektive Zeitverhältnis der Phänomene bestimmt. „Soll meine Wahrnehmung die Erkenntnis einer Begebenheit enthalten, da nämlich etwas wirklich geschieht, so muß sie ein empirisches Urteil sein, in welchem man sich denkt, daß die Folge bestimmt sei, d. i. daß sie eine andere Erscheinung der Zeit nach voraussetze, worauf sie notwendig oder nach einer Regel folgt. Widrigenfalls, wenn ich das Vorhergehende setze, und die Begebenheit folgt darauf nicht notwendig, so würde ich sie nur für ein subjektives Spiel meiner Einbildungen halten müssen, und, stellte ich mir darunter doch etwas Objektives vor, sie einen bloßen Traum nennen." (Kr. 246 f.) Wirklich ist, was mit einer Wahrnehmung nach empirischen Gesetzen zusammenhängt, und was dadurch dem „Kontext" der Einen Erfahrung eindeutig eingeordnet ist.

Und dieser kritische Sinn der Wirklichkeit findet für Kant eine neue Bestätigung in dem Fortschritt, den die exakte Wissenschaft selber in der Formulierung ihrer eigentlichen Aufgabe allmählich immer deutlicher vollzogen hat. Es ist ein neuer Begriff der Natur, der durch sie heraufgeführt wird. Die „Natur" der Dinge ist ihrer ersten, ursprünglichen Bedeutung nach das Prinzip ihrer Bewegung; sie ist die bewegende Kraft, die die Einzeldinge erschafft; die Macht und Wesenheit, die sie zum Sein führt und im Sein erhält. Der etymologische Zusammenhang von „natura" und „nasci" ist der Ausdruck für diese erste sachliche Wurzel des Naturbegriffs: die Natur bedeutet vor allem die Erzeugerin und Nährerin, die Allmutter, die alle Wirklichkeit aus sich hervorgehen läßt. Dieser mythisch-poetische Ursinn des Wortes wirkt nicht nur ersichtlich bei Aristoteles nach, dem die Natur eines Dinges seine innere zwecktätige Kraft ist, sondern er behauptet seine Geltung bis tief in die Philosophie der neueren Zeit. Spinozas Begriff der Gottnatur, wie Leibniz' Begriff der Entelechie sind in wesentlichen Zügen noch durch ihn bestimmt. Auf der anderen Seite indessen konnten wir die langsame und beharrliche Arbeit verfolgen, in welcher die mathematische Physik seit ihren ersten originalen Anfängen zu einer neuen Grundanschauung fortgeht. Von der Wesenheit der Dinge wendet sie sich zu ihrer zahlenmäßigen Ordnung und Verknüpfung, von ihrem substantiellen Inneren zu ihrer funktionalen, mathematischen Struktur. Diese Grundtendenz, die schon im Kampfe Keplers und Galileis gegen ihre mystischen und Peripatetischen Gegner zu voller Deutlichkeit gelangt, tritt in der Folgezeit immer klarer und entschiedener heraus. Einer der bedeutendsten Forscher des siebzehnten Jahrhunderts, Robert Boyle, bringt sie in seiner Schrift „De ipsa Natura" zum prägnanten Ausdruck, indem er es ausspricht, daß die Natur nicht als ein Inbegriff von Kräften zu denken ist, durch welche die Dinge erzeugt werden, sondern als ein Inbegriff von Regeln, gemäß denen und nach welchen sie entstehen. (S. ob. S. 432 f.) Es ist die Fortsetzung und Vollendung dieser Gedankenentwicklung, wenn Kant nunmehr den materiellen Begriff der Natur vom formalen sondert und diesen letzten als die eigentliche und ursprüngliche Voraussetzung aufdeckt. Die „Natur" ist nicht sowohl das Ganze der Objekte der Erfahrung, als vielmehr der Inbegriff ihrer allgemeinen Gesetze. „Und nun frage ich, ob, wenn von der Möglichkeit einer Naturerkenntnis a priori die Rede ist, es besser sei, die Aufgabe so einzurichten: wie ist die notwendige Gesetzmäßigkeit der Dinge als Gegenstände der Erfahrung, oder: wie ist die notwendige Gesetzmäßigkeit der Erfahrung selbst in Ansehung aller ihrer Gegenstände überhaupt a priori zu erkennen möglich?" Urteilt man lediglich vom Standpunkt der empirischen Wissenschaft selbst, so scheint zwischen diesen beiden Arten der Problemstellung kein sachlicher, kein prinzipieller Unterschied zu bestehen: ist es doch gänzlich einerlei, ob ich sage, daß ohne die Beziehung auf den Begriff der Ursache kein Wahrnehmungsurteil diejenige Festigkeit und Allgemeinheit erlangen kann, die es erst zur „Erfahrung" stempelt, oder ob ich behaupte, daß alles tatsächliche empirische Geschehen ursächlich verknüpft und geregelt ist. Vom Standpunkt der philosophischen Kritik indessen ist es „doch schicklicher, die erstere Formel zu wählen". „Denn da wir wohl a priori und vor allen gegebenen Gegenständen eine Erkenntnis derjenigen Bedingungen haben können, unter denen allein eine Erfahrung in Ansehung ihrer möglich ist, niemals aber, welchen Gesetzen sie ohne Beziehung auf mögliche Erfahrung an sich selbst unterworfen sein mögen, so werden wir die Natur der Dinge a priori nicht anders studieren können, als daß wir die Bedingungen und allgemeinen (obgleich subjektiven) Gesetze erforschen, unter denen allein eine solche Erkenntnis als Erfahrung (der bloßen Form nach) möglich ist, und danach die Möglichkeit der Dinge als Gegenstände der Erfahrung bestimmen; denn, würde ich die zweite Art des Ausdrucks wählen, und die Bedingungen a priori suchen, unter denen Natur als Gegenstand der Erfahrung möglich ist, so würde ich leichtlich in Mißverstand geraten können und mir einbilden, ich hätte von der Natur als einem Dinge an sich selbst zu reden, und da würde ich fruchtlos in endlosen Bemühungen herumgetrieben werden, für Dinge, von denen mir nichts gegeben ist, Gesetze zu suchen." (Proleg. § 17.)

Die Copernikanische Drehung ist damit vollzogen. Die empirischen Objekte sind uns nur durch die Erfahrung und unter ihren Bedingungen gegeben. Die Erfahrung selbst aber bedeutet uns nichts Starres und Fertiges mehr, sondern die spezifische Funktionsweise unserer Erkenntnis, die auf der Vereinigung und Durchdringung aller ihrer Mittel beruht. Sie ist selbst „eine Erkenntnisart, die Verstand erfordert", die also — nach der streng objektiven Bedeutung, die dieser Terminus für Kant besitzt — von allgemein gültigen logischen Regeln beherrscht und geleitet wird. (Vorr. zur 2. Aufl., XVII.) Ohne diese Regeln, ohne die Beziehung auf den reinen Begriff der Größe und der Zahl, der Beharrlichkeit und der Ursache, würde keine „Objektivität" erreicht, die ja, wie nunmehr feststeht, lediglich eine Charakteristik des Urteils ausmacht. Der befremdliche und „widersinnische" Satz, daß der Verstand der „Urheber der Natur" ist, hat jetzt allen Schein der Paradoxie verloren. Denn hier handelt es sich nicht um irgendeine Form psychologischer oder metaphysischer „Wirksamkeit", die er entfaltet, sondern lediglich um ein reines logisches Bedingungsverhältnis. Der Verstand begründet die Gegenständlichkeit der Dinge, sofern er das Wahrnehmungsurteil zum Erfahrungsurteil bestimmt; sofern die Differenz im Werte dieser beiden Urteilsweisen lediglich in seinen Begriffen und der Notwendigkeit, die ihnen eignet, besteht. Wir dürfen die Dinge nicht länger um uns als müssige Zuschauer sich bewegen lassen, wenn wir die Frage nach ihrer Erkennbarkeit beantworten wollen; sondern wir müssen die Erkenntnis selbst als den stetig fortschreitenden logischen Prozeß der Gestaltung und Deutung des bloßen Wahrnehmungmaterials verstehen lernen. Die Bedingungen dieses Prozesses gelten zugleich für jedes Ergebnis, das in ihm gewonnen wird und das ja nicht anders, als durch ihn sich erreichen und feststellen läßt. Die Analyse der reinen Funktion der Erfahrung legt den Kern und die Substanz der Erfahrungsdinge bloß. „Die Einheit der Objecte wird doch lediglich durch den Verstand bestimmt, und zwar nach Bedingungen, die in seiner eigenen Natur liegen; und so ist der Verstand der Ursprung der allgemeinen Ordnung der Natur, indem er alle Erscheinungen unter seine eigenen Gesetze faßt, und dadurch allererst Erfahrung (ihrer Form nach) a priori zustande bringt, vermöge deren alles, was nur durch Erfahrung erkannt werden soll, seinen Gesetzen notwendig unterworfen wird. Denn wir haben es nicht mit der Natur der Dinge an sich selbst zu tun (die ist sowohl von Bedingungen unserer Sinnlichkeit als des Verstandes unabhängig), sondern mit der Natur als einem Gegenstande möglicher Erfahrung und da macht es der Verstand, indem er diese möglich macht, zugleich, daß Sinnenwelt entweder gar kein Gegenstand der Erfahrung oder eine Natur ist". (Proleg. § 38; vgl. bes. Kr. A. 126 ff.)

Die fundamentale Unterscheidung zwischen analytischen und synthetischen Urteilen gewinnt erst in diesem gedanklichen Zusammenhang ihre volle Bestimmtheit. Unmittelbar vor der Einführung dieses Unterschieds in der „Kritik der reinen Vernunft" findet sich eine Stelle, die für die Tendenz, in welcher die Sonderung unternommen wird, besonders aufklärend ist, die aber über der Diskussion der Einzelbeispiele, an denen Kant seinen Gedanken durchführt, völlig übersehen zu werden pflegt. „Ein großer Teil und vielleicht der größte, von dem Geschäfte unser Vernunft besteht in Zergliederungen der Begriffe, die wir schon von Gegenständen haben. Dieses liefert uns eine Menge von Erkenntnissen, die, ob sie gleich nichts weiter als Aufklärungen oder Erläuterungen desjenigen sind, was in unseren Begriffen (wiewohl noch auf verworrene Art) schon gedacht worden, doch wenigstens der Form nach neuen Einsichten gleich geschätzt werden, wiewohl sie der Materie oder dem Inhalte nach die Begriffe, die wir haben, nicht erweitern, sondern nur auseinander setzen. Da dieses Verfahren nun eine wirkliche Erkenntnis a priori gibt, die einen sicheren und nützlichen Fortgang hat, so erschleicht die Vernunft, ohne es selbst zu merken, unter dieser Vorspiegelung Behauptungen von ganz anderer Art, wo sie zu gegebenen Begriffen ganz fremde, und zwar a priori hinzutut, ohne daß man weiß, wie sie dazu gelange und ohne sich eine solche Frage auch nur in die Gedanken kommen zu lassen." (Kr. S. 9 f.) Hier ist der eigentliche Differenzpunkt scharf bezeichnet. Das analytische Urteil begnügt sich mit der Zergliederung von Begriffen, die wir von „Gegenständen schon haben", ohne nach dem Grund dieser Begriffe und nach dem Recht, mit welchem wir ihnen eine gegenständliche Bedeutung beimessen, zu fragen. Der Begriff und somit mittelbar der Begriffsgegenstand ist ihm ein Gegebenes, mit dem es schaltet und operiert, ohne danach zu forschen, durch welches Mittel der Erkenntnis er selbst beglaubigt sei. Das synthetische Urteil dagegen gehört von Anfang an einer völlig anderen Richtung und Betätigung des Geistes an. In ihm handelt es sich nicht um Begriffe, die wir von Objekten bereits besitzen, sondern um solche, die zu Objekten erst führen sollen. Synthetisch heißen diejenigen Begriffe, auf welche wir die bloßen Eindrücke der Sinne beziehen und unter welche wir sie ordnen müssen, damit aus ihnen ein einheitliches systematisches G a n z e der Erfahrung und somit ein G e g e n s t a n d der Erfahrung entsteht. Der Ausdruck der „Synthesis" bezeichnet jenes eigentümliche „Hinausgehen" über das Gegebene; — jene gedankliche Umprägung, durch welche allein der gegebene Inhalt die Notwendigkeit und Allgemeingültigkeit eines Erfahrungsurteils erwerben kann[1]). Somit ist streng und prinzipiell zwischen Begriffen zu scheiden, die nur aus der Vergleichung eines schon vorhandenen sinnlichen oder logischen Materials gewonnen werden und zwischen solchen, durch die Objektivität erst begründet wird und auf denen sie basiert. Der Unterschied der analytischen und synthetischen Urteile beruht auf der kritischen Grundeinsicht, daß der Verstand „nicht bloß ein Vermögen ist, durch Vergleichung der Erscheinungen sich Regeln zu machen", sondern daß er selbst „die Gesetzgebung für die Natur" ist, sofern es ohne ihn „überall nicht Natur, d. i. synthetische Einheit des Mannigfaltigen der Erscheinungen nach Regeln" geben würde. (Kr. A. 126.) Der Verstand ist es, der die Vorstellungen nicht nur durch Zergliederung deutlich, sondern der sie als Vorstellungen von Gegenständen allererst möglich macht. (Kr. 244.) Die bloße Summierung und Zusammenfassung sinnlicher Empfindungen kann über den Kreis der Subjektivität, in welchem der einzelne Eindruck als solcher beschlossen bleibt, nicht hinausführen. „Denn in jenem Falle würde das Urteil nur die Wahrnehmungen verknüpfen, so wie sie in der sinnlichen Anschauung gegeben sind, in dem letzteren Falle (der Erfahrungserkenntnis) aber sollen die Urteile sagen, was Erfahrung überhaupt, mithin nicht, was die bloße Wahrnehmung, deren Gültigkeit bloß subjektiv ist, enthält. Das Erfahrungsurteil muß also über die sinnliche Anschauung und die logische Verknüpfung derselben (nachdem sie durch Vergleichung allgemein gemacht worden) in einem Urteile etwas hinzufügen, was das synthetische Urteil als notwendig und hierdurch als allgemeingültig bestimmt." (Proleg. § 21 a.) Diese Bestimmung zur Notwendigkeit ist mit anderen Worten, die eigentliche Leistung der „Synthesis"; sie ist es, was ein Urteil erst zum synthetischen macht. Ohne sie würde die Erfahrung zu einem „bloßen Aggregat von Wahrnehmungen" herabgesetzt, das jeder wissenschaftlichen Fixierung und somit jeder allgemeinen Mitteilbarkeit unfähig wäre. (Proleg. § 26.)

---

[1]) S. z. B. Proleg. § 22, Anm., ob. S. 666, Anm. 1.

Der Unterschied des analytischen und synthetischen Urteils deckt also eine doppelte Art und einen doppelten Ursprung der Begriffsbildung auf. Wenn nach traditioneller logischer Lehre der Begriff lediglich das Ergebnis der „Abstraktion" aus einer Mehrheit von Empfindungsdaten ist, so zeigt es sich jetzt, daß „ähnliche" Eindrücke, ehe sie, wie es für den Prozeß der „Abstraktion" erforderlich ist, als ähnlich erkannt und zu einer gemeinsamen „Gattung" zusammengefaßt werden können, unter eine bestimmte Regel der Beurteilung gestellt werden müssen. Der Einheit der Gattung geht also die Einheit einer ideellen Norm, der abstraktiven Vergleichung geht eine konstruktive Verknüpfung voraus. Der Begriff ist seiner eigentlichen Grundbedeutung nach nichts anderes, als das Bewußtsein dieser Einheit der Synthesis. „Das Wort Begriff" — so bemerkt Kant — „könnte uns schon von selbst zu dieser Bemerkung Anleitung geben. Denn dieses Eine Bewußtsein ist es, was das Mannigfaltige, nach und nach Angeschaute und dann auch Reproduzierte in e i n e Vorstellung vereinigt. Dieses Bewußtsein kann oft nur schwach sein . . .; aber unerachtet dieser Unterschiede muß doch immer ein Bewußtsein getroffen werden, wenn ihm gleich die hervorstechende Klarheit mangelt, und ohne dasselbe sind Begriffe und mit ihnen Erkenntnis von Gegenständen ganz unmöglich." (Kr. A 103 f.) So setzt die analytische Einheit des Bewußtseins die synthetische notwendig voraus. „Eine Vorstellung, die als verschiedenen gemein gedacht werden soll, wird als zu solchen gehörig angesehen, die außer ihr noch etwas Verschiedenes an sich haben, folglich muß sie in synthetischer Einheit mit anderen (wenngleich nur möglichen) Vorstellungen vorher gedacht werden, ehe ich die analytische Einheit des Bewußtseins, welche sie zum *conceptus communis* macht, an ihr denken kann. Und so ist die synthetische Einheit der Apperzeption der höchste Punkt, an dem man allen Verstandesgebrauch, selbst die ganze Logik und nach ihr die Transzendental-Philosophie heften muß, ja dieses Vermögen ist der Verstand selbst." (Kr. 133.) Eine formale Logik der „Klassen" ist nicht möglich ohne eine vorauf gehende „transzendentale" Logik der ursprünglichen

Beziehungen und Verknüpfungsweisen. Diese Verknüpfungen bedeuten mehr als bloße „Regeln der Beobachtung einer Natur, die schon gegeben ist", sie sind als Bedingungen a priori von der Möglichkeit der Erfahrung „zugleich die Quellen, aus denen alle allgemeinen Naturgesetze hergeleitet werden müssen." (Prol. § 17.) Unablässig greift Kant, um das Verhältnis zwischen analytischen und synthetischen Urteilen zu erläutern, auf diese grundlegende Differenz zurück. Das Kausalprinzip ist synthetisch, weil der Satz, daß alles, was geschieht, eine Ursache hat, nicht lediglich aus der Betrachtung des schon vorliegenden fertigen Geschehens abgelesen, noch aus dem bloßen Begriff dessen, was überhaupt geschieht, logisch gefolgert werden kann: sondern weil der Grundsatz anzeigt, wie man von dem, was geschieht, „allererst einen bestimmten Erfahrungsbegriff bekommen könne" (Kr. 357.) Es verhält sich hiermit, wie mit allen anderen reinen Vorstellungen a priori, die wir nur darum „aus der Erfahrung als klare Begriffe herausziehen können, weil wir sie in die Erfahrung gelegt hatten und diese daher durch jene allererst zustande brachten." (Kr. 241.) So sehr dieser Gedanke, wie Kant selbst es empfindet und hervorhebt, allen Bemerkungen widerspricht, die man jederzeit über den Gang unseres Verstandes gemacht hat, nach welchen wir erst nachträglich durch die wahrgenommenen und verglichenen übereinstimmenden Folgen vieler Begebenheiten zur Behauptung irgendeiner Regel des Geschehens geführt werden sollen, so sehr drückt er das eigentliche originale Ergebnis der Kantischen Lehre und die eigentliche Absicht der „klassischen" Grundunterscheidung aus, von der sie ihren Ausgang nimmt.

Völlig einseitig und irreführend ist es daher, wenn noch immer die Kritik dieser Unterscheidung sich ausschließlich an die B e i s p i e l e heftet, durch die Kant sie erläutert hat; als ließe sich von ihnen alle sachliche Bedeutung des Gegensatzes und alle Aufklärung über seinen Sinn gewinnen. Der Grundmangel, der diesen Beispielen notwendig und der Natur der Sache nach anhaftet, läßt sich nunmehr deutlich bezeichnen. Sie alle entsprechen der vorläufigen Erklärung des analytischen und synthetischen Urteils, in welcher der eigentliche Nachdruck auf das verschiedene Verhältnis zwischen dem Subjekt und Prädikat gelegt wird, das in beiden gesetzt ist. Das Urteil heißt analytisch, wenn das Prädikat im Subjektsbegriff versteckterweise bereits enthalten ist; synthetisch, wenn es zu ihm als ein völlig neues Merkmal hinzutritt. Aber diese Darlegung, die nur der ersten Verdeutlichung dient, vermag schon um deswillen den eigentlichen Gehalt der Unterscheidung nicht zu treffen, weil es sich hier, wie wir sahen, nicht in erster Linie um die Bestimmungen handelt, die zu einem bereits fertigen Subjekt hinzutreten, sondern um den logischen Ursprung des Subjektsbegriffs selbst. Die Frage betrifft daher niemals die bloß logische Form des Urteils, sondern den Erkenntnisweg und die Erkenntnismittel, kraft deren das Subjekt selbst gewonnen und festgestellt ist. Die reinen Verstandesbegriffe sind als Bedingungen der Erfahrung „Begriffe der Verknüpfung und dadurch des Objekts selbst", während die Reflexionsbegriffe der Ontologie „nur der bloßen Vergleichung schon gegebener Begriffe" dienen und daher in der Tat „eine ganz andere Natur und Gebrauch haben". (Proleg. § 39.) Und dieser Grundsinn tritt denn auch mittelbar in den einzelnen Beispielen klar zutage. Die Wahl dieser Beispiele erklärt sich vor allem aus geschichtlichen Zusammenhängen, die Kant bei den Zeitgenossen als bekannt und gegenwärtig voraussetzen durfte, die aber für uns freilich fremd geworden und daher in der Beurteilung durchgängig übersehen worden sind. Daß alle Körper ausgedehnt sind, ist ein analytisches, daß alle Körper schwer sind, ein synthetisches Urteil. In der Tat gilt die Ausdehnung seit den Tagen Descartes' als dasjenige Merkmal, was den eigentlichen logischen Begriff des Körpers ausmacht. Alle anderen Eigenschaften des Körpers, seine Farbe wie seine sonstigen sinnlichen Qualitäten, seine Härte sowohl wie seine Schwere, haften ihm, wie Descartes ausdrücklich hervorhebt, nur zufällig an; es sind Beschaffenheiten, die in der Erfahrung mit ihm verbunden, die aber aus seiner Definition fernzuhalten sind. Sie gehören, scholastisch ausgedrückt, seiner Existenz, nicht seiner Essenz an. Daß dagegen alle Körper ausgedehnt sind — so bemerkt noch Kant selbst gegen Eberhard — dies ist „notwendig und ewig wahr, sie selbst mögen nun existieren oder nicht, kurz oder lange, oder auch alle Zeit hindurch, d. i. ewig existieren[1])." Und diese Sonderung erfährt auch durch die Newtonische Physik keine prinzipielle Wandlung. Denn so sehr hier die Schwere über den engen Bereich der irdischen Phänomene erweitert und zu universeller kosmischer Bedeutung erhoben ist, so trägt doch diese Universalität keinen anderen als empirischen Charakter. Die Schwere ist, wie Newton selbst ausdrücklich betont, eine allgemeine, aber keine wesentliche Eigenschaft der Materie[2]). „Die innere Natur der Körper" — so heißt es bei dem Newtonianer Freind — „ist mir so wenig bekannt, daß ich weit davon entfernt bin zu behaupten, jene Kraft wäre der Materie notwendig inhärent und gehörte ebenso zu ihr, wie die Ausdehnung und die Solidität[3])." Seither gibt es kaum irgendein mechanisches Lehrbuch der Zeit, in dem diese Unterscheidung nicht gelehrt und hervorgehoben würde. Man braucht etwa nur ein Werk, wie B o s s u t s „Traité élémentaire de mécanique et de dynamique" aufzuschlagen, um sie sogleich im Beginn in aller Schärfe ausgesprochen zu finden. „Hier muß sich nun der Leser vor einem Vorurteil hüten, dessen man sich anfangs schwer erwehren kann. Da wir keinen Körper kennen, der nicht schwer wäre, so ist man geneigt zu glauben, daß die Schwere der Materie wesentlich ist, so daß die Worte „Gewicht" und „Körper" synonym wären. Aber dies ist ein Irrtum. Die Schwere ist eine zufällige Eigenschaft des Körpers, die ihre besondere Ursache hat. Mit dem Wort „Körper"

---

[1]) „Über eine Entdeckung, nach der alle neue Kritik der reinen Vernunft durch eine ältere entbehrlich gemacht werden soll." S. W. (Hartenstein), VI, 52 f. — Vgl. C o h e n , Kants Theorie der Erfahrung, 2. Aufl., S. 401.

[2]) N e w t o n , Philos. natural. principia mathematica. Genf 1742, III, S. 4.

[3]) S. R o s e n b e r g e r , Isaac Newton und seine physikalischen Prinzipien, S. 363. — Im Zusammenhang hiermit ist es interessant, daß auch Kant die „Undurchdringlichkeit" als ein a n a l y t i s c h e s Prädikat des Körpers ansieht, während er die Schwere als ein synthetisches Prädikat bezeichnet. (Reflexionen 503.)

darf man daher keine andere Vorstellung verbinden, als die einer undurchdringlichen Ausdehnung von diesen oder jenen Dimensionen[1])." Im gleichen Sinne bestimmen d'Alemberts „Elemente der Philosophie" die Attraktion als eine **ursprüngliche** Beschaffenheit des Stoffes (une propriété primordiale), die dennoch kein **wesentliches** Merkmal von ihm ausmache. „Sobald wir einen Körper denken, denken wir ihn ausgedehnt, undurchdringlich, teilbar und beweglich; aber wir denken darin nicht notwendig, daß er auf einen anderen wirkt[2])." In diesem Zusammenhange wird es deutlich, in welchem Sinne Kant sein Beispiel braucht und welchem Zwecke es dienen soll. Der Körper als bloße „Ausdehnung" gedacht, könnte noch lediglich als Gegenstand der Ontologie aufgefaßt werden; erst durch das Merkmal der Schwere tritt zu ihm dasjenige Moment hinzu, das ihn als ein Objekt der Erfahrung, als ein Objekt der empirischen Physik charakterisiert. So weist das Beispiel deutlich auf die beiden Grundtypen aller Erkenntnis zurück, deren Sonderung die eigentliche Aufgabe der Vernunftkritik ausmacht; so beleuchtet es scharf den Unterschied, der zwischen dem bloßen zergliedernden „Denken" und dem gegenständlichen empirischen „Erkennen" besteht.

Zugleich tritt in ihm der zweite wesentliche Zug, in welchem die Begriffsbestimmung der Synthesis sich erst vollendet, deutlich hervor. Die apriorische Synthesis ist lediglich von empirischem Gebrauch; sie kennt kein anderes Material ihrer Betätigung als die Erfahrung selbst. Selbst unsere reinsten mathematischen Begriffe sind daher für sich allein nicht Erkenntnisse, außer sofern man voraussetzt, daß es Dinge gibt, die sich nur der Form jener reinen sinnlichen Anschauung gemäß darstellen lassen. „Dinge im Raum und der Zeit werden aber nur gegeben, sofern sie Wahrnehmungen

---

[1]) B o s s u t , Traité élémentaire de mécanique et de dynamique, Charleville 1763, S. 3. — Ebenso z. B. M a r i e , Traité de mécanique, Paris 1774, S. 6 f.

[2]) d ' A l e m b e r t , Eléments de Philosophie, § XVII (Mélanges VI, 240.)

(mit Empfindung begleitete Vorstellungen) sind, mithin durch empirische Vorstellung. Folglich verschaffen die reinen Verstandesbegriffe, selbst wenn sie auf Anschauungen a priori (wie in der Mathematik) angewandt werden, nur sofern Erkenntnis, als diese, mithin auch die Verstandesbegriffe vermittelst ihrer auf empirische Anschauungen angewandt werden können. Folglich liefern uns die Kategorien vermittelst der Anschauung auch keine Erkenntnis von Dingen, als nur durch ihre mögliche Anwendung auf empirische Anschauung, d. i. sie dienen nur zur Möglichkeit empirischer Erkenntnis." (Kr. 147.) So stark und bestimmend tritt dieses Interesse der A n w e n d u n g hervor, daß selbst der schroffe und ungenaue Ausdruck, daß die Gegenstände durch die empirische Vorstellung als solche gegeben würden, nicht vermieden wird. Das eigentliche Verhältnis aber ist jetzt bereits unzweideutig und in prinzipieller Klarheit festgestellt. Der „Gegenstand" liegt niemals unmittelbar im Sinneseindruck, sondern wird durch die reinen Funktionen des Verstandes zu ihm hinzugedacht. Aber dieser synthetische Prozeß hat andererseits keine andere Bestimmung und kennt kein anderes Ziel, als das bloße Wahrnehmungsurteil, indem er ihm den Charakter der Allgemeingültigkeit und Notwendigkeit gibt, zum Erfahrungsurteil zu machen. Die Notwendigkeit selbst ist somit nicht als „absolut", nicht als losgelöst von allen empirischen Zusammenhängen gedacht; sondern sie grenzt sich von Anfang an innerhalb dieser ein bestimmtes Feld, einen festumschriebenen Bezirk ihrer Wirksamkeit ab. Nur in bezug auf dieses Gebiet besitzt sie Gehalt und Erfüllung, während sie abgetrennt von ihm zur bloßen logischen Schablone verblaßt. „Selbst die Begriffe von Realität, Substanz, Kausalität, ja sogar der Notwendigkeit im Dasein verlieren alle Bedeutung und sind leere Titel zu Begriffen ohne allen Inhalt, wenn ich mich außer dem Felde der Sinne damit hinauswage." (Kr. 707, vgl. 724.) Die relative Notwendigkeit, die sich mitten in dem Bereich der „Erfahrung" selbst aufweisen, die sich selbst dem einzelnen „aposteriorischen" Urteil abgewinnen läßt, sofern es objektive Gültigkeit beansprucht, gilt es festzustellen. (Vgl. ob. S. 665 ff.)

Die Frage: „wie ist Natur selbst möglich", diese Frage, welche nach Kant „der höchste Punkt ist, den transzendentale Philosophie nur immer berühren mag, und zu welchem sie auch als ihrer Grenze und Vollendung geführt werden muß", hat jetzt ihre allgemeine Auflösung erfahren. Die Natur ist uns nichts anderes als die Erfahrung; diese selbst aber löst sich in einen Inbegriff synthetischer Urteile auf. In den Prinzipien dieser Urteile, deren wir uns allgemein versichern können, sind ihre objektiven Ergebnisse vorweg bestimmt und auf feste Bedingungen eingeschränkt. „Die Bedingungen der Möglichkeit der Erfahrung überhaupt sind zugleich Bedingungen der Möglichkeit der Gegenstände der Erfahrung und haben darum objektive Gültigkeit in einem synthetischen Urteile a priori." (Kr. 197.) In den Grundzügen der synthetischen Urteilsfunktion ist das Bild der Wirklichkeit vorgezeichnet. Denn es muß ein Natursystem geben, welches vor aller empirischen Naturerkenntnis vorhergeht und sie zuerst möglich macht, da erst mit seiner Hilfe einzelne Erfahrungen zu gewinnen und anzustellen sind. (Proleg. § 23.) „So müssen alle möglichen Wahrnehmungen, mithin auch alles, was zum empirischen Bewußtsein immer gelangen kann, d. i. alle Erscheinungen der Natur ihrer Verbindung nach unter den Kategorien stehen, von welchen die Natur (bloß als Natur überhaupt betrachtet) als dem ursprünglichen Grunde ihrer notwendigen Gesetzmäßigkeit (als *natura formaliter spectata*) abhängt. Auf mehrere Gesetze aber als die, auf denen eine Natur überhaupt als Gesetzmäßigkeit der Erscheinungen in Raum und Zeit beruht, reicht auch das reine Verstandesvermögen nicht zu, durch bloße Kategorien den Erscheinungen a priori Gesetze vorzuschreiben. Besondere Gesetze, weil sie empirisch bestimmte Erscheinungen betreffen, können davon nicht vollständig abgeleitet werden, ob sie gleich alle insgesamt unter jenen stehen. Es muß Erfahrung dazu kommen, um die letzteren überhaupt kennen zu lernen; von Erfahrung aber überhaupt und dem, was als ein Gegenstand derselben erkannt werden kann, geben allein jene Gesetze a priori die Belehrung." (Kr. 164 f.) Wir besitzen somit Grundsätze immer nur als Prinzipien der „Exposition", der wissenschaftlichen Darstellung und Verknüpfung der Erscheinungen, und der stolze Name einer Ontologie muß dem bescheidenen einer Analytik des reinen Verstandes Platz machen. (Kr. 303.) Jedes besondere Mittel der Erkenntnis ist fortan, wie groß auch immer seine Unabhängigkeit und sein selbständiger Wert erscheinen mag, nur im Ganzen dieser allgemeinen Aufgabe zu betrachten; jede einzelne Synthese vermag ihre transzendentale Begründung nur im Hinblick auf das System der Natur zu erlangen, das als System der reinen Grundsätze der Erkenntnis begriffen ist.

III.

Raum und Zeit.

Wir haben in der Entwicklungsgeschichte des Kantischen Denkens verfolgt, aus welchen Motiven die Sonderung zwischen den Elementarbegriffen der „Sinnlichkeit" und zwischen den Elementarbegriffen des reinen Verstandes erwachsen ist. In dieser Trennung erst gewann die kritische Methode ihre Sicherheit und ihre Selbständigkeit gegenüber der Metaphysik. Aber es zeigte sich zugleich, daß die erste grundsätzliche Trennung, wie sie die Schrift „De mundi sensibilis atque intelligibilis forma et principiis" vollzog, das Problem des wechselseitigen Verhältnisses der beiden Erkenntnisweisen nicht endgültig zu lösen vermochte. Wenn hier die beiden Arten und Methoden des Wissens auf verschiedene Welten hingewiesen wurden, wenn die Verschiedenheit ihrer Geltung durch eine fundamentale Differenz im Sein der Dinge erklärt und zum Ausdruck gebracht wurde, so hielt diese Entscheidung vor der tieferen kritischen Fassung des Objektivitätsbegriffs, die Kant fortschreitend gewann, nicht länger stand. Denn hier werden die logischen Bedingungen entdeckt, auf denen die Beziehung der Vorstellungen auf den „Gegenstand" überhaupt beruht; hier wird somit ein Forum geschaffen, vor welchem jegliche Aussage über die Wirklichkeit der Dinge, wie immer sie im Einzelnen beschaffen sein mag, sich rechtfertigen muß. Diese höchste Einheitsinstanz, die jetzt für alles objektiv gültige Wissen

festgestellt ist, verstattet es nicht länger, Sinnlichkeit und Verstand schlechthin nach der Natur der Gegenstände, auf die sie gehen, zu unterscheiden. So vollzieht sich denn jetzt eine charakteristische Wandlung der Problemstellung. „Die Sinnlichkeit" — so bemerkt eine Reflexion, die offenbar der Epoche nach der Dissertation angehört — „ist bei den Menschen von der Vernunft nicht so sehr unterschieden, daß nicht beide nur auf einerlei Gegenstände, wenigstens solche, die auf einerlei Art vorgestellt werden, gehen sollten, ungeachtet die eine für die Gegenstände in Ansehung aller möglichen Stellung der Sinnlichkeit gültig ist, die andere nicht[1]."
Ist dem aber so, so müssen die beiden „Vermögen" in ihrer sachlichen Wurzel irgendwie zusammenhängen; so muß es ein Prinzip geben, in dem sie, wenngleich jegliches vom andern klar geschieden bleibt, dennoch methodisch übereinkommen und das beiden, als gemeinsamer Oberbegriff, ihre wechselseitige Stellung und Ordnung anweist. Dieses Prinzip ist in der Tat in der Kritik der reinen Vernunft im Begriff der Synthesis gewonnen. Die reinen Anschauungen des Raumes und der Zeit, wie die Begriffe des reinen Verstandes bilden nur verschiedenartige Entfaltungen und Ausprägungen der Grundform der synthetischen Einheitsfunktion.

Es bildet eine der wesentlichen Schwierigkeiten in der Darstellung der Vernunftkritik, daß in ihr diese veränderte Lage des Problems nicht sogleich zur Geltung und zur Deutlichkeit gelangt. Die transzendentale Ästhetik übernimmt in den einzelnen Beweisen für die apriorische Bedeutung des Raumes und der Zeit die Hauptsätze der Dissertation ohne jede wesentliche Einschränkung und Umgestaltung. Vor der Übereinstimmung im materiellen Hauptergebnis, in der Lehre von der Idealität des Raumes und der Zeit, trat die Tatsache, daß die Stellung, die diesem Ergebnis nunmehr innerhalb des Gesamtsystems der Erkenntnis zukommt, eine völlig andere geworden ist, für Kant zunächst zurück. Erst die transzendentale Logik bringt hier die notwendige Ergänzung

---

[1]) Refl. 1007; vgl. die Bemerkungen über die „Homogeneität" aller synthetischen Erkenntnisse in den „Losen Blättern" ob. S. 646.

und Berichtigung; erst sie ermöglicht es, die neue Ansicht, die jetzt von Raum und Zeit gewonnen ist, als Ganzes zu übersehen und zu beurteilen. Deutlicher, als das Bestreben der methodischen Trennung der Erkenntnismittel tritt in ihr das Bewußtsein ihrer einheitlichen Aufgabe und des gemeinsamen Zieles, das sie sämtlich in der „Möglichkeit der Erfahrung" besitzen, heraus. Erfahrung ist die einzige Erkenntnisart, welche aller anderen Synthesis Realität gibt, welche also zuletzt der reinen Mathematik selbst, im kritischen Sinne, ihre „Wahrheit", d. h. ihre Übereinstimmung mit dem Objekt verleiht. Raum und Zeit sind gültig und notwendig, sofern sie sich als Bedingungen der Setzung des empirischen Seins bewähren.

Der synthetische Charakter der Raum- und Zeitfunktion läßt sich zunächst aus einem doppelten Gesichtspunkt betrachten und darlegen. Auf der einen Seite steht das Interesse der Psychologie, das zwar nicht das erste und bestimmende ist, das aber dennoch Gehör verlangt, wie es denn in die Erörterungen Kants immer von neuem hineinspielt. Wir erinnern uns, wie energisch im achtzehnten Jahrhundert, auch außerhalb des Umkreises der bekannten empiristischen Systeme, das Bestreben hervorgetreten war, die neuen Probleme, die die objektive Wissenschaft in ihren Grundbegriffen des Raumes und der Zeit geschaffen hatte, auf dem Wege der psychologischen Analyse zu bewältigen. Immer von neuem wurde von dieser Seite her die Aufklärung der Antinomien erwartet, in die das physikalische Denken sich verstrickt sah. Ein Grundergebnis aber war es vor allem, das bei all diesen Untersuchungen immer deutlicher heraustrat und das immer allgemeinere Anerkennung gewann. Raum und Zeit lassen sich nicht als bloße Summe vereinzelter sinnlicher Eindrücke verstehen und ableiten, sondern sie sind das Ergebnis eigentümlicher psychischer Verknüpfungsweisen. Sie stellen eine besondere Art der Beziehung dar, die wir zwischen den einzelnen Empfindungen stiften. Ihre charakteristischen logischen Grundeigenschaften, ihre Einheit und ihre Stetigkeit, ihre Selbständigkeit gegenüber allen empirischen Inhalten und ihre Unendlichkeit, erhalten ihre psychologische Begründung in dem Umstand, daß wir es in ihnen nicht mit Produkten der Empfindung, sondern der Einbildungskraft zu tun haben, die nach eigenen Gesetzen wirksam ist[1]). Bei Berkeley bereits ist es allseitig erwiesen, daß der Abstand, wie die räumliche Ordnung der Dinge, nicht gesehen, noch auf irgend eine Weise sinnlich wahrgenommen werden kann, daß sie niemals im bloßen Inhalt der einzelnen Perzeptionen fertig mitgegeben sind, sondern erst in der Vergleichung und Beurteilung der Eindrücke entstehen. Aber das Urteil ruht hier nicht auf eigenen logischen Prinzipien, sondern wird selbst in das bloße Spiel der Assoziationen, in eine subjektive gewohnheitsmäßige Verbindung aufgelöst. An diesem Punkte setzt Kants allgemeine Frage ein. Die Synthesis, auf welcher Raum und Zeit beruhen und in welche sie sich, psychologisch betrachtet, auflösen, muß selbst in ihrer „objektiven" Bedeutung gewürdigt, d. h. auf notwendige und allgemeingültige Regeln zurückgeführt werden. Gelänge dies nicht, so gäbe es soviel verschiedene Räume und Zeiten, als es verschiedene empfindende Individuen gibt; so wäre die Einheit des Raumes und der Zeit, die die erste Grundbedingung der Einheit der Erfahrung ausmacht, zerstört. „Es ist nur ein e Erfahrung, in welcher alle Wahrnehmungen als im durchgängigen und gesetzmäßigen Zusammenhange vorgestellt werden; ebenso wie nur ein Raum und Zeit ist, in welcher alle Formen der Erscheinung und alles Verhältnis des Seins oder Nichtseins stattfinden. Wenn man von verschiedenen Erfahrungen spricht, so sind es nur soviel Wahrnehmungen, sofern solche zu einer und derselben allgemeinen Erfahrung gehören. Die durchgängige und synthetische Einheit der Wahrnehmungen macht nämlich gerade die Form der Erfahrung aus, und sie ist nichts anderes als die synthetische Einheit der Erscheinungen nach Begriffen." (A. 110.) Wiederum bewährt sich hier die Copernikanische Drehung. Wir fragen nicht, wie der an sich vorhandene, absolute Weltraum sich in die mannigfachen Raumwelten der verschiedenen vorstellenden Subjekte spaltet; sondern wir suchen umgekehrt

---

[1]) Vgl. z. B. ob. S. 460.

die logischen Bedingungen dafür festzusetzen, daß der subjektive Raum, der dem einzelnen zunächst allein gegeben ist, sich zum „objektiven" wandelt, daß also, aller individuellen Unterschiede der Vorstellung ungeachtet, ein eindeutiger Begriff der empirischen Wirklichkeit sich ergibt. —
Diese kritische Objektivität des Raumes und der Zeit kann nicht anders gesichert werden, als durch die Einsicht, daß beide nicht bloße gegebene Einzeldinge sind, die dem Vorstellen gegenüberstehen und ihm „objiziert" sind, sondern daß es sich in ihnen um Erkenntnisquellen handelt, aus welchen der Inhalt der Gegenständlichkeit erst hervorgeht. Der Begriff des „A priori" tritt in diesem Zusammenhange von neuem in seiner spezifischen Bedeutung hervor. Würde die „Form" der Anschauung in irgendwelchem Sinne etwas Fertiges und Abgeschlossenes, würde sie eine „Eigenschaft" der äußeren Dinge oder des psychologischen Subjekts bedeuten, so könnte sie nicht zum Grund und zur Gewähr wahrhaft „apriorischer" Einsichten werden. Denn wir können von den Dingen nur das a priori erkennen, „was wir selbst in sie legen". Der Raum und die Zeit müssen somit aus Gegenständen, die erkannt werden sollen, in Funktionen verwandelt werden, mit denen und kraft deren wir erkennen. Sie sind einzelne Phasen und Stadien auf jenem Wege der fortschreitenden Vereinheitlichung des mannigfaltigen empirischen Materials, die die wissenschaftliche Erkenntnis des Gegenstandes ausmacht. Wenn für die gewöhnliche Ansicht die Empfindung mit ihrer räumlichen und zeitlichen Form zu einer einzigen unterschiedslosen Masse des Gegebenen, des schlechthin Daseienden verschmilzt, so gilt es vor allem, diese Vermischung wiederum rückgängig zu machen. Raum und Zeit sind die ersten und grundlegenden Konstruktionsmittel der Gegenständlichkeit. Ein Objekt der äußeren Erfahrung erkennen, heißt nichts anderes als es nach den Regeln der reinen räumlichen Synthesis aus den Sinneseindrücken gestalten, und es somit als räumlich erst hervorbringen. „Wenn ich also z. B. die empirische Anschauung eines Hauses durch Apprehension des Mannigfaltigen derselben zur Wahrnehmung mache, so liegt mir die notwendige Einheit des

Raumes und der äußeren sinnlichen Anschauung überhaupt zum Grunde, und ich zeichne gleichsam seine Gestalt dieser synthetischen Einheit des Mannigfaltigen im Raume gemäß." (Kr. 162.) Dieser Akt der Zeichnung erst ermöglicht die bestimmten und festen Umrisse der Einzelgestalten. „Wir können uns keine Linie denken, ohne sie in Gedanken zu ziehen, keinen Zirkel denken, ohne ihn zu beschreiben, die drei Abmessungen des Raumes gar nicht vorstellen, ohne aus demselben Punkte drei Linien senkrecht aufeinander zu setzen, und selbst die Zeit nicht, ohne, indem wir im Ziehen einer geraden Linie (die die äußerlich figürliche Vorstellung der Zeit sein soll), bloß auf die Handlung der Synthesis des Mannigfaltigen, dadurch wir den innern Sinn successiv bestimmen, und dadurch auf die Succession dieser Bestimmung in demselben acht haben. Bewegung als Handlung des Subjekts (nicht als Bestimmung des Objekts), folglich die Synthesis des Mannigfaltigen im Raume, wenn wir von diesem abstrahieren und bloß auf die Handlung acht haben, dadurch wir den inneren Sinn seiner Form gemäß bestimmen, bringt sogar den Begriff der Succession zuerst hervor. Der Verstand findet also in diesem nicht etwa schon eine dergleichen Verbindung des Mannigfaltigen, sondern bringt sie hervor, indem er ihn affiziert." (Kr. 154 f.) So ist die bestimmte räumliche Gestalt, wie die Bestimmtheit des einzelnen zeitlichen Geschehens nur durch eine Durchdringung der sinnlichen und der Verstandesbedingungen möglich, die beide gemeinsam „wirken" können, weil sie nur zwei verschiedene Seiten des Grundaktes der Synthesis überhaupt darstellen.

Die geschichtliche Universalität von Kants Lehre tritt hier deutlich zutage. Wie er zuvor an die Ergebnisse der psychologischen Empirie anknüpfen konnte, um sie gemäß der Tendenz des eigenen Gedankens zu gestalten, so ist es hier das methodische Grundproblem des Rationalismus, das er ergreift. Denn dies galt als das Entscheidende für alle rationalistischen Denker der neueren Zeit, daß dem Intellekt nicht nur eine nachbildende Funktion, sondern eine ursprüngliche Produktivität zugestanden werden sollte; daß er in seinen „kausalen Definitionen" die Kraft besitzen sollte, die ursprüngliche Verfassung des Seins zu ergreifen. Die Bewegung des Denkens, die deduktive synthetische Verknüpfung seiner Einzelschritte sollte zugleich die realen Bedingungen und Kräfte bloßlegen, nach welchen alles besondere empirische Dasein entsteht. Dieser rein logische Sinn des Bewegungsbegriffs, der uns bei Spinoza und Leibniz entgegentrat, wird nunmehr, im Unterschied von seiner empirischen Bedeutung, auch von Kant nachdrücklich betont. „Bewegung eines O b j e k t s im Raume gehört nicht in eine reine Wissenschaft; folglich auch nicht in die Geometrie; weil, daß etwas beweglich sei, nicht a priori, sondern nur durch Erfahrung erkannt werden kann. Aber Bewegung, als B e s c h r e i b u n g eines Raumes, ist ein reiner Actus der successiven Synthesis des Mannigfaltigen in der äußeren Anschauung überhaupt durch produktive Einbildungskraft und gehört nicht allein zur Geometrie, sondern sogar zur Transzendentalphilosophie." (Kr. 155, Anm.) Das Wichtige und Neue aber gegenüber der Vergangenheit des Rationalismus ist eben dies, daß diese reine Grundform der Bewegung nur insofern zur Transzendentalphilosophie gehört, als und soweit sie sich in der Geometrie und damit mittelbar in der Gestaltung des e m p i r i s c h r ä u m l i c h e n Bildes der Wirklichkeit bewährt. Wenn Spinoza auf die Geometrie hinblickt, so gilt sie ihm als der Grundtypus für die Ordnung der ewigen göttlichen Gedanken und somit für den ursprünglichen Zusammenhang, der die absoluten Wesenheiten der Dinge aneinander kettet. Die Reihe der veränderlichen Einzelphänomene und ihre kausale Verknüpfung zu verfolgen dagegen erscheint ihm als keine würdige und notwendige Aufgabe der echten verstandesmäßigen Erkenntnis. Und auch für Leibniz bildet, so sehr er gerade an diesem Punkte über Spinoza hinausgeht und sein Problem vertieft, zuletzt dennoch der absolute Intellekt Gottes den Maßstab, nach welchem er den allgemeinen logischen Begriff der Wahrheit bestimmt. Jetzt erst ist die entscheidende Wendung erreicht, daß alle „Spontaneität" des Denkens lediglich den Zwecken der Erfahrungserkenntnis selbst zu dienen hat und daher im Bereich der „Erscheinungen" gebunden bleibt.

Zugleich tritt jetzt das zweite, wichtigere Moment hervor, das dem Beweis der Apriorität und der synthetischen Bedeutung des Raumes und der Zeit erst seine eigentliche Stütze gibt. Dem psychologischen Gesichtspunkt tritt der transzendentale zur Seite: der Gehalt der Begriffe des Raumes und der Zeit bestimmt sich nach den Erkenntnissen, die sie in Geometrie und Arithmetik, wie in der reinen Bewegungslehre ermöglichen. „Geometrie ist eine Wissenschaft, welche die Eigenschaften des Raumes synthetisch und doch a priori bestimmt. Was muß die Vorstellung des Raumes denn sein, **damit eine solche Erkenntnis von ihm möglich sei?**" (Kr. 40.) Die „Vorstellung des Raumes" wird also nicht als einfaches psychologisches Faktum aufgegriffen, sondern sie fungiert zunächst als Unbekannte, die ihre nähere logische Bestimmung erst von der Analyse der geometrischen Erkenntnis erwartet. Das Ergebnis dieser Analyse entscheidet über unsere Ansicht vom „Wesen" des Raumes. Ist dieses Wesen als absolut zu betrachten, so kann es, wenn es überhaupt in unser Wissen übergeht, sich diesem nur stückweise mitteilen; so kann es uns demnach nur in dem Maße bekannt werden, als es sich uns in der Erfahrung bereits dargestellt und offenbart hat. Die mathematischen Urteile könnten somit über eine bloß induktive Geltung niemals hinauswachsen. „Müßte unsere Anschauung von der Art sein, daß sie Dinge vorstellte, so wie sie an sich selbst sind, so würde gar keine Anschauung a priori stattfinden, sondern sie wäre allemal empirisch. Denn was in dem Gegenstande an sich selbst enthalten sei, kann ich nur wissen, wenn er mir gegenwärtig und gegeben ist. Freilich ist es auch alsdann unbegreiflich, wie die Anschauung einer gegenwärtigen Sache mir diese sollte zu erkennen geben, wie sie an sich ist, da ihre Eigenschaften nicht in meine Vorstellungskraft hinüber wandern können; allein die Möglichkeit davon eingeräumt, so würde doch dergleichen Anschauung nicht a priori statt finden, d. i. ehe mir noch der Gegenstand vorgestellt würde; denn ohne das kann kein Grund der Beziehung meiner Vorstellung auf ihn erdacht werden, sie müßte denn auf Eingebung beruhen." (Prol. § 9.) Aber die Geometrie steht von Anfang an außerhalb dieser ganzen Art und Richtung der Fragestellung. Sie kennt und erkennt keine Gegenstände außer denen, die sie selbst kraft der Definition erschaffen hat. Der erste, der den gleichschenkligen Triangel demonstrierte, bewirkte eine Revolution der Denkart, die fortan den allgemeinen Begriff des Wissens selbst umgestaltete, indem er einsah, daß er „nicht dem, was er in der Figur sah oder auch dem bloßen Begriffe derselben nachspüren und gleichsam davon ihre Eigenschaften ablernen, sondern durch das, was er nach Begriffen selbst a priori hineindachte und darstellte (durch Konstruktion) sie hervorbringen müsse." Diese charakteristische Erkenntnisform ist es, die die Mathematik all den Gebieten, die mit ihr in Zusammenhang stehen, die sie insbesondere der theoretischen Naturwissenschaft mitteilt. Denn wie die Geometrie die reine Anschauung des Raumes zum Grunde legt, wie die Arithmetik ihre Zahlbegriffe durch successive Hinzusetzung der Einheiten zustande bringt, so kann auch die reine Mechanik ihre Begriffe von Bewegung nur vermittelst der Vorstellung der Zeit zustande bringen. (Proleg. § 10.)

Diese Grundeigenschaft, die die metaphysische Deduktion des Raumes und der Zeit aufdeckt leitet sogleich zur transzendentalen über. Die apriorische Gültigkeit der mathematischen Sätze ist jetzt gesichert und begriffen; sie beruht darauf, daß diese Sätze sich nicht sowohl mit besonderen Gestalten, die als solche in ihrer Verschiedenheit immer nur einzeln durchlaufen und aufgezählt werden könnten, als vielmehr mit Gestaltungsweisen, deren Gesetz sich allgemein vergegenwärtigen läßt, befassen. So vermag das einzeln hingezeichnete Dreieck in der Geometrie den reinen Begriff dieser Figur unbeschadet seiner Allgemeinheit auszudrücken, weil bei dieser empirischen Anschauung immer nur auf die Handlung der Konstruktion des Begriffs gesehen wird, welcher viele Bestimmungen, wie die Größe der Seiten und Winkel ganz gleichgültig sind. (Kr. 742.) Der scholastische Formbegriff ist erst damit überwunden: denn wie es nicht die „Spezies" der Außendinge sind, die sich von ihnen loslösen, um in uns Erkenntnis zu wirken, so bedeutet die Form anderseits auch nicht länger eine feste Gestalt und Prägung, die dem „Subjekt" fertig mitgegeben ist, sondern bezeichnet lediglich eine allgemeine logische Bedingung der Erfahrung selbst. „Die Kritik" — so bemerkt Kant gegen Eberhard — „erlaubt schlechterdings keine anerschaffenen oder angeborenen Vorstellungen; alle insgesamt, sie mögen zur Anschauung oder zu Verstandesbegriffen gehören, nimmt sie als erworben an. Es gibt aber auch eine ursprüngliche Erwerbung (wie die Lehrer des Naturrechts sich ausdrücken), folglich auch dessen, was vorher gar noch nicht existiert, mithin keiner Sache vor dieser Handlung angehört hat. Dergleichen ist, wie die Kritik behauptet, erstlich die Form der Dinge in Raum und Zeit; zweitens die synthetische Einheit des Mannigfaltigen in Begriffen; denn keine von beiden nimmt unser Erkenntnisvermögen von den Objekten, als in ihnen an sich selbst gegeben, her, sondern bringt sie aus sich selbst a priori zustande"[1]). Raum und Zeit haben vor der „Handlung", in welcher sie hervorgebracht werden, keiner Sache angehört, weil jegliche „Sache" für uns erst in und mit dieser Handlung entsteht.

* * *

Aber je unzweideutiger von seiten der psychologischen, wie der transzendentalen Analyse der konstruktive Charakter der reinen Anschauung hervortritt und je schärfer er von Kant selbst betont wird, um so mehr drängt sich eine andere Schwierigkeit auf. Der Gegensatz zwischen den Formen der Sinnlichkeit und den Formen des Verstandes scheint sich jetzt mehr und mehr zu verwischen. Die Sinnlichkeit bedeutet nicht länger ein rein „rezeptives" Vermögen, sondern sie gewinnt eine eigene Selbsttätigkeit. In der Tat läßt sich die Trennung und Ausschließung, die die Dissertation durchgeführt hatte, wenngleich Kant auf sie noch häufig zurückgreift, sachlich jetzt nicht mehr aufrecht erhalten. Die Sonderung kann sich nur innerhalb der Grenzen des gemeinsamen

---

[1]) Über eine Entdeckung etc., S. W. (Hartenstein) VI, 37 f.

Oberbegriffs der Synthesis vollziehen; es besteht somit von Anfang an eine übergeordnete Einheit, die die beiden Glieder des Gegensatzes umfaßt und die ihre beiderseitige Stellung bestimmt. Aber damit scheinen zugleich all die metaphysischen Gefahren, denen die kritische Scheidung der Dissertation begegnen wollte, sich von neuem zu erheben. Wieder drohen die Grenzen der sinnlichen und der intelligiblen Welt ineinander überzugehen; wieder scheinen die apriorischen Erkenntnisweisen als freischaltende geistige Vermögen über alle Schranken des „gegebenen" empirischen Materials hinauszugreifen zu können. Hier muß somit das zweite entscheidende Grundmotiv der Vernunftkritik von neuem einsetzen: die neue Freiheit und „Spontaneität", die die Funktionen der Sinnlichkeit erlangt haben, verlangt auf der anderen Seite eine um so festere Bindung an die Erfahrung und ihren Gegenstand.

Die stetig wiederkehrende Forderung, daß all unser Denken, um Erkenntnis zu verschaffen, sich auf das „Gegebene der Anschauung" zurückbeziehen müsse, tritt in diesem Zusammenhange in ihrer wahren Grundtendenz hervor. Soweit dieser Ausdruck der „Gegebenheit" mit der Annahme von „Dingen an sich", die unser Gemüt affizieren, in Zusammenhang steht, kann er zunächst außer Betracht bleiben. (S. hierüber unten: Abschn. V.) Denn wie immer es sich hiermit verhalten möge, so steht doch das Eine fest, daß die innere logische Struktur der Erkenntnis nur aus sich selbst heraus und unabhängig von allen metaphysischen Hypothesen sich darstellen und entwickeln lassen muß; daß somit der Begriff der „Gegebenheit", soweit ihm ein logisches Recht zukommt, sich vor allem in der Charakteristik und in der kritischen Zergliederung der Funktion der Erkenntnis selbst bewähren und als notwendig erweisen muß. Innerhalb dieses engeren Umkreises aber wird die Bedeutung des Ausdrucks von Kant klar und unzweideutig formuliert. „Wenn eine Erkenntnis objektive Realität haben, d. i. sich auf einen Gegenstand beziehen und in demselben Bedeutung und Sinn haben soll, so muß der Gegenstand auf irgendeine Art gegeben werden können. Ohne das sind die Begriffe leer, und man hat dadurch zwar gedacht, in der Tat aber durch dieses Denken nichts erkannt, sondern nur mit Vorstellungen gespielt. Einen Gegenstand geben, wenn dieses nicht wiederum nur mittelbar gemeint sein soll, sondern unmittelbar in der Anschauung darstellen, ist nichts anderes, als dessen Vorstellung auf Erfahrung (es sei wirkliche oder doch mögliche) beziehen. Selbst der Raum und die Zeit, so rein diese Begriffe auch von allem Empirischen sind, und so gewiß es auch ist, daß sie völlig a priori im Gemüte vorgestellt werden, würden doch ohne objektive Gültigkeit und ohne Sinn und Bedeutung sein, wenn ihr notwendiger Gebrauch an den Gegenständen der Erfahrung nicht gezeigt würde, ja ihre Vorstellung ist ein bloßes Schema, das sich immer auf die reproduktive Einbildungskraft bezieht, welche die Gegenstände der Erfahrung herbei ruft, ohne die sie keine Bedeutung haben würden; und so ist es mit allen Begriffen ohne Unterschied". (Kr. 194 f.) So besagt auch die „Gegebenheit" in diesem Zusammenhange nichts anderes, als den immer wieder eingeschärften Gedanken, daß die Erfahrung das Endziel all unserer reinen Begriffe bilden muß und die einheitliche A u f g a b e, die ihnen von Anfang an gestellt ist. Die Begriffe werden nicht von gegebenen Gegenständen hergenommen und abgelesen, da sie auf diese Weise niemals eine andere als empirische Gültigkeit gewinnen könnten; wohl aber müssen wir sie, um sie auf Erscheinungen anwendbar zu machen, zuvor in der reinen Anschauung konstruktiv darstellen, d. h. ihnen ein Objekt „geben". Der empirische Stoff wird auf die reinen Formen des Raumes und der Zeit bezogen; in diesen aber werden „die Gegenstände durch die Erkenntnis selbst a priori (der Form nach) in der Anschauung gegeben". (Kr. 120.) Das konstruktive Element ist somit hier nicht verdunkelt oder ausgeschaltet, vielmehr bildet die geometrische Konstruktion selber das fundamentale „Datum" für alle Synthesen der Erkenntnis überhaupt. Das Denken kann nicht aus sich heraus eine eigene Wirklichkeit erschaffen, sondern es bleibt ausschließlich auf diejenige Art von Gegenständlichkeit hingewiesen, die sich in Raum und Zeit und kraft der Anschauung von Raum und Zeit darstellen läßt. Vom Standpunkt des bloßen Verstandes aus bleibt die

Synthesis der reinen Anschauung selbst ein Gegebenes, sofern sie das Material bildet, das ihm vorgelegt ist und über dessen Grenzen er auch in seiner freiesten Betätigung nicht hinauszuschreiten vermag.

So scheint, von dieser Seite her betrachtet, das System der reinen Verstandesbegriffe zu bloß mittelbarer Bedeutung herabzusinken, da es ja keine andere Leistung kennt, noch kennen darf, als die Anschauung selbst, als die eindeutige Verknüpfung der Erscheinungen in Raum und Zeit zu ermöglichen. Dieses Ergebnis, das jetzt endgültig festgestellt ist, läßt indessen eine doppelte Darstellung und gleichsam eine verschiedene Art der Betonung zu. Wenn die Kategorien einerseits an die Anschauung gebunden, wenn sie, schroff ausgedrückt, nur um ihretwillen vorhanden sind, so erweisen sie sich anderseits eben kraft dieses unlöslichen Zusammenhangs als ein notwendiges Moment für die Anschauung selbst; als ein Moment, von dem sich zwar vorübergehend aus methodischen Rücksichten abstrahieren läßt, das aber, sachlich betrachtet, eine positive und unumgängliche Bedingung für die Setzung der räumlichen und zeitlichen Ordnung selber darstellt. Gegenüber der Sonder- und Ausnahmestellung, die die ,,Sinnlichkeit" zunächst in der transzendentalen Ästhetik erlangt hatte, wird diese Folgerung in der transzendentalen Logik ausdrücklich hervorgehoben und eingeschärft. ,,Der Raum, als Gegenstand vorgestellt (wie man es wirklich in der Geometrie bedarf), enthält mehr als bloße Form der Anschauung, nämlich Zusammenfassung des Mannigfaltigen, nach der Form der Sinnlichkeit Gegebenen in eine anschauliche Vorstellung, so daß die Form der Anschauung bloß Mannigfaltiges, die formale Anschauung aber Einheit der Vorstellung gibt. Diese Einheit hatte ich in der Aesthetik bloß zur Sinnlichkeit gezählt, um nur zu bemerken, daß sie vor allem Begriffe vorhergehe, ob sie zwar eine Synthesis, die nicht den Sinnen angehört, durch welche aber alle Begriffe von Raum und Zeit zuerst möglich werden, voraussetzt. Denn da durch sie (indem der Verstand die Sinnlichkeit bestimmt) der Raum oder die Zeit als Anschauungen zuerst gegeben werden, so gehört die Einheit dieser Anschauung a priori zum Raume und der Zeit und nicht zum Begriffe des Verstandes." (Kr. 161 Anm.) Hier tritt also der entgegengesetzte Gesichtspunkt hervor; hier ist es der Verstand, der die Sinnlichkeit, die für sich allein nur ein unbestimmtes Grundschema darbietet, zuerst bestimmt und der dadurch erst einen Gegenstand, als Gegenstand der Anschauung, gibt. Raum und Zeit erfordern, wenn sie nicht bloß als subjektive Formen der Sinnlichkeit, sondern als Objekt der reinen Anschauung betrachtet werden, den Begriff eines Zusammengesetzten, mithin der Zusammensetzung des Mannigfaltigen: da aber „diese Zusammensetzung nicht in die Sinne fallen kann, sondern wir sie selbst machen müssen, so gehört sie nicht zur Rezeptivität der Sinnlichkeit, sondern zur Spontaneität des Verstandes, als Begriff a priori". Die beiden scheinbar widerstreitenden Tendenzen in der Rang- und Wertbestimmung von Anschauung und Denken aber vermögen in Wahrheit einander zu ergänzen und zu bestätigen. Daß alle unsere Begriffe sich auf die räumliche Anschauung beziehen, dies bedeutet nichts anderes, als daß jegliche Erkenntnis des Objekts, die wir gewinnen können, durch die reine geometrische Konstruktion vermittelt sein muß; ist diese Einsicht aber einmal gesichert und festgestellt, so gilt es umgekehrt zu erkennen, daß die Geometrie selbst, sofern sie von bestimmten Gestalten im Raume handelt, diese lediglich auf Grund der synthetischen Funktionen des Denkens hervorzubringen vermag. Was den Raum zur Zirkelgestalt, zur Figur des Kegels oder der Kugel bestimmt, ist der Verstand, sofern er den Grund der Einheit der Konstruktion dieser Figuren enthält. (Proleg. § 38.)

So erklärt sich von hier aus auch die doppelte Richtung, die Kant in der Charakteristik des synthetischen Urteils einschlägt. Auf der einen Seite nämlich erscheint jegliche Synthesis ihrem reinen Ursprung nach als intellektuell. „Die Verbindung (*conjunctio*) eines Mannigfaltigen überhaupt kann niemals durch Sinne in uns kommen und kann also auch nicht in der reinen Form der sinnlichen Anschauung zugleich mit enthalten sein; denn sie ist ein Actus der Spontaneität der Vorstellungskraft, und da man diese, zum Unterschiede von der Sinnlichkeit, Verstand nennen muß, so ist alle Verbindung... eine Verstandeshandlung, die wir mit der allgemeinen Benennung Synthesis belegen werden, um dadurch zugleich bemerklich zu machen, daß wir uns nichts als im Objekte verbunden vorstellen können, ohne es vorher selbst verbunden zu haben, und unter allen Vorstellungen die Verbindung die einzige ist, die nicht durch Objekte gegeben, sondern nur vom Subjekte selbst verrichtet werden kann, weil sie ein Actus seiner Selbsttätigkeit ist." (Kr. 129 f.) Alle Synthesis, wie immer sie im einzelnen bestimmt sein mag, ist daher eine „Verrichtung des Verstandes", der selbst nichts weiter ist, als „das Vermögen a priori zu verbinden". (Kr. 134 f.) Auch die Untersuchung der reinen Grundurteile der Mathematik widerlegt diese Ansicht nicht, sondern gibt ihr nur eine neue Bestätigung. Der Grundsatz etwa, daß die gerade Linie die kürzeste zwischen zwei Punkten ist, setzt voraus, daß die Linie unter den Begriff der Größe subsumiert werde, „welcher gewiß keine bloße Anschauung ist, sondern lediglich im Verstande seinen Sitz hat, und dazu dient, die Anschauung (der Linie) in Absicht auf die Urteile, die von ihr gefällt werden mögen, in Ansehung der Quantität derselben ... zu bestimmen". (Proleg. § 20.) Auf der andern Seite indessen scheint es eben die Beziehung auf die Anschauung zu sein, die die spezifische Eigentümlichkeit des synthetischen Urteils ausmacht. Das ist das eigentliche Prinzip synthetischer Urteile überhaupt, daß sie — wie Kant es gegen Eberhard ausspricht — nicht anders möglich sind, „als unter der Bedingung einer dem Begriffe ihres Subjekts untergelegten Anschauung"[1]). Der Gegensatz findet auch hier seine Erklärung darin, daß es sich das eine Mal nur um den logischen Ursprung der Synthesis überhaupt, das andere Mal dagegen um die Bedingung ihrer objektiven Gültigkeit handelt. Die Synthesis bildet einen einheitlichen, in sich ungeteilten Prozeß, der jedoch bald nach seinem Ausgangspunkt, bald nach seinem Zielpunkt bestimmt und charakterisiert werden kann. Sie entsteht im Verstande, aber sie wendet sich alsbald der reinen

---

[1]) A. a. O., Hartenstein VI, 59.

Anschauung zu, um durch ihre Vermittlung empirische Realität zu gewinnen.

So löst sich die anfängliche Trennung von Anschauung und Begriff immer deutlicher in eine reine logische Korrelation auf. Die Unterscheidung, die die transzendentale Ästhetik an die Spitze stellt, betrifft zunächst nur die Absonderung von den gewöhnlichen Gattungsbegriffen. Raum und Zeit sind keine „diskursiven" oder „allgemeinen" Begriffe, weil wir nur einen „einigen" allbefassenden Raum und eine einzige Zeit kennen, deren Teile nicht vor dem Ganzen vorhergehen, sondern umgekehrt erst durch Einschränkung aus diesem herausgehoben werden; — weil also die Bedeutung des Raumes und der Zeit nicht erst, wie bei den Gattungsbegriffen aus vielerlei gleichartigen Einzelexemplaren „abstrahiert" wird, sondern als fundamentale Setzung jedem besonderen Raume und jeder besonderen Zeit zugrunde liegt. Raum und Zeit lassen sich, insofern sie gedacht werden sollen, stets nur in der Totalität ihrer Funktion erfahren und begreifen, und jeder einzelne räumlich-zeitliche Inhalt setzt diese Funktion als ein qualitatives Ganze voraus. Sie enthalten somit ihre Teile nicht, wie die diskursiven Begriffe, unter sich, sondern in sich, ohne sich doch aus ihnen erst nachträglich zu bilden und zusammenzusetzen. Hier wird nicht ein und dasselbe sachliche Merkmal als in vielen Vorstellungen gleichmäßig vorhanden angesehen, sondern es wird eine Vielheit von Vorstellungen durch eine bestimmte einzigartige Regel der Synthesis miteinander verknüpft gedacht. (Vgl. Kr. 136, Anm.)

Wir sahen, wie diese kritische Unterscheidung durch die Entwicklung der empirischen Wissenschaft selbst immer deutlicher gefordert wurde. Schon Euler hatte es aufs bestimmteste ausgesprochen, daß der „Ort", den die Körper einnehmen, keine Beschaffenheit ist, die ihnen gleich irgendeiner anderen dinglichen Qualität, gleich ihrer Farbe oder ihrer Schwere anhaftet, daß er also auch nicht durch bloße Vergleichung mehrerer Einzelkörper von ihnen abgezogen werden könne. Schon er betont, daß die Art, in der wir zur Vorstellung des reinen Raumes und der reinen Zeit gelangen, mit der Methode, nach welcher wir — gemäß der allgemein angenommenen

Lehre der traditionellen Logik — die abstrakten Begriffe bilden, nichts gemein hat, daß vielmehr hier ein eigentümliches Verfahren vorliegt, dessen unbedingte Anerkennung die Physik von der allgemeinen philosophischen Prinzipienlehre zu fordern hat. (S. ob. S. 480 f.) Wenn Kant nunmehr — gemäß seiner Grundabsicht, die exakte Wissenschaft nicht vom Standpunkt eines ontologischen Begriffssystems umzudeuten, sondern sie lediglich zu begreifen — diese Forderung erfüllt, so faßt er sie doch wesentlich weiter, als sie zunächst verstanden war. Die Zergliederung der mathematisch-physikalischen Grundbegriffe führt zu einer prinzipiellen Umgestaltung der Theorie der Begriffsbildung überhaupt. (S. unt. Abschn. IV.) Hieraus aber ergibt sich nunmehr eine eigentümliche Konsequenz: denn jetzt zeigt es sich, daß das Kriterium, welches hinreichend war, die reine Anschauung von den abstrakten Gattungsbegriffen zu unterscheiden, nicht genügt, ihren spezifischen Unterschied gegenüber den reinen Verstandesfunktionen zu bezeichnen, die nicht die Produkte, sondern die Bedingungen der Erfahrung darstellen. Denn auch diese stehen mit den „conceptus communes" der traditionellen Logik keineswegs auf gleicher Stufe, da sie nicht, wie diese, der analytischen, sondern der synthetischen Einheit des Bewußtseins entstammen. Hier muß daher ein anderes Prinzip der Unterscheidung eintreten. Raum und Zeit sind „Anschauungen", weil sie die ersten und fundamentalen Ordnungen sind, in die jeder empirische Inhalt gefaßt werden muß; weil sie es sind, kraft deren zuerst und ursprünglich das bloße Material der Empfindung zur bewußten „Vorstellung" erhoben wird. Dieser erste Schritt der Formung ist es, den wir in keiner Weise aufheben können, wenn überhaupt von einer vorgestellten Welt die Rede sein soll, während die bestimmte Verknüpfung und Gliederung der Erscheinungen in Raum und Zeit bereits eine höhere Stufe der Objektivierung voraussetzt, von der wir, zum mindesten für die Zwecke der Isolierung der Erkenntnismittel, allenfalls abstrahieren können. Daß Gegenstände der sinnlichen Anschauung unter der reinen Form des Raumes und der Zeit stehen und ihr in jeder Hinsicht gemäß sein müssen, dies ist daraus klar, weil sie sonst nicht Gegenstände für uns sein würden; „daß sie aber auch überdem den Bedingungen, deren der Verstand zur synthetischen Einheit des Denkens bedarf, gemäß sein müssen, davon ist die Schlußfolge nicht so leicht einzusehen. Denn es könnten wohl allenfalls Erscheinungen so beschaffen sein, daß der Verstand sie den Bedingungen seiner Einheit gar nicht gemäß fände und alles so in Verwirrung läge, daß z. B. in der Reihenfolge der Erscheinungen sich nichts darböte, was eine Regel der Synthesis an die Hand gäbe und also dem Begriffe der Ursache und Wirkung entspräche, so daß dieser Begriff also ganz leer, nichtig und ohne Bedeutung wäre. Erscheinungen würden nichtsdestoweniger unserer Anschauung Gegenstände darbieten, denn die Anschauung bedarf der Funktionen des Denkens auf keine Weise". (Kr. 123.) Dieser schroffe und paradoxe Ausdruck, der von Kant später durch die genauere Fassung der Lehre von den Verstandesbegriffen berichtigt und auf das eigentliche Maß seiner Bedeutung eingeschränkt wird, ist in den Anfängen dieser Lehre und zum Zwecke methodischer Sonderung dennoch verständlich[1]). Die Anschauung kann im synthetischen Aufbau der Erkenntnis, sofern also durch sie ein Gegenstand gegeben und bestimmt werden soll, die Denkfunktion freilich in keiner Weise entbehren; dagegen bedeutet es zum mindesten keinen logischen Widerspruch, bedeutet es keinen Verstoß gegen den obersten Grundsatz aller analytischen Urteile, sie von ihr losgelöst zu denken. Das Bild der Wirklichkeit, das alsdann zurückbleibt, gibt zwar in keinem Sinne eine „Erfahrung" mehr, da diese auf der synthetischen Verknüpfung der Wahrnehmungen nach Gesetzen beruht; aber es ist in ihm doch noch irgendwelches, wenngleich ungeformtes, Vorstellungsmaterial festgehalten. Wir würden in ihm immer noch eine räumlich-zeitliche Mannigfaltigkeit überhaupt, somit einen gewissen „Bestand" denken, wenngleich wir ihn nicht zum objektiven Gegenstand der Natur zu formen vermöchten. So stehen Raum und Zeit dem empirischen Stoffe näher, so sind

---

[1]) S. hierzu die Bemerkungen C o h e n s gegen die Kritik S c h o p e n h a u e r s: Kants Theorie der Erfahrung, S. 360 ff.

sie mit ihm gleichsam fester und unlöslicher verwoben, als die Kategorien. Funktion und Inhalt sind hier rein phänomenologisch in unserer unmittelbaren Auffassung nicht getrennt, sondern können erst nachträglich durch die Reflexion gesondert werden, während für die Verstandesformen vielmehr das Umgekehrte gilt, da diese als bloße logische Funktionen des Urteils zunächst keinerlei notwendige Beziehung auf die empirische Anschauung einzuschließen scheinen und erst durch die transzendentale Kritik auf sie verwiesen und an sie gebunden werden müssen.

* * *

Wie sehr die Kantische Lehre von der Idealität des Raumes und der Zeit die Spuren und Nachwirkungen der großen wissenschaftlichen Probleme in sich bewahrt, die seit Newton die gesamte Naturforschung beherrschten, konnten wir in der Entwicklung der Kantischen Gedanken im einzelnen verfolgen. Wir sahen, wie alle die einzelnen Phasen der Frage, die die exakte Wissenschaft durchlaufen hatte, sich hier nochmals zusammenfaßten; wie alle die verschiedenen Lösungsversuche, die nacheinander hervorgetreten waren, hier kritisch überschaut und gegeneinander abgewogen wurden. (S. ob. S. 618 ff.) Auch die Kritik der reinen Vernunft weist noch unverkennbar auf diesen Zusammenhang zurück. Und sie hat nunmehr den treffendsten und prägnantesten Ausdruck zur Lösung aller Schwierigkeiten gefunden, die im Begriff des absoluten Raumes und der absoluten Zeit enthalten sind. „Der Raum ist bloß die Form der äußeren Anschauung, aber kein wirklicher Gegenstand, der äußerlich angeschaut werden kann, und kein Korrelatum der Erscheinungen, sondern die Form der Erscheinungen selbst. Der Raum also kann absolut (für sich allein) nicht als etwas Bestimmendes in dem Dasein der Dinge vorkommen, weil er gar kein Gegenstand ist, sondern nur die Form möglicher Gegenstände." (Kr. 460.) So eignet dem reinen Raum und der reinen Zeit die Objektivität der B e - d i n g u n g, während ihnen die des D i n g e s versagt bleibt. Das Motiv, von welchem die Physik geleitet war, indem sie beide von allen empirischen Inhalten der Körperwelt scharf und bestimmt unterschied, wird anerkannt; während doch zugleich jeder Umdeutung dieser methodischen Unterscheidung in eine metaphysische entgegengetreten wird. Indem die Physik mit den Begriffen des absoluten Raumes und der absoluten Zeit operierte, indem sie ihre grundlegenden Gesetze mit Rücksicht auf diese beiden Begriffe bestimmte, hat sie damit unzweideutig gezeigt, daß das bloße Material des sinnlich Gegebenen nicht hinreicht, um das Weltbild der reinen Naturwissenschaft aus sich hervorgehen zu lassen, sondern daß vielmehr in der Gestaltung dieses Weltbildes allgemeine und notwendige Formprinzipien mitwirken. Der Irrtum entsteht erst, wenn wir diese Prinzipien selbst in der Art von Gegenständen zu besitzen glauben; wenn wir sie zu einzelnen realen Dingen hypostasieren. Weil der Raum alle Gestalten, die lediglich Einschränkungen von ihm sind, ursprünglich möglich macht, wird er, obzwar er nur ein ,,Principium der Sinnlichkeit" ist, fälschlich für ein schlechterdings notwendiges, für sich bestehendes Etwas und einen a priori an sich selbst gegebenen Gegenstand gehalten. (Kr. 647.) Der reine Raum und die reine Zeit b e d e u t e n im System der Erkenntnis gegenüber den Sinneseindrücken etwas völlig Eigenes und Unvergleichliches, ohne darum in der Welt der Wirklichkeit ein abgetrenntes D a s e i n zu besitzen. Denn die gedankliche Funktion, die sie auszuüben bestimmt sind und in der ihre gesamte Wesenheit besteht, kann nirgends anders als am empirischen Inhalt selbst zur Entfaltung und Wirksamkeit kommen. So haben beide zwar überempirische Geltung, ohne doch in irgendeinem Sinne eine Wirklichkeit außerhalb des Empirischen zu bezeichnen. ,,Der Raum vor allen Dingen, die ihn bestimmen . . . oder die vielmehr eine seiner Form gemäße empirische Anschauung geben, ist unter dem Namen des absoluten Raumes nichts anderes als die bloße Möglichkeit äußerer Erscheinungen. . . . Die empirische Anschauung ist also nicht zusammengesetzt aus Erscheinungen und dem Raume (der Wahrnehmung und der leeren Anschauung). Eines ist nicht des anderen Korrelatum der Synthesis, sondern nur in einer und derselben empirischen Anschauung verbunden, als Materie und Form derselben. Will man eines dieser zwei Stücke außer dem anderen setzen (Raum außerhalb aller Erscheinungen), so entstehen daraus allerlei leere Bestimmungen der äußeren Anschauung, die doch nicht mögliche Wahrnehmungen sind; z. B. Bewegung oder Ruhe der Welt im unendlichen leeren Raum, eine Bestimmung des Verhältnisses beider untereinander, welche niemals wahrgenommen werden kann und also auch das Prädikat eines bloßen Gedankendinges ist." (Kr. 457 Anm.; vgl. ob. S. 620 f.) Der logischen Forderung, die man überall im Sinne trug, wenn man vom absoluten Raum und von der absoluten Zeit sprach, ist jetzt genügt; während anderseits die Gefahr der unmittelbaren Verdinglichung einer bloßen Beziehungsform kritisch beseitigt ist.

Wie nahe sich Kant übrigens hier mit den Problemen der wissenschaftlichen Mechanik berührt, läßt sich an einem wichtigen Einzelbeispiel erkennen. Der Charakter des Raumes als „reiner Anschauung" wird in der transzendentalen Ästhetik dadurch erwiesen, daß er „als eine unendliche Größe gegeben" vorgestellt wird. Ein allgemeiner Begriff vom Raum vermöchte in Ansehung seiner Größe nichts zu bestimmen: nur die Grenzenlosigkeit im Fortgange der Anschauung ist es, die ihm die Gewähr der Unendlichkeit gibt. Man hat diese Folgerung bestritten, indem man die Prämisse angriff, auf die sie sich stützt. Wenn wir — so hat man eingewandt — lediglich unser Raumbild, so wie es uns im aktuellen psychologischen Vorstellen gegeben ist, zergliedern, so finden wir in ihm keinerlei Hinweis auf die Unendlichkeit des Raumes, vielmehr ist es immer nur ein fest begrenzter, endlicher Bezirk, der in unserem jeweiligen Bewußtsein realisiert ist. Dieser Einwand aber verkennt die eigentliche Tendenz des Kantischen Beweises. Der Vordersatz dieses Beweises ist nicht der psychologischen Beobachtung, sondern der Prinzipienlehre der Mathematik und Mechanik entnommen. Die Vorstellung des unendlichen Raumes, die hier zugrunde gelegt wird, bezeichnet kein Faktum der Selbstwahrnehmung, sondern dasjenige logische Postulat, das die mathematische Physik an die Spitze ihrer Deduktionen stellt. Die Mathematik — so hatte wiederum

Euler scharf und klar ausgesprochen — sagt nicht das Geringste über die Existenz des unendlichen Raumes aus; sondern sie fordert lediglich, daß jeder, der die absolute Ruhe oder Bewegung betrachten will, sich einen derartigen Raum vorstelle und ihn als Norm seines Urteils gebrauche. (Vgl. ob. S. 473 f.) Diese „Vorstellung" bezeichnet also keinen einzelnen sinnlichen Inhalt, sondern eine allgemeine methodische Voraussetzung, die wir der exakten Erkenntnis der Bewegung zugrunde legen müssen.

In diesem geschichtlichen Zusammenhange tritt denn auch der wahre Charakter der Kantischen Lehre von der „Subjektivität" des Raumes und der Zeit erst vollkommen deutlich hervor. Raum und Zeit sind „subjektiv", weil sie nicht Gegenstände sind, deren unsere Erkenntnis sich äußerlich zu bemächtigen hat, sondern Prinzipien und Mittel, deren wir uns im Prozeß der Erfahrung bedienen. Sie sind „zwei Erkenntnisquellen, aus denen a priori verschiedene synthetische Erkenntnisse geschöpft werden können, wie vornehmlich die reine Mathematik in Ansehung der Erkenntnisse vom Raume und dessen Verhältnissen ein glänzendes Beispiel gibt." (Kr. 55.) Auf diesem letzten Punkt liegt der gesamte Nachdruck der Kantischen Lehre: der Raum muß „subjektiv" werden, damit die geometrische und mechanische Erkenntnis objektiv werden können. Nur darum, weil sie kein objektiv Vorhandenes nachzubilden haben, besitzen die Sätze dieser Wissenschaften objektive Bedeutung, d. h. notwendige und allgemeine Geltung. In diesem Zuge unterscheidet sich die Subjektivität der reinen Anschauungen in voller prinzipieller Bestimmtheit von der der Empfindung, welche letztere immer nur der Ausdruck für den momentanen Zustand des Individuums ist. Es gibt außer dem Raume „keine andere subjektive und auf etwas Äußeres bezogene Vorstellung, die a priori objektiv heißen könnte", weil man von keiner derselben synthetische Sätze a priori, wie von der Anschauung im Raume herleiten kann. (Kr. 44). Die „Subjektivität" des Raumes und der Zeit empfängt ihren wahren Sinn erst, wenn man sie nicht nach der Analogie mit der Wahrnehmung, sondern nach der Analogie mit dem Urteil versteht.

Raum und Zeit sind subjektiv, sofern sie in synthetische Erkenntnisse, in reine Inbegriffe gültiger und gewisser Urteile aufgelöst sind. Schärfer tritt dieser Zusammenhang hervor, wenn der Begriff der „Subjektivität" durch den der Idealität ersetzt wird. Denn die Idealität bezeichnet — in ihrem Anklang an die Platonische Bedeutung der „Idee" — das Doppelverhältnis, daß die reinen Anschauungen, wenngleich sie Funktionen des Geistes darstellen, zugleich als der M a ß s t a b für alle unsere Aussagen über die „Dinge" und „Tatsachen" zu gelten haben; daß sie es sind, an welchen wir den Wert dieser Aussagen bestimmen und ablesen. Den Farben und Tönen dagegen kommt, „genau zu reden, gar keine Idealität zu", weil ihnen diese Geltung als Norm versagt ist. Sie sind bloße „Subreptionen der Empfindungen", die sich an die Stelle des echten, wissenschaftlich erschlossenen und bestimmten Objekts schieben. (Kr. 53.) Daß Raum und Zeit „transzendentale Idealität" besitzen, bedeutet hingegen zunächst freilich nur dies, „daß sie Nichts sind, sobald wir die Möglichkeit der Erfahrung weglassen und sie als etwas, was den Dingen an sich selbst zum Grunde liegt, annehmen": aber diese scheinbar nur negative Einsicht bezeichnet dennoch, nur von einer anderen Seite her, den positiven Grundgedanken, daß alles Sein der empirischen Objekte in ihrer Bedingtheit durch die Grundformen der Erkenntnis wurzelt und in dieser allein seinen Bestand besitzt. Legen wir daher den neuen Begriff der Objektivität zugrunde, den Kant kritisch errungt und festigt, so dürfen wir von diesem Standpunkt aus sagen, daß Raum und Zeit — objektiver als die Dinge sind, in denen die gewöhnliche realistische Ansicht alles Sein beschlossen glaubt; sofern sie von diesen Dingen nur dasjenige enthalten, was sich rein und vollkommen in eine Bedingung des Wissens auflösen und daher als streng notwendig erweisen läßt. Denn der empirischen Realität eines Gegenstands können wir uns nicht anders, als durch die empirische Wahrheit der Urteile, die sich auf ihn beziehen, versichern: diese Urteile aber können ihrerseits nur in einem System idealer Prinzipien Halt und Dauer gewinnen.

IV.
Der Begriff des Selbstbewußtseins.

Die wesentliche Aufgabe der reinen Anschauungen, wie der Verstandesbegriffe bestand darin, den Begriff des Objekts zu bedingen und zu ermöglichen. Sie bezeichneten die synthetischen Einheiten, unter welche die Mannigfaltigkeit der Sinneseindrücke gefaßt werden mußte, damit zu ihnen ein Gegenstand hinzugedacht werden konnte. Denn der Gegenstand ist nichts anderes als das „Etwas, davon der Begriff eine solche Notwendigkeit der Synthesis ausdrückt"; er bildet lediglich das Korrelat zum Begriff der Notwendigkeit. Die reinen Bedingungen, unter welchen allein Wahrnehmungsurteile zu Erfahrungsurteilen werden, galt es daher zunächst in abstrakter Analyse festzustellen. Durch sie wird der Begriff des Naturgegenstandes umschrieben und in seinen konstitutiven Bestandteilen dargestellt, ohne daß wir hierzu auf die Art zu reflektieren brauchen, in der dieser Gegenstand irgendeinem empirischen Subjekt gegeben ist. Aber so unumgänglich diese methodische Trennung sich erweist, so entsteht doch jetzt, am Schluß der Untersuchung, ein neues Problem. Wir müssen fragen nicht nur, was das empirische Sein als solches „ist", d. h. unter welchen allgemeinen logischen Regeln es steht, sondern auch wie es als solches gedacht, d. h. in die Einheit des psychologischen Bewußtseins aufgenommen werden könne. Beide Fragen sind ihrem Sinn und ihrer Ableitung nach deutlich geschieden; — wenngleich zu erwarten steht, daß sie sich zu einem gemeinsamen Endergebnis vereinigen werden. Der „objektiven Deduktion" der Kategorien tritt ihre „subjektive Deduktion" ergänzend zur Seite. Daß sie nicht mehr als eine derartige Ergänzung sein will, die für die eigentliche kritische Hauptfrage nicht unbedingt erforderlich und wesentlich ist, hat Kant selber aufs schärfste betont. „Diese Betrachtung, die etwas tief angelegt ist, hat aber zwei Seiten. Die eine bezieht sich auf die Gegenstände des reinen Verstandes und soll die objektive Gültigkeit seiner Begriffe a priori dartun und begreiflich machen; eben darum ist sie auch wesentlich zu meinen Zwecken gehörig. Die andere geht darauf aus, den reinen Verstand selbst nach seiner Möglichkeit und den Erkenntniskräften, auf denen er selbst beruht, mithin ihn in subjektiver Beziehung zu betrachten, und obgleich diese Erörterung in Ansehung meines Hauptzweckes von großer Wichtigkeit ist, so gehört sie doch nicht wesentlich zu demselben; weil die Hauptfrage immer bleibt: was und wie kann Verstand und Vernunft, frei von aller Erfahrung, erkennen? und nicht: wie ist das Vermögen zu denken selbst möglich?" (Vorr. zur ersten Aufl. S. X f.)

Wenn Kant trotzdem sich dieser zweiten Fassung der Frage zuwendet und sie zum Gegenstand eindringender und weitreichender Untersuchungen macht, so ist er hierbei in erster Linie zweifellos durch die Rücksicht auf die geschichtliche Lage des Erkenntnisproblems bestimmt. Die Auflösung des äußeren Gegenstandes in einen Komplex von Sinneseindrücken schien der sensualistischen Psychologie endgültig gelungen zu sein. Der Schein der Transzendenz war beseitigt; das Objekt wandelte sich in die Folge und die assoziative Verknüpfung von Wahrnehmungsinhalten. Daß dem Geiste eine Fähigkeit beiwohne, den einmal empfangenen Eindruck zu bewahren, sowie Gruppen von Vorstellungen, die ihm die Erfahrung in häufigem Beisammensein gezeigt, zu reproduzieren: dies galt hier als selbstverständliche, nirgends bestrittene Voraussetzung. Selbst die Skepsis Humes reicht an sie nicht heran; selbst sie gesteht dem empirischen Subjekt eine feste Struktur und Organisation zu, aus welcher sie die Entstehung des populären Weltbildes zu erklären sucht[1]). Das Sein der Objekte mag immer hinfällig werden; wenn nur die psychische Funktion der Einbildungskraft sich gleichförmig und regelmäßig betätigt. So wird alle Gesetzlichkeit des Daseins auf den Mechanismus der Vorstellungsassoziation zurückgedeutet. Damit aber ist das alte Rätsel nur in einer anderen Form von neuem aufgegeben. Denn woher stammt die Sicherheit, daß das Bewußtsein, daß das psychische Sein und Geschehen einer bestimmten gleichbleibenden Verfassung unterliegt, daß in ihm nicht Willkür

---

[1]) Vgl. ob. S. 363 f.

und Zufall herrscht, sondern unter den gleichen Bedingungen der gleiche Erfolg zu erwarten ist? Wie ist ein derartiger Automatismus in der Bewegung des Vorstellens, wie ist eine derartige „Natur", nicht der Gegenstände, sondern des Subjekts selbst möglich? Auf diese Frage bleibt die sensualistische Psychologie die Antwort schuldig. Sie setzt psychologische Grund t a t s a c h e n voraus, ohne sich bewußt zu sein, daß jegliches U r t e i l über Tatsachen bestimmte logische Bedingungen in sich schließt; sie beseitigt somit nicht das unbedingte, das absolute Sein der Metaphysik, sondern schiebt es nur in ein anderes Gebiet zurück.

Hier muß daher die kritische Analyse von neuem und mit größerem Nachdruck einsetzen. Die konstanten Tätigkeitsweisen des Bewußtseins bilden ebensowenig wie die Existenz der Außendinge ein gegebenes, zweifelloses Faktum, auf das wir uns stützen können. Sie bezeichnen nur die allgemeine Aufgabe von einer anderen Seite her; sie weisen eine empirische Regelmäßigkeit auf, die wir auf ihre „transzendentalen" Voraussetzungen zurückführen müssen. „Jene empirische Regel der Assoziation, die man doch durchgängig annehmen muß, wenn man sagt, daß alles in der Reihenfolge der Begebenheiten dermaßen unter Regeln stehe, daß niemals etwas geschieht, vor welchem nicht etwas vorhergehe, darauf es jederzeit folgt: dieses als ein Gesetz der Natur, worauf beruht es, frage ich, und wie ist selbst diese Assoziation möglich?" (Kr. A. 113.) Würde diese Regel nicht auch für das künftige, bisher nicht beobachtete Geschehen als gültig gedacht, würde sie ferner nicht in jedem empirischen Individuum als wirksam vorausgesetzt, so wäre sie offenbar zur Deutung und Aufklärung des psychischen Tatbestandes völlig unzulänglich. Ja es wird in ihr, wenn wir sie schärfer zergliedern, nicht nur ein feststehendes Verhalten des empirischen Subjekts gegenüber den äußeren Reizen, sondern auch eine Gleichartigkeit im Auftreten und in der Abfolge der objektiven Begebenheiten selbst behauptet. Das Gesetz der Reproduktion setzt voraus, daß die Erscheinungen selbst wirklich einer Regel unterworfen sind und daß in dem Mannigfaltigen ihrer Vorstellungen eine gewissen Regeln gemäße

Begleitung oder Folge stattfinde: „denn ohne das würde unsere empirische Einbildungskraft niemals etwas ihrem Vermögen Gemäßes zu tun bekommen, also wie ein totes und uns selbst unbekanntes Vermögen im Inneren des Gemüts verborgen bleiben. Würde der Zinnober bald rot, bald schwarz, bald leicht, bald schwer sein, ein Mensch bald in diese, bald in jene tierische Gestalt verändert werden, am längsten Tage bald das Land mit Früchten, bald mit Eis und Schnee bedeckt sein, so könnte meine empirische Einbildungskraft nicht einmal Gelegenheit bekommen, bei der Vorstellung der roten Farbe den schweren Zinnober in die Gedanken zu bekommen." (Kr. A. 101.) Der Sensualismus will die Frage nach der Gesetzlichkeit des Geschehens beantworten und greift hierfür auf die — Kraft der Assoziation zurück; aber er übersieht, daß die A u s ü b u n g dieser „Kraft" irgendeine Konstanz, mit der die Einzeleindrücke dem Bewußtsein dargeboten werden, notwendig voraussetzt. So bewegt sich seine Betrachtungsweise — sofern sie den Anspruch erhebt, die logische Möglichkeit der Erkenntnis überhaupt zu begründen — in Wahrheit in einem völligen Zirkel. Die Objektivität soll als das Ergebnis der Vorstellungsverknüpfung erklärt und abgeleitet werden, während sie doch in den Eindrücken und deren Ordnung schon vorweggenommen ist. Die psychologische Verbindung ist nur möglich auf Grund eines logischen Zusammenhangs innerhalb des Materials selbst, an welchem sie sich vollzieht, auf Grund einer „transzendentalen Affinität", die zwischen den Elementen anzunehmen ist. „Es muß also ein objektiver d. i. vor allen empirischen Gesetzen der Einbildungskraft a priori einzusehender Grund sein, worauf die Möglichkeit, ja sogar die Notwendigkeit eines durch alle Erscheinungen sich erstreckenden Gesetzes beruht, sie nämlich durchgängig als solche Data der Sinne anzusehen, welche an sich assoziabel und allgemeinen Regeln einer durchgängigen Verknüpfung in der Reproduktion unterworfen sind. Diesen objektiven Grund aller Assoziation der Erscheinungen nenne ich die Affinität derselben. Diesen können wir aber nirgends anders als in dem Grundsatze von der Einheit der Apperception in Ansehung aller Erkenntnisse, die mir angehören sollen, antreffen. Nach diesem müssen durchaus alle Erscheinungen so ins Gemüt kommen oder apprehendiert werden, daß sie zur Einheit der Apperception zusammenstimmen, welche ohne synthetische Einheit in ihrer Verknüpfung, die mithin auch objektiv notwendig ist, unmöglich sein würde." (Kr. A. 122.)

Es genügt somit, die allgemeine Form des „Bewußtseins überhaupt" zu analysieren, um in ihr mehr als bloße willkürliche Zusammenfassung, um in ihr die Bedingung für einen notwendigen und allgemeingültigen Zusammenhang der Erscheinungen zu finden. Das psychologische Schema des Sensualismus bedarf der Umformung und Vertiefung, sofern es auf die Aufgaben der Erkenntnislehre anwendbar werden soll. Die „Assoziation" ist ein vager und unklarer Ausdruck, der die verschiedensten Arten der Synthesis gleichmäßig umfaßt, sofern er es völlig unbestimmt läßt, in welcher spezifischen Richtung die Verknüpfung des Mannigfaltigen zur Einheit erfolgt. Die bloße „Verbindung", die „Synthesis der Apprehension" muß freilich vorangehen; aber sie bezeichnet nur die unterste Stufe der Vorstellungsbildung. Die einzelnen Elemente der Vorstellung, die das Bewußtsein immer nur nacheinander aufzufassen vermag, müssen nicht nur überhaupt durchlaufen werden, sondern es muß auch beim Übergang zu einem folgenden Glied der ganze Inbegriff der vorhergehenden als bewußt erhalten bleiben und somit von uns in jedem Moment von neuem hervorgebracht werden. Wenn ich eine Linie in Gedanken ziehe, oder die Zeit von einem Mittag zum andern denken, oder auch nur eine gewisse Zahl mir vorstellen will, so genügt es ersichtlich nicht, die Teileinheiten, die in diese Inhalte eingehen, successiv vor das Bewußtsein hintreten zu lassen. Was diese Inhalte vielmehr erst zu echten psychischen G e b i l d e n, was sie zu einem sinnvollen G a n z e n macht, ist lediglich der Umstand, daß auf jeder Einzelstufe des gedanklichen Prozesses, der zu ihnen hinführt, die Gesamtheit aller vorangehenden Phasen mitgesetzt wird. „Würde ich aber die vorhergehende Vorstellung (die ersten Teile der Linie, die vorhergehenden Teile der Zeit oder die nacheinander vorgestellten Einheiten) immer aus den Gedanken verlieren und sie nicht reproduzieren, indem ich zu den folgenden fortgehe, so würde niemals eine ganze Vorstellung und keiner aller vorgenannten Gedanken, ja gar nicht einmal die reinsten und ersten Grundvorstellungen von Raum und Zeit entspringen können." (Kr. A. 102.) So ist die Synthesis der Apprehension mit der der Reproduktion unzertrennlich verbunden; und diese letztere selbst setzt weiterhin irgendein begriffliches Prinzip voraus, von dem sie sich leiten läßt. Die Vorstellungen müssen nicht nur auf jeder Stufe von neuem erzeugt werden, sondern es muß auch der Fortgang von dem erreichten Inbegriff zu dem neu zu gewinnenden Inhalt immer nach ein und derselben, identischen Regel erfolgen. So ist es für die Entstehung der Zahl nicht genug, daß in der Setzung der höheren Zahlen die niederen bloß wiederholt und aufbewahrt werden, sondern es muß zugleich das Bewußtsein herrschen, daß die Funktion des Fortschritts von Glied und Glied überall die gleiche bleibt. Diese Funktion aber läßt sich an keinem einzelnen Inhalt unmittelbar aufzeigen und sinnlich belegen, sondern sie ist eine reine Leistung des B e g r i f f s. Wenn ich den Gedanken einer geraden Linie oder den eines Kreises fasse, so wird in beiden Fällen eine Zusammenfassung von Raumpunkten zu einer einheitlichen Gestalt geleistet. Aber die Differenz und die charakteristische Eigentümlichkeit beider Gebilde beruht nicht auf diesem psychologischen Grundakt; sondern sie besteht darin, daß die Zusammenfassung in beiden Fällen unter verschiedenen l o g i s c h e n G e s i c h t s p u n k t e n erfolgt, sofern das eine Mal die Identität der Richtung, das andere Mal die der Krümmung festgehalten wird. Und so kann schließlich kein noch so komplexer Inhalt entstehen, außer sofern er aus einfachen gemäß einem bestimmten, gleichbleibenden Gesetz aufgebaut wird. Die Rekognition im Begriffe, d. h. das Bewußtsein, daß die successive Erzeugung des Mannigfaltigen stets demselben logischen Prinzip gehorcht, ermöglicht es erst, im stetigen Flusse der Vorstellungsproduktion feste Einheiten herauszuheben und abzugrenzen. An die Stelle der ärmlichen und in sich unterschiedslosen Schablone der „Assoziation" tritt daher jetzt eine Fülle und Abstufung verschiedenartiger synthetischer Regeln der Einheitsbildung und somit der Begriffsbildung. Das Mannigfaltige darf nicht nur wahl- und regellos nebeneinander treten, sondern es muß in die verschiedensten Verhältnisse der Unter- und Überordnung eingehen, falls das Bewußtsein ein System, falls es eine wahrhafte Einheit bilden soll.

So geht Kant hier von dem Grundriß der Assoziationspsychologie aus, um ihn umzugestalten und weiter zu bilden. Er knüpft hierbei deutlich an Tetens an, dessen gesamte Lehre wesentlich auf diese Fortbildung gerichtet war. Wie dieser unterscheidet er den Akt der bloßen Vergleichung der Wahrnehmungen von dem „tätigen Hervorbringen eines Verhältnisgedankens"; wie dieser betont er, daß das Denken sich nicht auf das „Stellversetzen der Phantasmen" beschränkt, sondern eine ursprüngliche Produktivität in sich birgt. (S. ob. S. 600 ff.) Die Vorstellung der synthetischen Einheit des Mannigfaltigen kann nicht erst aus der Verbindung gegebener Elemente entstehen, sie macht vielmehr dadurch, daß sie zur Vorstellung des Mannigfaltigen hinzukommt, den Begriff der Verbindung allererst möglich. (Kr. 131.) „Daß die Einbildungskraft ein notwendiges Ingrediens der Wahrnehmung selbst sei, daran hat wohl noch kein Psychologe gedacht. Das kommt daher, weil man dieses Vermögen teils nur auf Reproduktionen einschränkte, teils weil man glaubte, die Sinne lieferten uns nicht allein Eindrücke, sondern setzten solche auch sogar zusammen und brächten Bilder der Gegenstände zuwege, wozu ohne Zweifel außer der Empfänglichkeit der Eindrücke noch etwas mehr, nämlich eine Funktion der Synthesis derselben, erfordert wird." (Kr. A. 120 Anm.)

In diesem geschichtlichen Zusammenhange empfängt zugleich eines der schwierigsten Kapitel der Vernunftkritik, die Lehre vom „Schematismus der reinen Verstandesbegriffe" neues Licht. Der Schematismus ist bestimmt, die innere „Ungleichartigkeit" zu heben, die zwischen dem reinen Verstandesbegriff und den sinnlichen Anschauungen, auf die er angewandt werden soll, zu bestehen scheint. Diese Schwierigkeit war es gewesen, die in der sensualistischen Psychologie dazu geführt hatte, die Eigenart und die spezifische Leistung des Begriffs überhaupt zu leugnen und ihn in eine bloße Summe von Einzelvorstellungen aufgehen zu lassen. Und diese Nivellierung mußte berechtigt erscheinen, sobald man den Begriff selbst nur als abstrakten Gattungsbegriff zu denken vermochte; — sobald man in ihm nichts anderes als eine Gesamtheit von dinglichen Merkmalen sah, die einem Komplexe gegebener Dinge gemeinsam anhaften. Dennoch zeigte es sich, daß Berkeley selbst, der unter diesem Gesichtspunkt das Recht der „Abstraktion" bekämpfte, die Leistung des Denkens nicht völlig auszuschalten vermochte, sondern daß er sich genötigt sah, sie unter einer anderen Form wiederum mittelbar anzuerkennen. Der einzelnen konkreten Vorstellung mußte die Kraft zugesprochen werden, den gesamten Inbegriff gleichartiger Inhalte für unser Bewußtsein darzustellen und zu vertreten. Diese psychologische Fähigkeit der „Repräsentation" wuchs, je weiter Berkeleys Theorie sich entwickelte, zu immer größerer Bedeutung heran; ja sie war es, der zuletzt die entscheidende Leistung im Prozeß der Vorstellungsbildung zufiel. Wie aber — so ist jetzt im Anschluß an die früheren Erörterungen von neuem zu fragen — ist auch nur diese Repräsentation möglich; wie ist es zu denken, daß ein Nicht-Gegebenes sich dem Bewußtsein derart darstellt, als ob es gegeben wäre? In dieser einen Frage liegt das psychologische „Geheimnis" der Begriffsbildung beschlossen. Es muß gezeigt werden, wie eine sinnliche Anschauung, die als solche nur einen bestimmten Einzelinhalt zu bezeichnen scheint, die Fähigkeit erlangen kann, zum Ausdruck einer Gesamtklasse von Inhalten zu werden und jeden von ihnen nach seiner konstitutiven Beschaffenheit wiederzugeben.

An diesem Grundproblem greift die Lehre vom Schematismus ein. Ihr eigentliches Thema ist die Frage nach der psychologischen Möglichkeit des Allgemeinbegriffs. Seine logische Möglichkeit zwar bleibt von der Entscheidung hierüber unabhängig, da sie für Kant nunmehr durch die transzendentale Deduktion der Kategorien, durch die Analyse des Gegenstandsbegriffs gesichert ist. Aber sowenig auch in psychologischen Erörterungen der eigentliche Rechtsgrund für die Geltung der reinen Begriffe gesucht werden kann, so sind sie doch als Erläuterung und Ergänzung unentbehrlich. Es muß gezeigt werden, wie es möglich ist, die Begriffe, die als notwendige Bedingungen der möglichen Erfahrung deduziert sind, auch im tatsächlichen Prozeß des Vorstellens zu realisieren und ihnen hier eine aktuelle Darstellung zu geben. Zu diesem Zwecke wird der vieldeutige Begriff der Vorstellung selbst einer schärferen Zergliederung unterzogen. Die Vorstellung besitzt im Ganzen der Erkenntnis eine völlig andere Bedeutung und erfüllt eine durchaus verschiedene Funktion, je nachdem sie als Bild oder als Schema aufgefaßt wird. „So, wenn ich fünf Punkte hintereinander setze, ..., ist dieses ein Bild von der Zahl Fünf. Dagegen wenn ich eine Zahl überhaupt nur denke, die nun fünf oder hundert sein kann, so ist dieses Denken mehr die Vorstellung einer Methode, einem gewissen Begriffe gemäß eine Menge (z. E. tausend) in einem Bilde vorzustellen, als dieses Bild selbst, welches ich im letzteren Falle schwerlich würde übersehen und mit dem Begriff vergleichen können. Die Vorstellung nun von einem allgemeinen Verfahren der Einbildungskraft, einem Begriffe sein Bild zu verschaffen, nenne ich das Schema zu diesem Begriffe." (Kr. 179.) So ist das Schema nur der Ausdruck dafür, daß unsere reinen Begriffe nicht der Abstraktion, sondern der Konstruktion ihr Dasein verdanken; daß sie nicht Bilder und Abzüge der Gegenstände, sondern Vorstellungen eines synthetischen Grundverfahrens sind. Das Beispiel der Zahl ist hierfür besonders belehrend; denn in der Tat braucht man nur die wissenschaftliche Fortbildung des Zahlbegriffs in der reinen Mathematik ins Auge zu fassen, braucht man nur den Fortschritt von der Rationalzahl zur Irrationalzahl, von der reellen zur imaginären Zahl zu betrachten, um sogleich zu erkennen, daß die Begriffe, die hier erzeugt werden, nicht die Kopien vorhandener sinnlicher Eindrücke, sondern das Ergebnis reiner gedanklicher Operationen sind[1]). Alle diese Begriffe sind lediglich der Ausdruck eines allgemeingültigen

---

[1]) Vgl. hrz. „Substanzbegriff und Funktionsbegriff", Kap. 2.

logischen Denkverfahrens, und wenn wir ihnen weiterhin eine bildliche Darstellung geben, so setzt dies die Einsicht in dieses Verfahren bereits voraus, statt sie zuerst zu begründen. Der Entwurf des Gedankens leitet uns in der Setzung und Fixierung des Bildes; wenngleich wir umgekehrt anzuerkennen haben, daß erst in der Beziehung auf das Bild der Gedanke seine psychologische Bestimmtheit gewinnt. So gründen sich alle unsere reinen Begriffe auf **Funktionen**, nicht auf **Affektionen** und können daher dem Inhalte nach nicht analytisch, nicht durch die bloße Vergleichung gegebener Eindrücke entspringen (Kr. 93, 103 vgl. ob. S. 668). Die „Einbildungskraft" erweist sich auch hier als produktiv: wir lesen selbst die „Bilder" der Begriffe nicht einfach ab, sondern wir verschaffen dem Begriff, der bloßen abstrakten Definition, sein Bild, indem wir ihn in der Anschauung konstruieren. Das „Schema" ist nicht der verblaßte Schemen eines wirklichen empirischen Objekts, sondern das Vorbild und gleichsam das Modell zu möglichen Gegenständen der Erfahrung.

So vereinigt der Schematismus in der Tat die reine Anschauung und den reinen Begriff, indem er beide wiederum auf ihre gemeinsame logische Wurzel zurückführt. Auch die Inhalte der Anschauung sind zuletzt nicht anders, denn im Verfahren der Konstruktion gegeben. Wenn ich daher irgendetwas vom Begriffe des Dreiecks beweisen will, so sehe ich hierbei ebensowenig auf ein vorhandenes physisches Objekt, wie auf eine einzelne Vorstellung in mir, sondern ich achte lediglich auf die Einheit der Handlung, in der mir das Dreieck erst entsteht. „Dem Begriffe von einem Triangel überhaupt" — so bemerkt Kant, indem er an dasselbe Beispiel anknüpft, das Berkeley gebraucht hatte — „würde gar kein Bild desselben jemals adäquat sein. Denn es würde die Allgemeinheit des Begriffs nicht erreichen, welche macht, daß dieser für alle, recht- oder schiefwinklige usw. gilt, sondern immer nur auf einen Teil dieser Sphäre eingeschränkt sein. Das Schema des Triangels kann niemals anderswo als in Gedanken existieren und bedeutet eine Regel der Synthesis der Einbildungskraft in Ansehung reiner Gestalten im

Raume." (Kr. 180.) Die gedachte Regel erweist sich somit als der Ursprung des Bildes; und nur deshalb vermag das Bild den Begriff zu „repräsentieren", weil es diese Regel in sich schließt. Das Bild ist ein Produkt des **empirischen** Vermögens der produktiven Einbildungskraft, das Schema sinnlicher Begriffe (als der Figuren im Raume) dagegen ein Produkt und gleichsam ein Monogramm der **reinen** Einbildungskraft a priori, wodurch und wonach die Bilder erst möglich werden. Fassen wir den Verstand nicht lediglich als ein Vermögen der abstrakten Gattungsbegriffe, sondern, wie wir es nach der transzendentalen Deduktion der Kategorien tun müssen, als das „Vermögen der Regeln" auf, so hört er in der Tat auf, der Anschauung völlig „ungleichartig" zu sein. Denn ohne eine Regel im successiven Durchlaufen der Einzelinhalte der Vorstellung, ohne eine „Recognition im Begriffe" würde uns niemals ein Gebilde der Anschauung, würden somit nicht einmal die reinsten und ersten Grundvorstellungen von Raum und Zeit selbst entspringen können (A. 102).

Damit aber führt die Kritik der psychologischen Begriffstheorie von neuem zu der „transzendentalen" Grundeinsicht zurück. Wir konnten die allgemeine Geltung des Begriffs nicht anders erweisen und gegen die sensualistischen Einwände rechtfertigen, als dadurch, daß wir zeigten, daß in der Anschauung selbst die Funktion des Begriffs sich bereits wirksam erweist. Der Wert jeglichen Begriffs hängt fortan von dieser seiner Leistung ab. Die Sinnlichkeit ist es, die den Verstand erst „realisiert", indem sie ihn zugleich „restringiert"; sofern sie ihn auf das Gebiet hinweist, in welchem allein er seine echte logische Aufgabe erfüllen kann. Die Verstandesbegriffe dürfen kein anderes und kein höheres Ziel kennen, als die räumlich-zeitliche Ordnung der Phänomene selbst zu ermöglichen und eindeutig zu fixieren. So ist etwa die Kategorie der Ursache so lange schwankend und vieldeutig, als wir sie unterschiedslos auf irgendwelche beliebige Inhalte anwenden, indem wir etwa nach der Ursache des Daseins überhaupt, nach dem Grunde der „Welt" oder der Materie forschen. Sie erhält ihren festumschriebenen Sinn und damit ihre notwendige Gültigkeit erst dann, wenn wir eingesehen haben, daß sie lediglich der Feststellung des Zeitverhältnisses des Geschehens dienen will, daß somit nur für jede in der Zeit eintretende Veränderung eine Ursache anzunehmen und zu fordern ist (vgl. ob. S. 641 ff.). Der gleiche Gedanke wird sodann für die übrigen Kategorien, für die Begriffe der Größe und der Realität, der Substanz und der Gemeinschaft durchgeführt. Man wird, vom systematischen Standpunkt der Erkenntniskritik aus, gegen die Ausführungen Kants hier im einzelnen mancherlei Einwände erheben können; aber man darf sich dadurch der Einsicht in die wichtige allgemeine Tendenz des Gedankens nicht verschließen. Diese Tendenz tritt nur dann deutlich hervor, wenn man Kants Lehre im Zusammenhang mit der Philosophie der Vorgänger betrachtet. „Was Kant von dem Schema verlangte, — so ist neuerdings wiederum eingeworfen worden — daß es ein Drittes sein solle, das durch seinen doppelseitigen, d. h. sowohl intellektuellen als auch sinnlichen Charakter die schroff von einander geschiedenen Erkenntnisvermögen des Verstandes und der Anschauung zur Vereinigung bringe, das fällt in dem Augenblick alles fort, in dem wir erkannt haben, daß beide Stämme der Erkenntnis in dem Verhältnis gegenseitiger Ergänzung stehen"[1]). Ist dies einmal erkannt, so mag in der Tat die Lehre vom Schematismus immerhin wegfallen; — denn diese Lehre will ihrem ganzen Sinne nach nichts anderes vermitteln, als eben diese Erkenntnis selbst. Daß es sich indessen hier um eine Einsicht handelt, die nicht offen zutage lag, sondern die vielmehr erst errungen und gesichert werden mußte, lehrt ein Blick auf die Vorgeschichte des Problems. Die Einschränkung der Kategorien auf die Sinnlichkeit bedeutet gegenüber der rationalistischen Metaphysik eine völlig neue und paradoxe Forderung, und diese Forderung galt es durchzuführen, ohne dadurch das logische Recht des reinen Begriffs nach der Art des Sensualismus verkümmern zu lassen. Aus dieser doppelten Tendenz heraus ist die Lehre vom Schematismus entstanden,

---

[1]) Walter Zschocke, Über Kants Lehre vom Schematismus der reinen Vernunft, Kant-Studien (1907) XII, 205.

in welcher die erkenntniskritischen und psychologischen Grundvoraussetzungen der Vernunftkritik sich wechselseitig durchdringen.

* * *

Wir sahen, daß die Verknüpfung, die durch den Begriff des „Ich" bezeichnet wird, gemäß objektiven Kriterien erfolgen mußte, wenn anders durch sie eine wahrhafte Einheit, nicht nur ein jederzeit wieder auflösbares Beisammen von Vorstellungen gestiftet werden sollte. Die subjektive Einheit des Selbstbewußtseins, der Gedanke des empirischen Ich, setzt selbst eine objektive Einheit des Selbstbewußtseins, d. h. einen Inbegriff allgemeingültiger Regeln voraus. Das Ich des inneren Sinnes bedeutet nicht mehr als eine Zusammenfassung vereinzelter Bewußtseinsmodifikationen, die in verschiedenen Subjekten verschieden und somit ganz zufällig sind, während die reine Form des „Bewußtseins überhaupt" lediglich die Bedingungen anzeigt, unter welchen alles Mannigfaltige steht, sofern es als solches gedacht werden soll; — gleichviel zu welcher Zeit und unter welchen besonderen psychologischen Umständen dieses Denken realisiert ist. Wir fragen hierbei nicht nach dem bestimmten aktuellen Vollzug des Gedankens in einem empirischen Individuum, sondern einzig und allein nach den allgemeinen logischen Erfordernissen jedes derartigen Vollzuges. Die Vorstellungen könnten nicht „meine" Vorstellungen werden, wenn sie nicht der Bedingung notwendig gemäß wären, unter der sie allein in einem „allgemeinen Selbstbewußtsein" zusammenstehen können. (Kr. 132, 139.) Daher ist der Satz, daß alles verschiedene empirische Bewußtsein in einem einzigen Selbstbewußtsein verbunden sein müsse, der schlechthin erste und synthetische Grundsatz unseres Denkens überhaupt. „Es ist aber nicht aus der Acht zu lassen, daß die bloße Vorstellung Ich in Beziehung auf alle anderen (deren kollektive Einheit sie möglich macht) das transzendentale Bewußtsein ist. Diese Vorstellung mag nun klar oder dunkel sein, daran liegt hier nichts, ja nicht einmal an der Wirklichkeit derselben; sondern die Möglichkeit der logischen Form aller Erkenntnisse beruht notwendig auf dem Verhältnis zu dieser Apperception als einem Vermögen." (Kr. A. 117 Anm.) Ein Vermögen, von dessen „Wirklichkeit" oder Wirksamkeit ausdrücklich abgesehen werden kann, ist seinem eigentlichen Sinne nach keine psychologische Grundkraft mehr, sondern es bezeichnet vielmehr ein systematisches Ganze reiner logischer Bedingungen, die an einem Inhalt erfüllt sein müssen, sofern er zum Inhalt des Bewußtseins gemacht werden soll.

Jetzt erst ist der gesamte Umkreis der kritischen Untersuchung geschlossen. Denn es zeigt sich nunmehr, daß ohne objektiv gültige Grundsätze der Erkenntnis nicht nur die äußere, sondern auch die innere Erfahrung jeglichen Halt verlieren würde, daß es ohne solche Grundsätze ebenso unmöglich wäre, von einem empirischen Selbst, wie von einem Gegenstande der Natur zu sprechen. Und dies allein bedeutet in diesem Zusammenhange der Satz, daß auch wir selbst uns nur als „Erscheinung" gegeben sind. Auch das eigene Ich vermögen wir nicht von allen Funktionen der Erkenntnis überhaupt loszulösen und es ihnen als absolutes Objekt gegenüberzustellen. Wenn wir von ihm behaupten, daß wir es erkennen, wie es wahrhaft „ist", so besteht dieser Satz völlig zu Recht; aber es ist in ihm keine andere, keine höhere und gewissere Art des Seins gesetzt, als sie auch den äußeren empirischen Dingen zukommt. Wir erkennen das empirische Ich, wie es „als Gegenstand der Erfahrung im durchgängigen Zusammenhang der Erfahrung muß vorgestellt werden" und nicht nach dem, was es außer der Beziehung auf mögliche Erfahrung sein möge. (Vgl. Kr. 314.) Die Form und die Grundvoraussetzung dieser Vorstellungsart aber, unter welcher somit jegliches Wissen über unser „Selbst" steht, ist uns in der reinen Anschauung der Zeit gegeben. Diese aber ist hier nicht lediglich als ein Mannigfaltiges überhaupt, wie die transzendentale Ästhetik es aus methodischen Rücksichten bestimmte und isolierte, zu denken; sondern sie faßt zugleich die synthetischen Einheiten des Verstandes in sich und birgt ihren reinen Grundgehalt. An diesem Punkte gelangt daher der Gegensatz gegen die sensualistische Psychologie zum deutlichsten Ausdruck. Dem sensualistischen Psychologen ist die Erfahrung ein Produkt der Zeit; sie entsteht und entwickelt sich, indem sich die zunächst beziehungslosen Eindrücke im Fortgang der Zeit zu festen assoziativen Verbänden zusammenfügen. Hier wird also ein objektiver Zeitverlauf selbst, hier wird eine objektive Folge der Eindrücke vorausgesetzt, um daraus die Geltung der allgemeinen Grundbegriffe verständlich zu machen. Die kritische Methode aber geht wiederum den umgekehrten Weg. Sie fragt nicht in erster Linie nach dem realen Geschehen in der Zeit, sondern nach den Bedingungen des Urteils über Zeitverhältnisse, — nach den Bedingungen, unter denen wir allein zwei Inhalte in das Verhältnis des Zugleichseins oder der Folge setzen können. Und diese Bedingungen entdeckt und fixiert sie in reinen logischen Verhältnisbegriffen, die somit für alles, was uns nur immer in der Zeit gegeben werden mag, für die Erkenntnis des Gegenstands, wie des Ich, gleich unverbrüchliche Wahrheit besitzen. So voraussetzungslos die genetische Psychologie an ihre Aufgabe heranzutreten glaubt, so unverkennbar ist es, daß sie mit dem Begriff der objektiven Zeit von Anfang an operiert und daß sie ohne ihn nicht einmal ihre Frage zu stellen vermöchte. Es genügt indes, diesen einzigen Begriff zu analysieren, um auf seinem Grunde diejenigen begrifflichen Prinzipien zu entdecken, deren Recht der Sensualismus bezweifelt. Daß wir den Eindrücken eine bestimmte eindeutige Stelle in der Zeit anweisen, daß wir sie in einer festen Reihenfolge gegeben denken, — dies ist nicht anders möglich, als daß wir sie jenen allgemeinen Prinzipien der Beurteilung unterwerfen, die Kant unter dem Namen der „Analogien der Erfahrung" zusammenfaßt. Der Beweis dieser Analogien, der Beweis des Grundsatzes der Substanz, wie der Kausalität oder der Wechselwirkung geht „nicht auf die synthetische Einheit in der Verknüpfung der Dinge an sich selbst, sondern der Wahrnehmungen, und zwar dieser nicht in Ansehung ihres Inhalts, sondern der Zeitbestimmung und des Verhältnisses des Daseins in ihr nach allgemeinen Gesetzen. Diese allgemeinen Gesetze enthalten also die Notwendigkeit der

Bestimmung des Daseins in der Zeit überhaupt (folglich nach einer Regel des Verstandes a priori), wenn die empirische Bestimmung in der relativen Zeit objektiv gültig, mithin Erfahrung sein scll." (Proleg. § 26.) Nicht das zufällige Spiel der Assoziation ist es, das den Gedanken der Ursache erzeugt und begründet, sondern umgekehrt ist es dieser Gedanke, auf dem alle Vorstellung von einem objektiven Geschehen, mag man sich dies nun physikalisch oder psychologisch bestimmt denken, beruht[1]). Der Verstand ist vermittelst der Einheit der Apperzeption die Bedingung a priori der Möglichkeit einer kontinuierlichen Bestimmung aller Zeitstellen der Erscheinungen durch die Reihe von Ursachen und Wirkungen. (Kr. 256.) Wenngleich daher alle besonderen Gesetze aus der Erfahrung gezogen werden, so ist doch der Satz, daß es Gesetzmäßigkeit überhaupt gibt, keine Folgerung aus der Erfahrung, sondern eine konstitutive Voraussetzung der Funktion der Erfahrung selbst, welche Funktion ihrerseits erst zur Erkenntnis der Gegenstände, wie des eigenen Selbst hinführt.

In dieser Einsicht vollendet die Philosophie Kants ihre geschichtliche Mission. Wir sahen, daß ihr originaler Grundgedanke, der sie von der philosophischen Vergangenheit scharf und prinzipiell scheidet, darin besteht, daß die Trennung zwischen „Subjekt" und „Objekt" der Analyse der Erkenntnis nicht vorangestellt wird, sondern daß sie, soweit sie in Geltung bleibt, erst aus dieser Analyse gewonnen und gemäß ihren Ergebnissen bestimmt werden soll. Erst mit dem Abschluß der „subjektiven Deduktion" ist dieses Ziel erreicht. Mit ihr ist erkannt, daß es ein gemeinsames Grundsystem gültiger Regeln gibt, die außerhalb des Gegensatzes von „Subjekt" und „Objekt" stehen, weil nur durch sie die Glieder dieses Gegensatzpaares selber erst gesetzt werden können. Selbst die Unterscheidung von Wahrnehmungsurteil und Erfahrungsurteil, die Kant in den Prolegomenen an die Spitze stellt und die auch in der Vernunftkritik

---

[1]) Zur Beweisart der „Analogien der Erfahrung" vgl. bes. August Stadler, Die Grundsätze der reinen Erkenntnistheorie in der Kantischen Philosophie, Lpz. 1876, S. 83 ff.

bei der Deduktion der Analogien der Erfahrung überall den eigentlichen Nerv des Beweises ausmacht, erscheint jetzt in einem neuen Lichte. So erfolgreich und fruchtbar diese Unterscheidung sich erwiesen hat, so kann doch, wie sich nunmehr deutlich zeigt, mit ihr keine unbedingte Trennung in zwei völlig heterogene Bestandteile beabsichtigt sein. Denn auch das Wahrnehmungsurteil steht als Urteil unter den Bedingungen der „objektiven Einheit des Selbstbewußtseins". Es ließen sich nicht einmal zwei momentan gegebene Zuständlichkeiten eines einzelnen Subjekts aufeinander beziehen, wenn sie nicht unter eine Regel befaßt würden, die ihr wechselseitiges Verhältnis bestimmt. Selbst wenn eine Verknüpfung ausgesagt wird, die sich nur in einem bestimmten empirischen Bewußtsein realisiert findet und die darüber hinaus keine Notwendigkeit beansprucht, so erscheint doch eben dieser Zusammenhang hier und jetzt und unter diesen besonderen Umständen als tatsächlich vorhanden und gesetzt. Er steht nicht außerhalb aller Objektivität überhaupt, sondern beschränkt nur seine Geltung auf einen engeren Umkreis des Seins, während das Erfahrungsurteil den Anspruch erhebt, den allgemeinen, für alle denkenden Subjekte gleichartigen Begriff der empirischen Wirklichkeit festzustellen. Kein Inhalt, er sei so subjektiv wie er wolle, könnte in uns zum Bewußtsein erhoben werden, wenn er nicht zuvor gemäß eben denselben synthetischen Einheiten gestaltet würde, die in ihrer Vollendung und allseitigen Durchführung den Gegenstand der Natur ergeben. In dem einen, wie dem anderen Falle sehen wir uns auf Gesetze hingewiesen, „durch welche das Spiel der Veränderungen einer **Natur der Dinge** (als Erscheinungen) unterworfen wird, oder, welches einerlei ist, der Einheit des Verstandes, in welchem sie allein zu einer Erfahrung, als der synthetischen Einheit der Erscheinungen, gehören können." (Kr. 281.) Der Gegensatz kann lediglich als ein methodischer, nicht als ein absoluter und metaphysischer verstanden werden.

Somit hat die Frage nach dem „Zusammenhang" zwischen Seele und Welt, zwischen dem Ich und den Außendingen hier einen neuen Sinn erhalten. Denn die Frage ist nicht mehr „von der Gemeinschaft der Seele mit anderen bekannten und fremdartigen Substanzen außer uns, sondern bloß von der Verknüpfung der Vorstellungen des inneren Sinnes mit den Modifikationen unserer äußeren Sinnlichkeit, und wie diese unter einander nach beständigen Gesetzen verknüpft sein mögen, so daß sie in einer Erfahrung zusammenhängen." (Kr. A. 386.) Sie betrifft, mit anderen Worten, nicht mehr den Zusammenhang der Erkenntnisgegenstände, sondern den der Erkenntnismittel. Und es wäre eine bloße „selbstgemachte Schwierigkeit", wenn wir auch diesem Problem wiederum eine metaphysische Wendung geben wollten. Wie in einem denkenden Subjekt überhaupt äußere Anschauung möglich sei, wie es zu verstehen ist, daß die reine Form des Raumes ein Moment und eine Bedingung unseres empirischen Selbstbewußtseins ist: auf diese Frage ist es freilich „keinem Menschen möglich, eine Antwort zu finden, und man kann diese Lücke unseres Wissens niemals ausfüllen, sondern nur dadurch bezeichnen, daß man die äußeren Erscheinungen einem transzendentalen Gegenstande zuschreibt, welcher die Ursache dieser Art Vorstellungen ist, den wir aber gar nicht kennen, noch jemals einigen Begriff von ihm bekommen werden" (A. 393). Aber diese B e z e i c h n u n g schafft keinerlei neuen Inhalt; sie dient in keinem Sinne der Lösung, sondern lediglich der Abwehr der Frage. Hier vor allem ist zu bemerken, „daß der menschliche Verstand darüber nicht in Anspruch zu nehmen sei, daß er das Substantiale der Dinge nicht kennt, d. i. für sich allein bestimmen kann, sondern vielmehr darüber, daß er es als eine bloße Idee gleich einem gegebenen Gegenstande bestimmt zu erkennen v e r l a n g t." (Proleg. § 46.) Denn wenn ich auch nur frage, ob die Seele materiell oder aber „an sich" geistiger Natur ist, so hat diese Frage gar keinen Sinn: denn durch den bloßen Begriff des „An sich", durch die Abstraktion von allen Bedingungen der Erkenntnis nehme ich nicht bloß die körperliche Natur, sondern alle Natur überhaupt, .d i. alle Prädikate irgendeiner möglichen Erfahrung weg. Es fehlen fortan alle Mittel, zu meinem Begriff einen Gegenstand zu denken, was doch allein mich berechtigen kann, ihm irgend einen Sinn beizulegen (Kr. 712). Somit lassen sich die dogmatischen Bedenken, die an diesem Punkte entstehen mögen, nicht anders beschwichtigen, denn durch die klare methodische Einsicht, daß es dem Verstande nicht gegeben ist, in intelligible Welten, sogar nicht einmal in ihren Begriff auszuschweifen (Kr. 345). Stellen wir das Problem im streng kritischen Sinne, halten wir also daran fest, daß alles Sein der Phänomene sich in ihre empirische Gesetzlichkeit auflöst und in ihr völlig beschlossen ist, so können wir nur fragen: „wie und durch welche Ursache die Vorstellungen unserer Sinnlichkeit so unter einander in Verbindung stehen, daß diejenigen, welche wir äußere Anschauungen nennen, nach empirischen Gesetzen als Gegenstände außer uns vorgestellt werden können; — welche Frage nun ganz und gar nicht die vermeinte Schwierigkeit enthält, den Ursprung der Vorstellungen von außer uns befindlichen, ganz fremdartigen wirkenden Ursachen zu erklären" (A. 387). In der Tat ist diese Frage durch die transzendentale Deduktion der Kategorien und durch deren obersten Leitbegriff: die Einheit der Apperzeption bereits gelöst. Denn kraft des Ergebnisses dieser Deduktion hängen Ich und Gegenstand in einem Inbegriff von Regeln zusammen, dem sie gleichmäßig untergeordnet sind; und diesem logischen Zusammenhange können sie sich nicht entziehen, ohne dadurch auch all ihres besonderen Gehalts verlustig zu gehen. Dieser Gehalt wurzelt einzig in der systematischen Verknüpfung, die sie hier erlangen: so daß nicht die Einheit, die vielmehr das Ursprüngliche und Notwendige bildet, sondern umgekehrt die Zweiheit, die Spaltung der Erfahrung in zwei verschiedene Hälften, das eigentliche Problem ausmacht. Der „Dualismus" aber, der hier entsteht, ist nicht im „transzendentalen", sondern lediglich im empirischen Verstande zu nehmen. Im Zusammenhange der Erfahrung ist uns die Materie sowohl wie das Ich als „Substanz in der Erscheinung" gegeben „und nach den Regeln, welche diese Kategorie in den Zusammenhang unserer äußeren sowohl als inneren Wahrnehmungen zu einer Erfahrung hineinbringt, müssen auch beiderseits Erscheinungen unter sich verknüpft werden." (A. 379.) Hier ist das entscheidende Wort gesprochen: es kann für uns nicht zwei absolut getrennte, heterogene Arten von Substanzen geben, weil die Kategorie der Substanz, weil die Funktion, die dieser Begriff ausübt, nur Eine ist; weil somit von Anfang an ein gemeinsames Forum der Erkenntnis besteht, vor welches beide Arten der Gegenständlichkeit gehören. Die metaphysischen Theorien des physischen Einflusses, der vorherbestimmten Harmonie und der übernatürlichen Assistenz leiden sämtlich an dem gleichen Grundgebrechen, daß sie dieses Forum umgehen und ausschalten. Sie setzen durch eine dogmatische „Subreption" den Inhalt der Erkenntnis völlig außerhalb des Bereichs ihrer Grundregeln heraus, sie heben somit von Anfang an die Voraussetzung aller Begreiflichkeit auf. So widerlegt denn auch jede dieser Theorien nicht sowohl den Gegner, als ihre eigene dualistische Voraussetzung. (A. 390 ff.)

Materialismus und Idealismus erweisen sich daher jetzt, wenn man beide in ihrem gewöhnlichen metaphysischen Sinne nimmt, gleich sehr als willkürliche Projektionen. Die „Widerlegung des Idealismus", die die zweite Auflage hinzufügt, ist keineswegs ein äußerlich abgedrungener Zusatz, sondern hängt mit den ersten Grundüberzeugungen der Vernunftkritik aufs genaueste zusammen. Von Anfang an betraf die Frage des Kantischen Idealismus nicht die Existenz der Sachen, sondern die Geltung der Erkenntnis: nicht die „Subjektivität" des Raumes, sondern die Objektivität der Geometrie war es, was bewiesen werden sollte. Hierin liegt in der Tat die scharfe prinzipielle Unterscheidung gegenüber Berkeley, die durch die Prolegomenen, auch im geschichtlichen Sinne streng zutreffend, bezeichnet wird. Der Idealismus Berkeleys bedeutet den paradoxen Versuch, von einem rein sensualistischen Ausgangspunkt aus ein absolutes metaphysisches Geisterreich zu erweisen. Beide Tendenzen vereinen sich in einem gemeinsamen Zug. Die Erfahrung wird von Berkeley — wie Kant ihm vorwirft — um die allgemeingültigen begrifflichen „Kriterien ihrer Wahrheit" gebracht; aber eben diese ihre logische Entwertung sollte dazu dienen, den Zusammenhang mit dem metaphysischen Ursprung, der für sie angenommen wird, um so fester zu knüpfen[1]). Der „schwärmerischen Absicht", die sich hier mehr und mehr offenbarte, tritt nunmehr das nüchterne kritische Vorhaben entgegen, „lediglich die Möglichkeit unserer Erkenntnis a priori von Gegenständen der Erfahrung zu begreifen". (Proleg., Anhang.) Jetzt kann nicht mehr gefragt werden, ob die Gegenstände der Natur in der gleichen Weise wie unser geistiges Ich existieren; sondern ob unsere Aussagen über sie von gleicher Gewißheit sind wie diejenigen über die Modifikationen unseres eigenen „Innern". Denn dies steht uns jetzt als Ergebnis fest: daß auch das Sein des empirischen Ich nicht anders, denn in der Erfahrung gegeben und somit durch die Form der Erfahrung bedingt ist. Diese Grundform aber schließt die innere, wie die äußere Anschauung, schließt den Raum wie die Zeit als gleich ursprüngliche Momente ein. Wir können von unserem empirischen Ich nicht anders reden, als indem wir es den Gegenständen gleichsam gegenüberstellen und es von ihnen abheben; diese Unterscheidung aber setzt die Anschauung des Raumes, in der uns Gegenstände allein gegeben werden können, notwendig voraus.

Die empirische Erkenntnis des Ich ist somit nicht von anderer Art, wie die des Naturobjekts und ruht auf keinen anderen und vollgültigeren Gründen der Gewißheit. Diese Einsicht allein aber ist es, die Kant durch die „Widerlegung des Idealismus" zu voller Klarheit zu erheben sucht. Nicht die Existenz der „Dinge an sich" soll hier — wie man sonderbarerweise bisweilen angenommen hat — bewiesen werden, sondern die Aufgabe beschränkt sich einzig und allein auf den Nachweis, daß die Annahme beharrender **empirischer Objekte** berechtigt und notwendig sei. „Daß unseren äußeren Wahrnehmungen etwas Wirkliches außer uns nicht bloß korrespondiere, sondern auch korrespondieren müsse, kann niemals aus der Verknüpfung der Dinge an sich selbst, wohl aber zum Behuf der Erfahrung bewiesen werden. Dieses will so viel sagen: daß etwas auf empirische Art, mithin als Erscheinung im Raume außer uns sei, kann man gar wohl be-

---

[1]) Vgl. ob. S. 308 ff. u. S. 325, Anm. 2.

weisen; denn mit anderen Gegenständen als denen, die zu einer möglichen Erfahrung gehören, haben wir es nicht zu tun, eben darum weil sie uns in keiner Erfahrung gegeben werden können, und also für uns nichts sind." (Proleg. § 49.) Die Inhalte des äußeren Sinnes sind nicht minder „wirklich" als die des inneren, weil sie die gleiche durchgängige Verknüpfung nach Erfahrungsgesetzen und somit die gleiche objektive Wahrheit, wie diese, besitzen. So läßt sich der materiale Idealismus sehr leicht heben; ist es doch eine ebenso sichere Erfahrung, daß Körper außer uns (im Raume) existieren, als daß ich selbst nach der Vorstellung des inneren Sinnes (in der Zeit) da bin. Mehr aber als diese Gewißheit kann vom kritischen Standpunkt aus weder geleistet, noch gefordert werden. Der verlangte Beweis kann nicht dartun wollen, daß die Körper außerhalb aller Beziehung zum Denken, zur Erkenntnis überhaupt an sich vorhanden sind; nur dies will er erweisen, daß wir von äußeren Dingen objektiv gültige Urteile fällen können, d. h. „daß wir von ihnen auch Erfahrung und nicht bloß Einbildung haben." Dies aber kann nicht anders geschehen, „als wenn man beweisen kann, daß selbst unsere innere . . Erfahrung nur unter Voraussetzung äußerer Erfahrung möglich sei." (Kr. 275.) Das Ich könnte sich seines Daseins als in der Zeit bestimmt nicht bewußt werden, wenn es nicht den Fluß und Wandel seiner inneren Zustände auf ein Beharrliches bezöge und in ihm fixierte; dies Beharrliche aber kann seinerseits nur durch die Vermittlung der äußeren Anschauung fixiert werden, die sich somit als ein unentbehrlicher Faktor in der Gestaltung selbst des „psychischen" Seins erweist. Daher wird dem Idealismus nunmehr das Spiel, das er trieb, mit mehrerem Rechte umgekehrt vergolten: denn wenn er annahm, daß die einzig unmittelbare Erfahrung die innere sei und von ihr aus erst mühsam und auf Umwegen auf äußere Dinge geschlossen werden müsse, so zeigt sich jetzt, daß äußere Erfahrung eigentlich unmittelbar sei, weil ohne sie keine notwendige Verknüpfung der Erscheinungen in der Zeit, also keine „Objektivität" im kritischen Sinne möglich wäre. Die äußere Wahrnehmung beweist nicht ein Wirkliches im Raume, das ihr Quell und ihre

Ursache wäre, sondern sie ist dieses Wirkliche selbst, sofern sie unter notwendigen Gesetzen steht. Das „Reale" äußerer Erscheinungen ist also wirklich: nicht als ein Etwas, das hinter ihnen liegt, sondern als derjenige Erfahrungsinhalt, zu dem wir die bloße Wahrnehmung umprägen, indem wir die „formalen" Regeln der Erkenntnis auf sie anwenden. „Ich habe in Absicht auf die Wirklichkeit äußerer Gegenstände ebenso wenig nötig zu schließen, als in Ansehung der Wirklichkeit des Gegenstandes meines inneren Sinnes (meiner Gedanken); denn sie sind beiderseitig nichts als Vorstellungen, deren unmittelbare Wahrnehmung (Bewußtsein) zugleich ein genugsamer Beweis ihrer Wirklichkeit ist. Also ist der transzendentale Idealist ein empirischer Realist und gesteht der Materie als Erscheinung eine Wirklichkeit zu, die nicht geschlossen werden darf, sondern unmittelbar wahrgenommen wird". (A. 371.) Die empirische Realität heißt „unmittelbar", sofern es, um uns ihrer zu versichern, nicht nötig ist, über das Bewußtsein hinweg zu einer völlig anderen Seinsart zu greifen; aber es ist deutlich, daß sie zugleich im logischen Sinne durch die Bedingungen des Denkens, wie durch die der reinen Anschauung als vermittelt angesehen werden muß.

Die Bindung des „Ich" an die Erkenntnisbedingungen, kraft deren es entsteht und durch die es allein setzbar wird, erhält sodann ihren Abschluß und ihre klarste Ausprägung in der Kritik der rationalen Psychologie. Wer den Ichbegrif von seinem logischen Ursprung ablöst, der verfällt damit den Paralogismen des Seelenbegriffs. Der bloße Satz „Ich denke" ist der „alleinige Text der rationalen Psychologie, aus welchem sie ihre ganze Weisheit auswickeln soll." Dieser Satz indessen enthält nichts anderes als die bloße Form jeglichen Urteils überhaupt, die als solche in jede Aussage eingeht, die aber eben darum nicht irgendeinen bestimmten, charakteristisch unterschiedenen Seinsinhalt aus sich hervorgehen zu lassen vermag. Damit Vorstellungen als Vorstellungen eines Bewußtseins angesehen werden, müssen sie wechselseitig auf einander bezogen, müssen sie durch den Akt der Apperzeption, der jede von ihnen begleitet, zur Einheit verknüpft werden. Aber dieser Akt der Verknüpfung stellt keinen besonderen

I n h a l t dar, der n e b e n den einzelnen Vorstellungsinhalten gegeben wäre. Und lediglich ein solcher Inhalt ist es doch, auf den die rationale Seelenlehre ausgeht. Ihr genügt es nicht, das Ich als logische Relation, als einen begrifflichen Einheitspunkt zu denken, sondern sie will absolute metaphysische Prädikate, wie die Unteilbarkeit und Stofflosigkeit, die Persönlichkeit und die unbeschränkte Fortdauer von ihm erweisen. Damit aber wird ein rein hypothetischer Bedingungssatz zu einer kategorischen Behauptung über die Welt der tatsächlichen Gegenstände umgedeutet. Wir wissen freilich, daß, wenn und sofern Bewußtsein stattfinden soll, bestimmte Vorbedingungen erfüllt sein müssen; aber diese Einsicht kann uns niemals zu dem Satz berechtigen, daß über die Grenzen hinaus, in welchen die Erfahrung uns dies kundtut, Bewußtsein notwendig stattfinden müsse. Daß ich mir in der ganzen Zeit, deren ich mir meiner bewußt bin, als einer Einheit bewußt bin, ist ein unbestreitbarer, ja identischer Satz, da Bewußtsein nichts anderes als eben diesen Zusammenschluß besagt; aber diese analytische Behauptung kann in keiner Weise dazu dienen, das Sein und die Persönlichkeit des Ich synthetisch über die empirischen Schranken zu erweitern, in welchen beide mir gegeben sind. „Denn das Ich ist zwar in allen Gedanken; es ist aber mit dieser Vorstellung nicht die mindeste Anschauung verbunden, die es von anderen Gegenständen der Anschauung unterschiede. Man kann also zwar wahrnehmen, daß diese Vorstellung bei allem Denken wiederum vorkommt, nicht aber, daß es eine stehende und bleibende Anschauung sei, worin die Gedanken (als wandelbar) wechselten." (Kr. A. 350.) Ebenso ist es allerdings zutreffend, daß dem bloßen Gedanken des Ich als solchem eine qualitativ einheitliche Bedeutung zukommt, die sich nicht weiter zerfällen, noch teilen läßt; aber zwischen diesem ideellen Sinn des Ichbegriffs und der behaupteten Einfachheit der Ichsubstanz besteht keinerlei erkennbarer Zusammenhang. Die Einfachheit der Vorstellung von einem Subjekt ist darum nicht eine Erkenntnis von der Einfachheit des Subjekts selbst. (A. 355.) So kann man den Satz, daß die Seele Substanz sei, gar wohl gelten lassen; aber man muß sich zugleich bescheiden, daß uns dieser Begriff nicht im mindesten weiter führe oder irgendeine von den gewöhnlichen Folgerungen der vernünftelnden Seelenlehre, wie z. B. die Fortdauer der Seele nach dem Tode lehren könne, „daß er also nur eine Substanz in der Idee, aber nicht in der Realität bezeichne". (A. 351.)

Auch an diesem Punkte scheidet sich Kant, dessen Lehre man als die „Versöhnung" des Empirismus und Rationalismus aufzufassen pflegt, mit gleicher Energie von den Voraussetzungen beider Denkrichtungen. Der Empirismus wird durch den Begriff des „reinen Ich" abgewiesen, der zuletzt den ganzen Inhalt der reinen synthetischen Grundsätze in sich birgt. Das Bewußtsein ist keine Summe, kein bloßes „Bündel" von sinnlichen Perzeptionen, sondern es setzt für seinen Bestand notwendige und objektiv gültige Verknüpfungsweisen voraus. Aber diese Form der notwendigen Geltung führt zu keinem außerempirischen Sein hin. Die freie Betätigung des „intellectus ipse" erschließt fortan, so sehr sie anerkannt und hervorgehoben wird, nicht mehr den Zugang zu der Welt der Monaden als geistiger Substanzen. Das Denken für sich genommen ist, wie Kant betont, „bloß die logische Funktion, mithin lauter Spontaneität der Verbindung des Mannigfaltigen einer bloß möglichen Anschauung." „Dadurch stelle ich mich mir selbst weder, wie ich bin, noch wie ich mir erscheine, vor, sondern ich denke mich nur wie ein jedes Objekt überhaupt, von dessen Art der Anschauung ich abstrahiere. Wenn ich mich hier als Subjekt der Gedanken oder auch als Grund des Denkens vorstelle, so bedeuten diese Vorstellungsarten nicht die Kategorien der Substanz oder der Ursache; denn diese sind jene Funktionen des Denkens (Urteilens) schon auf unsere sinnliche Anschauung angewandt, welche freilich erforderlich werden würde, wenn ich mich erkennen wollte. Nun will ich mir meiner nur als denkend bewußt werden; wie mein eigenes Selbst in der Anschauung gegeben sei, das setze ich beiseite, und da könnte es mir, der ich denke, bloß Erscheinung sein; im Bewußtsein meiner Selbst beim bloßen Denken bin ich das Wesen selbst, von dem mir aber freilich dadurch noch nichts zum Denken gegeben ist." (Kr. 429.) Damit erst ist die Trennung von Leibniz vollzogen. Diese Trennung liegt nicht in der „transzendentalen Ästhetik" vor, mit der vielmehr Leibniz' Lehre von der Idealität des Raumes und der Zeit sich nahe berührt, sondern sie wird erst in der transzendentalen Logik und Dialektik erreicht. Der Weg und die Entstehung der Leibnizischen Metaphysik läßt sich in der Tat dadurch bezeichnen: daß sie mit der Analyse des logischen Subjektbegriffs beginnt, um mit der Setzung des metaphysischen Substanzbegriffs zu enden. Die Monade, die in erster Linie das einheitliche Gesetz bezeichnete, durch welches alle Glieder einer Veränderungsreihe mit einander zusammenhängen und durch das sie ihre charakteristische individuelle Bestimmtheit erlangen, wandelt sich zum Grund und Ursprung der Veränderungen selbst; zum tätigen Prinzip, das die Folge der Vorstellungen aus sich selbst hervorgehen läßt[1]). Dieser Grundansicht, nach welcher das empirische zeitliche Sein aus höheren intellektuellen Prinzipien abgeleitet und erklärt wird, tritt die transzendentale Deduktion der Kategorien gegenüber. Hier erweist die Lehre vom Schematismus der reinen Verstandesbegriffe ihre Bedeutung. Die Begriffe der Substanz und der Ursache sind, nach ihr, selbst nichts anderes, als die Mittel, die Zeitfolge der Erscheinungen erkennbar zu machen und sie zur objektiv notwendigen zu gestalten; sie können uns somit niemals über die Bedingtheit des Zeitlichen überhaupt hinausheben. Der „Satz vom Grunde" verliert seinen metaphysischen Sinn und schränkt sich auf die Funktion ein, die er in der wissenschaftlichen Physik auszuüben vermag. Die „logische Erörterung des Denkens überhaupt" darf nicht länger für eine „metaphysische Bestimmung des Objekts" gehalten werden. Denn ist dies auch nur an einem einzigen Punkte geschehen, glauben wir auch nur in unserem eigenen Ich das absolute Sein, das Sein außerhalb der Bedingungen der Anschauung und des Denkens, unmittelbar zu erfassen, so

---

[1]) S. ob. S. 182 ff.; Näheres hierüber in der Einleitung zu m. Ausgabe von Leibniz' Hauptschriften zur Grundlegung der Philosophie, Bd. II, S. 93 ff.

hätten wir auf diese Art doch einen Schritt über die Sinnenwelt hinaus getan, „wir wären in das Feld der Noumenen getreten, und nun spreche uns niemand die Befugnis ab, in diesem uns weiter auszubreiten, anzubauen und, nachdem einen jeden sein Glücksstern begünstigt, darin Besitz zu nehmen." (Kr. 409 f.) In Wahrheit aber können wir auch uns selbst nicht anders, denn „zum Behufe einer möglichen Erfahrung" denken. Auch die Einheit des Bewußtseins vermögen wir nur dadurch zu erkennen, daß wir sie zur Möglichkeit der Erfahrung u n e n t b e h r l i c h b r a u c h e n. (Kr. 420.) Hier kommt es wiederum zum schärfsten Ausdruck, daß das „Selbst", von dem die Kritik spricht und mit welchem sie es allein zu tun hat, nicht als eine metaphysische Tatsache gegeben, sondern lediglich als ein logisches Requisit ermittelt ist, — daß ihm kein anderes Sein zukommt, als das Sein der Bedingung. Wir bestimmen das Ich zu demjenigen, als was wir es logisch brauchen; aber wir müssen uns hierbei vor dem Irrtum hüten, die mögliche Abstraktion von unserer empirisch bestimmten Existenz mit dem vermeinten Bewußtsein einer abgesondert möglichen Existenz unseres denkenden Selbst zu verwechseln. (Vgl. Kr. 427.)

Hier aber mündet die Kritik der Paralogismen der reinen Seelenlehre in ein allgemeineres Problem ein. Die Annahme der absoluten Seelensubstanz, sowie die Lehre von ihren einzelnen Attributen bildet nur ein besonders prägnantes Beispiel für den allgemeinen Hang des Denkens, die reinen Erkenntnismittel in ebensoviele Erkenntnisgegenstände zu verwandeln. Wir versuchen immer von neuem, das reine Ich, das nichts anderes ist als das „Vehikel" aller Begriffe überhaupt, gleich einem losgelösten Objekt, das einer besonderen, sinnlichen oder intellektuellen, Anschauung fähig wäre, zu behandeln. Wir bemerken nicht, daß durch dieses „Ich oder Er oder Es, welches denkt", im gegenständlichen Sinne gar nichts erkannt wird; daß wir uns vielmehr hier in einem beständigen Zirkel herumdrehen, sofern wir uns der Einheit des Selbst jederzeit schon bedienen müssen, um irgendwelche Prädikate von ihm auszusagen. Eine rationale Theorie über den Satz „Ich denke" zu versuchen, verwickelt in lauter Tautologien, da dieser Satz die Voraussetzung aller Urteilsfällung, also aller Theorie überhaupt ist. (A. 366, B. 404.) So ist es mir freilich erlaubt zu sagen: ich bin eine einfache Substanz; „aber dieser Begriff oder auch dieser Satz lehrt uns nicht das Mindeste in Ansehung meiner selbst als eines Gegenstandes der Erfahrung, weil der Begriff der Substanz selbst nur als Funktion der Synthesis, ohne unterlegte Anschauung, mithin ohne Objekt gebraucht wird, und nur von der Bedingung unserer Erkenntnis, aber nicht von irgendeinem anzugebenden Gegenstande gilt." (A. 356.) Woher stammt dieser scheinbar unbesiegliche Hang, die Funktionen der Erkenntnis in Objekte, die Bedingungen in Dinge zu verwandeln, worin wurzelt dieser Grundtrieb des Denkens, aus welchem alle Metaphysik zuletzt stammt und aus welchem sie immer neue Nahrung zieht? Es genügt nicht, diesen Trieb zu bekämpfen, sondern wir müssen suchen, ihn in seinen letzten Motiven zu verstehen, sofern wir gegen ihn und gegen die Illusion, die er schafft, wahrhaft gesichert sein sollen.

V.

Das „Ding an sich".

Die Grundfrage der Kritik der reinen Vernunft läßt sich durch den Begriff der Objektivität bezeichnen. Die objektive Gültigkeit unserer apriorischen Erkenntnisse zu erweisen, bildet ihre zentrale Aufgabe. Um diesem wesentlichen Zwecke zu genügen, mußte die Kritik der Metaphysik durchgeführt werden. Denn die Voraussetzung der absoluten Gegenstände, auf welcher die Metaphysik beruht, enthält einen latenten Widerspruch gegen die Geltung und Möglichkeit unserer Erfahrungserkenntnis. Sollte „Natur" das Dasein der Dinge an sich selbst bedeuten, so würden wir sie niemals, weder a priori noch a posteriori, erkennen können. Nicht a priori; denn der Verstand und die Bedingungen, unter denen er allein die formale Gesetzlichkeit seiner Inhalte zu denken vermag, schreibt doch den Dingen selbst keine Regel vor und vermöchte somit von ihnen nur dadurch ein Wissen zu erlangen, daß sie ihm als Objekte, nach denen er sich richten und deren Bestimmungen er ablesen könnte, vorher gegeben wären. Aber auch diese bloß empirische Kenntnisnahme wäre, wenn wir es mit Dingen an sich selbst zu tun hätten, unmöglich; denn durch bloße Erfahrung wird niemals diejenige Notwendigkeit erreicht, die im Begriff des Seins der Dinge bereits implizit eingeschlossen liegt. (Proleg. § 14.)

So mußte alle Erkenntnis, um in sich selbst Festigkeit und Wahrheit zu erlangen, auf das Gebiet der Erscheinung eingeschränkt werden. Aber damit scheint wiederum das Ziel der gesamten kritischen Untersuchung vereitelt. Das Wissen scheint in seinem reinen logischen Wert herabgesetzt, indem es in einem begrenzten Umkreis des Seins festgehalten wird. Selbst wenn die herkömmliche Verwechslung von „Erscheinung" und „Schein" vermieden, wenn die empirische Realität des Gegenstandes in den formalen Grundsätzen des Verstandes als fest begründet erkannt wird, so scheint sich doch der eigentliche Kern der Wirklichkeit uns für immer zu entziehen. Es bliebe eine niedere, eine untergeordnete Sphäre des Seins, die sich unserem Wissen, zu so hoher formaler Vollendung es auch gelangen mag, allein erschließt.

Auch hier indessen müssen wir die Fragestellung Kants, um sie in ihrer spezifischen Bedeutung zu verstehen, zuvor innerhalb des allgemeinen geschichtlichen Problemkreises betrachten, dem sie angehört. Das Wort „Erscheinung" besitzt für Kant zunächst keinen metaphysischen Klang. Er entnimmt es nicht dem Sprachgebrauch der Metaphysik, sondern dem der Naturwissenschaft, in dem es, während des ganzen achtzehnten Jahrhunderts, fest eingebürgert war. Für die gesamte Newtonische Physik bedeutet das „Phänomen" nichts anderes als den empirischen Gegenstand, sofern er uns unmittelbar bekannt und gegeben ist; sofern er sich uns sinnlich kundgibt, ohne daß wir nötig hätten, ihn erst durch Vermittlung metaphysischer Hypothesen zu gewinnen. Daß die Physik es nur mit den Phänomenen zu tun habe, das besagt hier also, daß sie es verschmäht, die Naturbegebenheiten auf „dunkle Qualitäten", die sich hinter ihnen verbergen, zurückzuführen, und sie statt dessen lediglich in der mathematischen Gesetzlichkeit ihrer Abfolge zu begreifen trachtet. Somit ist die Erscheinung hier nicht ein Etwas, das uns nur mangelhaft, nur als Teilausdruck des wahrhaften Seins bekannt wäre; sondern umgekehrt gerade das, wovon wir ein sicheres und unumstößliches Wissen besitzen, das keinerlei transzendenter Annahmen zu seiner Bestätigung bedarf. Die reine „Tatsache", die sich unabhängig von jeder spekulativen Deutung kraft des wissenschaftlichen Experiments feststellen läßt, macht den Inhalt der Erscheinung aus. (Vgl. ob. S. 404 f., 589 f.) Man braucht nur die bekannten Handbücher der Naturlehre, die Kant selbst seinen naturwissenschaftlichen Vorlesungen zugrunde legte, aufzuschlagen, um in ihnen alsbald diesen Gebrauch des Begriffs anzutreffen. „Erscheinung" und „Naturbegebenheit" treten hier als vollkommene Wechselbegriffe auf. „Diejenigen Veränderungen" —so heißt es in Eberhards „Ersten Gründen der Naturlehre" —, welche wir durch die Sinne bemerken können, heißen Naturbegebenheiten (phaenomena); die anderen begreifen wir nur durch den Verstand"[1]). So ist die Erscheinung dasjenige, was in Raum und Zeit klar und offen vor uns liegt und dessen Wirklichkeit wir somit nicht erst zu erschließen brauchen. Wie völlig Kant innerhalb dieser Gesamtanschauung steht, läßt sich z. B. aus seiner „Widerlegung des Idealismus" ermessen. Daß die Materie empirische Realität besitzt, wird hier dadurch erwiesen, daß sie selbst nichts als Erscheinung ist; daß also ihre Wirklichkeit nicht „hinter" unseren räumlichen Vorstellungen, als eine unbekannte Wesenheit gesucht zu werden braucht, sondern uns in der äußeren Erfahrung und kraft ihrer Grundform unmittelbar gegeben ist.

---

[1]) Eberhard, Erste Gründe der Naturlehre, Halle 1767, § 1. — Vgl. Erxleben, Anfangsgründe der Naturlehre (6. Aufl., Götting. 1794), § 6: „Die Veränderungen, welche in der Welt vorgehen, heißen Naturbegebenheiten (phaenomena, apparentiae)." Das Werk von Eberhard hat Kant vom Jahre 1762 ab, das von Erxleben vom Jahre 1776 ab seinen naturwissenschaftlichen Vorlesungen zugrunde gelegt.

Die Erscheinung bedeutet, in diesem Sinne gefaßt, lediglich den Gegenstand der Erfahrung, der uns, als solcher, niemals anders als unter den Bedingungen der Erfahrung gegeben werden kann. Vom Standpunkt der reinen Wissenschaft aus kann keinerlei Zwang und Antrieb bestehen, von diesen Bedingungen, in denen der gesamte positive Gehalt des Wissens begründet ist, absehen zu wollen. Die Relativität der Erkenntnis ist kein Makel, mit dem sie behaftet bleibt, sondern der Quell und die Voraussetzung ihrer eigentlichen und höchsten Leistungen. In dieser Hinsicht wächst Kant auch über die Erkenntnistheorie des „Positivismus", wie sie im achtzehnten Jahrhundert insbesondere durch d'Alembert und Maupertuis vertreten ist, hinaus. Die Einschränkung auf die Erscheinungswelt enthält für ihn nichts mehr von jener skeptischen Resignation, die hier noch überall deutlich hindurchklang. (Vgl. ob. S. 426 ff.) „Wenn die Klagen: Wir sehen das Innere der Dinge gar nicht ein, soviel bedeuten sollen als: Wir begreifen nicht durch den reinen Verstand, was die Dinge. die uns erscheinen, an sich sein mögen, so sind sie ganz unbillig und unvernünftig: denn sie wollen, daß man ohne Sinne doch Dinge erkennen, mithin anschauen könne; folglich daß wir ein von dem menschlichen nicht bloß dem Grade, sondern sogar der Anschauung und Art nach gänzlich unterschiedenes Erkenntnisvermögen · haben, also nicht Menschen, sondern Wesen sein sollen, von denen wir selbst nicht angeben können, ob sie einmal möglich, viel weniger, wie sie beschaffen seien. Ins Innere der Natur dringt Beobachtung und Zergliederung der Erscheinungen, und man kann nicht wissen, wie weit dies mit der Zeit gehen werde. Jene transzendentalen Fragen aber, die über die Natur hinausgehen, würden wir bei allem dem doch niemals beantworten können, wenn uns auch die ganze Natur aufgedeckt wäre, da es uns nicht einmal gegeben ist, unser eigenes Gemüt mit einer anderen Anschauung, als der unseres inneren Sinnes zu beobachten. Denn in demselben liegt das Geheimnis des Ursprungs unserer Sinnlichkei ." (Kr. 333 f.) Das Geheimnis, daß wir überhaupt nur kraft bestimmter Bedingungen erkennen können, daß es gerade die Anschauung von Raum und Zeit, sowie die reinen Kategorien sind, durch die allein wir irgendetwas verstehen, läßt sich nicht weiter auf seinen metaphysischen Ursprung zurückverfolgen; sondern wir müssen uns hier mit der logischen Einsicht begnügen, daß uns, wenn wir diese Denkmittel aufheben, ebensowenig mehr ein „Ich", wie ein „Gegenstand" zurückbleibt. Wer nach dem Schlechthin-Innerlichen der Materie fragt, statt sie in all ihren dynamischen Beziehungen und Verhältnissen zu erforschen, der hängt einer „bloßen Grille" nach und verliert darüber die echte konkrete Wirklichkeit der Dinge. Wie der Physiker nicht die geheime Macht zu kennen braucht, die die schweren Körper zur Erde hinzieht, sondern sich begnügt, den Vorgang des Falles selbst in seiner objektiven Beschaffenheit und in seinen exakten Maßen zu erkennen, so besteht die Aufgabe der Metaphysik fortan nicht darin, die letzten „Gründe" des Bewußtseins aufzudecken, um dadurch die Tatsache, daß überhaupt Wahrnehmung in uns stattfindet, sowie daß wir unter diesen oder jenen Formen denken, zu erklären. Nur das können wir zu wissen verlangen, auf welchem Wege und kraft welcher Bedingungen aus der bloßen „Materie" der Wahrnehmung die wissenschaftliche „Form" der Erfahrung sich gestaltet. Wir forschen nicht länger danach, woher Erfahrung stammt, sondern wir fragen, was sie ihrer reinen logischen Struktur nach ist. Daß die echte Methode der Metaphysik mit derjenigen im Grunde einerlei sei, die Newton in die Naturwissenschaft eingeführt habe, hatte schon die vorkritische Schrift über die „Deutlichkeit der Grundsätze der natürlichen Theologie und der Moral" betont. (S. ob. S. 589.) Die Naturwissenschaft aber wird uns niemals das Innere der Dinge, d. i. dasjenige, was nicht Erscheinung ist, entdecken und braucht dieses auch nicht zu ihren physischen Erklärungen; „ja wenn ihr auch dergleichen anderweitig angeboten würde (z. B. Einfluß immaterieller Wesen), so soll sie es doch ausschlagen und gar nicht in den Fortgang ihrer Erklärungen bringen, sondern diese jederzeit nur auf das gründen, was als Gegenstand der Sinne zur Erfahrung gehören, und mit unseren wirklichen Wahrnehmungen nach Erfahrungsgesetzen in Zusammenhang gebracht werden kann." (Proleg. § 57.) So darf auch die kritische Philosophie innerhalb des theoretischen Gebiets keine höhere Aufgabe kennen, als den gesetzlichen Zusammenhang der Erkenntnis aufzudecken und darf sich von ihm durch keine transzendenten Lockungen und Versprechungen abwendig machen lassen.

Daß wir die Dinge an sich nicht erkennen, das bedeutet also in diesem Zusammenhang keine leere Negation, sondern ist der Ausdruck einer höchst positiven, kritischen Grundeinsicht. Dieser Satz muß vor allem als „transzendentaler" Satz verstanden werden: in dem Sinne, daß er sich „nicht sowohl mit Gegenständen, sondern mit unserer Erkenntnisart von Gegenständen" beschäftigt. Nicht darum handelt es sich, ein, wenngleich nur negatives, Verhältnis der absoluten Dinge zu unserem Erkenntnisvermögen festzustellen — denn Kants Idealismus betrifft nicht die „Existenz der Sachen", somit auch nicht ihre reale Beziehung zum „Subjekt" — sondern die Feststellung betrifft die Charakteristik der Erkenntnis selbst. Der Grundcharakter nicht sowohl der Dinge, als des Wissens um die Dinge ist es, nichts „an sich selbst" zu bedeuten, sondern sich nur in reinen Relationen verwirklichen zu können. „Erkennen" heißt für uns „bedingen": heißt ein Mannigfaltiges unter die synthetischen Einheiten des Verstandes fassen. Die Bedingtheit jeglichen O b j e k t s der Erkenntnis ist also bereits in ihrer reinen F u n k t i o n enthalten: sie aufheben wollen, hieße an dem Ziele festhalten und alle Mittel zu seiner Erreichung und Erfüllung von sich werfen. „Gegenständlichkeit" ist nichts „an sich selbst"; sondern was mit diesem Begriff gemeint ist, kann immer erst durch die Hinzufügung einer bestimmten Erkenntnisbedingung festgestellt werden. Wir sprechen, im populären Sprachgebrauch, sowohl von der „Existenz" eines sinnlich wahrnehmbaren Einzeldinges, wie von der der Kraft oder des Atoms; von der „Existenz" der Zahl π, wie von der der „Einwohner im Monde". Erst die schärfere erkenntnistheoretische Analyse zeigt uns, daß es unkritische Naivetät ist, alle diese Bedeutungen durcheinander zu werfen; daß es sich in dem einen Falle um eine anschauliche Gewißheit, in dem anderen um eine reine gedankliche Setzung, daß es sich bald um einen rein logischen Gegenstand handelt, der durch die Angabe aller seiner begrifflichen Bedingungen vollkommen erschöpft wird, bald um ein mögliches empirisches Sein, das wir im Fortgang der Erfahrung dereinst tatsächlich antreffen könnten. Somit ist das „Sein" eines Inhalts überhaupt kein eindeutiger Begriff, sondern wird dies erst, wenn die Erkenntnisinstanz, auf die wir die Aussage beziehen, feststeht: wenn wir wissen, ob die Empfindung oder die logische Schlußfolgerung, ob das Denken oder die Anschauung für ihn einstehen sollen. Immer muß ein bestimmtes prinzipielles Forum angegeben werden, immer muß gleichsam ein Index und Exponent des Wissens zugefügt werden, damit das Urteil über das Sein seinen klaren Sinn erhält. Abgelöst von jeder Beziehung auf irgend ein Mittel der Erkenntnis überhaupt verliert der Begriff des Seins jede feste inhaltliche Bedeutung. Somit können wir freilich auf die Frage, was ein „transzendentaler Gegenstand" außerhalb aller Bedingungen der Erkenntnis für eine Beschaffenheit habe, keine Antwort geben: „nämlich, was er sei, aber wohl, daß die Frage selbst nichts sei, darum weil kein Gegenstand derselben gegeben worden ... Also ist hier der Fall, da der gemeine Ausdruck gilt, daß keine Antwort auch eine Antwort sei, nämlich daß eine Frage nach der Beschaffenheit desjenigen Etwas, was durch kein bestimmtes Prädikat gedacht werden kann, weil es gänzlich außer der Sphäre der Gegenstände gesetzt wird, die uns gegeben werden können, gänzlich nichtig und leer sei." (Kr. 506.)

Damit ist der allgemeine Rahmen, innerhalb dessen die Diskussion des „Dinges an sich" sich halten muß, klar bezeichnet. Der Zusammenhang mit dem System der Erkenntnis darf auch durch diesen Begriff niemals prinzipiell aufgehoben werden. Die bestimmte Form unserer empirischen Erkenntnis zwar könnte durch ihn verlassen oder modifiziert sein; völlig bedeutungslos und leer dagegen wäre das Verlangen, jegliche Korrelation mit den Denkbedingungen überhaupt abzubrechen. Man erwidere nicht, daß es im Begriff des „Dinges an sich" liege, ein in jeder Hinsicht unbedingt notwendiges Sein zu bezeichnen. „Denn alle Bedingungen, die der Verstand jederzeit bedarf, um etwas als notwendig anzusehen, vermittelst des Worts: unbedingt wegwerfen, macht mir noch lange nicht verständlich, ob ich alsdann durch einen Begriff eines unbedingt Notwendigen noch etwas oder vielleicht gar nichts denke." (Kr. 621.) Es ist eine „falsche Selbstbefriedigung der Vernunft", wenn sie glaubt, dadurch, daß sie alle Bedingungen wegschafft, zum wahrhaft „Absoluten" zu gelangen; denn statt daß hierdurch etwas Neues gesetzt würde, wird vielmehr der Begriff der Notwendigkeit selbst, der gleichfalls ein Erkenntnisbegriff ist und somit das System der Erkenntnisbedingungen voraussetzt, um allen Sinn gebracht. Diese Schlußart, kraft deren man die Vollendung seines Begriffs zu erreichen vermeint, führt somit nur zur Aufhebung aller Begreiflichkeit überhaupt. (Kr. 638.)

So bedarf der Begriff des „Dinges an sich", wie jeder andere Begriff, mit dem wir operieren, der kritischen Rechtfertigung und „Deduktion". Der Weg, der zu ihm hinführt, muß in all seinen einzelnen Phasen aufgezeigt, und die Stelle, an welcher er im Ganzen der Erkenntnis entsteht, deutlich bezeichnet werden. Es wäre ein völliges Mißverständnis, wenn man sich dieser logischen Deduktion mit dem Hinweis entziehen wollte, daß der Inhalt, der hier gesetzt ist, ein „Unerkennbares" bedeuten und repräsentieren solle. Gleichviel wie es sich hiermit verhält, so steht doch dies jedenfalls fest, daß der Begriff des Dinges an sich, als Begriff, den Kriterien der logischen und erkenntnistheoretischen „Wahrheit" untersteht und sich vor ihnen zu beglaubigen hat. Es ist das Eigentümliche der Transzendental-Philosophie, daß sie keine Frage, die in ihrem Fortgang entsteht, unter dem Vorgeben, daß sie keine Mittel zu ihrer Lösung besitze, von sich weisen darf. Denn die Vernunft, die das Problem aufgeworfen hat, muß in sich selbst auch die Mittel finden, es rückschreitend durch Analyse wieder in seine einzelnen Momente aufzulösen und es damit kritisch zu entscheiden. Kein Vorschützen einer unvermeidlichen Unwissenheit und unergründlichen Tiefe der Aufgabe kann hier von der Verbindlichkeit freisprechen, sie gründlich und vollständig zu beantworten; „weil eben derselbe Begriff, der uns in den

Stand setzt zu fragen, durchaus uns auch tüchtig machen muß, auf die Frage zu antworten, indem der Gegenstand außer dem Begriffe gar nicht angetroffen wird". (Kr. 505.) Ein Ideal, das die reine Vernunft entwirft, kann daher nicht unerforschlich heißen; vielmehr muß es als Idee in der Natur der Vernunft seinen Sitz und seine Auflösung finden. „Denn eben darin besteht Vernunft, daß wir von allen unseren Begriffen, Meinungen und Behauptungen, es sei aus objektiven, oder, wenn sie ein bloßer Schein sind, aus subjektiven Gründen Rechenschaft geben können." (Kr. 642.) Die Vollständigkeit der Rechenschaftsablegung erfüllt erst den echten Begriff der „Vernunft" und macht den Inhalt dieses Begriffs aus. So darf auch der Begriff des „Dinges an sich", sofern er ein Vernunftbegriff heißen will, dieser Grundforderung nicht widerstreiten. Nicht als eine bloße Hypothese, nicht als eine vage Vermutung darf er auftreten; sondern über sein Recht oder Unrecht muß nach klaren und sicheren Kriterien eindeutig entschieden werden können. „Meinen" hieße hier, wie überhaupt im Felde der reinen Vernunft, soviel als „mit Gedanken spielen". (Kr. 803, 850.) Selbst dort, wo wir, von seiten des Inhalts gesehen, vor einer Grenze der Erkenntnis stehen, muß diese Grenze doch durch die Erkenntnis selbst gesetzt und als solche von ihr begriffen sein. An dieser letzteren Forderung wenigstens darf keine Skepsis uns irre machen. Wir können uns nicht früher bescheiden, als bis wir eine völlige Gewißheit erlangt haben: „es sei nun der Erkenntnis der Gegenstände selbst oder der Grenzen, innerhalb deren alle unsere Erkenntnis von Gegenständen eingeschlossen ist." (Kr. 789 f.) Der G e d a n k e des „Dinges an sich" muß als ein n o t w e n d i g e r Gedanke eingesehen werden können, wenn anders er überhaupt im System der kritischen Philosophie geduldet werden soll.

Muß auf diese Weise der Begriff des Dinges an sich in steter Korrelation mit der systematischen Gesamtheit der Erkenntnismittel erhalten werden, so tritt freilich eben in dieser Forderung die ganze Schwierigkeit seiner genauen und eindeutigen Fixierung hervor. Denn es ist für die Vernunftkritik charakteristisch, daß sie die Bedingungen, auf denen alle Erkenntnis beruht, nicht von Anfang an als ein fertiges Ganze vor uns hinstellt, sondern daß sie sie erst, in ihrem eigenen allmählichen Fortschritt, gewinnt und erarbeitet. Ihr neuer Begriff der Erkenntnis läßt sich daher auf keiner Stufe der Darlegung als ein völlig abgeschlossener aufweisen und herausheben, sondern er gelangt erst dann zur Klarheit, wenn man den Inbegriff aller logischen Einzelschritte ins Auge faßt. Den verschiedenen Etappen auf dem Wege zum kritischen Begriff der Objektivität aber muß notwendig eine ebenso verschiedenartige Formulierung des Begriffs des „Ding an sich" entsprechen. Dieser Begriff will nicht mehr sein, als die Grenze unserer empirischen Erkenntnis, als der Horizont, der das Gesichtsfeld unserer Erfahrung umschließt. Er wird daher je nach diesem Gesichtsfeld selbst und je nach den Inhalten, die in ihm gegeben sind, einen verschiedenartigen Anblick gewähren müssen. Dadurch aber gewinnt das Problem jene eigentümlich verwickelte Gestalt, die den Streit der Auslegungen verständlich macht. Die Bedeutung, in welcher der Begriff des „Dinges an sich" zu Beginn der transzendentalen Ästhetik angewandt wird, ist mit derjenigen, die er am Schluß der transzendentalen Dialektik gewonnen hat, nicht einerlei und kann mit ihr, genauer betrachtet, nicht einerlei sein. Würde es sich hier um die Bezeichnung eines Objekts handeln, das außerhalb jeglicher Beziehung zur Erkenntnis und von ihr gänzlich unberührt bliebe, so wäre eine derartige Wandlung freilich unbegreiflich. Betrachtet man dagegen den Begriff des „Dinges an sich" von Anfang an im Zusammenhang mit seiner logischen und erkenntniskritischen Funktion, so ist klar, daß diese Funktion je nach dem Standpunkt, den das Wissen selbst in seinem positiven Aufbau erreicht hat, in verschiedenem Lichte erscheinen kann. Die gesamte kritische Arbeit, die zwischen der Ästhetik und Dialektik liegt, kann nicht ohne allen Einfluß auf denjenigen Begriff bleiben, der nur dazu bestimmt ist, „allen Umfang und Zusammenhang unserer möglichen Wahrnehmungen" zu bezeichnen. (Vgl. Kr. 523.) Der Begriff des „Dinges an sich" bedeutet gleichsam die kritische Demarkationslinie des Wissens, die indessen f ü r das Wissen nicht von Anfang an feststeht, sondern die es sich selbst erst, im Fortgang der Analyse, bezeichnet. Diese Linie kann zunächst als fließend, der Begriff selbst somit als mehrdeutig erscheinen: wenn sich nur aus dem Ganzen seiner möglichen Bedeutungen, nach Abschluß der Untersuchung, eine klare Einheit gewinnen läßt; wenn diese Bedeutungen, mit anderen Worten, nicht willkürlich nebeneinander stehen, sondern nach einer bestimmten Regel auseinander hervorgehen. Was wir zuletzt suchen, ist eine nach sicheren Grundsätzen vollzogene Grenzbestimmung der Vernunft, ,,welche ihr *nihil ulterius* mit größter Zuverlässigkeit an die herkulischen Säulen heftet, die die Natur selbst aufgestellt hat, um die Fahrt unserer Vernunft nur soweit, als die stetig fortlaufenden Küsten der Erfahrung reichen, fortzusetzen, die wir nicht verlassen können, ohne uns auf einen uferlosen Ozean zu wagen, der uns unter immer trüglichen Aussichten am Ende nötigt, alle beschwerliche und langwierige Bemühung als hoffnungslos aufzugeben." (Kr., A. 395 f.) Aber diese ,,Küsten der Erfahrung" sind der Vernunftkritik nicht wie dem dogmatischen Empirismus von Anfang an gegeben, sondern sie werden erst durch die synthetischen Grundsätze bestimmt erkannt und verzeichnet; und erst wenn dies geschehen, kann auch der volle Sinn dessen hervortreten, was außerhalb ihrer — wenngleich nur problematisch — anzunehmen ist.

Bleiben wir zunächst, in der allmählichen Entwicklung der Bedeutung des Dinges an sich, bei der transzendentalen Ästhetik stehen, so zeigt es sich, daß Kant hier über die Auffassung, die in der Dissertation vom Jahre 1770 enthalten war, noch nirgends prinzipiell fortgeschritten ist. Die transzendentale Ästhetik hält sich, wie wir sahen, noch außerhalb der endgültigen kritischen Fassung, die das Problem der Objektivität inzwischen erhalten hatte. (S. ob. S. 684 f.) Wie sie daher den Erfahrungsgegenstand noch nicht in all seinen Bedingungen zu überschauen und zu durchdringen vermag, so ist folgerecht auch die Auffassung seines ,,absoluten" Gegenbildes noch nicht zu voller kritischer Klarheit gediehen. Das Ding an sich dient hier zum Ausdruck der Tatsache, daß unsere Sinnlichkeit sich gegenüber dem Inhalt, auf den sie sich bezieht, rein rezeptiv verhält. Sie vermag nur ein „gegebenes" Mannigfaltige in die Formen der Anschauung, in die Formen des Raumes und der Zeit zu fassen. Während daher die Begriffe auf reine und ursprüngliche Funktionen des Denkens zurückgehen, also den logischen Gehalt, der sich in ihnen darstellt, selbsttätig erzeugen, beruhen alle Anschauungen auf Affektionen. Diese spezifische Gebundenheit an ein empirisch Gegebenes, das die Erkenntnis nur hinzunehmen hat, ohne es weiter zu analysieren und auf seinen Ursprung zurückverfolgen zu können, soll durch den Begriff des „Dinges an sich" nicht sowohl erklärt, als vielmehr lediglich bezeichnet werden. „Das sinnliche Anschauungsvermögen — so charakterisiert die Kritik der reinen Vernunft an einer späteren Stelle diesen Standpunkt — ist eigentlich nur eine Rezeptivität, auf gewisse Weise mit Vorstellungen affiziert zu werden, deren Verhältnis zu einander eine reine Anschauung des Raumes und der Zeit ist . . . und welche, sofern sie in diesem Verhältnisse (dem Raume und der Zeit) nach Gesetzen der Einheit der Erfahrung verknüpft und bestimmbar sind, Gegenstände heißen. Die nicht-sinnliche Ursache dieser Vorstellungen ist uns gänzlich unbekannt, und diese können wir daher nicht als Objekt anschauen; denn dergleichen Gegenstand würde weder im Raume noch der Zeit (als bloßen Bedingungen der sinnlichen Vorstellung) vorgestellt werden müssen, ohne welche Bedingungen wir uns gar keine Anschauung denken können. Indessen können wir die bloß intelligible Ursache der Erscheinungen überhaupt das transzendentale Objekt nennen, bloß damit wir etwas haben, was der Sinnlichkeit als einer Rezeptivität korrespondiert. Diesem transzendentalen Objekt können wir allen Umfang und Zusammenhang unserer möglichen Wahrnehmungen zuschreiben, und sagen: daß es vor aller Erfahrung an sich selbst gegeben sei." (Kr. 522.) Der Begriff des transzendentalen Objekts entsteht also aus dem Versuch des Denkens, den Begriff der Ursache frei von jeglicher Raum- und Zeitbedingung lediglich nach seiner allgemeinen logischen Bedeutung anzuwenden und damit eine andere Art „Gegenständlichkeit" wenigstens in Gedanken zu fassen. Dadurch gelangen wir — wie Kant in den „Metaphysischen Anfangsgründen der Naturwissenschaft" im Hinblick auf Leibniz ausführt — zu einem „an sich richtigen Platonischen Begriff von der Welt, sofern sie gar nicht als Gegenstand der Sinne, sondern als Ding an sich selbst betrachtet, bloß ein Gegenstand des Verstandes ist, der aber doch den Erscheinungen der Dinge zum Grunde liegt"; — nicht in dem Sinne, daß er die Erscheinungswelt erklären soll, sondern nur, daß er ihr als korrespondierend, aber zu einer bloß intelligiblen Welt gehörig, zur Seite gesetzt wird[1]). Unsere Erfahrungserkenntnis beruht, wie wir sahen, auf der Durchdringung zweier verschiedener und auf den ersten Anschein heterogener Erkenntnismittel. Nur das Ganze dieser Bedingungen, nur das Ineinandergreifen von Begriff und Anschauung läßt den konkreten Naturgegenstand vor uns erstehen. Denken wir uns jetzt irgendeine dieser Bedingungen aus dem Gesamtkomplex herausgelöst und betrachten wir die Leistung, die sie für sich allein zu vollziehen vermag, so schließt eine derartige A b s t r a k t i o n zum mindesten keinen Widerspruch ein. Eine derartige Trennung bleibt ein möglicher Gedanke, gleichviel, ob sie irgendeinen positiven Erkenntniswert beanspruchen kann. Die Kategorien reichen, ihrem Ursprung nach, weiter als die reine Anschauung des Raumes und der Zeit, da sie lediglich Ausdrücke der allgemeinen Urteilsfunktion sind, die als solche in ihrer rein abstrakten Bedeutung und losgelöst von jedem besonderen Inhalt, der durch sie verknüpft werden soll, betrachtet werden kann. Der Gedanke liegt nahe, daß diese Verschiedenheit des Ursprungs auch eine Verschiedenheit der Anwendung verstattet, aus der sich alsdann ein anderer Aspekt der Wirklichkeit ergeben müßte, als derjenige, der aus der Wechselwirkung von Verstand und Sinnlichkeit entsteht[2]). Dem

---

[1]) Metaphysische Anfangsgründe der Naturwissenschaft, II. Hauptstück, Lehrsatz 4, Anm. 2. (Akademie-Ausg. IV, 507.)
[2]) Vgl. hrz. bes. die „Fortschritte der Metaphysik", S. W. (Hartenstein) VIII, 538.

Gegenstand der „Erscheinung" würde alsdann ein anderer gegenübertreten, der verglichen mit ihm als der „allgemeinere" gelten müßte, weil er sich von den besonderen einschränkenden Bedingungen der sinnlichen Anschauung frei hält.

Aber diese Allgemeinheit, die noch in der Dissertation als der eigentliche Vorzug der intellektuellen Erkenntnis galt, bleibt freilich, vom Standpunkt der Vernunftkritik aus, ein fragwürdiger Wert. Denn sie ist analytischer, nicht synthetischer Art; sie hebt mit der Beschränkung des Begriffs zugleich die Bedingung auf, unter welcher allein er für die Erkenntnis wirksam und fruchtbar werden kann. Der Begriff eines Gegenstandes, wie er sich lediglich dem „reinen Verstande" darbieten würde, enthält freilich keinen Widerspruch und läßt sich insofern nicht rein logisch bestreiten und widerlegen; aber diese Freiheit vom Widerspruch wird hier, wie bei allen ontologischen Begriffen, durch die gänzliche Leere an bestimmtem Inhalt erkauft. Wo nichts bestimmt gesetzt ist, da gibt es freilich auch nichts, dem widerprochen werden könnte. So wandelt sich die „nichtsinnliche Ursache" der Erscheinungen, an welcher die transzendentale Ästhetik festhält und an der sie innerhalb ihres engeren Gesichtskreises in der Tat keine vollständige und eingreifende Kritik zu üben vermag, im Verlaufe der Untersuchung immer mehr in einen bloß negativen und problematischen Begriff, der die Bedingtheit unserer Erkenntnis, statt sie an irgendeiner Stelle aufzuheben, nur zu um so schärferem Ausdruck bringen soll. Das Kapitel „von dem Grunde der Unterscheidung aller Gegenstände überhaupt in Phaenomena und Noumena" läßt diese Umformung, die durch die inzwischen erfolgte Kritik der reinen Verstandesbegriffe gefordert war, aufs schärfste hervortreten. Wenn der Verstand einen Gegenstand in einer Beziehung bloß Phänomen nennt, so macht er sich freilich, außer dieser Beziehung, zugleich noch eine Vorstellung von einem Gegenstand an sich selbst; aber er muß sich hüten, hierbei den ganz unbestimmten Begriff von einem Verstandeswesen als einem Etwas überhaupt außer unserer Sinnlichkeit für den bestimmten Begriff von einem Wesen zu halten, welches wir durch den Verstand auf irgendeine Weise erkennen könnten. Was mit einer solchen Vorstellung gewonnen wird, ist nicht ein besonderer intelligibeler Gegenstand für unseren Verstand, „sondern ein Verstand, für den es gehörte, ist selbst ein Problem, nämlich nicht diskursiv durch Kategorien, sondern intuitiv in einer nicht sinnlichen Anschauung seinen Gegenstand zu erkennen, als von welchem wir uns nicht die geringste Vorstellung seiner Möglichkeit machen können". (Kr. 306 f., 311 f.) Der Begriff des Noumenon bedeutet somit nicht die Besonderheit eines G e g e n s t a n d e s , sondern die versuchte Absonderung einer bestimmten E r k e n n t n i s f u n k t i o n . Sollte durch ihn ein wahres, von allen Phänomenen zu unterscheidendes Objekt gegeben werden, so würde es nicht genügen, daß ich meinen Gedanken von allen Bedingungen sinnlicher Anschauung befreie, sondern ich müßte noch überdem G r u n d dazu haben, eine andere Art der Anschauung, als die sinnliche ist, anzunehmen; wozu mich indessen kein einziges positives Faktum der Erkenntnis berechtigt. Am Ende ist also „die Möglichkeit solcher Noumenorum gar nicht einzusehen, und der Umfang außer der Sphäre der Erscheinungen ist (für uns) leer, d. i. wir haben einen Verstand, der sich problematisch weiter erstreckt als jene, aber keine Anschauung, ja auch nicht einmal den Begriff von einer möglichen Anschauung, wodurch uns außer dem Felde der Sinnlichkeit Gegenstände gegeben und der Verstand über dieselbe hinaus assertorisch gebraucht werden könnte. Der Begriff eines Noumenon ist also bloß ein Grenzbegriff, um die Anmaßung der Sinnlichkeit einzuschränken, und also nur von negativem Gebrauche. Er ist aber gleichwohl nicht willkürlich erdichtet, sondern hängt mit der Einschränkung der Sinnlichkeit zusammen, ohne doch etwas Positives außer dem Umfange derselben setzen zu können." (Kr. 310 f.)

So werden alle dogmatischen Festsetzungen, die die Dissertation zuvor über die intelligible Welt getroffen hatte, nunmehr fallen gelassen; während doch die kritische Scheidung, die sie vor allem anstrebte und die ihr eigentliches Hauptziel bildete, aufrecht bleibt. Wir erinnern uns hier an die Bedeutung, die die Dissertation im Ganzen der Kantischen

Gedankenentwicklung gewann. Sie vermochte zuerst die scharfe Grenzscheide zwischen Metaphysik und Wissenschaft zu ziehen, indem sie aus der empirischen Wissenschaft, aus der Newtonischen Physik selbst, alle Bestandteile ausschied, die von einer fremden Sphäre her in sie eingedrungen waren; indem sie der herkömmlichen Vermischung räumlich-zeitlicher Prädikate mit „intellektuellen" Prädikaten wehrte. Ohne diese Abwehr, ohne die Abweisung des Gottesbegriffs, wie des Begriffs des Einfachen von den Schranken der Naturwissenschaft, war, nach der geschichtlichen Lage des Problems, der Umkreis der Erfahrung selbst nicht zu zeichnen und zu sichern. (Vgl. ob. S. 629 ff.) Die positive Charakteristik des Erfahrungswissens konnte nur Schritt für Schritt in der Unterscheidung von dem metaphysischen Erkenntnisideal erreicht werden. In der Kritik der reinen Vernunft weist der „Grenzbegriff" des Noumenon noch deutlich auf diesen Zusammenhang zurück: er bestimmt das Gebiet der empirischen Forschung, indem er es von dem „leeren Raume" der bloßen Verstandeswelt abhebt.

Wenn jedoch der Begriff des absoluten Objekts hier als eine Schöpfung des bloßen, von allen Anschauungsbedingungen losgelösten Denkens erscheint, so ist damit die eigentliche Hauptfrage noch nicht gelöst. Denn gerade dies bildet doch das Problem, wie dem Denken die eigene Setzung als ein ihm fremdes Gebilde, wie sie ihm unter der Form eines selbständigen, von aller Beziehung zur Erkenntnis freien, Dinges erscheinen könne. Die klare kritische Antwort hierauf aber ist implizit bereits in der transzendentalen Logik enthalten. Das wesentliche Ziel, das sie verfolgt, besteht darin, die Bedingungen der Objektsetzung überhaupt zu verfolgen und deutlich zu machen. Wir müssen begreifen, was man denn unter dem Ausdruck eines „Gegenstandes der Vorstellungen" meine und allein meinen kann, was dieser Ausdruck logisch bedeutet, ehe wir irgend eine Theorie über das Verhältnis der Erkenntnis zu ihrem Objekt aufstellen können. „Was versteht man denn, wenn man von einem der Erkenntnis korrespondierenden, mithin auch davon unterschiedenen Gegenstande redet? Es ist leicht einzusehen, daß dieser

Gegenstand nur als etwas überhaupt $= x$ müsse gedacht werden, weil wir außer unserer Erkenntnis doch nichts haben, welches wir dieser Erkenntnis als korrespondierend gegenüber setzen könnten. Wir finden aber, daß unser Gedanke von der Beziehung aller Erkenntnis auf ihren Gegenstand etwas von Notwendigkeit bei sich führe, da nämlich dieser als dasjenige angesehen wird, was dawider ist, daß unsere Erkenntnisse nicht aufs Geratewohl oder beliebig, sondern a priori auf gewisse Weise bestimmt seien, weil, indem sie sich auf einen Gegenstand beziehen sollen, sie auch notwendigerweise in Beziehung auf diesen unter einander übereinstimmen, d. i. diejenige Einheit haben müssen, welche der Begriff von einem Gegenstande ausmacht. Es ist aber klar, daß, da wir es nur mit dem Mannigfaltigen unserer Vorstellungen zu tun haben, und jenes x, was ihnen korrespondiert (der Gegenstand), weil er etwas von unseren Vorstellungen Unterschiedenes sein soll, für uns nichts ist, die Einheit, welche der Gegenstand notwendig macht, nichts anderes sein könne, als die formale Einheit des Bewußtseins in der Synthesis des Mannigfaltigen der Vorstellungen" (A. 104 f.). Jetzt erst ist die Illusion, die uns zum „absoluten" Objekt hinführt, durchschaut. Wir hypostasieren in ihm nur den Z u s a m m e n h a n g und die objektive Verknüpfung der Bewußtseinsinhalte überhaupt. Das „Ding an sich" entsteht als das Korrelat und gleichsam als der „Gegenwurf" der Funktion der synthetischen Einheit; es kommt zustande, indem wir das X, das in Wahrheit lediglich die Einheit einer begrifflichen Regel der Verknüpfung ist, selbst als einen besonderen sachlichen Inhalt auffassen und als solchen zu erkennen verlangen. Der „nichtempirische, d. i. transzendentale Gegenstand der Vorstellungen $= x$", kann von uns freilich nicht mehr angeschaut werden; aber nicht darum, weil er ein gänzlich unbekanntes, für sich existierendes Etwas wäre, was sich hinter den Vorstellungen verbirgt, sondern weil er nur die Form ihrer Einheit bedeutet, die zu ihnen hinzugedacht wird, nicht aber außerhalb ihrer ein gesondertes konkretes Dasein besitzt. Er offenbart sich, seiner gesamten logischen Wesenheit nach, in der Funktion der Synthesis, während er freilich, so wenig wie das „stehende und bleibende Ich", das ihm entspricht, jemals als ein einzelner Inhalt „erscheinen" könnte. (Vgl. ob. S. 729 f.) Das „transzendentale Objekt" ist uns somit niemals anders denn als das bloße „Korrelatum der Einheit der Apperzeption zur Einheit des Mannigfaltigen in der sinnlichen Anschauung" gegeben. „Es ist also kein Gegenstand der Erkenntnis an sich selbst, sondern nur die Vorstellung der Erscheinungen, unter dem Begriffe eines Gegenstandes überhaupt, der durch das Mannigfaltige derselben bestimmbar ist. Eben um deswillen stellen nun auch die Kategorien kein besonderes, dem Verstande allein gegebenes Objekt vor, sondern dienen nur dazu, das transzendentale Objekt (den Begriff von Etwas überhaupt) durch das, was in der Sinnlichkeit gegeben wird, zu bestimmen, um dadurch Erscheinungen unter Begriffen von Gegenständen empirisch zu erkennen." (Kr. 305 Anm.) Indem wir den Verstand gleichsam in Freiheit setzen, indem wir ihn lediglich nach den Gesetzen seiner eigenen Natur und ohne jede fremde einschränkende Bedingung wirksam sein lassen, entsteht ihm damit der Gedanke vom „Gegenstand überhaupt": denn eben dies ist die spezifische ureigene Leistung des Denkens, „Gegenständlichkeit" zu setzen und zu ermöglichen. Aber diese Leistung kann nicht anders vollzogen werden, als dadurch, daß Wahrnehmungsurteile zu Erfahrungsurteilen bestimmt, also das sinnlich-Mannigfaltige nicht überhaupt verlassen, sondern nur unter bestimmte gedankliche Gesichtspunkte gefaßt und nach ihnen geordnet wird. (S. ob. S. 680 ff.) Denken wir diesen Zusammenhang abgebrochen, so bleiben uns zwar die Werkzeuge der Objektivität zurück, aber es fehlt für sie jeder Ansatz- und Angriffspunkt. In diesem Sinne kann es, vom Standpunkt der synthetischen Erkenntnis, sogar ausgesprochen werden, „daß die Vorstellung eines Gegenstandes als Dinges überhaupt nicht etwa bloß unzureichend, sondern ohne sinnliche Bestimmung derselben und unabhängig von empirischer Bedingung in sich selbst widerstreitend sei, daß man also entweder von allem Gegenstande abstrahieren (in der Logik), oder wenn man einen annimmt, ihn unter Bedingungen der sinnlichen Anschauung denken müsse." (Kr. 335.)

Sehen wir uns also von dieser Seite her wiederum auf die Grenzen des empirischen Verstandesgebrauchs hingewiesen, so eröffnet sich doch innerhalb dieses Gebrauchs selbst, sofern wir ihn nur zu durchgängiger Vollendung zu bringen streben, ein neues Problem, mit dem nunmehr auch der Begriff des „Dinges an sich" in eine neue Phase seiner Entwickelung eintritt. Wenn wir von der Einen gegebenen Erfahrung sprechen, wenn wir, grammatisch ausgedrückt, die Erfahrung zum Substantivum machen, so ist hierin bereits eine Voraussetzung enthalten, die vom kritischen Standpunkte aus bedenklich und zweideutig erscheint. Die Kritik kennt die Erfahrung nur als einen stetig fortschreitenden Prozeß der Bestimmung, nicht als ein an sich Bestimmtes, das diesem Prozeß von Anfang an vorläge und ihm unterbreitet wäre. Nur die allgemeinen Regeln, kraft deren empirische Kenntnisse festgestellt und begründet werden, nicht der Inhalt und der Inbegriff dieser Kenntnisse selbst, bilden für sie den Vorwurf der Analyse. Es ist dogmatische Willkür, diesen Prozeß an irgend einem Punkt zum Stehen zu bringen, und das Ganze der möglichen Erfahrung in der wirklichen Anschauung von einem Gegenstande umspannen und begreifen zu wollen. Und dennoch drängt es uns andererseits immer von neuem, die jeweilig erreichte Stufe unserer empirischen Erkenntnis an dem Gedanken des überhaupt Erreichbaren zu messen und ihr kraft dieser Vergleichung ihren relativen Wert zu bestimmen. Ohne diese Gegenüberstellung, ohne das Bewußtsein der Relativität jeder konkreten Einzelphase unseres Erfahrungswissens, ließe sich keine Einsicht in die allgemeingültige Funktionsweise der empirischen Erkenntnis gewinnen. Und so gilt es hier eine doppelte Aufgabe zu lösen: es gilt, den Gegenstand der Erfahrung zu begrenzen, ohne die Grenze selbst als ein besonderes, ihm gleichartiges Objekt zu denken. Die allgemeine Grundaufgabe der Kritik wiederholt sich hier in einer neuen Form: die Grenze muß aus einem Ding in eine Erkenntnis verwandelt werden. Es können auch hier nur zwei verschiedene Arten der Geltung nicht der Existenz sein, die einander gegenübertreten. Das „Unbedingte", dessen Begriff uns entsteht, wenn wir von den Schranken, die jeder Einzelerfahrung anhaften, abstrahieren, bedeutet nichts anderes als die Idee der absoluten Vollständigkeit in der Reihe der Bedingungen. Aber freilich droht dieser Forderungswert der Idee sich für die naive Anschauung immer vom neuem in einen eigenen Seinswert zu verwandeln. „Die reine Vernunft hat unter ihren Ideen nicht besondere Gegenstände, die über das Feld der Erfahrung hinauslägen, zur Absicht, sondern fordert nur Vollständigkeit des Verstandesgebrauchs im Zusammenhange der Erfahrung. Diese Vollständigkeit aber kann nur eine Vollständigkeit der Prinzipien, aber nicht der Anschauungen und Gegenstände sein. Gleichwohl, um sich jene bestimmt vorzustellen, denkt sie sich solche als die Erkenntnis eines Objekts, dessen Erkenntnis in Ansehung jener Regeln vollständig bestimmt ist, welches Objekt aber nur eine Idee ist, um die Verstandeserkenntnis der Vollständigkeit, die jene Idee bezeichnet, so nahe wie möglich zu bringen." (Proleg. § 44.)

Diese Doppelheit der Betrachtungsweise offenbart sich bereits in der bloßen Setzung desjenigen Begriffs, den alle Metaphysik wie ein selbstverständliches Faktum zugrunde legt: in der Definition des W e l t b e g r i f f s. Wie sehr die einzelnen Richtungen der Metaphysik in der Form ihrer Welterklärung auseinandergehen mögen: in dem Einen stimmen sie dennoch überein, daß es sich hier um ein Problem handelt, das als solches in eindeutiger Bestimmtheit unmittelbar zutage liegt. Die Kritik trifft daher hier in der Tat auf eine wahrhafte Wurzel der Metaphysik, indem sie diese Voraussetzung bestreitet. Was der Weltbegriff bedeutet, dies steht so wenig ohne schärfere Analyse fest, daß in ihm vielmehr die Grundlagen für völlig widerstreitende Bestimmungen zu finden sind. Je nach der Fassung, die dieser Begriff erhält, führt er zu völlig entgegengesetzten Prädikaten, lassen sich von ihm Endlichkeit oder Unendlichkeit, Begrenztheit oder Unbegrenztheit, zeitlich beschränkte oder ewige Dauer mit gleichem formal-logischen Rechte aussagen. Aber der Quell aller dieser antinomischen Bestimmungen liegt lediglich darin, daß der Weltbegriff in all diesen Urteilen bereits von seinem eigentlichen logischen Fundament abgelöst ist. Seine Bedeutung erwächst ihm erst im Zusammenhang mit dem **Erfahrungsbegriff**, von dem er nicht abgesondert und dem er nicht als unabhängiges Resultat gegenübergestellt werden kann. Die „Erscheinungen" in der Welt sind nichts anderes als „empirische Kenntnisse", können daher nur unter den Bedingungen aufgefaßt und beurteilt werden, gemäß denen sie uns bekannt werden. (Kr. 527.) Wird aber an dieser Forderung streng festgehalten, so schwindet alsbald der Schein der Antinomie. Denn was als Bestimmung an den absoluten Dingen einander widerstreiten würde, das kann als Merkmal in der logischen Charakteristik der Erfahrungen durchaus zulässig und vereinbar sein. Die Erfahrung trägt in der Tat, je nach dem Gesichtspunkt, unter welchem sie betrachtet wird, für uns die beiden scheinbar entgegengesetzten Züge. Sie ist zugleich endlich und unendlich: das Erste, wenn wir lediglich auf das Ergebnis blicken, das in ihr jeweilig vorliegt; das zweite, wenn wir die Art und die Gesetzlichkeit des Fortschritts, in welchem die einzelnen Ergebnisse allein erreichbar sind, ins Auge fassen.

Somit erhielt auf diesem Boden das Problem eine völlig neue systematische Wendung. Wir erkannten es als eine kritische Grundeinsicht, daß jede Aussage über Existenz eines Exponenten bedarf, der uns angibt, in bezug auf welches „Vermögen" der Erkenntnis sie verstanden sein und vor welchem Forum des Urteils sie ihre Geltung behaupten will. Je nach der Wahl dieses Exponenten kann die Behauptung der Existenz einen verschiedenen Sinn einschließen. Jetzt läßt sich diese Grundanschauung an einem konkreten Einzelproblem bewähren. Das Ganze möglicher Erfahrung, das wir mit dem Namen „Welt" bezeichnen, besitzt für uns wahrhaftes Sein, sofern wir die Idee dieses Ganzen notwendig brauchen, um dem Einzelnen seine wahrhafte Stelle anzuweisen und es in durchgängiger, systematischer Verknüpfung darzustellen; aber es ist uns als „Sein" nicht „gegeben", sondern „aufgegeben", stellt somit gegenüber dem sinnlich-anschaubaren Gegenstand eine Realität anderer Ordnung dar. Diese Ordnung ist nicht schlechthin als „subjektiv" zu bezeichnen; denn die Vernunft wird zu ihren Ideen nicht willkürlich, sondern im kontinuierlichen Fortgang der empirischen Synthesis n o t w e n d i g geführt, wenn sie das, was nach Regeln der Erfahrung jederzeit nur bedingt bestimmt werden kann, von aller Bedingung befreien und in seiner unbedingten Totalität fassen will. (Kr. 490.) Die Regel des Fortschritts sagt freilich nicht aus, was das Objekt sei, wohl aber wie der empirische Regressus anzustellen sei; sie „antizipiert" nicht, was im Objekte vor allem Regressus an sich gegeben ist, sondern „postuliert", was von uns im Regressus geschehen soll. (Kr. 537 f.) Aber damit wird mittelbar zugleich all dasjenige getroffen und bestimmt, dessen Sein nicht anders als durch den Prozeß der empirischen Schlußfolgerung von uns erreicht und festgestellt werden kann. Wenn der Grundsatz seiner subjektiven Bedeutung nach, den größtmöglichen Verstandesgebrauch in der Erfahrung zu bestimmen, bewährt werden kann, „so ist es gerade ebenso viel, als ob er wie ein Axiom (welches aus reiner Vernunft unmöglich ist) die Gegenstände an sich selbst a priori bestimmte; denn auch dieses könnte in Ansehung der Objekte der Erfahrung keinen größeren Einfluß auf die Erweiterung und Berichtigung unserer Erkenntnis haben, als daß es sich in dem ausgebreitetsten Erfahrungsgebrauche unseres Verstandes tätig bewiese." (Kr. 544 f.) Das letzte und höchste Kennzeichen jeder Wahrheit ist dies, daß sie sich in der Schöpfung neuer Erkenntnisse produktiv erweist; so ist auch umgekehrt, wo immer sich diese Produktivität geltend macht, für uns die eigentliche Förderung der „Wahrheit" erfüllt. Die „Idee" sagt nicht aus, daß in den Gegenständen als solchen zu jedem Bedingten eine unendliche Reihe von Bedingungen v o r h a n d e n sei, sondern nur, daß wir, wie weit wir auch in der Reihe gekommen sein mögen, immer noch nach einem höheren Gliede, es mag uns nun durch Erfahrung bekannt werden oder nicht, f r a g e n m ü s s e n. (Kr. 546.) Aber die Frage selbst ist eine Form und ein Spezialfall des Urteils; sie bestimmen und in feste Bahnen lenken, heißt daher zugleich das Verfahren sichern, durch welches allein Objektivität gewonnen werden kann. Das Gesetz der Vernunft, die Natureinheit zu suchen, ist notwendig, „weil wir ohne dasselbe keine Vernunft, ohne diese aber keinen zusammenhängenden Verstandesgebrauch, und in dessen Ermangelung kein zureichendes Merkmal empirischer Wahrheit haben würden und wir also in Ansehung des letzteren die systematische Einheit der Natur durchaus als objektiv gültig und notwendig voraussetzen müssen." (Kr. 679)

Damit aber hat der Gedanke des „Absoluten" in einem neuen Sinne eine durchaus positive Bedeutung zurückgewonnen. Was zuvor als ein ewig Unbegriffenes erschien, erscheint jetzt als ein Prinzip des Begreifens, als eine **Maxime der empirischen Begriffsbildung selbst**. Der Gedanke des „Unbedingten" darf nicht preisgegeben werden; aber er soll fortan nicht mehr eine Schranke der Erkenntnis, sondern ihr dauernd fruchtbares Motiv bedeuten. Was der Metaphysik als Endziel galt, das vor ihr lag, und das sie doch trotz immer erneuter Versuche niemals wirklich zu ergreifen und festzuhalten vermochte, das erweist sich jetzt als die beständige Triebkraft der Erkenntnis, die sie zu immer neuen Ergebnissen spornt. Die Ideen haben „einen vortrefflichen und unentbehrlich notwendigen regulativen Gebrauch, nämlich den Verstand zu einem gewissen Ziele zu richten, in Aussicht auf welches die Richtungslinien aller seiner Regeln in einem Punkt zusammenlaufen, der, ob er zwar nur eine Idee (*focus imaginarius*), d. i. ein Punkt, ist, aus welchem die Verstandesbegriffe nicht wirklich ausgehen, indem er ganz außerhalb der Grenzen möglicher Erfahrung liegt, dennoch dazu dient, ihnen die größte Einheit neben der größten Ausbreitung zu verschaffen. Nun entspringt uns zwar hieraus die Täuschung, als wenn diese Richtungslinien von einem Gegenstande selbst, der außer dem Felde möglicher Erkenntnis läge, ausgeschossen wären (so wie die Objekte hinter der Spiegelfläche gesehen werden), allein diese Illusion (welche man doch hindern kann, daß sie nicht betrügt) ist gleichwohl unentbehrlich notwendig, wenn wir außer den Gegenständen, die uns vor Augen sind, auch diejenigen zugleich sehen wollen, die weit davon uns im Rücken liegen, d. i. wenn wir in unserem Falle den Verstand über jede gegebene Erfahrung (den Teil der gesamten möglichen Erfahrung) hinaus, mithin auch zur größtmöglichen und äußersten Erweiterung abrichten wollen." (Kr. 672 f.) Das „absolute Objekt", das beständig vor uns zurückwich, wenn wir uns ihm mit den Mitteln dogmatischer Erkenntnis zu nähern trachteten, offenbart sich jetzt als ein Widerschein der Kräfte, welche die Erfahrung zu einem einheitlichen Ergebnis bestimmen und hinlenken. Je weiter wir nach vorwärts den Dingen zustreben, um so deutlicher treten für uns zuletzt mittelbar die Bedingungen des Wissens zutage, die uns „im Rücken liegen". Wir können diese Bedingungen nicht anders „anschauen", als in der Gesamtheit ihrer Ergebnisse; aber wir werden nicht länger glauben, sie in ein einzelnes Ergebnis festbannen und in ihm erschöpfen zu können.

So verwandeln sich Schritt für Schritt alle dinglichen Beschaffenheiten der „Welt" in methodische Eigentümlichkeiten der Erfahrung. Die Frage nach der Quantität der Welt führt in Wahrheit, sofern sie vollständig aufgelöst wird, zu einem neuen Einblick in die Qualität der Erkenntnis. Die Sinnenwelt hat keine absolute Größe, wohl aber hat der empirische Regressus seine Regel. (Kr. 549.) In dieser Wendung erst gewinnt die „transzendentale Dialektik" ihre volle geschichtliche Originalität. Nicht dies ist die ihr eigentümliche Leistung, daß sie negativ die Widersprüche der dogmatischen Metaphysik aufdeckt, sondern daß sie, indem sie diese Widersprüche bis zu ihrer Quelle zu verfolgen strebt, damit eine neue tiefere Begriffsschicht auf dem Grunde der Erfahrung bloßlegt. So hat Kant insbesondere diejenigen Fragen, die er unter dem Namen der „Antinomien" zusammenfaßt, nicht entdeckt, und nicht in die Philosophie eingeführt; sondern sie waren seit den Anfängen der neueren Zeit von Bayle und Leibniz, von Collier und Ploucquet bereits aufs eingehendste diskutiert worden. Der wesentlich neue Zug seiner Lehre aber besteht darin, daß ihm der Widerstreit selbst zum Anlaß und Mittel der positiven Charakteristik der reinen Erkenntnisfunktion wird, aus welcher allein der Begriff und das Problem der Unendlichkeit hervorgeht.

Überblicken wir nunmehr das Ganze dieser Entwicklungen, so zeigt es sich, daß der Begriff des „Dinges an sich", je mehr er für sich selbst an konkretem Inhalt verliert, gerade dadurch um so schärfer die Form und den Umriß der Erfahrung zu bezeichnen vermag. Dieser Begriff ist in der letzten endgültigen Bedeutung, die er innerhalb der Sphäre der theoretischen Betrachtung gewinnt, nichts anders als „das Schema jenes regulativen Prinzips, wodurch die Vernunft, so viel an ihr ist, systematische Einheit über alle Erfahrung verbreitet." (Kr. 710.) Alle „Realität" des „transzendentalen Gegenstandes" geht jetzt in diese reine symbolische Bedeutung auf. Die Anwendung der Kategorien auf dieses Schema der Vernunft ergibt nicht, wie ihre Beziehung auf die sinnlichen Schemata, eine Erkenntnis des Gegenstandes selbst, sondern nur ein allgemeines Prinzip des Verstandesgebrauchs. (Kr. 693.) So kann ich etwa das Verhältnis von Gott und Welt, das Verhältnis der Phänomene zum metaphysischen Urwesen nicht denken; denn dazu habe ich keine Begriffe, da selbst die Begriffe von Realität, Substanz, Kausalität, ja sogar von Notwendigkeit alle Bedeutung verlieren, wenn ich mich über das Feld der Sinne damit hinauswage. „Ich denke mir nur die Relation eines mir an sich ganz unbekannten Wesens zur größten systematischen Einheit des Weltganzen, lediglich um es zum Schema des regulativen Prinzips des größtmöglichen empirischen Gebrauchs meiner Vernunft zu machen." (Kr. 707.) Dieses „Gedankenwesen", das alle unsere Begriffe übersteigt, obgleich keinem widerspricht, wird nur als ein Analogon von einem wirklichen Dinge, aber nicht als solches an sich selbst zugrunde gelegt. „Wir heben von dem Gegenstande der Idee die Bedingungen auf, welche unseren Verstandesbegriff einschränken, die aber es auch allein möglich machen, daß wir von irgendeinem Dinge einen bestimmten Begriff haben können. Und nun denken wir uns ein Etwas, wovon wir, was es an sich selbst sei, gar keinen Begriff haben, aber wovon wir uns doch ein Verhältnis zu dem Inbegriffe der Erscheinungen denken, das demjenigen analogisch ist, welches die Erscheinungen unter einander haben." (Kr. 702.) So sehr wir uns somit auch ein Sein frei von aller Bedingtheit vortäuschen: wir projizieren in ihm dennoch immer nur eine Beziehung, die zwischen unseren verschiedenen logischen Funktionen und ihren Ergebnissen besteht, nach außen. In dieser latenten Relation erhält das „Ding" erst seine Bedeutung und seine Bestimmung. Die Idee, die wir uns von ihm machen, gilt nur „respektiv auf den Weltgebrauch unserer Vernunft" und ist in dieser Hinsicht völlig gegründet; würden wir sie dagegen zum objektiven Wesen machen, so würden wir ihr damit gerade ihre höchste prinzipielle Kraft, den empirischen Vernunftgebrauch zu bestimmen, entziehen. (Kr. 726.)

Je umfassender also die Anwendung ist, die wir von den Prinzipien der Erkenntnis machen, je mehr wir sie über alle bloß zufälligen Schranken hinaus erweitern, um so deutlicher tritt in ihnen zugleich diejenige ursprüngliche Bedingtheit hervor, die in ihrer notwendigen Beziehung auf die Möglichkeit der Erfahrung enthalten ist. Die Idee des Absoluten selbst — und damit schließt sich der Kreis der Betrachtung — ist nur der Ausdruck und die schärfste Formulierung dieser Relativität der Erkenntnis. In den „metaphysischen Anfangsgründen der Naturwissenschaft" ist dieser Gedanke bei der Erörterung des Problems des „absoluten Raumes" zu seiner klarsten und prägnantesten Fassung gelangt. „Der absolute Raum" — so heißt es hier — „ist nicht als Begriff von einem wirklichen Objekt, sondern als eine Idee, welche zur Regel dienen soll, alle Bewegung in ihm bloß als relativ zu betrachten, notwendig"[1]). Indem wir den Phänomenen die Forderung des Absoluten entgegenhalten, erkennen wir sie damit erst vollständig in ihrer empirischen Bedingtheit. So beleuchtet der Gedanke des „Ding an sich", der uns zunächst über alle Grenzen der Erkenntnis hinauszuheben schien, nur um so schärfer den Umstand, daß all unser Erkennen sich lediglich in dem Kreise des Beziehens und Entgegensetzens bewegt. Das „Unbedingte", das wir der Erscheinung als Maßstab gegenüberstellen, ist keine neue, unabhängige Wesenheit, sondern es spiegelt nur diese reine Funktion der Entgegensetzung selbst wider, kraft deren

---

[1]) Metaphysische Anfangsgründe der Naturwissenschaften. (Akad.-Ausg. IV, 560.)

allein es für uns Erkenntnis gibt. Jetzt wird es daher auch vollkommen deutlich, daß der Begriff des „Dinges an sich" auf den verschiedenen Stufen der Erkenntnis als ein verschiedener erscheinen muß; drückt er doch immer nur in objektiver Fassung dasjenige Ergebnis aus, das in der Analyse der „Subjektivität" jeweilig erreicht und festgestellt ist. So kann er zunächst als Korrelat für die „Passivität" der Sinnlichkeit auftreten, um sodann zum Gegenbild der objektivierenden Funktion des reinen Verstandesbegriffs und schließlich zum Schema des regulativen Prinzips der Vernunft zu werden. In diesem Wandel und Fortschritt erst kommt der Gesamtgehalt des Begriffs zur vollkommenen Entfaltung. Die eigentliche Schwierigkeit, die dem Begriff anhaftet, ist darin begründet, daß er für Kant selbst nicht von vornherein in einer starren, ein für alle Mal fixierten Bedeutung feststeht, sondern von ihm in der kritischen Klärung des Objektivitätsproblems erst gewonnen werden muß: aber freilich führt er darum auch, wie kaum ein zweiter, mitten in das gedankliche Leben der Vernunftkritik ein und stellt es in seinem ganzen Umfang und seiner inneren Bewegtheit dar.

Der eigentliche Abschluß dieses gedanklichen Prozesses aber liegt außerhalb der Grenzen der bloßen theoretischen Betrachtung. Erst die Ethik ist es, die den eigentlichen Ursprung des Begriffs des Dinges an sich und das Ziel, auf welches er hinweist, in voller Klarheit heraustreten läßt. Im Gebiete des Sittlichen werden die neuen „Data" entdeckt, die zur Konzeption einer rein „intelligiblen" Ordnung des Seins berechtigen und auffordern. Wir haben diesen Zusammenhang bereits in der Entwicklungsgeschichte des Kantischen Denken entstehen sehen und ihn in der Bedeutung, die er für das Ganze des Systems gewinnt, verfolgen können (S. ob. S. 634 ff.) Hier erst sind die Grenzen der Erfahrung in der Tat erweitert, nicht indem jenseits ihrer ein neuer Bereich dinglicher Wirklichkeit sich auftut, sondern indem ein Prinzip der Beurteilung gefunden ist, das sich in seiner allgemeinen Geltung an keine bestimmten empirischen Schranken bindet. Die „pöbelhafte Berufung auf angeblich widerstreitende Erfahrung" muß vor der Strenge und Notwendigkeit, die sich im autonomen Gesetz der Sittlichkeit ausspricht, verstummen. Hier entdeckt sich daher eine Spontaneität, die nicht nur dazu dient, die gegebenen Bedingungen der empirischen Anschauung zu bestimmen, sondern in der wir selbst der Wirklichkeit als Gesetzgeber gegenübertreten, um dadurch eine neue Form des Seins, das Sein der Persönlichkeit, zu schaffen. (Vgl. Kr. 430.) So ist der Mensch „sich selbst freilich einesteils Phänomen, anderenteils aber in Ansehung gewisser Vermögen ein bloß intelligibeler Gegenstand, weil die Handlung desselben garnicht zur Rezeptivität der Sinnlichkeit gezählt werden kann". Im Gedanken des Sollens geht die Vernunft nicht der Ordnung der Dinge, so wie sie sich in der Erscheinung darstellen, nach, „sondern macht sich mit völliger Spontaneität eine eigene Ordnung nach Ideen, in die sie die empirischen Bedingungen hineinpaßt, und nach denen sie sogar Handlungen für notwendig erklärt, die doch nicht geschehen sind und vielleicht nicht geschehen werden." (Kr. 574 ff.) So sind wir hier in eine neue Sphäre von Bestimmungsgründen eingetreten. Ein Widerstreit gegen die kausale Betrachtung und Deutung der Erscheinungen aber kann sich hieraus nicht ergeben, sofern nur der strenge kritische Sinn des Kausalprinzips festgehalten wird. Die Ursache bedeutete uns keinen metaphysischen Zwang, keine geheimnisvolle Macht im Innern der Dinge selbst, sondern lediglich ein reines logisches Prinzip, kraft dessen wir den einzelnen Phänomenen ihre objektive Stelle in der Zeit anweisen. Sie ist somit ein gedankliches Mittel, das Mannigfaltige der Anschauung derart zu ordnen, daß seine Folge im Nacheinander nur in einer einzigen, eindeutig bestimmten Art aufgefaßt werden kann. (Vgl. ob. S. 641 ff.) Daß ein Ereignis vollkommen kausal bedingt ist, bedeutet uns somit nichts anderes, als daß seine Stellung in der Zeitreihe objektiv fixiert ist. Mit dieser Notwendigkeit in der Bestimmung des Zeitverhältnisses kann die neue Form der „Notwendigkeit", von der die Ethik spricht, nicht in Widerstreit geraten, weil sie von Anfang an einer gänzlich anderen Art der Betrachtung angehört. Wir mögen immerhin wissen, daß zwei Vorgänge nur in dieser einen, feststehenden Succession auf einander folgen konnten, — so ist doch mit dieser Einsicht über die Ordnung, die wir ihnen im „Reich der Zwecke" anweisen, über den Wert, den wir ihnen zusprechen, nicht das mindeste ausgesagt. Die beiden Urteile liegen gleichsam in einer völlig getrennten Dimension; wenn das eine darauf ausgeht, die Ereignisse am Faden der Einen objektiven Zeit zu verfolgen und aufzureihen, so will das andere die Inhalte, die in dieser festen und geschlossenen Abfolge vor uns liegen, auf bestimmte Normen beziehen und ihnen dadurch eine verschiedene Rangordnung bestimmen. So ist hier in der Tat eine „Beziehung auf eine ganz andere Art von Bedingungen" möglich und erforderlich. (Vgl. Kr. 585.) Der Widerspruch zwischen Kausalität und Freiheit wird zuletzt dadurch geschlichtet, daß beide als Prinzipien erkannt und in Prinzipien aufgelöst werden; indem dem logischen Gesetz der Kausalität die Regel der sittlichen Beurteilung zur Seite tritt. Neben der Zusammenfassung der Erscheinungen zur einen, durchgängig bestimmten Erfahrung der Naturwissenschaft, ist noch „eine besondere Art von systematischer Einheit, nämlich die moralische, möglich." (Kr. 835.) Es ist der Gesichtspunkt der Beurteilung, es ist die verschiedene Richtung, in welcher das Mannigfaltige zur Einheit verknüpft wird, die die Betrachtung der Ursächlichkeit von der Betrachtung der Freiheit unterscheidet.

Die Abgrenzung dieser beiden Gebiete von einander, sowie die neue systematische Verknüpfung, die sie in Kants Aesthetik eingehen, steht indes bereits außerhalb des Rahmens des reinen Erkenntnisproblems. Aber der Ausblick auf die neuen Probleme, der sich hier eröffnet, läßt auch den logischen Grundcharakter der kritischen Philosophie noch einmal scharf hervortreten. Die kritische Philosophie ist die Philosophie der Freiheit. Der Wahrheitswert der Erkenntnis, wie der Inhalt der Sittlichkeit soll nicht auf irgendwelche äußere Instanzen zurückgeführt und durch Beziehung auf sie begründet werden, sondern aus dem eigenen autonomen Gesetze des Selbstbewußtseins hervorgehen. Auch die Grenze, die das Wissen sich in seinem Fortgange setzt, muß als eine selbstgesetzte Grenze verstanden werden; indem das Bewußtsein sie anerkennt, fügt es sich damit keinem äußeren Zwange, sondern begreift und befestigt nur seine eigene kritische Machtvollkommenheit. „Intellektuell ist" — so definieren die Reflexionen Kants — „dessen Begriff ein Tun ist." (Refl. 968.) In den verschiedenen Richtungen des geistigen Tuns entstehen uns die verschiedenen Ordnungen des Seins, entsteht uns das Gebiet der Natur, wie das der Kunst oder der Sittlichkeit. Die Auflösung des „Gegebenen" in die reinen Funktionen der Erkenntnis bildet das endgültige Ziel und den Ertrag der kritischen Lehre.

ns-
NAMEN- UND SACH-REGISTER

A.

Abanus, Petrus, (1250—1316) I 156
A b b i l d t h e o r i e. A. der Erkenntnis I 496, II 30 ff., 42 f., 661;
bei Locke II 252. Kritik der A. bei Arnauld I 580 f.; bei Leibniz
II 167 ff., 185, 189; bei Digby II 208; bei Berkeley II 293 f.;
bei Reid II 389; bei Kant II 690
A b b i l d u n g (vgl. Symbol). Doppelter Begriff der A. I 458
A b s o l u t. Das A'e der Wirklichkeit oder der reinen Begriffe I 4.
A'er Gegenstand II 739 ff., 748 f. (vgl. „Ding an sich"). Das A. als
regulatives Prinzip II 755 ff. A'er und relativer Gegensatz I 351 f.
Verh. der Verstandesbegriffe zum abs. Sein I 61, 532 ff., 538 ff.,
543 ff., 552 f., II 116, 121 f., 738 f. Ergreifen des A'en in der geschaffenen Welt (Cusanus) I 24. Das A. und die Negation I 22.
Punkt als abs. Element I 455
A b s t r a k t. Verhältnis des A. zum Konkreten I 245 f., 310, 380 ff.,
481 f., II 412 f.
A b s t r a k t i o n. Problem der A. bei Berkeley II 286 ff., 298 ff.,
301, 465 f.; bei Hume II 338 f., 352; bei Leibniz II 469; bei
d'Alembert II 412 f.; bei Euler II 480 ff.; bei Crusius II 531 ff.;
bei Lambert II 542 ff. A. und Intuition (Spinoza) I 50 f., 93.
Verteid. des Rechts der naturwiss. A. (Euler) II 481, 484. A. und
Definition I 435, II 89. A. und Analysis I 291, II 19, 298. A. und
Komprehension I 150. A. und Konstruktion I 50 f., 93, II 371,
676, 714. A. und Raumbegriff I 264 (vgl. Raum).
A c c i d e n t i e n vgl. Substanz
Achard, François, (1699—1782) II 501
Achillini, Alexander, (1463—1518) I 104
A d a e q u a t i o rei et intellectus I 34 f., 90, II 208
A d a e q u a t. Begriff des a. Wissens bei Locke II 259 f., 267. Einfache Ideen als a. II 272. A'e und inadäquate Erk. (Spinoza)
II 76 ff., 92 f., 102, 110, 123; bei Leibniz II 140 f., 150
Adickes II 609, 615, 623 f.
A d m i n i c u l a rationis I 151, II 136
A e h n l i c h k e i t. Ä. des Gegenstandes u. der Vorstellung? (Leibniz)
II 167 f., 185; bei Berkeley II 293 f. (vgl. bes. Abbildtheorie). Begriff als Erfassen der Ä'en der Dinge I 34 f., 229 ff., 243 f.; similitudo und assimilatio (Cusanus) I 35 ff.
A e q u i v a l e n z d e r H y p o t h e s e n s. Relativität der Bewegung
A e s t h e t i k (s. Kunst, Harmonie, Schönheit). I 89, 94, 96, 286,
II 564 ff., 762. Natur als ästhet. Normbegriff I 186 f. Idee des

Schönen I 285 f., 327, 334 f. Kunstund Philosophie I 286, 326 f.
Transzendentale A. II 684 ff., 731, 742 ff.
A e t h e r. Welt-A. bei Bruno und bei Descartes I 467 f.; bei Burthogge
I 551; bei Hobbes II 51; bei Newton u. Hartley II 562 f.
A f f e k t e n l e h r e bei Telesio und Spinoza II 84, 95; bei Hobbes
II 99
A f f e k t i o n und Funktion II 715, 744
A f f i n i t ä t. Transzendentale A. der Erscheinungen II 709
A g r e e m e n t, d i s a g r e e m e n t s. Übereinstimmung
Agrippa v. Nettesheim (1486—1535). Problem der Magie I 157, 313;
Mathemat. Magie I 313, 347; Skepsis I 172, 192 ff. Verh. zu Montaigne I 192 f. Begriff des Weltorganismus I 207 ff., 279. Mikrokosmos u. Makrokosmos I 218, 224 f.
A k t i v i t ä t. A. des Geistes, des Denkens s. Denken (Spontaneität
des D's).
Albius, Thomas (1593—1676) II 398.
A l c h y m i e I 221, 322, 349, II 15, 429 f.
d'Alembert, Jean (1717—1783) I 14, II 395, **408 ff.**, 422 f., 427 f., 439,
450, 472, 501, 600 f., 680, 736
A l e t h i o l o g i e bei Lambert II 541 ff.
Alexander von Aphrodisias (um 200 n. Chr.) I 105
A l e x a n d r i s t e n und A v e r r o i s t e n I 100, 105, 117 ff., 212 f.
A l g e b r a I 370, 420, 428. Methode der A. (Hume) II 351 f.,
(d'Alembert) II 412 f. A. und Metaphysik II 417 f. A. und Universalmathematik I 446, 450, 564 f., II 154. A. als „figürliche Analysis" (Vieta) I 431. A. als Kombinatorik II 154, 192. Prinzipien
der A. „eingeboren" I 500. A. u. Geometrie s. analyt. Geometrie
A l l b e s e e l u n g s. Weltseele u. Intelligenz
A l l e g o r i e. Allegor. Bestandteile der Metaphysik I 535 ff.
A l l g e m e i n e s U r t e i l. Bedeut. des allg. Urt. II 134 f.
A l l g e m e i n e s u n d B e s o n d e r e s. Korrelation des Allg. u.
Bes. (Erkenntnis des A. im Bes.) I 112 ff., 117, 120, 228 f., 381 ff.
Allg. u. Bes. in der Induktion s. Induktion. Antinomie zwischen
dem Allg. u. Bes. I 245 f., 297 f., 300 f., 545. Verhältnis des A.
zum Bes. in der Philosophie und in der Mathematik II 591; in der
mathemat. Formel I 395 f., 417, II 90. Verh. des A. zum Bes.
bei Aristoteles I 102; im Platonismus (Ficin) I 88, 92 f., 97; bei
Pomponazzi I 112 f.; bei Nizolius I 151; bei Fracastoro I 228 ff.;
bei Bruno I 300 ff.; bei Galilei I 381 ff., 395 f.; bei Descartes
I 461 ff.; bei Bacon II 19 ff.; bei Hobbes II 47; bei Spinoza
II 89 ff., 109 ff.; bei Leibniz II 134 ff.; bei Berkeley II 298 ff.;
bei Hume II 338 f.; bei d'Alembert II 409 ff.; bei Newton II 397 ff.;
bei Lambert II 542 ff.
A l l g e m e i n g ü l t i g k e i t. Problem der A. des Urteils (Kant)
II 664 ff.
A l l g e m e i n h e i t. A. des Begriffs u. des Zeichens bei Berkeley
II 288, 298 ff., 317 f. A. des Begriffs u. A. des Gesetzes I 246 f.

A l l h e i t vgl. Integral. Das math. Gesetz als Ausdruck der A. der Fälle I 573
A l p h a b e t d e r G e d a n k e n s. Gedankenalphabet
A l t e r i t a s s. Andersheit
A l t e r t u m. Verh. der Renaissance zum klassischen A. I 185, 511. „Stil" der Antike I 185 f.
ἀμέσα I 128 f., 143 f.
A n a l o g i e, A n a l o g i e s c h l u ß I 234, 241, 315, 348, 474. A. in der Mathematik I 237. A. u. Proportion I 453. A'n der Erfahrung II 720
A n a l y s i s. A. der Erkenntnis (Leibniz) II 131, 141, 156. Problem der A. bei Hobbes II 54; bei Condillac II 564 f.; bei Lavoisier II 438 f. A. als Methode der Philosophie (Crusius) II 531. „Resolutive Methode" bei Leonardo I 325; bei Galilei I 381, 398, 409; bei Zabarella I 136 ff.; bei Newton u. Kant II 610. Verhältnis der A. zur Induktion I 138, 222, 473, 476. Mathemat. und induktive A. I 138. A. als Mittel der Begriffsbildung I 229 ff., 291. A. u. Syllogismus I 449. Geometrische A. s. Geometrie. A. des Unendl. s. Unendlich. „Figürliche A." s. Algebra. Chemische A. I 222, II 438 f. A. der Lage s. Lage
A n a l y s i s u n d S y n t h e s i s in der Logik I 137, 449; in der Naturwiss. s. resolutive Methode (unter Analysis)
A n a l y t i k. A. des reinen Verstandes II 683
A n a l y t i s c h e u n d s y n t h e t i s c h e U r t e i l e. Vorbereitung des Unterschiedes bei Crusius II 556 f. Entsteh. der Unterscheidung bei Kant II 611 ff.; — II 590, 597, 673 ff., 696 ff., 715
A n a l y t i s c h e G e o m e t r i e s. Geometrie
ἀνάμνησις .s. Wiedererinnerung
Anaxagoras (ca. 500—428 v. Chr.) I 591
A n d e r s h e i t. Einheit u. A. s. „Einheit"
A n g e b o r e n vgl. Apriori
A n n a h m e. Begriff der „conjectura" bei Cusanus I 25. Die Einheit der Wahrheit in der Andersheit der A. erkannt I 25; als Annäherung an die unbedingte Wahrheit (veritatem uti est participans) I 29
A n s c h a u u n g. A. u. Denken s. Sinnlichkeit u. Verstand. Reine A. II 591. Reine u. empir. A. II 680 f., 690 f., 694, 702. Formen der A. II 625 ff. A. a priori II 690 ff., 699. Begriffe der A. u. Begriffe der Vernunft II 625 ff. A. und Empfindung II 704. Das „Gegebene" der A. II 693 ff. Verh. des synthet. Urteils zur A. II 697. Sinnl. A. als Grundlage der Mathematik (Rüdiger) II 526 f. (vgl. Mathematik u. Sensualismus). Intellektuelle A. s. „Intuition"
Anselm von Canterbury (1033—1109) I 54
A n t h r o p o l o g i e I 191
A n t h r o p o m o r p h i s m u s als Grundlage aller Metaphysik I 538. A. des Ursachenbegriffs I 559 ff., vgl. Ursache u. Kraft; des Zweckbegriffs s. Teleologie. Überwindung des A. durch die Geometrie II 104, 124

Anticipation. A. der Erfahr. im Instinkt II 205. A. des Geistes II 42
Antinomie. A. zwischen Allgemeinem und Besonderen s. Allgemeines. Antinomien des Unendlichen s. Unendlich u. Minimum. A. des Bewegungsbegriffs s. Bewegung.
Anzahl. Gesetz der bestimmten A. II 513
ἄπειρον s. „Unendlich" und „Grenze"
Apelt (1812—59) I 331, 342, 370
Apollonius (ca. 200 a. C.) I 419
Apperzeption (vgl. Bewußtsein). Transzendentale Einheit der A. II 646, 676, 709, 718 ff., 721, 724, 728 f., 750.
Apprehension. A. d. Mannigfalt. in einer Einheit (Digby) II 214 f. A. und Urteil II 215. A. des Geistes als Grund der Kategorien I 539. Synthesis der A. II 687, 710
A priori. Erkenntnis als „Explikation" ursprünglicher Grundbegriffe I 28, 92 ff., 462 f., 564 ff., 577 ff. Apr. u. „eingeboren" (ideae innatae) I 338, 451, 461 ff., 476, 490, 492, 500 ff., 503, II 41, 388 ff. Kritik des „Angeborenen" bei Cusanus I 33; bei Bacon II 6; bei Gassendi II 41 ff.; bei Locke II 230 ff.; bei Kant II 692. Verhältn. von Apr. u. Aposteriori bei Aristoteles u. in der modernen Wissensch. I 412 ff., 472 ff.; bei Descartes s. „eingeboren"; bei Herbert v. Cherbury II 203 ff.; bei Cudworth II 217 ff.; bei Hobbes II 51; bei Leibniz II 136 ff., 175; bei Locke II 256 ff.; bei Tschirnhaus II 194; bei Reid II 388 ff.; bei Crusius II 534; bei Lambert II 536 ff., 543 f.; Kant II 326, 626 ff., 637 f., 664 ff., 671 f., 680 ff., 687. A'sche und empir. Wahrheiten s. Vernunftwahrh. u. Tatsachenwahrh. (unter „Vernunft"). Deduktion und apr. Wissen II 49, 95, 98 f., 130. A'sche Gründe für den Bau des Kosmos I 375 f., 411 f.
Arbeit. Begriff der A. als Grundlage der Statik I 465; bei Leibniz II 165, 174
Archimedes (287—212 a. C.) I 359, 386, II 132, 406
Aristoteles (384—322 a. C.). Kritik der Platon. Ideenlehre I 33, 102 f., 337, 447. Bekämpf. dieser Kritik bei Leibniz II 322; bei Berkeley II 321. Begriff der Dialektik I 127, 131 ff. Verh. von Logik u. Metaphysik I 127. Kategorienlehre I 127 f., 447, 529 ff., 540 ff., II 38. Auffassung der Erkenntnis I 9, 101 ff., 226, 242 f., II 31. Definition der Wissenschaft II 91. Tätiger u. leidender Verstand I 102 ff., 233. Substanzbegriff I 69, 144 ff., 152, 296 ff., II 263. Entelechie I 101 (s. Teleologie). Substanzen und Accidentien I 148, 447, II 106 ff. Form und Materie I 64 ff., 101 f., 144 f., 294 f., 387. Kritik des „Potenzbegriffs" I 212 ff., 293 ff.; des Zweckbegriffs I 216 f., 376. Sensualismus I 149, 226 (seine Bekämpfung bei Digby u. Norris II 211 u. 224). Unableitbare Grundbegriffe (ἄμεσα) I 128 f. Induktion I 129. Begriff d. Erfahrung I 380 f., 391 f., 412 f. Begriff der Mathematik I 254, 312; Physik I 259, 358, 360, 394 ff., II 433. Definition der Bewegung I 513. Ele-

mentenlehre II 431 f. Astronomie I 341, 411 f. Raumbegriff
I 257 ff. Verh. zu Demokrit u. zur Atomistik I 166, 257. Farbenlehre I 335 f. Erweiterung des A. Begriffs der Logik II 145; II 6, 188, 575, 659, 670. „Rad des A." I 422
Aristotelismus. Kampf zwischen Platonismus u. A. s. Platonismus. A. der Renaissance (Reform der A' Psychologie) I 98 ff.
Arithmetik I 39, 131, 133 f., 267, 349, 431, 446, 538, 583, II 351 f., 627, 655. A. und Universalmathematik I 452, 563; bei Leibniz II 141 f. (als „Statik des Universums"). A. als Ideal der Wissenschaft (Hobbes) II 51 ff., 59. A. der Kräfte I 359. Methode der A. II 526 f. Grundsätze der A. synthetisch II 615
Arnauld, Antoine (1612—1694) I 492, 508 f., 528. Streit mit Malebranche I 578 ff. Vorstellung und Gegenstand I 579 f.
Assimilatio des Geistes an die Dinge I 35, 463
Assoziation. A. der Vorstellungen als Grundlage des Objektivitätsbewußtseins (Berkeley) II 283 ff., 288, 291 f., 313 f., 686. Kritik dieser Theorie II 299 f., 305. A. und Urteil I 228 f., 244, 490, II 666
Assoziationstheorie in der antiken Skepsis und bei Hume II 356 f.; bei Hobbes II 68 f.; bei Berkeley s. Assoziation; bei Law II 460 f.; bei Maupertuis II 490; bei Hartley II 561 ff.; bei Lossius II 574 f. Kritik der A. bei Tetens II 568 ff.; bei Kant II 707 ff., 721
Astrologie. Kritik der A. durch Pico I 155 ff. Bedeutung der A. im mittelalterlichen Weltsystem I 155
Astronomie (vgl. bes. Copernikan. System) I 39, 131, 341, 446. Stellung der Erde im Universum I 97, 254 f., 264, 275, 317 f., 563. Gesetze der Planetenbewegung I 371 ff. Methode der A. I 254, 269, 272 f., 411, II 26 ff. Beseelung der Himmelskörper s. „Intelligenz". Gegensatz der irdischen u. himmlischen Welt I 344, 360, 373 ff. Astron. Hypothese s. Hypothese. „Philosophische" A. I 340, 346. A. und Mechanik I 343
Asymptote I 574
Atheismus (vgl. bes. Gott). Kritik des A. bei Cudworth II 216 ff.
Atman II 650
Atom bei Leibniz II 143 f. A. und Monade II 501. Rationaler Grund des A'begriffs II 36, 39 ff., 218
Atomistik I 257, 297, 309. Minimum als Atom s. Minimum. Das psycholog. u. das metaphys. Atom I 304. Galileis A. I 388. Erneuerung der A. durch Gassendi II 29, 35 f., und Boyle II 430 ff.
Attraktion. Theorie der A. I 361 ff. (vgl. Gravitation) II 421, 434, 680. A. und Repulsion II 509
Attribute. Attributenlehre bei Spinoza II 75, 116. A. als Kräfte II 75, 94. Idealist. u. realist. Deutung der A. II 116. Unendlichkeit der A. II 119 f. Stellung des A. des Denkens II 121 f. Lehre von den göttl. A'n bei More u. Newton II 443 ff.
Aufgabe. A. der Totalität des empir. Regressus II 754

A u f k l ä r u n g. Philosophie der A. II 394 ff., 471. Tendenz der A. bei Locke II 230 f. und Hume II 370. Kritik der A. bei Kant II 603
A u f m e r k s a m k e i t. A. und Abstraktion (Berkeley) II 301
A u f s t i e g u n d A b s t i e g (ascensus et descensus) des Geistes I 32, 283 f., 291 f.
Augustinus, Aurelius (354—430). Begriff der docta ignorantia bei A. I 28. Verhältnis zu Platon I 33. Verh. von Gott u. Geist I 37. Verh. zur Geometrie I 39. Wahrheitsbegriff I 60. Problem des Selbstbewußtseins I 78 f. Unsterblichkeitsproblem I 91. Schauen der Ideen in Gott I 94 ff., 508. Ästhetik I 96, 249, 506. Erkenntnislehre I 282. Kraftbegriff I 315. Lehre von d. Erbsünde u. Gnadenwahl I 509, 520 ff. — Descartes und A. I 507 ff. Cartesianismus und Augustinismus I 509, 517. Malebranche und A. I 575 ff., II 218; Verh. zu Cudworth II 658
A u s d e h n u n g (vgl. Raum). Unendliche Teilbarkeit der A. I 265, vgl. Minimum. Die A. als absolutes Prädikat und als Inbegriff von Beziehungen I 311. A. als gemeinsames Größenmaß I 455 ff. A. als Substanz I 463 f.; als Substanz und als Ordnung II 187. Unterschied von A. und Ort (Raum) (Euler) II 480 f. Begriff der intelligiblen A. bei Malebranche I 569. Verh. der intellig. A. zu den phys. Körpern I 582. Idealität der A. s. Raum.
A u s d r u c k vgl. exprimere und Symbol
A u ß e n w e l t. Realität der A. s. Wirklichkeit, Existenz, Transscendenz
A u t o n o m i e des Geistes II 566; des Denkens (vgl. Denken) II 69 f. A. des Sittlichen I 115 f., 195 f., 584, 596 ff., II 604, 760. A. und Heteronomie II 636
A u t o r i t ä t. A. und Erfahrung I 325, 511, 522. Vernunft u. A. I 516 f., 526
Avenarius II 83
Averroës (Ibn Roschd) (1126—1198). Lehre vom aktiven u. passiven Intellekt I 103 f. Unsterblichkeitsproblem I 105. Einheit der „Denkkraft" I 104, 231. Stellung des menschl. Geistes in der Ordnung der Intelligenzen I 105. Substanzproblem I 147; astron. Methodenlehre I 344.
A x i o m. A. u. Definitionen (d'Alembert) II 408 ff. A. als identische Sätze II 408. Beweis der A'e bei Leibniz II 131

B.

Bacon, Francis (1561—1626) I 10, 360, 406, 439, 477 (Descartes u. B.) 530, 562 (Malebranche u. B.) **II 3 ff.**, 29, 46 ff., 94 ff., 199 f. (B. u. Spinoza.) II 258 f. (B. und Locke); Idolenlehre u. Verstandeskritik II 6 ff. Begriff der Erfahrung II 8 ff., 16 ff. Formenlehre II 11 ff. Theorie der Wärme II 13. Verh. von Theorie u. Beobachtung

II 15 ff. Abstraktion u. Analyse II 19 ff. Ideal des Wissens II 23. Verh. zur Astronomie II 26 ff., II 411, 429
Baensch, Otto II 123, 419, 540
Baillet II 228
Barbaro, Ermolao (1454—93)
Bauch, Bruno I 485
Baumgarten, Alex. Gottl. (1714—62) II 566
Bayle, Pierre (1647—1705) I 200 (Probl. der histor. Kritik), 525, 585 ff. B. u. Montaigne I 586 f., 599 f., II 328, 330, 453, 499 f, 756
Beattie, James (1735—1803) II 389, 577
B e g r i f f. Der B. als gedankliche Schöpfung, nicht als Nachbildung einer dinglich vorhandenen Existenz I 3, 92. B. nicht Summe (Aggregat) von Einzelvorstellungen I 92 f., 573, II 69, 134 (vgl. Abstraktion). Die reinen B'e als Kriterien der Wahrnehmung I 93. Methode der B'bildung: Abstraktion u. Komprehension I 150 ff. Umfang u. Inhalt des B's I 151, 246 f., II 134 f., 299. B. als Aggregat I 151. Entstehung der Allgemeinbegriffe s. „Abstraktion" und „Universalien". B'e erster und zweiter Ordnung (primae et secundae intentiones) I 230 f., 447 f., 544. Gattungsb'e und Relationsb'e I 231, 246 f., 291, 417, 435, II 18, 53, 89 ff., 298 ff., 676. Primitive und abgeleitete B'e II 129 ff. „Realer" B. II 129. B. und Wahrnehmung s. Sinnlichkeit. Erfahrung und B. s. Erfahrung. B. und Existenz s. Ontologie. Theorie des B's bei Burthogge I 543 ff.; bei Berkeley II 286 ff. (Kritik der Berkeleyschen Theorie II 297 ff., 713 ff.); bei Hume II 338 f.; bei Kant II 675, 698 f., 711 f., 713 ff.
B e g r i f f s r e a l i s m u s I 34, 69 ff., 382, II 18 ff. Seine Kritik bei Cusanus I 34; bei Geulincx I 533 ff., 538 ff.; bei Burthogge I 544 ff.; bei Berkeley II 281, 286 ff., — II, 595
Béguelin (1714—89) II 471, 506, 551 ff., 591
B e h a r r l i c h k e i t. B. der Substanz I 296, 393, 486 f. Beharrung und Schöpfung I 566. B. als Kriterium der Substantialität II 726 ff.
B e h a r r u n g s g e s e t z I 397 f., 409, 476. B. und absoluter Raum II 467, **476 ff.**, 484 f. B. als „idealisches" Prinzip II 569. Ersetzung des abs. Raumes durch den Fixsternhimmel in der Formul. des B'es II 467, 479
B e j a h u n g. B. und Verneinung als Merkmal der Idee II 88
Benedetti (1530—1590) I 430 f.
B e o b a c h t u n g. Verh. der B. zur Erfahrung s. Erfahrung
Berkeley, Georges (1684—1753) **II 275 ff.** Wahrnehmungstheorie II 275 ff. Aufhebung der absol. Materie II 284 ff.; 289 ff. Begriffstheorie II 286 ff., 297 ff. Idealismus II 288 ff. Definition der „Wirklichkeit" II 294 ff., 305 ff. Kritik der Mathematik II 302 ff. Substanzbegriff II 310 ff. Umgestaltung seiner Erkenntnislehre II 315 ff. B. und Kant II 325 ff., 725. B. und Locke s. Locke. Begriffstheorie I 230. Theorie des Sehens I 236, 554. Problem des Kontinuums I 303 f. Verh. zu Malebranche

I 570. B. und Hume II 335 ff., 349, 353. Kritik der Newton.
Lehre II 465 ff., 479; — II, 243, 402, 416, 661, 686, 713, 715
Bernoulli, Johann (1667—1748) II 156, 402, 500
Berthelot II 429, 435, 437, 440
Berti I 276, 411
B e s c h l e u n i g u n g I 315 f., 385, 408
B e s c h r e i b u n g. Forderung der B. der Phänomene (vgl.
Hypothese) I 342, II 405. Geometrische B. I 370. B. und
Erklärung I 342, II 296, 405. Beschreib. Methode der Psychologie II 229
B e s e e l u n g der himmlischen Sphären I 105, 110, 353 f., 363
Bessarion (1403—72) I 83 f., 99, 163
B e w e g u n g (vgl. Mechanik). B. als Objekt der reinen Mathematik
I 394 f.; als allg. Prinzip der Naturerkl. II 431 f.; II 24.
52 ff. Wahre und scheinbare, absolute und relative B. II 396.
459, **463 ff.** (Newton), II 474 ff., 482 ff. (Euler). Relativität der
B. (Äquivalenz der Hypothesen) II 177, 758 (vgl. Relativität.)
Ruhe als Grenzfall der B. II 158 f. B. und Kraft II 163. Substanz und B. II 24. Ableit. der B. aus ihren Elementen I 425.
Mitteilung der B. s. Stoßgesetze. B. und Zeit s. Zeit. Erhaltung
der B. s. Erhaltung. Gleichförm. B. als Vorauss. der Bestimm.
der ungleichförmigen II 470. Kontinuität der B. II 508 ff., s. Kontinuität. B. als kontinuierliche Schöpfung I 566, II 40, 152. B.
als „eingeborene Idee" (aprior. Grundbegriff) I 462, II 50 ff., 53,
157. B. als „Akt" der successiven Synthesis" (Kant) II 688 f.
Ideale und physische B. I 256, 434; II 688. Hilfsbegriff der B. in
der Algebra I 433 f.; in der Geometrie I 256, 266, 427 ff., 454ff.
Ableit. der Curse aus B. I 429, 454 ff. (s. bes. genet. Definition).
B. des Geistes als Bedingung der Erkenntnis I 26, 62, 70, 228.
Definition der B. bei Aristoteles I 513. Die B. u. der „unbewegte
Beweger" I 105, 216 f., 353, 358. Natürliche und gewaltsame B.
I 399, 408, 429. Quantitat. u. qualitat. Auffassung der B.
I 399 ff., II 25 ff., 47 f. Analyse des B'begriffs bei Berkeley
II 307 f. B. als „subjektiver" Vorstellungsinhalt II 308. B. und
Empfindung I 233, II 31 f., 67, 173. B. als „feste und ewige
Sache" (Spinoza) II 95. Antinomien der B. I 593 f. (Bayle), vgl.
Kontinuität.
B e w e g u n g s g r ö ß e. Erhalt. der algebr. Summe der B'n II 164
B e w e i s v e r f a h r e n I 141, vgl. Syllogistik
B e w u ß t s e i n I 54. Funktion und Inhalt des B's I 55, 57. Neuer
Begriff des B's in der Renaissance I 77. Problem des B's in der
Naturphilosophie I 80. Anknüpfung des mod. B'begriffs an Platon
I 90 f. Unableitbarkeit der Tatsache des B's I 209 f., II 43 ff.
Korrelation von Sein u. B. I 210, II 290, 493. Bewußtsein u. Kraft
s. Kraft. Inhalt u. Gegenstand des B's I 573 ff. Problem der
Einheit des B. bei Pomponazzi I 108; bei Dante u. Petrarca I 109,
II 43 (Gassendi) (vgl. Einheit).

B'begriff bei Berkeley II 289, 310 ff., 326 f.; bei Tetens II 567 ff., 579 f. Neuer Begriff des B. im 18. Jahrh. II 565 ff. „B. überhaupt" (Kant) II 668, 710, 718 usw.
Menschl. und göttl. B. (Schauen der Ideen in Gott) bei Augustin I 60, 94 ff.. 508; bei Ficin I 95; bei Campanella I 249; bei Malebranche I 575 ff.; bei Leibniz II 137 ff.; bei Ploucquet II 493 ff.
B i b e l. Vgl. Offenbarung
B i l d. Bild und Symbol s. Symbol. B. und Schema II 714
B i o l o g i e. Biolog. Begründ. der Erkenntn. bei Hume II 361 ff., 365; im 18. Jahrhundert II 573 ff.
B l i n d g e b o r e n e II 168 f., 283, 573
Bloch, Leon II 407
Bodin, Jean (1530—1596) I 197
Bonaventura (1221—74) I 344
Bonnet, Charles (1720—93) II 427, 568
Borowski II 598
Boscovich, Roger (1711—87) II 422, **506 ff.**
Bossut, Charles (1730—1814) II 471, 679
Bouillé s. Bovillus
Bouillier I 586
Bovillus, Carolus (Charles Bouillié) (1475—1553(?)) Werke I 62 ff., 161 f.
Boyle, Robert (1627—91) II 126, 161, 396, 398, **430 ff.**, 671
Brandes, Georg I 187
Browne, Peter (†1735) **II 558 ff.**
Bruni, Leonardo (1369—1444) I 99, 121
Bruno, Giordano (1548—1600) I 75, 177, 265, **277 ff.** B. und Spinoza II 78, 83. Weltseele I 278 f., 442 f., 467 f. Erkenntnislehre I 279 ff., 440. Begriff des Unendlichen I 280 ff. Materie u. Form I 294 ff. Beseelung der Gestirne I 353 f. Idee des Schönen I 286. Theorie der Schwere I 362. Gesamtcharakteristik I 313
Brunschvicg II 117
Buchenau I 463, 575
B u c h s t a b e n r e c h n u n g s. Algebra
Bülffinger (1693—1750) II 523, 547
Buonosegnius, Johann Baptista (um 1458) I 165
Burckhardt, Jakob I 74, 97, 160, 171
Burthogge, Richard (1638—1701 ?) **I 543 ff.**, II 213, 227
Butler, Joseph (1692—1752) II 449

C.

(Artikel wie Causalität, Continuität usw. s. unter K.)
C a b b a l a , C a b b a l i s t i k I 75, 163 f.
Caesalpin, Andreas (1519—1603) I 257
Campanella (1568—1639) I 8, 10, 417 f. Religionsphilosophie I 168 f
Skepsis I 172. Allbeseelung I 210 f. Erkenntnislehre **I 240 ff.**

279, II 79; — I, 282, 327 f. Problem der Methode I 439 f., II 36 (Verh. zu Gassendi), **II 79 ff.** (Verh. zu Spinoza)
Cantor, Moritz I 421, 426, 433, 435
Cardanus, Hieronymus (1501—76) I 116 (Probl. der Unsterblichkeit). 204, 205, 213 (Materie und Form), 217, 257 (Raumlehre), I 320 (Verh. zu Leonardo da Vinci), 435 (Negative Zahl)
Carpovius (1699—1768) II 547
Cartaud, Francois (+1737) II 500
C a r t e s i a n e r, Cartesianismus. Logik der C. I 528 ff. Kriterium der klaren u. deutlichen Perzeption I 507 ff. Cartes. u. Augustinismus I 509 f., II 660. Probl. von Seele u. Körper s. Okkasionalismus. Stellung Bayles zum C. I 585 f.
Cartesius s. *Descartes*
C a u s a. C. und ratio s. Grund
C a u s a s u i II 101 f.
Cavalieri (1598 (1591?)—1647) I 426 ff., 466, 499. Verh. zu Galilei u. Kepler I 426; zu Leibniz II 157
Cellini, Benvenuto (1500—1571) I 188
C h a r a k t e r i s t i k. Aufgabe der allg. Ch. bei Leibniz II 140 ff., 169 f., 187. Geometrische Ch. II 146 ff. Verhältn. der Charaktere zu den Gegenständen II 170
Charron, Pierre (1541—1603) **I 195 ff.**, 555
C h e m i e **II 428 ff.**
Chiaramonti (1565—1652) I 379
C h i c a n e. Die Ch'n der Metaphysik II 503 ff.
C h i m ä r e. Ch. und Wirklichkeit s. Wirklichkeit
C h r i s t e n t u m. Ch. und Platonismus I 80 ff.; — I, 164, 519 ff., 596 (Islam und Ch.)
C h r i s t o l o g i e (vgl. Trinität) bei Cusanus I 22, 52 ff.; bei Pascal I 520 ff.
C h r o n o l o g i e. Grunds. der Ch. synthetisch (Kant) I 615
C h r o n o m e t r i e als aprior. Wissenschaft (Lambert) II 543
Cicero (106—43 a. C.) I 121, 123 f., 125. Kritik des Ciceronianismus bei Montaigne I 186
Clarke, Joseph (+1749) II 449
Clarke, Samuel (1675—1729) I 376, II 333, 376, 447, 449, 453, 455, 471, 617, 621
Clauberg, Joh. (1625—1665) I 529, 557
Cohen, Hermann I 18, 424, 429, II 591, 594, 625, 679, 700
C o i n c i d e n t i a o p p o s i t o r u m I 41, 49, 51; als Prinzip der Logik I 62, 309
Collier, Arthur (1680—1732) I 592, **II 327 ff.**, 499, 756
C o m m o n — s e n s e — P h i l o s o p h i e II 387 ff. Kritik der Philosophie des c. s. bei Tetens II 577 f.
C o m p l i c a t i o u. e x p l i c a t i o. Die Erkenntnis als Entfaltung best. Grundprinzipien I 28. Einheit u. Vielheit, das Jetzt u. die Zeit, der Punkt u. die Linie I 36 f., 42 f. Umbildung des Begriffs-

gegensatzes der c. und e. I 45. Entwicklung der Formen aus den „Samen" I 295 ff.
C o m p r e h e n s i o n. C. und Abstraktion I 150 ff.
c o n a t u s. Lehre vom c. bei Hobbes II 55
c o n c e p t u s. c. aptus und c. ineptus II 129
c o n c e p t u s c o m m u n i s II 676, 699, vgl. Begriff
Condillac, Etienne Bonnot de (1715—1780) II 417 ff., 422, 427 f., 440, 472, **564 ff.**, 568, 571
C o n j e c t u r a s. „Annahme"
C o o r d i n a t e n I 43, 430, 456 f., II 147
C o p e r n i c a n i s c h e s S y s t e m. Vorbereitung durch Cusanus I 29; durch Leonardo da Vinci I 317 f. Ablehnung des C. S. bei Campanella I 255. Verhältnis des C. S. zur Metaphysik I 271 ff. Neues Verh. v. Verstand u. Sinnlichk. I 272, 318. Verh. zur eth. Lebensansicht I 274; zur Entstehung der exakten Wissenschaft I 317. „Wahrheit" der Copernic. Hypoth. I 344 f. Copernikus u. Aristoteles I 411 ff. C. und Pascal I 522. C. und Bacon II 26 ff.
— II, 178, 332
Copernicus (1473—1543) I 153, 271 ff., 281, 347, 371, 379. Method. Kritik der Astronomie I 273. Teleologie I 273 f., 371, 414
Corneille (1606—84) II 564
C o s e n z a. Akademie von C. I 239
c o s s a I 370
Cotes, Roger (1682—1716) II 611
Couturat II 141
Cremonini, Cesare (1552—1631) I 353, 379 f., 401, 411
Creuz, Kasimir v. (1724—1770) II 489
Crusius, Christian August (1712—75) II 472, **II 527 ff.**, 536, 548 ff., 555, 592, 598 f., 603. Kant und C. II 588
Cudworth, Ralph (1617—1688) **II 215 ff.** Lehre vom Apriori II 216 ff. Gott u. die ewigen Wahrheiten II 217 f., II 227, 452 f.
Cusanus, Nikolaus (1401—64). Verh. zur mittelalterlichen Philosophie I 21, 27 ff. Geschichtl. Stellung des Systems I 22, 177, Fortwirkung des Systems bei Bovillus s. dort; in der Renaissancephilosophie I 80 f.; bei Ficin I 86 f., 93, 97; bei Francesco Pico I 146; bei Bodin und Charron I 196 f.; bei Patrizzi I 265, 312; bei Giord. Bruno I 265, 284 f., 312; bei Leonardo da Vinci I 320 f., 326; bei Kepler I 339; — I, 451, 463, 577

D.

Dante (1265—1321) I 109, 249, 354
Danzel II 566
Darjes (1714—72) II 472, 525, 534, 547
D a s e i n s. Wirklichkeit u. Existenz. D. als einfache Idee bei Locke II 237
D a u e r s. Zeit. Begriff der D. bei Locke II 248

D e d u k t i o n. D. u. Emanation I 53. D. u. Induktion s. Induktion. D. u. Intuition I 471, II 76, 93 f. D. u. Enumeration I 475. Logik als Lehre von der D. I 538. Erweiterung des Gebiets der D. bei Hobbes II 49. D. als Erkenntnisideal II 53, 93 ff., 127 ff., 259, 266. Transzendentale D. der Kategorien II 724, 731. Metaphysische und transzendent. D. II 690 f. Subjektive und objektive D. II 706 ff.
D e f i n i t i o n. Rolle der D. in der Geometrie I 512 f. Genetische (kausale) D. **II 49 ff.**, 59, **86 ff.**, 98 f., 101, 127 ff., 154 f., 157, 191 f., 194, 688, 691. Reale D. II 128. Nominal und Realdef. II 130 ff., 409. Willkür der D.? II 56, 59, 101. Lehre von der D. bei Wolff u. in der Newt. Schule II 404 ff.; bei d'Alembert II 408 ff., 600; bei Tschirnhaus II 191 f., 194; bei Crusius II 530; bei Kant II 600, 691.
Demokrit (geb. ca. 460 a. C.). Aristot. Urteil über D. I 166. Rationaler Charakter sein. Philos. I 166. Volles und Leeres, Sein und Nicht-Sein I 309. Galilei u. D. I 388. Subjektivität der Sinnesqualitäten I 391. D. u. Gassendi I 591, II 35, 45
D e m o n s t r a t i v e u n d r e s o l u t i v e M e t h o d e (s. Methode).
D e n k e n. D. und Sein II 638 ff. (s. Wahrheit u. Wirklichkeit). Ursprünglichkeit der D'funktion I 89 f. „Spontaneität" des D's I 70, 91, 93 f., 184 f., 252, 327 ff., 335, 501; II 77, 88 ff., 91, 137 ff., 206, 216 ff., 566 ff., 636, 688 f., 696, 760. Das „Cogito" Descartes' I 484 ff., 491 ff., 498, 507, 510. D. und Erkennen II 680. D. und Vorstellung (Phantasma) I 102, 108 ff., 146. Würde des D's. I 515 f. D. u. Sinnlichkeit s. Sinnlichkeit. Einbildungskraft und diskursives D. I 327. Erfahrung u. D. s. Erfahrung. D. und Rechnen II 52, 54 f., 69, 564 f. Attribut des D's s. Attribut. Vermittlung zwischen Sein u. Denken im Gottesbegriff I 494, 530
D e n k g e s c h e h e n u n d D e n k i n h a l t I 113, 571
D e n k k r a f t. Aktive D. s. νοῦς
Desargues (1593—1662) I 430
Descartes (1596—1650) I 8, 10, 28, 74, 90, 172, 250, 269, 369 (Raumproblem), 375, 402, 429, 432 f. (analyt. Geometrie); **I 439 ff.** Idee der Universalmathematik I 446 ff. Grundlegung der Physik I 459 ff., 467 ff. Problem der Erfahrung I 469 ff. Begriff der Hypothese I 478 ff. Begriff des „reinen Verstandes" I 485 ff. Selbstbewußtsein u. Gegenstand I 486 ff. Gottesbegriff I 492 ff., 523. Eingeborene Ideen I 500 ff. Ausgedehnte und denkende Substanz I 502 ff. D. u. Augustin I 507 ff. Einwirk. auf Pascal I 510 ff., 516 f., 523, Probl. der Ethik I 525 f.; — I, 528 f., 530, 532, 542, 554, 563, 566, 575, 576, 582 f., 585. D. und Bacon II 8, 11 f. D. und Galilei s. Galilei. D. und Gassendi II 39, 41 ff., 44 f. D. und Spinoza II 73 ff., 77, 88, 92, 96 ff., 115. D. und Leibniz II 126 f., 130, 157, 187. D. u. Tschirnhaus II 195. Einfluß auf die engl. Philosophie II 202, 207 ff., 213, 219. D. und Locke II 227 f., 251,

D. u. Berkeley II 279 f., 312, 340. D. und Hume II 376; — II 396, 399 f., 406, 410, 415, 429, 443, 472, 573, 659 f., 678
Dessoir, Max II 489, 567
D e t e r m i n a t i o n. Omnis determinatio est negatio II 80 f., 110
D e t e r m i n i s m u s s. Freiheit und Notwendigkeit
D e u s s i v e n a t u r a s. Gott, Pantheismus.
Deussen II 650
D e u t l i c h k e i t. Arten der D. (Crusius) II 531 f. Deutl. Erk. s. distinkt
D i a l e k t i k. Kritik der D. bei Valla I 123 f.; bei Vives I 124 ff.; bei Ramus I 131 ff. „Natürliche" und künstliche D. I 131 ff. D. und Sprache I 125 f. D. und Gegenstandserkenntnis I 126 f. D. und Mathematik I 131. Transzendentale D. II 728 ff., 731, 742. 756
D i c h t k r a f t II 566 ff.; bei Kant II 627
Diderot, Denis (1713—84) II 573
Diels, Hermann II 652
Dieterich II 605
D i f f e r e n t i a l. Anfänge des D'begriffs I 266, 310, 426; II 55. D. u. D.-Quotient I 426; II 153 ff. D'rechnung II 499 ff. vgl. Analysis des Unendlichen
Digby, Kenelm (1603—1665) II 207 ff., 213, 224, 227
Dilthey, Wilhelm I 78, 169, 170; II 48, 84, 204
D i m e n s i o n. Erweiterung des D'begriffs durch die Algebra I 432; bei Descartes I 453. D'en der Zeit II 643
D i n g. Analyse des D'begriffs s. Gegenstand
D i n g a n s i c h. Problem des D. a. s. bei Geulincx I 541; bei Burthogge I 552. Kritik des Begriffs bei Berkeley II 294 f. D. a. s. und Erschein. in der Philos. des 18. Jahrh. II 426 ff.; bei Kant II 634, 640, 693, II **733 ff.**, 741. Stufen in der Entwicklung des Begriffs des „D. a. s." II 759. D. a. s. als Grenzbegriff II 742, 747, 751; als Idee II 756 ff.; als Schema des regulativen Prinzips der Vernunft II 757; als intelligible Ursache der Ersch. II 744; als negativer (problematischer) Begriff II 746; als Ausdruck für das „Ganze der Erfahrung" II 742. Ethische Bedeut. des D. a. s. II 759 ff.
Dionysius Areopagita I 98
Dippel I 63
D i s k r e t e s. D. u. Stetiges s. Kontinuum
D i s k u r s i v. Diskursives Denken geht nicht auf die Wesenheiten, sondern auf die „Zeichen" der Dinge I 34, entbehrt daher der „Präzision" I 38. D. und anschauliche Erk. des Ich I 250 f. D'es Denken u. Anschauung I 513; II 698. Instinkt u. d'es Denken II 205. D. Denken u. Einbildungskraft I 327. D. Denken und intellekt. Anschauung I 49, 285, 292
D i s t a n z. Psychol. Entsteh. der D'vorstellung bei Berkeley II 277; bei Hume II 349. Begriff der D. bei Boscovich II 515 ff.

Distinkt. D'e und verworrene Erk. II 140, 142 f., 149, 172 ff.
Docta ignorantia s. „Nichtwissen"
Dogma. Vernunft und D. I 590, 595, 600
Dogmatismus. D. der Metaphysik I 537
Donio, Agostino (ca. 1550—1600) I 250
δόξα I 101 und ἐπιστήμη II 657
Dreieinigkeit s. Trinität
Duhem, Pierre I 320, 323, 326, 345
Dühring, Eugen I 323
Dunin-Borkowski II 83, 115, 117
Dunkle und klare Erkenntnis s. klar
Dynamik. Anfänge der D. bei Leonardo da Vinci I 320; bei Kepler I 359. Grundlegung der D. bei Galilei I 394 ff.; bei Descartes I 466; bei Newton II 406 f. Problem der D. bei Leibniz II 164 ff.; bei Euler II 476 ff.; bei Boscovich II 508 ff.; bei Lambert II 536. D. der Vorstellungen (Hume) II 363. Chemische D. II 434
Dyroff, Adolf II 30

E.

Ebbe und Flut. Theorie der E. u. F. I 362
Eberhard, Johann August, (1738—1809) II 488, 679, 692, 697
Eberhard, Johann Peter (1727—79) II 735
Egoismus. System des E. II 553
εἴδωλον, s. Idol
Einbildungskraft. Empirische und reine E. II 708 f., 716. Produktive E. II 689, 715. E. und Verstand I 391, 487, 502, 515, II 322. E. und Vernunft I 37. E. und Intellekt I 68, 287, II 197, 199 f. Geistige E. und sinnl. Phantasie I 327 f. Mittlere Stellung der E. I 287 f. Imaginatio u. ratio bei Spinoza II 93 f., 102. Imagination u. Intuition II 109, imaginatio distincta II 149. Rolle der E. in der Mathematik I 265, II 149 f. E. als notwendiges Ingrediens der Wahrnehmung (Kant) II 712 als Quelle der Vorst. von Raum u. Zeit II 460 ff. Schema der E. s. Schematismus. E. bei Hume II 346, 363, 367 f., 369 ff., 373, 379 ff., 383, 385; bei Berkeley II 302 f.; bei Law II 460 ff., 686; bei Condillac II 564 f.; bei den Schweizern u. bei Meier II 566; bei Tetens II 568 ff. Logik der Phantasie II 566.
Eindeutigkeit als Merkmal der Realität II 196 f.
Einfach. Begriff des E'en bei Leibniz II 143 ff.; bei Locke und Berkeley II 251, 303. Kritik des Begriffs bei Kant II 631. Einfache Elemente der Erkenntn. I 448, 450, 473, II 530 ff., 534 ff., einf. Begriffe der Realgründe (Kant) II 596 f. Jede einf. Empf. schließt eine Relation ein II 269. Einf. Empfind. als adaequat (Locke) II 272. Einf. Empf. nicht „gegeben" (Berkeley) II 279.
Eingeboren, eingeborene Idee s. Apriori.
Einheit. E. und Vielheit I 41, 53 ff., 372 f. als correlative Kategorien II 214 f. E. und Mannigfaltigkeit I 22, 282 ff., 285, 287,

291 ff., 302, 309, 372 f., 454, als Verstandeskategorien I 539, II 124; als Gebilde der Imagination (Spinoza) II 112. E. und Vielheit bei Descartes I 443. E. und Unendlichkeit I 422. E. und „Andersheit" (Cusanus) I 22, 32. E. als Ausdruck der Funktion u. des Gegenstandes des Denkens I 292, als Element u. als Erkenntnisprinzip der Vielheit I 36 ff. Unum und unio I 539 f.; E. als einfache Idee bei Locke II 237. E. des Intellekts I 281, 442 f. Analyt. u. synthet. Einh. des Bewußtseins II 676, 732. E. des Selbstbewußtseins s. Selbstbewußtsein. E. der Erfahrung II 686. Systemat. E. der Erfahr. II 754 f., 757, 761. E. der Erkenntnis s. Erkenntnis. Stufenfolge des Seins nach Graden der E. und Mannigfaltigkeit I 85 ff. E. nicht „Einzelheit" Gottes II 112.
E i n z e l h e i t. Verh. von Einheit und E. II 112 f.
E i n z e l n e s. Problem des Einzelnen als unendl. Aufgabe II 179 ff.
E l e a t e n I 6, 591 ff., II 326
E l e k t r i z i t ä t. I 361 f.
E l e m e n t. Begriff des E. bei Euklid: στοιχεῖον und στοιχείωσις I 368. Elemente des Kontinuums s. Minimum. E'e der Erkenntnis II 130 ff. E. der Geometrie II 147 ff. Chemisches E. **II 429 ff., 438 ff.** E'e der Materie bei Boscovich II 508 ff.
E l e m e n t a r b e g r i f f e. Scheidung der sinnlichen u. intellektuellen E. bei Kant II 622 ff., 625 ff., 683 ff., 748
Ellis, II 5, 16
E m a n a t i o n. I 53
Emerson, William (1701—82) II 402
Empedokles, (ca. 490—430 a. C.) I 591, II 651
E m p f i n d u n g (vgl. Wahrnehmung u. Sinnlichkeit). E. u. Denken s. Sinnlichkeit. E. u. Vernunft I 244, 253, 326. E. als „Prinzip der Prinzipien" (Hobbes) II 67. E. und Bewegung I 233 ff., 241 f., II 67 f., 75. Übertragung der E'qualitäten auf den Gegenstand I 315. Relativität der E. I 562. Wirklichk. der einf. Empfindung (bei Locke) II 251 ff., 272 f.
E m p i r i s m u s vgl. Erfahrung. E. u. Rationalismus I 402. Erkenntnisproblem im System des E. **II 227 ff.**, 661 f. E. bei Bacon II 3 ff.; bei Gassendi II 29 ff. Eigenart von Lockes E. II 258. Empirist. Theorie des Urteils II 133. Kritik des E. bei Kant II 665 ff., 730
E n e r g i e (vgl. Kraft). Anfänge des E'begriffs bei Kepler I 354 f.
E n s r a t i o n i s I 253
E n s r e a l i s s i m u m II 121
E n t e l e c h i e I 101, 297, 352 (s. „Aristoteles" u. „Form") bei Leibniz II 188, 670
E n t s t e h e n u. V e r g e h e n in der naiven u. in der wissenschaftl. Weltansicht I 393 (vgl. Beharrlichkeit, Erhaltung)
E n t w i c k l u n g s. explicatio. Begriff der E. im Neuplatonismus u. in der Renaissance I 206; bei Patrizzi I 263 f.; bei Bruno I 295 f. Genet. Methode der Psychologie II 230 ff.

Entwicklungslehre bei Aristoteles I 101; in der Renaissance
I 217
Enumeration I 475 ff.
Enzyklopädisten II 394, 408 ff., 438, 471 f., 564 ff.
Epikur (341—270 a. C.) II 30 ff., 35 f., 39, 42, 45
ἐπιστήμη u. δόξα II 657
Epizykelntheorie I 341, 344
Erasmus, Desiderius (1467—1536) I 170
Erbsünde I 509, 519 ff., 524, 584
Erdmann, Benno II 608, 621, 629, 637, 640
Erfahrung (vgl. bes. Induktion u. Experiment). E. u. Denken
  in der mathemat. Physik I 117, 379 f., 382, 386. Begriff der E.
  bei Leonardo da Vinci I 324 f.;-bei Galilei (Erf. durch „notwendige"
  Verknüpfung der Wahrnehm.) I 247, 396, 417; bei Newton II 396 ff.,
  401 ff. Royal Society II 397 ff. Begriff der E. bei Spinoza II 93,
  119; bei Gassendi u. Hobbes II 29; bei Locke II 230 ff.; bei Locke
  und Bacon II 258 f.; bei Locke u. Hume II 357 ff., 360 ff.; bei
  Berkeley II 279, 286 ff., 293, 297, 725; bei d'Alembert II 411 ff.;
  bei Tschirnhaus II 194 ff., 198 f.; bei Crusius II 530 ff.; bei Lambert II 536 ff., 543 f.; bei Berkeley u. Kant II 725 f.; in Kants
  vorkrit. Schriften II 600. E. und Begriff (E. und Denken) I 127,
  222 f., 316 ff., 325, 329, 338 ff., 382 ff., 386, 394, 460, 470, 472 ff.,
  II 6 ff., 42 ff., 411 ff., 614, 622. E. und Mathematik I 324 f., II 397 ff.,
  406 f. E. und Theorie (vgl. Experiment) I 327, 384, 386, 477 f.,
  II 8 ff., 16, 397 ff. E. als System (nicht Aggregat) II 675. E. im
  Gegens. zur bloßen Beobachtung II 10, 411. E. als synthet. Einheit der Erschein. nach Begriffen II 686, 722. E. als „Erkenntnisart" II 672. E. und associative Verknüpfung s. Association. E.
  und „Einbildung" II 727. Umbild. des Aristotel. E'begriffs
  in den Begriff der analyt. Induktion I 140. E. als Gegensatz zur
  scholast. Methode I 126 f., 220 f., 379. Vieldeutigkeit des Begriffs
  der E. I 10, 222 f., 316 f. „Innere" E. bei Locke II 262. Begründung der Metaphysik auf „innere E." II 589. Innere E. nur unter
  Vorauss. der äußeren möglich II 726 f. Mögliche E. (Möglichkeit
  der E.) II 662 f., 671, 727 u. ö. Beding. der Mögl. der Erf. als
  Beding. der Mögl. der Gegenst. der E. II 682. E. überhaupt II 682.
  Das „Ganze möglicher E." II 753, 757 f. Beziehung aller „Synthesis" auf E. II 680 ff., 685, 694 (alle synthet. Urteile „empirisch"
  (Kants vorkr. Schriften II 612 ff.). Einheit der E. u. Einheit der
  Welt I 374 f., 377.
Erfahrungsurteil. E. und Wahrnehmungsurteil II 664 ff.,
  675, 681, 721 f., 750.
Erhaltung. E. der allgem. logischen Struktur der Grundbegriffe
  bei inhaltlicher Wandlung I 16. E. der Bewegungsgröße I 322,
  397 ff., 468 ff., 476, 480. II 596. E. der Materie (s. Materie) bei
  Lavoisier II 436 ff. E. der lebendigen Kraft I 562, II 164 ff., 410 f.
  E. der Richtung II 164 bei Descartes verletzt I 480, 504, II 75.

Aprior. Grundlage des E'gesetzes II 165. E'gesetz als Gesetz der Phänomene II 174 f.
Erigena, Scotus (ca. 810—877) I 54
Erkenntnis (vgl. bes. Wahrheit). E. als „Nachbildung" der Wirklichkeit I 1 ff. s. Abbildtheorie. E. als „Leiden" J 232 ff., 241, II 74 ff., 78, 234, 282 ff. (Gegensatz hierzu s. „Denken": Spontaneität des Denkens.) E. als Verschmelzung von Subjekt u. Objekt s. Subjekt. Erkennen als „Messen" I 22; als aequatio mentis cum rebus I 30. Stufen der Erkenntnis bei Spinoza (imaginatio, ratio, intuitio) II 76 ff., 93 ff.; bei Leibniz (klare u. dunkle, distinkte u. verworrene. adaequate u. symbolische E.; II 140 vgl. II 186. Destinkte u. verworrene E. I 142 f. Einheit der E. bei Descartes I 442 ff. Definition der E. u. ihres Gegenstandes I 298 f., 441, 443 (Galilei), II 46 ff., 56 ff. (Hobbes), 74 ff. (Spinoza). Kriterien der E. (Krit. der klaren u. deutl. Perception) s. „Perception".
Erkenntnisideal. Die jeweilige Auffassung der „Natur" der Dinge als Ausdruck eines bestimmten E's I 6. Rekonstruktion des E's aus der intellektuellen Gesamtbewegung I 10. E. der mathemat. Naturwissenschaft I 417. 419
Erkenntnistheorie. E'theorie u. Erkenntnisbegriff I 8
Erklärung. Beschreibung u. E. s. Beschreibung
Erscheinung. Begriff der E. bei Leibniz II 174; bei Newton u. in der mathemat. Naturwiss. II 404 f., 589 f., 734 f.; im 18. Jahrhundert II 426 ff.; bei Kant II 736 ff. E. und Schein bei Berkeley u. Kant II 326, 631 f. Gegensatz von E. und „Wahrheit" I 553. E. und Erfahrung II 643. E. als Gegenstand der Erfahrung II 736. Auch das Ich nur als E. gegeben II 719 ff. E. und absolutes Sein I 148, 544 f. (vgl. bes. Ding an sich). Ideenwelt und E'welt I 206, 284 f., 289, 314, 575 1f., II 175, 179 f., 181, 522 f. (vgl. bes. Idee). „Immanenz" der Idee in der E. I 286. Einschränkung der Erkenntn. auf die Ordnung der Erscheinungen I 149. 402 ff., 460 ff., 471 f., II 296 f., 736. Wissenschaft der Phänomene I 289, 374, 471, 558 ff., II 632 f., 736. Realität der E. in ihrer Verknüpfung (Unterschied von Traum; vgl. „Gegenstand" u. „Traum") II 469, 522 ff. Die Hypothese als „Rettung" der Phänomene s. Hypothese
Erxleben (1744—77) II 735
Erzeugung (vgl. bes. Konstruktion u. Genet. Definition). E. der geometr. Figur als Bedingung ihrer Erkenntnis II 50 ff. Beweiskräftige Wissensch. nur von Dingen, deren E. wir kennen II 57 ff., 61 f., 91 ff., 98 f., 130 f., 193 ff. Erz. eines Gebildes als Beding. seiner Möglichkeit II 148
Erziehung s. Pädagogik
Essenz u. Existenz I 493, II 119, 221
Ethik bei Platon II 656 f., Stoische E. I 182, II 84; bei Cusanus I 30; bei Descartes I 587 f.; bei Pascal I 516; bei Spinoza II 84 f. bei Leibniz II 189; bei Locke II 257 ff.; bei Kant (Reich der Zwecke

II 629 f., 634 ff., 759. Primat der E. I 517, II 604. Aprior. Grundlagen der E. I 590, II 175, 203 f. intuitive Gewißheit der Grundsätze der E. (Locke) II 257 ff. Autonomie der sittl. Gesetze s. Autonomie. Freiheitsidee s. Freiheit. Relativität der eth. Werte I 180 f., 519. „Naturgesetze" des Sittlichen I 182 ff. Verhältnis der E. zur Religion I 183, 190, 195 f., 517 ff., 524 f., 590 f., 596 ff., II 604. Verh. der E. zur Metaphysik II 603 f.
Eudoxos (ca. 408—355 a. C.) I 341
Euklid (um 300 a. C.) I 368, 419, II 49 (Kritik der E.'Geometrie bei Hobbes), Euklidische Schlußformen II 146
Euler, Leonhard (1707—83) I 10, 14, 262, II 395, 467, **472 ff.**, 489, **501 ff.**.5 16, 619 f., 632 f. (E. u. Kant), 698, 704
E v i d e n z. Kriterien der E. I 128 f., II 198 ff., 572 f., 598 f. Dogmat. Behaupt. der E. der metaphys. Grundwahrheiten I 537. Sinnliche u. begriffliche E. I 244. Intuitive Gewißheit der Prinzipien I 471, 512 f. Mathemat. u. philosophische E. II 419, 589 ff. Problem der E. bei Locke II 231, 256 ff. Kants Kritik der psycholog. Kriterien der E. II 598 f. (Vgl. auch Perzeption: klare und deutl. Perz.)
E x a k t h e i t. Leugnung der mathemat. E. (Hume) II 342 ff., 352
E x i s t e n z (vgl. Ding, Gegenstand, Wirklichkeit, Sein). E. als aprior. Grundbegriff II 209 ff., 214, 223 f. Vieldeutigkeit des Begriffs E. II 738 f. Falscher Allgemeinbegriff der E. II 109. Essenz u. E. s. Essenz. Psychol. Analyse der E'vorstellung (Hume) II 372 ff. E. nur durch Erfahrung bestimmbar II 536; kraft der Relation von Urs. u. Wirkung (Hume) II 360 ff. E. und ewige Wahrheiten s. W a h r h e i t
E x i s t e n t i a l g r u n d bei Crusius II 551
E x i s t e n t i a l u r t e i l. Theorie des E. bei Maupertuis II 490 ff.
E x p e r i e n t i a l i t t e r a t a II 10, 411
E x p e r i m e n t (vgl. Erfahrung). E. und Theorie I 223, 325, 327, 386, 470, 472 ff., II 4 ff., 8 ff., 16, 194 f., 198 ff., 411 ff. E. u. gedankl. „Modell" I 474. „Gedankenexperiment" I 143, 474
e x p e r i m e n t a l i n f e r e n c e bei Hume II 358
E x p e r i m e n t a l m e t h o d e in der Royal Society II 398 ff.; bei Newton II 401 ff.
E x p l i c a t i o s. complicatio
E x p o s i t i o n. E. der Erscheinungen II 683
e x p r i m e r e bei Leibniz II 167, 172 f., 179
E x t e n s i v. Zurückf. des „Extensiven" auf unteilbare Elemente I 42, 265 f., 301 ff., 310, II 153 f. Die Qualitäten als inextensiv I 86. Extensiver u. intensiver Maßstab des Wissens I 254 f., 404 f.

F.

Faber Stapulensis, Jacobus (Jacques Lefèvre d' Etaples), (1455—1537) I 62, 109, 324
Fabricius, David (1564—1617) I 367, 371 f.

F a k t u m. Das F. der Newtonischen Wissensch. I 15. Das F. der Wissensch. als geschichtlich sich entwickelndes F. I 17. F. und Prinzip I 393 f. (vgl. bes. Erfahrung u. Denken)vérités de fait u. vérités de raison s. Wahrheit
Falckenberg I 40, 61
F a l l g e s e t z I 322, 386, 394, 414, 466
F a r b e I 335. F. und Raum I 459
F a t a l i s m u s II 553
F a t u m (cf. Astrologie) I 83
Favaro I 380, 418
Fermat (1601—65) I 429, 505, ·II 157
F e r n k r a f t (vgl. Attraktion) I 6, II 421, **507 ff.**, 617
Ferri I 114
F e s t e u n d e w i g e D i n g e (res fixae et aeternae) bei Spinoza II 94 ff., 100
Feuerbach, Ludwig (1804—72) I 597
Ficinus, Marsilius (1433—99) I 78, 81. Gesamtcharakteristik I 84. Gegensatz gegen die moderne Form des Platonismus I 85. Aufbau des Systems **I 85 ff.** Religionsphilosophie I 168. Fortwirkung bei Kepler I 337; — II 216, 218
F i g u r s. Gestalt
F i k t i o n. Methodische F. des Unendl.-Kleinen bei Leibniz II 155 f.
Fiorentino I 52, 105, 116, 120, 217, 250, 278, 312, II 84
Fischer, Kuno I 444, II 113
F i x s t e r n h i m m e l. Das Beharrungsprinzip und der F. II 467, 479
F l o r e n t i n i s c h e A k a d e m i e. Verschmelzung von Christentum und Platonismus I 78, 84
F l i e s s e n (vgl. Fluxion). Begriff des F's in der Geometrie der Indivisibilien I 427
Fludd, Robert (1574—1637) I 348 ff., 408, II 436
F l u x i o n s b e g r i f f bei Newton II 157. Fluxionsrechnung II 472, 501
focus imaginarius II 755
Fontenelle (1657—1757) I 587, II 501
F o r m. Materie u. Form der Erkenntnis s. Materie. F. u. Materie bei Aristoteles I 64 ff, 101 f., 144 f., 387. F. in der Scholastik (Gegens. zu Kant) II 691 f. Renaissancephilosophie I 212 ff., 293 ff. F. als Entelechie I 101, 297, 352, II 168, 670
F o r m. forma assistens u. forma informans I 117 ff. forma superaddita I 234. „Formen" und „Funktionen" (Kant) II 644. F. in der Mathematik u. in der Ontologie I 387
F o r m e n l e h r e (vgl. bes. substantielle Form). Baconische F. II 11 ff., 18. Formen u. Gesetze II 14. Kombinatorik als F. bei Leibniz II 154 ff.
Foucher (1644—96) II 177.

Fracastoro, Girolamo (1483—1553) I 204, 226 ff., 253, 279, 323, 351, 376, 399, 401, 407, II 26
F r a g e (vgl. Zweifel). Die F. als Prinzip der Gewißheit I 59 f., 449 ff., 483 ff., II 42
Franck, Sebastian (1499—1542) I 170, 268
Fraser II 231
F r e i h e i t. F. des Willens I 159 f. F. und empir. Verursachung I 159. Theolog. Fassung des F'problems I 520 ff., Problem der F. bei Spinoza II 75, 82, 96 ff.; bei Campanella II 82; bei Crusius II 548 ff; bei Kant II 635 f, 760 f.
Freind (1675—1728) II 404 f., 434, 590, 679
Freudenthal II 78, 81, 83, 99
Frischeisen-Köhler II 55
F u n k t i o n. Substanzbegriff u. F. s. Substanzbegriff. Kraftbegriff und mathematische F. I 356 ff., 363 f., 398 f., 417, 448, 561. II 404 ff., 422, 424 f. F. u. Kausalität II 551. F. u. Differential begriff I 426. Begriff d. F. bei Leibniz II 144 ff., 154 f., 189. Kalkül der F'en II 155. Formen und F'en II 644. F. und Affektion II 715, 744.

G.

Galilei (1564—1641) I 8, 10, 28, 32, 80, 130, 139, 180, 247, 271 f., 275 ff., 290, 299, 317 f., 325, 330, 343, 349, 352, 359, 375, **377 ff.** Briefwechsel mit Kepler I 377 f. Erfahrung u. Denken I 380 ff. Begriff der Materie I 387 ff. Subjektivität der Qualitäten I 390 ff. Bewegungsgesetze I 397 ff. Methode der Naturerk. I 402 ff.,' 418 f., 441, 448, 460. Kritik der Teleologie I 412 ff. Problem des Unendlichen I 422 f., 426. Verhältnis Descartes' zu G. I 460 f., 478, 481 ff., 495, 499, 505—; I, 522, 561, 591, II 9, 14 f, 35, 45, 46, 48, 55, 92, 100, 127, 157, 272, 396, 406, 429 f., 433, 437, 671
G a n z e s, totum discretum und totum distributivum II 134. G. und Teil als Kategorien des Verstandes I 538, 544; bei Leibniz II 142 ff. Kat. des Ganzen bei Kant II, 643. G. u. Teil im System des Pantheismus II 112 f. „Unendliches Ganze" s. Unendlich.
Gass I 82
Gassendi, Pierre (1592—1655) I 262 (Raumlehre), 488 (Begriff des Selbstbewußtseins) 591, **II 29 ff.** 68, 229, 245 (G. u. Locke). Verh. zur modernen Physik II 29 f.; zu Epikur II 30 f.; V. zur Scholastik II 30, 45. Sensualismus II 30 ff. Speciestheorie II 31 ff. Atomistik II 35 ff. Problem der Bewegung (Physik) II 40. Psychologie und Erkenntnislehre II 41 ff.
G a t t u n g s b e g r i f f s. „Universalien" und „Begriff"
Gebhardt II 87, 95, 99, 100
G e d ä c h t n i s. G. als Mikrokosmos I 68. G. und Verstand I 68 f., 234, 490. G. und Urteil I 229. Physiolog. Gedächtnis I 234, 242, 490. G. bei Hobbes II 67 f.

Gedankenalphabet II 141 ff.; bei Leibniz u. Locke II 251
Gedankenexperiment s. Experiment
Gedenkbarkeit. G. u. Wirklichkeit (Lambert) II 534 ff., 541 f.; Tetens II 572; Kant II 593
Gegeben. G. und „gedichtet" II 627 f. G. und „aufgegeben" II 753 ff. G'es der Anschauung s. Anschauung
Gegensatz. Logischer und realer G. I 360, II 594 ff. G. der irdischen u. himmlischen Welt s. Astronomie. Absol. G. des Geraden und Krummen I 416. Aufhebung dieses G. I 49, 429
Gegenstand. Analyse des G'begriffs bei Descartes I 486 ff., 489, 492, II 279; bei Malebranche I 576 f., 581; bei Digby II 207 ff.; bei Locke II 265, 273 f.; bei Hume (empir. u. metaphys. Dingbegriff) II 373 ff.; bei Berkeley II 275 ff., 285 ff., 295, 305 f.; bei Maupertuis II 490 f.; bei Leibniz und Wolff II 521 ff.; bei Tetens II 578 ff.; bei Kant : Beziehung der Vorst. auf ihren G. (I 579 ff., 581 ff.), II 637 ff. Auflös. in die „Notwendigkeit der Verknüpfung" II 640 ff., 664 ff., 670, 706, 743 ff., 748. „G. überhaupt" II 750. Transzendentaler G. II 647, 723, 739 f., 744, 748 ff. (als etwas überhaupt = X), als Correlatum der Einh. der Apperzeption: II 749. G. als formale Einh. des Bewußtseins in der Synthesis d. Mannigf. II 749. G. u. Funktion der Erkenntnis I 13, 28 (Bez. auf eine Erkenntnis„instanz" II 738 f.). G. als Kategorie des Verstandes I 533 ff., 540 ff., 545 f., II 210 f. Phyisische Dinge und Gedankendinge II 196
Gegenstandstheorie II 540
Gegenwart. G. des Gegenstandes in der Wahrnehmung I 579 ff.
Gehirnphysiologie II 574 f.
Geist (vgl. bes. Seele und Ich). Doppelter Begriff des G. (mens und spiritus) in der Naturphilos. I 270 f., bei Gassendi II 45. Der körperliche „Nervengeist" (spiritus) I 233 f., 242 f. Geistige und körperliche Substanz s. Seele u. Körper u. Substanz. G. und Materie I 357. Der menschl. G. als Abbild des göttlichen und als Modell des empir. Seins I 37. Läuterung der körperl. Welt durch den menschl. G. I 88 f. Natur u. G. s. Natur. Verh. des menschl. G'es zu Gott s. Gott. Geisteswissenschaften I 9 ff., 183 ff., 274 f., 587 f. u. ö.
Gelegenheitsursache. Die sinnl. Eindrücke als G. der Erkenntnis I 252, II 80, 622. Theorie der G'n s. Okkasionalismus
Gemeingeists. Weltseele
Gemüt I 224; bei Kant II 645 f.
General idea bei Berkeley u. Hume II 339 (vgl. Allgemein)
Genetische Definition s. Definition
Geniebegriff bei Condillac II 564; bei den Schweizern u. in der deutschen Ästhetik II 566 f.
Geometrie (vgl. Raum, Mathematik, Methode). Methode der G: d'Alembert II 412 ff.; Lambert II 543 f.; Rüdiger II 526; Kant II 591, 615 (Grundsätze der G. synthetisch). Charakter der

geometr. Gewißheit: Boscovich II 518 ff.; Locke II 254 ff.; Kant II 619, 690 ff. A n a l y t i s c h e G. I 420, 429 f., 452 ff.; als method. Vorbild bei Spinoza II 117; als Frucht der „Methode" I 441, II 414; bei Leibniz II 144 ff. Kritik der anal. G. II 147. G. d e r I n d i v i s i b i l i e n s. Unendl.-Kleines. P r o j e k t i v e G. I 430 f. G e o m. C h a r a k t e r i s t i k II 146 ff. G. als Vorbild der Logik I 135, 512 f., 538, II 48. Verh. zur Arithmetik I 267, 367 ff. Verh. zur Naturwissenschaft I 326, 349, 389 f., II 518 f. G. und „Materie" I 351. G. und Erfahrung I 396. Inhalt der G. „eingeboren" I 500. G. als reine „Beziehungslehre" I 563 f., II 655. Unabhängigkeit der geometrischen Gestalt von der sinnlichen Gestalt I 39. Bewegung als Mittel der G. I 255 f., 266. Absoluter Raum als Grundlage der G. s. Raum. Rolle der genetischen Definition in der G. s. Definition. G. als Vorbild der Metaphysik **II 103 ff.**
Georg von Trapezunt (1396—1484) I 83
G e r a d e u n d K r u m m. Gegens. von G. u. K. s. Gegensatz
Gerhardt I 429
G e s c h i c h t e. Geschichtl. u. psychologische Analyse der Erk. I 7. Problem der Stetigkeit der G. I 7, 18. G'begriff der Renaissance I 75, 153 ff., 163. Begriffl. Erkenntnis und historische Kenntnis (vgl. vérités de fait) I 298, 300 f. G. der Phaenomene als Vorbeding. der Theorie I 477. Vernunftwahrh. und geschichtl. Wahrh. I 588 (vgl. Vernunft). G. und Offenbarung I 163 ff., 588. Doppelbedeutung der G. I 164. G. als angewandte Psychologie I 164, 186. Problem der G. der Philosophie I 18, 165 ff. Problem der histor. Kritik I 200, 588. Theorie des „Milieus" I 186. Individuum als Objekt der G. I 186. G. als Erziehung des Menschengeschlechts I 274 f.
G e s c h w i n d i g k e i t. Prinzip der virtuellen G. I 323, 399. Zerlegung der G. 407. G. als Differential I 426. Parallelogramm der G'en I 429, 467. Geometr. Darstellung der G. I 466. Erhaltung der G. nach Größe u. Richtung I 476. Moment der G. II 158.
G e s e l l s c h a f t. G. u. Individuum in der Renaissance I 73 f., 77 f.
G e s e t z. Doppelheit des G. als log. Bestand einer Relation u. als praktische Norm II 57 f. Naturg. u. Vernunftg. I 183. G. und Gesetzgeber I 585. Eth. G. s. Ethik. Verh. des G'es zu den besonderen Fällen I 246. Art der Allgemeinheit des G'es I 246 f., 373 ff. Naturgesetz u. Mathemat. I 321, 374 f. G. u. Gestalt I 371. Gesetzlichkeit des Ungleichförm. I 371 ff. Gesetzesbegriff der mod. Wissensch. I 415. Form u. G. s. Formenlehre. G'e und Ursachen I 560 f., 565. Besondere G'e II 682. Gesetzlichkeit der Verknüpfung als Ausdruck des Gegenstandes s. „Erscheinung" u. „Gegenstand".
G e s t a l t. G. und Minimum s. Minimum. Gesetz u. G. s. Gesetz. G. u. Sinnesqualität I 391. G. als aprior. Begriff I 462
Geulincx, Arnold (1625—1669) I 530, **532 ff.**, 543, 550, 552 f., II 213

Gewißheit (s. auch Evidenz). Wert des Wissens von seiner G., nicht von seinem Gegenstand abhäng. I 323 f., 351. G. des Ich u. G. des Gegenstandes I 491 ff. G. der Mathematik I 320 ff., 383 f., 405, 441, 513. G. der Physik I 389 f., 477 f. Moral. G. der physikal. Hypothesen I 479, II 135. Mathemat. u. moralische G. I 523. Grade der G. in unsern Erfahrungsschlüssen (Hume) II 368 f.
Gewohnheit. Theorie der G. bei Berkeley II 283; bei Law II 460 f.; bei Hume II 355 f., 361 ff., 380 f.; bei Maupertuis II 491
Gibson I 452
Gilbert, William (1540—1603) I 199, 274 f. Erklär. der Schwere I 359 ff. Methode der Induktion I 360, 363, 380, 460
Glanvill, Joseph (1636—1680) II 398 ff.
Glaube (vgl. Kirche, Theologie, Gottesbegriff) I 173. G. und Wissen I 174, 595 f. Relativität der Glaubensformen I 189 f. Sittliche Kritik der G'formen I 196, 590 f., 596 f. Vernunft u. G. I 521 ff., 589 ff., 594 ff. Der G. und die Werke I 526. ,,Belief" bei Hume II 369
Gleichförmigkeit. G. der Erfahrung als Postulat I 5. Forderung der Gesetzlichk. des Ungleichförmigen I 371 f. Homogeneität des Stoffes I 387. Gesetz der Homogeneität in der Algebra I 432. G. der Natur als Folge der G. des göttl. Willens I 566, II 308 ff. G. der Natur als Problem (Hume) II 358 ff., 364 f., als Vorauss. der Induktion II 135. G. des Raumes I 259. G. der Zeit s. Zeit. Zurückführung der ungleichförm. Beweg. auf ,,intelligible" gleichförm. Beweg. II 469 f.
Gleichheit. Begriff der G. I 306, 309, 416, 456. G. und Ungleichheit unendl. Inbegriffe I 423. Idee der G. im Phädon I 423. G. als Relationsbegriff I 448. Ungleichheit als Grenzfall der G. II 158 ff. Definition der G. bei Hume II 343
Gleichung I 450, 455 ff.
Gnade, Gnadenwahl I 520 ff., 525
γνώμη, γνησίη u. σκοτίη γνώμη I, 166
Görland, Albert II 190
Goethe (1749—1832) I 18, 173, 197, 205, 275, 335, II 107, 397, 407, 565
Gott (vgl. Theologie, Religion). G. als primitiver Begriff II 129; als ,,eingeborene Idee" I 501. G'begriff bei Leibniz II 189; bei Spinoza II 73 ff., 102 ff.; bei Pascal I 520 ff., 528; bei More u. Newton II 443 ff. G'begriff u. Erkenntnisbegriff I 22, 60 ff., 495, II 128. Verh. G'es zu den ,,ewigen Wahrheiten" I 496 ff., 583 f., II 545, 658 f. ,,Bestand "der ew. Wahrh. durch G. I 507 ff., 572 ff., II 217 ff, 219 ff. Der Wille G'es u. die Naturgesetze I 565 f. Einheit der G'idee (universeller Theismus) I 169, 268; Transzendenz G'es I 22 ff. Identität von G. u. Vernunft I 195, 584 f. Wahrhaftigkeit G'es (Descartes) I 495. G. als Urheber der ,,eingeborenen Ideen" I 501 f. Schauen der Dinge in G. s. Bewußtsein. Liebe G'es (amor Dei intellectualis) s. Liebe.

G. und Welt bei Cusanus I 22 ff.; bei Kepler I 367; bei Campanella u. Spinoza II 79 ff., 105 f., — II 617. Verh. G'es zu den Einzeldingen I 211 216 f., II 81 f., 102 ff. G. u. Natur I 268 f., II 105 ff., 114 ff., 433 (vgl. Pantheismus). Verh. G'es zum menschl. Geiste I 30, 34 f., 36 ff., 57 f., 70 f., 248 f., 283 f., 293, 495, 575 ff., II 19, 76 ff., 85, 492 ff., 497, 524 f., 660. G. als Vermittlung von Denken und Sein I 494 ff. als Vorauss. der „Bewegungsgesetze" (Maupertuis) II 426. Notwend. der göttl. Schöpfertätigkeit für die Mögl. der Bewegung II 40, 152.

G. als absolute Tätigkeit I 56. Zusammenfallen von Möglichkeit u. Wirklichkeit in G. II 82, 105. Verhältnis von Sein und Tätigkeit in G. II 114. Causalität G'es (im Okkasionalismus) I 542. Einheit G'es, nicht Einzelheit II 112. Verhältnis G'es zum Raume I 13, 267, II 81, 332 ff., 443 ff., 617

Gottesbeweise. Ontolog. Beweis bei Descartes I 493 f., 530, II 74; bei Clarke II 448; erkenntnistheoret. G. bei Berkeley II 309, 315 f., 336, 376. Ontolog. Bew. bei Lambert u. Mendelssohn II 545. Kritik des ontolog. Bew. bei Malebranche I 568 ff.; bei Law II 455 ff.; bei Crusius II 592 f. u. bei Kant („einzig mögl. Beweisgrund") II 593.

Gottesstaat (civitas Dei) bei Kant II 635.

Gottsched (1700—1766) II 472, 566, 632

Grammatik. Logik u. G. s. Logik. G. als philosoph. Disziplin I 131. Allgemeine G. II 418 ff.

Grandi (1671—1742) II 500

s'Gravesande (1688—1742) II 402

Gravitation (vgl. Attraktion, Schwere, Fernkraft). Theorie der G. bei Kepler I 357, **362 ff.**; bei Gilbert I 359 ff. G. als Grundeigenschaft aller kosm. Massen I 361. Numerisches Gesetz der G. I 364 f., — II 402 ff., 421 ff.

Greene, Robert (1678 (?)—1730) II 402

Grenze. Der Kreis als G. der Polygone I 26. Positive Bedeutung der G. (G. und Schranke) I 26 f. Continuität und G. **II 158 ff.** Grenzenlosigkeit des Erkenntnisganges I 28 (vgl. Unendlichkeit). Erk. als Prozeß der beständ. Annäherung I 29 G. und Irrationales I 303. Minimum und G. I 306 ff. $\pi \acute{\epsilon} \varrho \alpha \varsigma$ u. $\mathring{\alpha} \pi \epsilon \iota \varrho o \nu$ I 420 f.

Grenzbestimmung des Verstandes bei Descartes I 442 ff., 474 f.; bei Locke II 228 f.; bei Kant II 741 ff. Metaphysik als Lehre von den G'n der menschl. Vernunft s. Metaphysik. Ding an sich als „Grenzbegriff" II 742, 747 f., 751. G'n der Sinnlichkeit und der Vernunft II 637. Math. Begriffe als G'begriffe (d'Alembert) II 412 ff. G'begriff bei Hume II 382.

Grimm, Eduard I 552

Größe (vgl. Zahl, Quantität). G. u. Zahl als Grundprinzipien aller Erkenntnis I 45, 334, 349, 455 ff., 556, II 51, 436. G. als reiner Verstandesbegriff II 697. Oberbegriff der G. überhaupt I 308,

456. Erzeugung der G. aus dem Minimum I 305 ff., 424 f. Anwendung von G'bestimm. auf unendl. Inbegriffe I 423 f. G. und Kraft s. Kraft. G. und Funktion II 153 f.
Grothe I 323
G r u n d. Realg. und Erkenntnisg. (causa und ratio) **II 91 ff.**, 114, 118, 143, 550. Logischer und Realgrund II 594 ff., 640, ratio sufficiens u. ratio determinans II 548.. „Unwirksamer" und „wirksamer" G. (Crusius) II 550 f. Physischer u. moralischer G. II 551. Kategorie des G'es (Kant II 643. S a t z v o m z u r. G. II 137, 162, 523 ff. Ableitung des S. vom zur. G. aus der Erfahrung II 552 ff., 614; aus dem Satze des Widerspruches II 546 ff. Polemik gegen diese Ableitung bei Crusius II 548 ff.; bei Béguelin II 552 f. Kritik des S. vom G. bei Kant II 731. Satz vom G. als Kriterium der Wirklichkeit (Wolff) II 669
G r u n d s a t z. Materiale und formale G'e der Erk. II 599, 616; mathemat. u. dynamische G'e II 625
G u t. Idee des G'en II 656. Lehre vom höchsten G. bei Spinoza II 85, 103

H.

Haering, Theodor II 641 f.
Hamann, Joh. Georg (1730—88) II 416
H a r m o n i e. H. des Kosmos und der Seele I 79, 177, 287, 311, 331 f., 383, 442. Ästhet. H. u. ästhet. Apriori I 96, 286. H. und Seele I 286 f., 330 ff. Keplers Lehre von der H. **I, 330 ff.** Musikalische H. und Welt-H. I 331. Sinnl. und intellektuelle H. I 332, 339. Grundmomente der H. I 332 f. H. als Gedankending I 333, 336 f. H'begriff u. Gesetzesbegriff I 415. H. bei Leibniz II 176, 185 f., 189 f. „Harmonia universalis id est Deus" I 190. Doppelter Sinn der Leibniz' H. II 660. Kritik der „prästabilierten H." bei Kant II 725
Harnack, Adolf II 420, 659
Hartley, David (1704—57) II **561 ff.**
Harvey, William (1578—1657) II **17**
Havet, Ernest I 511 ff.
Hegel (1770—1831) I 17, 182
Herbert v. Cherbury (1581—1648) I 514; **II 203 ff.**, 388
Herder (1744—1803) I 187; II 420, 598, 607
Hermann, Jacob (1678—1733) II 471
Hertling, Georg v. II 203, 234, 246
Hertz, Heinrich II 168
Herzfeld, Marie I 325
Heußler II 16, 24
Hobbes, Thomas (1588—1679) I 303 (Bekämpf. des Pythagor. Lehrsatzes), 500 (Einwände gegen Descartes), 554; II 29, **46 ff.** Verhältnis zu Galilei II 46 f.; zu Bacon II 46 f. Begriff der Philo-

sophie II 47 f. Genetische Definition II 50 ff., 98 f. Denken und Rechnen II 54 f. Nominalismus II 55 ff. Phänomenalismus II 61 ff. Psychologie II 68 f., — II, **98 ff.** (Verh. zu Spinoza), 126, 191, 202, 218, 229, 236, 244 f. (Verh. zu Locke), 247, 255, 289, 416
Hönigswald II 375
Homer I 163
H o m o g e n e i t ä t s. Gleichförmigkeit
Hooke, Robert (1635—1703) II 407, 487
Horky, Martin I 377
de l'Hospital (1661—1704) II 500
Huet (1630—1731) I 588
H u m a n i s m u s **I 73 ff.**, 153. Gegens. zur empir. Forschung I 154. Verh. zur Religion I 268. H. u. Scholastik I 121 f. Humanist. Lebensideal I 123. H. u. mathemat. Naturwissenschaft I 135, 316. Grundgedanke des H. I 162. Reaktion gegen den H. I 194
Hume, David (1711—76) **II 335 ff.** I 561 f. (H. u. Malebranche); Kritik der mathem. Erkenntnis II 340 ff. Raum- u. Zeitvorstellung II 347 ff. Zahlbegriff II 351 f. Ursachenbegriff II 353 ff. „Skepsis" II 359 ff. Wunder II 368 f. Existenzproblem II 372 ff. Ichbegriff II 384 ff., — II, 400, 422 ff. (H. u. Maupertuis), 450, 462, 507, 529, 547, 551 f., 568, 577. Kant und H.: II 600, **606 ff.**, 615, 637 f., 661, 707
Husserl, Edmund II 301, 574, 581
Hutchinson, John (1674—1737) II 402
Huyghens, Christian (1629—95) I 478 f. (Methode der Physik); II 396
H y d r o s t a t i k I 395
H y p o t h e s e. Mathemat. H. I 340 ff. Die Phänomene u. die astron. H. I 341. σώζειν τὰ φαινόμενα I 341, 411. Astron. u. physische H. I 342 f. „Wahre" H. I 343 ff.; II 177 f. H. u. Natursystem; I 346 f., 410. H. als Grundlage des Calculs I 346 f. Astron. H. u. astron.Begriff I 347. Verhältnis der H. zu den „Tatsachen" I 389 f., 410, 478 f., 538. „Moral. Gewißheit" der H. I 479. H. bei Descartes I 476 ff.; bei Huyghens I 478; bei Newton II 397, 403 ff.; bei d'Alembert II 410 f. Hypothet. Geltung der ewig. Wahrheiten II 175, 182, 653, der wissenschaftl. Grundbegriffe I 4; II 131. Hypothet. Ansetzung der „Ursache" I 142, 144; II 50. Die wirkliche und die „mögliche" Welt (Descartes) I 476 f.
H y p o t h e t i s c h e s U r t e i l. H. u. kategor. Urteil II 221

I. (J.)

Jackson, John (1686—1763) II 449, 458
Jacobi, Fr. Heinr. (1743—1819) II 107
Jamblichus (†ca. 330 p. C.) I 84
Jandun, Jean de (um 1470) I 213
Janitsch II 327

Jansenius, Jansenismus I 509, 520 ff., 526
Ich (vgl. Seele, Bewußtsein, Selbstbewußtsein). Kritik des Ichbegriffs bei Locke II 264; bei Hume II 384 ff. Ich als „Bündel von Vorstellungen" II 312 f., 384 ff. Kritik dieser Ansicht bei Kant II 730. Begriff des I. in der Assoziationspsychologie (Hartley) II 564. Ich und Gegenstand s. Subjekt u. Objekt; Correlation von Icherkenntnis und Gegenstandserkenntnis (Kant) II 726 ff. Das Ich der Apperzeption u. die Seelensubstanz II 728 ff. Ich oder Er oder Es, welches denkt II 732. Empir. und reines Ich II 718 ff., 730. Das „stehende u. bleibende Ich" II 749 f. Ich „nur als Erscheinung" gegeben II 719 f.; als „Substanz in der Erscheinung" II 724, 726 f., 732; als „Original aller Objekte" II 646
Ideal. I. der Vernunft II 741
Ideales und Reales. Verh. des Id. zum Realen (s. bes. Idealismus) I 255, 575 ff., 578, II 159 f., 179, 397, 456, 481 f. („ideal" und „imaginär" II 489 f.), II 515, 519 f., 523, 543 f. (Lambert), 592 (Crusius), 592 ff. (Kant vorkrit. Schriften)
Idealisierung. I. der Empfindungsinhalte (Hume) II 382 f. I. als Leistung der Einbildungskraft (Tetens) II 569
Idealismus (vgl. Idee und „Ideales u. Reales"). Grundlegung des I. bei Descartes I 439 ff. Psychologischer I. bei Malebranche I 554, 567 ff.; bei Bayle I 586, 591 ff.; bei Berkeley II 284 ff., 289 ff., 293 f.; bei Collier II 328 ff. Idealität der Bewegung I 593 f. Idealität des Raumes u. der Zeit s. Raum u. Zeit. Widerlegung des (psycholog.) I. bei Kant II 725 ff., 735. Metaphys. I. I 572 ff., II 649 f. Verh. des psychologischen und metaphys. I. zum „transzendentalen" II 325 ff., 487 ff., 492 ff., 496, 728. „Subjektiver" u. „objektiver" I. II 494 ff. „Subjektivität" u. „Idealität" II 705
Idee bei Platon II 654 ff. (s. Platonismus); bei Plethon (I'lehre u. Götterlehre) I 83; bei Descartes I 501; bei Leibniz II 167 ff. (Unterschied von Idee u. Bild); bei Locke II 234 ff., 326; bei Berkeley II 308, 310 f., 321, 326 f.; bei Hume II 345. Einfache Ideen bei Locke II 237 ff. Einf. I. stets real II 251 f. I. als passive Bestimmth. des Bewußts. (Descartes) I 501. Gegensatz hierzu bei Spinoza (Aktivität der I.) II 87 ff., 121 u. Tschirnhaus II 199. Sinnliche u. wissenschaftliche „Idee" der Sonne II 41; vgl. II 149. Kants Ideenlehre II 751 ff., 758, 760.
Unterschied von „Idee" u. Vorstellungsbild I 572 f., II 88, 121, 149, 167 ff., 254 ff. I. und „Impression" s. Impression. Kriterium der wahren I. bei Descartes s. Perzeption (klare u. deutliche P.); bei Spinoza II 86 ff., 121, 130; bei Locke II 270 f. Idea corporis und idea mentis II 123. Idea ideae II 124 f. Ideen als Kräfte I 578, 583. Ideae innatae s. Apriori. Bekämpf. der id. innatae bei Locke II 230 ff.; bei P. Browne II 560 f. Verhältnis der I. zum Gattungsbegriff I 251, 284. I. als Beziehungsbegriffe I 337, 564 ff. I. und Idole II 19. Relationen zwischen Ideen (relations of ideas) als Grundlage aller Wahrheit bei

Malebranche I 563 ff., 571 ff. bei Leibniz II 133 f., 136 ff. Rel. of ideas bei Locke II 254 ff.; bei Hume II 345; bei Norris II 220 f. Wahrh. der „relations of ideas" unabh. von der Existenz des Gegenstands I 563 f., II 86 ff., 175, 223, 257, 271, 317

I d e e n w e l t. I. u. s i n n l. W e l t bei Augustin I 94 ff.; bei Ficin I 95; bei Malebranche I 575 ff.; bei Giord. Bruno I 285 ff. bei Leibniz II 175, 181, bei Cudworth II 216 ff.; bei Norris II 219 ff., 223 f.; bei Berkeley II 315 ff., 320 ff.; bei More II 442 ff., 453; bei Kant II 628 ff., 633 ff., 744 f., 759 ff.

I d e n t i t ä t. Satz der I. als log. Grundprinzip I 496, II 355, 376, 549, 555. Schranken des I'prinzips II 596. I. u. Verschiedenheit als Grundlage aller Urteile? II 571 (vgl. analyt. u. synthetisch). I. des Gegenstandes I 486 ff., bei Berkeley II 306 f.; bei Hume II 379, 383 (vgl. „Gegenstand"). I. des Selbstbewußtseins bei Hume II 385 f.; bei Kant s. „Apperception" u. „Ich"

I d e n t i t a s i n d i s c e r n i b i l i u m I 306

I d o l e n l e h r e. Bacons I. I 530, II 6 ff., 19; bei Geulincx I 535 ff., 562. Ideen u. Idole II 19. Lehre von den Idolen ($εἴδωλα$) bei Epikur und Gassendi II 30 ff. (vgl. bes. „Species")

I m a g i n ä r. Ideal u. i. II 481 f. (Euler), 489 f. (Lambert.) I'e Zahl s. Zahl

I m a g i n ä r z a h l II 319

I m a g i n a t i o s. Einbildungskraft

Imbriani I 278

I m m a n e n z u n d T r a n s z e n d e n z in der Renaissance-Philosophie I 74 f.; bei Ficin I 97 f.; bei Montaigne I 191 f. I. u. T. der Zwecke I 216 f.; bei Bruno I 284 f., 290. Transiente u. immanente Ursache s. Ursache

I m m u t a t i o s. informatio

I m p r e s s i o n. I. als Kriterium des Wissens bei Berkeley II 302. Idee und I. bei Hume II 337 f., 346, 349, 361, 364 f., 371, 373 ff., 383 f.

Indische Philosophie II 649 f.

I n d i v i d u u m. Das I. als zufällig, als irrational I 23. I. als Symbol des Alls I 23 f. Einzelding als Substanz bei Aristoteles I 69. Problem des I. in der Renaissance I 77 ff., in der mittelalterlichen Mystik I 78. Individualität der Seele (bei Pomponazzi) I 106 f. Wert des I's I 160. I. als Objekt der Geschichte I 186. Das I. und die Grundform der Menschheit I 188. I. u. Geschichte I 115, 511. Spezifische Kräfte des I's I 211. I. u. Gottheit I 211, 216 f., 248 f. I. und Natur in der Scholastik u. in der mod. Weltansicht I 275. I. und Universum s. Subjekt u. Objekt. Einmaligkeit des I. (princ. identitatis indiscernibilium) I 306. Erkenntnis des I's als unendl. Aufgabe II 179 f.

I n d i v i s i b l e s s. Minimum. Geometrie der Indivisibilien s. Unendlichklein

I n d u k t i o n (vgl. Erfahrung). I. als Grundlage der obersten Prinzipien der Erk.? I 129, 146. I. als „Aggregat"? I 137 ff., 222 f., 247, 406. Maximen (Obersätze) der Induktion (adminicula rationis) I 151 f., 180, 406, II 133 ff., 200, 388. Begriff der I. bei Aristot. u. in der exakten Physik I 382, 389; bei Kepler I 329. I. u. Enumeration bei Descartes I 475 ff. Baconische I. II 14 ff., 99. Problem der I. bei Hobbes und Spinoza II 99; bei Tschirnhaus II 194 f.; bei Locke II 259; bei Hume II 358 f., 364; bei Reid II 388; bei Newton II 396 ff., 401 ff., 610. I. u. Deduktion I 137, 385 f., II. 194 f., 259. I. und Analyse I 138 f., 222, 473. I. und Mathematik I 139, beweisende I. I 139, 389. Ind. in der Mathematik I 237. I. beruht auf dem Postulat der Gleichförmigkeit der N. II 135 f. Moralische Gewißheit der I. II 135
I n f i n i t e s i m a l r e c h u n g s. Unendlich Kleines u. Differential
I n f i n i t u m s i m p l i c i t e r u. infinitum „secundum q u i d" I 428 vgl. Unendlich
I n f o r m a t i o und i m m u t a t i o I 241
I n h ä r e n z s. Substanz
I n h a l t u. U m f a n g des Begriffs s. Begriff, des Wissens s. Extensiv. Inhalt u. Gegenstand des Denkens I 573 f.
I n k o m m e n s u r a b e l (vgl. irrational). Problem des I. I 303 f. Bestreitung des I'en bei Berkeley II 304
I n n e r e s. Das „Innere der Natur" II 736
I n s t i n k t. I. als Grundlage der aprior. Erkenntnis I 94 ff., II 204 ff. I. als Antizipation der Erfahr. II 205; bei den Schotten II 387 ff.; bei Hume II 361 f., 365. Ästhetischer I. I 335. I. u. Vernunft I 511
I n t e g r a l r e c h n u n g I 43. Weg als Integral der Geschwind. I 416. Bestimmtes I. I 421. Allheit der Geraden in Cavalieris Geometr. indivisib. I 427; — II 155
I n t e l l e c t i o als interna lectio I 282
I n t e l l e c t u s. Verh. zur ratio s. „ratio"
I n t e l l e c t u s a n g e l i c u s bei Bovillus I 66 f., 70
I n t e l l e k t (vgl. Verstand u. Vernunft). Verh. des I. zum intelligiblen Gegenstand I 54, 56, 91. — I. als Ursprung des W e r t e s der Dinge I 57 ff. Menschl. u. göttlicher I. I 405. Einheit des I's I 442 ff., als Einh. der Prinzipien I 444, 485 (intellectio pura u. Sinnlichkeit). Verh. des Intellekts zur Materie I 110 f., 118, 284 f. Stellung des I's in der Attributenlehre Spinozas II 116, 121 f. Verh. des I. zur Sinnlichkeit s. „Sinnlichkeit". I. als besonderes „Sinnesorgan" I 235, als „unvollkommener Sinn" I 244 f., 253, I. und Natur I 311. I. und Wille s. Wille. Lehre vom passiven u. aktiven I. bei Aristoteles I 102 f., 234; bei Averroes I 103 f.; bei Zabarella I 119 f.; bei Francesco Pico I 148; bei Fracastoro I 231 vgl. I 226. Begriff des „intellectus ipse" bei Leibniz II 137 ff., 160 f., int. ipse bei Leibniz u. Kant II 623

Intelligenzen (vgl. Substanz). Die I. als Beweger der himmlischen Sphären bei Averroes I 105; bei Pomponazzi I 110; bei Bruno I 279, 353; bei I. C. Scaliger I 354; bei Gilbert I 363
Intelligible Welt s. Ideenwelt
Intentiones primae et secundae I 230 f.
Interpolation II 383
Interpretatio naturae II 9
Intuition bei Descartes I 471; bei Campanella II 79; bei Leibniz II 128, 182; bei Spinoza II 73, 77 (Gegens. der Cartes. u. Spinoz. „Int."); bei Locke II 255 ff. Mathemat. u. mystische I. II 77. I. u. Deduktion s. Deduktion. I. u. Imagination II 93, 109. I. u. Abstraktion II 109. I. u. rationale Erk. s. ratio. Intuit. Erkenntn. der Grundwahrheiten I 523, II 140. Intuit. Erfass. des Ich I 491, II 312. Int. Erkenntnis der Substanzen? I 147. Int. Erkenntnis Gottes I 509
Intuitiv. I. und intellektual bei Kant II 626 f. (vgl. Sinnlichkeit u. Denken)
Intuitiver Verstand II 747
Invention. I. u. Spekulation I 222
Jodl, Friedrich I 597
Irdische und himmlische Welt. Aufheb. des Gegens. I 345 f.
Irrationalzahl II 180. Bekämpfung der irr. Größen I 303 f., II 304
Irrtum (vgl. bes. Sinnestäuschung). I. nichts Positives II 76, 108

K.

Kaestner, A. G. (1719—1800) II 427, 510
Kalippos (ca. 350 a. C.) I 341
Kalkül. Logischer K. II 145, 418. Langue des calculs (Condillac) II 417 f., vgl. Charaktersitik, Kombinatorik
Kant (1724—1804). Zusammenhang der Kantischen Kritik mit der Wissenschaft des 18. Jahrh. I 13 f. Stellung des K.-Systems in der Gesch. der Erk. I 13 ff., II 662 ff. Vorkritische Schriften II 585 ff. Philosophische u. mathemat. Methode II 588 ff. Kritik der Gottesbeweise II 592 ff. Kausalproblem II 594 f., 606 ff. (s. Ursache). Negative Größen II 596. Kritik der rationalen Metaphysik II 602 ff. Autonomie des Sittlichen II 604 f., 760. Analyt. u. synthet. Urteile II 611 ff., 673 ff. Entstehung der Raumlehre II 618 ff. Antinomien II 621 ff. Kategorienlehre II 625 ff. 642 ff. Problem des Gegenstandes II 641 ff., 664 ff. Noumenon u. Phänomenon II 646 f. 746 ff. Raum und Zeit II 683 ff. Verh. von Sinnlichk. u. Verstand II 622 ff., 693 ff. „Subjektivität" und „Objektivität" II 704. Problem des „Selbstbewußtseins" II 706 ff. Lehre vom Schematismus II 712 ff. Einheit der Apperception

II 718 ff. Seelenproblem II 722 ff. Widerlegung des Idealismus
II 725 ff. Kritik der rat. Psychologie II 728 ff. Schematismus
II 731. Transz. Deduktion der Kategorien II 731. Begriff
der Erscheinung II 735 ff. Ding an sich II 740 ff. Ideenlehre II 751 f.
I 18, 262, 289, 376, 552, 576, 593 (K. u. Bayle), II 325 ff.
(K. u. Berkeley) II 372, 390, 393, 427, 486 f., 503 (K. u.
Euler), 533, 539 f. (Verh. zu Lambert), 557, **585 ff.,
662 ff.**

Kastil I 492

K a t e g o r i e. Entstehung der Aristotel. K'lehre I 127 f. Kritik
der Aristotel. K'lehre I 128 ff., 447 f., 540. Verhältn. des Raumes
zu den K'n s. Raum. K. nach der Ordnung der Erkenntnis, nicht
nach der des Seins zu gliedern I 448. Verh. der K'en zum absoluten Sein I 533 ff., 538 ff., 544 ff. K. als „modus concipiendi"
I 543 ff. Verstehen der Außendinge durch die Kategorien des
Geistes I 36. Verh. der K. zur Zeitanschauung II 641 ff., 731.
K. und Urteil II 645. K. und Schema II 716 f. K. liefern Erk.
nur in bezug auf empir. Anschauung II 681. Selbständiger Gebrauch
der K'n außerhalb der Anschauungsbedingungen? II 745. K. u.
Anschauung s. Sinnlichkeit u. Verstand.

K a t e g o r i e n l e h r e bei Bacon II 22. Aristotelische u. Cartesische K. I 528 ff. Kantische K. II 625 ff. 642 ff. (Transz.
Deduktion der K. s. Deduktion). K. in der Wolff. Philosophie
II 419 f. K. bei Lambert II 539

K a t h o l i c i s m u s vgl. Kirche

K a u s a l i t ä t s. Ursache. K. und Freiheit s. Freiheit. K. und Wille
(Berkeley) II 313

K e g e l s c h n i t t I 430

Keill (1671—1721) II 404 f., 422, 472

Kepler (1571—1630) I 10, 32, 79, 80. Verh. zur Astrologie I 158 zur
Naturphilosophie I 204; I, 255, 274 (Geschichtsbegriff) 328, **329 ff.**,
Verh. zu Platon I 330. Harmoniebegriff I 330 ff. Wahrnehmungsproblem I 335 ff. Hypothese I 340 ff. Mathemat. Naturbegriff
I 347 ff. Gesetzesbegriff I 367 ff., 448. K'sche Gesetze I 375.
Verh. zu Galilei I 377 ff., 387, 408, 414 f., 416. Analysis des Unendlichen I 420 ff., 426, 430. Logarithmen I 434; — I, 483, 505,
561, II 4, 15, 26, 35, 157, 396, 433, 436, 671

K i r c h e, Kirchenlehre. I 11. Stellung der Renaissance zur
K. I 81 ff, — I, 516, 520, 522, 570, 584, 589

K l a r e u. d e u t l i c h e P e r z e p t i o n s. Perzeption

K l a r. K'e und dunkle Erk. II 140, 149

König, Edmund II 363, 524

König, Samuel (1712—57) II 394

K ö r p e r. Definition des K's durch die geometr. Ausdehnung I 458 ff.
Unterschied von Raum u. K. s. Raum. Verh. von Seele u. K.
s. Seele. Physikal. Begriff des K's I 391 ff. K. als Subjekt der

Philosophie (Hobbes) II 52 ff. Definition des K's II 64 f. K. und Qualität s. Qualität
K o h ä r e n z als Wirklichkeitskritierium (Hume) II 378 ff.
Κοιναί ἔννοιαι s. notitiae communes
K o m b i n a t o r i k bei Leibniz II 138 ff., 143. Verhältn. der K. zur Algebra II 154. Begriff der K. bei Tschirnhaus II 192
K o m p l e x i o n e n II 143 (vgl. Kombinatorik)
K o m p o s i t i v e u. r e s o l u t i v e M e t h o d e s. Methode
K o n g r u e n z. K-Calcül II 153. Problem der K. bei Kant II 619
K o n s t a n z. K. der Eindrücke als Kriterium der Realität II 378. K. der Bewegung, der Kraft usw. s. Erhaltung
K o n s t r u k t i o n (vgl. Abstraktion). K. als Bedingung des Begreifens (Hobbes) II 48 ff.; bei Spinoza II 89 ff., 98 f.; bei Leibniz II 127 ff. K. als Grundmittel der Mathematik II 50 ff., 59 ff., 89 ff., 691, 693 f., 715 f. (vgl. genet. Definition)
K o n t i n g e n z w i n k e l II 171
K o n t i n u i t ä t des Raumes u. der Zeit I 426 f., II 513 ff. K. der Bewegung I 566, II 519 f. Leugnung der K. der Bewegung II 40, 152. Problem der kontin. Existenz II 380 ff.
K o n t i n u i t ä t s p r i n z i p. Verletzung des K's in Descartes Stoßregeln I 480. Allgem. Formulierung bei Leibniz II 158 ff.; als Postulat II 159 f.; bei Boscovich II 508 ff.; als „ideale" Regel II 176
K o n t i n u u m. „Labyrinth" des K. II 499 (compositio continui) vgl. bes. M i n i m u m. K. u. Zahl I 265 ff., 303 f., 310 f. Stetiges u. Diskretes I 266 f., 304, 321, 428, II 40, 150 ff., 155 f., 508 ff., 513 ff. (Boscovich). Zusammens. des K. aus diskreten Elementen (Hume) II 341 ff., 349 ff.; Berkeley II 303 f. Elemente des K. (vgl. Indivisibles u. Minimum) I 424, 428. Antinomien des K. II 151 f. Kont. der geometr. Gestalten I 416, 430
K o n v e n t i o n. K. als Grundlage aller „Wahrheit" II 56
Kopp II 429 ff.
K r a f t. Verh. der körperl. Masse zur K. I 86. K. als unkörperlich I 86 f., 320. Begriff der K. im Neuplatonismus I 206. Bewußtsein u. K. I 210 f., 320. K. und Leben (vita u. vis) I 210, 315, 353, 551. Umbildung der „Potenz" zur K. I 212 ff., 294. K. als Ausdruck des Seins I 353. Umbildung des K'begriffs in eine reine Größenrelation I 334, 345, **353 ff.**, 560 f., II 422 ff. (vgl. „Funktion"). Übergang vom Seelenbegriff zum mathemat. K'begriff I 354 ff., 363 ff. K. und Funktion s. Funktion. K. und Zahl I 358 f., 408 (Arithmetik der Kräfte). K'begriff und Relationsbegriff I 364, 407. K'begriff u. Arbeitsbegriff I 465 f. Kritik des K begriffs bei Hume II 354 ff., 361. K. u. Wille bei Berkeley II 313; bei Hume und Kant II 608 f. Begriff der „derivativen" K. bei Leibniz II 162. Derivat. und primative K. II 184 f. Lebendige K. II 162, 174. K. als einfache Idee bei Locke II 237. Kritik dieser Ans. bei Berkeley u. Hume II 319, 353 ff. K. als methodischer Hilfsbegriff II 296, 422. K. bei

Boscovich II 506 f. Entwicklung des Begriffs der K. im 18. Jahrh.
II 421 ff. K. als „Erfüllung der Möglichkeit" (Crusius) II 529, 536.
K. u. Muskelgefühl II 425, 536, 608. Erhaltung der K. s. Erhaltung.
K'begriff u. Gesetzesbegriff I 561, 565.
K r a f t m a ß. Cartes- und Leibniz-K. I 357, II 164 f. Entscheid. bei
d'Alembert II 410, 471.
K r a f t p u n k t. Theorie der einf. K'e bei Boscovich II 509 f.
K o s m o g r a p h i e. K. u. Kosmophysik I 343.
K r e i s. K. und Polygon I 26, 369. Quadratur des K'es I 26, 59,
421. K'mittelpunkt u. Peripherie I 87. K. als Symbol des Intellekts I 292. K. als notw. Form der Planetenbahnen I 371.
Bew. auf der Kreisbahn u. auf der Geraden I 430 f.
K r e i s l a u f des Denkens. Aufstieg zu den Gründen und Abstieg
zu den Phänomenen I 32, 478. Vom Besonderen zum Allgemeinen
und vom Allgem. zum Besond. I 114, **140 ff.** (Problem des „Regressus" bei Zabarella)
K r i t e r i u m. K. der Realität der Erk. bei Locke II 270 f. Wahrheits-K. bei Descartes s. „Perzeption"; bei Gassendi II 34; bei
Spinoza II 85 ff., 99, 121; bei Leibniz II 127; bei Tschirnhaus
II 198 ff.; bei Crusius II 599 s. übr. „Evidenz"
K r i t i k. Problem der historischen K. I 200. Geist der K. bei Valla
I 123. Vernunftkritik s. Kant
Kühnemann, Eugen II 88
K u n s t s. Harmonie, Ästhetik, Schönheit. K. und Natur I 132 f.
K u r v e (vgl. analyt. Geometrie. Ableitung der K. aus Bewegungen
I 429, 454 ff., II 154

L.

Labanca I 120
Lagarde, Paul de I 279
L a g e. Analysis der L. II 147 f.
Lambert, Joh. Heinr. (1728—77) II 195, 395, 489 ff., 532. **534 ff.**, Kant
und L. II 539 f.
Land, J. P. N. I 533, 535
Lange, Fr. Alb. (1828—75) I 445
Laßwitz, Kurd I 305, 362, 365, 401, II 55, 208
Lavoisier (1743—94) II 435 ff.
Law, Edmund (1686—1763) II 449, 454 ff.
L e b e n. Lebendigkeit des Alls s. Weltseele u. Organismus. Biolog.
Erkenntnistheorie s. Biologie. Kraft und L. s. Kraft.
L e b h a f t i g k e i t. L. der Vorst. als Kriterium der Realität bei
Hume II 369. Einschränk. dieser Ansicht II 377
Lecky II 401
Leder I 507
L e e r e s s. Raum. Minimum und Grenze als „Volles" und „L." I 308.
Volles und L. bei Demokrit I 309. Pascals Abhandl. über das
L.. I 511. Begriff des L'n als intullektueller B. (Cudworth) II 218

Lefèvre d'Etaples s. Faber Stapulensis
Leibniz (1646—1716) I 10, 14, 85, 87, 117, 122, 212 (Verh. zur ital. Naturphilosophie) 311 (Verh. zu Giord. Bruno) 375 f., 402, 480 (Kontinuitätsprinzip) 500, 562, 585, 592, **II 126 ff.** Wahrheitsbegriff I 411, II 126 f., 131 f. Analyse des Urteils II 132 ff. Vernunftwahrh. u. Tatsachenwahrh. II 134 f., 179 ff. Problem der Induktion II 135. Scientia generalis II 138 ff. Ausbau der scientia general. II 142 ff. Geometr. Charakteristik II 146 ff. Stetigkeitsproblem II 150 ff. Analysis des Unendlichen II 153 ff. Kontinuitätsprinzip II 158 ff. Kraftbegriff II 162 ff. Kraftmaß II 164. Erhaltungsgesetz II 164 f. Neues Ideal der Erkenntn. II 166 ff. Metaphysik II 174 ff. Begriff des Phänomens. II 175. Monadologie II 184 ff. Symbolbegriff u. Harmoniebegriff II 186 ff. Verh. zu Aristoteles II 188. Gottesbegriff II 189 f. Raum und Zeitlehre II 468 ff., 488, 492 f.
II 191 f. (L. u. Tschirnhaus) II 202, 251 (L. u. Locke) 291 (L. u. Berkeley) 322, 333, 355, 393 f., 396, 402, 410, 415 f., 420, 447, 468 ff. (L. u. Newton) 488, 492,f., 499, 501, 506 f., 515, 521 ff., 527, 534 f., 566 ff., 571, 575, 577, 597, 621, 623 ff. (L. u. Kant) 630, 660, 663, 669 f., 689, 731, 745, 756.
Leonardo da Vinci (1452—1519) I 10, 79, 317, **318 ff.**, 339. Einheit des method. Grundgedankens I 319. Verh. zur Naturphilosophie I 319 f. Geschichtl. Voraussetzungen u. geschichtl. Fortwirkung I 320. Mathematik I 321 f; — I, 351, II 4
Liard I 445, 474, 475
Libri I 401
L i c h t. Theorie des L. bei Telesio I 236 f.; bei Patrizzi I 237, 263.; bei Aristoteles u. Kepler I 336; bei Descartes I 472 f.; bei Huyghens I 478
L i c h t d e r N a t u r (lumen naturale) I 223 f., 471, 513, 589 f.
L i e b e. Psychologie der L. I 248 f. L. zu Gott (amor Dei intellectualis) II 77, 79 f., 85, 115
Liebert I 154
Liebig, Justus (1803—73) II 13
Lipps, Theodor II 338, 382
Livius (59—17 a. C.) I 123
Locke, John (1632—1704) I 543, 558, II 36. (L. u. Newton) **II 227 ff.** Methode II 228 f. Kampf gegen die angeb. Ideen II 230 ff. Sensation u. Reflexion II 232 ff. Unendlichkeitsproblem II 237 ff. Raumvorstellung II 242 ff. Zeitvorstellung II 247 ff. Begriff des Einfachen II 251 ff. Wahrheitsbegriff II 253 ff. Intuitives u. empir. Wissen II 258 ff. Kritik des Substanzbegriffs II 263 ff. Realität der Erkenntnis II 270 f. — II 169, 172, 203, 224. L. u. Berkeley II 275 ff., 283, 287, 298, 322, 326 f., — II, 340, 345, 353, 359 f., 400, 411, 416 f., 455 f., 460, 488, 537 ff. (L. u. Lambert) 558 ff., 568, 600, 622 f., 661
L o g a r i t h m e n I 420, 433 ff. Ableit. bei Kepler I 434

Logik. I 18, 150 ff. Reform der L. I 317, 439 f. L. als „Organon" der Entdeckungen I 418. Verhältnis der L. zur Mathematik I 446, 513. L. u. Psychologie I 529, 572 f. L. u. Grammatik I 121, 125 ff., 135, 529, II 56. L. u. Rhetorik I 123, 529. L. der Erfahrung I 470. L. der Geometrie I 512 f. L. der Relationen II 53. „L. der Phantasie" s. Einbildungskraft. Auflösung der scholast. L. I 120 ff., 121. L. und Ontologie I 130. L. und Geometrie I 135. Methode der L. I 136 ff. L. und Methodenlehre I 144. L. als Lehre von der Deduktion I 538. Aristotelische u. Cartesische L. I 528 ff. Neuer Begriff der L. bei Leibniz II 138 ff., 145. L. und Kombinatorik II 138 f. Begriff der L. bei Kant u. Leibniz II 663. L. der gegenständl. Erkenntnis II 640. Transzendentale L. II 676 f., 684, 731, 748. Die L. u. das Prinzip der Comcidenz der Gegensätze I 62
Logistice speciosa s. Algebra
Logoslehre I 30, 54, 81, 95, 157, 170 f., 239. Verhältnis der λόγοι zu den πράγματα I 314
Lorenzo Magnifico (1449—92) I 96
Lossius, Joh. Chr. (1743—1813) II 574 ff.
Lullische Kunst I 313, 440
Lumen naturae s. Licht d. Natur
Lyon, Georges I 543, 552 f., 570, II 66

M.

Mabilleau I 213, 401
Macaulay II 22 f.
Maclaurin (1698—1746) II 477, 500 f.
Macchiavell (1469—1527) I 164
Macquer (1718—84) II 435
Mächtigkeit I 423
Maestlin (1550—1631) I 347, 377
Magie I 75, 157, 164, 240. Natürl. M. I 209. M. und Mathematik I 312 f., 322, 347
Magnetismus. Theorie des M. bei Gilbert u. Kepler I 361 ff., 372; bei Descartes I 460
Mairan (1678—1771) I 568 ff.
Makrokosmos und Mikrokosmos s. Mikrokosmos
Malebranche (1638—1715) I 553 ff. Verh. zu Ficin I 95. Verh. zu Augustin I 95, 508; zu Averroes I 104, 509; zu Bacon I 530; zu Hume I 560 f. Bayle u. M. I 586. Kritik des Systems bei Burthogge I 550. M. und Norris II 219 ff. M. u. Berkeley II 280. M. u. Collier II 328. M. u. Ploucquet II 413, 495. Psychologie I 553 ff., II 228 f. Problem der Selbsterkenntnis I 556 ff. Methode der Naturwiss. I 558 ff. Kausalbegriff I 560 ff. Wahrheitsbegriff I 563. Psycholog. Idealismus I 567 ff. Ontolog. Beweis I 568 f. Verh. zu Spinoza I 568 f.

Objektivität der Ideen I 571 f. Intelligible Ausdehnung I 574 f. Schauen der Dinge in Gott I 576 ff. Analyse des „Gegenstandes" der Vorst. I 581. Problem der ewigen Wahrheiten I 583 ff.; — I, 586 ff.

Malerei I 327

Mannigfaltigkeits. Einheit. Unendliche M'en vgl. Mengenlehre u. Unendlich

Marie (1133—1801) II 471, 680

Maß. Minimum als Maß s. Minimum, Mens u. mensura s. mens Sinnl. u. begriffliches M. II 154. Logarithmus als gemeins. Maß I 434. Ordnung und M. als Gegenst. der Universalmathemat. I 446, 453 ff. M. als Kategorie des Denkens I 453. Kein M. des Psychischen I 556. Das Erkennen als „Messen" s. „Erkenntnis". Erweiterung des M'begriffs bei Leibniz II 171. Problem des M'es bei Boscovich II 517

Masse. M. u. Substanz I 44, 392 f. M. u. Kraft I 87. M. und reiner Raum I 258 f. Entdeckung des Begriffs der M. bei Kepler I 365. M. und Trägheit I 365. M. und Gewicht I 366. M. und Zahl I 468

Materialismus II 162, 575. Kritik des M. bei More u. Cudworth II 442 ff., 452 f. bei Kant II 725 f.

Materie (vgl. bes. Form). Metaphys. Begriff der M. I 12. Intelligible u. sinnliche M. I 152, 339, 383 f., 387, 593. Übergang vom metaphysischen Begriff der M. zum naturwissensch. I 365 f., 387 ff. Erhaltung der M. I 233, 297, 393, II 65, 436 ff. Raum u. M. s. Raum. M. und Kraft I 367. M. und Geometrie I 351, 367. Wert der M. I 367. M. und Notwendigkeit I 388. M. u. Ausdehnung bei Descartes I 457 ff., 463 (vgl. Substanz); bei Malebranche I 558. M. u. Denken s. Substanz. M. u. Form bei Aristoteles I 64 ff., 101 f., 387. Kritik der Aristot. Unterscheidung in der ital. Naturphilosophie I 212 ff. M. u. Form bei Bruno I 285, 295 ff., bei Baco II 25. M. bei Kant II 594 als „Substanz in der Erscheinung" II 724, 728, 735, 737. M. u. Form des Denkens I 38 f., 144 f., 485, 499, II 534 ff. M. u. Idee I 284 f. M. u. Potenz s. Potenz. M. als principium individuationis I 352. M. als Begriff und als absolutes Dasein II 66 ff. Verh. des Intellekts zur M. s. Intellekt. M. nicht in der Empfindung, sondern im Begriff zu erfassen II 64 f. Zusammensetzung der M. aus „einfachen" Elementen? I 592 ff. vgl. Minimum. Probl. der M. in der Chemie II 428 ff. Aufhebung der absoluten Existenz der M. I 558 f., 570, 592 ff. (Malebranche u. Bayle), II 289 ff., 294 f. (Berkeley), II 328 ff. (Collier), II 373 f. (Hume)

Mathematik. Anfänge der modernen M. I 420 ff. Stellung der M. im System Spinozas II 96 ff.; bei Leibniz II 143 ff., 153 ff.; bei Galilei-Descartes u. bei Spinoza II 92. Mathemat. Wahrheitsbegriff II 652 ff., 655 f. Gewißheit der M. s. Gewißheit, Evidenz. Mathemat. u. philosoph. Methode (Kant) II 526 f., 589 (s. M. u. Philosophie). Möglichkeit der M. als Wissenschaft durch die

Konstruktion der Grundbegriffe s. Konstruktion. Grunds. der Mathem. synthetisch II 614 ff. Begründung der M. auf den Satz des Widerspruchs I 48. Lehre vom Minimum als Grundlegung der M. s. Minimum. Die M. als „Mittleres" zwischen Wahrnehmg. u. Idee I 312. Sinnliches u. Mathematisches I 30. Die M. als Ausdruck der „Praecisio" der Erk. I 30, 38 ff., 273. Unabhängigkeit der M. von der „Materie" I 38 ff., 339. Mathemat. u. sinnl. Erkenntnis II 502 ff. Intuitive Gewißheit der M. bei Locke II 254 ff. Sensualist. Ableitung der M. I 237 f., 254, II 423 ff. (Maupertuis), II 526 ff. (Rüdiger). Bestreit. der mathemat. Exaktheit bei Berkeley II 302 f., 323; bei Hume II 340 ff. M. als induktive Wissenschaft II 343. Stellung der M. im System der Wiss. I 133 f., 312. Ethische Bedeutung der M. I 134. M. und Dialektik I 131. M. und Naturphilosophie I 204, 221. M. und Ontologie I 304. M. u. Ideenlehre I 572 ff. Mathesis universalis s. Universalmathematik. M. u. Philosophie I 247. II 323 f. (Berkeley), II 394, 475 ff., 502 ff. (Euler), 532 f., 546 f. (Mendelssohn), 552 ff., 632, 588 ff., 737 (Kant). M. und Induktion I 138. Verh. der M. zur Physik I 254 f., 383 ff., 390, 419. M. als Magd der Physik I 254, als Vorbedingung des neuen Naturbegriffs I 321, **348 ff.**, 418 f., 507 f. Anwendbarkeit der mathem. Begriffe auf die Natur I 383 ff., 395, 463 ff., II 271 f. (Locke), II 504 f. (Euler). M. und „Sophistik" I 321 f. Symbol. Verwendung der M. für die Theologie I 45 ff.

Maupertuis (1698—1759) II 395, 420, 423 ff., 450, **II 485 ff.** (Phänomenal. von R. u. Z.), 490 f. (Theorie des Existenzialurteils), 496, 510, 552, 601, 627 (M. u. Kant), 736

M a x i m u m und M i n i m u m. Zusammenfallen des Größten u. Kleinsten s. coincidentia oppositorum

M e c h a n i k (vgl. Bewegung, Kraft, Dynamik). M. als „Paradies der mathem. Wissenschaften" I 322. Grundbegriffe der M. bei Leon. da Vinci I 323. M. und Astronomie I 343. Grundlegung der M. I 394 ff. M. als Teil der Mathesis universalis I 446, 563. M. als Erkenntnisideal II 48, 53, 95. Mechan. Naturaufass. bei Leibniz II 161 ff. mechanicae id est intelligibiles rationes II 161 f. Methode der M. **II 404 ff.** System der M. bei Newton II 463 ff.: bei Euler II 475 ff., 703. Teleolog. Ableit. der M. bei Maupertuis II 424 ff.; Berkeleys Kritik der mech. Begriffe II 467. M. u. Metaphysik II 476 f.

M e c h a n i s m u s. M. u. Dynamismus I 207 f., 315, 355 f., 382, 399 f. M. u. Teleologie II 601

M e d i u m. M. in der Wurfbewegung I 398

M e d i z i n. M. u. allgem. Naturwissenschaft I 219 f.

M e g a r i k e r I 127

M e h r h e i t. Einheit und M. s. Einheit

Meier, Georg Friedrich (1718—77) II 524, 548, 566 f., 627

Meinong II 338, 540

Meyerson, Emile II 435

Melodie (vgl. „Musik" und „Harmonie") I 333
Mendelssohn, Moses (1729—86) II 532, 545, 547, 592, 617
Mengenlehre I 422 f.
Mens. Mens und mensura I 36 (vgl. Maß), I 310. M. u. spiritus s. Geist
Menschheit. Individuum und M. I 115, 188, 511. Ideal der M. I 161. Potenzierung des Menschenwesens (homohomo) I 161 f. I 171. „Erziehung des Menschengeschlechts" I 274
Mersenne (1588—1648) II 192 f.
Metaphysik. Verhältnis des Erkenntnisproblems zur M. I 11 ff., M. u. Geisteswissenschaften I 11. Metaphys. Vorgeschichte der wissenschaftl. Grundbegriffe I 12. Loslösung der Erfahrungswissenschaft von der M. I 130. Mathematik u. M. s. Mathematik. Begriff der M. bei Descartes I 483 f. Kritik der M. bei Geulincx I, 535 ff. Begriff der M. bei Berkeley II 324 f. Doppelter Begriff der M. bei d'Alembert II 414. M. als Lehre von den notwend. Vernunftwahrheiten (Crusius) II 533. Begriff u. Meth. der M. bei Kant (Lehre von den Grenzen der menschl. Vernunft) II 589 ff., 603 ff., 606 ff., 617, 623 f.
Methode. Problem der M. in der neueren Philos. I 439 f. Begriff der M. bei Descartes I 441; bei Newton II 396 ff., 401 ff. M. der Geometrie I 512 f., II 49 ff., 59, 86 ff., 98 f., 101, 103 f. (weiteres unter Geometrie). Resolutive M. s. Analysis. Kompositive (demonstrative) u. resolutive M. des Beweises (Zabarella) I 136 ff. M. richtet sich auf die Ordnung der Erkenntnisse, nicht auf die der Dinge I 141. Physikalische u. mathematische M. I 254 f., 264, 382 f., 385, 394 f. M. der Astronomie s. Astronomie. Mathemat. u. philos. M. s. Mathematik. Analyt. u. synthet. M. bei Kant II 588 ff. Kritik der „geometr. Methode" der Philosophie II 532 ff.
Michelangelo (1475—1564) I 89, 286
Mikrokosmos und Makrokosmos I 37, 63 f., 67 f., 71 f., 218 ff.
Minimum als allgemeines Maß I 265, 302 f. M. u. Differential I 266. M. bei Giord. Bruno I 301 ff. Entstehung der Einzelgestalten aus dem M. I 305 f. M. und Terminus I 306 ff. Zerlegung des reinen Raumes in Minima I 308 f. M. und Monade I 311. Probl. der unendl. Teilbark. bei Galilei I 424 f.; bei Pascal I 515; bei Bayle I 592 ff.; bei Hobbes II 63; bei Leibniz II 150 ff., 155 f. Leugnung der unendl. Teilbarkeit bei Bruno I 302 f.; bei Berkeley u. Hume (M. sensibile) II 302 ff., 341 ff. Antinomien der unendl. Teilung (Bayle) I 592 ff., (Ploucquet) II 497 ff., Euler II 502 ff.
Mittelalter. Renaissance u. M. I 12, 72 f., 77 f., 167 221. Stellung des Erkenntnisproblems im M. I 27 f. (vgl. Scholastik). Astronomie u. Naturbetrachtung des M's. I 343
Mitteilbarkeit. Kriterium der allg. M. (Tschirnhaus) II 200

M o d u s. Unendliche Modi bei Spinoza II 94. Substanz u. M. s. Substanz. modus concipiendi s. Kategorie. „mixed modes" bei Locke II 236
M ö g l i c h e W a h r n e h m u n g (possibility of perception) bei Berkeley II 291 f.
M ö g l i c h k e i t (s. Potenz und posse). Mögliche u. wirkl. Welt s. Hypothese. Zusammenfallen von M. u. Wirklichkeit in Gott II 82. M. und Notwendigkeit im Sein nicht getrennt (Spinoza) II 97. M. und Wirklichkeit bei Lambert II 534 ff., 545; bei Mendelssohn II 546; bei Crusius II 527 f., in Kants vorkr. Schriften II 592 ff. Erste M'en der Erkenntnis II 131. Raum und Zeit als M'en II 513 ff. M. der Begriffe durch ihre Konstruktion verbürgt II 49 ff., 59, 90, 126 ff., 148. M. der Erfahrung II 671 f.; als Mögl. der Gegenst. der Erfahrung II 682.
M o l e k ü l II 143
Molyneux, William (1656—98) (M'sches Problem) II 168 f., 283
M o m e n t. M. der Zeit u. der Bewegung I 266, 426, II 158. Zeit-M. u. Zeitstrecke I 323
M o n a d e. M. und Minimum I 311. Leibniz' Begriff der M. I 311, **II 184 ff.**, 488 f., 597, 617, 660. Kritik der M'lehre bei Euler II 501 ff., 632; bei Crusius II 527 f.; bei Kant II 730 f. M'lehre bei Ploucquet II 492 ff. Kants phys. Monadologie II 587, 594
Montaigne, Michel de (1533—1592) **I 174 ff.** M. und Agrippa v. Nettesheim I 192. Pascal u. M. I 526 f. M. u. Bayle I 586 f., 599 f., II 607 (M. u. Kant)
Montesquieu (1689—1755) I 186
M o r a l s. Ethik
M o r a l i'sche G e w i ß h e i t s. Gewißheit
More, Henry (1614—87) II 246, 262, 267, **II 442 ff.**, (Raumlehre u. Gotteslehre), 452 f., 467, 552, 629
M u n d u s s e n s i b i l i s u. m u n d u s i n t e l l i g i b i l i s s. Ideenwelt u. Erscheinungswelt unter „Idee"
M u s i k (vgl. Harmonie) I 39, 131, 286, 333 ff., 446
Mutianus Rufus (1471—1526) I 169
M y s t i k. Verhältnis Cusas zur M. I 24. Begriff der docta ignorantia in der M. I 28. Problem des Individuums in der M. I 78. M. und Skepsis I 172. Erfahrung und M. I 224, 240, 409. Mathematik u. M. I 347, 502. Mathemat. u. mystische Intuition II 77. M. und Erkenntnisproblem II 496, 649, 651, 657. Kritik der spekulat. M. bei Kant II 604 ff., 629 ff.
M y t h o s, M y t h o l o g i e I 83

N.

N a m e n, vgl. Nominalismus, Sprache, Wort. Die sinnl. Qualitäten als N. I 390 f. N. und Dinge I 404
Natorp, Paul I 388, 392, 475, II 357, 574

N a t u r   Vieldeutigkeit des N'begriffs II 432. N. und Geist bei Aristoteles u. und in der neueren Zeit I 9, 357 f., 363 f.; in der Renaissance II 3; bei Bacon II 4 ff., bei Spinoza II 74 ff., 84 f. N. als sittlicher Normbegriff I 182 ff., 599; als ästhet. Begriff I 187. N'gesetz u. Vernunftgesetz I 183 f., 195 f. N'begriff u. Gottesbegriff I 195 f., II 105 (vgl. Pantheismus) II 114 f. Die Prinzipien der N. u. die Prinz. des „Geistes" I 312. N'begriff u. Zweckbegriff vgl. Teleologie. Einheit von Mensch und N. I 176, II 84 f., 103 f. Licht der N. s. Licht. Gott u. N. s. Gott. Kunst u. N. I 132 f. N. nicht als „Aggregat" sondern als „System" I 270, II 682. Unendlichkeit der N. I 271, II 82 ff., 120 f. Umgestaltung des N'begriffs (N. als Gesetz) I 298 f., II 670 ff. N. u. Mathematik s. Mathematik. N. u. Notwendigkeit s. Notwendigkeit. N. als reiner Größenbegriff I 354 ff., 363 f., 367, II 432 f., 436. Formaler u. materialer Begriff der N. bei Boyle II 432 ff., 670 ff.; bei Kant II 671, 682. N. als Grund der aprior. Erkenntnis II 205 f. N. der Dinge = N. des Geistes (Leibniz) II 138. „N. überhaupt" (Kant) II 682

N a t u r a l   p h i l o s o p h y vgl. Physik

N a t u r a l i s m u s.   Ethischer N. II 84. N. bei Spinoza II 115

N a t u r g e s e t z.   Begriff des N's als Correlat des Wirklichkeitsbegriffs II 295 (vgl. Erscheinung u. Wirklichkeit)

N a t u r p h i l o s o p h i e.   Griechische N. I 651 f. Italienische N.: Gesamtcharakter I 75, 203 f., 232 ff., 270, II 36 f., 69, 78 ff., 83. Problem des Bewußtseins in der N. I 79 f., 204. Verhältnis der N. zur exakten Wissensch. I 204, 221, 315, 349. N. bei Hobbes II 61 ff.; bei Spinoza II 83; bei Boscovich II 506 ff.

N a t u r w i s s e n s c h a f t (vgl. Mechanik, Physik, Natur). Grundlegung der exakten N. I 8, 314 ff., 348 ff., II 396 ff., 401 ff. Exakte N. und „Sophistik" I 321. Apriorische Grundlage der N. II 51. Resolutive Methode der N. I 138 ff. Methode der N. (Ablösung von der Metaphysik) I 558 f., II 401 ff.; bei Hobbes u. Spinoza II 100. Übergang von Substanzbegriff zum Funktionsbegriff s. Substanzbegriff

N e g a t i v. N.-Theologie s. Theologie. N.-Zahl s. Zahl. N'e Größen bei Kant II 595 f.

Nelson II 608 f.

Neper (1550—1617) I 433

N e u p l a t o n i s m u s.   Gedanke der Emanation I 53, 283 ff. N. in der Renaissance I 75, 81 ff., 84 ff., 89, 94 f., 98, 205 f., 239 f., 256, 284 f., 292, 347, II 81 ff. — II 658 f.

Newton (1642—1727) I 10, 14, 15, 16, 256, 262, 359, 427, 467, 479 (Stellung zur Hypothese), 601, II 36 (Gassendi und N.). Locke und N. II 36, 245. Leibniz u. N. II 157, **468 ff.**, — II 215, 296 f., 301, 324, 333, **396 ff.**, 421, 425, 438, **442 ff.** (Problem der Methode), **463 ff.** (Raum und Zeit), 487 f., 506, 561 f., 564, 586 f., 589, 596, 600, 610, 617, 619 ff., 629 f., 679, 734, 737, 748

N i c h t s. Der Begriff des N. als Anfang der Logik I 62. Das endliche Wesen als Verbindung des Seins u. des N. II 80. Begriff des N. als Grundbegriff II 129
N i c h t - S e i n. Eleatischer Begriff des N.-S. I 6. Begriff des N.-S. bei Demokrit I 309. Möglichk. wissenschaftl. Aussagen über das Nicht-Seiende I 370. Mischung von Sein und N.-S. im endlichen Wesen II 80
N i c h t w i s s e n. „Docta ignorantia" bei Cusanus als Verneinung der absoluten Erkenntnis I 25; als Erkenntnismittel I 27 ff., 59 f. D. i. bei Augustin u. in der christl. Mystik I 28. Umprägung des Begriffs bei C. I 29. D. i. als Ausdruck der Relativität der Erk. I 29; als ethisches Motiv I 30, 185, 196. Prinzip des Zweifels I 172, 249, 484
Nikolaus Cusanus s. Cusanus
Niphus, Augustinus (1473—1546) I 104
Nizolius, Marius (1498—1576) I 122. Kritik der Universalien **I 149 ff.** Leibniz' Kritik des N. **II 133 ff.**
N o m i n a l i s m u s (vgl. Sprache, Wort) I 40, 151 f., 230, 251, 253, 338, 382, **II 55 ff.** N. und Rationalismus II 61. Kritik des N. bei Spinoza II 101, 106; bei Leibniz II 134 ff., 170; bei Locke II 255. N. bei Hume u. Berkeley II 317 f., 339
N o n a l i u d I 56
Norris, John (1657—1711) **II 219 ff.**, 227, 328, 330
N o t i o n. idea und n. bei Berkeley II 303, 311 f.
N o t i t i a e c o m m u n e s II 205 f. (Herbert v. Cherbury)
N o t w e n d i g k e i t. N. der log. Grundwahrheiten vgl. „Apriori". N. als Grundmoment des Naturbegriffs I 321 f., 389, 441, 477 f., II 97. Erfahrung u. N. I 325, 417 (vgl. Erfahrung). Materie u. N. I 338. N. der Ursache I 396. Denkn. u. Seinsn. I 442. N. u. Freiheit II 82 (vgl. Freiheit), 97. N. des Geschehens II 97, des göttl. Wirkens II 105. Die N. des Geschehens u. die Astrologie I 156. N. im Sein und im Sollen II 760. N'e und zufäll. Wahrh. s. Wahrheit. N'e Verknüpfung bei Berkeley II 314; bei Hume **II 354 ff.**, 361. N. im aprior. u. aposterior. Urteil II 665 f. Absolute u. hypothet. N. II 548. Analyt. u. synthet. N. II 612 f. N. als synthetischer Grundsatz (bedarf der Anwendung auf das „Schema" der Erf.) II 681, 740, 757
N o u m e n o n (vgl. Ideenwelt u. Erscheinungswelt). Phaenomenon und N. II 630 f., 646, 732, 746 f.; als Grenzbegriff II 747 f.
νοῦς Aristoteles' Lehre vom ν. I, **101 ff.**, 233. ν. παθητικός I 102

O.

O b j e k t s. Gegenstand. Subjekt u. O. s. unter „Subjekt". Objektivität der Wahrheit (Tetens) II 578 ff. Transscendentales O. s. Gegenstand
Occam, Wilhelm v. (1270—1347) I 230

Offenbarung. Einheit der göttl. Grundoffenbarung in aller Verschied. der Religionen I 84, 162 f. Natur und O. I 174 f., 276. O. als Grund der Religion I 189. Vernunft u. O. I 276, 516, 584, 590 f., 594 ff. O. als Beweis des Daseins der Körperwelt I 570. Vernunft und O. bei Herbert v. Cherbury II 204

Okkasionalismus I 506, 542 f., 553 f., 557, 565 f. Nachwirk. des O. bei Leibniz II 152

Ontologie II 475, 484, 521 ff., 593 ff., 624. Wert der O. II 419 (Sulzer). Kritik der O. bei Crusius II 530 ff., 587 f.; bei Lambert II 534 ff.; bei Kant II 586 ff. Umwandl. der O. in die „Analytik des reinen Verstandes" (Kant) II 683. — O. u. Physik II 595

Ontologischer Beweis s. Gottesbeweise

Opposition. Logische und reale O. II 594 f.

Optik I 338 ff., 446, 473 (Brechungsgesetz) 478 Physiolog Optik I 554, 581 f.; II 280. Newtons Grundlegung der O. II 407

Ordnung. O. und Maß als Gegenst. der Universalmathematik I 446, 453 ff. Vorrang der O. vor dem Maß I 455. O. des Seins und O. des Denkens II 103 ff. O. der Natur als göttl Ordn. II 105. Seinsbegriff und O'begriff II 110. O. der Ideen u. O. der Dinge identisch II 117. O. der Phänomene als Kriter. ihrer Realität II 521 ff., 535 (vgl. Erscheinung u. Satz vom Grunde). Begriff der O. bei Hume II 347 f., 351. Raum u. Zeit als O'en (Leibniz) II 469

Organismns vgl. Weltorganismus. O. bei Leibniz II 184 f.

Ort s. Raum. Unterschied von O. und Ausdehnung II 480 f.

Osiander, Andreas (1498—1552) I 344

Oswald, James (1715—69) II 389, 577

P.

Pädagogik. Reform der P. bei Vives I 124 f.; bei Montaigne I 184 f.

Pantheismus (vgl. Gott, Gott und Welt). Dynamischer P. I 53, 56, 206 f., 294 f., II 113. Skeptische Kritik des P. I 177. Erkenntnislehre des P. I 282 ff., 299. P. bei Campanella u. Spinoza II 79 ff., 102 ff.; bei More u. Newton II 444 ff. Antinomien des P. (Spinoza) II 102 ff., 105

Paracelsus (Theoprastus v. Hohenheim) (1493—1541) I 10, 63, **218 ff.** (Makrokosmos u. Mikrokosmos), 268 (Verh. zur Religion), 279, 349, II 429

Paraklet. Die Wahrnehmung als „Paraklet" des Denkens s. Sinnlichkeit

Parallelismus. Method. Begründung des P. zwischen Körper u. Seele bei Malebranche I 557

Parallelogramm. P. der Geschwind. I 429. P. der Kräfte I 467

Paralogismen. P. des Seelenbegriffs II 728 ff.

Parmenides (geb. ca. 515 a. C.) I 297, 591
Pascal (1623—1662) I 12, 509, **510 ff.** Methodenlehre 512 ff. Unendlichkeitsproblem 514 ff. Religionsphilosophie I 520 ff. Ethik I 517 ff., 524 ff. Verh. zu Montaigne I 527 f. Malebranche u. P. I 584, 588
P a s s i v i t ä t. P. des Geistes bei Locke II 234; bei Berkeley II 282 ff. (Bekämpf. dieser Lehre s. Spontaneität des Denkens unter „Denken")
Patrizzi, Francesco (1529—97) I 204, 213. Kritik des Substanzbegriffs I 214 ff. Theorie des Lichts I 237. Neuplatonismus I 239, 256. Raumlehre I 256. Minimumlehre I 265. Verh. zu Giord. Bruno I 312. P. u. Kepler I 340. P. u. Spinoza II 83
Paulsen, Friedrich II 612
Peiresc (1580—1637) II 36
Pemberton (1694—1771) II 402
Pendzig II 30, 45
P e r c e p t i o n. Kriterium der klaren u. deutlichen P. I 506 f., 523, 530 f., 553, 586; bei Tschirnhaus II 199 f. Bekämpf. des Krit. d. kl. u. d. P. bei Leibniz II 130 ff. P. und Idee I 571, 579 (vgl. Idee u. Bild). Perceptio u. conceptus II 88. Begriff der P. bei Berkeley II 277 ff., 283, 288, 298. P. und Urteil II 314. esse = percipi II 289 ff., 373 f. Mögliche P. (possibility of perception) s. möglich. P. u. Gegenstand („dauernde P.") bei Hume II 376 ff.
P e r i p a t e t i k e r vgl. Aristoteles
P e r p e t u u m m o b i l e I 322
P e r s ö n l i c h k e i t bei Leibniz II 187
P e t i t i o. P. phaenomenorum und p. noumenorum (Kant) II 631
Petrarca (1304—74) Verh. zu Augustin I 78. Stellung zum Averroismus I 109; zur Scholastik I 121. Selbstbiographie I 188
Petzoldt II 375
Peurbach, Georg (1423—1621) I 153, 342
P h ä n o m e n s. Erscheinung. Phänomenalismus (bei Hobbes) II 62 ff., 66 f.; bei E. Law II 457 f. im 18. Jahrh. II 426 ff., **485 ff.** Bekämpfung durch Euler II 489. Phänomenalität des Raumes s. Raum
P h ä n o m e n o l o g i e bei Lambert II 489 ff.
φαντασία, φαίνεσθαι (vgl. Einbildungskraft) bei Aristoteles I 101. Das φαίνεσθαι als Grundphänomen II 67
P h i l o s o p h i e. Verh. der Ph. zur Wissenschaft I 10. Die Ph. „im Buche der Natur geschrieben" I 247, 379, 418 f. Ph. und Mathematik I 247, 419. Ph. als Erkenntnis der Wirkungen aus d. Ursachen u. der Ursachen aus d. Wirk. (Hobbes) II 47. Methode der Ph. und der Mathematik s. „Mathematik" u. „Methode". Philosophia prima bei Bacon II 22; bei Berkeley II 324 f. — „Perennis philosophia" I 165
P h l o g i s t o n t h e o r i e II 434 ff., Kritik der P. durch **Lavoisier** II 437
P h o r o n o m i e (vgl. Bewegung). Ph. als apriorische Wissenschaft bei Hobbes II 100; bei Lambert II 536, 543 f.

P h y s i k (s. Naturwissenschaft). Methode der Ph. II 49 ff., **II 401 ff.,**
541 ff., 589 (s. übr. Methode). Gewißheitscharakter der Ph. bei
Locke II 259. Ph. und Philosophie II 324 f., 477. Verh. von Geometrie u. Physik s. Geometrie. Ph. als Erkenntnisideal II 49 ff.,
201
P h y s i o l o g i e bei Hartley II 562 ff.; bei Lossius II 575. Physiolog.
Gedächtnis I 234, 242. Physiolog. Bedingtheit der sinnl. Qualitäten I 390 f. Physiolog. Psychologie I 554, 557 f. Physiolog.
Optik s. Optik
P h y s i s c h e s u. P s y c h i s c h e s s. Seele u. Körper
Pico della Mirandola, Giovanni (1463—94) I 89, 121, 154, 158 ff. Versöhnung von Platon u. Aristoteles I 99. Verteidigung der Scholastik I 122
Pico della Mirandola, Giovanni Francesco (1469—1533) **I 145 ff.,** 166,
II 10
Pillon, F. I 570, 581
Pirkheimer, Willibald (1470—1530) I 153
P l a n e t e n b e w e g u n g s. Astronomie
P l a s t i s c h e N a t u r e n bei Cudworth II 219
Platon (429—348 a. C.) **II 654 ff.** Verh. von Sinnlichkeit u. Denken in
Pl. Staat I 33. Einheit u. Vielheit im Philebus I 53. 372 f. Begriff
des „reinen Denkens" im Phaedon I 89. Lehre v. d. *ἀνάμνησις*
(Menon) s. Wiedererinnerung. Begriff d. Erfahrung (Gorgias)
I 127. Erziehungslehre I 185. Idee des Schönen (Phaedrus u.
Symposion) I 285 f. Definition des Wissens I 298, 389, Hypothese
I 341. *λόγοι* u. *πράγματα* (Phaedon) I 314, 349 f. Idee der Gleichheit (Phaedon) I 423. Ethik Idee des Guten II 656 f. Verh.
zur Mathematik II 655 f.
Vergleichung von P. u. Aristoteles I 83. Versöhnung beider
als Grundtendenz der Renaissance I 99. Plat. Dialektik
I 127, 131 f., 133, 163. Der „attische Moses" I 169, 591
P l a t o n i s m u s (vgl. bes. Neuplatonismus). Geschichtl. Wendung
des P. bei Cusanus I 32. Der P. Augustins I 33. Aristotel. Kritik
der Plat. Ideenlehre s. Aristoteles. Pl. und Augustinismus in der
Florent. Akademie I 78. P. Keplers I 79, 337. 372 f. Kampf zwischen
Platonismus u. Aristotelismus **I 86 ff.** Einführung der Pl. Philosophie (Plethon) I 82 ff. Pl. und Neuplatonismus, Pl. u. Plotin
I 84 ff., 285 f. Pl. bei Ramus I 131, 134; bei Campanella I 252;
bei Copernicus I 273; bei Giord. Bruno I 285 f., 298, 312; bei Kepler
I 336 f., 349; bei Galilei I 389 f. Bacos Urteil über P. II 5. Leibniz
und P. II 322. Pl. in der engl. Philos. II 202 ff., 215 ff. Einwirk.
auf Berkeley II 321 ff. Kant u. Plato II 705, 745
Plethon, Georgios Gemistos (1355—1450) **I 82 f.** Umbildung der Ideenlehre zur Götterlehre I 83. Geschichtsbegriff I 163 f.
Plotin (205—270) I 84, 285, 442
Ploucquet, Gottfried (1716—90) II 418, 472, 492 ff., 756
Plutarch (ca. 50—120) I 182

P n e u m a. Stoische Lehre vom P. I 233
Poisson (1781—1840) I 474
P o l i t i k s. Staatslehre
Pollock II 94, 121
P o l y g o n s. Kreis
Pomponazzi, Pietro (1462—1525) **I 105 ff.**, 147 f., 324. Einheit der Denkkraft I 106 ff. Erkenntnislehre I 110, 118
Porphyrius (ca. 232—304) I 84
P o r t - R o y a l **I 520 ff.** Logique de P.-R. I 529 f.
Porta, Giambattista (1540—1617) I 209
Portius (1497—1554) I 100
de Portu I 386
P o s i t i v i s m u s II 375, 408 ff., 736
P o s s e i p s u m (vgl. Möglichkeit). Begriff des p. i. (Cusanus) I 27. Das posse quaerere und das p. i. I 59. Esse und posse esse in Gott identisch II 82
P o t e n z u n d A k t bei Aristoteles I 65 f. Kritik u. Umbildung der Aristotel.-Unterscheidung **I 212 ff., 293 ff.**, 353. Aktualisierung der geistigen Potenzen durch die Sinnlichkeit I 31 f.
P r a e c i s i o I 30, 38, 49
P r ä f o r m a t i o n bei Leibniz II 183 ff.
P r ä s t a b i l i e r t e H a r m o n i e s. Harmonie
πράγματα Verhältnis der λόγοι zu den π. I 314
Prantl I 121, 406
Prémontval (1716—64) II 500 f.
Priestley, Josef (1733—1804) II 564
P r i m ä r e u. s e k u n d ä r e Q u a l i t ä t e n bei Galilei I 390 ff.; bei Descartes I 486; bei Leibniz II 172 f.; bei Locke II 262 Aufheb. der Unterscheid. bei Berkeley II 286, 307; bei Collier II 328 f.; bei Maupertuis II 423, 427, 485; im 18. Jahrh. II 488. — Method. Wiederherstellung des Unterschiedes bei Lambert II 490 (vgl. auch Subjektivität)
P r i m a l i t ä t e n der Macht, Weisheit u. Liebe (Campanella) I 248 ff., II 79 f.
P r i m i t i v e B e g r i f f e s. Begriff
P r i m z a h l II 142
P r i n c i p i u m i n d i v i d u a t i o n i s s. Materie
P r i n z i p i e n (vgl. Elementarbegriffe). Gewinnung der P. durch „Induktion"? I 129; keine selbständige Prinzipienlehre? I 127, 135. Beweisbarkeit der P.? I 128 f., 143 f., 512 f., 523. P. und „Tatsachen" I 393 f., 477. Einheit des Intellekts als Einh. der P. I 444. Resolutive Meth. zur Entdeckung der P. I 138 ff. Begriff des P's bei Newton II 402 ff. Formale P. der Erkenntn. (Kant) II 616 ff., 623. Prinzipienlehre bei Leibniz II 130 ff.; bei Berkeley II 324 f.
P r o d u k t i v i t ä t des Denkens s. Denken (Spontaneität)
P r o j e k t i o n. Projektive Geometrie s. Geometrie

Proklus (412—85) I 83, 84, 337, II 6
Proportion. Die Erkenntnis besteht in einer P. I 22, 303, 564 f.
P. und Harmonie I 333, 336. Verh. der P. zum denkenden Geist
I 333, 336 f. Universalmathematik als Wissensch. der P'en I 446,
563 ff. P. und Analogie I 459. Zahl als P. II 145
πρότερον πρὸς ἡμᾶς u. πρότερον τῇ φύσει I 141
Protestantismus I 170. Skepsis u. P. I 197; — I, 268
Psychologie (vgl. bes. Seele und Ich). Anfänge der P. bei
Augustin II 659. Anfänge der modernen Ps. I 126 (Vives). Reform
der Aristotel. Ps. I 98 ff.; — I, 554 ff. (Malebranche). Assoziations-
psychologie s. Assoziation. Problem der P. bei Hobbes II 68 f.;
Spinoza II 97 ff. „Beschreibende" Ps. bei Locke II 229 ff.; bei
Berkeley II 275 ff., 281; bei Hume II 335 ff. P. im 18. Jahrh.
II 558 ff. P. und Ästhetik II 564 ff. Tetens II 567 ff. Kant II 707,
719. Physiolog. Ps. I 554, 557, II 275 ff., 561 ff., 573 ff. P. der
Erkenntnis I 7, 64 ff., 69, 225 ff., II 41. P. der Begriffsbildung
I 573 f. (s. Begriff). Verh. der P. zur Logik I 572 (s. Psychologismus).
P. des Denkens I 132, 529 f., II 137 ff. P. der Definitionen u.
Axiome (d'Alembert) II 408 ff. Gewißheitschar. der „inneren Er-
fahrung" II 262, 726 f. Psycholog. Idealismus s. Idealismus. P.
der Dingvorstellung s. Gegenstand, der Raum- u. Zeitvorst. s.
Raum u. Zeit usw. Rationale P., Kritik der rat. P. I 191, II 728 ff.
Fortwirk. der substant. Formen in der neueren P. I 238 f. P. und
Geschichte I 164 f.
Psychologismus bei Hume II 362 f. P. und reine Logik II 322,
491 f., 496, 572 f., 574 ff.
Psychophysik. Problem der P. I 556
Ptolemäus (ca. 100—150) Almagest. I 374. Übersetz. des Pt. Alma-
gest. I 153. P.-Theorie I 343 f. Auffass. der Hypothese I 344
Punkt. P. u. Linie I 36, 266, 323, 454. P. als Minimum des Raumes
I 265 f., 305 ff. P. als Grenze u. als Teil der Ausdehnung I 307.
Die geometr. Gebilde als Inbegriffe von P'en I 421. P. als „ab-
solutes" Element I 455. P. u. Strecke bei Hume (mathemat. u.
sinnl. P.) II 343, 349 f. Kalkül der P'e II 147, 153. Punkt u. Seele
s. „Seele"
Pyrrhonismus s. Skepsis
Pythagoras (ca. 582—500 a. C.) I 163
Pythagoreer, Pythagoreismus I 87, 127, 312, 347, 369
Pythagoreischer Lehrsatz I 304

Q

Qualität (vgl. Quantität). Verh. der Qu. zum Körper, Qu. u.
Quantität I 86 f. Unteilbarkeit der Qualitäten I 86. Substanz
u. Qu. I 215. Die Qu'en u. der Raum I 263. Subjektivität der
sinnl. Qu. s. Subjektivität. Verh. von Qu. u. Quantität in der
Algebra I 431. Primäre u. sekundäre Qu'en s. dort. Kategorie

der Qu. I 544, 548. „Dunkle Qu." bei Newton u. in der Scholastik II 402 f.
Quantität (vgl. Größe). Qu. u. sinnliche Anschauung I 42. Allg. Größenbegriff I 308. Erkenntnis der Qu. als eingeboren I 338. Qu. und Substanz I 350. Qu. der Bewegung I 468 f. Kategorie der Qu. I 544
Quantität u. Qualität I 41 ff. Quantitat. u. qualitat. Naturansicht I 398 ff., II 12 ff., 15, 25 (näheres unt. substantielle Form) in der Chemie II 429 ff., 433, 435 ff. Verh. von Quant. u. Qual. in der Geometrie u. in der Analysis des Unendl. II 153 ff.
Quantitas u. quidditas I 43
Quia est. Bewegung des Geistes vom „quia est" zum „quid est" I 26, 139.
Quintilian I 123

R.

Rad des Aristoteles (rota Aristotelis) I 422
Ragnisco I 114
Raimond de Sabonde († 1437) I 174 f., 177, 189
Ramsey, Andrew Mich. (1686—1743) II 449
Ramus, Petrus (1515—1572) I 130 ff., 347, 368, II 10
Raphson, Joseph († 1715) II 450 ff., 454
Rapport. Wahrheit als r. s. Relationsbegriff
Ratio und causa s. Grund
Ratio und intellectus bei Cusanus I 49; bei Bruno I 280; bei Spinoza II 93
Rationalismus (vgl. Vernunft). R. bei Campanella I 253; bei Giord. Bruno I 280 ff., 304. R. bei Descartes s. Apriori (idea innata). R. u. Geschichte I 587 ff. R. u. Nominalismus (Hobbes) II 61. R. in der engl. Philosophie II 202 ff.; in Berkeleys letzter Epoche II 316 ff.; des Leibniz Wolff-Systems **II 522 ff., 546 ff.** Kritik des R. durch Kant II 688 f., 717. Rationale Psychologie s. Psychologie
Raum. Leerer R. I 6, 257, II 36 f., 246. Unterschied des „reinen" R'es vom Körper (vgl. R. u. Zeit) I 238, 257 ff., 264, II 37, 243 ff., 445. R. als „Basis aller Existenz" I 255, 258 f. R. als Relation der Körper II 244 f. (näheres unter R. u. Zeit). Absoluter R. als Grundlage der Geometrie I 255, II 619 f. Abs. R. als Postulat der Mechanik (Euler) II 473 ff., 704. Abs. R. nicht als besonderer „Gegenstand" (Kant) II 701 f. Umwandlung des abs. R'es in den „intelligiblen" R. (Leibniz) II 469. Stellung des Weltganzen im absol. R. I 376 f., II 620 f. Abs. R. als Idee (Kant) II 758. Unendl. Raum als Voraussetzung der endlichen Gestalten I 574, II 81, 698. R. als Ursprung der Größe I 261. R'begriff der neueren Naturwiss. I 262, II 36 ff., 463 ff. R. der Anschauung und R. der wissenschaftl. Konstruktion I 410. Gegens. des mod. Raumbe-

griffs gegen den Aristotelischen I 257 ff., 361. Atomistische Struktur des R'es? (G. Bruno) I 308 f. Gleichförmigkeit des R'es I 259, 360 f. Relativität des R'es bei Cusanus (vgl. Relativität) I 29. Der R. u. die Qualitäten I 263, 391. Verh. des R's zur Zahl s. Zahl. Verh. des R'es zu den K a t e g o r i e n (weder Substanz noch Accidens) I 260 ff., II 37 f., 485 (Euler). R. kein Gattungsbegriff s. Raum u. Zeit. Phänomenalität des R'es (R. als phantasma) bei Hobbes **II 62 ff.**, 66. Idealität des R'es bei Berkeley II 285 ff., 289 f.; in der Philos. des 18. Jahrh. II 462 f., 485 ff., 494 ff.; bei Kant II 621 ff. (vgl. R. u. Zeit). K a n t : (näheres unter R. u. Zeit). Entstehung der Kant. Raumlehre II 618 ff. R. u. Zeit II 683 ff. R. als unendliche gegebene Größe II 703. Einheit des R'es geht auf Einh. der Synthesis zurück II 695, 711, 716. P s y c h o l o g i e d e s R'es. Entstehung der R'vorstellung bei Berkeley II 276 ff., 685 f.; bei Law II 454 ff., 460 f. Analyse der R'vorst. bei Locke II 242 ff.; bei Hume II 347 ff.

R'welt und geistige Welt I 256 (vgl. Ideenwelt u. Erscheinungswelt). R. als Mittleres zwischen körperl. und geistigen Sein I 261. Verh. Gottes zum Raume s. Gott. Stellung des R'es in der metaphys. Ordnung der Wirklichkeiten I 263. Hypostas. des R'es zur geistigen Wesenheit I 267, 467, II 246, **442 ff.** 451 f.

R a u m u n d Z e i t. A b s. R a u m u. a b s o l u t e Z e i t II 448, **463 ff.**, **472 ff.** (Euler), 477 (Maclaurin). Kritik dieser Begriffe bei Law II 455 ff.; bei Berkeley II 297, 301 f., 465 ff.; bei Leibniz II 468 ff.; bei Kant II 701 f. Verh. des reinen R'es u. der reinen Z. zu den „Dingen" II 464 ff., 469 f. (Leibniz), 478 ff., 482 ff. (Euler), II 495 (Ploucquet), II 620 f., 701 ff. (Kant). R. u. Z. als „Ordnungen" bei Leibniz II 187 f., 468 ff.; bei Hume II 347 f.; als reine Relationsbegriffe II 458 ff.; als Ideen des göttlichen Verstandes II 494 f. R. u. Z. als „reale Modi" der Dinge II 506 ff., 512 ff.

R. u. Z. als V e r s t a n d e s b e g r i f f e (Kategorien des Verstandes) I 550; bei Law II 454 ff., 460 f.; bei Leibniz II 470; bei Kant II 622 ff.; als „ewige Wahrheiten" II 469 ff.; als apriorische Grundbegriffe (Lambert) II 543 f.; als „objektive Grundsätze der Synthesis" (Kant) II 624. Objektivität von R. u. Z. gegenüber den Sinnesqualitäten I 391, 457 f., II 704 f. R. u. Z. keine „diskursiven" (abstrakten) Begriffe I 231, 261, 264, II 480 f., 698 f.; als Geschöpfe der „Einbildungskraft" II 460 ff. „Betrug der Einbildungskraft" II 632; [Polemik hiergegen bei Euler u. Kant II 475 ff., 633;] als „reine Anschauungen" II 699; als apriorische „Erkenntnisquellen" II 325 ff., 704; als „Formen" der A. nicht als „Gegenstände" II 326 f., 701; als „Einzelbegriffe" (conceptus singulares) II 626; als „reine Begriffe der Anschauungen" II 626.

I d e a l i t ä t von R. u. Z. II 462 f. (Law), **485 ff.** (Maupertuis), 494 ff. (Ploucquet). Ideal u. imaginär (Boscovich)

II 519 f. R. u. Z. als „verworrene" Vorstell.? **II 502 f.**, 633 ff.
Neuer Sinn (Idealität = Objektivität) bei Kant II 633, 687, 705.
Idealität bei Berkeley u. bei Kant II 325 ff. „Subjektivität"
u. „Idealität" II 704. „Objektivität" (nicht „Substantialität")
von R. u. Z. II 37 f. R. u. Z. als „Form der Erscheinung" (II 631).
Verh. von R. u. Z. zum G o t t e s b e g r i f f I 13. H. More
II 442 ff., Newton II 446 ff., Raphson II 450 ff., Ploucquet
II 495 f. (Geistige Natur von R. u. Z. s. Raum). Kritik dieser
Lehren bei Kant II 629 ff.
  Psycholog. Analyse des R'es u. der Zeit s. Raum. Ableit. von
R. u. Z. aus dem Satz des Widerspruchs II 554 f., 595. Unendl.
Teilbarkeit des R'es u. der Zeit s. Minimum.
R e a l i s m u s. Empir. R. (= transzendentaler Idealismus)II 727 f.
Begriffsrealismus s. Begriff.
R e a l - n o t i o n a l w a y I 549 f.
R e c h n e n. Denken u. R. s. „Denken"
R e c h t. R. und Macht I 519. Hobbes' Rechtslehre II 46, 98;
II 127
R e f l e x i o n I 142. Vieldeutigkeit des Begriffs der R. bei Locke
II 233 ff., 236 ff. Kritik von Lockes Begriff der R. bei P. Browne
II 558 ff.; bei Hartley II 561 ff. R. als inward feeling bei Berkeley
II 312. R. als Kriterium der Sensation II 249. R. und „Abstraktion"
II 480.
R e f o r m a t i o n s. Protestantismus
R e g e l. Die „R." in der Geometrie der Indivisibilien I 427. Verstand
als „Vermögen der Regeln" II 716
Regiomontan (1436—76) I 153, 342
Regis, Pierre Sylvain (1632—1707) I 530 f.
R e g r e s s u s s. Kreislauf. Unendlicher Regreß im Beweisverfahren
I 179. Empirischer R. II 754 ff.
R e g u l a t i v e s P r i n z i p II 754 f., 757
Reid, Thomas (1710—1796) II 388 ff., 577
R e i h e. Theorie der R'n I 420
R e k o g n i t i o n. Synthesis der R. im Begriff II 711, 716
R e l a t i o n. Logik der R'en I 446, 563 ff. Gewißheit der reinen
Relationsbegriffe I 339 vgl. relations of ideas unter "Idee." Wahrheit
geht in „Beziehungen" auf I 563 ff. R. u. Funktion I 417. Eigenart der R'sbegriffe I 246 f., 407 f., 449. Gattungsbegriff u. R'begriff
s. Begriff. Verkennung der R'begriffe bei Aristoteles I 337. Begriff der
R. bei Leibniz II 145; bei Locke II 269. Arten der R. II 270. Verhältnis der R. zu ihren „Fundamenten" (Norris) II 220, (Law)
II 457 ff. Wahrheit als R. von Ideen s. Idee u. Wahrheit. Alle
R'en schließen einen Akt des Geistes ein II 290; daher nur begriffliche Erk. von ihnen möglich II 303 f. (Berkeley). Gesamtheit
der R. nicht auf Identität u. Verschiedenheit zurückzuführen
(Tetens) II 571. Tätige Hervorbringung der „Verhältnisgedanken"
(Tetens) II 572. Verhältnisse der „Vergleichung" u. der „Ver-

bindung" (Leibniz) II 571. Kategorien der R. (Kant) II 643 ff., 670 f.
Relativität. R. und Wandelbarkeit der wissenschaftlichen Grundbegriffe I 3 f., 16. R. der Erkenntnis (Gebundenheit an best. Grundkategorien) I 533 ff., 544 ff. R. der Erkenntnis als Schranke u. als positive Grundbedingung I 98, 404, 562 f., II 738. R. der sittl. Gesetze I 180 f. R. der Glaubensformen I 189 f. R. der Kräfte (Wirkung u. Gegenwirkung) I 364 vgl. 374. R. der Wahrnehmung I 562. R. der Wahrheit II 491 f., 574 ff. (Abhäng. von der „Organisation"). Kritik dieser Ansicht bei Tetens II 580 ff. R. aller Ortsbestimmung (bei Cusanus) I 29. R. der Bewegung I 407, 466 f., II 177, 243, 758; — I, 374, 562, 594, II 243
Religion (vgl. Gott u. Theologie). Einheit der R. in der Verschiedenheit der Riten I 30, 167 ff., 196 f., 268. Problem der Entwicklung der R. I 156. Religio indita I 168. R. u. Sittlichkeit I 183, 190, 195 f., 520 ff., 524 f., 590. R. und Offenbarung I 189. Anthropolog. Grund der R. I 190. Grenzen von R. und Wissenschaft I 276. Relig. u. sittl. Wahrheit I 277. Gedanke der Universalrelig. bei Herbert v. Cherbury II 203 ff.
Religionsphilosophie I 12, 520 ff., II 83, 115, 315 ff., 649 ff., 658 f.
Renaissance I 11. R. des Erkenntnisproblems I 8. I 19 ff. Verh. der R. zur Antike I 185. R. und Mittelalter I 12, 72 f., 77 f., 120 ff. Stellung der Philosophie in der Kultur der R. I 74 f., 145 f. Stellung des Erkenntnisproblems I 76 f., 116. Neuer Begriff des Bewußtseins I 77, 171. Individuum u. Gesamtheit I 77 f. Seelenproblem I 100, 108 f. Verh. zur Scholastik I 121 f. Überg. von der philolog. zur mathemat.-naturw. R. I 135
Renan (1823—92) I 75, 104, 105
Repräsentation. Problem der R. I 149, 227 f. R. einer Gesamtheit durch eine einzelne Vorstellung I 230. Problem der R. bei Berkeley II 282, 286 ff., 296, 299 ff., 317 f. „Möglichkeit" der R.? II 713 (Kant)
Reproduktion. R. u. „Reproduzibilität" der Ersch. II 708 f. Synthesis der R. II 711
Resolutiv. R'e Methode s. Methode
Reuchlin (1455—1522) I 163
Rezeptivität (vgl. Passivität u. Denken). R. u. Spontaneität II 635 ff., 696, 760. R. der Sinnlichkeit II 744. Ding an sich als Korrelat der R. s. Ding an sich
Rhäticus (1514—76) I 379
Rhetorik. Philosophie u. Rh. I 123 f., 131. Logik u. Rh. s. Logik
Rhythmus (vgl. Harmonie) I 335
Richter, Jean Paul I 318
Richter, Raoul II 309
Richtung. Erhalt. der R. s. Erhaltung
Riehl, Aloys II 36, 247, 349

Ritter, Heinrich I 105
R i t u s. Religion u. R. I 30
Robertson II 52, 58
Roberval (1602—75) I 429
Rocco, Antonio I 275
Rocholl I 83, 99
Rosenberger II 421, 679
Rousseau, Jean Jacques (1712—78) I 184, 187, 599, II 565. R. u. Kant II 605
R o y a l S o c i e t y II 397 ff.
Rüdiger, Andreas (1671—1731) II 525 ff., 532
R u h e. R. als Grundlage u. Substanz der Bewegung (motus = quietes seriatim ordinatae) I 43, R. als unendl. kleine Beweg. II 158 f.

S.

Sainte Beuve I 520
S a m e n der Erkenntnisse (semina veritatis) I 91, 451.   „S. der Dinge" I 157, 213 f., 295
Sanchez, Franz (1562—1632) I 178, 198 ff.
Sante Felici I 169, 270
S a t z d e s n i c h t z u T r e n n e n d e n u. S a t z d e s n i c h t z u V e r b i n d e n d e n bei Crusius II 555. S. des Widerspruchs s. Widerspruch. S. der Identität s. Identität
Savonarola (1452—98 I 146
Scaliger, Julius Cäsar (1484—1558) I 257 f., 354
S c h a u e n. Sch. der Ideen (der Dinge) in Gott s. Bewußtsein und Intuition
S c h a u s p i e l k u n s t I 187
S c h e i n. Erscheinung und Sch. s. Erscheinung
Scheiner, Cristoph (1575—1650) I 404
Scheler, Max I 15
S c h e m a. S. und Bild II 714. S. als Monogramm der reinen Einbildungskraft II 716. S. des regulativen Prinzips der Vernunft II 757
S c h e m a t i s m u s der reinen Verstandesbegriffe II 712 ff., 731
S c h l u ß. Der Schl. im Verh. zur Wahrnehmung I 243 f. Allgem. Lehre von der Schlußformen II 146. Unbewußte Schlüsse bei Descartes und Malebranche II 280. Bekämpfung dieses Begriffs bei Berkeley II 280 f.
S c h ö n h e i t (s. Harmonie u. Ästhetik). Sch als Werk des „Instinktes" (Herbert v. Cherbury) II 205. „Subjektivische" Natur der Sch. II 576
S c h ö p f u n g II 620 f. Bewegung als beständ. Sch. (transcreatio) I 566, II 40, 152

Scholastik. Kampf der Renaissance gegen die Sch. I 120 ff.
Verteidigung der Sch. bei Pico I 122. Sprache der Sch. I 122, 125.
Begriffstheorie I 150 ff. Raumlehre I 257 f. Individ. u. Natur I,
275 Sch. u. exakte Naturwissensch. I 379 f., 383 ff, 417, II 402 f.,
406 f. Sch. und moderne Logik I 448 f., 528 f. Kritik der Sch.
bei Bayle I 589 f. Baco und die Sch. II 24. Gassendi und die Sch.
II 30, 45. Leibniz und die Sch. II 188; — II, 221, 412,
448, 691
Schopenhauer, Arthur (1788—1860) II 486 f., 550, 700
Schottische Schule II 387 ff. (vgl. Common sense)
Schubert I 219
Schultze, Fritz I 83
Schweizer, Poetik der Sch. II 566
Schwere vgl. Gravitation I 392, 408, Sch. keine „wesentliche"
Eigenschaft II 679. „Wesen" der Sch. II 402 ff.
Scientia generalis. Problem der S. g. bei Leibniz II 138 ff.,
142 ff, 181 f.
Scientia infinita I 59
Seele (vgl. bes. Geist, Ich, Bewußtsein). Menschl. S. als die Kraft,
die sich allen Dingen anzugliedern vermag I 35; als „vis complicativa" I 39; als ursprüngl. Einheit I 87. S. als „lebendiger Punkt"
I 87. Verh. der S. zum All: die „Mitte des Alls" I 88 f., 160.
Rückkehr der S. zu ihrem geistigen Ursprung I 88, 248 f. Unsterblichkeit I 89 ff. Problem der S. in der Renaissancephilos.
I 100 ff.
Fortgang vom S'begriff zum Bewußtseinsbegriff I 100 ff. Korrelation von S. und Körper I 101, 107 ff., 112, 118, II 123. Einheit
der S. I 106 ff., 118, 232. Verh. der menschl. S. zu den „reinen
Intelligenzen" I 110 ff. Sensitive u. intellektuelle S. I 111. Immaterialität der S. I 112. Begriff der seel. Tätigkeiten I 231
(esse in anima und esse ab anima). „Wesen" der S. im Selbstbewußtsein I 250 f., 488 f. S. als Prinzip alles Wirkens I 205 ff.,
278, vgl. „Beseelung" und „Weltseele". Übergang des S'begriffs
in den mathemat. Kraftbegriff I 354 ff.
Verzicht auf die Erkenntnis der S'substanz I 130, 555 ff. (Malebranche: keine „Idee" der S.) II 267 (Locke) 560 (Browne). Entwicklung des S'begriffs bei Spinoza II 122 f. S. als „geistiger
Automat" II 91. Begriff der S. bei Platon II 657; bei Digby
II 208. S. als Entelechie (Leibniz) s. Entelechie. S. als „forma
assistens" oder „forma informans" I 117 ff. S. und Harmonie s.
Harmonie. Verhältnis von S. u. Körper I, 87 ff; bei Descartes
I 502 ff.; bei Spinoza II 122 f. Einwirkung der S. auf den Körper?
I 504; im Cartesianismus I 506 f., 541 ff., 557 f.; bei Spinoza II 75;
bei Gassendi II 43 f.; bei Burthogge I 548 f.; bei Glanvill II 400.;
in Kants vorkr. Schriften II 617 ff. Neue Fassung des Problems
bei Kant II 722 ff. Kritik der S'substanz bei Kant II 729 ff.
Seelenwanderung I 82

S e h e n (vgl. Wahrnehmung). Theorie des S's bei Telesio I 236 f.;
  bei Descartes I 487 f., II 279 f.; bei Malebranche I 554; bei
  Arnauld I 579 f.; bei Gassendi II 32 f.; bei Berkeley I, 236 f.,
  II 275 ff.
S e i n vgl. Wirklichkeit, Existenz, Gegenstand. S. als aprior. Grundbegriff I 462, 492, 538 f., II 209 ff. S'begriff bei Platon II 654 ff.;
  bei Spinoza II, 107 ff. Das absolute S. u. die Verstandesbegriffe
  s. „Absolut". Keine Impression des S's (Hume) II 373. S. als
  Copula u. als Ding II 221. S. u. Wirklichkeit (Essenz u. Existenz)
  II 221. Das Verhältniswörtchen „Ist" II 666.
S e l b s t b e w u ß t s e i n. Begriff des S. als Grundlage der Geisteswissenschaften I 9, 187 ff. Verh. des S. zur Ethik u. Religionsphilosophie I 12, 171 f. Problem der Möglichkeit des S's I 198,
  204, 231, 250, II 43, 560. Selbsterkenntnis u. Gotteserkenntnis
  I 224 f. S. und Selbsterkenntnis I 555 f. S. als Ausgangspunkt
  der Erkenntnistheorie bei Augustin II 659; bei Campanella I 240,
  249 ff.; bei Descartes I 488 f., II 44 f. „Wesen" der Seele im S.
  I 250. Das S. und der Begriff des Unendl. I 281. Problem des S.
  bei Spinoza II 123; bei Leibniz II 137 ff.; bei Ploucquet II 493;
  bei Hume s. Ich.; bei Kant II 706 ff. Subjekt. u. objektive Einheit
  des S. II 718.
S e l b s t b i o g r a p h i e I 188 f.
S e l b s t e r k e n n t n i s vgl. „Selbstbewußtsein"
S e l b s t t ä t i g k e i t des Geistes s. Denken (Spontaneität des
  Denkens)
S e m i o t i k s. Zeichen
Seneca (2—65) I 182
Sennert, Daniel (1572—1637) II 434
S e n s a t i o n. S. u. Reflexion bei Locke II 232 ff.; bei Berkeley
  II 278 ff.; bei Condillac II 417. Auflösung der Reflexion in die S.
  II 558 ff.
S e n s u a l i s m u s (vgl. Sinnlichkeit u. Denken) I 235, II 30 ff.,
  33 f., 39, 278, 340 ff., 412, 526 f., 558 ff., 564 ff. S. und Idealismus
  II 43. Sens. Begründung der Mathematik s. Mathematik. Kritik
  der S. in Berkeleys späterer Periode II 321; bei Kant II 709 ff.,
  719 f.
Sextus Empiricus (ca. 200—250) I 173, 179, 200
Shakespeare (1564—1616) I 187
Sigwart, Christoph II 74, 77, 78, 94, 100, 120
S i m i l i t u d o s. Ähnlichkeit
Simmel II 108
Simplicius († 549) I 341, 344
S i n n. S. als „aktive Kraft" I 210 f. Verh. des äußern und inneren
  S's bei Kant II 726 ff. Innerer S. II 718, 736
S i n n e s t ä u s c h u n g I 567. S. nicht in der Empfindung, sondern
  im Urteil begründet II 34 ff.
S i n n l i c h e u. i n t e l l i g i b l e W e l t s. Ideenwelt

Sinnlichkeit. Verhältnis von S. und Denken bei Cusanus I 31; bei Bruno I 280 f., 284, 288 ff.; bei Kepler I 339; bei Galilei I 379 f.; bei Bacon II 8 ff.; bei Gassendi II 33 ff., 39 ff.; bei Descartes I 485; bei Hobbes II 64; bei Digby II 211; bei Cudworth II 216 ff., bei Norris II 223; bei Berkeley II 286 ff., 321 f., 326 f.; bei Hume II 337 f., 347 f.; bei Condillac II 564 ff.; bei d'Alembert II 412. bei Kant II 326 f., 622 f., 625 ff., 630 ff., 645 f., 683 ff., 693 ff., 698 ff., 731, 744 f., 748. Vereinigung von S. u. Denken im Schema II 713 ff. Neuer Begriff der S. bei Kant (S. nicht „verworren") II 633 ff., 502 f.
    Neues Verh. von S. u. Denken im Copernik. System I 272, 280 f.; in der exakten Wissenschaft I 315 f., 379 ff., 385 f. S. u. Denken im Phaedon I 89 f., 314. Wahrn. als „Paraklet" des Denkens I 33; als Bedingung der Aktualisierung der geistigen „Potenzen" (Cusanus) I 31 ff. Korrelation von S. u. Denken I 102, 108 ff., 112, 116, 119, 220 f., 290, 545 ff.
Sittlichkeit s. Ethik
Skepsis I 146, 172 ff. Antike u. moderne S. I 173. Skepticism. u. Stoicismus I 182. Mittelalterl. u. moderner Typus der S. I 192 f. Theorie der S. bei Campanella I 245 f. S. und Naturwissenschaft I 198, 316. S. u. Offenbarungsglaube I 522 f., 526 f. Skeptiker u. Dogmatiker I 411, II 177. Überwind. des skept. Wirklichkeitsbegriffs bei Leibniz II 176 ff. Erfahrungslehre der antiken S. II 356 f. Nachwirkung bei Hume II 359 ff. u. Glanvill II 398 ff. — I 586, II 120, 492, 500
Skepticismus. Verh. des Idealismus zum S. II 294 f.
Socinianismus I 600
Sokrates (469—399 a. C.) I 172, 185, 314, 330, 484, II 656
Sollen (vgl. Autonomie u. Ethik). S. u. Sein II 760
Sommer, Robert II 489, 567
Sophistik. S. und Wissenschaft I 321
σώζειν τὰ φαινόμενα s. „Hypothese"
Spedding II 5, 16
Spekulation. S. u. „Invention" I 222
Speziestheorie I 37, 64 ff., 147 f., 198, 226 ff., 335, II 30 ff., 44 f., 691. Sinnliche u. intelligible Spezies I 232, 238 f. Überwindung der S. durch Descartes I 487. Die „Spezies" der Algebra (Logistice speciosa) I 431. Kritik der S. s. Abbildtheorie
Sphärentheorie I 341
Spiegel. Das Ich als „Spiegel" des Alls I 63
Spinoza (1632—77) I 550, 568. (Verh. zu Malebranche) **II 73 ff.** Früheste Fassung der Erkenntnislehre II 73 ff. Begriff der Intuition II 76 f. Verh. zu Bruno und Campanella II 78 ff. Aktivität und Selbständigkeit des Denkens II 85 ff. Wahrheitsbegriff II 86. Lehre von der Definition II 89 ff. Realgrund u. Erkenntnisgrund II 91 f. Die „festen und ewigen Dinge" II 94 f. Freiheitsproblem II 96 f. Verh. zu Hobbes II 98 ff. Substanzbegriff, Substanz u. Modi

II 102 ff. Attributenlehre II 116 ff. Unendlichkeit der Attribute
II 119 ff. Attribut des Denkens II 121 ff. Seelenbegriff u. Selbstbewußtsein II 122 ff. Verh. zu Leibniz II 126, 129 f. 183, 187.
S. u. Tschirnhaus II 191; — II, 202, 453, 670, 689
S p i r i t u a l i s m u s bei Digby u. Cudworth II 214, 216; bei
Berkeley II 312 ff., 323 f., 468, 661; bei H. More II 444; bei Leibniz
s. Monadologie. Kants Kritik des Sp. II 725 ff.
S p i r i t u s s. Geist
S p o n t a n e i t ä t. Sp. des Denkens s. Denken. Sp. im Sittlichen
II 634 ff., 760, vgl. Autonomie
S p r a c h e (vgl. Wort, Nominalismus) I 82. Verhältnis von Sp. und
Begriff I 122, II 55 ff. Sprachwissenschaft I 123. Dialektik als
Wissenschaft der Sp. I 125 f. Sp. als Leitfaden der Logik I 133.
Einfluß der Sp. auf die Metaphysik I 538, 540, II 21. Vernunft
und Sp. II 415 ff. Die Wissenschaften als method. geordnete
Sp'n (Condillac) II 417 f., 440 f. Problem der Sp. bei Lambert
II 418; bei Sulzer II 419 ff. Ursprung der S. II 420 f.; bei
Maupertuis II 490 ff. Plan einer philosoph. Universal-Sp.
II 192 f.
S t a a t s l e h r e bei Campanella I 328; bei Hobbes II 46, 57, 69 f.;
bei Spinoza II 98, 127
Stadler, August II 721
Stahl, Georg Ernst (1660—1734) II 162, 435 f.
S t a t i k. Verh. der S. zur Metaphysik (Cusanus) I 24. Begründung
der S. I 359. Grundprinzip der S. I 465.
Stein, Ludwig I 165
Stephen, Leslie II 395
S t e t i g k e i t s. Kontinuum, Kontinuität
Stevin (1548—1620) I 359
S t o a. Stoische Ethik I 182. Verh. von Skepticismus u. Stoizismus
I 182. Physik I 206. Lehre vom Pneuma I 233. Einwirk. der S.
auf Herbert v. Cherbury II 207
S t o f f vgl. Materie
S t o ß. S'gesetze I 468, 479 f., 560 ff., II 158 ff., 507 ff. (Boscovich)
595, keine logische Deduktion der S'gesetze möglich. (Hume)
II 355 f. (Maupertuis) II 424 f.
Streintz II 482
Struntz, Franz I 219, 221, 223, 429
Sturm, Johann Christoph (1635—1703) II 500
Suarez (1548—1617) II 221
S u b j e k t. S. und Objekt, Ich und Gegenstand (Verschmelzung
beider im Akt der Erkenntnis) **II 648 ff.** I 203 f. 223 f., 239, 241,
247 ff., 279 ff., II 44 f., 74 ff., 79, 208. Bedeutungswandel im
Terminus des S. I 9, 550. S. u. Objekt in der Renaissancephilosophie I 79 ff. Überwindung des S-Objekt-Schemas durch die
Mathematik II 653; bei Kant II 662 ff., 721 ff. Korrelation von S.
und Objekt (kein S. ohne Objekt) II 290. Enthaltenseins des

Prädikats im S. im gültigen Urteil II 132 ff., 139, 160 f., 180.
S. u. Prädikat im analyt. und im synthet. Urteil II 678
S u b j e k t i v i t ä t bei Augustin u. im modernen Denken II 659   S.
der sinnlichen Qualitäten I 390 ff., 458 f., 576, 594. „primäre"
und „sekundäre" Eigensch. s. dort
S u b j e k t i v i s c h e u n d o b j e k t i v i s c h e N a t u r der Wahrheit (Lossius u. Tetens) II 575 ff.
S u b j e k t i v i t ä t u n d O b j e k t i v i t ä t der Verstandesbegriffe (Kant) II 646, 704 f.
S u b n o t i o bei Fracastoro I 228 f.
S u b r e p t i o n der Empfind. II 705 vitium subreptionis transcendentale II 631
S u b s t a n t i e l l e F o r m. Kampf gegen die s. F. als Grundtendenz der Renaissance I 76. Logik der s. F. I 130.   S. F. in der Physik und in der Psychologie I 238, 504 f. Der Naturbegriff der s. F. und der mathemat. Naturbegriff I 349 ff., 360 ff., 402 ff., II 12 ff., 25 ff, 48.   S. F. als Einheit von „Gesetz" und „Gestalt" I 371. Unerkennbarkeit der s. F. I 147, 402 ff. (Galilei), 549, 554.   Das subst. Innere der Seele u. des Körpers gleich unbekannt (Locke) II 267
S u b s t a n z.   Begriff der S. bei Aristoteles s. Aristoteles u. substantielle Form. Kritik des Aristotel. S'begriffs I 146 ff. (Francesco Pico); I 215 f. (Patrizzi); I 296 ff. (Bruno); I 486 ff., 504 f. (Descartes); I 540 ff. (Geulincx); I 545 ff. (Burthogge); I 558 ff. (Malebranche.) Kritik des S'begriffs bei Locke II 263 ff.; bei Hume II 372 ff. G e i s t i g e u. k ö r p e r l. S'en (subst. cogitans u. subst. extensa) I 234, 502 ff., 541 f. (Geulincx); 547 f. (Burthogge); 556 ff. (Malebranche). Verhältnis beider im Okkasionalismus s. dort. „Geistige S'en" bei Locke II 267; bei Berkeley II 311 ff.; bei Leibniz s. Monadologie; bei More II 443 f.   Verh. der immateriellen S. zum Raume II 617 ff. S. u. Bewegung II 24. Verh. der S. zur körperl. Masse I 44 f. S. u. Tätigkeit I 44 (Cusanus); als Grund der Veränderungen (Leibniz) II 184 f.   S. und Ausdehnung I 44, 463 f. S. u. Selbstbewußtsein II 493. Kritik der Seelen-S. s. Seele. S. und Qualitäten I 215, 486. S. und „Inhärenzen", S. und „Accidentien" I 128, 145, 148, 349 f., 402 f., II 444 f. S. und Accidenz als Modi des D e n k e n s (modus apprehendendi) I 540 ff., 544 ff., II 212.   S. als K a t e g o r i e I 540 f., 545 f., 548; bei Kant II 643 ff., 647, 725. S. als G r u n d s a t z II 720. S. als Vorstellungsbild u. als log. Funktion II 268 ff. S. als Ding u. als Regel I 447, 486 ff., II 106 ff., 110 ff., 118 ff. Verh. der S. zu den Modi (Spinoza) **II 102 ff.**, 106 ff., 113 ff. zu den Attributen II 119 ff.   Einheit der S. nicht als Zahleinheit II 112 ff., als dynamische Einheit II 113. S. nur durch den Intellekt zu erfassen I 44, 147 f., 487, 498, II 64.   Beharrlichkeit in der Zeit als Kriterium der S. II 726 ff. S'begriff der modernen Chemie. (S. u. quantitative Erhaltung) II 435 f., 440

Substanzbegriff u. Funktionsbegriff. Übergang
vom S. zum F. in der modernen Physik I 77, 349 ff. S. u. F.
in der Scholastik I 122; in der neueren Wissenschaft I 246 f.,
316, 349 ff., 402, 409, 417; in der Mathematik I 436; bei Descartes
I 447 f., 504 f.; bei Newton II 402 ff., 406 f.; bei Boyle II 423 ff.,
670 ff.
Sudhoff I 219
Süßmilch (1707—67) II 420
Suggestion. Begriff der S. bei Berkeley II 283, 314; bei Reid
II 389
Sulzer, Johann Georg (1720—79) II 419, 552, 574
Swedenborg (1688—1772) II 616
Syllogistik. Kritik der S. I 133, 135, 198, 317, 379, 439 ff., 446,
528. S. als Grundmethode der Logik I 136. S. und regressive
Meth. I 143, 449. Satz der Identit. als Prinzip der S. II 355.
Mathematik und S. II 526
Symbol. Das Individuum als S. des Alls I 23 (vgl. Mikrokosmus)
218. Der menschl. Geist als S. der Gottheit I 30, 37, 283,
Natur als S. der Gottheit. I 224, 268 f., II 309, 316. Der
Punkt als S. der Linie I 40. S'ischer Zusammenh. der Glieder
des Alls I 154, 536. Die Körperwelt als S. der Idee I 206.
S. und kausale Erkenntnis I 157, 348. Magie der S'e und
natürl. Magie I 209 S'ische Verwendung der Mathematik
s. Mathematik. Alle Erk. erfolgt durch sinnl. S'e I 227.
Algebraische S'e I 431. Geometrische S'e realer Verhältnisse
I 459, 466. S'ische Entsprechung von Vorstellung u.
Gegenstand I 488 f. Begriff des S's bei Leibniz II 140,
150, 167 ff., 187 f.; bei Berkeley („Zeichensprache" der
Natur) II 309, 316 f., 319; symbol. Funktion der Empfindung
bei Berkeley II 278. S'ische Erkenntnis Gottes u. der Seele
II 560 f. Wert der symbol. Erkenntnis II 417 ff. S'ische Erk. bei
Kant II 757. S'Erkenntnis in der Physik II 416 ff. Chemische
Symbolik II 440 f.
Symmetrie. S. u. Kongruenz II 619
Sympathie und Antipathie als Grundkräfte I 278 f,
360, 399 f.
Synthesis vgl. Analysis. Eigentümlichkeit der geistigen
S. I 243. Die Synthesen des Gedankens u. die S. der
Natur I 305. Die Grundbegriffe als Ergebnisse intellekt.
Synthesen. I 539. Begriff der S. in Kants vorkrit. Schriften
II 589. S. qualitativa u. S. quantitativa II 625. S. a priori II 616.
S. als „Handlung des Gemüts" II 645. Stufen der S. II
710 ff.; — II, 590 ff., 612 ff., 674 f., 680 ff., 684, 688, 693,
695 ff., 749
Synthetische Grundsätze II 614 ff., 623 ff.
Synthetisches Urteil. Allmähl. Entwicklung des Begriffs
bei Kant II 612 ff. Analyt. u. synthet. Urteil s. analytisch

T.

T a f e l der Grundbegriffe (d'Alembert) II 408 ff. Lambert II 537
Tallarigo I 278
T a n g e n t e n p r o b l e m. Allgem. T. I 429. Tangentenmethode bei Roberval I 428 ff. Umgekehrtes T. II 158
Tannery, Paul I 482
T a p f e r k e i t als ethische Grundtugend II 84
T a s t s i n n I 233. T. u. Gesichtssinn II 277 ff., 284 f.
T a t s a c h e (s. Faktum). T. und Hypothese s. Hypothese. Tatsachenwahrheit u. Vernunftwahrheit s. Vernunft
T a u b s t u m m e II 573 (Diderot).
T e c h n i k. Technischer Gesichtspunkt der Erkenntnis II 4 ff., 18
T e i l s. Ganzes
T e l e o l o g i e. Problem der T. bei Plethon u. Bessarion I 83. Kritik der T. bei Montaigne I 175; bei Galilei I 413 ff.; bei Geulincx I 536 f.; bei Spinoza II 104 ff. Immanenz u. Transzendenz der Zwecke I 216 f. Zweckbegriff u. Kraftbegriff I 315, 343. Zweckbegriff u. Naturbegriff (teleolog. Physik u. Astronomie) I 344, 358, 371, 376, 399, 400 f., 412 ff., 415. T. bei Leibniz II 188. Reich der Natur u. Reich der Zwecke II 190. Tel. Begründung der Mechanik (Maupertuis) II 425 ff. Mechanismus und T. II 601
Telesio, Bernardino (1508—88) I 72, 152, 180, 212 f., 216 f., 226, **232 ff.**, 243 (Verh. zu Campanella), 258 ff. (Raumlehre), 279, 297, 315, 439, 591, II 26 (Verh. zu Baco), II 78, 82 ff., (Verh. zu Spinoza)
T e r m i n i s m u s I 230, 345. Verh. Berkeleys zum T. II 288
T e r m i n u s. Minimum und T. I 306 ff., vgl. „Grenze"
Tetens, Nicolaus (1736—1805) II 567 ff., 574 ff., 592, 627, 712 (Kant u. T.)
T h e i s m u s s. Gott
T h e o l o g i e (vgl. Kirche, Religion, Glaube). Mathemat. Theologie bei Cusanus I 45 ff., 52 ff. „Negative Th." I 22. Kritik der rationalen Th. I 175, 189, 594 ff.; bei Kant s. „Gottesbeweise". Spekulative Th. I 248. Erlösung und Gnadenwahl I 520 ff. Th. und Philosophie I 589 f., II 51, 101. Natürl. Th. im 18. Jahrh. u. bei Kant II 600 f. Spekulative Th. bei Berkeley II 308 f., 313 f.
T h e o r i e. Verh. der Th. zur Beobachtung s. Erfahrung
Thomas von Aquino (1225—74) I 240. Psychologie der Liebe I 249, 251, 282. Astron. Methodenlehre I 344, Begriff der Materie I, 352 II 82
Thümmig (1697—1728) II 554
T i e f e. Entstehung der T'vorstellung (Berkeley) II 278 f.
Tieftrunk (1760—1837) II 594
Tocco I 278, 290, 304
T o d. Problem des T'es I 191 f.
Tönnies II 57
della Torre I 99
T o t a l i t ä t. Unbedingte T. der Erscheinungen II 754

T o t a t i o. Totum und T. I 539 f.
T o t u m. T. discretum und t. distributivum II 134
T r ä g h e i t I 365, 397 f. T'gesetz s. Beharrungsgesetz
T r a n s c r e a t i o II 152
T r a n s i e n t e n n d i m m a n e n t e U r s a c h e s. Ursache
T r a n s s u b s t a n t i a t i o n I 528
T r a n s z e n d e n t, T r a n s z e n d e n z. T'e Kurven II 144; —
  T. des Gottesbegriffs (Nik. Cusanus) I 22 ff. — T. des Erkenntnisgegenstandes in der mittelalterl. Philos. I 27. Problem der T. in der Renaissance I 74 f.; bei Ficinus I 97 f., 116, 119 f. T. des Unendlichen bei Descartes I 499. Transz. Gegenstand vgl. absolutes Objekt. Problem der T. bei Locke II 273; bei Berkeley II 276 ff., 284 ff., 294 f.; bei Norris II 223 f.; bei Collier II 328 ff.; bei Hume II 346, 371 f., 374 ff. Widerlegung des psychologischen Idealismus bei Kant II 726 ff.
T r a n s z e n d e n t a l. Verh. der tr. Kritik zur Wissenschaft I 14; zur Geschichte I 15 ff. Begriff des T. bei Berkeley u. Kant II 324. T. bez. sich nicht auf Gegenstände, sondern auf die Erkenntnisart II 738. Psycholog. u. t'e Fragestellung II 570. T'e Logik, Dialektik s. Logik usw. T. Objekt s. Gegenstand. T. und logische Wahrheit II 524
T r a n s z e n d e n t a l p h i l o s o p h i e II 676, 682, 689, 740 us.
T r a u m I 567. Kriterium des Unterschiedes zwischen T. und Wirklichkeit II 177 ff., 523 ff., 535, 602, 669. Träume der Vernunft u. der Einbildungskraft II 602
Trendelenburg I 540, II 78, 106 f.
T r i n i t ä t bei N. Cusanus I 22, 53. Zurückführ. auf das Problem des Bewußtseins I 54, 595
Tschirnhaus (1651—1708) II 119, **191 ff.** Methodenlehre II 192 f. Physische u. Gedankendinge II 196. Erfahrung u. Denken II 194 ff.; — II 202
Tycho de Brahe (1546—1601) I 371.

U.

Ü b e r e i n s t i m m u n g (agreement) der Ideen. 4 Arten der Ü. bei Locke II 270
Uebinger I 24, 25, 48
Ü b u n g (custom) bei Hume s. Gewohnheit
U m f a n g u. I n h a l t s. Begriff. Vgl. Extensiv
U n a u f l ö s l i c h e B e g r i f f e (Kant) II 597
U n b e d i n g t (vgl. absolut). U'e Totalität der Erscheinungen II 753 f., 757.
U n b e k a n n t. Die U. in der Algebra I 450
U n d u r c h d r i n g l i c h k e i t als analyt. Prädikat II 679
U n e n d l i c h, U n e n d l i c h k e i t. Idee des U'en bei Malebranche I 573 ff. Das Endl. als Einschränk. des U'en (vgl. Raum) I 574 f.

Verh. der unendl. Substanz zu den endl. Modi (Spinoza) II 102 f., 111. U'keit der Attribute II 119 ff. A n a l y s i s des U ' e n I 420, 554, II 54, 153 ff., 177, 419. Philosoph. Grundlagen der An. d. Unendl. II 156 ff. „Metaphysik" der A. d. Unendl. (d'Alembert) II 414. U'e Inbegriffe I 422. Gleichh. u. Ungleichh. unendl. Inbegriffe I 423. Das U'e als Ausdruck der Relationen des Endlichen I 428 Keine „Proportion" zwischen U. und Endlichen I 22. 271. Das U. als Unbestimmtes *(ἄπειρον)* I 420 f. Erfassung des U. im Endlichen I 24. Unendlichkeit u. Grenze I 26. Das U. als Ausdruck der Selbstbejahung der Vernunft I 27, 280. Übergang der Unendl. vom Gegenstand auf die Funktion der Erk. I 28, 55 f,. 90 f., 270. Das U. nicht meßbar, weil Prinzip alles Messens I 55. U. Teilbarkeit s. „Minimum". A n t i n o m i e n des U ' e n I 592 ff. (Bayle), II 330 ff., 497 ff., 621 ff., 629, 640, 752 ff. Idealist. Lösung der A. des U'en bei Leibniz II 499; bei Collier II 330 ff.; bei Ploucquet II 497 ff. Lösung im krit. Idealismus II 755 f. Das U'e als Ausdruck der begriffl. „Wesenheit" I 41 f.; als „ratio" des Endlichen I 42; als reiner Vernunftbegriff I 280 ff.; als Produkt der „Einbildungskraft" I 288, 311. Einheit u. U. als Wechselbegriffe I 422. U. als Prinzip u. als Schranke des Denkens I 498 f., 514 f. U. und Transzendenz I 499, 515. U. der Zahlenreihe I 499, II 240. U. der Welten I 177, 280 ff., 311, II 120. U. der Natur I 270 f., II 81 f., 120. U. der Erfahrung I 404 ff., 481 f., II 15 f. U. von Raum u. Zeit II 238 ff., Raum als unendl. gegebene Größe II 703. U. als Grundbegriff aller Religion I 30, 269. Analyse des U'begriffs bei Law II 454 ff.; bei Locke II 237 ff., 269; bei Euler II 472 f.

U n e n d l i c h - K l e i n e s (vgl. bes. Minimum u. Continuum) bei Nikolaus Cusanus I 42; bei Patrizzi I 266 f.; bei Bruno I 302 ff.; bei Galilei I 426; bei Hobbes II 53; bei Leibniz II 153 ff. U.-Kl. als „Grund", nicht als „Teil" der Größe II 155 f. Aktual U.-Kl. II 500 f., 510 — Potentiell und aktuell U'es II 513 ff. — U.-Kl. und U-Großes bei Pascal I 514 f. — Polemik gegen das U.-Kl; bei Berkeley II 302 f., 324; bei Hume II 342, 349

U n e r w e i s l i c h e E r k e n n t n i s s e II 599

U n g l e i c h f ö r m i g s. Gleichförmigkeit

U n i t a s s. Einheit

U n i v e r s a l i e n. U'problem bei Pomponazzi I 114; bei Nizolius I 150 ff., II 133 ff.; bei Fracastoro I 229 ff.; bei Spinoza II 89 ff., 109. Die U. als dingartige Gebilde I 246. Ideen u. Gattungsbegriffe I 251, II 19. Formen u. Gattungsbegriffe II 18 f. Rolle der „Universalia" bei Hobbes II 100; bei Leibniz II 134 ff.

U n i v e r s a l m a t h e m a t i k. Idee der U. bei Descartes I 446 ff.; bei Malebranche I 563 ff.: bei Leibniz II 138 ff. (vgl. Logik u. Kombinatorik) II 153 ff.

U n i v e r s a l r e l i g i o n s. Religion

Universum. Individuum u. U. s. „Subjekt". U. als Lebewesen s. Weltorganismus, Weltseele
Unsterblichkeit. Beweise der U. bei Ficin I 89 ff., 114 f. Verh. des U'problems zum Erkenntnisproblem I 89, 108 ff., 113. U. des Geistes aus der Unendlichkeit seiner Funktion I 89 f.; aus der Fähigkeit zu allgemeinen Erkenntnissen I 113. Problem der U. bei Averroës I 104, bei Pomponazzi I 105 ff.; bei Cardano I 116. Kritik des Unsterblichkeitsglaubens bei Montaigne I 191 ff. Kritik der U'beweise bei Kant Il 729 f.
Upanishad's II 649 f.
Ursache. Begriff der U. bei Aristoteles u. bei Galilei I 396. Notwendiger Zusammenhang von U. u. Wirkung I 561, II 164 f. U. und Größen-Funktion I 398 f., 560 f., II 92, 437, 551. Mathemat. Verhältnis von U. u. Wirkung I 357, 468 f., 561, II 48, 164 f. Mathem. Kausalität I, 278, 322, 347 f. U. u. Wirkung als Kategorien des Verstandes I 544, 548, 550.; als aprior. Begriffe (Béguelin) II 553, Kant II 666, 670. Begriff der U. in Kants vorkrit. Schriften II 594 ff. Kategorie der U. als Bedingung der Objektivierung der Zeitfolge II 716 ff., 720 f., 760. U. als synthetischer Grundsatz II 677. „Intelligible U." der Erschein. s. Ding an sich. Wahres Wissen als Wissen aus den U'en II 46 ff., 91 ff., 95 f., 100. Philosophie als Erkennt. der Wirk. aus den Urs. II 47. Kausale Definition s. Definition. Wechselseit. Erkenntn. der Ursachen aus d. Wirkungen u. d. Wirkungen aus d. Ursachen I 136 f., 142 f. Mechanische u. dynam. Auffass. der Ursächlichkeit I 207 f., 354 f., 467 f., 551 f. Gleichartigkeit von U. und Wirkung I 358. U. des „Seins" u. des Werdens I 375 f. Eindeutigkeit des kausalen Zusammenhangs I 158. Erkenntnis durch Urs. u. Erk. durch Symbole I 157, 348. Beweis der Wirklichk. der Dinge aus der Urs. I 532, 551, II 552. Kritik dieses Beweises bei Malebranche I 507 f. Transiente und immanente U. II 111. Analyse des U'problems bei Hume II 353 ff.; bei Glanville II 400. U. als „einfache Idee" bei Locke II 237. „Wahre U." (causa vera) II 465. Zusammenh. von U. und Wirkung nicht aus reinen Begriffen verständlich I 558 ff., II 267 (Locke), **II 355 ff.** (Hume), II 400, 421, 424 f., **596, 607** (Kant) Abweis. der Frage nach den U'n der Phänomene aus der Physik II 296, 403 ff., 427 f., 437 f., 590, 736 ff. U'en und „Zeichen" I 157, II 296. Primäre u. sekundäre U'en II 325. Grund und U. s. Grund. Äquivalenz von U. und Wirkung II 164 f. (s. Erhaltung). Zurückführ. der empir. Ursächl. auf die Wirksamkeit Gottes I 211, 542, 560 f., 565 f., vgl. Okkasionalismus
Urteil. Empirist. u. idealist. Theorien des U's II 133. Analyse des U's bei Leibniz II 132 ff.; bei Digby II 214 f.; bei Norris II 224; bei Tetens II 570 ff. (U. als Verhältnisgedanke II 579); bei Kant II 644 f., 664 ff. Wahrheit u. Falschheit allein im U. II 34 ff., 57. Urteilsformen u. Sprache I 133. Assoziation und U. I 228 f., II 666. Urteilsfunkt. u. Gedächtnis I 229. Erfahrungs- u. Wahr-

nehmungsurteile s. Erfahrung. Kategorie und U. (Kant) s. Kategorie
U r t e i l s f u n k t i o n. Die „vis judiciaria" dem Geiste eingeboren I 33. U. u. Sinnlichkeit I 33, II 34, 42. Notwendigkeit der U. für die Wahrnehmung I 119, 228 f., 252, **338 ff.**, 489, 581 f., II 278 ff., 389 ff. U. als Voraussetzung des Gegenstandsbegriffs I 486 ff., 501, 576, **II 664 ff.** U. als Ausdruck der Aktivität des Geistes I 501

V.

Vaihinger II 621
Valla, Lorenzo (1407—1457) I 122 ff., 135, II 10
Vanini (1585—1619) I 218
V a r i a b l e s. Veränderung
V a r i a t i o n (vgl. Veränderung) als Mittel der Begriffsbildung I 51. Lehre von den V'en s. Kombinatorik
le Vayer, François de la Mothe (1586—1672) I 199
V e r ä n d e r u n g. V. als Grundmoment der Natur I 372 f., 375. Gesetzlichkeit der V. I 371 ff. Einführung des Begriffs der V. in die Analysis I 427 f., in die Geometrie I 430 f.; in die Algebra I 433 ff.
V e r b r e n n u n g. Theorie der V. II 435 ff.
V e r b i n d u n g s. Verknüpfung u. Synthesis
V e r g l e i c h e n als geistige Grundkraft (Digby) II 211. Verhältnisse der Vergleichung u. der Verbindung bei Leibniz II 571
V e r h ä l t n i s s. Proportion u. Relation
V e r h ä l t n i s g e d a n k e n. Theorie der V. bei Tetens II 571 f., 579; bei Kant II 642 ff., 712 (vgl. Relation)
V e r k n ü p f u n g (s. bes. Synthesis). V. „nicht vom Objekt gegeben, sondern vom Subjekt verrichtet" II 696 f. V. als Grundform des Denkens (Locke) II 236. V'sbegriffe u. Vergleichungsbegriffe II 637 ff., 678. „conjunction" u. „connexion" (Hume) II 361. Durchgängige V. als Kriterium der Wirklichkeit der Erschein. s. Wirklichkeit
V e r n u n f t (vgl. bes. Verstand u. Intellekt). V. u. Einbildungskraft I 37. V. als „unvollkommener S i n n" I 244. V. u. Sinnlichkeit I 34, 244, 272, 292, 326 (vgl. Sinnlichkeit u. Sensualismus). Grenzen der Sinnlichkeit u. der V. (Kant) II 637. V. u. Erfahrung s. Erfahrung u. Denken. V. u. Offenbarung s. Offenbarung. Theoret. u. sittl. V. I 598. Satz des Widerspruchs als Grundprinzip der V. s. Widerspruch. Einheit der menschl. V. I 167. Identität der V. in allen denkenden Subjekten I 185, 583 f. V. als Vermögen der notitiae communes (Herbert v. Cherbury) II 204 ff.; als Wahrheitskriterium II 224, 320 f. Idealbegriff und Realbegriff der V. I 578. V. kein „Ens rationis" I 253. G o t t und V. I 522 ff., 583 ff. (s. Schauen der Ideen in Gott unter „Bewußtsein"). Gött-

lichkeit der V. im Erwerb, nicht im Besitz des Wissens I 30. Das Unendliche als Ausdruck der Selbstbejahung der V. s. Unendliches. Die Dinge u. die „Vernunftgründe" (πράγματα u. λόγοι) I 314, 318, 325. V. als Vermögen der Unterscheidung I 34. V'wahrheiten u. Tatsachenwahrheiten (vérités de raison und v. de fait) I 477, 564 f., 587 f., II 53, 58, 133, 136 ff., 161, 175, 179 f., 257 ff., 531 ff., 541 ff., 580 ff. Auflös. der Tatsachenwahrh. in die Vernunftwahrh. erfordert einen unendlichen Prozeß II 136 f., 180 f. Begriff der V. bei K a n t II 741. Unterscheid. der V'begriffe von den Begriffen der Anschauung II 626 ff. System der reinen V'begriffe II 626 ff. V'gebrauch u. Verstandesgebrauch II 753 ff. V. als Prinzip der systemat. Einheit II 754 f., 757. Die V. u. die Forderung des „Unbedingten" II 753 ff. V'idee s. Idee
Vernunftkunst. Begriff der V. bei Leibniz II 145 f.
V e r s t a n d (vgl. „Vernunft" u. „Sinnlichkeit"). V. und Wirklichkeit vgl. Wahrheit u. Wirklichkeit. V. u. absolutes Sein s. absolut. V. und Erfahrung s. Erfahrung. V. und Sinnlichkeit s. Sinnlichkeit. V. und Einbildungskraft s. Einbildungskraft. V. und Vernunft s. „Vernunft" u. „ratio". Tätiger und leidender V. s. Intellekt. Göttlicher V. s. Gott. V. als „res fixa et aeterna" (Spinoza) II 95. V. als erstes Objekt der Philosophie I 444, 484, 487, II 88, 228 ff. Problem der V e r s t a n d e s k r i t i k bei Descartes I 442 ff.; bei Geulincx I 533 ff.; bei Burthogge I 544 ff., 552; bei Bacon II 3; bei Locke II 227 ff. Problem der V'kritik bei K a n t : V. als „Vermögen der Regeln" II 716. V. als Vermögen der Verbindung a priori II 668, 697. V. als Vorauss. der Objektivität II 642. V. als „Urheber der Natur" I 552, II 672, 673, 675. Reiner V. bei Kant I 622 f.; bei Berkeley II 321 ff.; bei Leibniz (intellectus ipse) s. Intellekt; bei Euler (Verh. der Mathematik zum „rein. V.") II 502 ff.
Verweyen II 195
V e r w o r r e n e E r k e n n t n i s s. unter „distinkt"
Vieta (1540—1603) I 431 f.
Vinci Leonardo da V. s. *Leonardo*
V i r t u e l l e G e s c h w i n d i g k e i t s. Geschwindigkeit. Virtuelles Prinzip I 465
V i s i o D e i bei Leibniz II 182
Vitelli I 278
Vives, Lodovico (1492—1540) I 124 ff., 135, 165, II 10
Voigt, Georg I 78
V o l k s d i c h t u n g I 187
V o l l e s und L e e r e s s. Leeres
V o l l k o m m e n h e i t II 635
Voltaire (1694—1778) II 408, 471, 525, 596, 601
V o r s o k r a t i k e r (vgl. Eleaten, Demokrit usw.) II 651

Vorstellung. Begriff der V. bei Locke II 235. Beziehung der V. auf den Gegenstand s. Gegenstand. Die Welt als V. I 567 f., II 62 ff., 289 ff., 328 ff. (Vgl. Psycholog. Idealismus.) V. u. Idee I 571
Vulgata I 123

W.

Wärme. W. u. Kälte als Grundkräfte I 233, 263. Theorie der W. bei Bacon II 13 f.
Wahrheit. Begriff der W. bei Platon II 657; bei Cusanus I 35 f.; bei Spinoza II 86 ff.; bei Galilei u. Leibniz I 410 f.; bei Leibniz, II 131 ff., 139, 660; bei Locke II 253 ff.; bei Herbert v. Cherbury II 205 ff.; bei Digby II 208; bei Wolff II 523. „Reich der W." bei Lambert II 541 ff. Analyse des W'begriffs bei Kant II 663. Metaphysischer u. mathemat. Wahrheitsbegriff II 475 ff., 654 ff. Wahrheit u. Falschheit nur im Verstande, nicht im „Sinn" I 489, II 34. W. in der Wechselwirkung von Sinn u. Verstand II 10. W. u. Falschheit nicht in den Dingen, sondern im Verstande I 534. Kriterium der W. s. Kriterium. K. d. W. in den Ideen selbst, nicht in den Außendingen (Spinoza) II 86, 99, 101. K. d. W. in der Übereinst. der Vorstell. mit dem Gegenstand (Locke) II 270 ff. Begründung der W. im Gefühl I 525, II 599 (Kritik dieser Ans. bei Kant II 599) vgl. „Evidenz". Wert der W. I 324. W. als Konvention? II 56. W. nicht in den Sachen, sondern in den Namen II 56 ff. (vgl. Nominalismus). Psychologist. u. log. Kriterium der W. II 199, 575 ff., 579 ff. Relativierung des W'begriffs (Lossius) II 572 ff., 575 ff. Ewige Wahrheiten von der Existenz der Gegenst. unabhängig I 563 f., II 86 ff., 175, 223, 257, 271, 317. Gegensatz hierzu: Abhäng. der ew. W'en von den exist. Substanzen (Regis) I 531. E. Wahrh. als reine „Beziehungen von Ideen" s. Idee. W. des Seienden in den λόγοι gegründet (Platon) I 314. W. der Begriffe u. absolutes Sein I 532 ff., II 90 ff., 116. Verhältnis von W. u. Wirklichkeit I 383 ff., 463 ff. (W. u. Sein als Wechselbegriffe (Descartes) 481 f., 530 ff., 568 ff., II 3 ff., 20, 44, 58, 65 f., 86 ff. (Spinoza), II 131 ff., 175 ff. (Leibniz) 223, 260 ff. (Locke), 455 ff., 504 f., 638 ff., 648 ff., 652 ff. Kritik des ontologischen Beweises vgl. Gottesbeweise. Gegensatz von „Erscheinung" u. Wahrh. I 553. Unterscheid. der W. vom Schein II 326 f. Kriter. des Unterschiedes der W. vom Schein in der Mathematik II 502 ff. W. der Sinne u. W. des Verstandes II 178 f. Transzendentale und logische W. II 524,. 535, 545. W. der Phaenomene in ihrer Verknüpfung s. „Erscheinung" u. „Gegenstand". W. der Hypothese s. Hypothese. Vernunftwahrheiten u. Tatsachenwahrheiten s. Vernunft. Notwendige u. zufällige W'en

II 136, 181 ff., 533. W. als unableitbarer Grundbegriff I 514.
W. läßt kein „Mehr und Weniger" zu I 41, Einheit der W. in der
Andersheit der „Annahme" (Cusanus) I 25. Lehre von der „d o p -
p e l t e n W." bei Pomponazzi I 107 ff. Beseitigung dieser
Lehre bei Galilei I 276. Zweifel als Prinzip der W. I 249 (vgl.
Zweifel). W. der Vernunft u. W. der Geschichte I 589. V e r h.
d e s W ' b e g r i f f s z u m G o t t e s b e g r i f f (vgl. Gott)
I 60 ff., 495, 523. Verh. der ewigen W'en zu Gott s. Gott
W a h r n e h m u n g. Das φαίνεσθαι als Grundphänomen (Hobbes)
II 67 f. Analyse des W'prozesses bei Cusanus I 37; bei Kepler
I 335 ff.; bei Descartes I 487 ff.; bei Malebranche I 554 f.; bei
Gassendi II 30 ff.; bei Hobbes II 67 ff.; bei Berkeley II 275 ff.;
bei Collier II 333; bei Newton u. Clarke II 447, 561; bei Hartley
II 561 ff. W. und Begriff I 317, 346. W. und Urteilsfunktion s.
Urteil. Moment der „Aktivität" in der W. I 91, 119. Problem
der „reinen" W. (Berkeley) II 279, 286. Subjektive Bedingtheit
der W. (Relativität der W.) I 147, 562, 594. W. als Grundlage
aller Erkenntnis (vgl. Sensualismus) I 226, 234 f., 243 f., 279,
II 30 ff., 33 f., 39, 67, 278, 340 ff. W. und Bewegung II 67. Regeln
der W. als Bedingungen des „Gegenstandes" II 642. Mögliche W.
s. möglich
W a h r n e h m u n g s u r t e i l s. Erfahrungsurteil
W a h r s c h e i n l i c h k e i t. Problem der W. bei Leibniz II 135;
bei Hume II 359 f. Unphilosophische und philosophische W.
II 366 ff. Alle Auss. über Existenz nur wahrscheinl. Geltung
(Locke) II 257, 261
Wallis (1616—1703) II 55, 99
Watts, Isaac (1674—1748) II 449, 453 f., 463
W e c h s e l w i r k u n g der kosmischen Massen I 362 ff. Grund-
satz der W. II 720
W e l t. Gott und Welt s. Gott u. Pantheismus. Ich und W. s. Mikro-
kosmos. Kritik des W'begriffs bei Kant II 752 ff. Antinomien
des W'begriffs II 621, 753. W'begriff und Erfahrungsbegriff
II, 753 ff.
W e l t b i l d. W. der unmittelbaren Anschauung u. wissenschaft-
liches W. I 2 ff. W. des Mittelalters u. der modernen Astronomie
I 274 f. (vgl. Copernikan. System) 373 ff.
W e l t o r g a n i s m u s **I 205 ff.,** 219, 278 f., 319 f., 551. Das All
als göttl. Lebewesen u. als göttl. Uhrwerk I 355, 376, 400 vgl.
Mechanismus
W e l t s e e l e I 63, **207 ff.,** 319 f., 551. Beseelung des Alls u. kausale
Gesetzlichk. I 208, 278, 290, 333 f.
Wenzel II 116
W e r d e n. W. als rationaler Begriff II 52 ff. (vgl. genetische De-
finition)
W e r t. W. der Dinge wurzelt im Intellekt I 57 ff., 180. Wertschätzung
des empir. Seins I 116, 191 f., 275, 527, II 23; der Materie u. der

Körperwelt I 367. W. des Lebens I 191 f., 193 f., 518. W. des Alls in seiner Beseelung gegründet I 207. W. des Wissens s. „Gewißheit". W. als Relationsbegriff II 458. W. u. Wirklichkeit II 656 f. Gegensatz der W'betrachtung u. der kausalen Betrachtung II 636 f.
W e s e n. Keine Erkenntn. des „Wesens" der Dinge I 402 ff., 558 ff. (vgl. substant. Formen, Ding an sich, Ursache)
White, Thomas s. *Albius*
W i d e r s t a n d II 595
W i d e r s p r u c h. S a t z d e s W ' s als Grundprinzip der Vernunft I 48, 594, II 521 ff., 546 ff., 554 f., 595; als Grundlage der Mathematik I 49; als Kriter. der Wirklichkeitserkenntnis II 224; als Prinzip der analyt. Urteile (Kant) II 613 ff. Satz des W's kein Gesetz der Dinge, sondern des Begreifens (Tschirnhaus) II 199. Satz des W's nicht als einziges Prinzip der Erk. II 555 ff. Logische u. psychologische Deutung des Satzes vom W. II 574 ff., 581 f.
W i e d e r e r i n n e r u n g bei Platon II 658. Erneuerung der Plat. Lehre von der ἀνάμνησις (Spontaneität u. Ursprünglichkeit des Denkens) bei Cusanus I 451; bei Ficin I 90, 93; bei Kepler u. Galilei I 330; bei Descartes I 451
W i e d e r h o l b a r k e i t (réplicabilité) als Kennzeichen der mathemat. Begriffe II 423 (Maupertuis), II 627 (Kant)
W i l l e. Stellung d. Willens bei Descartes I 501. W. als psych. Grundphänomen II 313. W. und Intellekt I 525. W. als bloßer Gattungsname II 75. W. und Ursächlichkeit I 560, 565, II 313, 608 f. Abhängigk. der „ewigen Wahrh." vom göttl. Willen? s. Gott. Verh. des göttl. W's zum göttl. Sein II 105
W i l l e n s f r e i h e i t s. Freiheit
Willmann, Otto I 167 [Statt a. a. O. III S. 13 lies hier: Geschichte des Idealismus III 13.]
Windelband, Wilhelm I 369, II 195, 605
W i n k e l I 41. Zusammenfallen des größten u. kleinsten W's I 51. Geradlinige u. Kontingenzw. II 171 f.
W i r k l i c h k e i t. W a h r h e i t u. W. s. Wirklichkeit. W. der Erscheinung besteht in ihrer durchgängigen Verknüpfung (vgl. Erscheinung und Gegenstand) II 177 ff., 185, 291 f., 295, 666 f., 669 f. Verh. von Traum und W. s. Traum. Problem der W. bei Locke II 270 f. W. der „Außenwelt" bei Kant (Widerlegung des Idealismus) II 726 ff. vgl. Transzendenz. Möglichkeit u. W. s. Möglichkeit
W i r k u n g s. Urache. Prinzip der kleinsten W. II 426
W i s s e n s c h a f t s. Wahrheit, Erkenntnis, Gewißheit, Naturwissenschaft
Wohlwill I 317, 397
Wolff, Christian (1679—1754) II 394, Kampf der Newton. u. Wolff'schen Schule II 404 ff., — II, 420, 472, 501, **521 ff.**, 535, 539, **546 ff.**, 554, 586 ff., 595, 602 f., 611, 624, 632, 669

W o r t (vgl. Sprache u. Nominalismus). Magische Wirkung des W'es I 157. Worte und Sachen I 124 ff., 184, 198, 317. Verh. von W. und Begriff (vgl. Nominalismus) II 55 ff. W. u. Idee II 440 f.
Wüst, Paul II 375
W u n d e r bei Hume II 368 f.
W u r f b e w e g u n g. Analyse der W. I 398, 407, 409, 416, 429, 432

X.

Xenophanes (ca. 570—470 a. C.) I 297

Z.

Zabarella, Giacomo (1532—89) I 114; seine Psychologie I 117 ff.; seine Logik I 136 ff., 253
Z a h l I 36, 41, 157, 231; als Grundprinzip aller („distinkten") Erkenntnis I 45, 302 ff., 469, 556, II 142, 250; als Gebilde des Denkens I 267, II 212; als apriorischer Begriff I 462, 498, II 51, 59 f. Unendl. Inbegriffe von Z'en s. Mengenlehre. Unendlichkeit der Zahlenreihe I 499 II, 240. Variable Z. I 434. Negative Z. I 434 ff. Imaginärzahl I 434 ff. Zahl gehört der „Imagination" an (Spinoza) II 112. Z. u. Continuum I 265, 303 f., 310 f., 454. Verh. der Z. zum Raum I 338, 369, II 119, 147. Nominalist. Deutung des Z'begriffs I 338. Harmon. Verhältnisse der Z. s. Harmonie. Z'begriff u. Kraftbegriff I 358 f. Objektivität der Z. und Subjektivität der Sinnes-Qualitäten I 391. Z. als Ausdruck des Verhältnisses II 145. Z'begriff und Funktionsbegriff II 144. Charakteristische Z'en (Leibniz) II 142. Psychologische Analyse der Z vorstellung II 240 (Locke), II 351 f. (Hume). Schema der Z. (Kant) II 714
Z e i c h e n (vgl. bes. Symbol u. Charakteristik). Alle menschl. Erk. auf Zeichen eingeschränkt I 34, 227 f., II 58 ff. Z. u. Bezeichnetes (signum u. signatum) I 40. Idee u. Zeichen bei Locke II 255. Zeichensprache der Wahrnehmung I 488, II 32, 309, 316 f. Wahrheit nicht in der Verknüpfung der Sachen, sondern der Z. II 56 ff. Z. bei Aristoteles I 65. Ursachen u. Z. I 157, II 357 (cf. Symbol), 254. Natürliche u. künstliche Z. I 157 f., II 167. Mathematik als Lehre von Z. I 254. Die Ausdehnung als Z. I 459, 466. Bedeutung der Erk. durch Z. (bei Leibniz) II 140, 150. Allgem. „Semiotik" (Lambert) II 418 f. Anwendbarkeit der Z. als Grundlage der mathemat. Evidenz II 419. Zeichentheorie bei Berkeley vgl. Repräsentation
Z e i t (Näheres unter „Raum u. Zeit") I 36. Augenblick als Substanz der Z. I 43. Z. und Bewegung I 258 ff., 266 II 37, 63, 247 ff., 469 f. Z'ordnung und Z'inhalt I 259. Z. und stetige Größe I 323. Z. u. Geometrie I 323, 427. Z'moment u. Z'strecke I 323, 426. Dauer als apriorischer Begriff I 462, 498. Analyse der Z'vor-

stellung bei Locke II 247 ff.; bei Leibniz II 469 f.; bei d'Alembert II 413. Z. als „Akt des Geistes" (bei Locke) II 247; bei Hobbes II 63. Gleichförmigkeit der Z. II 248, 469 f. Z'messung II 248 f. Reine Z. als „intelligibler" Ausdruck der Gleichförmigkeit II 470. Z'begriff und Erhaltungsbegriff II 166. Objektivierung der Z'verhältnisse durch den Begriff der Ursache II 641 ff., 70, 721. Verh. der Kateg. zur Z'anschauung (Z. als Schema) II 642 ff. Z. als Bedingung und als objektives „Ding" II 719 f. Objektivität der „reinen Z." (Gassendi) II 37. Phänomenalität der Z. (Hobbes) II 63. Z. als Phantasma der Bewegung II 63. Z. als Form der inadäquaten Erkenntnis (Spinoza) II 114

Zeller, Eduard I 17

Z e n o n i s c h e B e w e i s e gegen die Vielheit u. Bewegung I 593 f., II 499

Z i r k e l b e w e i s I 140, 143 f.

Zschocke, Walter II 717

Z u f ä l l i g k e i t des Individuums I 23. Ausschluß der Z. bei Spinoza II 97. Z. der Naturgesetze II 426. Z'e Wahrheit s. Wahrheit.

Z u s a m m e n s e t z u n g (vgl. Synthesis), nur durch den Verstand möglich II 696 f.

Z w e c k s. Teleologie. Reich der Z'e II 605 f., 629 f., 639, 761

Z w e i f e l. Seine Bedeut. in der modernen Philosophie I 172 ff. Prinzip des Z's und Problem des Selbstbewußtseins I 189. Z. als Prinzip der Gewißheit I 59 f., 249 f.; bei Descartes I 484. Bedeutung des Z's bei Montaigne u. bei Pascal I 527